ラサ・チョカン寺の釈迦牟尼像（チョボ・リンポチェ）
チベットで最も信仰され、多くの巡礼者が参拝する。

THE DALAI LAMA

༄༅། །དད་དམ་འགྱུར་མེད་ཁེངས་དགར་ཆོས་ཀྱི་ཁྲིམས་སྐྱོང་བཟང་ལ། འཛིན་འབྲས་
ཉིད་ནས་ཡི་གེ་དེས་འབྱོར་བཞིན། དོས་རིང་འཚོའི་གཞིན་བསྐུལ་ཡིད་ལ་གཏགས།
ཁྱེད་རང་ནས་མཚམས་མེད་དགས་པོ་ཙྭ་རྗེའི་གསུང་འབུམ་རྒྱུད་ཀྱི་ཉི་དོང་འགྱུར་དང་།
ཞིབ་ཚགས་ལུང་ཁུངས། སྟོན་བཛོད་བཀའ་བརྒྱུད་པའི་ལོ་རྒྱུས་ཞིབ་ཚམ་བཀོད་པ་དང་།
ནུབ་སྐྱེད་ལྐུད་ཐོག་ཐར་རྒྱུན་འགྱུར་མི་འདུད་སྒས་ལ་ལུང་ཁུངས་འཚོལ་མ་ཐུབ་པ་རྣམས།
གང་ནས་སྐྱོད་བྱས་གནས་བཅས་ལེགས་བྱས་བསྒགས་འོས་སུ་གྱུར། ཚེ་མདུག་འདོད།
རྒྱང་ཚོག་ཤིས་དང་སྐུབ་པ་ལ་བརྗོན་འདུན་སྐོར་རང་ཅག་ཆངས་མ་ཐོན་སྐུབ་ལ་གཞིག་
བ་བཞིག་བྱུང་ན་དལ་བཐོབ་དོན་ལྡན་དུ་འགྱུར་ཞིང་། སྟོད་འདུག་ལས། དེ་བས་སྟོ་
དལ་གུན་སེལ་བའི། །བྱང་རྒྱབ་སེམས་ཀྱི་དུ་ཞིན་ནས། །འབྲ་ནས་བའི་བར་འགྲོ་
ལ༔ །སེམས་ཤེས་སུ་ཞིག་སྒྲིད་ཡུག་འགྱུར། །གསུངས་པ་ལྟར་བྱང་རྒྱབ་ཀྱི་སེམས་
གཞིས་ལ་དུད་འབྲོག་བཛོར་སྐྱེལ་གྱི་གོམས་པ་ཅི་ནུས་བཙོན་རྒྱུ་བློ་འདགས། དུས་ཀུན་
དགེ་བའི་སྐྱབས་སྐྱོན་དགའ་དུ་ལེད། སྤྱི་ལོའི་དགེ་སྐྱོང་དུ་པའི་ཟླ་མས། ཕྱི་ལོ་ ༢༠༠༢
ཟླ་ ༢ ཚེས་ ༡༣ ལ།།

信仰・三昧耶が変わらないカンカル・ツルティム・ケサンへ

　宣べる結論は、あなたの書簡が確かに届いたとおり、私が長生きするのを勧めてくれたことは心に留めている。あなたが、無比のタクポ・ハジェの教え『解脱荘厳』を日本語に翻訳したことと、詳しい典拠を探したことと、序文のカギュ派の歴史を詳しく記したことと、西洋語の『解脱荘厳』の異なった翻訳などに典拠を探せなかったものにできるだけ補足した事情など、良い仕事をしたのは、賞讃されるべきことである。〔あなたが書簡に記したように〕晩年に小欲知足と修行に励むのを願っているということは、私たちすべてが聴聞の内容が修行に趣くということがあるなら、有暇は意味あるものになるし、『入行論』に「それより嫌悪、疲労すべてを取り除く菩提心の馬に乗って、楽より楽に行くことについて、心ある誰が怠惰になろうか。」と説かれたように、〔誓願と発趣の〕二つの菩提心について伺察修と安住修が双運した修習に、できるだけ勤めることへ留意しなさい。すべての時に善の援助、誓願を常に行います。

　シャーキャの沙門ダライラマが、西暦 2008 年 3 月 31 日に（御璽）

　（このお手紙は、ツルティム・ケサンが大谷大学の退職時にガンポパ著『解脱荘厳』の新しい和訳を献上し、お手紙を差し上げたおりに、ダライラマ法王猊下が、かたじけなくも直接的にお返事をくださったものである。近年は法王猊下が来日されるたびに拝謁に来るよう指示をくださり、私は研究翻訳や教育の仕事をご報告申し上げる。写真はその折りのものである。ちなみに、法王猊下は 1968 年に亡命先のインドで 3 ヶ月間『道次第大論』の講義をなさった。これは『同論』の講義をなさった最初であり、しかも最長の期間であった。亡命先のダラホルセの僧侶たちは法を聴聞に出かけたが、その中に若き日の私もおり、法恩をいただくことができた。1000 人ほどの僧侶が集まり、私は一番の年少者であった。今やそこに参加した人もほぼ亡くなった。法王猊下に「まるで前世の出来事のようです。」と申し上げると、「全くそうだ。」とお言葉をくださった。）

ツォンカパ

菩提道次第大論の研究Ⅲ

ツルティム・ケサン

藤仲　孝司

A Study of
The Great Treatise on the Stages of the Path to Enlightenment
by rJe Tsong kha pa: Volume 3

An Annotated Japanese Translation of
Byang chub Lam rim chen mo (Part 3)

Tsultrim Kelsang Khangkar
and
FUJINAKA Takashi

Unio, Kyoto, 2017

目　　次

凡　　例 ……………………………………………………………… 4

本文和訳

1．序　論 …………………………………………………………… 9
2．真実の決択 ……………………………………………………… 21
3．空性論の真偽 …………………………………………………… 40
4．論理的否定と、自立論証派と帰謬論証派 ………………… 88
5．人無我と法無我 ………………………………………………… 137
6．勝観の諸相と止観双運 ………………………………………… 188
7．金剛乗への接続 ………………………………………………… 226
8．終　結 …………………………………………………………… 228

訳　　註

1．序　論 …………………………………………………………… 234
2．真実の決択 ……………………………………………………… 281
3．空性論の真偽 …………………………………………………… 316
4．論理的否定と、自立論証派と帰謬論証派 ………………… 426
5．人無我と法無我 ………………………………………………… 475
6．勝観の諸相と止観双運 ………………………………………… 513
7．金剛乗への接続 ………………………………………………… 545
8．終　結 …………………………………………………………… 549

科　　文 …………………………………………………………… 554
索　　引 …………………………………………………………… 558
あとがき ……………………………………………………………… 662

凡　例

H　lHa-sa Zhol 版 Toh.5392 Pa 函（ただし（H421b）は入手した全集に第 421 葉が欠如してい たので、記入できなかった。）

K　bKra shis lhun po 版 Pa 函

D　Ka sbug bud med tshogs pa（東ネパールのカリンプク婦人協会）により製作された木版に 基づいて rDo sa shes rig par khang が刊行した版である。ちなみに、インドでの新しい H ed.、K ed. にはこの版が収録されており、元来の版とは異なっている。ACIP（The Asian Classics Input Project）による A Thousand Books of Wisdom, New York に入力されているも のも、これである。本訳書において科文では、新ラサ版とも呼んでいる。

B　sKu 'bum byams pa gling の古い木版に基づく mTsho sngon mi rigs dpe skrun khang（青海民 族出版社 , 西寧 1987）によるもの。

Kyt: Kyoto, *rJe Tsong kha pa'i Lam rim chen mo'i Lung khungs gsal byed nyi ma* ed.by Khang dkar Tshul khrims skal bzang.（日蔵仏教文化叢書Ⅵ）西蔵仏教文化協会 . Kyoto 2001

Ch　*Lam rim chen mo'i mChan bzhi sBrags ma* ; Reproduced from a Print of the Corrected Tshe-mchog-gling Blocks of 1842 by Chos-'phel-legs-ldan, Volume One, Volume Two, New Delhi 1972 (Toh.No.6977 Kha)『道次第大論の四割註の合糅』－ これは、

１）Ba so Chos kyi rgyal mtshan（1402-1473. 第 6 代ガンデン座主で mKhas grub rje dGe legs dpal bzang の実弟）（訳註において、Ba so と表記）

２）sDe drug mKhan chen Ngag dbang rab brtan（第 30 代ガンデン座主 sTag lung brag pa Blo gros rgya mtsho. 1546-1618）の系統の諸註記を、第 35 代 Gling smad pa 'Jam dbyangs dKon mchog chos 'phel（1573-1646）が解説し、その弟子の sDe drug mKhan chen Kha rog Ngag dbang rab brtan が著したもの）（Ngag と表記）

３）'Jam dbyangs bzhad pa Ngag dbang brtson 'grus（1648-1721）（'Jam と表記）

４）Bra sti dGe shes Rin chen don grub（17c.A mdo の学者）（Bra と表記）

という四人の大学者による割註を合糅したものであり、初めの三つにはそれぞれ Ba, Ngag, Ja, のしるしが付けられている。なお、訳註１－０に示したように Ba Ra は、Ba so と Brati が反復された個所である。初版は 1802 年に Tshe mchog Yongs 'dzin Ye shes rgyal mtshan（1713-1793）を顕彰するために出版された。現在のものは、1842 年に出された改 訂版に基づいている。Ka 巻すなわち Volume One は四摂事まで、Kha 巻すなわち Volume Two は止観を扱っている。

D : sDe dge 版チベット大蔵経。番号は宇井伯寿等編『西蔵大蔵経総目録』(仙台 1934) による。

P : Peking 版チベット大蔵経。番号は『北京版　西蔵大蔵経総目録』(鈴木学術財団 1934) による。

Toh.:Tohoku, 東北大学所蔵チベット蔵外文献。文献番号は金倉圓照等編『西蔵撰述仏典目録』 (仙台 1953) による。

大正 :『大正新脩大蔵経』。番号は大正新脩大蔵経刊行会編『大正新脩大蔵経総目録』(改訂新 版 東京 1969) による。

GTSPE

The Lamrim Chenmo Translation Commitee, Joshua W.C.Cutler, Editor-in-Chief, Guy Newland, Editor *The Great Treatise on the Stages of the Path to Enlightenment.* Volume 3 （Itheca, New York 2002）

BBNgG

lHa 'bri sgang pa, *Be'u bum sngon po'i 'Grel pa*（Toh.No.6970; Mi rigs dpe skrun khang, 1991）『青冊子の註釈』

TRCh

Gro lung pa chen po Blo gros 'byung gnas, *bsTan rim chen mo*（lHa sa ed. The Asian Classics Input Project. Release Ⅳ, A Thousand Books of Wisdom, New York 1998）『教次第大論』

brDa bkrol

A skya Yongs 'dzin, *Lam rim chen mo'i brDa bkrol*（Toh.No.6569 Ka; *The Collected Works of A-kya Yoṅs 'dzin* Volume 1, Lama Guru Deva, New Delhi 1971）『道次第大論の表記註釈』

Brjed byang（憶え書）

Zhwa dmar dGe 'dun bstan 'dzin rgya mtsho 著 *lHag mthong chen mo'i dka'i gnad rnams brjed byang du bkod pa dGongs zab snang ba'i sgron med*（勝観大論の難しい要処を憶え書に提示したもの・甚深な意趣の明らかな灯火）

　暫定的な章立ては、法尊の漢訳『菩提道次第広論』や The Lamrim Chenmo Translation Committee の英訳 *The Great Treatise on the Stages of the Path to Enlightenment* (Ithaca NY, 2002) や長尾雅人博士の和訳のものを参照した。なお、参考文献一覧は、基本的に前著『菩提道次第大論の研究』(2005)、『悟りへの階梯』(2005) を踏襲しているので、参照されたい。ここでは新たに加えたもののみを適宜、表記した。

本文和訳

1．序論

（Kyt256）^{（訳註1-0）}そのように〔上に止住の個所で〕説明しおわったように、〔掉挙を離れて〕心を一つの所縁へ〔安住の仕方・長短など〕欲するとおりに安住させたことにより、どこか安住させた（Ch70a）ところに止_{とど}まる無分別と、〔無分別〕それもまた沈没（沈み込み）を離れた（H323b）明晰^{※2}と、（K338a）利徳の差別（殊勝さ）〔である〕^{※3}喜びと楽とをともなった^{※4}止住〔の成就〕ただそれほどにより満足すべきではなくて^{※5}、真実〔・空性〕の義を〔他と誤らないで〕顛倒なく決定〔し証得〕する〔殊勝な〕智恵を〔初めに尋求し〕生じてから、〔その後、尋求したとおりに護りそだてる〕勝観を修習することが必要です。〔なぜなら、〕その^{※6}ようでないのなら、〔止住の〕その等持（三昧）ほどは外道とも共通のものであるので^{※7}、ただ〔等持（三昧）〕それだけを数習しても、彼ら〔外道〕の道と同じく、煩悩の種子を〔永久に〕断じないので^{※9}、〔輪廻の〕有（生存）より解脱することにならないからです。

そのようにまた〔カマラシーラの〕『修習次第初篇 sGom rim dang po』に^{（訳註1-1）}、「そのように所縁に対して心を堅固にしてから、（Ch70b）智恵^{※2}により伺察^{※3}すべきです^{※4}。このように智^{※5}の光明が生起したことにより^{※6}、迷妄の種子^{※7}（D365b）を大いに断除^{※8}することになるのです^{※9}。そのようでない〔、止住ほどで充分だと取らえる〕ならば、外道者たち〔の修習〕と同じく、ただ等持ほどでは煩悩を〔根本より〕断除すること〔が可能〕にならないのです。^{※10}〔世尊は〕『〔三昧王〕経 mDo sde』に^{（訳註1-2）}すなわち、「世間の者たちは等持を修習するけれども、彼は我の想いを破壊しない^{※1}。彼は（Ch71a）煩悩が（B565）戻って悩まされる。ウッダーラカ^{※3}が等持をここに修習したように。」と説かれたようなものです^{※4}。」と説かれています。

その〔教の〕うち、「等持を修習するけれども」というのは、前に説明した無分別と明晰〔と楽〕などの〔三つの殊勝な〕差別をともなった等持（三昧）です。〔ただ〕それ〔ほど〕を修習したけれども、我執を断除できないことは、「彼は我の想いを破壊しない」というのです。我執を断除していないので、今後も煩悩が生ずる〔し増大する〕^{※5}であろうことが、（H324a）「彼は煩悩が戻って悩まされる」というのです。

〔問い:〕では、〔道の〕どのようなことを修習した（Ch71b）から解脱を得るのか、と思うなら、

〔答え:〕その教のその直後に、前に〔止住の個所に〕引用したように^{（訳註1-3）}、〔『同経』に〕「もし法（K338b）において無我を妙観察し」などといい^{（訳註1-4）}^{※1}、もし、無我の法について〔個々に〕妙観察してから無我の義が分かる智恵を生ずることと^{※2}、「個々にそれを観察して、修習するなら、」といって、無我の見を獲得してから、その見を護〔りそだて〕るし〔勝観を〕修習することが、「それは涅槃を得る果の因〔である〕。」といって、涅槃または解脱の果を得ることの因は〔真実の勝観〕それである^{※3}、というのです。（Ch72a）

〔問い:〕^{（訳註1-5）}では、〔そのような勝観〕それを修習したことにより解脱を得るように、それが無くて他の何か〔ほど〕を修習したことによってもまた解脱を得るのか、と思う〔し問う〕なら、（Kyt257）

〔答え:〕「〔勝観より〕他の因なるもの〔を修習したこと〕によっては寂静〔を得ること〕にならない。」といって、それより他の (D366a) 道を〔どれほど〕修習しても、それが無いなら、苦と煩悩は寂静〔である解脱を得ること〕にならない、といって、無我の智恵だけが有(生存)〔・輪廻〕の根本を切断するものだときわめて明らかに説かれた〔教〕これは、中観の『修習次第』においてもまた、〔シナの〕ハシャン〔和尚〕※1 に対する侵害として引用された〔のです。です〕から、〔無我の見が無くてはならないさま〕これについて〔解脱を欲する者たちは〕決定を獲得することが (Ch72b) 必要です。〔なぜなら、〕外道の〔諸々の〕仙人たちにも〔静慮と等至の〕等持と神通〔と無量〕などの多くの功徳があるけれども、〔このような〕無我の見が無いので、〔百の苦労でもって努力しても〕輪廻を少しも越えることができないからです。※2

それと同じく、前に〔止住の個所に〕引用した『菩薩蔵経 Byang chub sems dpa'i sde snod』(Ch73a)※(訳註1-6) にもまた、「聖教に (B566) 説明された (H324b) 真実を知らなくて、ただ等持ほどで満足してから、それについて甚深の義を修習する道※2 として増上慢をなしたことにより、輪廻から解脱しないこと※3、そして※4 〔如来・〕私はそれを意趣して、他から〔教誡〕聞くもの※6 は老・死から解脱することになる※7、とも宣べた。」といって、教主〔仏陀〕自らが自らの意趣を承けて、明らかに説明なさったのです。

〔その意味もまた、〕他から〔教誡を〕聞くことは、他者〔・上人〕から無我の〔真実義の誤らない口訣の〕説明を〔自ら〕聞くこと (K339a) です。※8

(Ch73b)※(訳註1-7) 〔その理由に〕よって、〔自相続に所属しない〕外から勝れた〔善巧であり益する悲愍ある〕善知識に無我の義を〔誤らず〕聴く〔のを通じて〕聞・思の何〔を〕も〕していなくて、※1「〔自らの〕内から〔自然に〕生じた」と取らえるのを否定するために、〔仏陀が〕「他から聞くことは」などと説かれたことは〔判断し決定するので〕、間違いない。」※2

一般的に勝者(仏世尊)の聖教すべては、〔仏説の〕或るものは直接に真実を説く。直接※3 に説かないものたちもまた、間接的に〔真実の説示〕それに趣くし、流入する※4 (D366b) ものだけです。※5 (Ch74a)〔それもまた、〕真実を知る〔智恵〕光明が生起していない間は、〔我だとの〕迷妄の闇を止めないし、〔その光明が〕生起したなら〔必ず〕止める〔のです。です〕から、〔心が一点に専注した〕心一境性の止住ほどでは浄らかな智慧〔を得ること〕※6 にならないし、〔我だとの〕迷妄の闇も止まない〔し、それが止まないなら輪廻に彷徨うことが必定な〕のです。ゆえに、〔必ず〕「真実〔である〕無我の義を決定〔し証得〕する智恵を探し求めよう」と思って、必ず〔そのような〕智恵を〔重要だと捉えて、〕探求(尋求)することが必要です。

『修習次第中篇 sGom rim bar pa』※(訳註1-8) に、「次に、止住が成就してから、勝観を修習しよう。このように思惟しよう ― (Ch74b) 世尊のお言葉すべては、良く説かれている。※1 現前に〔直接的に〕または (H325a) 経過により〔間接的に〕※2 真実を明らかにするものと真実に趣くものです。真実を知ったなら、〔例えば〕光が生じたことにより闇を除いたのと同じく、〔我見などの悪〕見の〔次々関連した〕網※3 すべてを離れ〔て、浄らかな智慧を得てから、解脱す〕

ることになるのです。ただ止住ほどでは、〔我だと迷妄な眼翳を離れた〕智慧は清浄になら
ないし、〔解脱道への〕障礙の〔迷妄の〕闇をも除去することにならない。しかし、〔真実
を決定する〕智恵でもって〔たびたび伺察して、〕真実を（**Kyt258**）良く〔無顛倒に〕修習
したなら、智慧は清浄になり、真実を〔現前に〕証悟することになる。智恵こそによって障
礙は正しく（B567）断除されることになる。よって、〔修習者の〕私は止住に住して、智
恵により真実を〔方便のすべてより義（内容）のすべてを〕完全に探求（周遍尋求）（K339b）
しよう。（Ch75a）〔智恵が無くて〕止住ほどで充分だと取らえないようにしよう。〔では、
探求されるべき〕真実はどのようなものかというなら、勝義として事物すべては〔各自の在
り方の究竟において、否定されるべき〕人と法の二我について空であることです。」という
のです。

　その真実もまた、〔六〕波羅蜜の中では智恵の波羅蜜（般若波羅蜜）によって証得される
のですが、静慮（禅定）など〔他の五波羅蜜〕によっては（D367a）〔けっして〕証得でき
ない〔のです。です〕から、〔止住のような〕ただの静慮ほど〔を獲得したこと〕を智恵の
波羅蜜〔を獲得した〕と錯誤しないようにしてから、〔真実を決択する〕智恵（般若）を生
ずることが必要です。

　〔その理由も、〕『解深密経 *dGongs 'grel*』^{（訳註1-9）}に、「世尊よ、菩薩は諸法の無自性であるこ
と[※]を、どの波羅蜜でもって取らえるのでしょうか。観自在〔菩薩〕よ、（Ch75b）智恵（般
若）の波羅蜜でもって取らえる。」というのです。

　それを意趣なさって、前に〔止住の個所に〕引用したように、『修信大乗経 *Theg pa
chen po la dang ba bsgoms pa'i mdo*』^{（訳註1-10）}にもまた、（H325b）「智恵に住していないな^{※1}
ら、^{※2}諸菩薩の大乗への信が大乗において^{※3}どのように為していても、^{※4}出離すると私は説かな
い。^{※5}」と説かれているのです。^{（訳註1-11）}

　〔止住のみでは不充分であり、勝観が必要である〕そのようならば、

4-2-2-2-3-3-3-1-3-3-2-6-2

第二：勝観の学び方には、四つ —

1）勝観の資糧に依ることと、

2）勝観の区別と、

3）勝観を修習する仕方と、

4）修習したことにより、勝観が成就する度量（基準）です。

4-2-2-2-3-3-3-1-3-3-2-6-2-1

第一^{（訳註1-12）}**〔：勝観の資糧に依ること〕**（Kyt259）

^{（訳註1-13）}〔真実を説く勝者の〕聖教の枢要を顛倒なく知っておられる〔勝れた〕賢者に親近^{※2}〔する仕
方を無顛倒に^{※3}〕してから、無垢の〔正しい〕教義を聞き、（Ch76a）聞と思〔所成〕の智恵
によって真実を証得する見を生じさせるのは、勝観の因〔である〕資糧が無くてはならない
のです。〔なぜなら、〕あり方〔すなわち真実〕の義について^{※4}究明〔して証得〕する見が無
いのなら、如実（あるがまま）を証得する勝観の証得が生ずることは〔けっして〕ありえな
いからです。

12

　　（訳註1-14）
　そのような見〔の究明〕もまた、〔四依の中では〕（K340a）未了義〔の『経』ほど）に
〔信認して〕に依らず、了義〔の『経』〕に〔信認して〕依ることにより、探求することが
　　　　　　　※2
必要です〔。です〕から、未了義・了義の（B568）区別を知ってから、了義の（D367b）
聖教の義を了解することが必要です。〔了解〕これもまた、〔いつも欺かないで決定するの
　　　　　　　　　　　　　　　　　　　　　　　　　　　　　　　　　※3
を通じて〕量（基準）となった大車〔のように道を拓く大先達〕によって、〔『経』の〕意
趣を（Ch76b）〔如実に〕註釈した論書に〔依ることが必要です。〕依らないなら、〔生来
　　　※4
の〕盲人が導く者なしに危険な方向へ行くのと同じ〔で、破滅することになる。です〕から、
　　　　　　　　　　　　　　　　　　　　　　　　　　　　　　　　　　※5
顛倒の無い意趣註釈〔の論書〕に〔必ず〕依るべきです。
　　（訳註1-15）※1
　　〔では、〕どのようなものに依るべきかの意趣註釈は、仏世尊自身により〔勝者の〕教え
　　　　　　　　　　　　　　　　　　　　　　　　　　　　※2
の心髄〔である〕有るのと無いのとの辺すべて（H326a）を離れた〔真実である〕甚深な義
を註釈することを、多くの〔顕教の〕経・〔密教の〕タントラにきわめて明瞭に授記（予言）
　　　　　　　　　　　　　　※4　　　※5
された〔殊勝な人物〕「聖者ナーガールジュナ（龍樹）」といって三つの地に周知された彼
　　　　　　　　　　　　　　　　　　　　　　　　　　　　　　　　　※6
〔こそ〕です〔。です〕から、彼の本文に依って空性を証得する見を探求すべき（Ch77a）
　　　　※7
（Ch77b）です。
　　※8

　　　　　　　　　　　　　　　　　　　　　　　　　（訳註1-16）
　　〔それに依って法を探求する仕方〕これには、三つ—

1)　〔何を通じて未了義・了義になるべきかの〕未了義と了義との聖教を確認することと、

2)　ナーガールジュナの意趣を註釈する仕方がどのように生じたのかと、

3)　空性の見を決択する仕方です。

4-2-2-2-3-3-3-1-3-3-2-6-2-1-1
　　　　　　　　　　　　　　　　　（訳註1-17）
第一〔: 未了義と了義との聖教を確認すること〕

〔問い:〕真実を証得したいと願う〔解脱を欲する〕者たちは、勝者の聖教〔を中心に取ら
えて、それ〕に依ることが必要です。〔依られるべき〕聖教もまた、〔同じでない〕様々な
教化対象者の思惟の力によって様々〔なものが出ているの〕です。ですから、〔聖教の〕ど
のようなものに依って、甚深な義を探求すべきかと思〔って問〕うなら、
　　　　　　　　　※
〔答え:〕了義の聖教に依って真実を証得することが必要です。
　　（訳註1-18）
〔問い:〕では、〔聖教の〕どのようなものが了義〔であるし〕、どのようなものが未了義
　　（Ch78a）であるか、と思〔って問〕うなら、
　　　　　　　　　　　　　　　　　　　　※1　　　　　　　　　　　　　　　　　　　※2
〔答え: 聖教の未了義・了義〕これは、所詮〔の内容〕を通じて設定されています。〔すな
　　　　　　　　　　　※3　　　　　　　　　　　　　　　（訳註1-19）
わち〕勝義を説くのが（D368a）了義〔であるし〕、世俗を説くのが未了義の（K340b）教
説と取らえています。

　そのように〔取らえることの必要性も〕また、『無尽意所説経 Blo gros mi zad pas
　　　　（訳註1-20）
bstan pa』に、「了義の経は何か、未了義の経は何か（Kyt260）というなら、世俗を立証す
　　　　※2　　　　　　　　　　　　　　　※3　　　　　　　　　　　　　※4
るのを説いた経それらは「未了義」という。勝義を立証するのを説いた経それらは「了義」
　　　※5　　　（B569）様々な句（ことば）や字音を（Ch78b）説いた経それらは「未了義」と
という。　　　　　　　　　　※6　　　　　　　　※7　※8　　　　　　　　　　　　※9
　　　　※10　　※11　　　　　　　　　　　　　　　※12　　　　　　　※13
いう。甚深〔である〕見がたく証得しがたいことを（H326b）説いた経それらは「了義」と
　　※14
いう。」といいます。

〔問い:〕では、〔所詮の〕世俗を説いたことにより未了義となる世俗の説き方〔の定義内容〕

それは、どのようなものであり、勝義を説いたことにより了義となる勝義の説き方それもまた〔定義内容は〕、どのように説いたもの〔により決定することが必要〕であるか、と思うなら、

〔答え:〕これもまた、その『経』にきわめて明らかに説かれています。『同経』(Ch79a) に、（訳註1-21）「我と有情と命者と養者と士夫（プルシャ）と人（プドガラ）とマヌ生まれ（意生）とマヌの子（儒童）と作者と受者がさまざまな言語でもって説明されるべきもの — 主が無いのを、主が有るように説いた契経それらは、「未了義」というのです。(Ch79b) 空性と無相と無願と無作と無生と生じていないのと、有情が無いのと命者が無いのと人が無いのと、主が無いの〔という、諸々の〕(D368b) 解脱門を説く契経それらは、「了義」というのです。」といって、無我と無生などを戯論（言語的な広がり）を断除した仕方により説くものどもが了義、そして我などを説くのが未了義と、説かれた〔のです。です〕から、無我と無生などが勝義〔であり〕、そして生 (K341a) などが世俗であると知るべきです。(Ch80a)

〔それだけでなく〕『三昧王経 Ting nge 'dzin rgyal po』にもまた、（訳註1-22）「空性が善逝によって説明されたように、了義経の差別を知る。そこに有情、人（プドガラ）、士夫（プルシャ）が説かれた〔ところの〕法そのすべては、未了義と知る。」と説かれています。（訳註1-23）

〔論書の〕『中観光明論 dBu ma snang ba』にもまた、「ゆえに、(H327a) 勝義を述べたものだけが了義ですし、逆のものは未了義である、ということを了解すべきです。

(Ch80b)『聖入一切仏境智慧 (B570) 光明荘厳経 'Phags pa Sangs rgyas thams cad kyi yul la 'jug pa ye shes snang ba'i rgyan』にも「了義であるものそれが勝義です」と説かれていて、生が無いことなども、『聖無尽意 (Kyt261) 所説経 Blo gros mi zad pas bstan pa』に「了義です」と説かれています。よって、「無生などだけが勝義である」ということが決定する。」と説かれています。（訳註1-25）

ゆえに、〔ナーガールジュナが造られた〕中観の「正理の聚」および〔その〕意趣註釈〔、量（認識基準）になった論書〕は、了義を如実に説く〔論書である〕と取らえます。〔なぜなら、それらは、自性による〕生・滅などの戯論の集まりをすべて離れた勝義を、広汎に決択するものであるからです。（訳註1-26）

〔問い:〕なぜ、そのように〔勝義諦を説く『経』と世俗諦を〕説く〔『経』〕その二つについて (D369a)「未了義と了義」というのか、と思〔って問〕うなら、（訳註1-27）

〔答え:了義経〕これの〔所詮の〕義（内容）を (Ch81a) 他に導くこと (drang) ができないから、「〔決定した義である〕了義」または「義の決定」というのです。〔なぜなら、所詮の〕その義は真実の義であるので、決択されるべきものの究極であるからです。それ以上は〔他の義へ〕導きえないし、それより他に他の者が導くことは適切でない。〔なぜなら、それは、立証するもの・〕能成の量（認識基準）をそなえているからです。

そのようにまた (K341b)『中観光明論 dBu ma snang ba』に、「了義もまた、何をいうかというなら、量を具えていて、勝義に関して説明したものです。〔なぜなら、〕それは、それより別のことへ他者によりどこにも導くことができない (H327b) からです。」といいます。(Ch81b)（訳註1-28）

^{（訳註1-29）}〔『同論』に〕そのように説かれたことの力により〔間接的に〕、〔まだ導かれるべき〕未了義を知ることができます。〔すなわち、『経』〕これの義を説かれたとおりに取らえる^{※1}のは不適切であって、意趣を説明してから、他の義に〔変えて〕導くことが必要であるもの、または言葉どおりに取らえたのでよいけれども、ただそれほどのことは究極の真実ではなくて、それより他に今なおそれの真実を探求することが必要です〔。です〕から、導かれるべき〔未了〕義、または義が導かれるのが必要であるものです。

^{（訳註1-30）}〔或る人は、〕「〔諸々の〕了義の契経は声（ことば）どおりであるから、その契経に、生は無い、人（プドガラ）は無いなどと出ているなら、生と人（プドガラ）〔など〕は全く無いと取らえることが（Ch82a）必要です。そのようでないなら、（B571）声（ことば）どおりでないことになるから、未了義〔の『経』であること〕が帰結する。」と言うものも〔ある。正理により〕妥当するとは見えません。

そのように〔『経』に〕説かれる者の教主〔、仏陀〕が、生などを否定するならば、勝義〔として〕の差別（限定）を適用した多くの了義の（D369b）契経が見られるし、〔その『経』の個所に〕差別（限定）の適用一つが〔前後どこかに〕出ていたなら、〔その適用が〕出ていない場合においてもまた、共通の法であるから、〔必ず〕適用することが必要です。それもまた、その法〔である生など〕の真実であるから〔了義・勝義として成立しているが〕、そのように〔了義を中心に直接的に〕説くそれが、どうして了義でないことになるのでしょうか。（Ch82b）〔なぜなら、〕そのようでないのなら、生の一般が否定されたから、〔生の〕差別（限定）の句（ことば）もまた否定されたことが必定であるので、〔所詮を〕そのように説く了義の経こそもまた設定できないからです。〔その理由に〕よって、『経』や論書それの〔差別（限定）を適用することが必要な〕一般のあり方を〔『経』・論書の〕前後に語ったものを適用しないで、わずかな句（ことば）一つの表面の説く度量（程度）を声（ことば）（K342a）どおりに取らえること〔ほど〕は不適切です〔。です〕から、（Kyt262）了義（Ch83a）の聖教であることは滅しないし、その句（ことば）の説いた度量（かぎり）を声（ことば）どおりに取らえるのは適切である（H328a）こと〔ほど〕によっても、未了義〔の聖教〕でないことにはならないことを、知るべきです。

4-2-2-2-3-3-1-3-3-2-6-2-1-2

第二：ナーガールジュナの〔仏の〕意趣を註釈する仕方がどのように生じたのか^{（訳註1-32）}

〔問い:〕そのように、一切法において自性により生ずることと滅することなど〔自性により成立したもの〕は何も無いことを説く『般若波羅蜜経 *Sher phyin gyi mdo*』などの〔大乗の了義の〕聖教〔の意趣〕を、顛倒なく註釈する^{※2}ナーガールジュナ（龍樹）の意趣を註釈する〔註釈者の前後の〕次第は、どのように生じたのか、と思うなら、

〔答え:〕これについて、アーリヤ・デーヴァ（聖堤婆）は、軌範師ブッダパーリタ（仏護）^{※4}とブハーヴィヴェーカ（清弁）と（Ch83b）チャンドラキールティ（月称）^{※6}とシャーンタラクシタ（寂護）^{※7}などの〔帰謬派・自立派の立場を持つ〕偉大な中観派の〔最高に有名な無数の〕人たち〔が出たが、彼ら〕もまた、軌範師〔ナーガールジュナ〕と同じく量（基準）〔だと取らえて、信認の処〕となさっている〔のです。です〕から、〔ナーガールジュナとアー

リヤ・デーヴァの〕父子両者は、他の中観派の人たちの根拠であるから、〔チベットの〕先代の〔学者の〕人たちはその二人について (D370a)「基本書の中観派 (gZhung phyi mo'i dBu ma pa)」といい、他の〔中観派の〕人たちについては「立場を持った中観派 (Phyogs 'dzin pa'i dBu ma pa)」という言説を〔設立〕しました。

〔中観派〕それについて、〔チベットの〕先代の或る〔偉大な〕善知識は〔次のように〕いう ―「言説を設立する仕方を通じて (B572) 名をつけた〔場合、〕中観派は二つ ―〔すなわち、〕言説として外側が有ると主張する経量部中観派 (mDo sde spyod pa'i dBu ma pa) と、言説として外側は無いと主張する瑜伽行 (Ch84a) 中観派 (rNal 'byor spyod pa'i dBu ma pa) です。勝義を主張する仕方を通じて名をつけたのもまた、二つ―〔すなわち、〕現れと空性との二つの集積が勝義諦だと主張する幻理成立派 (sGyu ma rigs grub pa) と、現れにおいて戯論を断除したほどが勝義諦だと主張する無住論者 (Rab tu mi gnas par smra ba) です。その (K342b) 二つ〔のうち〕の前者は、軌範師シャーンタラクシタとカマラシーラなどであると主張するし、幻術のような〔中観派〕 (H328b) と無住〔の中観派〕との言説は、〔チベットだけでなく〕インド人の或る軌範師もまた主張します。

一般的に中観派を自称するインド・チベットの軌範師の或る人はそのように主張するものもある〔のです。〕けれども、 (Kyt263) 軌範師ナーガールジュナに従う中観派の〔立場を持つ〕偉大な人 (Ch84b) たちの流儀はどのようであるかを決択すべきですが、微細なこと〔すべて〕を誰が説明できるでしょうか。

さらにまた、〔大翻訳師の『書簡・甘露の滴』〕「勝義を主張する仕方を通じて二つに設定したのは、愚か者〔たち〕が驚きを生じさせる設定〔ほど〕です。」といって、大翻訳師〔ゴク・〕ロデン・シェーラプ (Blo ldan shes rab) が仰るのは、〔妥当であるし、〕きわめて良いのです。 (Ch85a) 〔なぜなら、チベット人が幻理成就などを主張する〕彼らの主張は、正理知〔である〕比量により量られる (D370b) 義ほどを勝義諦だと主張すると見えるが、正理知の〔直接的な〕所量〔である幻術のようなもの〕は勝義諦と一致するから「勝義」と〔名を〕つけられたことが、 (Ch85b) 〔シャーンタラクシタ著〕『中観荘厳論 dBu ma rgyan』と〔カマラシーラ著〕『〔中観〕光明論 sNang ba』の両者に、説かれているからです。〔シャーンタラクシタ以外の〕他の偉大な中観派の人たちもまた、正理によって戯論を断じた義それほどが勝義諦だとは主張なさらないので、良くないのです。

〔ナーガールジュナの意趣を註釈する次第の生じ方〕これについて、軌範師イェシェーデ (Ye shes sde) は〔『見の差別』において次のように〕いう ― (Ch86a)「軌範師聖者〔ナーガールジュナ〕父子が『中論』を造られたの〔ですが、そこ〕には、外の義の有る・無しのさまを明らかになさらなかった。その後で軌範師ブハーヴィヴェーカは、唯識の立場を〔正理により〕論破した ―〔すなわち、〕言説として外の義は有る〔という、中観の〕立場を〔新たに〕設立した (B573)。〔その設立の後〕それから、軌範師シャーンタラクシタは、瑜伽行派〔すなわち唯心派〕の本文に依って、言説として外側は無いのと、勝義 (K343a) として〔内の〕心は無自性であることを説く中観の不同の (H329a) 理趣を〔新たに〕造られた〔のです。です〕から、中観は二種類に生じたし、前者 (Ch86b) を経量部中観派とい

い、後者を^{※6}（Kyt264）瑜伽行中観派と名付けた」と説明するの〔です。それ〕は、生じた次^{※7}
第はそのとおりだと思われます。^{※8（訳註1-42）}

けれども、軌範師チャンドラキールティは、言説として外側〔の義（もの）〕が有ると主^{※9}
張なさるが、他の学説論者と〔も〕一致しないから、「経量部〔中観派〕」というのは適切^{※10}
ではありません。同じく毘婆沙師と〔学説〕一致すると主張することもまた、きわめて不合^{※11}
理です。^{※12（訳註1-43）}

^{（訳註1-44）}雪山国〔・チベット〕の〔アティシャ以降の仏教〕後伝期の〔諸々の〕学者たちは、
（Ch87a）中観派について（D371a）帰謬論証派と自立論証派〔という〕二つの言説を為す^{※1}^{※2}
の〔です。それ〕は、〔チャンドラキールティ著〕『〔根本中論の釈論・〕明句 *Tshig gsal*』〔に^{（訳註1-45）}^{（訳註1-46）}
説明されたこと〕と一致するから、自作だとは思いません。^{※3}

よって、言説として外側〔の義（もの）〕を主張する〔中観派と〕、主張しない〔中観派^{※4}
と〕の二つに決定するし、勝義〔である〕空性を決定する見を〔心〕相続に生じさせる仕方^{※5}
を通じて名づけるとしても、帰謬派・自立派の二つに決定するのです。（Ch87b）^{※6}^{※7}

^{（訳註1-47）}〔問い：〕では、それら軌範師たちの誰に従って、聖者〔ナーガールジュナ〕父子の〔見を
決択する〕意趣を〔無顛倒に〕探求するのか、と思うなら、^{※1}

〔答え：〕大主尊（Jo bo chen po. アティシャ）が軌範師チャンドラキールティの立場を中^{※2}^{※3}
心となさったと見えるの〔で、大主尊〕に従って、この〔道次第の〕教誡の〔伝承の〕先代^{※4}
の上師たちもまた、〔チャンドラキールティの〕その立場を〔量（認識基準）にして、〕中^{※5}
心に取るの（Ch88a）です。

^{（訳註1-48）}〔そのように中心に取らえる〕軌範師チャンドラキールティは、〔ナーガールジュナの主
著〕『根本〔中論〕・般若 *rTsa she*』の註釈者たちの中では、軌範師ブッダパーリタが聖
者〔ナーガールジュナ〕の意趣を〔誤らず〕完全に解釈したとご覧になってから、その流儀^{※1}
を基本に置くし、〔中心になさった。さらに〕軌範師（H329b）ブハーヴィヴェーカの〔註
釈の〕善釈の多く〔の分〕をも（K343b）承けて、〔彼の『註釈』における説明の仕方が〕^{※2}
妥当しないと見えるわずかなことは論破して、聖者〔ナーガパーダ〕の意趣を〔如実に〕註^{※3}
釈なさったのです。

〔ゆえに、〕この〔ブッダパーリタとチャンドラパーダ〕二人の軌範師の註釈は、聖者
〔ナーガパーダ〕父子の（B574）本文〔『根本般若』など〕を説明するにあたって、〔何
よりも〕大いに完成していると見えるから、ここにおいては、軌範師ブッダパーリタと吉祥あ^{※4}
るチャンドラキールティとに従って、聖者の意趣を〔無顛倒に〕（Ch88b）決択しましょう。

4-2-2-2-3-3-3-1-3-3-2-6-2-1-3

第三：空性（D371b）**の見を決択する仕方**〔そのものを説明する〕には、二つ —

1)〔初めに〕真実に入る次第と、

2)〔その後に〕真実を決定することそのもの、です。

4-2-2-2-3-3-3-1-3-3-2-6-2-1-3-1

第一〔**：真実に入る次第**〕^{（訳註1-49）}

〔問い：入る次第〕ここにおいて得られる真実〔すなわち〕涅槃は、何だろうか、それを得^{※1}^{※2}

１．序論　　17

る方便〔である〕真実〔の証得〕に入ることもまた、どのようなものを通じて入る〔ことが必要な〕のだろうか」と思〔って問〕う (Kyt265) なら、

〔答え:〕外と内のさまざまな諸法は^{※3}、^{※4}真実でないながら^{※5}、真実〔のさま〕として現れる —^{※6}このすべてが^{※7} (Ch89a) 習気とともに〔断除したのを通じて〕寂静であることにより、〔「私」と「私の」として執らえる〕我と我所の執^{※8}が^{※9}一切相（全面的）に尽きたのが、ここにおいて^{※10}得られるべき真実〔である〕法身です。

真実〔の証得〕にどのように入るか〔方便〕の次第^{※11}は、最初に輪廻の過ち・過失^{※12}を思惟して^{※13}、厭離する。〔輪廻〕それについて棄てたいと〔強く〕欲するのが生ずることが必要です。
_{（訳註1-50）}
次に、〔輪廻〕それは因^{※1}が止まらないなら、止滅すると見えなくて、輪廻の根本は何であるかと思い、その根本を究明〔することが必要です。そう〕したことにより、有身見または無明^{※2}が輪廻の根本になるさま〔の伺察、究明〕について、決定を徹底的に導いてから、(Ch89b) それを捨てたい非作為の意欲が生ずることが必要です。　(H330a)
_{（訳註1-51）}
次にこの有身見の止滅それは、〔有身見〕それにより執らえられた我が〔永久に〕無いこと〔無我の理趣を良く〕を証得する (K344a) 智恵が生ずることに〔必ず〕掛かっていると見てから、我^{※1}それを否定することが必要であると見るのです。我それ^{※2}が有るのに対して侵害するものと、無いこと〔にとって〕の立証するもの〔である〕教と正理に依って決定を獲得することが、解脱を希求する〔者である〕なら、無い〔という〕方便は無いのです。

そのように我と我所に自性〔による成立〕が少しも無い (D372a) ことを決定する見を獲得してから^{※3}、その義を数習したことにより^{※4}、法身を得ることになるのです^{※5}。(Ch90a)
_{（訳註1-52）}
それもまた、『明句 *Tshig gsal*』(B575) に、「もし、諸々の煩悩と業^{※1}と身と作者と果^{※2}— これらすべては、真実ではない^{※3}。けれども、ガンダルヴァの都〔すなわち、しんきろうの^{※4}都〕などのように^{※5}、真実ではないながらに、幼稚な者〔すなわち凡夫〕たちには (Ch90b) 真実の形相として現れる^{※6}のであるとしても^{※7}、ここにおいて真実は何であり^{※8}、真実に入ること^{※9}もどのようにであるか^{※10}、というなら、述べましょう — 内と外の事物を認得しないことにより^{※11}、内と外に我の執と我所の執^{※12}が^{※13}一切相に^{※14}尽きたこれが^{※15}、ここにおいて真実です^{※16}。真実に入ることは、〔『入中論』に〕「あらゆる煩悩・過失は (Ch91a) 有身見^{※17}から生ずると知により^{※1}見たし^{※2}、我がこれの対境だと証得してから^{※3}、ヨーガ行者は我を否定する。」などというこ
_{（訳註1-53）}
とにより^{※4}、『入中論 *'Jug pa*』より求めるべきです^{※5}。」^{※6}というし、ここにヨーガ行者が真実^{※7} (H330b) に入りたいと欲して^{※8}、〔貪などの〕煩悩と〔生老など〕過失^{※9}を残らず^{※10} (Ch91b) 断除したいと欲する^{※11}のは、〔初めに〕「この輪廻は何を (K344b) 根本としたものであるか」^{※12}といって、そのように尋思する。彼は (Kyt266) そのように尋思するなら^{※13}、〔その力により〕輪廻は〔我執と我所執の〕有身見を根本としたものと見るし^{※14}、我が有身見それの所縁であると見る。我^{※15}が認得されないことにより^{※16}、有身見は断除されるし、それを (D372b) 断除した^{※17}ことにより、〔貪など〕煩悩と〔輪廻の生老などの〕過失は残らず止滅すると見る (Ch92a) 〔のです。です〕から^{※18}、我執の対境〔である〕「我」といわれるこれは何かといって、一番最初に我こそについて〔正理による妙観察を通じて〕尋思〔し、伺察〕する、と、説かれているのです^{※19}。(Ch92b)

〔訳註1-54〕※1
　無量である有法（dharmin. chos can. 主題）個々について、自性〔による成立〕を否定
※2
する多くの正理を説かれているが、ヨーガ行者が〔行持（実践）にあたって初めに〕入ると
き、要約して我と我所〔の二だけ〕において自性〔による成立〕が無い〔・無自性である〕
※3
ことを決択してから、修習すること ── これが、『根本〔中論〕・般若 rTsa she』の第十八
章の義であると（B576）、軌範師ブッダパーリタが説かれたのに依って、軌範師チャンド
※4
ラキールティはなさったのです。〔彼の著〕『入中論 dBu ma la 'jug pa』の人無我を説く
こともまた、〔『根本中論』〕第十八章こそを広く説明するのです。
※5
〔訳註1-55〕　　※1
　〔問い：〕もし、（Ch93a）ここには大乗者〔に関して〕の真実への入り方を説くのではな
※2
いのか。よって、我と我所の執を尽きさせたことほどは、〔大乗において〕得られるべき真
※3
実として〔設立するのは〕道理でないし、〔対境の〕我と我所において自性〔による成立〕
※4　　　　　　　　　　　　　　　　　※5　　　　　　　　　　　　　　　　　　　　　　　　　　　　　　※6
が無いと決択したことほどについても、法無我〔の義〕を決択したことは無いから、真実に
（H331a）入る道として〔設立するのは〕道理でない、と思うなら、
　〔答え：そのような疑いの〕過失は無い。〔なぜなら、〕我と我所の執が一切相に〔断除さ
れたのを通じて〕（K345a）尽きたことには、二つ〔がある。そ〕のうち、煩悩が再び生
じない仕方でもって永久に断除したことは、劣乗にもあるけれども、外と内の〔一切〕法の
※7　　※8
（Ch93b）戯論の兆相すべて〔および習気〕が永久に認得されないことにより〔尽きるよう〕
※9
断除したのは、法身であるから、そして、我に自性が無いと（D373a）証得するなら、〔そ
※10　　　　　　　　　　　　　※11　　　　　　　　　※12
の力により、我〕それの支分となった〔仮設の所依事の〕諸蘊についてもまた、自性が有る
※13
と執らえること〔も〕が、止滅することになるからです。〔例えば、火により〕車が焼けた
なら、〔車の〕車輪などその〔諸々の〕支分もまた〔必ず〕焼けるようにです。
〔訳註1-56〕　　　　　　　　〔訳註1-57〕※1　　※2
　それもまた、『明句 Tshig gsal』に、「依って施設されたもの〔すなわち〕無明の顛倒を
※3　　※4
（Ch94a）有する者たちが我として思いこむ所依となった五蘊これらが、何らかの取（素因）
※5　　　　　　　　　　　　　　　　　　　　　　　　　　　　　　　　　　　※6
こそとして現れる ── これは何か、蘊の相（特徴）が有るものか、あるいは、蘊の相が無い
※7　　　　　　　　　※8　　　　　　※9　　　　　※10　　　　　※11　　　　　　　　　　　　　※12
ものかといって、解脱を欲する者たちは伺察するのです。（Kyt267）一切相に伺察するな
ら、解脱を欲する者たちは、〔それを〕認得しない ── ゆえに、それらに、我が有るわけで
※13　　　　　　　　　　　　　　　　　　　　　　　　　　　　　　　　　※14
はない〔。それ〕なら、我所がどこに有ることになるのでしょうか。我が認得されないから、
我として（Ch94b）仮設する所依〔である〕我所もまた、全く認得されないことになる。
※15　　　　　　　　　　　　　　　　　　　　　　　　　　　　　　　　　　　　　　※16
（B577）あたかも車が焼けたなら、それの〔諸々の〕支分も焼けたから、認得されない ──
※17
それと同じく、ヨーガ行者たちが無我であると証得する ── まさにそのとき、蘊の事物〔と
なった〕我所もまた（H331b）無我であると証得することになる。」といって、我に〔自ら
※18
の側から成立した〕自性が無いと〔直接的に〕証得するとき、我所〔である〕蘊にもまた、
我すなわち自性が無いと〔力により間接的に〕証得する（K345b）〔という〕ことを、説か
れています。
※19
　『入中論の註釈 'Jug 'grel』にもまた、「色などの自体を認得するので、顛倒になってい
〔訳註1-58〕　　　　　　　　　　　　　　　　　　　　　　　　　　　※1　　　　　　　　　　※2
るから、人の（D373b）無我を証得することにもならない。（Ch95a）〔なぜなら、〕我と
※3 にん
して施設する所依〔になった〕蘊を認得するからです。すなわち、〔ナーガールジュナ著『宝
※4
鬘』に、〕「蘊を執らえることがあるかぎり、そこには我執がある」といって、蘊は無自性
〔訳註1-59〕　　　　　※5　　※6

であることを証得しない^{※7}なら、人（プドガラ）の無我を証得しない〔という〕ことを、説かれたからです。

^{（訳註1-60）}〔問い：〕もし、人において〔体により成立した〕自性が無いことを証得する知それこそにより、蘊は〔体による成立について〕無自性であると証得するのであるなら、〔人・法の〕二無我を証得する知恵二つは一つになる〔という〕過失がある。^{※1}（Ch95b）法と人の二つは個別であるから、その二つは無自性であると証得する知二つもまた、個別です。例えば、瓶と柱は無常であると証得する知恵の〔個別である〕ようにです。人は無自性であると証得する知恵それこそによって、蘊は無自性であると証得しない〔のです。それ〕なら、〔『明句』^{※2}に〕人の無我を証得するとき、蘊は無自性であると証得すると〔説かれた義（内容）は〕^{※2}、どのように設定するのか、と思うなら、

〔答え：〕第一の問い^{※3}は承認しないので、後の問い^{※4}を説明しよう。

人が無自性であることを証得する知恵それこそにより、「蘊は無自性である」と〔直接には〕執らえない^{※5}けれども、その知恵により、他を待ったこと（H332a）無しに、蘊は無自性であることを決定する〔他の知である〕決定知を導くことができる〔のです。です〕から、（Ch96a）蘊において自性を増益する増益を断ずることができるのです。^{※6 ※7}ゆえに、人は無自性であると証得するとき、（B578）蘊もまた無自性であると（K346a）証得する〔という〕ことを、説かれたのです。^{※8}（Ch96b）

これもまた、^{（訳註1-61）}『ブッダパーリタ Buddhapālita』に、^{（訳註1-62）}「このように、「我」といわれるものそれが^{※1}（Kyt268）「我所」というのなら、（D374a）我それ^{※2}も無い^{※3}。それが無いなら、「それ^{※4}のこれ^{※5}（Ch97a）である」ということが、どのように妥当になるのでしょうか。」と説かれたように、知るべきです。

例えば、石女（うまずめ）の子^{※6}はありえないと決定するなら、その知恵〔こそ〕によって「〔石女の子〕それ^{※7}の耳などは無い」と執らえないが、〔石女の子〕それの耳が有ると執らえる増益^{※8}を断ずることが可能である〔。同じ〕^{※9}ように、我が真実として無いことを決定するなら^{※10}、それの眼などが真実に有ると執らえることが、止滅することになるからです。

^{（訳註1-63）}〔問い：〕では、自部（仏教学派）^{※1}〔すなわち〕人（プドガラ）は施設有〔すなわち、仮設として有る〕と主張する実有論者たちもまた、人（プドガラ）は勝義として成立しているとは主張しない〔のです。です〕から、〔実有論者〕彼らもまた眼などは自性〔による成立〕が無いことを証得することになる、というなら、

〔答え：〕そのようならば、眼と芽などの粗大なもの^{※2}を、彼らは施設有〔・仮設として有る〕と主張するので、〔実有論者は〕自性〔による成立〕^{※3}が無いと証得することに（Ch97b）なる。

〔問い：〕そのとおりだ、と思うなら、

〔答え：あなたが〕そのように主張するなら、自己の承認^{※4}とも相違しているが、〔中観派が実有論者に対して〕芽などが諦〔として〕無しと立証する必要がなくなるし、善（H332b）・不善の業道が完成したもの^{※5}も相続において設定するし、相続^{※6}もまた無自性であると主張する^{※7}なら、〔ハリバドラ著〕『〔現観荘厳論の〕註釈・明義'Grel pa Don gsal』に、^{（訳註1-64）}「夢と同じ^{※1}ことであるなら^{※2}、〔殺生など〕十の不善〔業道〕と施与など^{※3}は無い〔ことになる〕から、睡

眠していない状態においても、睡眠している状態と同じ^{※4}になるのではないのか」といって、〔不善と施与など〕それら〔法〕は夢と同じ (K346b) (Ch98a)^{※5}諦無しとして中観派^{※6}が語ったことに対して、彼ら〔実体論者〕が〔争論し〕論駁する意味は、無いのです。

（訳註1-65）
　よって、実有論者たちの自己の立場の (D374b) 勝義と世俗として成立している・成立していないのと、中観派の立場の世俗と勝義として成立している・成立していないのとは、^{※1}きわめて一致しない〔大きな差別（ちがい）がある。です〕から、彼ら〔実有論者〕が世俗として主張するものごとは、中観派が量るなら、勝義として成立していること^{※2}と、 (B579)^{※3} 彼ら〔実有論者〕が勝義として成立していると主張するものごとは、中観派のようならば、世俗として成立していることになる^{※4}〔のですが、その〕ことについて、相違（矛盾）は少しも無い〔のです。です〕から、それら〔差別（ちがい）〕は〔細かく〕区別^{※5}すべきです。 (Ch98b)

（訳註1-66）
　さらにまた、彼ら〔実有論者〕の〔立場の〕人（プドガラ）が施設有〔・仮設として有るの〕と、この軌範師〔チャンドラキールティ〕の〔立場の〕人（プドガラ）が施設〔として〕有るのとの二つは、名〔ほど〕が同じであるけれども、義（内容）は〔全く〕同じでないのです。〔なぜなら、〕この軌範師は、彼ら〔実有論者〕には人無我を証得する見^{※1}が無いと、主張なさるからです。〔なぜなら、〕法無我^{※2}を証得しないなら、人無我を^{※3}〔全く〕証得しないと主張なさるからです。

（訳註1-67）
　よって、蘊は実物〔として〕有ると〔承認する立場〕の学説を棄てていない間は、人（プドガラ）もまた実物有り^{※1}と執らえると、この軌範師〔チャンドラキールティ〕は主張なさる^{※2}ので、彼ら〔実有論者〕は人（プドガラ）が^{※3}勝義として無いことを証得するわけではないの^{※4}です。 (Kyt269)

2．真実の決択

4-2-2-2-3-3-3-1-3-3-2-6-2-1-3-2

（Ch99a）第二：真実を決択することそのものには、三つ ——[訳註2-0]

1）正理〔にとって〕の否定されるべきもの（H333a）を確認することと、

2）それを否定することそれは、帰謬論証・自立論証のどれにより為すのかと、

3）その為すことに依って、見を相続に生じさせる仕方です。

4-2-2-2-3-3-3-1-3-3-2-6-2-1-3-2-1

第一〔：正理〔にとって〕の否定されるべきものを確認すること〕には、三つ ——

1）否定されるべきものをよく確認することが必要である理由と、

2）否定されるべきものを確認して（Ch99b）いなくて否定する他者の立場を否定することと、

3）自己の立場〔において〕の否定されるべきものを確認する仕方、です。

4-2-2-2-3-3-3-1-3-3-2-6-2-1-3-2-1-1

第一〔：否定されるべきものをよく確認することが必要である理由〕[訳註2-1]

例えば、「この〔ような〕人はいない」（K347a）といって決定するには、無いはずのその人を〔初めに〕知ることが必要であるように、我が無いこと（無我）（D375a）と〔無自性・〕自性が無いこと（無自性）という義（内容）[※1]を決定するにあたっても、無いはずの我と自性それを良く確認すること[※2]必要です。〔なぜなら、〕否定されるべきものの共（spyi. 概念的イメージ）[※3]が[※4]〔知恵に〕良く浮かんでいないなら、それを否定したの[※5]も、無顛倒に決定〔しないし証得〕しないからです。〔というのは、〕『入行論 *sPyod 'jug*』に、「仮設された事[※1]物[※2]に触れなくては、それの非有[※3]を執らえるわけではない。」と説かれているからです。[訳註2-2]

[訳註2-3]それについて、否定されるべきものの不同の〔種類の〕差別（特定のもの）は無辺であるけれども、〔一部分ほどではなく〕否定されるべきもの〔すべて〕[※1]を要約した根本から否定したなら、否定されるべきものすべてもまた（Ch100a）〔良く〕否定されたことになる。これもまた、否定されるべきもの（B580）の要〔すべて〕の究極の微細なもの[※2]〔があるそれ〕から否定していなくて、〔否定されるべき〕余り[※3]が残ったなら、有る〔という〕辺（極端）[※4]に転落するし、事物〔の諦成立〕への思いこみを生ずるので、有（生存）〔すなわち輪廻〕から解脱することはできません。過大な誤謬から、否定されるべきものの度量（程度）を弁えないで否定したなら、因果〔すなわち〕縁起の次第を破したことにより、断の辺（極端）[※5]に転落するし、まさにその〔断〕見により悪趣に〔必ず〕導かれる〔し投じられる〕のです。ゆえに、否定されるべきものを良く（H333b）確認することが重要です。〔なぜなら、否定されるべきもの〕[※6]これを確認していないなら、常見または断見を間違いなく生じさせるからです。

4-2-2-2-3-3-3-1-3-3-2-6-2-1-3-2-1-2

第二：否定されるべきものを確認していなくて否定する他者の立場を否定すること[訳註2-4]には、二つ ——

1）否定されるべきものの確認があまりに過大であるのを否定することと、

2）否定されるべきものの確認が過小であるのを否定することです。

4-2-2-2-3-3-3-1-3-3-2-6-2-1-3-2-1-2-1

第一〔：否定されるべきものの確認があまりに過大であるのを否定すること〕には、二つ ——^(訳註2-5)

1）〔他者の〕主張を述べることと、（Ch100b）

2）それが妥当しないことを示すこと、です。

4-2-2-2-3-3-3-1-3-3-2-6-2-1-3-2-1-2-1-1

第一〔：主張を述べること〕^{(訳註2-6)※1}（D375b）（Ch101a）

現在〔チベットの〕（K347b）中観の義を語ると主張する者の大部分は〔次のように〕いう —— 生などが真実として成立しているか成立していないのかを伺察する正理によって、色から〔一切〕相智までの一切法^{※2}〔が有ること〕は否定されたのです。〔なぜなら、法の〕どのようなものを承認しているのにおいても、正理によって伺察したなら、観察〔の荷〕に耐える〔のを通じて住に耐える〕ものは微塵ほども無いから、そして、有る・無し（Kyt270）などの四つの句^{※3}〔すなわち辺〕のすべてが否定されたから、〔四句〕そこに収まっていない法^{※4}は〔全く〕無いからです。

さらにまた、真実を〔現前に〕見られる聖者の〔等至の〕智慧は、生・滅や繋縛・解脱などは（Ch101b）何も無いと見られるから、〔聖者の等至智〕それにより量られるとおり〔法の在り方〕であることが必定なので、生などは無い。

もし生など〔が有ること〕を主張するなら、それについて真実を伺察する正理による伺察に、1）耐えるのでしょうか、2）耐えないのでしょうか。

耐えるのなら、正理による伺察に耐える事物が有る〔と主張すべきな〕ので、〔それは〕諦の事物〔としての成立〕になるのです。伺察に耐えないなら、正理によって否定された義が有る〔という〕ことが、どうして妥当するでしょうか。

それと同じく、生などが有ると主張するなら、1）量（認識基準）により成立しているのか、^(訳註2-8) 2）成立していないのか。^{※1}

第一のようなら^{※2}（B581）（H334a）、真実を〔現前に〕見られる智慧は生^{※3}〔など〕は無いと見るので、〔智慧〕それにより〔生などが〕成立していることは妥当しない。言説の眼識^{※4}〔と^{※5}耳識〕などにより〔色などは〕成立していると主張するなら、それら〔眼識など〕が量であることは否定されたから、〔眼識など〕それらは〔色などを〕（Ch102a）立証する〔能成の〕量（認識基準）として〔承認することは〕、妥当しない。『三昧王経 *Ting nge 'dzin rgyal po*』に^(訳註2-9)「眼と耳と鼻〔の識〕も量ではない。舌と身と意〔の識〕もまた量ではない。もしこれら根〔の^{※1}識〕が量であるなら、（D376a）聖者の道により誰に何が為されるのか^{※3}。」といい、〔それだけでなく〕『入中論 *'Jug pa*』にもまた^(訳註2-10)「全面的に世間は（K348a）^{※1}量でない。」と説かれているからです。^{※2}

量（認識基準）により成立していないが、有ると主張することは、〔彼〕自己も主張しないし、道理でもない〔のです。です〕から、妥当しないのです。

もし、生〔などが有るの〕を承認するなら、勝義として〔有るとは〕主張しないから、世俗として〔有ると〕主張することが必要であるのに、それは〔きわめて〕道理でないのです。

〔なぜなら、〕『入中論'*Jug pa*』^(訳註2-11)に、「真実の場合において、何らかの正理により^{※1}、自と他（Ch102b）^{※3}より生ずることが道理でない — その正理により、言説としても^{※5}道理でないなら、あなたの生は、何によってであることになるか^{※6}。」といって、勝義として生を否定する正理により、言説としてもまた〔生を〕否定すること^{※7}を、説かれたからです。

さらにまた、〔諸事物は〕自・他〔・自他両者・無因〕など四つのどれからも生じないが、生ずると主張するなら、勝義として生を否定する〔場合〕にあたって、〔自他など〕四つの句（選択肢）に観察してから否定したことにより、〔勝義として生を〕否定しなかったことになるのです。〔なぜなら、〕それらのどれでもない生が有る（Kyt271）からです。

四つの句のどれかから生ずるなら、他の〔自と自他両者と無因の〕三つ〔からの生〕は主張しないから、他より生ずることが必定であるのに、それは（H334b）道理でないのです。〔なぜなら、〕『入中論'*Jug pa*』^(訳註2-12)に、「他より生ずることは世間からも無い。」と説かれたからです。（Ch103a）

^{(訳註2-13)※1}ゆえに、生を否定するにあたって、〔「勝義として生ずることは無い」といって〕「勝義」という差別（限定）をも適用すべきではないのです。〔なぜなら、〕『明句 *Tshig gsal*』^(訳註2-14)に、勝義という差別を適用することが否定されたからです。^{※2}

^(訳註2-15)〔そのように語る立場〕これについても、或る人は、生などは言説としても主張しないと言う^{※1}。或る人は、〔生などは〕言説として有ると主張するし、すべてもまた〔一致して〕このように、正理によって（D376b）（B582）〔生などの〕諸法において自体により成立しているので^{※3}、自性を否定することはこの軌範師〔チャンドラキールティ〕の立場において〔誰も、〕否認しえない。〔なぜなら、諸法は、勝義と世俗の〕二諦ともにおいて、（K348b）自性による成立を否定したからです。（Ch103b）そのように〔諸法は〕自性が無いのなら、それから何が有るのか。ゆえに、否定されるべきものについて勝義という差別（限定）を適用することは、中観自立論証派だけの立場である^{※4}、といって〔胸を張って〕声高らかに説明する。

4-2-2-2-3-3-3-1-3-3-2-6-2-1-3-2-1-2-1-2

第二：それが妥当しないことを示すことには、二つ —

1) その立場が、中観〔派〕の非共通（独特）の差別法（khyad chos.特性）を否定したことを、示すことと、

2) 〔論理的に〕侵害するものを述べる者たちにより、〔その前主張は侵害されないし、〕論破されていないことを、示すこと、です。

4-2-2-2-3-3-3-1-3-3-2-6-2-1-3-2-1-2-1-2-1

第一〔: その立場が、中観の非共通（独特）の差別法（特性）を否定したことを、示すこと〕には、三つ —

1) 中観派の差別法（khyad chos.特性）を確認することと、

2) その立場がそれをどのように否定したかの仕方と、

3) それについて中観派がどのように回答したか、です。

4-2-2-2-3-3-3-1-3-3-2-6-2-1-3-2-1-2-1-2-1-1

第一〔: 中観派の差別法（特性）を確認すること〕^(訳註2-16)（Ch104a）

〔ナーガールジュナの〕『六十頌如理論 *Rigs pa drug cu pa*』^(訳註2-17)に、「この善により、すべて^{※1}の者が福徳・智慧の資糧を積み、福徳・智慧より生じた二つの殊勝なもの〔である色身と法身〕を得る（Ch104b）ように！」と説かれたように、最上の乗による〔世の〕衆生〔であ^{※5}る〕教化されるべきものたちは、（H335a）〔最後に〕果の分位において殊勝な法身と殊勝な色身との二つを得ることは、道の分位において、前に説明したように方便と智恵〔の二つ〕^{※8}^{※9}が分離していない〔のを通じて〕福徳と智慧の無量の資糧を集積したことに、掛かっている。それもまた、世俗の〔諸々の〕因果 ―〔すなわち〕この〔善と悪など〕因からこれとこれ^{※11}の利徳〔の果〕と過患の果が生起する〔という〕因果 ― の関係について決定を〔心の〕奥^{※12}底から（D377a）導いた、あらゆるもの（如量、尽所有性）〔である方便の分〕について決定を得ること、そして、一切法について〔伺察したなら何にも〕自体により成立した自性は微塵ほども無いとの決定を〔心の〕奥底から獲得した、あるがまま（如実、如所有性）〔である勝義〕について決定を（K349a）得ること〔である智恵との両者〕（Ch105a）を、必^{※13}ず待っているのです。〔なぜなら、方便と智恵との〕この両者が無いなら、方便と智恵との^{※14}両者の〔双運した〕道〔全体の〕分〔すべて〕が揃ったもの（Kyt272）を、心底から学ぶこ^{※15}とは（B583）生じないからです。

　そのように、この果の分位において〔法身・色身の〕二身を得る〔ことが、それに拠っている〕因〔すなわち〕道の要を誤らない所依事〔の二諦を証得する〕見を決択する仕方に掛^{※16}かっている〔のです。その〕見の決択の仕方は、直前に説明した二諦について決定を獲得することこれなのです。

　これは中観派以外の他のどの人の側でも、〔二諦の設立が〕相違の集まり〔のみ〕と見え^{※17}^{※18}^{※19}て、相違しないで説明することを知らないの〔です。それ〕に対して、微細で賢くきわめて^{※20}（Ch105b）広大な伺察をもった賢者〔である〕「中観派」という〔名声の〕彼は、二諦を証得する方便に善巧であるので、〔二諦の設立の〕相違（矛盾）〔が直接的に有るのはもちろん、相違（矛盾）〕の臭いほども無く決択して、仏陀の意趣の究極〔の根本〕を獲得したのです。（H335b）それに依って、自らの教主〔釈迦牟尼仏〕と教えに対して、稀有である^{※21}大きな尊敬が生じたことにより〔自由無く〕導かれた浄らかな語句により、「知慧ある者た^{※22}^{※23}^{※24}ちよ、〔事物が〕自性により空である空性の義（内容）は、縁起の義です。しかし、〔事物・^{※25}^{※26}因果の〕効用の能力について空である〔全く虚無の〕無事物の義ではない」と高らかな声により、たびたび宣言なさったのです。

　自部（仏教学派）の実有論者の学者〔、すなわち、無辺の〕多くの明処（学問技術）にき^{※27}わめて（D377b）習熟した〔伺察のある〕者たちもまた〔知の伺察はあっても〕、〔自己はこのような〕中観の見を承認しないし、〔それだけでなく〕（Ch106a）中観派に対して争^{※28}論するの〔です。その根本〕は、「〔中観派は、〕一切法において自体により成立した自性^{※29}が何も無い〔と承認しているので、〕空である（K349b）なら、繋縛・解脱など輪廻・涅槃の設定すべては設定するところが〔全く〕無い」と思うこと ― まさにこれ〔こそに到るの〕^{※30}です。〔なぜなら、〕『根本〔中論〕・般若 *rTsa she*』^(訳註2-19)に「もしこれらすべてが空である^{※1}なら、生は無いし滅は無い。聖者の四諦は、あなたには無いことが帰結する。」といって、^{※3}^{※4}

〔事物すべてが〕自性〔による成立〕について空であるなら、生・滅と四諦〔の設定〕は〔全く〕妥当しないことになる、というのと、『廻諍論 rTsod zlog』に「もし事物すべての自性がすべてにおいて無いのなら、あなたの句（ことば）もまた自性が無い。（Ch106b）自性を退けることができない。」（B584）といって、句（ことば）に〔自体により成立した〕自性が無いなら、〔その句（ことば）により、自体により成立した〕自性を否定することと無自性を立証することはできない、といって、〔自らの側より成立した〕自性が無いなら、生じさせられるもの・生じさせるものと、否定と肯定（立証）との為される・為す〔という所作・能作すべて〕は妥当しない、と思って争論するのです。これは、〔そのような〕自性を否定する正理により、〔事物すべてにおける〕為される・為す〔という所作・能作〕すべてが〔全く〕（H336a）否定されたと理解して、〔中観派に対して〕争論するのです。

よって、実有論者と中観派との二者が〔各自の〕共通しない学説について争論するなら、自性について空であることにおいて、輪廻・涅槃の設定すべてが設定できるのか、できないのか ―（Kyt273）まさにこれこそについて争論する〔のです。です〕から、〔事物すべてにおいて〕自体により成立した自性が微塵ほども無いのにおいて、生じさせられるものと生じさせるものと否定と肯定（立証）など輪廻・涅槃の設定すべて〔が妥当するの〕を承認したことにより充分である〔という〕ことが、〔まさに、賢者である〕中観派の差別法（khyad chos. 特性）です。

『根本〔中論〕・般若 rTsa she』第二十四章〔「聖諦の観察」〕に、「過失が（D378a）帰結することは、空（Ch107a）においては妥当しないから、あなたが空性を排除することそれは、私においては妥当しない。どこか空性が（K350a）適切である〔ところの〕そこにおいて、すべては適切になる。どこか空性が適切でない〔ところの〕そこにおいて、すべてが不適切になる。」といって、〔上に実有論者により提示された〕「もしこれらすべてが空であるなら、」などという過失は、無自性論者〔・中観派の立場〕において生じないだけでなく、自性〔による成立〕について空である〔と承認する中観派の〕立場において生・滅など〔所作・能作すべての設立〕が適切であるし、自性について空でない〔と承認する実有論者の〕立場においては適切でないことを、説かれています。

そのようにまた、〔第二十四章「聖諦の観察」への〕『明句 Tshig gsal』に、「私たちの立場においては、およそ語られた過失に帰結することが起こらない（Ch107b）ばかりでなくて、さらに諦などの設立すべてが、全く妥当するのです。」と示すために説かれた、〔すなわち、v.14に〕「どこか空性が適切である〔ところの〕」などという本文を提示して〔軌範師チャンドラキールティは〕説明なさりました。

『根本中論 dBu ma rtsa ba』には（H336b）第二十六章〔「十二支の観察」〕により、〔無明など〕十二〔支分の〕縁起の流転門の生ずる（B585）次第と還滅門の滅する次第を教えたが、第二十五章〔「涅槃の観察」〕により、おもに〔それら縁起における〕自性〔による成立〕を否定なさっています。第二十四章「聖諦の観察」により、自性により空でない〔義を承認する〕ことにおいて、生・滅など輪廻・涅槃の設定すべてが不適切であるさまと、自性により空である〔事物を主張する〕ことにおいて、それらすべて〔の設定〕が適切である

さまを、広汎に決択したから、この〔第二十四〕章は他の章すべてに運用するのを知ることが必要です。
^(訳註2-25)
よって、現在、〔このチベットにおいて〕中（D378b）の義を語ると主張する人たちが、自性が無いのにおいて生じさせられるもの・生じさせるものなどの因果〔の設定〕は不適切であることが遍充すると語るのは、〔中観派の立場ではなく〕（Ch108a）実有論者の立場（K350b）ですから、〔中観の道筋の大開拓者〕主ナーガールジュナのご主張は、因と縁〔である〕これとこれに依って果〔である〕これとこれが生ずることと滅することとの因果の設立こそに依って、自性による空と中道を追求することが必要です。〔『根本中論・般若』〕
^(訳註2-26)
第二十四章に、「縁起するものそれは、空であると説明する。それは依っての仮設〔である〕。それこそが中道である。縁起でない（Kyt274）法は何ら有るわけではない。（Ch108b）だから、空でない法は何ら有るわけではない。」といって、縁起において自性により空であることが遍充すると説かれているこれについて、「因・縁に依って生ずること（H337a）には、自性による成立が遍充する」といって、〔ナーガールジュナの所説より〕逆転させて語らないでください。

それと同じく、『廻諍論 rTsod zlog』^(訳註2-27)にもまた、「そこにこの空性がありうるもの — それには、〔諸々の〕義すべてがありうる。そこにこの空性がありえないもの — それには、何もありえない。およそ空と縁起と中道として同一義だと説かれる〔者の〕最上者〔である〕無比の仏陀 — 彼に、帰命いたします。」というし、『空性七十論 sTong nyid bdun cu pa』^(訳註2-28)にもまた、「事物すべては自性により（Ch109a）空であるので、諸事物の（B586）縁起のために、無比の如来は説かれた。」というし、『六十頌如理論 Rigs pa drug cu pa』^(訳註2-29)にもまた、「およそ依らないで、我または世間を思いこむ者彼らは、ああ、常・（D379a）無常などの見により奪われるのです。およそ依って（K351a）（Ch109b）〔諸々の〕事物は真実として成立していると主張する者 — 彼らにもまた、常などの過失それらが、どうして生起しないでしょうか。およそ依って〔生起する諸々の〕事物は、水の〔中に映った〕月のようなものとして、正しくないし誤りではないと主張する彼らは、見により奪われない。」というし、『出世間讃 'Jig rten las 'das par bstod pa』^(訳註2-30)にもまた、「苦しみは、自らにより作られたのと、他により作られたのと、〔自と他の〕両者により作られたのと、因が無いのとを（Ch110a）論理学者は主張する。〔世尊〕あなたは縁起であると説かれた。縁起したものそれこそを、あなたは空であると主張なさる。事物は自在が有るわけではない（H337b）といって、無比のあなたの獅子吼〔である〕。」といって、縁起である〔という〕因相（論拠）により、自性によって空であることこそを説かれています。縁起の義が自性が無い〔という〕空性の義として浮かぶこれが、主ナーガールジュナの不共（独特）の立場です。
^(訳註2-31)
よって、自性が無い〔という〕空性は中観派の側から為されるし、（Ch110b）〔それを為したことにより〕縁起〔である〕因果の（Kyt275）設立は〔中観派〕自己の立場において為しがたくて、他者の側〔ほどとして承認すること〕などに用いることは、縁起の義ではない。^(訳註2-32)〔なぜなら、『根本中論・般若』に〕「どこか空性が適切であるものそこにおいて、〔す

べては適切になる。〕」といって、自性が無いことが彼の立場である〔ところの〕その立場において、輪廻と涅槃の縁起すべてが妥当することを説かれているからです。^{（訳註2-33）}

〔問い：〕では、空性を主張する宗において、輪廻・涅槃すべてが適切である立場はどのようなものであるか、と思うなら、^{（訳註2-34）}

〔答え：〕事物すべては自性により空であると語る者〔、中観派〕は、因・縁に依って（K351b）生起するという因相（理由）によって（D379b）そう語る。これは〔後で細かく〕説明するでしょう。（B587）

そのようならば、〔自性による空性〕それに縁起〔の設定すべて〕が妥当するし、〔縁起の設定〕（Ch111a）それが妥当するなら、苦もまた妥当する。〔なぜなら、〕因・縁に依って生起するものにおいて、苦は設定することが必要であるが、依って生起していないものにおいて、苦は不適切であるからです。〔そのような縁起する〕苦諦があるなら、〔苦〕それが何から生起したかの集〔諦〕と、その苦が滅した滅と、〔滅〕そこへ行く道が妥当するから、〔聖者の〕四諦〔の設定〕が〔必ず〕有るのです。四諦が有るなら、それらを〔順次、苦を遍く〕知ることと〔集を〕棄てることと〔滅を〕現証することと道を修習することが適切です。〔知ること、棄てることなど〕それらが有るなら、〔仏法僧の〕三宝などすべてが〔きわめて妥当し〕適切です。

そのようにまた、『明句 *Tshig gsal*』^{（訳註2-35）}に、「どこか事物（H338a）すべては自性により空であることこれが適切である〔ところの立場〕^{※1}そこには、語られたそれらすべてが^{※2}（Ch111b）適切になる。どのように〔適切に〕なるのかというと、私たちは縁起について^{※3}空性と語る^{※4}—ゆえに、そこに空性これが適切である〔ところの立場〕^{※5}そこには、縁起が適切である。そこに縁起が適切である〔ところの立場〕^{※6}そこには、聖者の四諦が道理になる。どのようにかというと、縁起するものこそが苦となるが、縁起しないものはそうではない。^{※7}それは自性が無いので、空であることになる。苦が有るなら、苦の集と苦の滅と苦の滅に往く道が、適切になる。ゆえに、苦を遍知することと、^{※8}（K352a）集を断除することと、滅を現証することと、（D380a）（Ch112a）道を修習することもまた、適切である。苦などの諦を遍知することなどが（Kyt276）有るなら、〔預流などの〕果は適切になる。^{※9}〔諸々の〕果が有るなら、果に住する者たちが適切である。果に住する者たちが有るなら、〔果に〕向かう者たちが適切になる。果に住するものと向かうものたちが有るなら、僧伽が適切である。^{※10}（B588）聖者の四諦が有るなら、正法もまた適切になる。^{※11}正法と僧伽が有るなら、仏陀もまた適切に（H338b）なる。^{※12}ゆえに、三宝もまた適切になる。世間と出世間の事物すべて^{※13}を殊勝に証得すること^{※14}（Ch112b）すべても適切であり、^{※15}法と非法とその果と世間の言説す^{※16}べても適切になる。^{※17}ゆえに、そのようなら、〔v.14 に〕「どこか空性が適切である〔ところの立場〕そこにおいて、すべてが適切になる。そこに空性が不適切である〔ところの立場〕そ^{※18}こにおいて、縁起は無いので、すべてが不適切になる。」」と説かれているから、適切・不適切〔というの〕は〔各々〕、それら〔設定〕が有ることと無いことについて理解すべきです。

先に引用した『廻諍論』の争論それへの回答においてもまた、無自性であることにおいて^{（訳註2-36）}所作・能作が妥当するとの回答を、軌範師〔ナーガールジュナ〕は明らかになさりました。

『廻諍論 *rTsod zlog*』^(訳註2-37)に、「縁起する〔諸々の〕事物^{※1}それは、(Ch113a) 空であるという。^{※2}縁起する (K352b) それは、無自性であると語る。」と説かれているし、その (D380b)『自註釈 *Rang 'grel*』^(訳註2-38)にもまた、「あなたは諸事物の空性の義を了解しないで、^{※1}「あなたの句(ことば)は無自性であるから、諸事物の自性を否定することは妥当しない」と非難を語^{※3}る。〔しかし〕ここにおいて、縁起する諸事物^{※5}それは空性です。^{※6}なぜかというと、自性が無^{※7}いからです。およそ縁起する事物それらは、自性を有するわけではない。自性が無いからです。なぜか (Ch113b) というと、因と (H339a) 縁を待っている^{※8}からです。もし諸事物が^{※9}自性により有る (B589) なら、因と縁が無くても有ることになるのに、そのようにではない。(Kyt277) ゆえに、無自性です。よって、空であるということを説明する。同じく、私^{※10}の句(ことば)もまた縁起するのです。ゆえに自性が無い。無自性であるから、「空である」ということが妥当するのです。あたかも、瓶と布などはまさしく縁起するのであるから、自^{※11}性は空であるけれども、蜂蜜と水と乳粥を保つことと受けることと、寒さと風と太陽から^{※13}防護することが可能であるの〔です。それ〕と同じく、^{※15}(Ch114a) 私の句(ことば)もまた、縁起するのであるから、無自性であるけれども、諸事物が無自性であることを立証する^{※16}ことが可能である〔のです。です〕ので、それについて、^{※17}「あなたの句(ことば)は無自性 (K353a) であるから、事物すべての (D381a) 自性を否定することは妥当しない」と語っ^{※19}たこと — それは、適切でない、といって、自性により成立しているなら、因・縁を待っていないことと、因・縁を待っているなら、自性が無いことが遍充する〔肯定的な〕随順・〔否^{※20}定的な〕離反と、自性が無い句(ことば)により否定・肯定の為すべきことを為すことが可能であることを、きわめて明らかに説かれています。(Ch114b)

^(訳註2-39)因・縁に依って雑染・清浄の法が生ずるし滅する縁起と、無自性であることとの二つが、^{※1}^{※2}一致した所依事に収まることはもちろんです。(H339b) そのような縁起それこそが無自性^{※3}であると証得すること〔にあたって〕の無上の因相(論拠)になること — これは、賢者〔で^{※4}^{※5}ある〕中観派だけの差別法 (khyad chos. 特性) と知るべきです〔。です〕が、^{※6}依って生ずることと依って滅することには、自体による成立が遍充すると取らえてから、自性〔による成立〕を否定する正理により、生と滅の縁起を遮止した〔と主張する〕なら、天が魔に堕ちる〔喩えの〕ようになってから、中〔道〕の義を如実に獲得すること〔にとって〕の大きな^{※8}障碍になるのです。^{※9}

^(訳註2-40)(B590) (Ch115a) そのようならば、諸法において自体により成立した自性は微塵ほど^{※1}も無い〔という〕決定を導いたなら、因果の関係について自己の立場〔において〕の決定を導くところが無くて、他者の側などにもたらすことが必要であるし、因果について自己の立^{※2}^{※3}場の決定を良く導いたなら、無自性であることについて、自己の立場の決定を導くところが^{※4}無いことになってから、無自性である〔のを説かれた〕ことについて意趣を受けるということ^{※5}にするなら、いまだに中の見を〔如理に〕獲得していないものと知るべきですし、(K353b)^{※6}^{※7}〔中の〕見を獲得する〔方便または〕因として、受けた戒を (D381b) 浄らかに護ることを基本に置いてから、資糧を集積するのと、障碍を浄化するのとの多くの門に (Kyt278) 勤め^{※8}るし、〔勝れた〕賢者に親近してから聞と思に精進すべきです。(Ch115b)^{※9}

^(訳註2-41)
そのような現れ・空について決定を導くことの二つ^{※1}〔の立場〕が集積したことは、有の極^{※2}限ほど〔すなわちありえないほど〕に至っているので、中の見はきわめて獲得することが難^(訳註2-42)しいのをお考えになって、『根本〔中論〕・般若 rTsa she』第二十四章〔「聖諦の観察」〕に、「ゆえに、弱い者が^{※1}この法の底^{※2}を証得する^{※3}のは難しいと知られて、牟尼^{※4}のお心は法を説くこ^{※5}と(H340a)を止めた^{※6}のです。」といい、『宝鬘 Rin chen phreng ba』にもまた、「ひとまず^{※1}、^{※2}この身体は不浄^{※3}、(Ch116a)粗雑^{※4}であるし現量の行境^{※5}〔である〕。常に現れる^{※6}が、心に住^{※7}する^{※8}わけではない — そのとき、正法^{※9}〔すなわち〕依処が無く^{※10}、微細で深く^{※11}、現前〔の対境〕^{※12}でない甚深なそれこそが、どのようにして、心に容易に入るでしょうか^{※13}。この法は甚深であるから、人士が(Ch116b)知ることは難しい^{※14}と了解なさった。ゆえに、牟尼は正覚してから^{※15}、法を説くことを止められた^{※16}。」といって、〔諸々の〕論書と聖教に、きわめて証得し難いことを説かれたのです。

^(訳註2-44)
そのようでなくて、量(権威)を具えた〔『根本中論・般若』など〕本典の或るものに、瓶など〔の諸法〕は自らの支分〔または部分〕と同一であるか別異であるかを伺察する正^{※1}理でもって、自性が無いことを決択すると説かれたことの義(意味)について(B591)錯誤してから、〔初めに〕瓶などは口や首など自らの支分の何である^{※2}かを伺察したなら、それら〔支分〕何としても(Ch117a)〔瓶などは〕獲得されない〔と見える。それ〕なら、「瓶などは(K354a)ない^{※3}」といって決定(D382a)を導く。次に、伺察者〔自身〕についてもまたそのように伺察したなら、「伺察者もまた無い^{※4}」といって決定することになる。そのとき、伺察者が獲得されないなら、「瓶などは無い」といって誰が知るのか^{※5}、と思ってから、「〔瓶などは〕有るのでもなく、無いのでもない」と言うような〔非如理の〕似非の正理一つでもって決定を顛倒に導いたのについて、〔中の〕見を獲得したと設定する(H340b)なら、これは最も易しいと見えるのです。

^(訳註2-45)
ゆえに、〔伺察できる〕知恵ある者たちは、了義の聖教とその意趣註釈の〔権威ある〕^{※1}(Ch117b)論書〔である、諸々の〕中観の正しい本典に、〔自性による〕空性の義は縁^{※2}起の義として説かれたこと〔でもあり〕^{※3}、賢者〔である〕中観派の〔立場の非共通の〕差別法(khyad chos.特性)を特別に、〔究極の註釈者である〕軌範師ブッダパーリタと、吉祥あるチャンドラキールティ〔の二人〕が、聖者父子〔ナーガールジュナとアーリヤ・デーヴァ二人〕の意趣を余りを遺さず註釈した〔究極の〕微細な処、〔すなわち〕縁起に依って無自性であることに決定を与える仕方と、自性により空である〔諸々の〕事物が、因果として浮かぶ理趣について、他者が導くことのできない〔堅固な〕^{※4}決定を、導くべき^{※5}です。(Kyt279)

4-2-2-2-3-3-1-3-3-2-6-2-1-3-2-1-2-1-2-1-2

第二^{※1}：その立場がそれ(中観の特性)をどのように否定したかの仕方^(訳註2-46)

そのように主ナーガールジュナの立場は、諸法において自体により成立した自性が微塵ほども無いことと、〔もしも〕自性により成立しているなら、輪廻・涅槃の設定すべてはなしえないことと、その設定がなしえないのは適切でないから、(Ch118a)繋縛と解脱などの設立すべてを建てることにより、必ず〔事物すべては〕無自性であること〔こそ〕を承認する

（K354b）ことが必要です〔。そうである〕のに、〔チベットの〕あなたたちは、〔反対に、諸々の〕事物において自体により（D382b）成立した自性が無いなら、他の〔残りの〕何があるのか。よって、繋縛・解脱と（B592）生・滅などを否定するにあたって、勝義〔として〕などの差別（限定）を適用することは必要なくて、自性を否定する正理でもって〔すべて〕否定されるのである、と語るの〔です。それ〕なら、無自性〔の事物〕において、繋縛・解脱と生・滅など〔所作・能作すべて〕が設立されたことで充分であるのが（H341a）、どのように否定されなかったのかを、考えてください。[※2]

もし、軌範師〔チャンドラキールティ〕のご主張は、繋縛・解脱など輪廻・涅槃の〔諸々の〕設立は言説として〔為されたの〕であるが、私もまた言説としてそれら〔設定をすること〕を主張するから、〔上のそのような〕過失は無い、と思うなら、[※3]

それは道理ではない。〔なぜなら、〕このように軌範師チャンドラキールティのご主張は、言説としても諸法において、自体により成立した（Ch118b）自性は無いのである〔し、そのとおりである〕と、あなたもまた主張する。そのようならば、自性を否定する正理〔こそ〕でもって、言説としても自性それを否定することが必要であるから、そして、〔あなたは、〕自性を否定する〔そのような〕正理でもって繋縛・解脱などもまた否定されると主張するから、言説としてもまた繋縛・解脱など〔の設定〕が否定されたことが、きわめて明らかです。[※4][※5][※6]

要するに、〔あなたたちは、自らの側から成立した〕自性が無いことと、繋縛・解脱や生・滅などが〔設定できなくて、〕相違（矛盾）すると主張するなら、〔一切法は〕自性により空である〔という〕空において輪廻・涅槃の設立すべてが妥当することは、〔言説と勝義の〕二諦のどれとしても不適切です〔。です〕から、中観派の唯一の差別法（khyad chos.特性）それを、あなたは否定したのです。（Ch119a）[※7][※8]

それらが相違（矛盾）するとは主張しない〔と言う〕なら、自性を否定する正理でもって、否定されるべきものに対して、何も差別（限定）を適用する必要がなくて、生・滅と繋縛・解脱（K355a）などが否定されると主張するものにおいて、正しい因相（理由）は、何も無いのです。[※1][※2][※3]

ゆえに、（D383a）自性〔による成立〕を否定する正理でもって因果〔など一切法〕を否定するなら、無自性であることにおいて生・滅など〔の設定〕は不適切であると主張するのですから、このようなら、〔『根本中論・般若』に〕「もしこれらすべてが空であるなら、生は（H341b）無いし滅は無い。四聖諦はあなたに無い〔という〕誤謬になる。」などといって、第二十四章〔「聖諦の観察」〕に、実有論者〔から〕の争論を提示したのと、「もし（Ch119b）事物すべての自性が（B593）、すべてにおいて無いのなら、あなたの句（ことば）もまた自性が無い。自性を退けることはできない。」といって、『廻諍論 rTsod zlog』に実有論者〔から〕の争論を提示した〔そ〕の〔主張〕と、何の違いも無いことが、きわめて明らかです。[※1][※2][※3][※4]

〔問い：〕もし、自性により空・不空の両者において生・滅など〔の設定〕は適切でない。私たちは〔それと同じく〕、自性により空・（Ch120a）不空のどちらとも承認しないので、

過失は無い。」と思うなら、

〔答え：〕それは〔『根本中論・般若』などの〕本文の義として全く不適切です。〔なぜなら、〕^(訳註2-50)『註釈・明句'Grel pa Tshig gsal』に、「私たちには、生・滅などが妥当しないとの過失が無いだけではなく、四諦などが妥当するのです。」といって立証したし、『根本〔中論〕〔・般若〕rTsa ba』においてもまた、自性により空である〔のを承認する〕宗においてそれら〔設定〕が適切であることと、空でない宗において不適切であることを、良く区別して説かれて^(訳註2-51)いるから、そして『入中論dBu ma la 'jug pa』にもまた、「空である事物^{※1}〔、例えば〕映像など^{※2}、〔因縁の〕集積を待ったものが、知られていないわけでもない。（Ch120b）あたかもそこに（K355b）映像など^{※4}空であるものから識^{※5}その形相が生ずるであろうように、同じく事物（D383b）すべて^{※6}は空であっても、空であるものこそ^{※7}から生ずる^{※8}ことになる。」と説かれているからです。

^(訳註2-52)　さらにまた、繋縛・解脱などが正理でもって否定される^{※1}なら、勝義として否定することは適切でないから、（H342a）世俗として否定することが必要です。そのとき、言説としてもまた輪廻・涅槃の設立すべてを否定する^{※2}〔ことになるが、〕そのような中観派それは、かつて無かったものです。

4-2-2-2-3-3-3-1-3-3-2-6-2-1-3-2-1-2-1-2-1-3

第三：（Ch121a）**それについて中観派がどのように回答したか**^{※1　(訳註2-53)}

事物〔すべて〕が自性により空であるなら、輪廻・涅槃の因果は設立しえないと〔中観派へ〕争論するこれに対して、主ナーガールジュナは、中観派があちらへ投げかけるべき過失を、こちらへ投げかけたものである^{※2}から、反転させて過失を投げかけたいと願われるのです。〔その方軌は、〕『根本〔中論〕・般若rTsa she』第二十四章^(訳註2-54)〔「聖諦の観察」〕に、「あなた^{※1}は自己の諸過失を（B594）、私における過失^{※2}に転換する^{※3}。馬に乗りながら、馬を（Ch121b）忘れた^{※4}ようなものである。もし諸事物が自性より有ると見るなら、そのようであるなら、事物すべて^{※6}は因縁無しとあなたは見る。」というのと、^(訳註2-55)「もしこのすべてが空でないなら、生^{※1}は無いし滅は無い^{※2}。聖者の四諦は、あなたにおいて無いとの誤謬になる」ということなどにより、説かれています。^{※3}

^(訳註2-56)　ゆえに、〔あなたが〕「自体により成立した自性が無いなら、他の何が有るのか。」と〔いう句（ことば）を〕語ることこれは、間違いなく、芽は自性が（Kyt281）無いことと、芽は無いこととの二つの差別（ちがい）を〔全く〕別けていないことが、明らかです。（Ch122a）ゆえに、芽が〔ただ〕有ること〔ほど〕と、（K356a）芽が自体により成立していることとの二つも〔全く〕区別されないので、〔何か法が〕有るならば、（D384a）自体により有るし[※]、自体による成立が無いならば、〔全く〕無いと主張することが、明らかです。そのようでないならば、〔あなたは、〕自体による成立を否定する正理でもって（H342b）、ただ有ることほどと、ただ生ずることと滅することほどなど〔の設定すべて〕が遮止されると、なぜに語るのでしょうか。

　そのように芽など〔の事物〕が有ると認めるそのかぎりは、自体により成立して有る〔のみだ〕と語るし、自体による成立が全く無いなら、〔何の事物も〕全く無いと語るなら、^(訳註2-57)二

つの辺（極端）に転落することは間違いないので、実有論者の理解の仕方と〔あなたの理解の仕方は〕違いが無いのです。〔なぜなら、〕『四百論の註釈 *bZhi brgya pa'i 'grel pa*』に、^(訳註2-58)「〔事物は有ると語る〕実有論者のようなら、（Ch122b）その事物が有るのであるかぎり、自体^{※2}もまた有る。自体を欠いているとき、それにおいてそれら事物は全面的に無い^{※3}〔のです。です〕から、ロバの角と同じであるので、二としての論^{※4}を越えていないから、彼の主張すべ^{※6}ては適合し難くなるのです。^{※7}」^{※8}と明らかに説かれているからです。

^(訳註2-59)　自性〔によって〕の有る・無し（Ch123a）と〔一般的に〕有る・無しのこの四つを、吉祥あるチャンドラキールティが区別したこれを証得していないかぎりは（B595）、間違いなく〔常・断の〕二つの辺（極端）に転落するので、辺を離れた中の義を〔けっして〕証得しないのです。このように〔どの法においても〕自体による成立が全く無いといつか、なったなら、法それは全く無いとなるし、そのようならば、自性により空である空において因果を設立するところは、全く無い^{※1}〔のです。です〕から、断の辺に堕ちるし、またその法（K356b）が有ると主張するかぎりは、（D384b）自体による成立を承認することが必定になる。そのようならば、因果が無自性でありながら〔有自性〕それとして現れる幻術のよう^{※2}なものだとするところが出てこないから、^{※3}〔必ず〕常の辺に堕ちるの^{※3}（H343a）です。

　よって、一切法には自体による成立が微塵ほども本来、無いことを証得するので、有る〔という実在の〕辺に堕ちないのであるし、そうだとしても、芽などの諸事物は効用が可能であ^{※4}ることについて空である〔という、何も無い〕無事物にはならなくて、〔芽などは〕各自の為すべきこと〔、果を生じさせることなど〕を（Ch123b）為すことにおける力が有ることを決定する決定知を導いたなら、無い〔という虚無の〕辺を断除するのです。

　〔そのような〕自性が無いことと、無いこととの二つを明瞭に弁別することは、『明句^(訳註2-60)*Tshig gsal*』にもまた説かれています。すなわち、^{※1}「もしそのように、あなたが諸事物は（Kyt282）無自性であるのを設立したなら、では、およそ世尊が^{※2}『自らが造った業の異熟（果^{※3}報）は、自己こそが領納することになるのです。^{※4}』と説かれたそのすべては、^{※5}この理趣により除去されることになるし、業と果〔の決定〕を損減（過剰否定）したから、あなたは虚無者（med pa pa）の主要なものである〔という〕。〔答えて〕述べよう — 私たちは虚無者^{※6}ではない。私たちは、有るのと（Ch124a）無いのとの二つに語ることを否定してから、涅^{※7}槃の都へ行く無二の道を明らかにするものです。私たちは「業と作者と果などは無い」と語るものでもない。では、何かというなら、「これらは自性が無い」と設立するものです。もし自性が無いものごと（D385a）には所作・能作が妥当しない（K357a）から、過失はそのまま（B596）残っている、と思うなら、それもまた有るわけではない（H343b）。〔なぜなら、〕自性が有るものごとこそに所作は見られないから、そして自性が無い（Ch124b）ものごとこそに所作は見られるからです。」と説かれています。

^(訳註2-61)　そのうち、「〔事物すべてが〕無自性であるなら、自性を否定すること〔正理〕それにより、業から〔果の〕異熟が生起することは除去されることになる」といって実有論者が語ったこ^{※1}とは、自性〔による成立〕を否定する正理でもって因果〔すべて〕を否定したと主張するのと、主張〔の仕方〕は違いが無いことになったのです。

〔次に〕「因果を否定したなら、断見の主要なものになる」というのは、〔一般的に〕中観派と実有論者との両者が主張することは同じであるけれども、〔この場合に〕中観派は因果を否定したと主張しないし、実有論者は「〔一切法の〕自性〔による成立〕を否定するなら、〔そのことにより〕因果をまた必ず否定することが必定である」と思って、中観派 (Ch125a) について虚無者または断見と言うのです。

チベットの中観派を自認するほとんどの者は、自性を否定するなら、その正理でもって因果もまた〔全く〕否定されるのが必定であると主張する実有論者たちと〔主張が〕一致していると見えますが、それでもなお〔違いは〕因果を正理でもって否定することが、〔本当の〕中観の立場だとして、それを信解すると見えるのです。

その争論への回答として、「私たち〔中観派〕は虚無者ではない。有る・無いの二〔辺〕として語ることを〔否定し、〕除去して、解脱の道を明らかにするものです」と説かれてから、有る・無し〔の二辺〕として語ることを除去する仕方は、残り〔の言葉〕により説かれています。

そのうち、「私たちは「業・果などは無い」と語らない」ということにより、無いと〔の辺を〕語るのを除去するのです。（D385b）業・果などは無いと主張するなら、（K357b）〔断見の〕虚無者になること (Ch125b) から、「私たち〔中観派〕はそれを主張しない」というのです。

「では、何を（H344a）語ったのか」と問うのに対して、「業・果など (Kyt283) これらは無自性である」と設定する、または主張する」と語ったことにより、有ると〔の辺を〕語るのを除去するのです。

「自性が無いものに所作・能作は妥当しないから、過失はそのまま残っている」ということとは、「あなたは、無いとは（B597）語らないが、自性〔によって〕は無いと語る」と語ったけれども、〔私が〕前に提示した過失〔 ― すなわち〕「無自性であるなら、因果は妥当しない〔というまさにその〕ことが、今なお断除できない」といって実有論者が争論します。〔すなわち〕彼の立場においては、自性が無いことと〔全く〕無いこととの二つは差別（ちがい）が無いので、そのように〔中観派に対して〕争論するのです。

それへの回答として、因が果を生ずるなどの〔諸々の〕所作・能作は、自性が有るものにおいて〔設定が〕適切でないし、無自性であるものだけにおいて（Ch126a）それらは適切であることを、説かれています。

『四百論の註釈 bZhi brgya pa'i 'grel pa』にもまた、「私は事物が無いと語るのではない。〔なぜなら、〕縁起を語るものであるからです。「あなたは実有論者ではないか」というなら、そうではない。まさしく縁起を語るものであるからです。「あなたは何を語るものか」というなら、縁起を語るものです。また、「縁起の義は（Ch126b）何か」と言うなら、自性が無い〔という〕義。〔すなわち〕自性でもって生じていない〔という〕義と、幻術と陽炎と映像とガンダルヴァの都城（蜃気楼）と変化と夢と等しい自性を有する果が生起する〔という〕義と、空性と無我の義です。」といって、縁起として主張する（H344b）ことにより、（D386a）事物の有る・無しの二つの辺（極端）に語ることを除去する仕方を、説いています。

　　　　^(訳註2-64)
　それもまた、（K358a）縁起の義は自性により生じていないこととして説明したことにより、事物が有るとの〔辺（極端）の〕論を除去し、幻術などと似た果が生起することを縁起の義として説いたことにより、事物が無いとの〔辺（極端）の〕論を除去するのです。

　よって、事物は（Ch127a）自性^{※1}をいうのと効用の能力^{※2}をいうのと二つ^{※3}〔があり、そ〕のうち、〔事物が有ると語る〕実有論者の事物は、自性により成立したものだけをいい、〔事物は無いと語る〕無事物論者〔すなわち虚無論者〕の事物は、効用〔の能力〕の事物をいうべきです。〔なぜなら、〕その二つ〔の辺（極端）〕を除去するなら、自性^{※4}〔による成立〕を否定したし、幻術のような因果は有る^{※5}と説いたからです。

　　　　^(訳註2-65)　　　　　　^(訳註2-66)
　さらにまた、『四百論の註釈』に、「〔問い：〕また^{※1}（B598）およそ過去を対境とした^{※2}憶念は無いのか〔という〕。〔答え：〕「無い」と誰がそのように語るのか。私たちは縁起を除去するわけではない。それはどのようにか有るとおりに、よって、〔『四百論本頌』^{※3}に〕「憶念というのは、（Ch127b）誤った義について誤ったものだけが生起する」^{※4}と軌範師^{※5}〔アーリヤデーヴァ〕こそが設立なさったのです。ゆえに、憶念の所縁は（Kyt284）過去^{※6}の事物です。もし自体により有るなら、それの憶念それは、有る義を縁ずるから、自体により成立しているのに、過去の事物^{※7}それは自性が無いとき、それを縁ずる憶念もまた自性が無いものです。ゆえに、「誤ったものである」^{※8}ということが成立しています。「誤ったもの」というのは、「自性が無いものと、（H345a）縁起するもの」（D386b）というのと他の義ではない。〔すなわち〕（Ch128a）事物が無い〔という〕義は、誤った〔という〕義ではない。過去の（K358b）事物は、全面的に無いわけではない。〔なぜなら、〕憶念されるものであるから、そしてそれの果が見られるからです。〔しかし、〕自体により有るわけでもない。^{※9}〔なぜなら、〕恒常であるとの誤謬になるから、^{※10}そして直接的に取らえる〔という〕^{※11}誤謬になるからです。」^{※12}といって、

　これら過去など〔の事物〕は、全く無いわけでもなく、自体により成立したものでもないことと、誤りまたは偽りの義は、縁起の義ではあるが、^{※13}〔事物が全く無いという〕無事物の義（意味）ではないことを、説かれている〔のです。です〕から、これら諸法は自体により成立していると主張するなら、〔事物が有るという極端の〕実有論または、有る〔という〕辺（極端）に堕ちるのです〔。です〕が、それらはただ有るほどと語ることは、実有論や有ると〔の辺（極端）を〕語ることではないのです。同じく、（Ch128b）外・内の〔諸々の〕事物は、効用の能力〔すべて〕について空である無事物だと主張するなら、無事物〔の辺（極端）〕を語ること、または無い〔という〕辺（極端）に堕ちるのです〔。です〕が、それら^{※14}〔事物〕において〔自体により成立した〕自性が無いと語ったことにより、無しの辺に堕ちるわけではないのです。

　　　　^(訳註2-67)
　そのように、全く無いことと自性が無いこと〔との二つ〕と、自体により成立している〔有ること〕こととただ有ることほど〔との二つ〕の区別をしていなくて、有る・（B599）無しの辺（極端）に転落するのを遮止するなら、「私たちは、無いとは語らなくて、有るわけ^{※1}ではない、と言う。有るとは語らないが、無いわけではない」^{※2}と言うのです」といって語ることほどへ願うことによって、^{※3}相違を含んだ〔矛盾した〕ことばかりを語る^{※4}〔ことが必要に

なる〕し、〔二辺を越えた〕中〔道〕の義もまた少しも説明していないのです。(H435b)〔なぜなら、〕他者を否定するときには、自性の有る・無しの二つなどの〔辺(極端)を提示し、〕観察をしてから否定するので、(D387a) その二つ〔の辺〕に決断することが (Ch129a) 必要であることを自己承認していながら、〔決断すべき〕その二つの〔辺の〕どれでもない〔第三の蘊(範疇)の〕義(ことがら)[※5]を主張するからです。

このように[※6]、何であろうと何か所依事(基体)において〔伺察するとき、その所依事は〕(K359a)「自性が有るか無いか」といって観察することにより、〔観察されるべき辺(極端)は〕その二つに決断すると主張することが必要です。そこに含まれていない第三の蘊(範疇)[※7]が有るなら、「〔その所依事は〕自性が有るのと無いのと二つの〔うちの〕どれであるか」といって観察することは、道理でないのです。例えば[※8]、「顕色(いろ)として有るなら、青として有るのか、黄として有るのか」と〔無関係なことを〕問うのと同じです。(Kyt285)

そのように自性の有る・無しの二つに決断することもまた、一般的に所知において有る・無しの二つに決断することに掛かっています。例えば、諦(真実)〔としての成立〕であるものについて、諦〔成立〕である一と多〔の二辺〕の〔どれかに〕決断をすることは、一般的に一と多との二つに決断することを〔必ず〕待っているようなものです。

そのように〔二辺に〕決断するなら、(Ch129b)〔どちらにも属していない〕第三の蘊[訳註2-68](範疇)が止まることが必要ですから、〔自性により有る無しの〕その二つのどれでもない[※1]法〔が有るの〕を主張することは、〔何も考えないで〕でたらめ[※2]〔を語ること〕です。『廻諍論 rTsod zlog』[訳註2-69]に、「自性が無いことが止むならば、まさに自性として成立したことになる[※1]。」と説かれているからです[※2]。

さらにまた[訳註2-70]、そのように〔二以外の法を〕主張する者彼は、どの法についてもまた第三の蘊(範疇)[※1]が止まる数の決定を為すところが無いので[※2]、疑いを抱く[※3]だけになる[※4]。〔なぜなら、〕有る・無しなどの〔二辺に伺察する場合、辺の〕一つを〔あちらに〕断除したことにより、他方を〔こちらに〕断定[※5]しないからです。〔なぜなら、〕そうである・そうでないなどの何らかについて[※6]、第三の蘊(範疇)が無いと主張するなら、(H346a) 有る・無しについてもまた、全く等しくなるからです。(Ch130a)

そのようなことそれは、中観の本典 (B600)〔『根本中論・般若』など〕に (D387b)「有るのでない、無いのではない」と説かれたただの言葉ほどについて錯誤したと見える〔のです。です〕から、それを主張するなら、「有る」または「無い」と語るべきでないのと同じく、有るのではない、無いのではないと語ることは、不合理です。〔なぜなら、〕四句〔分別〕[※7]においてそのように説かれた (K359b) からです。

よって、『根本〔中論〕・般若 rTsa she』[訳註2-71]に、「有るというのは[※1]、常であると執らえる[※2]。無いというのは[※3]、断であると見る。ゆえに、賢者は[※4]、有る・無しの両者[※5]に住すべきではない。」と説かれたこと〔の有ると無し〕もまた、〔一般的に〕ただ有る・無いことほどを言わなくて、〔諸々の〕事物が自性により成立していると承認しているものにおいては常・断の見になることを、明らかに説かれています。『明句 Tshig gsal』には、前の本文の有る・無しと執らえること〔二つ〕は、事物が有る・無しと見ること〔二つ〕について説明してか

ら、その後に、「また、なぜに事物の有と無と見ることがあるなら、常と断の見の誤謬になるか、というなら、すなわち、（Ch130b）〔v.11 に〕「およそ自性により有るものそれは、無いのではないから、常である。前に生じたものが、今は無いという。ゆえに、断の誤謬になる」。およそ自性により有ると述べられたそれは、自性において止滅することが無いので、けっして無い〔ことになる〕わけではない。そのようだとしても、〔自体により成立した〕自性が有ると承認した者は、常であると見る〔という〕誤謬になる。先に住する分位において事物の〔自体により成立した〕自体を承認してから、「現在、〔事物〕それは後で滅したから、無い」と承認したことにより、断であると見る〔という〕誤謬になるのです。」といって（H346b）、自性により有ると承認したものについては常の見、そして、前の〔自体により成立した〕自性それこそが後で滅したと（Kyt286）主張する〔し見る〕なら、無の見だと説かれていますが、ただ有ることほどとただ滅したことほど〔と見ること〕については、〔常・断の見だと〕説かれていません。『ブッダパーリタ Buddhapālita』にもまた、（D388a）「有る」というのと「無い」というのは、常・断と見ることだと説明しているそれらは、「およそ自性により有るものは」などということにより、常・断になるなり方を示したことを、明瞭に説明しています。（K360a）（Ch131a）

　要するに、「自性が無い〔という〕空性は、勝れた空性ではない」と語るし、（B601）〔空性〕それを否定するなら、智恵の波羅蜜（般若波羅蜜）を捨てた〔という〕法を捨てることにより悪趣に往くし、〔もし〕無自性であることを信解するとしても、「無自性であるなら、〔他の〕何が有るのか」と思って、一切諸法は全く有るのではないと主張するとしても、断の見の〔苛烈な〕断崖に転落することになるのです。そのようにまた〔『根本中論・般若』に〕、「空性において見誤ったなら、智恵の小さな者たちは破滅することになる」ということへの『註釈・明句’Grel pa Tshig gsal』に、「ひとまず、もし「すべてが空である、〔すなわち〕すべてが有るのではない」と分別するなら、そのとき、これは誤った見になる。すなわち、〔『宝鬘』に〕「この法を誤って取らえたなら、〔善巧でない〕非賢者たちはダメにもなる。（Ch131b）このように無いと見る不浄それに、沈むことになる」と説明しています。もしまた、すべてについて損減（過剰否定）することだと主張しないなら、そのとき「どのように、これら事物は〔すでに〕認得されているけれども、空性になるのか。ゆえに、自性が無いとの義は空性の義ではない。」といって、これは必ず空性を捨てることになる。そのように捨ててから法（H347a）について困窮することになる業により、必ず悪趣に行くことになる。すなわち、『宝鬘 Rin po che’i phreng ba』に、「さらにまたこれを誤って執らえたなら、〔自己〕賢者だとの慢を（D388b）有する愚者は、捨てることにより、（Ch132a）危険な（Kyt287）本性を持った者は、無間〔地獄〕に真っ逆さまに行く」と説明されている。」と説かれたからです。

　〔これについて〕もし、私たちが諸事物〔が有るの〕を前に承認して〔おいて〕から後で〔それらは〕無いと見るのなら、（K360b）無いと見ること〔すなわち無の見〕になるけれども、私たちは本来それら〔事物〕が有ると主張しないから、何が断絶した断見になるのか。〔『根本中論・般若』に〕「前に生じたものが、今は無いという。ゆえに、断の誤謬になる」とい

うそのようなものについて、断の見だと説かれたし、『明句 *Tshig gsal*』^(訳註2-82)にもまた、「ヨー
ガ行者〔すなわち〕、ただ無知ほどにより生じた世俗諦は自性が無いことを証得してから、^{※1}
それの空性〔すなわち〕（B602）勝義の相（特徴）を有するものを証得する者は、二辺に^{※2}
転落することにならない。「およそ現在無いものは、そのときに何が有ることになるのか」^{※3}
といって、そのように前に事物の自性を認得しなかったので、後でもまたまさに無いとは証
得しない」と説かれているから、と思うなら、（Ch132b）

　それは道理ではない。^(訳註2-83)〔なぜなら、〕断の見〔と設定すること〕において、何か断じられ
るべき事物を前に〔有るのを〕承認しておくことが必要であるなら、^(訳註2-84)順世派もまた、前後の
生と業・果などを前に〔有るのを〕承認してから後で〔それらは〕無いと語るわけではなく
て、それらは本来有ることを主張しないので、〔順世派は〕断の見（H347b）ではない〔と
いう〕誤謬になるからです。よって、〔『根本中論』に〕「前に生じたものが、今は無いと
いう。ゆえに、断の誤謬になる」と説かれたのは、事物において自体により成立した自性〔が
有るの〕を主張する実有論者においては、常・断の〔どれかの〕見が間違いなく生ずるとい
う（D389a）意味です。〔なぜなら、自性により成立した〕自性〔ある事物〕それはすべて
の時に変わらないと主張するなら、常の見になるし、前の時に有ったものが後の時に滅した
〔し無い〕と主張するなら、断の見になるからです。ゆえに、〔中観派自身において〕前の
時に有った自性〔ある事物〕が後の時に滅したと執らえる断の見が無いことを〔対論者に〕
説くの（K361a）なら、（Ch133a）諸事物において自体により成立した自性を微塵ほども
承認しないこと〔こそ〕が因相（理由）になるのですが、断の見すべてが〔理由〕それによ[※]
り〔直接的に〕放棄されるわけではありません。

　業・果は無いと主張する断の見と同じでないことの他の様相が、^{(訳註2-85)※1}『明句 *Tshig gsal*』に広
汎に説かれています。すなわち、断の見は、業・果と他の世は〔全く〕無いと主張するが、^{※2}
中観派は〔号など〕それらは自性が無いと主張するので、立宗（主張命題）において〔きわ
めて大きな〕差別（ちがい）があるのです。

　〔また〕中観派は、業果などそれらは縁起である〔という〕因相（論拠）により、^{※3}
（Ch133b）無自性であると語る〔のです。です〕が、虚無者（med pa pa）〔、断見者〕は、
業果などそれらは縁起であることを（B603）主張しないので（Kyt288）、それを因相（論拠）
としないが、現在のこの有情が前世からここ〔この世〕に来るのとここから後〔世〕に行く^{※4}
のが〔彼自身により〕見られないことを因相としてから、〔それらは〕無いと語る〔のです。
です〕から、因相（理由）において差別（ちがい）が大きいのです。

　『明句 *Tshig gsal*』に、「ここにおいて或る人が、「中観派は虚無者と（H348a）区別が^{※1}
無いのです。なぜなら、〔中観派は〕善と不善の業と作者と果と世間すべては、自性により^{※2} ^{※3}
空であると語るのですが、虚無者たち（D389b）もまた「それらは無い」と語るのであるか^{※4}
ら、中観派は虚無者と差別（ちがい）が無い」といって論難する。そのとおりでもない。〔諸々
の〕中観派は縁起の論者であるし、縁起するから、この世間とあの世間などすべては自性が^{※5}
無いと語るの（K361b）です。虚無者たちは、（Ch134a）そのように縁起であるから、あ^{※6}
の世などは事物が無い〔すなわち無である〕ことを証得するわけではないのです。では、何^{※7}

かというと、この世間の事物の形相を自性により認得して^{※8}から、それが他の世間からここに来るのと、この世間からあちらへ行くのが見えなくて、この世間において認得される事物と似た他の諸事物を損減するのです。^{※9}」と説かれています。^{※10}

もし、「中観派と断見との二つは因相（論拠）が等しくないのはそのようでも、業果と前後の世間において自体により成立した自性が無いことを証得することは同じであるから、無自性の（Ch134b）見これは等しい」と思うなら、

これもまた〔全く〕同じではありません。^{※0}〔なぜなら、〕彼は無自性であることは全く無いことだと主張するので、二諦のどれ（H348b）としても承認しないが、中観派は業果などそれらが有ることを世俗として承認するからです。『明句 Tshig gsal』^{（訳註2-87）}に、「もしそのようだとしても（B604）^{※1}、それらは、事物の自体が有るのではないことについて、まさに無いと（D390a）証得する^{※2}から、ひとまずこの見^{※3}を通じて等しいものが有る、というなら、〔そういうことは〕無い。〔諸々の〕中観派は世俗として有ることを承認している^{※4}から、〔しかし〕彼らは承認していないから、等しくない。^{※5}」と説かれています。

それにより、世俗としても業果などを（Ch135a）承認しない中観派だと主張する者〔たち〕は、順世派と見が同じであることを、示しています。

ここにおいて軌範師〔チャンドラキールティ〕は、断の見（K362a）と同じでないことの^{（訳註2-88）}因相（理由）として、「彼には承認（主張）が（Kyt289）有るが、私〔たち〕には無いから」とも説かれなかったし、^{※1}「彼らは〔業果などが〕無いと主張するが、私たちはそのように無いとは語らなくて、有るのではないと主張する」と〔も〕説かれなくて、自性は無いと語ったことと、その因相（理由）として縁起を提示することと、〔業果など〕それら設立が有る^{※2}のは世俗として主張なさることを、説かれたのです。

もし、「業果などにおいて自体により成立した自性が無いことは妥当するが、断見の者も^{（訳註2-89）}また、〔業果など〕それらが無いことを主張するのなら、それらにおいて〔自らの側より成立した〕自性が無いと主張するから、自性が無い〔と主張する〕分から中観派と〔断見との二つは〕等しい。」と思うなら、

これもまた、きわめて異なっています。（Ch135b）例えば、財宝を盗んだ或る人につい^{※1}て、一人は、彼が盗んだことを〔自らは〕知らない（H349a）ながら「彼が盗んだ」と偽り^{※2}を通じて語る。〔他の〕一人は、その盗人が財宝を盗むのを〔自ら〕見てから、「彼が盗んだ」と語る〔のです。それ〕なら、彼ら両者が〔この人に対して〕「この財宝が盗まれた」と語ったとおりに、その盗人もまた（D390b）盗んだけれども、〔そう語る者の〕一人は〔見ないままに〕嘘を語るし、他方は〔見たので〕真実を語るから、等しくないのようなものです。^{※3}

それもまた『明句』^{（訳註2-90）}に、「もし、事物は等しい、というなら、もしまた事物が成立していないことは等しいそのとおりであるとしても、証得者が（Ch136a）別異であるから、等し^{※1}くない。例えば、盗みをした一人の人について、一人は真実には知らないながら、彼と親し^{※2}くない者により吹き込まれてから（B605）「彼が盗んだ」と彼について偽って語る。他の者はそれを直接的に見てから、論難する。^{※3}そのうち、事物は別異が無いそのとおりであると^{※4}しても、証得者が（K362b）別異であるから、一人については「彼は嘘を語る」と述べるし、^{※5}

他の者については「真実を語る」というのです。一人については、真実に観察したなら、不名誉であるし、罪になるが、他〔の論〕者についてはそうではないのと同じく[※7]、ここにおいてもまた、事物の (Ch136b) 自体[※8]を如実に知る者たちが〔ことを〕了解するのと〔それを言葉に〕語る[※9]のなら、虚無者[※10]〔すなわち〕事物の自体を如実に知らない者たちと、一緒に知ることと述べることが等しいわけではない。」と説かれています。

　これにより、〔チベットの〕或る人が、〔事物の〕無自性であることを理解するなら、業果などを (H349b)〔勝義を伺察する〕正理でもって否定したと理解してから、因果は自己の立場において設立しえないこと〔を主張する立場〕それもまた、現れの分〔である〕世俗には誤って入った〔、損減する〕ものであるけれども、空の分の誤らない見は獲得したと語ることを (Kyt290) もまた、良く否定したのです。

　[(訳註2-91)] よって、空は、効用の能力が空である空になっ〔たとし〕ていなくて、自性は無いけれども、因果の (D391a) 縁起を (Ch137a) 設立するところが有ることは〔必ず〕必要です。『四百論の註釈 bZhi brgya pa'i 'grel pa』に、[(訳註2-92)]「そのようだとしても、何らかの義（もの）が〔本頌に〕「生じた[※1]のにおいて、来ることと、同じく滅して行く（去る）[※2]ことは無い。」それには必ずや[※4]自性が無い[※5]。〔問い：〕もし、それに自性が無いなら、何が有るのか、というなら、〔答え：〕述べよう — およそ雑染と清浄が因となった〔自〕体[※6]〔である〕縁起それが有る[※7]」と説かれています。これにより、無自性であるなら、それより〔他に〕何が有るのか、ということへの回答を明瞭になさっています[※8]。

　軌範師ブッダパーリタもまた、〔ただ〕有ること〔ほど〕と〔自〕体により成立していることとの差別（ちがい）を、明瞭に区別してから、回答をなさっています。(Ch137b) (K363a)〔『根本中論・般若』〕第二十章〔「和合の観察」〕の[(訳註2-93)]『註釈』に、「語った[※1] — もし、時も無く、因と果と集積も無いの (B606) なら、他の何が有るのか。よって、それはまさに無いと語ること（虚無論）[※2]です。答釈した — そうではない。あなたが時などは自性より有ると遍計（妄分別）するそのようには妥当しないにすぎなくて[※3]、それらは依って仮設されること（因施設）[※4]は成立している。」といって、〔事物が有ると語る〕実有論者が主張するような自体による成立は妥当しない、と〔中観派は〕否定したのですが (H350a)、依って仮設することとして成立している、といって縁起が〔まさしく〕有ることを説かれたからです。

　[(訳註2-94)] そのようならば、自性〔によって〕の有る・無し〔の二つ〕と〔一般的な〕有る・無し〔の二つ〕とのその四つを区別するなら、無量の邪分別が止滅することになるし[※1]、自性が有るのを否定する〔諸々の〕正理において、〔一般的に〕ただ有ることほどを否定するとの錯誤は〔全く〕生じない (Ch138a)〔のです。です〕から、(D391b) 実有論者[※2]の学者たち[※3]に対して、中観派が回答することの中心は、その四つ〔の差別（ちがい）を個々に区別するの〕を通じてであるから、〔重要なので、この機会に〕少し説明したのです。

3．空性論の真偽

4-2-2-2-3-3-3-1-3-3-2-6-2-1-3-2-1-2-1-2-2

第二：〔論理的に〕侵害するものを述べる者たちにより、〔その前主張は〕論破されていないことを、示すことには、四つ〔(訳註3-1)〕──

1）正理による伺察に耐えるか、耐えないかを観察してから否定したことにより、論破できないことと、

2）量（認識基準）により成立しているか、成立していないかを観察してから否定することにより、論破できないことと、

3）四句の生であるかないかを観察してから否定することにより、論破できないことと、

4）事物の有る無しなどの四句ともに否定することは、〔論理的に〕侵害するものとして適切でないことを、示したことです。

4-2-2-2-3-3-3-1-3-3-2-6-2-1-3-2-1-2-1-2-2-1

第一〔：正理による伺察に耐えるか、耐えないかを観察してから否定したことにより、論破できないこと〕(訳註3-2)（Kyt291）

色などのこれら諸法が、義（もの）〔である〕あり方において有るか（K363b）無いか、生ずるか生じないかということ（Ch138b）などを通じて如理に伺察することは、「真実を伺察する正理」と「究竟を伺察する正理」というのですが、その〔ような〕正理でもって色などの生〔など〕[※2]は伺察に耐えることを、私たち〔中観派〕は主張しない〔のです。です〕から、〔生などが〕諦そのものになってしまう〔という〕過失は無いのです。

〔問い：〕もし、〔生など〕それらは正理による伺察に耐えないなら、正理により否定された義（もの）が有ることが、どうして妥当するのか[※3]、と思うなら、

これは、正理による伺察に耐えないこと[※4]と、正理により侵害されること[※5]との二つを、同一〔義〕だと（H350b）（B607）錯乱したのです。そのような多くの者のいう「「真実を伺察する正理により〔生などは〕否定されるが、それでもなお生などは有る」と語ることは、でたらめ〔に語ること〕であるから[※6]、私たち〔中観派〕は〔そのようなことを〕主張しない。

正理による[※7]（Ch139a）伺察に耐えるか耐えないかの意味は、真実を伺察する正理それにより獲得されるか、獲得されないか〔を言うの〕です。それも（D392a）また、『四百論の註釈 bZhi brgya pa'i 'grel pa』(訳註3-3)に「私たちの伺察は、自性を探求することに努めるから。」[※]と説かれたように、色などにおいて生・滅などの〔自体により成立した〕自性が有るか・無いかを探求するのです。

そのようならば、色などにおいて自体により成立した生・滅が有るか・無いかを探求する(訳註3-4)のですが、その正理でもって〔一般的に〕ただの生・滅ほどを探求するわけではないのです。[※1]（Ch139b）よって、その正理〔の名〕について〔も〕「真実を伺察する〔正理〕」というのです。〔なぜなら、諸事物において〕真実として生・滅などが成立しているか成立していないかを〔探求し〕伺察するのであるからです。

そのような正理それにより伺察した、または探求したなら、〔どこか伺察されたところの〕生など〔言説の義（もの）〕は少しも獲得されないことを、「伺察に耐えない」と言うが、その正理により〔生などが〕獲得されないことほどにより否定されたわけではなくて、有るならその (K364a) 正理により〔探求したなら〕成立していることが必定であることから、それにより〔探求しても〕成立していない〔し獲得されない〕なら、否定されたの (Ch140a) です。

色などの生・滅もまた、言説の識により〔設立され、〕成立するのです〔。です〕が、それらは有っても、正理知によって〔獲得されないし〕成立しないから、それにより獲得されないこと〔ほど〕により、〔生・滅など〕それらがどうして否定されたのでしょうか。例えば、眼識により声は獲得されないけれども、〔眼識〕それにより〔声が〕否定されていないのと同じです。

よって、生・滅などが自性により成立している、または真実として成立しているなら、その正理でもってそれを獲得することが必定です。〔なぜなら、〕その正理でもって、色など (H351a) において〔探求し伺察したとき〕自体により成立した生・滅が有るか無いかを、如理に伺察するのであるからです。

そのようなそれにより生などを獲得しないから、自体により成立した、または真実に成立した生・滅などは否定されるのです。[※2]〔なぜなら、〕自体により成立していたなら、それにより (D392b) 獲得されることが必定であることから、〔それが〕獲得されないからです。(Ch140b) 例えば、東の方に瓶が有るなら、(Kyt292) 獲得されることが決まった探求者 (B608) が、東に瓶を探求したとき〔、獲得することが必定であることから〕、〔遍く探求してもその瓶が〕獲得されないなら、それにより東に〔瓶が無いのを決断できるので、その方向に〕瓶が有ることを否定したのですが、〔一般的に〕瓶がただ有ることほどを、〔東に獲得しないこと〕それにより、どのように否定したのか。同じく、自体により成立した生が有るなら獲得されることが決まった中観派の正理により探求したなら、生は〔全く〕獲得されないこと—それにより、自性または自体により成立した生を否定したのですが、〔一般的に〕ただの生ほどをどのように否定したのか。

そのようにまた『四百論の註釈 bZhi brgya pa'i 'grel pa』に、[(訳註3-5)]「ゆえにそのように正理により伺察したなら、[※1]根と対境と識に有る〔自〕体は無いので、自体による成立は無いのです。もしこれらは自体 (K364b) により成立している[※2] (Ch141a) ことになるなら、そのとき合[※3]理性により伺察したなら、きわめて明瞭に、住するとおりの自体がまさしく有ると認得される[※4]ことになる〔はずです。な〕のに、認得されるわけでもない。[※5]ゆえに、自性により空である、ということが成立しています。」と明瞭に説かれています。[※6]

色・声など[(訳註3-6)]〔現れほどの〕これら世俗のものごとは〔否定できないので、〕有るとしても、[※1]真実について伺察する〔正理〕、または自性の有る無しを伺察する正理によって〔伺察したなら〕全く成立しないから、〔根など〕それらに対して (H351b) 正理の観察は起こらない、とこの軌範師〔チャンドラキールティ〕は (Ch141b) たびたび説かれたし、正理の伺察をしてからその正理により獲得されないなら〔、無いと決断して〕、それら世俗のものごとが

滅する〔と主張する〕者〔たち〕について、世俗を設定すること〔を知らないので、設定に〕について善巧でない、と多く説かれたのです。

　もし、自性の有る (D393a) 無しを伺察する正理により、これらを否定することができるなら、色と受などのこれら世俗のものごとについて、正理の観察は起こす[※2]ことがきわめて必要であるの〔です。それ〕なら、そのようなことはこの軌範師[※4]〔チャンドラ〕の本文に全面的に遮止されたから、〔自体により成立した〕自性の有る無しを伺察する正理により獲得されない〔という〕義（意味）を、正理により侵害される〔という〕義（意味）だと主張することは、中の理趣よりはるかに〔逸脱して〕彷徨っているのです。 (Ch142a) 同じく、聖者の等至（三昧）によっても色などの生・滅は見られないの[※5] (B609) ですが、〔等至〕それにより生・滅などが無いことを、なぜ見られるのでしょうか。〔自らの側から成立した〕自性の有る無しを伺察する正理によっても〔伺察するとき〕、生などは獲得されないのですが、〔そのとき〕生・滅などが (K365a) 無いことを量るのではないのです。

　ゆえに、正理による伺察に耐えないことと、正理により侵害されることとの二つと、聖者の等至の智慧により〔等至の側に〕生・滅を見られないことと、無いと見られることとの二つと、自性の有る無しを伺察する (Kyt293) 正理知により〔探求するとき〕生・滅が獲得されないことと生・滅が無いのが獲得されることとの二つ〔の差別（ちがい）〕を、区別していなくて同一〔義〕だと取らえたこと ― これは、現在の〔中観派を自称する〕者たちはもちろん、昔の或る〔大〕学者においても[※6]〔区別しなかったので、〕錯誤を生じたと見える〔のです。です〕から、〔この要処を弁別できる〕知恵を持った者たちは (H352a) 、〔以降〕細かく伺察し、それら〔差別（ちがい）〕を区別してください。 (Ch142b)

　そのようならば、私は、勝義を対境とした量（認識基準）より言説の知識が力強いことと、言説の知識は勝義を対境とした量〔の対境〕に対して侵害することを、主張するわけ (D393b) ではない。けれども、真実について伺察する正理により、言説のもの〔である〕色と受などについて伺察してから、〔正理〕それにより獲得されないなら、それら正理により〔色・受などが〕否定されたと主張するなら、〔正理〕それにより〔色・受など〕あちらを否定していないだけでなく、そのように否定する者〔こそ〕に対して、世間周知の〔言説の〕量は〔必ず〕侵害するのです。[※7]（訳註3-7）〔なぜなら、〕『入中論 *dBu ma la 'jug pa*』に、「もし (Ch143a)[※1] あなたに対して世間が侵害しない[※2]なら、世間を待ってこれを否定しなさ[※4]い。[※5]あなたと世間はこれについて争論しなさい。[※6]後で力を持ったものに私は依ろう。」[※7]と説かれたし、その『註釈 *'Grel pa*』（訳註3-8）にもまた、「私たちは世間の世俗を退けん[※1]がために、き[※2]わめて大きな困難に住している (K365b) が[※4]、あなたは世間の世俗を除去してください。[※5]もしあなたに対して世間が侵害する[※6]ことにならないなら、私もまたあなたに援助をしよ[※7]う。[※8] (Ch143b) 〔しかし、〕世間により侵害されるのでもあるのです。」と説かれているからです。

　それについて、（訳註3-9）「私たちは (B610) 世間の世俗を退けんがために、きわめて大きな困難に住している」というのは、眼識などの有境の錯乱と、色などの対境の錯乱が現れるこれ[※1]〔はきわめて治浄し難いの〕を、治浄するために、道〔の修習など〕に (H352b) 〔大いに〕勤

めることを言うから、それら〔錯乱の現れ〕は〔直接的に否定できないので、〕正理〔によって〕の否定されるべきものだと主張しなくて、道の数習〔と串習を通じた道〕の否定される^{※2}べきものだとするのです。

　「あなたは世間の世俗を除去してください」ということなどは、「中観派が〔唯心派の主張する〕依他起の実物が有るのを〔正理により〕否定するのなら、私〔唯心派〕もまたあなた〔中観派〕の〔二諦説における〕世俗を正理により否定する。」と（Ch144a）対比し^{※3}〔て語っ〕たのに対して、私〔中観派〕が依他起の自性〔による有〕を否定することができる（D394a）〔が、同じ〕ように、あなた〔唯心派〕は世俗を正理により否定することができるなら、私もまたあなたに対してその〔否定をする〕助けをしよう、というのです。これにより、正理により〔世俗を〕否定されたなら、私は〔世俗の錯乱の現れ〕これを退けるために道を修習する難行が必要でないから、〔それをきわめて〕欲するのです、と説く〔。だ〕から、世俗のものごとは正理により否定されていないことを、説いています。

　否定されていないだけでなく、〔もしも、正理により〕否定したなら、世間の周知〔の量〕^{※4}により侵害される、と説かれたので、〔世俗を否定する〕そのような（Kyt294）似非の正理^{※5}〔による対境〕に対して言説の知〔・量〕は〔必ず〕侵害するから、それらより力が大きい〔し能力が大きい〕こともまた、主張するのです。よって、実有論者たちにもまた（Ch144b）正理の伺察をさせて（K366a）から、外の義（もの）などの〔諸々の〕世俗を否定したなら、その〔ような〕正理により〔それら世俗は〕獲得されないのですが、否定された〔という〕わけではないのです。

　^(訳註3-10)〔また〕或る人は、色などは言説として否定しない〔という〕意味は、牛飼い〔と女〕など世間の自由気ままな者の側において〔それらは〕否定されない^{※1}のですが、真実について伺察する正理により〔必ず〕否定されると語るもの^{※2}〔ですが、それ〕は、きわめて不合理です。〔なぜなら、義（もの）を伺察する〕分別を持った者〔・学者〕においては、真実を伺察する正理により〔色などが〕否定されるか否定されないかについて疑い〔の生ずること〕が有るが、学説により知を改めていない〔、自由気ままな〕者の側においては〔色などが〕否定されない（H353a）ことについて疑い〔が生ずること〕は無いから、そして、真実を伺察する正理により否定されるなら、否定それは言説として為されることが必要であるからです。^{※3}

　真実を伺察する正理により生はすべて否定されないことは、軌範師（B611）チャンドラキールティ（Ch145a）もまた明瞭に説かれています。『四百論の註釈 bZhi brgya pa'i ' grel pa』^(訳註3-11)に、「もしこの伺察により生は（D394b）全面的に否定されたことより、有為は^{※1}　　　　　　　　　　　　　　^{※2}　　　　　　　　　　^{※3}生が無いと示されたと主張するなら、そのときそれは幻術のようなものにならなくて、石女^{※4}　　　　　　　　　　　　　　　　　　　　　　　　^{※5}（うまずめ）の子などにより量られることになるならば、縁起は無いとの誤謬に帰する〔という〕怖れにより、それらと一致させないで、それと相違しない幻術などと〔一致〕させる。」^{※9}と明らかに説かれています。（Ch145b）

　「この伺察により」というのは、真実について伺察する正理です。「生は全面的に否定されたこと」というのは、否定されるべきものに差別（限定）を（K366b）適用していなくて、生であるかぎりすべてを否定した、というのです。「石女（うまずめ）」ということなどの

意味は、生すべてを否定したなら、石女の子とウサギの角などと同じく、効用〔の能力〕すべてについて空である〔無為の〕無事物になる。そのようなら、縁起は無い〔という〕過失になる〔のを疑う〕怖れにより、効用の能力すべてを欠如した石女の子などの生が無いのと同じではなく、幻術など（H353b）と同じであるから、諦または自性による生を否定する、というのです。（Ch146a）（Ch146b）

　また『四百論の註釈 *bZhi brgya pa'i 'grel pa*』に、「〔問い：〕もし〔そのように〕眼などがありえないなら、ゆえにどのように眼などの根（感官）これらは、業の異熟の〔自〕体として設定されたのか、というなら、〔答え：〕私たちはこれらの異熟の自性を否定したのか。〔問い：〕もし、（Kyt295）眼などを否定すると立証するので、それはどのように否定されていないのか、というなら、〔答え：〕私たちの（D395a）伺察は、自性を探求することに努めるからです。私たちはここに、〔諸々の〕事物が自体により成立しているのを否定するが、眼など造られたし縁起する業の異熟を（Ch147a）否定しない。（B612）ゆえに、それが有ることにより、何か異熟として言説される〔ところの〕眼などは有る。」といって、正理によりただこれほどのものを否定する。ただこれほどのものは否定しない、ときわめて明瞭に説かれているので、このように〔境界を〕区別することが〔このような〕一個所に説かれたなら、説かれていない〔個所〕（K367a）すべてについても同じなので、どうしても適用することが必要です。

　よって、〔正理〕自らの側から探求した対境の上に有る自体により有ることは、正理により否定されるが、〔探求する対境の〕ただ有ることほどは否定されないのは、〔その『註釈』に、諸々の〕正理は自性を探求することに努めるものと説かれている〔ことの意味な〕ので、正理は〔自らの側から成立した〕自性の有る無しを探求するのです〔。です〕から、それにより否定されたのも、（Ch147b）〔自らの側から成立した〕自性を否定したという意味〔に決定するの〕ですから、この二つを区別すべきです。

　そのような（H354a）〔諸々の〕業果を否定しないだけでなく、中観派はそれを〔必ず〕承認することが必要であることを〔も〕説かれています。〔『四百論』の〕その教証の続きに、「ゆえに、〔善巧な〕賢者は世間の義（ことがら）について説明されたとおりの伺察〔すなわち〕真実が見えることに随順したものをさせなくて、諸業の異熟を不可思議なものとして承認しています。化作から化作が生ずる方軌において世間のものごと（D395b）すべてを承認しよう。」という。（Ch148a）

　そのようなら、自らが二諦の設定をした〔うちの、〕勝義を決択する正理により、世俗の設定に対して侵害〔して否定〕するなら、二諦を設立する設定について内的相違が生じたのですから、〔その設定者が、〕二諦を設定することについてどうして究竟した〔善巧な〕賢者たりうるでしょうか。その設定二つについて内的相違が少しも無いのなら、勝義を決択する正理により、世俗の設定を論破することは、〔きわめて〕相違しているの（K367b）です。

　『明句 *Tshig gsal*』にもまた、「あなたは勝義と世俗の諦について善巧でないので、或るものに合理性を（Ch148b）入れてから道理でないことより、それを滅するの（B613）です。私は世俗諦を（Kyt296）設立することに善巧であるから、世間の分にこそ住する。世俗の一

分を除去するために提示した他の合理性[※10]を、他の合理性により退けるし[※11]、（H354b）世間の長老のように世間の慣習を[※13][※14]（Ch149a）損なうあなただけを退けるものですが[※15]、世俗を〔退けるわけ〕ではない。」といって、世俗を損なう学説論者だけを否定するが、世俗を否定しないと説かれているし、真実について伺察する正理の伺察をさせてから〔諸々の〕世俗〔の設定〕が滅するものについては、二諦の設定に善巧でない者と説かれている〔のです。です〕から、世俗の色などを〔真実を伺察する〕正理により否定することは、（D396a）全くこの軌範師〔チャンドラキールティ〕の意趣でないのです。[（訳註3-17）]

　要するに、中観派としてだけでなく、〔仏教〕自派〔である〕二諦の設定をする聖なる国〔インド〕の学説論者たちの〔どの〕立場において〔も〕、他の人が〔学説論者〕彼の〔立場の〕二諦の設定について相違（矛盾）を含むのを組み立てた[※]〔のを通じて過失を述べる〕ことは有るけれども、彼自身の設定をした二諦の〔うち、〕勝義の分の正理により、世俗の〔諸々の〕義（ものごと）を〔彼自らが〕論破すると主張する者〔、論者〕は、一人もいない、と私たちは語るのです。

4-2-2-2-3-3-3-1-3-3-2-6-2-1-3-2-1-2-1-2-2-2

第二：量（認識基準）により（K368a）（Ch149b）成立しているか、成立していないかを観察してから否定することにより、論破できないこと〔を示したこと〕[（訳註3-18）]

〔問い：〕色などを承認するのは、量（認識基準）により成立していないと主張しなくて、量により成立している〔と承認する〕のです。

　では、〔『入中論』VI 31a に〕「全面的に世間は量ではない」[※]と説かれたのは、どのように妥当するのか、と思うなら、

〔答え：教〕これにより、世間の眼などの識が真実〔の対境〕について量（認識基準）であることを否定したが、対境すべてについて量であることを否定したわけではないのです。そのようにまた『入中論の自註釈 *'Jug 'grel*』に、「そのようならば、真実を思惟するにあたって聖者たちだけが量ですが[※1]、非聖者たちはそうではない。[※2]もし（Ch150a）世間の侵害[※3]を述べたいと[※4]（B614）欲するので、真実を伺察するにあたって（H355a）世間の見もまた[※5]量だと承認するなら、そのようであるのと[※6]、〔v.30 に〕もし世間が量であるなら、世間は[※7]真実が見えるので、聖者〔という〕他は何が必要なのか。[※8]聖者の道（D396b）により何を[※9]しようか。[※10]愚者は量として正しくもない。[※11][※12]」と説かれています。〔続く〕その後の『註釈 *'Grel pa*』[（訳註3-20）]に「眼などだけにより真実を決定するから、聖者の道を証悟せんがために、戒と（Ch150b）聞と思と修などに[※1]（Kyt297）勉励することは果が無いことになるのに、それは[※2]そのとおりでもない。ゆえに[※3]、全面的に世間は量（認識基準）ではない。ゆえに、真実の場[※4]合において世間〔から〕の侵害は無い。」と説かれているからです。

　〔それだけでなく〕『六十頌如理論の註釈 *Rigs pa drug cu pa'i 'grel pa*』[（訳註3-21）]にもまた、「それらが（K368b）有るのを見ることは[※1]、真実が見えることではない、[※2]ということが成立した。[※3]それゆえに世尊は〔『三昧王経』に〕、「眼と耳と鼻も量ではない。[※4]」[※5]」というのなどを引用したから、〔眼などそれらが〕殊勝な対境〔である〕真実について量であることを否定したが、他の〔、言説の〕対境〔である色など〕についてはそうではないことは、（Ch151a）

〔その教に〕きわめて明らかに現れています。

そのようにしなかったなら、〔前後の意味が〕無関係にもなる。眼〔・耳〕などの識これらは言説の義〔である〕色・声などについて量であるなら、真実を見んがために聖者の道を探求することは、不必要であると帰結する、と語る〔べきです。それ〕なら、眼識により色を知るなら、声を聞くにあたって耳は（H355b）無益だと帰結する、というのと同じであり、色・声などを見る〔・聞く〕などを見るために聖者の道を探求することは無益だと帰結すると言う〔べきです。それ〕なら、全く〔そのとおりだと〕主張するので、〔帰謬を投ずる〕それにより欲しない何を立証するのでしょうか。〔立証できません。〕

〔問い：〕では、『四百論の註釈 *bZhi brgya pa'i 'grel pa*』に、「何かまたこれが、根識（D397a）これはまさに現量だと増益してから、他の量だと分別する（Ch151b）それもまたきわめて無関係です。欺かない識は世間において（B615）まさに量と見られるなら、識もまた世尊は有為であるから、偽りであり欺く法を有するし、幻術のようなものだと説かれました。およそ偽りであり欺く法を有するし、幻術のようなものであるそれは、欺かないわけではない。〔なぜなら、〕他の形相に住する事物において他の形相に現れるからです。そのように（Ch152a）なったものは、量（認識基準）として観察することは道理でない。（K369a）識すべてもまた量との誤謬に帰するからです。」といって、眼などの〔諸々の〕識は量であることを全般的に否定したのを、どのように導く〔すなわち解釈する〕のか、と思うなら、

〔答え：〕これは、「眼と耳と鼻も量ではない」というのなどと同じでなくて、疑いの処がきわめて大きい〔難所としてある〕から、細かく説明しましょう。（Ch152b）（Ch153a）

そのように眼識などが現量であるのと、量であるのを否定したことは、〔他者、〕論理学者〔がどのように主張するか〕の主張を否定したものなので、最初に彼の主張の仕方〔がどのようであるか〕を述べるなら、（Kyt298）〔それもまた〕『四百論の註釈 *bZhi brgya pa'i 'grel pa*』に、「この論理学者は、世間の義（ことがら）について全く熟知していないから、幼稚な子どものように、まさしく最初から（H356a）修学させるべきことになるものであるから、それを示さんがために、あなたの現量は（Ch153b）何ですか、と（D397b）論難し観察すべきです。答える —知識が現量です。知識はどのようなものか。分別を離れたものです。分別もまた何か。義（対象）について名と種類として特別に増益するのに入った動揺する想い — それを離れているから、五つの根識は、対境の自相〔である〕表詮しえないほどのものに対して起こるから、「現量」の声（ことば）により表詮される。」と説かれた〔。その〕ように、分別を離れているし錯乱していない知識は現量〔の義（もの）〕だと主張する。（Ch154a）

そのうち、錯乱していない〔という非錯乱のさま〕のは、〔知識において〕対境の自相が住するとおりに取らえるので、〔ここには〕根識の現量五つすべてにより（B616）自相を〔住するとおりに〕（K369b）量るから、色・声などの〔自らの側から成立した〕自相はそれら五つの現量〔にとって〕の所量であるので、それら〔現量〕が量になるところもまた〔色など〕五つの対境それの自相であると主張します。

この軌範師〔チャンドラキールティ〕は、〔後に〕説明するであろうように、自体により成立している、または自相により成立している〔そのような〕ことは、言説としても主張なさらないので、それら根識が、自相〔による成立〕についてどうして量だと主張なさるでしょうか。よって、ここにそれらが量であるのを否定したのは、(Ch154b) それら〔根識〕が〔色など〕五つの対境の自相について量だと主張するの〔こそ〕を否定するのです。

(訳註3-28) 否定する仕方は、世尊が〔諸々の〕識は偽りで (H356b) 欺くことを説かれたそれにより、否定するのです。それもまた、欺くと説かれたことにより、欺かないことを否定してから量であることを否定する。〔すなわち〕欺かないことは量の (D398a) 相(特徴)であるからです。

では、欺き方は何であるかと思うなら、〔上の『四百論の註釈』に〕「他の形相に住する事物において他の形相に現れる」と説かれたこれです。〔その意味はまた、諸々の〕根識において色・声など五つの対境それらは、〔住し方・〕自相により成立していない〔で住していない〕ながらに、自相〔により成立している〕として現れるので、それら〔根識〕は自相について〔非錯乱の〕量ではない、というのです。(Ch155a)〔それらの意味は〕要するに、それら根識は五つの対境の自相〔による成立〕について量ではない。五つの対境の自相〔による成立〕が現れるのに関して〔錯乱していて〕欺くからです。〔なぜなら、〕五つの対境は〔住し方・〕自相により空でありながら、〔現れ方ほどには〕自相として現れるからです。例えば、二つの月が現れる知識のように、と意趣なさったのです。

これについて実有論者は (K370a)、色・声などにおいて (Kyt299) 自相として成立した自性が無いならば、〔色など〕それらは効用の能力すべてについて空である〔無為の〕無事物だと主張する〔ことが必定な〕ので、五つの対境の自相〔による成立〕について現量の量〔または現前の量〕になっていないなら、五つの対境について量になるところは〔全く〕無い。五つの対境について量になっていても、それの自相〔による成立〕について〔必ず〕量になる〔ことが必定である〕と主張する。(Ch155b)

この軌範師〔チャンドラキールティの最終的なご主張〕は、自相または (B617) 自体により成立したならば、諦〔による成立〕になるから、対境が諦として成立したのを設立する量について、自相〔による成立〕について量になったことが必定である〔。〕けれども、〔色など〕対境は偽り〔のみ〕であるので、それを設定する量において、〔色などの〕自相について (H357a) 量(認識基準)になったことが必定でないのです。〔そのさまは〕『四百論の註釈 bZhi brgya pa'i 'grel pa』に、(訳註3-29)「世間の (D398b) 見により、真実が見られるのを除去するのは道理でもない。〔なぜなら、〕それは世間だけより量であるから、そしてそれにより認得される義(もの)もまた偽りで欺く法を有するもの(有法)と立証するからです。」という。(Ch156a) ゆえに、〔自らの側から成立した〕自相について量であるのを否定したことにより、〔それら対境について〕ただ量〔であること〕ほどを否定したことは必定ではないから、〔眼識など諸々の〕言説の知識について量〔であること〕を全般的に否定するわけではないのです。

(訳註3-30) そのようでないなら、〔上の『四百論の註釈』に〕「欺かない知識は世間においてまさに

量と見られるなら」と説かれたことは、道理でない〔ことになる〕。〔なぜなら、〕言説の知識なるものすべてについて量を否定したから、そして『明句 *Tshig gsal*』^(訳註3-31)にもまた、「ゆえに、そのように四つの量より世間は義（もの）を証得すると(K370b)設立するのです。」といって、現量と比量と教と比定の量の設立をなさったのと相違することになるからです。

量と所量が自性により成立したのを否定したが、量（はかるもの）と所量（はかられるもの）が〔互いに〕(Ch156b)相待ってから設立された縁起〔の方軌〕を否定しないのです。『同論』^(訳註3-32)に「それらもまた互いに相俟ったことにより成立することになる。〔すなわち、諸々の〕量が有るなら、〔諸々の〕所量の義（もの）になる。〔諸々の〕所量の義（もの）が有るなら、〔諸々の〕量になるが、量と所量の二つは自性により成立したのではない。」と説かれています。

よって、眼翳などの外・内の錯乱の因により汚染された侵害が無いなら、無明により汚染された(H357b)力により、〔諸々の〕根識などは、自性が無いながらに自性が有る対境を取らえると現れる(Ch157a)錯乱により、言説の無顛倒(D399a)に対して(B618)侵害しない。『入中論 *Jug pa*』^(訳註3-34)にもまた、「偽りの見もまた(Ch157b)二種類と主張する。〔すなわち〕明瞭な根（感官）(Kyt300)と過失ある根です。過失ある根を持つ者たちの知識は、根が良いものの知識を待って誤りだと主張する。侵害が無い六の根により取らえられたものは、世間が証得する。世間こそから諦である。(Ch158a)残りは世間こそから誤っていると設立された」といって、言説の知識と対境について、言説の知識こそを待って〔、それだけに関して〕、顛倒・無顛倒を二つずつに設定しています。

〔一時的な錯乱の因二つのうち、〕根を侵害する因が内に(K371a)有るのは、『入中論の註釈 *Jug 'grel*』^(訳註3-35)に、「そのうち、眼翳と黄眼などとダードゥラを食べたことなどは、根を侵害する縁が内に有るものです。」と説かれたようにです。〔侵害する因が〕外側に有るのは、『同註釈』^(訳註3-36)に、「ゴマ油と水と鏡と洞窟などで発した声などと、日光が特定の場所(Ch158b)と時が近いことなどは、根を侵害する縁が外側に有るものです。それらは、根を侵害するもの〔である〕内に有るものが無くて、映像と反響（こだま）と陽炎（かげろう）における水などとして(H358a)取らえることの因になる。同じく、幻術師などにより使用された真言と薬などもまた知るべきです。意〔にとって〕の侵害するものは、それらと、正しくなく造られた学説(D399b)などと、似非の比量です。」といって、悪しき学説と似非の論証因が、意識を汚染〔し侵害〕する因として説かれています。夢などの意を汚染することの因〔である〕眠りなども〔因〕です。

よって、無明の取らえ方(B619)の対境は、後で説明するように、言説としても(Ch159a)無いけれども、〔無始からの〕無明により汚染された侵害は、ここにおいて侵害の因として取らえていません。

^(訳註3-38)〔問い：〕もし、他の〔一時的な〕錯乱の因〔によって〕の侵害が無い五つの根識これらは、言説として錯乱していないなら、これら〔根識〕において現れる〔自体により成立した〕自相は、言説として有る〔と設定する〕ことが必定ですが、〔そのような〕それもまた(K371b)この軌範師〔チャンドラキールティ〕は主張なさるわけではない。よって、〔これら根識は〕

錯乱だと主張することが必要ですが、そのようなら、それら〔根〕識は色・声など〔の対境〕を言説として設立する量として妥当しないのです。〔なぜなら、〕言説として〔も〕、色などについて錯乱しているから、というなら、(Ch159b)

〔答え：〕述べましょう —〔設定の仕方〕これについて、〔初めに〕軌範師ブハーヴィヴェーカは、色などにおいて言説として自相により成立した〔自〕体が有ることを、主張なさるのです。〔理由は、〕唯心派が、所遍計（分別構想されたもの）において (Kyt301) 自相として成立した〔自〕体が無いので、〔所遍計の自性は〕相無自性であることを主張するの〔ですが、それ〕を、否定するなら、〔軌範師ブハーヴィヴェーカは、〕遍計されたものについて仮設するものと仮設されたものとの二つの (H358b) 観察をしてから、〔自〕体と差別として仮設する声（ことば）と知において言説として自相〔による成立〕の自性が無いことを〔唯心派が〕主張するのなら、依他起の事物について損減したことになる、といって否定したから、(Ch160a) 依他起において言説として自相により成立した〔自〕体を主張なさることは、(D400a)〔きわめて〕明らかです。

〔なぜなら、〕そのようにまた、〔『根本中論・般若』〕第二十五章〔「涅槃の観察」〕の『〔註釈・〕般若灯論 Shes rab sgron me』に、「ここにおいて、もし「色」といわれるものについて意に表詮された（意言）と句（ことば）に表詮された所遍計の自性であるものそれは無い、というなら、事物について損減するのです。意への表詮（意言）と句への表詮を損減するからです。」と説かれているし、それの『復註 'Grel bshad』において〔軌範師〕アヴァローキタヴラタは、「これにより、瑜伽行派の者たちが「所遍計の自性は相無自性であることにより、自性が無い」と言うそれは、もし「「色」といわれるものについて (K372a) 自性と (B620) 差別として意における表詮（意言）、分別と句（ことば）への表詮〔すなわち〕言説を (Ch160b) 設ける自性であるそれは、相無自性であることにより、自性が無い」というなら、世俗として依他起の事物について損減するものであるから、いけないと示す。」といって、〔仮設するものである〕声と知により包摂された依他起において、言説として相無自性である、と主張するなら、損減だと説かれているからです。

そのうち、相無自性〔といううち〕の相は、〔体により成立した〕自相または自性です。唯心派は、「〔そのような〕それが無い〔という〕それは所遍計について主張するが、依他起において〔そのような〕相それは有るから、自性は (H359a) 有る。けれども、他より生ずるので、自より生ずる自性は無いから、無自性である、という。」と主張するのです。

『解深密経 mDo dgongs 'grel』にもまた、それと同じく説明してから、(D400b)〔『般若経』に〕一切法が無自性である〔と説明した〕のは、意趣を有するものだと説かれたことについて、軌範師カマラシーラは〔『中観光明論』に〕「その『〔解深密〕経』が (Ch161a) 三無自性の意趣を説いたことにより、二辺を離れた中道を説示したから、了義こそその本典を確立なさったのです。」といって、〔『同経』により〕依他起において (Kyt302) 勝義として自性を増益したのは、所遍計であるから、〔所遍計〕それは〔永久に〕無いし、言説として依他起において自相〔による成立〕が有るから、それにより損減を除去する〔その〕ことにより、中の義を〔如実に〕説いていると主張なさるのです。この軌範師〔カマラ

50

シーラ〕もまた、言説として自相〔による成立〕が (K372b) 有ることを、主張なさるのです。
　『入中論の註釈'*Jug 'grel*』[1]に、「例えば、蛇それは縄において所遍計[2]であるが、蛇その[3]ものにおいて円成実[4]になるのと同じく[5]、自性もまた、縁起〔すなわち〕[6]造られたことを有するもの〔である〕依他起[7] (Ch161b) において所遍計であるが、仏陀の対境として[8]円成実として設立する〔という〕三自性の設立を知ってから、『経』の意趣を説明すべきです。」[9]という。
　「およそ真実〔の義〕でないことを説明するのを義（内容）とした『経』[1]〔すなわち〕(B621)[2] 未了義を説かれたものもまた了解[3]してから、導く（解釈す）べきですし」[4]ということ〔に対して〕の註釈に説かれているので、〔軌範師チャンドラキールティは〕『解深密経』の三自性の設定を未了義だと主張なさることが明らかです。〔そのようなら、チャンドラキールティの〕自己の立場の所遍計は、依他起において〔自体により成立した〕自性が有るのをいわれるので、〔この軌範師は〕依他起 (H359b) において言説として〔も〕、自相により成立した自性を、主張なさらない[5]〔ことが成立した〕のです。

　唯心派の者たちは、所遍計以外の (Ch162a) 依他起と円成実との二つは相無自性であると主張しない (D401a) ので、その二つにおいて自体により成立した相または自性を主張すること〔の典拠〕は、おもに『解深密経』に依っていると見えるのです。ゆえに、その二つは勝義として成立していると主張するの〔です。それ〕に対して、軌範師ブッダパーリタと軌範師チャンドラキールティ〔の二人〕は、[6]自相により成立した〔自〕体が有るなら、諦として成立していると主張なさるし、[7]軌範師ブハーヴィヴェーカなどは、〔自相により成立したほど〕ただそれほどにより勝義として成立していることにはならないと主張なさるのです。

　さらにまた、唯心派が「極微（究極的原子）各々は根識の対境ではない。[1] (K373a)〔なぜなら、〕現れないから」[2]というのと、(Ch162b)「〔極微〕多くが和合したの〔ほど〕もまた、〔根識〕それの対境ではない。〔なぜなら、〕実物として無いから。[3]〔例えば〕二の月[4]として現れるように」[5]と語ったこと〔に対して〕の回答として、『思択炎 *rTog ge 'bar ba*』[1]に、「積集していない極微単独[2]のものは根〔識〕の対境ではない〔と帰結する〕ことを立証するなら、〔それは、すでに〕成立した[3]ことを立証するのです」[4]と説かれてから、後[5]〔に対して〕の回答としてもまた、「もし同一種類の極微が和合したのを宗（主張命題）[6]にしてから、「それは因ではない。[7]実物として無いから」という論証因を語るなら、[8]論証因は他者においてまさしく成立していない[9]のです。およそこのように (Kyt303) 同一種類の極微の〔自〕体〔である〕他[10]と (Ch163a) 他[11]が、それに対して益した結合を有している[12]ので、それを対境の〔自〕体の支分に[13] (H360a) してから、極微として和合していると[14]現れる[16] (B622) 形相を有する知[15]が生ずるのです。同一種類の極微として積集した[17]のこそから、瓶なども実物として[18]私たちは、主張する。[19]〔例えば、〕極微のように。[20]なぜなら、極微もまた八の実物が (D401b) 和合した本体であるし、[21]〔和合した〕それは実物として〔あなたが〕主張するように、[22]和合した本体 (Ch163b) の瓶などもまた、[23]実物であり、単独のもの[24]は成立していない。」といって、極微が積集した各々から根識の〔所縁境の〕[25]因と、それ

〔各々〕もまた実物として主張なさるのと、極微のそのまた究竟〔である〕としても主張なさると見える〔のです。です〕から、分無き極微が〔根識の生ずる〕所縁縁と主張なさるのです。[※26]

ゆえに、〔軌範師ブハーヴィヴェーカは、〕先に説明した外・内の〔一時的な〕錯乱の諸因により汚染されていない根識は錯乱していない〔のみ〕と主張なさるし、言説として(K373b) 経量部と一致した〔根識の〕所縁縁を〔も〕主張なさるのです。[訳註3-49] (Ch164a)

[訳註3-50]『入中論の註釈'Jug 'grel』[訳註3-51]に、「或る者が「経量部たちの立場〔であり、〕何か勝義として語られたもの[※2]それこそが、中観派たちの世俗だと主張する」[※1]と語ったこと ― それは、『中論』[※4]の真実を知らないだけで語ったのである、と知るべきです。また、毘婆沙師たちが勝義として語ったこと[※5] (Ch164b) それが、中観派たちの世俗としてである[※6]、と思う者彼らもまた、『〔中〕論』の真実を知らないだけです。すなわち、出世間の諸法が世間の (H360b) 法[※7]と等しいことは不合理であるからです。この立場は非共通(独特)[※8]である、と賢者たちは決定[※9]してください。」と説かれているので、それら〔経量部と毘婆沙師の〕部派の非共通(独特)の学説により仮設された、分の無い所取[※10]〔の対境の極微〕・能取〔の知識の刹那〕などは、〔軌範師チャンドラキールティは〕言説としてもまた主張なさらないのです。

『四百論の註釈bZhi brgya pa'i 'grel pa』[訳註3-52]にもまた、「ヴァイシェーシカ学派のように[※1] (D402a) 〔仏教〕自部の者たち[※2]が実物の極微[※3]を承認するのは、道理でない[※4]。」といって分無き極微を承認しないことを説かれています。

[訳註3-53]〔経量部と毘婆沙師の〕二つの部派が勝義として主張するものごとを (B623) (Ch165a)、中観派が世俗として承認しない〔ことを説かれた〕のは、分無きものなどの事物[※2]をいうが、その二つ〔の部派〕が諦として主張するもの[※1]〔すべて〕を、中観派が世俗として承認しないと〔その教により〕説くわけではありません。〔例えば、〕色・声など〔の事物〕は (Kyt304) 彼らは諦であると主張するけれども、中観派は世俗として主張するようにです。 (K374a)

[訳註3-54]『四百論の註釈』に、根の極微が集積した場合の〔極微〕各々[※1]から根識の因だと〔他者たち〕主張するのを否定したし、〔自己の立場として〕諸根もまた極微〔各々〕[※3]とそのもの[※4]と他として成立していないので、〔根は〕それら〔極微〕に依って仮設された識の依処[※5]です[※6]。同じく対境もまた依って仮設された仮設有[※7]〔である〕根識の対境として説かれたし[※8]、〔諸々の〕識は〔対境を待って〕 (Ch165b) 仮設された現量、そして〔諸々の〕対境は正規の現量[※9]であると主張なさるので[※10]、この軌範師〔チャンドラキールティ〕と軌範師ブハーヴィヴェーカとの二人は、外境〔ほど〕を主張なさることは同じであるけれども、〔諸々の〕根と対境[※12]の設立の仕方は〔きわめて〕同じでないと見えるのです。

[訳註3-55]前に根識は自相〔による成立〕について (H361a) 量であることを否定する場所に、「他[※1]の形相に住する事物について他の形相に現れるから」と説かれたので、根識に色・声などは自相により成立していると現れるが、現れるような〔義(もの)〕が自相〔により成立したこと〕は、言説としても無い〔のです。です〕から、 (D402b) この軌範師〔チャンドラキールティ〕は言説としてもこれら〔根識〕は錯乱だと主張なさるのです。[※2] (Ch166a)

[訳註3-56][※1]そのようだとしても、〔諸々の〕根識は言説として色・声などの対境を設立する量として

〔設立するし、その設立に〕不合理なことは〔少しも〕無いのです。それらは錯乱であると
設立する理由は、〔それら根識に〕現れるような自相により成立した義（もの）が無いの
は、^{※2}自性の有る無しを伺察する正理知により成立するのですが、言説の量により全く成立し
ない〔のです。です〕から、（K374b）言説知を待って〔すなわちそれに関して〕錯乱〔だ
と設立するの〕ではないのです。〔それもまた、〕二つの月が現れるのと映像などが現れる
〔根の〕知識は（B624）、〔それら識に〕現れるような義（もの）〔である〕二つの月と
顔などが無いことは、言説の量こそにより、正理知を待ったことなく成立する〔のです。で
す〕から、〔そのように現れる根識〕それらと^{※3}（Ch166b）〔根識・〕前者について、正し
い〔世俗〕と誤った世俗の区別もまた、妥当するのです。^{※4}
^{（訳註3-57）}〔問い：〕もし、正理知と言説の量に依ってから錯乱だと証得することの〔二つの〕差別（ち
がい）^{※1}が有るとしても、〔映像など〕顔などとして現れた義（もの）〔・顔〕は無いように、
〔色などが〕自相〔により成立した〕として現れた義もまた無い。〔また、〕自相について
空である色などが有るように、顔などについて（H361b）（Kyt305）空である映像なども
また有る。^{※2}（Ch167a）ゆえに、それら〔根識〕について、自由気ままな言説の知を待って
からもまた、顛倒・無顛倒の差別^{※3}は無い、と思うなら、

〔答え：〕では、自相により成立した〔自〕体と顔として現れるような義（もの）の両者は、
言説として無いことは同じですが、色などと映像（D403a）などの両者は言説として有るの
は同じであることについて、『入中論の註釈*'Jug 'grel*』に、「依って生起する〔・縁起する〕
映像と反響（こだま）など幾らかのもの^{※1}は偽りであるけれども、無明を有する者^{※2}たちに現れ
る。^{※3}青など色と心と受など（Ch167b）幾らかのもの^{※4}は、諦として現れる。^{※5}自性は無明を有
する者たちには一切相に現れない。^{※7}ゆえに、〔自性〕^{※8}それと（K375a）〔対境〕^{※9}何か世俗^{※10}と
しても偽りであるもの^{※11}は、世俗の諦ではない。」^{※12}といって、青などは世俗諦として設立され
るのと、映像などは世俗諦として設立されない〔という〕差別（ちがい）〔を説かれたこれ〕
は、妥当しない、と述べたなら、〔それに対してあなたは〕どんな回答があるでしょうか。
^{（訳註3-59）}〔問い：青などと映像など〕その両者は言説知に現れるのは同じであっても、（Ch168a）
映像などは世間の〔自由気ままな〕知識こそにより、偽りであると証得されるので、^{※1}〔映
像などは〕^{※2}世間の世俗諦に設立されない。青などは偽りであるけれども、それが偽りであ
る（B625）ことは、世間の〔自由気ままな〕知識により了解することができないから、世
間の世俗諦と設定される、^{※3}と思うなら、

〔答え：〕そのように〔青などと映像など〕対境その二つについて言説の知識を待って、諦・
偽り〔の差別（ちがい）〕が妥当する〔なら、その〕ように、有境〔である知識〕の二つも
また言説の知識を待って〔すなわちそれに関して〕、顛倒・無顛倒〔の差別（ちがい）〕は
妥当するのです。^{※4}

〔問い：〕もし、（H362a）〔青などを取らえる根識が〕言説の知識を待って無顛倒である
〔と設定するの〕なら、〔その根識が〕言説として錯乱している〔と設定する〕ことと相違
（矛盾）^{※5}する、と思うなら、（D403b）（Ch168b）

〔答え：〕^{※6}言説として錯乱した〔という場合の〕錯乱のところの言説と、^{※7}何らかの知識を

待って〔それに関して〕から無顛倒であると設定した言説の知識との二つが同一であるのなら、相違するのであるけれども、言説その二つは、個々であるので^{※10}、何が相違するでしょうか。

〔細かくは〕すなわち、色などにおいて自体により成立した自性を正理により否定することは^{※11}、勝義としては不適切ですから、言説としてすることが必要です。〔言説としてするという〕そのような言説の知識その側^{※12}においては、〔色などを取らえる諸々の〕根識は錯乱〔だけ〕ですが、それより他である（K375b）^{※13}自由気ままな言説の知識の側においては錯乱でないから^{※14}、相違しないのです。（Ch169a）例えば、世間の言説において「或る人はいるが、或る人はいない」というようにです^{※15}。「或る」という言葉は同一であるけれども、いる或る者といない或る者との二人は、同一の義（もの）（Kyt306）について設立しない〔、個々に設立する〕ようにです。

〔色などを取らえる根識が〕それもまた錯乱していないのは^{※16}、自由気ままな世間の知識を^{※17}待ってから設定される^{※18}が、中観派は〔二として説かれたが、〕錯乱していないとは主張しません^{※19}。^{※20}〔『入中論』〕に「世間こそから諦である」ということなどを説かれたとおりです^{※21}。（訳註3-60）

ゆえに、中観派はそれら〔根識〕が錯乱であると設立するが、そうだとしても、偽りである対境を設立する〔ことができる〕ことは相違しないのです^{※22}。（Ch169b）諦である対境を設立するなら、錯乱した有境により設立する〔ことができる〕と主張することは、相違するのです^{※23}。

〔また^{※0}〕言説として一切法は幻術のようなものと主張する〔ことが必要である〕から、〔色などは〕言説として偽りであるけれども、世俗諦として設立することもまた相違（矛盾）しないのです。〔なぜなら、『入中論』に〕「無明が自性を覆障するから、世俗^{※3}」と説かれた〔うち、〕無明の世俗それの側において〔色などが〕諦であるのと、（H362b）諸法について（B626）自体により（D404a）成立したのを否定する〔世俗〕その側において、設立された世俗その側において偽りであるのと二つは、相違しないからです。（訳註3-61）〔『入中論の註釈』〕に「世俗^{※1}としても偽りであるそれは^{※2}、世俗諦ではない」と説かれたのは、言説の量〔である世俗〕により偽りである〔、無い〕と証得されることをいうが、〔一般的に〕言説として偽りであることほどをいうのは適切でないのです^{※3}。（Ch170a）（訳註3-62）

そのように中観派が言説として自らの立場において輪廻・涅槃の多くの設立を立てる〔ことができる〕のと、実有論者たちが自らの非共通（独特）の（K376a）主張により仮設した〔諸々の〕義（ものごと）は言説として有るのを否定する仕方——これら〔の差別（ちがい）の分け方の境界〕は、きわめて難しいので、二諦の設立を無顛倒に証得することは、ほぼありえないと見えるのです。（Ch170b）（訳註3-63）

すなわち、実有論者の^{※1}〔非共通の諸々の〕主張〔である〕世俗として有るのを否定するなら、正理の伺察をしてから否定することが必要ですが、自らが世俗として生・滅などが有ると承認するにあたっても、〔義（もの）について〕分別ある者〔たち〕が承認するか承認しないかは^{※2}、〔立証するもの・〕能成が有るか無いか〔に到るの〕です。それもまた、正理に随順したのを待っている^{※3}、と思ってから、正理により伺察したなら、自らが承認した〔諸々^{※4}

の〕世俗と、実有論者たちが遍計（妄分別）したものとの二つは、正理により侵害されるなら、侵害されることは等しいし、侵害されないなら、侵害されないことは等しいとなってから、自在天と勝性（プラダーナ）などは言説として無いと主張するなら、色などもまた〔言説として〕無いと承認することが必要であることと、〔色など〕それらが言説として有るなら、自在天などもまた〔言説として〕有ると承認することが必要であることの二つは等しいと（D404b）見える。〔すなわち〕どんな法についても、自らの立場によりこれ（Ch171a）である、これでない（H363a）との確認または承認は何もされるべくないことについて、（Kyt307）中の真実を獲得したと慢思するし、そのような理解それに随順した何〔の義〕とも取らえないで安住させること〔こそ〕について、〔中の〕正しい見の義を修習する〔ことである〕と主張することが、〔このチベットには〕きわめて多いと（B627）見えるのです。

このようなこと〔を語る〕これらは、〔伺察ある〕賢者を喜ばせる話には見えません。〔なぜなら、〕前に説明したように正理（K376b）〔にとって〕の否定されるべきものを確認していなくて、自性を否定する正理により言説の設定すべてを滅する〔ものである〕ので、〔そのような立場の見は、〕正しい見と誤った見は、誤っているなら誤っているのは等しいし、誤っていないなら誤っていないのは等しいとなった大きな顛倒の見であるからです。よって、このようなことを長らく数習しても、正しい見〔の方向〕には少しほども近づかないだけでなく、〔それほど〕遠ざかるのです。〔なぜなら、〕輪廻・涅槃の縁起の設立すべてが自己の立場において〔設定するのに〕適切である（Ch171b）縁起の道と、きわめて相違するものであるからです。（Ch172a）

ゆえに、『入中論 *dBu ma la 'jug pa*』に「無知の眠りにより動揺させられた外道者たちが我を仮設しているとおりと、幻術・陽炎などにおいて仮設されたもの〔である〕それらは、世間からも有るのではない。」といって、外道者の非共通（独特）の主張〔により仮設された我など〕と、前に引用したように〔仏教〕自部の実有論者たちの非共通（独特）の主張とにより、仮設された〔無分などの〕ものごとは、〔中観派〕自ら〔の立場〕の世俗としても無い、と説かれた意味〔は重要なので、それ〕を説明しましょう。（D405a）

そのうち、言説として（H363b）有ると主張することと、無いと主張することは、どのようなことを通じて設定されるの（Ch172b）であるか、と思うなら、1）言説の知識に知られた（周知された）ことであるのと、2）知られた（周知された）とおりの義（もの）それについて他の言説の量によって侵害されることが無いことと、3）真実についてまたは自性の有る無しを如理に伺察する正理により〔獲得されないなら無いと見る〕侵害が降りかからない〔と、三つの差別を有する〕ものは、言説として有ると主張する。それらより逆である（K377a）ものは、〔言説として〕無いと主張するのです。（Ch173a）

そのうち、〔第一の差別（ちがい）について、〕言説の知識は、どんな法についても〔自らに〕現れるとおりに従って起こるほどですが、〔自らに〕現れた義（もの）それが知において（Ch173b）そのように現れたほどであるのか、あるいはまた、〔現れほどでなく〕義（もの）のあり方〔すなわち実相〕において〔現れの〕そのように成立しているの（B628）であるかと伺察しない知識が、観察していなくて起こるものです。

※9
〔知識〕それこそについて伺察しない知識というが、〔その知識により〕観察を全くしな
※10
いわけではないのです。〔知識〕これは世間〔の知識〕または言説の知識において、どのよ
うに現れて知られているかのとおりに起こるが、〔義（もの）の〕あり方〔すなわち実相〕
がどのようであるかを伺察してから起こるわけではないから、「世間の知られたこと」とい
うものでもある〔のです。です〕から、このような知識は、（Kyt308）学説により知を改め
※11
たもの・改めていないものすべてに来るから、どのような者の相続に有るとしても、〔その
知識について〕「世間の知られたこと、または伺察していない知識」というが、学説により
知を改めていない世間の者だけの相続に有るとは取らえていないのです。

学説により知を改めているもの〔の相続〕においてもまた、「言説として知られた（周知
された）とおりに、あるいはまた真実としてそのように（D405b）住するのか」といって伺
察する知が多く有るとしても、その〔ような〕知識すべてが、（Ch174a）あり方〔・実相〕
がどうであるかを伺察する知であることが、どうして必定でしょうか。よって（H364a）、
世間の知られたこと（周知）がどのようであるかは、学説を欠如した世間の老人だけについ
て問う〔ことが必要な〕のではなく、論者・後論者〔二人〕の相続の伺察していない知の起
※12
こり方においてどのようであるかを見ただけで充分です。
※13   ※14
〔そのような〕その知識において知られたのは、現れるまたは領受するとの言説を設ける
※15
（K377b）所依事（もと）となったものごとです。業果と地道など、〔世間の〕ふつうの者
※16
に知られていない（Ch174b）〔隠れた義（もの）〕ものごともまた、聞くことと領受（経験）
することなどにより〔難しい義（もの）を意に繋いで〕対境にしたとき、あり方（実相）に
ついてどのようであるかを伺察しない〔倶生の〕自由気ままな知識においても〔必ず〕現れ
る〔ことになる〕ので、〔それらの義（もの）は〕世間の知られたことではない〔という〕
※17
過失は、無いのです。
※18
〔第二の差別（ちがい）―〕他の言説の量により侵害されないことは、例えば、縄におい
※19
て「蛇だ」というのと、陽炎において「水だ」といって取らえるなら、あり方（実相）につ
いてどのようであるかを伺察することの無い知により取らえられたのであるけれども、それ
により取らえられた義（もの）〔である蛇や水が有ること〕について〔他である〕言説の量
※20
は侵害するので、それら〔蛇や水〕は言説としても無いのです。
※21
〔第三の差別（ちがい）―〕自性の有る無しを如理に伺察する正理による侵害が降りかか
※22
らないことは、言説として設立される義（ものごと）は言説の量により成立していることが
※23
（Ch175a）〔必ず〕必要であるけれども、自性の有る無しを如理に伺察する（B629）正理
※24
知により全面的に侵害されないことが、必ず必要です〔。です〕が、その正理により〔探求
※25
したなら〕有ると成立しているなら、自体により有ることが成立したものであるから、言説
※26
の義（もの）である〔と設立する〕ことに相違するのです。（D406a）
※27
ゆえに、正理知により侵害されないことと、それにより成立していることとの二つは、
（Ch175b）同一であると取らえてから、言説として善・悪より〔各々〕楽・苦が生起する
ことと、〔作者として仮設された〕自在天と勝性（プラダーナ）（H364b）より楽・苦が生
※28
ずることとの二つは、そうであるなら、そうであることは等しいし、そうでないなら、そう

でないことは等しいと取らえる邪分別（誤解）の依処〔または道理〕は無いのです。〔なぜなら、〕自在天と勝性（プラダーナ）が〔果の〕楽・苦を生じさせることと善・悪が〔果の〕楽・苦を生じさせることとの二つは、自性の有る無しを如理に伺察する正理により成立しないことは等しいけれども、正理により〔その二つが〕侵害されること・侵害されないこと〔の差別（ちがい）が有るので、それ〕は、全面的に（K378a）等しくないからです。

　それについて、〔仏教〕自部・他部の実有論者たちの非共通（独特）の主張により（Kyt309）遍計（妄分別）された分無き所取・能取と、我と勝性（プラダーナ）と自在天などが、彼らにより（Ch176a）設立されるなら、そのような〔分無きものそれが〕自体により成立したものであるかないかは、正理により伺察してから次にそのように伺察する正理により、それら義（ものごと）が獲得されたと考えてから〔それら義（もの）が〕設立されたのです〔。です〕から、そのようなそれにおいて自性の有る無しを伺察する正理の伺察を、〔自部・他部の〕他者〔たち〕が為したのを〔自らも〕承認することが、必要なのです。〔なぜなら、彼らは〕義（もの）それは正理による伺察に耐えると主張するからです。〔自らが〕そのように〔如理に〕伺察するなら、無垢の正理の観察の重荷に耐えること〔のできる法〕は〔全く〕できないから、〔分の無いもの〕それらは正理により獲得されない〔。それ〕ならば、〔それらは〕否定されたことになる。〔なぜなら、分の無い〕それらが有るなら、それら正理により獲得されることが必要であるからです。

　色・声などは（Ch176b）言説の知識〔すなわち〕外・内の錯乱の因〔によって〕の侵害（D406b）が無い者たちに、〔現れるし〕知られたとおりに設立された（B630）ほどです〔。です〕が、〔言説の色・声など〕それらについて、およそ〔現れる〕これらはただ言説ほどか、あるいはまた義（もの）のあり方〔すなわち実相〕においてそのように成立しているのかと伺察してから、そのように伺察する〔者〕それが、〔それらの〕自体により成立した自性が獲得される仕方に（H365a）してから承認したのではない〔のです。です〕から、〔そのように設立された色など〕それらにおいて自性の有る無しを伺察する正理の伺察はなすべくないのです。〔自らが色・声など〕それら義（ものごと）は正理による伺察に耐えると主張しないからです。例えば、〔他の人が〕「これは羊です」と語ったなら、〔それに対して自らが〕「では、馬ですか、象ですか」と伺察するのが適切でないのと同じことです。

　世間において無始〔の時〕（K378b）から知られている義（もの）であっても、正理により（Ch177a）侵害されるから、言説としても〔全く〕無いのは、無明により諸事物において自体を増益したのと、有身見でもって自体により成立した我と我所を執らえること〔である我執と我所執〕と、昨日の山が今日の山であると執らえることなどの〔諸々の思い込みの〕対境です〔。です〕から、世間においておよそ知られたすべてを、中観派が世俗として主張するわけではないのです。

（訳註3-66）※1
　或る人は、色・声など〔言説の義（もの）〕と外道者により〔非共通に〕仮設されたものごとが言説として有る・無しが等しくないことの理由として「前者〔色・声など〕は世間すべてに知られているし、〔外道が仮設した〕後者は学説論者だけに知られているから」と語るのは、〔これらの差別（ちがい）を〕弁別していないのです。さもなければ、言説として

色などが幻術のようなものであることは無いことが必定〔になるの〕ですし、（Ch177b）自体による成立が有ることが必定になることなど、〔このような種類はきわめて〕多いのです。『六十頌如理論の註釈 *Rigs pa drug cu pa'i 'grel pa*』に、「それもまた、顛倒は楽などと執らえることなのです。世俗としても（Kyt310）我そこに（D407a）事物それは住しないのであるからです。無顛倒は、苦などと取ること〔です〕。〔なぜなら、〕事物それは世俗において我それとして有る（H365b）からです。」といって、

常〔・我・浄・楽〕など四つは世間において共通に周知されているけれども、〔常など〕そうだと取らえることは世俗として〔も〕顛倒だと（B631）説明しています。無常〔・無我・不浄・苦〕など四つは、世間すべて〔の者〕に周知されていないけれども、そうだと取らえることが無顛倒だと説かれています。そのように蘊は無常などと取らえる分別は、現れの対境について錯乱しているが、決定する（Ch178a）取らえ方に対して量（認識基準）〔によって〕の侵害が無いので、〔その分別は〕「無顛倒」または「無錯乱」という〔設立をする〕。〔眼など、諸々の〕根識は（K379a）、〔各自の〕現れの対境について錯乱であるし、錯乱でない他の分も無いので、「無錯乱」といわないのです。

〔諸々の〕根識は〔自らの〕現れ〔の対境〕について錯乱していることは〔差別（ちがい）なく〕同じであるけれども、世間の〔知識の〕側において現れに随順した義（もの）が有るのと無いのを通じて〔区別され〕、映像〔の顔〕などが現れる〔諸々の〕根識は誤った世俗です。それより他の〔色などが現れる〕、〔一時的な錯乱の因の〕侵害無き〔諸々の〕根識は、正しい世俗です。

蘊は常だなどと取らえる分別の取らえ方の対境は言説としても無いので、否定可能であるけれども、〔蘊は〕無常だなどと取らえる〔分別の取らえ方の〕対境は言説として有るので、正理でもって（Ch178b）否定することは不可能です。

勝義として、または自体により成立した常など四つはありえないのと同じく、〔勝義や自体により成立した〕その二つとして成立した無常など四つもまたありえない〔のです。です〕から、真実〔としての成立〕に関してはその八つが有ると（D407b）取らえることについて、顛倒・無顛倒の区別が無いことを意趣なさって、〔『般若経』に〕色の常・無常と楽・苦と我の有る無しのどれを行じても、〔実体的な〕兆相を行ずることだと説かれています。

〔問い:〕もし、〔諸々の〕事物において自性〔による成立〕を増益する無明（H366a）の取らえ方を正理でもって論破することと、言説の〔諸々の〕義（ものごと）を否定しないことと〔を主張すること〕の二つは相違（矛盾）する。『入中論 *'Jug pa*』に「愚癡が自性を覆障するから、世俗。（Ch179a）それにより作為されたものが諦として現れる（Kyt311）それは「世俗諦」と、かの牟尼は説かれた。」といって、色・声などは無明の力により世俗の諦として設立されることを説かれたから、というなら、

〔答え:〕過失は無い。色・声など（K379b）が世俗諦（B632）として設立される〔という場合の〕諦（真理）〔というもの〕は、思惟の力により諦である。その思惟もまた〔何でもいいのでなく〕諦執〔の無明〕をいうことが必要なので、〔事物において〕自性〔により成立〕を（Ch179b）増益する無明の側では諦です。

(訳註3-71)
　よって、染汚を有する無明を断除した〔声聞と独覚の〕※1阿羅漢の二人と第八〔不動〕地以
上の※1〔清浄地に住する〕※2菩薩たちにとって、これら現れ〔すべて〕は作為物の〔偽りの〕自
性〔のみとして現れるの〕であるが、諦として〔現れるの〕ではない。〔なぜなら、諸法に
ついて〕諦〔としての成立〕だと慢思することが無いから、といって、諦執が無い者たちに
とってはただの世俗ほど※4〔として現れる〕と説かれた理由は、それなのです。※5

　ゆえに、色・声などが諦であるそれは、無明の側において〔諦〕であるけれども、色・声
などはその無明により設立されるわけではない。例えば、縄において蛇を取らえる誤った知
識の側において※6その縄は蛇であるけれども、その誤った識により縄が設立されるのではない
ようにです。

　色・声などを（D408a）設立する知は、〔一時的な錯乱の因の〕侵害の無い眼などの六識
であるので、これら〔根識〕により成立した義（もの）〔・色など〕は言説として（H366b）
として有るから、正理（Kyt312）により否定されない。無明により取らえられたとおりには
（Ch180a）世俗としても無い。〔なぜなら、無明〕これは、諸々の事物について自体によ
り成立した自性を〔無いのに有ると〕増益することですが、そのような自性は、言説として
も無いからです。ゆえに、※7正理によっても言説として否定される〔ことが必定です〕。〔す
なわち〕これが正理により否定されなかったなら、言説として〔諸々の〕事物は幻術のような
ものとして成立しない。

　この愚癡〔、無明〕により増益された自性について、浄・不浄などの差別（ちがい）※8を増
益してから〔浄へ〕貪欲と〔不浄へ〕瞋恚〔と、中間へ愚癡〕などが生ずることになるので、
〔貪欲など〕これらの取らえ方（K380a）もまた正理により論破〔して否定〕可能なもので
す。そのようにまた、『四百論の註釈 bZhi brgya pa'i 'grel pa』(訳註3-72)に、「貪欲などもまた、
愚癡により遍計された事物の自性だけに、※1浄と不浄などの差別を増益して（B633）起こる
から、※2（Ch180b）愚癡より別異でなく起こることになるし、愚癡に依ることにもなる。〔な
ぜなら、〕愚癡は主要であるからです。」と説かれています。

(訳註3-73)
　そのように〔貪など〕それら煩悩は、無始〔の輪廻〕から起こった倶生〔のもの〕である※1
けれども、〔それら煩悩の〕取らえ方は正理により論破可能であるから、それらの思い込み
の対境は言説としても無い。ゆえに、倶生の知〔であっても、それ〕の対境については、正
理により論破可能なものと不可能なものとの二つが有る。色・声などこれら〔言説の義（も
の）〕を設立する（D408b）〔眼識など〕言説の量〔である〕これら倶生〔のもの〕の対境
〔である色など〕は、言説として有るので、正理により否定されるわけではない。

　そのようならば、軌範師ブッダパーリタと（H367a）軌範師チャンドラキールティの立
場においては、言説としても自体により成立した自性を〔正理により〕否定する〔ことが可
能である〕（Ch181a）から、言説の〔諸々の〕義（ものごと）を設立する※2ことはきわめて
難しいと見えるし、※3それら〔言説の義〕を侵害なく良く設立することを知らないなら、〔見
の分だけでなく六波羅蜜など〕※4行の分において決定を良く獲得することが来ないので、ほと
んど〔の者〕が損減の見に〔陥ることに〕なると見える〔のです。です〕から、知恵ある人
たちは、この〔帰謬論証〕派の立場の世俗を設立する（Kyt313）仕方〔を重要視して、そ

れ〕^{※5}に、善巧であるべきです。これについては言葉が多すぎることを懼れて、それほどしか戯論していません。

4-2-2-2-3-3-3-1-3-3-2-6-2-1-3-2-1-2-1-2-2-3

第三：（K380b）四句の生であるかないかを観察してから否定することにより論破できないことを示したこと ^(訳註3-74)

「自・他と両者と因無しからの生を否定したことにより、〔一般的に〕生を否定したなら、〔第一の立場は、〕四句〔すなわち四つの選択肢から〕^{※1}の生は、この〔中観〕派の立場において、言説としても無い〔のです。です〕から、生を否定するにあたって〔他の〕差別（限定）を適用する必要はないが、〔一般的に生を^{※2}〕否定していないのなら、四句の生を（Ch181b）否定したことにより、勝義の生をも否定していないことになる」と〔二つの立場に観察して〕語る者〔がいる。そのうち〕の前者は主張しないから、〔ここには〕後者〔の立場へ〕の回答を説明しましょう。

勝義の生を承認するなら、真実を伺察する正理による伺察に耐えると主張することが必要です。そのとき正理により自と他など四句のどれから生ずるかを伺察することが必要なので^{※3}、〔そのような〕勝義の（B634）生を主張するから、四句のどれかの伺察^{※4}を必ず承認することが必要です。^{※5}

因と縁〔である〕これに依って〔果〕これが生起する〔という〕ただの生ほどを主張するので、真実〔または勝義〕の（D409a）生を承認していない。それを承認していないので^{※6}、真実について伺察する正理により（H367b）「自と他など〔四辺の〕どれから生ずるか」といって〔伺察しえないので、〕どのように伺察するのか。〔なぜなら、そのような生は〕正理による伺察に耐えると主張する必要はないからです。^{※7}（Ch182a）

さらにまた、依って生ずる〔という〕ことこそにより、四句の生を否定するのです。『入中論'Jug pa』^(訳註3-75)に、「なぜなら、事物^{※1}は依って生起する^{※2}ので^{※3}、これら分別は観察できない。ゆえに、縁起^{※4}のこの正理^{※5}により、悪しき見の網^{※6}すべてを切断する。」と説かれたからです。よって、チャンドラキールティは、依って生ずる〔という〕ことは、四句の生を否定するもの〔である能破〕として主張なさるし、あなた〔たち〕は、「四句のどれからも生じないなら、〔一般的に〕ただの生ほども無い。」と主張するので、チャンドラキールティが主張なさることを（K381a）逆転させて語ると見えるのです。

また、『同論』^(訳註3-76)に「なぜなら、因無しと自在天の因などと自・他・両者（Ch182b）より〔諸々の^{※1}〕事物^{※2}は生ずることにならない^{※3}。ゆえに^{※4}、依って生ずることになる。」と説かれたこともまた、あなた〔たち〕の〔主張の〕ようなら、相違（矛盾）を語ったことになるのです。

よって、依って生じた〔という〕縁起〔の生〕は、四辺を離れたものであるから、「辺（極端）を離れたそれは、四辺の〔内の〕どれであるか」と〔そのような顛倒を〕問わないでください。これらもまた、自性により生じていないことと、生じていないこととの二つの差別（ちがい）を区別していないから、誤っています。

では、〔『入中論』に、〕^(訳註3-77)「では^(訳註3-78)、真実の場合において、何らかの正理により自と他から^{※1}の生が道理でない^{※2}その正理により^{※3}、言説としてもまた（Kyt314）道理でない^{※4}。」と説かれた

こと〔の意味〕は、どのようであるか、というなら、

〔教〕これは、実物として (D409b) 成立した〔生〕、または自相により成立した生を承認するなら、言説としてもそれら〔四辺のどれから生ずるかを伺察する〕正理により否定されることを、示す (H368a) ですが、ただの生ほどを否定する〔と示すも〕のでは (Ch183a) 全くないのです。その本文の (B635) 接続〔の『自註釈』に〕に、「およそ雑染と清浄の因となった実物の自体が生ずることになるのが必定である、と語るなら、そのようだとしても、そのように語る者においては、ただの句（ことば）ほどの余りが残ることになる。なぜかというと、真実の場合において」などと〔上の句（ことば）それら〕引用してから、それの『註釈』にもまた、「ゆえに「自相による生は二諦ともにおいても有るわけではない」といって主張しないながらも承認すべきです」と説かれたからです。

よって、自体により成立した生は勝義の生であるので、それを主張するなら、言説として主張しても〔主張しなくても〕、(K381b) 勝義の生を否定するように否定することが必要であることが、この軌範師〔チャンドラキールティ〕の勝れた〔究竟の〕ご主張です〔。です〕から、〔誰も〕言説としても、自体により成立した生を承認すべきではないのです。〔なぜなら、〕『入中論 Jug pa』に、「石女（うまずめ）の子には、自らの自体により生ずることが、真実として無い。(Ch183b) 世間としても無い。同じくこの事物すべては自性により世間と真実において生じていない」と説かれたからです。

〔さらにまた、実有論者が〕自性により生じていないこと、または生の自性が無いことには、〔一般的に〕生が無いことが遍充すると〔理解し〕取らえてから、〔中観派の本典に〕依って生ずること〔を説明していること〕と、自性により生じていないこと〔を説明していること〕との二つが相違（矛盾）すると争論する者については、〔軌範師チャンドラキールティは〕「耳と心が無い〔者〕」と説かれています。「自性により生じていない」と述べた〔ときの〕「自性」という〔句（ことば）の適用〕それが〔直に有っても〕聞こえていなくて、生じていない〔と語る〕と (D410a) 〔彼の意に〕取らえているのをお考えになって、〔彼について〕耳が (H368b) 無いもの、そして「自性により」というその句（ことば）〔が有りながら、そ〕の義（意味）について理解すべきことが〔全く〕生じていないのをお考えになって、〔彼について〕「心が無いもの」と説かれたのです。そのようにまた、『六十頌如理論 Rigs pa drug cu pa』の「依って生じたのは生じていないと、真実を知る最上者は説かれた」ということの『註釈'Grel pa』に、「縁起することが見えるなら、諸事物を自性として (Ch184a) 認得することにならない。〔なぜなら、〕およそ依って生じたそれは、映像と同じく、自性により生じていないからです。〔問い：〕もし、(Kyt315) およそ依って (B636) 生じたものは、まさしく生じたのではないのか、それがどのように生じていない〔という〕声（ことば）により述べられることになるのか。もし「生じていない」と述べるなら、あるいは「依って生ずる」と述べるべきではない。ゆえに、互いに相違（矛盾）するから、これは道理でない、というなら、〔答え：〕ああ、やれ、耳と心が無いものによっても (K382a) 論難することになるこれは、私たちにとって困難が降りかかった。私たちがおよそ依って生ずる（縁起する）それは映像のように自性によって生じていない」と語ったと

き、^{※8}（Ch184b）論難の余地がどこに有るのか。」と説かれた〔。です〕ので、それら差別（ちがい）を区別することが大切です。

『無熱悩〔龍王〕所問経 *Ma dros pas zhus pa*』^{（訳註3-85）}にもまた、「およそ縁より生じたそれ^{※1}は生じていない。^{※3}それに生の自性は無い。縁に拠っているものそれは空であると説明された。^{※4}空性を知る者彼は放逸である。」^{※5}といって、第一句により「縁より生じたそれは生じていない」と仰ってから、生じていないさまを示すのは、第二句により「それに生の（D410b）自性は無い（H369a）」といって、否定されるべきものに差別（限定）を適用して、〔義（もの）において事物は〕自性によって生じていないのです。

〔差別（限定）の適用〕そのようなことを知らなくて、それら句（ことば）を聞いた〔不善巧な〕或る人が、「生じたことだけにより（Ch185a）生じていないし、まさしく依ったことにより依っていない」という〔このような論の〕方式の相違（矛盾）を含んだことのみを語ることの、語ることが大胆であって見を高くすると見えるのです。

『明句』^{（訳註3-87）}※に引用された『入楞伽経 *Lang gzhegs*』^{（訳註3-88）}にもまた、「大慧（マハーマティ）よ、[※]自性によって生じていないことを意趣して、私は「一切法は生じていない」と説いた。」といって〔その義（内容）を〕きわめて明らかに説かれています。生などを否定するにあたって、勝義という差別（限定）を適用する、適用しないの回答もまた、含意によってなっているけれども、それについて特に取り分けた〔直接の〕回答もまた、後に示すのです。

^{（訳註3-89）}それらにより〔前の〕論破する〔論者〕彼らすべては、〔中観の立場において〕無自性であることにおいて因果などを（Kyt316）設立する（K382b）方式〔により設定したそれ〕は、論破不可能であることを示したの（B637）ですが、^{※1}一般的に似非論破の究極は、（Ch185b）自己が対論者〔の立宗（主張）〕に否定をしたとおりのそれら伺察が^{※3}〔戻ってくるなら〕、論破するもの〔の正理〕においてもまた余すことなく起こることをいうものなので、あなたたちが提示した〔そ〕の〔正理〕は、似非論破の究極です。〔なぜなら、〕正理により侵害される・侵害されないなどの観察をしてから、他者の宗を否定するとおり〔に〕、^{※4}逆に反転させてから、そのように論破する正理もまた否定されるものであるからです。

〔問い：〕もし、〔過失は無い。〕あなたは色などが有ると〔自己の立場において〕承認するので、それについて（H369b）伺察した〔のを通じて〕それら〔過失〕が起こるのですが、私たち（D411a）には自己の立場の宗〔すなわち立宗〕が無いから、それら伺察〔を通じた過失〕は起こらない、と思うなら、

〔答え：そのように語ったこと〕これによりそれら過失を捨てることが不可能なことは、〔後で〕帰謬論証派と自立論証派の〔論証因の〕どれにより〔見を〕決択するかの個所に説くでしょう。

4-2-2-2-3-3-3-1-3-3-2-6-2-1-3-2-1-2-1-2-2-4

第四：事物の有る無しなどの四句ともに否定することは、〔論理的に〕侵害するものとして適切でないことを、示したこと^{（訳註3-90）}（Ch186a）

〔問い：ここにあなたたち〕中観の〔諸々の〕本典には、事物または自性が有るのと無いのと両者と非両者との四句すべてを否定したし、^{※1}〔四句〕そこに収まっていない法も無いので、

正理により〔一切法〕すべてを否定する、と思うなら、

〔答え：〕これは前に示したように、事物について二つの〔有る〕うち、自体により成立した事物は二諦のどちらとして〔無いので、どちらとして〕有ることを主張しても否定する〔ことが必要です〕が、効用の可能な事物は言説として否定しないのです。

無事物もまた、〔諸々の〕無為〔の法〕について自体により成立した無事物〔である〕として主張するなら、そのような（K383a）無事物〔として成立しているの〕をも否定する。同じくそのような〔効用可能な〕事物が有る〔のと〕・〔自体により成立した事物の〕無しの両者ともをも否定するし、非両者が自体により成立したのもまた（Ch186b）否定するので、四句を否定する方式すべて〔への差別（限定）の適用の仕方〕はそのように〔知者たちは〕知るべきです。

そのような差別（限定）を適用すべきではなく四句ともに否定するなら、事物が有るのと事物が無いのを否定するとき、（B638）「〔事物〕それは〔有る無し〕両者でない」といって〔前に〕否定してから、再び「非両者でもない」といって否定したなら、承認したことが直接的に相違（矛盾）するのです。「〔あなたたちが〕そのようであっても、過失は無い。」といって〔他の何の理由も無く〕歪曲するなら、私たちは〔ムリのある〕歪曲する者とは倶に（D411b）〔争論にならないので、〕争論しない。

〔訳註3-91〕さらにまた、蘊において（H370a）自体により成立した自性または我を否定したなら、「自性または我が無い」という智恵が生ずるし、〔あなたたちは、〕その智恵の対境〔である〕無自性であることそれをもまた否定するのなら、中観者の見を論破〔し否定〕するのです。〔なぜなら、〕諸法が無自性であることを証得する智恵の対境〔である空性〕を論破する（Kyt317）（Ch187a）からです。

〔また〕自性の有る無しの両者を論破すると主張する彼については、〔ひとまず〕これを問うべきです ―「蘊において自性が無い」といって決定する智恵の対境〔である〕無自性であることそれは、どのようにしたことにより論破する〔ことができる〕のかを、〔あなたは〕語りなさい、と。

〔問い：〕『根本〔中論〕・般若 rTsa she』に、〔訳註3-92〕「もし非空がいささかでも有るなら、空もまたいささかでも有ることになる。非空がいささかも無いなら、空もまたどこに有ることになるか。」と説かれたので、非空は何も無いので、自性が無い〔という〕空もまた有るわけではない、と思うなら、

〔答え：『根本般若』の〕ここにおいて空・非空〔というの〕は、自性についての（K383b）空・非空について〔いわれたし、〕〔それもまた〕本典の上下すべてにわたっていわれている。そのようならば、〔これの〕自性について非空は、自性により成立していること〔をいうことが必定〕です。「自性による成立はいささかも無いので、自性による成立が無い（Ch187b）空もまた無い」と語るこのことより、大きなどんな笑いものが、あるのでしょうか。

〔訳註3-93〕さらにまた、「芽のようなものについて、自体により成立した自性は無い」と取らえる決定それにより、「芽には〔自体により成立した〕自性がない」と取らえるが、〔その決定知

により〕「無自性であることそれがある」とか「ない」という二つのどれとしても取らえないことは、〔あなた自らが〕眼を閉じて内面に向かって、了解してください。〔そうすれば、それは〕きわめて知りやすいのです。（H370b）

　そのようならば、（D412a）無自性であることについて有ると取らえることは不適切であるから、（B639）無自性が有ると取らえることを退けるために、正理により空性が有ることを否定すること^{※2}それは、妥当すること（Ch188a）であるとしても、〔正理により〕他の何らかの知により無自性が有ると取らえた知それの対境を否定すると主張することが必要であるが、芽において〔自体により成立した〕自性が無いと証得する智恵^{※3}の対境を否定することは、全く妥当しないのです。

　私たちは〔あなたたちのように主張しなくて〕、芽において自体により成立した自性を否定したなら、「無自性である」と決定^{※4}することになる。次に、他の何らかの知により「無自性であることそれが有る」と取らえるとしても、そ〔の知〕の対境を正理により否定する〔ことが必要な〕わけではなくて、空性それが自体により成立していると主張するなら、〔必ず〕否定するのです。

〔問い：〕では、無自性であることそれについて「自性が有る」と取らえること〔の知〕は、どのように生ずるのか、と思うなら、

〔答え：それもまた、〕芽の〔自体による成立した〕自性が無いことを縁じてから〔そのこと^{※5}が〕「芽の〔自体により成立した〕自性（K384a）として（Ch188b）成立していない〔し取らえない〕けれども、芽の無自性であることが〔芽〕それの〔自体による成立した〕自性^{※6}として有る」と取らえる知が生ずる。例えば、瓶が無いことについて〔縁じて〕瓶が有るのは諦（真理）であると思うことは生じないけれども、瓶が無いこととして諦だと思うことは生ずるようにです。

　〔理趣を〕そのようにしたならば、「自性について非空〔の法〕はいささかも無いので、芽の自性は無い〔という〕空においてもまた、自体による成立が無い」と述べるなら、^(訳註3-94)（Kyt318）正しい因相（理由）になるのです。『四百論の註釈 bZhi brgya pa'i 'grel pa』にもまた、空性が自体により成立したのを否定するのであることを説かれています。すなわち、「もし「空性」^{※1}といわれるものが自体により成立していることが（D412b）（H371a）何らか有るのなら、諸事物^{※2}は自性^{※3}を有することになるが、有る^{※4}わけではない、と説くために説明した ―「非空^{※5}が無くて^{※6※7}は空は何から生ずることになるのか。どのようなもの^{※8}として、他方^{※9}が無くて（Ch189a）対治^{※10}が生ずることになるのか。^{※11}」」と説かれました。

　そのようでなくて、〔自体により成立した〕自性が無い〔・無自性という〕空性が有ることを否定するなら、無自性は無いことになるし、そのようならば、〔一切法は〕自体により成立した自性が有ることに（B640）なるので、〔自体により成立した〕自性は全面的に否定しえない〔ことになる〕のです。そのようにまた『廻諍論 rTsod zlog』に、^(訳註3-95)「もし無自性であること^{※1}により無自性を退ける。無自性であること^{※2}が止んだなら、^{※3}まさに自性として成立したことになる。」ということへの『自註釈 Rang 'grel』に、^(訳註3-96)「あたかも「声を発するな」^{※1}というような声により、^{※2}声を退けるのと同じく、無自性である句（ことば）により、無自性

である諸事物を（K384b）退けるならば、（Ch189b）よって、この喩えは妥当することに^{※3}もなるが^{※4}、これは、無自性である句（ことば）により、諸事物の自性を否定するのです^{※5}。もし、無自性である句（ことば）により、諸事物の無自性であることを否定するならば、無自性であることを否定したから^{※7}、諸事物は自性を有することになる。自性を有しているから、空ではないことになる。」と、きわめて明らかに説かれたからです。

よって、前に『根本〔中論〕・般若 rTsa she』の教〔である〕「空がどこに有ることに^{（訳註3-97）}なるか」という（H371b）その直後に、「勝者たちは空性は見すべてからの（D413a）出離^{（訳註3-98）}^{※1}だと説かれた。およそ空性を見る者彼らは、治療できないと説かれた。」（Ch190a）とい^{※2}う〔個所の〕「空性を見る」ということもまた、「自性について空である」と見ること〔ほど〕を言うのでなくて、自性について空である空について諦だと取らえた、または〔自性により成立した、または〕事物だと見ることについて説かれたのです。〔それもまた〕『ブッダパー^{（訳註3-99）}リタ Buddhapālita』に、「およそ「諸事物は自体により有るのである」と思い込む彼らに対して、（Kyt319）「空性」と述べたのは、「この縁起により因と縁の力でもって事物として^{※2}^{※3}^{※4}^{※5}仮設されたのであるが、諸事物は自性により有るわけではない。」といって、諸事物の自^{※6}性は空性だと説示した（B641）ならば、その思い込みを退けることができる。しかし、お^{※7}よそ空性について事物だと思い込む〔ところの〕彼らについては、他の何によっても、その^{※8}^{※9}思い込みを退けることはできない。（K385a）例えば、「何も無い」と語ったならば、「何^{※10}^{※11}も無いことそれこそを施してください」と言う彼に対して、無いことを取らえさせることは^{※12}どのように可能なのかと（Ch190b）同じです。」といって、喩えをともなって、明らかに^{※13}説かれたからです。^{※14}

そのようにしていないなら、喩えもまた適合しない。〔すなわち、乞う者の〕誰かが〔乞う対境の〕或る人に対して「財物をください」と述べるなら、〔乞う対境が〕「財物は無い」と述べたとき、「これには財物がない」と取らえること〔が必要なので、そのように取らえること〕は過失でないが、〔乞う者が〕財物が無いことそれについて財物だと取らえたなら、そのとき、財物が無いとの決定が生じたことはない〔。同じ〕ように、諸事物において自性〔によって〕の有る無しを問うのに対して、「自性は無い」（D413b）と述べたなら、〔問う者が〕「自性は無い」と取らえたならば、語る者は〔そのように取らえる知〕それを（H372a）生じさせたいと欲する〔から語った〕ので、〔その知が生じたこと〕それがどこに過失でしょうか。けれども、〔そのように語ったとき、〕事物の自性〔による成立〕が無いことそれこそについて、自性〔による成立〕として取らえたなら、〔大きな〕過失です。

あなた〔たち〕の〔主張の〕ようなら、（Ch191a）〔その義（意味）も〕「「財物が無い」^{※15}と述べたとき、「財物が無い」と取らえた〔知が生じた〕としても、〔その知を〕否定することが必要である」ということになるので、〔あなたたちも〕私たちが〔上に〕述べたこと^{※16}に依ったなら、〔罪が無いので、〕麗しいのです。

『明句 Tshig gsal』にもまた、〔自性による〕空性について〔自相により成立した〕^{（訳註3-100）（訳註3-101）}事物だと思い込むことについて説かれたので、〔自性による〕空性を否定するわけでもないし、ただ空性と見ることほどに過失が有るわけでもない。よって、『〔聖〕摂 sDud[※]

^(訳註3-102)
pa』に、「「この蘊は空だ」^{※1}と観察しても、^{※2}菩薩は兆相を行ずる。無生の処について信じ
ていない。」というのと、『宝鬘 *Rin chen phreng ba*』^(訳註3-103)にもまた、「ゆえに、大いなる牟
尼^{※1}は、我と無我を見ることを退けられた。^{※2}」^{※3}（Ch191b）と説かれたし、さらにまた聖教と
論書に空と無我だと見ることは不適切である（K385b）と説かれたこともまた、前に説明し
たように知ることが必要です。そのようでないなら、〔『般若波羅蜜心経』に〕^(訳註3-104)シャーリプ
トラが観自在〔菩薩〕に対して甚深な智恵の波羅蜜（般若波羅蜜）を行じたい（B642）と
欲する者は〔学び方は〕どのように学ぶべきかを問うたことへの答えとして、〔観自在菩薩
は〕「五蘊それらもまた自性により空であると正しく随見すべきである」（Kyt320）という
の〔を説かれたこと〕と、『〔聖〕摂 *sDud pa*』^(訳註3-105)に、「諸法は無自性であると遍知したこれが、[※]
最上の智恵の波羅蜜（般若波羅蜜）を行ずるものです。」といい、『入中論 *'Jug pa*』^(訳註3-106)に「ゆ
えに我（私）と我所（私の）について（H372b）^{※1}空だと見ることにより、かのヨーガ行者は^{※2}
（D414a）解脱することになる。」と説かれたことなど、きわめて多いので、それら〔教証〕
と相違（矛盾）することになるのです。
　　^(訳註3-107)よって、衰えすべての根本は、自性〔により無いながら、それ〕を増益する無
明^{※1}（Ch192a）であり、それと取らえ方が直接的に相違するのを通じて、^{※2}〔無明〕それを根
絶するもの^{※3}〔、対治〕は、無自性または無我を証得する智恵唯一〔だけ〕^{※4}であるなら、〔あ
なたたちが、〕その〔智恵の〕取らえ方を論破する〔という〕なら、真実の見を否定したこ
とは、〔あなたが〕望まないながらも承認することが必要です。〔『四百論』に〕「寂静の
門〔である〕無二と」^{※1}ということへの『四百論の註釈 *bZhi brgya pa'i 'grel pa*』^{(訳註3-108)(訳註3-109)}に、「貪を
（Ch192b）全く尽きさせることが、涅槃を得ることの因である。^{※2}無自性であることを見る^{※3}
こと以外^{※4}に、何らかの法〔すなわち〕^{※5}そのように貪を全く尽きさせる因は無い。^{※6}それゆえに
こそ、無自性を相（定義）とした無我これは、無二の寂静の門になる。涅槃の都に入ること
にあたっては、ただこれ一つだけが（K386a）無比の門です。^{※7}もしまた空性と無相と無願と
いわれる三つの解脱門は有るけれども、^{※8}そのようでも無我を見ることだけが中心です。^{※9}あら
ゆる法は（Ch193a）^{※10}無我であることを知るし、事物すべてについて貪を余さず尽きさせる
にあたっては、どこにも何を希求する、^{※11}または兆相として認得すること^{※12}がどこにあるのか。
ゆえに、この無我は^{※13}（D414b）まさしく無二の寂静の門（H373a）です。（B643）それゆ
えに『菩提資糧品 *Byang chub kyi tshogs*』^(訳註3-110)に「無自性であること^{※14}により空である。空であ^{※15}
るし、^{※16}兆相^{※17}により何をすることになろうか。^{※18}兆相すべてが止むことになるから、^{※19}賢者はなぜ
願求することになるのか。^{※20}」と説明しています。」
　　といって、〔空・無相・無願という〕三解脱門が〔有ることが〕説明されているのと、自
性によって（Ch193b）空であると見る見が唯一の解脱門だと説明されていることとの相違
（矛盾）を捨ててから、教と正理により、〔自性により無いと証得する見〕それこそ〔だけ〕
が解脱門だと立証しています。
　　^{(訳註3-111)※1}自性を（Kyt321）断除したことほどにより、その対境を論破することは何が必要でしょう
か。^{※2}〔なぜなら、〕そのように証得することそれは、〔法我と人我の〕二我として兆相〔が
諦成立〕だと取らえることの対治ですが、それについて兆相だと取らえることの臭いほども

無いからです。
^{※3}

このような分別についてもまた、〔分別であるといって〕過失だと見て〔捨てて〕から、良い分別と悪い分別のどれであっても否定するなら、〔あなたたちは〕シナの親教師ハシャ^{※5}ンの教義を確立したいと欲すること^{※6}が〔この方軌により〕明らか〔に示されたの〕です。

4-2-2-2-3-3-3-1-3-3-2-6-2-1-3-2-1-2-2

〔第二：〕^{※1}否定されるべきものの確認が過小であるのを否定することは、（Ch194a）^{（訳註3-112）}

〔チベットの〕或る人は^{※2}〔この場合に〕、「否定されるべきものは自性であり、（K386b）それもまた三つの差別（限定）を具えたもの〔が必要です〕 ― 〔すなわち〕1）〔自〕体〔の差別〕は因と縁により生じさせられないことと、2）境位（状態）〔の差別〕は他に変わらないことと、3）設定〔の差別〕は他を待っていないものです。^{※3}それもまた、『中論本頌 *dBu ma'i rtsa ba*』^{（訳註3-113）}に、「自性が因と縁から生起すること^{※1}は（Ch194b）道理でない。因と縁から生起したなら、自性は造られたものになる。^{※2}「自性は造られたものだ」ということはどのように（H373b）適切になるのか。^{※3}〔諸々の〕自性は作為されたものではないし、^{※4}（D415a）他を待ったことが無いものである。^{※5}」と説かれたから。」と言うのです。^{※6}

一般的に、芽などの外・内の諸事物は、自性が〔三つの差別を具えた〕そのようなものとして成立していると主張するなら、〔それこそを〕中観派は否定することが必要ですが、^{※7}ここにおいて否定されるべきものを確認するの〔が錯誤せず、良く確認するの〕は、何かを否定したなら、諸法は無自性であることを証得する中〔観〕の（B644）見が相続に生ずる〔ことの決定したところの〕否定されるべきものの根本〔の究極〕それ〔が何かであるか〕を〔見て〕、確認するのです。

そのようならば、（Ch195a）〔諸々の〕^{※9}有為が因・縁により生じさせられた〔・造られた〕ことと、^{※10}他に変わることは、〔毘婆沙師・経量部など仏教〕自派の者たちにより〔すでに〕成立しおわっているので、^{※11}彼らに対して無自性であることを立証することは不必要になるし、彼らもまた諸事物は無自性であると証得することになるなどの過失がある〔のです。です〕から、^{※12}それはどうして〔中観派の〕非共通の否定されるべきもの〔の究極〕でしょうか。

^{※13}「〔諸事物は〕自体により成立している自性として成立している〔ものである〕なら、因・縁を待っていないことと、他に変わらないことなど〔の誤謬〕になることが必定である」と投げかけた〔ような〕こと^{※14}は、中観派の多くの本典があるけれども、^{※15}それらは能遍の側から過失を述べたものです。しかし、否定されるべきものを自体を通じて確認したわけ（K387a）ではないのです。^{※16}（Ch195b）

さらにまた、勝義として〔成立しているの〕と真実として成立しているのと、諦として成立しているとしても、因・縁により生じさせられないこと〔、他に変わらないこと〕などになるのが必定であっても、それらは、勝義として成立しているなどの義（もの）〔として設定するわけ〕ではないのです。例えば、瓶において無常であることが遍充する〔ので、瓶は無常であると立証する〕けれども、無常であること〔それ〕が瓶の義（もの）として〔設定するのは〕不適切であり、腹が丸い〔などの〕^{※17}ものをその義（もの）として設立することが

必要であるようにです。同じく、勝義として成立しているもの（H374a）などであるなら、分が無い（**Kyt322**）（D415b）事物になることが必定であるとしても、分が無い事物がここにおいて根本の否定されるべきものだとは主張しないのです。〔なぜなら、分の無い事物〕それは、学説論者たち〔自ら〕の非共通の執により仮設されたほどであるので、執それは身体ある者〔すなわち有情〕を輪廻に繋縛する根本ではないから、そして、〔分無き事物〕それらは無自性であると決択してから修習しても、無始〔の輪廻から〕の〔倶生の〕無明の執〔すなわちその有境〕に対して何も侵害しないので、〔分無き事物の無自性〕それらの義（内容）を現前に証得することが（Ch196a）究竟しても、〔無明は尽きないし、〕倶生の〔諸々の〕煩悩が〔永久に〕止滅することにはならないからです。

よって、見により決択するときに、倶生の無明により執らえられたとおりの義（もの）が無いことを決択すること〔だけ〕を中心に執らえてから、その〔否定の〕支分として所遍計の執（B645）の〔取らえられたとおりの諸々の〕対境を論破することを知らなくて、倶生の無明の執らえ方を論破することを棄てて、人我を否定するなら、常・一・主宰（自在）の我〔を否定するの〕と、法我を否定するなら、所取〔である〕分無き極微と、能取〔である〕分無き〔識の〕刹那と、三つの差別（限定）を具えた自性など、学説論者（K387b）だけにより仮設されたものごとを否定する〔のです。そのような〕ことは、全面的に不適切です。（Ch196b）〔不適切である〕そのようでないならば、見により決択するときに、ただ〔常・一・主宰として無いなど〕それほどしか決択しなかったので、修習するときもまた、ただそれほどを修習することが必定です。〔なぜなら、〕見により決択するのは、修習するためであるからです。

ゆえに、修習してから顕わになったのと、数習それが究竟した（H374b）としても、ただそれほどに尽きています。そのように所遍計の（D416a）執により仮設されたほどの〔人と法の〕二我が無いと〔現前に〕見えること〔ほど〕により、倶生の〔貪などの諸々の〕煩悩は止滅する〔し断除する〕と主張するなら、過大な誤謬です。『入中論'Jug pa』に「無我を証得するとき、常の我を断除するし、これは我執の所依としても主張しない。ゆえに「無我を知ることにより、我見を根絶する」と語ることは、きわめて驚異です。」と説かれているし、『〔同自〕註釈'Grel pa』にもまた、「互いに無関係である義（いみ）これこそを喩えを通じて明らかにするために（Ch197a）〔本頌により〕説明する ―― 「自らの家の壁穴に（**Kyt323**）蛇が居るのが見えていながら、「ここに象はいない」といって疑いを除去し、蛇の恐れを捨てさせることは、ああ、他者の笑いものになる。」」と説かれています。

これは人無我〔の場合〕について説かれたが、法無我についてもまた〔適用が必要なことは〕等しいのです。〔適用の仕方は、〕「〔法〕無我を〔現前に〕証得するとき、遍計された我〔ほどが無いと見るの〕を〔通じて〕捨てるし、〔遍計された法我〕これは〔倶生の〕無明の〔所縁と形相どれかの〕所依としても主張しない。ゆえに「〔遍計された法〕無我を知ることにより、〔倶生の〕無明をも〔根本より〕根絶する」と語ることは、きわめて驚異〔の処〕です。」と適用します。

〔問い：〕では、軌範師〔ナーガールジュナ〕が前に説明したように、（B646）非作為のも

のと（K388a）他を待ったことが無いもの〔それこそ〕が自性の相（定義）として説かれた
それは、仮定したのを（Ch197b）通じて説かれたのか、〔または〕そのような自性が〔本当に〕有るのであるのか、というなら、

〔答え：〕これは、〔『般若波羅蜜経』に〕「諸法の法性」と説かれたそれについて「自性」と設立したのです。非作為のものと、（H375a）他に依ったのではないものです。それは有るのです。『入中論の註釈 'Jug 'grel』に、「差別なさったそのような種類の（D416b）自性は軌範師〔ナーガールジュナ〕御前が承認なさるものが有るのか、というなら、それに関して世尊は、「諸々の如来が〔世に〕出現していても、していなくても、諸法の法性これはまさしく住する。」と広く（Ch198a）説かれたもの〔である〕「法性」といわれるものは有る。「法性」といわれるこれはまた何か〔というなら〕、眼などのこれらの自性です。それらの自性もまた何か、というなら、それらの作為されていないことと、他を待ったことが無いものであり、無明の眼翳を離れた智により証得されるべき自体です。「それは有るのか、無いのか」とそのように誰が語るのか。もし無いなら、何のために諸菩薩は波羅蜜の道を修習することになるのか。なぜなら、その法性を証得せんがために、諸菩薩はそのように幾百の難しいことを行うのであるからです。」といって、『〔宝雲〕経』の証拠をともなったものにより、立証したのです。（Ch198b）

では、前に一切諸法について自性〔によって〕の成立を否定しなかったのか、と思うなら、
「内の知により仮設されたの〔を待ったもの〕ではない（K388b）、諸法において自体により成立した自性は、微塵ほども無い。」と私たちは〔前に〕多数回、語らなかったのか。〔語ったのです。〕よって、そのような〔仮設されていない〕自性として他の〔有為などの〕諸法は（H375b）もちろん、法性〔である〕勝義諦それもまた〔そのような自性として〕成立していることは少しも無い。

〔その証拠は〕『明句 Tshig gsal』に（Kyt324）「三時においても火において無錯乱の本来の〔自〕体 —〔すなわち〕作為のものではなく、なおかつ前に生起しなかったのより、後で（B647）生起するのではないもの、なおかつ水の熱さ、またはこちら側とあちら側、または長いと短いのように、因と縁（D417a）を待ったもの（Ch199a）でないもの — それが、自性であると述べる。何か火の自体〔すなわち〕そのようなものであるそれは有るのか、というなら、それは自体により有るのでもないし、無いのでもない。そのようであっても、聞く者たちの恐怖を捨てんがために、増益してから世俗として「それは有る」と述べよう。」といって、その自性もまた、自体により成立したことを否定してから、言説として有ることを説かれています。

もし、聞く者の恐怖を捨てるために増益してから示したと説かれたから、〔軌範師自身は〕有るとは主張なさらない、と思うなら、
それは道理ではない。その必要性〔または目的〕のために仮設して説かれたのは、他の諸法もまたそうなので、それら〔諸法〕もまた無いことになる。

〔よって、自性は有る。『入中論の註釈』を〕上に引用したように、その義（もの）が無いなら、梵行は無意味であることが帰結する〔という論理的〕侵害を述べて立証したし、

また（Ch199b）『入中論の註釈'Jug 'grel』^(訳註3-126)に「この自性は軌範師〔ナーガールジュナ〕が承認なさるのみだけでなく、他もまたこの義（もの）を承認させることが（K389a）できるので、この自性は〔論者と後論者の〕^{※2}両者において成立していると（H376a）も設立なさった。」^{※3}と説かれたからです。

さもなければ、中観派の立場において解脱を得たことはありえないと主張することが必要です。^{※4}〔なぜなら、〕涅槃を得た〔という〕ことは、その涅槃を現証したことですが、その涅槃もまた〔この場合に〕滅諦だと説明されたし、〔滅諦〕それもまた勝義諦として説かれたから、^(訳註3-127)そして勝義諦が無いからです。〔その証拠の典拠もまた、〕涅槃を得たとき、勝義〔である〕（D417b）滅諦を現前にすることが必要であることを、『六十頌如理論の註釈 Rigs pa drug cu pa'i 'grel pa』^(訳註3-128)に多くの努力をもって立証されたからです。（B648）

^(訳註3-129)そのようならば、眼などの有為これらは、自体により成立した自性としても成立していない。法性について自性として設立した〔自性〕それとしてもまた成立していないので、自性はどれとしても成立していないし、勝義諦は法性について（Ch200a）自性として設立した〔自性〕それとして成立しているけれども、その自性として設立するもの〔である〕無作為のものと、他を待っていないことは、自体により成立した**(Kyt325)**自性それとして少しも^{※1}〔成立したことが〕無い〔と設定することが必要な〕ので、〔勝義それこそは〕言説として成立したほどです。

作為のもの〔の意味〕は、前に無かったが〔後で〕新たに生起する造られたもの、そして、他を待っているもの〔の意味〕は、〔他である〕因・縁を待っているものです。〔そのように〕色などは〔法性をいうのと、自体により成立した自性との〕^{※3}二つの自性のどれとしても成立していないので、^{※4}法性について自性と為した〔場合の〕自性それを見るために道を修習するから、〔その基礎である〕梵行もまた無意味にならないことを（H376b）説かれたし、〔それだけでなく〕諸法において自体により成立した（K389b）自性は全く主張しないことと偶然的に〔各自の言説の〕自性を承認したこととの二つは相違しないことを〔も〕説明しています。^{※5}〔それもまた〕『入中論の註釈'Jug 'grel』^(訳註3-130)に、「ああ、^{※1}^{※2}（Ch200b）およそ事物を少しも主張しないし、^{※3}偶然的に作為されたものでないのと、他を待っていない自性をまた^{※4}主張するあなたは、互いに相違（矛盾）した^{※5}義（ことがら）を述べるもの〔である、というなら〕、答えよう―あなたは論書の意趣を了知しないもの。^{※6}これの意趣は、^{※7}もし眼などの自体〔である〕縁起（D418a）^{※9}〔すなわち〕幼稚な者、異生（凡夫）が取らえるもの^{※10}これこそが、それらの自性であるならば、^{※11}自性それを顚倒している者も証得するから、^{※12}梵行することは無意味になるが、^{※13}これこそは自性ではないから、^{※14}それを見るために梵行することは^{※15}義利（意味）があることになる。^{※16}それもまた、^{※17}私は世俗諦を待って〔すなわち世俗諦に関して〕^{※18}から、作為されたもの（Ch201a）^{※19}でないものと、他を待っていないものと、述べた。^{※20}幼稚な者が（B649）見るのではないそれこそが、^{※21}自性であるのが道理であるが、ただそれほどにより勝義〔である〕^{※22}事物ではないし、^{※23}事物が無いのでもない。^{※24}それは自性により寂静^{※25}であるからです。」^{※26}と説かれています。

^(訳註3-131)ここにおいて、事物の有る無しは、前に二つに語る個所に説明したように、自体により有^{※1}

ることと、〔体が〕全く無いこと〔をいうことが必要〕です。現在、諸法において自体により成立した自性としての成立が (H377a) 微塵ほども無いことを決択した〔とき、決択した〕自性について空である (K390a) 〔という〕空性は、色などのこれら諸法を差別所依事 (khyad gzhi. 基体) とした上に差別法 (khyad chos. 特性) として有るので、一つの知の対境にその両者が有ることは相違しないし、二の現れそれが止滅しないことにより、空性それは (Ch201b) 仮設された勝義諦になるのです。

　いつか、無自性であるのを証得する見それこそを (Kyt326) 数習したことにより、それを現前に証得した〔とき、その証得の〕側には、無自性でありながら (Ch202a) 自性〔による成立〕として現れる (D418b) 錯乱の現れすべてが止滅するから、法性それを現前にした智により、有法〔である〕色などそれを認得しない〔し見ない。です〕から、そのような法性〔である空性〕と有法〔である色など〕との二つは、その知の側には無いので、〔法性と有法との〕その二つを法性と有法として設立するのは、他である言説の知の側から設立することが必要です。

　そのようならば、勝義諦は、自体により成立したものの戯論すべてが寂静である上に、無自性でありながら、そう現れる錯乱の現れの戯論すべてもまた止滅したことほどについて設立されるから、〔そのような勝義諦〕それを承認していても、自体により成立した自性を承認することがどこに必要でしょうか。『明句 Tshig gsal』にもまた、「これが (Ch202b) 事物の形相が無明の眼瞖の力により認得されるのを見ない〔という〕仕方により、本体 (我) は聖者〔すなわち〕無明の眼瞖を離れた者たちの対境になる。〔自〕体〔である〕それこそをそれらの自性として設立した。」というのと、 (H377b) 「諸事物の自性 (B650) になった無生それもまた、何でもないことにより、無事物 (K390b) ほどであるので、〔自〕体が無いから、事物の自性として有るわけではない。」と説かれています。
(Ch203a)

　およそ勝義諦は、否定されるべきもの〔である、人・法の〕二我などの戯論を断除したほどについて設立しなくて、青・黄など〔の実物個々〕のように、〔勝義の〕あり方〔すなわち実相〕を証得する〔ときにも、〕無錯乱の知の対境として、自在に成立した仕方により浮かぶ〔のを主張する〕ことと、〔浮かんだ〕そのように有ると決定することが、甚深の義を証得する〔究極の〕見であると主張するし、 (D419a) 有情たちがそこに〔人と法との〕二我として思い込む〔ところの〕所依事 (もと) 〔になった〕外・内のこれら諸法は無自性であると証得することは、〔断見と〕正しい見の岐路の処だ (Ch203b) と主張する〔このような〕ことは、大小の乗の聖教すべてを外れているのです。〔なぜなら、〕有情すべてを輪廻に繋縛する根本〔である〕我執が止滅することが必要であることを〔あなたも大いに〕主張するし、それにより〔何かを取らえたなら、〕我〔または自性による成立〕だと取らえた所依事 (基体) 〔である蘊など〕それ〔こそ〕は無自性であるのを証得することにより、〔繋縛である我執〕それが止滅しなくて、それと無関係である他の法が諦として有るのを証得することにより、我執が止滅する〔ことになる〕と〔このような誤った義 (内容) を〕主張するからです。

これは〔きわめて驚異です。〕例えば、〔或る人が〕東方に蛇が無いながら有ると執らえて、〔蛇を〕恐れ〔すなわち〕苦しんでいる〔そのような〕苦が止滅する〔方便〕には、〔他の人たちが〕^{※14}「東方に蛇が少しも成立していない」と（Ch204a）執らえたことにより、蛇の執それは止滅しないが、「西方に木の幹が有る」と執らえなさい。それにより（H378a）〔あなたの〕蛇の執（**Kyt327**）と苦それが〔必ず〕止滅することになる、と言うことと、何の差別（ちがい）も見えないのです。

　そのようならば、自己を善く〔成就〕したい者たちは、そのようなもの〔邪見〕それを（K391a）はるか遠くに捨てて、輪廻に繋縛するもの〔であり、〕衰えすべての根本〔である〕^{※15}無明の執らえ方^{※16}を論破する〔誤らない〕方便を、了義の聖教とその義（内容）を他に導きえ^{※17}なくて決定することを、底から確立する、正理の〔異門の、きわめて多数で〕広大な聚を明瞭に説かれた（B651）聖者ナーガールジュナ父子の本典〔である『根本般若』などとその註釈など〕に拠ってから〔その義（内容）を知り、修習して〕、^{※18}有（生存）〔すなわち輪廻〕の海の彼岸に渡ってください。（D419b）

　否定されるべきものについての誤解を否定することそれらは、中〔観〕の見を獲得することの岐路の処〔または誤る処〕を（Ch204b）断つにあたってきわめて〔益する〕大きな要であるので、〔この個所に、拡げて〕戯論し、〔広汎に〕説明したのです。^{※19}

4-2-2-2-3-3-3-1-3-3-2-6-2-1-3-2-1-3

第三：自己の立場〔において〕の否定されるべきものを確認する仕方には、三つ —

1) 直接的な義（いみ）〔である〕否定されるべきものを確認することと、

2) それを他の否定されるべきものに適用するか適用しないかの仕方と、

3) 否定されるべきものに勝義の差別（限定）を適用するか適用しないかを説明すること、です。

4-2-2-2-3-3-3-1-3-3-2-6-2-1-3-2-1-3-1

第一〔：直接的な義（いみ）〔である〕否定されるべきものを確認すること〕^(訳註3-134)
一般的に否定されるべきものには、道の否定されるべきものと正理の否定されるべきもの^{※1}と二つが有る。

　そのうち、第一〔、道〔にとって〕の否定されるべきもの〕は、『中辺分別論 *dBus mtha'*』^(訳註3-135)〔第二章「障」〕に「煩悩障と所知障（Ch205a）として説かれた。そこに障すべてが〔収まっている〕。それが尽きてから解脱したと主張する。」と説かれたように、煩悩と所知の二障です。

　〔道の否定対象〕^{※2}これが所知において有る、否定されるべきものです。〔なぜなら、〕これが無いなら、（H378b）身を有する者〔である有情〕すべては、努力〔を待ったこと〕無く解脱することになるからです。

　正理〔にとって〕^(訳註3-136)の否定されるべきもの^{※1}は〔何かというと〕、『廻諍論 *rTsod zlog*』^(訳註3-137)に「または、或る者が〔他者により〕化作の〔為されたその〕女に対して〔女そのものであると錯乱し、〕「〔これは〕女だ」といって誤った〔顛倒の〕取が生起する〔し執着が生ずる〕^{※2}のを、〔仏陀などが〕化作により〔それを〕否定する。^{※3}これはそのとおりである。」というこ

とへの (K391b) 『自註釈 *Rang 'grel*』に「または、一人の人が化作の女〔すなわち、女の〕 (Ch205b) 自性により空であるもの〔、女の事物が無いもの〕について、[※4]勝義として「女だ」と誤って取らえることになる。ゆえに、それを誤って取らえるそのこと〔の力〕により貪欲を生じさせるのに対して、[※5]如来または如来の声聞は、何か化作を化作し、それにより彼〔の人〕が誤った取らえるそれを退ける。〔その例えと〕同じく私の言葉〔すなわち、自性により〕空であり、化作のようなものにより、 (D420a) 事物すべてについて〔自体により成立した〕自性が無く、〔自性により〕空であり、〔偽りの自性の〕化作の女と似たもの〔それら〕について、〔自体により成立した〕自性が有ると取らえること〔顛倒〕それを、退ける。」と **(Kyt328)** 説かれたように、顛倒〔の有境〕の取〔、我執など〕について (B652) 、否定されるべきものとして説かれたのと、〔有境の取〕それにより取られた〔とおりの対境に関して、〕自性が有ることについて、否定されるべきものと為さったのと、〔合計〕二つが有る。

けれども、〔ここにおいて、〕否定されるべきものの中心は、〔対境に関した[※1]〕後者です。[※2]〔なぜなら、〕顛倒した有境が止滅する (Ch206a) には、〔誤った有境〕それにより取らえた〔顛倒の〕対境を最初に否定することが、必要であるからです。

〔そのような対境の否定〕これもまた、縁起〔の証因または論証因〕により〔有法、〕人[にん]と法の上に〔所成、〕自体により成立した自性が有ることを否定するようなもの〔など[※]〕です。この〔正理にとっての〕否定されるべきものは、所知において無いことが〔必ず〕必定です。〔なぜなら、これが〕有るなら、〔正理によって直接的に〕否定することはできないからです。

そうであるとしても、〔この否定対象が〕有ることを (H379a) 取らえる増益〔の顛倒知〕が生ずる〔し、それにより輪廻に繋縛される〕ので、〔これを正理により必ず〕否定することが必要です。〔これの〕否定〔の仕方について〕もまた、槌により瓶を〔破り〕壊し〔て無くし[※1]〕たようなものではなくて、〔もとより〕無いものについて〔そのように〕無いことを認知する決定知を生ずる、〔すなわち、その否定対象が〕無いことに決定〔知〕が生じたなら、有ることを取らえる錯乱知は止滅する〔ことになる〕のです。 (Ch206b) [※2]

〔その否定の仕方と〕同じく、正理により立証すること〔について〕もまた、種子が芽を生じさせるように、義 (もの) が前に (K392a) 無かったのを新たに〔有ると[※1]〕成立させることではなく、その法〔のさま〕が〔初めから〕そのとおりである〔まさにその〕ことについて、そのとおりであるのを〔正理により〕認知する決定知を生じさせることなのです。[※2]

『廻諍論 *rTsod zlog*』にもまた、「〔否定する〕句 (ことば) は無いとしても、[※2]無いことの否定[※3]が成立することになる、[※4] (Ch207a) という。それに対して、「句 (ことば) は無いとしても」[※5]といって分からせるが、除去するのではない。[※6]」と説かれたし、それの『自註釈 *Rang 'grel*』にもまた、「あなたは句 (ことば) は無いとしても、[※1]〔すなわち〕句 (ことば) 以外にも (D420b) 無い〔という〕否定が成立するのなら、それは何〔であり〕「事物すべてにおいて自性が無いのである。」と語ったあなたの句 (ことば) それにより何が為されるのか、と語ったこと ── これに対して、説明しよう。〔すなわち〕「事物すべては自性が無い」

というこの句（ことば）は、諸事物を無自性にするのではない。けれども、自性が無いのに[※5]
ついて「諸事物は自性が無い。」と分からせるのです。例えば、或る人が、デーヴァダッタ[※7]
が家にいないながらに「デーヴァダッタが家にいる。」と言うし、（Ch207b）彼がいない[※8]
ことについて或る人が「いない」と言うならば、（B653）その句（ことば）によりデーヴァ[※9]
ダッタを無くするわけではなく、デーヴァダッタが家に（H379b）ありえないことを示すの
みに尽きている。同じく、「諸事物の自性は無い。」という句（ことば）それもまた、諸事
物の自性を無くするのではない。けれども、諸事物すべてが無自性であり、幻術の人のよう[※10]
に真実の〔自〕体を欠如したものごと（Kyt329）について愚かであるから、幼稚な者〔すな[※11]
わち〕無明により（K392b）愚かな者たちが自性を有するのを増益したものごとについて、[※12][※13][※14]
自性が無いことを分からせる〔のです。です〕から、それについて自性が無いのなら、句（こ[※15]
とば）が無いのもまた、〔すなわち〕句（ことば）以外にも自性が無いことが成立したので[※16]
ある〔。それ〕なら、「「自性は無い」というその句（ことば）により何が為されるのか。」[※17]
と〔あなたが〕語ったことそれは、道理ではない。」と明瞭に説かれた（Ch208a）ように、[※18]
知るべきです。（D421a）

（訳註3-147）
　ゆえに、〔チベットの或る人が〕有るなら否定できないし、無いなら否定することは必要[※1]
ないことにより、〔一切法は〕否定・肯定を離れたもの〔のみ〕であるから、多くの否定・[※2]
肯定の正理〔によって〕の伺察をする〔このような〕ことは、言説の言葉ほどに〔際限なく〕[※3]
迷った〔し、迷った〕こと〔になる〕と主張することは、正理と道の否定・肯定のどれにつ
いても、義共（don spyi. 概念的イメージ）が浮かんでいないながらに、相違（矛盾）を含[※4][※5]
むでたらめ〔の言葉〕を語ることなのです。〔その理由も〕自己が、有るなら否定できない[※6]
し、無いなら否定する必要がない〔という〕ことの理由を示してから、相手〔すなわち他者〕
が否定・肯定の伺察をすること〔は妥当しない、といって〕否定しながら、〔あなた自身は〕
否定・肯定してはいけないと主張するから、そして理由を提示したそれによってもまた、相[※7]
手が否定・肯定することが必要であると主張するもの〔彼〕（Ch208b）に対して否定する[※8]
ことは、不合理です。（H380a）〔なぜなら、〕有るなら否定できないし、無いなら否定す[※9]
る必要がないからです。[※10]

（訳註3-148）
　勝れた正理により否定することは、顛倒の錯乱した分別が止滅するためであり、〔そ
の〕正理により立証することは無顛倒の決定を生じさせる方便であるので、顛倒の知（blo[※1]
sna）を止滅させたいと欲するし、無顛倒の知を生じさせたいと欲するので、ナーガールジュ[※2]
ナ（B654）などの（Ch209a）「正理の聚」に（K393a）従って、否定・肯定を無顛倒に決[※3][※4]
定する知を生じさせよう。

（訳註3-149）
　〔問い：〕そのように諸々の正理により否定する〔のが必要な〕ことは、顛倒の〔知の〕取[※1]
らえ方の〔対境〕を論破するのを通じて、無顛倒の決定を生じさせるためであるなら、〔で
は、ここにあなたたちは〕どのような知の取らえ方の対境を正理により論破するのであるか、
というなら、
　〔これについての答えもまた、〕一般的に否定されるべきものを取らえる分別については、
〔不同の異門の〕無辺のものが有るけれども、過誤すべての根本となた（D421b）顛倒の分[※2]

別であるものそれを良く確認してから〔分別〕それの思い込みの対境を〔正理により〕論破すべきです。〔その理由も、そのような根本〕それが止んだなら、過誤すべては止滅することになるからです。(Ch209b)

(訳註3-150)
それもまた、〔勝者の諸々の聖教に〕貪欲など他〔の煩悩〕の対治を説かれたのは、一分〔の煩悩〕の対治であり、〔諦執・〕無明の対治を説かれたのは、〔煩悩〕すべての対治に(Kyt330)なるので、〔その〕無明は過誤すべての所依事(もと)〔と根本〕です。『明句 Tshig gsal』に「諸仏が契経など二諦に依って説かれた(H380b)九種類が、諸々の世間の行ずる側に広大なものを(Ch210a)ここに正しく宣べられた。そこにおいて貪欲を除去せんために説かれたものにより瞋恚を尽きさせることにはならない。瞋恚を除去せんために説かれたものにより、貪欲を尽きさせることにならない。何か慢などを尽きさせんがために説かれたものそれによっても、他の垢を破壊しない。だから、それはあまり遍満しないことを説かれるそれらとそれらは大きな義利(いみ、利益)ではない。愚癡を尽きさせんがために説かれた(K393b)ことそれは、煩悩をあまさず破壊する。煩悩すべては愚癡に正しく依っていることを、諸々の勝者は(Ch210b)説かれた。」という。

(訳註3-152)
では、〔過誤すべての根本になる〕その愚癡〔・無明〕はどのようなものであるかという〔疑いが生じた〕なら、〔それを除去する答えは、〕外・内の諸法が自相により成立していると取らえること〔において〕の自性を増益する知が、ここにおいて無明〔だと確認するの〕です。『四百論の註釈 bZhi rgya pa'i 'grel pa』(B655)に、「およそ識〔であり〕事物の自体を特に増益する〔すなわち〕(D422a)染汚を有する無知の力により、諸事物について貪を有するし、輪廻に流転する種子となったものが、全面的に滅したことより、輪廻が止滅すると設立した、と説くために、説明する ―― 〔『四百論本頌』に〕「有(輪廻の生存)の種子は識。諸対境は(Ch211a)それの行境。対境において無我が見えるなら、有の種子は滅することになる」。説明されたとおりの方法により、対境が(H381a)無自性であることが見えることにより、貪の因〔である〕識〔すなわち、輪廻の生存・〕有の種子となったものが全面的に止滅することから、声聞と独覚と無生法忍を得た菩薩たちにおいて輪廻は止滅したと設立した。」と説かれた。

〔無明〕それこそは〔他の異門は〕「諦執」というものでもある。〔『四百論本頌』に〕「身体において身根と同じく、愚癡はすべてに住している。ゆえに、煩悩すべてもまた愚癡を摧破したことにより摧破されることになる。」ということへの『四百論の(Ch211b)註釈』に、「愚癡はそれらについて(K394a)諦であると分別することより愚かであるから、事物は諦の自体だと特別に増益して(Kyt331)起こる。」という。

〔問い:〕そのように無明が輪廻の根本であるなら、『入中論』と『明句』に有身見を輪廻の根本として説明しているのは妥当しない〔ことになる〕。〔なぜなら、輪廻その一致しない〕中心の因が二つは無いから、というなら、

(訳註3-158)
〔答え:〕無明と有身見を主張なさる仕方は、〔アサンガ、ヴァスバンドゥなど〕他の軌範師のご主張は(D422b)中士の個所において説明しおわったので、〔ここには説明しない。〕ここにおいて軌範師チャンドラキールティのご主張は〔どのようかは〕、他の中観派の〔自

立論証派の〕人たちが所知障と主張なさる事物の諦執〔の知〕^{※4}は〔一般的に〕無明だと主張^{※3}なさる。〔無明〕それもまた染汚を有する無明だと主張なさる。前に引用したように、『四百論の註釈』に〔その諦執は〕染汚を有するものだと（B656）説明したし、『入中論の註釈' ^{（訳註3-159）} *Jug 'grel*』にもまた^{※1}「これにより（H381b）（Ch212a）有情たちは住するとおりの事物を ^{（訳註3-160）} 見ることにおいて迷妄にするので、愚癡〔すなわち〕無明〔であり〕、無い事物の自体を増^{※4}益するもの〔であり〕、自性が見えるのを覆障することを本性としたものが、世俗です。」^{※3}^{※2} といい、「そのようならば、〔輪廻の生存・〕有の支分により包摂された^{※2}染汚を有する無明 ^{（訳註3-161）} ^{※1} の力により、世俗諦を設立している。」といって、〔その無明を〕十二縁起の第一支として 説明しているから、〔無明それこそは〕煩悩〔障〕である〔と成立した〕が、所知障ではな いのです。

では、所知障は何をいうのかというなら、^{※1}（Ch212b）これは後に説くことになる。 ^{（訳註3-162）}

よって、十二支〔縁起〕の（K394b）第一〔支〕の無明これが輪廻の根本である〔と説明 ^{※2}^{※3} している〕のに、有身見もまた輪廻の根本であることを説明しているのは、〔執らえ方は同 ^{※4}^{※5} 一であり、そのうち〕無明は一般、そして有身見は差別（特定）であるので、〔義（もの）^{※6} において〕相違は〔全く〕無いのです。

それについて〔二つ有るうち、〕無明〔というそれ〕は、明知の反対分〔を言うの〕であり、^{※1} ^{（訳註3-163）} 明知もまた何〔の明知〕でもいうわけではなく、無我の真実を了知する智恵（般若）です。 〔明知・智恵〕それの反対分〔と言うの〕は、その智恵が無いことほどと、〔智恵〕それよ^{※2} り他のものほどについては不適切なので、〔智恵〕それの相違する対立項を取らえること〔、^{※3} 知識〕です。（Ch213a）^{※4}

〔無明〕それは（D423a）我として増益することであり、それもまた、法我として増益す ^{（訳註3-164）} ^{※1} ることと、人我として増益することとの二つ〔が有るの〕です〔。です〕から、法我執と人 我執との両者が〔染汚を有する〕無明です。^{※2}

ゆえに、有身見〔それこそ〕を他の煩悩すべての根本として説いたなら、無明〔こそ〕を〔他 ^{（訳註3-165）} の煩悩すべての〕（H382a）（Ch213b）根本として説いていないわけではない。〔『宝鬘』 ^{（訳註3-166）} に〕「蘊だと執らえることが有るかぎり、そこには我執が有る。」といって、法我として迷^{※1} 妄である無明〔それこそ〕は、人我として迷妄であることの因として説いているのなら、無 明の内部二つは因果になるさまを説く〔のです。です〕から、有身見〔それこそ〕は無明よ^{※2} り他（Kyt332）の（B657）煩悩すべての根本として説いたことに、相違（矛盾）は〔全く〕 無い。

軌範師〔チャンドラキールティ〕の意趣をその〔説明の仕方の〕ように説明するのを知ら ^{（訳註3-167）} ^{※1} ないなら、輪廻の根本が二つに説明された〔という〕相違を捨てることはきわめて難しいの ^{※2} です。

そのような〔方軌により〕無明を確認するその仕方は、主ナーガールジュナのご主張で ^{（訳註3-168）} す。〔それもまた〕『空性七十論 *sTong nyid bdun cu pa*』に「因と縁より生じた諸事物を ^{（訳註3-169）} 真実として（K395a）分別することは無明だと教主は説かれた。（Ch214a）それより十二^{※1} ^{※2} ^{※3} ^{※4} 支が生起する。真実が見えるから、事物は空だと良く知ると、無明は生起しない。それが^{※5}

無明の滅である。ゆえに、十二支^{※7}が滅する。」と説かれたし、『根本〔中論〕・般若 *rTsa she*』の第二十六章にもまた、「^{※1}無明が滅したならば、^{※2}一切相に諸行は生起することにならない。無明が滅することに（D423b）^{※3}なるのは、智により真実を修習したことによって〔である〕。^{※4}それぞれが滅したことにより、^{※5}それぞれが現前しなくなる。^{※6}苦の蘊ばかりそれはそのように正しく滅する。」と（H382b）説かれたものとも〔上の『空性七十論』のそれは〕^{※8}（Ch214b）一致している。〔それは『宝鬘』に〕「蘊だと執らえることがあるかぎり」といって、蘊〔を自性により成立したもの〕として執らえること〔、諦執〕が輪廻の根本として説かれたことと、きわめて適合するのです。

アーリヤ・デーヴァのご主張であることは、〔『四百論』に〕「身において身根〔が住するの〕と同じく」などというのと、〔『同論』に〕「輪廻の根本は識。」などと前に引用したことにより、明瞭に示している。

〔そのように〕軌範師〔聖者ナーガールジュナ〕が『中論』において、否定されるべきものを否定する正理をどれほどか説かれたすべてもまた、愚癡の力でもって諸法について自体により成立していると増益した自性それ〔こそ〕を否定してから、諸法の無自性を示されたのである〔。だ〕から、〔輪廻の根本である〕無明の執らえ方〔の対境〕を論破するだけのために、様々な〔不同な無数の〕正理を説かれたのであることを、〔ブッダパーリタが説明した〕『〔註釈〕ブッダパーリタ』に、「縁起を（K395b）説くことにどんな必要性（目的）が（B658）あるのか、というなら、説明しよう — 軌範師〔ナーガールジュナ〕は悲（あわれみ）^{※2}の自性により、有情たちが（Ch215a）^{※3}様々な苦により^{※4}虐げられているのをご覧になって、^{※5}彼らを済度せんがために諸事物の真実を如実に説きたいと願われたので、縁起を説くことを行われた。〔すなわち、〕「非真実が見えることが繋縛。^{※7}真実が見えることが解脱。」（D424a）と説かれたからです。諸事物の真実〔の在り方、無顛倒である〕如実は（Kyt333）^{※9}何であるかを説明したのは、〔自性により成立した〕自性が無いことそれに善巧でない〔し迷妄な〕者〔すなわち〕愚癡の闇により〔法を弁別する〕知恵の眼を覆障された者〔たち〕が、（H383a）諸事物について自性〔が有る〕として分別する〔し執らえる〕なら、それらについて〔事物それこそは、浄だと増益して〕貪欲と〔不浄だと増益して〕瞋恚を生じさせる。いつか縁起〔の真実〕を知る〔智の〕光明でもって愚癡の闇を除去したし、智恵の眼でもって諸事物の〔在り方、〕（Ch215b）自性が無いことが見えるときに、〔貪・瞋が生ずる〕依処が無いものにおいて、それの貪欲と瞋恚は生じない。」説かれているし、〔『根本中論』〕第二十六章の接続に、「ここに語った — あなたは大乗の教義により勝義に入ることを説明しおわったのなら、今やあなたは声聞の教義により勝義に入る^{※3}ことを説きなさい。ここに説明しよう — 〔v.1 に〕「無明が覆障したから、後有〔のために三種類の諸行を造作することであるそれら業により、趣を行く。〕」」などと説かれたし、〔それだけでなく〕第二十七章の接続にもまた、「ここに語った — 今あなたは声聞乗に相応した契経の辺際に^{※3}拠って、見の（K396a）形相が（Ch216a）ありえないことを説いてください。^{※4}ここに説明した — 〔v.1 に〕「過去のときに生起したというのと」」などと説かれたから、軌範師ブッダパーリタもまた、十二支〔縁起〕の第一の無明それは、事物において自性〔による成立〕

を増益すること〔の知〕だと主張なさるのと、〔それだけでなく、聖者〕声聞・独覚においてもまた法無我を〔現前に〕証悟する〔ことが必要である〕のを主張なさったことが、〔きわめて〕明らかです。(B659)

（訳註3-179）
よって、(D424b)〔聖者の〕声聞・独覚において法が無自性であるのを〔現前に〕証得すること〔が必要なことについて〕の大きな能成は、法我執〔それこそ〕が十二支〔縁起の第一支〕の無明になることこれであることを、知ってください。

（訳註3-180）　　　　　　　　　　　　（訳註3-181）
『四百論 bZhi brgya pa』に、「分別により (Ch216b) 見ることが繋縛です。それをここにおいて否定すべきです。」と説かれた分別もまた、分別であるすべてをいう (H383b) のではなく、諸法において自体により成立していると増益する分別〔それこそをいうの〕です。その『註釈'Grel pa』に「分別は真実でない〔虚妄なる〕自性の義（もの）を増益する」と説かれたし、〔そのような分別〕それもまた染汚を有する無明だと主張なさるので、〔チベットの他の人たちが〕「これはこれだ」という分別〔する知〕すべての〔執らえ方の〕対境を正理により否定すると主張することは、細かく全く観察していないのです。

（訳註3-183）
そのようでないなら、異生（凡夫）において真実の義は隠れているので、〔異生は〕空性の義を〔執らえるとき〕、分別でないもの〔知〕により執らえる方便は無いし、分別であるすべての対境について正理により侵害するなら、決定知の対境についてもまた、錯乱した誤った知識が自性〔による成立〕を増益するようになるのです。

（訳註3-184）
(Ch217a) そのようならば、(Kyt334) 涅槃の地に導く正見が〔全く〕無く (K396b) なることが必定なので、中観の諸々の本典において聞・思などをすることすべてが、無意味（無益）になる。〔なぜなら、〕『四百論』に「自己は涅槃するであろうといって、空でないのを空のように見るのではない。誤った見によっては涅槃しないことを、諸々の如来は説かれた。」と説かれたからです。

（訳註3-186）
前に説明した無明〔、諦執〕の (D425a) 執らえ方の思い込みの対境〔、自体により成立した自性〕それこそを、基礎に置いてから自部〔仏教者〕と他部〔外道者という自他〕の実有論者たちが、(Ch217b) 多くの差別〔・特定のもの〕が増益されたのを〔それぞれの〕学説の力により設立した〔悪見〕すべて〔の根本〕は、無明の執らえ方の対境〔である自体による成立〕それこそを論破したなら、根本を切断した樹木のように〔基本が無いので、その悪見〕すべてが止滅することになる〔のです。です〕から、智恵を持つ者〔たち〕は〔それら因相（論拠）を知って、〕倶生の (B660) 無明の思い込みの対境〔、自性による成立それこそ〕を、否定されるべきものの〔究極的〕根本として知るべきですが、所遍計〔すなわち分別構想されたものである〕学説論者のみにより仮設されたこと (H384a) ほどを、否定することに勉めるべきではないのです。〔その理由も、〕すなわち、否定されるべきものを否定することは、為すべきことに困窮して〔他に得ない〕からするのではなく、否定されるべきそれ〔を否定しなったなら、それ〕を対境とした邪分別〔、無明〕それにより、有情が輪廻に繋縛されるのが見えてから、〔邪分別〕それの対境を論破するのですが、有情すべてを〔そのような〕輪廻に繋縛するもの〔、その邪分別〕は倶生の無明であるから、そして、所遍計の無明は彼ら学説論者〔とその影響下の者たち〕だけに有るので、(Ch218a) 輪廻

の根本に妥当しないからです。〔否定対象を否定する仕方の境界〕^{※10}これについて決定を〔個々に〕特別に獲得することが、きわめて重要です。

（訳註3-187）
　そのように否定されるべきものを執らえる邪分別の究極〔の根本の邪分別〕は、十二支〔縁起〕の第一〔である〕（K397a）倶生の無明ですが、遍計された否定されるべきものもまた、前者を基礎にしてから増益することこそであるから^{※2}、〔眼の〕根識など無分別の知識^{※3}の執らえ方すべては〔言説として有り〕^{※4}、けっして正理により論破されるわけではない。

（訳註3-188）
　ゆえに、正理により（D425b）執らえ方を論破すべき知は、意識〔である〕分別だけ〔であるし〕、それもまた二つの我執またはそれらにより仮設された対境について差別を増益する〔諸々の〕分別であるが、分別である（Ch218b）すべてをいうわけではない。

（訳註3-189）
　〔これについて他者たちの疑いは、〕では、その無明により〔何か〕自性を増益する〔ので、〕その仕方はどのようなものであるか、と思うなら、

　〔疑いの除去は、〕一般的にこの軌範師〔チャンドラキールティ〕の本文に、ただ世俗ほどとして成立している〔諸々の〕義（もの）についてもまた「自性」または「自体」などという言説を為さった（H384b）^{※1}ことが多く現れているとしても、〔否定対象の〕ここ〔の場合〕においては〔そのような自性などでなく、〕人または（Kyt335）法のどれかの〔諸々の〕対境において知の力により設立された〔し仮設された〕のではなく、それら諸法〔こそ〕において各自の側から住する仕方または在り方が有ると^{※2}〔増益し〕執らえることこれです。〔そのように増益する知〕それによりどのように執らえたかの思い込みの対境〔である〕諸法の各自の在り方^{※3}それについて、（B661）「我」または「自性」といって（Ch219a）仮定^{※4}を通じて確認すべきです。〔『四百論』に〕「このすべては^{※2}自在^{※3}が無い。よって、我は有るわけではない。」という〔ほうの〕『四百論の註釈*bZhi brgya pa'i 'grel pa*』に、「ここにおいて^{※1}、自体と自性と自在と他に拠らないこと^{※2}であるそれについて」といって、〔自体により成立したことと自性により有ることなど〕それら〔四つ〕は異門（別名同義語）として説かれたようにです。（K397b）

（訳註3-192）
　そのうち、「他に拠らない」というのは、〔諸事物を生じさせる〕因^{※1}〔と〕縁に拠らない〔という〕ことではなく、有境〔である〕言説の知識^{※2}について「他」という。〔すなわち^{※3}〕〔言説の知識〕それの力により設立されたのではない〔で、成立しているはずな〕ので、他〔である言説知〕に拠らないのです。よって、〔そのような自性について〕「自在」と〔も〕いう。〔すなわち〕それら対境〔事物〕の各自の住し方または在り方（D426a）〔である〕非共通の〔独特の自〕体〔としての成立〕です。（Ch219b）まさに〔在り方〕それについて、自体〔としての成立〕と自らの自性〔に有る〕と〔も〕いう。それもまた、例えば、〔知により〕縄について蛇と仮設した〔とき、蛇〕それは、蛇を執らえる知の側からどのように仮設されたのか〔を伺察すべき〕それを〔あちらへ〕置いておいてから、〔仮設されたその〕その蛇が自体を通じて〔在り方が〕どのようであるかを伺察したなら、対境〔、縄〕の上に〔そのような〕蛇こそは成立していないので、それの差別（特定のこと）は伺察しえないのと同じく、〔文脈において〕これら諸法もまた〔各自の〕言説の知の側にどのように現れるかの現れ方について、伺察〔するそれ〕を置いておいて、「〔現れの対境、〕それら諸法の〔各々

自らの住し方が（H385a）どのようなものであるか」といって対境〔個々〕の上に伺察し
たなら、〔部分と集積の〕何としても成立していないものであるのに、〔自性の在り方にお
いて成立していない〕そのよう〔な仕方〕に執らえないで、〔全く無い自性が〕言説の知識
の力により設立されたのではなく、それら法について各自の側から所量の住し方一つが有る
ことを執らえるのです。『四百論の註釈』に「分別が有ることこそにより有るのと、分別が
（Ch220a）無くては有ることが無い〔ところの〕それらは間違いなく、巻いた縄において
仮設された蛇のように、自体により成立していないことが決定する。」といって、自体によ
り成立していないさまをそのように説かれています。

　よって、内の知の力により〔仮設して〕設立されたのではなく、〔その法〕自体を通じて
〔所依事の〕対境の上に成立した〔ものが生じたなら、〕それ〔こそ〕について、〔否定さ
れるべき〕我または自性と言う〔ことが必要です〕（K398a）。それこそが（B662）差別
の所依事〔である〕人（プドガラ）の上に無いのが人無我、そして、〔差別の所依事、〕眼・
鼻などの法の上に無いのが法無我として説かれたので、〔否定されるべき〕自性それが、人
と法の（D426b）上に有ると執らえるのが、二我の執として間接的に（Kyt336）証得する
ことができる。（Ch220b）

　〔その証拠は、また〕『四百論の註釈 *bZhi brgya pa'i 'grel pa*』に、「そのうち、「我」
というのは、およそ諸事物の他に拠っていない〔自〕体、自性です。それが無いのが無我で
す。それは法と人の区別により二つとして証得される。〔すなわち〕法無我と人無我です。」
と説かれたようにです。

　もし、〔或る人がいう―〕人が自相により成立していると執らえることそれが、人我
（H385b）として執らえること〔それこそ〕であるのは、道理でない。さもなければ、他の
人（プドガラ）を縁じてから〔彼こそが〕自相により成立していると執らえること〔の知〕
もまた、人我執になる。〔あなたが〕それを主張するなら、〔そのような我執は〕有身見に
なることが必定であるが、〔その我執は、他の人〕それについて「私だ」と執らえないので、
有身見としては不合理であるから、というなら、

　〔回答は、〕人について〔自らの側から成立した〕自性が有ると執らえることは、前に
〔『四百論』論の個所に〕説明したように、（Ch221a）およそ人は自性が有ること〔こそ〕
が人我として説かれたので、〔よって〕人我執として〔必ず〕主張することは必要です。け
れども、〔あなたの語った過失は無くて、〕人我だと執らえることに有身見は遍充しないの
です。

　〔それについて〕では、〔その〕有身見の我執においてどのようなものが必要なのか、と
思〔って問〕うなら、

　〔回答は、それも〕遍計された有身見の我執について、正量部の或る者は、（K398b）
蘊を縁じてから〔それこそが〕我だと執らえる〔が、その〕ように〔学説の力により〕決定
するとは見えないが、俱生の有身見は『入中論 *'Jug pa*』において蘊が〔その〕所縁である
ことを否定したし、『〔同〕註釈』に、〔蘊に〕依って仮設された我が〔その〕所縁として
説かれたので、〔俱生のそれにより〕蘊を縁ずることを（D427a）いわなくて、ただの人ほ

どが〔倶生のそれの〕所縁です。

〔訳註3-201〕

〔そのような所縁〕それもまた、「私だ」という執が生ずる所依事（もと）となった何らかの人が必要なので、〔自己以外の〕他相続の（B663）人は〔倶生の有身見の〕所縁ではない。

〔訳註3-202〕※1

その（Ch221b）所縁〔は自相続のそれ〕についてどのように執らえるのかの〔執らえ方または〕形相は、『入中論の註釈'Jug 'grel』に、「そのうち、有身見は「私（我）」と「私の（我所）」というそのような形相として起こる〔染汚を有する智慧〕。」と説かれているので、〔所縁は、私それこそが〕自相により成立した自性が有ることほどとして執らえるのではなくて、〔それにより特定された〕「私だ」と執らえる何らかのことが（H386a）必要です。

〔訳註3-204〕

〔そのさまも〕また、『入中論の註釈』に、「有身見こそが捨てるべきものであり、それもまた我の無我を了解することより捨てることになるので、」といって、〔有身見の〕所縁となった我その〔自体により成立した〕我が無いこと、〔すなわち、そのような〕自性が無いことを証得する〔その〕ことにより、〔有身見と〕執らえ方が〔直接的に〕相違するのを通じて捨てる〔ことが可能な〕ことを説かれているので、〔倶生の有身見それは〕その智慧の反対分を執らえることが必要です。

（Kyt337）〔訳註3-206〕それもまた、〔所縁の〕人がまさに自体により成立していると執らえることであるので、「自相により成立した私だ」と執らえること〔をいうべき〕です。〔「私の」、すなわち〕我所だと執らえる有身見もまた、〔上の我執の有身見〕それにより例示して（Ch222a）知るべきです。※2「私」と「私の」だと執らえないが、人は実物として有ると執らえること〔の知のようなもの〕は、人我として迷妄である無明であるので、非染汚にはならない。

〔訳註3-207〕

そのようなら、〔一般的に〕自体により成立している（K399a）自性ほどについて我だと設立したことと、〔差別していなくて〕「私だ」というほどの知の対境〔の私〕について我としたこととの二つ〔が有るが、そ〕のうち、第一は（D427b）正理〔にとって〕の否定されるべきものであるが、後者は言説として〔有ると〕主張する〔ことが必要な〕ので、〔正理により〕否定しないのです。

〔訳註3-208〕

〔そのような知の対境を否定しないという〕それにより、倶生の有身見の所縁〔の私〕を（Ch222b）否定しないことを説くが、それの形相の取らえ方は自体により成立した「私」であるので、〔形相の執らえ方の私〕それを否定しないわけではない。例えば、声は常だと執らえることの所縁〔の対境である〕声は〔ほどはそれなので、〕否定しないが、〔声は常だと執らえる〕その思い込みの対境〔である〕声が常であるの〔で、それこそ〕を〔必ず〕否定する〔のが必要な〕ことは、相違（矛盾）しないようにです。

そのようならば、聖者〔ナーガールジュナ〕父子と軌範師〔ブッダパーリタとチャンドラキールティ〕二人の本文に、「自性により有るなら」〔というの〕と、「自体により有る（H386b）なら」〔というの〕と、「自相により有るなら」と〔というの〕、「実物として（B664）有るなら」といって、〔他者の立場へ〕否定を説かれた〔場合の〕自性〔により有る〕

など〔の意味〕は、前に説いたそのように知るべきです。〔自性により有ることなど〕それらが無いことを説く句（ことば）の義（いみ）もまた、^{※2}〔倶生の〕無明により思い込まれたとおりの義（もの、対象）〔それこそ〕が無いことを説く〔のみになさった〕そのように理解すべきです。^{※5}（Ch223a）

4-2-2-2-3-3-3-1-3-3-2-6-2-1-3-2-1-3-2

^(訳註3-209)

第二：〔差別（限定）〕それを他の否定されるべきものに適用するか適用しないかの仕方

〔その区別を説明するのは、例えば〕ウサギの角と石女（うまずめ）の子など全く無いものは「無い」と〔相手に〕語るなら、〔自性によりと自らの側からなどという〕そ〔れら〕の差別（限定）を適用することは必要ない〔と語っていい〕のと同じく、所知において有って^{※1}も、^{※2}処（場所）・時の何らかに有り、何らかに無いものごと〔法〕もまた、〔どこかに無い〕それぞれの処・時に〔それら法〕無いと〔相手に対して〕述べたとしても、〔自性によってなどという〕^{※3}その差別（限定）を適用する必要はないのです。^{※4}

^(訳註3-210)

さらにまた、中観派が言説として成立していると主張しない〔義（もの）〕、自部〔の仏教者〕、他部〔の外道者〕の実有論者の非共通〔・独特〕の主張により増益されたものごと〔他生と無分など〕^{※1}を否定するとしても、〔否定すべき〕それら（K399b）について〔彼ら実有論者の〕思惟の側に〔、自性によりと勝義としてなどの差別（限定）を〕適用することが必要な幾らかの場合〔が生じたとき〕以外、^{※2}〔他生などを否定するとき、〕（Ch223b）義（もの）について「自体により成立した自性」という差別（限定）を新たに（D428a）適用することは必要ない。〔なぜなら、否定対象〕それらについてその義（もの）〔、自体により成立した自性などが有るの〕を彼ら学説論者が〔すでに〕承認しおわっているからです。^{※3}

^(訳註3-211)

〔実有論者の主張により仮設された他生など〕これらより他者〔である〕中観派が言説として設立する〔諸々の〕義（ことがら）については、どのようなものであっても、それら〔義〕を否定する場合には〔勝義としてと自性によってなどの〕その差別（限定）を適用していないなら、〔その義をあちらに否定していないだけでなく、〕否定者の〔相手を論破する〕正理こそにおいてもまた〔あちらを何かを通じて否定した〕過失〔それこそ〕が〔こちらにも〕等しく起こるので、論破〔の正理それこそ〕は似非のみになるから、**（Kyt338）**（Ch224a）〔その差別（限定）を必ず〕適用することが必要です。

^(訳註3-212)

さらにまた、前に説明したように、中観派が言説として（H387a）設立する〔諸々の〕義については、自性の有る無しを伺察する〔勝義伺察の〕正理と言説の量〔のどれ〕によって〔も〕侵害されないことが、〔必ず〕必要です。〔なぜなら、〕そのよう〔に必要〕でないなら、〔中観派が世間の作者・〕自在天[※]などを言説として承認しないが、色・声などを承認する〔という〕差別（ちがい）〔の区別〕が全く適切でないので、〔中観派の自らの立場において〕「このようなことは道である。」「このようなものは道ではない。」〔というのと、〕「学説はこのように〔主張するのが〕妥当する。」「このように〔主張するのが〕妥当しない。」ということなどの（B665）世間と出世間のどんな設立をもする方便が無いので、自性により空であることにおいて輪廻・涅槃の設立すべてが妥当する〔というこの〕差別法（khyad chos. 特性）が〔またきわめて〕不適切である〔ことになる〕からです。

^(訳註3-213)
　そのように〔中観派の設立するそれら義（もの）へ〕量（認識基準）により侵害されなくても、それ〔ら〕を否定すると主張するならば、〔そのような主張は〕賢者〔たちがきわめて恥じて〕の笑い〔をこぼす〕処です。よって、〔色など言説として設立すべき法〕それらを否定することを説かれた場合には、間違いなく〔勝義としてなど〕その差別（限定）を適用すべきです。

^(訳註3-214)
　〔そのような理趣〕これもまた、『四百論の（Ch224b）註釈』と『六十頌如理論の註釈』^(訳註3-215)において（K400a）、否定されるべきものを否定する〔場合〕なら、〔自性など〕その差別（限定）を適用していることが（D428b）きわめて多く見られるが、『根本中論・般若』の本文と〔その註釈、〕『ブッダパーリタ』と『明句』と〔また〕『入中論』本頌と註釈においてもまた適用している個所が多く見られるので〔すべての場合に適用することは〕^{※1}、言葉の集まり^{※2}が大きいことをご覧になったのと、〔その差別（限定）をすべてに〕適用していなくても、〔どこかへの〕適用それらの〔必要な〕枢要により、〔他にも適用するのが必要だと〕証得しやすいことをお考えになって〔適用していないのだから〕、適用していない場合にもまた、〔その差別（限定）を必ず〕適用することは必要です。〔なぜなら、〕それら〔義（もの）〕について、差別（限定）を適用する〔のと〕、適用しないの差別（ちがい）は少しも〔設定すべく〕ないからです。

^(訳註3-216)
　さらにまた、〔それら本文に〕「伺察したなら、有るの（H387b）ではない。」といって伺察した〔という〕差別（限定）を適用しているものもまた多く出ています。それもまた、前に説明したように自体により成立している〔ものである〕なら、あり方〔がどうであるか〕を伺察する正理でもって〔各分を区別してから探求したなら、必ず〕獲得されることが必要である〔し、その〕ことより〔、その正理によりそのように全く〕獲得しないので、「〔その正理により探求した〕自体により成立している義（もの）〔こそ〕は〔言説としても〕無い。」という〔まさにその義（事柄）と枢要が同一の〕ことであるので、「自体により成立している自性は無い。」ということと枢要が同一だと証得すべきです。[※]〔その義（内容）はまた〕『四百論の註釈 Bzhi brgya pa'i 'grel pa』に、^(訳註3-217)「もしこれら事物は炬火の輪^{※1}と変化^{へんげ}などのように欺く^{※2}（Ch225a）ので、事物無きもの^{※4}にならないのなら、そのとき必ず道理でもって伺察したなら、純金などのように自体がきわめて明らかに認得されることになるのに^{※5}、それらは顛倒^{※6}ほどを因としたものであるので、伺察^{※7}の火により焼かれたなら^{※8}、自体が無^{※9}いことにならないわけではない。」と説かれたようにです。（B666）

4-2-2-2-3-3-3-1-3-3-2-6-2-1-3-2-1-3-3

第三：否定されるべきものに勝義の差別（限定）を適用するか適用しないかを説明すること^(訳註3-218)

　〔ここに或る人が、〕否定されるべきものに（Kyt339）勝義の差別（限定）を適用することは、中観自立論証派だけの立場だと語る[※]ことは、大いに（Ch225b）不合理です。〔そのさまも、〕『入中論の註釈'Jug 'grel』^(訳註3-219)に引用した『仏母〔般若波羅蜜経〕rGyal ba'i yum』^(訳註3-220)に、「（K400b）具寿スブーティ^{※1}よ、また何も得ること^{※2}が（D429a）無いし、現観することが無いのでしょうか。スブーティは答えた ― 具寿シャーリプトラよ、得ることも現観することも有るが^{※3}、二の理趣によってではない。^{※4}具寿シャーリプトラよ、得ることと現観するこ

とは世間の言説としてです。預流と一来と不還と阿羅漢と（H388a）独覚と菩薩もまた、世間の言説としてですが、勝義として（Ch226a）得ることが無いし、現観することが無い。」と説かれたように承認することが必要であることを、『入中論の註釈』に説かれている〔『般若波羅蜜経』〕それは自立論証派の経典である、〔あなたは〕と語るのか。

〔その『経』と〕同じく〔さらに〕了義の諸経典に勝義の差別（限定）を適用したものがきわめて多く見られる。〔経だけでなく論書も適用したのが多いのは、〕『空性七十論 sTong nyid bdun cu pa』にもまた、「住する、または生ずる、滅する、有る、無い、または劣っている、または等しい、または勝っていることは、仏陀が世間の言説の力により説かれたが、真実の力によってではない。」というのと、〔また〕『宝鬘 Rin chen phreng ba』に、「我と我所として有るということこれは、勝義として無い。」というのと、「何かの種子が偽りである〔ところの〕ものの生が諦であるのがどこに〔有るのか〕」といい、「同じく幻術の（Ch226b）ような世間において生と滅が現れるが、勝義として生と滅が有るのではない。」といって、勝義〔として〕と諦〔として〕と真実（yang dag pa）〔の力によって、とそれら差別（限定）〕を、否定されるべきものに適用してから説かれていることが多い。それら〔差別（限定）〕を適用していないときもまた、自体〔により〕と自性〔により〕と（D429b）自相により（K401a）成立していることが無いという差別（限定）を適用していることが（B667）きわめて多い。

〔それらだけでなく〕『ブッダパーリタ Buddhapālita』にもまた、「〔『根本中論』に〕「諸仏が法を説いたのは二諦に正しく依っている—〔すなわち〕世間の世俗諦と勝義諦〔である〕。」と出ているので、そのうち、世間の世俗諦〔である〕何らかにより「瓶が有る」（H388b）「生け垣が有る」と述べるそのことにより、「瓶は壊れた。」「生け垣は焼けた。」といってそれらが（Ch227a）無常であることをも述べた。いつか真実（de kho na）を思惟するのを行うとき、瓶と生け垣は依って（Kyt340）仮設されるべきものであるので、妥当しないのなら、それらが壊れたとそれらが焼けたと見るのはどうして妥当することになるのか。さらにまた、如来も世間の世俗の力により「如来は老いた。」「如来は涅槃した。」といって無常であるとも述べる。いつか勝義を思惟するとき、如来こそが妥当しないのなら、老いたことと涅槃したことは、どこに妥当することになるのか。」と説かれています。（Ch227b）

軌範師チャンドラキールティもまた、諦〔成立〕である生を否定するのですが、ただの生ほどを否定するのではないことを説かれています。〔そのようにまた〕『六十頌如理論の註釈 Rigs pa drug cu pa'i 'grel pa』に、「何らかの形相として映像を認得することは、依って生じたものは偽りになったものこそを認得するのと同じく、それは生じていないと私たちは語らない。けれども、何らかの我としてそれが生起することが無いことを設立したそれこそとしてそれは生じていないことを、語るのです。それは何らかの我として生ずることが無いことを設立したか（K401b）、というなら、（D430a）諦であると主張する自性としてであるが、偽りの〔自〕体としてではない。それはその〔自〕体として依って生起する（縁起する）と承認しているからです。」といって、偽りであり幻術のような生を否定しないし、諦〔成立〕である（Ch228a）生を否定する〔のです。です〕から、依って生じたことと、

自性によって生じていないことの二つは（H389a）相違（矛盾）しないことを、説かれています。『同註釈』に、「だから、そのようならば、生じたことと（B668）生じていないこととのこの二つは、対境が別異であるから、どうして互いに相違することになるのか。」といい、「いつか私たちが、「何か依って生じたものは映像のように自性により生じていない。」と語ったとき、論難の余地がどこにあるのか。」といって、〔対論者が、〕依って生じたことと自性により生じていないことと〔の二つ〕は相違（矛盾）する〔という〕争論への回答として、説かれています。『入中論'Jug pa』に（Kyt341）もまた、「ゆえに、そのような次第により事物は本来、真実として生じていない、世間として生じていると知るべきです。」といって、生じていないことについて、真実（de kho na nyid）の差別（限定）を適用しているのと、〔また〕「瓶などこれらは真実としては無いし、世間の周知として（Ch228b）有るのと同じく、そのように事物すべてはなるので、石女（うまずめ）の子と等しい誤謬にならない。」といって、外・内の事物すべては真実として無いことと言説として有ることを、説かれているので、〔これによっても、〕否定されるべきものについて、勝義の差別（限定）を適用していないわけではない。

　〔上に説明したそれら義（意味）を〕要〔約〕するに、〔あなたたちは〕否定されるべきものについて、勝義の差別（限定）を適用することを全く主張しないのなら、〔どのような法についても〕「勝義としてこれと（D430b）これであり、世俗としてこれとこれである」といって二諦の区別〔多く〕をできなくなる〔し、自己の立場の二諦の設定の必要性すべてが失われるの〕ので、そのような中観派は（K402a）〔勝者の教えと意趣註釈の論書の〕どこにも説明されていないので、誤解のみです。

　『明句Tshig gsal』において、否定されるべきものに勝義の差別（限定）を適用することを否定したのは、自生を（H389b）否定する〔場合〕にあたって〔その適用を否定したの〕であり、ただの生ほど〔を否定する〕にあたって〔その適用を否定したの〕ではないことは、その註釈にきわめて明らかです。〔それだけでなく〕『入中論の註釈'Jug 'grel』にもまた、「軌範師は差別（限定）なさらなくて、「自からではない」といって（Ch229a）一般的に生を否定したのです。およそ諸事物は勝義として自より生ずるわけではない。〔なぜなら、〕有るから。〔例えば、〕思を有するもののように、といって差別（限定）にするそれの「勝義として」という差別（限定）は無意味である、と思うべきです。」と説かれたとおりです。

　よって、中観自立論証派と帰謬論証派の二者〔の差別（ちがい）〕は、否定されるべきものについて勝義の差別（限定）を（B669）適用する・適用しないを通じて区別していなくて、〔その二者において〕自体により成立している自性を言説として否定する、否定しないの違いがある〔のです。です〕から、自体により成立した自性を外・内の諸法において否定するなら、〔そのとき〕帰謬論証派のようならば、〔そのような自性を否定するにあたって〕「勝義として」、または「真実として」、または「諦として」という〔他の〕差別（限定）を〔その上に〕新たに加える必要はない。〔なぜなら、〕自体により成立した自性が有るのなら、勝義〔と真実〕などとして成立していることが必定であるからです。自立論証派の者たちの

ようならば、〔自体により成立した自性〕それら〔を否定すること〕について、勝義として
など〔という差別（限定）〕を適用していないなら、〔自らの側から成立したその自性こそを〕
否定することはできないので、「勝義」または「真実」または「諦として」〔自体により成
立した自性は無い、〕と適用するのです。（Ch229b）〔そのような差別（ちがい）は有る〕
けれども、〔一般的に〕生・滅と繋縛・解脱など〔言説として有るもの〕について（D431a）
勝義または自体により成立したなどの〔他の〕差別（限定）を何も適用していなくて否定す
ることができることを、中観の〔帰謬・自立の〕両派は主張しないのです。（K402b）
　　　^{（訳註3-235）}〔それについて他者の疑いは、〕^{※1}では、勝義として無いとの義（いみ、もの）〔こそ〕は
何であるか、と思うなら、

　　それ〔を除く答え〕について、〔ここにおいて〕義は所知〔・知られるべき（**Kyt342**）も
の〕です。勝は「最上」ということ、〔すなわち、義と勝の〕両者は所依事が一致している^{※2}〔と
した〕のです。（H390a）^{※3}または、勝は〔聖者の等至の〕無分別智であるし、〔その智慧に
より獲得される〕義または、〔その智慧の〕対境であるので、勝義です。^{※4}または、勝義を現
前に証得する〔聖者の等至の〕無分別智それに随順する智恵〔こそ〕について「勝義」という。
　　^{※5}〔『中観心論』に〕^{（訳註3-236）※1}「ここにおいて地などは勝義として^{※2}大種ではない。」ということの〔ほ
うの、自〕註釈として『思択炎 *rTog ge 'bar ba*』に、^{（訳註3-237）}「「勝義」ということについて、「義」
というのは知られるべきものである（Ch230a）から、義、〔すなわち〕観察されるべき^{※2}も
のと理解されるべきもの、という意味です。^{※3}「勝」というのは「最上」という句の声（こと
ば）^{※4}です。「勝義」といってまとめる^{※5}のは、それは義でもあり、勝でもあるので、勝義です。
または、勝の義^{※6}〔すなわち〕無分別の勝れた智慧の義であるので、勝の義です。または、勝
義に順じている、^{※7}〔すなわち〕勝義を証得するのへ随順する智恵において、勝義それが有る
ので、（B670）勝義に順じている。」と説かれています。（Ch230b）

　　〔それもまた、〕「勝義それとして有るのではない」または「〔勝義それとして〕無い」
と述べる〔場合の〕勝義は、後者〔、勝義を現前に証得するのに随順した智恵〕それです。
^{（訳註3-238）}『同論』に、^{※1}「では、勝義はおよそ知恵すべてを越えているのです。事物の（D431b）自性
を否定するのは、字音の対境であるので、ゆえに否定することが無いことにはならないのか、^{※2}
というなら、勝義は二種類です。そのうち、一つは造作することなく起こる^{※3}出世間の無漏、^{※4}
無戯論です。第二は（K403a）造作を有して起こる、福徳と^{※5}（H390b）智慧の資糧に随順す^{※6}
るもの〔である〕^{※7}「世間の智慧」という戯論を有するものです。ここにおいて^{※8}（Ch231a）
それは立宗の差別（ちがい）^{※9}として執らえたので、過失は無い。」と説かれたので、〔ここ
に直接的に後得について説かれたが、〕真実について如理に伺察する聞・思〔所成〕の智恵
までを〔状況により〕執らえているが、聖者の後得だけをいうべきではない。^{※10}

　　^{（訳註3-239）}『中観光明論 *dBu ma snang ba*』^{（訳註3-240）}にもまた、^{※1}「何かまた「勝義として生ずることは無い」
ということなどを語ったそれについてもまた、義（いみ）はこうであると主張する――^{※2}〔す
なわち〕正しい聞と思と修をしたことより生じた^{※3}〔・所成の〕智すべては、無顛倒の対境を
有するもの〔・有境〕^{※4}であるから、「勝義」という。^{※5}〔なぜなら、〕これの義が勝れたもの
であるからです。^{※6}現前と間接により為された差別（ちがい）が有る。^{※7}（Ch231b）それらの

力により、これら事物すべてはまさしく生じていないと知る。よって、このように「勝義として (Kyt343) 生ずることは無い」というのは、これらは正智により、生ずることとして成立していないのである、と説明することになる。」と説かれたのと〔上の『思択炎』のそれは〕一致していると見えるのです。

『中観荘厳論の難語釈 dBu ma rgyan gyi dka' 'grel』にもまた、「では、どのように無自性であるのかと思うものに対して、(D432a) 「正しくは (yang dag par na. 真実には) ということを語った。「正しい (真実)」という声 (ことば) により、事物の力により (B671) 起こった比量により証得されるべき真実 (de kho na nyid) の〔自〕体をいう。「真実によって伺察したなら、空だ」という意味です。これにより、「真実として」と「勝義 (K403b) として」ということなどを説明しています。(Ch232a) または、正しい智 (H391a) こそを「正しい」などの声 (ことば) において述べた。〔なぜなら、〕それの所縁であるからです。「正しい智の思惟の力により自性が無いのであって、世俗の知識の力によってではない。」という意味です。」と説かれています。

自性が無いことについて、〔それでは充分でなくその上に〕「正しい」などの差別 (限定) を適用することは、〔『中観荘厳論の難語釈』だけでなく、ブハーヴィヴェーカの〕『般若灯論』と『思択炎』の二つにもまた〔そのように適用するのを〕多く説かれています。〔それらの中で〕特に〔『根本中論』〕第十五章の註釈〔である〕『般若灯論 Shes rab sgron ma』に、「ここにおいてもまた、もし自性が無いのであるならば、どのように事物であるのか。何か事物であるなら、無自性ではないので、(Ch232b) 立宗したことにおいて、それこそによりその義 (いみ) に対して損減した〔という〕過失がある。」といって、〔中観派が〕「諸事物は無自性である」と立宗したことにおいて、〔対論者が、中観派のその立宗は〕自らの句 (ことば) と相違している〔という〕過失があることを争論したことへの回答として、『同論』に、「勝義として諸事物は自性が有ると承認してから自性が無いことを立宗していないから、よって、立宗した義 (いみ) について損減していないので、論証因の義 (いみ) が成立していない (D432b) わけではないので、これには過失が無い。」といって、諸事物は勝義として自性が無いと主張するので、損減していないと主張なさる〔。だ〕から、〔この軌範師ブハーヴィヴェーカもまた、〕言説として自体により成立した自性が無いのなら、損減だと主張なさっている〔ので、言説として自体により成立した自性を主張なさる〕ことが出ている。

また『同論』に、「勝義として (Ch233a) 内の諸事物は自性が無い。〔なぜなら〕造られたから。特別の表詮に依ったこと (Kyt344) (K404a) を待っている (H391b) から。例えば、幻術師が化作した人などのように。」(B672) といって、〔その軌範師ブハーヴィヴェーカは自性により成立した〕自性を否定するにあたって、勝義の差別 (限定) を必ず適用するからです。

〔そのようにナーガールジュナなど軌範師たちのご主張の仕方〕そのうち、「勝義として無い」ということの意味は、あり方〔すなわち実相〕においてどのようであるかを如理に伺察する正理により伺察したならば、〔正理〕それにより有ることが成立していないことをい

うのは、この軌範師すべて〔のご主張〕が一致しているのです。よって、この軌範師〔ブハー
ヴィヴェーカ〕の諸々の本文においてもまた、「真実（de kho na nyid）が見えることに随
順した伺察を行っていなくては」といって、世俗を設立するならば、そのように説かれたし、
自性〔による成立〕を否定するとき〔もまた〕、「正理により伺察したなら、〔その自性は〕
無い」と説かれたことが多いので、それらと前〔の軌範師の立場としてそのように主張なさ
るの〕は同じです。 （Ch233b）

　けれども、自体により成立していることにおいて、あり方〔すなわち実相〕を伺察する正
理による伺察に耐えると承認することが必要なのか〔と〕必要でないのか〔の二つ〕は、一
致していません。この軌範師〔ブッダパーリタとチャンドラキールティの〕二人は、自らの
自性により成立しているものについて、〔必ず〕真実を伺察する正理による伺察に耐えるこ
とが遍充する〔と主張なさるし、そのように主張なさる〕から、〔自体により成立したなら、
その正理による伺察に耐えることが必要なだけでなく、〕勝義として成立していることもま
た遍充すると主張なさる。〔その主張の仕方は〕前に多く説明したとおりです。 （D433a）

4．論理的否定と、自立論証派と帰謬論証派

4-2-2-2-3-3-3-1-3-3-2-6-2-1-3-2-2

〔第二：それを否定することそれは、帰謬論証・自立論証のどれにより為すのか〕[訳註4-1]

否定されるべきものを否定することそれは、帰謬論証・自立論証のどれによりなすのかには、二つ〔の意味の部類がある。すなわち、〕

1）帰謬論証・自立論証の意味を確認することと、

2）その二つの誰に従って見を相続に生じさせるのか、です。

4-2-2-2-3-3-3-1-3-3-2-6-2-1-3-2-2-1

第一〔：帰謬論証・自立論証の意味を確認すること〕[訳註4-2]

〔それもまた〕軌範師ブッダパーリタの『註釈』において、帰謬論証と自立論証の二つに区別してから帰謬論証〔の立場〕をなさった明言は無い。けれども、〔『根本中論』に〕[訳註4-3]「自[※1]からではない。他からではない[※2]。両者から[※2]（K404b）ではない。因が無いの（Ch234a）ではない。およそ事物がどこにも生ずることは（H392a）けっして無い。」ということ〔のほう〕の註釈を為さるには、〔自生を承認するなどの論争者〕他者〔、サーンキャ学派など〕[※2]の立場に対する〔論理的に〕侵害するものを述べるのを通じて〔自他など四辺の〕四つの生を否定することをなさった。それについて、軌範師ブハーヴィヴェーカは、自宗〔、ブハーヴィヴェーカ自身の立宗〕を立証することと、他宗〔、ブッダパーリタの立宗〕を論破することとのどの効能も無い〔という、似非の〕過失を提示してから論破した。〔ブハーヴィヴェーカが提示した〕そのような過失それは、ブッダパーリタの立場には起こらないこと（B673）の理由を〔『明句』において〕広釈するには、軌範師チャンドラキールティは、対論者〔軌範師ブハーヴィヴェーカ〕に対して、「中観派が中の見を相続に生じさせる方便として、帰謬論証を〔中心に〕することが必要であるが、自立論証〔の論証因をすること〕は〔全面的に〕妥当しない」といって否定なさってから、帰謬論証の宗〔または立場〕[※3]を（Ch234b）明らかになさった。

　そのような帰謬論証・自立論証の二つの設立方法には、二つ〔がある。すなわち、〕

1）他者の立場を否定することと、

2）自己の立場を設立したこと、です。

4-2-2-2-3-3-3-1-3-3-2-6-2-1-3-2-2-1-1

第一〔：他者の立場を否定すること〕には、二つ〔がある。すなわち、〕

1）主張を述べることと、

2）それを（Kyt345）否定すること、です。

4-2-2-2-3-3-3-1-3-3-2-6-2-1-3-2-2-1-1-1

第一〔：主張を述べること〕[訳註4-4]

〔一般的に〕帰謬論証と自立論証について〔インド・チベットの多くにより〕[※1]設立方法は多く〔造られたものが〕現れているが[※2]、けれども〔少ないなら理解しない。広汎には〕それら

すべては〔きわめて多いので、〕誰が説明できるでしょうか。〔説明できない。〕ゆえに、〔同じでない〕それらのうち、〔ここには〕何らか〔の立場〕を述べよう。

これについて、〔インドとチベットの学者の四つの主張があるうち、〕(D433b)〔第一、パンディタ・〕ジャヤーナンダ※はこのように語る —

〔彼の造られた〕『入中論の復註'Jug pa'i 'grel bshad』に、「それについて、或る者は、〔あなたが所成を立証するにあたって、〕もし帰謬論証を論証因として主張するなら、※1(Ch235a) 1)〔そのような論証因または証因〕それは量(認識基準)により成立したものであるのか、あるいは、2) 成立していないものであるのか。〔そのように二辺を提示した〕そのうち、もし第一の宗(立場)の〔量により成立した〕ようならば、そのとき〔論者と後論者の〕両者においても成立している※2のであるから、「他者が承認している」とどのように※3述べるのか。第二の宗(立場)の〔量により成立していない〕ようならば、他者が承認するにはふさわしくないものこそ(K405a)であるから、「他者が(H392b)承認している」とどのように述べるのか、というならば、それについて回答は、〔このように〕「〔論証因※4または証因が〕量により成立したものであるそれは〔論者と後論者の〕両者において成立したものである。」というそのことを、〔論証因の提示者・〕私は知らない。すなわち、論者(問者)が〔所成への〕能証を提示したときに、論証因を提示することそれについて、〔証因が〕量により成立したものであっても、他者〔、後論者〕において〔証因〕量により成立していることを、〔前論者〕彼はどのように知るのか。〔知らない理由は、〕他者の〔微細な〕心の差別は、〔自己の〕現量と比量と〔の二量〕の対境ではないからです。〔前論者〕自己※5においてもまた、量により成立していることを(Ch235b)どのように知るのか。〔自己が〕錯乱している〔という〕因相(論拠)によって長い間より執らえられて〔その錯乱のなすがままになって〕いるから、〔量による成立を決断しても〕欺く※6ことがありうるからです。〔自※7他両者において量により成立してした証因を獲得しない※8〕ゆえに、〔根本は、〕論者(問者)※9と後論者(答者)がまさしく量〔による成立〕だと承認した〔ことに到るので、その〕こと※10の力により、諸事物の自性を〔立証し〕承認するのです。よって、他者〔、論者〕が〔証因※11が量により成立していなくても、〕承認したことを通じて他者の宗を(B674)論破するの〔が妥当〕※12である。」と言う。

※13〔これらの意味をまとめると、〕後論者において証因が量により成立しているか成立していないかを、前論者は知らない。〔なぜなら、後論者〕彼の思惟は前論者の〔現量と比量の〕二つの量により成立しないからです。〔前論者〕自己もまた証因が量により成立しているのを知らない。〔なぜなら、〕自己が量により成立していると決断しても(D434a)、〔錯乱の理由により〕欺くことがありうるからです。よって、〔論者と後論者〕両者において量(認識基準)により成立した証因は無いので、〔論破それは〕量として承認したこと〔ほど〕に到るから、〔証因が論者両者の〕量により成立していなくても、〔量だと〕(Ch236a)承認したことを通じて〔論者が明いての〕論破することが妥当するのである、と〔ジャヤーナンダは〕説明します。

※1〔遍充が成立していないさまも〕また〔ジャヤーナンダ著〕『同論』に、「さらにまた自

立論証の論証因〔の主張〕の宗〔または立場〕について、もし論証因と所成〔の法との二つ〕
において〔両論者の〕量による〔そのような〕遍充が成立している〔のが必要だと設定する〕
ならば、(H393a) そのとき (K405b) 自立論証〔の論証因〕が〔所成を立証する〕能証に〔設
定することが必要に〕なるのです。けれども、〔その〕遍充は〔二人の論者の量により〕成
立していない。すなわち、遍充を立証するもの〔である〕量は現量または比量〔のどれか一
つに決定するの〕です。〔二の量〕そのうち、ひとまず〔第一の量（認識基準）、〕現量（直
接知覚）による遍充は (Kyt346) 成立しない。すなわち、厨房において現量〔に認得するこ
との随順と〕と不認得〔の離反〕により、〔順次に〕火と煙〔の二つ〕について、「〔随順
は、煙〕これが有るなら、〔火〕これが有る。〔離反は、火〕(Ch236b) これが無いなら、
〔煙〕これが無い。」といって、無くてはならぬこと〔の関係〕を証得するが、対境すべて
において〔煙が〕有るのについて〔証得するの〕ではない。〔第二の量（認識基準）、〕比
量によって〔遍充のその関係が成立するの〕でもない。〔なぜなら、比量〕それもまた対境
は決定を有するものであるからです。すなわち、比量の対境はすべてではない。なぜなら、
どこか〔対境〕それにおいて所成〔の法、無常など〕と〔随順・離反の〕関係の証因〔、造
られたことなど〕が有る〔ところの対境〕それこそにおいて、〔造られたことなどが見られ
ることより、〕無常などの知識〔の比量〕が生ずることになるのですが、〔そのような証因
の無い〕対境（場所）と時すべてにおいて〔その比量が生ずるわけ〕ではない。よって、〔そ
の遍充は量により成立していなくても〕世間の〔伺察しない知識での〕承認ほどを通じて〔こ
こに〕遍充は成立している〔と設定する〕のですが、量によって〔成立しているのを通じて、
遍充が成立したと設定するの〕ではないので、帰謬の論証因により他者の宗（立場）を論破
することがどのように不合理なのか。」

　といって、〔その意味は、〕煙が有るものには火が有ること〔が遍充する〕ことと、造ら
れたものには無常が (D434b) 遍充すること〔の二つ〕が、(Ch237a) 量により成立して
いる〔ことが必要〕なら、自立論証〔の論証因によるこの立証〕が妥当するが、〔その遍充
は量により〕成立しない。〔なぜなら、それが〕量により成立するなら、場所・時すべて
の煙と造られたことについて、〔順次に〕火が有ることと (B675) 無常であることが遍充
することが成立しているのが必要であるのに、〔所成の法と論証因の〕遍充を立証する〔量
は、二人の論者の相続の〕現量と比量〔のどれかであり、それら〕により、厨房と瓶の上
ほどにおいて成立する〔ほどだ〕から、暫時〔または一分〕のものであるからです。よっ
て、〔そのような〕遍充もまた承認していることほどにより成立することが必定である、と
(H393b) と言う。〔パンディタ〕これは、(K406a) 三相が量により成立した証因により〔、
所成の立証を〕為すならば、自立論証〔だと主張するし〕、そして三相を承認していること
に究極することほどにより〔立証を〕為すならば、帰謬論証だと主張すると見える。
　そのパンディタの弟子〔である〕翻訳師たちもまたこのように、中観派において、〔対論
者の〕他者の主張を否定することほど以外の〔中観派〕自己の立宗が無いし、有法〔・証
因・遍充〕などは〔論者〕両者において知られた共通のものが成立していないので、自立論
証は妥当しない。正理により伺察したことの果〔または必要性〕もまた、〔相手、〕他者の

〔悪しき〕学説を放棄させることほどであり、〔その放棄〕それより他の (Ch237b) 自らの主張〔の立宗〕は無いので、自立論証の証因は全面的に述べるべきではない。[※1]

よって、帰謬論証〔を通じて相手の誤解を否定する〕だけであり、〔そのような帰謬〕それについてもまた〔立証と論破の二つが有るうち、〕立証する帰謬論証は、[(訳註4-9)]自立論証に究極するので、〔そのようなものを主張しないから、〕論破の帰謬論証だけ〔を承認すべき〕です。[※2]

〔論破の帰謬論証〕これもまた、証因と遍充の二つを〔二人の論者が直接的に〕承認している、または承認していることに究極する帰謬論証であるので、正しい量〔による成立〕ではない。〔帰謬〕これに依って、〔対論者〕他者の承認または戯論を断つことは、〔三つの帰謬論証と一つの論証因、〕四つの門から為す。

[(訳註4-10)][※1]そのうち、〔第一、〕相違（矛盾）を述べた帰謬論証は、対論者が生は意味が有るし、有窮だと主張するし、自生 (D435a) を〔も〕主張するもの〔サーンキャ学派彼〕に対して、〔自らが〕自より生ずるなら、有るのが生ずる〔と主張することが必要な〕(Kyt347) (Ch238a) ので、生〔が有るなら、生〕は無意味と無窮になる〔。だ〕から、〔生は〕意味が有るし、有窮であるのを主張することは、道理でない。〔あなたが〕そう主張するなら、「自より生ずることは道理でない」といって、〔彼の承認の〕相違を含むことを述べたなら、対論者は〔相違（矛盾）〕それと知ってから、〔自よりの生という〕学説を放棄する〔ので、その帰謬を述べることは、対論者のその学説を放棄する〕こと (K406b) ほどを果とする。

〔第二、〕他者に知られた (H394a) 比量は、〔彼サーンキャ学派に対して〕「自より生ずることを主張する芽は、自より生ずることは無い。〔なぜなら、〕自らの (B676) 自体として有るから。[※2]」といって、他者〔、サーンキャ学派〕に知られた有法と証因などを述べて、対論者〔の立宗〕を否定するのです。〔ここに自らが〕「自より生ずることは無い」と語っても、〔それは〕他者〔サーンキャ学派の立場〕の自生〔が有るの〕を〔妥当しないといって〕否定することほどであり、自己が自より生ずることは無いことを立証しないので、〔自己において〕立宗は無いのです。

〔第三、帰謬により論破する仕方、〕能成が所成と等しいことは、対論者が自己の宗（立場）を立証するために喩例・証因を提示したすべてが、前と同じく成立していないことになる。

〔第四、〕理由が等しい類似 (mgo snyoms) は、〔対論者に対して、〕「〔あなたは義（こと）〕これを承認するのなら、これを〔も〕承認する〔ことが必要です。〕」といって〔突いて、〕理由は差別（ちがい）が無いことを (Ch238b) 通じて類似である。

〔ここに他者たちが、〕では、あなたにおいて対論者の承認を否定したいと欲することは有るのか無いのか。〔それを否定したいと欲することが〕有るのなら、〔欲すること〕それこそが立証であるので、それを立証する自立論証の証因が有ることになる。〔欲することが〕無いのなら、〔自己に否定したいと欲することが無くて、〕他者の承認を否定する正理を述べることは妥当しない、というなら、

〔回答は、〕勝義を伺察する場合に、「自性が無い」または「生が無い」という所成〔が有るの〕を主張するなら、自立論証の立宗と証因を主張することが必要であることより、〔私たちはそのような所成〕それを主張しないので、過失は無い。[※3]〔相手の立宗を否定するほど

です。あなたが言うように〕主張が有ることほどにより、立証が（D435b）有るの〔が必要〕なら、〔水を欲するのと粥を欲するのなど〕すべてにおいて立宗が有ることになる、と説明する。

　〔翻訳師〕これは、自己において宗〔、所成または立宗〕を立証すべきなくても、他の宗〔、他者の所成または立宗を〕を否定することほど〔が有るの〕と、主張が有っても、〔自己に立宗と自己の宗が無いし、〕立宗が無いことと、自己の宗が無いこと〔それ〕もまた、勝義を（K407a）伺察する場合に自性が無いなどの〔承認をする〕立宗を設立しないことをいうのであり、〔一般的に〕承認であるすべてが無いことを〔この翻訳師は主張しないのです。そのように〕主張しないので、（Ch239a）〔自立論証を主張しないし、帰謬・自立の差別（ちがい）もまた〕勝義を（H394b）伺察する場合に、自性が無い〔という〕所成を承認してから、それを自己の立場として立証することが、自立論証〔であり〕、〔そのような所成とそれを自己の立場として立証する〕そのように承認しなくて、〔その場合に〕他者の主張をただ否定することほどをするのが、帰謬論証とすると、見えるのです。

　〔上の立場それらと同じでない〕現在、中観帰謬論証派だと主張する〔チベットの他の〕者たちは、勝義と言説のどれかに〔関しても、それに〕関した承認〔または立宗〕は、言説ほどとしても（B677）自己の立場においては無い。もし、そのような立宗が有るのなら、〔立宗〕それを証成する喩例と証因をも〔自己の立場において〕主張することが必要であり、そのようならば〔帰謬論証派にならず、〕自立論証派になる。よって、〔中観〕帰謬論証派において自己の立場は何も無い。〔その証拠は、〕『廻諍論 *rTsod zlog*』（Kyt348）に、「もし私は立宗が何か有るなら、よって私にはその過失が有る。私には立宗が無いから、私にはまさしく過失が無いの（Ch239b）です。もし現量などの義（もの）により何かを認得するのなら、それを立証または排斥しようが、それが無いから私に非難は無い。」といい、〔それだけでなく〕『六十頌如理論 *Rigs pa drug cu pa*』にもまた、「大なる自性を有する彼らには、宗（立場）は無いし、争論は無い。およそ宗（立場）が無い者彼には、他者の宗（立場）がどこに有るのか。」といい、『四百論 *bZhi brgya pa*』にもまた、「有るのと無いのと有る無しといって（D436a）そこに宗（立場）が無いもの〔ところの〕彼に対して、長い間においても非難を述べることは可能でない。」といって、中観派には宗（立場）（H395a）と立宗が（K407b）無いこと説かれた（Ch240a）からです。〔そして〕『明句 *Tshig gsal*』に「中観派であるなら、自立論証の比量をすることは道理でもない。〔なぜなら、〕他の宗（立場）を承認していることが無いから。」といい、「帰謬論証を退ける意味とまた対論者こそに関係するのであるが、私たちはそうではない。自己に立宗が無いから。」といい、『入中論 *'Jug pa*』にもまた、「論破が論破されるものと出会っていなくて論破するのか。あるいは、出会ってから論破するのか、と語りおわったこの過失に、どこかそこに必ず宗（立場）が有る〔ところの〕者においてはそうなるが、私においてこの宗は無いので、この誤謬に帰することはありえない。」といって、自己には宗（立場）が無いので、過失が起こらないことを、説かれたからです。

　よって、それら設立すべては、中観派が（Ch240b）〔自己の立場として承認しても、〕

他者の側に為した設立ほどです。〔なぜなら、〕『入中論』^{（訳註4-18）}に「あなたが (B678) 依他起^{※1}の事物を主張するようには、世俗も私は承認していない。^{※3}果のためにこれらは無いが、「有^{※4}る」と世間の側にして私は語る。」^{※5}と説かれたし、『廻静論 *rTsod zlog*』^{（訳註4-19）}にもまた、「否定されるべきものは何も無いので、私は何も否定しない。^{※1}ゆえに「否定する」^{※2}といってあなたが損減をした。」^{※3}^{※4}といって、他者の宗（立場）を否定したことも無いことを説かれたから、^{※5}と語る。 (D436b)

^{（訳註4-20）}かつての中観派〔である、〕軌範師チャンドラ〔キールティ〕に従うチベットの (H395b) 或る学者は、〔上の〕そのように中観派には (Kyt349) 自己の立場の宗〔または立宗〕とそれらを立証するもの〔である〕量（認識基準）が無いことを主張する立場 (K408a) を良く論破してから、〔その学者の〕自己の立場は、(Ch241a)〔勝義を伺察する〕正理により伺察した自相による〔成立の〕所量と量の設立を承認する〔能成の〕事物の力が入った量（認識基準）〔である〕現・比両者を否定してから、言説として伺察していない世間〔の〕周知〔に関して〕の量と所量〔ほど〕を承認してから、中観派自らが後論者（答者）に対して立証の語〔すなわち論証式〕を提示したのを通じて、〔所成を証成する〕正しい論証因〔または証因〕により、〔所成、事物は〕諦として無い〔という〕義（いみ）を立証するのです。そのようでも、自立論証派にならないこと〔の理由〕は、伺察していない世間周知の量（認識基準）を通じて設立するから、と説明します。

4-2-2-2-3-3-3-1-3-3-2-6-2-1-3-2-2-1-1-2

第二：それ〔らの立場〕を否定することには、四つ〔がある。そ〕のうち、

4-2-2-2-3-3-3-1-3-3-2-6-2-1-3-2-2-1-1-2-1

1）第一の立場〔、ジャヤーナンダの立場〕を否定すること^{（訳註4-21）}

^{（訳註4-22）}〔第一、そのようなら、承認も妥当しないことは、〕

『入中論の復註 *'Jug pa'i 'grel bshad*』の立場、〔すなわち〕証因・遍充が量（認識基準）により成立していない〔という二つが有るうちで、〕証因が量により成立していない〔という〕理由それは、道理〔により妥当〕ではない。〔なぜなら、〕すなわち、「証因が〔あなた自身が否定した〕論者（問者）・後論者（答者）の両者により量により成立しおわっていることが必要である。」と主張する〔その〕立場においてもまた、〔提示すべきその証因は、〕後論者において〔量により〕成立していることを前論者が知らないなら、証因として主張しない〔ことが遍充する、といって承認する〕わけではないので、〔あなたが前に提示した〕その理由により〔証因が〕(Ch241b) 後論者において量により成立していることが必要である〔というその〕ことを〔否定しても、〕否定していないから、そして、〔もしあなたのように〕後論者の他心を知らないので、他者〔、後論者〕において〔証因が〕量により成立していることを知らなくて (B679) 設立するのなら、〔では、あなた自身も〕他者〔、論者〕^{※1}がその義（いみ）を承認していることをも知らないので、対論者の (H396a) 承認を通じて (D437a)〔対論者の立宗を〕否定することなどもまた妥当しないからです。〔なぜなら、〕対論者が「私はこのように主張する」という言葉を現前に〔語ったそのことほどを〕決定〔すなわち理解〕しても、〔彼が〕語った (K408b) とおりに〔彼自身が〕承認することを決定

しないから、そして、〔自己は〕他者の心を知らないからです。

〔第二、遍充が量による成立が無いさまが妥当しないことは、〕

遍充が量により成立していない〔というその〕理由もまた、妥当しない。〔なぜなら、〕※2厨房の上に煙が有るのへ火が有ることが遍充することを立証するのなら、〔その遍充が〕証得されるべき所依事（基盤）は厨房です。その〔厨房の〕上に証得されるべき義（こと）は、〔一般的に〕煙が有るのへ火が有るのが遍充することほどであり、〔所依事の〕厨房の煙が有るのへ〔所依事の〕厨房〔自ら〕の火が有ることが〔遍充するそれこそが、この場合に〕遍充する〔にふさわしい〕と執らえることでは全くないので、場所〔の一分〕・時の一分の遍充を執らえたことが、どこにあるのでしょうか〔。ないはずです〕。そのようでないなら、※3そのような遍充それ〔は厨房の上に立証することが必要であるはずだから、その遍充〕を決定する所依事（基盤）は、厨房〔である〕として〔設定するの〕は適切でないので、この所依事の上に（Ch242a）決定することが必要な〔他の〕所依事を〔、あなたが必ず〕示すことが必要です。〔それもまた〕例えば、声の上に決定されるべきことの所成の法〔である〕無常それは、声・瓶の両者において随順することが必要であって、声の部分になった無常〔それこそ〕としては設立しえないのと同じです。その正理により、遍充を立証する比量においてもまた、量（認識基準）が無いことを主張することは、不合理であると知るべきです。

〔第三、よって、承認ほどにより成立することも妥当しないことは、〕

そのように〔あなたが〕「〔証因・遍充は〕量により成立していないので、（Kyt350）論者・後論者が〔証因・遍充を〕承認していることほどにより成立するのである」と語ることもまた、道理ではない。ただ承認していることほどを理由にするのなら、対論者を否定していないことになる。〔なぜなら、〕彼の承認〔ほど〕（H396b）によりその義（もの）は成立しないが、量（認識基準）が自他両者において無いからです。

あるいは、〔承認したことほどにより成立しなくて、その〕承認していることについて差別（ちがい）を分けて（D437b）から、「〔承認〕このようなことにより成立するが、〔承認〕これにより成立しない」と区別するなら、〔それも妥当しない。あなたが〕そのように区別すること〔それ〕もまた、承認の理由〔ほど〕により区別する〔のです。それ〕なら、〔上の〕所成と等しい。※4 ※5量が有るか無いかにより〔その差別（ちがい）を〕区別するなら、〔あなた自身が、証因・遍充を証成する〕量は（K409a）無いと主張すること〔の立宗それ〕は（Ch242b）損なわれるのです。

4-2-2-2-3-3-1-3-3-2-6-2-1-3-2-2-1-1-2-2

2）第二の立場〔、翻訳師の主張〕を否定すること（訳註4-23）

〔第一、真実を伺察する場合、無自性の立宗を承認しないのが、自立論証の立宗が無いことの意味であるのは、妥当しないことは、〕※1

〔あなたが上に、〕真実を伺察する場合に無自性である〔という〕（B680）立宗を承認しないことを、自立論証の立宗を設立しないことの意味として主張することそれは、〔どのようなのか。〕1）自性の有る無しを伺察する正理知により、その立宗は成立しないので、〔そ

の場合に〕その立宗を承認しない〔、と主張する〕のであるのか。あるいは〔そうでなく〕、2)「真実を伺察する場合であるから」といって〔そのような場合、その理由を〕証因として提示してから、〔その場合に〕立宗を承認しないと主張するのであるか〔、と二辺に観察しよう〕。

〔そのうち、〕第一〔の観察の分〕のようなら、〔では、〕無自性であると立宗したことの義（いみ）それは、正理知により成立しないのなら、自性が有ることを立宗したことの義（いみ）それもまた、〔同じ〕正理知により否定していないことになる。〔なぜなら、その二つは〕理由が等しいからです。

もし、真実を伺察する場合に自性が有ることを立宗したことの義（いみ）もまた〔その正理により〕否定していない、と思うなら、

〔そのような主張〕それはきわめて不合理です。〔なぜなら、上にあなた自身が〕前に「〔諸々の〕正理により伺察したそれは他者の立場を否定すること〔、または他者の立宗を否定することほど〕である。」と語ったから、そして、伺察していない〔言説の〕（Ch243a）知識により他者の立場〔の、自性により無いと立宗するなどの立宗を〕を否定することはできないから、そして、さもなければ〔— そのようなものを否定したと承認することだけであるなら〕、〔では、あなたは〕「自らの立場の（H397a）立宗を主張しない」といって〔その立宗を自己において〕除外〔して、それを自らが主張しない、と論〕することがなぜ必要なのか。〔なぜなら、あなた自身が〕他者の立場を否定する帰謬論証をもまた主張しない〔ので、自宗の設立と他宗の否定の両者を主張しない、と語ればいい〕からです。※2

〔もしあなたが、〕他者の学説について論破する帰謬論証をなすのなら、〔では、〕自性が有るのを否定したことが無自性を立証したこと〔こそ〕（D438a）であることは、前に〔引用した〕『廻諍論』の本頌・註釈に説かれたとおり〔主張することが必要〕であるから、〔四句の分別〕※3 それについて第三の蘊（範疇）は（K409b）無いのです。〔自性により有るのを否定したことにより、自性により無いのを立証した〕そのようでないなら、〔では、あなたに対して私たちが、〕「自性が無いことを立証したのであるが、自性が有ることを否定したのではない」といって〔あなたのそれを〕逆転させて語ったなら、〔それに対してあなたは〕どんな回答〔すべきこと〕があるのでしょうか。

〔それについて、もしあなたが、〕自性が無いことを〔こちらに〕断定するなら、自性〔による成立〕を間違いなく〔必ず〕断除したことが必要である（Ch243b）※5 から、と思うなら、

そのようなら、〔では、〕自性が有ることを〔あちらに〕断除したとしても、間違いなく〔必ず〕自性が無いことを〔こちらに〕断定することが必要であることは等しいのです。

〔第二、そのとき無自性だとの立宗が有るなら、自性により成立した立宗になると思うなら、そのように相違認得の証因などは適切でないことと、中観において伺察するときもありえないことなどの妥当しない仕方は、〕

もし、〔上の観察の第二分のように、〕真実を伺察する場合であるから、自性が無いことなどの立宗は〔何も〕（Kyt351）適切でない、と思うなら、

その〔疑いの〕理由を〔あなたは〕いまなお語りなさい。

〔理由は何なのか。あなたがそのように疑いが生じたそれは、このように〕もし、真実を（B681）伺察する場合に成立しているなら、勝義として成立していることが必定であるから、〔そのような立宗を〕承認しない、と思うなら、

それは道理でない。〔なぜなら、〕すなわち、真実を伺察する〔その〕場合〔こそ〕もまた〔あなたは〕主張しないのなら、中観派の正理により伺察するときは〔全く〕ありえないと〔あなたは〕主張することが必要です。〔あなたの立場においてそのように伺察する〕その場合を設立〔したいと欲〕するのなら、〔その場合に、そのように何が伺察するかの〕伺察者と（Ch244a）〔、何に依って〕伺察する〔かの〕正理と〔、何の上に〕伺察〔するか〕の所依事と、何者と倶に伺察するかの後論者などをもまた必ず主張することが必要なので、〔真実を伺察する〕その場合に成立していることすべてが勝義として（H397b）成立していることが、なぜ必要なのでしょうか。

〔同じくあなたが、〕「帰謬論証ほどは、他者〔、論者〕が〔証因・遍充を〕承認している、または承認していることに究極するものであるので、〔証因・遍充は〕量〔による成立〕が無くても、帰謬論証をする」と語ることもまた、〔賢者たちの〕意（こころ）を満足させるものではないので、前に第一の立場〔、ジャヤーナンダの立場〕について否定したのと同じく、否定されるべきことです。

〔第三、真実を伺察する場合に承認が無くても、言説として承認が有るのは不適切なことは、〕

〔上の観察より他に〕さらにまた〔第二の観察 —〕、「真実を伺察する場合に（D438b）承認が無いが、〔一般的に〕言説として承認が有る」といって〔そのような立場を〕設立するとしても、（K410a）妥当するわけではない。〔なぜなら、〕真実を伺察する場合は、勝義として〔設定するのが〕適切でないので、言説として〔設定を〕為すことが必要なので、※7それは相違するから、そして、真実を伺察する場合に無いことが、勝義として無いことの※9意味であるなら、（Ch244b）勝義として承認が有ることを主張する中観派〔帰謬派・自立派〕は誰もいないので、〔その場合に承認が無いこと〕それは帰謬論証派〔だけ〕の差別法（khyad chos. 特性）として不適切であるからです。

4-2-2-2-3-3-3-1-3-3-2-6-2-1-3-2-2-1-1-2-3

3）第三の立場を否定すること ※1 （訳註4-24）

〔あなたたちが〕「中観派においては言説としても承認が無い。」と語ることは、前に説明したように、正理〔にとって〕の否定されるべきものを良く確認していないので、〔それの力により、〕自性〔による成立〕を否定する〔諸々の〕正理により〔相手の承認した義が確立しえないなら、否定したと慢思する。他者の立場〕あちらを否定したなら、〔相手もまさに伺察により〕こちらに返し〔て、自己の立場の立宗を伺察して否定し〕たとき、〔次に〕自己の立場についても〔あちら自身が侵害するものを示したそれが〕そのとおり〔に他者の立場と〕等しく起こることが見える。〔すなわち、自己の立場の設定、他者の立場の設定も無くなったことにより、〕自己の立場を立てたなら、過失を捨てることを全く知らないので、〔言説として有る〕輪廻・涅槃の縁起すべては、〔外道者が作者として仮設した〕自在

天〔など〕と〔その〕有る無しが同じになったのです。（Ch245a）ゆえに、〔そのような承認〕それは中観派について損減するし、きわめて卑劣なもの〔、きわめて悪い損減の究竟〕（B682）です。それ〔の立場〕を否定することもまた、前に多く説明しおわりました。

〔あなたのそれが妥当しない他の理由はまた、〕中観派において承認が有るか無いかを伺察することにより、「中」という何か〔の義〕を（H398a）具えているなら、中観派〔というそれ〕として設立すること〔の中の義〕を〔必ず〕承認することが必要なので、勝義として塵ほどもまた成立していない〔ので、常の辺を離れた〕ことと、言説として〔法〕すべてが幻術のような〔ものなので、〔断の辺を離れたことなので、そのような常・断の辺に堕ちていない辺を離れたものである〕縁起の義を証得することを〔も〕主張することが必要なので、〔そのような伺察者彼に、〕承認されるべきことは〔必ず〕有る。それもまた、〔勝義としての不成立と、言説として幻術のようなもの〕その二つの反対分〔すなわち〕勝義として有ることと言説として無いこと〔の二つは、常・断の二辺であり、その二辺としての成立〕を主張する悪しき論〔すべて〕を否定して（Ch245b）から〔、辺を離れた中の義として〕設立することが必要なので、〔誤った分の〕否定・〔正しい分の〕肯定（K410b）の〔二つの〕義を〔誤らずに〕証得する（Kyt352）量（認識基準）が〔また〕有ること（D439a）と、〔そのようにその量を通じて〕自己が証得したように他者〔、教化対象者〕へ無顛倒に説く中観派の〔教義、量などの殊勝な〕言語が〔また〕認得されることから、そして、〔そのようにそのような量と所量〕それらを〔明らかにする〕設立〔を〕したのについて争論者〔の集まり〕たちにより、法に適った非難〔、争論〕は少しも無いので、〔中観派による〕この立場は全く清浄〔であり、すべてより殊勝〕なのです。

そのようならば、賢者〔である〕中観派の過失を欠いた〔そのような殊勝な〕立場を、自らが設立するのを知らないとしても、「〔殊勝な立場〕それは無い」と損減しなくて、〔中観派の唯一無比の差別法（特性）―縁起の正理を承認していることこそにより、悪見の網すべてを〔遍く〕断ずる〔この方軌こそを、基礎にしたそれ〕には、心から〔その方軌を護りそだてるには、〕感謝する（報いる）〔し勉励する〕知恵を持つ者たちは〔良く観察し伺察し〕、中観〔帰謬論証〕派の立場〔すべて〕を設立してから〔上の縁起の正理こそに依って、自己が設立したすべてについて〕（Ch246a）相違を含む〔矛盾の過失〕すべてを離れるようすべきですが、〔承認が有るのに無いなどといった〕歪曲を拡げたこと〔ほど〕について願うべきではないのです。

〔その方軌のように〕『明句 *Tshig gsal*』にもまた、「そのように私たちの宗はきわめて清浄であるし、設立したすべてと相違しなくて住するのであるし、自己の宗は粗大なきわめて誤った過失を持ったそれらと相違するのに対して、きわめて愚かな者が過失と功徳がどのように住するかが見えなくて（H398b）、〔v.15に〕「あなたは自己の諸過失を〔私に転換する。馬に乗りながら、馬を忘れたように。〕」」などと前に引用したように説かれた中観派の立場〔すなわち〕勝義を決択する量と言説の〔義（もの）を設定する〕量〔二つ〕の道より〔他に曲がらないで〕来た（Ch246b）〔正理を具えた〕設定は、〔誰も〕過失を付けられないので、大いに清浄であるし、輪廻・涅槃の設定すべてを設立したことが充分であ

る〔この〕こと（B683）について、決定を獲得すべきです。

　そのよう〔設定の仕方〕でなくて、〔あなたたちのように〕「中観派には自己の立場が無い」と語るもの（K411a）〔、相違（矛盾）を含んだその自性〕について、（D439b）過失を付けられないのなら、〔では、〕「句（ことば）を語ったことそのすべては偽りの句（ことば）です。」ということ〔を語る者〕についても〔誰も〕少しも論破できなくなる。〔なぜなら、〕理由はすべて〔の分〕にわたって等しいからです。^{（訳註4-27）}

　〔それについて彼がいう ― 私は〕承認（主張）が無いと語ったものにおいて、承認が有る〔という〕伺察はされるべきでないので、ゆえに「過失を負わせるべくない。〔私は〕何も承認していないから。」と〔そのように〕も〔あなたは〕語ることはできない。〔なぜなら、〕そのようなら、〔では、〕「語ることすべては偽りである。」と語ったものについてもまた、〔このように語ってよい ― 〕「句（ことば）すべては偽りである」と語ったことにより、〔それについてあなたの〕まさにその句（ことば）は諦（真実）の句である〔ことが必要だという〕伺察はされるべきでないので、〔私には〕自らの句（ことば）の相違（矛盾）を説くことができないから〔とそのように言うなら、それについてあなたは回答できないから〕、そして、『入中論*'Jug pa*』に、^{（訳註4-28）}「もし何らかの我が事物として成立することに^{※1}なる（Ch247a）^{※3}なら、心のように成立した表詮しえない事物にならない。^{※4}」といって、〔自部（仏教者）の〕犢子部が蘊と同一・別異のどれとしても（Kyt353）表詮しえない（不可説の）我は実物が有るのを承認しているのについてもまた、^{※5}〔中観派は、〕「〔その我は〕実物が有るのであるなら、〔まさにその理由により〕蘊と同一・別異どれかだと語ることが必要であるが、〔我が実物有として成立しているなら、蘊と同一と別異の〕それらとして表詮しえない〔、不可説という〕ことは妥当しない」といって〔犢子部を〕論破することは〔また〕（H399a）できない〔ことになる〕。〔なぜなら、そのように論破するにあたって、あなたのようなら、犢子部〕私たちは「同一と別他として表詮しえない我が実物として有る」と語ったのに対して、〔中観派、あなたが〕「同一と別他のどれかとして表詮しうることが必定です」という〔そのような〕伺察はされるべきでないから、といって回答したことで充分であるからです。

　^{（訳註4-29）}〔もしあなたが〕「人（プドガラ）は実物として有る」と語るなら、〔人は〕蘊と同一と別他〔のどれ〕として〔も表詮すること〕無いのは相違するので、〔蘊と同一と別他〕それらとして表詮しえないことは妥当しないから、〔中観派の〕その伺察が〔犢子部に対して〕起こる、と（K411b）語るなら、〔では、あなたが〕「何も承認しないなら、（Ch247b）承認が無い。」という〔ことにより、承認が無いことを自己は承認していると語ったことなので、その〕^{※1}こともまた、心より〔順次に承認になったから、そのように〕（D440a）語りえないことは、〔理由が〕全く等しいのです。^{※2}

　〔それについて、彼はいう ― そのようなら〕「私に財産は無い」と語ったなら、〔他者が〕「財産が無い〔という〕財産それを〔私に〕施してください」ということと、〔ここで〕「私には承認が無い」と語ったなら、〔あなたは〕「承認が無いことそれこそを承認する」と語ることとの〔その〕二つもまた、等しい、と言うことは（B684）、〔あなたが、論破され

るべき〕前分〔所破の意味〕を〔全く〕分からないで語ることです。〔そのあり方は〕すなわち、「私たちは〔一般的に〕承認が無いそのことを承認する〔のです〕。」とは語らない。

〔それに対して彼がいう―〕では、〔あなたは〕何を語ったのかと思〔って問〕うなら、〔回答は、〕「「承認が無い」と〔そのように直接的に語ってから、〕心より語る〔結果に到っ^{※3}た〕者彼は、承認が無いことを承認することが必要である。」と説くのであるので、〔あなたが上に語った〕自らの句（ことば）の〔意味が、自らの句（ことば）こそにより〕排除〔され否定されたその相違（矛盾）こそ〕を捨てることはできない。^{※5}(Ch248a)

〔他の正理も、〕あなたが〔「中観派に主張は無い。」と〕語ったそのようなことは、〔1）中観派の立場であるか、2）でないのか、と二辺に観察すべきです。そのうち、後者の、〕中観派の立場ではないのなら、〔ではあなたは、〕聖者〔ナーガールジュナ〕父子などの教〔の典拠と証拠〕を引用して〔、そうであると〕立証することは相違（矛盾）するし、〔それだけでなくそのようなことは〕チャンドラキールティの立場としても設立しえない。他の〔自部、〕仏教者の立場としてもふさわしくないので、〔あなたのその立場は、〕この〔仏〕法〔の法のあり方〕より外に〔はずれたものに〕なるのです。

〔また上の観察の第一、〕中観派〔の立場〕と、その中でもチャンドラキールティの立場 (H399b) として語る〔べきである〕のなら、〔それらの立場だと語ったそのことにより、〕それらにおいて自己の立場は無い〔、と語った〕ことは、〔まさに〕相違するのです。^{※6}

同じく〔あなたたちが、〕承認よりの離脱を願って、〔私は〕〔諸々の〕設定は他者の側^{※7}だけに設立されると語ることもまた、〔きわめて〕不合理です。〔なぜなら、あなたは〕「色などが有るのは、他者の側ほどとして承認することが必要である。」という〔その語った〕ことについてもまた、色などが有ること〔こそ〕は〔句（ことば）〕それ〔こそ〕により承認しない〔、承認に到っていない〕が、〔色などは〕他者の側において〔有る〕設立したことは、(Ch248b) きわめてまた承認する〔に到ったし、欲しないながら承認する〕ことが必要であるから、〔あなたたちはそれにより〕承認より離脱すること〔の方便〕は〔全く〕無い。

〔そのように承認するのが必要な〕そのとき、〔色などが〕その側に設立された〔ことの必要なところの〕他者〔彼こそ〕と、〔彼こそその側に〕設立する者自身などは、(K412a)〔あなたが欲しないながらも必ず〕承認することが必要なので、〔あなたたちがその願いほどにより〕「〔色などは〕他者の側ほどとして (D440b) 承認している。」と語った〔まさにその〕ことにより、〔あなたの〕自己の立場が無い〔のを立証する〕ことについて〔全く〕益しないだけでなく、〔さらに、自己の立場が無いことへの〕侵害でもあるのです。^{※8}

〔これについて、〕もし、〔あなたたちが、〕「「自己の立場が無いのと他者の側ほどにおいて承認している。」ということ〔について〕もまた、私は〔自己の立場が無いし、他者の側ほどに承認した〕そのように語っていないが、あなたたち〔自身の思惟〕の側には〔私たちがそのように語ったと〕現れる〔ほどな〕のです。」と順世派 (Kyt354) も歪曲〔、妄^{※9}言〕できない〔みんなの〕現前〔の対境になりうるこのようなこと〕について〔も、あなたは〕否認〔し、妄言〕するなら、〔では、〕あなた自身が〔自己の立場が無いなどと〕およそ語っ

たことを〔あなた自身は聞かないし〕[※10]感受しないが、私たちが〔あなたの語ったことを〕聞くことなど〔それ〕を、あなたが了知することそれは、〔かつて無いので、きわめて〕驚異です。（Ch249a）

〔あなたたちが〕そのよう〔に語るの〕であるなら、承認が無いなどの決定ある句（ことば）は、〔そのような〕何をすることが必要でしょうか。[※11]〔なぜなら、あなたがあちらへ〕どのようなことを語っても、〔それについて他のやり方でどのように争論しても、〕最終的にそれについて〔出たかぎりを語って〕歪曲〔、妄言だけ〕していいので、〔他者はあなたに何も〕過失を負わせられない（B685）からです。

〔さらにまた〕もし、〔あなたたちが〕「帰謬論証〔の立場〕もまた他者の側ほどに設立するが、自己の立場においては主張しない。」と語るのなら、〔では、あなたたちは、〕自立論証の立場を否定してから帰謬論証の〔立場の〕本文を確立するチャンドラキールティの（H400a）立場を〔護るふりの〕信ずること〔の見かけ〕によって〔も〕、どうするのでしょうか。〔なぜなら、〕自立論証〔のその立場〕が自己の立場において不適切であるのと同じく帰謬論証〔のその立場〕も〔自己の立場において〕不適切であるし、〔あなたたちは、必要性でもって〕帰謬論証〔の立場〕が他者の側に〔為すのに〕適切であるのと同じく、自立論証〔の立場〕もまた必要性でもって、他者の側に為されるにふさわしいからです。

〔例えば、〕[※12]誰か唯心〔の立場〕を他者の側において主張するが、自己の立場において主張しない〔ところの〕その人は、唯心派〔である〕として設立しえないの〔は、あなたも主張するにちがいない。それを主張する喩え〕と（Ch249b）同じく、〔どのような人でも、〕中〔観〕の義（意味、内容）を帰謬論証により決択する帰謬論証〔の立場〕が、自己の立場において〔設定するに〕不適切であり、他者の側ほどに設立する〔のである、と言う〕人もまた、帰謬論証派〔である〕として〔全く設定するに〕不適切であるし、〔その人は中観〕自立論証派でも（K412b）ないので、〔そう語る人は〕「私たちは中観派ではない。」と〔自己が中観派の中に全く入らないことを〕明瞭に示したのです。

[(訳註4-30)※]〔あなたちのそのような典拠は全く道理でない。『入中論』に〕[(訳註4-31)]「果のためにこれらは無いけれども、「有る」と世間の側に為して（D441a）私は語る。」という〔その教の〕意味もまた、設立すべては〔自己の立場として不適切であり、〕他者の側〔のみ〕に為す〔のが必要な〕ことの典拠としては、不適切です。〔なぜなら、〕諸法において自体により成立した自性が無いことは、自性〔によって〕の有る無しを如理に伺察する正理〔に直接的に依った〕知の側において設立するが、〔そのような義、空性を証得しない世間の〕自由気ままな言説知の側には〔全く〕設立しないからです。（Ch250a）〔なぜなら、空性を証得しない言説知〕それにより無自性であることが成立〔し証得〕するのなら、〔真実を伺察する〕正理知〔の必要性〕は〔まさに〕無意味に帰してしまうから、そして、〔『入中論』のこの〕本文〔の句（ことば）〕にもまた「「有る」と世間の側に為して」と説かれたので、色などが有ることを設立するのは、世間の側に設立することを説かれたからです。

[※0]〔本文に〕「世俗を承認していない」と説かれたのは、唯心派が依他起〔が自相により成立したの〕を承認している（H400b）ようには〔世俗も自相により成立していると〕承認し

ていない、という意味ですが、「〔一般的に〕世俗〔ほど〕それを自己の立場において承認しない」ということではない。〔その『入中論』の本文に〕^{※1}「あなたが依他起の事物（有）^{※2}を主張するようには」と説かれたからです。^(訳註4-32)

その本文の接続にもまた、〔『入中論の自註釈』に、唯心派が中観派に対してこのように、〕^(訳註4-33)「あなた〔中観派〕が（B686）合理性または正理により依他起を除去するなら、あなた〔中観派〕自身の正理によって（Kyt355）私〔唯心派〕もあなた〔中観派〕の世俗を除去する。」と争論したことへの回答ですから、義（もの）として依他起は正理による伺察に耐える事物だと〔唯心派〕あなたが主張するように、〔諸々の〕世俗をそのように〔正理による伺察に耐える事物だと、中観派、〕私は主張しないの〔です。です〕から、正理（Ch250b）により否定できるかできないかは等しくない、という意味である（K413a）からです。

〔この本文に〕「世間の側に為して」ということは、〔中観派の〕自己の立場でない他者の側〔ほど〕について言うのではなくて、〔世間の周知または、〕侵害の無い〔諸々の倶生の〕言説の知識〔の側〕に為すのです。〔なぜなら、〕世俗の〔諸々の〕義（ものごと）が（D441b）有ると設立するすべては、〔言説の知識〕その側に設立することが必要であるから、そして、中観派の自相続においてもまた言説〔の設定〕を設立する〔言説の〕量それらは〔必ず〕有るからです。よって、〔その本文に〕「無いけれども」ということ〔の意味〕は、自相により無い〔が、という〕のをいうのです。

「自相により〔成立していることは〕無いけれども、〔自相により成立した〕それとして有る」ということと、「〔一般的に〕無いけれども有る」という〔ほど〕の〔意味〕は適切ではない。〔なぜなら、『入中論』の本文〕これは、〔中観派〕自己の言説の〔諸々の〕義（ものごと）の設立方法〔を示すもの〕であるし、自相による成立は言説としても無いから、そして、〔そのようにまた〕この〔本文の〕『註釈'Grel pa』に、〔「無いけれども有る」という〕その証拠として〔『経』より〕^{※1}「世間に有るのと無いのを主張することは、私もまた^{※2}（Ch251a）そのように主張する。」といって引用しているから、〔その意味は〕無いこと〔ほど〕としては不適切であるからです。^(訳註4-34)^{※3}

よって、「勝義として無いけれども、言説として有る」と〔『経』と意趣註釈などに〕多く出ている（H401a）とおりであるので、〔その本文の〕「無いけれども有る」という〔場合〕の〔正理知と言説知の同じでない二つ〕^{※4}は意味が別異になったことに、何も過失は無い。

〔それに対して彼は — そのようなら、〕では、『廻諍論rTsod zlog』に宗と立宗（主張）^(訳註4-35)は無いことを説明したことの意味は何であるかもまた、〔あなたは〕説明することが必要です。^(訳註4-36)（宗）「芽〔それこそ〕が自体により成立した自性は無い。」と〔自己の立場として〕立宗する〔はずである〕なら、（因）「縁起であるから」という〔縁起の〕論証因と、（喩）〔その同品の喩例〕「例えば、映像のように。」という〔映像の〕喩例もまた〔自己の立場として〕主張することが必要です。そのように〔因の三相のうち、〕宗法（主題所属性）〔の因〕^{※1}と〔随順・離反の〕遍充の二相〔という合計、三相〕の論証因と、〔論証因〕それにより立証される所成〔の法〕と（Ch251b）それを証得する比量を適用する（K413b）語〔すなわち論証式〕^{※2}に依って、後論者（答者）に対して（B687）生じさせたいと欲するなら、そのとき、

自立論証の〔その〕名に対して怒る〔のを通じて、その名を欲しない〕ほどに尽きている〔の
です。です〕から、自立論証を否定する苦労〔を為したこと〕によって、どうするのか、と
思うなら、

　それについて〔回答は〕、〔一般的に〕立宗（主張）と宗は無いと説明したこと〔について〕
もまた、あなたたちが〔主張が無いことの証拠として〕引用したとおりに〔、承認が無い特
定の場合の証拠になる教〕も有るが、（D442a）〔自己の立場の〕承認〔が有るの〕を設立
するのが必要なこと〔の証拠になる教〕も多く〔『廻諍論』などに〕説かれたのが有るから、
〔立宗が無い、宗が無いという〕ただそれほどを引用して、宗が無いことをどうして立証で
きるでしょうか。けれども、〔あなたに〕「無自性の（Kyt356）立宗が有るなら、自立論証
になる。」という疑いが〔そのように〕生ずるのは、きわめて真実のことです。〔なぜなら、〕
これはきわめて微細な難所だと見えるからです。その〔微細な難所の〕回答は、（Ch252a）
〔後で、自立論証が不適切なさまを〕自己の立場を設立する個所に説明することになる。
　　^{※4}

^{（訳註4-37）}
　〔あなたが『廻諍論』の意味がどのようなのかを説明すべきだと言うなど、問うた〕それ
について、『廻諍論』に立宗が無いと説かれたことは、「事物は無自性である」と中観派が
語ったのに対して、実有論者が「〔では、あなたが〕そのように立宗する句それについて、
〔自らの側から成立した〕自性が有るなら、事物すべてにおいて（H401b）〔そのような〕
自性が〔必要なので、そのような自性が〕無いことは妥当しない。〔そのような句（ことば）
に、そのような〕自性が無いなら、〔事物すべてにそのような〕自性が有ることを〔あなた
は〕否定できない。」といって争論したことより派生したことです。〔そのような〕自性が
無いものにおいてもまた否定・肯定の所作・能作が妥当すること〔になるさま〕は、前に『廻
諍論』の本頌・註釈を引用したとおりです。

　よって、立宗の有る無し〔を争論するの〕は、一般的に〔立宗の〕有る無しを争論するの
ではなく、〔ここに〕「事物すべてにおいて〔自体により成立した〕自性が無い」と〔中観
派が〕立宗した〔その〕句（ことば）において、〔そのような〕自性の有る無しを争論する
ことです〔。です〕から、そのような立宗の句（ことば）それにおいて、〔そのような〕自
性が有ると〔私が〕承認しているなら、（Ch252b）事物すべて〔に〕は〔そのような〕自
性が無いことを立宗したのと相違（矛盾）する〔という〕過失が、私には有る（K414a）と
しても、私は〔立宗のその句において自性を〕そのように主張しないので、〔実有論者が語っ
た〕その過失は私には無い、という意味です〔。です〕から、〔『廻諍論』のその教は、一
般的に〕立宗が無いことの能成〔・立証するものほど〕としては〔全く〕不適切です。〔な
　　^{※2}
ぜなら、そのような〕自性が無いことと〔一般的に〕無いことの二つは、差別（ちがい）が
きわめて大きいからです（D442b）。

^{（訳註4-39）}　　　　　　　　^{（訳註4-40）}
　〔次に『廻諍論』のその教の派生として、『同論』に〕「もし現量などの」などというこ
とにより、現量など〔の量（認識基準）〕により何〔の所量〕をも認得することが無いこと
を説かれていること〔の意味〕もまた、前に『明句』の教を（B688）引用した〔そこに説
明した〕ように、量と所量（量るものと量られるもの）〔の二つ〕において、自体による成
立した所縁〔、所量〕と〔自体による成立した〕能縁〔、量〕（認得されるものと認得する

もの）が無いことを説くのですが、〔因縁に依って待った〕縁起の〔現量と比量との〕量と^{※1}所量が〔全く〕無いことを説くのではない。それもまた、〔実有論者〕彼の思惟において、事物の自〔体による成立した〕相は現量により成立してから、〔事物のそのような自相を〕否定するなら、妥当する〔ことになる〕としても、中観派が「事物すべては（Ch253a）自性により空である。」と語るなら、現量とそれにより対境を量ることもまた、事物の中に含まれているので、〔量と所量すべても〕^{※2}自性により空であること〔になること〕が必要ですが、（H402a）〔自性により空になった〕そのようなら、〔量と所量が全く〕無いこと〔が必定〕であるので、〔量〕それにより〔、事物の自相それを否定できないので、〕否定されない、と（Kyt357）思ったのです。

　その本文は、^{（訳註4-42）}『廻諍論 rTsod zlog』に「ひとまず事物を現量^{※1}により認得^{※2}してから退ける^{※3}のであれば、何により^{※4}諸事物は認得されることになるのか。現量それは無い^{※5}のです。」という〔争論が説かれた〕ことそれの回答です。〔なぜなら、実有論者の争論を提示した本文〕それへの『註釈'Grel pa』^{（訳註4-43）}にもまた、「〔実有論者が〕もし、〔中観派〕あなたが事物すべて〔の自体により成立した自性〕を現量により認得^{※1}し〔成立し〕てから、「事物すべては〔自性により〕空である」といって退けるなら、適切であるが、〔その現量による成立〕それもまた妥当する^{※2}のではない。なぜかというと、事物すべて〔というそれこそ〕の中に現量もまた（K414b）含まれているから、〔現量それも自性により〕（Ch253b）空〔になっているの〕であり、〔その量により〕事物〔の自性による成立〕について認得するものであるそれもまた^{※3}、〔自性により〕空である。〔そのように二つが自性により空になった〕ゆえに、〔その〕量により〔事物のそのような自性は〕認得されることが〔全く〕無い。〔それが〕認得されない〔し成立していない〕のなら、〔その量により事物のその自性を〕否定することもまた妥当しないので、〔それが妥当しないこと〕それについて「事物すべては〔自性により〕空である。」と（D443a）〔中観派、あなたが〕語ったことそれは、妥当ではない。」と説かれたからです。

　『四百論 bZhi brgya pa』^{（訳註4-44）}に、「有るのと無いのと有る無しといって」などと説かれたこと〔の意味〕は、それの『註釈'Grel pa』^{（訳註4-45）}に、「〔一切法が自性により〕空性の論者〔、中観派〕に対して、〔きわめて〕長い間を掛けて〔隙をうかがって〕も、〔隙を得た〕論破を語ることはできない〔意味である〕ことを説いた。あなた〔たち、承認は何も無いと主張する者たち〕は〔自性により〕空だとも主張しない。」と語ることによって、〔それら教と大いに相違（矛盾）するので、それら教えをあなたたちは承認するのか。〕主張が何も無いことの典拠として〔引用することが〕どのように適切でしょうか。〔適切ではない。〕

　〔その方軌はまた、〕『入中論の註釈'Jug 'grel』^{（訳註4-46）}に、「なぜなら、（Ch254a）仮設して^{※1}有ると語る者たち〔、中観派〕に対して、〔実有論と虚無論の〕この二つ^{※2}〔の辺（極端）〕に語ることは不合理〔のみ〕であるから、二つ〔の辺の論〕に依ってから（B689）〔あなたがこちらに〕論破^{※3}〔を語るの〕と〔論破への〕回答を語ることにより、中観派に対して（H402b）一切相に隙を得ない。〔それもまた〕すなわち、アーリヤ・デーヴァ^{※4}が「有るのと無いのと〔いって、そこに立場が無い者には、長い間にも非難を述べることはできな

い〕」」ということなど四句〔の一偈頌〕を引用して〔説かれて〕いる。

そのように〔説かれた意味も〕、〔諸事物において〕自体により成立した実物が有ること
を否定した仮設有として主張する者〔、中観派〕たちに対して、〔もし〕実有論者が〔事物
は〕自体により成立したと主張すること〔、常辺の論〕と、〔またもし〕非実有論者（虚無
論者）が色などの諸事物の効用すべてを否定したと主張すること〔、断辺の論〕との二つ〔の
極論〕でもって論破されていない〔、できない〕ことの証拠として、〔「有るのと無いのと」
などの教を〕引用した〔のです。です〕から、〔その教は、中観派に〕自己の立場が無いこ
との典拠としては不適切です。〔自性により〕有る・〔全く〕無しなどの〔その二辺と、非
二の四辺に語る〕（Ch254b）宗についてもまた、〔常・断の〕二〔辺〕として語る者の宗
のようであることは、^{※5}〔そこに引用された『四百論』により〕きわめて明瞭に〔出ているの
で、〕前に（K415a）四句を否定すること〔の方軌〕と、有る無しとして語ること〔の二辺〕
を除去する仕方の個所に、〔すでに〕説明したとおりです。 （Kyt358）

〔またその後に〕『六十頌如理論 Rigs pa drug cu pa』に説かれたこと〔の意味〕は、
その教の『註釈^{（訳註4-47）}』に、「いつか^{※1}〔上に説明した〕そのように事物〔すなわち自体による成立〕
は無いので、〔自性により成立した〕自と（D443b）〔自性により成立した〕他の宗があり
えない〔と、知の側に成立したが、〕そのとき、そのように見える〔ヨーガ行〕者たちの〔貪
欲など諸々の〕煩悩は必ず滅することになる。」といって、宗の無いことの理由として、事
物が無い〔という〕ことを説かれたが、〔無事物の事物〕それもまた、自相または自性〔に
よる成立〕について事物として設立したの〔こそ〕です。〔なぜなら、そうでなくて、〕効
用^{※2}についていったのなら、それが無いのが見える〔知は断見である〕ことにより、煩悩が滅
することを説かれたのと相違（矛盾）するからです。

よって、〔中観帰謬論証派の立場において、〕自性により〔成立した〕事物を承認する宗
（立場）〔、立宗または所成〕が無いこと〔それ〕を、宗が無いと（Ch255a）説かれたの
です。その教の前に『六十頌如理論の註釈 Rigs pa drug cu pa'i 'grel pa』に、「〔論理学^{（訳註4-48）}
者、〕およそ依って生起する（縁起の）法性〔の甚深な理趣〕これ〔の〕底が（H403a）量
られないし、〔それが量っていないので、〕諸事物の自〔体により成立した〕相を〔知によ
り〕妄分別〔し執〕する^{※1}〔論理学者〕彼らにおいて〔承認が有るが〕^{※2}、〔v.46に〕^{（訳註4-49）}「事物〔は
自性による成立〕だとの承認が有るなら、まさに〔その思い込みにより〕決定して貪欲・瞋^{※3}
恚〔などの煩悩すべて〕が生起する、猛烈で危険な〔根本になった〕^{※4}見を取らえる。〔悪し
き見〕それより生起した〔、自他を分け隔てる大きな〕諍いになる。」」といって、事物
について自相〔による成立〕を増益（B690）することを、事物としての承認として説かれ
ているからです。

よって、〔上の〕それら教により、中観派において自己の立場が無いことを説くわけでは
ないので、『廻諍論』と『四百論』〔の教〕を引用して、「他の宗（立場）を承認している
ことが無いから」と『〔中論註・〕明句』^{（訳註4-50）}に説かれたことの〔その〕意味は、〔上に説明し
た〕そのように知るべきです。 （K415b）（Ch255b）

〔またあなたが最後に引用した『廻諍論』の教に〕「否定されるものが何も無いので、私^{※1}

は何も否定しない。」と説かれたこと〔の意味〕は、〔一般的に〕否定されるものに〔対境と有境〕二つ〔があるが、そ〕のうち、自性が有ると増益する〔無明とその執らえ方の〕対境の否定されるべきものをいったのなら、〔そのような対境〕それが無いことを理由にしてから、〔その対境が無いので、否定しない、といって〕否定しないことを説かれた〔ことになる〕のは（D444a）不合理なので、〔これは、対境の否定されるべきものをいわなくて、〕有境の否定されるべきものを増益すること〔こそ〕をいうべきです。

　〔増益をいうやり方も、『廻諍論』〕それの『註釈』に否定するものも無いことを説かれているので、〔否定されるべき増益と否定する対治との〕その二つが無いのは、〔一般的に無いことほどでなく、自相により無いのをいう。そのようにその二つ、〕自相により成立した否定されるべきものと〔自相により成立した〕否定するものが無いのを、〔実有論者あなたが、〕そのように有ると取らえてから、「〔中観派〕これは〔否定されるべきもの〕これを否定した。」といって、「〔実有論者〕あなたは〔私に〕損減した。」と説かれたのですが、〔否定されるべき増益と否定する対治との〕その二つが幻術のようなもの〔の縁起〕を主張なさらないわけではない。〔その方軌は、〕『廻諍論 rTsod zlog』に、「〔例えば〕変化〔の(訳註4-52)人など〕が変化〔の軍勢〕を〔遮止する〕、そして幻術の〔化作に巧みな〕人が幻術〔の軍勢〕により（Ch256a）〔他の〕幻術〔の軍勢〕を〔摧破し〕遮止するように、※〔対治、縁起により、増益、縁起を〕否定することこれもまた〔上の喩例〕そのように（H403b）なる。」といい、
(Kyt359)「もし〔陽炎の水だと取らえる顛倒に〕取らえることそれは自性が有るなら、〔因・(訳註4-53)縁に〕依って生起する（縁起する）ことにならない。〔もし顛倒に〕取らえることそれは〔因・縁に〕依って生起する（縁起する）それこそは、〔自性により〕空性ではないのか。〔そのような空性こそです。〕もし〔顛倒の〕取らえること〔それこそ〕は自性が有るなら、取らえること〔が自性により有る〕それについて〔特別に〕誰が退けるのか。〔誰もできない。〕残り〔の義（もの）、幻術に馬だと取らえることなど〕についてもまた、その方軌〔のように適用するの〕である。ゆえに、〔私が、自性により無い縁起の義を承認することについて、上の〕その非難〔が起こる過失〕は無い。」といって、陽炎について水だと取らえること〔顛倒の取〕において自性〔による成立〕が有るなら、自らの因・縁に依って生起（縁起）しえない〔ことになる〕ことと、〔そのような〕その取らえること〔が自性により有ること〕は、誰も退けえないことを説かれたからです。※

　〔また上にあなたが引用した〕『明句 Tshig gsal』に「自己に立宗（主張命題）が無いか(訳註4-54)ら。」と説かれたのもまた、（Ch256b）自己の立場が無いことの典拠〔になるの〕ではない。〔なぜなら、教〕それは〔中観帰謬論証派に〕自立論証の立宗が無いという意味であるからです。〔またあなたが引用した〕『入中論』に、〔「論破が論破されるものと」などといっ(訳註4-55)て、〕宗が無いことを（K416a）説かれたのは、〔中観派の〕自己の立場において、論破されるべきもの（B691）と論破するものとの両者は自性により成立していないと主張する〔こと〕なので、（D444b）〔実有論者〕あなた〔たち〕が、因果は自性により成立していると主張するのに対して、〔そのように主張する上で私において、〕「出会って、または出会っていないで因が果を生じさせる」と正理の観察をしてから否定した論破は、私たち〔中観派〕

に対して起こらない。〔私たちは、どんな事物も〕正理による観察に耐えると主張する必要はないから、という意味ですが、自己の立場が無いこと〔という意味〕では全くない。〔なぜなら、『入中論』その教の『註釈'Grel pa』に、「〔中観派〕私たちの宗〔または立場を正理により観察してから否定したように、過失の起こり方〕において^{※1}等しい誤謬にはならない。なぜなら、〔その伺察はあなたたちに起こるが、〕私たちの宗においては、論破〔するもの〕は論破されるものと出会ってからも論破しないし、論破〔するもの〕は論破されるものと出会っていないでも論破しない。 (Ch257a)〔なぜなら、〕(H404a) 論破されるものと論破〔するもの〕との両者は、自性により成立していないから。〔自性により成立していない〕ゆえに、〔因が〕出会ったのとの出会っていないのと〔どれが果を生じさせるかの伺察〕の思惟〔が生ずる設定〕をしない。」といって、実有論者が提示した正理の観察が起こらないことの因相(理由)として、自性により成立していないことを提示したが、〔「私には何も承認が無い」といって〕承認が無いことを〔理由として〕提示していないから、そして、〔そのような伺察が起こらないそれを知らしめる〕その証拠として〔『入中論の自註釈』に〕引用した『仏母〔般若波羅蜜〕経Yum gyi mdo』に、シャーリプトラが、スブーティに対して〔このように〕、生じたのと生じていない法のどれにより、生じていない法〔の〕得ることを得るのか、と伺察してから問うたなら、〔スブーティは〕その両者により〔生じていない法を〕得ることを否定した〔。それ〕なら、シャーリプトラは〔再び問うたのが〕、では、得ることと証得する〔、現観する〕ことは無いのか、と問うたなら、〔その回答としてスブーティは、〕前に〔『仏母経』の言葉を〕引用したように、〔得ることと現観すること〕その二つは有るが、〔提示された観察の〕二の〔辺になった〕方軌によって (K416b)〔有るの〕ではない。〔といって、得ることと現観の二つ〕それもまた〔世間の〕言説〔ほど〕としてであり、(Ch257b) 勝義としては無い、と説かれたこと〔こそ〕を、実例と為さって、そのように承認すべきことを、説かれている。^{※3} (Kyt360)『入中論の註釈 'Jug 'grel』に、「〔『仏母経』これにより (D445a)〔常と断の〕二〔辺、どちらか〕だとの誤謬になるから、生じた〔法により得ることを得る〕、または生じていない法により得ることを得るの〔との両者〕を否定したし、〔その〕二〔辺により観察して、承認それこそ〕もまた事物〔、自相により成立したもの〕無しにおいては道理でないから、観察していなくて〔伺察していなくて〕世間の言説〔ほど〕として得ること〔が有るの〕を承認しているのと同じく、〔ここにおいて、何も〕論破されるものと〔何が〕論破するものもまた出会って〔から論破する〕、または出会っていない〔で論破する〕の〔どれ〕で〔も〕ない (B692)。けれども、〔そのように伺察していない〕言説〔ほど〕として論破〔するものこそ〕により論破されるものを論破する、と知るべきです。」といって、出会った、出会っていない〔との二つ〕の正理の観察をしたなら、〔論破されるものと論破するものが出会った、出会っていないの〕その二つのどれにおいても論破することは無いが、〔観察〕それにより〔一般的に〕論破されることが有ること〔ほど〕を否定していないので、言説として他者の立場を (H404b) 論破することを、承認するのが必要であると明言なさったからです。

　〔上の〕それだけでなく、論証因により (Ch258a) 所成が成立することをもまた、〔軌

範師チャンドラキールティは〕主張なさったのです。前に引用した〔『入中論の註釈』の教〕^(訳註4-60)その直後に〔このように〕、「さらにまた、あたかも〔論者〕あなたが〔水中に浮かんだ日輪の映像が見えるのに依って〕日輪（太陽）〔そのもの〕に有る〔過失・功徳の〕諸差別^{※1}〔、蝕と雲による隠蔽など〕^{※2}は、〔水中の日の〕映像においても〔日〕蝕により取らえられたなど〔そのような形相は、日蝕など〕のとき、〔必ず〕見えることになる。〔そのとき〕日と〔水中の〕映像は出会っ〔て生じ〕たことと出会わなかっ〔て生じ〕たこととは道理でないが、^{※3}〔そのように伺察しなくて、日に〕依ってただ〔世間周知の〕言説〔により設立された生〕ほど〔の映像〕が生起〔し成立〕することになるし、〔その言説によっても、自らの欲する義（ことがら）を成就できる。映像は、〕非諦（非真実）としてもまた〔、鏡を見る者〕自己の顔〔そのものの過失〕を〔浄めるなどを通じて〕美しく造作せんがために、〔鏡を見たなら、顔のシミなどを知って、それを治浄するなどの効用の能力〕^{※4}それが〔その映像に〕有る〔喩え〕——そのとおりに、(Ch258b) これ〔の場合〕においてもまた智恵の顔〔と似た垢、無明〕が治浄される〔ものを治浄する〕ことに効能が〔どこかに有る見のように〕見えている (K417a)〔という縁起と離一多などの〕論証因^{※5}〔により観察したなら、自性により成立した義（もの）が有ると立証する〕合理性〔または証拠〕を欠いている〔と見える〕ものからも、〔自性により成立していない〕所成を証得する、と知るべきです。あたかも〔上に説明した〕「映像」というものは〔自性による成立が〕少しも有るわけではない (D445b) から、「日輪（太陽）と出会って〔から生ずる〕、または出会っていないで生ずる」という〔、仮設された義（もの）を探求する〕分別〔し伺察する〕ことは〔これを通じて探求したなら〕、全面的にありえない。けれども、縁〔である〕色〔そのもの〕が近いことより映像として認得する〔し映像が生じた〕なら、〔映像を見る者自らが〕証得したいと欲する義（ことがら）〔、顔の垢を治浄することなど〕を決定するのと同じく、〔この場合にも〕自性により空である〔義（ことがら）を有する〕論破によって〔も〕、〔自性により有る〕論破されるものを論破する〔ことが可能である〕ことと、〔それだけでなく〕自性により空であるし〔自性により成立した〕合理性を欠いた〔のを立証する、縁起などの〕論証因によって〔も〕、〔自性により無い〕所成を論証する〔ことが可能な〕のです。〔常・断〕二〔辺のどれか〕だとの誤謬に帰すること〔の過失〕にもならない (Ch259a) ので、〔あなたにあちらを否定したその過失こそが、こちらに〕自己の句（ことば）においてもまた〔過失に帰する〕誤謬が等しい〔とするこの〕ことは道理でない、と知るべきです。」といって、〔後論者〕自己においてあちらを否定した〔その〕正理の類推〔したこと〕は (H405a)〔こちらには過失として〕起こらない〔という〕回答をそのように説かれたが、〔チベットのように〕「自己の立場が無い」とは説かれなかった。(B693)

　さらにまた、因果は自性により成立していると主張する〔その争論〕者において、「因が〔自らの因を生じさせるなら、果と〕出会ってから、または出会わないで〔自らの〕果を生じさせるのか」と観察してから否定した〔という〕過失は、自己〔の立場〕において起こらないこと〔の理由〕もまた、**(Kyt361)**〔自己の立場において〕自性が無いと主張すること〔こそ〕を因相（理由）としてから〔その過失を〕捨てるのです。しかし、「〔自己において〕

自己の立場が無い」と〔論〕してから〔その過失を〕捨てるのではない。『入中論の註釈'
Jug 'grel』に、「あなたは〔承認しているようならば、〕どのように〔なる〕かというなら、
〔VI 170cd に〕「なぜなら、〔因と果〕これらは〔互いに〕二つの分としても〔自性により無いが、自性により有ると現れる〕幻術と同じであるから、〔自性により無い因果を自性により無いと承認する〕私〔たちの宗〕において過失にならない。〔それだけでなく〕世間〔に周知〕の〔因果の〕諸事物もまた〔観察しない伺察しないで〕有る〔としてよいから〕。」
(Ch259b) なぜなら、その〔後論者の立場の〕ようなら、諸々の因果において〕自相〔により成立した〕(K417b) 生じさせられるものと生じさせるものである〔ことが必要なので、自相により所生・能生として設立する〕それについて〔出会う、出会わないの〕その伺察〔の過失〕になるが、〔前論者、中観派〕その〔立場の〕ようなら、諸事物は〔無明により〕誤って妄分別されたことにより、〔偽りの義を有するものとして〕生じさせられたことにより、幻術のように〔自性により〕生じていない自性〔ほどを有するもの〕であるし、〔それら事物は〕自性は無いが、〔例えば、〕眼翳を持った者 (D446a) が〔毛髪が無いながらに有ると〕認得する〔、見る〕毛髪などの〔現れそれこそが、分別により仮設されたほどである〕ように、〔偽りの現れが〕分別〔によって〕の〔分別された〕対境〔ほど〕になる ―〔事物〕それについては、〔正理により〕思惟〔し観察〕しえない。〔観察しないで有るだけである。〕ゆえに、私〔たちの宗〕において〔前に〕説明されたとおりの〔出会う、出会わないを通じて起こる〕過失の余地は無いし、世間の〔言説により設立された〕事物〔すなわち〕観察されない〔伺察されない〕で成立しているものごともまた〔私の立場には〕有る〔と承認する〕ので、〔設立〕すべてが〔その言説により有ると〕成立する。」といって、他者〔の立場〕において過失が起こる〔という〕因相 (理由) として、〔他者が事物は〕自性〔により成立しているの〕を承認していることを提示したし、自己においてその過失が無いことの因相 (理由) として (Ch260a) 〔自性により無いが、観察されないで有る偽りの〕幻術のようだと〔自らが〕主張することを説かれた〔のです。です〕から、その〔方軌の〕ように知ってから、過失を離れた中観の (H405b) 立場を設立するのを〔ぜひ〕知ってください。
　一般的に、〔勝者の〕了義の聖教と中観の〔諸々の〕論書には「〔義 (もの)〕これはこのようであり、これはこのようでない。これとこれ〔のようなもの〕は無い。これとこれ〔のようなもの〕は有る。」と無辺のことを説かれたので、〔説かれた〕それらは彼ら著者のご主張である〔、といって承認する〕のに、例外をもった〔他の〕教を引用してから立証することが、どこに必要なのか〔。必要ない〕。〔なぜなら、〕そのようでない〔で、立証することが必要〕なら、〔では、〕「このように主張する。承認する。」と説かれなかったそれら本文の個所において、それら〔本文〕の義 (いみ) を説明するなら、「これはその著者の立場、または彼のご主張です。(B694) これはそのようではない。」と〔いって、個々の立場を〕区別することは不可能になるからです。
　もし、〔あなたたちが、ここに証拠として引用したものについて〕(Ch260b) 「主張する」というのと、(K418a)「承認している」というのと、「立宗する」という句 (ことば) の差別 (ちがい)〔を適用するの〕が必要であるとしても、〔そのような差別の句 (ことば)

は〕多く説かれた。

　〔まず聖者ナーガールジュナ唯一人の立場においても、〕『廻諍論 *rTsod zlog*』に、「〔世間の〕言説を承認していなくては、〔中観派、〕私たちは〔何の義をも〕説明しない。」といい、『六十頌如理論 *Rigs pa drug cu pa*』にもまた、「〔前に〕生起した事物が (D446b)〔後で〕滅したのについて、〔その事物が止まったほどの〕滅^{※1}として仮設したように、同じく〔仏陀など〕勝れた者たちもまた、〔幻術師により〕幻術^{※2}〔の化作〕が為されたような滅^{※3}を主張なさる。」といい、「〔誰か〕およそ〔因・縁に〕依って〔生起する〕諸事物は水の月[※]のようなものとして、真実〔、自性による成立〕ではないし、誤り〔、全く無いもの〕で〔も〕ないと主張する〔ところの〕彼らは、〔悪しき〕見により〔自力を〕奪われない〔し、悪見のなすがままにならない〕。」といい、**(Kyt362)**『出世間讃 *'Jig rten las 'das par bstod pa*』にもまた、「〔事物〕およそ因より生起したものごとは、〔因〕それが無くては〔生起することが〕無いので、〔喩えは〕まさしく映像と等しいものだと、(Ch261a) なぜに明瞭に (H406a) 主張しないのか。」といい、「感受されるもの〔、対境〕が無くては〔感受〕それ〔こそ〕は無いので、感受は我〔、自力による成立〕が無い。〔そのようなので、〕感受それはまた自性により〔全く〕有るのではない〔、空だ〕と、〔無比の仏陀〕あなたは主張なさる。」といい、「〔業それ〕作者と〔その作者が造った〕業〔の二つ〕もまた、〔世[※]間の〕言説〔ほど〕として〔有ると、無比の教主、〕あなたは説いた。〔それらは自力により無くて〕互いに相待ったものとして成立していると、あなたは主張なさるのです。」といい、「ひとまず〔初めの観察の次第は、自性により〕、滅し〔て、断絶し〕た因からも果が生起することは道理でない。〔因が〕滅していないもの〔、前の自らの地こそに住するそれ〕[※]より〔も、果は生起するの〕ではない。〔けれども、例えば、偽り、〕夢と同じ生を、〔無比の仏陀〕あなたは主張なさる。」といい、「縁起するもの〔、事物〕[※]それこそは〔自性により〕空だと、〔教主仏陀〕あなたは主張なさる。」と説かれている。

　〔チャンドラキールティ唯一人の立場においても、〕『入中論の註釈 *'Jug 'grel*』にもまた、「〔義（もの）を伺察する〕賢者たちは〔ここに設立した中観の〕(Ch261b) この宗〔または立場〕は〔相違（矛盾）などの〕過失が無いし〔輪廻の根本を抜き出すなどの無辺の〕利徳が有ると思って〔決定し〕(K418b)、間違いなく〔この立場を〕承認すべきです。」といい、「ゆえに縁起〔の事物、〕唯此縁性を^{※1}〔、実有論者など対論者が〕承認しているように、〔私たち中観派も、事物すべてが因・縁に〕依って仮設された〔ほどな〕のを承認しているから、私たちの宗〔または立場〕において〔世間の〕言説すべてが (B695) 断絶する^{※2}〔という〕誤謬にはならない。〔実有論者、〕対論者もまた〔縁起を承認する以上、私たちの立場〕これこそを (D447a) 承認するのがふさわしいのです。」といって、必ず承認することが必要であると説かれたし、そのような他も多い。

　また『入中論の註釈』に、「〔自と他と両者と無因より生じないとの〕その四つの立宗（主張命題）を〔続いて〕述べてから、〔立宗〕それを正理により立証するために説明する。〔v.8ab に〕「〔芽〕そのものは〔芽〕それ〔の自体〕より生起しない。〔自と自性により〕他〔になった諸因〕より〔も〕どこに〔生起する〕か。〔さらに、自体自らと自性により他

の〕両者より〔生ずるの〕でもない。因無しでどこに有るのか。〔無い。〕」」といって、四つの立宗（主張命題）を（Ch262a）説明していて、『明句』〔ad I 1〕にもまた〔『入中論の註釈』〕それと（H406b）同じく説かれているから、主ナーガールジュナとチャンドラキールティの立場において、自らの主張と承認と立宗が〔まさしく〕有るのです。

4-2-2-2-3-3-3-1-3-3-2-6-2-1-3-2-2-1-1-2-4

4）第四の立場を否定することは、（訳註4-74）

〔立場〕これは、言説として自相〔による成立〕は有っても、〔そのような〕自相が正理による伺察に耐えるのを、言説として〔も〕否定する〔と主張する〕と見えるのは、〔過失を有しているので、〕良くないことは、前に〔自相による成立を否定する場所に多く〕説明しおわった。

　〔また〕中観派は、後論者〔である〕実有論者に対して、他者のための比量〔の論証語（論証式）〕により立証した〔その論証語に提示した中観派と実有論者〕両者の立場において（Kyt363）〔一致した現れとして〕成立した〔証因の一相と遍充の二相、そのような〕三相の証因を、軌範師チャンドラキールティの立場において主張することは、道理ではない。〔なぜなら、三相の証因が両者に一致した現れとして成立した〕そのようなそれについて『明句』に〔取り立てて〕特別の否定をなさったから、そして、そのような〔論証因〕それを主張するなら、〔そのような論証因または証因〕それについて事物の力の入った〔論証因または〕証因の言説（表現）を適用しないとしても、（Ch262b）〔そのような三相が一致した現れを立証する証因は、〕自立論証の証因（K419a）であることを〔あなたはどんな能成によっても〕退けえないからです。これら〔の義（内容）〕は、今なお〔下に広汎に〕説明することになるので、ここには〔説明した〕それほどしか戯論しない〔、広げない〕。

4-2-2-2-3-3-3-1-3-3-2-6-2-1-3-2-2-1-2

第二：自己の立場を設立したこと（訳註4-75）

〔この場合に、中観〕帰謬論証派が、自立論証派の立場を論破してから自己の立場を（Ch263a）設立したのを述べたなら、〔帰謬派・自立派〕両者を（D447b）証得することになるので、〔論破の仕方〕それ〔こそ〕を〔始めに〕述べよう。

　〔述べるべき〕これについて『明句 Tshig gsal』に多く説かれたが、句（ことば）が多すぎることを怖れて、ここには〔他のことを置いておいて、〕主要なものごとを説くのですから、それについては、二つ〔がある。〕――

1）自立論証を論破することそのものと、

2）〔論破〕それが自己〔の立場〕において等しくないさま、です。

4-2-2-2-3-3-3-1-3-3-2-6-2-1-3-2-2-1-2-1

第一〔：自立論証を論破することそのもの〕に〔も〕、二つ――

1）〔自立論証派が投じた論証因の〕所依事〔である〕有法が成立していない（B696）宗の過失を示したことと、

2）〔そのように示した〕その過失〔こそ〕により論証因もまた成立していないことを示したこと、です。

4. 論理的否定と、自立論証派と帰謬論証派　　111

4-2-2-2-3-3-3-1-3-3-2-6-2-1-3-2-2-1-2-1-1

第一〔: 所依事〔である〕有法が成立していない宗の過失を示したこと〕には、二つ ——

1）〔相手の〕主張を述べること（H407a）と、

2）〔主張〕それを否定すること、です。

4-2-2-2-3-3-3-1-3-3-2-6-2-1-3-2-2-1-2-1-1-1

第一〔: 主張を述べること〕（訳註4-76）

〔自立論証を否定する〕これらの個所は、『明句』に説かれたことの中でも、きわめて証得しがたいと見えるので、〔ここには〕『明句』の句（ことば）を引用して説明するなら、（訳註4-77）すなわち、

　「もし〔仏教者が外道のヴァイシェーシカ学派の側へ、〕「声は無常である」ということ〔を立宗する場合〕において、法と有法の二つは〔仏教者とヴァイシェーシカ学派との両者の立場、〕共（一般）〔に一致した現れとして成立した法と有法〕こそを取らえるのであり、〔個々の非共通の主張により成立した法と有法の〕差別（特定のもの）〔、そのような個別のもの〕を〔取らえるの〕（Ch263b）ではない。〔そのような法と有法、〕差別（特定のもの）を取らえるなら、比量〔、能成の論証因〕と比量されるもの〔、その論証因による所成〕との言説が無いことになる※1〔、という。すなわち、それもまたそのようなのを取らえるなら、所成・能成として妥当しない、という。〕。〔その理由は〕すなわち、もし四の大種（粗大元素）〔を所依事にしたの〕より成った声を〔有法に〕取らえるなら、〔有法〕それは対論者〔、ヴァイシェーシカ学派の立場〕において成立していない。あるいは、〔そのように取らえないで、〕虚空の徳性〔になった声〕を〔有法に〕取らえるなら、〔有法〕それは自己〔すなわち〕仏教者〔の立場〕において成立していないのです。〔仏教者とヴァイシェーシカ学派の両者に差別を取らえたなら、成立していないのと〕同じく〔対論者、〕ヴァイシェーシカ学派が、〔サーンキャ学派の内の部類、顕現論者に対して、〕声は無常であると立宗するとしても、造られた声を〔有法に〕取らえるなら、それは他者〔、顕現論者〕において成立していない。（K419b）あるいは、〔造られたことにより差別されていなくて、前に有ったものが縁により、〕顕現されるもの〔の声を有法に取らえたの〕であるなら、〔有法〕それは〔ヴァイシェーシカ学派、〕自己において成立していないのです。〔有法の差別を取らえたなら、上の成立していない仕方と〕同じく、〔所成の法と証因などについても〕適宜に〔適用すべきです。所成の法、〕滅※2〔または常それについて〕もまた、もし〔非共通の差別を適用して、設立した〕因〔より、他の義（もの）の滅が後で生起したのを待ったこと〕が有る〔その滅を、所成の法に取らえた〕※3のであれば、（Ch264a）〔そのような所成の法〕それは仏教者自身において成立していないのであり、あるいは〔そのように取らえないで、他の義（もの）である滅の〕因が〔後で生起するのを待ったことが〕無い〔滅を所成の法に取らえる〕のであれば、〔そのような滅〕それは対論者〔、ヴァイシェーシカ学派〕において成立していない〔という過失になる〕のです。ゆえに、〔仏教者がヴァイシェーシカ学派、ヴァイシェーシカ学派が顕現論者などの側へ立宗するなどの〕ここ〔の場合〕において〔両者に一致した現れとして成立した〕法と有法〔である〕ただ共（一般）ほどを（D448a）取らえるのと同じく、〔中

観派が自他の部に、諸事物は自生が無いなどを立証する〕ここ〔の場合〕においてもまた、〔個々の非共通の主張により、差別にされた法と有法の〕差別（特定のもの）を棄てた〔、両者の立場に一致した現れとして成立した〕ただの有法〔、一般〕ほどを取らえることになる、というなら、」という〔、他者の主張を提示した〕。

^(訳註4-78)〔他者の主張を提示した〕この〔本文の〕意味は、〔自部、〕仏教者が〔外道の〕ヴァイシェーシカ学派に対して、「声は無常である」と立宗する（Kyt364）なら、「大種所成の声」といって〔大種所成により差別にしてから、〕有法に取らえたなら、〔その有法は、〕ヴァイシェーシカ学派〔の立場〕において成立しない。〔また〕「虚空の徳性の声」といって〔虚空の徳性により差別にしてから、〕有法にしたなら、〔その有法は、仏教者〕自己において成立しない。〔差別を適用したなら成立していない上と〕同じく、ヴァイシェーシカ学派も〔外道の〕顕現論者に対して（H407b）声は無常であると立宗するなら、〔そのときも〕「造られた声」といって（Ch264b）〔造られたことにより差別にしてから、〕有法に取らえたなら、〔その有法は、〕顕現論者において〔も〕成立しない。「前に有ったのが縁により顕現させられる声」といって、〔前に有ったのが縁により顕現されることにより差別にしてから、〕有法に取らえたなら、〔その有法は、ヴァイシェーシカ学派〕自己において成立しない。よって、個々の非共通（独特）の主張〔により差別にしてから〕は、（B697）有法に取らえるにふさわしくない。〔なぜなら、〕有法は、論者両者が差別の法〔がどうであるか〕を伺察する所依事（基礎）であるので、〔論者〕両者〔の立場〕の一致した現れとして成立しているものが、必要であるからです。

　有法が〔論者両者の〕一致した現れとして成立していることが必要であるのと同じく、〔証成されるべき〕法〔である〕無常[※]もまた〔論者個々の非共通の主張により〕差別に（特定）されていないただの〔無常、〕共（一般）ほどが、〔論者〕両者により〔共通の現れとして〕成立していることが、必要です。〔それだけでなく、成立しているべき法、無常〕それもまた、〔瓶など〕喩例として提示したものにおいて、〔両者により〕一致した現れとして成立しているものが、所成〔である声の無常〕が成立する前に必要なのです。

^(訳註4-79)〔声の無常を立証する仕方を示した〕その喩例〔にしたさま〕と同じく、中観派が、眼〔と耳〕など内の処または色〔と声〕など（K420a）外の処^{※1}〔を所依事にしてから、それらは〕は、自より生ずることが無いことを、他部〔、外道のサーンキャ学派など〕に対して立証するのと、〔それら所依事は〕他より生ずることが無いことを、自部〔仏教の〕実有論者（Ch265a）〔、唯心派以下〕に対して立証するのなら、「諦（真実）〔として成立〕の眼など」といって、〔諦成立により差別にしてから〕有法に取らえたなら、〔その有法は、中観派〕自己において成立しない。〔また〕「偽〔として成立〕の眼など」といって、（D448b）〔偽りとしての成立により差別にしてから〕有法に取らえたなら、〔その有法は〕対論者〔、実有論者〕において成立しないので、そのような〔真偽の〕差別（特定）〔にするの〕を棄てて、〔中観派と実有論者両者において一般として、一致した現れとして成立した〕ただの眼と色ほどを有法に設立する〔ことが必要です〕。〔その有法は〕中観派と実有論者の二人により、自より生ずることが有る・無いなどの差別の法（特定の属性）〔がどうであるか〕を伺察す

る〔共通の〕所依事であるので、〔中観派と実有論者の〕両者の一致した現れとして成立していることが必要であるから、と思うのです。^{※2}

（訳註4-80）

　〔では、有法などが〕一致した現れとして成立している〔という〕義（いみ）〔は何なのか、というと、それ〕もまた、（H408a）後論者において〔有法などを成立させる〕どのような量（認識基準）により〔有法などが〕成立しているかの〔ところの〕そのような量により、前論者においてもまた、〔一致した現れとして〕[※]成立しているのです。

4-2-2-2-3-3-3-1-3-3-2-6-2-1-3-2-2-1-2-1-1-2

第二：〔主張〕それを否定することには、二つ——

1）義（いみ）が妥当しない〔と示す〕ことと、

2）喩例を提示したのは同じでない〔さまを示した〕こと、です。

4-2-2-2-3-3-3-1-3-3-2-6-2-1-3-2-2-1-2-1-1-2-1

第一〔：義（いみ）が妥当しないこと〕
（訳註4-81）

『明句 *Tshig gsal*』（Ch265b）に、「〔真偽のどれによっても差別にされていない眼または色の共（一般）ほどを有法に取ることが必要である、と主張する〕それはそのとおり〔妥当するの〕ではない。すなわち、いつか〔眼などは諦の生無しと立証した場合〕ここにおいて生を否定したこと〔それ〕を〔それら有法に依った〕所成の法として主張する〔のを理由にした〕とき、^{※2}〔勝義として生が無いことが、それら有法に依った理由それこそにより、〕真実としてそれの所依〔になった〕有法が、ただの顛倒〔の知識が無明により汚染された〕^{※3}ほどにより、我の事物〔すなわち自体〕を〔対境にしたのを通じて〕獲得した〔眼などの〕^{※4}ものが、〔成立したのが〕損なわれてしまう〔、そのような有法の眼などが真実として成立していないのである〕ことを、〔ブハーヴィヴェーカ〕これは自らが〔まさしく〕承認している。^{※5}（Ch266a）〔無明により汚染された〕顛倒〔、錯乱知〕と不顛倒〔、無錯乱の聖者^{※6}の等至の真実を見られるものとの二つの体〕は、〔対境への起こり方が互いに排除しあいのを通じて相違する〕別異のものです。ゆえに、いつか〔喩例、〕眼翳を持った者〔の眼識〕^{※7}が毛髪などの〔無いのを有ると取らえる〕ように、顛倒〔の錯乱した眼識などが色などの対境が、自相〕により（B698）無いものをまさしく〔自相により〕有ると取らえる^{※8}〔、現れる〕とき、〔自相により無いながらに現れるので、眼識などにより自相により〕有る義（もの）は（Kyt365）ただの〔微細な〕分ほども、どこに認得する〔し成立した〕ことになるのか〔。ならない〕。眼翳を持たない者〔の清浄な眼識〕^{※9}が、（K420b）毛髪などの〔無いので、それらが有ると取らえない〕ように、不顛倒〔の知または、聖者の等至〕により、非真実のもの〔、自相により無いながらに自相により成立したと現れる色など〕を増益しない〔、有ると取らえない、〕（Ch266b）〔聖者の二の現れすべてを離れた智慧が生じた〕ときに〔、その智慧により二の現れが没した見の側に〕もまた、何かによって〔色など〕それが世俗〔・覆障〕になる〔ところの、自相により成立していると現れるが、聖者の等至には〕無い〔のが、色などが自相により成立しているとその等至に全く現れないなら、等至に現れない色などの〕義（もの）をただの〔微細な〕分ほども、〔その等至により〕どこに認得する〔し取らえる〕ことがあるのか〔。ありえない〕。〔自相により成立した義を量る量があり

えない〕まさにそれゆえに、軌範師〔ナーガールジュナ〕御前は、〔『廻諍論』にこのように、〕「もし〔実有論者の思惟のように〕現量などの〔四量により、〕義（もの）〔が自性〕により（D449a）〔成立した分〕何かを認得するのなら、〔認得するそれこそを自己の立場として〕立証または〔他に論破するのを通じて〕遮止しようが、〔その量により、似た所量を認得するようなことは、言説としても〕無いから、私に対して〔あなたの争論するそのような〕非難〔をなす余地〕は無い。」と説かれています。〔それらの意味をまとめたなら、〕なぜなら、そのように顛倒〔、錯乱知の獲得した義〕と不顛倒〔、非錯乱知、聖者の等至が獲得した義との二つ〕は、〔互いに排除しあう相違を通じて〕別異であるから、（Ch267a）不顛倒の〔、真実を現前に見られる聖者の〕位〔の等至の側〕（H408b）において、〔錯乱知により獲得された偽りの〕顛倒は無いから、〔所依事、〕およそ〔中観派と実有論者の両者の立場に一致した現れとして成立した〕有法こそになる眼〔など、偽りとして成立した〕世俗のものが、どこに有るのか。〔有法のそのような一致した現れは無い。〕ゆえに、〔眼などを有法にしてから、勝義として生は無いと立証する場合に、〕所依事〔、有法〕が成立していない宗の過失〔、それは所成が無いとの過失〕と、所依事〔、有法〕が成立していない論証因の過失〔、その論証因こそが、どこかを待って、宗法になった所依事が無いので、証因の相が成立していない過失になるし、それら過失〕は、〔あなたにより〕止むこと〔の方便〕が無いので、〔あなたが回答した〕これはまさしく〔義（もの）と一致した〕回答ではないのです。」という。

〔意味〕これは、「色の処は〔有法にされて、その上に〕自より生ずることが無い。〔それを立証する論証因は、〕有るから。〔と提示してから、同喩により明らかにするために、例えば、〕面前に明瞭な〔成立しおわった〕瓶のように。」という論証式〔の語を提示したこれ〕について、例示するなら、証得しやすいので、その〔論証式の〕上から説明しよう。
（Ch267b）

〔軌範師ブハーヴィヴェーカが有法などは一致した現れが必要だと説明した〕回答の〔『明句』の〕それら本文により、有法は〔論者両者の〕一致した現れとして成立しない仕方を説く。〔その説き方〕それもまたどのようであるか、と思うなら、ここにおいて、誰か後論者と一致した現れとして成立している有法が成立しない〔という〕不成立の仕方を説く〔対境の〕その後論者は〔何をいうかというと、彼は〕、『明句』に説かれたこの個所において、自生を否定する〔場合の〕後論者〔をいうの〕であるけれども、一般的に〔そのような有法が成立しない仕方を説く対境の後論者は、〕諸事物において勝義として〔自らの側から成立した〕自性が有ると主張する〔自部・他部の〕実有論者と、言説としてそれら〔事物〕（K421a）において自相により成立した自性が有ると主張する〔中観〕自立論証派との両者〔をいうの〕です。

〔では、名の言説の適用の仕方の差別はどのようかというと、〕中観自立論証派についても（Ch268a）「無自性論者（ngo bo nyid med par smra ba）」と言う〔し、それは中観派すべての名による〕けれども、〔『明句』などの場合〕ここにおいては（B699）句（ことば）の集積を省く〔し、言説を述べる〕ために、「無自性論者（rang bzhin med par smra ba）」というのは、〔中観〕帰謬論証派について理解すべきです。「有自性論者」というのは、実有論者と自立論証派の両者について理解すべきです。　(D449b)

　〔この場所に自立派など彼らにより、〕色処を有法に設立したそれが成立する〔と主張する〕仕方は、〔色処〕それを取らえる (H409a) 眼識の現量により成立することが必要です。それもまた、錯乱しないで〔現量〕それらにより成立していないなら、〔それら現量は〕義（もの．対象）〔、色など〕を立証する現量として〔設立するには〕不適切なので、〔その現量は色などについて〕錯乱しないことが必要です。〔そのような眼識など〕無分別〔現量〕が錯乱していないと成立するのは、〔自立派と実有論者〕彼らの立場において、〔無分別のそれ自らが、〕どこか〔対境〕において錯乱していない〔対境〕そのところの自相により成立したそれが、〔無分別のそれに〕現れるし、〔およそ〕現れるように〔義（もの）に〕有ることを、必ず待っている。
　[※4]（Ch268b）〔それら現量は対境の自相による成立について錯乱していないべき〕そのようなら（**Kyt366**）、後論者〔、自立論証派以下の立場〕においてどのような量（認識基準）により有法〔、色など〕が〔無錯乱に〕成立しているかの〔設定をする〕その〔ような〕量は、前論者〔、中観帰謬論証派の立場〕において〔設定するには〕適切でない。〔その理由は、〕どの法においても自相により成立している体は、言説としても無いので、〔そのような体〕それを立証するもの〔である〕量は〔全く〕無いから、とこの軌範師〔チャンドラキールティ〕は、お考えになって自立論証を否定するのです。

　〔自立論証の否定〕それもまた、対論者〔の相続〕において諸事物は自性が無いと証得する見を新たに生ずる[※5]〔にあたって、その〕ことの支分として、自立論証〔の論証因〕が必要である〔、といって自立論証派などが語ったその〕ことを否定する仕方を〔この場所に〕説明するのですが、[※6]しかし、[※7]中観帰謬論証派の〔自らの論者〕内で (Ch269a) 互いに如量（あるかぎり）の〔所知の〕何か〔世俗の〕義（もの）を証得する比量を生じさせることの支分として、自立論証〔の論証因〕が必要か不必要か〔というなら、全く必要ない。証拠などの〕[※8]（K421b）（Ch269b）の伺察〔すべきこと〕は、〔この場所には言葉が多すぎるのを怖れるので、〕ひとまず置いておく。[（訳註4-86）]
　[（訳註4-87）]〔そのような説き方〕それを〔『明句』の〕本文と〔順次〕結びつけて〔上のその論証語の上より〕説明するなら、〔ここでまずブハーヴィヴェーカがどのように承認したかの仕方は、〕「いつか」というのから、「承認している。」という〔までにより説明する。その〕ことの意味は、〔立証されるべき〕所成の法〔、勝義として生が無いそのこと〕の所依〔である〕有法〔として設立された〕眼または色などは、真実として〔の成立が〕損なわれている、〔すなわち、真実として〕成立していないことを、この〔軌範師〕ブハーヴィヴェーカ（清弁）は、自己が〔まさに〕承認しているのです。

　〔では、〕どのような有法〔が、真実として成立していないと承認している〕か、思〔って疑〕う (H409b) なら、〔その疑いを除く答えが、〕無明により (D450a) 汚染された〔力により〕顛倒〔、錯乱になった知識〕ほどにより我（自体）の事物〔、自体〕を獲得している〔し成立しているそのような有法です〕。〔それもその錯乱知の〕眼識などの言説の知識

ほどにより成立している義（もの）〔、色・声などを有法に設立したそれ〕です。〔では、そのような真実としての成立を軌範師ブハーヴィヴェーカが〕承認している仕方は、勝義として生ずるのを否定したそれ〔こそ〕が、それら有法〔、色など錯誤知の獲得した義（もの）を所依事にしたそれ〕において（B700）〔立証されるべき〕所成の（Ch270a）法として依る〔理由は、その〕とき、〔すなわち〕ゆえに〔色などそれら有法は〕真実として〔または勝義として〕成立しているなら、〔所成の法、勝義として生が無いこと〕それが〔、勝義として成立したその有法に〕依ったことは、〔きわめて〕相違（矛盾）するからです。[※1]

〔そのような承認によりどのような過失になるかの仕方は、〕では、〔所成の法、勝義として生の無いことの所依になった有法、色などが真実として成立していない〕そのように承認するが、〔承認〕それによりどう〔いう過失に〕なるのか、と思〔って問〕うなら、〔その答えは、〕真実として成立していないし真実の義（もの、対象）でもない色などそれらは、〔自性により無いながら、自性により成立したと現れる偽りだけであるとの理由により、〕無錯乱の知識[※2]〔、聖者の等至の側に現れること〕により獲得された義（もの、対象）として〔全く〕不適切なので、偽りの有境〔、顛倒の境ほど〕を取らえる言説の知識〔ほど〕により獲得されたものであるので、〔獲得者、言説の知識〕それらもまた無明により汚染された錯乱〔のみ〕です。

よって、〔聖者の等至の〕無錯乱により獲得された義（もの、対象）〔、真実の自性であるもの〕は錯乱知には現れないし、錯乱知に現れる〔偽りの〕義（もの、対象）は、〔聖者の等至の〕無錯乱知〔の側に現れるので、等至の側〕（Ch270b）により獲得されたものではない。〔なぜなら、無明に汚染された〕顛倒〔である〕錯乱知〔、言説〕と〔無明に汚染されていない〕無顛倒〔である〕無錯乱知〔、聖者の等至〕との二つは、各自の対境〔が一致しないので、それ〕を互いに排除した〔相違（矛盾）であるし、そのように相違した〕のを通じて、〔自らの〕対境へ起こる〔そのような、〕別異なもの〔、有境だけ〕であるからです、というのが、〔この本文において〕「顛倒と不顛倒は別異のものです。」と説かれたことの意味です。（K422a）

（訳註4-88）
それこそを〔再び広汎に〕説明するのが、〔この本文に〕「いつか」というのから「どこに認得することがあるのか」というまでです。そのうち、「顛倒」ということ〔の意味〕は、眼などの〔根〕識〔である〕言説は、無明により汚染されたもの〔について、錯乱しているから、顛倒と言った〕です。〔それが対境をどのように取らえたかというと、答えに〕「それらにより無いものを有ると取らえる」というの〔うち、「無いもの」というの〕は、色・声など（H410a）において自体により（D450b）成立した〔自〕相は〔無い。〕無いながらに、〔「それらにより」というのは、〕根識により〔、です。「有る」というのは、色などそれらに自体により成立した相が現れるように〕（Ch271a）有ると取らえている。無分別〔の現量〕の（Kyt367）知識により取らえたのは、〔それへの〕ただの現れほどについていうことが必要なので、〔自らの側から成立した〕自相として色などが〔その根識に〕現れるのです。〔そのように有ると成立しないことは、〕「そのとき、有る義（もの）は分ほどもどこに認得することになるのか」という〔ということにより説かれた。そのうち、「その」とい

う〕のは、そのように〔色などには〕自相〔による成立〕が無いながらに〔自相により成立している〕現れるから、それら〔錯乱した根の〕知識により、自相により有る微細な義（もの）〔の微細な分ほど〕も、どこに〔認得し〕成立することになるのか、という意味です。

　自相により成立している義（もの、対象）が無いながらに〔、錯乱した根識に〕現れることの喩例は、「〔虚空における〕毛髪などのように」（Ch271b）という。それら〔本文〕により、色・声などが現れる根識は、錯乱であるので、義（もの、対象）〔である色などが〕（B701）自相〔により成立しているの〕を立証するものとして不適切だと説かれている。

　無錯乱の〔聖者の等至の〕知識により、色・声など〔世俗の義（もの）〕を何も〔、勝義を見られる側への現れを通じて〕取らえない、と説くのは、〔その本文に〕「いつか眼翳を持たない者が」ということなど〔を説かれたの〕です。そのうち、不顛倒〔というの〕は〔対境を顛倒に取らえないので、〕無錯乱の知識です。〔無錯乱の知識〕それは真実を現証なさった者、〔現前に証得した聖者〕には有るが、他〔の者〕には無い。〔聖者の等至智〕それにより非真実（虚妄）を増益しない〔という〕ことは、真実の義〔、勝義諦〕として〔設立するには〕不適切な色・声（K422b）など〔非真実、偽り〕を増益しない、〔すなわち、智慧の側に現れが無いとおりに〕有ると〔造作して〕取らえないのです。例えば、眼翳を欠いた眼識により（Ch272a）〔虚空に〕毛髪が降る現れを（H410b）〔見ないし〕認得しないように、です。

　世俗になる〔という〕のは、色・声など偽りの義（もの）です。無い〔という〕のは、自相により〔有ると〕成立していないのです。〔自性により成立していない色など〕そのようなそれは、無錯乱の知識〔すなわち〕（D451a）真実を対境とした〔有境になった聖者の等至〕それにより、〔真実を見られる側には〕ただの分ほども成立しない。〔すなわち、色など〕それらは〔聖者の等至〕それにより〔真実を見られる側には〕見られない〔から、そのような見の側に世俗の現れすべてが止滅する〕から、という意味です。

　それらの意味について、主ナーガールジュナの本文〔、『廻諍論』〕の証拠を提示したのが、「もし」ということなど〔を説かれたの〕です。〔教〕これにより現量などの四つの量（認識基準）により、自相により成立した義（もの）は何も成立していないことを説かれたここにおいて、〔軌範師は〕典拠となさったのです。

　「なぜなら、（Ch272b）そのように」ということなど〔を説かれたこの本文〕は、前に説明した意味をまとめるのです。〔それもまた〕およそまさしく有法こそになる眼〔である〕世俗のものが、どこに有るのか、というのは、世俗〔として〕の〔成立をした、ただの〕眼〔ほど〕などの有法〔ほど〕が無いことを説くのではなく、前に説明したように、自相により成立した〔色など〕、または無錯乱の現量により〔真実を見られる側に〕成立した色〔など何をしても、同義なので、そのような色など〕が、有法として〔設立すべきことは〕言説としても成立していない〔し、ありえない〕、という意味です。

　「ゆえに」ということなど〔を説かれたこと〕の意味は、自体により成立した自性は無いと語る者（無自性論者）〔、中観帰謬論証派〕と、事物として有ると語る者（実有論者）との二人〔が争論する場合〕において、色処〔それこそ〕を有法として設立したとき、〔その

色について〕無錯乱の〔眼識などの〕現量は、一致した現れとして成立していないので、〔中観帰謬論証派と実有論者〕両者の立場において、一致した現れとして（B702）成立した有法〔、色などが成立すること〕を立証する量（認識基準）は無い〔。だ〕から、〔所依事、有法が成立していないなら、〕自立論証の証因（K423a）により後論者において〔所成でもあり、宗でもあるので、〕**(Kyt368)** 立証されるべき〔宗 ― そのような所成の〕無過失の宗（立場）は（Ch273a）、〔全く〕設立しえない、という（H411a）意味です。

　もし、〔それについて彼が、あなたたち〕言説としても自体により成立した自性が無い〔と承認する〕宗〔または立場〕においては〔両者の立場に、そのような有法が一致した現れが無いので、その過失になる〕そのようであるけれども、私たち〔の立場において〕は言説として〔自体により成立した自性が無い〕そのように主張しないので、自立論証の有法など〔所成と証因〕が有るから、〔無過失である所成の法の所依事があるので、〕無過失の宗（立場）〔、所成〕が有る、と（D451b）思うなら、〔また〕言説として〔も、自らの側から成立した〕そのような自性が有ることは妥当しないことは、〔この個所だけでなく、〕前にも説明したし、〔この下にも〕いまなおまた説明する〔ことになる〕ので、〔あなたの〕その回答は道理でないのです。

4-2-2-2-3-3-3-1-3-3-2-6-2-1-3-2-2-1-2-1-1-2-2

第二：〔あなたが〕喩例を提示したのは〔意味が〕同じでないこと^{（訳註4·89）}

〔声は無常だと立証するのと同じでないさまは、〕『明句 *Tshig gsal*』に、^{（訳註4·90）}「〔上の〕喩例〔、声は無常だと立証するのを提示したの〕についても〔義（意味）は、中観派は色などが自より生がないと立証した場合と〕同じことが有るわけではない。^{※1}〔喩例の〕そこ〔の場合〕において（Ch273b）^{※2}〔個々の主張により差別にされていなくて、自相により成立したほどの〕声の共（一般）〔ほど〕と無常性〔または滅〕の共（一般）^{※3}〔ほどについて量になったそれを提示して、個々の主張〕の差別（ちがい）を〔適用して〕述べたいと欲しないことが、〔 ― 両者の立場に一致した現れとして成立したのを述べたいと欲するなら〕、〔その論者〕両者〔の立場〕においても有るなら、〔喩例の場合と〕同じく〔錯乱知により設立されたのでもなく、非錯乱知により設立されたのでもない〕眼の共（一般）〔ほど〕を〔有法として^{※4}設立することは、自性による〕空性〔論者の帰謬派〕と〔自性による〕非空性論者〔、実有論者など〕は世俗としても承認していないし、勝義としてもそうでないので、喩例において^{※5}〔意味が〕同じことが有るわけではない。」という。（Ch274a）

〔教〕これの意味は、〔有法において、自立派以下の仏教者がヴィシェーシカ学派の側^{（訳註4·91）}に、声は無常だと立証するとき、ヴァイシェーシカ学派の側に〕大種所成と〔仏教者の側に〕虚空の徳性の二つ〔のどれでもない声の共ほど〕と、〔ヴァイシェーシカ学派が顕現論者に声は無常だと立証するとき、顕現論者の側に〕造られたのと〔ヴァイシェーシカ学派の側に〕前に有ったのが縁により顕現させるのとの二つのどれでもない声〔の共ほど〕と、〔所成の法も、後で生起する〕因を待った〔のと〕、〔後で生起する〕待っていないの〔二つの〕どれでもない〔滅または〕無常〔である〕共（一般）ほどが〔、所成の法として設定しうるものが〕有る。〔中観派が実有論者に、眼などは自より生じないと立証するとき、〕諦・偽の

どれでもない眼などは無い、と説くわけではない。〔なぜなら、それら差別のどれでもない有法など〕それは彼ら論者〔の誰も〕が主張しないから、そして、〔それだけでなく、そのような有法などを主張する〕そのようなら、喩・義（いみ）その二つが等しくないことは誰も立証できないからです。

〔そうのでないなら、〕[*1]では、何であるかと思うなら、〔仏教者がヴァイシェーシカ学派に、声は無常だと立証するとき〕「大種所成の声」という、または「虚空の（K423b）徳性の声」という〔ようなことを通じて、声に〕（Ch274b）どれか差別（ちがい）により差別に（特定）していなくて、〔一般的にただ〕声〔ほど〕が有るのを（H411b）決定することが、〔仏教者とヴァイシェーシカ学派の〕彼ら二人の論者の立場において為しうる。〔ここに、〕自性により空であるとの論者（自性空論者）と、自性により空でないとの論者（自性非空論者）との二人の立場において、無錯乱の知識〔、聖者の等至など〕により〔設立されたのを通じて〕成立しているのでもないし、錯乱の知識により〔設立されたのを通じて〕成立しているのでもない〔ただの〕量〔ほど〕により成立した（B703）眼または（D452a）色の共（一般）は無いし、〔色などの自相による成立へ〕錯乱の〔根〕識〔の量〕により成立しているもの〔、有法など〕は、後論者〔、実有論者などの立場〕において成立していない。〔自相による成立へ〕無錯乱の知識〔、量〕により獲得されるもの〔、有法など〕は、前論者〔の立場〕の量により成立しないので、〔あなたのこの立場の〕喩例と〔意味が〕同じことが有るわけではない、という意味です。[*2]（Ch275a）

[（訳註4-92）]〔それもまた、〕錯乱していないのは、〔有情の場合の根識と分別など世俗を量るものすべては非錯乱が無いので、〕一般的に勝義諦を現前に量る等至〔など、聖者の等至の智慧をいうの〕であるけれども、（Ch275b）ここ〔の場合〕においては、〔仮定したやり方により、〕現れの対境（snang yul）の自相〔による成立〕について錯乱していない〔眼識などの〕現量と、思い込みの対境（zhen yul）の自相〔による成立〕について錯乱していない比量との二つの量ともについていうことが、必要です。有法〔を立証するの〕と証因の三相を立証するそのような量〔、現量と比量〕は〔自己の立場において〕全く無いので、〔ここには、〕無錯乱の知識により獲得された義（もの）は、有法として〔設立するのに〕不適切〔だという意味だとすべき〕です。

ここにおいて、[*1]（Kyt369）「自相」ということ〔の意味〕は、論理学者たちが主張するように効用〔の能力[*2]を自相と設定したそれ〕だけをいうのではなく、事物または無事物のどれかにおいて〔も〕各自の自性を〔他者が〕承認する〔場合の〕自性を前に説明した〔、自体により成立した自性の〕ようなものをいう〔のです。です〕から、有自性論者たちは、無事物を量る比量もまたそのような〔自らの側から成立した〕自性の思い込みの対境（zhen yul）について、無錯乱だと主張するのです。

そのような（K424a）[*3]〔自らの側から成立した〕自性について無錯乱の知識であるなら、現れの対境と思い込みの対境のどれかについて無錯乱〔になったの〕であっても、〔その知識こそは〕真実の義〔、勝義諦〕について無錯乱に（H412a）なるので、自己の立場のそのような量により、有法など〔が成立していること〕は〔全くありえないので、そのような量

により〕（Ch276a）〔有法などは〕成立していないと主張するが、論者〔、中観派と実有論者〕両者の相続において眼と色などを量る言説の量が無いと主張するわけではない。[※4]

〔そのような〕後論者の相続のまた（D452b）前に説明したような〔錯乱の因の〕侵害無き根識により引かれた色などが、ただ有ることほどとして決定する〔意識の〕決定知の対境について、正理〔によって〕の侵害は〔全く〕無い。[※5]

〔意味〕それもまた詳しく説明したなら、芽が有ると取らえるようなことにおいて〔例示するなら〕、取らえ方は三つ〔出ている〕 ― 〔すなわち〕1）芽において自体により成立した自性が有ると取らえる〔ような、芽が〕諦として有ると取らえることと、2）芽は自体による成立が無いが、幻術のように有る（B704）と取らえる〔ような、芽が〕偽りとして有ると取らえることと、3）諦・偽それらのどれによっても差別に（特定）されていなくて一般的に〔芽が〕ただ有ることほどとして取らえること〔との三つが有るの〕です。[※6]

〔一般的に〕芽は常・無常〔、事物と無事物、造られた・造られていない〕などの様態として有ると取らえることも〔多くが〕ある（Ch276b）が、〔上の〕この三つのどれの取らえ方も無くて、〔それらだと〕取らえることは無いので、〔常・無常などの取らえ方〕それらをここに〔別に〕説明する必要はない。

〔そのような取らえ方〕そのうち、〔三つが有る中で〕事物は自性が無いと証得する見が〔まだ〕相続に生じていない有情たち〔の相続〕において、〔芽が〕ただ有ると取らえることと、〔芽が〕諦として有ると取らえることとの二つは有るが、〔その三つの中で、芽が〕自体によって無い幻術のようなものとして有ると取らえることは、〔全く〕生起しない。

（K424b）〔よって、他者たちが、〕諸法が幻術のような〔という〕見を〔まだ〕獲得していない前の有情たちの分別により有るとおよそ取らえられたすべてを〔諦成立だと取らえてから、そのような分別すべては〕、諦執（真実だと取らえること）だと（H412b）する〔と主張するそのような〕ことは、全面的に不適切です。前に言説の量を説明した個所と、自性〔によって〕の有る無しと〔一般的な〕有る無しの四つの違いを区別した個所に、多く説明しおわりました。[※7][（訳註4-93）][（訳註4-94）]

そのようでなくて〔あなたたちの主張するように〕、無自性の〔証得の〕見を〔まだ〕分かっていない前の分別により言説を為すすべてが諦執〔になるの〕であるなら、〔では、〕世間の自由気ままな言説（D453a）〔の知識、すなわち〕前に説明した錯乱の因により汚染されていないもの（Ch277a）〔それら〕により、設立された義（ものごと）〔すなわち〕、言説として中観派が主張することが必要であるすべて（Kyt370）に対して、正理の侵害が降りかかる〔ことになる〕ので、〔そのようなら、外道者が主張する世間の作者、〕自在天と〔言説の義その二つの〕有る無しの差別（ちがい）が無いことになってから、〔大きな〕顚倒の見〔になり、そのような誤解〕により中〔道〕の義を証得することの大きな妨害になるからです。

このようなことを通じて空性を誤解することの証因（しるし）として、前に〔自らが〕分別により為すことが必要な善の行動〔である〕行の分〔の行持〕を多く為す者たちは、後で〔空性の〕見を獲得した立場にしたなら、前の〔行の分の善の行動を為した〕すべては〔実[※8]

４．論理的否定と、自立論証派と帰謬論証派　　121

体的な〕兆相を取らえること〔なので〕、輪廻に繋縛するものだと〔理解し〕見えて、それら善の行動はこのような了義〔、空性〕の見を〔まだ〕獲得していない者たちに対して〔為すことが必要だと〕説かれた、という〔顛倒の〕理解が生じて、分別すべてについて過失だと見える邪分別により（B705）〔正〕法を多く捨てることが、シナの和尚〔ハシャン〕のようになったものが〔、現在、このチベットには〕多く見られる。

　〔取らえ方を上に説明した〕それについて〔三つ有るうち〕、無自性の〔証得の〕見を〔まだ〕獲得していない前に、それら人（プドガラ）が、〔一般的に〕ただ有ることほどと自相により成立した（K425a）有ることとの二つ〔の差別（ちがい）〕を（Ch277b）個々に区別することは、ありえない。※9〔なぜなら、彼らは〕およそ有るもの〔すべて〕について前に『四百論の註釈』を引用した〔ものより説明した〕ように、自体により成立した有る〔である〕ことが遍充すると取らえるからです（H413a）。〔そのように遍充すると取らえる〕その枢要により、〔それらの人は、〕自性が無いことについても、〔全く〕無いことが遍充すると取らえてから、※10「自性による空において因果は設立しえない」と〔幾つもの門より〕多く論争するのです。※11

　〔三つの取らえ方のうち、〕無自性を証得する見が〔すでに〕相続に生じた者の相続において、有ると取らえる三つの仕方ともが（D453b）生起する。けれども、その見が生じてから〔以降〕、その〔見の〕造作〔または決定の作用の顕わなもの〕が損なわれていないかぎり、正理により伺察してから、自体により成立している、〔または〕成立していないを思惟〔し伺察〕したとき、自体による成立〔が妥当すると思うのを通じて、自らの側からの成立〕を承認する〔所遍計の、知的な〕諦執は、ひとまず生じないのですが、そこにおいて〔無始から起こった〕倶生の諦執が〔そのとき〕生じないわけではない。

　よって、自体により（Ch278a）成立した自性が無いと証得する見が生じてから〔まだ〕損なわれていない者の相続〔において〕の、芽〔など〕が有ると取らえることすべてもまた、〔偽りで、〕幻術のようなものとして有ると取らえるわけではない。〔なぜなら、〕そのようでない〔で、有ると取らえるすべてが幻術のようだと取らえることだけである〕なら、彼ら〔の相続〕において、諦として有ると取らえること〔のうち、〕顕わなものが、生じえないとの誤謬〔の過失〕になるからです。

　〔そのようなら、〕軌範師ブハーヴィヴェーカなど、〔これの自相は、〕諸法において自体により成立した自相を言説として主張なさる中観〔自立論証〕派〔以下〕の者たちが、〔自力の証因または〕自立論証の証因を自己の立場において承認なさることの理由もまた、言説として自体により成立した自相が有る〔と承認なさる〕ことこれ〔こそに到るの〕であるので、自立論証の証因を自己の立場において設立する、設立しない〔の根本〕は、このきわめて微細な（K425b）否定されるべきものに至るのです。※

　よって、〔ブハーヴィヴェーカなど自立派の〕そのお方の立場において、自体により成立した自性が現れる〔、上に説明したような錯乱の因の諸々の〕侵害無き根識（H413b）もまた、言説として（Ch278b）〔自らの〕現れの対境（snang yul）について無錯乱であり、そのような〔自体により成立した〕自性が（Kyt371）（B706）芽などにおいて有ると取らえ

る分別もまた、〔自らの〕思い込みの対境（zhen yul）〔が自体により成立した自性が有ること〕について無錯乱です。〔無錯乱だと主張なさる〕そのようでなくて、それら〔根識と分別〕は〔各自の現れの対境と思い込みの対境について〕錯乱だと〔それら軌範師が〕主張なさる〔、と有る人が言う〕のなら、[※2]〔では、それら軌範師ブハーヴィヴェーカなどが〕実有論者たちと〔中観派との〕両者の立場において、一致した現れとして成立したどんな量が有るのか〔。何も無い〕。[※3]

〔軌範師〕チャンドラキールティが主張なさるように、〔それら量は自らの対境の〕自相[※4]〔による成立〕が現れるような（D454a）自性は無いが、〔自相により成立した自性〕そう現れる〔因相により根識は錯乱した量だと主張なさることが必要です。そのような諸々の〕根識〔、錯乱した量〕により〔設立された有法などを通じて〕、実有論者に対して〔所成を〕立証するのなら、[※5]有法がいつか成立しているなら、自性〔による成立〕が無いことは（Ch279a）〔また、彼により、すでに〕成立しおわっているので、〔そのように立証するとき、〕自立論証の証因により、何をするのか〔。何もしない〕。[※6]

あるいは、〔そうでなくて、〕対論者〔、実有論者〕自身において〔有法などが〕成立していることで十分であるが、中観派と両者に一致した現れとして成立することは必要ない、と思うなら、〔その必要ないこと〕それは、〔あなたが〕自己も主張しないし、〔主張しないなら〕道理でもない。〔なぜなら、〕そのようなら、証成〔語〕の〔提示された〕証因を適用すること[※7]〔すなわち論証式〕すべては、他者に知られた[※8]ほどになるので、〔軌範師ブハーヴィヴェーカなど彼らは、中観〕帰謬派[※9]に従っているのである〔と承認することが必要であるから〕からです。

〔自立論証派の〕軌範師シャーンタラクシタ（寂護）など、外側の義（もの）は言説として無いと主張なさる〔中観派の〕者たちもまた、青など〔の対境〕は、〔唯心の、〕形相が諦（形相真実）[※10]だと主張する者のように、〔それら対境は〕言説（Ch279b）として知識の実物〔として成立している〕と主張なさるので、それら〔対境自ら〕が〔どこか〕現れる根識はそれら〔対境〕を待って、〔現れるような〕自相により成立した義（もの）を取らえる〔と主張なさる〕のであるから、ただの青ほどを待ってから〔それら根識は〕錯乱なのではない。

[（訳註4-98）]〔また、シャーンタラクシタなどこれらは、〕眼など隠れている義（もの）[※1]を有法に（K426a）設立したそこ〔の場合〕において、現量により〔量により有法、眼など隠れたもの〕それは直接的にはならないが、〔有法など〕それを立証するもの（能成）〔の量の〕根本は究極に至るなら、何か現量に至ることが必要であることは、（H414a）〔諸々の〕学説論者たちが主張するのです。〔なぜなら、〕比量は〔生来の〕盲人が経由するような〔間接的な〕ものであるからです。[※2]〔比量〕その根本の能成（立証するもの）もまた現量に至ると〔学説論者たちに知られているし、〕主張するからです。そのとき、〔どこか至るところの〕根本のその現量は、無錯乱の他証知〔の現量についていうか〕、あるいは無錯乱の自証知[※3]〔の現量〕について〔いうことが必要だと〕主張する。〔錯乱、無錯乱のあり方〕それもまた、前に説明したように、（Ch280a）〔その現量において自らの対境が〕自相により成立した義（もの）（D454b）が現れる〔のである〕が、〔そのように自らに〕現れるように〔自相により

成立したそれ〕は対境の上に成立していることが必要である〔し、自らの対境がそのように成立している〕こと〔が生じたその場合〕について、〔シャーンタラクシタなど〕彼ら〔自立論証派〕は〔それら現量は無錯乱だと設定すると〕主張する〔のです。です〕から、彼ら〔自立論証派〕と、自体により成立した自性が無いと語る（B707）〔無自性論者の〕中観〔帰謬論証〕派の立場との二つにおいて、一致した現れとして成立した無錯乱の現量は、〔全く〕無いのです。

　そのように現量に〔直接的に〕至らなくても、〔対論者に〕回答することは可能です。〔その仕方は〕すなわち、有自性論者〔の自立論証派と実有論者〕は、有為・無為のどれについても、それらは量により成立したという意味は、それら〔有為と無為〕の各自の在り方の何か体が、対境〔各自〕の上に有る義（もの）が成立することが必要である〔と主張する〕のなら、〔そのように対境の上に有る〕それは〔立証する現量が無いので、〕正理により否定することができるから、能成（立証するもの）の量として不適切です。[※4]

4-2-2-2-3-3-3-1-3-3-2-6-2-1-3-2-2-1-2-1-2

第二：その過失により論証因もまた成立していないことを示したこと[(訳註4-99)]（Ch280b）

　〔教の提示は、〕『明句 *Tshig gsal*』に（Kyt372）[※1]「所依事〔、有法〕が成立していない〔所成または〕宗の誤りを述べる仕方〔の説明〕であるこれこそは、〔軌範師ブハーヴィヴェーカが、〕「有るから」という〔場合に提示した「有る」との〕この論証因〔こそ〕において、成立していない〔という〕過失を述べることについてもまた、（K426b）〔等しく〕適用すべきです。」と説かれたこれにより、示したのです。

　〔意味の説明は、〕そのうち、前に〔所依事が成立していない宗の過失を示した個所に、〕自体により成立した自性により空〔だと主張する前論者、中観派の立場と〕、〔そのように〕不空〔だと主張する自立派と実有論者たち〕（H414b）の〔立場 — 〕論者二人の立場において、一致した現れとして成立した有法を立証するもの〔である〕量（認識基準）は〔また、その二つの立場に〕無いので、自立論証の証因の〔所依、〕有法〔である〕色処と、自より生ずることが無い〔という〕法との二つをまとめた〔集積の意味、その証因の〕宗、または所成〔と述べられるそれ〕が無いことを説明したその正理〔こそ〕により、「有るから」という論証因もまた、〔上の論者〕その二人の立場において、一致した現れとして成立している〔所依、有法を立証する〕能成の量が無いので、〔それに依った〕証因が〔また〕不成立になるさまを、前に説明したとおりに（D455a）知る（Ch281a）べきです。[※2]

　〔教の提示は、それもまた〕[(訳註4-101)]ここにおいて、『明句』に、[(訳註4-102)][※1]「そのようなそれは次のとおりです。なぜ〔適用するかという〕なら、〔前に上に〕言説した〔し説明した〕とおりの義（ことがら）〔の何を適用すべきかと何に適用すべきかの有法の不成立と論証因が不成立のさま〕これは、この論理学者〔軌範師ブハーヴィヴェーカ〕は自らが承認している〔ことになっている〕のです。[※2]どのように〔なっている〕かというなら、〔眼など諸々の〕内の処は、生じさせるもの〔である〕因などがまさしく有るのです。〔なぜなら、〕そのように〔まさしく有ると〕如来が説かれたから。およそ〔また〕（B708）如来が説かれたとおりのそれは、〔他に錯乱が無いことにより説かれた〕そのとおり〔に本当に住するのです〕。例えば、「涅槃

は寂静である。」と〔説かれたそれは量こそにより成立しているし、本当に住する〕ように、という〔これこそは〕、他者〔、対論者〕が提示したこの能成（立証するもの）〔ですが、能成〕これについて〔その能成を提示した実有論者〕※4（Ch281b）あなたが〔、「如来が説かれたから」という〕論証因〔に提示したそ〕の義（いみ）として主張するもの〔それが、世俗と勝義のどれであるかのさま〕は、如来が〔説かれたから、と言うそれは〕世俗として〔有ることに関して〕そのように説かれたから〔と言う〕、あるいは〔そうでなく、そのような義（こと）は〕勝義として〔有ることに関してそのように〕説かれたから〔と言うのと、どれなのか。〕※5〔そのように問われたことより、〕もし、〔証因として提示したその義（こと）は〕世俗として〔有る、〔というべきである〕なら、〔能成の提示者、実有論者、あなた〕自ら〔の立場〕において論証因の義（いみ）が成立していない〔のみになる〕。〔あなたは眼など内の処を生じさせる因は勝義として有ると承認している。〕」というのと、〔もし、勝義として有ることに関して、というとしても、〕「勝義として所成（立証されるもの）（K427a）と能成（立証するもの）〔の言説は妥当しないし、そのようなもの〕が成立していない〔と私たち中観派は主張する〕から、〔中観派の側にその〕論証因が成立していない〔という〕義（いみ）〔になるの〕と、※6〔勝義として有るとの論証因は、言説の所成の法ときわめて矛盾するので、〕相違する〔という〕義（いみ）〔になるの〕です。」といって〔軌範師ブハーヴィヴェーカ〕これは、〔対論者に対して〕この過失を語ったのです。〔軌範師チャンドラキールティが否定する仕方を説かれたのは、〕※7なぜなら、そのように（H415a）〔軌範師ブハーヴィヴェーカ〕これは自ら〔こそ〕が（Ch282a）〔実有論者の提示した論証因について、二諦の観察をなして、論証因が成立していない過失を示して否定した〕この方式により、※8〔軌範師自らが〕論証因は〔また〕成立していないと〔承認していることになった。自らが〕承認した〔ことになった〕から、※9〔無錯乱の現量により獲得されたと主張される〕事物の法〔、自相により成立した義（もの）〕を論証因として提示した比量〔、論証語〕すべてにおいて、論証因〔と有法〕などは〔中観派〕自らにおいて成立していない〔し、だ〕から、〔軌範師ブハーヴィヴェーカ自らが提示した〕能成〔、論証因〕すべては〔軌範師自らによって〕壊滅する〔し損なわれた〕ことになる。」と説かれた ――

〔意味の説明は、〕これの意味について、〔軌範師〕チャンドラキールティに従うと主張する〔チベットの〕人たちは、※10「「地は勝義として堅さの体（D455b）ではない。〔なぜなら、〕大種（粗大元素）であるから。〔例えば〕風のように。」といって、〔ブハーヴィヴェーカ自らの論書〕（Ch282b）『思択炎』などに提示された※（訳註4-104）のについて、〔軌範師チャンドラキールティが否定するとき、「大種であるから」という論証因を提示したのは、〕「勝義として大種であるから」と提示する〔のである〕なら、（Kyt373）〔軌範師〕自己により成立していない。〔またそのようでなくて、〕「世俗として大種であるから」と提示する〔のである〕なら、後論者〔である〕実有論者において成立していない。〔証因が自他両者にそのように成立していない〕それにより証因が成立していないことを設立しないなら、〔では、二諦を通じて自他に成立しているさま〕その二つを通じて〔証因が〕成立していないものについて、証因が成立していないことが遍充することを、〔軌範師ブハーヴィヴェーカ、あな

た〕自己が承認しているのと、相違（矛盾）する。」と〔いう意味だと〕言う。〔でたらめを語る〕或る人は、「〔二諦の差別（限定）にしていなくて〕ただの大種ほどを〔論証因として〕提示するなら、正理知により〔伺察したとき、その正理知により〕成立していないので、〔ただの大種ほどを提示するのは妥当しない、といって〕否定するのである。」と言う。

　〔これらチベット人の説明の〕このような方式により〔、軌範師チャンドラが軌範師ブハーヴィヴェーカを〕論破することは、全く『明句』の意趣ではない〔ので、吉祥あるチャンドラのご主張でもない〕し、その軌範師〔ブハーヴィヴェーカ〕もまたそのように〔全く〕主張なさるわけではないので、〔その二人の軌範師〕両者の立場について顛倒に語るもの（Ch283a）です。※11

　では、〔その教の意味は〕どのようであるか、（B709）と思うなら、「なぜなら、言説したとおりのこの義（いみ）（K427b）を、〔ブハーヴィヴェーカ〕これは自らが承認しているのです。」と説かれた〔場合のその〕とおりのどのように説明されたのか〔という意味〕は、前に〔意味が妥当しないと説く個所に〕説明した有法が成立していないさまと、〔その不成立の仕方〕それを論証因についても適用することを説かれたのが、それです。〔なぜなら、それを説いた教の〕その直後に、〔「なぜなら、言説したとおりの」などという〕その本文を（H415b）説かれたからです。

　〔有法の成立しない仕方を論証因に適用するのを説かれたそれにする〕そのようなら、〔意味〕これになる。有法と論証因を立証する〔量のうち、〕現量のようなものそれは、錯乱・〔または〕非錯乱の二つ〔のどれか〕を越えていない〔。それ以外にはありえない〕。〔もし、〕錯乱〔の現量〕により獲得された〔または成立した何か〕義（もの）を論証因〔と有法〕などとして設立するなら、実有論者において成立していない。〔また、〕非錯乱〔の現量〕により獲得された〔し成立した何か〕義（もの）を〔論証因など〕それらとして設立するなら、〔中観派〕自己の〔立場の〕量により成立しないので、自立論証の証因と有法などが成立していない〔。その〕ことを前に（D456a）説明したのが、「言説したとおりの」ということの意味です。（Ch283b）※12

　〔上に説明した証因などが成立していないさま〕そのようなことを通じて成立していないことを設立するそれを、〔軌範師〕ブハーヴィヴェーカ〔自身〕がどのように承認しているか〔のさま〕を説くのが、〔『明句』に〕「そのように如来が説かれたから」ということ〔の証因〕について、〔勝義と世俗の〕二諦を通じて観察なさった〔その〕ことを、言うのです。※1

　〔そのように観察をなさった〕その意味は、〔他のチベット人たちが主張するように、証因として提示するそれは、〕「如来が世俗として〔そのように〕説かれたから」といって証因として提示するのか、「〔如来が〕勝義として説かれたから」といって証因として提示する〔のか、どれを主張するのか〕、といって観察する〔そ〕の〔ような意味〕では全くない。〔そうでない理由は、〕前に〔、批判されるべき〕前分〔所破の主張〕を立てた〔、提示した〕ように、有法は諦（真実）・偽のどれによっても差別に（特定）されていなくて〔一致して現れるものを〕設立することが必要です。さもなければ〔、真偽のどれかに差別したものを有法に設立するなら〕、論者・後論者のどれか一人において不成立になると〔軌範師ブハー〔訳註4-105〕

ヴィヴェーカ自身が〕主張するのと同じく、〔この場所に〕論証因と喩例などもまた〔一致して現れる〕そのように〔その軌範師こそが〕主張するので、そのような〔きわめて〕粗大な誤難について、〔また、学説と正理の処が〕（Ch284a）円満なこの〔ような〕学識者〔、軌範師ブハーヴィヴェーカ〕が（K428a）錯乱する〔し知られないことになる〕ことがどこにありうるのか。

〔自己の立場は、観察の仕方はそのようなものでないし、その軌範師は賢者であることに〕よって、〔その教の意味は、対論者、実有論者が能成として、〕「如来が説かれたから」という〔提示した〕証因のその義（いみ）〔こそ〕は、「〔世俗と勝義の〕二諦のどれ〔として有るの〕であるか」と〔軌範師ブハーヴィヴェーカは対論者に〕問うことなので、〔問われたとき、その証因が〕世俗である〔と言うべき〕なら、〔実有論者〕自己が〔そのような証因が世俗として有る〕そのように主張しないので、〔対論者〕自己において成立していない。〔もし、その証因が〕勝義として〔有るの〕である〔と言うべき〕なら、私〔、中観派〕は勝義として〔内の処などの〕果が有るのと無いのと両者〔であるそのようなどれも〕、因より生ずることを（B710）否定した〔ことな〕ので、（H416a）私〔、中観派〕において（Kyt374）成立しないし、〔世俗と勝義の〕二諦のどれとしても無い義（もの）〔はありえないし、両者〕を主張しないので、それを明らかに〔否定することを、軌範師ブハーヴィヴェーカが〕なさる必要はない。

〔軌範師ブハーヴィヴェーカが対論者に観察の問いをする仕方〕それについて、〔「地は勝義として堅さの体ではない。大種でないから。」というこれについて〕「大種（粗大元素）であるから」と提示したなら、「証因として（Ch284b）提示したその大種は〔世俗と勝義の〕二諦のどれ（D456b）であるか」と問うならば、〔自己の立場として〕前〔に説明したの〕と同じ〔く妥当するの〕ですが、「〔世俗と勝義の〕二諦の大種のどれかを証因として提示するか」と語る〔べき〕なら、〔『明句』の〕前分〔所破、軌範師ブハーヴィヴェーカのご主張〕を全く分かっていないのです。

〔また観察の問いの仕方〕そのように〔証因に提示した大種が〕、二諦のどれであるか〔というの〕を問うてから、〔その大種が〕「勝義であるなら、自己〔、中観派〕において成立していないが、〔その大種が〕世俗であるなら、他者〔、実有論者〕において成立していない」とどのように述べうるのか〔。述べられない〕。〔なぜなら、述べられない〕そのようでないなら、〔では、対論者が〕有法として設立した内処〔それこそ〕もまた世俗として有るから、彼ら後論者〔、実有論者〕により不成立になるからです。〔よって、そのようにまた述べるべきではない。〕

^{（訳註4-106）}では、〔上に〕言説したとおりの〔不成立の論証因など〕それを、ブハーヴィヴェーカが〔対論者の〕証因について二諦の観察をした〔仕方〕それにより、承認した〔ことになった〕仕方はどのようであるかと思うなら、〔それがどのようであるかのさまを、ここに〕説明しよう。

ここにおいて軌範師〔チャンドラキールティ〕が無錯乱の知識により獲得された〔義（もの）〕それは勝義、そして錯乱の知識により獲得された〔義（もの）〕それは世俗である〔その〕こと〔こそ〕をお考えになって、二諦のどれなのか、という〔問うた〕それは、（Ch285a）

〔錯乱の知識と無錯乱の知識〕その二つのどれにより獲得されたのであるか、と（K428b）いう〔問うた〕ことと、枢要が同一になることが必定であることを、考えた。〔その理由は、〕すなわち、証因として提示した義（もの）それは、世俗と勝義のどれでもないのなら、その証因〔こそ〕は不成立になることが必定であることと、〔また〕証因として提示された義（もの）それは、無錯乱〔の知識〕と錯乱の知識との二つのどれにより獲得された義（もの）でないなら、証因として提示された義（もの）それ〔こそ〕は不成立になる〔のが必定である〕こと〔との二つ〕は、理由が等しいのについて、「〔軌範師ブハーヴィヴェーカ〕これが自ら（H416b）〔「有るから」という証因が成立していないことなどを〕承認している〔ことになっている〕」と〔『明句』に〕仰ったのですが、〔軌範師ブハーヴィヴェーカがそのように〕直接的に承認しているわけではない。ゆえに、〔軌範師ブハーヴィヴェーカが提示した論証式すべてについて、〕「事物の法〔、自相により成立した実物成立〕を論証因として提示したもの〔なので、そのような論証因を提示したもの〕たちは」といって〔『明句』のその教に、〕事物の法〔が自相により成立したの〕を特に分けて〔軌範師チャンドラキールティは〕説かれた。軌範師ブハーヴィヴェーカは（D457a）自らが提示した〔、色処と大種などの〕それら証因は、（Ch285b）〔そのうち〕或るものは、〔根の能成、〕無錯乱の現量により（B711）直接的に〔成立する〕、そして〔眼根などの証因は隠れたものなので、現量により直接的に成立しないが、証因の〕或るものは〔、直接的に能成の量は無いが、〕究極的な能成〔の量、〕無錯乱の現量について〔設立することを〕主張なさるけれども、この軌範師〔チャンドラパーダ〕は〔そのような能成の無錯乱の現量〕それを否定するのです。〔そのように否定をなさった〕これもまた前に〔『明句』の教を〕引用したように、「中観派であるなら、他の宗を承認していることは無いから」といって、自相により成立した義（もの）を承認するのは道理でないことの能成（立証するもの）として、「もし現量などの」ということなど〔『廻諍論』の教〕を引用してから、自相〔により成立しているの〕を量る量が無いことを説かれたことにより、軌範師ブハーヴィヴェーカの宗を取らえること〔に従う者たち〕について、立証したからです。

4-2-2-2-3-3-3-1-3-3-2-6-2-1-3-2-2-1-2-2
第二〔：それが〕自己において等しくないさま

〔ここに〕もし、〔他者たちが、あなたは〕（Ch286a）他者の比量〔を適用する語〕において有法と（Kyt375）証因が成立していないことなどの過失を述べたことは、〔対論者がこちらに戻したなら、あなたの〕自己の比量〔を適用する語〕においてもまた過失に（K429a）なる〔のは等しい〕のではないのか〔、等しい〕。よって、〔あなたは〕他者に対して〔そのように争論し〕論争すべきではない、と思う〔てから争論する〕なら、

　他者〔、自立論証派と実有論者〕において〔上述〕それら過失ができるのは、〔彼ら他者が〕自立論証の比量〔または証因の適用〕を承認していることにより生ずる。私たち〔、中観帰謬論証派〕は、自立論証の比量〔または証因〕を承認しないので、〔私たちに上述の〕それら過失は無いことを、〔『明句』に〕説かれた。ここ〔の場合〕において、比量〔、と説かれたの〕は適用〔の語（論証式）または証因の適用〕について、いう。

〔それら過失ができる、できない理由は、それもまた、〕自立論証を承認するなら、自相〔による成立〕について量（認識基準）となった量を、論者両者の一致した現れとして〔成立したものを〕承認してから、〔そのような量〕それにより成立した〔宗法と随順と離反という証因の〕（Ch286b）三相が、〔論者〕両者において（H417a）〔一致した現れとして〕成立していること〔、論証因〕により、所成を立証することが必要です。そのようなら、〔その論証因を成立させる〕その〔ような〕量（認識基準）は〔全く〕無いので、〔そのように提示した論証式の〕有法〔と論証因〕などは不成立〔のみ〕になる。〔証因を提示する者自身が、〕自立論証を承認しない〔ものである〕なら、対論者〔、彼〕（D457b）実有論者自身において、〔自相による成立について量になった、一致した現れの〕そのような量により〔有法などが〕成立している〔と承認した〕ことでよいが、〔有法など証因の提示者〕自己において〔そのような〕その量により成立していることは、必要ない。

　よって、〔『明句』など〕本文に出ている〔諸々の〕比量もまた、〔対論者、〕他者の立宗（主張命題）を否定するほどの必要性を有する、〔有法などが他者に成立した仕方がそのような仕方により〕他者に知られた比量であるが、自立論証〔の比量〕ではない。〔他者に知られた比量〕これは例えば『根本般若〔中論〕rTsa she』の第三章に、「〔眼による〕その見は〔眼〕自らの自体それについて見るのではない。〔自らが自らへ作用するのは相違（矛盾）するから。そのように眼〕およそ〔自らの〕自体について（B712）見ないもの〔であるなら、眼〕それ〔こそ〕は、他〔、色〕をどのように〔自らの側から〕見る〔ことになる〕のか。」といって、自らについて見ないことを証因としてから、眼〔それこそ〕は他〔、色〕を〔自らの側から〕見ないことを立証する〔比量または論証式〕（Ch287a）ようなものです。〔論証式〕これは、証因〔、自らを見ないこと〕を〔対論者も主張するし、〕自ら〔中観派〕も主張し、立宗〔である、〕他〔、色〕について見ることが自体により成立していることが無いこと〔それ〕も、中観派は〔自らが〕主張するので、このような論証式について、「他者に知られた比量」と言うのです。

　〔そのようにまた〕『明句 Tshig gsal』に、（K429b）「私たちは自立論証の比量を適用しない。〔私たち帰謬論証派が、適用する諸々の〕比量は〔対論者、〕他者の〔顛倒の〕立宗を否定することほどの果を有する〔、必要性を有する〕ものであるから。」といって、〔帰謬論証派が自らの〕論証式を提示したのは自立論証〔の論証式〕ではないし、〔対論者、〕他者の〔顛倒の〕立宗を否定することほどの必要性を有するものだと〔軌範師チャンドラキールティは〕主張なさるので、〔自己の立場において〕論証式を提示しないわけではない。

　〔教の他者に知られたものを説明するには、帰謬論証派の自己の立場の〕論証式を提示してから〔他者、対論者〕彼の立宗（主張命題）を除去する仕方もまた、〔『明句』の〕その教の直後に、「このように〔対論者が〕「他を眼は見る」ということを分別〔し主張〕するそれ〔ら〕は、〔その〕眼において〔眼〕自らの（H417b）自体を見ない〔差別（特殊）の〕法（特性）もまた〔有ると〕主張するし、他〔、青などの色〕について〔自らの自性により〕見る〔何か差別の〕法（特性）が無くては〔「眼が見る」というそのことが〕（Ch287b）ならぬとも〔相違（矛盾）を〕承認しているのです。〔遍充をそのように承認している〕ゆ

えに、〔それを否定するには、このような論証語を投げかける — すなわち、所依事の有法〕何々において〔も差別の法が〕 **(Kyt376)** 自らの自体を見ることが無いもの〔有法〕それらにおいて、 (D458a) 〔差別の法、青など〕他を〔自らの自性により〕見ることも有るわけではない。〔その理由を明らかにする喩例は、〕例えば、瓶の〔、自らの自体を見ないので、他について自らの自体により見ない〕ように。〔この場合の有法、〕眼においてもまた〔法、〕自らの自体を見ないことが有る。ゆえに、他〔、色〕を〔自らの自性により〕見ること〔の法それ〕もまた、〔有法、眼〕これにおいて無い。ゆえに、自らの自体を見ないこと〔の法〕と〔全く〕相違（矛盾）すること〔になった、〕青など〔の色、〕他を〔自らの自性により〕見ること〔の法を主張するそれ〕は、〔実有論者、後論者〕自らに知られた比量〔、論証語〕と相違するのです、※2 といって〔実有論者〕彼において成立した〔、他者に知られた〕比量〔の論証式〕により〔、対論者の立宗 — 眼が他の色を自らの自性により見ると主張するそれを、〕除去するのです。」と説かれています。

　〔ここにおいて、〕「後論者自身において知られている」〔という〕のと、前論者〔である〕中観派を待って（に関して）「他者に知られた」〔という〕のと二つは、〔対論者自らに知られたものとして〕枢要が同一です。 (Ch288a)

（訳註4-113）
　〔帰謬論証派〕自己が他者に知られた論証語（論証式）を提示してから〔対論者、実有論者の〕誤解を退けるこの方法は〔きわめて〕重要なので、〔この場所に〕詳しく説明したなら、〔この本文に〕「彼において成立した」ということ〔の意味〕は、〔場合の〕有法〔である〕眼と、喩例〔の有法、〕瓶と、〔立証する法、〕証因〔である〕自らについて見ないことと、所成の法〔である〕青など〔他〕について〔自性により〕見ないことは (K430a) 、〔帰謬論証派〕自己の立場において承認しないし (B713) 、〔実有論者、〕他者が承認することほどであるので、〔そのような〕証因と遍充などは対論者〔、実有論者〕だけにおいて成立した※1〔ことが必定です〕、という〔そのような〕ことは、〔この本文の〕意味ではない。

　では、〔「彼において成立した」というこの本文の意味は、〕どのようであるかと思うなら、〔上の有法二つと能成と所成の法など〕それらは〔帰謬論証派の〕自己の立場においても承認するけれども、〔有法二つなど〕それらを立証する量〔について、実有論者〕が〔主張するように〕自体により成立した所量を量ること〔が必要であると主張するそのような量〕は、〔帰謬論証派の〕自己の立場において言説としても無い。有自性論者〔、自立論証派と実有論者〕において〔有法二つなど〕それらが (Ch288b) 成立する〔ところ〕の〔量について〕は、〔自体による成立を量る〕その〔ような〕量が成立していることを必ず待っているので、〔帰謬論証派と有自性論者の〕両者〔の立場〕において (H418a) 一致した現れとして成立している〔量でもあり、〕自体により成立したのを量る量〔でもあるものは〕は、〔全く〕無い〔のです。です〕から、「〔その量により成立した有法などが、帰謬派と有自性論者の〕両者〔の立場〕において成立していないの」と、〔有法などが一致した現れを対論者が承認している※2のを通じて、彼において成立しているという理由により〕※3「他者〔、有自性論者〕において知られた」、または (D458b) 「他者〔、有自性論者〕において成立した」と言うのです。

　〔これについて他者たちは、〕では、そのような量が〔一致した現れとして成立している

130

の〕は、言説としても無いので、〔量〕それにより〔有法などが〕成立していると主張する
のは〔妥当しない。そのような量は〕、自性〔による成立〕を増益する〔無明の〕ように、
〔自らの取らえ方の対境へ〕正理により侵害されるので、それら能成（立証するもの）に依っ
てから中〔観〕の見をどのように獲得するのか。〔獲得できないから。もし〕量により侵害
される〔まさにその〕因相（理由）に依ってから、誤らない見を獲得するなら、〔順世派な
どの〕顛倒の学説（Ch289a）すべてによっても〔誤らない見を〕獲得することになるから、
というなら、

　〔それへの回答は、〕この後論者〔、有自性論者〕は、〔場合の〕有法〔である〕眼と、
証因〔である〕自らを見ないことと、喩例〔の有法、〕瓶と、〔所成の〕法〔である〕青な
ど〔他〕を〔自性により〕見ないこと〔それら〕が有ると取らえる〔知の、諸々の〕対境〔、
眼と色と瓶など〕は、〔帰謬派〕自己の立場によっても言説として有ると主張するので、そ
れら〔対境〕について正理は侵害しないのです。けれども、〔他者に知られたあり方は、〕
その後論者〔、有自性論者〕は、それら〔対境〕が自体により有ることと、〔それらが一般
的に〕有ることとの二つ〔の差別（ちがい）〕を個々に区別しなかったので、それら〔対
境〕は〔彼自身に現れる程度のように〕自体により成立した所量（量られるもの）を量る
（K430b）量により成立している〔ものが有る〕と慢思する〔、彼自身の立場として設立し
た〕対境について正理は侵害するが、〔有自性論者〕彼の相続の〔眼識など、諸々の当面の
錯乱の因の〕侵害無き言説の知識により成立したもの〔対境、色など〕は、正理によりどこ
に否定されるのか〔、否定されない〕。よって、〔有自性論者〕彼の立場と **(Kyt377)**〔帰
謬派〕自己の立場との二つにおいて、自体により成立した所量を量る量が一致した現れとし
て成立しているのを承認は〔全く〕生じていないので、自立論証〔の証因〕により立証しな
いで、〔有自性論者〕彼自身〔に知られた論証因により彼自身〕（Ch289b）の承認につい
て相違（矛盾）を示すことほどを為すのです。[※5]

　〔そのように相違を示す〕その方法は、前に（H418b）提示した他者に知られた論証式
〔の語 ― 「根は他なる色を自らの側から見ない。自らの自体を見ないから。例えば瓶のよ
うに。」という〕それについて例示する（B714）なら、〔所依事、〕有法〔である〕眼
それにおいて、自らを見ない〔という〕証因は言説として有るが、青など〔他〕を見ること
が自体により成立していること〔、法〕は（D459a）、〔所依事、有法、眼〕それにおいて
言説としても無いので、〔有法、眼の上に〕その前者〔法 ― 自らを見ないこと〕は後者〔、
法 ― 他なる色を自らの側から見ること〕を否定するものとして適切ですが、しかし、眼〔そ
れこそ〕におけるその証因〔、自らを見ないこと〕と、否定対象のその法〔、他なる色を自
らの側から見ること〕との二つが有るなら有るのが等しく、無いなら無いのが等しくなっ
たなら、〔その証因とその否定対象の法〕その二つは侵害するものと侵害されるものとして、
どこに〔設立するのが〕適切なのか。

　よって、他者に知られた論証式〔を提示した所依事〕の有法と〔所成の〕法と〔能成の〕
証因は、〔帰謬派自らの立場においても〕言説として有ることが必要ですが、〔後論者〕彼
が有ると承認していることほどでは充分でない。[※6]〔そのように〕有法〔である〕眼（Ch290a）

などそれらが有ることを〔後論者〕彼自身が承認することにより、中観派がそれら〔眼など有法〕を立証することが、どこに必要でしょうか〔、必要ないのみです〕。

もし、〔彼がそれらを承認していること〕それについてもまた〔承認しながら〕歪曲〔、でたらめを〕して、「私たちにおいては〔有法の眼などそれらは〕成立していないので、〔あなた、中観派が〕立証しなさい。」と〔彼が〕言う〔べき〕なら、歪曲しない〔、でたらめをしない〕ことは何も無いので、〔歪曲者〕彼らと〔倶に〕争論したことには果〔または必要性〕が無いから、〔心ある〕誰が〔歪曲者〕彼の〔争論〕相手をするでしょうか。〔するにふさわしくない。〕

ここ〔の個所〕において、或る人は、「もし〔あなたが、〕対論者〔、有自性論者〕は、〔有法の眼などの上に、法 ─〕自らを見ない〔ことを承認している〕ことと、青など〔他〕を見ること〔に〕は自体により成立している自性が（K431a）有ると主張すること〔の二つ〕について、相違（矛盾）を示すなら、〔対論者がその二つの承認が〕相違することを、なぜ知る〔ことになる〕のか。〔その理由をあなたは述べることが必要であるし、もし、その承認二つが〕相違であることが［対論者の］量により成立しているなら、〔帰謬派と対論者の〕両者〔の立場〕において〔その相違が〕成立していることが必要なので、〔その相違を示すその論証式について、〕「他者に知られた〔比量〕」（Ch290b）という〔他の理由が無いのなら、「他者に知られた比量」と述べる〕べきではない。

〔もし、対論者が、その二つは相違して、〕承認していることにより相違すると〔示すことを〕設立するなら、〔また、法、〕自らを見ないことと他を〔自体により〕見ることとの二つは相違しないこと〔のみ〕を、対論者は主張するので、彼の承認により相違すると〔示すことを〕設立するのは妥当しない。〔また、帰謬派が〕自らが〔その二つは〕相違すると承認していることにより〔対論者に相違を示すと〕設立するなら、過大な誤謬になる。〔そのようなら、〕後論者〔、対論者〕に対して〔自らがこのように〕「あなたが〔二つの法〕これは相違しないと主張することは、道理でない。私〔たち〕は〔二つの法〕これは相違すると承認している（H419a）（D459b）から。」と〔相違を示すことが必要であるそのように〕語ることがどのように適切なのか、〔適切でない、〕と思う〔し争論する〕なら、

〔その回答は、あなたがこのように語った〕その過失は〔私たちには〕無い。〔眼が見ることそれは〕自らを見ないなら、〔見ることそれが〕自体により成立した自性が有ることに相違することは、〔一般的に〕量により成立しているので、〔対論者が〕ただの承認ほどによって〔相違を示すと〕設立しない。

〔それについて彼は、〕では、〔そのような相違が成立した〕その量を対論者に対して〔自らが〕示してから〔その〕相違を決定させたことで充分ですが、（Ch291a）彼の承認に依る〔ことより相違を示す〕ことは何が必要なのか、と思うなら、

〔それへの回答は、その量は、相手、〕実有論者の側において相違を立証するもの〔である〕量として（B715）成立するのは、〔その量が〕自体により成立した所量（量られるもの）を量ることが成立しているのを〔必ず〕待っている〔ことが必要である〕し、〔そのように量ることの成立〕それもまた無いのなら、〔帰謬派〕自己が〔そのような所量を量ること〕

それを承認してから、〔対論者へ〕どのように相違を立証するのか。〔立証できないから。もし、その量の〕所量において自体により成立した自性は無いが、〔その量こそを〕量として設立するのが相違しないこと〔のその意味〕は、〔実有論者〕彼において〔すでに〕成立しおわってから**（Kyt378）**〔成立しおわった〕そのような量により〔彼にその相違を〕成立させるなら、〔彼は〕諸法は自性が無いことを証得する見を獲得したのである〔。だ〕から、〔その見を獲得したこと〕それにおいて〔自らがこのように、〕自らを見ないものであるなら、自体により成立した見ることが（K431b）有ることに相違（矛盾）するのである、といって〔相違を〕立証することが、なぜ必要なのか。よって、〔軌範師〕チャンドラ御前の立場を証得したいと欲するのなら、〔上の境界〕それら〔の枢要〕について詳しく伺察し、了解してください。

（訳註4-114）
　では、〔実有論者〕彼自身に知られたことに依って、自らを見ないものにおいて、他を見ないことが、自体により成立していることが無いことが遍充する（Ch291b）仕方を、どのように示すのか、と思うなら、

　　ブッダパーリタ（Buddhapālita）の『註釈'Grel pa』のとおりに説明しよう ——
　「例えば、水を持ったことにより地において湿潤〔が認得されるし〕、火を持ったことにより水において熱〔が認得され〕、肉冠花を持ったことにより衣服において芳香が認得される〔し、有る〕のは、水〔、火、肉冠花〕などその三つにおいて〔順次、〕湿潤〔、熱、芳香〕などその三つが認得されることを〔必ず〕待っていることが必要であると（H419b）見えるし、あなた自身もまた（D460a）主張するように、〔脈絡において、〕諸事物において自体により成立した自性が何か有るとしても、〔そのような〕その自性は〔初めに〕自ら〔こそ〕において認得されてから、次に〔事物〕それを持ったことにより、他〔の法〕においてもまた認得されることが必要です。もし、〔自体により成立した自性〕それが初めに〔事物〕自らにおいて認得されないのなら、〔事物〕それを持ったのなら、〔持った〕他においてもまた、どのように見えることになるのか〔。ならない〕。例えば、肉冠花において悪臭が認得されない〔し、無い〕のなら、〔肉冠花〕それを持った衣服においてもまた臭気〔、悪臭〕が認得されない〔し、無い〕のと同じ。」

　といって、後論者〔、実有論者〕自らに知られた妥当性でもって〔後論者彼が、肯定的〕随順・〔否定的〕離反〔の相〕を〔上に喩例・意味二つにより示したように〕決定（Ch292a）させてから、次に〔この〕場合の義（事柄）に適用することは、ゆえに、眼においても見ることの〔自らの側から成立した〕自性が有るなら、初めに〔眼〕自ら〔こそ〕において見ることが認得されてから、次に〔対境、〕色などと集積したなら、色において見ることをもまた認得されることが、妥当するのに、眼において（B716）自らを見ることが無い（K432a）から、他〔、色〕において〔自性により〕見ることも無い、と説く。

　『四百論bZhi brgya pa』にもまた、「事物すべての〔自らの側から成立した〕自性は初めに自体〔、事物自ら〕において現れる〔し認得される〕ことになるなら、〔では、〕眼こそにおいても眼〔自ら〕がなぜに取らえることにならないのか〔、なる〕。」と説かれたとおりです。

もし、〔彼が、〕火が自ら〔こそ〕を焼かなくても、他〔、薪〕を焼くのと同じく、眼は〔また〕自らを見ないが、他〔、色〕を見ることは相違しない、と思うのなら、

〔それへの回答は、ここに〕一般的にただ火が薪を焼くことと眼が色を見ることほどを否定するのではない。しかし、〔何を否定するのかは、その〕眼において他〔、色〕を見ることが体により有ること〔それ〕を、否定するのです。そのようであることと〔、そのようであるとき〕、〔ここに〕火が（Ch292b）薪を焼くことが（D460b）自性により成立していることを、喩例にすることが必要なので、〔喩例にする〕そのとき、**(Kyt379)** 喩例もまた所成〔 — 眼が見ることが体により成立したのは妥当しないの〕と（H420a）同じく妥当しない。〔その理由は〕すなわち、火と薪との二つにおいて自体により成立した自性が有るのなら、〔その二つは〕自性は同一と別異の二つを越えないので、〔同一と別異〕その二つ〔のうち〕のどれかです。〔もし自性が〕同一であるなら、火が〔火〕自体を焼くことになるが、さらにまた〔同一であるなら、〕どのようにして火が焼くものと薪が焼かれるものになるのか〔、ならない〕。〔もし、そのように〕なるのなら、〔では、〕私はまた〔反転させて、〕「火は焼かれるもの。薪は焼くもの。」と語ったなら、〔あなたは〕どんな回答があるのか。〔その二つは自性により同一であるからです。〕

もし、〔また火と薪の二つは〕自性は個々であるなら、薪が無くても火が認得される〔し有る〕ことになる。〔個々であるとの理由により、〕馬が無くて〔も〕牛が認得されるように。『四百論』にもまた、「〔薪を火が焼くなら、〕火により熱さ〔の自性と関係する薪こそ〕を焼く。熱さ〔と関係したもの〕でないもの〔、薪〕を〔火が〕どのように焼くのか。〔そのような薪は火の能力が入る対境でないから。〕よって、〔火と関係の無い〕薪という〔そのような〕ものは無い。〔薪〕それ以外に（Ch293a）〔火の、他の因は無いので、〕火もまた無い。」と説かれたとおりです。

そのように〔火が〕焼くこと〔こそ〕において自体により成立した自性〔が有るの〕を（K432b）承認する〔はず〕なら、〔その火が〕自らを焼かないのなら、他〔、薪など〕をも焼かないことになるように、眼において〔も〕見る〔ことが、自らの側から成立した〕自性〔として有るの〕を承認するとしても、〔その眼は眼〕自らを見ないのなら、他〔、色〕をも見ないことを主張することが必要なので、前の過失は〔越えられていないし、〕動かないのです。（Ch293b）

そのように〔中観派が〕、〔自らの側から成立した〕自性を承認したものに対して〔そのような〕侵害するものを説いたことが〔後論者、有自性論者は〕見えるなら、（B717）〔彼の立場の〕自体により成立した自性が有ると執らえる学説を棄てることになる。次に〔その後に、そのような〕無自性であること〔こそ〕において、〔生・滅などの〕為される・為すが妥当することをも〔後論者は〕証得できるので、〔自らの側から成立した〕自性が無いことと〔一般的に〕無いこと〔との二つの差別〕を個々に区別することになる。ゆえに、自性が有ることと〔一般的に〕有ること〔との二つの差別〕をも区別することになるので、（D461a）無自性である所量〔こそ〕を、無自性である（H420b）量（認識基準）が量ることなど〔の設立〕をも、〔後論者は〕証得することになるのです。

〔これについて他者たちは、〕では、〔後論者〕これが、火と薪は無自性であると証得する〔なら、そのように証得する彼の相続の〕量（認識基準）それは、現量としては妥当しないので、比量だと主張することが必要ですが、そのようなら、〔量〕それ〔がどこから生ずるか〕の所依〔である〕論証因〔が有ることが必要なので、その論証因〕は（Ch294a）どのようにであるか、と思うなら、

〔その答えは、〕自性が有るのなら、〔自性による〕同一と〔自性による〕別異〔のどれか〕を越えないのが〔その後論者は〕見えてから、同一・別異の自性〔による成立それ〕を〔彼の側に〕否定したなら、〔自性により成立した同一と別異のどれにも無いことに〕自性が無いことが遍充するのが〔彼は〕見える〔ことになる〕ので、〔因の三相のうち、随順と^{※2}離反の遍充という〕二つの相が〔彼に〕成立する。〔自らの側から成立した〕同一と別異の自性は〔どれとしても〕無いことを〔彼が〕決定するのが、宗法の相〔を決定すること〕であるので、〔そのように決定すべき〕第三の相の証因が有る。〔そのような証因〕それに依って「〔所依事、有法の〕火と薪において自性〔による成立〕は無い。」と〔彼に〕決定するの〔を生じさせるの〕が、比量です。〔火と薪は自性により無いとの決定を生じさせる仕方〕これにより、前に提示した、他者に知られた論証式〔―「眼が色を自性により見ない。自らを見ないから。例えば瓶のように。」ということ〕についてもまた、三相（**Kyt380**）と比量が生ずる仕方を知るべきです。（Ch294b）

〔その方軌の〕帰謬論証〔への適用〕は、「火と薪において〔自らの側から成立した〕自性が有るなら、自性〔によって〕は同一と（K433a）別異のどちらかになる。」ということと、〔また〕「〔その二つが自性により〕同一であるなら、火が自体を焼くことになる。」ということなど、〔対論者、〕他者が承認していること〔それこそ〕を証因として提示してから、対論者〔彼〕にとって欲しないことを〔帰謬の法として〕投げかけるこのようなものですから、それにより例示して、他の帰謬をも証得すべきです。^{※3}

〔帰謬論証により比量を生じさせる仕方と実有論の捨て方〕そのようなら、後論者彼が実有論者の学説を棄てていないかぎりは、〔彼自身の立場の量により、〕自体により成立した所量を量ることが〔彼自身において〕成立しているのを〔必ず〕待ってから、〔彼自身の立場の有法など〕義（もの、こと）を成立させる（能成の）量として（D461b）成立するのですが、いつか〔彼が〕何らかの事物が自体による成立が無いのを量により証得してから〔始まって〕、（Ch295a）実有論者の学説を（B718）棄てたのです。^{※4}

〔ここにおいて〕『明句 *Tshig gsal*』にもまた、（H421a）「〔他者たちは、有法などが論者両者に成立していることが必要ないなら、〕また、〔二人の論者の〕どちらかに成立している比量〔の適用語〕を通じてもまた比量〔の適用語〕により〔対論者への〕侵害が有るのか、というなら、^{※1}〔そのようなことは〕有る。〔侵害〕それもまた、〔後論者、有自性論者〕自己において〔知られたし〕成立している論証因こそによって〔後論者自身に対して侵害するの〕であり、〔提示者、〕他者〔、中観派の立場〕において成立しているもの〔ほど〕によって〔その後論者に侵害するの〕ではない。〔それを明らかにする喩例は、〕まさに世間として見られるからです。〔どのように見られるかは、〕世間においては或るとき、証人^{※2}〔彼こ

そ〕を論者と後論者の二人が量とした〔のを通じてその証人〕の言葉により、〔真偽を区別したのを通じて論者二人が互いに〕勝ちまたは負けになる。或るとき、〔論者二人の各人の〕自己〔がどのように承認したかを語った〕の言葉だけにより〔勝ち負けに〕なる。しかし、〔論者二人の内で、〕他者〔、論者〕の〔承認した〕言葉により〔他方が〕勝ちまた負けになるわけではない。〔その証拠により〕世間において〔勝ち負けになる〕そうである（Ch295b）とおりに、正理〔により伺察した場合〕においてもそうです。世間の言説〔に知られた義（意味）を歪曲できない〕だけが〔承認されたのを通じて〕正理〔により伺察する設定をするのが、正理〕の〔設定を示す〕論書として〔も説かれているように、〕場合に該当したものであるからです。」といって、〔帰謬派の立場として、〕他者〔、対論者自身が承認し、対論者〕に知られたことが、証因として〔提示するに〕ふさわしい喩例〔、世間の方軌〕と証拠だと（K433b）説かれたし、〔自立派以下の〕論理学者たちは、〔三相の証因により所成を立証するとき、〕後論者〔の立場〕においてどんな量により三相〔と有法〕などが成立しているかのその量〔こそ〕により、前論者〔の立場〕においてもまた〔三相などが〕成立することが必要である〔と主張する〕ので、論者・後論者の両者において〔三相などが一致した現れとして〕成立することが必要であると主張する〔が、そのように主張する〕ことを否定すること〔の仕方〕をも、〔『明句』に〕説かれた。

　『同論』に、「〔有自性論者、〕およそ（Ch296a）〔論証因の相など、それが論者〕両者において〔成立した〕決定を述べる〔ところの論証因〕それは、立証または論破〔することが可能〕であるが、〔論者二人の〕どちらか〔一人だけ〕に成立していること、または〔その論者両者が成立、不成立に〕疑いを持つこと〔の論証因の有法など〕を語るのは、そう〔立証または論破が可能〕ではない、と思う彼〔論争者〕もまた、〔そのような自立論証の適用方法を棄てて、私たちの帰謬論証派の立場のように、上述の〕世間の設立に依ってから（D462a）比量〔を適用する場合〕について〔義（もの）と一致するものを為すなら、私たちが〕語ったとおりの〔他者に知られた論証式を適用する〕この方式こそを、〔あなたも必ず〕承認すべきです。〔それもまた〕すなわち、教による侵害は、〔論者〕両者において成立している教だけを通じて〔侵害するの〕ではない。では、どう〔いうのを通じて侵害する〕かというなら、〔対論者〕自己に成立しているもの〔教〕を通じてもそう〔侵害するの〕です。自己のための比量としては、〔教のようではなくて、〕（Ch296b）すべて〔の時〕にわたって〔対論者〕自己に成立していることこそが〔誤解を除去するにあたって能力が大きいし、堅牢であるのを通じて〕堅固であるが、〔論者〕両者において〔一致した現れとして〕成立しているものはそう〔堅固〕ではない。（Kyt381）それゆえに、〔自立論証派以下に知られた〕論理学の〔論証因などの〕定義を述べることは、必要が無いのです。〔なぜなら、〕諸仏は〔教化対象者各々の〕自己において知られた〔し合致した〕合理性〔または正理〕でもって、〔法の〕真実を知らない教化対象者を〔義利になる〕益を（B719）〔次第に〕為さったからです。」と説かれている。

　そのようならば、前に説明したような〔、事物の現れ方のように量るその〕量（認識基準）により、論者の両者において〔一致して〕成立した証因により所成を立証する〔そのような

こと〕ことについて、自立論証の証因〔といって説明し、自相についてそのように、ということ〕、そして、〔そのような量〕それにより成立しなくて後論者〔である〕他者に〔自相が知に現れる、または〕知られた〔証因の〕三相〔ほど〕により所成を立証する〔と主張する〕ことについて（Ch297a）帰謬論証だと設立すること[※]〔なので、前の設立方法を否定するし、後が実に住する〕 ― これが、軌範師〔チャンドラキールティ〕の意趣だと〔『明句』などに説かれたそれなどにより〕きわめて明らか〔に出ているの〕です。

4-2-2-2-3-3-3-1-3-3-2-6-2-1-3-2-2-2

第二：〔帰謬派・自立派〕その二つの誰に従って見を相続に生じさせるのか（K434a） （訳註4-122）

そのように聖者〔ナーガールジュナ〕父子に従う偉大な中観派〔、上に説明した〕彼らについて、帰謬論証・自立論証の同じでない二つの立場が有るのなら、〔あなたはこの場所に、〕彼ら〔二つ〕のどれに従うのか、と思うなら、

ここにおいて〔私は〕帰謬論証派の立場に従って悟入するのです。〔帰謬派に従うこと〕これもまた、前に説明したように、言説として自らの体性により成立した自性を否定することと、それを否定したことにおいて輪廻・涅槃の設立すべてが良く〔設定するのに〕適切であることが必要なので、その二つの方法について決定を（D462b）〔どうしても〕獲得すべきです。^{※1}

〔その方軌もまた、〕諸事物において自体により成立した自性を承認するのなら、〔諸事物において〕あり方（実相）〔がどのようであるか〕を伺察する正理の（Ch297b）観察が^{※2}（H422a）起こる〔ことが必定である〕ことを、この二人の軌範師〔ブッダパーリタとチャンドラキールティ〕の本文〔『ブッダパーリタ』と『明句』など〕に多く説かれたことは、聖者〔ナーガールジュナ〕父子の〔『根本中論・般若』などと『四百論』など諸々の〕本典ときわめて合致すると〔如理に〕見えるので、〔上の二人の軌範師の〕その立場を承認する。そのようであれば、前に説明したように必ず〔この〕帰謬論証の立場を承認することが必要だと見えるのです。

4．論理的否定と、自立論証派と帰謬論証派／5．人無我と法無我　　137

5．人無我と法無我

4-2-2-2-3-3-3-1-3-3-2-6-2-1-3-2-3

第三：〔帰謬論証〕その為すこと（作用）に依って見を相続に生じさせる仕方には、三つ —

1）人無我を決択することと、

2）法無我を決択することと、

3）それら見を数習したことにより障を断除する仕方、です。

4-2-2-2-3-3-3-1-3-3-2-6-2-1-3-2-3-1

第一〔: 人無我を決択すること〕には、三つ —

1）我が無自性であることを決択することそのもの、

2）それにより我所もまた無自性であることが成立することを示したこと、

3）それら正理を他についても適用する仕方、です。

4-2-2-2-3-3-3-1-3-3-2-6-2-1-3-2-3-1-1

第一〔: 我が無自性であることを決択することそのもの〕には、二つ —（B720）

1）喩例を提示することと、

2）義（いみ、もの）に適用すること、です。

4-2-2-2-3-3-3-1-3-3-2-6-2-1-3-2-3-1-1-1

第一〔: 喩例を提示すること〕^{（訳註5-1）}

『入中論の註釈'Jug 'grel』に引用した『経』に（Kyt382）（K434b）（Ch298a）、「「〔自性により成立した〕我」^{※2}というのは魔の心〔です〕。〔そのようなものであるのを〕あなたは見た^{※3}〔し思い込んだのを通じて、魔のなすがままになった〕^{※4}のである。この〔諸〕行の〔五の〕蘊〔の集積〕は〔自性により〕空^{※5}。〔五蘊の集積ほども我または有情でなく、〕これにおいて〔個々に区別したものにも〕有情〔または我というそのようなもの〕が有るのではない。〔その喩例を示すのは、〕^{※6}あたかも〔輪と軸など〕支分の集積〔が和合したもの〕に依って車と〔という言説を〕述べるように、同じく諸蘊〔の和合したもの〕に依って世俗として〔または言説として、「我」または〕「有情」という。」といって、〔その車〕自らの支分〔である〕輪など〔が和合したの〕に依って車と仮設すること〔こそ〕を、喩例となさってから、諸蘊〔が和合したの〕に依ってまた、我または有情を仮設することを、説かれたので、初めに〔分かりやすいために、〕車の例えを説明しよう。（D463a）

　これについて、四つ —

1）車は（H422b）（Ch298b）無自性の仮設有だと説くこと、

2）それについて争論を捨てること、

3）名の差別（ちがい）を通じて成立している仕方、

4）それに依って速やかに見を獲得することの利徳、です。

4-2-2-2-3-3-3-1-3-3-2-6-2-1-3-2-3-1-1-1-1

第一〔: 車は無自性の仮設有だと説くこと〕^{（訳註5-3）}

『入中論'*Jug pa*』^(訳註5-4)に、「車は〔正理知により探求したなら、獲得されない。それこそは、〕自らの〔車輪など〕支分より〔体が〕他〔に獲得される〕と主張するのではない。〔自らの諸支分より〕非他〔で、同一だと成立しているの〕で〔も〕ない。〔同じく、車は自らの支分〕それを〔自性により〕持ったものでもないし、〔車は自らの〕支分において〔あちらに依っているの〕で〔も〕ない。〔自らの〕諸支分が〔こちらに車〕そこに〔自性により依っているの〕で〔も〕ない。〔車の支分が〕ただ和合した（集まった）ほど〔を、車と設立するの〕ではない。〔その支分が車に構成された場合の〕形色（かたち）〔ほどが、車を有するものと設立するの〕ではないのと同じ。」（Ch299a）といって、車〔それこそ〕は自らの支分より〔自性により〕同一と別異など七つ〔の種類〕として〔伺察したなら、獲得されることが〕無いので、〔その車は〕ただ仮設されたほどであるのと同じく、我と蘊の二つもまたそれと似てい〔て、仮設有であ〕ることを説かれています。

ここにおいて、車において自体により成立した自性が有るのなら、間違いなく〔その車は自らの諸支分と自性により〕同一と別異など七種類のどれかとして、自性の有る無しを伺察する正理により〔獲得されるし〕成立することが必要である〔。その〕ことより、それら七つ〔の種類〕のどれとしても、〔正理〕それにより〔獲得されないし〕成立していないから、〔車において、自体により成立した〕自性は無い。〔そのように伺察する〕それにおいて、車〔が何かに依って伺察されるべきところ〕の支分は、〔車の基盤を支える〕軸（ハブ）（K435a）と〔車がそこに依って行く〕輪（リム）と〔互いに輪を支えるなど〕釘〔と、輻（スポーク）〕などです。

〔自性により同一と別異の観察の二つ ― そのような〕車は〔自らの〕それら支分と自性が同一ではない。〔もし自性により〕同一であるのなら、（Ch299b）〔軸など〕それら支分は多であるのと（B721）同じく車もまた〔支分のその数ほどにより〕多になる〔のが必定である〕ことと、〔それだけでなく〕車〔こそ〕が一であるのと同じく〔多の〕諸支分もまた一になる〔のが必定である〕ことと、〔支分を有するものと支分が同一であるなら、〕作者と所作の作業もまた同一になることなどの過失がある。

〔また、その車は〕自らの諸支分と体により成立した〔別異または〕個々でもない。〔もし、そのように個々〕であるなら、〔体が別異は同時であるのが必要であるそのようなら、〕瓶と布の〔、互いに無関係に住する〕ように、〔車と支分は〕単独のものとして〔、別々に無関係に〕個々に認得される〔し成立している〕ことになる〔のが必要な〕ことより、〔そのように個々に〕認得されない〔し成立していない〕（D463b）から、そして、仮設の〔所依事の〕因が無く（H423a）なるからです。^{※1}

〔車が自らの支分と自性により〕所依と能依の二分（二つの立場）〔の観察〕は、〔喩例―所依、〕銅皿に〔能依、〕酪（ヨーグルト）が〔依って〕住するように、〔意味―その車も〕自らの諸事物の所依において〔自性により成立していることが〕無いし、テント^{※2}（Ch300a）においてデーヴァダッタが〔依って〕住するように、〔車は〕諸支分に〔自らの体性により〕依ってからも〔その車こそが住すること〕無い。〔なぜなら、所依と能依〕その二つ〔、車と支分の二つ〕は、自らの体性により（Kyt383）個々のものとして有るのな

ら、成立することより、〔そのような個々としての成立〕それは無い^{※3}〔ので、個々に見られることが無い〕からです。〔所依と能依の観察の場合〕これについて、〔その二つが〕互いに〔所依と能依として〕有ることほどを否定しないが、所依と能依が自相により成立している〔その〕こと〔こそ〕を否定します。〔銅皿と乳、デーヴァダッタとテントの、所依と能依の〕喩例として述べる二つを説かれたそれもまた、対論者〔、有自性論者〕において〔車と支分〕それらが〔仮定によって〕自相により所依・能依として成立している〔なら、そのように成立していない〕他者に知られたこと〔の喩例〕を、提示する。このような〔喩例の適用〕すべてについて同様に知るべきです。

　〔次に、持ったという立場の観察は、〕持った〔という〕分（立場）もまた、妥当しない。すなわち、〔喩例―〕デーヴァダッタが〔自らより〕他の義（もの）になった牛たちを持っているのと同じく、〔意味―〕車もまた〔自性により〕自らの支分を持っていると主張するのなら、（Ch300b）牛とデーヴァダッタ〔、体が同じでない二つ〕を個々に取らえる〔のが可能な〕のと（K435b）同じく、車もまた自らの支分より〔体が同じでないものを〕個々のものとして取らえる〔べき〕ことが必要であることより、〔そのように執らえられないので、知によっても〕取らえないから、そのように〔車が支分を自性により〕持っていることは無い。〔もし彼が、〕「デーヴァダッタは耳を持っている。」という〔周知の〕ように、車は〔自ら〕支分を持っている〔というなら、その〕こともまた道理ではない。〔なぜなら、〕自性が別異であること〔の持っている仕方〕を、〔デーヴァダッタが牛を持っている喩例の場合に〕否定したからには〔再び否定する必要はないし〕、自らの体性により成立したものにおいて、〔後者の喩例、デーヴァダッタが耳を持っているような場合の〕持っているそのさまは、自性が同一である分（立場）〔の持ち方〕であり、それもまた前に〔自性により一であるのを否定する場合にすでに〕否定したからです。〔否定の仕方〕これもまた、デーヴァダッタが耳を持っていることほどが言説として有るの〔を理由にしたなら、デーヴァダッタが耳を持っていること〕は否定しない〔、知られているし成立している〕ように、車についてもまたそうなので、〔車が自らの支分を〕自相により成立した持っている〔その〕こと〔こそ〕を（B722）否定します。（H423b）（Ch301a）

　〔今ここに、支分の集積ほどと支分の形色の差別を車と設立する立場の観察 ―〕残りの二つの分（立場）は、^(訳註5-6)〔『入中論』に〕「もし〔車の支分の〕ただ集積したほどが車〔であること〕^{※1}になるのなら、〔では、支分の輪（リム）などそれらが〕断片として住するもの〔境位〕において〔も、前に見られたとおりの〕車がここに有ることになる。なぜなら、（D464a）^{※2}〔自部の実有論者の主張するような〕有支分（全体）が無い諸支分は無いので、^{※3}〔諸支分を構成した時の〕ただの形色（かたち）ほどは車として〔設定するのは〕道理でもない。」というように、〔略説は、車の〕支分がただ集積したほど〔を車として設立するの〕と、支分の特殊な形色（かたち）を〔車として構成した形色を〕、車として設立するのと二つ〔の立場の観察〕です。〔広釈は、〕そのうち、車は、自らの支分がただ集積した（Ch301b）ほどとして〔成立しているの〕も、妥当しない。

　〔妥当しない仕方〕これには、二つ〔がある。そ〕のうち、

〔第一：〕正理に相違することは、〔車の支分の集積ほどが車であるなら、車の〕支分〔である〕輪（リム）などが分解されて、断片として〔もとの処、もとの処に〕住するものが、欠けることなく集積したとしても、車が〔前に見られたのと同じく〕有ることになる。〔なぜなら、車の〕支分がただ集積したほどが車であるからです。

〔第二：〕承認していることと相違することは、〔車の喩例の〕ここ〔の場合〕において、〔仏教〕自部の実有論者たちは、有支分（全体）は無いが、支分が和合した（集まった）ほどのものを主張するので、そのようならば、支分もまた無いことになる。〔なぜなら、〕有支分（全体）が無いからです。よって、（K436a）支分が和合した（集まった）ことも無いので、支分の集積は車〔であること〕にならない。

〔そのように〕車は自らの支分の集積ほどであるのを否定することについて、この軌範師〔チャンドラキールティ〕のご主張により〔自性によりと自らの側からと体性によりなどというような〕差別（限定）を適用することは、必要ない。〔なぜなら、車の支分の〕集積は車の仮設の所依事（もと、基礎）であるからです。〔なぜなら、我の〕蘊が集積したものは我の仮設の所依事である（Kyt384）ので、（Ch302a）〔その集積は〕我として不適切であると説かれた〔ことにより、表示できる〕からです。

〔これについて〕もし、〔彼が、車の〕支分がただ集積したほどを車だと主張しないが、それら支分が〔車として〕構成されたときの〔「これは車だ」という知を生じさせられる〕特殊な形色（かたち）それが車だと設立する、と思うなら、

これについては、前に説明した（H424a）ように〔自部実有論者が、車の〕有支分（全体）は〔実物として〕無いと主張するので、〔車の〕支分も〔実物として〕無いことになるから、〔実物として無い〕支分の〔特殊な〕形色（かたち）ほどを（D464b）車と設立するのは道理でない、という過失〔を述べること〕は、〔彼自身の〕承認していることと相違するの〔を述べること〕です。〔「もまた道理ではない。」という個所の〕「も」という声（ことば）は、〔車の支分の〕ただの集積ほどは車として不適切であるだけでない、というのです。

さらに〔他の道理も〕また、〔上の〕そのような形色が車だと〔実有論者、あなたが〕主張するのなら、〔では、〕1)〔車の〕支分個々の形色（かたち）〔が車〕であるの（B723）、2)〔車の〕支分が集積した形色（かたち）が車だと主張する。

第一の〔、車の支分個々の形色が車だと主張する〕ようなら、1) 前に〔車の諸支分が〕構成されていないときの〔支分個々の〕形色（かたち）と（Ch302b）違いが無い形色（かたち）〔を車と主張するの〕であるのか。〔または、〕2) 前の〔構成されていなかったときの支分個々のの〕形色（かたち）と同じでない何か他の形色〔を車と主張するの〕である。

第一のようなら、〔それを否定するには『入中論』に、〕「〔実有論者〕あなたは〔主張するようなら、車だと設立すべき〕形色が〔車の〕支分各々において前に〔構成されていなかった時に何か〕有ったのなら、〔それがどのようにか後で構成されてから、〕車〔として成立し、車〕に所属するの〔場合〕においても〔車の支分個々の形色は前の〕それと同じ〔く、差別が無い。そのように前後のそのような形色が差別無く有る〕なら、〔前にそれら支分が構成されていなかった個々の〕分散した〔場合に、分割された支分〕それらにおいて〔車が

無いのと〕同じくまた、〔それらが構成された場合に〕車が有るのではない〔ことになる〕。〔支分個々の形色ほどが車だと設立するから。〕」と説かれた〔この〕過失を示す。〔その示し方〕それもまた、〔分かりやすくまとめて説明したのは、すなわち、〕前に構成されていなかった〔とき〕と後で構成されたときの（K436b）輪などの〔それら支分の〕形色において、同じでない差別（ちがい）は無いので、〔それら支分が〕分散したとき車は〔まさしく〕無いように、〔一方に〕構成されたときもまた車は（Ch303a）無いこと〔を、あなたは主張することが必要〕になる〔と示した〕。

　もし、〔上の第二の立場、〕前に構成されていなかったときの輪など〔のそれら支分〕より、後で〔それらが〕構成されたとき〔に〕、前のそれら支分の形色（かたち）と同じでない他のもの〔、形色〕が生起するのについて、〔現在生起する形色それこそを〕車だと設立するの〔である、という〕なら、〔それを否定するために『入中論』に、〕「現在〔、それら支分が構成されたときに車が成立したときであり〕、もしまさしく車として〔成立した〕（訳註5-8）このときに、〔車の〕輪（リム）など〔の諸支分の形色個々に〕において〔前に構成されなかったときの、同じでない特殊な〕別異の形色〔の示すべきもの〕が有るのなら、〔前と同じでない個々の支分の形色が新たに生じたのは、これと〕これ〔だ、と眼識へ現れること〕により取られているのに、それもまた〔取らえられるよう〕有るのではない。ゆえに、〔車の支分個々の〕ただの形色ほどは車として有るのではない。」と説かれた〔その〕過失がある。〔それもまた、構成されなかった〕前〔と、構成された〕後の〔時の〕（H424b）輪（リム）と軸（ハブ）など〔の前後の支分二つ〕において、〔構成されなかったのと構成されたのとの〕同じでない他の特殊な形色が有るのなら、〔そのような差別〕それは〔眼識に現れるし〕認得されることが必要であること（D465a）より、（Ch303b）〔構成された支分それらを〕どのように見ても、〔前と同じでない〕そのようなもの〔、差別〕が〔現れるし〕認得されることは無いので、〔支分の〕前の形色と同じでない後の〔支分の〕形色は、車として〔設立するのに〕不合理です。

　〔前の第二の立場、〕もし、〔彼が、車の〕支分個々の形色個々を車だと主張しないが、〔車の〕支分が〔構成された〕集積した形色の全般〔こそ〕について車だと設立する、と思うなら、
　〔それを否定するために『入中論』に、〕（訳註5-9）「なぜなら、〔実有論者〕あなたの〔主張するようなら、〕集積は何ら〔実物として〕無い〔と主張する〕ので、〔車として設立すべき、上のそのような〕形色（かたち）それが〔車の〕支分の集積〔こそ〕の〔仮設の所依事（もと）に仮設するの〕ではない〔ことになる。そのようでない〕なら、〔仮設の所依事〕およそ何〔の実物有〕でもないもの〔、仮設有〕に依ってから、ここ〔の場合〕に〔車として設立すべき〕形色として〔仮設するのを〕どのように見る〔のが妥当する〕ことになるのか。〔きわめて妥当しないことになる。〕」と説かれた〔この〕過失がある。※1

　〔そのあり方は〕すなわち、〔支分の〕集積に依っ〔て仮設され〕た形色（かたち）は、車として〔設立するには〕不合理です。（Kyt385）〔なぜなら、支分の〕集積は実物として成立していない〔仮設有な〕ので、〔仮設有の〕集積（Ch304a）〔を仮設の所依事にしたの〕に依って（B724）形色だと仮設することは、〔きわめて〕妥当しないからです。仮設有す

べては、仮設の〔諸々の〕所依事（もと）〔の事物〕を実物有として〔設立することが必要だと、あなたは〕承認しているからです。

〔車の〕支分が集積したのにおいて（K437a）、自体により成立した自性または実物として無い〔のです。そのように無い〕こと〔の理由〕は、〔そのような〕自性が有るのなら、〔支分の集積それこそは、〕有集積（全体）は諸支分と自性が同一・〔自性が〕別異のどれかを越えないし、それら〔同一と別異〕はどれだと主張するとしても、前に車〔の場合〕について説明したのと同じく、〔そのような同一と別異の二つは〕否定することができるからです。

仮設有〔にとって〕の仮設の所依事について実有だと主張しない〔中観帰謬派の〕自己の立場においてもまた、〔車の〕支分が集積した形色は車の仮設の所依事（もと）〔だけ〕であるが、車は〔集積の形色〕それに仮設された仮設法であるので、〔そのような形色〕ただそれほどを車だとは主張しない。（H425a）ゆえに、〔そのような支分の〕集積の形色が車であるのを否定すること〔において〕の否定されるべきもの〔、形色それこそ〕についても、〔自性によってなどの〕差別（限定）を適用する必要はない。※2（Ch304b）

もし、〔実有論者のあなたが、〕諦（実在）が（D465b）無い〔、仮設有の車の支分の〕集積〔を仮設の所依事（もと）にしたの〕に依ってから、諦が無い〔、仮設有の〕形色（かたち）として仮設することは、不合理が無いと主張する、というなら、

では、〔他、〕無明と種子など※〔自らの部分が集積したのへ仮設された仮設有、〕諦（真実）でない因に依ってから、〔無明から〕諸行〔など〕と〔種子から〕芽など〔非真実が生起する方軌により、非真実で仮設有の因すべてから、各自の〕諦として無い〔仮設有の〕果すべても生ずることに、不合理は〔少しも〕無いと〔、あなたは〕主張することが必要です。〔〔そのように主張するのが必要なことも、〕『入中論』に、〕「〔実有論者〕あなたが〔仮設有である支分の集積に依って、仮設有である形色を仮設する〕これを主張するそのように、諦でない〔、仮設有の無明と種子のような〕因に依ってから、〔順次に、〕諦でない〔仮設有の〕自性を有する果の形相〔、諸行と芽のようなものにより例示して、非真実の因すべてから非真実の各自の果〕すべても生ずることを、〔あなたは〕知ってください。」と説かれたとおりです。
（訳註5-11）

この車の喩えにより、色などの〔香・味・所触の四の極微と、土・水・火・風、所依の四の極微、〕（Ch305a）八の極微が和合したものほど〔こそ〕について瓶※1〔と柱〕などとして設立することをもまた〔否定したし〕、排除したのです。さらにまた〔この車の喩えにより〕、八つの極微が実物として成立したの〔を仮設の所依事（もと）にしたの〕に依ってから瓶などを仮設することと、〔また〕瓶など〔仮設法〕は〔仮設の所依事、〕実物として成立した色などの（K437b）〔構成した〕特殊な形色について〔仮設すると〕主張することをもまた、否定したのです。〔なぜなら、〕色など※2〔は仮設ほどの縁起として成立しているなら、色など〕において自性による生は無い〔と成立している〕ので、〔色など〕それらは無自性であるからには、（B725）実物として成立していることは〔全く〕妥当しないからです。そのようにまた、『入中論'Jug pa』に、「〔車の喩え〕これにより、〔瓶の〕色〔の地の極微と、香の極微〕など〔八の実物の極微が密集して〕そのように住する〔集積の〕もの〔は、
（訳註5-12）

瓶でないものが集積したそれ〕について、瓶〔だ、と〕の知〔が生ずるだろう〕ということも〔否定したので、〕まさに不合理である。〔さらに、自性による〕生が無いので、〔前に説明しおわったので、〕色なども〔自性により〕有るのではない。ゆえにまた〔実物有の瓶などは妥当しないので、瓶など〕それらの〔色などの極微の集積した〕形色（かたち）〔について設立することは〕は道理でない。」という。（Ch305b）

　〔それについて彼が、〕もし、車のように瓶は（H425b）自らの支分が和合した（集まった）形色（かたち）〔ほどについて設立するの〕ではないのなら、〔では、〕腹が丸い〔、首が長い、脚が窪んだ塊である〕ことなどは〔瓶〕それの相（定義、特徴）ではないことになる。〔なぜなら、腹が丸いなど〕それらは形色である（Kyt386）から、と思うなら、

　　〔その過失は無い。〕その腹が丸いのと（D466a）首が長いなど〔が揃った〕それが瓶であると主張するが、腹が丸い〔形色、首が長い形色〕などの形色が瓶だとは主張しない。さもなければ、〔そのようなものを瓶だと主張するなら、〕腹と首についても〔瓶だと〕主張することが必要になる。

4-2-2-2-3-3-3-1-3-3-2-6-2-1-3-2-3-1-1-1-2
〔第二：〕それについて争論を捨てること

ここ〔の個所〕において、実有論者たちは、「自性〔によって〕の有る無しを伺察する正理により、〔上に〕説明されたような仕方に〔自性により同一と別異など〕七種類を通じて車を探求したなら、それにより〔車を〕獲得しないなら、車は無い〔ことになる〕ことが必定です。〔車が無くなった〕そのようなら、世間において車の言説を設けることはすべきでなく〔なることが必定です。そのように〕なるなら、それもまた妥当しない。〔世間において〕「車を持ってきなさい。（K438a）〔車を〕買いなさい。〔車を〕造りなさい。」ということなど〔の歪曲しえない言説を通じて進退することが〕（Ch306a）見られるのでもある。ゆえに、車〔と住宅〕などはまさしく有る。」というなら、

　これの回答として、『入中論の註釈'Jug 'grel』に、1）〔そのような〕その過失は実有論者だけに有るし、2）自己〔、中観帰謬派〕に無いさまと〔合計〕二つを説かれた —

　　第一は、「車を持ってきなさい。」ということなどの世間の〔諸々の〕言説は、〔実有論者〕あなたのようなら、無くなることが必定です。〔なぜなら、実有論者〕あなたが事物が有ると設立する〔ことの必要な〕ものごとは、自性〔によって〕の有る無しを探求する正理により伺察してから設立するが、その正理により探求したなら、その七つ〔の種類〕のどれとしても車を獲得しないから、そして、事物〔を設立するそれ〕は成立する他の方便（手段）をも〔あなたは〕承認していないからには、〔あなたの立場においては〕車は〔設立できないので、〕無いことになるからです。

　　〔そのように〕「自性〔によって〕の有る無しを探求する正理（H426a）により（B726）探求したとき、〔正理〕それにより車を獲得しないなら、車は無い。」という実有論者のこの〔ような〕争論を、現在〔このチベットにおいて〕中観の義（いみ）の論者だと主張する（D466b）者たちは、中観〔帰謬〕派の立場として主張するように、見えるのです。（Ch306b）よって、このように主張する者たちにおいて、間違いなく言説の設立すべては

為しえない〔という〕過失になる。

　〔第二；〕自己〔中観帰謬派〕において〔上に述べたそのような〕誤りが無いさまは、〔『入中論』^(訳註5-16)に、「それは真実として、または世間〔の言説のどれ〕として〔も、仮設された義（もの）は〕^{※1}七種類により〔獲得し〕成立することにならないが、〔けれども、そのような〕伺察〔をしたこと〕無しに世間〔の言説ほど〕こそ〔に依って〕から、〔車〕これは〔車〕自らの支分〔、輪など〕に依って仮設する〔し設立する〕のである^{※2}。」というこれにより、説いたと〔軌範師チャンドラ自身が〕主張なさる。

　〔そのように説かれたことの〕その意味は、自性〔によって〕の有る無しを探求する正理により〔、仮設された義（もの）〕探求したなら、その車を〔自性による同一・別異など〕その七種類のどれとしても獲得しないことは、二諦ともにおいて〔獲得しないの〕であるので、それを七つにその正理により〔探求したことにより、車を〕獲得しないこと〔ほど〕により、車がなぜ否定されたのでしょうか。〔そのようなものにより車は否定されていない。〕そのようでも、車を承認すること〔の理由〕は、(Kyt387) 自性〔によって〕の有る無しを伺察する (Ch307a) 正理により〔探求し、〕成立〔してから承認〕するわけではないが、〔そのような〕その正理の伺察を〔しないで〕棄ててから、世間〔すなわち、世間の周知の〕言説の (K438b) 知識〔すなわち〕自由気ままで〔一時的な錯乱の因の〕侵害の無いものほどにより、〔車は〕成立したのです。よって、〔車〕それの設立の仕方は、〔車それこそが〕自らの諸支分に依って仮設された仮設有〔ほど〕として成立するのです。

　^(訳註5-17)〔ここにおいて〕もし、〔他者たちがこのように、無我を修習する〕ヨーガ行者がそのように〔七種類により〕伺察したなら、その〔伺察する〕正理により車を獲得しないので、〔車〕それにおいて自体により成立した自性は無い〔ことになる〕けれども、〔車〕それの諸支分〔、輪など〕においては〔そのような〕自性が有る、と思うなら、

　〔その回答は、〕布が〔火により〕焼けた灰〔の集まり〕において (H426b) 糸を探求する〔のを始めただけなので、そのように始めた〕あなたは、〔この世間において、恥の〕笑いものにされるべき〔処にふさわしいもの〕です。〔なぜなら、『入中論』に〕^(訳註5-18)「車が〔自性により〕無い〔と主張する〕のなら、〔そのように無い〕そのとき有支分〔、車〕が〔自性により〕無い〔ので、車〕それの支分も〔自性により〕無い〔のみになる〕^{※1}。」(Ch307b) と説かれたように、〔一般的に、〕有支分（全体）が無いなら、支分もまた無い (D467a) ^{※2}からです。

　^(訳註5-19)〔ここにおいて〕もし〔彼が、〕それは妥当しない。〔なぜなら、〕車が滅したなら、輪などの支分の集積が〔見えるし〕認得されるから、と思うなら、

　〔回答は、〕それはそのようではない。前に〔支分を構成していない場合の〕車が〔滅していないものを知るし〕(B727) 見えたことだけにより、〔後で滅した場合の〕「輪などそれらは車の〔支分または部分〕である。」と取らえる〔のです〕が、他によっては〔その車を見ないし知らないので、そのように〕取らえない^{※1}。〔その理由により〕車が滅し〔てから、諸支分が個々に住し〕たそのとき、輪など〔の諸支分〕は〔滅した車の支分なので、〕車と関係が〔成立していることは〕無いので、車の支分ではない。ゆえに、有支分（全体）

〔である〕車は無いが、車の支分が（Ch308a）有〔りう〕るわけではない。

〔車が滅した〕そのとき、車を通じて〔設立すべき〕支分と有支分の二つのどれ〔の言説〕も無いが、〔車が滅したときの〕輪〔、車輪〕などは自ら〔各々〕の諸部分を待ってから有支分（全体）〔各々〕ですし、〔各々の〕それら諸部分はそれ〔ぞれ〕の支分であるので、〔ど[※2]こにおいても〕有支分でない支分を設立することは不可能です。[※3]

さらにまた、有支分（全体）が無いなら、支分は無い〔という〕この意味は、〔他の喩例によっても知るべきです。すなわち『入中論』に「〔例えば、〕車〔それこそ〕が（K439a）[（訳註5-20）]〔火により遍く〕焼かれたなら、〔車の〕支分は〔また焼かれて、設立すべき〕無い〔というその〕喩えのように、知の〔伺察の〕火〔のようなもの〕により、有支分〔それこそ〕は焼[※]かれた。〔諸〕支分〔もまた〕。（Ch308b）」と説かれたその喩例のとおりに、〔ここにおいても〕知るべきです。

4-2-2-2-3-3-3-1-3-3-2-6-2-1-3-2-3-1-1-1-3

第三：名の差別（ちがい）を通じて成立している仕方[（訳註5-21）]

『入中論の註釈'Jug 'grel』に、「〔帰謬派の設立の仕方の〕この宗（立場）により、〔伺察[（訳註5-22）][※1]しないで〕世間に知られたこと〔言説〕を通じて車の言説を設けること〔こそ〕が〔妥当す[※2]る設立が〕、極めて明らかに成立した（H427a）〔それ〕のみだけでなく、〔車〕これの名の差別（ちがい）〔の他と他〕である〔名の差別〕それらもまた、〔車それこそを執らえたほどのために、正理により〕伺察すること無しに世間に〔何と何の車の言説が共通に〕知られたこと〔の名のそれぞれの差別〕を通じて、〔その車を〕承認すべきです。〔その方軌もまた〕すなわち、〔v.159abc に〕「まさに〔車〕それこそが〔自らの支分、輪などを支分にしたのを待って〕（Kyt388）有支分（支分を有するもの）〔という言説を設けるのです〕、〔その車は、輪などを自らの部分に設立したのを待って〕有部分（部分を有するもの）〔と[※3]もすることが必要です〕。〔また〕車それこそが作者」（D467b）と〔いう言説を〕、世〔の衆生、この世間〕において（Ch309a）言説する〔し、説明する、または知らせる〕。人々[※4]においては取者（受者）〔といって、言説を設けるもの〕として成立している。」と説かれたとおりです。

〔意味〕それもまた、車は輪など〔それこそを自らの〕支分〔に設立したの〕と〔自らの〕部分〔に設立したの〕を待ってから〔順次に、車について〕「有支分と有部分」という〔名の〕言説の義（もの、対象）として成立している。〔言説がそのように成立したのと〕同じく〔他の言説も、車は自らの〕輪など〔を、車自らの所取（質料因）に為してから、それを車による〕取の所作〔に設立したの〕を待ってから〔その車について〕作者、そして、〔車の仮設の所依事、色などを、車の〕取（受）〔に設立したの〕を待ってから〔その車について〕取者（受[※5]者）の名の言説をもまた設けるべきです。

〔また〕自部（仏教学派）の〔実有論者の〕或る者は、〔ただ〕支分〔が和合したものほど〕[※6]と部分が和合したものほどが有るが、それら〔和合ほど〕より〔体は〕別異に認得されない〔し成立していない〕（Ch309b）から、「有支分」〔というもの〕と（B728）「有部分」〔というもの〕は無いと語ることと、〔上と〕同じく、業のみが有るが、〔その分に所属しない〕[※7]

作者は無い〔と語る〕ことと、〔また〕取〔の分〕より〔他の義（もの）として〕別異に〔「作者」といわれるものは〕認得されないから、取〔だけ〕は有るが、取者は無い、と語ること――〔そのような論者〕彼らは、〔合理性ある〕世間の世俗〔こそ〕について顛倒に語る〔のを通じて、合理性すべてを破壊する〕もの（K439b）です。〔なぜなら、実有論者あなたが主張する〕そのようなら、〔では、諸々の〕支分〔と部分と業と取〕などもまた無いことになる^{※8}からです。^(訳註5-23)

〔意味〕それを意趣なさって『入中論*'Jug pa*』に〔もまた〕、「世間の〔歪曲できない〕知られた〔言説により設立された〕世俗を破壊してはいけない。」と〔いって、それらについて特に追求するようなことにより、〕説かれた。^(訳註5-24)

よって、勝義として有支分などは無いように支分などもまた〔全く〕無いが、世俗として（H427b）支分などが有るように、（Ch310a）有支分などもまた有ると語る者は、二諦の方軌より退失していない〔し、合理性を持って語る〕のです。

4-2-2-2-3-3-3-1-3-3-2-6-2-1-3-2-3-1-1-1-4
第四：それに依って速やかに見を獲得する利徳^(訳註5-25)

『入中論の註釈*'Jug pa 'grel*』に「なぜなら、世間の〔言説により設立された〕世俗これはその〔方軌の〕ように〔正理により〕伺察した〔のを通じて探求した〕なら、〔その正理により獲得されるのを通じて〕有ることにならないし（D468a）、〔そのように正理により〕観察していなくて〔世間の言説または〕知られたこと〔ほど〕により有る〔と設立された〕から、〔真実の義を探求する〕ヨーガ行者は〔そのような正理により伺察するのと伺察しないのとの設立の境界の〕まさにこの次第により〔世俗〕これについて〔住し方がどうなのかを正理により〕伺察したなら、〔偽りの在り方により確立できなくなるさまを知って、きわめて〕大いに速やかにこそ〔その世俗の在り方がどうであるかの〕真実の底を量る〔、量るのが可能なのを通じて了解する〕ことになる。どの〔方軌の〕ように〔量るのが可能〕かというなら、〔v.160に〕「〔車は〕七種類〔の探求〕により〔獲得すべきものが全く〕無いもの〔である車〕それはどのようなものとして〔自らの側から成立した自性が〕有るか、と〔ヨーガ行者はそのような自性が無いことへ決定を獲得することになる〕（Ch310b）〔その〕ヨーガ行者は〔七種類を通じて車〕これの有る〔という〕ことを〔分ほども〕獲得しない〔とき、そのように決定を獲得する〕。〔車には自性による成立が無いとの決定の方軌〕[※]それにより〔世俗が壊滅しないだけでなく〕真実について〔如理に修習するのについて〕も容易に〔困難無く〕悟入することになるので、〔帰謬派の〕ここ〔場合〕において〔車〕その成立〔または有るの仕方〕を〔伺察しない観察しないで成立しているのと〕同様に主張すべき〔のみ〕です。」といって、車の〔七種類を通じた〕そのような伺察〔の仕方〕により、真実〔または〕無自性の義（こと）の底を速やかに量ることを説かれた〔のです。です〕から、〔伺察の仕方〕これは〔他より殊勝であるし、〕きわめて重要であると見えるのです。

〔その理由もまた〕このように〔法の〕あり方（実相）を伺察するヨーガ行者は、もし「車」というのが自性により成立しているものが有るのなら、疑い無く〔自性が〕同一と別異（Kyt389）などその七種類〔の探求の仕方〕を通じて自性〔によって〕の有る無し（K440a）

を探求する正理により〔その車を支分の上から〕（Ch311a）探求したなら、それら七つの〔探求の仕方〕どれかとして〔必ず〕獲得されることになる〔ことが必定な〕のに、（B729）それらのどれとしても〔正理により全く〕獲得されない。

　そのように〔したし車は〕獲得されていなくても、〔伺察していないとき〕車の言説は歪曲できないと〔そのヨーガ行者に〕見えるのなら、〔彼には、〕「車」という〔今、現れるこの〕ものは無明の眼膜により知恵の眼を〔覆障され〕損なわれた者たちだけにより〔顛倒になった知により〕仮設されたのですが、〔車自らの〕自性により成立しているのでは〔全く〕ない、と（H428a）決定が生ずることになるし、〔それを生ずるのを通じて〕ヨーガ行者彼は真実〔への修習〕に容易に〔少ない困難で〕悟入することになる。〔その本文に〕「それにより真実についても」という〔なかの〕「も」という声（ことば）により、世俗が損なわれることにもならない〔し、真実に悟入することにもなる、という〕ことを示す。〔そのようなら、〕車について〔自らの側から成立した〕自性があるのを否定する〔否定の仕方の〕考究の仕方は、七種類に観察する〔仕方〕これ〔こそ〕が（D468b）〔個々の辺の所縁を執らえやすいので、〕形相が明瞭であるし、〔諸々の辺を〕否定する〔仕方による〕正理〔の効能〕（Ch311b）もまた〔差別を出すので、〕きわめて明瞭であるので、〔正理〕これに依ってから車が無自性であるのを証得することは〔きわめて〕易しいのです。

　〔三つの徳性が有ることの略説は、〕要するに、車に関して前に説明したような設定をしたこれには、三つの〔勝れた〕徳性がある —〔すなわち〕1）諸法において〔自らの側から成立した〕自性を増益した常見を否定しやすい徳性と、2）自性が無いことにおいて縁起が妥当しないという断見を否定しやすい徳性と、3）〔常・断の見を捨てる〕その二つの徳性がどのような伺察の仕方をしたことにより成立するかの〔仕方を〕ヨーガ行者が観察する次第、です。

第一〔：諸法において自性を増益した常見を否定しやすい徳性〕
〔自性による〕同一・別異ほどを否定する〔二つの仕方だけにして、〕有自性を否定する仕方をきわめて要約したなら、証得しがたいが、〔目的を成就できない〕過大に多すぎるなら〔、きわめて多くの辺を否定する仕方と適用したなら、〕困難になるので、〔きわめて長時間が掛かる。〕七種類により（K440b）伺察すること〔これ〕が、〔伺察される対境と伺察者の人（プドガラ）において〕きわめて〔楽であるし〕適正〔なのを通じて易しいの〕です。
第二〔：自性が無いことにおいて縁起は妥当しないという断見を否定しやすい徳性〕
　（Ch312a）
初め〔の時〕に否定するときに、否定されるべきもの〔、所依事の色と生などそれこそが、否定対象になるの〕について〔差別を適用したなら、それら所依事が否定対象になるところの〕差別（限定）を適用して〔それを具えたものとして〕否定したことにより、〔否定の仕方〕それを通じて〔それら所依事の上の〕有自性であるの〔こそ〕を否定していても、〔否定対象の所依事、色などは〕言説として〔設立しうるし、各自の〕為される・為す（所作・能作）の〔所依として〕有ることについて、〔どんな正理によっても〕侵害しない〔と証得できるので、断見を否定するのがきわめて易しい〕。

第三〔: その二つの徳性がどのような伺察の仕方をしたことにより成立するかのヨーガ行者が観察する次第〕^(訳註5-27)

　所遍^{※1}が自性により成立しているなら、能遍は〔自性により〕同一・別異などの七種類〔の辺のどれかだけ以外、他にならないので、その七つのどれか〕を越えない〔という〕決定を (H428b)〔根本的に導くべきです。〕導いてから、次にそれら〔七つの辺〕各々について〔正理の〕侵害するものを示したなら、それら七つの〔辺〕どれかについて〔承認して〕も^{※2} (Ch312b) また〔正理の〕侵害が降りかかるのが〔決定を獲得するのを通じて〕見えるなら、能遍〔、七辺どれかを否定したし、その能遍〕を否定したこと〔こそ〕により所遍〔、自性による成立それ〕をもまた否定した〔のであるので、自性による成立を否定したことへ決定を獲得した〕ことを、最初に (B730) 為してから〔、次にたびたびそのように伺察し、〕無自性〔の義（もの）それこそ〕について〔決定がだんだん大きくなる理由の力を生じさせるために、〕決断する決定を多く導く〔べきです〕。

　〔次にその決定の力を示した〕その後に〔車は現れるとおりを見たことにより、現れる〕そのように無自性であっても、〔こちらに現れるほどへ〕車の (Kyt390) 言説を〔設けることが必要なのは〕歪曲できないことが〔決定するのを獲得するし見えることになる。そのように決定し〕見えるなら、「ああ、業と煩悩の^{※3}〔錯乱を様々な現れさせることのできるのを通じて〕幻術師〔と似たもの〕により造られた (D469a) 車などの〔転変が様々に現れるのを通じて〕この幻術〔と似た法〕は、きわめて〔また〕すばらしい。このように〔様々な偽りのこのような自性が現れるのであるのにおいても、〕各自の因と縁より少しも〔生起の順序が〕乱れないで〔誤らないで〕生起する。各自の体 (Ch313a)〔の上〕により成立した自性も少しも無い〔と決定している〕から〔、これより希有なことは何が有るか。〕」^{※4}といって、縁起の義（もの）は自性により生じていない〔上より浮かんだ〕ことについて、決定を〔容易に〕獲得することになる〔ので、ヨーガ行者は二辺を捨てた義によく悟入する〕からです。

　『四百論の註釈 bZhi brgya pa'i 'grel pa』^(訳註5-28)にもまた、「瓶などは自らの〔仮設の〕因〔は、仮設の所依事〕より〔所依事〕そのもの〔の上〕と〔まさにその所依事より〕他〔の体〕として五種類[※]に伺察したなら、〔その伺察の正理により獲得すべきものが〕有るわけではないが、そのようでも〔各自の仮設の因または所依事に〕依って仮設されたこと〔ほどの瓶など〕によって〔も〕、蜂蜜〔を保つこと〕と水〔を保つこと〕と乳を保つことと、〔蜂蜜を〕汲むこと〔と水を汲むこと〕などの所作について、〔業として〕適切であることになるこれは、何と驚異か。〔きわめて驚異だ。〕」といい、「〔事物が〕およそ自性が無いの〔でもあるの〕を^(訳註5-29)〔所作を為すのが可能なのを〕縁ずることでもあるそれ〔のような事物〕は、(K441a) 炬火の輪の〔円周が間断しないで連関するし、回転すると現れるが、間断しないで連関することにより空である〕(Ch313b) ように自性により空である。」と説かれたようにです。

4-2-2-2-3-3-3-1-3-3-2-6-2-1-3-2-3-1-1-2

第二：〔車の喩えを〕義（いみ、もの）に**適用する**ことには、二つ —

1）無自性であるさまを義（もの）に適用することと、

2）名の差別（ちがい）を通じて成立しているさまを義（もの）に適用すること、です。

4-2-2-2-3-3-3-1-3-3-2-6-2-1-3-2-3-1-1-2-1

第一〔: 無自性であるさまを義（もの）に適用すること〕には、四つ ―

1）我は蘊と〔自性により〕同一である宗（立場）を否定することと、

2）我は蘊と〔自性により〕別異である宗を否定すること（H429a）と、

3）〔否定〕それにより〔他の〕残りの宗をも否定することになることと、

4）〔否定〕それに依って人（プドガラ）は幻術のようなものとして浮かぶさま、です。

4-2-2-2-3-3-3-1-3-3-2-6-2-1-3-2-3-1-1-2-1-1

第一〔: 我は蘊と同一である宗を否定すること〕 ^(訳註5-30)

一般的に法それは対（zla）有ると〔こちらに〕知により断定したなら、対無きものであることを〔あちらに〕断除する。^{※1}〔また、こちらに〕対無しだと断定したとしても、対有るのを断除することは、世間において〔言説に知られているし〕（Ch314a）見られる。^{※2}

それにより一般的に同一と別異、または一と多（D469b）〔との二〕において第三の蘊（範疇）^{※3}〔が有るの〕を〔否定するし〕除去するのです。〔なぜなら、〕対有る・対無しは〔対の無い〕一と〔対の有る〕多（B731）であるからです。

一般的に〔有るものについて〕一と非一を二つに〔決定するので、その二つをどれかに〕決断するなら、個別に〔自体により有ることについて、〕自体により成立した同一と〔自体により成立した〕別異〔のどれかを越えないこと〕についてもまた決断することになる。

そのよう〔に了解する〕^{※4}なら、〔次に〕我または人（プドガラ）においてもまた自らの体性により成立した自性が有るなら、〔自らの蘊と自体により成立した〕同一と〔自体により成立した〕別異〔と成立しているもののどれか〕を越えないので、「およそ我これは〔自らの〕蘊と、〔自〕体により成立した同一であるのか、または〔自〕体により成立した別異であるのか」といって〔この二辺に〕伺察すべき（Ch314b）です。

〔二辺への伺察〕それについて初めに、我と蘊の二つは自性が同一として成立しているなら、どんな侵害が有るのか、とヨーガ行者は〔体により成立した〕同一の宗（立場）〔のこの辺〕について（Kyt391）侵害するものが何か有るのかを、〔どうしても〕探求すべきです。^{※5}

〔同一として成立した〕これについて、軌範師ブッダパーリタは、（K441b）侵害するもの三つを説かれた ―^(訳註5-31)〔すなわち〕1）我を語ることは無意味であることと、2）我は多になることと、3）〔我は〕生滅を有するものになることです。

そのうち、第一〔: 我を語ることは無意味であること〕

我と蘊との二つは自性が同一だと主張するなら、我を承認した〔必要性の〕意味が〔何も〕無い。〔なぜなら、蘊と同一なので、義（もの）〕蘊の〔名の〕異門（別名同義語）ほどに〔「我」と立てたことに〕なるからです。例えば、月〔というもの〕と「ウサギを有するもの」〔というもの〕の〔両者が、月の別名同義語ほどである〕ように。〔意味〕これは『根本〔中論〕・般若 rTsa she』にも（H429b）説かれている ―^(訳註5-32)〔すなわち〕第二十七章に「〔もし〕取〔の蘊〕を除外した〔その蘊より他に、〕（Ch315a）〔取者の〕我は〔自性によって〕

無いと〔そのように自らが〕したとき、〔彼が、そのようなら、では〕取〔の蘊それ〕こそが〔取者の〕我〔として自性により有るの〕である〔と言う〕のなら、〔道理でない。では、〕あなたの〔立場において取者の〕我は〔自性により有ると、承認したそれは意味が〕無いのです。※」という。

第二〔の過失：我は多になること〕

我は諸蘊と自性が同一として成立しているなら、一の人（プドガラ）においても多の蘊が有るのと同じく、〔人（プドガラ）の〕我もまた多が有ることになる。〔また一の人において〕我が一しか無いのと（D470a）同じく、〔その人の〕諸蘊もまた一〔こそ〕になる〔という〕過失がある。〔まさにそれは『入中論 *'Jug pa*』^{（訳註5-33）}にもまた、「もし蘊が我〔と自性により同一〕であるなら、〔同一である〕ゆえに〔蘊〕それは多なので、それら我もまた〔蘊の数のように〕多になる。」と説かれた。

第三〔の過失：我は蘊のように生滅を有するものになること〕

〔『根本般若』の〕第十八章に、^{（訳註5-34）}「もし蘊が我〔と自性により同一〕であるなら、〔我もまた前後の利那に〕(Ch315b) 生と滅を有するものになる。※1」といい、第二十七章に、(B732)「取〔蘊〕こそが我〔と自性により同一〕でない。〔もしそうであるなら、蘊と同じように、自性により成立した我〕それは※1〔前後の利那に〕生起するし滅する〔ことになる〕のです。※2」と説かれている。取はここにおいて蘊について理解すべきです。※3

〔ここにおいて彼が、〕そのように〔蘊が利那により生滅するように〕我は利那により〔体として成立した〕生と滅を有するものになると主張するなら、〔それに〕どんな過失が有るのか、と思うなら、

〔そのように主張する〕これについて、『入中論 *'Jug pa*』本頌と註釈に、^{（訳註5-36）}三つの過失を説かれた。〔すなわち〕1) 生を憶念することが妥当しないのと、2) 為した業がムダに失われるのと、3) 為さなかった業と (K442a) 出会うという過失です。

第一〔：生を憶念することが妥当しないこと〕

〔蘊と自性により同一であると承認したこの場合に、〕我は利那により生ずるし滅するのなら、我〔それ〕は自体により成立している生・滅〔をなすもの〕なので、前後の〔利那の諸々の〕我は自相により〔成立した〕個々になる。(Ch316a)

〔そのように個々になった〕そのようなら、^{（訳註5-37）}〔では、教主仏陀は〕「そのときその頃に私はマーンダートリ王というものになった。」と説かれない※ことになる。〔なぜなら、過去世での〕マーンダートリ〔王〕の我と、〔現在の〕教主〔釈迦牟尼〕の我との二つは、(Kyt392) 自相により成立した (H430a) 個々であるからです。例えば、デーヴァダッタが〔彼自身の過去の〕生を憶念するなら、「〔あの頃〕私はヤージュニャダッタになっていた。」と憶念しないように。

そのようでなくて、〔そのような前後の二つの我が〕自相により他として成立していても、前に領受（経験）した義（事柄）それを、後で憶念することが相違（矛盾）しないのなら、デーヴァダッタが領受したこと〔それ〕を〔デーヴァダッタと同体でない〕ヤージュニャダッタが憶念することがありえない〔ことを通じて別異だと設立されたその〕ことについて、〔そ

のように憶念するのと憶念しないのと差別（ちがい）が〕不同であることの〔生起する〕理由を〔明らかに〕示すことが必要である〔。それ〕なら、（D470b）〔そのような理由〕それもまた〔全く無くて決定が〕獲得されるわけではない。〔そのように否定する正理〕これは、種子・芽の二つは自らの体性により成立した自性とも主張するが、〔その二つは〕因果ともまた主張する他の者〔、論理学者〕たちに対して、〔自らの体性により成立した自性を有する〕そのようなもの〔二つ〕において、因果〔としての設立〕が適切であるなら、〔では、明瞭な〕炎からも闇が生ずることになる〔、と投げかける〕他生を否定する（Ch316b）正理と同じです。〔一般的に〕ただ別異であるほどだと主張するものにおいて、そのように類推〔の正理により否定〕するわけではない。

　〔他者たちは、〕では、教主〔仏陀〕と〔過去世の〕マーンダートリとの二人は〔そのとき、などという〕その『経』により同一だと示されるのか、と思うなら、

　〔その答えは、〕この教えにより〔その二つが〕別他の相続〔であるの〕を否定するのであり、同一〔であるほどのもの〕だと示されるわけではない。よって、その『経』に「そのときに〔人（プドガラ）、「これ」といって出ている〕某は〔現在の〕他者〔の人〕であると思うなら、〔それは他である〕そのように見るべきではない。」と〔そのような前後が別他の相続であるのを否定すること〕説かれたのであることを、軌範師（B733）チャンドラ・パーダは主張なさるのです。
（訳註5-39）
　そのように説かれた『経』〔の意味〕（K442b）について錯乱した或る人は、〔教主〕仏陀〔自身〕と〔教主仏陀が前世譚を説かれた〕それらの前生の有情たち〔それらと、現在の仏陀とそれら人（プドガラ）は〕は同一です。〔なぜなら、〕『経』に「私ははかつてのときこれになった。」といって〔、前後の人（プドガラ）〕その二つは同一だと説かれたし、〔同一である理由〕それもまた有為であるなら、刹那により滅するので、〔滅したなら、前は後にならないので、それら前後の人（プドガラ）は〕同一としては不適切であるから、〔前後の生のそのような二人の人（プドガラ）〕その両者は常である」と語る〔そのような〕ことは、前の辺際〔すなわち過去〕に依った悪見（H430b）四つを宣べられた〔なかの〕（Ch317a）第一〔、我と世間を常だと見ることそれ〕です。

　それを否定することもまた、主ナーガールジュナが〔『根本般若中論』〕第二十七章に「〔我は前、〕過去の〔本生譚（ジャータカ）の〕時に生起していた、というそれは、妥当しない。前の〔諸々の本生譚の〕時に生起したもの〔、我〕それこそは、〔今生に生起した〕これではない〔ので、道理でない〕。」と説かれた。〔あなたが主張するそのような我が常である〕そのようなら、〔では、世の〕衆生は同一〔こそ〕であっても、〔天・人など、世の〕衆生六つとも〔すなわち六道・六趣すべてであること〕になる。〔なぜなら、かつて前生を説かれた人（プドガラ）〕それらが〔各々〕六種類に次第のとおりに身を受けた〔ので、そのような六趣ともの前後の生すべては同一である〕から、そして、〔それだけでなく、〕前後〔の生の人（プドガラ）〕それらもまた常である同一であるからです。

　同じく、〔前後の生の〕それら前後〔の我〕（D471a）は自体により成立した個々だと主張するものについてもまた、〔『根本般若』に〕否定を説かれた。〔説かれ方〕これもまた、

〔それら過失すべての根本が我に自性が有ると承認したことに至ることは、このように、〕我において〔自らの側から成立した〕自性が有るなら、（Ch317b）〔前後の生の〕それら前後〔の我〕は、自体により同一になる。〔そのような同一になった〕そのとき〔生・滅が無いので、〕常になる。あるいは、自体により別異になる。〔そのような別異になった〕そのとき〔前の我が滅した後時の我は、相続が断絶するし、そのようなら〕断見になる〔。だ〕から、〔義（もの）を伺察する〕賢者は我において〔自らの側から成立した〕自性を承認すべきではない。

〔第二：〕為した業がムダに失われる誤りは、

我が〔各〕刹那ごとに自相により成立した（Kyt393）生滅をするなら、前〔の刹那〕の我が為した業の果を、後〔の刹那〕の我が受用（享受）すると主張するならば、〔この主張は〕後に否定するので、ここ〔の場所〕においては〔他の過失を示そう。すなわち〕、〔自らが〕業を前に積んだことの果を領受することが〔全く〕無くなる。（K443a）〔その理由は、〕業を為す者の我〔それ〕は〔その業の〕果を領受しない〔うちの〕以前に滅したから、そして、〔果を領受するその時に果それを領受する〕他の〔、前より体が別異の〕我もまた無いからです。〔意味〕それもまた、前後の事物〔が相続が同一なの〕において、自体により他としての成立が無いので、〔同一の相続の〕前〔の我〕より体が別異である後の我〔、果を領受するそのような者〕は無い。前〔の我、業を為す者〕もまた〔その業の〕果を領受しないのなら、〔そのような業それの〕果を（B734）領納することが〔全く〕無いことが必定（H431a）です。（Ch318a）〔もし、前後のそのような我は相続が同一であるから、その過失は無いというなら、〕相続が一である〔のを通じた〕回答〔をすることは、これによって〕もまた後に否定する〔はずな〕ので、〔あなたの〕為した業がムダに失われることになること〔のその誤り〕を、捨てることはできない。

〔第三：〕為さなかった業と出会う誤りは、

〔ここに〕もし〔彼が〕、〔そのような業を為す〕前の我が滅して〔から無くて〕も、〔その〕後の我が果を受用するので、〔業を〕為したこと〔それ〕はムダに失われる〔のを通じて、無意味になる〕との過失は無い、と思うなら、

〔そのように後の我が果を領受する〕そのようならば、〔前の我が積んだ〕業それの果を〔自らが〕領受することの因になった業を少しも〔自己が〕積まなかった〔人でもあり、それより〕他の人（プドガラ）が、他〔相続〕の人（プドガラ）が積んだ業の果を受用する〔人でもあるものが有る〕ことになる。（D471b）〔なぜなら、〕自体により成立した他の人（プドガラ）が積んだこと〔業〕の果において、〔業を積む者〕彼と自体により別異である他の人が受用するからです。そのようにまた『入中論'Jug pa』に、「〔前後の二つの我が個々だと主張するなら、無余依涅槃したとき、我は断絶するし、無余依〕涅槃の前の〔諸々の〕刹那〔以内〕において〔蘊の生・滅のように、自性により成立した我もまた〕（Ch318b）生滅する〔し、生の憶念などが妥当しない〕。〔さらに、そのように業の〕作者が無いので、〔業が無いから業〕それの果が〔また〕無い。〔果の因を積んでいなくても、〕他〔の相続〕が積んだもの〔業の果〕を他〔の相続〕が食する〔、受用する〕ことになる。」と説かれて

いる。

　〔ここにおいて〕『入中論』には他の三つの過失も説かれたが、〔仏教〕自部だけの主張を否定すると見えるし、ここ〔の場所〕においては〔主張を〕共通に〔一般に〕否定すると主張するので、提示していない。

　〔上の〕その二つの正理もまた、〔『根本般若』の〕第二十七章に、「もし〔今生の我〕これが〔前生の我より自体により〕他〔のもの〕に (K443b) なるのなら、〔前の我〕それ〔を待ったこと〕が無くても〔今生の我が〕生起することになる。〔前の我それが自らの時にどのようだったのかと〕同じく〔後生に生まれても、前の我は〕それにおいて〔滅していないで、〕住することになるし、〔その我は前生〕そこにおいて死ななくて〔も、後生において〕生ずることになる。〔前が滅しないで後が生じたので、前の我は相続が〕断絶するのと〔受用者が無いので、〕諸業がムダに失われる〔ことになる〕のと、〔相続が他なので、〕他〔相続〕が (Ch319a) 造った諸業〔の果〕を、他〔相続〕が個々に領受する〔ことになる〕のと、それなどの誤謬に帰結する。」と説かれた。

　業が (H431b) ムダに失われることなど〔、他者が積んだものを他者が食することなど〕その二つは、〔軌範師〕チャンドラキールティが〔『入中論』に〕提示しました。

　〔そのうち、上の『中論』の〕「もし、これが他になるのなら」ということは、前の世々の時の我と、現在の〔今生の〕我との二つが、自体により〔他、〕別異である〔ことになるの〕なら、という。〔自体により別異である〕そのようなら、前〔の我〕に何も拠っていないので、前〔の我〕それに依ったことが無くても〔今生の我が〕生起するし、〔例えば〕瓶を造ったとき布が滅しない (B735) ように、〔意味は〕後の我が (Kyt394) 生じたなら、前〔の我〕が滅しなくて〔前のとおりに〕住することになるし、前〔の生〕において死ななくて〔も、今生〕ここに生ずることになる、という意味です。

　〔ここにおいて〕もし〔彼が〕、前後の生の〔諸々の〕我が、自体により成立した個々であっても、業〔が為されたこと〕がムダに失われるのと、為さなかったことと出会うのとの過失は、無い。(D472a)〔なぜなら、前後の生の二つの我は〕相続が同一であるから、というなら、

　〔これへの回答は、〕これもまた、自相により個々〔それこそ〕が (Ch319b) 成立していないので、〔そのような個々は〕立証が必要であることと同じです。〔前後の生の二つの我は〕自体により別異であるなら、〔その二つは〕相続が同一であることもまた妥当しない。例えば、〔相続が無関係の〕マイトレーヤとウパグプタ〔の二人〕のように。そのようにまた『入中論'Jug pa』に、「〔もし、〕真実として〔実物が別異の流れを有するものたちに、同一の〕相続が有る〔と承認している〕なら、〔また〕過失が無い〔という〕なら、〔妥当しない。〕前に〔相続について〕伺察したとき、〔そのような同一の〕相続〔を主張するもの〕について誤り〔が有るさま〕を説明しおわった〔から〕。」と説かれたし、前に〔相続について〕どのように伺察したのか〔と、それに誤りをどのように説明したのか〕は、『同論』に「〔例えば、〕マイトレーヤ〔と〕、ウパグプタ〔の二人〕に依った〔その二人の相続に所属する〕諸法〔、蘊など〕は、〔同じでない人各自の相続に包摂された〕別他〔の

法〕であるから、〔互いの人の個々の相続に所属するそれら諸法が、〕同一の相続に属する（K444a）のではない。〔人の前後の流れの、〕およそ自相によって〔成立した〕個々である〔となった〕それらは、〔そのような個々になった前後の流れの〕同一の相続に属することは道理でない。」といって、自相により個々として成立しているなら、〔同時の互いに〕別異である〔人の〕相続二つのように、同一の相続として設立しえないのです。

第二十七章にもまた、「もし〔前後の生の〕天・人〔の二人〕が〔自体により成立した〕他であるなら、〔その二つが同一の〕相続〔として〕は妥当することにならない。」と説かれた。 (Ch320a)

〔上のそれらの意味は、〕要〔約〕するに、自体により成立した別他 (H432a) であるなら、あり方〔すなわち実相がどのようか〕を伺察する正理による〔観察ができるのを通じて〕伺察に耐えると主張することが必要ですが[※1]、そのような正理によって〔個々の分に分けてから〕細かく伺察したとしても、伺察に耐える事物は塵ほども無い〔し、ありえない〕[※2]ので、自体により別異である前〔の我〕が積んだ業〔それら〕を、後〔の我〕が領受する〔ことが必要〕なら、〔同時の〕別異の相続〔の二人の人（プドガラ）〕においても〔流れの分が〕全く等しいので、[※3]〔上下の二部類が業を領受する仕方など、何の差別によっても〕区別不可能である〔ことになる〕これ〔を基礎にしたもの〕は、〔過失が起こるさまなど〕[※4]このような場合すべてにおいて〔、希求者たちは必ず重要だと〕知ってください。 (Ch320b)

〔彼は、〕では、〔前後の生の〕前の時の〔或る経験の〕領受者と後の時の憶念者との二つは同一ではない〔と承認することが必要な〕ので、自己の立場においても〔同時の人が〕相続が別異である〔マイトレーヤとウパグプタの二人の〕ように、前に領納したのを〔後で〕憶念することと、前に積んだ業の果を後で受用することは、〔前者のように〕妥当しない、というなら、

〔そのように妥当しない〕過失は無い。 (D472b) (B736) 〔自己の立場の〕ここ〔の場所〕において相続が同一であることは相違（矛盾）しない。〔なぜなら、実有論者、〕他者の立場〔のようにそのような承認したの〕において、相続が同一であること〔を設立するの〕は不適切であるからです。〔自己の立場において相違しない仕方は、〕例えば、酪（ヨーグルト）により充たされた器が家屋〔の中〕に住する〔し、その建物の屋上の掩い、〕草で造られた〔その草の〕掩いの上に住する〔鳥、〕灰白鳩の脚は、酪（ヨーグルト）の器〔の中〕に入っていないが、その〔鳩の〕足跡が〔酪〕そこに認得される〔し成立している〕ように、今生の人（プドガラ）が前生の時に (K444b)〔彼自身は〕至っていなくても、〔前生の時の〕前の〔諸々の〕領受をここ〔の今生〕において憶念することも相違（矛盾）しない。〔相違しない仕方は、〕『四百論の註釈 bZhi brgya pa'i 'grel pa』に[※1]「〔諸々の〕因と果〔の事物において、因と果〕は同一〔として、体として成立しているのか〕と別他として〔、体として成立しているのか〕 (Kyt395) 分別〔し伺察〕するのを断除したし、〔そのように伺察しない〕因の〔所作の〕差別（特定のもの）[※2]〔の効能の力〕により〔変異された個々の転変として〕明らかになったもの〔そのような〕諸行の相続〔である取そのもの〕は (Ch321a) 無常のみとして〔成立しているように〕有るのなら、〔そのような相続〕それ〔を有してい[※3]

るので、それ〕を取としたもの〔になった〕仮設〔のみ〕として有る我が〔自らの〕生を随念する、ということは〔妥当し〕道理です。諸事物は自相により成立していない〔ので、仮設として有るだけです〕。（H432b）〔そのような仮設有の事物〕それらにおいて〔自力が無いので、因の所作の差別[※4]〕そのような形相の縁が到来した〔し来て、出会った〕のが有ることと、〔すなわち有るとき果が他と〕他〔の形相〕に変異すること〔こそ〕は不合理ではない〔。きわめて合理的です〕。ゆえに、〔果の〕事物〔、すなわち〕自相により成立していないものを因とした〔、因の所作により成立された果の位の自らの〕所作（為されること）の差別（特定のもの）〔の効能〕が不可思議であるの〔が個々に有るもの〕を[※5]〔も〕、観察〔し伺察〕すべきです。〔観察の喩えは〕このように、泥〔、きわめて潤った粘土における所作〕と同じく酪（ヨーグルト）の〔入った〕器が建物の中に住するのへ〔も〕、きわめて多い草の掩いにより〔広げて〕覆った上に住する灰白鳩の〔脚と酪の間は隔たっているけれども、[※6]その鳩の〕足跡は〔酪の上に明らかに成立したし〕認得されるが、その〔鳩の〕脚が〔酪の器の中へ〕入っ〔て、酪の上に置かれ〕たことはどこ〔の時〕にも（Ch321b）ありえない。」と説かれている。〔それにより例示されたこの意味は、〕広汎には『入中論』より求めるべきです。

　いまや通常の〔、状況に該当した本文の〕意味を説明する。そのように我は蘊と〔自性により〕同一だと主張する者に対して、〔『根本中論』〕第二十七章に、[（訳註5-48）]「所取（取られるもの）〔、蘊〕がどのように取者〔の我〕であることになるのか。」と説かれたこれは、〔そのような主張に対して〕大きな侵害するものです。（D473a）〔意味〕それについて、「〔取者〕この人（プドガラ）が〔所取の〕この身を取った（受けた）」といって言説するので、〔身または〕蘊は所取（取られるもの）であるし、（B737）我は〔蘊〕それを取る者です。〔所取と取者〕その二つが同一だと主張するなら、為される業と〔為す〕作者は〔また〕同一になるので、断ずる者と断じられるもの〔の二つ〕と（K445a）瓶と陶工〔の二つ〕と火と薪〔の二つ〕など〔二組の内部のもの〕もまた同一になる。〔『根本中論』〕第十章にもまた、「薪であるそれが火〔と同一〕であるなら、作者と業〔の二つ〕は〔また〕同一になる。[※]」、[（訳註5-49）]「〔そのように〕火と薪〔の同一・別異などのさまを適用したこの次第〕により、我と所取〔、取蘊の二つ〕との次第〔についても、同一・別異などの五の立場〕すべては〔適用して、我と蘊により例示してから〕（Ch322a）瓶・布など〔事物すべて〕と倶に残らず〔火と薪[※]のこの観察の仕方により〕説明された〔と知るべきです〕。」[（訳註5-50）]といい、『入中論 'Jug pa』[（訳註5-51）]にもまた「取者〔我〕は自らの取〔の蘊〕と〔自性により〕同一であるのは、道理の事物〔として成立しているの〕で〔も〕ない。そのようなら、（H433a）業・作者〔の二つ〕は同一になる。」という。

　そのようなら、我は蘊と〔自性により〕同一であるなら、我として承認したことが無意味であることと、我が多になることと、所作（為されること）と作者（為す者）が同一になることと、業を為したのがムダに失われることと、為さなかったことと出会うことと、生を憶念する句（ことば）を説かれたのは妥当しないこと〔になる〕、〔以上、過失が〕六つが有るので、〔我は蘊と自性により〕同一だと承認すべきではない。

4-2-2-2-3-3-3-1-3-3-2-6-2-1-3-2-3-1-1-2-1-2

第二〔: 我は自性により蘊と〕別異である宗（立場）を否定すること ^(訳註5-52)

〔典拠は、彼が、〕もし我と蘊との二つは自性〔によって〕は **(Kyt396)** 同一ではなくて、自性〔によって〕は〔蘊と〕別異であると主張するなら、〔それに〕どんな過失があるのか、と思うなら、

〔そのような主張〕これについて〔『根本中論』〕第十八章に、「もし **(Ch322b)**〔我それは〕諸蘊より〔自性により〕他〔として成立している、という〕なら、〔答えは、そのようなら、我には〕蘊の相（特徴）[※]が無いことになる。」という〔この〕過失を、説かれた。 ^(訳註5-53)

〔その説かれ方〕それについて〔意味は〕、我が〔自らの〕蘊より **(D473b)** 体により成立した別異として有るのなら、〔我それは〕蘊の相（特徴）〔である〕生・滅・住を持たないことになる。例えば、馬〔そのもの〕は牛より他に成立しているの〔で、その馬〕は、牛の相（特徴）^{※1}を持たないように。

〔それについて彼が、我はそのような相（特徴）を持たない〕そのようである〔が、それに何の過失が有るのか、〕と思うなら、

では、〔我〕それ〔こそ〕は〔生・住・滅を離れているので、〕我として言説を設ける所依事（もと）と、我と執らえる〔我執の所縁の〕対境として **(K445b)** 無い。〔なぜなら、〕無為であるからです。^{※2}例えば、虚空の花または涅槃のように、といって他者に知られた **(B738)** 論証式を造るべきです。〔そのようにまた〕『明句 *Tshig gsal*』に説かれています。 ^(訳註5-54)

「〔それもまた〕我が生滅の相（特徴）を持たないなら、常になる。そのとき、常である、無変異の〔住する〕ものについては、何〔の所作〕も為すべくないので、我として仮設したこと〔の言説〕が無意味になる。**(Ch323a)**〔なぜなら、取るのを通じた〕進〔と、捨てるのを通じた〕退の何も **(H433b)**〔為されることが〕不適切であるから。」と軌範師ブッダパーリタは説かれる。 ^(訳註5-55)

〔理由は〕さらにまた、〔その我が〕蘊の相（定義）〔すなわち、色における〕色にふさわしいことなどより、自性が別異に有るのなら、〔それらより別に現れることを通じて別に有る〕そのように認得することが必要です。例えば、色と心は〔同一を除去したなら、〕別異に認得されるように。そのように〔我はそれら蘊の相より自性により別異だと俱生の知により〕取らえることも無いので、我は〔それら蘊の相より〕他の義（もの）として無い。 ^(訳註5-56)

〔その根拠を示したのは、『根本般若』〕第二十七章に、「我は取〔蘊〕より他〔の体〕として〔成立していることは〕妥当でない。もし〔我がそれらより〕他〔の体として成立しているのが妥当する〕ならば、取〔蘊〕が無くて〔も、我を知により〕取らえうるのが道理である〔はず〕のに、〔またそのように〕取らえるべくない。」といい、『入中論 *Jug pa*』にもまた、「〔その理由〕ゆえに、蘊より他〔の義（もの）として〕の我は無い。〔その理由も、〕蘊以外に〔他の義（もの）として我〕それを取らえること〔の俱生の知〕は **(Ch323b)** 成立していないから。」と説かれています。 ^(訳註5-57) ^(訳註5-58)

よって、外道者たちが、蘊より他の義（もの）〔として成立した〕我を〔無いながらに〕

増益（過剰肯定）するのは、我は〔蘊の上に〕ただの名〔による仮設〕ほどとして証得しないし、蘊と同一であることも妥当しないと（D474a）見えてから、〔彼自身の〕学説の力により〔無いながらに妥当するとさせてから有ると〕増益するのですが、彼ら〔外道者の〕の相続の〔倶生の〕自由気ままな言説知によりそのように〔我は蘊より他の義（もの）として〕見えるわけではない。

　そのような〔諸々の〕正理により我は蘊より自体により別異として有ることに対して、侵害するものが見える〔という〕堅固な決定をしっかり獲得するまで（K446a）〔たびたび如理に〕修治すべきです。〔なぜなら、我・蘊が自性により〕同一と別異のこの二つの宗（立場）に対して侵害するもの〔になるなり方〕の正しい決定を導いていないなら、人（プドガラ）が無自性であると〔どれほど〕決断しても、〔何の理由も無い〕ただの立宗（主張命題）ほどになるので、正しい見を〔全く〕獲得しないからです。　**(Kyt397)**　（Ch324a）
（訳註5-59）
　そのように人（プドガラ）が真実として成立しているか成立していないかを伺察したいと欲してから、〔伺察の仕方のこの処を知ることが必要です。すなわち、〕人（プドガラ）が真実として有るなら、〔自らの〕蘊と〔自性により〕同一・別異の〔二つの〕伺察が為された。〔我と蘊の二つが自性により〕同一だと主張する（H434a）なら、〔それへ〕侵害するものの究竟〔の根本は〕は、〔所依事は、証得しやすい〕（B739）火と薪などの〔上に焼くものと焼かれるものなどの〕作者と〔所作の〕業は同一になる〔といって押しつける〕このようなもの〔に至るの〕であり、〔もし火と薪などの所作・能作、焼くものと焼かれるもののような〕それらが同一だと主張するなら、〔それは〕世間の〔言説、火は焼くもの、薪は焼かれるものと個々に知られたし個々の〕見のこの量（認識基準）により、否定することが必要です。しかし、〔それより他の、〕論者・後論者の非共通（特有）の〔諸々の〕学説〔により仮設された量〕は、侵害するものにならない。

　同じく〔人（プドガラ）・蘊が自性により〕別異として有ること〔の立場〕に対してもまた、そのように〔別異として〕有るなら、色と心のように〔互いに他の義（もの）として〕個々に〔侵害無き知により〕見えることが必要であることより、そのようには見えないので、といって〔倶生の〕自由気ままな知識により〔そのように〕取らえない〔という〕この侵害するものを示すが、〔個々の〕非共通（特有）の学説〔により仮設された量（認識基準）など〕は侵害するものに（Ch324b）ならない。
（訳註5-60）
　よって、真実を伺察する場合においてもまた侵害するものすべての究極の根本は、[※1]（D474b）論者・後論者の相続の、〔一時的な錯乱の因の〕[※2]侵害無き言説の知識〔これ〕に至るものなので、〔『入中論』に〕「真実の場合において世間の侵害は無い」と説かれた〔この〕こと〔の意味〕もまた、前に説明したように、〔世間の言説の知識は〕真実[※1]〔を対境にしてから設立すること〕に対して量（認識基準）ではない、と主張なさるのですが、真実を伺察する場合に、侵害無き言説の知識を（K446b）侵害するもの〔になる〕と主張なさるわけではない。そのようでないなら、〔その場合に論者・後論者二人の〕個々の非共通（特有）の主張は侵害するものとして示すところが〔どこにも〕無いし、教〔の侵害〕もまた〔対論者の〕承認・非承認の様々があって、〔もし教を〕承認する者たちもまた〔教の〕未了義・

了義〔の区別の仕方〕について一致しないので、〔その区別の仕方〕それもまた正理により
立証することが必要であるなら、他のどんな正理を（H434b）を示すのか。（Ch325a）

　〔もし〕対論者の承認について、「〔あなたが〕これを承認するなら、これもまた〔あな
た〕承認することが必要である。」というのと、「〔あなたが〕これを承認しないなら、
これもまた〔あなたは〕承認しないでください」と示すこと〔の場合について〕もまた、〔承
認することが必要なのと承認することが不合理なとのさまが〕そのとおりである理由の正理
が〔全く〕無くて、〔対論者に対してそのさまを、あなたは〕どのように決定する〔と設立
できる〕のか。〔できない。〕

　〔何か正理によりそのように決定を生じさせるべきことに〕よって、侵害するものと立証
するものの根本すべてが究竟したなら、論者・後論者の、〔この、一時的な錯乱の因の〕侵
害無き言説の知識〔こそ〕に至るし、〔そのような侵害無き知識への現れ方〕それと相違（矛
盾）することを承認したなら、〔各論者〕自己の領受（経験）により侵害されることが〔互
いの論者二人は〕見えてから、〔言説の現れ方〕それを越えないこと — これが、中観・量
すべての立場です。[※3]

　そのようでも、言説の（B740）知識こそにより（Ch325b）無自性であることなど〔の義〕
が成立することになる過失は、無い。〔例えば、〕声が造られたものであるのは現量により
成立していても、〔声が〕無常であることは現量により成立する必要はないようにです。要
するに、（D475a）立証するものと侵害するものとの根本の究極は、現量〔こそ〕に至るが、
根本の所成が〔何か根本の〕現量により成立していることがどこに必要でしょうか。〔その
ように成立している必要はない。〕（Kyt398）

4-2-2-2-3-3-3-1-3-3-2-6-2-1-3-2-3-1-1-2-1-3

第三：それにより残りの宗（立場）〔所依と能依など〕をも否定することになること[(訳註5-62)]

〔我と自性が〕別異の自性として有るなら、〔例えば、〕銅皿に酪（ヨーグルト）が〔依っ
て〕有るように、蘊に我〔が依って〕と、我に蘊が依って有る〔という〕所依と能依（依ら
れるものと依るもの）の二つの宗（立場）が有るうち、（K447a）別他の自性としては無い
ことにより、所依と能依としてないことは、車について説明したとおりです。『入中論'Jug
pa』[(訳註5-63)]にもまた、「蘊において我が〔自らの自性により依ったのを通じて〕有るのではない。
〔さらに〕我においてもまた〔色などの〕諸蘊が〔自らの自性により依ったのを通じて〕有
るのではない。なぜなら、〔我・蘊の二つ〕これにおいて〔体により成立した〕他〔として
の成立〕があるなら、〔互いに自性により〕（Ch326a）〔所依と能依だと〕この分別〔し
伺察する二辺〕になるが、〔その二つは自性により〕他〔として成立した〕それは無いから、
〔互いに所依と能依として自体により成立した〕これは〔顛倒のみによる〕分別〔し増益す
ること〕。」といいます。

　我と蘊が〔自性により〕持つ〔という〕（H435a）宗もまた〔前に〕車〔の場合〕におい
て説明したのと同じなので、同様に知るべきです。『同論』に、「我は色〔蘊〕を〔自性に
より〕持つと主張しない。なぜなら我は〔蘊より自性により同一と別異としても〕無いから。
〔そのような同一・別異としても無いので、我と蘊の二つは自体により〕持つ〔という〕義（こ

と）に適用することが無い。^{※1}〔もし我と色の二つが自性により別異の〕他〔であるのを通じて、持つという義に適用する〕なら、〔デーヴァダッタ自らと体が別異の〕牛を持つ他〔のように、体を別異に適用することが必要です。もし自性により同一〕ではない。〔と適用するなら、デーヴァダッタが自らの〕色を持つ〔ように、体が同一のものに適用することが必要〕なら、〔どちらにも適用しない。〕我は色より同じこと〔でないし〕、〔色より体が〕他のこと〔として〕は無い〔から〕。」という。〔この〕牛を持つ〔という〕のは、デーヴァダッタが牛を持つようなもの^{※2}〔、体が別異のものを持つさまの喩例〕です。色を持つのは、デーヴァダッタが色を（Ch326b）持つようなもの〔、体が同一のものを持つさまの喩例〕です。

　では、〔我は〕蘊がただ和合したほど〔のもの〕が我ではないのか、と思うなら、それもまた道理ではない。〔その理由も、『経』に〕五蘊に依って我と仮設することを説かれたので、〔その法を待った〕仮設の所依事（もと）は仮設された法（D475b）〔、法そのものである宗〕として〔設立することはきわめて〕妥当しないからです。それもまた、『入中論』に、「『経』[※]に蘊に依って〔、我と仮設するの〕である〔、〕と説かれた。ゆえに、蘊がただ和合したほどは、〔我の仮設の所依事なので、我の仮設の所依事は、仮設された法、〕我ではない。」という。

　さらにまた、〔我の〕蘊がただ集積したほどが我であるなら、〔そこにおいて〕業と作者が（B741）一つになる〔という〕過失は、『入中論』本頌・註釈に説かれた。〔それもまた、我の〕蘊各々が我の所取だと主張するので、五蘊ともが〔我の〕所取だと〔必ず〕主張することが必要です。そのようならば、〔必ず我の〕諸蘊の（K447b）集積もまた〔我の〕所取〔のみ〕になることが必定であるからです。

^{（訳註5-66）}〔そのように、蘊の〕集積は我の仮設の所依事（もと）であるが、我ではないことを説かれたこれにより、蘊の相続についてもまた〔集積に適用した〕そのように〔我の蘊の相続は我の仮設の〕（Ch327a）〔所依事であるが、我ではないというこのことを〕主張することが必要であることが〔きわめて〕明らかです。

　〔これにより〕もし〔他者たちは〕、〔我の蘊〕それら〔の集積ほど〕が我でなくても、例えば車の輪（リム）と軸（ハブ）などが構成されたとき、（H435b）形色（かたち）の差別（特定のもの）を獲得する〔であろうし、獲得した〕なら、〔その形色（かたち）を〕車だと設立するのと同じく、色などの〔蘊が〕集積した、形色（かたち）の差別（特定のもの）〔が有るそれこそ〕について、我だと設立する、と思うなら、

　では、形色（かたち）は有色だけにおいて有るので、心など〔、色を有しない蘊〕において我として設立しえなくなる。(Kyt399)『入中論 <i>Jug pa</i>』^{（訳註5-67）}に、「〔我の色など蘊の集積した〕形色（かたち）〔の配置ほどが我である〕というなら、〔そのような形色〕それは有色〔だけ〕に有るから、あなた〔の立場〕において〔有色〕それらこそ〔だけ〕が、我という〔、設立される〕ことになるが、心などの〔、心所を合わせた〕集積〔について〕は我〔を設立すること〕にならない。なぜなら、〔心と心所〕それらにおいて形色（かたち）が有るわけではない〔から〕。」という。

　よって、車〔それこそ〕は七種類の（Ch327b）自性〔を探求したなら、上に説明したよ

うに、〕それのどれとしても無いし、そのようで〔あって〕も、〔その車は〕自らの支分に
（D476a）依って仮設する〔ほどである〕ように、〔意味の場合にも、〕我もまた蘊と〔自
性により〕同一と別異などの七の自性のどれとして〔探求して〕も無いし、けれども、〔そ
の我こそは〕蘊に依って仮設する〔ことほどをする〕ことの二つは、〔意味が〕同じである
から、〔車と我〕その二つを喩例・義（意味）になさって、〔教主仏陀が〕『経』にお説き
になったこと〔を説明するこの仕方〕が〔良く〕成立したのです。

4-2-2-2-3-3-3-1-3-3-2-6-2-1-3-2-3-1-1-2-1-4

第四：〔そのように否定した〕**それに依って人（プドガラ）は幻術のようなものとして浮か**
（訳註5-68）
ぶさま

〔一般的に〕幻術の義（意味）について二つ〔の種類〕を説かれた ── 〔すなわち〕1）勝
義諦〔について〕は幻術のようだと説かれたような、ただ有ることほどとして成立していて
も、〔その上に〕諦〔としての成立〕を否定したこと〔ほど〕について、〔幻術のようなも
の と〕いうのと、2）色など〔世俗の法〕について幻術として説かれた〔ような〕こと、〔す
なわち〕自らの自性（K448a）により空でありながら色などとして現れる現れ〔である〕幻
術のようなもの〔としたものとの〕（B742）二つ〔が有る〕うち、ここ〔の場合〕におい
ては後者〔、色など世俗について幻術のようなものとしたそれこそ〕です。

それもまた、後者〔、世俗〕において前者の〔勝義諦の〕幻術の義（意味）も有るが、前
者〔、勝義諦〕において後者〔、世俗〕の幻術の義（意味）が有る〔という〕（Ch328a）
決定は無い。

後者〔、世俗〕それの成立の仕方は、〔色などの〕現れ〔の分〕を取らえる〔知〕と、
〔自性により〕空〔である分〕を決定する知との二つに依ってから、〔世俗の幻術のような
それが〕成立する。〔それが成立した幻術の喩例は、〕例えば、（H436a）〔幻術師が小石
などを馬・象に化作するとき、〕幻術の馬・象が〔馬・象そのものとして〕現れるの〔分〕
が眼識により〔現前に〕見られることと、〔幻術の馬・象そのものとして〕現れるような〔義
（もの）の〕馬・象は〔そのものとして〕無いことを意識により決定する〔ものなので、そ
の二つの〕ことに依ってから、〔幻術の馬・象それは〕馬・象として現れるそれは、〔現れ
るようには成立していない〕幻術または偽りの現れ〔ほど〕だとの決定を生ずるの〔です。
それ〕と同じく、〔意味は、〕人（プドガラ）などは〔侵害無い〕言説の知識において歪曲
しえないと現れるし、まさに〔現れ〕それこそが自体により成立した自性について空である
と正理知により決定することとの二つ〔が集積したこと〕に依ってから、人（プドガラ）
それは〔現れながら、無い〕幻術または偽りの（D476b）現れ〔ほど〕だとの決定が生ずる
のです。〔幻術のような〕これについて、〔人としての〕現れが有ることは正理知により成立
しないし、自性について空であることは言説の（Ch328b）量〔こそ〕により成立しないの
で、〔各々により現れ・空の両者は成立しない。だから、人などが幻術のように成立するに
は、〕自性〔によって〕の有る無しを探求する正理の知識と、色などが有ると取らえる言説
知の二つ〔とも〕が必要である理由は、それです。

よって、〔色などが幻術のように浮かぶのを学んだとき、もし〕色などが幻術のように浮

かぶと主張しない〔し、そのように浮かびがたくなった〕なら、〔色など言説の義（もの）〕それらを取らえる言説の知は〔継続的に〕自然に〔自らに〕有るので、〔言説の知〕それを生じさせる方便に〔別に〕勤める必要がないので、〔色など〕それらにおいて自性〔によって〕の有る無しを伺察する正理により多く伺察してから、自性〔による成立〕を否定した〔まさにその〕ことについて強い決定を生じさせてから、次に〔色などの〕現れが〔その言説の知識に〕浮かんだのを（K448b）見たなら、〔色などは〕幻術のようなものとして浮かぶのですが、幻術のような空〔それ〕を **(Kyt400)**〔、言説の知識への現れと正理知の決定の生じさせ方との二つより〕別に決択する〔他の〕方法は〔全く〕無いのです。

　　　※6
　　　正理知により、有法〔、色など〕が現れるのについて生滅などの（Ch329a）〔自らの側から成立した〕自性をただ断除したほど〔ものがその人に浮かぶが、現れの分は浮かばない場合〕の空〔のみ〕について、「虚空のような空性」、そして次に、〔空のみが浮かんだ後に、〕自性により空であっても（H436b）自性〔による成立〕として現れる色などの現れが〔また〕浮かぶ〔場合〕の〔現れ・空の二つが集合したそれ〕について、「幻術のような空性」
　　　　　　　　　　　　　　　　　　　　　　　　　　　　　※7　　　　　　　　　　　　　　　　※8
と、昔の〔翻訳師、学識者、〕学者たちは〔そういう言説を〕仰る。
（訳註5-69）
　　　〔色などが幻術のように浮かぶさまを学ぶのと〕同じく〔自己が〕礼拝・右繞・念誦〔・
※1
　　　　　　　　　　　　　　　　　　　　　　　　　　　　　　　　　　※2
施与・戒〕（Ch329b）などの（B743）〔どの〕行の分に入る〔とき〕にも、〔それらを為す〕前に〔礼拝・右繞など〕それらは自性〔によって〕の有る無しを伺察する正理により〔上の伺察の仕方のように〕伺察してから〔礼拝・右繞などの〕自性〔による成立〕を否定する。〔そのように否定して、自性により無いと決定する〕その決定の滋養により支えて〔、その決定のなすがままになって〕から、それら〔礼拝・右繞など行の分〕に入ったことにより、〔それら行の分は〕幻術のようなものとして浮かぶのを学ぶ〔べきです〕、〔幻術のようなものとして浮かぶ〕その状態（D477a）から〔行の分〕それらをすべきです。

　　　〔幻術のようなものとして浮かぶさま〕これの〔そのような〕枢要を知るなら、等至において〔自性により空であるほどの〕虚空のような空性を修習したことにより、その〔修習の〕力により〔それより立ち上がった〕後得において〔現れ・空の二つが集合した〕幻術のよう
　　　　　　　　　　　　　　　　　　　　　　（訳註5-70）
な空性が浮かぶさまを、良く知ることになる。
（訳註5-71）
　　　〔幻術のようなものとして浮かび方〕これについてもまた、前に説明したように、否定されるべきもの〔の共義（概念的イメージ）の浮かび方〕の度量（程度）を良く取らえていなくて、〔人などの諸法蘊などと自性による〕同一・別異などについて〔そのように伺察する〕正理により観察したなら、〔自性による同一など〕それらについて〔正理の〕侵害が見えるとき、〔次に〕人（プドガラ）などは（Ch330a）全くいないと思う〔決定を導く〕ことと、人（プドガラ）などの諸事物はウサギの角などのように効用を為すことすべてについて空である無事物〔のみ〕だ、と思う〔そのような〕ことが生起したなら、大きな断見であるので、〔その見こそは〕正見の岐路〔または大の分の誤り〕だと知るべきです。「〔真実を伺察する正理により獲得されないなら、全く無いとなった〕そのようであるなら、どのように〔この有（生存）は幻術と同じことになるのか。輪廻の〕有（生存）は幻術と同じではない。」
　　　　　　　　　　　　　　　　　　　　　　　（訳註5-72）　　　　　　　　　　（訳註5-73）
という『四百論の〔ほうの〕註釈 *bZhi brgya pa'i 'grel pa*』に（K449a）、「縁起〔のこ

162

の理趣〕がそのとおりに見えるなら、〔自性により空でも、自性により成立していると現れる〕幻術を為したようなものになるが、石女（うまずめ）の子のようなもの〔になるの〕ではない。もし〔自性論者のあなたが、勝義を伺察する〕この伺察により（H437a）〔獲得されないことほどにより、縁起の諸々の〕生を全面的に（Kyt401）否定したことより、有為は生が無い〔のみ〕と示したと主張するなら、そのとき〔その理由により有為〕それは〔諦空ながら諦だと現れる〕幻術のようなものにならなくて、石女（うまずめ）の子〔とウサギの角〕など〔を喩例にして、石女の子など〕でもって量られる〔、その喩えにより表示される義（意味）を有する〕こと〔こそ〕になる〔ことが必定な〕のを、（Ch330b）縁起が無い誤謬になる〔過失への〕恐れでもって、〔石女の子などの喩例〕それらと合わせないで、〔縁起の理趣〕それと相違（矛盾）しない〔喩例、〕幻術などと合わせる。」と説かれたからです。

　よって、自性〔によって〕の有る無しを探求する（D477b）正理知により〔正理により伺察する側に、〕幻術ほどの義（もの）が有ると取らえても、過失であるが、その正理により伺察してから〔、自らの側から成立した〕自性を否定した空きに、諸事物について幻術ほどの（B744）義（もの）〔それ〕こそが〔他の知を通じて〕有ると取らえることは、必ず生ずることが必要なので、〔そのように取らえることは〕過失はない。〔なぜなら、〕『四百論の註釈』に、「ゆえにそのように〔自性による有る無しを正理により〕周遍伺察したなら、〔その正理により〕諸事物の〔、体により成立した〕自性は成立することにならない〔し否定されたことになる〕ので、〔伺察された事物〕個々に〔後に残るべき〕諸事物〔各々〕において〔現れの分、〕幻術のようなものそれこそが後に残ることになる。」といって、〔現れの分、〕幻術の〔のような〕義（もの）〔こそ〕が後に残ることが必定であることを、説かれたからです。

　〔幻術のような状態〕これもまた、芽それの自体により成立した自性を（Ch331a）〔勝義を伺察する正理により〕否定したなら、〔そのような自性を否定する〕その正理の造作〔、作業〕が損なわれていない〔で住する〕間に、正理により妥当するか妥当しないかを伺察し〔たのを通じ〕て、〔そのような〕芽に自性が有る〔のが妥当する〕と取らえることは〔全く〕生じないが、〔正理の能作が損なわれていないその場合にも、〕芽において〔自らの側から成立した〕自性が無いことそれが諦〔として成立している〕と思うのと、〔芽が〕自性について空である現れが幻術のようなものとして（K449b）諦〔として成立している〕と思うのなら、〔そのような取らえることを、〕正理により否定することが必要である、取らえることは、過失あるものですが、〔そのような取らえること〕それらが無い幻術のようなものの義（もの）が有ると（H437b）取らえること〔それほど〕においてもまた〔過失だと考えてから〕、〔その取らえることについて〕幻術を取らえる思い込みが有るので、棄てることが必要であると〔、他者たちが〕取らえる〔そのような〕ことは、全く適わない〔、適切でない〕。〔なぜなら、適わない、適切でない〕そのようでない〔で、そのように取らえることが必要〕なら、縁起の〔生滅など、これは有る、これは無いとの〕決定すべては為すべくない〔という〕大きな過失になるからです。〔これもまた〕前に多く説明しおわりました。

　〔そのように主張する〕これもまた、幻術のような義（もの）〔それ〕が〔一般的に〕有

るの〔ほど〕と、〔それこそ〕諦として有るのとの二つ〔の差別（ちがい）〕を、〔個々に〕区別していないもの〔の過失〕であることは、間違いない。

（訳註5-75）
〔幻術のようなものが浮かぶこのさまについて、他の過失〕さらにまた、〔伺察者の人彼が伺察すべき〕対境を伺察したそれは正理により〔その対境を〕（Ch331b）〔個々に〕分割〔して、分と分に〕するなら〔、次にその対境は獲得されないので、〕無い、との思いが、初めに生起するし、次に伺察者〔自ら〕についても[※1]〔上の対境〕それと同じように見えて、（D478a）〔そのようにその対境は〕無いと決定する者もまた有るわけではないので、何〔の法〕についても「これである」「これではない」という〔何の〕決定を〔も〕するところが無くなって、〔その人こそには対境の〕現れが〔信認されない〕漠然とした〔ような気分の〕現れが浮かぶこともまた、〔その人が〕自性〔によって〕の有る無し[※2]〔の二つ〕と〔一般的に〕ただの有る無しほど〔の二つ〕を〔互いに差別（ちがい）を〕区別していなくて、〔自性による有る無しを伺察する〕正理により〔有る無し〕すべてを否定したことに依って、〔そのような気分の現れがその人に〕生起したのです〔。です〕から、そのような空もまた縁起〔の設立すべて〕を壊した空〔の方軌〕です。よって、〔そのような空〕それを〔決定し〕証得すること〔の立場にしたその知〕により導いた現れが漠然と〔彼に〕浮かんだのもまた、幻術のような意味では全くない〔し、過失あるもののみです〕。

よって、正理により〔人などを分と分に区別して〕伺察したなら、（B745）人（プドガラ）など〔それら〕（Kyt402）について〔正しい決定は生じていなくても、〕[※3]（Ch332a）自体により成立した対境の上に在るあり方が少しもないと思うの〔、気分〕と、それに依ってからこれら現れも漠然と浮かぶほど〔をすること〕は難しいわけではない。しかし、そのような〔浮かび方〕それは、中観の学説を信解し無自性の理趣を示す法を少し聞いた者すべてに来るが、〔ここに幻術のようなものとして浮かぶさまの〕難しいところ〔の枢要〕は〔人（プドガラ）などの上に〕自体により成立した自性を（K450a）残らず否定したことと、〔そのような〕自性が無い人（プドガラ）などそれこそを、業を積む者と（H438a）〔業の〕果を領受する者などとして設立すること〔の方軌〕について、決定を底から導く。〔自性により空でも、業を積む者など〕それらとして設立しうることの〔そのような〕二つの集合は、〔ほとんど無い〕有の極限ほどになっているので、中〔観〕の見〔といわれるもの〕はきわめて獲得することが難しい[※4]〔ことになっている〕のです。

〔決定の獲得の仕方〕そのようなものを（Ch332b）獲得しないなら、〔見の他の決定をどれほど獲得したかの立場にしても、〕見の決定が大きい〔ものになった〕ほどに〔施与などの〕行の分に決定が小さくなるし、〔また〕行の分について決定がどのようにか大きい〔ものになった〕ほどに見の決定は小さくなることは、間違いないので、（D478b）〔見と行との分〕両者について力が対等に、大きな決定が生ずる方便は無い。[※5]〔そのような決定によりそのようにできない〕ゆえに〔、その決定によりまさしく〕必ずや、自体により成立したと取らえる増益〔という見〕と、常見と事物が有ると見る〔という〕辺（極端）に陥る、または、諸事物は効用すべてについて空だと取らえる損減〔の見〕と、断見と事物は無いと見る〔という〕辺（極端）に陥るのです。

そのようならば、〔決定をこのように修治すべきです ― 〕『三昧王経 Ting nge 'dzin gyi rgyal po』(訳註5-76)に「そのとき〔罪悪の法の根本およびその習気を根本より断除したので、〕罪悪が無い〔、処と非処を知られるなど〕十力を有する〔門より所対治分すべてを敗られる無等の〕勝者彼は、〔煩悩すべての根本を断つ〕この最上の等持（三昧）を講説なさる。

（Ch333a）〔すなわち、輪廻・〕有（生存）の〔世の〕衆生は夢のようなもの。〔例えば、夢に人が生まれるし死ぬと現れるが生まれることと死ぬことが無いように、輪廻の世間〕これには〔自性により生まれるし死ぬと現れるが、どの人も自性により〕生まれないし、誰も〔自性により〕死ぬことが無い。〔生の因、業を積むのとその業の果の異熟を領受する者の所依の〕有情〔、と業の力によりどこに生を受けるかの趣の差別、〕人と〔、人のその所依こそに住させる〕命もまた〔自性により無いので、如理に観察したなら〕獲得されない。〔よって有情など〕これら諸法は〔喩例は、有情の所依は〕泡、※2〔有情の体は〕芭蕉樹（バナナ樹）※3と同じ。〔生は〕幻術のようなもの、※4〔住するときは〕虚空の雷電と同じ。※5〔一々の趣へ生まれるのは〕水〔の中〕の月〔の映像〕と同じであり、※6〔受用は〕陽炎のよう。※7（Ch333b）〔ここにおいて〕何らの人もこの世間〔、生まれるの〕※8も死んで〔、この生の位を棄てて〕から〔彼方の〕他の世間〔、生の住処〕に〔前のその人自らが〕移らないし行くことが〔全く〕無いが、〔その人は自らの、諸々の〕為した業は〔いつの時も〕けっしてムダに失われない。〔だから、六趣の〕輪廻においてまた白黒〔、善悪の業二つにより投じられたとおり〕の〔異熟の〕果が成熟する〔のを通じて、所依の蘊が成立したし生まれる〕。（B746）〔そのように因・縁の集積の縁起の力により生まれるので、〕常〔の辺〕ではないし〔、死んでから相続が断絶するなど〕断〔の辺〕に〔も〕ならない。（K450b）〔そのようにならないが、生の異熟の因の〕業〔それこそ〕は〔始めに為したし〕積んだことが〔自性による成立が〕無いし、〔積んでからその業こそが果までに滅しなくて〕住することも無い。〔そのような業の決定〕それもまた〔自らが積んだし〕為されてから〔以降、その業の果の異熟に〕触れ〔るのを通じて領受することが〕なく（H438b）なるわけではない〔ので、必ず領受する〕。〔自己が為していなくて、相続が他の〕他者が為したこと〔の業の果〕を〔自らが領受し〕感受することにも〔全く〕ならない。」

といって、〔輪廻において〕生ずるし死去する人（プドガラ）は、〔勝義を伺察する〕正理により〔探求したなら、〕獲得されないが、〔人などの〕諸法、幻術のようなもの〔と設立されるそれこそ〕において〔諸々の〕白黒〔の業〕の果が〔錯乱なく〕生起するので、〔自らが〕業を為して（Ch334a）から〔以降〕、〔その業の〕果に〔為す者自身が〕触れる〔すなわち〕領受することがなくなるわけでは〔全く〕ない〔ので、必ず領受することが必定です〕。〔相続が他の〕他者が造った業の果を、〔業の作者彼より〕他の人（プドガラ）が感受するまたは領受する〔そのような、自らが〕為さなかったこと〔、業の果〕と出会う〔または領受する〕ことは〔全く〕無いことを、説かれた〔その〕ような（D479a）（Kyt403）決定を、〔どうしても〕獲得すべきです。

（訳註5-77）〔そのような〕その決定を探求する仕方は、前に説明したように〔始めに〕、〔勝義を伺察する〕正理の否定されるべきもの〔、義〕の一般〔または形相〕を〔自らの知に側に〕良

く浮かばせて、自相続の無明〔、倶生の我執〕により〔自らの側から成立した〕自性をどのように増益したのか〔の増益の仕方〕を良く〔了解し、〕思惟して〔増益の仕方を〕確認すべきです。次に、〔我または私において、自らの側から成立した〕そのような自性が有るなら、〔我それは自らの蘊と自性により〕同一・別異〔のどれか〕を越えないさまと、〔そのような自性による同一と別異の〕その二つの宗（立場）〔のどれ〕としても承認したことに侵害するものが有るさまを、〔上に説明したような侵害するものを個々に〕明瞭に区分して〔如理に〕思惟し、〔そのような同一・別異の二つへ〕侵害するものが見える決定を導く〔べきだ〕し、（Ch334b）〔そのように決定を導いた〕最後に「〔我または〕人（プドガラ）において〔自らの側から成立した〕自性が少しも無い。」という〔、相続上に載せて決定する〕決定を〔大いに〕堅固に〔するよう努力〕すべきです。〔そのような決定を通じて自性による〕空の分においてそのようなこと〔、決定〕を多く〔の回数に〕修治する。

　〔空の分への決定をそのように修治した〕次に〔我または〕人（プドガラ）〔の現れの分〕の言説は、歪曲できなくて〔自らにおいてこちらに、諸々〕現れるものを〔現れるように、自らの決定しうる度量（程度）に自らの〕知の対境に浮かばせて、〔浮かばせた我や人の現れ方こそを決定するには、その現れ方を具えた我または人〕それ〔こそ〕を業を積む者と〔業の〕果を領受する者として設立する〔ことが必要な、為したのと領受するのなど互いに相俟って成立した現れ、〕縁起の〔諸々の〕分を〔混合していなくてたびたび〕作意すべきであるし、〔我または人は〕自性が無いこと〔こそ〕において縁起〔の所作・能作〕が妥当する妥当性について決定を〔大いに〕獲得〔することに努力〕すべきです。

　〔人において自らの側から成立した自性が無いことと縁起の所作・能作が妥当すること〕その二つが〔一つを設定したなら他方が設定しがたいのを通じて〕相違（矛盾）すると〔自らに〕現れるときには、映像など〔の現れ方と空のあり方が相違しないこと〕を喩えに取ってから（K451a）〔我または人の現れ方と空のあり方が〕相違しないさま〔に適用して、それ〕を思惟する ― 〔思惟の仕方は〕すなわち、顔の〔色と表情の二つは〕（Ch335a）映像〔が鏡に浮かんだなら、その顔の映像〕は、（H439a）〔表情と色と〕眼と耳などの何かとして〔現れても、眼など何かとして〕現れるものごとについて空であっても、顔〔そのもの〕と鏡〔の二つが集合したの〕に依って〔その映像が〕生ずることと、〔顔と鏡〕それら縁の〔中で〕何かが止んだ〔、無くなった〕とき〔その映像も〕滅することとの二つは（B747）歪曲できなくて、一致した所依事〔すなわち共通項〕に収まるのと同じく、人（プドガラ）においてもまた自性〔による成立〕はただの塵ほども無いが、業を積む者と〔その業の〕果を領受する者と、かつての業と煩悩などに依って生ずる〔のを受ける〕こともまた、相違（矛盾）しない、（D479b）と〔決定する思惟をたびたび〕修治すべきです。〔喩例、受け方などの修治の仕方〕このようなことは、〔この場所だけでなく、〕この〔の場所と同じ〕ようなすべての場合において〔運んで〕知るべきです。

　〔これについて他者たちが、〕では、映像など〔の喩例〕これら〔自ら〕が何かとして現れるのについて空であると決定する〔知〕これ〔こそ〕が、〔映像など〕それらの〔自らの側から成立した〕自性が無いことを証得すること〔、知〕であるなら、異生（凡夫）の現量

により無自性であること〔の義〕を証得することに（Ch335b）なるので、彼ら〔異生〕は聖者になる。〔無自性を証得する〕そうでないなら、〔映像などの喩例〕これらは〔自らの側から成立した〕自性が無いことの喩えとして、どのように適切なのか。〔映像などの〕それら喩えもまた無自性であると証因に依って証得することが必要〔になるの〕であるなら、それ〔の証得〕の喩えとして〔他は〕何を設立するのかなどの方軌により観察したなら、〔その喩えも〕無窮に継続することが必要である、と思う〔疑いが、対論者に生じた〕なら、

　〔疑い〕これ〔の回答〕について、〔チベットの〕前の〔学者、〕或る人は〔このように〕、^(訳註5-78)「映像など〔それら〕は自性が無いことを現前に証得しても、聖者にはならない。〔なぜなら、映像は自性により空だと現前に証得することほどは、〕暫時の有法の空性ほどを〔現前に〕証得するからです。聖者になるには、一切法が無自性であること〔の空性〕を現前に証得することが必要である。」と語るが、

　〔そのように語ることは〕道理ではない。〔その理由は〕『四百論 bZhi brgya pa』に^(訳註5-79)（Kyt404）「事物一つ〔の自性により無いこと〕を（H439b）見る者は〔事物〕すべて〔の自性により無いこと〕を（K451b）見る者だと述べる。〔その理由は、事物〕一つの（Ch336a）〔自性により空である〕空性であるそれは、〔事物〕すべての〔自性により空である〕空である〔から〕。」といって、一つの法の自性が無い〔という〕空性を証得することにより、一切法の〔自性により無い〕空性を証得することが可能であると説かれたからです。

　よって、^(訳註5-80)映像が顔について空であると証得することにより、〔映像は〕顔として諦だと取らえても、映像〔彼自らの分ほど〕は諦として有ると取らえることに、どんな相違（矛盾）が有るのか。〔相違は何も無い。映像は諦だと取らえる・取らえない方軌〕これもまた、表記に精通していない小さな幼児たちは、〔鏡において〕顔の映像が〔浮かんだのが〕見えるなら、〔その映像により見るのと微笑むなどの現れ〕それについて〔遊び相手の気分により〕遊び戯れることなどをするので、彼ら〔幼児〕は〔映像が顔として現れたのへ、〕顔〔そのものだ〕として諦だと取らえるが、（B748）〔世間の〕表記に精通した老人たちは（D480a）〔映像が顔として現れた〕それらが顔として無いままに〔顔として現れるので、〕顔について空であると決定するが、〔その老人は〕顔として現れる映像〔自らの分〕それこそは、自体により成立した有るものだと取らえる〔ことであり、そのように取らえる〕ことは、（Ch336b）諦執です。^{※1}それ〔の両者〕もまた、自相続に〔観察したなら、〕有ることが経験により成立する。

　〔映像の現れが空だと証得することにより、映像が自性により空だと証得しない〕そのようであっても、〔映像などは〕自性が無いことの喩えとして適切であるさまは、〔映像それが〕何かとして現れるそれの〔自〕体について空なので、〔その映像こそが〕何かとして現れるそれの自性が無いことは、〔自性により無いのを証得しない者も〕現量により成立しているので、〔何かとして現れる体について空その分より、映像〕それこそを〔この場合に〕喩えにするのです。何かとして現れるそれの自性について空であるそれ〔こそ〕が、芽などの上に量（認識基準）により成立したなら、〔自らの側から成立した〕芽の自性が無いのを

証得することなので、映像など〔の喩えの上に、何かとして現れる自性により空だと証得すること〕と同じではない。

　〔映像の喩えを適用する仕方〕これにより、〔『入中論』に〕「瓶などこれらは真実として無いし、世間の周知（常識）として〔、言説ほどとして〕有るように」といって、瓶など〔それら他の諸法〕が自性が無いことの喩えとして（H440a）実有論者に対して（Ch337a）提示したこともまた、映像など〔が、何かとして現れる自性について空〕のように暫時の空〔の分より喩えとして提示したの〕であって、〔瓶など〕それらの自性が無いこと〔の空性その分から〕（K452a）ではない。〔なぜなら、〕前に説明したように、車などそれらにおいて〔喩えとして提示したのに依ってから、〕自性が無いことを立証することを多く説かれたからです。〔上に映像などについて説明したのと〕同じく幻術においてもまた、或る観客が〔幻術の馬・象なども〕馬・象など〔そのもの〕として諦だと取らえるし、幻術師が〔幻術の〕馬・象は〔何かとして現れる馬・象について空なので、〕偽りだと知る〔のであり、幻術師がそのように知る空である〕こともまた、暫時の空です。[※2]

　夢においても器〔世間〕・有情〔世間〕の事物を認得するのについてもまた、〔眠りが〕目覚めた場合に〔夢の器・有情〕それらがどのように現れるか〔の器・有情〕それについて空である偽りだと取らえることと、眠りに落ちたときそのように〔空の偽りだと〕取らえること〔のその二つ〕のどれであっても、〔似た〕夢の男・女として現れるそれ〔こそ〕は、他である男と女（D480b）について空であると（Ch337b）取らえるのであっても、〔そのように取らえるそれは、〕夢が自性が無いと証得するわけではない。〔その理由は〕例えば、映像など（Kyt405）において顔が無いと決定すること〔それは、映像が自性により無いと証得するのでないこと〕と同じです。前に〔『入中論』に〕「幻術・陽炎などにおいて〔順次に馬・象と水として〕仮設された〔ものである馬・象と水〕それらは、世間〔の世俗、言説〕からも有るのではない。」と〔説かれた教を〕引用したように、陽炎〔の水〕と（B749）幻術〔の馬・象〕と夢〔の男・女など〕において〔順次に〕水と馬・象と男・女などが〔直接的に〕有ると取らえることについては、自由気ままな言説の量が侵害するので、それらにより思い込まれるとおりの義（もの）〔、水など〕が無いと知ることは、法が無自性であると証得する見ではない。

　その〔理趣の〕ように、前に説明した幻術の〔ような〕義（内容）それらは、甚深な契経の偈頌の歌のことばとして述べ〔たのを通じ〕てからまた思惟すべきです。それは『三昧王経 Ting nge 'dzin gyi rgyal po』に説かれたように、すべきです。

1) すなわち、（H440b）「〔一切法は空性、無相なのか、『三昧王経』に喩えはどうかというと、〕あたかも〔例えば、〕陽炎〔は水が無いながらに水と現れるのと〕、ガンダルヴァの城（蜃気楼）〔は城などの事物が無いながらに城などと現れるの〕と、幻術の〔化作は馬・象などとして無いながらに馬・象として現れる〕ように、（Ch338a）夢〔に男・女などが無いながらに現れる〕のように、〔それらは水など現れるが、水などについて空であるように、その義（もの）は現れるし効能の証因（しるし）のようなものであるので、〕兆相・修習は〔作意したのを通じて思い込むことなので、実は証因にして思い込まれる対境、

色などは、自らの〕体性により空である〔し、思い込む者も自らの体性により空である。〕。

　(K452b)〔この理趣はすべてに適用して、〕一切諸法〔が空であるさま〕は同じく知るべきである〔という〕。

2)〔個々の譬喩によりどのように表示されるかは、〕あたかも〔雲と塵などにより覆障されていないので、〕澄んだ虚空に月〔輪〕が昇った〔なら、縁、その月輪と水と覆障されていないことが集合したことにより、〕その〔月の〕映像が、〔濁りの無い〕澄んだ湖に現れる。〔けれども、その〕月〔輪こそ〕が〔その〕水の中に移った〔し行って住する〕ことは無い。〔人などの因果の〕一切法は〔また自らが因より果の位に移ったし行ったことは無いが、諸縁が集合したのよりそれぞれの事物として現れるし、現れるように体について空の理趣により〕〔上の喩え〕そのような相（特徴）と知るべきである〔、と教誡する〕。 (Ch338b)〔そのように受用者の所依の生は自性により空だと示してから、受用の縁により渇愛が生ずる所依事は自性により空だとの喩えを示したのが、〕あたかも〔例えば、〕人々が密林〔のある山〕の中にいて〔住してから〕、〔喜びの気分の〕歌を歌い、〔義（意味）と所作を様々に〕話〔すこと〕と〔喜ぶ態度により〕笑いと〔喜ばないし苦しむ形相により〕泣くの〔、声〕より〔歌などの声のとおりに現れる〕こだま〔の声〕が聞こえ〔るだろうし、そのこだまの声が聞こえ〕ても、〔歌などのこだまは〕現れ〔るとおり〕は無いように、〔対境の受用などの〕一切諸法は〔また、喜びと苦しみなどなどが生ずる所依事の事物として、自性により有るとなっても、そのような所依事の事物の自性により空であることも、こだまの喩えと〕同じく知るべきである〔、という〕。

3)〔そのように喜び・苦しみが生ずる事物としての現れより対境の味を経験する渇愛が生ずるのは、自性により空であることの喩えは、そのように〕歌と音楽〔をすること〕と同じく泣くこと[※]〔について〕もまた、〔歌など〕それ〔ら〕に依って〔歌と音楽をするのと泣くと現れる〕こだま〔の声〕が生起するが、〔そのようなこだまの〕声において〔歌などの〕その音声は〔いつの時も〕けっして無い。〔対境の受用などの〕一切諸法を〔も、喜びの対境を得たい、苦しみの対境を離れたいと欲する渇愛が生ずる所依事として、自性により有ると現れるが、得るのと離れるのとの所依事として、それら法は体により成立したことが無い方軌も、こだまの喩えと〕 (Ch339a) 同じく知るべきである〔、という〕。

4)〔受用の縁、渇愛より対境を受用することは、自性により空であることの喩えは、〕あたかも〔或る人が〕夢〔の状態〕においても〔交合の受用の〕欲望に依った〔夢を見たのより、その〕人が〔眠りが〕目覚めてから〔交合行為が直接的に有るとは〕見えない。 (D481a)〔けれども、その方軌を知らない〕幼稚な者〔が夢見たの〕は〔夢の交合のまさにその味を〕きわめて欲望し、〔再びそのようなものを得たいと欲するので、〕執着〔が増大する〕しこだわる。〔そのように対境の楽を受用することなどの〕一切諸法〔は、得られるべき受用の体として自性により成立していると現れるが、そのような体として自体による成立について空の方軌〕を〔も、喩えの夢と〕同じく知るべきである〔、という〕。

5)〔そのように触の受用に愛着することより、外側の受用を成就することは、自性により無いことの喩えは、〕幻術を為す者〔、幻術師〕たちは〔幻術の様々な〕色を化作した。〔す

なわち、〕馬と象、車〔と住宅などの資具と受用の事物〕様々を〔個々に〕作った。〔それは馬などとして現れるが、現れ〕それに現れるとおりの〔馬・象などのそれら事物は〕何も無い。一切法を〔もまた、外の様々な受用は、希求されるべき体により、自体により成立していると現れるが、そのような自体による成立について空であるさまも、幻術の喩えと〕同じく知るべきである〔、という〕。（Ch339b）

6）〔そのように希求することより、義（もの）を得たことに喜び、損なったことに憂いが生ずることは、自性により無いことの例えは、〕あたかも若い娘の夢に、〔自らに〕男の子ができたし〔生まれて、生まれてからも〕死んだのを〔娘〕彼女は見て、〔その夢の位こそにその子が〕できて〔きわめて〕喜ぶし死んで〔大いに〕憂う〔のを夢見たのは、現前に無い〕ように、〔欲する義（もの）を得たのと離れたのなどの〕一切諸法は〔また、得ることと離れたことは自性により成立していると現れるが、それにより空であるさまも、夢の喩えと〕同じく知るべきである〔、という〕。

7）〔そのように受用される事物と受用することと受用者との三つには、自性による成立が無いことの喩え三つのうち、第一、〕あたかも夜〔の時に）、水〔の中〕の月〔の映像〕が澄んだ（B750）濁りなき水の中に〔明瞭に〕現れる〔とき〕。水〔の中〕の月〔の映像は月としての現れは、そこに現れる月の事物によって〕は空である〔ので〕、〔偽り、心髄が無い〕虚ろである。（H441a）〔それは月の事物として〕取らえるべくない〔ように〕。〔受用される事物などの〕一切諸法を〔も、自性により受用されるものとして現れるが、それにより空であることも、水の月の喩えと〕同じく知るべきである〔、という〕。

　（Ch340a）〔第二、受用することが自性により無いことの喩えについて、始めに入られるべきと現れるのは、〕あたかも春の〔季節の〕真昼時に、〔灰白の砂などと関係した平原に陽炎が動くとき、〕人が渇きにより苦悶し〔道を〕行くことにより、陽炎〔の動きが現れるのが見えるの〕に水の蘊が〔動くと〕見える〔ように〕。〔受用への渇愛により入られることなどの〕一切諸法は〔また、そのように入られる体として、自性により成立していると現れるが、それにより空であることも、陽炎の喩えと〕同じく知るべきである〔、という〕。

8）〔そのように入るべきものと現れるそれに、受用に入ったことは自性により無いことの喩えは、〕陽炎〔が水として現れるの〕においてもまた（K453a）水は全く無いのなら、〔無いと知らない〕愚かな有情〔たち〕が〔陽炎の水〕それにおいて飲みたいと欲する〔。飲むために入る〕。（Kyt406）〔そのように入っても、陽炎の水は〕非真実〔であり、そこ〕の水を飲むことは全くできない〔ように〕。〔渇愛により受用を成就することなどの〕一切諸法は〔自体により成立していて為されると現れるが、それにより空であることは、陽炎の喩えと〕同じく知るべきである〔、という〕。

　〔第三、受用者は自性により無いことの喩えは、〕あたかも芭蕉樹（バナナ樹）の湿った幹に、心髄を〔探求したいと〕欲するから、〔或る〕人が〔芭蕉樹の幹〕それを割って〔、次第に皮を剥いで、真ん中に至って〕も（Ch340b）、〔その幹の〕内と外側すべて〔のどこ〕に〔も〕芯は無い〔ように〕。〔受用者の人などの〕一切諸法を〔も、正理によりどの分に探求しても、自性を獲得しないことは、芭蕉樹の喩えと〕同じく知るべきである〔、と

いう〕。」という。

4-2-2-2-3-3-3-1-3-3-2-6-2-1-3-2-3-1-1-2-2

第二：名の差別（ちがい）を通じて成立するさま^{※1}〔の喩え〕を義〔もの、意味〕に適用すること ^{（訳註5-84）}

あたかも〔例えば、〕輪（リム）など〔の支分の集積〕に依って車と仮設したならば、〔車輪などの〕それら支分は取られるものであり、車〔それこそ〕は〔それを待って、〕取る者であるのと同じく、〔義（意味）は、我の〕五蘊と六界と（D481b）六処〔の集積〕に依って我と仮設されるなら、〔また五蘊など〕それらは取られるもの、そして我は〔それらを待って、〕取る者〔として設立するし〕、そして、車とその諸支分は〔車は〕作者と〔支分は〕業^{※2}として設立するのと同じく、我は蘊などを取ることの所作（為されること）を作るので、作者、そして蘊などは、〔我〕それにより取られる業であるので、所作です。『入中論'Jug pa』^{（訳註5-85）}に、「〔車と〕同じく世間の周知により〔、言説の力により五〕蘊と〔六〕界と同じく六処〔を所取として設立したの〕に依って、〔車だけでなく〕我もまた取者だと主張する。取〔の蘊〕は〔取られるべきなので、〕業である〔し、〕。（H441b）（Ch341a）〔我〕これは〔取るものなので、〕作者でもある。」という。

〔意味〕これもまた、車のように、真実を伺察するなら、〔自性により同一・別異など〕七種類のどれとしても我それは獲得されることにならないので、〔その我は〕自性〔による成立〕は少しも無いが、〔その我は正理により〕伺察しなくて〔設立したなら、〕世俗として有る。（B751）

4-2-2-2-3-3-3-1-3-3-2-6-2-1-3-2-3-1-2

第二〔: それにより我所もまた無自性であることが成立することを示したこと〕 ^{（訳註5-86）}

〔我が自性により成立したのを否定する正理〕それにより我所（私の）もまた（K453b）〔自性により成立したのが〕否定されたことを説いたことは、

そのように我それは、自性〔によって〕の有る無しを探求する正理でもって探求したなら、その七つのどれとしても獲得されないこと〔の正理〕により、我において〔自らの側から成立した〕自性が否定されたそのとき、〔七種類に伺察する〕正理でもって、「〔眼など〕これは我それの眼などだ。」と〔いう方軌により〕どのように獲得することになるのか〔。獲得しない〕。そのよう〔に獲得しない〕なら、我所〔、眼など〕においてもまた〔自らの側から成立した〕自性が無い。ヨーガ行者は〔正理により伺察し〕、我と我所の〔自らの側から成立した〕何らの自性をも認得しない〔、見ない〕のなら、〔それにより〕輪廻より解脱する〔のを得る〕ことになる。〔なり方〕これは〔下に〕説明することになる。

〔それもまた『根本中論』〕第十八章に、^{（訳註5-87）}「我が〔自性により〕無いのなら、我所が〔自性により〕どこに有るのことになるか。」といい、『入中論'Jug pa』にもまた、（Ch341b）^{（訳註5-88）}「〔例えば、〕作者〔、陶工〕の無い業〔として為されること、陶器〕は無い〔それと同じだ〕から、我〔が自性により成立したこと〕が無くては、我所〔が自性により成立したこと〕は無い。ゆえに、我と我所は〔自性により〕空だと見ること〔、見〕により、（D482a）〔自性により成立したと分別する煩悩すべてを断除して、そのように見る〕ヨーガ行者彼は、〔輪

廻より〕解脱することになる。」という。

　〔そのように〕我において〔自らの側から成立した〕自性が無いのを証得することの力でもって、我所もまた〔自体により成立した〕自性が無いのを証得することになること、およびその疑いを断ずることは、前に述べおわったこと (Kyt407) より知るべきです。

4-2-2-2-3-3-3-1-3-3-2-6-2-1-3-2-3-1-3
第三：それら正理を他〔の法〕についても適用する仕方 (訳註5-89)

我と蘊の伺察が車の伺察と等しいのと同じく、〔それにより表示してから〕瓶と布などもまた (H442a) 〔正理により伺察する仕方を〕知るべきです。〔すなわち〕瓶などは、自らの〔仮設の所依事の支分、〕色などと〔自性により〕同一・別異などの伺察により、自性〔によって〕の有る無しを探求する正理でもって七種類に探求したなら、それら〔七種類〕として二諦の〔世俗と勝義〕どれとしても獲得されないし、〔世間の周知の〕伺察しない言説の知識の側において設立するのです。〔なぜなら、宝積部の〕『聖三律儀 (Ch342a) 説示経'Phags pa sDom pa gsum bstan pa』に、(K454a)「世間〔の或る者〕は〔如来、〕私と〔ともに〕 (訳註5-90) 争論するが、〔如来、〕私は世間と〔ともに〕争論しない。〔争論しない理由は、〕世間に〔歪曲しえず知られた言説の〕有る〔と主張するの〕と無いと主張する〔侵害なき言説〕それは、〔如来、〕私もまた〔世間の言説〕そのように主張する。」と説かれた (B752) ので、〔如来は〕世間の周知〔の侵害なき言説〕を正理により否定しないことを〔、言説として知られたとおりに〕承認なさるからです。そのようにまた、『入中論'Jug pa』に、「〔およそ〕瓶・ (訳註5-91) 布・毛織物・軍隊と森林・鬘（ネックレス）・樹木と家宅・小車・客宅（あずまや）など何らか〔それら〕諸事物と、同じく〔それにより表示された、その種類を有する他の事物も、〕何か〔の言説〕を通じて〔世間の〕この者が言説〔し宣説〕するそれら〔事物〕を〔も、周知だけとして有ることを〕証得すべきです。なぜ〔かという〕なら、かの牟尼王は世間とともに〔、世間の周知と一致しない〕争論をなさらないから。(Ch342b) 支分・徳性・貪欲・ 相（表示するもの）と (D482b) 薪などと、徳性を有するもの・有支分・貪者と所相（表示されるもの）・火などのそれら義（ものごと）〔を合わせたもの〕は、〔互いに上の〕車の〔伺察の仕方を通じて〕伺察をしたことにより、〔同一・別異など〕七種類〔のどれ〕として〔も〕無いし、〔そのように伺察した〕それより他になったものとして〔、伺察していなくて〕世間〔の〕周知を通じて〔支分と有支分など、互いに相俟った成立として〕有るのである。」と説かれた。

　〔そのように説かれた〕そのうち、何か〔の言説〕を通じてこの者、世間が言説する〔、 (訳註5-92) 言説を述べるし、仮設したところの事物〕それらもまた、〔正理により〕観察していなくて有るだけだと証得すべきです。(H442b) 〔証得すべき〕それもまた何かというと、支分と有支分（全体）〔の二つが、互いに相待ったさま〕など〔と同じく、徳性と、徳性を有するものが互いに相待ったものなどであり、〕(Ch343a) これらは、瓶〔のようなもの〕について表示するなら、瓶は有支分と徳性を有するものと所相（定義されるもの）であり、〔瓶などの部分、〕陶土などは〔瓶の〕支分、そして〔瓶の顕色（いろ）〕青などは〔瓶の〕徳性、そして〔瓶の差別、〕腹が丸いのと口が垂れているのと首が長いのなどは〔瓶の〕相（表

示するもの）です。〔それにより表示して、〕布（**Kyt408**）などについてもまた〔瓶に適用したのと〕同じく適用します。貪欲は特別にこだわることと、貪者〔または貪欲を有する者〕はそれの依処〔または貪欲者〕です。〔貪者〕それもまた、貪欲を有する人（プドガラ）について、（K454b）『復註』には説明しています。火は焼くもの、〔そして〕薪は焼かれるものです。〔それらなどは観察していなくて有るものです。観察していなくて有るさまは、〕そのうち、〔支分と有支分など互いに二つずつ有るうちの〕支分に依ってから有支分を仮設するが、有支分に依ってからもまた支分を仮設する〔のと同じく、徳性と、徳性を有するものは互いに相俟って、仮設する〕ことから、火を待ってから薪、そして、薪を待ってから火と仮設するまで、〔順次に〕適用します。

　　〔その方軌は、『根本般若』の〕第八章にもまた、「作者は〔所作の〕業に依ったし〔成立したが〕、〔所作の〕業もまたまさにその作者にこそ依って生起する〔ので、それ〕以外に、〔作者と業などが〕（B753）（Ch343b）成立する〔他の〕因〔相〕は見られない。」といい、「作者と〔所作の〕業〔の、相俟って成立したその設定方式〕により、残りの事物を〔も〕知るべきである。」と説かれたので、〔残りの〕生じさせられるもの・生じさせるものと行くことと行くものと（D483a）見られるもの・見るものと量と所量など〔他もまた、そのような二組を持つ〕すべては、〔各自の〕体性により成立していないし、互いに相俟った成立ほどだと知るべきです。

　　その〔方軌の〕ようなら、我のような一つ〔の法〕について〔正理により〕どのよう〔な方軌〕に伺察したのかでもって、自性により空である〔と成立した〕ことと無自性であること〔それこそ〕において、〔生・滅など〕所作・能作が妥当する〔言説の設立方法、〕（H443a）〔そのような〕二諦の設立方法を〔一人の人（プドガラ）の上より〕知るなら、〔設立方法〕それを一切法に運んでから、〔その法〕すべての自性が無いことを容易に〔小さな困難でもって〕証得することが可能なので、前に説明した〔車の〕喩・〔人などの〕義（内容）の二つについて〔適用する正理の方軌についてどこからも、堅固な〕決定を得るべきです。

　　そのようにまた、『三昧王経 *Ting nge 'dzin yi rgyal po*』に、「あたかも〔聞く者、〕あなたが我の〔住し方を決択したのを作意する〕想い〔の生じさせ方〕を〔あなたが〕知る（Ch344a）とおりに〔法〕すべてについて〔も、自らの〕知により〔誤らずに〕適用すべきです。〔適用が必要な理由は、〕一切諸法は〔我それが自性により空である理趣である空のあり方が〕その体性〔として成立しているから。そうでもあり、一切法〕が〔自性による成立を断除したのを通じて自性により〕清浄であること〔の喩え〕は、〔障礙の触を断じたほどの〕虚空のようなもの〔であるから〕です。〔ゆえに、法〕一つ〔の自性により空のあり方を正理により知ったこと〕によっても、〔法〕すべて〔の自性により空のあり方を〕〔正理により〕知る。〔法〕一つ〔の自性による空を修習することにより、現前に見る〕によっても〔法〕すべてが〔自性による空を現前に〕見える〔ことになる〕。〔よって、〕どれほど多く〔の法〕を説明しても、〔説明〕それに傲りが生ずることは無い。」と説かれたようにです。

4-2-2-2-3-3-3-1-3-3-2-6-2-1-3-2-3-2
第二：法無我を決択すること (訳註5-97)

〔それもまた〕人（プドガラ）として仮設する所依事（もと、基体）〔である、色などの〕五蘊と (K455a) 地界など六界と眼などの六処 (Ch344b) などは、法ですが、それ〔ら法〕が自体により成立した自性について空であることが、それら法の無我です。

　〔そのような法無我〕それを決択する仕方は多く有るが、『入中論』に、四句〔または四辺〕の生を否定してから、〔諸〕事物において〔自らの側から成立した〕自性が無いことを決択したそれこそを、『〔入中論の〕註釈』において法無我 (Kyt409) として説かれたので、(訳註5-98)ここ〔の場所〕には〔四句の生の否定を通じた自性による成立の否定方法〕それを要約して、述べよう。

　〔それもまた、『根本般若』の）第一章に、「〔およそ事物は、場所・時・学説のどこにおいても〕自より (D483b) 〔けっして生ずるの〕でない。〔同じくおよそ事物は、場所・時などどこにおいても〕他よりでない。両者よりで〔も〕ない。無因〔より〕で〔も〕ない。およそ諸事物は〔場所・時・学説の〕どこにおいても〔四辺のどれよりも〕生ずることが、けっして無い。」(B754) という。〔この意味は、〕外・内のおよそ諸事物は自より〔場所・時・学説の〕どこにおいても生ずることがけっして無い、というのと、(H443b) 〔自生が無いのへ適用するその仕方と〕同じく〔他生など〕他の三つの立宗（主張命題）についても適用すべきです。

　そのように〔『根本般若』は四辺の生が無いとの立宗ほどを直接的に述べたが、〕(Ch345a) 〔その立宗の反対の意味、〕自より生ずること〔など〕を帰謬により否定することは、〔上に〕そのように立宗したが、〔立宗〕それ〔を直接的に立証するの〕において能成の喩例・証因を〔直接的に〕述べていなくて、それら〔四つの〕立宗より反転すること〔、自よりの生など〕に対して、〔論破する〕侵害を示すのです。

　〔自生などを否定する〕ここにおいて〔諸事物が〕自性により生ずるなら、因を待った・待っていない〔で生ずる〕の二つに判断するので、因を待っ〔て生じ〕たものにおいてもまた、果と因の二つは自性が同一と〔自性が〕別異の二つに判断するのです。そのうち、因果は自性が同一の生は自生、そして、自性が別異の生は他生〔と設立するもの〕なので、〔自と他の生〕それらにおいてもまた、自他各々〔より生ずること〕と自他〔両者〕の集積より生ずることの二つに決定する。〔自他〕各々〔より生ずるの〕において〔も〕自生と他生との二つ〔に決定するの〕であるので、四句の生ほどを否定する〔ことに関した〕他の辺を (K455b) 除去する仕方は、〔上の〕そのとおり〔に設立するの〕※です。(Ch345b)

　〔所依事、有法〕(訳註5-100)芽は芽の自らの自体より生ずるなら、〔その〕生は意味〔、必要性〕が無いことになる。〔なぜなら、どんな事物も〕生ずるのは〔自らが〕どこかに生ずべき〔果〕それの自体〔または自性、まだ得ていないそれこそ〕を得んがためであるなら、〔そうであっても、その〕芽は自らの自体〔または自性〕を〔すでに〕得おわっているからです。例えば、明瞭な芽の〔、明瞭な自らの自体を得おわったので、再び生じない〕ように。

　〔それだけでなく、芽は自体より生ずるなら、〕生は〔完了の辺際を得ないので、生の辺

際はまさに〕無窮にもなる。〔なぜなら、すでに〕生じおわった種子〔それこそ〕が再び〔反復して〕生ずる〔ことが必要〕なら、まさにその種子こそがたびたび生ずることが必要であるからです。そのようなら、(Ch346a) ただの種子ほどが継続的に生ずるので、芽など〔の事物〕(D484a) が生ずる機会は〔全く〕獲得されない〔という〕過失になる。

〔そのようにまた『根本般若』〕第二十章にもまた、「因と果が〔自性により〕同一であるなら、生じさせられるもの・生じさせるもの〔二つ〕は同一になる。」という。『入中論 'Jug pa』にもまた、「〔芽〕それが〔芽自ら〕それ〔の自性〕より生起するなら、(H444a)〔そのように生起することに〕何の徳性〔、必要性〕も無い。〔他の侵害も有る。すなわち、〕生じ〔おわった〕もの〔芽〕が再び〔反復して〕生ずることは道理で〔妥当すること〕もない〔のみ〕。〔もし、芽がすでに〕生じおわったものが再び〔反復して〕生ずると〔あなたが〕分別する〔し主張する〕ことになるなら、ゆえに芽などの生はここ〔世間〕において〔全く〕獲得されないことになるし」といい、(B755)「ゆえに〔諸〕事物は自より生起すると〔いうことをあなたが〕観察した〔し主張する〕これは、真実と世間〔の言説のどれ〕としても道理で〔妥当するの〕ではない。」(Kyt410) という。(Ch346b)

もし、〔また自部の者たちが、如来は自相により〕他になった四の縁〔、因縁と所縁縁と等無間縁と増上縁〕より果が生ずると説かれたから、他より生ずる〔ことがまさしく有る〕と思うなら、〔回答、〕自性が別異の因より果が生ずるなら、〔では、明瞭な〕炎よりも〔その力により〕真っ暗闇が生起することになる。〔なぜなら、その二つは自性により〕他であるからです。

さらに〔他の正理も〕また、〔およそ〕因になったもの・〔因に〕なっていないもの〔、事物〕すべてより、〔その〕果であるもの・でないもの〔事物〕すべてが、生ずることになる。〔なぜなら、自性により〕他であることは〔すべて〕等しいのであるから、という。

〔正理〕これの意味は、種子・芽〔の二つ〕において自体により成立した自性を (K456a) 承認する〔はず〕なら、〔例えば、〕稲の芽それ〔こそ〕は、〔稲それ〕自らを生じさせるものとして〔設立するのは〕不適切な火など〔それら〕から自体を通じて自性が別異になったそのなり方と、〔稲の芽〕自らの因〔である〕稲の種子より (Ch347a) 自性が別異になったなり方との二つともが、〔自性が別異になり方は〕全面的に等しいと見える。

〔そのように等しい〕そのようなら、〔稲の芽それこそは、自らの〕生じさせるものとして不適切なもの〔、火など〕より、どのようにか自性が別異〔の方軌について観察したので、その二つが自性は別異だ〕との現れが〔自らに〕浮かぶ (D484b) とき、〔稲の芽と火との二つが〕別異の自在なもの〔の形相〕、〔他に〕拠っていないもの〔の形相〕より浮かぶように、〔稲の芽それこそは〕自らの〔因の〕稲の種子より別異のものが現れるとき〔に〕も、別異の分〔、自在なもの、他に拠っていないもの〕がそのように現れる。〔そのように、もし〕別異に現れる〔現れが浮かぶ〕そのさまは (H444b)、〔稲の芽と火と稲の種子〕それらの自体を通じて成立している自性であるなら、〔稲の芽それこそが〕火など〔、自らの因でないもの〕より生じないことと、〔自らの因、〕稲の種子より生ずることの差別（ちがい）は、全面的に区別することが不可能なのです。

^(訳註5-105)
　もし、〔稲の芽が自性による成立の上から、自因の種子より〕生ずる・〔自因でない火などより〕生じないの差別を区別する（Ch347b）〔べき〕なら、〔そのような差別を区別する者、あなたはそれらが〕自性が別異である別異のそのさまについても、〔別異のさまの他の不同の差別を区別できるなら、〕差別（ちがい）を区別しなさい、といって相違（矛盾）[※]を示すのです。

　そのようにまた、『入中論の註釈'*Jug 'grel*』^(訳註5-106)に、「〔第一の帰謬は、〕あたかも〔稲の芽を〕生じさせるものの稲の種子が、自らの果〔である〕稲の芽より〔自性により〕別他であるのと同じく、〔稲の芽を〕生じさせないもの〔の異門、焼くし破壊する〕火と〔生じさせる能力の無い〕炭と〔一般的に能力は有っても、稲の芽自らを益しない〕大麦の種子などもまた、〔稲の芽より自性により〕別他です。^{※1}〔第二の帰謬は〕また、あたかも稲の種子〔、稲の芽より自性により〕別他となったもの〔それ〕より、稲の芽が生ずるのと同じく、火と炭と（B756）大麦の種子など〔自らの因でないものそれら〕よりも〔生ずることに〕なる。〔第三の帰謬は〕また、あたかも稲の芽〔、稲の種子より自性により〕別他となったもの〔それこそ〕は、〔自らの因、〕稲の種子より生ずるのと同じく、〔稲の種子の果でない〕瓶と布〔と柱〕などもまた〔稲の種子より生ずることに〕なるのなら、（Ch348a）それは〔いつの時も〕見られるわけではない。^{※2}〔それは見られない〕ゆえにこれは〔全く〕無い。」^{※3}と明らかに説かれたので、（K456b）〔チベット人たちが、〕^(訳註5-107)同一の離反（ldog pa. 概念）^{※1}の勢いでもって遍充それを立証すると主張することは、軌範師〔チャンドラキールティ〕のご主張ではないし、その〔主張の〕^{※2}侵害するものもまた、〔前に、〕厨房の上において煙がただ有るほどに火が有るほどが遍充すること〔すなわち〕不成立のことを否定する個所に、〔すでに〕説明しおわりました。^{※3}

　〔『根本中論』〕第二十章にもまた、^(訳註5-108)「因と果が〔自性により成立した〕別他であるなら、〔芽のようなものの〕因と〔その〕非因〔すべて〕は〔果、芽が生ずる、生じないなどが、全く〕等しいものになる。」（Kyt411）といい、『入中論'*Jug pa*』^(訳註5-109)にもまた、「もし、〔自相により成立した〕他〔の因〕に依ってから（D485a）〔自相により成立した〕他〔の果〕が生起することになるの（H445a）なら、では、〔明らかな〕炎よりも〔その力により〕真っ暗闇が生起することになるし、〔それだけでなく、各自の因であるもの、ないもの〕すべてよりも〔各自の果であるもの、ないもの〕すべてが生ずることに〔も〕なる。なぜ〔かという〕なら、（Ch348b）〔果を〕生じさせないもの〔、事物〕すべてにおいてもまた、〔自性による〕別他〔であるかないか〕は等しい〔から〕。」と、〔対論者が承認した論証因を提示した帰謬論証二つを〕説かれた。

^(訳註5-110)
　そのような帰謬それについて、〔対論者は、〕^{※1}同一の相続に所属する・所属しないなどにより〔区別する〕回答〔をしても、〕できない。〔なぜなら、因果その二つは、〕自性が別異である他であるなら、同一の相続に所属することは〔全く〕成立しないことは、前〔に説明したの〕と同じであるからです。^{※2}

　〔また、或る者が、自らの因より〕生ずるのと〔因でないものより〕生じないのとの決定^{※3}〔が有ること〕が〔世間において〕見られること〔の理由により、果が自らの因であるもの・

ないものより生ずる・生じない差別は妥当する、というなら、それ〕もまた、〔そのような
ことは、その〕回答として適切ではない。〔なぜなら、因果などの〕別異が言説知により設
立されたのではなくて、自体〔の在り方〕を通じて対境の上に成立している〔ものである〕
なら、〔因より生ずるのと非因より生じないのとの〕決定が見られることそれもまた、どの
ように妥当するのか、〔妥当しない、〕といって〔真実を〕伺察する場合であるからです。

〔自他〕二つ〔とも〕より生ずることを (Ch349a) 語る者たちは、〔例えば、陶器の瓶
のようなものについて〕陶器の瓶〔、極微の自性それが粘土の時に有るそれ〕が、粘土より
生ずる〔から〕〔陶器の瓶〕それは、自より生ずることであるし、〔陶器の瓶それが〕陶工〔と
轆轤と水と棒〕などより生ずる〔から、陶器の瓶〕それは、〔自らの自性より他なので、〕
他より生ずると語る。

　内〔、相続により包摂されたもの〕においてもまた、〔正理によりそれを適用するのを知
る。〕デーヴァダッタは、他の〔前の〕世々生々においてもまた〔自らの〕命の自体として
有ることだけにより、〔彼が自らの〕この生を〔もまた〕受けるので、デーヴァダッタと〔彼
の〕命の二つは同一であるから、〔デーヴァダッタ彼は〕自より生ずるが、〔彼は自らの〕
父・母と白黒の業 (B757) より生ずることは〔を待ったなら〕、〔デーヴァダッタは〕他〔よ
りの〕生だと語る。(K457a)〔両者より生じたさまも、芽それは〕自だけよりも生じないし、
他だけよりも生じないので、〔自他〕両者が集積したのより生ずる〔のである、と語る〕。

　〔二より生ずると主張する〕これは、前に説明した〔自生を否定するのと他生を否定する
のとの〕正理こそにより、否定された。〔すなわち、芽が〕自より生ずる分は、自生を否定
する正理により否定する〔ことができる〕し、他より生ずる分は (H445b)、他生を否定す
ること〔の正理〕により〔否定できるので、そのように〕否定する。〔それもまた〕『入中論'
Jug pa』にもまた、「〔自他〕二〔の集積〕より (Ch349b) 生ずることもまた (D485b)
正理の〔自〕体〔として設立されるの〕ではない。なぜ〔かという〕なら、〔自他各々より
の生を否定する個所に、すでに〕説明しおわったそれら過失が、〔両者よりの生を承認する
者彼の上に、まさに〕降りかかるのであるからです。〔自他両者からの生〕これは世間〔の
言説〕から〔も道理〕ではない。真実としても〔有るのは道理が〕無い。なぜ〔という〕な
ら、〔自他〕各々よりの生が〔何によっても〕成立することは無い〔から〕。」という。

　〔諸事物は〕自性より〔自然に〕生起したと語る者 (自然論者)〔、順世派 (I)〕たちは〔こ
のように語る—〕「蓮の根の〔所触の〕荒いのと花弁の柔らかいのを、何か〔作者〕が努力
して造ることは、〔また〕見られない。同じく、孔雀など〔の尾羽などの〕目模様の顕色 (い
ろ) の美観は〕を何か〔作者〕が取らえてから、〔様々な〕顕色 (いろ)〔の美観〕と〔縁
に丸まっているなどの〕形色 (かたち) を〔それら尾羽の目に特別に〕配置することは、〔ま
た〕見られない。ゆえに、〔様々な〕諸事物の生は〔因無く各自の〕自性より〔気ままに偶
然的に〕生起しただけだ。」と語る。

　〔そのように語った〕これは〔きわめて〕妥当しない。〔なぜなら、諸事物が〕無因より〔も
偶然的に〕生ずるなら、同一の所と〔同一の〕時に有る生それ〔こそ〕は、すべての所・〔す
べての〕時に (Ch350a)〔まさに決定して〕有ることが必定です。または、何〔の所と時〕

において（Kyt412）も無いことが必定です。〔そのように必定なのは、〕この所・〔この〕時には生起するが、ここ〔の所と時〕には生起しない〔、と語る〕ことの〔必要な〕理由〔は、〕それら〔生〕の因の〔その所・時における〕有る無し〔によってである、というようなこと〕を、示しえないからです。

　〔さらに〕孔雀の〔尾羽の〕目模様もまた、カラスにも有ることなどになる。〔因を待って生ずるなら、一つに有るものが他方に無いことの差別は妥当しないから。それらの意味を〕要〔約〕するに、〔事物〕一つが生じたなら、〔自らの因であるもの、ないもの〕すべてより〔すべての時に〕生ずる〔ことになる〕、または〔事物は、どの時においても、何からも〕けっして生ずることにならない〔誤謬に帰する〕し、〔秋の実りなどの〕果を得るために世間の者たちが〔果〕その〔成就する〕因〔、種子を蒔く、農耕などの所作〕に対して〔苦労をもって〕多くの努力をすることすべては〔また〕無意味に（K457b）なる。〔それもまた〕『入中論'*Jug pa*』^{（訳註5-114）}にもまた、「もし、〔順世派あなたが主張するように、諸事物は〕まさしく無因だけに生ずるようなことになるなら、そのとき〔事物〕すべてが常〔の時〕に〔自らの因、非因〕すべてよりも生ずることになるし、〔さらにまた、秋の実りなど〕果が生ずるためにこの世間〔の者〕が（H446a）〔大麦などの〕種子などを幾百の〔苦労の努力の〕門より集める、〔積む〕ことにも（B758）ならない。〔果すべてが因をまさに待っていないで生起するから。〕」（Ch350b）という。

　^{（訳註5-115）}そのように〔自よりの生など四の辺または〕四の句（選択肢）（D486a）の生に対する〔そのような正理の〕侵害が見られることに依って、〔諸事物は〕四辺よりの生は無いことが〔量（認識基準）により〕成立する。〔四辺のどれよりも生じないこと〕それに、自性による生は無いことが遍充すること〔のさま〕は、前に他の辺（極端）を否定する個所に〔、自性により生の辺すべては四辺に収まるさまを〕説明したように、成立する。ゆえに、諸事物において〔自らの側から成立した〕自性が無いこともまた、〔四辺の生を否定する正理〕それに依ってから決定することになる。

　〔その正理に依って生が無いのを決定する比量の生じ方〕これは、帰謬をなしたとき、その〔帰謬の〕作用に依って、比量が生じたのですが、〔以上の個所に〕直接的に〔それら〕立宗を論証する論証語〔すなわち論証式〕は〔示しえ〕ない。[※]（Ch351a）

　『入中論*Jug pa*』に、^{（訳註5-116）}「なぜなら、自と他と両者よりの生と、因を待っていない〔で生ずる〕のは、無いので、諸事物は〔自らの側から成立した〕自性を欠いている。」といって、〔上に自・他などより〕^{※1}生の四つの辺（極端）へ侵害するものを述べたことの義（内容）を〔要約に〕まとめて説かれたのは、〔上に侵害する〕帰謬を提示した〔それら帰謬論証の義（内容）を心髄に集約した〕ことの果について、^{※2}〔提示した〕証因に依ってから比量がどのように生ずるかのさまを示したのです^{※3}（Ch351b）が、〔自性による生を否定する正理により〕最初から後論者に対して他者の周知したものをそのように提示した〔さまを示した〕わけではない。

　そのように〔諸事物の〕自性による生を否定したのに依って、〔有為の〕諸事物は自性が無い〔という〕決定を獲得したなら、〔無為の〕無事物〔の諸法〕についてもまた自性が無

178

いとの決定を獲得するのは〔きわめて〕易しいので、一切法は自性について空であると証得する中〔観〕の見を、容易に〔小さな困難により〕獲得する。
（訳註5-117）
　さらに〔他の正理も〕また、〔『根本般若の』〕第七章に、「〔因縁により〕縁起するものそれは（K458a）〔自らの〕自性により〔空であり〕寂静である。」といい、『入中論』にもまた（H446b）、「なぜ〔という〕なら、〔諸〕事物は〔この因縁に〕依って〔この果が〕生起するので、〔自他などよりの生の辺を分別する〕これら分別〔により、自他などなどの生〕は観察できない。ゆえに（Ch352a）〔この縁にこの果が縁起するという〕縁起〔である〕この正理でもって、〔諸事物の自他よりの生などを見る〕悪しき見の網すべてを切断する。（D486b）（Kyt413）」と説かれたように、縁起の証因に依ってから、芽など〔の事物〕が自性について空であること〔こそ〕に決定を獲得するなら、〔見の〕岐路を断ずることが、知において形相がきわめて明瞭である〔し、浮かぶ〕ので、〔ここにその正理の方軌を〕少し〔要約して〕述べよう。（B759）
（訳註5-120）
　〔その正理を述べる〕ここ〔の場所〕において、「芽は〔 ― 有法。〕自体により成立している自性が無い〔、というのが立宗〕。〔なぜなら、〕自らの因縁に依って生起するから〔、証因または論証因〕。例えば、映像のように。」といって〔同喩〕、〔そのような〕他者の周知した比量〔または論証語〕を〔提示〕しよう。

　〔そのように縁起の論証因を提示した論証式およびその喩例を説明するのは、〕例えば、顔の映像が〔鏡に〕現れるなら、〔その現れこそを、言説を知らない〕小さな幼児たちは〔見るとき〕、〔映像として現れるその芽と耳と鼻などのその形相こそが〕眼・耳〔・鼻〕などとして〔直接的に成立しているように〕現れるそれが、そのような〔現れ方の現れるところの〕知の側においてそのとおりであるが、〔その知において〕現れるとおりの義（もの）自らの住し方ではない、と取えないで、（Ch352b）〔映像の分より眼などが直接的に現れる〕その義（もの）〔こそ〕は、〔その映像の〕自らの住し方、または在り方として〔眼などそれらが有ると〕取えるのと同じく、有情たちもまた、〔各自が〕領受し現れる〔とおりの〕諸法について、〔領受の仕方と現れ方〕そのように〔領受し〕現れる〔その〕知の力により〔ただあちらに〕設立されたのではなくて、義（もの）〔それこそが〕それら〔知〕において現れるとおりの自体を通じて〔その〕対境の上に在りさまが〔必ず〕有ると取えることが、〔自らの側から成立した〕自性が有ると増益した仕方です。

　〔知に現れる〕その〔義（もの）の〕対境〔の上〕のそのような〔在り方の〕自性は、自体〔による成立〕と自性〔による成立〕と自在の義（もの）〔というそれ〕であるので、そのようなもの〔自性〕が有るなら、〔そのような自性が〕他の因縁に拠っていることは〔きわめて〕相違（矛盾）する。〔そのように〕相違しないなら、〔すでに〕成立しおわった瓶〔それこそ〕は〔また〕、再び〔反復して〕因縁より生ずる必要がないことを承認しえない〔ことになる〕のです。
（訳註5-121）
　そのようにまた、『四百論 bZhi brgya pa』に（K458b）「何か〔事物〕に（H447a）〔因縁に〕依って生起が〔これの自性として〕有る（Ch353a）〔事物〕それは、自在に〔成立したことに〕ならない。〔そのように〕この〔事物〕すべては自在〔による成立〕が無い。よっ

て、〔この事物すべてに、自体により成立した〕我〔または自性〕は無い。」と説かれたし、その〔ほうの〕『註釈』^(訳註5-122)にもまた、「ここ〔世間〕においておよそ^{※1}〔事物が〕(D487a) 自体〔による成立〕と自性〔による成立〕と自在〔に成立〕と、他^{※2}〔、分別により仮設されたほど〕に拠っていないものである〔事物〕それにおいて、〔その事物こそが他を待っていなくて、〕自ら〔の自体〕より成立しているので、〔因縁に依った〕縁起〔の自性〕が〔全く〕無い〔ものであることが必要〕なら、〔またそのようでなくて〕有為すべては〔因縁に依った〕縁起〔の自性として成立したもの〕でもある。そのように何か事物に〔因縁に〕依って生起すること〔の自性〕が有るそれは、自在に〔成立していることに〕ならない。〔なぜなら、〕因と縁に拠って、生ずるから。〔XIV 23d に〕^{※3}「このすべては自在〔に成立していること〕が無い。」ゆえに、どんな事物においても我、〔すなわち自らの側から成立した〕自性は無い。」と説かれた。

〔この場合の〕^{※4}自在のもの〔という意味〕は、(B760)〔何の法も〕自体により成立していると現れるときに、〔そのように現れる〕(Ch353b) それら知識において他〔、分別により設定されたほど〕に拠っていないと現れるし、〔そう現れるだけでなく、〕現れるようにもまた成立している義(もの)です。

けれども、〔この自在の意味を、〕他の因縁に拠っていないこと〔ほど〕にしてから、〔自在について因縁に拠っていること〕それを否定したなら、〔その否定は、仏教〕自部〔、毘婆沙師・経量部など〕において〔も成立しおわっているので、自部に対してそれを〕立証する必要はない〔ことになる〕し、〔因縁に拠っていること〕それを否定し〔たほどによっ〕ても、中〔観〕の見を獲得したと設立することはできないので、〔この他に拠っていない意味は、〕対境の上に自体を通じて自立した在り方〔として成立しているもの〕について、(Kyt414) 自在なものと〔理解〕すべきです。^{※5}

よって、自性により空であるという義(意味)は、自在である体それを欠いているものについていうが、効用の事物が無いものについて〔全く〕いわないので、縁起である〔という〕理由により、自性〔による成立〕を否定できるのです。前の〔『四百論の註釈』の〕教^(訳註5-123)の終わりこそに、「ゆえに、ここ〔の場合〕に縁起するもの〔まさにそのことにより、すべての事物〕ものは、自在の体を欠いているから、(H447b) 自在の体を欠いた義(意味)が〔自性による〕空性の義であり、〔有為〕すべては〔効用の〕事物が〔全く〕無い〔という〕(K459a) 義(意味)はそうではない。」と説かれた。

よって、効用の事物が無いと見ることは、雑染・清浄の縁起〔すなわち〕幻術のようなもの〔すべて〕について〔無いと〕損減すること〔のみ〕(D487b) (Ch354a) であるので、顛倒〔の見のみ〕ですが、〔それだけでなく〕自性により成立している事物が有ると見ること〔それ〕もまた、顛倒〔の見のみ〕です。〔なぜなら、〕そのような自性〔により成立した法〕はどこにも無いからです。

そのようにまた、〔上の〕直前のその〔『四百論の註釈』の〕教の終わりに、^(訳註5-124)「ゆえに、ここ〔中観の場合〕において、縁起〔の事物は、因縁により和合し〕造られたし、〔自性により成立していると現れるが、自性による成立について空である〕幻術と似たもの〔である〕

雑染〔、輪廻の分〕と清浄〔、解脱の分〕の〔所依事と〕因〔になったもの〕について〔無い、といって〕損減したので、〔そのような損減〕それは無いと見ることは顛倒〔を有する見のみ〕ですが、〔すべてにおいて〕自性〔による成立〕は有るわけではないから、事物〔、自性による成立〕として見ることもまた顛倒〔を有する見のみ〕です。ゆえに、〔上に説明した理趣〕そのようならば、事物は〔自らの側から成立した〕自性が有ると語る者たち〔彼ら〕に、縁起は無いこと〔になる誤謬〕と、〔そのような事物が生じたのは、何によっても壊滅できないので、〕常〔の見になるの〕と〔そのような事物が生じてから滅するなら、相続は全く無く〕断の見の過失になる。」と説かれた。

　よって、〔そのような〕常・断の見を離れたいと欲する者は、〔事物すべてが (Ch354b)〕自性〔による成立〕が無いことと、雑染・清浄の (B761) 縁起〔すなわち〕幻術のようなもの〔であるの〕を〔も相違しないと〕、承認すべきです。
　（訳註5-125）〔これについて、実有論者たちは、あなたが〕もし、自在である体〔それこそ〕を効用の縁起により否定してから、自在を欠いた義（もの）が縁起の義（もの）である〔と主張する〕なら、〔中観派〕あなたは私〔たち〕に対して何を否定したのか。〔否定することは必要ない。なぜなら、〕私たちもまた、効用の縁起を主張するから。ゆえに、あなた〔たち〕と私〔たち〕に〔主張の〕差別（ちがい）は無い、と思うなら、
　〔そのように語るのも道理でない。実有論者〕あなたは、縁起〔である〕因果を承認しているが、〔あなたは、喩例、表記に精通していない幼児と同じ。〕小さな幼児は顔の映像〔が映像として現れるの〕について〔錯乱して、〕顔として諦だと取らえる〔その〕ように、^{※1}〔あなたも〕縁起 (H448a)〔、自性により無いながらに自性により成立したと現れる〕それについて〔錯乱して〕自性により成立していると増益してから〔取らえるのと〕、〔自性による成立それこそを〕事物の自らの体性として述べたので、〔あなたは〕^{※2}縁起〔の義〕を如実に (K459b) 証得しないし、如実でなく〔顛倒に〕述べる。私〔たち中観派〕は、〔縁起の義は〕自性が無いと主張するし、(Ch355a)〔自性により無いと〕そのように語るので、〔あなたと私の立場の〕差別（ちがい）はそれです。
　そのように (D488a) また、直前のその〔『四百論の註釈』の〕教の終わりに、「〔理由は、実有論者のあなたがこのように、〕もし、〔中観派あなたたちが〕自在が無い義（もの）が縁起 (Kyt415) の義（もの）である〔と主張する〕なら、では、〔中観派〕あなたは私たち〔の立場を否定したのを通じて私〕に対して侵害することになる〔ことをなす〕。あなたと私たち〔の立場二つ〕において〔縁起を主張することに差別は無いので、他の〕どんな差別（ちがい）があるのか、と思うなら、〔それへ回答を〕説明しよう。何か〔差別が、実有論者〕あなたは縁起の義（もの）を如実に証得し〔ないし〕述べることを知らないこと〔の差別〕── これが、〔あなたと私の立場の〕差別（ちがい）です。〔それもあなたは表記を知らない幼児と同じ。〕あたかも、幼児が言説に精通していないので、映像〔それこそ〕について〔顔として〕諦であると〔取らえる ── 顔として無いながら有ると〕特に増益したこと〔の力〕により、〔その映像が顔として無いそれこそが映像として〕如実に住する自性〔であるのを、映像の自性による〕空性を〔否定し〕除去して、〔映像は顔の〕自性を有すると分別

するなら、〔その幼児は〕映像を証得するのを知らない〔と設立する〕のと同じく、あなたもまた、（Ch355b）縁起を承認しているが、〔現れる自性により空ながら、現れる自性により成立していると現れる〕映像と等しい縁起〔それこそ〕が自性により空性であっても、〔その縁起は〕自体が如実に住するとおり〔に自性により無いの〕を了解するのを〔あなたは〕知らない。〔なぜなら、縁起が〕無自性であることについて、無自性であると取らえないから、そして、〔事物において〕有るわけでない自体〔により成立したその自性〕について、〔事物に〕有る〔事物自らの〕体性だと〔あなたは〕特に増益して（B762）〔有ると〕取らえるからです。〔あなたは縁起の義を〕述べることも知らない。〔なぜなら、〕無自性であると述べないから、（H448b）そして、〔事物が現れるとおりのその義は〕事物の自らの〔在り方から成立した〕体性として述べるから。」という。

（訳註5-127）
〔実有論者と中観派の二者は、〕因果の縁起を承認していることは同じであっても、〔中観派が〕自性が無い〔と語る〕ことと〔実有論者が〕自性が有ると語ることを通じて、縁起〔の義〕を如実に証得する・証得しないのと、〔そのような方軌に〕述べることを知る・知らないの（K460a）差別（ちがい）を示した（D488b）これにより、（1）〔チベットの先代の人たちなどが〕「効用の事物を承認する〔はず〕なら、事物の論者たち（実有論者）は〔効用の事物〕（Ch356a）それ〔こそ〕について「諦として成立している」と語るので、〔諦として成立した効用の事物を承認して実有論者と、事物が〕諦としての有る無しについて争論することは、〔諦としての成立という〕名について争論する。」と思うのと、同じく、（2）「言説として効用の事物を主張するなら、言説として自相により成立している自性の有る無し※1について、自立論証派と争論することは、ただ〔自性による成立という〕名ほどについて争論する。〔なぜなら、〕自立論証派もまた〔言説として〕、〔効用の事物〕それについて自相により成立している〔ものだ〕と語るから。」と取らえること〔、邪分別〕を、〔きわめて〕明らかに否定したのです。

〔チベット人たちがそのように語る〕そのようなことは例えば、「サーンキャ学派（数論学派）〔彼〕もまた、聞識の対境として知られたこの義（もの）〔こそ〕〔すなわち声（ことば）〕について常であると語るので、聞識の対境として知られたこの義（もの）〔こそ〕※2を主張するなら、〔常の義（もの）を承認するので、〕声（ことば）は常であるのを否定することは、ただ〔常という〕名ほどについて怒ることだ。」と語ること〔それ〕と〔あなたのそれはどうにも〕同じだと見える。

（訳註5-128）
他の有情〔、非賢者〕たちは、因と縁に依って生ずると取らえたなら、〔そのように生ずる理由〕それに依って〔諸事物は〕自らの体性により成立している自性が有ると執らえることにより、〔その執により〕繋縛されることになるのに対して、〔善巧な〕賢者たちにおいては、〔因縁に依って生ずるという〕（Ch356b）その理由〔こそ〕に依って、〔自らの体性により成立した〕自性が有ることを否定するし、〔そのような〕自性が無いことに決定を導いた。〔極端を取らえる〕辺執の見の繋縛〔すべて〕を切断するので、縁起の証因により、〔自体により成立した〕自性が無いことが成立する（Kyt416）これは、稀有なる方便への大いなる善巧〔だと、真心から知ることが必要〕です。（H449a）

この義（事柄）〔こそ〕を見られて、世尊は〔また、『無熱悩所問経』に〕「〔事物が〕^(訳註5-129)およそ縁より生じたそれは生じていない。〔生じていない義は何かというと、〕それに〔自体により成立した〕生の自性は無い。〔理由は〕縁に拠っているもの〔事物〕それは〔自在が無いので、自性により〕空であると（B763）説明された。およそ〔そのような理趣により自性による〕空性を知る者彼は、無放逸〔、真っ直ぐな寂静の道に入ったもの〕である。」といって、〔「生の自性は無い。」までの〕初めの二句により、縁より生じたものにおいて（D489a）自性により（K460b）生じていないことが遍充することを、説かれてから、〔縁に拠っているなどの〕第三句により、縁に拠っている縁起の義は自性について空である義だと説かれたし、〔およそという〕第四句により、空性〔の理趣〕をそのように証得することの利徳を示した。

同じく、〔その教に〕「賢者は縁起の諸法〔の義〕を証得した。〔その証得により、常・断などの〕辺〔を見る悪しき〕見〔すべてを断除したのを通じて、それら悪見〕に（Ch357a）依ることを全くしない。」といって、縁起を証得することにより、辺執を切断することを説かれた。

さらに〔他の理由も〕また、〔諸法において〕自体により成立している自性が有るなら、〔そのような自性は〕勝者およびその声聞〔の聖者〕がそのように見られることが必要であることより、〔そのような自性は〕見られないし、その自性〔による成立は自在を有するものなので、それ〕に対しては縁でもって何も為すべくないので、〔否定されるべき〕兆相を取らえる戯論の網を切断すべくないので、〔輪廻の繋縛より、誰も〕解脱することは無いことになる。〔すなわち〕『象腋経 *Glang po'i rtsal gyi mdo*』に「もし、諸法は〔自体により成立した〕自性が有ったのなら、勝者およびその声聞〔の聖者〕は〔自性〕それを知られるだろう。〔そのようなものを見られないし、自性により成立したなら、〕永久の〔、何によっても変異しえない常・堅固になることが必要だが、そのような常・堅固の〕法は〔解脱がありえないので、〕涅槃しないだろう。〔そのような自在のものについて、〕賢者たちはいつ〔の時〕も戯論を離れない〔ことを得ない〕だろう。」と説かれたとおりです。

〔『根本般若』〕第三章と第四章と第五章に、処と蘊と界において自性が有るのを否定する（H449b）〔諸々の〕正理〔を説明したこと〕（Ch357b）によって法無我を決択したとしても、きわめて良いが、〔けれども、ここには〕句（ことば）が多すぎるのを懼れて〔上のそれほどしか〕戯論していません。

4-2-2-2-3-3-3-1-3-3-2-6-2-1-3-2-3-3
第三：それら見を数習したことにより障を断除する仕方^(訳註5-133)

そのように我と我所において自性による成立は塵ほども無いと見えてから、（D489b）〔見た〕その義（内容）を数習したことにより、我と我所を執らえる有身見は〔根本より〕止む〔ことになる〕。〔有身見〕それが止まったなら、欲取など前に〔中士において〕説明した^(訳註5-134)（K461a）四つの取が止むし、〔取〕それが止まったなら、取の縁により〔投ずる業の相続を有力なものにした〕有（輪廻の生存）が生起することが無いので、有の縁により〔後の〕蘊が結生相続する（B764）生が尽きたので、解脱を得る。〔すなわち、『根本般若』〕第

^(訳註5-135)十八章に、「我と我所が〔自性による成立について空であり、〕寂静である **(Kyt417)** から、〔この理趣が見えることにより、〕我〔が自性により成立したとの〕執・我所〔が自性により成立したとの〕執は無くなる。」といい、「内〔の事物、眼など〕^(訳註5-136)と外の諸事物〔、色・声など〕に、我〔が自性により成立した、〕と我所〔が自性により成立した、〕という〔執らえる〕ことが (Ch358a) 尽きたなら、〔欲取などの四の〕取は滅することになるし、〔取〕それが尽きたから、〔後へ結生相続する〕生は尽きる。」と説かれています。

そのようにしたなら、取は煩悩、そして有は業であるので、生の因^(訳註5-137)〔である〕業と煩悩が尽きたことにより、解脱することになる。『同論〔第十八章〕』に、「〔有に生まれる因、〕^(訳註5-138)業と煩悩〔の二〕が尽きたことにより解脱する。」という。業・煩悩もまた、何が尽きたことにより、尽きることになるのかもまた、『同論』に、「業と煩悩〔の二〕は^(訳註5-139)〔対境に浄などを増益する非如理の〕分別より〔生起した〕。それら〔分別〕は〔対境は諦設立だと執らえる〕戯論より〔生起した〕。〔諦執の〕戯論は〔自性による〕空性〔を如実に知ることこそ〕により滅することになる。」と説かれています。

^(訳註5-140)〔そのように説かれた〕それについて、〔意味は、〕生・死の輪廻が継続する〔し、間断しない〕これは、業が生ずるが、〔それもまた貪など〕染汚を有する心を持った (H450a)〔そのままになった、身語意の〕三門〔の所作〕の造作だけが輪廻が成立する業であるので、業は煩悩より生ずる。〔色など諸々の〕対境において浄〔、快い〕・不浄〔、快くない〕^(訳註5-141)(Ch358b) などの兆相を増益する非如理の〔、非合理により生じさせたそのような〕分別を起こしていなくては、有身見を根本とした〔諸々の〕煩悩が生じないので、(D490a) 貪・瞋などの煩悩〔すなわち〕有身見を根本としたものそれらは、非如理〔の作意〕の分別より生ずる。世間の八法と男女と瓶と布と色と受などについて^(訳註5-142)(K461b)〔縁じてから〕、「これ〔ら〕は諦（真理）〔としての成立〕だ」と思い込むことだけ〔の力〕により、非如理作意の分別でもって、〔世間の八法など〕それら対境について分別するからです。その〔非如理作意の〕分別は諦執の戯論より生ずる。

^(訳註5-143)〔そのようにまた〕『明句 *Tshig gsal*』に、「世間の戯論〔、八法などへの諦執〕それもまた〔根本より〕余さず空性により、〔すなわち〕事物すべてが〔自性により〕空だと見ること〔こそ〕により、滅することになる。〔滅し方は〕どのようにかというと、なぜなら、事物として認得〔し分別〕すること〔の兆相への執〕が有るなら、〔前に〕説明したとおりの〔八法などは諦だと思い込む〕戯論が有ることに (B765) なるが、〔例えば、自らが〕石女（うまずめ）の娘は〔このようなものだ、と〕認得されなくては、愛欲ある者たち〔すなわち、石女の娘〕それを対境とした、〔それを縁じて諦執する知の〕戯論を (Ch359a) 起こさない〔、生じさせない〕。〔そのような〕戯論を起こさ〔ないし生じさせ〕なかったなら、〔戯論〕それの対境を〔浄などだと増益する〕非如理に分別することは起こることにならない。〔そのような〕分別を起こさなくてはまた、「我（私）」と「我所（私の）」と〔いって、自性により成立したと〕思い込むことより、〔貪欲などの〕煩悩の聚〔、すなわち我と我所が自性により成立したと執らえる〕有身見を根本としたものを生じさせない。(H450b)〔そのような〕煩悩の聚〔すなわち〕有身見を根本としたものを生じさせなくては、〔輪廻

の因になった諸々の〕業を造ることにならない。〔そのような諸々の〕業を造らない者たちは、生と老・死という〔二つが一つずつ継続し展転する〕輪廻を領受することにもならない。」という。

〔自性による〕空性を証得することにより、〔諦執の戯論と分別など〕それらを止める(Kyt418)であろうさまもまた、『同〔明句〕』に、「なぜなら、その〔方軌の〕ように〔自性による〕空性〔すなわち、世間の戯論、八法などを諦だと思い込むなどの〕戯論が余さず(D490b)寂静である相(特徴)〔、自性〕を有するもの〔を証得すること〕に依って、〔諦執の〕戯論を離れることになるし、〔そのような〕戯論を離れたことによってまた〔非如理の〕分別が止むし、(Ch359b)〔そのような〕分別が止まることにより〔貪欲など〕煩悩は止む。〔煩悩が止むことにより、有(生存)が成立する業が止まることになる。そのように〕業と煩悩が止まることにより、〔その力により輪廻への〕生が止む。ゆえに、〔自性による〕空性〔を証得すること〕(K462a)だけが〔諦執などの〕戯論すべてが止む相(特徴)〔または自性〕を有するものであるから、涅槃という。」ときわめて明らかに説かれています。〔教〕これにより、〔その〕空性の見〔こそ〕は、有(輪廻の生存)の根本を切断するものと、解脱の〔諸々の〕道の〔解脱へ行く最上の所依なので、それら道の〕命と同じであることを立証するもの〔である正しいもの〕により、〔立証して〕示したのであるから、〔理趣〕これについて堅固な決定を獲得することが〔どうにも〕必要です。

そのようならば、軌範師聖者〔ナーガールジュナ〕の〔『根本般若など』〕それら本文により、声聞・独覚においてもまた、一切法は無自性であるとの証得〔とその修習により自らの道を往く。涅槃を得る道の住き方それ〕が有ることを、明らかに説かれています。〔なぜなら、それらより〕輪廻からの解脱は、無自性である空性の見により成就されると説かれたからです。〔そのような〕この見もまた、声聞・独覚たちは自らの〔諸々の〕煩悩が尽きていない間は〔、諸煩悩を尽きはてるよう〕修習するし、煩悩が尽きたなら、ただそれほどで充分だと取らえて、〔それより〕長い時間にわたって修習しないので、(B766)〔声聞・独覚が〕所知障を断除することが(Ch360a)できない。(H451a)〔諸々の〕菩薩は、煩悩が尽きたほどを通じて自らが輪廻より解脱したほどでは充分だと取らえなくて、有情すべてのために仏陀〔の位〕を希求する〔ものな〕ので、所知障を尽きはてさせるよう〔それまで〕修習するので、きわめて長い時間〔、三の無数大劫などの間〕と〔彼は施与など〕無辺の資糧により荘厳して、修習するのです。

そのように、〔煩悩と所知の〕二障とものの種子を根絶する対治〔そのもの〕は(D491a)、前に説明した〔その〕空性の見〔こそ〕であるけれども、長い時間にわたって修習したか〔と〕修習しなかったか〔の二つ〕を通じて、煩悩障ほどを断除できるが、所知障を断除しないことは、例えば、無我を証得すること(K462b)一つ〔だけ〕は、〔煩悩のうち〕見所断と修所断の両者の対治である〔のは等しい〕けれども、無我が現前に見えることほどにより見所断を断除できるが、修所断を断除できないので、修所断を断除するには、〔証得において時間を〕長く修習することが必要であるのと同じです。(Ch360b)

〔そのように修習するのが必要なのは〕そのようでも、所知障を断除するには、長い時間

にわたってただ〔見〕それほどを修習したことによっても断除できなくて、多くの他の〔その見の上に六波羅蜜と四摂事などの〕行の大きな波〔の無辺のもの〕を学んだことをも、待っている〔ことが必要です〕。^{※3}

〔声聞・独覚は空性を証得するその見こそを〕所知障の対治と〔為〕して〔から〕修習することが無いし、煩悩障を断除する方便ほどとして修習するので、声聞・独覚においては、法無我を〔無辺の正理の異門により〕証得することを〔通じて、究竟させる、または〕円満に **(Kyt419)** 修習することが無いことを、説かれたのです。〔それもまた〕『入中論の註釈^{（訳註5-146）}*'Jug 'grel*』に、「声聞と独覚〔の聖者〕たちもまた縁起の〔理趣、〕唯此縁性〔の偽り、自性により無い義〕が〔現前に〕見えるが、〔そのように見える〕そのようでも〔声聞・独覚の聖者〕彼らにおいては **(H451b)** 法無我を〔所知障の対治になる正理の無辺の異門を通じて〕円満に〔証得することと〕修習することが **(Ch361a)** 無い。〔声聞・独覚彼らには、〕三界に行ずる〔貪などの〕煩悩を断除する〔ことができる〕方便〔または対治になるほどの、法無我の修習〕は有る。」と説かれています。

そのようなら、他の中観〔自立論証〕派が法我執〔を所知障〕と主張なさることを、この軌範師〔チャンドラキールティ〕は〔法我執を〕染汚を有する無明だと主張なさるし、〔軌範師チャンドラは染汚を有する無明〕それを尽きさせるよう断除する〔方便として〕法無我を修習することが有っても、〔染汚を有する無明を尽きさせる方便ほどとして〕法無我を〔正理の無辺の異門を通じて〕完全に修習することは無いことを **(B767)** 〔『入中論の註釈』などに〕説かれたことを **(D491b)**、前〔に説明したの〕とこの場所に〔も〕説明したとおりに〔知ることが重要なので、その方軌のように〕知るべきです〔、と教誡する〕。

では、この〔帰謬論証〕派の立場において所知障は何をいうのか、と思うなら、^{（訳註5-148）※1}

〔その回答も、この帰謬派の立場の〕所知障は、〔輪廻の〕無始より〔諸法は〕自性が有ると思い込む〔知、〕事物への思い込むこと〔の習気〕を薫じつけるもの^{※2}〔それこそ〕により、**(Ch361b)** 心相続において〔たびたび〕習気を〔きわめて〕堅固に **(K463a)** 置いた〔というその〕習気〔こそ〕の力により、〔諸法は〕無自性でありながら〔も〕、有自性であると〔常に〕現れる^{※3}〔が、そのような対境・有境などの〕二の現れの錯乱〔した現れの諸法〕です。〔そのようにまた〕『入中論の註釈^{（訳註5-149）}*'Jug 'grel*』に、「〔世俗諦として設立する色など〕それもまた、〔どの人の側に諦でないかは、〕声聞と独覚^{※1}〔の阿羅漢〕と〔無生法忍を得た、第八地を得た〕菩薩^{※2}〔の側には、諦でない。すなわち、〕^{※3}染汚を有する無明を〔余さず〕断除した〔断除の差別と〕、諸行〔の事物すべて〕は映像〔と幻術〕などの有るのと同じく^{※4}〔自相により成立した義（もの）を現前に〕見られる〔証得の差別との二を具えた〕^{※5}者たち〔の側〕においては、〔偽り、〕作為された自性〔だけ〕であるが、諦としてではない。〔なぜなら、その三人には色などは〕諦として〔成立していると〕慢思すること〔、諦執〕が無いから。〔色などこれらは〕幼稚な者（凡夫）たちにおいては、〔錯乱した、諦執を生じさせるし〕^{※6}欺くものであるが、〔幼稚な者〕それより他の〔上に説明した〕者たち〔の側〕においては、〔色などそれらは〕**(Ch362a)**〔諦として現れる〕^{※7}幻術などのように^{※8}縁起することにより、〔偽り、〕唯の世俗ほどになる。^{※9}〔なぜなら、唯の世俗ほどとして現れ〕

それもまた〔煩悩を断除しても〕、所知障の相（特徴）〔、自相〕をした無明ほど（H452a）を〔断除していないので、〕行ずるから。〔所知障の無明により汚染された二の〕現れを有する〔色などの〕行境を持った聖者たち〔の後得〕には〔そのように〕現れるが、〔そのような〕現れの無い〔空性だけの〕行境を有することのある者たち〔の等至〕においては〔色などそれらが偽りほどとも現れる〕そうではない。」と説かれたとおりです。

　〔この個所の〕菩薩〔である〕染汚を有する無明を断除した者は、前に引用した『四百論の註釈』に、無生法忍を得た菩薩について説かれたので、〔そのような忍を得たのは第八地を得てからなので、〕第八地を得た者についていう。ゆえに、劣乗の〔二人の〕阿羅漢と第八地を得た（D492a）菩薩〔たち〕において、二の現れの錯乱〔を生じさせるところ〕の習気を新たに置くもの〔である、染汚を有する無明〕は〔永久に〕尽きさせたのであっても、前に〔無始の輪廻の〕はるか〔な時〕から〔、染汚を有するものをきわめて数習した〕それにより置かれた（Ch362b）〔そのような〕二の現れの（Kyt420）習気を浄化すべき多くのものが〔彼ら三人には今なお〕有るので、〔阿羅漢と第八地を得て〕それからも長らく〔無数の大劫の時間の間に、その習気を〕浄化することが必要なので、〔錯乱した二の現れの習気それらを浄化して、〔それら〕錯乱の習気が（K463b）〔根本より〕余さず〔断除したのを通じて〕止んだなら、成仏したのです。（B768）

　聖者〔ナーガールジュナ〕父子のご主張〔の力〕により、劣乗と大乗の両者の了義の見は同じだと説いた〔理趣〕これについて、稀有だとの〔大きな〕決定二つを導くべきものです。〔それは何かというと、〕このように、仏〔を得ること〕はもちろん、ただ輪廻より解脱することほどにおいても、一切法は無自性であると証得する〔その〕見〔こそ〕が無い方便は無いことへ〔堅固な〕決定を導いてから、多くの方便を通じて大きな努力でもって無垢のその〔ようなその〕見をどれほどでも獲得することと、〔また〕大小乗の非共通の〔差別（ちがい）を〕区別する差別法（khyad chos. 特性）は、菩提心の宝と菩薩行の大波である（H452b）ことへ決定を真底から導いてから、〔発心を基礎にした諸々の〕行の分について、特別にまた〔行持すべき〕教誡の中心だと取らえる。〔すなわち、誓願心ほどに置いておかないで、〕勝者の子（菩薩）の律儀を〔儀軌により〕受けてから、〔発趣心を生じて、諸々の〕行を学ぶ〔ことと二つが必要な〕のです。

　ここ〔の個所〕に語る — （Ch363a）
〔智度を説かれた〕山の王〔、それはまた〕「鷲峯山」といって〔名をそのように〕知られた稀有の〔多く功徳により飾られた〕最上のその山に来られてから、〔甚深の法輪を転じたい願われて、この〕大地を六種類〔の振動の仕方〕に震動させられたし、〔そのとき〕百〔、無数〕の国土〔すべて〕を〔身より分より生じた〕光により充たす神変でもって、〔身語意の、無比な〕牟尼は〔二資糧の〕吉祥の〔美しい〕喉より宣べられた。〔それは何かというと、法の体、〕経・真言〔すなわち顕教と密教〕両者の道〔すべての教えの心髄義〕の命のようなもの〔になった〕、聖者の（Ch363b）（D492b）子すべてを誕生させる〔から、〕大いなる母〔になったもの〕、無比の善釈〔である〕智恵の波羅蜜（般若波羅蜜）〔の経〕を、

5．人無我と法無我　　187

[※10]〔勝者により多くの経・タントラにおいて〕授記を獲得した〔中でも、功徳と行いの力が究竟したから、〕勇者〔となった聖者〕ナーガールジュナ〔こそ〕が註釈なさったとおりの〔中でも〕最上の本典 — それは、〔註釈の仕方の生命が希有な〕吉祥ある『根本般若』[※11]という。

〔従う人が〕太陽のように〔世間すべて〕知られた〔それであり、その本典の釈論すべての中で〕無比の釈論〔になった〕、

勝者の芽〔[※12]、大菩薩、軌範師〕ブッダパーリタの本典それによる (K464a)〔聖者ナーガー[※13]ルジュナの意趣への〕善釈について善釈だと良く理解してから〔その『註釈』を基礎にして、『根本般若』の意趣を〕広釈なさったのは、〔吉祥ある〕チャンドラ〔キールティ〕の〔造られた、〕良き〔最高の〕本典〔になった〕句義（言葉と意味）の〔両者を通じて〕明らかなもの〔、『明句』というそれである〕。(Ch364a)[※14]

〔尊者リンポチェも、本頌と註釈〕それらの〔誤りなどによる〕垢が〔全く〕無い立場〔に出ている、最高に甚深な義を、勝者の意趣が住するとおり、〕無自性である、幻術のような〔縁起の〕事物において、〔自性により無いが、〕輪廻・涅槃の縁起〔の〕所作・能作〔、生・滅、繫縛・解脱などすべてが〕が妥当する理趣（さま、道筋）を〔如実に見て、広汎でなく要約した〕わずかほど (B769)、〔きわめて〕分かりやすい言語により〔ここに〕説明した。[※15]

〔底を測りがたい〕甚深〔である〕中〔観〕の〔義を説く〕本典〔、『根本般若』など〕を〔大きな努力でもって長い期間に〕修学した〔、中の義の論者だと主張する〕友〔たち〕[※16]よ、あなた〔たち〕の知の側に〔事物は〕無自性であるのに、因果〔の〕縁起〔の所作、繫縛・解脱など〕を設立することは難しいけれども、〔自性により空でも、所作・能作は妥当する〕[※17]そのようなものが中観の〔自らの〕立場〔として設立するの〕である、と[※18]

そのように語るさま〔、この立場〕に依ったなら、麗しい。(Ch364b)[※19]〔自性による空において所作・能作が妥当するさま〕[※20]そのようでなくて、〔対論者を否定するとき、自らが〕[※21]他者〔の学説〕に提示した (H453a) 過失は、〔それを対論者がこちらに返したなら、あなたたち〕自らがそのとおりに〔その過失を〕捨てることができなくて、〔私たちには〕立場〔と立宗〕が無い〔、という言葉ほどを語ることほどが必要な〕[※22]ことを〔あなたたちが〕願うなら、今なお〔理解していないので、中観の本典を如理に〕学びなさい〔、と教誡する〕。[※23]

〔[※24]そのように聖者〔ナーガールジュナ〕父子の本典により〔説かれたとおりの〕見[※25]を求める[※26]〔まさにその〕さまを、〔この場所に、無顛倒に〕良く説明した〔のであり、〕これもまた、勝者の教え (Kyt421)〔道筋一般と、特に教えの心髄〕[※27]が長らく住する〔のみの〕ためです。[※28]

6．勝観の諸相と止観双運

4-2-2-2-3-3-3-1-3-3-2-6-2-2

第二：勝観の区別（Ch365a [(訳註6-1)]）

そのように〔外の摂受、〕勝れた人に依るのと[※1]〔内の縁、[※2]〕多聞を探求するのと[※3]如理に思惟[※4]する。〔すなわち〕勝観の〔非共通の〕三つの資糧は、〔カマラシーラの〕『修習次第中篇 *sGom rim bar pa*』[(訳註6-2)]に説かれた〔ので、〕それらに依ることに依って、〔始めに人・法の〕二無我を（D493a）証得する見を〔求めて、その見を〕獲得したなら、〔その見こそを修する〕勝観を修習すべきです。

では、修習されるべき勝観は〔数が〕幾つ有るのか、と思うなら、

〔それも〕ここ〔の場所〕には、高い地〔に到った場合〕の〔諸々の〕勝観〔の修習の仕方〕は〔今、〕ひとまず中心に示さないで、〔では、何を示すのかは、〕異生（凡夫）の時の修習されるべき勝観〔それこそ〕を中心に〔して、〕示すのです。

〔異生の〕その〔場合の〕勝観の円満に完成したものは、[(訳註6-3)]〔智恵による伺察〕四種類と（K464b）三種類〔と四種類の門の区別〕と六種類の勝観を修習する〔仕方、三部類を通じて説明しよう〕（Ch365b）。

四種類は、『解深密経 *dGongs 'grel*』[(訳註6-4)]に説かれた簡択（弁別）など〔後に出るように〕四つです。〔その四のうち、第一、〕簡択〔の勝観〕は、如量（あるかぎり）〔、世俗の義〕を縁ずるのです。〔第二、〕極簡択〔の勝観〕は如実（あるがまま）〔、勝義〕を縁ずるのです。

第一〔の簡択〕には、周遍尋思と周遍伺察の二つが有る。第二〔の極簡択〕にもまた、〔周遍〕尋思と〔周遍〕伺察の二つが有る。〔各々、[※]〕粗大な〔義（事柄）〕と微細な義（事柄）を弁別するのです。そのようにまた、『声聞地 *Nyan sa*』[(訳註6-5)]に、「そのうち、四種類の勝観は何かというと、ここ〔の場合〕において比丘が、〔作意は〕すなわち（H453b）内の何らかの（B770）心の止住に依って[※1]〔住してから〕、〔智恵により〕諸法を簡択するのと、極簡択するのと、周遍尋思するのと、周遍伺察する。そのうち、〔第一、〕どのように簡択するのかというと、〔所依事の所縁は〕[※2]（Ch366a）浄行の所縁と善巧の所縁と[※3]〔煩悩を浄化する〕浄惑の所縁について、〔現れ方の異門がどれほどか〕如量が有ることにより〔世俗の辺個々を〕簡択する〔智恵により縁ずる〕。〔第二、極簡択は、〕如実が有ることにより[※4]〔勝義の辺を個々に〕極簡択する〔智恵により縁ずる〕の（D493b）です。〔第三、周遍尋思は、[※5]〕智恵を具えた〔のを通じて、その所縁二つの〕作意は、[※6]有分別〔それこそ〕により兆相〔を取らえて、これはこのようなもの〕として〔ある、と〕取らえるときに、周遍尋思する〔という[※7]〕のです。〔第四、周遍伺察は、〕正しく尋思するときに、周遍伺察する〔、というそれこそだ。[※8]〕」という。

（Ch366b）『〔アビダルマ〕集論 *Kun las btus*』（Kyt422）[(訳註6-6)]にもまた、勝観の道について〔上の簡択などを〕その四つとして説かれたし、〔ラトナーカラシャーンティ著〕『般若

波羅蜜教誡論 *Sher phyin man ngag*』^(訳註6-7)にもまた〔勝観の四の道〕それらの確認を『声聞地』のように説かれた。

〔第二部類、勝観の〕^(訳註6-8)三種類〔の門〕もまた『解深密経 *mDo sde dGongs 'grel*』^(訳註6-9)に、(K465a)「〔マイトレーヤは、〕世尊よ、勝観〔の門〕には何種類があるでしょうか〔^{※1}、と問うた〕。マイトレーヤよ^{※2}、〔勝観の門は〕三種類〔ある〕。〔それは何かというと、すなわち。〕兆相より生起したもの^{※3}と、周遍尋求より生起したもの^{※4}と、妙観察より生起したもの^{※5}です。〔そのうち、第一、〕兆相^{※6}より生起したものは何かというと、〔聞所成智の〕等持（三昧）の行境〔である〕有分別の (Ch367a) 映像のみ〔の兆相〕を作意する^{※9}〔し、個々に伺察しない〕勝観〔の門〕なるものです。〔第二、〕周遍尋求より生起したものは何かというと、^{※10}〔所知の所縁〕それぞれにおいて〔前に思所成の〕智恵により〔差別を〕^{※11}極めて良く証得していない〔きわめて微細な差別の〕それら法こそを〔前より殊勝になった〕極めて良く証得〔し了解〕せんがために、(H454a)〔細かく決択する伺察を通じて、如理に〕作意する勝観〔の門〕なるものです。〔第三、〕妙観察より生起したものは何かというと、〔所知の所縁〕^{※12}それぞれにおいて〔修所成の〕智恵により〔きわめて微細な差別を〕^{※13}極めて良く証得したそれら〔差別の〕法こそについて、解脱により極めて良く〔断除と証得の円満の〕^{※14}楽に触れ〔て住せ〕んがために、〔その果のために如理に〕作意する勝観〔の門〕なるものです。」と説かれています。

〔『解深密経』に説かれた義〕^(訳註6-10)これについて、(B771)(Ch367b)〔聖者アサンガは〕『声聞地 *Nyan sa*』^(訳註6-11)には、「〔自らが〕聴聞し〔知に〕受持した〔正〕^{※1}法〔を通じて、〕または〔善知識による〕教誡〔の義〕^{※2}について、等至の地の作意により作意〔のみを〕^{※3}するが、〔その作意より他に〕思惟しない。尋思と称量 (D494a) と観察をしないのが、〔第一の門、〕^{※4}兆相ほどに従ったもの〔、門〕、そして、いつか思惟する〔し分別する〕^{※5}ことから観察するそのとき、〔第二の門、〕周遍尋求に従ったもの〔、門〕^{※6}、そして、そのように決択したのをそのとおりに〔個別に〕妙観察するのが、〔第三の門、〕^{※7}周遍尋求したのを妙観察するのに従ったもの〔、という〕^{※8}。〔そのように上述の〕その三つを、勝観の三門として説かれている。

〔『声聞地』に説明された〕^(訳註6-12)それら義（内容）を要約したなら、第一〔の門、兆相より生起したもの〕は、(Ch368a)〔それに多くの所縁が有る中で、〕無我の義のようなものを〔縁ずるとき、それを〕縁じてからそれの兆相を (K465b) 作意するのですが、〔思惟と観察などを通じた〕決択を多くしない。第二〔の門、周遍尋求より生起したもの〕は、前に決定しなかったもの〔それこそ〕を〔この場合に〕決定せんがために、(Kyt423)〔思惟と観察などを通じて〕決択する。第三〔の門、妙観察より生起したもの〕は、〔すでに〕決定しおわった義（内容）〔それこそ〕^{※2}について前のように〔思惟などを通じて〕伺察する。

〔第三部類、勝観の尋求〕^{(訳註6-13)※1}六種類は、〔所縁の〕六つの所依事を縁ずる。^(訳註6-14)〔縁じ方〕それもまた周遍尋求の〔具わった〕勝観の尋求の仕方〔六つにしたの〕です。〔尋求の仕方〕これもまた、義と事物と相（特徴）と分と時と道理を (H454b) 周遍尋求するし、尋求してからまた〔尋求した〕それらを〔個々に〕妙観察する。

〔六つの〕そのうち、〔第一、〕義（意味）を尋求することは、^{※2}(Ch368b)「この句（こ

とば）の〔示す〕義（もの）はこれである」といって〔句（ことば）より義（もの）を〕尋求する。

〔第二、〕事物を尋求することは、「〔所縁〕これは内の〔事物〕だ」「〔所縁〕これは外の事物だ」と尋求する。

〔第三、〕相（特徴）を尋求することは二つ。「〔所縁〕これは自相だ」「〔所縁〕これは共相だ」といって、または〔それら所縁の〕共通と非共通〔の相または体〕を尋求する。

〔第四、〕分を尋求することは、黒の分〔、不善の品になった所縁それら〕は過失と過患を通じて尋求する〔のです〕。白の分〔、善の品になった所縁それら〕は功徳と利徳を通じて尋求する。（D494b）

〔第五、〕時を尋求することは、（Ch369a）〔それら所縁について〕「過去の時にこのよう〔なさま〕に生起した。未来の時にこのよう〔なさま〕に生起する。現在の時にこのよう〔なさま〕に有る。」といって尋求する。（B772）

〔第六、〕道理を尋求することは、四つの道理のうち、〔第一、〕観待道理は、〔諸々の〕果が〔およそ〕生起するのは因と縁〔それの作用または効能〕に〔拠ったのを通じて〕観待（関係）している〔。そのように尋求する〕。〔尋求の仕方〕これはまた、世俗と勝義とそれらの所依事個々を通じて尋求する。〔第二、為すべきことを為す〕作用道理は、〔例えば〕火が焼く所作を為すなど諸法が各自の所作を為す〔さまを尋求する〕。〔尋求の仕方〕これはまた、〔個々の所縁の体を縁じてから〕「これは法だ」〔、作業を縁じてから〕「これは〔その法の〕能作だ」〔、作者の法とその能作、治浄を縁じてから、〕「（Ch369b）〔作者、〕この法はこの〔のような〕所作を為す」（K466a）といって〔個々に〕尋求する。〔第三、合理により立証する〕証成道理は、量（認識基準）と相違しないで〔それら所縁の〕義（対象）を〔合理性により〕立証する〔のを通じて尋求する〕。〔尋求の仕方〕これはまた、何〔のようである〕か〔のさま〕これについて現量（直接知覚）〔により設立できるのか、またはできないのか、というの〕と比量（推理）〔により成立しているのか、または成立していない、というの〕と〔三の伺察により正しい〕信認の教の量〔により成立しているのか、または成立していない、といって尋求するの〕との〔それら〕三つ〔により、それらが設立の能力〕が有るか無いかと尋求する。〔第四、〕法爾道理は、〔例えば〕火は熱いことと水は湿潤であることなどについて、〔そのように来るのは、火と水など〕それらの〔規則または自性または〕法性（法爾）として世間に知られた〔ので、知られた〕法性〔、というの〕と、不可思議な法性と、住する法性〔それは、それら法性がそのように来るのは、各自の法性または自性だ、といってそれ〕を（H455a）（Ch370a）信解するし、〔それ以降、それらについて〕そのとおりであることの他の理由を〔尋求するのを通じて〕思惟しない。〔よって、ここに〕そのように尋求する。

〔訳註6-15〕〔上に尋求の仕方を〕そのように六つに設立したこと〔の理由〕は、ヨーガ行者が〔勝観を修するときに〕知るべきこと〔の尋求の所依事〕は三つに決定する。〔三つは何かというと、〕語られた〔句（ことば）の〕義（いみ）と〔その義について辺際を尋求する、〕所知〔のうち、〕如量（あるかぎり）〔、異門の辺際〕と如実（あるがまま）〔、相の辺際〕で

す。〔三つ有る〕そのうち、第一〔、語られた句の義〕に関しては、第一〔尋求、の義〕の尋求〔それを設立したの〕です。第二〔、如量の異門または程度がどれほど有るかの辺際を尋求すること〕に関しては、事物を尋求することと、〔非共通の〕自相を尋求することとの二つです。第三〔、如実または相またはあり方がどのようであるかの辺際を尋求すること〕に関しては、残りの三つ〔、分を尋求することと時を尋求することと道理を尋求すること三つ〕と〔二の相のうち共通の〕共相を尋求することを **(Kyt424)** 設立したのです。(D495a)

〔そのようにまた〕『声聞地 *Nyan sa*』に「〔上に説明した〕それが (Ch370b) 勝観の〔の体それらに関した、何より尋求するかの〕三つの門と〔それら門より尋求の仕方の〕所依事の区別〔の〕六種類を縁ずる〔、次に尋求することを説明した〕ことです。〔それらの意味を〕要約すると、〔勝観の行は、所依事に関する三門と尋求の仕方六つ〕それにより勝観すべてを正しく包摂したのです。」といって〔『声聞地』〕そこに説明された〔勝観の行四つに関する〕それらにより、すべてが包摂されたことを説かれています。

〔そのような包摂を説かれた〕それもまた、第一に説明した〔簡択など〕勝観四つの〔尋求の〕門は〔兆相ほどに従ったものなど〕三つであり、その三つ〔の門〕の周遍尋求に従った〔、その尋求こそを越えない〕尋求の仕方を〔所依事において区別する〕六つに〔したそれを〕説かれたので、三つの門と六つの尋求は、〔簡択など〕前の (B773) 四つに収まると見える。

前に〔止住の個所に〕説明した、勉励して入る (K466b) 作意（力励運転作意）などの四つもまた、止観両者の〔必要性の〕共通のものであることを『声聞地 *Nyan sa*』に説かれたので、勝観についてもまた、〔勉励して入るなど〕四つの作意が有る。(Ch371a)

よって、〔軌範師シャーンティパ著〕『般若波羅蜜教誡論 *Sher phyin man ngag*』に、「そのように〔簡択など〕四種類の勝観〔の分〕を修習することが円満に完成したので、麁重の繋縛より解脱するのです。止住〔の分、〕九種類の修習が円満に (H455b) 完成したので、〔対境の〕兆相の〔後に従う〕繋縛より解脱することになる。」と説かれたように、〔それなどの〕多くの大典籍に説かれたので、勝観を修習すること〔の仕方〕は、『解深密経』に説明されたような簡択など四つを通じて〔修習することが必要〕であり、止住を修習するのは、何も分別しないで安住させる〔方便を修習することなので、〕九つの心を通じて〔修習することが必要〕です。(Ch371b)

4-2-2-2-3-3-3-1-3-3-2-6-2-3

第三：勝観を修習する仕方には、二つ ──

1) 他者の立場を否定することと、

2) 自己の立場を設立したこと、です。

4-2-2-2-3-3-3-1-3-3-2-6-2-3-1

第一〔：妥当しない**他者の立場を否定すること**〕について〔も〕、四つ〔。そ〕のうち、

4-2-2-2-3-3-3-1-3-3-2-6-2-3-1-1

他者の立場を否定することの第一 (D495b)

〔これについて、前のチベットの〕或る人は、「〔人と法の〕無我を証得するどんな〔二の〕

見をも獲得しないが、〔修習者が自らの〕心〔それこそ〕を〔所と時の〕何とも分別しないで〔その心を枢要に〕取らえた〔それこそを修習した〕なら、〔そのように修習した〕それ〔こそ〕により、あり方（yin lugs. 実相）の義（内容）〔、空性〕を修習したことになるのです。〔その理由は、〕あり方〔である〕空性それは、これであり、これではないとの確認すべてを離れたものであるので、〔知によってもそれと一致して、何とも取らえない〕そのように安住させる方軌それ〔こそ〕は、住し方〔の義（内容）〕（Ch372a）と〔きわめて〕一致して起こったもの〔こそ〕であるから。対境は〔正理により伺察したなら、〕何としても成立していないことについて、〔対境の住し方なので、それと一致して、知を安住させるとき、〕知によっても何とも取らえない〔で安住させることが必要である〕から。」と語る。
　　　（訳註6-26）
〔そのような論〕これについて述べよう — １）そのように〔修習するとき〕その修習者が〔諸々の〕対境は何とも成立していないのを成立していないと〔彼自らが〕知ってから、次に〔何とも成立していない〕それと（K467a）随順して〔自らの〕知によっても何とも取らえないで安住させることが必要である、または、２）〔何とも成立していないさまを〕そのように〔自らは〕知らなくても、対境の住し方それ〔こそ〕は、何とも成立していない〔度量ほどについて思惟する〕ので、知によっても何とも〔分別しない、何とも〕取らえていない〔分別すべてのこの否定に〕（Kyt425）（B774）（Ch372b）無確定の安住をしたなら、〔対境〕それの住し方〔、空性〕を修習した〔のへ安住させる〕のです。
　　　（訳註6-27）

〔そのように問うたことについて、〕第一のようならば、〔修習者〕彼が見を獲得していない〔、と語った〕こと〔それと〕は相違（矛盾）するのです。（H456a）〔なぜなら、〕あなたは〔対境が何とも成立していない〕それ〔こそ〕が了義の見だと主張するからです。〔第二、〕私たちの〔立場の〕ようならば、そのような〔あなたの見〕それは、正理の否定されるべきものの境界を取らえていないので、何を承認していても、正理により侵害されるのが〔判断される、と〕見えてから、次に〔どの対境についても〕何とも確認する処が〔全く〕生起していないことをいうのなら、〔断見または〕損減の見なので、そ〔の見〕の上に安住させたこと〔について〕もまた、無顛倒の空性を修習する〔、というその〕こと〔が、来る処は全く有るわけ〕ではない。〔来ないさまこれは、〕前に多く説明しおわりました。
　　　（訳註6-28）
　もし〔またあなたたちがこのように、〕これら法はあり方〔がどのようであるか〕を伺察するその正理により伺察〔してから尋求〕したならば、〔された法〕それらの事物と無事物などは、何も〔獲得されないので、そのように伺察する〕（Ch373a）その正理により（D496a）〔それらが〕有るとは成立しないので、それら〔法〕は勝義として戯論すべてを離れたものである〔と成立した〕ことを思惟してから、〔あなたがこのように、修習者の〕その人（プドガラ）は〔戯論を離れた理趣〕そのように証得しなくても、〔自らの知による確認すべてを離れた〕そのように安住させるその〔安住〕方法〔こそ〕が、〔離戯論の対境〕それと一致して〔安住させた程度に〕あること〔それら〕を、空性を修習することだと主張するなら、〔あなたの主張は〕過大な誤謬に〔も〕なる。〔では、眼などの〕根識すべてもまた、〔色などの対境について〕「これはこれだ。これはこれでない」という〔そのような〕何とも〔全く〕取らえないから、対境の住し方と一致して〔安住させて〕いることになるの

で、〔根識による安住のさせ方〕そのすべてもまたあり方〔、空性〕を修する修習になるし、前に〔最初に〕説明したように、外道者の止住〔すなわち〕何とも分別しないこと (K467b) すべてもまた、空性の修習になることなどが、きわめて多い。

　さらにまた〔他の侵害は〕、〔あなたの主張する〕対境の住し方と知の安住させ方その二つが一致しているそれ〔こそ〕を、〔自己が知らなくても〕他の人（プドガラ）が知ることで充分であるなら、(Ch373b)〔上のように〕外道者 (H456b) などもまた〔空性を修習すること〕それになることを〔あなたは〕退けえない。

　もし〔あなたが、私のそれは外道などによる〕それと同じではない。〔私の立場〕ここにおいては〔修習者〕その人（プドガラ）が〔そのような対境の住し方と知の安住させ方〕その二つは一致していると知ってから、次に〔知の安住のさせ方をそのように〕安住させたのである、と思うなら、

　〔それへの回答は、修習者のその人が〕そのような一致の仕方それ〔こそ〕を知るなら、見を獲得したのであるから、〔あなたがこのように、〕見を分かっていなくても、何とも取らえなくてただ安住させたほどにより空性を修習したと〔語ったし〕主張することは、〔まさに〕相違（矛盾）するのです。

　〔これについて〕もし〔あなたが〕、(B775)〔善し悪しの〕何と分別しても〔そのように分別する〕その分別すべては、輪廻に繋縛するので、〔これである、が無い〕無確定の安住〔を通じて〕(訳註6-29)の無分別に安住させること〔だけ〕が、〔輪廻より〕解脱させる道だ、と思うなら、

　〔悪しき立場〕これは前に〔も〕多く否定しおわった〔し、この個所にも否定しよう〕。〔あなたたちの主張の〕そのようなら、〔ハシャンの立場と差別が全く無いので、あなたは〕ハシャンの立場においても過失を立てるべきことは (D496b) 少しも無いことになる。〔ハシャンの主張を述べる個所に〕『修習次第後篇 sGom rim tha ma』(訳註6-30)に、「およそ心の分別〔の力〕により生じさせた善と不善の〔どんな業を為しても、まさにその〕業の力により有情たちは、(Ch374a) 上界〔、天〕など〔から、地獄まで〕の果を領受するし、輪廻に輪転する。およそ〔心の〕何〔の対境を〕も思惟しない、何〔の業を〕も為さない〔者〕彼らは、輪廻より解脱することになる。(Kyt426) よって、〔解脱を欲する者は、修習するとき、〕何をも思惟しない。施与など善〔業〕を〔も〕行ずべきではない。〔仏陀が〕施与などを行ずる〔のが必要なことを説かれた〕ことは、愚かな者〔、了義、勝義を理解しないこのような者〕に関して教えただけである、と思うし、〔言葉を〕そのようにも語る〔ハシャン〕彼は、大乗すべてを捨てたのです。〔他の声聞乗など〕乗すべての根本〔と基本〕は大乗〔こそ〕であるから、〔大乗〕それを捨てたなら、乗 (K468a) すべてを捨てたこと〔こそ〕になる。〔捨て方も〕このように、〔あなたが〕「何も思惟しない。」(H457a) と語るなら、正しく〔個別に〕妙観察する相（特徴）の智恵〔こそ〕を捨てたことになる。〔なぜなら、出世間の無分別の〕正しい智慧の〔無くてはならない〕根本は、正しく〔個別に〕妙観察すること〔、智恵こそ〕であるから、〔智恵〕それを捨てたなら、〔出世間の智恵の〕根本を断ったからです。出世間の〔智慧の体になった〕智恵を捨てたこと〔こそ〕になる。(Ch374b)〔ま

たあなたが〕「施与などを行ずべきではない。」と語ったことによってもまた、施与など方便〔すべて〕をきわめて端まで捨てたのです。要〔約〕するに、すなわち、智恵と方便が大乗です。〔そのとおりのさまは〕そのように〔また〕『聖伽耶山経'Phags pa Gāya'i gōri』にもまた説かれています。「諸菩薩の〔修証すべき〕道は要約するなら、二つです。二つは何かというと、すなわち方便〔の分〕と智恵〔の分〕です。」という。（D497a）〔さらにまた〕『聖如来秘密経Phags pa De bzhin gshegs pa'i gsang ba』にもまた宣べられた —「方便と智恵この二つにより、菩薩の〔修証すべき大乗の〕道すべてを（B776）包摂したことになる。」と出ています。ゆえに、〔あなたが〕大乗を捨てることは、〔他と等しくない〕大きな業障を造った〔し積んだ〕ことになる。よって、〔きわめて愚かな者 —〕大乗を捨てる、聴聞が少ない〔のと〕、自らの見を（Ch375a）最上だと取らえる〔のと〕、〔慢心により、聖教の義を知る〕賢者〔たち〕に親近〔し〕奉事〔したのを通じて教えに〕しなかった〔のと〕、〔知恵が劣っているので、〕如来の聖教の理趣を〔証得できないので、〕証得しない者〔と、愚かで愚癡なことにより〕、自己を〔今後、衰退させ〕破滅させてから他者を〔も今後、衰退させ〕破滅させる者の〔語った〕、正理と教と相違（矛盾）する〔最高に悪い義、〕毒〔と同じもの〕を撒いた〔し染めた、恐ろしい〕句（ことば）は、賢者〔すなわち〕自己に善を欲する者は、（H457b）有毒な食べ物〔を知り、見るもの〕のように〔怖れて、〕はるか遠くに〔全部〕捨てるべきです。」

といって、ハシャン（K468b）の主張を〔始めに〕提示してから、〔ハシャンの〕そのように主張するなら、大乗すべてを捨てたことになるさまを〔きわめて〕明らかに説かれたことの〔この教により、特に否定すべき〕前分〔所破〕それを、認識してください。

〔あなたたちが〕、私たちは施与などの〔諸々の〕行を〔実践〕するので、〔ハシャンの立場〕それと〔私の立場の二つは〕同じではない、と思うなら、

〔その回答は、あなたたちは〕施与などの行ほどを通じて〔ハシャン〕彼と違いを分けることが必要になったなら、〔まさにそのことによりあなたは、〕「私たちと（Ch375b）ハシャンの二者は了義の見の修は同じである。」と〔まさに、明らかに〕示したのです。そのようでないなら、何とも分別しない等持（三昧）においても、〔「このようなことが有る」といって明らかに〕差別（ちがい）を区別することが道理です。

さらにまた〔他の侵害は〕（Kyt427）、分別であるすべてが輪廻に繋縛する〔と主張する〕なら、〔では、〕あなたは輪廻より解脱することを希求するのではないのか。〔輪廻よりの解脱〕それを希求するなら、〔解脱の因、〕施与を施すことと戒を護ること（D497b）などもまた〔あなたは今、分別なしにする方便が無いので、〕分別により〔必ず〕為すことが必要なので、〔施与など〕それらを為したことにはどんな必要性（目的）が有るのかを、〔これもまた〕前に多く説明しおわった。

よって、〔あなたたちが、〕分別であるすべてが輪廻に繋縛するものだと主張するなら、ハシャンの〔主張の仕方〕それが良いのであり、あなたの〔主張の仕方がそ〕ようならば、〔きわめて〕相違（矛盾）の〔大きい〕荷物により圧迫されることになるのです。

〔これについても〕また、彼〔の立場〕に従う〔し喜ぶ、昔のチベットの〕或る人は、こ

のように、「〔始めに人と法の〕二我として兆相を取らえる〔知の思い込みの〕対境について〔正理により〕伺察を多く為して (Ch376a) から、次に〔その後にその〕有境の取〔、無明〕それを退ける〔そのような〕ことは、〔例えば、犬に石を投げるとき、その〕犬が石〔がどこに行ったか〕を追いかけ〔て、その石に噛みついた〕たのと同じく〔外の戯論が生じたたびに〕[※2]戯論を外で断ずることなので、(B777)〔それより〕最初から〔自らの〕心〔こそ〕[※3]をどこ〔の対境〕にも散らさないで (H458a)〔内に〕取らえる〔・保つ〕ことは、〔例えば、犬へ〕石を投げる〔とき〕手を先から取らえるの〔なら、犬が噛みついたのも、次に断絶することになるので、それ〕と同じであり、〔内に取らえること〕それをしたことにより、兆相を取らえる対境それらに〔自らの心を〕散らないことが、戯論すべてを内から断ずる〔というその〕ことです。よって、見を決択する〔とき〕(K469a) 教・正理について修学〔の苦労を多く〕することは、〔「これである、これでない」という多くの〕言説の句 (ことば) ほどについて流布した[※4]〔し、蔓延した〕ことだ。」と語る。

　〔そのように語る人〕これは、仏陀の聖教と〔ジャムブ洲の〕六人の荘厳[※5]〔と彼ら〕などの賢者の本典すべてを捨てる邪分別の劣悪な〔、最悪の〕ものです。〔なぜなら、六人の荘厳など〕彼ら〔賢者〕は正理と教により義 (内容) それを決択する〔ことへ特に勤める〕ことだけを為さったからです。(Ch376b)

　〔あなたのそれが妥当しない理由は〕さらにまた、〔人と法の〕二我として兆相にどのようにか取らえた知により、取らえた〔思い込みの対境〕それ〔の有る無し〕がどのようなものであるかそれを、〔正理により〕良く伺察してから、清浄な教・正理〔の二つ〕により、〔相執の知〕それにより取らえたようには無いことについて、決定を導いたことを通じて、[※6]錯乱の偽りを陥没させる〔のをさせた〕ことが必要ですが、そのような〔方軌の〕決定を何も獲得しなくて、心を〔内に〕取らえたこと (D498a) ほど〔によって〕は、〔内に取らえたものは〕[※7]そのとき〔人と法の〕二我の対境に〔心が〕散らないこと〔ほど〕であるとしても、〔その対境に心を散らさない〕ただそれほどにより無我の義 (内容) を〔全く〕証得したわけではない。そのようでない〔で、それほどで無我の義を証得したと成立する〕なら、熟睡したのと悶絶したなどのときも、〔二我の対境〕それらに心が散ることは無いので、〔熟睡など〕それらによってもまた無我を証得すること〔を設立することが必要なら、それ〕は過大な誤謬になる。

　〔意味〕これは例えば、夜〔のときに〕、見知らぬ岩の洞窟に羅刹がいるかいないか (Ch377a) と〔疑いをもって〕怖れるなら、〔それを見させる〕灯火を掲げてから〔岩の洞窟〕そこにいるかいないかを良く (H458b) 判断してから、〔羅刹〕その怖れを除去しないで、羅刹について尋思する分別それを散らさせないで、〔羅刹の分別が無いことこそ〕心を取らえ (保ち) なさい、と言うのと同じことです。

　〔これについて、〕『修習次第後篇sGom rim tha ma』に、「〔軍勢の〕戦闘するとき、〔自らの〕眼を開いて、敵がどこにいるかを良く見る。〔敵がいる〕そこに刀剣を振るう〔し投ずる〕勇者のようにしなくて、(Kyt428)〔向こうの〕有力な敵が見えたなら、〔きわめて恐怖したことにより自らの〕眼を (K469b) 閉じて座った卑怯者 (臆病者)[※2] と同じだと説かれた。すなわち (B778)『聖文殊師利遊戯経'Phags pa 'Jam dpal rnam par rol pa'i mdo』

にもまた宣べられた ―「娘よ、〔マンジュシュリーは、〕どのようなら、菩薩は闘いに勝利する〔と設定する〕のですか〔、と問うた〕。〔その答えに娘は、〕申し上げる ― マンジュシュリーよ、〔正理により〕観察〔し伺察〕したなら、〔自らの側から〕一切法は認得しない〔し現れなくなった義を設立した〕ことです。」と出ている。よって、〔無我を修習する〕ヨーガ行者は〔無我の義を対境とした〕智慧の眼を〔良く〕開いて、(Ch377b)〔煩悩の方軌を証得したのへ、個々に伺察する〕智恵の刀剣により煩悩の敵たちを〔根本より〕負かそう。怖れなく住しよう。卑怯な人のように〔智慧の〕眼※3を閉じるべきではない。」※4と説かれています。

　　　　(訳註6-37)
　よって、〔巻いた〕縄において蛇だと(D498b)錯乱してから〔怖れるし〕恐怖するなら、「〔蛇のようなものとして〕その巻いたものは縄であり、蛇ではないのである。※1」という決定を〔自らが〕生じさせて、〔蛇だとの〕錯乱と〔蛇による〕恐怖の苦それが止滅することが必要であるのと同じく、〔法と人の〕二我が有ると取らえて錯乱するのと、〔そのように〕その錯乱〔の因〕が生じさせた〔果、〕輪廻の苦もまた、〔何により止滅するかは、その二〕我執の〔執らえ方の〕対境が無いことを決断する〔ことのできる〕教・正理〔によって〕の決定を〔良く〕導いてから、その我執は錯乱だと分かることと、次に〔我執の執らえ方の対境が無いと証得した〕その義(内容)(H459a)を数習したことにより、〔その我執は〕止滅する。〔我執〕それが止まったなら、〔我執〕それが生じさせた輪廻の苦すべてが止滅する〔ことになる〕ので、〔聖者ナーガールジュナが造られた〕中観の「正理の聚」など〔とアー※2リヤ・デーヴァの『四百論』と、他にもそれらの註釈など〕(Ch378a)において〔正理により諸々の〕対境について伺察してから〔自性による成立を〕否定することの理由は、〔上に説明した〕そのとおりです。アーリヤ・デーヴァは〔『四百論』に〕「対境において無我〔※3　　　　　　　　　　　　　　　(訳註6-38)　　　※1または無自性〕が見えるなら、〔輪廻の〕有(生存)の種子〔、我執または無明〕は滅すること※2になる。」といい、『入中論Jug pa』にもまた、「事物〔、自性による成立を執らえること〕※　　　　　　　　　(訳註6-39)が有るなら、〔諸々の〕分別が〔生ずることに〕なる。(K470a)事物〔、自性による成立〕がどのように無い〔ことになる〕か〔の理趣〕を〔そのように正理により上に〕周遍伺察し〔決択し〕おわった〔から〕。」といって、〔常・断などの〕辺(極端)を取らえる分別により、事物〔、自性による成立〕が有ると取らえたなら、〔辺執の分別〕それらが生ずるので、それら〔分別〕の〔思い込みの〕対境が〔全く〕無いのを〔正理により〕多くの種類において伺察〔して決択〕することを説かれたし、〔また、『入中論』に〕「我が〔無明〕(訳註6-40)これの〔縁ずる〕対境だと証得してから、〔無我を修習する〕ヨーガ行者は我〔が自性により成立したの〕を〔正理により〕否定する。」と説かれた。

　正理自在者〔、吉祥ダルマキールティ〕もまた、(Ch378b)〔『量評釈』に〕「〔我執〕(訳註6-41)これの〔思い込みの〕対境を論破することが無くては、〔我執〕それを断除することは可能※1でない。(B779)〔その対境に喜ばしい〕功徳・〔喜ばしくない〕過失〔が見えたことそれ〕と関係してくる〔ことにより〕貪と瞋など〔が生ずるのだが、そのような貪・瞋〕を断除することは、〔執らえられたとおりの過失・功徳〕それらが〔その〕対境において見えないこ※2とによって〔断除する〕であり、〔身において〕外の〔侵害、とげが刺さったのを抜く〕方※3

軌によって〔断除できるの〕ではない〔から〕。」と〔多くの本典に〕多く説かれています。

（訳註6-42）〔さらにまた〕「分別であるすべてが輪廻に **(Kyt429)** (D499a) 繋縛するものであるので、空性を修習するとき、分別すべてを否定する」と語る者それについて、この〔方軌の〕ようにまた伺察すべきです。〔すなわち、あなたがそのように語るそれは、〕およそ異生（凡夫）〔となった、〕空性を修習する者彼において、〔自性による〕空性・無我の義それは、1)顕わになったものであるのか、2)隠れたものであるのか。※

第一の〔、顕わになったものである〕ようなら、〔では、空性を修習する者、異生〕その人（プドガラ）は聖者に (H459b) なる。〔なる理由は、〕無我の義（内容）を現前に証得するからです。〔これについて〕もし、無我の義を現前に証得して〔いる人であって〕も、(Ch379a) 異生（凡夫）〔であること〕として相違（矛盾）しないとあなた〔たち〕が語る〔べき〕なら、〔では、〕私たちもまた、〔あなたがそれにこのように、〕無我の義が隠れたものになった人（プドガラ）であっても、聖者であることは相違（矛盾）しない、と語ろう。〔なぜなら、あなたが前に語ったそれとこの二つは〕全て〔の面で〕等しいからです。

（訳註6-43）〔それについて〕また〔あなたたちがこのように〕、そのような人（プドガラ）〔、異生〕は、真実を現前に証得することそれにより、自らの〔現前に証得する〕対境〔、真実〕それ〔こそ〕は真実の義であると〔彼自らが〕知らないので、他の人（プドガラ）が〔異生〕彼に対して教の証因により真実を立証する〔のを通じた〕解説が必要である〔、と語る〕ことは、※ (K470b) 学者〔たち〕の〔恥じる〕笑いものです。〔なぜなら、〕弟子が現量（直接知覚）により成立したこと〔、義（内容）〕について、軌範師が〔その弟子に対して〕比量を通じて立証する〔ことが必要だ〕と主張するからです。

ゆえに、〔あなたの〕そのような話は、正理を知る者たちの前で〔きわめて慚（はじ）の処であるから、〕語るべきでない。

〔それについて、あなたが、そのような異生は〕真実の義（対象）が現量により成立していても、〔真実の〕言説を証因により立証するのである、と (Ch379b) も〔上のその答えとして〕語ることはできない。〔できない理由は、〕正理の自在者〔、吉祥ダルマキールティ〕が〔『量評釈』に〕「〔言説のみを立証する証因〕※1それはきわめて迷妄な者のため〔に為したものである〕。〔迷妄な者、〕※2牛飼い・女※3までに〔も〕知られているから。」といって、〔その〕義（こと）が成立しているなら、〔その〕言説を設けることを〔容易に〕知る〔ことのできる義、〕牛飼いまでに〔も〕知られた〔そのような〕義（こと）についてもまた (D499b)、迷妄な〔愚かな〕者に対して、〔言説を立証する〕その証因（しるし）を提示することを説かれたので、〔その牛飼い女よりも愚かな人、〕そのような迷妄な者もまた、真実を現前に証得すると〔あなたたちが〕主張する〔はず〕なら、〔では、〕真実を証得しない〔人、〕どのような愚か者が (B780) 有るのかをも〔、あなたたちは、このようなものが来る、と〕述べてください。

（訳註6-45）〔さらにまた、〕※1真実であるとしても、〔言説のみを立証すると主張することは、大いに妥当しない。〕例えば、(H460a) 白斑牛※2は牛であっても、〔それは〕牛の相（特徴）として※3適切でないのと同じく、〔空性が〕現前に見えるそのことほどは〔また〕、真実を設立す

る（Ch380a）相（特徴）として〔設立することは〕妥当しないし、〔設立したなら、あなた〕自らが承認していることとも相違（矛盾）するので、〔そのようなことを、真実の〕言説を立証することだと語る者は、言うべきことに〔尽きたし、〕困窮していることが、〔きわめて〕明らかです。〔よって、ここにその説明は広汎に〕戯論しません。[※4]

　もし、〔上の第二の問いの答えとしてあなたが、〕空性を修習する者〔、異生〕彼において、修習されるべきこと〔である〕無我・空性の義（内容）それは〔そのような彼にとって〕隠れたものである〔、という〕なら、〔その異生にとって〕隠れた〔義になった〕義（もの）を、〔その異生の〕分別を離れた知識により取らえると主張することは、〔きわめて恥ずかしい〕笑いものです。[（訳註6-46）]

　〔上のそれら意味は〕要〔約〕するに、〔あなたたちが主張する〕空性を修習する異生（凡夫）の知それ〔こそ〕は、対境〔である〕無我に対して知が向かっていない〔ものである〕なら、〔そのような異生が〕空性を修習する〔と主張する〕ことと〔きわめて〕相違（矛盾）する。〔そのような異生の知が空性〕それに対して知が向かっている〔て、修習するのだ〕としても、その対境〔、空性〕が〔その異生において〕顕わ〔になったもの〕・隠れた〔ものと〕のどれか一つに〔なっていると〕決定する（K471a）し、〔異生〕彼において〔対境、その空性または〕無我が顕わになったものであるなら、〔その異生は〕聖者に（Kyt430）なるので、異生において無我の義は隠れたもの〔になっている〕と（Ch380b）主張することが必要である〔。それ〕なら、〔必要であっても、そのように主張する〕そのとき、無我の義それは〔その異生は〕共の義（don spyi. 概念的イメージ）の方軌により証得する〔と成立した〕ことなので、〔その異生の知が対境、無我について〕分別を離れたことは〔きわめて〕相違（矛盾）するのです。[※1]

　さらに〔他の過失も〕また、〔大乗の聖者の智慧が生ずる間際の〕加行道〔のうち、〕第一法の大の者もまた無我の義〔、空性〕それを、共の義（概念的イメージ）の方軌により証得すると〔あなた自身が〕主張しつつ、現在〔、異生の位〕の〔また、道に発趣していない〕初業者が、〔そのような〕空性を修習する知は〔また〕分別を離れていると主張することは、〔大いに〕きわめて相違（矛盾）します。〔そのような異生の知が〕無我の義について（D500a）分別を離れたものである〔と成立した〕なら、〔その知が〕非錯乱〔であること〕はそれよりも成立しやすいので、〔その知は〕ヨーガ行者の現量になる。〔その理由は、その知は〕無我の義（もの）について分別を離れた、非錯乱の知識であるからです。

　よって、（H460b）我執の〔思い込みの〕対境を正理により論破した〔のを通じて否定した義を証得する〕正見を獲得していなくて、〔法と人の〕二我など〔の対境〕に散る心を散らさないで〔内に〕取らえ〔て留まった〕たことほどにより、無我の義を修習する（Ch381a）〔ことである〕と主張することと、異生（凡夫）が無我〔の義〕を、分別を離れた知識により修習すると主張すること〔それら〕は、〔了義の〕教と〔無垢の〕正理の道〔筋〕よりはるかに彷徨って〔越えて、自らの分別構想のみにして〕しまったのです。（B781）[※2]

4-2-2-2-3-3-1-3-3-2-6-2-3-1-2
他者の立場を否定することの第二 [（訳註6-48）]

〔また上のその立場より他のチベットの〕或る人[※]は、「〔法と人の〕無我の空性の見を獲得していなくて、〔心を〕何とも分別しないで安住させることほど〔をしたもの〕が、空性を修習することとして〔設定するのが〕道理ではないことは、私たちもまた主張するので、前者〔の立場〕は道理ではない。けれども、〔私たちは〕無我の了義の見を獲得した以降、〔その見を獲得した〕その人（プドガラ）が無分別に安住させたことすべてが、〔そのような〕空性を修習したことである。」と語る。　(K471b)

〔あなたたちの主張〕[(訳註6-49)] これは道理ではない。〔道理でない理由は、そのような〕その人（プドガラ）は了義の見を獲得したのである〔との理由〕から、彼が何か無分別を修習したことすべてが、了義の見により決択された義（内容）を修習したことになるのなら、〔では、〕そのような人（プドガラ）彼が菩提心を修習したことそれは〔また〕、了義の見を修習したことにならない理由は、何であるかを、〔あなたはここに〕語ってください。

〔それについて〕もし〔彼が〕、(Ch381b)〔そのような見を獲得したその人が〕菩提心を修習することそれ〔こそ〕は、了義の見を獲得した人（プドガラ）の修習であっても、〔了義の〕その見〔こそ〕を (D500b) そのとき憶念してからその〔見の〕上に安住させてから[※1] 修習することではないから、と思うなら、

〔それへの答えは、〕では、〔その見を獲得した〕その人（プドガラ）が了義の見を獲得し〔たものであっ〕ても、修習するとき、まさにその見こそを憶念してから〔その〕見の上に安住させた修習であるなら、〔見、〕空性を修習することであると (H461a) しても、〔そのような人〕彼が〔見を獲得したことを理由として、彼が〕およそ分別しないで安住させたすべてが、見を護り〔そだて〕たこと〔であること〕にどのようになるのか。〔ならない。〕

よって、〔了義の〕見を獲得しても、〔その見こそを〕護〔りそだて〕るときに、前の見〔をどのようにか自らが獲得したこと〕により決択した義（内容）〔それこそ〕を憶念してから〔そのような〕空性〔の見〕を修習することが必要であるが、何とも分別しない無確定の安住[※2] ほどをしたことにより、空性を修習することにはならない〔と知るべきです〕。

ここに自己の立場の〔個所に、〕「〔承認すべき〕何とも分別しない」といって前に止住〔の個所〕[※3] (Kyt431) とこれら〔勝観の〕の個所において多く出ていること〔の意味〕は、〔理由〕「これはこれだ」「これはこれでない」と〔いうのを通じて〕多く伺察しないで何か所縁〔に心〕を取らえてから〔、それより他に分別しないで〕(Ch382a) 住することをいうが、〔現量のような、〕分別を離れたことだと主張するわけではない〔のを知ることが必要です〕。

4-2-2-2-3-3-3-1-3-3-2-6-2-3-1-3
他者の立場を否定することの第三[(訳註6-50)]

〔ここにも前の二つの立場より他のチベットの〕或る人[※1]は、「〔私たちは、〕見を獲得していないで無分別に安住させることが空性を修習する〔ことだと設立する〕ことの〔、前に提示した〕第一〔の立場〕をも主張しないし、〔私は〕見を獲得してから (B782)〔心を〕およそ〔何にも〕無分別に安住させた〔すべて〕が、空性を修習すると (K472a)〔私たちは〕主張しない。けれども、〔私の立場において〕何とも分別しなくて護〔りそだ〕るたびにその以前に妙観察の智恵により伺察を一回〔必ず先に〕やったなら、その後におよそ無分別に

安住させたすべてが、空性の義を修習したことになる、と語る。

〔そのように語る立場〕これもまた妥当しない。〔もし〕そのよう〔なことが妥当する〕なら、〔その修習者が〕眠りに落ちる間際に見の伺察を一回してから、その後に熟睡に入る〔場合の〕無分別もまた（D501a）空性を修習すること〔になる〕との過大な誤謬になる。〔その理由は、〕見の伺察が先行したことは、〔上の無分別の修習と熟睡の無分別との〕両者において等しいが、〔その二つの〕自らの時に（Ch382b）〔無分別であることほどしか〕見の上に安住させた〔理由が何も無いことも等しいので、見を修する〕修習である必要はないと〔も、きわめて明らかに〕見えるからです。[※2]

よって、〔差別（ちがい）をこのように分けることが必要です。見を修習する者彼が〕見の伺察を（H461b）してから、無自性であるのを決択した義（内容）に〔始めに心を〕安住させたのですが、それから少し去ったなら、〔前に〕見の上に安住させたもの〔それこそ〕が失われてから、〔見の決定が何も無くて〕一般的に〔自らの〕知が何〔の対境〕についても無分別〔だけ〕に住することは、〔多くの場合に生じたが、そのような無分別の修習は全く〕空性の修習ではないので、〔この場合には自らの〕分別を〔きわめて〕修治（Ch383a）〔し成就〕して、〔前に自らが〕見の上に〔安住させたそれこそが、後に〕住する・〔または〕住しない〔かがどのようなのか、見の正知〕の見張りを続けて〔、間断なく〕為してから、[訳註6-51]〔必ず〕護〔りそだて〕ることが必要です。

4-2-2-2-3-3-3-1-3-3-2-6-2-3-1-4
他者の立場を否定することの第四[（訳註6-52）]

〔またここに前の三つの立場より他のチベットの〕或る人は、「〔私たちは、〕そのように〔説明した〕前の三つを主張しないが、〔けれども〕空性を修習するとき、空性〔の義〕に決定を導いた。次に〔決定を導いた空性〕その義（内容）について〔自らの〕心を取らえ（保って）〔た門〕から〔取らえた〕それ〔こそ〕より他に〔正理により〕伺察しないで安住させる〔だけをする〕ことが、空性を無顚倒に修習すること〔になるの〕である。〔そのような修習の仕方について、上の〕第一の立場の〔主張する〕ように、空性に知を向けていないことも無い。〔上の〕第二の立場の〔主張する〕ように無分別に護〔りそだて〕るとき、空性の見を憶念しない〔そのような〕のでもないし、〔上の〕第三の立場のように見の伺察を〔毎回、必ず〕先行させたが、（K472b）〔そうした〕次に〔前に〕見の上に〔安住させたそれが〕住しない〔で失われた〕無分別〔のみに安住させたの〕でもないから。」[※1]と思うなら、

〔そのように主張するあなたの主張〕これが、「見の（Ch383b）伺察をした」と言う〔思いの〕義（意味）は、〔それを観察したなら、始めに〕見の憶念ほどをしてから、〔次にまさにその〕見の上に安住修だけをすることを、空性を修習する〔見を護りそだてる〕ことだと主張することなので、〔その主張こそも〕道理ではない。〔なぜなら、もし、〕そのよう〔なことが道理である〕なら、〔そのようにしてから修習する〕それについて、空性に安住修をする止住ほどは（B783）有る（D501b）が、伺察修〔を通じて護りそだてることが必要な〕勝観の護り〔そだて〕方が〔全く〕無いので、止観が双運して護〔りそだて〕ることが無い〔、止住単独を護りそだてる〕第一の立場〔だけになったの〕であるからです。[※2]

4-2-2-2-3-3-3-1-3-3-2-6-2-3-2
第二〔: 自己の立場を設立したこと〕 ^(訳註6-53)

自己の立場は、〔そのように無我を修習する者彼が、〕無我の了義の見を獲得していない
なら、〔修習者〕彼の相続の修習 **(Kyt432)** すべてが、無我に知が向かっていないことに
(H462a) なるので、(Ch384a)〔その修習者は〕無我の見を獲得することが〔必ず〕必
要です。それもまた、ただ〔無我の義の〕理解ほどが有るのでは不充分なので、〔その見を〕
護〔りそだ〕るとき〔に、自らが如理に理解する〕見を憶念してから〔正理により〕伺察す
ることと、〔およそ〕伺察したまさにその義（内容）〔こそ〕を修習することが〔必ず〕必
要です。

　〔その方軌に修習すること〕それについて、〔伺察により決定する〕無我の義〔それこそ〕
について〔安住して、正理により〕伺察しなくて〔それの相続へ〕安住させること〔、安住修〕
と、〔安住したその義について〕妙観察の智恵により伺察してから修習すること〔、伺察修〕
との両者〔を交互にしたこと〕が必要ですが、〔伺察・安住二つの〕一方〔ほどをしたの〕
では不充分です。

　〔そのようにその両者が必要な義〕それに、三つ —
1) 安住修と伺察修との両者が必要である理由、
2) それについて争論を捨てること、
3) 護り〔そだてる仕〕方の枢要を少し説明すること、です。

4-2-2-2-3-3-3-1-3-3-2-6-2-3-2-1
第一〔: 安住修と伺察修との両者が必要である理由〕 ^(訳註6-54)

〔伺察・安住の両者が必要な理由は、〕無我の義（内容）について〔伺察が完成したのを通
じて〕究明・〔良く〕決断する見の決定が無いなら、〔無我を修習する〕勝観の証得は〔全
く〕生じない。〔なぜなら、そのような決定〕それは〔勝観〕それの因だと説かれたから、
そして〔それだけでなく〕、その〔ような〕見を説明する (Ch384b) 話を聞かないことは〔そ
のような〕勝観の妨げだと説かれたからです。〔そのようにどこに説かれたかのさまは、〕
『解深密経 *dGongs 'grel*』^(訳註6-55)に、「世尊よ、止住と勝観〔の二つ〕^{※1}はどんな因より生起した
のでしょうか。(K473a) マイトレーヤよ、〔その二つは順次に〕^{※2}清浄な戒の因より生起し
たのと、聞と思〔により決択したの〕より生起した清浄な見の因より生起したのです。」と
いい、^(訳註6-56)「聖者の話〔、真実の話〕を〔自らが〕欲しながら聞かないこと[※]は、勝観の〔証得が
生ずることの〕妨げです。」と説かれたから、そして (D502a)『那羅延所問経 *Sred med
kyi bus zhus pa*』^(訳註6-57)に、〔真実を説く本典と教誡への〕聞〔に依ったの〕より〔真実の義を知る〕
智恵は生起するし、〔そのようなその〕智恵〔こそ〕により煩悩を断除するなど、前に〔経
と論書の〕多く〔の教〕を引用した〔義の〕ように説かれた (H462b) からです。

　〔無我の〕その見〔に依ったの〕より〔それを修習する〕勝観が生ずるさまは、
初め〔の時〕、〔その見を〕決択するとき〔に〕、教・正理の多くの門より伺察してから決
択するし、〔そのように見を〕決択したとき、妙観察する (B784) 智恵によりたびたび伺
察する。護らなくて〔そだてなくて、その見こそより他に分別しないで安住させる〕安住修

ほどをしたことによって、〔そのような勝観は全く〕（Ch385a）生ずるわけではないので、〔初めに〕止住が成就してから、〔次に勝観を〕修習するとき、〔正理により〕伺察してから護〔りそだて〕ることが必要です。

　　^(訳註6-58)〔勝観の護りそだて方〕これについて〔チベットの〕或る人は、初め〔修習する前〕から^{※1}伺察しないとは主張しないが、聞・思により〔見を〕決択しおわってから修習する〔のへ入る〕とき、〔正理の〕伺察修をしたなら、〔分別になるし、諸々の〕分別は〔諦執の〕兆相を取らえることである〔ので、そのようにしてはいけない〕、と取らえた。そのように〔伺察するのを通じて勝観を〕護らない〔そだてない〕なら、〔あなたが主張する、〕およそ分別であるものは兆相の取であるし、異生（凡夫）が分別を離れた智により無我を修習すると主張する〔そのような〕ことは、〔上に〕多く〔の回数、〕否定したので、〔まさに〕妥当しない。

　さらに〔妥当しない他の理由も〕また、〔如理に伺察する〕それら分別すべてが諦執であること〔、理由〕により、修習するとき〔必ず〕否定（遮止）する〔ことが必要である〕なら、^{※2}〔聞・思により〕決択するとき〔に〕もまた、〔おもに〕分別によりそれら〔決択〕をすることが必要なので、〔特に〕^{※3}否定することが必要になるし、弟子に対して〔見の義の決択の仕方と修習の仕方を〕講説することと、（Ch385b）〔他の論者と倶に〕争論することと、（Kyt433）〔その義を説く論書を自らが〕著作すること（K473b）^{※4}と、〔そのような義（内容）を有する教義を〕見・〔その義の辺際を尋求する〕分別〔させる〕などすべてもまた、あなたは分別によりすることが必要なので、〔あなたが分別によりそれらをする〕そのときも〔そのようにする分別すべてを必ず〕否定することが必要になる。〔なぜなら、まさに〕諦執〔こそ〕を修習するとき否定することが必要であるが、〔修習するときでない〕他の時間のとき〔否定するのが〕必要でない〔という〕差別（ちがい）は（D502b）少しも無い〔し、全面的に否定することが必要である〕からです。

　もし〔ここにあなたが〕、〔私は上の〕そのように主張しないけれども、〔私は初めに〕教と正理により多くの門より伺察することは、無我の義を証得しないものを証得させんがため〔に伺察するの〕（H463a）であり、〔無我を証得する〕見をもまた〔すでに〕獲得しおわったので、〔その見を〕修習するとき〔そのように伺察することは〕必要ない、と思うなら、^{※5}

　〔あなたの主張する〕そのよう〔なことである〕なら、〔では、〕見道において無我を現前に〔すでに〕証得するのであるので、〔現前に証得しおわった〕次に無我が〔すでに〕見えおわったそれ〔こそ〕を〔再びまた〕修習したことは、〔まさに〕無意味になる。

　　^(訳註6-59)〔これについて〕もし、〔あなたが見道、無我を現前に見おわった〕（Ch386a）それを〔見たほどに放置していないで、再び〕修習することは必要です。〔その理由は、〕修所断を〔前に無我を現前に見おわったそれこそを再び〕数習することにより断除するが、〔無我が現前の〕見ほどにより〔修所断を〕断除しない、と思うなら、

　〔では、その方軌はこれについても〕等しい。〔なぜなら、〕ここにおいてもまた、前に聞・思により〔無我の義を〕決択したことにより〔すでに〕決定しおわったが、〔それほどでは充分でなくて、再びその〕決択〔こそ〕を数習することが必要であるからです。〔その

理由は、〕どれほどか〔無我の義を〕決択するそれ〔こそ〕を数習したそれほどに、〔無我を証得する〕その決定〔こそ〕は力強いし、相続が長いし^{※1}、形相が明瞭であるし^{※3}、堅固になることなどと〔なる、無辺の必要性が〕見られるからです。(B785)^{※5}

よって、『量評釈 *rNam 'grel*』に、「〔対治、無我を見る〕決定と〔対境の顛倒な〕増益^(訳註6-60)〔の我執の〕意は〔取らえ方が直接的な相違(矛盾)を通じて〕侵害されるもの・侵害するものの〔自〕体〔として成立しているの〕だから^{※2}」と説かれたように、その二つは (Ch386b)〔取らえ方が直接的に相違(矛盾)するのを通じて、〕侵害されるもの・侵害するもの〔として成立したの〕であるので、〔無我の〕決定がどのように堅固であるかと力強いなどに〔どれほど〕なったかの〔度量〕それほどに、増益〔、我執〕を〔も必ず〕侵害するので、ここ〔の場所〕においてもまた、〔自らの側から成立した〕自性が無いとの〔義を伺察するのを通じてその〕決定〔の力〕をだんだん増大させ〔てから、たびたび護りそだて〕^{※3}たことが必要です。

〔護りそだてる場合の正理の伺察の仕方〕それもまた、〔その増益により取らえたとおりに対して〕侵害するものと〔それにより取らえた義が無いのを〕立証するもの (K474a)^{※4}〔の、同じでない〕多く〔の正理〕を通じて、思惟することが必要であるからです。

〔そのように思惟する〕そのようでないなら、〔では、〕無常と業果と輪廻の過患と菩提心と慈と悲など〔を修習すること〕についてもまた、〔無常など〕それらの理解を獲得〔したほどが生起〕してから〔以降、その義を自らにおいて〕伺察しないで、「私は (D503a)死ぬ。」と思うほどの取らえ方〔ただ〕一つだけを (H463b) 取らえてから、護〔りそだて〕ることが必要になる。〔なぜなら、無我の義を修習することとこの二つは〕理由は全く等しいからです。

よって、〔上の無常などの義に〕正しい決定を導くにあたって、ただ「私は死ぬ。」と思うの〔ほど〕と、「有情のために仏陀〔の位〕を得よう。」と思うの〔ほど〕と、〔悲により〕「有情はかわいそうだ。」と思うの (Ch387a) ほどなど〔により例示されるそのようなもの〕は、立宗(主張命題)〔の義(内容)を憶念すること〕ほど〔をしたの〕では不充分であり、〔立宗のその義を確立する〕理由を多くの門より思惟することが必要であるのと同じく、〔自らの側から成立した〕自性が無いとの〔義について〕決定が堅固であることと〔決定が〕力強いこと〔にすること〕などもまた、〔それらの〕立宗(主張命題)ほどを〔心に繰り返したのを通じて〕取らえたこと〔ほど〕では不充分であり、〔上に説明したように〕侵害するものと〔正理により〕立証するものを多くの門より思惟することが必要です。〔この理由は、上に〕小士の個所においても〔すでに〕多く説明しおわりました。^{※5}

〔上の方軌〕そのようにまた、『修習次第』三篇ともに〔初めに〕止住が成就してから〔勝^(訳註6-61)観を〕修習するとき、伺察を多く (Kyt434) してから修習する〔のが必要な〕ことを説かれたし、〔それだけでなく、チャンドラは、上に引用した〕『入中論 *'Jug pa*』にもまた、「ヨー^(訳註6-62)ガ行者は我を否定する」ということなど〔を説かれた言葉〕により、〔無我の義を〕修習する[※]ときき、〔上に説明した〕それら伺察をする〔ことが必要な〕ことを説かれています。〔なぜなら、『入中論』のその個所の〕ヨーガ行者は、止観のどれかを獲得したものをいうから、そして、止住が成立していない前に〔空性の〕見の理解を尋求しないわけで〔も〕ないから、

そして、〔『経』などに六度の次第を説かれた〕静慮〔の波羅蜜〕の後、智恵（般若）〔の波羅蜜〕の (Ch387b) 個所に見の〔諸々の〕伺察を説かれたので、〔静慮と智慧の見の伺察を説かれた〕その〔順序の〕次第の枢要によって〔もまた〕(K474b) 静慮を成就してから、(B786)〔その後に法と人の〕二無我を伺察する〔ことが必ず必要な〕ことが〔、仏の〕意趣であり、〔大学識者ブハーヴィヴェーカは〕『中観心論 dBu ma'i snying po』にもまた、「〔修習者彼は〕知恵が〔止住に〕等至〔の成就〕した後に、〔対境を伺察しないで〕言説〔として現れるし知られたほど〕の門より取らえるべき〔、偽りとして成立した〕諸法〔の〕事物〔、体が現れるほど〕これらについて、(D503b)〔あり方がどうであるかを伺察する〕智恵でもってこのように (H464a) 観察しよう。」と説かれたし、〔その〕『註釈〔・思択炎〕』に〔もまた〕、〔止住の〕等持（三昧）が生じ〔おわっ〕た後に〔勝観を修習する場合に〕見の伺察をすべきことを説かれたし、〔それだけでなく、シャーンティデーヴァは〕『入行論 sPyod 'jug』にもまた止住〔を成就する仕方の方便〕を、〔第八章〕静慮〔波羅蜜〕の章に出ているとおり修証してから、次に〔その後、第九章で〕智恵を修習する〔とき〕には、正理の伺察により修習する〔ことが必要な〕ことを説かれたからです。

よって、〔六〕波羅蜜の最後の〔静慮と智恵という〕二つの次第と、〔三〕学の後の〔定と慧という〕二つの〔学の〕次第すべては〔また〕、等持（三昧、定）を前に成就してから〔その後に〕智恵を修習する (Ch388a) 次第〔こそ〕です。

〔その次第に関した〕その智恵の修習の仕方〔の場合〕については、〔対境の〕如実（あるがまま）と如量（あるかぎり）について〔如理に〕伺察するのを通じて〔修習するのが必要なことが〕説かれたことすべてが〔また〕、〔場合に該当する〕修習の次第〔を越えないものこそ〕であるので、〔その伺察の仕方より〕別〔のもの〕に観察すべきではない。[※1]

〔上の説かれ方〕それらだけでなく、〔さらにまた〕偉大な本典の多くに〔上の方軌〕そのように説かれたので、〔勝観を〕修習するとき〔正理により〕伺察する〔ことが必要であると決断する〕[※2]のは間違いない。

〔上に勝観を修習するには伺察・安住の両者が必要なさまが〕そのようなら、〔始めに〕止住が成就した後に、勝観を修習するとき〔に〕、〔安住修を全くしていないで、正理の〕伺察修ばかりをしたなら、〔止住分の力が損なわれるので、〕前の止住〔も〕壊れる〔ことになる〕し、〔止住の安住分を〕新たにもまた成就していないから、止住が〔損なわれて、〕無くなる。ゆえに、〔所依・基本の止住が無いので、〕勝観もまた生じない。〔そのさまは〕前に説明したとおりです。

よって、前に〔所縁において心が堅固な〕安住が成就し〔おわっ〕た (Ch388b) 止住もまた〔堅固な安住分が必要なので、〕護〔りそだて〕ることが必要ですし、〔それを基本にして、勝観を尋求することが必要なので、〕伺察修もまたすることが必要なので、〔伺察・安住の〕両者が〔必ず〕必要です。

〔そのやり方〕それもまた、勝観〔の分によって〕の伺察修をした最後に、〔伺察修をした〕その義（内容）〔こそ〕へ〔伺察しないで安住させる〕安住修を〔交互に〕したこと〔、因〕により、無我を (K475a) 縁じた止観双運が〔必ず〕成就するのです。

〔その方軌はまた〕『修習次第中篇 *sGom rim bar pa*』（Kyt435）に、「『聖宝雲経 ^(訳註6-68)^
'Phags pa dKon mchog sprin』にもまた〔仏陀は〕宣べられた — 「その〔方軌の〕ように ^(訳註6-69)^
（D504a）過失〔を断除すること〕について〔善巧な〕かの賢者〔、ヨーガ行者〕は、〔兆
相の〕戯論すべてを離れんが（H464b）ために、〔自性による〕空性を修習する〔その〕こ
と〔こそ〕へヨーガをする。彼は空性を修習することが多い〔ことに依る〕ので、（B787）〔彼 ^(※1)^
の心が心が散るなら、〕どこどこの〔対境または〕処へ心が散るし、心が歓喜する〔であろう〕 ^(※2)^
それら〔対境または〕処の自性〔がどうであるか〕を〔正理により観察し、個々の分に〕尋
求したなら、〔自性により〕空である〔のみ〕と〔そのヨーガ行者は〕証得する。〔散る者が〕
心が何であるかそれをもまた〔正理により観察し、個々の分に〕（Ch389a）尋求したなら〔ま
た〕、〔自性により〕空である〔のみ〕と〔彼は〕証得する。どんな心により証得するのか〔の ^(※3)^ ^(※4)^
心〕それもまた、〔自らの〕自性〔がどうであるか〕を〔個々の分に分けて〕遍く〔観察し〕
尋求したなら、〔また自性により〕空であると証得する。その〔方軌の〕ように〔自性によ
り空だと〕証得すること〔こそ〕により、〔諦執などの〕兆相〔の戯論〕が無い〔無相の、
空性の〕ヨーガに入る。」と出ている。〔『経』〕これにより、〔諸法において正理により〕
周遍尋思〔し、個々に伺察〕することを先行させる〔のを通じて修習する〕ことこそが、兆
相の〔の戯論が〕無いこと〔すなわち無相の勝観の修習の仕方〕へ入ることだと示している。
〔どの対境へも〕作意を放棄する〔、憶念を遮止した〕ことほど〔をしたこと〕と、智恵に
より事物の自性を〔個々に正理により観察しないし〕伺察しなくて〔修習することほどによ
り、〕無分別に入ることは〔全く〕ありえないことを、きわめて明らかに示したのである。」 ^(※5)^
と説かれています。

〔そのように『修習次第』の〕その教により、〔どこかに〕心が散る対境と〔それに心が〕
散る者の心を〔正理により個々に〕観察し〔伺察〕たなら、（Ch389b）〔自性により〕空
であるのを証得することと、〔また自性により〕空であるのを証得する〔者〕の〔心〕もま
た〔正理により〕探求した、または伺察したなら、〔また自性により〕空であるのを証得す
ること〔を説かれたの〕と、〔正理による伺察の仕方〕それらもまた空性を修習するとき、
する〔のが必要な〕ことを説かれているし、〔その仕方のように正理により〕伺察し〔たの
に依っ〕てから〔自性により〕空であるのを証得することそれ〔こそ〕により、〔諦執の戯
論の兆相が無い〕無相の〔空性を修習する〕ヨーガに入ることを説かれているので、〔あり
方がどのようであるかを〕周遍伺察〔し観察すること〕により尋求する正理の伺察を先行さ
せていなくて、〔シナの和尚〕ハシャンが（K475b）主張するように、〔自らの〕心が〔外に〕
散るのを〔内に〕摂めた〔のを通じて〕、〔憶念と〕作意〔すべて〕を断除したことほどによっ
て、〔諦執の分別の兆相が無い〕無相または無分別〔の空性の修習〕に悟入することはあり
えないことを、明らかに（D504b）示しています。
^(訳註6-70)^
よって、前に説明したように、諸法において〔法と人の〕二我の〔自〕体は塵ほども成立
していないと〔見えることになるそのように〕、正理の刀剣により〔各自の分を個々に分け
たのを通じて〕破壊し〔分離し〕、（H465a）無我について〔正しい〕決定〔知〕を〔初め
に〕導こう。〔決定を導いた〕そのように〔法と人の〕二我の事物〔または体〕が〔少しも〕

無い〔のが見える〕なら、〔次に二我〕それを遮止した〔ことを基礎とした〕無事物〔、自性による成立の無いこと、空性〕(Ch390a)もまたどんな正しい〔、諦の〕成立が有るのか。〔例えば、〕石女(うまずめ)の子〔の事物(存在)〕が無い〔というその〕無事物〔こそ〕が有ると取らえることは、〔自らにおいて〕石女(Kyt436)と子が〔現れるし〕認得されることを〔必ず〕待っている〔ことが必要です〕。〔石女と子〕その二つが〔いつのときも〕けっして〔自らにおいて〕認得されない〔し見られない〕なら、石女(うまずめ)の子が無いことが諦として有ることは、誰も言説を設けないように、〔対境が〕諦である〔、諦として成立した〕何ら事物も、何ら〔有る〕所依事においても認得されない〔し見られない〕(B788)なら、〔事物〕それの〔の上の〕諦である無事物〔、空性それ〕が〔また〕有る〔、諦として成立が有る〕と取らえる分別もまた、〔全く〕生ずることにならない。

よって、〔それに依って諦成立の〕兆相を取らえる分別すべてが、止滅することになる。〔なぜなら、〕諦執の分別であるなら、事物〔が諦だと取らえる〕(Ch390b)または無事物が諦だと取らえる分別のどれか〔を越えていないもの〕であるから、能遍は止まるなら、所遍もまた止滅する〔ことになる〕ことを、『修習次第』に説かれたからです。

その〔方軌の〕ように〔正理による伺察を通じて〕事物の有る無しのどれにおいても、諦としての成立は塵ほども無いとの〔、言葉ほどでない〕決定が真底から導かれた決定を〔どうしても〕生じさせることと、〔そのような決定〕それにより決断した義(内容)〔それこそ〕について〔伺察しないで〕安住させることとの二つを交互にする〔のを通じて修習する〕ことは、〔聖者の等至 ― 戯論すべてを離れた〕無分別の智慧〔それこそ〕を成就するもの〔、無くてはならぬ方便〕ですが、〔諸々の〕対境について何とも伺察しなくて作意〔する憶念を遮止したのを通じて、心〕を〔内に〕摂めたことほどにより〔その無分別の智慧を〕成就することはできない。〔できない理由も、対境への〕諦執〔の顛倒の知〕を(K476a)〔永久に〕断除できないからです。〔なぜなら、作意を遮止した〕それは、諦として有ると分別しないことほどであって、〔それにより対境の〕諦無しを証得する(D505a)わけでは〔全く〕ないからです。〔その方軌と〕同じく〔作意を遮止したそれは、対境に〕我が有ると分別しないほどであって、〔それにより〕(Ch391a)無我を証得するわけではないので、〔知、作意を遮止した〕それを修習したことにより諦執に対して何も(H465b)侵害しないからです。

よって、〔対境が〕諦として有ることと、〔法と人の〕二我として有ることを〔自らの知によりあちらに〕分別しないこと〔ほど〕と、〔対境の上から〕諦〔として〕無しと二無我〔の方軌〕を〔如実に決定するのを通じて〕証得することを、〔差別を〕区別することが必要であることこれは、〔何よりも重要な〕枢要の義(内容)として受持してください〔、と教誡する〕。

4-2-2-2-3-3-1-3-3-2-6-2-3-2-2
第二〔: それについて争論を捨てること〕

争論を捨てることは、

〔これについて、〕もし〔他者たちが〕、無我の義(内容)について個々に伺察することは分別であるから、〔分別を数習した〕それより無分別の〔聖者の〕智慧が生ずることは〔き

わめて〕相違（矛盾）する。〔相違する理由は、果は因に随順するので、〕果と因の二つは随順することが必定であるから、と思うなら、

(訳註6-73)
　これについて〔回答は〕、世尊こそが (Ch391b) 喩えをもっ〔たのを通じて〕〔明らかに〕説かれた。〔それもまた〕『迦葉品*'Od srung gi le'u*』に、「カーシャパよ、このように、例えば二つの木が風〔の力〕により〔動じたのを通じて互いに〕擦り合わされたそれ〔に依って〕より火が生起する。〔その火が〕生起してから〔またその火がその〕二つの木を焼くのと同じく〔また〕、カーシャパよ、〔諸事物について〕正しい〔個別の〕妙観察〔と伺察〕が有るなら、〔その力により〕聖者の智恵の根（慧根）〔の火〕が生ずる。それが生じたこと〔こそ〕により、正しい〔伺察と〕妙観察〔の分別の木〕それこそを焼く。(B789)」といって、妙観察〔する分別〕より聖者の智恵〔、障を焼くよう火のなもの〕が生ずることを説かれた。

(訳註6-75)
　〔それと一致して〕『修習次第中篇*sGom rim bar pa*』にもまた、「〔空性を修習するヨーガ行者〕彼は、その〔伺察の仕方の〕ように智恵〔によって〕の〔対境の分を個々に分けての〕伺察する。〔次に〕いつか〔その〕ヨーガ行者が〔何か伺察されるべき〕何か事物の〔また〕自性を勝義として〔有ると〕必ず取らえない〔、そのように見ない〕そのとき、〔対境について諦として〕無分別の〔空性の〕等持（三昧）(K476b) **(Kyt437)** に入る。〔そのようにしたその方軌により〕一切法の自性が無いことをもまた〔そのヨーガ行者は必ず〕証得する。(D505b) およそ〔愚かな人 ― 真実を伺察する〕智恵により〔何かについて伺察する所依事の〕事物の (Ch392a) 自性を妙観察してから修習しなくて、〔何をも伺察しなくて〕作意を放棄した〔のを通じて、憶念が無い〕ことほどばかりを修習する〔者〕彼の〔対境を諦と取らえる〕分別は、いつ〔のとき〕もけっして止滅しないし、〔その修習の仕方により、事物の勝義として〕無自性であることをいつ〔のとき〕もけっして証得することにならない。〔なぜなら、彼には決定を生じさせる〕智恵の光明が〔全く〕無い (H466a) からです。〔その方軌も、〕このように、正しく妙観察〔し伺察〕することこそより、〔事物の在り方を〕如実に知る〔智恵の〕火が生起したなら、〔そのとき例えば、〕擦り木を擦った〔のより生じた〕火〔それこそ〕の〔、その二つの木を焼く〕ように、〔諦執の〕分別の木を〔も〕焼く、と、世尊が〔『迦葉品』に〕宣べられた。」という。

(訳註6-76)
　〔妙観察より諦執の分別を焼く〕そのようでない〔とあなたが主張する〕なら、〔では、〕有漏の道〔を修習することに依って〕より無漏の道が生起することもまたありえない〔ことになる〕(Ch392b) ので、異生（凡夫）が聖者〔の位〕を得ることも〔全く〕無くなる。〔なぜなら、〕因果二つは〔全く〕同じでないからです。〔その侵害するものだけでなく〕同じく、灰白の種子〔を蒔いたのに依って〕より青い芽が生ずることと、〔因の〕火より〔果の〕煙が生ずることと、女より男が生まれることなど、〔因果が互いに〕同じでない形相の因果は無辺のものが現れる。

　〔その理由ゆえに、〕聖者の〔等至の〕無分別の智慧は、〔法と人の〕二我執の〔顛倒の知の思い込みの〕対境について空である〔その〕無我の義（内容）〔こそ〕を、現前に証得するのですが、〔そのような智慧〕それが生ずるにあたっては、現在〔の時、異生の位〕より我執の〔その知の思い込みの〕対境について〔正理により〕個々に伺察して、〔思い込み

208

の対境〕それ〔こそ〕が無いのを証得することを通じて〔まさにその義を〕修習することが必要なので、〔妙観察し伺察する〕それは分別であっても、〔必ず〕無分別の〔聖者のその〕智慧〔こそ〕ときわめて随順した因です。〔その理由は、〕『三昧王経 *Ting nge 'dzin rgyal po*』に、「もし、法において（Ch393a）無我を観察する〔し伺察する〕」などというのを前に引用したとおりです。
（訳註6-77）

よって、『修習次第後篇 *sGom rim tha ma*』にもまた、「〔妙観察〕それ〔こそ〕は（D506a）分別の（K477a）自性であると（B790）しても、〔法のあり方を〕如理に作意することの自性〔を有する分別〕であるから、〔まさにその分別より〕無分別の〔聖者の〕智慧が生起することになるので、〔そのような聖者の〕その智慧〔を得るの〕がほしい者は、〔妙観察〕それに依る〔し修習す〕べきです。」と説かれています。
（訳註6-78）

もし、『般若波羅蜜経 *Shes rab kyi pha rol tu phyin pa*』に、（H466b）色など〔の諸法〕が空である、無我である、といって行ずるなら、〔また、諦執の〕兆相を行ずることを説かれたので、空性について妙観察〔し伺察〕することは妥当しない、と思うなら、
（訳註6-79）　　　　　　　　　　　　　　　　　　　　　　　　　　　　　　（訳註6-80）

〔『般若経』に説かれた〕この〔方軌の〕ようなこと〔の意味〕は、空性について諦だと執らえた〔なら、顛倒の兆相を執らえる〕ことについて〔行ずることになるのを〕いうが、「〔自性により〕空である」と〔いうだけ〕（Ch393b）執らえたことほどについて〔兆相を執らえることを行ずることになる、と説かれたの〕ではないことは、前に多く〔の回数、〕説明しおわりました。

その〔方軌の〕ようでないなら、〔では、〕それら『〔般若波羅蜜〕経』〔の『八千頌』など〕に、「〔智度を行ずる〕菩薩大士は、智恵の波羅蜜〔を修証するのを通じて、それ〕を行ずるし、智恵の波羅蜜〔こそ〕を〔数習し串習するのを通じて〕修習することにより、この〔方軌の〕ように〔正理により伺察するのを通じて〕観察し、この〔思惟の仕方の〕ように（Kyt438）〔真心から〕思慮すべきです — 〔すなわち〕智恵の波羅蜜これは〔自体の住し方が〕何なのか。智恵の波羅蜜これは〔修習者の主、〕誰の〔もの〕なのか。〔もし〕およそ法が〔正理により尋求したとき、体が住しないので、〕無いことと〔誰のであるかの作者の主が現れえないので、〕認得しないことそれ〔こそ〕が、智恵の波羅蜜であるのか、といっ〔た方軌の正理によっ〕て、もしその〔観察の仕方の〕ように観察し、その〔思惟の仕方の〕ように思慮したなら、」といって、智度〔、真実の見〕を修習するとき〔に〕、〔正理により〕伺察することを説かれているし、『般若心経 *Shes rab snying po*』には、甚深な智度をどの〔行じ方〕ように行ずるのかを〔シャーリプトラが観自在に対して〕（Ch394a）問うたことの答えとして、「〔色と受などの〕それら五蘊も自性により空であると正しく随見〔し観察〕すべきである。（D506b）」といい、『〔聖〕摂 *sDud pa*』にもまた、「いつ〔のとき〕か有為・無為〔の一切法〕と〔特に、取るべき〕白〔の分の善〕・〔捨てるべき〕黒〔の分の不善〕の〔一切〕法を、智恵が〔個々の分に分けて、〕破壊してから、〔観察し尋求したことにより、それら諸法を正理の側には〕塵ほども〔現れないのを通じて〕認得しない〔のを見る〕（K477b）とき〔に〕、〔諸々の〕世間において〔、世間の周知または言説として〕智恵の波羅蜜〔を修習する、という名を得た義であるそれ〕の数に入る〔し
（訳註6-81）
（訳註6-82）
（訳註6-83）

含まれる〕。」といって、智恵により諸法を〔正理により〕伺察したことによって、塵ほども認得しないと見えるなら、智度になることを、説かれています。〔説き方が上に説かれた意味を有する〕そのような正理の妙観察することが必要であることを（H467a）多く〔それら経典に〕説かれたことと、どのように相違（矛盾）しないのか〔、相違することになる〕。

〔あなたたちが見を修習するとき、正理による妙観察が必要だと〕そのように主張しないなら、〔では、経典などに〕諸法について分別しないことを説かれたそれについて、（B791）〔あなたたちが主張する、説明すべき〕どんな理由が（Ch394b）有るのでしょうか〔、私はあなたに問おう〕。〔それについて、あなたたちがシナの和尚〕ハシャンの〔主張の〕ように、〔善・不善など〕およそ分別したこと〔その〕すべてが輪廻に繋縛すると〔私たちは〕主張する〔という〕なら、「〔あなたの立場の〕その〔修習すべき〕無分別の教誡をお願いする。」〔というのと〕「〔無分別〕それを修習する。」と思うことなど〔その〕すべても〔分別なので〕、〔輪廻に〕繋縛する〔のみ〕と主張することが必要であるし、〔そのように主張する〕それを否定することは前にも多く出ています。よって、それら〔諸法〕について諦だと執らえない〔ことが必要な〕ことが、〔経典の〕教の義（意味）ですが、〔あなたたちもその方軌のように〕諦執の分別を否定する〔はず〕なら、〔この方軌のように否定することが必要です ―〕例えば、〔巻いた〕縄において蛇だと錯乱して〔蛇の恐れの〕苦を生じたなら、〔縄に蛇を執らえる〕その知により〔その縄を「蛇だ」と〕執らえたとおりの〔縄の上に〕蛇が無いのを決定してから、その錯乱を止め〔てから、その恐れを除くことが必要である〕るのですが、〔それより〕他の〔、それを除く〕方便は無いように、〔何か対境において〕諦だと〔肯定して〕執らえた諦の対境〔、諦成立を有する〕それ〔のようなもの〕が無いのを、正しい理由でもって〔自ら〕決定してから、その〔決定の〕義（内容）について串習（慣れる）〔し数習〕することが〔必ず〕必要です。（Ch395a）しかし、諦執の〔分に自らの〕心を〔散っていないし行っていないようにしてから、〕こちら〔、内〕に引き寄せ〔て、とどまっ〕たことほどによっては、〔諦執のその分別を〕否定できません。

さらにまた、〔対境へ〕諦執〔する者の分別〕それは錯乱であると主張することが、必要です。〔その分別が〕錯乱していないなら、〔義（もの）へ入っているから、錯乱を生じさせないので、〕否定する（D507a）意味が無いからです。〔もし、その諦執の〕その知が錯乱だと主張するとしても、〔知〕それにより〔どのように〕取らえた〔かの執らえ方の〕その対境が無いことを〔自ら〕知らないなら、〔その諦執の知は〕錯乱だとどのように知るのでしょうか。〔錯乱だと知らない理由は、その〕知の錯乱〔であるか〕・非錯乱〔であるかどれか〕は、〔その知が〕取らえた（K478a）とおりの〔取らえ方の〕対境の有る無しだけに到るからです。諦執〔のその知〕によりどのように取らえたかの〔取らえ方の〕その対境が無い〔と決定する〕こともまた、〔「その取らえ方の対境が無い」という〕ただ立宗（主張命題）ほどにより〔無いことは〕成立しない〔し証得することはできない〕ので、〔取らえ方〕それ〔が無いこと〕を立証する〔了義の〕教と正理の（H467b）〔清浄な〕無垢の聚を〔必ず〕（Kyt439）待っているのです。

その〔方軌の〕ように〔諦執の知の取らえ方を否定〕したなら、（Ch395b）諦無しを決

択した。〔その後、〕次に〔どのように決定したかの義を〕諦だと分別しなくて〔そこに〕安住させるなら、私たちは〔また、方軌〕これを主張するものですから、〔個別の〕妙観察の智恵による〔そのような〕伺察が先行した無分別が必要ですが、ただの無分別〔に安住させた〕ほどでは充分ではない。

〔その方軌もまた〕『修習次第後篇 sGom rim tha ma』(訳註6-86)にもまた、「したがって、正法〔、聖教〕に憶念が無いことと作意が無いことが出ているそれ〔の意味〕もまた、正しい妙観察〔の智恵の伺察〕が先行すること〔のを通じて、諦だと証得する憶念が無い意味について設立した意味〕であるのを見る〔し理解す〕べきです。なぜ〔かという〕なら、〔すなわち、〕正しい妙観察〔の智恵の伺察だけ〕こそ (B792) により、〔法に諦だと取らえる〕憶念が無いのと〔そのような〕作意が無いの〔との無分別〕にできるが、〔それより〕他に〔、他の方便によりそうできるわけ〕ではない。」といい、

〔また『同論』に〕「勝観は〔無顛倒の〕正しい妙観察の〔智恵の〕自性であることを、『聖宝雲経』と『解深密経』などにもまた〔世尊により〕宣べられた。〔そのようにまた〕『聖宝雲経 'Phags pa dKon mchog sprin』(訳註6-88)に宣べられたのは〔このように〕、「勝観により〔諸法を個々に〕観察してから、〔諦として成立した〕自性が (Ch396a) 無いのを証得するもの〔こそ〕は、〔諦執の戯論の〕兆相無きことに入る。」と出ています。(D507b)〔同じく〕『聖入楞伽経 'Phags pa Lang kar gshegs pa』(訳註6-89)にもまた、「マハーマティ（大慧）※1よ、なぜなら、〔妙観察の〕知により観察〔し伺察〕したなら、〔諸法の〕自〔相〕と共の相（特徴）〔というもの〕は〔正理知の側に成立しないので、〕証得※2しない。よって、一切法は〔自体により成立した〕自性が無い、という。」と宣べられた。もし〔他者たちが〕、正しい〔個別の〕※3妙観察を (K478b) いわない〔という〕なら、そのように世尊が〔『宝雲経』など〕それぞれの『経』に多種類の正しい妙観察を宣べられたそれ〔ら〕と (H468a)〔きわめて〕相違（矛盾）することになる。それゆえに、〔あなたたちがこのように、〕「私〔たち〕は智恵※4が小さいもの、精進※5※6が小さいもの〔です〕。多聞※7を遍く尋求できない。」とそのようにいうことが道理ですが、世尊は〔聖教より多数回に〕多聞を称賛される〔し讃えられる〕から、すべてのときにもまたそれ〔ら〕を〔あなたは〕捨てる※8ことは道理でない。」と (Ch396b) 説かれた〔ことの意味の〕ように、知るべきです。

〔その方軌と〕同じく、〔『経』※1に色から〔一切〕相智※2まで何〔の法〕においてもまた、知により住しないことを〔事物を取らえることについて〕説かれたこと〔の意味〕もまた、それら〔諸法〕が住されるべき対境として〔知により〕諦だと取らえるには不適当〔だとの意味〕なので、そのようでないなら、六波羅蜜など※3についてもまた〔言説として住しない〕そのように説かれた〔のであることが必要な〕※4ので、それら〔波羅蜜〕についてもまた〔学ぶことなどが適当でないのを通じて〕住しないことが必要になる。

〔そのようにそれら諸法について〕諦だと取らえてから住するのが適当でないこと〔の意味〕もまた、前に説明したように、それら〔法〕は諦として無いのを〔決択してから〕証得することに掛かっているので、〔それら諸法を〕そのような〔証得する仕方を通じて〕住しないことと分別しないこととして〔『経』に〕説かれたことすべては、〔どこに住すべきで

なく分別すべきでない諸々のそれら〕対境が **(Kyt440)** 自性により成立した、または諦〔としての成立〕であるのを否定する正しい妙観察〔の智恵の伺察〕が、先行する〔のを通じて住しないことと分別しないことを必ず為すことが必要である〕ことだけについて〔結合して、〕説かれたのであると、〔知恵を持ち希求する者たちは〕知って **(B793)** ください。

よって、 **(D508a)** 〔勝者の〕聖教に、 **(Ch397a)** 〔勝義諦、真実は、分別知を通じて〕不可思議であることと、〔分別〕知を越えていること〔と、そのような知の対境でないこと〕などを説かれた〔個所〕そこにおいて、〔意味はこのように理解すべきです — 勝義諦、〕甚深の義（内容）〔それこそ〕を〔聖者が見られるように、〕ただ聞と思ほどにより〔初業者が〕証得すると慢ずる〔し傲慢になる〕こと〔の邪分別〕を遮止するために、それら〔甚深の義、如実について錯乱を離れたもの〕は聖者〔の等至〕により自内証されるべきことであるので、他者〔、異生たち〕によっては不可思議であることなどを〔それら教により〕示すし、 **(H468b)** 〔他の否定（遮止）対象も〕また〔知恵の劣った或る者が〕甚深の義〔それこそ〕 **(K479a)** について諦〔としての成立〕だと取らえてから、〔義と合致しないし不合理な〕非如理に〔誤解し、〕思惟することを遮止するために〔も〕、〔その甚深の義は不可思議だなどと〕説かれたのですが、妙観察の智恵により如理に伺察するの〔を通じて、その甚深の義に悟入することなど〕を遮止するわけでは〔全く〕ないのを、知るべきです。

〔その方軌もまた〕『修習次第後篇 *sGom rim tha ma*』に、「そのように何々〔の経典〕において不可思議であることなどの句（ことば）〔を説かれているの〕を聞くなら、〔そのような句（ことば）の有る『経』の個所〕それぞれにおいて〔どのような義を説くのかというなら、それも〕ただ聞と思ほどだけにより **(Ch397b)** 〔法の〕真実〔、甚深がどのように住するか〕を〔錯乱により汚染されていなくて〕証得すると〔、知を持たない人が〕思惟〔し慢思〕する〔人〕彼らの〔そのような〕増上慢を遮止するために、〔それら『経』により〕諸法〔の甚深な真実〕は、〔聖者の等至〕自内証されるべきものだと示す。非如理の〔邪分別の〕思惟〔または作意〕を〔も、それら『経』により〕正しく遮止するのを〔、知を持つ者たちは〕了解すべきですが、〔諸法について〕正しい妙観察〔の智恵による伺察こそ〕を遮止するのでは〔全く〕ない。そのようでない〔で、妙観察を遮止するの〕なら、きわめて多くの正理と教と相違（矛盾）することになる。」というとおりです。

〔ここに〕多くの教と相違することになるさまは、〔このようにです — 〕『迦葉〔所問〕品 *'Od srung gi le'u*』に、「〔世尊は、〕カーシャパよ、〔二辺を離れた〕中道〔すなわち〕諸法〔のあり方〕について正しく妙観察〔し伺察〕すること〔の方軌〕は何か、というなら、〔その方軌は、〕カーシャパよ、 **(Ch398a)** 〔尋思し伺察する対境の〕何か〔法であるそれこそ〕において〔伺察する仕方、自性により成立した〕我が無い（無我である）のを〔智恵により〕妙観察することと、〔体により成立した〕有情が無いの **(D508b)** と、命者が無いのと、養者が無いのと、人士が無いのと、人（プドガラ）が無いのと、マヌ生まれが無いのと、マヌの子が無いのを〔智恵により〕妙観察〔し伺察〕することです。〔この義（意味）をまとめるためにまた、〕カーシャパよ、これが、中道〔に悟入する方便により〕諸法について正しく妙観察〔し伺察〕すること、という。」と説かれたことなど、〔説かれ方〕

212

このようなことと相違（矛盾）する〔ことになる〕。

〔さらにまた〕『修習次第初篇 sGon rim dang po』^{（訳註6-95）}にもまた、（H469a）「（B794）〔世尊は〕『入無分別陀羅尼 rNam par mi rtog par 'jug pa'i gzungs』^{（訳註6-96）}に〔説かれたさまを引用したのは〕^{※1}、「作意しない〔し分別しないで住する〕ことにより色（K479b）などの〔法について諦だと思い込む〕兆相〔の取〕を断除する。」と説かれたこと〔、教〕であるそれ〔の意味〕もまた、〔妙観察の〕智恵により（Ch398b）観察〔し伺察〕したなら、〔その伺察の側に成立していないし〕認得されないこと〔の義（もの）〕であるそれ〔こそ〕は、〔義〕それについて作意しない〔し分別しないで住する〕のを意趣なさったが、〔一般的に憶念が無い〕作意が無いことほど〔に住する義（意味）〕では〔全く〕ない。〔その理由は、例えば、〕無想の等至^{※2}のように、〔意味のこの場合にも〕無始の時より〔起こった〕色（しき）などへ〔諦だとの、顛倒の〕思い込むこと〔こそ〕は、〔憶念を遮止した、〕作意を断除したことほどにより断除する（Kyt441）わけでは〔全く〕ない。」と説かれています。この軌範師〔カマラシーラ〕が造られたこの〔『〔入無分別〕陀羅尼』の〕『註釈』^{（訳註6-97）}〔の中〕においてもまた〔このような意味が〕明らかに〔提示されて〕有るのです。

〔それら上の意味を〕要〔約〕するに^{（訳註6-98）}、〔見の設定は〕大乗〔の方軌〕においては、〔軌範師〕聖者ナーガールジュナと聖者アサンガ〔二人〕の本典により広釈された〔とおりの中観の見と唯心の〕見の二つの方軌より〔同じでない方軌を持った〕他の見〔により説明されたものは〕は〔全く〕無い。インド・チベットの勝れた学者・行者たちもまた、（Ch399a）〔聖者ナーガールジュナと聖者アサンガ〕その二人により註釈されたとおりの〔中観・唯心の〕二つの見のどれか〔一つ〕に必ず依った〔だけだ〕と見えるので、間違いなくその二人〔の軌範師〕のどれかの〔立場の〕見〔こそ〕を〔説く〕各自の本典〔個々〕に出ているとおりに求めるべき〔ことが必要であるのみ〕です。

〔そのように求めることが必要な〕それもまた、聖者〔ナーガールジュナ〕父子の本典に依って（D509a）求めるさまは前に〔広汎に〕説明し〔おわっ〕た〔それこそです〕が、〔そのようでなく〕聖者アサンガに随順する〔のを通じて見を求めるべきだ〕としても〔このとおりです―〕、真実として〔、正しくは〕所取〔、対境、色など〕と能取〔、識との二つ〕は別異の実物〔として成立していないのみであること〕によって、全面的に〔その二つが別異の実物により〕空であっても、幼稚な者〔、異生（凡夫）〕たちにおいて〔錯乱の力により対境と有境〕それらは実物が別異であるように〔個々に〕現れる〔のであり、そのように現れる〕これ〔こそ〕は、現れるとおりに諦〔としての成立〕だと取らえる〔その顛倒の分別の取らえ方の、諸々の〕対境〔になった、否定対象の〕所遍計〔、所取・能取が別異の実物として成立したそれ〕を、〔否定の所依事、〕依他起〔の事物〕の上において〔根本より残らず〕教と（H469b）正理でもってすべてにわたって否定した（Ch399b）無二の義^{※2}〔となった法性、〕円成実〔こそ〕について、堅固な決定を〔まさに最初に〕獲得してから、〔その後にそのような〕その見の上に〔一境性に無分別に〕安住させた安住修〔をするの〕と、（K480a）妙観察により伺察してから修習すること〔、伺察修〕との二つを〔交互に〕することが必要ですが、〔上の見〕そのようなことの理解〔ほど〕は有っても、〔その見を〕修

習するとき〔に、〕その見の〔決定の〕上に安住させなかったただの無分別〔に安住させたこと〕ほどにより〔上の〕その空性を修習したことには〔全く〕ならない。

〔アサンガなど唯心派の〕その立場の見を決択するきわめて明らかな方軌と、決択した義（内容）を〔基本にしてから〕止住と勝観（B795）個々の〔成就の仕方と〕護り〔そだて〕方と、〔止観二つが〕双運に起こるさま〔をあわせたもの〕は、〔シャーンティパ著〕『般若波羅蜜教誡論*Sher phyin man ngag*』^{（訳註6-99）}にきわめて明らかに有るので、そこを見るべきです。〔上に説明した唯心派の〕この立場〔の見と、その護りそだて方など〕を良く証得してから、〔唯心派の〕その本典に出ているように〔決択してから〕修習するとしても、〔大いに〕きわめて驚異〔なもの〕です。（Ch400a）

〔一般的に〕大乗〔に関した勝者の諸々〕の聖教に〔勝義、〕甚深の義（内容）〔の要〕をまとめたもの以上を説いたのはきわめて多いし、けれども〔甚深の義を〕説いていないこと〔、仏説〕も〔きわめて〕多く有るので、〔勝義諦を〕説いていない〔聖教〕それ〔ぞれ〕については、〔勝義諦を〕説いた〔聖教の〕本典より〔補足したのを通じて該当する句（ことば）を〕引用することが必要です。〔それだけでなく、勝義諦が〕広汎でない〔、広釈していない聖教〕それについてもまた（D509b）、広汎なもの〔を説明した聖教〕より〔前のように〕引用することが必要です。

〔勝義諦について為すべき方軌と〕同じく〔世俗、〕広大の〔道次第の〕分についてもまた〔上のそれにより〕知ることが必要です。しかし、〔そのようでなくて、〕甚深または広大のどちらか〔一つ〕が無い一分〔の道ほど〕について〔行持の枢要が揃っている、と〕そのように取らえるのは適当でない。〔意味〕これを意趣なさって、〔大乗の〕道を教える上師の相（定義）の円満に完成したもの〔になる〕において、乗すべてに善巧である〔ことが必要な〕ことを、〔聖教、意趣註釈などに〕多く説かれた。^{（訳註6-100）}

4-2-2-2-3-3-3-1-3-3-2-6-2-3-2-3

第三〔: 護り〔そだてる仕〕方の枢要を少し説明すること〕^{（訳註6-101）}

護り〔そだて〕方の枢要をまとめたものは、前に説明したように了義の見を獲得した（Ch400b）〔人〕彼は、我だと我所だと〔自性により成立したと思い込む知の〕（H470a）取らえること〔すなわち我執と我所執〕がどこかにおいて生ずる所依事〔になった〕我と我所〔の二つ〕について（Kyt442）〔自らの側から成立した〕自性が無いことを〔始めに〕決択するときと〔正理の伺察の仕方は〕同じく、妙観察の智恵により多く伺察してから、〔正理の側に成立していないなら、〕最後に〔成立していない〕その義（内容）について決定する（K480b）〔大きな〕力を生じさせる。〔心を他に〕散らさないで取らえる（保つ）安住修と妙観察の智恵による〔上のような〕伺察〔との二つ〕を、混ぜて行うべきです。

〔そのように修習する〕そのとき、〔もし〕伺察修が多すぎるので、安住分が〔失われて〕小さくなったなら、〔伺察しない〕安住修を多くすべきであり、安住分はそのままにしておく。〔もし〕安住修を多く行った威力により安住分が〔あまりに〕大きくなってから、〔伺察に悦びいさまないのを通じて〕伺察を心望まないので、伺察しないなら、真実について堅固で強力な決定が来ないし、〔決定〕それが生起しなかったなら、〔その〕決定の逆分〔、

法と人の〕二我が有ると取らえる増益〔をする無明〕をそれほどに侵害しないので、伺察修を多く行ったのを通じて、止観の二つ〔ともの力〕を等分に〔生じさせて〕修習する〔ことが、必要です〕。（Ch401a）

〔その方軌もまた、〕『修習次第後篇 *sGom rim tha ma*』に、「〔さらに〕またいつか〔止観を修習するとき〕勝観を修習した〔分が大きい〕ことにより、〔妙観察の〕智恵がきわめて大の分に（B796）なった[※1]そのとき、止住〔の安住分〕が少なすぎるから、灯火を風〔の中〕に置いたように（D510a）心は動揺する〔し不堅固になる〕ので、真実はきわめて明らかに見えることにならない。[※2]ゆえにそのとき、〔伺察しないで安住させる〕止住〔こそ〕を[※3]修習しよう。〔もしまた〕止住の〔安住分があまりに〕分が大きいとしても、〔妙観察の分が小さい過失により〕眠りに落ちる人のように、真実はきわめて明らかに見えることにならない。〔その過失により明らかに見えないこと〕よって、その〔ような〕ときも、〔妙観察の〕智恵を修習しよう。」という。[※5]

〔訳註6-103〕[※1]
　加行と後と更〔すなわち修行時間〕の合間においてどのようにすべきか〔の次第〕は、小士の個所に説明したとおりに知るべきです。[※2]

　そのように無我の（H470b）義（内容）を修習する〔勝観を護りそだてる〕ときに、沈没と掉挙が生起したの〔なら、それ〕を確認すること〔の仕方〕と（Ch401b）、〔沈没・掉挙〕それを断ずる〔方便として〕憶念と正知に依るさまと、沈没・掉挙〔の尖端を破って、その力〕による不平等無しに〔平等であり、心が〕自然に〔所縁へ〕起こる捨（平静）を得たなら、功用（努力）を緩める〔、捨（平静）を修習する〕さまなどは、前に（K481a）止住の個所に〔どのように〕説明した〔か〕のと同じように〔することが必要だと〕知るべきです。

　〔止観を修証するこの場合において〕『般若波羅蜜教誡論 *Sher phyin man ngag*』には、[※104]何か〔所縁において、止観を〕修習すべき対境それこそにおいて〔始めに〕止住の護りそだて方を〔良く〕行ってから、〔その護りそだて方により〕軽安を生じさせるし、また〔所縁〕それ〔こそ〕について勝観の伺察修をして、〔その伺察修こそにより〕軽安を成就してから、〔そのような止観〕それらが個々に成就し〔、得〕たなら、〔次に止観二つを〕双運させ〔てから修習す〕ることを、説かれています。

　〔『般若波羅蜜教誡論』の意味が〕このようならば、伺察〔する伺察修〕と〔伺察しないで〕安住〔する安住修〕との二つを一つの〔更の〕相続において〔続けて〕行うことの決定は見られないので、〔止観各々を〕更〔すなわち修行時間〕の各々に〔修習〕するのでもよいと主張なさります。

〔訳註6-105〕
　ここ〔の個所〕において〔修習すべき体の〕重要なのは、〔無始から〕自らの〔相続に有る〕無明それにより〔対境において無いながら〕増益されたとおりの取らえ方〔それこそ〕を〔正理により〕論破したのを通じて、〔取らえ方〕それの逆分〔である〕自性により〔成立したのによって〕空である空性〔それこそ〕の上に、（D510b）（Ch402a）強力な決定を生じさせてから、〔そのような〕空性を修習することが必要〔であるのみ〕ですが、〔自相続の〕我執と無明〔そ〕の取らえ方を論破していなくて、〔それより他の〕空性〔であると言う義（もの）〕を別の何かを〔修習の対境に〕為してから（Kyt443）修習していても、

〔自相続の法と人の〕二我執を何も侵害しないので、〔そのような修習は、〕「鬼が東門に害するのに対して、〔それを放置してから病人の〕身の代を西門に遣るのと同じ。」と〔この教誡の上師、〕先人たちがたびたび説かれたことは、きわめて本当だと思われる。[※1]

　〔修習の仕方を〕そのように前に説明したこれらは、(B797)〔修習の仕方の枢要の無くてはいけない〕おおよそほど〔を説明したの〕であり、修習する場合の〔枢要を知らない、諸々の〕微細な過失〔の抜き出し方〕・〔修習したことの〕功徳〔の生じたさまと、益の出し方〕は、〔勝れた〕善知識〔である〕[※2]賢者たちに〔良く〕依って、〔修習者〕自らも〔良く〕修習して〔その上〕から〔問い尽くすのを良くして、〕知ることが必要なので、(H471a)〔ここには広汎に〕戯論していません。

　〔訳註6-106〕それら修習する仕方は、〔ポトワより伝承したなど〕(Ch402b)以前の〔諸々の〕道次第の教誡を基本にしてから〔ここには他により補足して、〕広汎に施したものです。〔そのさまはまた、〕ポトワ(Po to ba)の[※1]『青冊子 Be'u bum』に、〔訳註6-107〕「或る人は、〔始めに〕聞思のときに〔勝義を伺察する〕正理により〔対境が〕無自性であるのを(K481b)決択したのへ、〔次に〕修習〔そのもの〕のとき〔に、何も伺察しないで〕無分別のみを修習する〔ことが必要である〕、と言う。〔そのような修習の仕方〕そのよう〔にした〕なら、〔聞・思のとき決択したその空性と〕無関係の空性〔である他のもの〕を〔修習するときに〕別に修習したから、〔無明の諦執の〕対治に〔全く〕ならない。それゆえに〔聞・思により決択したときそのように〕修するときこそにも、〔勝義を伺察する〕一と多を離れた〔論証因〕[※3]・縁起〔の論証因と金剛片の論証因[※4]など、〔伺察者自らが〕何かを数習したこと〔、論証因〕により〔その所縁を〕妙観察するし、〔その義を伺察しないで〕少し無分別〔の状態〕[※5]にも住すべきです。そのように修習したなら、〔無明などの〕煩悩の(Ch403a)〔誤らない破壊する〕対治〔である〕。〔解脱を欲する者で、大主尊(アティシャ)、〕天尊師(lHa gcig)に従いたいと〔のみ〕欲するし、〔智惠の〕波羅蜜の流儀を[※6]〔『経』に説かれたように〕行じたいと欲する者[※7]〔こそ〕が、〔真実の勝観の〕智惠を修習する〔または智度を行ずる〕仕方は〔上の〕それです。[※8]それもまた、〔始めに〕人(プドガラ)無我を〔適用して〕数習〔し串習〕した〔し、そのように数習した〕ことにより、〔その後、〕次に〔法無我にも〕そのように従って悟入しよう。」と出ているとおりです。

　〔訳註6-108〕〔そのような修習の仕方〕これもまた、〔大〕主尊(Jo bo.アティシャ)が〔『入二諦論』に〕〔訳註6-109〕「〔自性により空の〕空性を〔勝者の意趣のとおりに〕(D511a)何により証得するかというと、〔そのように空性を証得する者は、〕如来により〔多くの経・タントラに〕授記〔を[※1]獲得〕されたし、〔証得の差別、〕法性、諦を〔現前に〕見られた〔聖者〕ナーガールジュナの弟子[※2]〔、軌範師〕チャンドラキールティ〔こそ〕です。〔そのような軌範師〕彼より伝承された〔真実を証得する〕口訣により、法性、諦を〔如実に〕証悟することになる。」と説かれたし、彼の〔その立場の口訣による〕導き(Ch403b)方もまた、(Ch404a)主尊が〔造[※1]られた〕『中観教誡論 dBu ma man ngag』に説かれたように、〔訳註6-110〕〔正理により伺察してから修習する〕伺察修と、その〔方軌の〕ように〔正理により〕伺察した義(内容)に〔伺察しないで〕安住する〔安住〕修〔の二つ〕を混ぜて〔することが必要だと〕説かれたそれです。

〔導き方〕それは、軌範師カマラシーラの立場〔の修習の仕方〕と差別（ちがい）が無い[訳註6-111]。〔それだけでなく〕前に説明したように、『入中論』〔での説明〕と『中観心論』〔での説明〕[訳註6-112]と軌範師シャーンティデーヴァの意趣もまた（H471b）そのとおりであるし、〔それらだけでなく〕マイトレーヤの法と、〔彼より伝承された〕聖者アサンガの〔諸々の〕本典においてもまた〔そのような止観の修習の仕方が〕多く説明されているし、〔聖者アサンガ〕彼の立場を無顛倒に受持する〔大〕学者シャーンティパが（B798）『般若波羅蜜教誡論』においても明[訳註6-113]らかに註釈したから、勝観（K482a）の護り〔そだて〕方は、ナーガールジュナとアサンガの二人より伝承された〔両者の諸々の〕本典と教誡は一致していると見えます[※2]。（Ch404b）

4-2-2-2-3-3-3-1-3-3-2-6-2-4

第四：〔そのように〕修習したことにより、勝観が成就する度量（基準）[訳註6-114]

そのように〔個別に〕妙観察する智恵により（Kyt444）伺察してから修習したなら、〔そのように伺察した力により導かれた〕前に説明した〔そのような〕軽安それが、生じていない以前には、〔勝観そのものではなく、〕勝観の随順した〔すなわち二次的な〕ものですが、〔そのような〕軽安が〔いつか〕生じてからは〔定義を充たした〕正規の勝観〔を得たの〕です。〔そのような〕軽安の体と生じ方は、前に説明したとおりです[※1]。

これもまた、前に止住が成就したもの[※2]〔それこそ〕が（D511b）損なわれないで有るそれ〔こそ〕により導いた軽安も、〔勝観を得たとき〕有るから、一般的に軽安が有ることほどではない[※3]。

では、〔その軽安は〕何なのか[※4]、と思うなら、

〔このように、正理による〕伺察修をしたそのことの自力により軽安を導きうるなら、〔境界〕それから〔その伺察修こそが必ず〕勝観になる。

〔得た境界〕それは如量〔、世俗〕を（Ch405a）縁ずるのと如実〔、勝義〕を縁ずるのとの勝観両者において同じです[※5]。

その〔意味の〕ようにまた、『解深密経 mDo sde dGongs 'grel』[訳註6-115]に、「世尊よ、その〔修習者、〕菩薩は〔勝観を修習するときに、伺察の自力により導かれた〕身と心の軽安を得て[※1]いない間は、〔自らが〕良く思惟〔し伺察〕したとおりのそれら法について、〔それらと似た兆相を取らえて、〕等持（三昧）の行境〔の所縁になった分別の〕映像を内に〔心の上に浮かんだそれこそを、〕作意する〔場合の〕その作意について、〔名を〕何というべきでしょうか〔、と問うた〕[※2]。マイトレーヤよ、〔そのような作意それこそは〕勝観ではない。〔では、何なのかは、〕勝観と随順した（H472a）〔勝観の後に〕信解と相応したもの〔、作意〕であると呼ぶべきです。」といい、〔それだけでなく〕『般若波羅蜜教誡論 Sher phyin man ngag』[訳註6-116]にもまた、「〔勝観の修習者〕彼は[※1]〔止住により導かれた〕身と心が軽安を〔前に〕得たそれこそに住する。（K482b）〔その状態から自らが〕思惟した〔し伺察した〕とおりのそれこそその義（内容）[※2]〔それこそと似た形相として生じた〕内の〔心の〕等持（三昧）の〔所縁になった分別の〕映像（Ch405b）〔が内に浮かんだものでもある等持の〕行境〔でもあるその所縁こそ〕について、特に〔心を繋いだし〕信解することにより、〔智恵により〕妙観察すべきです。〔そのことにより自力で導いた〕身と心は軽安が生じていないかぎりは、[※3]〔その伺察修は〕勝観と随順した作意〔というの〕です。いつか〔そのような力により導い

た軽安が〕生じたとき、〔その伺察修は、正規の〕勝観〔になったの〕です。」（B799）と説かれたし、如量を縁ずる止住と〔そのような〕勝観と〔そのような止観二つが〕双運になるさまは〔また〕、如実を縁ずるもの〔、止観と、その二つの双運〕と同じであることを（D512a）〔まさにその『般若波羅蜜教誡論』^{※4}に〕説かれています。

〔一般的に〕軽安を自力により導きうるなら、心の〔専注した〕一境性もまた、〔自力〕それにより導くことができるから、〔個別への〕妙観察の伺察修〔それこそ〕により、〔止住の安住分を別に修習する必要なく〕自力により一境性を導くこれは、〔前に〕止住が〔得られたし〕成就した〔のが損なわれていない〕ことの功徳〔または足跡〕です。

そのように止住が良く成就した者が、〔安住修をしたことによってはもちろん、〕（Ch406a）伺察修をしたことによってまた、〔安住分の一境性を導いたのを通じて〕止住の助けになることが有るので、「妙観察の伺察修をしたなら、安住分が小さくなる。」とは取らえていない。

^{（訳註6-117）}〔それもまた、ここに〕如実〔、勝義〕を縁ずる安住修と伺察修〔の二つ〕を〔雑修する〔のを通じて〕勝観を修習することになる、ならないの度量（基準）は、〔人と法の〕二無我の見のどれかについて（Kyt445）誤らない〔し錯乱しない〕清浄な理解を獲得してから、〔理解したとおりの義〕それ〔こそ〕を縁じて修習するのかしないのかにより区別することが必要ですが、〔そのような勝観を修習する、修習しないの境界は、〕他の何〔の差別（ちがい）〕によっても区別（H472b）できない。

〔他の差別（ちがい）により区別できないなら、他の〕どのようなものにより区別できないか、と思うなら、

〔何か対境を〕修習したこと〔の力〕により〔自らにおいて、修習される〕対境・〔修習する〕有境の二として現れる〔、前から有るそのような諸々の〕粗大な現れが〔後で〕滅してから、〔自らの見る現れにおいて、例えば、雲と塵などの〕埃が清浄になった〔対境の現れ、〕虚空のようなものにおいて、〔自らの〕心〔の体〕が、〔微細な対境の現れも浮かぶのを忍ずる〕了知し〔混合しないで浮かぶことのできる〕明瞭で〔濁りなき〕（Ch406b）澄浄である〔三つの〕差別（特徴）を具えたもの ―（K483a）〔例えば、〕1）灯火が〔きわめて明瞭に燃えるのへ〕風により動揺させられないようなものが〔時間が〕長らく住することと、2）〔そのように住する上より〕外〔、対境、住宅などと〕と内の〔自らの身などの、諸々の〕対境の現れが〔また、自らの〕意（こころ）の側に〔きわめて澄浄で鮮明な〕虹、または〔きわめて〕薄い煙の形相のように浮かぶし、〔そのように浮かんだ〕それ〔こそ〕に〔時間が〕長らく住することと、3）〔また自らの〕意識の側に所取の境としておよそ浮かぶすべてについて〔自らの〕心により〔あちらへ〕繋ぐ〔し縁ずる〕なら、〔心が〕繋ぐのは少しも耐えず〔繋ぐことがかなわず〕に滅して浄らかに（D512b）〔消えることに〕なるし、〔消えゆく〕それもまた初めに色・声などの外側の粗大な義（もの）についてその〔浮かび方の〕ように浮かぶが、〔それを繰り返し〕数習したなら、〔数習の〕最後に〔内の〕有境〔、自らの〕了知と〔、対境を領受する〕領納についてもまた前の〔数習しなかったときの〕種類の形相〔として浮かびうる〕それ〔こそ〕を、〔領納・了知の上からあちらへ〕吹き消したように〔澄浄に〕なるし、〔そのような微細な領受・了知〕それについてもまた〔自らの〕

心により〔所縁に〕繋ぐなら、繋ぐことは少しも耐えなく〔、適わなくて、滅して消えることに〕なることなどが生起〔。生起〕しても、それにより（B800）〔常・断の〕無二〔辺の義〕の（Ch407a）真実を証得する見を獲得〔して安住〕する〔のでは全くない〕ことと、〔それだけでなく、そのように修したことにより偽りのような〕漠然とした現れが浮かんだことそれらもまた、中観〔の場合〕に説明された幻術のような義（内容）を証得する〔ことである〕こととしては、少しも設立できない。〔その理由は、真実の〕見について知を向けていない者もまた、〔心が安住する〕安住分を長らく護り〔そだて〕たなら、そのようなもの〔、漠然とした現れ〕が浮かぶことが多く有るからです。

（訳註6-118）〔そのように幻術のような義でないさまは、〕このように〔です〕、〔中観の場合の〕幻術のような義（内容）は、前に説明したように、〔その法において〕自体による成立が〔全く〕無いことを決断する正理知の〔浄らかな〕決定〔が有ること〕と、〔その上に、自性により無いながら、〕現れが歪曲できないで〔有る、〕（H473a）言説の量（認識基準）により成立した〔し決定した〕こととの〔その〕二つ〔が集積したの〕に依って、〔現れ・空の二の集積がその人に〕浮かぶことが〔必ず〕必要です。〔なぜなら、自らの〕意の側に色など〔の対境〕が虹と同じく薄くきわめて澄浄である形相として浮かぶ〔べきな〕のは、障礙・妨害の〔色の〕所触を離れた〔それこそが浮かんだ〕ことと、障礙・妨害〔する色の所触〕有る^{※1}ものとして無いが、現れが煌々とした〔、浮かんだ〕ことの^{※2}（Ch407b）二つの集積ほど〔の浮かび方〕なので、そのように決定するそれにおいて、〔自らの側から成立した〕自性が無いと決定することは（K483b）全く無いから、^{※3}否定されるべき〔自らの側から成立した〕自性と〔否定されるべき〕障礙の所触との二つを同一に〔錯乱し、そのように〕取らえてから、^{※4}無自性であるとの名を付ける〔のをした〕こと〔ほど〕であるからです。

そのよう〔な誤り〕でなくて、〔上の現れがそのように浮かぶ仕方〕そのようなものが中観に説明された幻術〔の義〕と偽りの義（内容）だと主張す〔べきである〕るなら、（D513a）虹と薄い煙が差別の所依事（基体）に〔されたそれこそが〕有るのを取らえてから、〔認得するなら、虹など〕それらにおいて自性が有ると取らえる分別は〔全く〕生じないことになる。〔なぜなら、〕差別所依事（基体）〔として虹など〕は有ると決定するそれこそが、現れにおいて自性が無いこと〔の義〕を決定するのであるからです。

また〔他の正理は〕、障礙の所触〔それこそ〕を差別の所依事（基体）に取らえてから、〔障礙の所触〕それ〔こそ〕において自性が無いとの（Kyt446）決定を導きえない〔ことになる〕。〔なぜなら、〕差別所依事〔、否定されるべき障礙の所触〕を〔取らえる〕決定するそれこそが、〔否定されるべき〕自性が有ると取らえること〔こそ〕であるからです。（Ch408a）

よって、色などがそのように浮かんだときに、薄くて澄浄である形相として浮かんだそれこそが、〔色など〕それら対境の在るさまの〔側から成立した〕住し方〔すなわち実相〕として〔有ると〕取らえる〔無明の取らえ方のその〕対境を〔正理でもって〕幾らか論破した形相が〔全く〕無くて〔、薄く澄浄ほどとして〕浮かぶ〔のだ〕から、〔そのように浮かんだ薄く澄浄な形相の現れこそは、〕幻術のような義（内容）では〔全く〕ない。かつて〔真実の〕清浄な見を獲得してから忘れない者においては、〔薄く澄浄な〕それらが、〔現れ・

空の二の集積の〕幻術のようなものとして（H473b）浮かぶことが〔また〕有る。〔それは〕前に説明しおわりました。（B801）

　　〔また一つの立場において、〕善知識ゴンパワ（dGon pa pa）〔の立場〕より伝承された〔諸々の〕「道次第」には、空性の証得それが生ずるさまはこのように主張する ── 〔その修習者は〕初め〔の時〕に人（プドガラ）の無我を修習する。〔その後、〕次に法無我の義について憶念と正知により支えられてから、修習する。〔修習の仕方〕それもまた、更〔すなわち修行時間〕が〔あまりに〕長すぎるなら、憶念・正知により支えられていないので、あるときは沈没〔し〕、あるときは掉挙になるので、益が〔きわめて〕小さい。よって、〔一日の〕午前と午後と（Ch408b）夕暮れと夜明けの〔四更にした〕四つの更〔すなわち修行時間〕各々において〔も〕、更を四つずつにしてから、〔総合により〕一日を十六の更にして、修習する〔ことが必要です〕。（K484a）〔そのように修習することにより所縁が〕明瞭である、または〔修習した力により心に変異が生じたと〕経験すると思って〔の度量〕から、〔修習を〕中断（D513b）〔し、更の合間を〕すべきです。そのように修習したことにより、〔自らの現れにおいて〕長い間、修習していないと思ってから〔時の度量を〕見たなら、夜と昼は〔きわめて速く〕どんどん経って〔速やかに去ると〕現れるなら、〔所縁に〕心を摂めたのです。〔今回、間を〕最も長く修習したと思ってから〔時の度量を〕見たなら、〔時間が〕何も去っていないと現れるなら、〔所縁に〕心を摂めていないのです。〔所縁に〕心を摂めたとき、〔自らの〕相続に煩悩が小さい〔ようになる〕し、〔自らに〕睡眠も〔もとより〕生ずる〔はずな〕のが〔、これには、睡眠が〕来ないのか〔、来ないはずと同じだ〕との思いが来る。〔その後、〕次に〔所縁に心を摂めたそのことにより〕午前など〔の〕一更に延びたなら、〔その等持（三昧）こそは、〕四つの相（特徴）を具えたものとして生ずる。〔すなわち、〕1) 無分別〔の相〕は、等至〔したとき〕において、息が外・内へ動くのも感じなくて息と分別が〔きわめて〕微細になったのです。2) 明瞭さ〔の相〕は、〔例えば〕秋の季節の正午のときの虚空輪が〔雲などが無い〕（Ch409a）明瞭であるのと差別（ちがい）が無い。3) 澄浄さ〔の相〕は、〔よく浄めた〕きれいな碗（ting）の中に〔浄らかな〕水を注いでから、日〔の光が当たるところ〕に置いて見た〔場合の〕澄浄さと同じものが、来る。4) 微細さ〔の相〕は、〔上の〕その三つの相（特徴）の（H474a）状態から〔対境を〕見たなら、事物が〔きわめて微細な〕毛先を〔多くに〕割った一分〔ほどの度量〕が生起したものも〔必ず、明瞭に〕見えてくる。そのような〔等持（三昧）〕それは、〔聖者の等至の〕無分別智が生ずることに随順する〔ものです〕。〔その聖者の〕無分別智と比べたなら、〔その等持（三昧）の〕自体は分別であるので、「顛倒」と説かれた。〔そのようにまた〕『中辺分別論 dBus mtha'』〔第四章「対治の修習」〕に、「随順する、顛倒であるもの〔、関係を有する逆のものと、顛倒でなく顛倒と無関係の修習である〕」と説かれたこと〔の意味〕であると説明する。

　　〔それもまた〕『中辺分別論』に説かれたように〔なら〕、異生（凡夫）の空性〔の等持〕の修習は最良のものも、（B802）「〔聖者の等至の無分別智に〕随順する〔ほどであり〕、〔錯乱知である分より〕顛倒であるもの」と〔いう義（内容）であると〕（Ch409b）設立することが必要です。〔無分別と明瞭と澄浄と微細などの〕他の相（特徴）〔を具えたもの〕が

生起していなくても、前に説明したように、〔真実の〕誤らない見の義（内容）を修習した[※1]（**Kyt447**）なら、無我の（K484b）義（内容）を（D514a）修習することですが、〔真実の〕見を誤らないで決択した義（内容）を修習するのでないならば、〔無分別など上の〕その四つの相（特徴）〔を具えた等持（三昧）〕が生起しても、了義の修習〔等持である〕として〔全く〕設立することはできない。ゆえに、如実の〔勝〕義（内容）を修習することであるのかないのかは、前に説明したとおりであり[※3]、〔そのような如実の義〕それを修習してからその後に幻術〔のようなもの〕として浮かぶさまもまた、前に説明したとおりに〔二つの決定の集積それが必要である〕知るべきです。[※4]

4-2-2-2-3-3-3-1-3-3-2-6-3

第三：〔その二つが双運するさま〕 [(訳註6-124)]

止観その二つが双運するさまは、〔止観〕その二つが成就した度量（基準）の個所に説明したように、止観〔の相（特徴）が揃ったもの〕二つを得ていないなら、双運させるべきことは来ないので[(訳註6-125)]、〔止観二つ〕双運においては〔止観〕その二つを必ず得ることが必要です。（Ch410a）〔双運〕これもまた、いつか勝観を得た最初〔こそ〕から〔止観〕双運を得ることになるので、〔双運を得た〕そのさまは前の止住〔を得たそれこそ〕に依って〔、それこそを基礎に取らえた状態〕から、〔妙観察の智恵による〕伺察修をしたなら、〔それこそに依ってから、止住の場合に〕励んで入る（力励運転）などの四つの作意の次第により生ずる[※]〔仕方を説明した〕ことは、〔勝観の修習の仕方の場合〕これについても（H474b）〔同じく〕説かれたので、第四の作意が前に〔止住の個所に〕説明されたように〔この個所にも〕生じたときに、〔止観〕双運になる。〔なり方〕それもまた、伺察修をした最後に安住修をしたし、〔次第に〕護り〔そだて〕たそれ〔こそ〕が、止住を得た〔場合に、軽安をともなった安住修になった〕そのとおりのものの〔伺察の力により導かれた〕安住修に〔いつか〕なったなら、そう〔双運になったの〕です。

その〔方式の〕ようにまた『声聞地 *Nyan sa*』に[(訳註6-126)]、「そのうち、どれほどによって止住と勝観[※1]が混合したし[※2]平等に双入する[※3]のかと、何か〔の理由〕によって〔その二つが上のように〕双運に起こる〔ところの〕道というのか、という〔問いをする〕なら、（Ch410b）〔それへの答えを〕語った[※4] ― 心が九種類の住の〔次第に生ずる〕うち、〔その中で心の住は〕このように、等至〔というもの心の数〕の第九種類（D514b）であるものを得たし、〔その心により導かれた止住の〕等持（三昧）が成就した〔し得られた〕それに依って〔、その止住こそを基礎に取らえた上〕から、〔如理に個々に伺察する〕増上の（K485a）智恵〔の体になった、作業が〕法を簡択（弁別）すること〔こそ〕に精進する。そのときに、〔その伺察修を数習したのを通じて〕法を簡択するその〔智恵の〕道[※5]が自然に〔相続に〕起こるのと〔特に努力する〕功用（努力）[※6]なく起こることになったし（B803）、〔それこそも前に〕止住[※7]の道を〔得る場合、〕如実に〔功用の〕造作することが無いので、勝観〔の道〕は〔過失が無いので、〕浄らかなことと[※8]〔非楽または不堪能が全く無い〕清浄であることと、（Ch411a）〔沈没・掉挙による不平等が無い〕止住の後に随順したこと〔、一境性〕と[※9]、〔軽安による〕楽の経験により摂受されることになる。ゆえに、〔修習者〕彼の止住と勝観の二つは〔上の

ように〕混合したし、平等に起こるのと、止住と勝観〔の二つ〕が双運して起こる道、とい^{（訳註6-127）}
う。」といい、『修習次第後篇 *sGom rim tha ma*』にもまた、「〔止住に依って〕もしい
つか〔智恵により伺察し、良く修習することにより〕沈没と掉挙〔の二つを離れたのを通じ
て二つその〕より遠離したから、〔沈没・掉挙の高低を離れたので、〕平等に起こったし、〔努
力が必要なく〕自然に起こるので、真実に対して〔特別に〕きわめて明瞭〔で不動〕な心が
生起したそのとき、^{※1}〔造作する〕功用を緩めることにより、捨（平静な状態）にすべき〔こ
とは同一義〕です。^{※2}そのとき止住 **(Kyt448)** と勝観 (H475a) が双運する道が〔得られたし〕
成就したのであると知るべきです。」と説かれています。

　では、〔止観が等しく相続あるものとして起こって〕そのようなそれについて、なぜに「双
運」というのか、というなら、

　　〔それもまた〕そのような (Ch411b) それを得ていない以前には、妙観察する伺察修〔こ
そ〕の自力により〔他を待っていないで〕、無分別の安住分〔、一境性〕を導くことができ
ないので、〔そのときに〕伺察修と安住修の二つは〔各自が成立したとき〕功用（努力）を個々
別々に〔依って〕修習することが必要であるのに対して、〔止観〕その二つを得てから妙観
察の伺察修をしたこと〔の力〕こそにより〔他を待っていないで〕、止住〔の一境性〕を導
くことができるので、 (D515a) 〔止観その二つが〕双運する〔という〕のです。〔双運〕
これもまた、〔この場合の〕伺察〔する智恵の分〕は勝観〔の体〕であり、伺察の最後に〔分
別しない〕安住すること〔の分〕は、殊勝な止住〔すなわち〕空性を (K485b) 縁じた〔修
所成、という〕ものです。

　　〔それは〕『般若波羅蜜教誡論 *Sher phyin man ngag*』^{（訳註6-128）}にもまた、「その後に有分別の映
像それこそを縁ずる。^{※1}〔そのように縁じた〕心それこそ〔を基礎に置いたの〕においていつ
か相続が断絶しない^{※2}〔で到った〕のと間断しない^{※3}〔で自然に起こる所縁への〕 (Ch412a)
作意の相続〔こそ〕により、両者をも領受する^{※4}そのとき、止住と勝観が双運する道 (zung 'brel
ba'i lam) 、と呼ぶ。〔双運という〕それにおいて止住と勝観は双 (zung) であり、関係 ('brel
ba) 〔というの〕は相応する^{※5}〔という意味〕。〔それもまたその二つが〕互いに^{※6}繋縛しあって
起こる。^{※7}」と説かれています。

　　^{（訳註6-129）}〔この場合の〕間断しないこと〔の意味〕は、〔勝観を得る際の〕まさにその伺察修の中
止 (B804) より無分別^{※1}〔こそ〕に〔再び〕安住させる必要がなくて、まさにその伺察修こ
そ〔の力〕により無分別を導くのです。 **(Kyt449)**

　　両者を領受すること〔の意味〕は、〔止住の所縁、〕無分別の映像を縁ずる止住と〔勝観
の所縁、〕有分別の映像を縁ずる勝観との〔その〕両者を領受する。 (H475b) それもまた、
〔その止観二つを〕同一時〔に領受するとの意味〕ではなくて、〔伺察してから〕修習する
作意それこその (Ch412b) 間断しない相続〔こそ〕により領受する。^{※2}

　　^{（訳註6-130）}〔それについて他者たちが、〕では、前に止住が成就してから、^{※1}妙観察する伺察修により
(Ch413a) 安住分が成就することを説明したのと相違（矛盾）する、と思うなら、

　　〔それへの問いは、〕それは、止住が成就していない以前に、たびたび〔伺察し、〕伺察
した最後に安住させる〔伺察・安住の二つを混ぜた〕雑修をしてから止住が成就することは

〔全く〕ありえない。止住を（D515b）獲得してから、そのように〔伺察・安住を雑修〕して修習したことにより、〔最後に伺察する力こそにより〕止住が成就する差別（ちがい）〔ほど〕を示したことであるので、〔そのように説明したことに〕相違（矛盾）は無いし、さらに〔相違しない他の理由も〕また勝観が成就する〔のにきわめて近い〕直前の〔軽安を得ていないときもその〕伺察修〔こそ〕により〔専注した〕一境性〔の止住〕を〔直接的に〕導くことができる一つの場合が〔必ず〕有るので、それについても思惟した。〔すなわち、その理由によりこの場合に、〕勝観が成就していない前に（K486a）、たびたび伺察した最後に、安住させる雑修をしたなら、止住が成就することはありえないが、止住を獲得してから伺察修により無分別を導くことができないのを〔すぐ〕前に（Ch413b）説明したこれは、〔勝観が成就する際の伺察修〕その例外を棄てた〔勝観が成就していない〕その前に、〔伺察修により止住が〕成就しないことに関してです。

　要するに、止住が成就していない前に、〔所縁に〕安住するたびに〔伺察する伺察修と、〕伺察した最後に安住させる安住修〔の二つ〕を〔交互に〕したことにより、止住が成就することは〔全く〕ありえないが、止住が成就してから勝観が成就していない前に、伺察修〔すべて〕により〔専注した〕一境性〔の止住〕の堅固な安住分を、自力により導くことは〔全く〕来ないので、妙観察の智恵により多く伺察したまさにその伺察〔の自力〕により、〔止住の〕堅固な安住分を獲得することは、〔勝観と同時であるから、それによりそのように獲得することは〕勝観を得てから来るので、〔止観〕双運もまた〔伺察の力により止住を導いた境界〕そこから設立するのです。

　ゆえに、〔例えば、〕水が動揺しなくて（H476a）安住する上に、あちらへ小魚が泳いでいくように、堅固な安住分の〔安住する〕無分別の滋養が滅していない状態（B805）より、無我の義について〔智恵でもって〕妙観察することで充分である〔という〕二つが集積したもの〔ほど〕を、止観双運と錯乱すべき（Ch414a）ではない。

（訳註6-131）〔上に説明した〕その〔方軌の〕ように止観が双運するさまは、それら正しい典拠〔『声聞地』と『般若波羅蜜教誡論』など〕に出ているとおりに（D516a）知るべきですが、〔量（基準）を有する本典〕それ〔らに説明したそれ〕より他に〔自作で〕増益してから説明するもの〔、チベット人たちの立場〕について信頼〔、信認〕すべきではない。〔上に説明した『声聞地』などの本典の立場〕これらを通じて止観の護り〔そだて〕方についても、多くの〔同じでない〕差別（特定のこと）を区別することが必要であると見えるけれども、〔ここには〕言葉が多すぎるのを懼れて、書いていません。　（Kyt450）

（訳註6-132）いまや道一般の義（内容）のまとめを少し述べよう。

初めに〔何よりも重要な〕道の根本〔である〕善知識に親近する（K486b）さまに至るので、〔親近の仕方〕それの〔義利について正しい決定を生ずる〕判断をする。次に有暇〔と具足が揃った所依〕において心髄を得たい非作為の意欲を生じたなら、〔得たいとの知〕それにより継続的に（Ch414b）〔言葉ほどで置いておかないで、真心から幾回も〕修行することへ〔自らの〕内より勧められるので、〔そのような知〕それを生ずるために、有暇・具足の法類を〔所縁を良く区別してから〕修習する〔ことが必要です〕。〔その後、〕次に今生を

希求する〔知の類が必ず止まることが必要です。その〕知〔の類〕が止んでいないなら、後の世間〔の利益〕に対する激しい希求〔して成就する希求〕は生起しないので、〔今生の知が止む方便として、〕身を得たこと〔、今生〕は〔ここに〕長らくとどまらない〔し、速やかに死ぬが、〕無常と、死んでから〔もまた〕悪趣に彷徨う〔ことが必定な〕さまを〔細かく〕修習することに勤める〔ことが必要です〕。〔そのように勤める〕そのとき〔悪趣への〕激しい怖れの本当の〔堅実な〕知が生ずるので、〔帰依処を探し求める知が生ずるので、仏・法・僧伽の〕三帰依処の〔智・慈の効能の諸々の〕功徳について真心より決定を生じさせて、〔帰依するし、〕共通の帰依の律儀〔を受けて、それ〕に住するし（Ch415a）、〔それを越えず、帰依〕その〔諸々の〕学処を〔必ず〕学ぶ〔ことが必要です〕。次に白の法すべての大きな所依事（もと）〔である〕業果を信認する浄信を多くの〔方便の〕門より生じ〔させて〕、堅固に（H476b）した。〔その信により動機づけられた〕十の善・〔十の〕不善〔業道〕の進退に〔どうしても〕勤めるし、〔前にした諸々の不善を浄めるために、〕四つの力〔が揃った懺悔〕の道〔すじ〕に継続的に〔間断なく〕入る〔ことが重要なので、どうしてもそれをす〕べきです。

　そのように小士の法類を〔良く修練して〕整備した〔し基礎に到った〕なら、〔その後にその知により導いて、〕輪廻一般と個別の過患〔、過失、諸苦〕を〔細かく〕多く思惟して〔厭離を生じ〕、輪廻（D516b）一般より知を何でも止める〔すなわちあきらめることに勤める〕べきです。（Ch415b）〔そのようにした後、〕次に、輪廻〔それこそ〕が何より生起するかの因〔である〕業と煩悩の〔自〕体を〔どうしても〕確認してから、〔業・煩悩〕それ〔こそ〕を断除したい〔知、〕非作為の意欲を生じさせます。〔そのような知により導いてから〕輪廻より解脱〔したいなら、解脱〕する〔方便、〕道〔である〕（B806）三学一般に〔掛かっていることに〕ついて決定を〔心から〕導く〔べきだ〕し、〔三学の中でも学すべての基礎、〕特に〔重要なことは、〕自らが何か承認した〔ところの〕別解脱〔の戒これこそなので、それこそ〕に勤めるべきです。

　そのように〔してから、〕中士の法類を〔良くして、〕完備した〔し基礎に到った〕なら、〔その後に、その知こそにより導いて、〕自己が有（生存）〔、輪廻〕の海に堕ち〔てから、無辺の苦を領受し〕たとおりに、〔恩ある〕母〔になった世の衆生〕たちもまた〔有に彷徨って苦を領受するさまが〕そのようになったこと〔のそのような状態〕を作意した。（K487a）〔大切であり惜しいとの形相を有する〕慈と悲〔を生じさせた〕の〔による増上意楽の〕根本を有する菩提心を修治し、〔菩提心〕これが何でも生ずることに勤めることが必要です。（Ch416a）〔発心〕それが無いなら、〔菩薩の〕行〔である顕教の〕六波羅蜜と〔秘密真言の生起と究竟の〕二次第などの〔何も修治しても、壁、〕土台が無い〔建物に多くの〕屋根を造るのと同じに〔、堅固な基礎が無く〕なるのです。〔発心〕それについて〔数習して〕、領受（経験）のわずかな形相が相続に生じたなら、〔その発心を上に説明した誓願心の〕儀軌により受ける。〔誓願心それを捨てないし、増大させる〕その学処〔を上に説明したそれら〕に勤めてから〔学ぶし〕、誓願〔心それこそ〕を〔増大させ、〕何でも堅固にしよう。次に〔その後、〕菩薩行の〔諸々の〕大きな波〔である教主の経と意趣註釈、口訣など〕を〔自ら〕聞く。〔菩薩行の取捨すべきことの〕進退の〔さまの〕境界を知り、〔等しく取捨の境界〕

それ〔ら〕を学びたい〔という〕激しい意欲を生ずる〔ことが必要です〕。〔取捨の〕それら知が〔良く〕生じたなら、〔仏子の行に入る〕発趣の〔心を生ずる〕律儀を儀軌により受ける。自相続を成熟させる六波羅蜜〔の行〕と他相続を成熟させる四摂事など（Ch416b）〔菩薩の発趣の律儀の学処すべて〕を、学ぶ〔ことが必要です〕。特に〔また菩薩律儀を断つ〕根本堕罪に〔すべての門より〕激しく勤めることにより（H477a）〔自らの〕命を懸け〔て、守護し〕よう。〔根本堕罪の後、諸々の〕小・中の有漏と〔他の諸々の〕悪作によって〔もどうしても〕染まらないことに勤めるし、〔自力なく〕染まったとしても、〔無思慮に放置しないで〕還浄（回復）に〔どうしても〕勤める。

次に、最後の波羅蜜〔静慮と智恵、または止観〕二つを特別に〔また必ず〕学ぶことが必要なので、（Kyt451）〔前に止住の個所に説明したように、〕静慮（禅定）の護り〔そだて〕方に善巧になって（D517a）、〔止住の正しい〕等持（三昧）を成就する。〔その上から法と人の〕二無我の〔中の〕見〔すなわち〕常・断〔の二辺〕を離れた正しいものを相続に何でも生じさせ〔なくてはいけないのを、なし〕た。〔そのような見を〕獲得し、〔等しく〕その見の上に安住させてから、〔その見に〕護〔りそだて〕る正しい護り方を〔上に説明したように〕知って、護〔りそだて〕る。そのような〔護りそだてるべき〕静慮と智恵の二つ〔それこそ〕について、止観の名を付けたのですが、最後の二波羅蜜〔、静慮と智恵に収まったもの〕より〔別に「止観」という義（もの）〕別のものは無いので、菩薩の〔発趣の〕律儀を受けて（Ch417a）からその〔律儀の〕学処を学ぶことの中より〔、止観二つを学ぶ必要性が出て〕来るの（K487b）です。

（訳註6-133）
〔そのような道の行持の仕方〕これもまた、〔善知識への親近など〕各々下〔の道〕を修習しつつ、各々上〔、止観まで〕を得たい〔という〕意欲が〔次第に〕大きくなるし、〔止観のような〕各々上〔の道をなす道など〕を〔他者より〕聞くなら、〔善知識への親近に到るまで〕各々下を修証したい〔という〕意欲がだんだん大きくなることが（B807）生じたなら、〔道の修習は〕枢要になったのです。しかし、〔道の基礎、善知識への親近など〕各々前〔の道〕が〔必ず必要だとの重要視が〕何も無くて〔それらを修習しないで放置して、〕心の安住の一分ほど〔を探し求めるの〕と見の理解ほど〔を探し求めるの〕への〔自らのできるだけの〕能力を〔出して〕尽くしたつもりをしても、〔道の修習が〕枢要に〔永久に〕なるのはきわめて難しいので、道の〔根本から終わりまでの〕円満完全である〔し、欠けない〕本体について〔正しい〕決定を導くことが必要です。

〔そのような本体が完全な道〕それらを修習するときもまた、分別を治浄〔し、成就〕（Ch417b）してから、〔道を修習する上下中の諸々の〕知〔すべて〕は等分である〔よう成就する〕ことが必要です。〔等分に修証する仕方は、〕すなわち、〔始めに自らを〕道において導く〔勝れた〕善知識に対して〔親近する仕方へ〕尊敬が小さく見えるなら、善の〔果が成就する〕集積すべての根本を〔もとより〕断ずる〔し棄てる〕ので、〔善知識へ〕親近するさま〔の法類〕に〔何よりも重要だと〕勤める〔ことが必要です〕。同じく〔心髄義を行持する〕修証に対して（H477b）悦びいさむの力が小さすぎるなら、〔その因、〕有暇・具足の〔法〕類〔に努力すること〕と、〔もし〕今生に対するこだわりが大きくなったな

ら、〔その対治、死・〕無常〔の類〕と悪趣の過患を修習すること〔の類の二つに勤めること〕を中心にすることが必要です。〔もし、自らが誓って〕承認した〔諸々の〕遮罪〔の境界〕について忘失する〔、修証に悦ばない〕(D517b) と見えるなら、〔その対治として、〕業果について決定が小さい〔ことから信認しない〕こと〔のせい〕であると思惟して、業果を修習するのを中心に〔努力〕すべき〔ことが必要〕です。〔もし、〕輪廻すべてについて厭離が小さすぎるなら、〔その力により〕解脱を希求する〔その〕知〔こそ〕が言葉ほどになるので、〔そのような厭離を増大させるために〕輪廻の〔諸々の〕過患を〔すべての門より〕思惟する〔ことが必要です〕。〔もしおよそ〔自らの為すべきことを〕為すこと〔すべて〕は有情のために為すとの強力な知が現れないなら、〔そのような強力な知が無いことは〕(Ch418a) 大乗の根本を断じた〔し、損なった〕ので、〔それを生ずるために〕誓願心および〔それを生ずる〕因 (Kyt452)〔の悲の基礎〕を〔心から〕多く修治する〔ことが必要です〕。〔もし仏子(菩薩)の律儀を受けてから、〔その学処、仏子の〕行を学ぶとしても、〔勝観の所対治分、諦執の〕兆相として取らえることの〔諦の思い込みの〕繋縛が強力に (K488a) 現れるなら、〔勝義を伺察する〕正理知により、兆相を取らえる知〔、諦執〕により〔どのように〕取らえられた〔かの取らえ方の〕所縁境 (dmigs gtad) すべてを滅する。〔諦執の繋ぎ所を無くして、否定対象を否定したほどの空、〕虚空のような〔空〕の〔浮かび方〕と〔その後得に現れ・空の二つが集積した〕幻術のようなとの空性〔との二つ〕について知を修治する〔ことを中心に為すことが必要です〕。〔もし自らの〕心が善の所縁にとどまらない散動の〔なすがままになり、その散動により〕奴隷〔が使われるよう〕になっていると見えるなら、〔その散動の対治として憶念・正知と功用を生じさせ、心が一点に専注した〕一境性の安住分〔を成就すること〕を中心に護〔りそだて〕ること〔が必要で有ること〕を、〔この道次第の〕祖師たちは仰る。

〔上の等分の在り方〕それにより例示してから、〔ここに直接的に〕説明していないことをもまた〔精緻な知により、どことどこが小さくなったかのそれぞれの等分のさまを〕知るべきです。〔そのすべての意味を〕要〔約〕するに、〔道の〕一分になっていなく〔し〕て〔から〕、相続が (Ch418b) 善品（善のことがら）すべてに〔勧めうるのを通じて〕使用しうる〔堪能な〕ものが〔どうしても〕必要です。

〔その方軌のように説明したそれにより、〕大士の道の次第〔において知を修治する仕方が多くあるうち〕より、〔知の修治の仕方の最後、〕菩薩の行を学ぶことにより、智恵の〔自〕体〔である〕勝観をどのように学ぶかのさまを (B808) 説明しおわりました。

7．金剛乗への接続

4-2-2-2-3-3-3-2
第二：特に（H478a）金剛乗についての学び方 ^(訳註7-1)

そのように経・真言〔すなわち顕密〕両者〔において〕の〔必要な〕共通の道において〔知を良く学んだし〕修治した後に〔それで満足すべきではなく〕、間違いなく〔まさに必ず〕^{※1}秘密真言〔、金剛乗の道〕に入るべきです。〔なぜなら、秘密真言、金剛乗の〕その道は、他の諸法〔、相乗（顕教）の法〕よりきわめて〔得がたいので、〕稀であり、〔きわめて〕速やかに（D518a）二資糧を完成させる〔無上の方便である〕からです。

〔秘密真言乗〕それに入る〔べきである〕なら、〔その道の特性を主尊の〕『道灯論 Lam sgron』 ^(訳註7-2)に説かれたように、〔入る〕初めに〔その道を説く勝れた〕上師に親近・恭侍することとお言葉を修証することなど（Ch419a）により喜ばせるべきこと〔のさま〕は、前に説明したもの〔、共通の親近の仕方〕よりも勝ったもの〔を必ずすること〕が必要です。それ〔の方軌〕もまた、〔秘密真言乗〕そこに説明された〔上師の〕相（定義）が最低揃った〔以上の〕ものに対して、〔親近するさまが『道灯論』に説明された〕そのようにするのです。

次に初めに〔為すべき次第は〕、成熟させるもの〔である〕灌頂〔すなわち、量（権威）を具えた〕（K488b）タントラ部の正しい典拠に説明されたものにより、〔自らの〕相続を成熟させるべきです。

次に〔灌頂の〕そのとき〔自らが承認したのを通じて〕受けた誓言（三昧耶）と律儀〔それらを説くタントラなど〕を聞いてから、〔聞いたほどに放置しておかないで、決定するのを通じて〕知って、〔如理に〕守護する〔ことが必要です〕。〔すなわち、それもまた〕根本堕罪 ^(訳註7-3)により違犯するなら、再び受けられる〔ことを通じて準備できる〕が、〔真言の二次第など〕道の功徳が〔速やかに〕相続に生ずるのは〔妨げるのを通じて〕大いに遅れる〔し滞ることになる〕ので、〔根本堕罪〕それにより〔どこからも〕染まらないことに〔命懸けで〕^{※2}激しい努力をすべきです。〔次の真言の〕粗堕 ^(訳註7-4)により染まらないことに〔どこからも〕勤めるし、百に一つ〔もし、自力が無くて〕染まっても、再び回復する〔諸々の還浄の〕方便を〔一日間、連れ添わないことなどを通じて、ごくごく速やかに〕（Ch419b）すべきです。〔なぜなら、誓言と律儀を学ぶこと〕これらは〔真言の〕道を修習することの基礎〔、重要であり無くてはならないもと〕であるので、〔誓言などの学び方〕それらが無いなら、〔壁の基盤、〕土台が崩れ〔て損なわれ〕た〔倒壊に直面した〕ぼろの建物のように〔根本が損なわれたことに〕なるからです。〔そのさまもまた〕『マンジュシュリー根本タントラ' Jam dpal rtsa ba'i rgyud』に〔説かれた ― すなわち〕、「戒を破った〔し損なった〕者に〔秘密〕真言〔の悉地〕が成就することを、〔教主、〕牟尼王は〔けっして〕説かれなかった。」などということ〔のこのタントラこそ〕により、〔彼には、秘密真言の〕上・中・下の三つの悉地の〔成就〕（H478b）どれも無いことを説かれたし、〔それだけでなく〕無上ヨーガ・タントラにおいてもまた、^(訳註7-6)〔灌頂を受けてから〕誓言（三昧耶）を守護しないものと、

〔誓言を守護していても〕灌頂が劣っているもの〔、灌頂の仕方が過失あるものになったもの〕と、〔真言の〕真実を知らないものとの〔その〕三〔者こそ〕が〔秘密真言〕修行しても、何も成就しないことを説かれたので、(Kyt453)〔真言の〕誓言（三昧耶）と律儀を守護することが無い〔真言の〕道の修習を発言することは、真言の (D518b) 理趣〔では全くないので、それ〕より外れている〔し、違反しているのみな〕のです。

^{（訳註7-7）}〔その理由が見えてから、上の〕その〔方式の〕ように誓言（三昧耶）と律儀を (B809)〔如理に〕守護する者彼は、真言の (Ch420a) 道を修習すべきことについて、〔修習の仕方も、二次第のうちで〕初めに生起次第〔である〕本尊の円満な輪（マンダラ）〔すなわち、量（権威）を具えた〕タントラ部の正しい典拠に説明したものを、〔必ず〕修習することが必要です。真言の道〔に関して〕の非共通の所断は、〔不浄な〕蘊と界と処において〔この〕自由気ままなものとして思い込む凡庸な者のこの分別〔こそ〕です。〔なぜなら、そのような分別〕それを断除することも、〔どこに住するかの〕住処と〔識がどこに依るかの能依、〕身と〔その所依こそが生きる〕受用を、〔今の自然成就したこのようなものでなく、〕(K489a) 殊勝な〔無量宮と本尊の身などの清浄な〕現れに変える〔方便である〕生起次第〔を学ぶこと〕こそであるからです。

そのように〔不浄な〕凡庸の〔思い込む〕分別を治浄した〔人〕彼は、勝者および〔その〕子（菩薩）〔すべて〕によりすべての時に〔仏の身語意により〕加持されるし、〔その力により、共通の場合より大いに殊勝な〕無辺の福徳の資糧を〔速やかに〕容易に完成させるから、〔後の次第、〕究竟次第の〔道を学ぶ〕器としてふさわしいものなので、〔第一の次第を修習する〕次に、究竟次第がタントラ部の正しい典拠に出ている〔とおりの〕ものを修習することが必要ですが、(Ch420b) 第一の〔生起〕次第を棄てた後〔の究竟次第〕の中に収まる〔のと分別〕ほどの道の各部分ほど〔により満足して、それ〕を修治することは、タントラ部〔の正しい典拠それら〕とそれら〔タントラ部〕の意趣註釈の賢者たちのご主張では〔全く〕ない。ゆえに、〔真言の場合には、〕無上ヨーガの道の完全な本体の (H479a)〔生起と究竟の〕二次第の〔の全部揃ったのが決まった〕枢要を取らえる〔し了解す〕べきです。^{（訳註7-10）}

^{（訳註7-11）}〔真言道を行持する仕方〕これらは、ここ〔の場合〕において名〔を語った〕ほどを通じて真言に入ることの〔粗大な枢要の〕方向ほどを示したものですから、〔真言の道への入り方は〕広汎には〔諸々の〕「真言の道の次第」〔を行持する仕方を説いた『真言道次第大論』など〕より知ることが必要です。

そのような方軌により〔共通と非共通の道を〕学んだなら、経・真言の枢要すべてを〔欠けることなく〕包摂した〔大乗の〕道の完全に (D519a) 円満な本体〔全部〕を、学ぶことになるので、有暇〔と具足の揃った所依〕を得た〔この〕こと〔こそ〕を〔無上の大〕利益[※]あるものにするし、〔それを通じて〕勝者の教えの宝を自己 (Ch421a) と他者〔、教化対象者〕の相続に〔も必ず〕広めることができるのです。(B810)

8．終結

〔終わりの偈頌〕^(訳註8-1)

※1
牟尼〔、仏世尊彼〕の〔八万四千によりまとめられた〕広博な〔辺際のない〕聖教〔の義〕を〔如
実に〕見る〔とき、明瞭に見える比類なき〕眼一つ一つによっても、教義すべてを〔勝者と賢者・
行者の意趣を〕如実に〔錯乱無く福分ある者たちが〕（Ch421b）良く知る〔し了解できるの
で、〕知者〔、伺察ある賢者〕たちに、〔意を奪われる〕喜びを〔自在なく〕生じさせる^{※4}〔驚
異の論書〕これは、〔希有の殊勝な〕このような〔義を説く広大な教義の〕理趣を良く修治し
た〔善巧であり成就を獲得した勝れた〕善知識に親近することと、最初の仏陀〔となった尊者〕
マンジュゴーシャ（K489b）〔という〕誰かを誰かが^{※7}〔親近してから、永久の〕帰依〔処^{※9}〕
として良く取らえた^{※10}〔ところの〕彼の威力によって〔為されたの〕である。〔義（もの）の〕
あり方〔、住し方〕を〔無顛倒に〕弁別するにあたってきわめて善巧である^{※12}〔し、究竟した〕
最高の賢者彼〔ら〕^{※13}は、常〔時〕に護り〔そだて〕てください〔、という〕。（Ch422a）**(1)**

〔訳註8-2〕
ジャムブ洲の〔出現なさった〕賢者〔で成就を得た者すべて〕全体の頭頂の荘厳（飾
り）^{※1}〔である〕名声の〔勝利の〕幟が〔三地の〕趣（衆生）〔の世間〕に煌々と〔遍満し、明
瞭なそれこそは、誰なのかというと、お名前、大車（学轍）〕ナーガールジュナ・アサンガ〔と
いう〕二人より、順次に〔相違、錯乱の過失なく〕良く伝承され^{※2}〔て、来〕た〔教誡の高潔な
根拠〕「菩提道次第」〔のこの教誡〕〔といって、教誡の殊勝な根拠を示したの〕は、**(2)**
九生〔すなわち、無辺の生を受ける趣の者〕の〔当面と終極の〕欲する利益〔であるもの〕^{※3}
を余さず満足させる〔ことができる〕から、〔そのような〕教誡の宝〔これは、〕自在の
（Kyt454）王〔と同じく〕、〔勝者の聖教と意趣註釈の〕千の教義〔すべて〕の〔意趣の〕
河が〔余さず流入するし〕集まるから、〔この教誡は〕吉祥ある〔そのような〕善釈の^{※4}〔宝
の起源になったので、大きな〕（Ch422b）海〔と似たもの〕でもある。**(3)**
およそそれは〔五明処など所知すべてに善巧な〕学識者ディーパムカラ〔・シュリーという
大主尊（アティシャ）自身〕が雪山〔により囲まれた〕地域〔、このチベット国こそに〔『菩
提道灯論』を通じて〕明らかに為さったことより〔始まって〕^{※5}、（H479b）この〔チベット
の〕地方において勝者の〔教えの、無垢であり円満である〕良い道〔すべて〕を見る眼〔と
同じこの殊勝な教誡〕は、〔年など数〕多くの〔長期の〕時代〔の間〕に〔明らかに住して、〕
閉じていなかった〔し、すべての方向に盛んになった〕。**(4)**

〔そのように住する〕次に〔その終わりに、勝者の〕教えのあらゆる枢要を〔勝者の意趣の〕
そのとおりに知られる賢者たちが〔他の国土に住かれたし次第に〕尽きたなら、この良い道^{※6}
もまた長らく〔の間、〕衰え〔て、名ほどが後に残っ〕た。〔そのように衰えた〕このさま
が〔ロサンタクパ、私は〕見えて^{※7}、（Ch423a）教えこそが広まるために^{※8}**(5)**、
〔特に、悲の自性の彼の〕勝者が^{※9}（D519b）法の理趣をどれほどか説かれた〔残らず〕すべ
てが、最上乗の〔道、牛王などの〕乗り物〔と同じものに依ったこと〕でもって（B811）〔果、
一切智者の都へ〕行く〔かつて修学した教化対象者の業の〕福分の良き者一人の〔仏陀へ行

く〕道の〔行持の〕次第として、〔円満に無顚倒に〕良くまとめてから行持する方軌が、〔どのようにであるかが、きわめて明らかに〕 **(6)**

あまりに〔も句（ことば）が〕広汎でなく、〔どのように必要なのかの〕義（内容）の枢要すべてを〔まとめ上げたのを通じて〕欠かすことが無いし、知恵の小さな〔教化対象〕者〔たち〕もまた〔困難なく〕容易に証得できる〔「菩提道次第論」〕これを、〔勝者の聖教と量（権威）を具えたその意趣註釈の〕教〔について〕・〔根拠を探究する無垢の〕正理により如理に〔良く〕^{※10}伺察する〔その〕道〔すじこその〕^{※11}より〔ロサンタクパ〕私は導いた。〔けれども、〕(Ch423b) **(7)**

勝者の渡る岸〔、入門の行動〕^{※13}はきわめて〔甚深、広大で微細なので、〕証得しがたい。私〔のような者〕は幼稚な者の中においても〔きわめて迷妄な〕幼稚な者です。〔といって謙遜したのを通じて、〕〔上の理由を承諾なさった〕^{※14}そのために〔「道次第」の著者は〕ここに〔相違・錯乱など〕間違った〔し誤った過失があるなら、およそ間違いがある〕こと〔すべて〕は、〔聖教の枢要を〕如実に見られる〔し知られる賢明な〕人たちの御前において、〔ロサン・タクパ、〕私は〔隠匿しないで〕懺悔します。 **(8)** (K490a) (Ch424a)

_(訳註8-3)
それについて〔期間を〕長らく勤めたこと〔の力に〕により、〔福徳と智慧の〕二資糧が虚空のように〔広大で〕広いし、なおかつ積集したそれ〔の力〕により、〔法を見る〕知〔恵〕の眼が〔きわめて堅くて厚い〕無明〔の眼膜〕により〔無始より覆障されて〕盲いた〔、盲目になった、哀れな、世の〕衆生すべてが〔余さず〕、〔最高の解脱へ〕引導する〔、四魔に勝った〕勝者〔、牟尼〕の王に、〔作者、〕私はなるように！ **(9)**

〔勝者の位〕そこに至っていない世々生々〔、間断なき〕すべてにおいても、〔尊者〕マンジュゴーシャが悲愍により〔子のように〕摂取して〔護りそだてるのを通じて〕、〔勝者の〕教の〔道の〕次第〔の枢要〕すべてが揃った〔このような〕最高の道〔の教誡〕を獲得してから〔獲得したほどに置いておかずに、行持として〕修証することにより、勝者たちを喜ばせるように！〔、という。〕 **(10)**

自己の〔、勝者の意趣を〕如実に証得した道の枢要〔すべて〕を、〔世の衆生の哀れなさまに耐えられない〕協力に〔生じた〕悲愍〔こそ〕により〔自由なく〕導かれた〔多くの門の様々な〕方便〔への〕善巧でもって (Ch424b)〔教えて〕、世の衆生の意（こころ）〔を覆障する無明〕の闇を〔余さず〕除去してから、〔世の衆生の願いすべてを満たす無上の方便、〕勝者の教え〔の宝〕を長い期間〔の間〕の (H480a) 受持する〔ことができる〕ように！〔、という。〕 **(11)**

〔勝者の〕教え〔、世の衆生の願いすべてを満たすのに〕最高の宝〔のようなもの〕により〔始めから〕遍満されない、または遍満しても〔間にその教えこそが〕損なわれてしまったその〔地〕方へ、〔方便、正法が困窮した彼ら衆生を特に憐れむ〕大悲〔の力〕により、〔自由なく〕意（こころ）を大いに〔勧められたし〕動かされたこと〔の力〕により、〔世の衆生に、最終的に〕益・〔当面に〕楽の〔すべてが必ず生起する大きな〕蔵それ〔こそ〕を〔どうしても〕明らかにするように！〔、という。〕 **(12)**

仏子〔、菩薩〕をともなった勝者の (D520a) 稀有な事業〔すべてを一つに積み重ねて成就したの〕より良く成就した〔心髄の果、この〕菩提道の次第〔の論書〕によってまた、解脱を欲する〔し希求する福分ある〕者たちの意（こころ）に〔円満すべてが成就する〕吉祥を

与えるし、〔それに依って、有情の益・楽すべてを成就する〕勝者の (Ch425a) 行いを〔勝者と同じく、時間〕長らく〔損なわないで、〕護〔りそだて〕るように！〔、という。〕**(13)**

（訳註8-4）※1
〔この〕良い道〔の次第〕を編纂〔し著作〕する順縁を成就するし、逆縁を除去するもの、〔すなわち〕人と、人でないもの〔の趣の者〕すべてが〔また〕、〔これから始まって、間断なき〕世々生々すべてにおいて勝者が〔無辺の回数に〕賞讃される〔し讃えられる、この良き〕正しい道と、〔いつの時も〕離れないように！〔、という。〕 **(14)**

いつか最上乗における〔、それを成就するための〕十法行により如理に (B812) 修証することに精進するそのとき、(Kyt455)〔精進する者たち彼らすべてをまた、守護し救護する〕力ある者〔、護法者〕たちが常〔時〕に〔自らの所作すべてが成就し、その逆縁すべてが鎮まる〕助けをするし、吉祥の〔吉兆の、無辺で無欠の〕海が〔地〕方〔と時〕すべてに遍満するように！〔、という。〕 (Ch425b) **(15)**

（訳註8-5）
〔**奥書と廻向**〕

　といって、勝者の聖教〔余さず〕すべての〔義（意味）の〕枢要〔、無欠のすべて〕をま
※1
とめたもの、〔無顛倒に註釈すると授記された〕大きな車（学轍）〔である〕ナーガールジュナと (K490b) アサンガとの二人の〔註釈したとおりの無垢の〕道筋〔に依って〕、〔最上の果、〕一切相智の地に往く〔大乗のみが往く〕最高の者の〔他と混ざっていない〕法儀〔と〕、〔小中大の〕三士の行持する次第すべてを揃えて教える〔論書、名は〕「菩提道の次第」〔というもの〕これは、

　〔勧める者、〕偉大な仏子〔、翻訳師〕ゴク・ロデンシェーラプ（rNgog blo ldan shes rab）の〔座席において灌頂の〕大摂政〔になったもの、〕内明（仏教）の〔三〕蔵を善巧に修学してから、〔句（ことば）ほどに放置しておかないで、蔵〕その義（内容）〔の行持〕を〔心髄として〕修証することにより、如理に行持なさる、多くの〔世の〕衆生の導師を為
※2
さることを通じて教えの宝〔にとって大〕の〔益をする〕最高の (H480b) 親戚〔、親族〕になった〔賢者の大善知識〕コンチョック・ツルティム（dKon mchog Tshul khrims）〔というもの〕と、往時の出家修行者（sdom brtson）〔、持律者〕たちによりひとえに賞讃された〔し讃えらえた〕(Ch426a) 勝れた〔賢〕者〔である〕チャ持律者（Bya ’Dul ba
※3
’dzin pa）の〔座席において灌頂の〕摂政〔となった〕智慧と悲愍などの証得〔の功徳〕(D520b) と〔内の三蔵の〕教との功徳〔である〕多くの宝により荘厳されたので、雪山
※4
国〔チベット〕の出家修行〔の禁戒をたもつ賢〕者たちの中に、幢（のぼり）の頂のように高い偉大な出家修行者〔となった〕大親教師スルプの人（Zul pu ba）、コンチョック・ペ
（訳註8-6）
ルサンポ（dKon mchog dpal bzang po）〔という彼こそ〕と、さらにまた〔伺察と〕希求ある多く〔の賢者〕が前より勧めたし、〔特に近い勧める人、〕後時に〔、著す間際に出たものは、〕経・真言の広博〔、無辺〕な本典〔、教義〕を善巧に修学したことにより、諸々の教義〔を受持する賢者たち〕の中心になったし、〔増上戒と定と慧の〕三学の宝をきわめ
※5
て大切になさる〔証得の功徳により富裕な〕者、ひとえに教えの宝の荷物を担うにあたって無比〔、無敵〕の〔サンスクリットとチベット語との〕二言語を語る〔大翻訳師、明処すべ

てが〕完全に円満な〔勝れた〕善知識〔である〕大薩埵キャプチョク・ペルサンポ (sKyabs mchog dpal bzang po)、(訳註8-7)という、周知の〔、世の衆生の導師、〕上人彼が勧めたお言葉を受けとめ〔たのを含めて、それらが縁になっ〕てから、(訳註8-8)

〔聴聞は、〕※6尊者・上人〔、ホダクの大親教師〕(Ch426b) ナムケー〔・ギェルツェン〕(Nam mkha'i rgyal mtshan) という名を持ったもの〔彼〕において、(訳註8-9)〔偉大な善知識〕※7コンパワ (dGon pa ba) よりネウスルワ (sNe'u zur ba) に (K491a) 伝承されたもの〔、道次第〕と、〔偉大な善知識〕チャンガワ (sPyan snga ba) より伝承された道次第〔二つ〕を聴聞したし、〔また〕尊者、上人〔である〕※8サンポ〔という言葉〕を〔名の〕最後に持つ者 (Chos skyabs bzang po)〔彼こそ〕に、〔偉大な善知識〕ポトワ (Po to ba) がシャラワ (Sha ra ba) に伝承されたもの〔、(訳註8-10)道次第〕と、〔善知識〕ポトワより〔善知識〕ドルパ (Dol pa) に伝承された道次第〔二つ〕※9を聴聞した〔のを合わせた〕義 (内容)〔それこそ、所詮、三士の〕この教誡〔を説く能詮〕の本典『〔菩提〕道灯論』の〔本文より〕三士の一般の相 (特徴) を教示するほど〔の句 (ことば)〕※10 (H481a) を除外した〔他の、諸々の〕句 (ことば)〔の義 (意味)〕は、易しいのを考えて〔ここには典拠として〕引用していなくて、大翻訳師〔ロデン・シェーラブ〕とトルンパ (Gro lung p a) 父子の道次第の〔一般の諸々の〕内容〔の編纂の仕方〕を基礎にしてから、(訳註8-11)〔さらにまた多くの善知識が造られた〕多くの道次第 (B813) より〔導き方の諸々の〕枢要を包摂した〔、充足した〕。〔すなわち、基礎の〕道の分が〔円満に〕揃っていて、〔一座の上にまとめていいので、〕運びやすいし、(D521a)〔道の前後の〕順序が混乱していなくて〔道の生じ方の次第をそのとおりに〕提示した〔殊勝な論書〕これは、雪山国〔チベット〕の〔勝者の教えのかつて無い道筋を盛んになさった〕大きな車 (学轍)〔になったもの〕が、〔牟尼の無辺な〕広博な聖教 (Ch427a)〔の枢要への決定〕※11について畏れない善の弁才を※12 (Kyt456) 有する〔諸々の〕偉大な教義の義 (内容) を〔句 (ことば) ほどに放置しておかないで、〕如理に修証した〔のを通じて行持を心髄に為さった〕ことにより、勝者およびその子 (菩薩) が喜びを生ずる〔、勝者が多くの門より賞讃される処になった〕稀有の大薩埵〔、お名前は〕尊者・勝れた人〔である〕レンダワ (Red mda' ba)〔といって知られた彼〕などの尊師〔、善巧 (学者) であり成就を獲得した者〕たちの御足の塵を、頭頂でもって受けた※13

※14多聞の比丘〔である〕世捨て人〔、静慮者〕、東のツォンカの人 (Tsong kha pa) ロサン・タクペーパル (Blo bzang grags pa'i dpal)〔といって知られたその著者こそ〕が、

※15北の〔地域の〕ラディン (Rva sgreng)、「勝者の閑寂処 (rGyal ba'i dben gnas)」〔といって、勝れた人により授記されたまさにそ〕の〔勝れた〕奥の院 (yang dgon)「獅子岩 (Brag seng)」

〔というところの〕の麓 (ふもと)〔あたり〕の〔まさにその〕山中において、良く〔円満に著し〕作成した〔ときのお言葉の〕筆記者は、ソナム・ペルサンポ (bSod nams dpal bzang po)〔というその賢者〕(Ch427b) です。

〔方軌〕これによってまた、〔勝者のこの〕教えの宝がすべての〔方便の〕門よりすべての〔地〕方に〔常時に、世の衆生の益・楽の大きな基礎ととして盛んになり、〕広がることができるように！(訳註8-12)

訳　　註

1．序論

訳註１－０）ツォンカパの中観関係の著作に関して、著作年代に不確定な要素が残るものの、順序は明らかであり、その展開ないし推移を前期・中期・後期に三分することができる。前期はこの『道次第大論』観の章（西暦1402年）により代表され、中期は『未了義了義の弁別・善釈心髄』（1407年）と『中論の釈論・正理の海』（1407年）、後期は『道次第小論』観の章（1415年）、『入中論の釈論・意趣善明』（1418年）により代表される。そして、『道次第大論』の著作はツォンカパ46歳の時であるとされている。cf. ツルティム・ケサン、高田順仁『中観哲学の研究Ⅰ』1996,pp. ⅳ‐ⅴ；福田洋一「ツォンカパにおける中観自立派の存在論」（『日本西蔵学会々報』45,2000）note3; 根本裕史『ツォンカパの思想と文学－縁起讃を読む－』2016,p.16; ここで割註の注意書きとして次のようにいう －

> 「これ以下の〔割註の典拠を示す〕記号について、Ba so と Brati が反復されているなら、Ba Ra のようなのと、ジャムヤンシェーパと反復されているなら、Ja Ra のような証因（しるし）がある。」

'Jam に、「第二、勝観を説明するには、１）四を具えた等持（三昧）があっても、勝観を成就することが必要であることと、２）勝観をどのように成就するのかの二つ」という項目を設けている。前者についてさらに、「１）等持（三昧）ほどにより解脱しないこと、およびその喩例と、２）解脱する道、およびその喩例との二つ」という項目を設けている。そのうち前者をさらに五項目に分けている。A skya Yongs 'dzin 著『道次第大論の表記註釈 brDa bkrol』Toh.No.6569 Ka 43a2-4 に次のようにいう －

> 「勝観の類は、「そのように説明しおわったように」というのから、「出離すると私は説かない。」と説かれているのです。」というまで（※）により、上に止住の個所に説明したように、無分別と明瞭と喜びそれを有する三つの差別（特徴）を具えた、または〔楽を加えた〕四つを具えた止住の等持（三昧）ほどでは充分ではなくて、解脱を得るには真実を証得する勝観が必ず必要だと示した。」

※）Kyt ed.pp.256-258

なお、ポトワなど初期カダム派の語録『青冊子の註釈 Be bum sngon po』においても、第17章「静慮の学び方」（Mi rigs dpe skrun khang,1991,pp.293-306; Toh.No.6970 160a6-169a3）、第18章「智恵の学び方」（ibid.1991,pp.307-324; Toh.No.6970 169a3-181a5）、第19章「無我を修習することの必要性を説く」（ibid.1991,pp.325-334; Toh.No.6970 181a5-188a4）、第20章「方便・智恵の双運を修習する仕方」（ibid.1991,pp.335-354; Toh.No.6970 188a4-202a2）などにおいて、三昧だけでは充分でなく、無我や空性を証得する智恵を修習すべきことが、何度も説かれている。

※１）割註に、「安住の対境それより他に〔分別しない〕」という。

※２）割註に、「その二つの差別（殊勝さ）を数習するなら、それの果または」という。

※３）'Jam に、「身心の軽安の、心の〔喜び〕と身の軽安の〔楽〕」という。

※４）割註に、「三の差別（殊勝さ）のある」という。

※５）割註に、「止住の成就それが基礎になって」という。

※６）割註に、「止住の等持（三昧）が成就したのに依って勝観を修習することが必要なのに」

※７）割註に、「止住を得たほどで充分だと取らえる」という。

※８）割註に、「外道者も得たので、」という。『道次第大論の表記註釈 brDa bkrol』Toh.No.6569 Ka 43a4-5 に、「外道（Mu stegs）の語義は、mu は辺際（mtha'）に用いられるし、輪廻の辺際〔である〕解脱、そして stegs は、その解脱に昇る足台をような方便または道。〔すなわち〕自らの側に解脱と繁栄を得る方便だと思う道について、外道（Mu stegs）というが、それを教える論書を受持し増大させるから、外道者（Mu stegs byed）または外道を有する者（Mu stegs can）、と言う。cf. 石川美恵「SGRA SBYOR BAM PO GNYIS PA 二巻本訳語釈」1993,pp.106-107

※９）割註に、「〔道〕により有頂天の下の地（※）の顕わになった煩悩ほとんどを、ひとまず断除するほか、種子を永久に断除することはありえない」という。ただし（※）の 'og sa は分かりにくい。少し後の用例では dngos gzhi（根本定）とあるのを採用すべきか。

なお、止観双運を論ずる個所（Kyt ed.pp.446-447）には、空性の修習から無分別智の生起を論じつつ、三昧を至上とする立場が批判されている。

訳註　1．序論　　235

訳註 1 - 1 ）D No.3915 Ki 32b7-33a2; Tucci ed.1958,pp.518-519; 一郷正道ほか『瑜伽行中観派の修道論の解明 - 『修習次第』の研究 - 』2011,p.34; cf.Brjed byang（憶え書）Da 2a1ff.;『修習次第中篇』（D No.3916 Ki 48a5-6）にも、闇と光明の喩えに結びつけて同様に説かれている。

※ 1 ）割註に、「止住の学び方をこの前に説明した」という。

※ 2 ）割註に、「無我の義を証得するその後に」という。

※ 3 ）割註に、「し、修習」という。

※ 4 ）割註に、「そのようにしたことにより、どのような果が生起するかのさまは」という。

※ 5 ）割註に、「それもまた、その智恵によりたびたび伺察してから修習したので、真実を明らかに〔知る〕」という。

※ 6 ）割註に、「ある勝観が生起し、それが」という。『道次第大論の表記註釈 brDa bkrol』Toh. No.6569 Ka 43a5-6 に、「この場合の智の光明は、無我を証得する勝観」という。

※ 7 ）割註に、「無我の勝観を修習したことにより」という。

※ 8 ）割註に、「我執」という。

※ 9 ）割註に、「根本より再び戻らない仕方で」という。

※ 1 0 ）'Jam に、「第三、それの典拠、了義の経を提示することは」という。

Brjed byang（憶え書）Da 2a4-b6 に次のようにいう -

「『修習次第』（※ 1 ）に加行道の煖・頂などの位は真実（2b）の義が共としての明瞭な現れ〔である〕小・中などが次第に生起したのについて、智の光明が少し明瞭であるのと、智の光明が中〔ほど〕に明瞭であるなどの言説を適用することが有るが、ここに引用した〔諸々の〕教の意味は、前のように知ることが必要です。『宝性論』（※ 2 ）に「清浄など三は太陽のように。」というほうの『タルマリンチェン註釈』（※ 3 ）に「無我を現前に証得する智恵は随煩悩の垢による汚染を離れているから。」などというのと、〔ジャムヤンシェーパの著〕『波羅蜜の考究 Phar phyin mtha' dpyod』（※ 4 ）に「大乗見道の無間道それは、見所断の煩悩を離れているから、清浄。」というのと、法宝には八功徳を具えたことが遍充する（※ 5 ）と説かれたようなら、聖者の等至の智慧は清浄だと設定したのがよいかと思うが、第二章の修道のほうの『註釈』に、「聖人の沙門性の果であるそれは、所対治分すべてを離れていることにより清浄であるものそれこそ」というように、〔タルマリンチェン著の〕『釈論』（※ 6 ）と〔ツォンカパ著の〕『金鬘』（※ 7 ）の二つと、多くの『考究 mTha' dpyod』に「清浄」といって滅諦と解脱道だけに適用しているのを慮るなら、『修習次第』に「清浄な智慧」というのはおもに聖者の相続の解脱道について理解することが必要なのと同じ。無間道の時の本分の垢それがすでに滅しおわっても、それにより清浄ではないとしたならいいか、と観察する。」

※ 1 ）cf.『初篇』No.3916 Ki 39a7-b1; 一郷正道ほか『瑜伽行中観派の修道論の解明 - 『修習次第』の研究 - 』2011,pp.48-49

※ 2 ）D No.4024 Phi 55b1;『同註釈』D No.4025 Phi 80a5-6; 中村瑞隆『梵漢対照 究竟一乗宝性論研究』1961,『蔵和対訳 究竟一乗宝性論研究』1967,pp.19-20; 和訳　高崎直道『インド古典叢書 宝性論』1989,pp.20; I 12

※ 3 ）Toh.No.5434 Ga 43a3

※ 4 ）未確認。

※ 5 ）上記『宝性論』の直前の偈頌（I 10）とその『註釈』D No.4025 Phi 79b7-80a5 に、1）不可思議なこと、2）無二であること、3）無分別であること、4）清浄なこと、5）顕現すること、6）対治分、7）離貪、8）離貪の因との八功徳により包摂された法宝が述べられている。

※ 6 ）Toh.No.5433 Kha 177a2-3 の取意。

※ 7 ）cf.Toh.No.5412 Tsa 373a4-6

訳註 1 - 2 ）IX 36; D mDo-sde No.127 Da 27a7; Vaidya ed.1961,p.49 ll.19-26; 大正15 No.639『月燈三昧経』p.558b7-10; 和訳　田村智淳『三昧王経 I 』1975,pp.161-162; この教証は、後で「観の大論」の末尾近く（Kyt ed.p.437,訳註 6 - 7 7 の個所）にも言及される。cf.Brjed byang（憶え書）Da 2b6ff.; Brjed byang. Da 3a2-5 には次のようにいう -

「『修習次第』の意味も楽・明瞭・無分別の差別法（特性）を具えた止住ほどでは輪廻より解脱できない。真実を証得する見が無いなら、〔色界の〕静慮・〔無色界の〕等至の八〔次第定〕ともを得ても、煩悩の種子を断除できないことを、『経』に説かれているから、と適用したなら、関係ができるし、ハシャンなどの心ほどを安住させるほどにより解脱するのを願う者たちに対する侵害になることが多いのかと思う。かつての口伝に「ウッダーラカ」と言うものが、教主〔釈尊〕への競争心により等持（三昧）を修習したことにより、〔色界〕静慮・〔無色界の〕等至の八を得たが、ネズミが髪を害したのを見た縁により忿怒が生じて、静慮・等至より退失したのを説明したそれに関してこのように書いたのですが、『三昧王経の註釈』（※）のようなら、「等持（三昧）を修習したことにより神変を得た」ということ以外、静慮・等至の八の証拠は見られない（以下、省略）」

※）cf. マンジュシュリーミトラ著『三昧王経の註釈』D No.4010 Nyi 47b1-3

※１）Ba so に、「〔我だと〕執らえる〔想い〕、〔すなわち〕種子」という。'Jam には、「〔我を〕執らえる我執〔すなわち〕顕わになった輪廻の根本が多い我執を」という。

※２）Ba so に、「自力無くされたので、業を積んで輪廻に流転することになる。」という。

※３）Ba so に、「寂静・粗大の形相を有する」、'Jam に「有頂天の根本定の止観の」という。この人物は、釈迦牟尼が出家してから正覚の前に師事した二人の外道の仙人の一人である。この人のもとで非想非無想処の等至を修めたが、解脱につながらないことを悟って、その許を去ったとされる。『道次第大論の表記註釈 brDa bkrol』Toh.No.6569 Ka 43a6 には、「ウッダーラカが等持（三昧）を修習した喩えは、前に説明したとおり。」という。すなわち、Toh.No.6569 Ka 39a4-b3 より拙著『菩提道次第大論の研究Ⅱ』2014,p.407 に示したように、チベットの伝統では、上記のマンジュシュリーミトラの『三昧王経の註釈』に基づいて、ジャイナ教の行者だとする異説がある。

※４）割註に、『修習次第』に引用して」という。

※５）『道次第大論の表記註釈 brDa bkrol』Toh.No.6569 Ka 43a6 に、「今後も〔というの〕は、現在から中間の或る時に、あるいは後に、という意味。」

訳註１－３）Kyt ed. に 'jug de ma thag nyid du としたが、mjug de ma thag nyid du に訂正する。

訳註１－４）IX 37; D mDo-sde No.127 Da 27a7-b1; 和訳　田村同上 1975,p.162; 直前の訳註を参照。「前に引用した」というのは、止観の修習を述べた個所（Kyt ed.p.180, 新 H ed.272a; 拙訳『菩提道次第大論の研究Ⅱ』2014,p.190）である。カマラシーラ著『入無分別陀羅尼の広註』D mDo-'grel No.4000 Ji 131b7-132a1 にも引用。『教次第大論』TRCh lHa-sa ed.378a4、439b7-440a1（第8章「真実の修習に入ることを説明する」）にも引用。

※１）割註には、「それもまた「もし」などという一偈頌の義（内容）は、止住ほどを修習したそれより、〔もし〕止住ほどに置いておかないで、その上に」という。

※２）'Jam に、「真実を伺察することにより修習するなら、解脱することは、」という。

※３）'Jam には次のようにいう －
　「『入中論』（※１）にもまた、「〔異生（凡夫）たちは分別により繋縛された。無分別の〕ヨーガ行者は解脱することになる〔ので、分別は止むことになることを、伺察の果として賢者たちは説かれた〕。」といい、『宝鬘』（※２）に「そのように正しく如実に〔世の〕衆生は義（もの）が無いこと（※３）を知ってから、因が無い火（※４）のように住処が無く取が無く涅槃する。」といい、『量評釈』（※５）に「だから、解脱を欲する者よ、無始の因をもった同種類の種子から生起した諸々の有身見を、まさに根本から抜き出すべきである。」というのと、『四百論』（※６）に、「正しく見るなら、最高の処。わずかに見るなら、善趣。ゆえに賢者は、内の心の思惟へ常に知恵を生じさせる。」といい、その〔チャンドラキールティ著の〕『註釈』（※７）に、「勝義の智により真実を正しく見ることが有るなら、最高の処〔である〕涅槃を得る。わずか〔すなわち〕小さいものを見るなら、天と人との善趣。」という。」
　※１）VI 117b; D dBu-ma No.3862 'A 291b2; La Vallée Poussin p.230; 和訳　拙著『中観哲学の研究Ⅴ』2002,p.144; 瓜生津・中沢『入中論』2012,p.213

※2）IV 65; D sPring-yig No.4158 Ge 120b4; M.Hahn ed.1982,pp.116-117; 和訳　瓜生津隆真『大乗仏典 14 龍樹論集』1974,p.295; 北畠利親『龍樹の政治思想』1988,p.198;

※3）don byed（利益を為す）とあるが、原典の don med を採る。

※4）rgyu med pa yi de（因の無いそれ）とあるが、原典の rgyu med pa yi me を採る。

※5）II 256cd-257ab; 拙訳『チベット仏教　論理学・認識論の研究 I 』2010,p.213

※6）VIII 21; D No.3846 Tsha 10a2

※7）D No.3865 Ya 142b2-3; 和訳　上田昇『チャンドラキールティ著『四百論注』第一〜八章和訳』1994,p.128

訳註1－5）

※1）割註に、「妙観察など分別すべてを所断としてから、作意すべてを放置した修習を最高だと主張すること」という。

※2）'Jam に次のようにいう －

「『四百論』（※1）に「無二の寂静の門と、〔諸々の〕悪しき見を破壊するし」といい、その『註釈』（※2）にチャンドラキールティが「寂静である無二の門それは無我である。〔諸々の〕悪しき見を破壊するそれは無我である。」と説かれたので、輪廻の根本も一つしか無いから、寂静の門は一つしか生起しないから。輪廻の根本〔である〕知識は取らえ方が相違した多が無いので、輪廻の根本は一つだ設立したのですが、法我執〔である〕蘊の諦執と、人我執〔である〕有身見の両者が、輪廻の根本です。前者は、『宝鬘』（※3）に「蘊を執らえることがあるかぎり、そこには我執がある。我執が有るなら、業もまた。」などといい、『空性七十論』（※4）にもまた「因と縁より生じた諸事物を真実として分別することそれが、無明だと教主は説かれた。それより十二支分が生起する。」といい、『入中論』（※5）に、倶生の有身見は輪廻の根本だと説かれたから。自立論証派などにおいては細分が必要だと思われる（※6）。」

※1）XII 13a; Kyt ed.p.320 への引用個所（註 3-108）を参照。

※2）D No.3865 Ya 190b2; Kyt ed.p.320 への引用個所を参照。

※3）I 35ab; D No.4158 Ge 108a5-6; Kyt ed.p.267 への引用個所（註 1-59）を参照。

※4）v.64; D No.3827 Tsa 26b3; Kyt ed.p.332 への引用個所（註 3-169）を参照。

※5）VI 120 に、「あらゆる煩悩・過失は有身見から生ずると知により見たし、我がこれの対境だと証得してから、ヨーガ行者は我を否定する。」という。Kyt ed.p.265 への引用個所（訳註1－53）を参照。

※6）訳註3－169に出した Brjed byang（憶え書）Da 75a を参照。

訳註1－6）D No.56 Ga 161b3-5; 大正 11 No.310（12）『大宝積経菩薩蔵会』p.297b; 大正 11 No.316『大乗菩薩蔵正法経』p.870b; 前に引用されたのは、止観の修習を説いた個所（Kyt ed.pp.180-181）である。拙訳　『菩提道次第大論の研究 II 』2014,p.190;

※1）割註に、「というのは『大方広華厳経 Phal bo che'i mdo』であると仰った。」という。『道次第大論の表記註釈 brDa bkrol』Toh.No.6569 Ka 43a6 にも、「『菩薩蔵経』は『大方広華厳経 mDo phal bo che』であると説明している。」という。その理由は明示されていない。

※2）割註に、「究極であると錯乱して、「私は甚深な道を修習する」といって他より」、「自己を最高だと執らえる〔増上慢〕」という。

※3）割註に、「〔すなわち〕解脱しないことになるだけでなく、慢などの煩悩が再び増大するので、輪廻に繋縛することを、意味により説かれた。」という。

※4）Brjed byang（憶え書）Da 3b2-5 に次のようにいう －

「静慮などにより証得できない、という説かれたとおりと合わせたなら、六波羅蜜は相違すると承認することが必要なように見えるが、『教科書 Yig cha』に波羅蜜個々の相（定義）の個所に、四つの法を具えたの（※1）を基礎に置いて、施す思の分より施与の波羅蜜と、守護する思の分より界の波羅蜜として設立すると説明しているようならば、六波羅蜜は相違（矛盾）しないだけでなく、同一義だと承認することが必要なようだ。〔ツォンカパ著〕『金鬘 gSer phreng』（※2）

に、施す思の四法を具えたものと、断除の思の四法を具えたものなど、施与の波羅蜜と戒の波羅蜜などの相（定義）として説かれたようなら、六波羅蜜において一致した所依事（共通項）は無いように見えるが、本文の意味もまた、真実それを、法を弁別する智恵により証得することであり、一境性の静慮などにより証得することはできない、と適用したなら、よい。」

※1）ツォンカパ著『善釈金鬘』Toh.No.5412 Tsa 230b1-2 に、「四の法は、1）所対治分〔である〕慳が損なわれたことと、2）法無我を証得したことにより無分別を具えていることと、3）およそ欲するものを施与したことにより欲することを完成させることと、4）施与により摂取して三乗の福分のとおりに成熟させることです。同じく、断除の心と、動揺しないことと、善に悦びいさむことと、心の一境性と、法を弁別することが四法を具えている。」

※2）Toh.No.5412 Tsa 230a6-b1

※5）割註に、「善知識〔他者〕から教誡の口訣を」という。

※6）割註に、「過患または過失」という。

※7）割註に、「自らの眷属に対して」という。

※8）'Jam に、「よって、『経』に「戒を損なったのはいいが、見を損なったのはそうではない。」という。」という。この経証は、チャンドラキールティ著『四百論の註釈』ad XII 11ab（286ab）（D No.3865 Ya 189a7; Suzuki,1994,pp.261-262; Tillemans,1990,Vol. II p.32,Vol. I p.124）に出ている。このような議論は、『道次第大論』の小士の道次第の冒頭で業果を語る個所（Kyt ed.pp.178-179; 拙訳『菩提道次第大論の研究』2005,pp.211-212）に、『海龍王所問経』より、戒などが損なわれて行動が不浄であっても、見が正しく教えを信ずる者は、死後に有情地獄に生まれず、龍に生まれるといった個所が引用されている。

訳註1－7）

※1）割註に、「等持（三昧）のわずかな口訣に心を繋げて、半眼にして坐ったことにより」という。

※2）『道次第大論の表記註釈 brDa bkrol』Toh.No.6569 Ka 43b1 に「間違いないは、疑いない、まさに必ず、ということです。

※3）割註に、「輪廻より解脱する方便だけを中心に説くが、輪廻より解脱するにも真実を必ず証得することが必要であると見られて、」という。

※4）『道次第大論の表記註釈 brDa bkrol』Toh.No.6569 Ka 43a6-b1 に、「それに趣くし、流入することは、真実に向かうし、その上に流入することになるという意味」という。これらの用語法は『解深密経』「マイトレーヤ章」より『修習次第』に継承されたものである。cf. 拙著『菩提道次第大論の研究II』2014,pp.420-421

※5）'Jam に次のようにいう －
「そのように多くの経・論書に説明されたから。アーリヤ・デーヴァは〔『四百論』（※1）に〕「空性、涅槃。ここにはその二つのみ。」といい、その『註釈』（※2）にチャンドラ〔キールティ〕は、「不加害と空性と、説かれた〔法〕輪その二つは、繁栄と清浄解脱を得させる。ゆえにその二つのみ。」といい、『三昧王経』（※3）に「一切諸仏が多くの法をどれほどか説かれたものは、一切諸法の無我である。」といい、尊者リンポチェ〔・ツォンカパ〕（rJe rin po che）もまた〔『縁起讃』（※4）に〕、「あなたがどれほどが宣べられたものは、縁起に関して起こる。それもまた涅槃のため。寂静にならない行いはあなたに無い。」などというとおりです。その理由は、輪廻に彷徨ったことの根本〔である〕我だと錯乱して迷妄であること〔例えば〕闇のような者それに到るので、迷妄の闇それを除去することが必要性（目的）であるし、それを除去することもまた」

※1）XII 23cd（v.298cd）; D No.3846 Tsha 14a3-4; XII 23ab には、「法は要するに不加害だと〔諸々の〕如来は説かれた。」という。

※2）D No.3865 Ya 194b3; Suzuki,1994, なし; T.Tillemans, *MATERIALS FOR THE STUDY OF ĀRYADEVA, DHARMAPĀLA AND CANDRAKĪRTI*.1990,vol.2 pp.56,Vo.1 pp.133; 原典では、II 24（v.299）「自らの立場は、世間すべてにとって生地（故郷）のように愛おしくなるのなら、それを止滅させる因が、あなたにとってなぜに愛おしくなるのか。」への註釈文である。

※3）D mDo-sde No.127 Da 104b2; P No.795 Thu 111a6; Vaidya ed.1961,p.195; 大正15

No.639『月燈三昧経』p.591a-b; 田村智淳、一郷正道『三昧王経Ⅱ』1975,p.135;『入中論の自註釈』(D No.3862 'A 282b5; La Vallée Poussin p.200; ad VI 97; 小川一乗『空性思想の研究』1976,p.224,note3; ジャヤーナンダ著『入中論の復註』D No.3870 Ra 214b5) に、空、無我を説くものこそが了義であるとして引用。

※4) Toh.No.5275 Kha 15a1; *sTon pa bla na med pa la zab mo rten cing 'brel par 'byung ba gsung ba'i sgo nas bstod pa Legs par bshad pa'i snying po.*v.38 和訳　根本裕史『ツォンカパの思想と文学－縁起讃を読む－』2016,p.172

※6) 割註に、「我だとの迷妄の眼翳を侵害する能力が何も無いので、我だとの迷妄の眼翳を離れた〔浄らかな智慧〕」という。『道次第大論の表記註釈 *brDa bkrol*』Toh.No.6569 Ka 43b2 に、「浄らかな智慧は、我だとの迷妄の眼翳を離れた智慧です。」という。

訳註1-8)『修習次第中篇』D No.3916 Ki 48a4-7; Goshima ed.1983,p.35,37; cf. 一郷正道ほか『瑜伽行中観派の修道論の解明－『修習次第』の研究－』2011,p.78
※1) 割註に、「輪廻より解脱する道は真実を証得する方便だけとして説かれたので、」という。
※2) 割註に、bdag med pa'i de kho na nyid (無我の真実を) とあるが、『修習次第』にもこの『道次第大論』にも bdag の部分は無いので、割註から紛れ込んだものである。
※3)『道次第大論の表記註釈』Toh.No.6569 Ka 43b1 に、「見の網は、悪見が一つから一つへ関連する繋縛するものそれは、網と似ているので、そのように名づけた。」という。

訳註1-9) D mDo-sde No.106 Ca 47a4-5; 大正 16 p.707b18-21; Lamotte ed.1935,p.144 13-16;『修習次第中篇』(D dBu-ma No.3916 Ki 48b1-2; Goshima ed.1983,p.37; 和訳　一郷正道ほか同上 2011,p.78) に引用。
※) 割註に、「証得するのを通じて取らえるのですが、それを取らえる方便は、六波羅蜜の中で」という。

訳註1-10) D mDo-sde No.144 Pa 21b7-22a1; P No.812 Nu 23b2-5;『修習次第中篇』(D dBu-ma No.3916 Ki 45a3; Goshima ed.1983,p.19 ll.11-15; 和訳　一郷正道ほか同上 2011,pp.68-69) に引用。前への引用は、止観の修習を語る個所の冒頭 (Kyt ed.pp.170-171; 拙訳『菩提道次第大論の研究Ⅱ』2014,pp.182-183) である。
※1) 割註に、「を離れた」という。
※2) 'Jam に、「声聞・独覚など劣・中の機根だけでなく、自性により利根の」という。
※3) 割註に、「施与などを」という。
※4) 割註に、「解脱または」という。
※5)『道次第大論の表記註釈 *brDa bkrol*』Toh.No.6569 Ka 43b2 に、「大乗においてどのように為していても、出離だと私は説かない、というのは、大乗に発趣してから施与など方便の分ほどをどのように学んでも、出離する、〔すなわち〕涅槃を得るまたは究竟すると、教主〔である〕私は説かない、という意味。」という。

訳註1-11)『教次第大論』TRCh lHa-sa ed.345b4-346a1 (第8章「真実の修習に入ることを説明する」の冒頭近く) にも、無我の見が必要であることを『量評釈』より示している。すなわち－
「無明より三の雑染 (※1) が順に起こるのは、輪廻〔である〕苦の大きな蘊です。智恵は、正見を数習して修習したことにより、〔煩悩・所知の〕二障がまた生じない法を有するものとして断除した殊勝な智慧の円満〔である〕不可思議な功徳の蔵になった。〔なぜなら、〕無住の大涅槃により、自と他の〔利益〕すべてが成就した究竟の果〔すなわち〕解脱と一切智そのものの最高の能成であるから、そして、福徳もまたこれこその能成と、これにより果に結びつける支分ほどにより、それの因になるが、自在にではないから。〔例えば、〕芽における種子と水などのように。よって、〔『量評釈』(※2)〕「空性の見でもって解脱することになるが、残りの修習はそれのためである。」といい、(※3)「慈しみなどは迷妄と相違することが無いから、ひどい過ちを制伏するものではない。」などと説かれた。」

※１）惑業苦の三科については、中士の、十二支縁起を説く個所（Kyt ed.p.288; 拙訳『菩提道次第大論の研究』2005,p.285）に引用されたナーガールジュナの『因縁心論』を参照。本著の訳註５－１３７にも論及した。
※２）Ⅱ 253cd; 拙訳『チベット仏教　論理学・認識論の研究Ⅰ』2010,p.212
※３）Ⅱ 212cd; 拙訳同上 2010,p.202

訳註１－１２）'Jam は、１）無垢の聖教を聞・思することが必要であるさまと、２）未了義・了義を錯誤しないことが必要であるさま、という二項目を立てて、さらに細分している。cf.『道次第大論の表記註釈 brDa bkrol』Toh.No.6569 Ka 43b3ff.
　『修習次第中篇』D No.3916 Ki 46a3-b1; Goshima ed.1983,p.25; 和訳　一郷正道ほか同上 2011,pp.71-72 に三項目より説いている。すなわち －
　　「勝観の資糧は何かというと、勝れた人に依ること、多聞を尋求すること、如理に思惟することです。
　　１）そのうち、どのような勝れた人に依るべきか、というと、多く聴聞したものと、句（ことば）が明瞭であるものと、悲（あわれみ）を具えたものと、厭離に耐えるものです。
　　２）そのうち、多聞を尋求することは何か、というと、およそ世尊の聖教〔である〕十二部〔すなわち〕了義と未了義に対して尊敬をしたし、よく聞く。すなわち、『聖解深密経』（※１）に「聖者の話を欲しながら聞かないことは、勝観の妨げである。」と宣べられた。『同経』（※２）に「勝観は、聞と思より生起した清浄な見の因より、生起したものである。」と説かれた。『聖那羅延所問経』（※３）にもまた、「聞を有するものは、智恵が生起することになる。智恵を有するものは、煩悩が寂滅することになる。」と宣べられた。
　　３）如意の思惟は何か、というと、およそ了義の契経と未了義の契経などを良く決択する。そのように菩薩は疑いが無いなら、修習においてひとえに決定することになる。そのようでないなら、疑い懐疑の乗りものに乗っているものは、分かれ道の交差点に至った人のように、どこにもひとえに決定することにならない。」
　　※１）Lamotte ed. Ⅷ-33,111 19-20; 大正 16 No.676 p.701c3-4
　　※２）Lamotte ed. Ⅷ-32,110 34-35; 大正 16 No.676 p.701b22-23; カマラシーラ著 *Bhāvanāyogāvatāra*『入修習瑜伽』（D No.3918 Ki 69b2; 和訳　生井衛『西蔵文『入瑜伽修習』和訳（１）』（『仏教学会報』1,1968) p.31 に引用。
　　※３）D mDo-sde No.134 Na 92b2; 大正 12 No.382『集一切福徳三昧経』p.995b27-28;『道次第大論』Kyt ed.p.432 にも引用されている。その訳註６－５７を参照。

訳註１－１３）
※１）割註に、「それもまた真実を説く勝者の」という。
※２）割註に、「勝れた〔賢者〕を喜ばせるのを通じて〔親近〕」という。善知識への親近について、『道次第大論』では、三士の階梯以前の基礎を論ずる個所（Kyt ed.pp.33-60）に出ている。拙訳『菩提道次第大論の研究』2005,pp.108-125
※３）割註に、「真実を誤らないし、勝者の聖教と合致して示す」という。
※４）割註に次のようにいう －
　　「究明する (phu thag chod pa) という意味は、例えば、その山あいに馬のようなものを失うなら、その山あいの奥 (phu) がどれほどか有るのが完了しない間は探してから、無いと決断する (thag chod pa)〔という〕究明して (phu thag chod par) 探す、という。同じく真実の義（内容）を尋求するときも、否定されるべき我それを、辺 (mtha') すべてより尋求するさまが完全無欠である正理でもって、尋求したなら、無いと決断するとき、真実について究明する。」
　　cf.『道次第大論の表記註釈 brDa bkrol』Toh.No.6569 Ka 43b3-4

訳註１－１４）『道次第大論の表記註釈』Toh.No.6569 Ka 43b5-44a2 に次のようにいう －
　　「一般的に、未了義と世俗諦は同一義。了義と勝義諦は同一義。世俗諦の体は、その法の現れほ

どの偽りの義（もの）であるので、究極の住し方ではない。それの究極の住し方は、偽りの現れそれより上に、または他に導いてから説明することが必要なので、「未了義」（文字通りには「導かれる義」）という。勝義諦の体は、その法の偽りの現れでなく、究極の住し方なので、それより上に、または他に導きえないし、まさにその義こそとして決定した義（もの）であるので、「了義」という。よって、未了義それを所詮の中心にしてから示す聖教について「未了義の経」、そして、了義それを所詮の中心にしてから示す聖教について「了義の経」という。了義の諸経典において、所詮の名を能詮に付けて、「了義の経」というが、了義そのものではない。」

ツォンカパ著『未了義と了義の弁別・善釈心髄 *Drang nges*』の基本構成は、前半は『解深密経』に従う唯識派の立場、後半は『無尽意所説経』に従う中観派の立場より、未了義と了義の設定を詳説している。『八難処の憶え書 *dKa' gnad brgyad kyi zin bris*』（Toh.No.5402 Ba 13a3ff.）にも傍論として、未了義と了義の経の区別として、同様の枠組みが略説されている。

なお、初期仏教において、釈迦牟尼が示寂の前に、他者に依らず、調えられた自己に依るべきこと、人（プドガラ）に依らず、法に依るべきことを説かれたことは有名であるが、それを拡大した四依（catuṣ-pratisaraṇa）の内容は、初期経典、声聞部の文献に全部は出てこない。ヤショーミトラの『倶舎論の明義釈』（Toh No.4092 Ngu 318b6-7; *Sphuṭārthā Abhidharmakośavyākhyā*, U.Wogihara ed.1932-36,p.704.20-22）に、「比丘たちよ、これら四は依である。四は何かというと、法に依るが、人（プドガラ）にではないのと、義（内容）に依るが、文句にではないのと、了義の経に依るが、未了義にではないのと、智慧に依るが、識にではない。」といって、経典からの引用として出ている。向井亮「四依の教説とその背景」（『印度哲学仏教学』2,1987）pp.103-104 は、この引用個所が経量部に関係する個所であることを指摘している。cf. 向井亮「〈依法不依人〉の成句の起源と展開」（『印度哲学仏教学』3,1988）；また向井亮「四依の教説とその背景」同上は、『菩薩地』Wogihara ed.p.256ff. の「四依」説示の背景として、様々な経論を調査、検討した上で、次のような点を指摘している － 1）現存のいわゆる小乗の経典そのものには〈四依〉の教説をまとまって説く経が見い出せないこと、2）部派では経量部系の論書が本教説に注目していること、3）本教説に言及する大乗経典には系統ないし傾向の違いが見られること、4）大乗学派では瑜伽唯識学説の基盤を成した文献が特に本教説を重視すること、5）性格を異にする幾つかの文献がともに、本教説をして仏陀の涅槃に臨んでの教え、仏陀の遺誡のことばに結びつけて解していること、である。そして、大乗経典の中では、〔迦葉品〕－『維摩経』－『無尽意経』－『菩薩蔵経』という系統があること、そしてそこにおける四依の順序が、指摘されている。

ツォンカパ著『未了義と了義の弁別・善釈心髄 *Drang nges*』の中観章の冒頭（Toh.No.5396 Pha 41a6-b4,43a1-2; 拙訳『中観哲学の研究Ⅱ』1998,pp.2-3,8-9）には、『無尽意所説経』（D No.175 Ma 148a5-6; 大正13 No.397『大方等大集経 無尽意菩薩品』p.205a-c）と『本地分』（D No.4035 Tshi 164a4-5; 大正30 p.346b）より同様のものが示されている。cf. ケードゥプ・ジェ著『千薬 *sTong thun*』Toh.No.5459 Ka 45a; 拙著『中観哲学の研究Ⅲ』2001,p.120;

チベットのゲルク派の学僧チャンキャはその学説書（*Grub mtha' Thub bstan lhun po'i mdzes rgyan.* Krung go'i bod kyi shes rig dpe skrun khang,1989 p.101 l.3-p.103 l.12; Varanasi,1970 pp.146-149）には、大乗の学説論者の立場の概説において、唯識派と中観派の立場を個別に語る前の個所に、『菩薩地』を典拠にしつつ、次のように解説している －

「そのうち、依る・依らないは信認、不信認をいうべきです。人（プドガラ）に依らないが、法に依ることは、「これは仏陀が説明するので、受けよう。これは異生（凡夫）が説明するので、受けまい。」というような、法について尋思・伺察無く教示者の人（プドガラ）だけを理由にして取捨するのではなく、「これは正しい道を説明するので、受けよう。これは正しくない道を説明するので、受けるべきではない。」といって、教示された法について観察してから信頼する。・・・（中略）・・・よって、法において妥当するか妥当しないかを説明すべき何も無くて、これは私たちの師が説明したものであるから、承認することが必要であり、これは他者の師が説明したものであるから、承認するにふさわしくない、といって人（プドガラ）だけを理由に語る者たちは、第一の依の義（内容）が顛倒になったものだと知るべきです。・・・（中略）・・・
　　句（ことば）に依らないで義（内容）に依ることは、誰が法を説明する、または著作する、ま

たは争論するにあたっても、言語と字音と文句を良く構成していても、良く構成していなくても、義(内容)を良く説明しているものは、受ける〔ことが必要である〕し、誤って説明しているものは、言語と字音と文句を良く構成していても、捨てることが必要であるので、句（ことば）・義（内容）二つの中で義（内容）に依る。・・・（中略）・・・

　未了義に依らないで了義に依ることは、如来のお言葉のうち、未成熟の人を導くために説かれたもの〔であり〕、声（ことば）のとおりに対して正理の侵害が降りかかるものは、教化対象者を導く（drang ba）ために説かれたことを知ってから、事物の真実〔である〕義（内容）のとおりに説くもの〔である〕声（ことば）のとおりに対して正理の侵害が降りかからないものは、了義として信認すべきです。・・・（中略）・・・

　識に依らないで智慧に依ることは、了義を尋求する場合に、ふつうの人の眼などの根識と、事物の住し方〔すなわち実相〕について錯乱した意識においてそのように現れるほどを信認することを捨てて、聖者たちの無分別の等至の智慧、またはその因になった真実を量る正理知に依る、あるいは、聞思により義共（don spyi. 概念的イメージ）ほどを識別するのへ意が依らないで、無分別智により現前に証得することについて心髄があると信認する。・・・（中略）・・・

　『経』と『菩薩地』に説かれたのは、菩薩に関した四依の設定、そして『本地分』に説かれたものは、劣乗の境位をも包摂するのを意趣なさったのであるとしてもいいか。」

また、'Jigs med dam chos rgya mtsho または dByangs can dge ba'i rdo rje（1898-1946）著『善釈心髄の大註 Legs bshad snying po'i 'grel chen』25a3-6 には、四依の説かれた順序についても論じている。cf. 白館戒雲『阿毘達磨文献における思想の展開』1992,pp.209-212；

Brjed byang（憶え書）Da 4a1-2 に次のようにいう －

「「そのような見もまた、未了義に依らず、了義に依ることにより、探究することが必要です」という意味は、クンタン・ジャムペーヤン（Gung thang 'Jam pa'i dbyangs）の『未了義了義の難語釈』に、「利根者が見を獲得する前に了義の『経』を信受する意味であるさまと、その理由は〔ダルモッタラの〕『具理註 'Thad ldan』（※１）に、「なぜなら世間の希求者は疑惑からも入るから。」というように、利根者はその『経』に侵害が起こらないのが見えて、ひたむきに妥当しないと執らえる増益を断ずるし、第二の頂の増益を断じおわったものでなくても、利益になることほどより平等分の疑惑もあまり生起しないので、それに信認を確立したことでよいから。(※２)」

※１）ツォンカパ著『現観荘厳論の広釈・善釈金鬘 Legs bshad gSer phreng』（Toh.No.5412 Tsa 52a5 に引用。原典としては、後半部分が『量決択の註釈』D No.4229 Dze 234a4（Ⅱ）に見られる。cf.『正理一滴の註釈』D No.4231 We 37a6（Ⅰ）

※２）さらに『現観荘厳論の註釈・明義』(D No.3793 Ja 79a4,5；Ⅰ 序論部分；和訳　真野龍海『現観荘厳論の研究』1972,p.96）と『善釈金鬘』より、利根・鈍根に関連して解説している。

Brjed byang（憶え書）Da 4b5-5a3 に次のようにいう －

「四依は、法と義などを信認する知であるので、了義の本文に聞をしたことより、二諦に意伺察（yid dpyod. 推測）により決定を獲得し、世俗の義について実在の義と執らえないで、真実について究竟の住し方（実相）だと信認するそれが、見を獲得する前に、未了義に依らず、了義に依ることの定義内容（mtshan gzhi）と設立したなら、尊者のご主張に近いようだ。能詮の句（ことば）の未了義・了義を弁別する四依は、ほとんど聞の位により包摂されると承認することが必要だから。『道次第論 Lam rim』（※１）両者に、「未了義・了義の差別（ちがい）を知って了義の聖教の義（意味）を了解することが必要だ」というのと、『善釈心髄 Legs bshad snying po』（※２）に「諸法の真実はきわめて証得しがたい」というから、「それもまた勝者の聖教の未了義と了義を弁別することに掛かっているし」と説かれた意味は、尊者テンペードンメ（bsTan pa'i sgorn me）のご主張のようなら、真実を証得するには、能詮の句（ことば）の未了義・了義を弁別することが先行することが必要であるという意味です。句（ことば）の未了義・了義を弁別する仕方は、聖教の所詮〔である〕世俗と勝義の設定に、声共（sgra spyi. 言語的イメージ）の理解ができることにより、能詮〔である〕未了義の聖教と了義の聖教を個々に確認することについて理解することが必要です。(以下、省略)」

※１）『道次第小論 Lam rim chung ba』H ed.Toh.No.5393 Pha 152b3-4；ツルティム・ケサン、

高田順仁『中観哲学の研究Ⅰ』1996,pp.2-3
　　※２）Toh.No.5396 Pha 2a4; 片野道雄『インド唯識説の研究』1998,pp.122-123
※１）『道次第大論の表記註釈 brDa bkrol』Toh.No.6569 Ka 43b4-5 に、「依る（rton pa）は古語。
信認する、または信用するにふさわしい。主張する、または随っていることについても、説明している。」という。
※２）割註に、「了義の『経』に従うにあたっても」という。
※３）割註に、「ナーガールジュナとアサンガのような」という。
※４）割註に、「断崖絶壁のある道などの怖れにより」という。
※５）割註に、「これにより、愚か者と非賢者に従ってはいけないことを説明したので、大切にすべきである。」という。

訳註１－１５）アティシャのナーガールジュナ重視、そして中観派の祖師たちについては、訳註６－１０９を参照。ナーガールジュナの伝記は、中村元『人類の知的遺産 13 ナーガールジュナ』と瓜生津隆真『ナーガールジュナ研究』1985,pp.28-30 にシナとチベットでの伝承が紹介され、分析されている。そこに示された伝承だが、漢訳では鳩摩羅什（AD.344-413）の『龍樹菩薩傳』（大正 50 No.2047）が有名である。名前の意味としてはその末尾に（p.185b）の「其母樹下生之。因字阿周陀那。阿周陀那樹名也。以龍成其道。故以龍配字。號曰龍樹也」という。チベットではプトン著『仏教史 Chos 'byung』の記述が有名である。名前の意味としては、チャンドラキールティ著『明句』の帰敬偈がナーガ伝説と『マハーバーラタ』の英雄で弓の名手アルジュナに結びつけるものが有名であり、チベットの註釈、例えばマチャ・チャンチュプ・ツォンドゥー（rMa bya byang chub brtson 'grus）の著作『中論本頌般若の註釈・道理の荘厳 dBu ma rtsa ba shes rab 'grel pa 'Thad pa'i rgyan』（6a5-b3）にもそれを継承したものが見られる。インド側の資料としてジャヤーナンダ著『入中論の復註』の末尾（D No.3870 Ra 362b5-7; cf. 小川一乗『空性思想の研究Ⅱ』1988,p.163）には次のようにいう —
　　「ナーガ（Klu）とアルジュナ（Srid sgrub）と等しいから、ナーガルジュナ（Klu sgrub）です。ナーガたち（※）は海のへりを棄てて中央に住するのと同じく、ここにも有るのと無いのに住する辺を棄てて、中道に住するのと、アルジュナが矢の聚により他者の軍勢を破ったように、ここにも無二の智慧の矢の聚により有（生存）の敵を破ったので、アルジュナとナーガと等しいのです。」
　　※）ナーガは本来、インドの原住民ドラヴィダ人の伝承する存在であり、シナの「龍」とは異なる。仏教徒では、若い女の顔をして、身体は蛇の姿をした財宝の万人であり、湖など水に住する畜生の種類だと主張する。海に生まれてその辺境でなく中央に住し、宝庫を持ち、毒を火で焼き、ナーガに祈願したなら財産を与えて闇から救護するとされている。
※１）'Jam に、「その中では、ナーガールジュナの立場を証得しない間は、解脱しないことを『入中論』に説明しているので、それに依ることが必要であることは、」という。それに関して、『入中論』Ⅵ 79（D No.3862 'A 274b3-4; La Vallée Poussin p.176; 拙訳『中観哲学の研究Ⅴ』2002,p.125）に、「聖ナーガールジュナさまの道より他に寂静の方便は無い。彼らは世俗と真実を破損するし、二諦を破損する者に解脱の成就は無い。」という。
※２）割註に、「〔意趣註釈〕者〔である〕量（認識基準）になった誰に依るべきか、というと」という。
※３）割註に、「諦として〔有るのと〕全く〔無いのとの〕常・断〔の辺すべて〕」という。
※４）割註に、「『入楞伽経』など」という。D No.107 Ca 165b5-6; Nanjo ed.p.286, ll.9-15;『大乗入楞伽経』大正ⅩⅥ No.672 p.627c; 和訳　安井広済『梵文和訳　入楞伽経』（偈頌品）p.256; 浄土真宗の開祖、親鸞上人の『正信偈』『浄土高僧和讃』でも知られた個所である。
　なお、『入中論の自註釈』ad Ⅵ 3 には、この『入楞伽経』と『大雲一万二千経』を典拠としている。その内容は、ツォンカパ著『入中論の釈論・意趣善明』の該当個所、『中論の釈論・正理海』の序論（Toh.No.5401 Ba 2b-3b; 和訳　クンチョック・シタル、奥山裕『全訳 ツォンカパ 中論註『正理の海』』2014,pp.6-8）にも議論されている。cf. 拙著『中観哲学の研究Ⅴ』2002,p.75; ケードゥプ・ジェ著『千薬 sTong thun』（Toh. No.5459 Ka 2b-3a）には、ボーディバドラ、アティシャがナーガールジュナの授記だと主張する『大法鼓経』をも加えて提示しており、拙著『中観哲学の研究

Ⅲ』2001,p.62,225-226 に典拠などを紹介し、分析しておいた。アティシャ著『中観教誡論・開宝篋 dBu ma'i man ngag rin po che'i za ma tog kha phye ba』D No.3930 Ki 113b6-115b2 にも『大雲経』『文殊師利根本タントラ』『入楞伽経』『大法鼓経』『金光明経』などから提示されている。初期カダム派の語録『青冊子 Be bum sngon po』におけるその継承についても、訳註6－109を参照。cf. 宮崎泉「『中観優波提舎開宝篋』テキスト・訳注」(『京都大學文學部研究紀要』2007,46; なお、高崎直道『如来蔵思想の形成』1974,p.236,249,281,295 には、アティシャの伝えた伝承とは無関係にそれら経典での系譜が論及されている。

※5）割註に、「『マンジュシュリー根本タントラ』など」という。ケードゥプ・ジェ著『同論』(Toh. No.5459 Ka 2b-3a) には、『時輪タントラ後篇』や、チャンドラキールティ著『秘密集会タントラ』への註釈『灯作明』を加えて説明している。

※6）割註に、「地下・地上・天上」という。

※7）割註に、「正理の聚など」という。これについては、訳註1－26を参照。

※8）'Jam に次のように説明しており、ナーガールジュナの出現が三回あるという説にも触れている－「『入中論』に「軌範師ナーガールジュナさまより外になったものに寂静の方便は無い。」と説かれたし、それだけでなくナーガールジュナが甚深を現前に証得することは、『マンジュシュリー根本タントラ』と、『入楞伽経』『大法鼓経』など教と正理でもって成立しているから。『入中論』(※1)に「彼が甚深な法を証得するのは教と他にまた正理によってであるから〔、そのとおりに聖者ナーガールジュナの教義に住する立場のとおりに述べよう。〕」といい、『マンジュシュリー根本タントラ』(※2)に、「如来〔である〕私が過ぎ去ってから、四百年が経ったなら、「ナーガ」と呼ばれる比丘が出現する。教えを信ずるし益する。歓喜地を得てから六百年生きる。」というのから「無事物の義(内容)それを知る」などというのと、『入楞伽経』(※3)に、「南方のヴェータの国に、比丘〔すなわち〕吉祥を有すると大いに知られて、その名は「ナーガ」と呼ぶ。有るのと無いのとの立場を破る。」というのから「歓喜地を得る」と説かれた〔。そのうち、菩薩の見道となる第一〕歓喜地を得たことにより、空性を現前に証得し註釈するので、〔典拠のうち〕第一は異生(凡夫)が第一〔歓喜〕地を得たと説明しているが、初めから大乗者のその生涯において第八〔不動〕地を制することは『経』と一致していて、大きな三つの音声を轟かせた〔うち、堕落した僧伽を正す第一と、〕『般若経』を講説し、〔釈尊の示寂後、〕四百年に南方に出現する第二と、〔教えが衰退するとき〕八十年(※4)〔経ったとき〕において第三の法の声を『大法鼓経』(※4)に百年講説すると説明しているそれであるからです。『大雲経』(※5)に「その比丘は法の声を三回(※6)、轟かせてから死ぬことになるが」というのから、「彼は最後に出現することになる」といい、『大法鼓経』(※7)に「そのような比丘は得難い。次第に光明は衰退することになる。このように彼は南方に出現する最後の一つである。」といい、〔尊者ツォンカパの〕『根本〔中論〕般若の釈論』(※8)に「『大法鼓経』にそのように授記(予言)したそれは、南方に出現する最後の一つであることを説かれたので、」と説かれたから、「『大雲経』と『大法鼓経』の両経に説かれた」というとおり。よって、彼の本典に必ず〔依るべきです〕。」

※1）VI 3; D No.3862 'A 245a1; La Vallée Poussin p.75; 拙訳『中観哲学の研究Ⅴ』2002,p.74

※2）D rGyud No.543 na 308b6ff.; cf. 拙著『中観哲学の研究Ⅲ』2001,p.225

※3）上の記述を参照。

※4）D No.222 Dza 100b5-6, 122b2-123a3; 大正9 No.270 p.294a-c,298a; そのとき、彼は釈迦牟尼の名を持つ比丘になって、仏性思想を宣説するとされている。cf. 拙著『中観哲学の研究Ⅲ』2001,pp.225-226

※5）D No.232 Wa 187b7-189a3; 大正『大方等無想経』No.387 p.1096c-1101a

※6）'Jam dbyangs bzhad pa'i rdo rje の『入中論の考究 dBu ma la 'Jug pa'I mTha dpyod Lung rigs gter mdzod zab don kun gsal skal bzang 'jug ngogs』(The Collected Works of 'Jam dbyaṅs bźad pa'i rdo rje. Vol.9 New-Delhi 1973 K ed.) pp.353-357 によれば、釈迦牟尼仏の在世時、リッチャビーの「一切世間楽見」という少年は、第一回に、釈尊の入滅後、八十年にその名を持った比丘になり、『大法鼓経』を説いて法を盛んにし、僧伽の堕落を正し、百年生きて

極楽に往生し、第八地に住する。第二回には、加持により凡夫の姿を現して、大乗経の空性を教える。第三回に有情界は常住であると教えるとされている。

※7）D No.222 Dza 122b2-3

※8）Toh.No.5401 Ba 4a1; 和訳　クンチョック・シタル、奥山裕『全訳 ツォンカパ 中論註『正理の海』』2014,p.7

訳註1－16）Brjed byang（憶え書）Da 5b3-4 に次のようにいう －

「本文の科段に、「未了義と了義との聖教を確認すること」と出ている意味は、この科段の中に未了義・了義の聖教を確認する仕方を説明することになるのを理解することが必要なので、句（ことば）の未了義・了義の弁別の個所に説明しているのと同じではない。」

訳註1－17）'Jam はここに、「1）甚深の義（内容）〔である〕了義の経に依ることが必要であることと、2）未了義・了義」との二項目を立てている。

※）割註に、「或るものに依らないで、他の聖教に依ることにより、甚深な義（内容）を証得できないので、了義の聖教に必ず〔依って〕」という。

訳註1－18）'Jam は、「1）未了義・了義を所詮〔の内容〕を通じて設定することと、2）『無尽意経』の説明の仕方と、3）他の『経』と他の論書による説明の仕方、4）他者が未了義・了義について錯乱しているのを否定したこと〔合計〕四つ」と項目を立てている。

※1）割註に、「能詮を通じて設定しなくて」という。

※2）割註に、「『経』の未了義・了義を伺察する場合、「共（一般）の義（内容）において」という表詮の側に為すから。」という。

※3）割註に、「無我の真実を中心に直接的に〔説く〕聖教が」という。

訳註1－19）kun rdzob(skt.saṃ vṛtti 世俗）という言葉の由来や解釈については、安井広済『中観思想の研究』1970,pp.158-164 を参照。チャンドラキールティ著『根本般若中論の釈論・明句 *Prasannapadā*』(ad ⅩⅩⅣ 8; La Vallée Poussin p.492; D No.3860 'A 163a5; 和訳　奥住毅『中論註釈書の研究』1988,p.755; 丹治昭義『中論釈　明らかなことばⅡ』2006,p.116; 北畠利親『中論観法品・観四諦品訳註』1991,p.119）には、その語義解釈として、1）（無知として）あまねく（真実を）覆うこと、2）相互に（相俟って）有ること、3）表記、言説としている。第一の覆障の意味に関する『入中論』の記述については、Kyt ed.p.306（訳註3－61の個所）をも参照（覆障を無明と結びつける解釈は例えば『中辺分別論』Ⅰ 10への世親釈、安慧釈にも見られる）。『道次第小論』(H ed.Toh.No.5393 Pha 177a5-b; ツルティム・ケサン、高田順仁『中観哲学の研究Ⅰ』1996,pp.86-87)にも、それらが提示されている。これら三つの意味のうち、第二は中観派に特有のものである。『量評釈』Ⅰ 68-70ab（ゲルク派による経量部の二諦説は『量評釈』Ⅰ 68-69を典拠とするが、Ⅲ 3 はその定義そのものではなく、その定義内容を説くとされている。cf.YOSHIMIZU,Chizuko「*Dṛśya and Vikalpa or sNang ba and bTags pa* Associated in Conceptual Congnition」(*DHARMAKĪRTI'S THOUGHT AND ITS IMPACT ON INDIAN AND TIBETAN PHILOSOPHY*: Proceedings of the Third International Dharmakīrti Conference Hiroshima, November 4-6. ed.by S.Katsura,1997) p.460 note5）には、仏教論理学派での異なった解釈を示しているが、上記の三つのうち第二の意味は出てこない。拙著『チベット仏教　論理学・認識論の研究Ⅲ』2012, 訳註3－88を参照。cf. 拙著『チベット仏教　論理学・認識論の研究Ⅱ』2011,p.132; なお世俗を覆障するものとする理解は、すでに『大毘婆沙論』（大正 No.1545 p.548b）や『順正理論』（大正 No.1562 p.735c）にも見られることが指摘されている。cf. 高橋壮「世俗智について」（『南都仏教』28,1973）；また、瓜生津隆真『ナーガールジュナ研究』1985,p.98 には、すでに『般若経』においてこのような自性を見ることはものへの執着として否定されたことを指摘している。また、割註における語義解釈については、訳註3－70を参照。適用については訳註3－71を参照。

訳註1－20）D mDo-sde No.175 Ma 150a2-b4;『阿差末菩薩経』大正 13 No.403 p.604b3-21;『大方等大集経無盡意菩薩品』大正 13 No.397（12）p.205b10ff.; チャンドラキールティ著『中論釈・明らかな言葉』（D No.3860 ’A 13b4-14a1; La Vallée Poussin ed.p.43 ll.4-7; 丹治昭義『中論釈明らかなことば I 』1988,pp.36-37）に引用。『無尽意所説経』には、他の無尽なる法とともに、諸菩薩摩訶薩の無尽なるものとして提示され、詳説されている。また、唯識説への批判を説く『入中論』VI 97 には、「そのように教の経緯を知って、非真実の説明を義（内容）とした未了義の経典が説かれたことをも了解して導くべきであるし、空性の義（内容）を有するものは了義と知るべきである。」といい、それへの『自註釈』（D No.3862 ’A 282b6; La Vallée Poussin ed.p.201; 和訳　小川一乗『空性思想の研究』1976,pp.223-224）にも、『三昧王経』より未了義・了義の要旨を示した後で、「同じく『無尽意経』などの契経に広汎に説かれたことをも証得すべきです。」という。なお、安井広済『中観思想の研究』1970,p.194-196 には、これとほぼ同様の内容が『大宝積経』「菩薩蔵会」（大正 11 p.304b）にあることが指摘されている。『道次第大論の表記註釈 brDa bkrol』Toh.No.6569 Ka 44a2-4 に次のようにいう —

「『無尽意所説経』の「世俗を立証するのと勝義を立証するのを説く」という意味は、世俗の体を立証するさまと、勝義の体を立証するさまを示す、ということと、また世俗を立証するものと勝義を立証するものを示した、というのと、世俗を立証する〔すなわち〕世俗諦と、勝義を立証する〔すなわち〕勝義諦という意味としても、説かれた。説明された異門（別名同義語）ほどより義（意味）について差別は大きくない。」

なお、この『経』は『中観光明論』（D No.3887 Sa 149a6-b3; 和訳　一郷正道「カマラシーラ著『中観の光』和訳研究（2）」（『京都産業大学論集 22-3 人文科学系列 20』1993）p.111）に広く引用されている。これは唯識派の未了義・了義が『解深密経』（cf.『中観光明論』D No.3887 Sa 149b6-7; 和訳　一郷同上 p.111）に基づくのとの対比になっており、その方針が『未了義了義の弁別 Drang nges』（Toh.No.5396 Pha 41a6-b4; 拙著『中観哲学の研究 II 』1998,pp.2-3）にも継承され、引用されている。Brjed byang（憶え書）Da 5b4-6a4 に次のようにいう —

「『無尽意所説経』に「世俗を立証するのを説いた経」などという意味は、『善釈心髄』（※1）に、「初めの二〔句〕により二諦について未了義・了義になさった。所詮を通じて未了義・了義を区別した。」というように、世俗諦は未了義、そして勝義諦は了義なので、前者を所詮の中心に示すのが未了義の経、そして後者を所詮の中心に示すのが了義の経と設立する、という。『無尽意所説経の註釈』（※2）に、「「世俗を立証するのを説く」ということについて、世俗の多くの言説を言説ほどとして有ると立証するために説かれたそれらは」といって、多くの言説により所詮（6a）の様々な世俗が、言説または世俗ほどとして立証する、または示すために説かれた意味と説明している。『経の註釈』（※3）に「生が無いことと滅が無いことの相（特徴）〔である〕勝義として示すために」と説かれたことによっても、勝義を立証するのを説いた、と理解しやすい。生が無いことなどを勝義、または勝義諦として立証するために、という意味です。「様々な句や字音を説いた経」などという意味もまた、『善釈心髄 Legs bshad snying po』（※4）に、「世俗を説くのは不同の様々な句により様々な義を説くし、勝義を説くのは証得しがたい義〔である〕戯論を断除した一味を説くと説明している。別の設定の仕方ではない。」というとおり。最後の二部類の『経』により、どのような句によりどのような義を説いたことにより世俗と勝義を説いたことになるかの説き方を明示した。」

※1）Toh.No.5396 Pha 41b4-5; 片野道雄、ツルティム・ケサン『中観哲学の研究 II 』1998,pp.2-3

※2）D No.3994 Ci 218a4-5; なお、この『註釈』は世親著と伝えられるが、Jens Braavig. *Akṣayamatinirdeśasūtra* Vol.1,2,Oslo,1993 には、弟子の教証を引用することなどから真作ではないと言われている。

※3）D No.3994 Ci 218a5

※4）Toh.No.5396 Pha 41b5-6; 片野道雄、ツルティム・ケサン同上 1998,pp.4-5

※1）割註に、「偽りの自性の体ほどを設立し」という。

※2）割註に、「世俗諦を中心に直接的に」という。

※３）割註に、「諦成立の戯論を断じたほどの」という。

※４）Ba so に「勝義諦」という。’Jam に「能成を中心に直接的に」という。

※５）’Jam に、「本体 (lus) を広釈するのは、では、世俗の体を立証するのを示すさまは何かというと」という。

※６）’Jam に、「人（プドガラ）または仏など、義（もの）においても不同のものは、世俗、〔すなわち〕偽りの自性が様々な義（もの）として現れるのであるから、能詮の〔句（ことば）〕」という。

※７）’Jam に、「Ka、Kha など」という。

※８）割註に、「を通じて説くことが必要であり、それらを中心に直接的に」という。なお、『倶舎論の自註釈』ad II 47ab(D No.4090 Ku 84a7-85b3; Pradhan ed.1967,pp.80-81; 大正 29 p.187b-188a; 和訳　櫻部建『倶舎論の研究 界・根品』1969, pp.346-350) に次のようにいう －
「〔v.36a（※）に心不相応行として挙げた〕名の集積などは何かというなら、名の集積などは、〔v.47ab に〕「名 (ming, nāma) と言語 (ngag, pada) と字音 (yi ge, vyañjana) の集積 (tshogs, kāya, 身）」などを語ったことにより、名と字音の集積を取らえるのです。そのうち、名づけが名です。例えば、色・声というそのようなものなどのようなものです。言語 (ngag) は句 (tshig) です。例えば、「ああ、諸行は無常である」というそのようなものなど、どれほどかにより義（いみ、もの）は完了する。何かにより、所作と功徳と時の関係の差別を証得することになる。字音 (yi ge) は字音です。例えば、a、ā ということなどのようなものです。
〔諸々の〕字音もまた文字の諸支分の名ではないのか、というなら、
文字の諸支分を分からせるために〔諸々の〕字音が造られたわけではなくて、どのようにか名が聞こえるのを書いたことにより分かることになる、と諸字音を分からせるために文字が作られたのです。ですから、諸文字は〔文字の諸支分〕それらの名ではない。
名などそれらの集積は、名などの集積（名身）です。多くの義であるのです。そのうち、名の集積は、例えば「色」「声」「香」「味」「所触」という、そのようなものなどです。
句の集積は、例えば、「諸行すべては無常である。涅槃は寂静である。」という、そのようなものなどです。句の集積（句身）は、例えば ka、kha、ga、nga、という、そのようなものなどです。
それらもまた言語 (ngag) が自性であるから、声の自体であるので、色の自性ではないのか。なぜに心不相応行というのか、というなら、それらは言語の自性ではない。言語の声であるなら、ただの声ほどによって義を分かることにならない。」
※）不相応行 (cittaviprayuktaḥ saṃskārāḥ, ldan min 'du byed) について、『倶舎論自註釈』II (D No.4090 Ku 70a6-b1; 和訳　桜部建『倶舎論の研究』1969,p.301) を参照。

※９）’Jam に、「その法の住し方〔すなわち実相〕としてふさわしくないので、」という。

※１０）’Jam に、「例えば、人（プドガラ）における我と有情などのように。では、勝義の体を立証し設立するさまを説く仕方は何であるかというと、」「量りがたいので、底を証得することができないから、」という。

※１１）’Jam に、「の義（もの）を、喩例と論証因などの方便を通じて」という。

※１２）’Jam に、「そして意だけにより量ることが必要なので、そのようなのを通じて、どこに有るかの度量ほどを知っても、まさにその義（もの）〔である〕体自らはこのようにある、と了解するのを通じて」という。『道次第大論の表記註釈 brDa bkrol』Toh.No.6569 Ka 44a4-5 に次のように言う －
「甚深、見がたく証得しがたい〔というの〕は、勝義諦それは、底を証得できないので、甚深。そして喩例と論証因などにより観察しがたいので、見がたい。そして了解しがたいので、証得しがたい、という。」

※１３）’Jam に、「否定されるべき戯論を断除したほどを示したのが、勝義の体を設立する、または立証するのを示すさまであるので、そのようなものを中心に直接的に」という。

※１４）’Jam に、「我または有情など、法界において差別しえないから。」という。なお、ツォンカパ著『未了義と了義の弁別 Drang nges』(Toh.No.5396 Pha 41b4; 拙訳『中観哲学の研究 II』1998,pp.2-3) にはさらに、「これが、了義の『経』に依るが、未了義の『経』に依らない、という。」という経文が続いている。

訳註１－２１）Ngag に次のようにいう －

「その二つの説き方もまた、「無い、無い」というさまにより説いたものが、勝義を説くさまと、「有る、有る」というさまにより説くものが、世俗を説くさま。それもまた、「無い」という無いことは勝義、そして「有る」という有ることは言説としてです。それもまた、我から受者（※）まで有情の異門（別名同義語）です。」

※）大きい『般若波羅蜜経』において列挙され、「無い」「認得されない」などといって否定される項目である。ここに『無尽意経』より示されたものは『二万五千頌般若経』にも見られる種類のものであるが、『十万頌般若経』にはさらに詳しくて、有情・命者・生者・養者・士夫・補特伽羅（プドガラ）・意生（マーヌジャ）・儒童（マーナヴァ）・作者・使作者・起者・使起者・受者・使受者・知者・見者が挙げられる。

『道次第大論の表記註釈 *brDa bkrol*』Toh.No.6569 Ka 44a5-b1,b2-3 に次のようにいう －

「我から受者までの十は、有情の名の異門（別名同義語）であるし、自力（自在）の主（主宰者）が無いのを主が有るように説くので、「主が無いのを主のように説いた」という。それらが有るのを示したのが、世俗を示す仕方。言説ほどとして有る義（もの）です。声（ことば）により捉えた〔すなわち文字通りの〕ものには、人（プドガラ）だけの （44b）異門が出ているが、所作・能作などが有ると説くすべてについて、適用すべきです。」

「それらの語義は割註より知るべきです。」

Brjed byang（憶え書）Da 6a4-6 に次のようにいう －

「我から受者などすべては人無我の空の所依事（stong gzhi）を人（プドガラ）だけの名の異門と説明しているので、命（命者）というものも人（プドガラ）の名と知ることが必要です。句（ことば）どおりについて作者〔である〕人（プドガラ）の異門を説くものは未了義の『経』と確認したが、意味によりそれにより表示される作者と関係される業としての所作と能作の事物が有ると説くすべては、未了義だと示した。要するに蘊などの法と人（プドガラ）が有ると説くものすべてです。」

なお、『二巻本訳語釈』には、(39)「外道が我と呼ぶものの異名」の個所で、「我」以下、十六個の言葉を挙げて解説されており、便利である。和訳研究　石川美恵「SGRA SBYOR BAM PO GNYIS PA 二巻本訳語釈」1993,pp.119-122

※１）'Jam に「主宰する義（意味）により〔我〕」、(Ba so?)「義（もの）〔である〕唯一の我についても心を我と執らえたので、」という。

※２）'Jam に「思（sems pa）の功用（努力）を具えているので、」、(Ba so?)「心力（snying stobs. 勇気）を具えているので、」という。

※３）'Jam に「生きることの所依を為すので、」、Ba so に「生きるので、」という。

※４）Ba so (?) に、「生きる多く縁により養われるべきものであるから、」という。

※５）'Jam（「養者」の説明とするが、内容よりここの説明である）に、「成長したから、為すべきことについて力があるので、能力を持つもの。インド語にて puruṣa というのは、チベット語で、〔skyes bu（士夫）〕と翻訳される」という。

※６）割註（'Jam?）に、「自相続が煩悩により充たされる（gang）し、輪廻において尽きる（zag pa）ので、〔gang zag（プドガラ）といって多くに知られている〕」という。これは、一生涯の成長と衰退をいう解釈と、業の集積と果の領受をいう解釈がある。cf. 石川美恵『二巻本訳語釈』1993,p.120; ヴィニータデーヴァ著『唯識三十論の復註』(D No.4070 Hi 2b1-3; 和訳 山口益、野澤静証『世親唯識の原典解明』1953,pp.148)

※７）manuja; 割註に、shed las skyes pa という言葉を分けて説明している。すなわち、「〔shed〕力（stobs）または勢力（shugs）。それ〔las skyes pa（より生じたもの）〕は、それの自性より成立したもの」という。shed は、インドの創世神話において人類の始祖とされる「マヌ（manu）」をいう。漢訳語「意生」は manuja の前半を「意 mana」と解釈したものであり、インド的には正確ではない。

※８）mānava（漢訳「儒童」）；割註に、「上のそれと同じである。力または勢力の自性より成立した子（bu）であるから、〔shed bu（マーナヴァ）〕」という。これもまた、人類の始祖「マヌ」より遠く離れた子であるから、そのように言われるのであり、漢訳語「儒童」は意を尽くしていない。

※９）割註に、「資財 (longs spyod) を成就する者である、業の」という。末尾の yin las は、yin pas（であるから）と読むべきかもしれない。

※１０）割註に、「受用 (longs spyod pa) の受を領受する者であるから」という。

※１１）割註に、「または、最後のこの二つは業の作者と異熟（果報）の受の領受者だと説明すべきです。」という。さらに、「そのようなものが偽である現れ方において」という。

※１２）割註に、「それもまた住し方において自力の」という。

※１３）割註に、「現れ方は」という。Brjed byang（憶え書）Da 6a6-b1 に次のようにいう －

「主が無いのを主が有るように説いたという〔うちの〕有ると説くべきことと無いと説くべきことは同一義であることが必要であるとき、人（プドガラ）が自性により（6b）無いのを、自性により有ると説いた意味に適用することが必要です。言説として有るものにしたなら、主が無いさまを説明することは難しいから。」

※１４）割註に、「句（ことば）により造ってから直接的に」という。

※１５）割註に、「所詮〔である〕法が各自の体は、自性により空であるので、」という。’Jam に「諸法の体は諦として無いので、」という。『道次第大論の表記註釈 brDa bkrol』Toh.No.6569 Ka 44b1-2 に次のようにいう －

「空性から主が無いのまでの十は、勝義の名の異門（別名同義語）です。それらが無いのは勝義として無い義（もの）です。その初めの六つにより法無我、そして後の四つにより人無我を示す。」
cf.Brjed byang（憶え書）Da 6b2

Brjed byang（憶え書）Da 6b5-6 に、「空性、無相、無願について三解脱門と、その三つと無造作をあわせたものについて四解脱門と知られている。詳細はクンタン・リンポチェの著作類と第二章の道智の自性のほうより知るべきです。」

※１６）割註に、「その因、〔すなわち〕他と混合していなくて造作する〔相（特徴）が〕諦として〔無い〕」という。’Jam に、「因と作者などは諦として無いので、」という。

※１７）割註に、「それの果を勝義として得ようと願望するのを通じて〔願〕されるべき体として〔無い〕」、’Jam に、「果と所作は諦として無いので、」という。

※１８）割註に、「他の因・縁により勝義として〔造作〕するし、集積〔する〕効能を通じて生じさせえ〔無い〕」という。

※１９）割註に、「勝義として因において効能それが無いので、果が勝義として〔生ずることが〕ありえ〔ない〕」という。

※２０）割註に、「それがありえないので、果は自らの側より」という。

※２１）割註に、「自在の」という。以下にも「主」まで同様に「自在の」という。

※２２）割註に、「など、要するに様々な戯論として現れる体を説かないで、否定されるべき戯論すべてを断除したほどの体を証得することは、輪廻より〔解脱〕させる〔門〕なので、そのようなもの〔を〕直接的に〔説く〕」という。

※２３）『道次第大論の表記註釈 brDa bkrol』Toh.No.6569 Ka 44b2 に、「戯論を離れた義それを証得することは、輪廻より解脱させる門であるから、「解脱門」という。」という。『根本中論』に「戯論」(spros pa, skt.prapañca) は、帰敬偈、ⅩⅠ 6、ⅩⅧ 5、ⅩⅧ 9、ⅩⅩⅡ 15、ⅩⅩⅤ 24 に用いられる。それらの用例については、丹治昭義『沈黙と教説　中観思想研究Ⅰ』1988,pp.85-86 を参照。また、立川武蔵「言語活動の止滅と空性論」(『仏教学』9,10,1980) p.146ff. には、『中論』の戯論の用例を検討し、1）ことばとしての戯論、2）表現行為としての戯論、3）表象・概念としての戯論、4）表現対象としての戯論という四つに分類している。

訳註１－２２）’Jam に、「他の『経』と他の論書により説明されたさま」という項目を立てて、それをさらに七つに分けている。

訳註 １ － ２ ３）Ⅶ 5; D mDo-sde No.127 Da 20b3; Dās ed.p.22 ll.21-23; P.L.Vaidya ed. Samādhi-rājasūtra.1961,p.36 ll.1-4; 大正 15 No.639『月燈三昧経』p.556a19-20; 和訳　田村智淳『大乗仏典 10　三昧王経Ⅰ』1975,p.137;

この経典は『無尽意所説経』とともに、『中論釈・明らかな言葉』で中観派の未了義・了義を論ずるとき、典拠とする経典である。『中論釈・明らかな言葉』での引用個所は、ad Ⅰ 1, ⅩⅤ 10-11; D No.3860 ’A 14a2-3,93a7-b1; La Vallée Poussin ed.p.44 ll.2-5, p.276 ll.5-8; 和訳　奥住毅『中論註釈書の研究』1988,p.89,450; 丹治昭義『中論釈　明らかなことばⅠ』1988,p.37; 長尾雅人『世界の名著2 大乗仏典』1978 p.285 である。ツォンカパ著『未了義了義の弁別 Drang nges』(Toh. No.5396 Pha 42a4-5; 拙著『中観哲学の研究Ⅱ』1998,pp.4-5) にも、『無尽意所説経』の引用と解説の直後に引用されている。

※1）’Jam に、「諦としての成立について空である」という。

※2）Ba Ra に「勝義が契経において」という。

※3）割註に、「そのような所詮を直接的に示したのは、」、「無相、無願などを説いたのも了義経」という。

※4）割註に、「であること、〔すなわち〕差別（特徴）だと〔知る〕」という。

※5）Ba so に、「など世俗諦など、世俗の法を中心に直接的に」という。

※6）Ba so に、「それら所詮〔の内容〕を説く『経』は未了義の『経』と了義の『経』だと説明しているので、説くべきそれらと義（もの）と了義であることも、成立した。」という。Ngag (?) に、「それに依ってから、主ナーガールジュナの本文ほとんどに「無い、無い」と説くのが、了義〔である〕、そして、聖者アサンガの本文ほとんどに「有る、有る」と説くのは、広大行.〔秘密真言〕タントラの本文と、未了義の本文としても成立した。」という。

訳註1－24）D No.3887 Sa 149b4-6; 和訳　一郷正道「カマラシーラ著『中観の光』和訳研究（2）」（『京都産業大学論集 22-3 人文科学系列 20』1993) p.110; cf.Brjed byang（憶え書）Da 6b6-7a2;

※1）割註に、「中心に直接的に」という。

※2）Brjed byang（憶え書）Da 7a2-3 に次のようにいう ―
　　「「だけ」というのは、他を具えたのを断除する声（ことば）（※）です。〔すなわち〕法〔である〕了義の『経』それは、所依事〔である〕勝義を述べる聖教より他について具えるのを断除するから。」
　　※）『量評釈』Ⅳ 190-192 などに出ている、断除の (rnam par gcod pa, vyavaccheda) の三種類あるいは不変化詞 eva の位置による三種類の命題解釈の一つである。三種類の断除は、1）持たないのを断除すること (mi ldan rnam gcod, ayogavyaccheda)、2）他が持っているのを断除すること (gzhan ldan rnam gcod, anyayogavyaccheda)、3）ありえないのを断除すること (mi srid rnam gcod, atyantāyogavyaccheda) というものである。拙著『チベット仏教論理学・認識論の研究Ⅲ』2012,p.208 を参照。訳註4－23を参照。

※3）割註に、「それより〔逆のもの〕世俗諦を中心に直接的に説く『経』」という。

※4）割註に、「知恵ある者たちは」という。

※5）割註に、「勝義として」という。

※6）割註に、「勝義として生が無いことなどが」という。

※7）割註に、「否定されるべき戯論を断じたこと」という。

※8）割註に、「であるが、様々な戯論として現れる義（もの）は、勝義ではないのみ」という。

訳註1－25）D mDo-sde No.100 Ga 297b2; P No.768 Khu 325b2; 大正 12 No.357『如来荘厳智慧光明入一切仏境界経』p.247a10; 大正 12 No.359『大乗入諸仏境界智光明荘厳経』p.261c2; 和訳　高崎直道『大乗仏典 12 如来蔵系経典』1975,p.341;

訳註1－26）ナーガールジュナの著作のうち、中観の諸論書を「正理の聚」「如理論聚」という。この用語法はカマラシーラ著『中観光明論』にも確認できて、『同論』D No.3887 Sa 148a6（和訳　一郷正道「カマラシーラ著『中観の光』和訳研究（2）」『京都産業大学論集 22-3 人文科学系列 20』1993,p.108) に、聖者ナーガールジュナの著として、「Rigs pa’i sgron ma’i tshogs rnam pa du ma（正理の灯明の多種類の聚）」と呼ばれている。具体的には『根本中論般若』『六十頌如理論』『空性七十論』『廻諍論』『ヴァイダルヤ論』の五つ、またはそれに『宝鬘』（ラトナーヴァリー、宝行王正論）を加えた六つである。中でも『根本中論般若』『六十頌如理論』（訳註3－173をも参照）の二つは根本であ

り、他は派生した論書であるとされている。cf. 拙著『中観哲学の研究Ⅲ』2001,pp.283-284; 小川一乗『五如理論』1989,pp.13-24: ツルティム・ケサン「チベットにおけるナーガールジュナの六つの「理論の集まり」について」(『印度学仏教学研究』35-1,1986: 渡辺章悟「月称とツォンカパの"五部論"観」(『印度学仏教学研究』31-1,1982)；なお、これらナーガールジュナの論書、書簡に関しては、アティシャ著『中観教誡論・開宝篋 dBu ma'i man ngag rin po che'i za ma tog kha phye ba』D No.3930 Ki 113a4-b6 に列挙されている。cf. 宮崎泉「『中観優波提舎開宝篋』テキスト・訳注」(『京都大學文學部研究紀要』2007,46; ロデン・シェーラプの書簡における言及については、訳註6－108を参照。

訳註1－27）未了義（drang ba'i don）と了義（nges pa'i don）の skt. 原語は、neya-artha と nīta-artha である。これに関する説明は、『解深密経』に従う唯心派と、『無尽意所説経』に従う中観派とで異なる。ここで主題となる後者に関しては、『未了義と了義の弁別・善釈心髄 Drang nges』の後半の中観の章の冒頭（Toh.No.5396 Pha 41a3-43a5; 片野道雄、ツルティム・ケサン『中観哲学の研究Ⅱ』1998,pp.2-9）に詳しい。『八難処の憶え書 dKa' gnad brgyad kyi zin bris』(Toh.No.5402 Ba 15a6-16a2)にも、『無尽意所説経』に依る中観派の立場での未了義・了義の語義解釈がある。すなわち－

「そのうち、1）未了義・了義（drang nges）の語釈と、2）区別と、3）相（特徴）。
第一〔、語釈〕は、他の義に導くことが必要であるの（drang dgos pa）と、その義に決定するの（nges pa）とが（15b）未了義・了義ですが、教化対象者を導くために説かれたほどをいうべきではない。了義もまた未了義になるから。例えば「色が生ずる」と説いたとき、色の真実の義それだけでなく、今なお上に導きうるのです。色は自性が無いと説いたなら、色の真実の義それに決定するが、上に他は無いので、了義です。他に導くことが必要である義と、それに決定する義について未了義・了義にしたとき、所詮〔である〕世俗と勝義の二諦もまた未了義と了義になる。他の義に導くことが必要であるのと必要でないのとを未了義・了義にしたとき、能詮について未了義・了義に区別する。
　第二〔、区別〕について、1）相（定義）に関して説かれたものと、所相（定義内容）に関して説かれたもの。第一には、教化対象者に関して説かれたものは、道に入るために説かれたものが未了義、そして果に入るために説かれたものが了義です。道は無自性を証得する智恵ですが、それに入る方便は無常を説くことなどです。果は涅槃ですが、それに直接的にはいる方便は、無自性を証得することです。所詮に関しては、世俗を説くものは未了義、そして勝義を説くものは了義です。それも世俗の自体概念（rang ldog）、幻術のようなものを説くものは了義であっても、具体概念(gzhi ldog)〔である〕有情を説くものなどをいうべきです。第二は、有情と人（プドガラ）(16a)などを説いたものと、空性、無相などを説いたものです。
　第三〔、相（特徴）〕は、勝義諦を直接的に説くものと、量を具えた者との二つの集積が了義、そして、それより他が未了義です。」
※1）割註に「順次に」とあるが、順序は逆である。
※2）割註に「勝義諦それを、その義（もの）より」という。
※3）割註に「で、まさにその義（もの）に決定するし、究竟する」という。
※4）割註に「ように住するし、越えない」という、
※5）割註に「その義として決断したなら、その辺際（mtha'）より他に行くところが無い」という。
※6）割註に「その義（もの）をそれこそだと決定するし、決断する〔能成〕、事物の住し方と一致した〔量〕」という。

訳註1－28）D No.3887 Sa 148b7; 和訳　一郷正道「カマラシーラ著『中観の光』和訳研究（2）」(『京都産業大学論集 22-3　人文科学系列 20』1993) p.109; Brjed byang（憶え書）Da 7a3-4 に次のようにいう－

「『中観光明論』に「それは、それより別のことへ他者によりどこにも導くことができない」という意味を説明する仕方は二つある。〔すなわち 1）『仏母経』の言葉通りにおいて示された義（意味）それは、究竟の真実であるので、示されたそのとおりより他に導きえないことと、2）それ

の言葉通りの義それは、能証の量（認識基準）を具えているので、それより他に他の誰も導くことができないことです。」（※）

※）さらに、『中観光明論』所説の量（認識基準）を具えていることと、勝義に関して説明したことの二つのどちらか一方では了義の経にならないことを示す。その具体例として、有為は無常だと説く『経』などを挙げ、『善釈心髄』（Toh.No.5396 Pha 42b3-4,97b2; 片野道雄、ツルティム・ケサン『中観哲学の研究Ⅱ』1998,pp.6-7,190-191）と、『八難処の憶え書』（Toh.No.5402 Ba 16a1）を参照している。

※1）割註に、「その『経』の義（もの）を説いたそれがそれこそだと決定する能成〔であり〕、他に変わらない」という。cf.四津谷孝道「瑜伽行中観派」における『解深密経』（『インド論理学研究』Ⅷ,2015）p.117
※2）割註に、「そのようなものが有るほどでは充分でなくて、所成の義（内容）それこそも」という。」
※3）割註に、「〔勝義〕諦を中心に直接的に決択すること」という、
※4）割註に、「自らが説いたその義」という、
※5）割註に、「説明したとおりの義（内容）と義（内容）はその住し方が、どのように住するかの辺際（mtha'）それより他の」という。
※6）'Jam に、「よって、声（ことば）のとおりでないだけでなく、声（ことば）のとおりであっても、住し方の義を他に導くことが必要であるものもまた、未了義であることは、」という。

訳註1－29)
※1）割註に、「に対して侵害が見られる。まさにその〔とおり〕」という。
※2）割註に、「信認して」という。
※3）割註に、「の指向地（gtang sa）〔を、〕このような他の義（内容）に指向するのである、と〔説明して〕」という。
※4）割註に、「説いたかぎり（tshod）それは、まさにそのとおりだと信認するのを通じて、例えば、「施与により資財、戒により安楽」というようなもの」という。なお、例示の教証は、伝統的にナーガールジュナの『宝鬘』（『宝行王正論』）Ⅴ 38ab（D sPring-yig No.4158 Ge 123b1; 和訳　瓜生津隆真『大乗仏典14 龍樹論集』1974 p.307）とされている。量学においてその教証は、三つの伺察により清浄な教であるから、自らの所説の義（いみ）について欺かないものとして挙げられる。cf.拙著『チベット仏教　論理学・認識論の研究Ⅲ』2012,p.249,251
※5）割註に、「世俗諦に関して中心に説いたものなので、」という。
※6）割註に、「の住し方」という。
※7）割註に、「義（内容）が現れるほどの偽り」という。
※8）割註に、「究竟の在り方の」という。

訳註1－30)'Jam は、「第四、他者が未了義・了義を増益したのを除去するには、1）否定されるべきものに勝義〔という限定〕を適用する必要がないと主張することを遮止することと、2）さもなければ、否定するものが契経をも遮止することが帰結すること、3）本文の部類は未了義であっても、その論書は了義であることを、遮止しないことと、4）声（ことば）のとおりであっても、未了義が相違（矛盾）しないこと」という四項目を立てている。
※1）割註に、「およそ説明されたとおりに承認することが必要なので、」という。
※2）割註に、「また直接取らえたように」という。
※3）cf.『道次第大論の表記註釈 brDa bkrol』Toh.No.6569 Ka 44b3
※4）割註に、「勝義として生は無いなど」という。
※5）割註に、「その差別（限定）は生などおよそ遮止したすべてにおいて」という。
※6）Ngag に、「了義の経こそです。」という。Ba so には次のようにいう－
　　「そのように了義の経には声（ことば）のとおりが遍充すると説かれたそれについて、或る人が、
　　「では、生・滅などは無いとそれら『経』に説かれたのは、声（ことば）のとおりであるならば、
　　それらは無い。」と言うならば、過失は無い。〔なぜなら、〕教主が生・滅などを否定するには、

勝義という差別（限定）を適用した多くの『経』を説かれた。それは、その『経』と同種類のすべての共通であるので、直接的に適用していないものについても、勝義の差別（限定）を適用することが必要であり、その法の上に自性を否定したのは、その法の真実であるので、そのように示したことにより、了義を説いたことになるし、そのようでなくて、あなたが生・滅などは全く無いのがその『経』の義（内容）だと主張するなら、その『経』こそも無いことになる。〔なぜなら、〕一般的に生・滅などが無いならば、差別〔である〕生・滅を有する句（ことば）も無いことが必定であるから。よって、『経』・論書の何であっても、その内に上下どこかに勝義という差別（限定）を適用したそれは、適用していない一般に及ぼすことが必要であるのに、その差別法（khyad chos.特性）を適用していなくて、句（ことば）各々の表面が１）声（ことば）どおりに取らえるのは適切でないので了義でないことと、２）取らえるのは適切なので了義であることには、ならない。後者は例えば、唯心派の本文に出ている「色は無常である」というその句（ことば）こそにより、色は無常であると示したことほどは、声（ことば）のとおりに取らえるに適切であるが、その本文の一般の内部を総合したなら、諦として成立しているという差別（限定）をしたものであるので、その句（ことば）もまた了義として取らえるのは適切でないようなもの、と説かれた。」

※７）割註に、「、ただの生ほどを否定する」という。

※８）割註に、「否定されたことになるので、了義の『経』の〔設定〕をも為すことが〔できない〕」という。

※９）cf.『道次第大論の表記註釈 brDa bkrol』Toh.No.6569 Ka 44b3-4

※１０）割註に、「のを通じて、了義の聖教でないことにはならない。」という。Brjed byang（憶え書）Da 7b6-9b に、『般若心経』などを例にして、否定対象の差別（限定）を直接的に適用するかしないかで未了義・了義になるかの問題を議論している。8a5-b1 に次のようにいう－

「わずかな句一つの表面の説く度量を声どおりに取らえることは不適切です」と説かれたことにより、『般若心経』の「色は無い」などは言葉通りが声のとおりでないことは理解しやすい。色が無いのはその句（ことば）の声（ことば）通りの所詮であるが、それの所詮ではない。色が無いと説くべき教化対象者は無いので、その句の教化対象者に色が無いと執らえ（8b）させたいと願われることが無いから。」

※１１）見解を突き詰めると、否定対象の限定を明示しない『般若心経』などは未了義になってしまう。Brjed byang（憶え書）Da 9b1-4 に次のようにいう－

「『般若心経』のような否定対象に勝義の差別（限定）を適用していないものは未了義であることを、自立論証派たちが主張するが、この〔帰謬論証派の〕立場においては、『善釈心髄 Legs bshad snying po』（※１）に出ているように、『般若心経』（※２）は〔冒頭の〕略説において、否定対象に自相による成立の差別（限定）を適用したそれを、〔それに続く〕広釈の個所にも適用することが必要であるし、色などが自相により空であることがそれら諸法の真実であるので、そのように説くものは了義の『経』だと設立することと、『十万頌仏母』には否定対象に勝義の差別を適用したそれこそと、否定対象の差別が不明瞭な同種類の『経』すべてについても同じように適用することが必要なので、そのすべては真実を説く了義の聖教として設立すると主張なさる二つの方式です。（※３）」

※１）Toh.No.5396 Pha 96a2-3; 片野道雄、ツルティム・ケサン『中観哲学の研究Ⅱ』1998,pp.186-187,62-63

※２）チベットで使用される広本の『般若心経』のことである。Kyt ed.p.438（訳註６－８２の個所）への引用を参照。

※３）さらにクンタン（Gung thang）の『難語釈』より『秘密集会』の二次第での未了義・了義は中観派の自宗におけるものを承認すべきことを論じている。

訳註１－３１）Kyt ed. mi 'jig la としたが、割註には mi 'jog la（設定しないし）とあり、文脈的には後者が良さそうである。しかし、法尊「應知不壞為了義經。」とあることから、二つの系統があるようである。英訳 GTSPE Vol.3 p.114 には may still be definitive とある。

訳註1-32）'Jam はここに、「1）接続と、2）基本書の中観派を確認することと、3）先代の人の名づけについて伺察すること、4）〔中観派の〕興起の次第を伺察することと、5）〔仏教〕後伝期の学者の言説は妥当すること、6）どの軌範師に随順するのかの六つ」という六項目を立てている。cf.Brjed byang（憶え書）Da 10a4ff.

※1）割註に、「のを証得する見の究竟を中心に〔説く〕」という。

※2）割註に、「ことを勝者こそにより授記（予言）されたし賞讃された、最高の量（認識基準）の人となったもの（※）は、軌範師聖者〔ナーガールジュナ〕」という。なお、※の用語法は、ディグナーガ著『集量論』の帰敬偈に出て、ダルマキールティ著『量評釈』IIにおいて広釈されることになるが、中観派の文献では、『入中論の自註釈』D No.3862 'A 245a1（ad. VI 2）に、『般若波羅蜜経』の註釈が誰により為されるべきかという文脈に出ている。『中観心論の註釈・思択炎 rTog ge 'bar ba』『思択炎』D No.3856 Dza 274b4（IX「ミーマーンサー学派の真実の決択に入る」）にも、各学派における権威者を示すために用いられている。

※3）割註に、「聖者ナーガールジュナの直弟子の中心」という。

※4）割註に、「帰謬派の道筋を拓く大なる者」という。

※5）割註に、「自立派の道筋を拓く大なる者」という。

※6）割註に、「帰謬派の道筋を保つ中心となった者」という。

※7）割註に、「瑜伽行自立派の道筋を拓く大なる者」という。

※8）割註に、「〔中観派〕帰謬派と自立派の、分け隔てをしない〔他の人たち〕」という。

※9）割註に gzhung phyi mo について、「偏らないで、中観の立場の〔gzhung（教義）〕を正す〔phyi mo（本典）〕、根本または基礎のような〔中観派〕」という。『道次第大論の表記註釈 brDa bkrol』Toh.No.6569 Ka 44b4 に、「基本書（phyi mo）は古語。根本または所依です。」という。アティシャ著『中観教誡論・開宝篋 dBu ma'i man ngag Rin po che'i za ma tog kha phye ba』D No.3930 Ki 112b7-113a1 に、諸師の様々な教義内容を伝える個所に、中観派について次のようにいう ─

> 「軌範師聖者ナーガールジュナと軌範師アーリヤ・デーヴァと軌範師マチティトラ（※）と軌範師カムバラと軌範師チャンドラキールティと〔合計〕軌範師五人が作られた中観のそれら本典は、中観の本典（gzhung）すべての基本（phyi mo）です。中観の本典すべての根本なので、比類無いものです。」

> ※）アーリヤ・シューラの別名である。次の訳註を参照。

※10）phyogs 'dzin pa の用語法としては、例えばシャーンタラクシタ著『二諦分別論の難語釈』D No.3883 Sa 41a1 に、「学説の立場を持つことにより損なわれた知恵を持つ（grub pa'i mtha'i phyogs 'dzin pas mnyams pa'i blo gros can）」といったものがある。

　なお中観派の分類について同様の内容は、ケードゥプ・ジェ著『千葉 sTong thun』（Toh.No.5459 Ka 35aff.）にもあり、少し分析しておいた。cf. 拙著『中観哲学の研究III』2001,pp.104ff.,296-297

訳註1-33）中観派の区分に関して、幻理成立派と無住論者との二分類に関しては、『道次第小論』「観の章」の勝義諦の区別を説明する個所（Toh.No.5393 Pha 188a6-b；ツルティム・ケサン、高田順仁『中観哲学の研究I』1996,pp.124-127）に、前者の勝義諦は仮設されたものであること、後者の勝義諦についても、離一多の現れにより芽などの諦無しの顕現であるのを論証することも不適切であることが説かれてから、「この方軌により、『道次第広論』にこれらの設定を説明したことをも詳しく知るべきである。」と言われている。

※1）割註に、「対境〔・言説〕・世俗の設立を〔設立する仕方〕」という。

※2）割註に、「内の心より実物が他である〔外側〕」という。

※3）割註に、「のを通じて経量部と一致するので、」という。

※4）割註に、「そのような〔外側〕の義（もの）」という。

※5）割註に、「のを通じて唯心派と一致するので、」という。経部行（経量部）中観という表現に関する問題は訳註1-42を参照。

※6）Brjed byang（憶え書）Da 10a5-11a3 に、次のようにいう ─

> 「「勝義を主張する仕方を通じて名をつけたのもまた、二つ」などという意味について、ケードゥ

プ・ノルサンギャムツォ（Nor bzang rgya mtsho）（※１）の或る「問答」に、中観派を自称するインド・チベットの或る軌範師が、「幻理成就派は現れ・空の二の集積を勝義諦の主張する。」と言うのに対して、尊者一切智者〔ツォンカパ〕は、勝観において否定をなさったのですが、中観派において幻理成就派と無住派との二つに区別して、前者は自立派、後者は帰謬派と主張なさらないわけではない。それについて、(10b) そのような二つに生じさせたのは、軌範師シューラの『勝義菩提心修習』（※２）に、「〔よって、観察しないと喜ばしい。〕幻術ほどにおいて観察により欺かれた心は幻術の形相。菩提もまた幻術に似ている」といって、中観派の或る者は、対境の上から、または自体により成立した何らかの法は、現れ・空の集積〔である〕幻術ほどだと主張するし、観察により欺かれた。自らの在り方の側から成立した心〔である〕幻術の形相と、そのような菩提も諦無く幻術と似ていると主張するし論ずるのは、幻理成就派の主張する仕方と説かれたのと、「彼によってもまた名に表詮したのを断除した。戯論を離れたマンジュシュリーを見るのでない。」といって、中観派彼によっても声・分別の対境を越えた離戯論が見えるのではないと説明してから、その立場を否定する仕方は、「幻術は幻術ほどではない。もしそうであるなら、それは成立しない。成立したなら、他者の教義も幻術の法との誤謬に帰する。」ということにより、幻術のような心などの諸法は対境自らの在り方の側から成立しているなら、他者〔である〕主ナーガールジュナの教義も在り方として成立した諸法〔である〕現れ・空の集積した幻術の法として示すものとの誤謬に帰するといって否定してから、「空性など異門、幻術と似ているなど無辺の喩例、様々な乗の方便の理趣でもって無住中観を表示する。」(11a) といって空性と自性により無いなど様々な名の異門（同義語）と、幻術に似ていることにより夢と陽炎など無辺の喩例と、大小乗の様々な〔三〕蔵に教化対象者を道に導く方便の多くの理趣を説いたのは、それらにより最終的にそれら教化対象者たちに、無住中観を表示すると説かれたし、「表示も表示ではない。これには除去、設立は何も無い。」などということにより、中観派彼の主張の仕方を示した。（※３）」

※１）1423-1513. ダライラマ１世の弟子であり、ダライラマ２世（rJe dGe 'dun rgya mtsho）の師僧である。

※２）D No.3912 Ki 16a3-6 (v.19bcd)；和訳 小林守「Ācārya dPah bo 作『勝義菩提心修習次第書』蔵訳テキスト チベットにおける如幻中観・無住中観をめぐる論争（１）－ rṄog lo chen/ Tsoṅ kha pa/ mKhas grub rje」（『インド思想における人間観』1991) p.192

※３）さらにジャムヤンシェーパの『大学説』に『勝義菩提心修習』を引用して、自立派を幻理成就派、帰謬派を無住派と説かれたこと、チャンキャの『学説』にもノルサンパの主張を妥当としたこと、また、ジュニャーニャ・ヴァジュラの『道次第』、チャンドラハリの『宝鬘』に言及して議論している。なお、Brjed byang（憶え書）Da 13b1-2 には、ツォンカパ父子の主張では前代のようなこの二派の言説ほども主張されないことをいう。

※７）割註に、「有法〔、現れ〕において、正理により諦成立を否定した現れ〔、空性との二つ〕」という。Brjed byang（憶え書）Da 13b3-4 に、次のようにいう －
「「前分〔所破〕により幻術のようなものは彼自身の立場の非異門の勝義と主張しないようでも、正理知〔である〕比量と、有学の等至の直接的に量るものである以上、勝義諦より他にふさわしいことが無いことの理由により、本文に「現れと空性との二つの集積が勝義諦だと主張する」などと説かれたのかと思う。」

※８）割註に、「幻術のようなまさにその義（もの）こそ」という。

※９）割註に、「二つの集合はそのようでなくて」という。なお、小林守「中観派からみた智恵の優劣」（『日本仏教学会年報』73,2008) p.207 には、この学派の語義について、幻術は正理により成立するとする人たちという意味であり、おそらくチャンドラハリ著『宝鬘 Ratnamālā』D No.3901 A 71a6-7 に、「幻術が正理により成立したなら、幻術ではなく実在との誤謬になる。」といった表現をもとにチベットで作られた名称だろうと推測している。

※１０）割註に、「諦の」という。

※１１）割註に、「の「無しの否定」」という。「定立的否定、相対否定、～でない否定 (skt. paryudāsa, tib.ma yin dgag)」と「非定立的否定、絶対否定、無しの否定 (skt.prasajyapratiṣedha, tib.med dgag)」という二種類の否定（訳註４－２３を参照）のうちの一つであり、ブハーヴィヴェーカが二種類を分け、中観派の論証に用いるものとして後者を指定している。cf. 江島惠教『中観思想の展開』1980,p.113ff.; これらに関しては、『善釈心髄 Legs bshad snying po』(Toh.No.5396 Pha 108a6ff.; 片野道雄、ツルティム・ケサン『中観哲学の研究Ⅱ』1998,pp.226-233) に詳説されている。cf. 四津谷孝道『ツォンカパの中観思想』2006,pp.198-199; 岸根敏幸『チャンドラキールティの中観思想』2001,pp.156-157 には、ブハーヴィヴェーカは中観の論証に関して、ブッダパーリタの帰謬論証を、定立的否定になる「隙のある語」と呼んで批判したが、否定において非定立的否定を用いることは、ディグナーガが声が常であるのを否定した場合に非定立的否定を用いたように、必要に応じた恣意的な操作であり、彼は自らの論証式には適用しながら、ブッダパーリタのそれには適用しなかったことを、論じている。

Brjed byang (憶え書) Da 13b4-14a1 に、幻理成就派について次のようにいう －

> 「彼ら前代の人たちは、吉祥あるチャンドラとシャーンティデーヴァなどは無住中観派だと主張するし、彼らが現れにおいて戯論を断除したほどを勝義諦と主張なさるさまも、『入行論』（※）に「事物と無事物が知の面前に住しないとき、他の形相は無いから、認得が無くてきわめて寂静である」などという句（ことば）の類に錯乱して、どの法も事物と無事物と両者と非両者などのどの戯論としても成立していないのが、非異門の勝義、そして、それと一致して知により何とも執らえないのを離戯論を証得する、といって言説を設けたほど以外、意味として法性が知の (14a) 対境を越えているので、聖者の等至も無対境に安住させるのが無住派の立場だと主張する。」

> ※) IX 35; cf. ツルティム・ケサン、桜井智浩『中観哲学の研究Ⅵ』2009, pp.219-220

※１２）割註に、「の具体例」という。

※１３）『道次第大論の表記註釈 brDa bkrol』Toh.No.6569 Ka 44b3 に、「軌範師ジュニャーニャガルバが『中観二諦〔分別〕論』、そしてシャーンタラクシタが『中観荘厳論』、そしてカマラシーラが『中観光明論』を造られた。その三つの本典〔の著者〕について、三つの東の自立論証派と言う。」という。cf. ツルティム・ケサン「『中観ウパデーシャ』におけるヴァスバンドゥ二人説とアティーシャの見解」（『印度学仏教学研究』50-1,2001) p.304

※１４）Brjed byang (憶え書) Da 12b1-2 に次のようにいう －

> 「よって、「勝義を主張する仕方を通じて名をつけたのもまた」というから、「であると主張するし」というまでにより、前代の人たちが幻理成就派と無住派の主張の仕方を設定したのを前分〔所破〕として提示した。」

※１５）割註に、「〔幻術のような〕中観派と〔無住〕の中観派〔との言説〕」という。Brjed byang (憶え書) Da 12b1-2 に次のようにいう －

> 「「幻術のようなと」などということにより、そのような言説ほどをインドの或る人も、主張することを示した。」

※１６）'Jam に、「カシュミールのラクシュミーなど」という。『道次第大論の表記註釈 brDa bkrol』Toh.No.6569 Ka 45b3 に、「インドの或る軌範師というのは、軌範師シューラとカシュミールのラクシュミーなどであると説明している。」という。シューラについては、讃仏で知られるアーリヤ・シューラと同一人物であり、マティチトラなどの別名でも知られる。その著作で学説綱要書の性格をも持つ『勝義菩提心修習次第書』D No.3912 Ki が典拠とされる。例えばアティシャの『中観教誡論』(D No.3930 Ki 113a1; 訳註１－３２を参照) にもマティチトラを中観派の学匠と伝えている。ラクシュミーについては、下記の小林守「Ācārya dPaḥ bo 作『勝義菩提心修習次第書』蔵訳テキスト」p.196、同「チベットにおける如幻中観・無住中観をめぐる論争（１）」p.487 に、『五次第註・次第の意味を明らかにするもの』(P No.2705,D No.1842 Chi) に、sDo sde('i) dbu ma pa（経中観派）、rNal 'byor spyod pa'i dbu ma pa（瑜伽行中観派）という学派名とその簡略な教義の解説があるが、如幻、無住という部類は見られないとされている

　また 11 世紀インドのアドヴァヤヴァジュラの『真理宝環 Tattvaratnāvalī』(cf. 宇井伯寿『大乗仏典の研究』1963, D No.2240) にも中観派の二種類として「幻喩不二派」と「一切法無住派」が言及されているし、ポトワなど初期カダム派の語録『青冊子の註釈 BBNgG』第二十章「方便・智恵の双

運の修習方法」の中（Mi rigs dpe skrun khang,1991,p.352; Toh.No.6970 199b6）に、批判されるべき主張の一つとして、「パンディタ・ブンタクスンパ（Paṇḍita 'Bum phrag gsum pa. D No.3694 Mu の著者か）はみな中観は幻術のようなもの（sgyu ma lta bu）と、無住派（rab tu mi gnas pa）の二つに主張する」といってから、それらを批判している。これら学派の語義、由来、評価については、御牧克己ほか『大乗仏典 中国・日本篇 15 ツォンカパ』1996, 註 285; E.Napper.*Dependent-Arising and Emptiness*.1989,pp.403-440; 小林守「如幻中観・無住中観の一典拠－ dPaḥ bo 作『勝義菩提心修習次第書』」（『印度学仏教学研究』39-2,1991）、小林守「Ācārya dPaḥ bo 作『勝義菩提心修習次第書』蔵訳テキスト」（『インド思想における人間観』1991）、小林守「チベットにおける如幻中観・無住中観をめぐる論争（1）－ rṄog lo chen/ Tsoṅ kha pa/ mKhas grub rje」（『知の邂逅－仏教と科学』1993）、拙著『中観哲学の研究Ⅲ』2001,pp.296-297 を参照。なお、小林守「中観派からみた智恵の優劣」（『日本仏教学会年報』73,2008）には、インド撰述の経論を整理した上で仮説が提示されている。すなわち、『大日経住心品』の所説を承けて、瑜伽行中観派の論師たちは、人我を否定し徐々に向上し最終的にあらゆる極端の把握を否定する中観派の立場に到るという「一人のヨーガ行者の修習次第」を説いた。その後、その内容を五分割し、それぞれを「或る人がいうには」という形に分類整理して、大乗経典 *Dharmātāsvabhāvaśūnyatācalapratisarvālokasūtra*（D No.128 Da 171a-174b）が編纂された。その後、11 世紀に Avadhūtī-pa（＝アドヴァヤヴァジュラ）が同経を参照して、中観派を如幻派と無住派に二分した、というものである。さらに、この二学派の区別は元来、瑜伽行中観派の著作に示された修習の次第での中観派の世俗と勝義に由来する区分であり、一切法如幻説と一切法無住説という同派の体系のなかに収まるので、具体的な論師を特定できない架空の中観派だと見て、ゴク翻訳師が批判したという可能性が、考えられている。

11 世紀初めチベットのニンマの学者ロンソム・チョサン（Rong zom chos bzang）著『見の大忘備録 *lTa ba'i brjed bya chen mo*』にもこの二部類が次のように承認されている －

「中観の見は要約すると、*māyā* すなわち幻のようだと主張するものと、*apratiṣṭhite* すなわち無住だと主張するものである。そのうち、如幻派は外・内の事物として現れる諸事物を正理により量り観察したなら、正しい事物も獲得されないが、現前に認得することにより量るなら、因果の事物としてもそれと同じく諦である。二諦ともにも無視すべきでないから。まとめると、諸事物の法性、自性が幻のような法性は諦だと主張する。無住派は、一切法について名と表記と言説の様々な相（特徴）として説いたし、設定もいかなる相（特徴）としても住することは成立しない。粗大は断つが、たとえきわめて微細または甚深の一つの処についても住さないし、依らないから、「無住派」という。これは所知を判別するときにもこのように断ずるが、仏地のときにも戯論の全く寂滅した清浄なる法界という相（特徴）だと主張する。」

ゴ翻訳師の法嗣トルンパ（Gro lung pa Blo gros 'byung gnas）の著作であり、『道次第大論』に大きな影響を与えた『教次第大論 *bsTan rim chen mo*』437b7-438a3（第 8 章「真実の修習に入ることを説明する」）にも、中観派の分類について次のようにいう －

「また或る愚か者は、中観の流儀は二つ －〔すなわち〕無住派（Rab tu mi gnas pa）と、如幻術論者（sGyu ma lta bur smra ba）です。軌範師シャーンタラクシタなどが、「幻術〔である〕勝義を主張なさる。実有論者が仮設したもの〔である〕諦を否定してから偽りを断定するのは、正理により立証されるだけだ。」と言うのは、何でもない。〔なぜなら〕、『中観荘厳論』（※）こそに、「ゆえにこれら事物は世俗の兆相と取らえる。もし勝義これを主張するなら、それについて私は何を為しうるか。」といって、偽りそれは現れの対境ほどだと説かれたが、生を否定するのを四つの否定により包摂された断定（yongs gcod）は、誤った世俗（log pa'i kun rdzob）として説かれたから、そして、有るもの、または無いのも、何も正理により住すると語るなら、辺〔を執らえる〕見の大きな魔物により、執らえられたので、中の道より遠く離れている。」

※）v.63; D No.3884 Sa 55a5-6;『同註釈』D No.3885 Sa 70a2; 和訳 一郷正道『中観荘厳論の研究－シャーンタラクシタの思想－』1985,p.160; 現行の翻訳とは少し異なっている。

訳註 1 － 3 4）ここに批判される善知識は、大翻訳師 Rin chen bzang po（958-1055）の可能性があるとされている。それは lCang skya rol pa'i rdo rje の『学説書 *Grub mtha'*』において彼が無住

中観を重視したとあり、如幻・無住の典拠である『勝義菩提心修習次第』のチベット語訳を行っても
いるからである。小林守「チベットにおける如幻中観・無住中観をめぐる論争 (1) － rṄog lo chen/
Tsoṅ kha pa/ mKhas grub rje」(『知の邂逅－仏教と科学』1993) p.486 を参照。
『道次第大論の表記註釈 brDa bkrol』Toh.No.6569 Ka 44b4-45b3 に次のようにいう －
　「先代の或る善知識が、中観派について言説を設ける仕方と勝義を主張する仕方を通じて名を付
けたのを二つずつを設定するのに対して、大翻訳師〔ロデン・シェーラブ〕が否定したのはきわ
めて良いと仰ったのは、一般的に中観派についてそのような名の言説が妥当しないと主張なさる
という意味ではない。前の二つの言説は自立派について周知されたのと、後は自立派について幻
理成就派、そして帰謬派について無住論者といって軌範師シューラが『勝義菩提心修習書宝灯』
というものに説かれた。そのような名の言説ほどは妥当しないと主張なさるわけではない。よっ
て、中観派について言説を設ける仕方を通じて (45a) 経部行と瑜伽行の中観派二つに数が決定
すると主張するなら、妥当しない。〔なぜなら、〕軌範師チャンドラキールティは中観派であり、
なおかつその二つのどれでもないから。彼は言説として外の義(もの)が有るのを主張なさるが、
経部行というのは適当でないし、同じく外の義が有るし、自証知を承認なさらないので、毘婆沙
師と学説が一致すると主張することも、きわめて不合理です。軌範師チャンドラキールティのご
主張は、下の学説論者の誰とも合致させない非共通だと説明しているからです(※1)。さらに
また、幻理成就派と無住論者との主張の仕方を説明したそれは、きわめて妥当しない。〔なぜな
ら、〕幻理成就派は、有法〔例えば〕芽のようなものの上に法〔である〕諦無しが現れる現れ・
空の二の集積が幻術のような義それこそが、正理知〔である〕比量の所量だと主張するので、現
れ・空の集積それは世俗諦そのもの、そして仮設された勝義諦と主張なさるのですが、それが勝
義諦そのものだと主張する中観派は誰もいないからです。
　　現れにおいて戯論を断除したほどにおける断除 (rnam bcad) と断定 (yongs gcod)(※2)
の二つを『観の小論』(※3)に説かれたので、無住の中観派は断除〔である〕「無しの否定」そ
れを勝義諦だと主張なさるが、断定〔である〕現れ・空の二の集積〔である〕「～でない否定」
それが勝義諦だと主張なさらないので、無住論者の設定方法それもまた、妥当するのではない。
　　よって、自立派または幻理成就派の立場において、芽が諦無しと証得する正理知〔である〕
(45b) 比量により、芽と諦無しの集積義を対境にすることにより、有法〔である〕芽も現れる
と主張するが、そのようでも、その比量が「無しの否定」の取らえ方を有するものであることは、
相違(矛盾)しない。それにより芽は諦として無い、と取らえるし、芽は諦として無いのは、無
しの否定であるから。
　　帰謬派または無住派の立場において、正理知〔である〕比量により、そのような集積義を対境
にしないので、「無しの否定」だけの取らえ方を有するものです。
　　帰謬派・自立派二者において、そのような差別(ちがい)が生起した根本は、自らの側から成
立した法を主張する、主張しないに到ると説かれたので、微細に見える。」
※1) 訳註1－43を参照。
※2) 訳註4－23を参照。
※3) 訳註1－37の※12を参照。
なお、仏教の下の学派が勝義として主張することを、上の学派が世俗として主張するといった関
係に関する問題については、訳註3－53を参照。

訳註1－35) 'Jam に、「第二、それらを伺察するには」という。「経量部中観派」という用語に関
する議論については、訳註1－42を参照。Brjed byang (憶え書) Da 12b2-3,13b1-3 に次のよう
にいう －
　「「一般的に中観派を自称する」というのから、「説明できるでしょうか」というまでにより、イ
　ンド・チベットの或る人がそのような言説を主張するが、偉大な中観派の立場ではない、微細な
　ことを説明することもできないので、その二つの言説は自己の立場において主張されないさまを
　示した。」
　「尊者父子のご主張のようなら、前の主張のその仕方は妥当しないだけでなく、幻理成就派と無

住派の言説ほども主張なさらない。本文に「言説はインド人の或る軌範師もまた主張します。一般的に中観派を自称する」などというのと、『心髄荘厳』（※）に「先の或る人は軌範師〔ハリバドラ〕は幻理成就派だと主張するのも、偉大な中観派に対する損減にすぎない。」と説かれたから。

※）Toh.No.5433 Kha 288a1-2; ad V 20

※１）『道次第大論の表記註釈 brDa bkrol』Toh.No.6569 Ka 45b3 に、「自称する（khas ches pa）は承認する（khas len pa）の古語。」という。

※２）'Jam に、「第一、利益が小さいので、悦ばないことは、この個所に見を決択するにあたって必要な〔軌範師ナーガールジュナ〕」という。

※３）割註に、「最高に善巧であると知られたし、成就した」という。

※４）割註に、「インドとチベットにおいて学説の設定の不同の仕方の差別（ちがい）を」という。'Jam に、「五人の自立派などの領分」という。

※５）cf.Brjed byang（憶え書）Da 12a2ff.

なお、チャンキャは『学説設定 Grub mtha'i rnam par bzhag pa gsal bar bshad pa thub bstan lhun po'i mdzes rgyan』（Krung go'i bod kyi shes rig dpe skrun khang,1989 pp.277-278; Varanasi,1970 p.402）にはこの一段落について次のようにいう —

「『道次第大論』に「一般的に（中略）できるでしょうか」と説かれたのも、尊者一切智者〔ツォンカパ〕は、勝者の意趣を註釈するにあたって量（基準）になった大車〔すなわち〕争論なき者たちの意趣を決択することを中心になさりたいと願われたが、学識者であると言う量（かぎり）と成就を得たと言う量（かぎり）の多くの立場を一方に導く多くの異門を集積するほどに、喜ばれないお言葉と見える。」

訳註１－３６）'Jam に、「第二、勝義の主張の仕方のその名義は、迷妄であるさま」という。Brjed byang（憶え書）Da 12a3-5,b3-13a1 に次のようにいう —

「インド・チベットの或る軌範師が幻術のようなものを勝義諦と主張するのは、偉大な中観派の立場でないという意味だ、というなら、幻術のようなものを勝義諦と説明するインド人のその本文を引用しなさい。そのような方軌により尊者〔ツォンカパ〕のご主張がどのようであるかを探るなら良いが、大翻訳師ロデン・シェーラプと尊者一切智者の二人が、「百小法」（※１）を見られなかったのか、という疑いは、伺察を有する者に夢としても生ずるのはふさわしくない。」

「さらにまた、勝義を主張する仕方」などということにより、前代の人たちの主張を否定するさまを示したと知ることが必要です。百の本典の論者ガワン・ペルデン（Ngag dbang dpal ldan）の『大学説の割註』に、『道次第』のこの本文類により、幻理成就派と無住派の意味と言説の両者を否定したと説明しているのは、尊者大師〔ツォンカパ〕の無傷の意趣と思われる。前代の或る人は、アーリヤ・ヴィムクティセーナと軌範師ハリバドラとシャーンタラクシタなどは幻理成就派だと主張するし、〔ハリバドラの〕『荘厳光明』と『小註釈〔明義〕』（※２）に、「錯乱の兆相すべてを断除した幻術のような自体として現れる無分別の知〔である〕自内証されるべき」などという言葉通りに錯乱して、正理知〔である〕比量と、聖者の等至智により、現れ・空の幻術のようなものを直接的に証得することは、それら軌範師のご主張であると主張するさまを、〔ツォンカパの〕『善釈〕金鬘』（※３）の自己の立場、そして〔タルマリンチェンの〕『心髄荘厳』（※４）の前分〔所破〕を否定する仕方に（13a）観察したなら、知ることができる。（※５）」

※１）Da 11a3 に、シューラの『勝義菩提心修習』が主尊アティシャの「百小法」の中にあることをいう。これは D No.4518 への言及である。

※２）D No.3793 Ja 125a4; H.AMANO ed.2000,p.90 l.16; 和訳　真野龍海『現観荘厳論の研究』1972,p.226; ad V 20

※３）直後に Toh.No.5412 Tsa 270a4,5-6 を引用して、前代の人の主張としている。

※４）直後に Toh.No.5433 Kha 132b4-5,287b-288a1 を引用している。

※５）Da 13a5-6 に、ツォンカパの思想の遷移に関して『金鬘』は見の伺察が完成する以前の著作なので、見の法類は前代の人のお言葉どおりを基礎に置いたことを、指摘している。

訳註1－37）*sPrings yig Bdud rtsi'i thogs pa*; 'Jam による。ケードゥプ・ジェ著『千薬*sTong thun*』(Toh.No.5459 Ka 41b1-2, 拙訳『中観哲学の研究Ⅲ』2001,p.114) に、題名を挙げて引用されている。この引用部分は、加納和雄「ゴク・ロデンシェーラプ著『書簡・甘露の滴』－校訂テクストと内容概観－」(『高野山大学密教文化研究所紀要』20,2007)p.11 に v.14 として確認できる。ちなみにこの書簡を含めて、近年デプン寺などに所蔵されていたサンプ寺の古い文献が発見、公刊され、仏教後伝期の初期に著されたカダム派の稀書の研究が行われるようになった。詳しくは加納論文を参照。

※1）割註に、「中観派について、幻理成就派と無住派との〔二つに設定した〕」という。

※2）割註に、「チベットの先代の人のそのような主張」という。

※3）割註に、「勝れた学者たちが喜ばれる設定ではなくて、」という。

※4）Kyt ed. に de mtshar としたが、ngo mtshar に訂正する。

※5）Ba Ra に次のようにいう －

「先代の或る人が、現れ・空の二つが集合したものが勝義諦だと主張するのが、幻理成就派、そして現れにおける戯論を断除したほどが勝義諦だと主張するのが、無住派の中観派だと主張するのに対して、大翻訳師〔ロデン・シェーラプ〕が、そのような設定は愚か者が驚きを生じさせると仰したし、尊師〔ツォンカパ〕が「大翻訳師がそのように仰るのは良い」と仰ったのです。しかし、一般的に中観派について幻理成就派と無住派との二つに区別したことと、それもまた第一〔の幻理成就派〕は自立派、そして第二〔の無住派〕は帰謬派であることを軌範師シューラが『勝義菩提心の修習書・宝の灯火』(※1) に説明されたので、その区別は妥当するし、先代の人が、「幻理成就派または自立派は、現れ・空が集合したものが勝義諦だと主張する」と言うのは、幻術が正理により成立したので、現れ・空が集合したものが正理知〔である〕比量による対境と所量だと主張することについて錯乱してから、そのように語ったことです。現れ・空の集合は勝義諦ではないし、有法の現れの上に諦成立を否定したほどの「無しの否定」が勝義諦だと主張することについて、中観帰謬派・自立派すべては同じであると主張なさったのである、といって、タナク・ノルサンワ（rTa nag nor bzang pa）(※2) がレーチェン・クンギャルワ（Las chen Kun rgyal ba）の問答において、「第六の問い〔すなわち〕見を護りそだてるとき、自体による成立を否定したほどの「無しの否定」より他〔である〕肯定の法（sgrub chos）の形相が浮かんだなら、兆相を行ずることになるのか、ということと、第七の問い〔である〕蘊が無自性であると証得する比量において、有法が現れないなら、法と有法との集合をどのように対境にするのか。現れるなら、「無しの否定」の取らえ方を有するものにどのようになるのか、ということ〔に対して〕の拡大した回答に、説明なさった個所に、出ている。」

※1）D No.3912 Ki 15a6-16b3 に直接的な表現は見られないが、下記小林論文によれば、順次、外道批判、毘婆沙師・経量部批判、唯識形象真実派批判、唯識形象虚偽派批判が説かれた後、vv.19-21 には中観幻理成就派批判（D Ki 16a3-5）が説かれた後、最後に vv.22-26 に中観無住派の教義が示される形になっている。そのうち、D Ki 16a5-6（vs.23-24）に、「空性など異門は、幻術のようなものなど無辺の比喩、様々な乗の方便により、無住の中観を表示する。表示しても、表示されるのではない。これには除去されるものは何も無い。空性も空について空。ここに仏陀、有情は無い。」という。小林守「Ācārya dPaḥ bo 作『勝義菩提心修習次第書』蔵訳テクスト　チベットにおける如幻中観・無住中観をめぐる論争（1）－ rṄog lo chen/ Tsoṅ kha pa/ mKhas grub rje」(『インド思想における人間観』1991) p.193

※2）1423-1513. ツァンのタナクに生まれた。ダライラマ1世から受法しており、「道次第の師の伝承」にある人である。

'Jam には次のようにいう －

「この個所には、中観派の勝義は五つの差別（特徴）を有すると説明した個所であるから。〔なぜなら、〕『経』(※1) に「甚深、寂静であり、戯論を離れた、光明、無為」というのと、『根本〔中論〕・般若』(※2)に、「他から知るのではない。寂静であり、戯論により戯論されていない。分別ではない。別異の義（もの）ではない。それがここに勝義の相（特徴）だと主張する。」と説かれたから。」

※1）アティシャ著『法界見歌』D No.2314 Zhi 255a1-2; 望月海慧「Dīpaṃkaraśrījñāna に帰される三種の Gīti 文献について」(日本印度学仏教学会第57回学術大会 (2006) での発表資料)

p.17; 文言は少し異なる。
　　※２）XⅧ 9; 三枝充悳『中論偈頌総覧』1985,pp.528-529
※６）割註に、「有法〔である〕瓶などにおいて、法〔である〕諦無しが集合した〔義ほど〕」という。
　Brjed byang（憶え書）Da 14a5-b6 に次のようにいう　－
　　「本文に、「彼らの主張は、正理知〔である〕比量により量られる義ほどを」などという意味は、
　それら前分〔所破〕により現れ・空の二つが集積したものを正理知〔である〕比量の直接的所量
　と主張するが、そのようなら、それこそが勝義諦だと主張すると見える。それにより正理知の所
　量と主張される現れ・空の幻術のようなものが勝義諦（14b）である。それは勝義諦と合致する
　ので、仮設の勝義諦と設立するのは、『中観荘厳論』（※１）に、「勝義と一致するから、これは
　勝義という。真実には戯論の集積すべてより離脱したものである。」というのと、『中観光明論』（※
　２）に、「無生これもまた勝義と一致するから、「勝義」というが、直接的にではない。直接的に
　は勝義は戯論すべてを越えているから。」と説かれたように、そうでないからです、と説明した
　なら、良いかと思う。『道次第小論』（※３）に『荘厳』と『光明』の教の意味は、対境の勝義に
　適用するとき、対境の空性それは無分別の正理知の側に二の戯論ともを離れた勝義そのものであ
　り、有分別の正理知の側に戯論は一分ほど離れたので、二戯論ともに離れた勝義そのものでは
　ない意味として説かれた意味のようなら、本文の意味は前のとおりに説明しがたいが、『根本般
　若の大註釈』（※４）に、『中観光明論』のこの教を引用して、意味を説明するその二つの方式の
　うち、「勝義の生などは蘊と人（プドガラ）の上に否定した「～でない否定（定立的否定）の空
　は」というのから、「自らが現前に見える知の側に二の現れを有して浮かぶが、二の現れを離れ
　て浮かばないので、仮設の勝義、正規の世俗です。」というのと、「証因の否定対象の戯論を断じ
　たほどは」というのから、「二の現れの戯論も寂滅したので、勝義諦。」と説かれたのと、〔ケードゥ
　プ・ジェ著〕『千薬 sTong thun』（※５）にも説明の仕方の二つの異門を説かれたのについて量っ
　たなら、説明しうると思う。」
　　※１）v.70; D No.3884 Sa 55b2; 和訳　一郷正道『中観荘厳論の研究』1985,p.168,text. C X
　XVI
　　※２）D No.3887 Sa 149a5; 和訳　一郷正道「カマラシーラ著『中観の光』和訳研究（２）」（『京
　都産業大学論集 20-2 人文科学系列』22-,1993）p.110, note18
　　※３）cf.H ed.Toh.No.5393 Pha 188b2-3; ツルティム・ケサン、高田順仁『中観哲学の研究Ⅰ』
　1996,pp.122-125
　　※４）Toh.No.5401 Ba 245a3-4,4-6; 和訳　クンチョック・シタル、奥山裕『全訳 ツォンカパ
　中論註『正理の海』』2014,pp.739-740
　　※５）Toh.No.5459 Ka 219b-220a; 拙訳『中観哲学の研究Ⅳ』2003,pp.213-214
※７）割註に、「否定されるべき諦成立を否定した分より」という。
※８）'Jam に、「〔勝義諦〕そのもの〔と〕非異門の勝義と〔一致するから〕」という。
※９）'Jam に次のようにいう　－
　　「正理知〔のうち〕分別を離れたものと有分別との両者の現れの側に、諦成立は無いので、現れ
　の側両者において、有法の現れについて〔正理によって〕諦成立の否定されるべき〔戯論を断じ
　た義〕、現れ・空の集合したものそれ〔ほど〕」という。
※１０）'Jam には、直前の「断じた（bcad pa）」について広説している。すなわち　－
　　〔〔ほど〕について、断除（rnam par bcad）と断定（yongs su bcad）との二つ（※）があるし、
　断定は、「～でない否定」である」
　　※）このような直接的相違を通じた否定と肯定については、Kyt ed.p.433 に引用された『量評釈』
　とその訳註６－６０を参照。なお、量学において、「互いに排除する相違に依った相違」の定義
　は、「断除（rnam bcad）・断定（yongs gcod）を通じて、一致せずに住するもの」とされる。訳註
　２－６７、４－２３を参照。区別については「常と無常のような直接的相違と、常と造られたも
　ののような間接的相違との二つ」が挙げられる。cf. 拙著『チベット仏教　論理学・認識論の
　研究Ⅲ』2012,p.135, 註２－１５
※１１）Ngag には、「現れにおいて戯論を断除したほどが勝義諦だと主張するのが、無住の中観派

だと語ることは」という。さらに割註には、「先代の人が勝義の主張の仕方を通じて設定した中観派のそのような言説は」という。

※１２）'Jam には次のようにいう －

「『道次第小論』（※）に「現れにおける否定されるべき戯論の断除において、断除と断定との二つにした〔うちの〕後者（断定）〔である〕比量により量られる義ほどが勝義諦だと主張することもまた、偉大な中観派の誰も主張なさりません。」と説かれたから。これは、幻術のような諦空、世俗諦です。」

※）Toh.No.5393 Pha 188b3-4; ツルティム・ケサン、高田順仁『中観哲学の研究Ⅰ』1996,pp.124-125; 拙訳『悟りへの階梯』（改訂新版 2014）p.304; なお、この引用文の直後には、「この方法により、『道次第広論』にこれら〔の学派〕の設定を説明したのもまた、細かく知るべきです。」といって、その解釈を基準とすべきことが言われている。

訳註１－３８）上に和訳した Brjed byang（憶え書）Da 14b1-2 に典拠が示されている。

訳註１－３９）'Jam に次のようにいう －

「比量は分別であるので、分別の戯論と二の現れの戯論を離れていないから、よって、正理知〔である〕比量の所量〔である〕「無しの否定」は、勝義諦と、戯論を離れた勝義と随順するものです。『道次第小論』（※）に、「〔対境の空性は、無分別の正理知の側において二つの戯論をともに離れた勝義そのものですが、〕有分別の正理知の側においては戯論の一分のみを離れているし、二つの戯論をともに離れた勝義そのものではないが、一般的に勝義諦そのものではないと言うわけではありません。」と説かれたからです。」

※) Toh.No.5393 Pha 188a; 拙訳『中観哲学の研究Ⅰ』1996,pp.124-125; 拙訳『悟りへの階梯』（改訂新版 2014）p.304

訳註１－４０）'Jam は、「第四、生じ方を伺察する」とし、さらにそれを五項目に細分している。その第一は、「聖者父子が唯心派を否定しなかったことは妥当しないさま」、「第二、唯心派を否定する初めが、ブハーヴィヴェーカこそだと主張することは、妥当しないこと」などという。もちろん現代の思想史研究からすれば、ナーガールジュナなどの後に唯心派が興起し、ブハーヴィヴェーカなどが最初にそれを批判したから、この問題は成立しない。しかし、チベットでは、上記のようにナーガールジュナは複数回、出現されたとされており、その著『菩提心釈』（D No.1800 Ngi; これは『秘密集会タントラ』の「菩提心の偈頌」を註釈したものであり、仏教四大学派の教相判釈の要素をも含んでいる）などを典拠として、唯心派への批判がなされたと考えられている。本論においても例えば Kyt ed.p.283 に引用された『四百論の註釈』（訳註２－６６の個所）について、'Jam の割註は唯心派と中観派の対論であるとしており、アーリヤデーヴァが唯心派を批判したかのような説明になっている。

訳註１－４１）lTa ba'i khyad par; D No.4360 Jo 213b2-4; P No.5847 Cho 252a7-b2; cf. 上山大峻「エセイデの仏教綱要書」（『仏教学研究』32・33,37,45・46）; 松本史朗『チベット仏教哲学』1997 より「第二章『見解の区別』における中観理解」pp.72-77 note6 を参照 ; Brjed byang（憶え書）Da 16a4 には、シャン（Zhan）・イェシェーデが造られた『憶え書 Brjed byang』に、」といい、中観の論書の著作と二つの流派に関して述べる以外、「軌範師ブッダパーリタとチャンドラキールティのお名前ほども出ていない。」という。

※１）割註に、「〔中〕の立場を決択する〔論〕、「正理の聚」と『四百論』など」という。「正理の聚」については、訳註１－２６を参照。『六十頌如理論』も『中論』に含まれることについては、訳註３－１７３を参照。

※２）割註に、「内〔である〕心より実物が別異である〔外の義〕」という。

※３）'Jam に次のようにいう －

「、と言うのは、妥当しない。〔なぜなら、〕他（※１）において否定しおわったから、そして、『中観宝鬘』（※２）において「文法家たちは〔字母をも読ませるように、同じく仏陀は教化対象者に忍受するほどの法を説く。或る者には罪悪を止めるために法を説く。或る者には福徳が成就す

るために、或る者には二に依って、」」から「或る者には二に依らないで（※３）、或る者には二に依らない（※３）。甚深に疑いを持つ者が怖れる、空性・悲を胎蔵した菩提の成就を或る者に。」と説かれたのと相違（矛盾）するから。」

※１）上に言及した『菩提心釈』などである。Brjed byang（憶え書）Da 15b2-4 にも、『菩提心釈』を引用してから、「ここには、聖者父子が中観の論書を造られたうち、外の義の有る無しを明らかに為さらなかったと説かれたことと相違しない。」という。

※２）IV 95-96; D No.4158 Nge 121b5-6; M.Hahn ed.1982,pp.128-131; 和訳　瓜生津隆真『大乗仏典 14 龍樹論集』1974,pp.299-300; 北畠利親『龍樹の政治思想』1988,p.211;

※３）bstan（説いた）とあるが、原典の brten（skt.niśritam）を採る。

　なお、Brjed byang（憶え書）Da 15b4ff. には、「Se ra の割註に」といってこの『宝鬘』の教を引用して同様の趣旨を述べている。

※４）割註に、「心より実物が他である」という。

※５）割註に、「ブハーヴィヴェーカ、および従う者」という。

※６）割註に、「シャーンタラクシタ、および従う者」という。

※７）'Jam に、「中観の二派の学轍の道筋を拓く者の生起した次第です。」という。

※８）Ngag に次のようにいう －
　「外の義（もの）を主張する中観派シューラと、外の義（もの）は無いと主張するアーリヤ・ヴィムクティセーナの二人〔。そのうち〕の、前に生じたので、生じた次第ほどについて不適切であることを示した。」

※９）割註に、「生じた次第はそのように思われるが、中観派について言説を適用する仕方は、経量部中観派と瑜伽行中観派の二つに決定するのではない。」という。

※１０）割註に、「毘婆沙師・経量部・唯心派など誰」という。

※１１）割註に、「チベットの或る学者が、軌範師チャンドラキールティは言説として外の義（もの）を主張なさるし、自証知を主張なさらないので、」という。

※１２）割註に、「その軌範師は、外の義（もの）が実物として成立していないと主張なさるし、自証知を承認しないことの根本は、自相による成立を承認しないことに到るから。」という。これは、帰謬派の独自の学説八つ（cf. 訳註４－１）に関係する。『道次第大論の表記註釈 brDa bkrol』Toh. No.6569 Ka 45b4-5 には次のようにいう －
　「「生じた次第はそのとおりだと思われます」ということについて、『道次第小論 Lam rim chung ba』（※）に「偉大な論書により明らかにされた生起の次第はそのとおりと思われます。」と説かれたように、経部行と瑜伽行の中観派の車（学轍）の道筋を拓いた生起の次第ですが、一般的にその二つの前に、外の義を主張する中観派は、軌範師シューラとデーヴァシャルマ、そして外の義を主張しないのは、アーリヤ・ヴィムクティセーナなどが出たから、生起の次第ほどではない。」
　※）H ed.Toh.No.5393 Pha 153b2; ツルティム・ケサン、高田順仁『中観哲学の研究Ⅰ』1996,pp.4-5

また、一例として倶舎学の内容だが、戒蘊について毘婆沙師は色、経量部から自立派までは思の差別だと主張する。帰謬派は言葉としては毘婆沙師と一致するが、その内容が異なる。

訳註１－４２）これに関してサキャ派のロントン（Rong ston Shes bya kun rig.1367-1449）が『中観の正理聚の難要を説く正理道全明 dBu ma rigs tshogs dka' gnad bstan pa Rigs lam kun gsal』（32a2-3, sDe dge dGon chen par ma. Dehra Dun,1985, pp.63-64）に、ツォンカパが経量部（経部行）中観と瑜伽行中観という表現が妥当しないとしたと言って、それは正しくないと批判した。ツォンカパの高弟ケードゥプ・ジェ著『千葉 sTong thun』（Toh.No.5459 Ka 42a; 拙著『中観哲学の研究Ⅲ』2001,p.115）には、学説の一部分の一致により名づけることは妥当しないことを述べており、一見、経部行中観と瑜伽行中観の学派分類を拒否しているようでもある。確かに、ツォンカパたちが自宗として帰謬派の根本典籍『入中論』（Kyt ed.p.303、訳註３－５１の個所に引用された『自註釈』を参照）には、中観の法が他のどの学派とも一致しないことを述べている一方で、チベットでは十一世紀初めのニンマの大学者ロンソム・チョサン（Rong zom chos bzang）著『見の大忘備録

lTa ba'i brjed bya chen mo)』(Rong zom chos bzang gi gSung 'bum. Si khron mi rigs dpe skrun khang. 1999,pp.18,19)には、一部分の類似よりこれら学派の呼称を用いる事例が見られる。ケードゥプ・ジェの記述は、そのような便宜的に用いられた呼称を無条件に用いることを戒めるものであり、必ずしもこの用語自体を批判するものではない。ケードゥプ・ジェの晩年の著作『見の導論・闇を除く灯火 *lTa khrid Mun sel sgron ma*』(Toh.No.5499 Ta 5b1-4)において、二無我の修習の順序に関してハリバドラを引き合いに出して、「瑜伽行中観派」という呼称を使用しているからである。この錯綜を解消するためか、後代のゲルク派のチャンキャは『学説設定 *Grub mtha'i rnam par bzhag pa gsal bar bshad pa thub bstan lhun po'i mdzes rgyan*』(Krung go'i bod kyi shes rig dpe skrun khang,1989 p.225; Varanasi,1970 p.327)において、ケードゥプ・ジェの論述を引用し、それらの学派分類が妥当することを解説している。また、現代の一部の研究者は、『道次第大論』のこの記述をもって、ツォンカバがその学説が一致することを根拠とした経量部中観派という呼称を否定したとか、初期ゲルク派には自立派内部の二分派を経量行中観派と瑜伽行中観派と呼んではならないという明確な意識があったとか、宗祖ツォンカバの意図を無視した学派分類が初期ゲルク派においてなされたと述べている。しかし、ツォンカバの初期の『善釈金鬘 *Legs bshad gser phreng*』(Toh.No.5412 Tsha 175b1)から、晩年の『入中論の釈論・意趣善明 *dBu ma dGongs pa rab gsal*』(Toh.5408 Ma 73b2; 小川一乗『空性思想の研究Ⅱ』1988,p.360)、ナーローの六法への註釈『三信具足 *Yid ches gsum ldan*』(Toh.No.5317 Ta 12b4-13a4)まで、「瑜伽行中観派」という名称は使用されつづけており、ツォンカバの著作での学派分類は、後のゲルク派にもそのまま継承されたと考えられる。以上については、拙著『中観哲学の研究Ⅲ』2001,p.298、白館戒雲「経部行中観派と瑜伽行中観派の学派分類について」(『印度学仏教学研究』51-1,2002)、同「形象真実と形象虚偽について」(『日本西蔵学会会報』45, 2000) notes11,26,27 に詳しく論述した。

訳註1－43) Brjed byang (憶え書) Da 16a5-b1 には次のようにいう －
　　「軌範師チャンドラキールティは他の学説論者と一致させないので、「経部行」とすべきでないさまは、チャンドラの『入中論註釈』(※1)に、「或る人は「経部の者たちの立場が勝義として語ったことこそを、中観派たちは世俗として主張する」と語る者は」というのから、出世間の法は世間の法と一致することは道理でないから。「この立場は非共通である」と賢者たちは (16b) 決定すべきです。」と説かれたことにより、知るべきです。(※2)」
　　※1) D No.3862 'A 347a5-7; La Vallée Poussin ed.pp.406-407; 和訳　小川一乗『空性思想の研究Ⅱ』1988,pp.159-160
　　※2) さらに『善釈心髄 *Legs bshad snying po*』(Toh.No.5396 Pha 64a3-4; 片野道雄、ツルティム・ケサン『中観哲学の研究Ⅱ』1998,pp.82-83) の「〔毘婆沙師、経量部という外の〕義の論者二者が勝義として語ったものごとは中観派の世俗だと主張するので、中観派の真実を知らないと設定する理由は、自らの立場において言説としても自相により成立した法を主張しないが、彼らはその上から設定するばかりであるから。」を参照してから、Da 16b2-3 に、「自立派の二つの立場が世俗の或る設定を経部と唯心派の二つと一致して説明するようなものでなく、帰謬派は聖者の立場の勝義だけでなく、世俗の設定方法も実有論者と非共通または不一致に註釈なさった。」などという。また Brjed byang (憶え書) Da 16b5ff. には、「中観派について帰謬派・自立派の二つに区別するなら、自立派は常断の二辺を離れた中を証得するのか、というなら」という問題を設定して、『善釈心髄』(Toh.No.5396 Pha 91a4-5; 片野道雄、ツルティム・ケサン同上 1998,pp.170-173) の「それら学者も法が諦として有るとの学説を多くの正理の門により否定するし、諦無しと良く承認なさったので、中観派ではある。」というのや、『学説』の本頌 (Grub mtha' rtsa ba) などを引用してから、自立派も一切法は諦無しを承認するので、一応、中観派と設定できるが、含意として諦成立を正理により否定しないし、諦無しを証得しないので、中を証得しないという。さらに『根本般若の大釈論 *rTsa she'i Ṭika chen*』(cf.Toh. No.5401 Ba 9b3ff.; 和訳　クンチョック・シタル、奥山裕『全訳 ツォンカパ 中論註『正理の海』』2014,p.22; 訳註2－67の※8をも参照。) の、否定対象を否定した「無し」が真実に有ると増益する無しの辺であり、そのように取らえるのが無しの辺を取らえることであり、諸法は

自相により有るのが有りの辺であり、そのように取らえるのが有りの辺を取らえることであるとの所説に論及している。具体例として、分無き極微を所縁縁と主張するのかについては、訳註3－47、3－50を参照。

『入中論』ⅩⅢ2（D No.3862 'A 347a3; La Vallée Poussin p.406; 拙訳『中観哲学の研究Ⅴ』2002,p.220; 太田蕗子『『入中論』における菩薩の十地思想－大乗教義学に見られるもう一つの修道論－』（学位請求論文）appendix Ⅰ p.128）には、「これより他にこの法は無いのと同じく、ここに出る立場も他には無い、と賢者たちは決定なさってください。」という。『同自註釈』ad ⅩⅢ2（D No.3862 'A 347a3-5）にも、他学派と一致しないという。すなわち－

　「『中論』を除外して、他の論書に「空性」というこの法が無顛倒に述べられていないように、私たちはここに、何かの立場〔すなわち〕論難と回答を含めて論じたこの立場に、出ているそれもまた、空性の法のように、他の論書には無い、と賢者たちは決定なさるようお願いします。」（※）
　※）続く部分は、本論 Kyt ed.p.303（訳註3－51の個所）に引用されている。中観派（帰謬論者）と他者たちとの二諦の異同を論ずる個所である。

他方の典拠としては、例えば、ジュニャーニャガルバ著『二諦分別論の自註釈』ad vv.18-19（D No.3882 Sa 10a3-4; Malcom David ECKEL, *Jñānagarbha's Commentary on The Distinction Between The Two Truths*,1987 p.88,174; 松下司宗「ジュニャーナガルバの二諦分別論－和訳研究（上）－」（『龍谷大学大学院紀要』5,1983）p.31）には次のようにいう－

　「他者が勝義としたことそれは、他者の世俗〔である〕。他者の母だと主張されるものを、他者の妻だとも主張するように。」

この偈頌は、ECKEL によると『同復註』Sa 37b4-5 にナーガールジュナの作とされ、瑜伽行派と中観派との立場への言及であるという。そして、ツォンカパ著『未了義と了義の弁別・善釈心髄 *Drang nges*』の中観章（拙訳『中観哲学の研究Ⅱ』1998,pp.82-83; H ed.Toh. No.5396 Pha 64a-b）にも引用されている。

　ケードゥプ・ジェ著『千葉 *sTong thun*』(Toh.No.5459 Ka 42b-43a) には、チベットの或る人が、「中観帰謬論証派は言説の設定を毘婆沙師と一致して設定する」と論ずるのを不合理であるとして、その理由として、毘婆沙師が言説の設定として承認しているそれらを、中観帰謬論証派は、言説としても所依事不成立だと主張するが、実有論者たちが二諦の設定をするすべては、自相による成立に関して設定するように見えるからなどと述べている。詳しくは、拙訳『中観哲学の研究Ⅲ』2001,p.116 を参照。そこには、毘婆沙師の承認する極微、経量部の承認する自証知に関しても、自相による成立の承認、不承認という要点から一致しないことが、説かれている。cf. 小林守「世間極成派について」（『印度学仏教学研究』45-2,1997）；なお、中観瑜伽行自立論証派のシャーンタラクシタ父子が、ダルマキールティの確立した仏教論理学を中観の正理と共通するとしたことに関しては、訳註4－1を参照。

訳註1－44）'Jam は、「第五、後伝期の帰謬派・自立派の言説は妥当すること」という項目を立て、さらに三つに分けている。『八難処の憶え書 *dKa' gnad brgyad kyi zin bris*』(Toh.No.5402 Ba 6a3-7a1) にも、帰謬派について「他者に知られた（gzhan grags, skt.paraprasiddha）」という表現が用いられることは少し異なるが、真実を証得する論証方法により区別されるとしているのは一致する。すなわち－

　「中観派について、帰謬派・自立派の言説は前の人たちが為さったとおりでもいいし、または、自立論証の証因を承認したのを通じて真実を証得させられるのと、その所依事を承認していなくて他者に知られた証因を通じて真実の証得を生じさせる中観派の二つに区別する。その二つの証因の差別（ちがい）は、他者の承認（主張）を待っていないで自力に取らえる仕方（'dzin stangs）の義（もの）について錯乱していない量により設立された〔因の〕三相を具えたものについて自立論証、そして、そのようでなくて他者の承認を待ってから量により決定する三相を具えたものについて、他者に知られた論証因、という。或る人は、三相が他者により承認されたもの、または承認の究極ほどにより他者の邪分別を否定するものが帰謬派、そして、三相が量により決定したのを通じて為すのが自立論証派と主張するし、他の人たちは「諦を否定するほどであり、諦無しを立証しないのが帰謬派、そして諦 (7a) 無しをも立証するのが自立派」といって、

差別（ちがい）を分けるのは、妥当しないことは、広汎に他にすでにお説きになったので、ここに憶え書には書いていない。」

※１）割註に、「帰謬ほどにより所成を証得する比量を直接的に生ずることができると主張するので、」という。

※２）割註に、「帰謬ほどによってそれはできなくて、自立の論証因が必ず必要であると主張するので、」という。

※３）割註に、「チベットのそれら学者の」という。

※４）割註に、「義（もの）に住する自宗は、中観派において、上の学説が経量部、唯心派と一致させた言説を設ける仕方はその二つに決定しないが、一般的に外の義（もの）を承認する、承認しないの二つに決定するので、」という。

※５）割註に、「帰謬ほどによりその見を直接的に生じさせることができると主張するので、」という。

※６）割註に、「それほどによってできなくて、それを直接的に生じさせるには、自立の論証因が必ず必要であると主張するので、」という。

※７）このような論述について詳しくは、Kyt ed.p.345（訳註４－１の個所）を参照。ここでの割註には次のようにいう－

「意趣註釈の生じたさまについて、経量部中観派と瑜伽行中観派という言説は、一般的に妥当するし、吉祥あるチャンドラのようなものはその二つのどれでもないので、一般的に中観派についてそれに数が決定するわけではない。幻理成就派という言説が全く妥当しない理由、〔すなわち〕芽が諦無しだと証得する正理知〔である〕比量の所量は勝義であるかないかなどは、後（※）に広汎に出る。

　現れにおいて戯論を断じたほどが勝義諦だと主張するのは、「無住論者」ということもまた、一般的に無住の中観派という言説は有るけれども、車のようなものを正理でもって伺察した最後に、無いと取らえたことが、戯論を断じたことほどだとすることについては、妥当しない。軌範師ブハーヴィヴェーカが外の義（もの）を主張なさるのは、経量部と枢要が同一に有るが、吉祥あるチャンドラは、外の義（もの）が有る、という句（ことば）ほどは同じであっても、経量部と毘婆沙師の誰とも義（内容）が同一でない。」

※）Kyt ed.pp.341-343 を参照。

訳註１－４５）インドの文献においてこの表現は確認されていない。ジャヤーナンダ著『入中論の復註』（D No.3870 Ra 281b5-6; P No.5271 Ra 337a8）に、「「それの」というのは、中観自立論証派（dBu ma rang rgyud pa）です。」と出ている。cf. 拙著『インド仏教思想史（下巻）』2007,p.377

訳註１－４６）例えば、『中論釈・明らかなことば』ad Ⅰ １（Bibliothaca Buddhica Ⅳ, La Vallée Poussin ed.p.25,34; D No.3860 'A 8b1-2,11a4; 和訳　奥住毅『中論註釈書の研究』1988,p.71,81）に、ブハーヴィヴェーカの論理的手法を批判して次のようにいう－

「この論理学者が、自己が論理学書にきわめて善巧であることほどを示したいと欲するので、中の見を承認しながらも、自立の論証式の語を述べることそれは、多くの大きな過失の聚の処だと了解する。」

「自立の比量を語る者たちにおいてはこの過失になるが、私たちは自立の比量を適用しない。〔諸々の〕比量は、他者の立宗を否定することほどの果を有するものであるから。」

後者は、Kyt ed.p.375（訳註４－１１１の個所）に引用されている。

訳註１－４７）'Jam に、「第六、どの軌範師に従ったか」といい、さらに三つに分けている。

※１）割註に、「見を決択する仕方の」という。

※２）割註に、「アティシャが見を決択する口訣」

※３）割註に、「量（認識基準）に取らえるし、」という。

※４）'Jam に次のようにいう－

「主尊（アティシャ）の『入二諦論』（※）に、「ナーガールジュナの弟子チャンドラキールティ

である。彼から相続した教誡により法性は証得されることになる。」と説かれたから。」
　　※）後で Kyt ed.p.443（訳註6－1０9の個所）に引用。その訳註を参照。
※5）割註に「ポトワなど」という。ポトワなど初期カダム派の語録『青冊子 Be bum sngon po』
における論述については、訳註6－1０9を参照。
　　なお、アティシャがチャンドラキールティを基準にしているが、それは彼を著者とする『秘密集会
タントラ』の註釈『灯作明』(D No.1785 Ha) を含めての評価であろう。彼から法を承けた学者たち
による顕教での著作、例えばロデンシェーラプ著『教次第』(現在見ることはできない) とトルンパ著『教
次第大論』、チャパなどは中観の見を説くとき、自立論証派の立場に立っている。ツルティム・ケサ
ン『中観ウパデーシャ』におけるヴァスバンドゥ二人説とアティーシャの見解』(『印度学仏教学研究』
50-1,2001) p.305 に述べたことであるが、アティシャの『法界の見の歌』(D No.2314 Zhi 256b1-
2,257a2) の中観の個所に、シャーンタラクシタの『中観荘厳論』の第93偈、第16偈を引用するこ
と、中観の論師のなかでチャンドラキールティの名を挙げないこと、アティシャ自身はナクツォと共
同で『中観心論』(D No.3855 Zha) とその自註釈『思択炎』(D No.3856 Zha) をチベット語訳し、
講義したこと、逆にチベットの弟子たちにチャンドラキールティの重要性を語り、ナクツォによる
『入中論』の翻訳に関心を寄せていながら、その『中論釈・明句』(D No.3860 'A)、『四百論釈』(D
No.3865 Ya),『入中論』(D No.3861 'A) など主要な著作を自らは翻訳しなかったこと、ポトワなど
初期カダム派の語録『青冊子 (Be'u bum sngon po)』(訳註6－1０9を参照) にアティシャは不住
中観の見を持ち、瑜伽行中観とも名づけられると言っていることなどを考えるなら、アティシャは密
教者としてのナーガールジュナ、チャンドラキールティを含めて重要視したが、自身としては自立論
証派の見解を持っていたとも考えられる。cf. 宮崎泉「『中観優婆提舎開宝篋』について」(『仏教史学
研究』36-1, 1997) p.7; 宮崎泉「アティシャの中観思想」(高崎直道監修『シリーズ大乗仏教6 空と
中観』)；ツルティム・ケサン『中観ウパデーシャ』におけるヴァスバンドゥ二人説とアティーシャ
の見解」(『印度学仏教学研究』50-1,2001) p.304

訳註1－48）'Jam に、「第二、尊者〔ツォンカパ〕自らはブッダパーリタとチャンドラの二つの立
場を中心に、その後にブハーヴィヴェーカが重要だと主張なさるさま」という。
※1）割註に、「吉祥あるチャンドラが、軌範師ブッダパーリタの」という。
※2）Brjed byang (憶え書) Da 17a6 に次のようにいう －
　　「吉祥あるチャンドラがブッダパーリタの註釈を基礎に置くし、ブハーヴィヴェーカの善釈も承
　　けたさまは、『明句』(※) に、「ブッダパーリタが造られた註釈を見てから、ブハーヴィヴェー
　　カの善釈が一つずつ (17b) 伝承より来たったのと、自らが弁別したのより、獲得した。」と説
　　かれたとおり。」
　　※）D No.3860 'A 199b4-5;（奥書の部分）
※3）割註に、「正理でもって良く否定したのを通じて」という。
※4）割註に、「見を決択する〔この〕場合〔において〕」という。

訳註1－49）'Jam に、「1）得られるべき真実とそれに入る次第を説明することと、2）二乗は二
無我を個々に修習しても、証得する仕方は実有論者と同じでないことを説明すること」という二項目
を立て、各々をさらに細分している。なお、ツォンカパの講義録『量の大備忘録 Tshad ma'i brjed
byang chen mo』(lHa-sa ed.Toh.No.5400 Pha 4a1-4) には、量学での悟入の順序に比較して次の
ようにいう －
　　「量により決定する次第は、最初に解脱を量により決定してからその後にきわめて隠れた繁栄を
　　決定させるのです。〔量評釈』(※1) に「中心の義について欺かないから、他者について比量
　　すべきである」と説明されているように、最初に四諦を事物の力の正理により決定させてから、
　　その後に教主が説かれたきわめて隠れた義について欺かないと比量するのです。アーリヤデー
　　ヴァが『四百論』(※2) に「仏陀が説かれた隠れたことに疑いを生ずる者は、空性に依る。こ
　　のことこそを信認する」といって、最初に空性の義を正理により決定したなら、その後にきわめ
　　て隠れた義について欺かないで比量すると説明しているのと、方式は等しいのです。」

※１）PV Ⅰ 217ab、※２）ⅩⅡ 5; D No.3846 Tsa 13a7-b1

Brjed byang（憶え書）Da 17b1-4 に次のようにいう ―

「真実に悟入する次第の個所に、輪廻の過ち・過失を思惟して厭離が生じてから、有身見の対境は無いとの証得を数習したことより、あらゆる煩悩と過失を断除した法身を得るまでを説かれたさまについて観察するなら、「これの真実」ということが必要なのは、究竟の法身を中心に理解することが必要なのか、または、見を獲得する前に苦諦の過患を思惟し、集を探究することなどが真実に入る次第であるし、空性を証得するとき、真実に悟入しおわったが、それを修習することが究竟の真実に入る方便であるとしてもいいと思う。〔『根本般若』〕第十七章の終わり（※１）に、「〔諸々の〕煩悩、業と身と作者と果は、ガンダルヴァの城のようなものと、陽炎、夢と似たものである。」と出ている意味を第十八章の註釈の冒頭の接続に、提示したものが、『明句』（※２）に、「もし諸々の煩悩と」ということなどです。」

※１）ⅩⅦ 33; 三枝充悳『中論偈頌総覧』1985,pp.508-509

※２）D No.3860 ’A 110b1-2;

※１）割註に、「１）何に入るか〔である〕得られるべきものと、２）それに入る方便の次第の二つがあるうち、」という。

※２）割註に、涅槃（mya ngan las ’das）の語釈として、「苦、および根本をはるかに越えることが必要であるそれは」という。

※３）割註に、「〔外〕の法〔である〕色・声など」という。

※４）割註に、「〔内の法〕、眼など、世俗の自性を有する、現れが〔さまざまなもの〕」という。

※５）割註に、「現れそれはまた、所依事（gzhi）の在り方の」という。Brjed byang（憶え書）Da 17b5-18a1 には次のようにいう ―

「我と我所が一切相に尽きたことほどは小乗にも有るので、それより差別（ちがい）を区別するために、本文に「真実でないながら、真実として現れる ― このすべてが習気とともに寂静であることにより、」といって、諦の現れ、および習気を断除した意味として説かれたので、(18a) 法身として理解しやすい。」

※６）割註に、「錯乱の現れ、心を迷妄にするもの、顕わになった所知障、二の現れの錯乱の分」という。

※７）’Jam に、「習気、所知障であるのを」という。

※８）割註に、「所依事各自の側の上より成立していると」という。

※９）割註に、「〔執の〕錯乱すべてが、場所・時の〔一切相に〕永久に」という。

※１０）割註に、「〔尽きた〕無住涅槃が、大乗の〔この〕場合〔において〕」という。

※１１）割註に、「因〔である〕貪など」という。

※１２）割註に、「果〔である〕生と老などの苦を細かく」という。

※１３）割註に、「厭い、怖れるのを通じて」という。

訳註１－５０）割註に、「第二、集起の根本を確認することが必要であることは」という。『明句』ad ⅩⅧ 5（Kyt.ed.p.417、訳註５－１４４の個所）には、分別を起こさないことにより、有身見を根本とした諸煩悩が生じないとの記述がある。

※１）割註に、「業・煩悩を断除したのを通じて」という、

※２）割註に、「それこそそにより、錯乱して、輪廻〔である〕無辺の苦を領受していると決定できる有身見または無明」という。有身見は外道者の提起する六十二見の根本であるともされている。なお、輪廻の根本がこれら二つとされることに矛盾は無いということについては、Kyt ed.p.331（訳註３－１５７）を参照。

なお、有身見を根本とする記述は、『宝性論』Ⅰ の仏宝に帰命する本頌「智恵・悲愍の最高の剣・金剛を持って、苦の芽を切断し、」という記述への『同註釈』D No.4025 Phi 78a7-b2（cf. 中村瑞隆『蔵和対訳　究竟一乗宝性論研究』1967,pp.13-14; 和訳　高崎直道『宝性論』1989,p.15）にも、次のようにいう ―

「そのうち、苦の根本は、要するに、およそ何でも〔諸々の〕有（生存）において名と色が現成したことです。煩悩の根本は、およそ何でも〔諸々の〕有（生存）において有身〔見〕への思い

訳註　1.序論　269

込みが先行する見と疑です。そのうち、名と色により包摂された苦は、現成の相（特徴）により、芽のようなものと知るべきですし、それを切断するから、如来の智慧と悲の能力は剣の喩えにより示された。」

訳註１－５１）'Jam に、「第三、利根の者は集起の根本〔である〕有身見を断除できると理解することが、必要であること」という。
※１）割註に、「自由気ままに（rang dgar）無いことを知らないので、正しい道理でもって」という。
※２）割註に、「そのように見えるほどでは充分ではなくて、否定するときに」という。「有るのに対して侵害するものと、無いことの立証するもの」については、断除と断定についての註１－３３の末尾、２－６７の※６、４－２３を参照。
※３）割註に、「その見を獲得したほどに放置しないで、獲得した〔その義（内容）を〕たびたび」という。
※４）割註に、「最後にその足跡として果〔である〕仏の〔法身を〕」という。
※５）Ngag に次のようにいう －
　「〔ナーガールジュナの〕『根本中論』（※１）〔の帰敬偈〕に「戯論が寂静である」ということ、〔すなわち〕究竟の無余依涅槃である真実を、教化対象者の修習すべきことの中心として示した教主〔釈迦牟尼〕に対して帰命するように、二の現れの戯論およびその習気を断除した究竟の真実は、得られるべきものと修習されるべきものの両者であり、それを得る方便への（90a）入り方もまた、〔四聖諦のうち、〕初めに苦諦〔である〕輪廻の過患を思惟したことにより、解脱への意欲を生ずる。集〔である〕輪廻の流転の次第を思惟して、仔牛を繋ぐ杭の根の喩えにより輪廻の苦の根本〔である〕有身見に到ると見えて、それにより取らえたような我を否定する。『宝性論』（※２）に、錯乱の所依事が無く根本を離れたのを説かれたのと同一義です。そのようにまた、『明句』に「〔諸々の〕煩悩・業と身と」などといって、前の〔第十七〕章（rab byed）の終わりを後の接続になさってから、説かれたのが、第五、『明句』により説明されたことは、」
　※１）cf. 三枝充悳『中論偈頌総覧』1985,pp.6-7: cf.『明句』D No.3860 'A 2b1; 和訳　奥住毅『中論註釈書の研究』1988,p.60
　※２）アサンガ著『宝性論の註釈』D No.4025 Phi 98b5 に、「心髄が無い根本を有する、住しない根本を有する、清浄な根本を有する、根本が無い根本を有する、と述べた、という。」という。中村瑞隆『梵漢対照 究竟一乗宝性論研究』1961、同『蔵和対訳 究竟一乗宝性論研究』1967,pp.87-88; 和訳　高崎直道『宝性論』1989,p.79

訳註１－５２）ⅩⅧ（冒頭の記述である）; D No.3860 'A 110b1-4; La Vallée Poussin ed.p.340; 和訳　奥住毅『中論註釈書の研究』1988,p.532; 北畠利親『中論　観法品・観四諦品訳註』1991,p.38; cf. 丹治昭義『沈黙と教説　中観思想研究Ⅰ』1988,p.60ff.
※１）割註に、これらの依存関係と生起の次第を説明している。すなわち －
　「何者かがこのように、初めの因〔である、諸々の煩悩と〕、それらにより発起された〔業と、〕それにより投じられた異熟〔である、身体と〕、その業の〔作者である〕人（プドガラ）〔と〕、彼が身に依って領受すべき〔果である、〕苦」
※２）割註に、「それらは一つに一つが依って、様々なに現れる。現れ〔これらすべては〕、各自の在り方として成立した〔真実であるか、と思うなら〕、」という。
※３）Ba so に、「自体により成立したものではないが、」という。
※４）'Jam に「都そのもののように現れるもの〔など〕、抵触を有しなくても、それを有するように現れる。都そのものが住するなどと現れるが、義（もの）において都などは事物として成立していない」という。
※５）割註に、「上の煩悩と業と作者なども、各自の在り方より成立した〔真実ではない〕。」という。
Brjed byang（憶え書）Da 17b4-5 に次のようにいう －
　「「真実ではないながらに」という真実は、この立場の否定対象〔である〕自性による成立、〔すなわち〕煩悩など世俗の上に法性をいったとしても、否定対象になるさまは後に出るので、いいと思う。」

※6）割註に、「を通じて欺く偽りこそ」という。
※7）’Jam に、「大乗〔ここにおいて〕得られるべきもの」という。割註に、「彼は、義（もの）の真実を尋求する場合〔ここにおいて〕上に説明した煩悩と業と身体などが義（もの）の真実でないのなら、では、尋求されるべきもの、または得られるべきものの義（もの）の〔真実〕」という。
※8）割註に、「それを得させる方便」という。
※9）割註に、「の方軌それの次第」という。
※10）割註に、「眼など〔内と〕色・声など〔外の事物〕を、自性により」、「各自の在り方の真実ではないながらに、そう現れる錯乱の現れすべてを永久に断除したし、寂静であるのを通じて〔認得しない〕」という。
※11）Ba so に、「のを数習した」という。
※12）割註に、「の事物それら」という。
※13）Ba so に、「および習気の」、「の思い込みの錯乱すべてが、場所・時の〔一切相に〕」という。
※14）Ba so に、「寂静である無住涅槃」という。
※15）Ba so に、「得られるべきと修習されるべき〔真実〕」という。
※16）割註に、「それは仏陀の法身。」、Ba so に「両者です。」という。
※17）割註に、「の理趣の次第それは何か、と問うのに対して、回答は、『入中論』を参照なさった。」という。

訳註1－53）VI 120; D dBu-ma No.3861 210a4;『同自註釈』D No.3862 ’A 292a7; La Vallée Poussin ed.p.233; 和訳 小川一乗『空性思想の研究』1976,p.253; 拙著『中観哲学の研究Ⅴ』2002,p.145; 瓜生津・中沢『入中論』2012,p.215; cf. 丹治同上 1988,p.62; なお VI 120d は Kyt ed.p.434（訳註6－62の個所）にも引用される。
※1）Ba so に、「貪など〔煩悩〕と生老病死などの貪などと、〔過失〕、生老など輪廻の過ち・過失」という。
※2）Ba so に、「〔煩悩・過失は〕一分ほどではなくて一つも〔残さず〕、我と我所が自性により成立していると取らえる〔有身見〕」という。
※3）Ba Ra に、「の根本」という。有身見が輪廻の根本であるという問題については、Kyt pp.331-332 に議論されている。
※4）Ba Ra に、「自らの〔知により〕探究したことにより〔見たし〕」という。
※5）Ba so に、「有身見を断除したので、木の根本を断じた枝のように、それら枝は尽きることになるから。その有身見はどのように断除するかのさまがある。そのように見えるほどで置いておかないで、その有身見が何より錯乱するかの所依事の対境を知ることが必要なので、そのとき、それにより「我だ」と顚倒に思い込む」という。
※6）割註に、「認得の錯乱の」という。
※7）Ba so に、「その有身見により我は対境の上より成立していると取らえたようには無いのが見えるので、断除するのであるから。その後に解脱を希求する止観双運の〔ヨーガ行者〕」という。
※8）’Jam に、「思い込みの対境（zhen yul）が自性により成立した」、Ba so に、「義（もの）の在り方として無いが、それだと現れる否定されるべき、そのような〔我〕が、自性により成立しているのを」、’Jam に「五つの論証因などにより正しい論理でもって」という。五の論証因については、訳註4－1のロンドル・ラマの記述を参照。
※9）割註に、「真実に入る次第を広汎に〔『入中論』に〕説明されたので、そこにおいて〔求めるべきです。〕」という。
※10）割註に、「解脱を希求する」という。
※11）割註に、「苦・集を」という。
※12）Ba so に、「に彷徨ったこと〔これ〕は、〔何〕のような因〔を根本としたもの、〕何より生起したもの〔であるか〕」などという。
※13）割註に、「し、伺察する」という。
※14）Ba so に、「その有身見を断除できるかできないかを観察したなら、私または」という。さ

らに割註に、「それが見えるなら、次にその有身見は誰においてどのような所縁を有するものなのかと伺察する。そのように伺察したなら、」という。

※１５）Ba so に、「対境の上より成立しているのが」という。

※１６）Ba so に、「無いのが見えると、智恵により見えるし、見えるとおりに修習した」という、

※１７）'Jam に「の誤知（log shes）」という、

※１８）割註に、「そのように上に説明したように過ち・過失そのすべてを欲しくないなら、そのすべての根本は有身見に到るし、その有身見がそれらを生じさせることも、我執に到るので、伺察者のヨーガ行者彼は、我それこそを伺察することが重要だと見え、このように伺察し尋思する。」という。

※１９）Ngag に次のようにいう －

「『根本〔中論〕般若』に、有法個々に関した我を否定する多くの正理を説かれたが、ヨーガ行者が初めに入るとき、要約して我と我所には自性が無いのを決択してから修習するのです。

それについて、彼はいう －真実を確認するさまとそれに入るさまとの両者は、妥当しない。ここには大乗の真実に入るさまを説くのであるから、我と我所の執が尽きたほどは、得られるべき真実として道理でないが・・・（中略）・・・」（※）

※）以下、Kyt ed.p.266 での問答を参照。

訳註１－５４）'Jam に、「第七、入る次第それは、この二人の軌範師ともの意趣と、『根本般若』の〔意趣〕でもあること」という。悟入の次第について、『道次第小論』「観の章」の冒頭には、「無我の二つの見を生じさせる次第」（Toh.No.5393 Pha H ed.161b-162a; 拙訳『悟りへの階梯』改訂新版 2014,p.270）に次のようにいう －

「二我執の生ずる次第については、法我執が人我執を生じさせたのですが、無我の真実に入るのなら、前に人無我の見を生じさせてから、その後に法無我を証得する見を生じさせることが必要です。それもまた『宝鬘』に、「人は地でなく水でなく・・・（中略）・・・」といって、前に人、それからそれとして仮設された所依の地などの諸界は、自性が無いことを説かれているとおりです。『明らかな言葉』と『ブッダパーリタ〔の註釈〕』にもまた、真実に入るなら最初に人無我から入ることを説明しているから、そしてシャーンティデーヴァもまた同じく説かれているからです。」

※１）割註に、「それも一般的に人（プドガラ）と法に関した」という。

※２）割註に、「『根本般若』などに」という。

※３）割註に、「修習する仕方こそにまとめたことにより、枢要すべてが揃ったので、そのように」という。

※４）割註に、「この『註釈』に決択する仕方をそのように」という。なお、

※５）『根本中論』全体の各章の構成について、『同釈論・正理海』（Toh.No.5401 Ba 20b5-6; 和訳　クンチョック・シタル、奥山裕『全訳 ツォンカパ 中論註『正理の海』』2014,p.43）には、全二十七章のうち、まず第十八章の名を挙げており、その重要視が分かる。そこでは次のようにいう －

「そのうち、初めに人（プドガラ）の我と我所の無明の対境を決択することが必要であり、それもまた第十八章により説かれる。」

訳註１－５５）'Jam に、「第二、疑いを断つには、１）得られるべき真実と無我に法無我が有るか無いかの問いと、２）その回答の得られるべきものを個々に説明することと、３）二無我の証得の仕方が実有論者と同じでないこととの三つ」という項目を立てている。中観学の根本典籍『入中論』VI 179（訳註３－１９４を参照）以下とその『自註釈』（La Vallée Poussin ed. p.301ff.; D No.3862 'A 313a4ff.; 和訳　小川一乗『空性思想の研究』1976,p.325ff.）には、有情を済度するために、まとめて二無我が説かれたが、声聞と独覚は煩悩を断つだけであり、法無我を円満に修習しないとされ、この無我は教化対象者の意楽に応じて、広汎には十六空性、中ほどには四空性、まとめて二無我として説かれたという。『同論』の二無我の議論の構成については、訳註５－９８を参照。
cf. 拙著『ツォンカパ　中観哲学の研究Ⅱ』1998,pp.100-101、同『ツォンカパ　中観哲学の研究Ⅲ』2001,pp.214-215

※１）Ba so に、「そのうち、彼が真実の確認とそれに入るさまとの両者は、妥当しない。他者たちは疑いがこのように生じた」、’Jam に「ここ『根本〔中論〕般若』に『般若波羅蜜経』の義（内容）は」、という。
※２）割註に、「大乗の道次第を説く場合であるので、」という。
※３）割註に、「の有身見〔を尽きさせたほど〕の涅槃〔は〕」という。
※４）割註に、「法身」という。
※５）’Jam に、「法無我を説いていない、と思って」という。
※６）’Jam に、「大乗の人（プドガラ）は、我と我所が自性により無いことを証得することそれほども」という。
※７）Ba so に、「ここには、煩悩それの習気とそれが生じさせた」という。
※８）Ba so に、「一切〔法の〕、それにおける」という。’Jam に、「習気と二の現れの」などという。Brjed byang（憶え書）Da 18a1-2 に次のようにいう －
　　「「戯論の兆相」という意味は、不同の多くに用いられるが、ここに「外と内の法の戯論の兆相」と説かれたのは、色など外と眼など内の諸法が諦として現れるのをいうべきです。」」
※９）割註に、「寂静であるのを通じて一切相に」という。
※１０）’Jam に、「〔断除した〕涅槃であり、それこそ〔は〕」という。
※１１）Ba so に、「我と我所は自性により無いと証得するとき、法我執を決択したことは無いという証因は、成立しないから」という。これは、『入中論』Ⅵ「第六現前地」に法無我、次いで人無我を説くが、その二無我と法無我に粗細の違いは無く、有法が人であるか法であるかにより区別される。しかし、難易を通じて悟入の次第がある、という議論が関係している。訳註３－１９４と５－１を参照。
※１２）Ba so に、「第二、入り方が妥当しないという過失は無い。第三、二無我を証得する仕方は下と同じでないことには、１）そのものと、２）疑いを断つことの二つ」といい、さらに細分している。この後半は ’Jam ではないかと思われる。
※１３）Ba so に、「、〔すなわち〕仮設の所依事の、我所〔である、諸蘊〕」という。
　なお、『入中論』Ⅵ で説かれる人無我も、外道者の我論を批判しただけではなく、仏道の他部派、学派すべての人施設を批判したものであり、倶生の無明の執らえ方を破った微細な人無我となっている。

訳註１－５６）’Jam に、「第二、我が無自性であるのを尋求するさま、倶生の有身見により取らえた通りに蘊の相（特徴）が揃っているか揃っていないかを通じて伺察することが必要であることは、」という。

訳註１－５７）ad ⅩⅧ 1; D No.3860 ’A 112a4-7; La Vallée Poussin ed.pp.345-346; 和訳　奥住毅『中論註釈書の研究』1988,p.538-539; 北畠利親『中論　観法品・観四諦品訳註』1991,p.44; cf. 丹治昭義『沈黙と教説　中観思想研究Ⅰ』1988,pp.62-63
※１）Ba so に、「五蘊について説かれた」という。
※２）割註に、「仮設の所依事〔である〕蘊に」という。
※３）Ba so に「知」、別の割註に「眼翳により心が汚染されたことの力により」という。
※４）割註に、「錯乱のなすがままになった」という。
※５）Ba so に「有情」、割註に「幼稚な者、異生（凡夫）」という。
※６）Ba so に「ものでもあり、所取〔である〕五蘊は我の所取、そして我は取者であり、そのとき」という。
※７）割註に、「の取者」という。
※８）割註に、「我でもある。三つの差別（ちがい）を具えた「我」という」という。「三つの差別（ちがい）を具えた」については、Kyt ed.p.321 の「第二、否定されるべきものの確認が過小であるのを否定する」の個所を参照。
※９）割註に、「仮設の所依事〔である〕」という。
※１０）割註に、「〔すなわち〕蘊は、自らの側から成立しているのか、または自性により〔有るのか〕」という。Brjed byang（憶え書）Da 18a2-5 に次のようにいう －

「『明句』に、我について蘊の相（特徴）の有る無しを伺察すると説かれたのは、上と（※）「蘊の相（特徴）が無いことになる。」という個所に説いた蘊の相〔である〕生・滅・住を有するか有しないかを伺察する意味ではなくて、我が自らの側から有るなら、蘊と自相により同一と別異のどれかに観察すると説かれた直後について理解することが必要なので、『明句』の意味は、蘊に依って仮設されたものを無明を有する者たちが我だと思い込む所依事〔である〕これら五蘊は、何か我の取または所取として現れるこれは何か。蘊の相（特徴）として有る、〔すなわち〕自性により蘊と同一として有るか、蘊の相として無い、〔すなわち〕自性により蘊より他、別異として有るか、といって、解脱を欲する者たちは伺察するのである、ということです。」

※）XⅧ 1; cf. 三枝充悳『中論偈頌総覧』1985,pp.512-513

※11）Ba so に、「において仮設されたもの」という。

※12）Ba so に、「仮設の所依事〔である、蘊の〕自〔相が無いもの〕において、仮設されたものか」という。

※13）Ba so に、「仮設の所依事〔である〕蘊の自性、「我」というそのようなものを獲得しないし」という。

※14）割註に、「仮設の所依事〔である〕蘊〔それらに〕、仮設された自性の仮設法〔である、我が〕」という。

※15）Ba Ra に、「自性により」という。

※16）'Jam に、「二我は粗細により設立しないから。例えば、」という。

※17）割註に、「有支分〔である、車が〕火により燃えたなら、その車の輪など〔諸々の支分も〕」という。

※18）'Jam に、「この教は、比量それにより、蘊と相（定義）の同一または非同一を伺察してから」という。

※19）Brjed byang（憶え書）Da 18b5-19a3,19b1-3 に次のようにいう－

「その知により自らの時にその対境を証得しないが、その知の力により他の量（認識基準）を間接的に待っていないでその対境を証得する量を生じさせることは、その知によりその対境を正理の力により間接的に証得する意味として設定するのは、『量評釈 rNam 'grel』（※1）に、「声は造られたものである。このようなすべては無常である」と表詮することによってまた、義（意味）によりそれは滅すると〔知る〕知になる。」という（19a）証因により声は無常だと立証する論証式の三相を決定する量（認識基準）により、それを立証する〔場合の〕所成を、正理の力により間接的に証得すると説明したようなものなので、ここにおいてもまた人は自性が無いと証得する力、能力に依って、他を待ったことなく蘊は自性が無いと証得する量（認識基準）を生ずるので、人無我を証得するその知により法無我を、正理の力により間接的に証得するのであるとしても、〔ケードゥプ・ジェ著〕『七部の荘厳 sDe bdun rgyan』（※2）に比量と既定知（bcad shes.再認識）の両者が決定知として説かれたし、この〔中観の〕立場において既定知は前に決定しおわった対境を憶念する知であり、憶念の知には分別が遍充するので、後の現量の諸刹那は既定知だと主張なさらない。」（※3）・・・（中略）・・・

　「新たに欺かない了知を量（認識基準）の相（定義）として説明したのは、仮設の義（もの）を探究するさまであると『千薬 sTong thun』（※4）と『教科書 Yig cha』に説かれたのは、『根本般若の大註釈 rTsa she'i Ṭīka chen』（※5）に「世間において新たに欺く、欺かないの区別を分けないで、一般的に欺かないものを量と設定するので、」と言う意趣と一致していると思う。この立場において、証得しおわったのを証得する既定知を量（認識基準）と主張なさるのと、世間において「新たに」という差別（限定）が知られていないのと適応させて、量の相（定義）のへりに「新たに」というのを適用する必要はないと主張なさる。けれども、新たに欺かない了知を主張しないわけではない。」

※1）IV 22b; 拙訳『チベット仏教　論理学・認識論の研究IV』2013,p.18; 訳註1－60の※6を参照。

※2）Toh.No.5501 Tha に未確認。

※3）以下、Da 19a6 には帰謬派、自立派の主張内容にも言及する。

※４）Toh.No.5459 Ka 227a; 拙訳『中観哲学の研究Ⅳ』2003,p.222
※５）Toh.No.5401 Ba 28a1; 和訳　クンチョック・シタル、奥山裕『全訳 ツォンカパ 中論註『正理の海』』2014,p.61

訳註１－５８）ad Ⅰ 8d; D dBu-ma No.3862 'A 226b7-227a1; La Vallée Poussin ed.p.20; 和訳 瓜生津・中沢『入中論』2012,p.92; 太田蕗子『『入中論』における菩薩の十地思想－大乗教義学に見られるもう一つの修道論－』（学位請求論文）appendix Ⅰ pp.20-21; Brjed byang（憶え書）Da 18a5-b2 にはこの教証を引用して次のように説明する －

「蘊が無自性だと証得しないなら、人無我を証得していないと説明した意味は、人が無自性だと証得する知それこそは「蘊は無自性だ」と執らえないので、それにより直接的に証得しないし、間接的に証得するのでもないが、その知の作用に依って、他を待ったことなく蘊は無自性だと決定する決定知を導くことができるので、粗大な言説において「その知により証得する」と説明しているの（18b）です。よって、蘊が諦無しと証得できないなら、人は諦無しと証得しないことが遍充する。人無我を証得するなら、法無我を証得できることが遍充するとしてよい。『入中論の大註釈 'Jug pa'i Ṭika chen』（※１）に「仮設の所依事〔である〕蘊について諦だと思い込む思い込みの対境を論破しないなら、仮設法〔である〕人について諦だと取らえる思い込みを論破しない」と説かれた意味も、蘊を諦執する思い込みの対境を論破できないなら、他方の思い込みの対境が無いのを証得することはありえない、ということです。（※２）」
※１）ツォンカパ著『意趣善明 dBu ma dgongs pa rab gsal』Toh.No.5408 Ma 26b6; 英語訳　HOPKINS,Jeffry,Compassion in Tibetan Buddhism,1980, p.151
※２）さらに、『善釈心髄 Legs bshad snying po』（Toh.No.5396 Pha 74b1-2; 片野道雄、ツルティム・ケサン『中観哲学の研究Ⅱ』1998,pp.114-115）の「法我が学説により有ると承認するなら、人無我を証得するところが無いので」というのも、人の無自性を証得した後に、蘊などの自性有る無しに知を向けるほどにより無自性だと証得するだろうが、蘊などは自性により成立したのが妥当すると学説により増益することは生じないとの意味です、という。
※１）Ba so に、「その仮設の所依事〔である、蘊〕」という。
※２）割註に、「それこそとして成立していない〔自体〕において、自性により成立していると」という。
※３）Ba so に、「声聞・独覚は法無我を証得しないなら、では、彼は」という。別の割註に、「その蘊に仮設された我が自性により無い〔という〕」という。
※４）Ra に、「自性により成立していると増益してから」という。
※５）'Jam に、「〔蘊〕が自性により成立していると諦執する思い込みの対境を、論破していなくては、」という。
※６）'Jam に、「その二つの執らえ方は同一であるし、仮設の所依事（もと）を仮設の法として諦であると執らえているから。」という。
※７）割註に、「〔すなわち〕蘊は自性により成立していないと決択する学説に、知を向けていない〔なら、〕」という。

訳註１－５９）Rin po che'i phreng ba; Ⅰ 35ab; D sPring-yig No.4158 Ge 108a5-6; cf.No.4159 Ge『宝鬘の広釈』137a1-2; M.Hahn ed.1982,pp.14-15; 和訳　瓜生津隆真『大乗仏典14 龍樹論集』1974,p.238; 北畠利親『龍樹の政治思想』1988,p.19; cf. 拙著『中観哲学の研究Ⅴ』2002,p.46;『入中論』ad Ⅰ 8 の個所に、Ⅳ 57-66 とともに引用されており、声聞・独覚にも法無我の証悟があることの典拠とされている。

訳註１－６０）'Jam に、「第二、疑いを断つことには、1）問いと、2）回答そのものと、3）争論を捨てることとの三つ」と項目を立てている。
※１）'Jam に、「これを承認しない。〔論理的に〕侵害するものは、その二つが同一であるなら、二無我の所依・有法〔である〕法と人（プドガラ）の二つも同一になるという過失がある。よって、」という。
※２）'Jam による。

※3）割註に、「人（プドガラ）は自性により無いと証得する知それこそにより、蘊は自性により無いと証得することは、」という。

※4）割註に、「人（プドガラ）は自性により無いと証得する知それこそにより、蘊は自性により無いと証得しないと承認することの義（内容）」という。

※5）割註に、「ので、その知が自らで証得するのではない」という。

※6）'Jam に次のようにいう —

「よって、その力により間接的に証得することを、それにより証得すると説明しているから、『根本〔中論〕般若の大註釈 rTsa she'i Ṭika chen』（※1）に、「〔正理知に依って増益を断ずるが、正理知によりその増益を断じたわけではない。これを喩えに述べたなら、〕声は無常であると立証する三相を決定する量（認識基準）が生じたなら」というから、「〔間に他の量を経由したのを待っていなくて、それの力に依って、声は常だと取らえる増益と取らえ方が直接的に相違（矛盾）する知を生じさせることができるが、〕声は無常であることは前の量（認識基準）により間接的に成立したし、声は常だと執らえる増益を、前の量（認識基準）により断じたのではない〔ように〕。〔よって、『量評釈』（※2）に「声は造られたものである。このようなすべては無常である、と述べたことによっても、意味によりそれは滅するとの知になる。」といって意味により、〔すなわち〕間接的に、と説明しているが、間接的な証得ではないことと同じです。」〕と説かれたから。」

※1）IHa-sa ed.Toh.No.5401 Ba 27b1,2-3; 和訳 クンチョック・シタル、奥山裕『全訳 ツォンカパ 中論註『正理の海』』2014,p.60; 原典より前後などを補足して和訳した。直後の 'Jam への引用をも参照。

※2）IV 22bcd; 拙訳『チベット仏教 論理学・認識論の研究IV』2013,p.18

※7）'Jam に次のようにいう —

「これもまた決択する正理の作用〔である〕前者それこそと、知により証得する仕方の作用〔である〕前者それこそにより、他を待っていないで、決定を導くことができるという意味ではなくて、一般的に正理〔である〕前者と知の証得の仕方〔である〕前者に依ってから、他の正理と証得の仕方を待っていないで、決定を導くことができるという意味です。そのようでないなら、人（プドガラ）が無自性であると証得する知それこそ、により、蘊は無自性であると証得することになるので、蘊の上に再び自性がないことを決択することは不必要になる。」

※8）'Jam に次のようにいう —

「『大註釈〔・正理の海〕』（※1）に、『量評釈』（※2）に「意味によりそれは滅するとの知になる。」といって、義（内容）により、〔すなわち〕間接的に、と説明しているが、間接的な証得ではないのと同じです。」人（プドガラ）が無自性であると証得してただちに、蘊は（96b）無自性であると証得しないが、それを証得できる能力一つを得たのです。尊者〔ツォンカパ〕のお言葉にきわめて明らかであるし、私たちの上師は強調して説明する。それもまた、仮設の所依事〔である〕蘊が無自性であるのを決定するなら、否定されるもの〔である〕義（もの）の上から否定したので、それに仮設された人（プドガラ）もまた無自性であるのを良く決定することになるが、仮設の所依事（もと）〔である〕蘊において自性による成立を思い込みながら、それに仮設された仮設法〔である〕人（プドガラ）が自性により無いとしても、否定されるものが、帽子を移したものになる（※3）。それもまた、人（プドガラ）が無自性であることを証得するその知により、蘊が無自性であることを、他を待ったことなく決定知を導くことができるので、蘊が自性により成立しているとの増益をも自力で断ずることができるので、人（プドガラ）が無自性であると証得するとき、蘊もまた無自性であることを証得することを、説かれた。これは（※4）「事物一つの真如が見える者は」などというようになさったのであり、前に『明句』（※5）に初め見を探求するときこそから、我だと仮設する所依事（もと）〔である〕蘊が有自性であるように仮設したのであるかそうでないかを伺察することを、『入中論』に説かれたことによってもまた、人（プドガラ）は無自性であると証得するとき、蘊もまた無自性であると証得することが成立する、と Ngag rab の割註（※6）に説かれた。」

※1）Toh.No.5401 Ba 27b3-4; 和訳 クンチョック・シタル、奥山裕『全訳 ツォンカパ 中論註『正理の海』』2014,p.60; 直前の 'Jam への引用をも参照。

※２）Ⅳ 22d; 拙訳『チベット仏教　論理学・認識論の研究Ⅳ』2013,p.18; v.22 には、「遍充が先行するものにおいて、〔宗の言葉〕それは無いけれども、「声は造られたものである。このようなすべては無常である」と表詮することによってまた、義（いみ）によりそれは滅すると〔知る〕知になる。」というものである。

※３）zhwa bshus mar 'gro'o//; 意味が無いことを喩えた皮肉であろうが、発音を考えると zhal bshus（写すこと）の誤表記かもしれない。

※４）cf.『四百論』Ⅷ 16; Kyt ed.pp.403-404（訳註５－７９の個所）への引用を参照。

※５）直前の訳註１－５７の個所を参照。

※６）Ngag dbang rab brtan による割註への言及であるが、直接的に確認できない。

訳註１－６１）'Jam に、「第三、この立場において差別所依事(khyad gzhi. 基体)が諦として無いので、差別法（khyad chos. 特性）の諦執を否定したこと」という項目を立てている。cf. 広浜哲生「『中論仏護註』における取（upādāna）について」（『日本西蔵学会々報』46,2001）pp.4-5

訳註１－６２）ad XⅧ 2ab; D No.3842 Tsa 240b2; SAITO Akira, *A Study of The Buddhapālita-Mūlamadhyamaka-vṛtti*（Ph.D 学位請求論文 1984）p.245; 和訳　厳城孝憲「中論ブッダパーリタ釈第 18 章和訳」（『藤田宏達博士還暦記念論集　インド哲学と仏教』1989）p.459; cf. 丹治昭義『沈黙と教説　中観思想研究Ⅰ』1988,p.46;『中論』XⅧ 2ab には、「我が無いのなら、どこに我所が有ることになるのか。」という。丹治同上は『ブッダパーリタ』第十八章が一貫して縁起が空性であることを強調すると指摘している。Brjed byang（憶え書）Da 20b2-3 に次のようにいう －

　　「ブッダパーリタの教の意味は、「我が自性により成立している」ということであるそれが有るとき、その我の蘊は自性により成立している、ということが有るなら、我が自性により成立したことそれも無い。それが無いなら、それの我所これは自性により成立したものである、ということが、どのように妥当するか、というのです。」

『道次第大論の表記註釈 *brDa bkrol*』Toh.No.6569 Ka 45b5-6 に、「ブッダパーリタは、Sangs rgyas bskyang（仏護）という。軌範師ブッダパーリタが造られた『根本般若』の註釈に、軌範師の名を付けた。」という。Buddhapālita(Sangs rgyas bskyangs) の語義について、後代のサキャ派の学者マントー・ルードゥプ・ギャツォ（Mang thos Klu sgrub rgya mtsho.1523-?）は、『正理道一般の設定・善説太陽の光 *Rigs lam spyi'i rnam gzhag Legs bshad nyi ma'i 'od zer*』(THE COLLECTED WORKS OF MANG-THOS KLU-SGRUB RGYA-MTSO.VOLUME5,1999) に言葉の省略を論ずる個所 (Nga 28b2) に、「第三格（具格）の省略は、仏陀により護られたのを仏護というようなものである。」という。なお、西暦 1398 年ツォンカパはマンジュシュリーの指導のもとで大悟したとされるが、ツォンカパ自身の宗教体験において、ナーガールジュナ父子五人に出会い、ブッダパーリタから『中論』原典を示して加持された。さらに『ブッダパーリタ註』の教示を受けて、中観の見を大悟したと伝えられている。cf. 石浜裕美子、福田洋一『聖ツォンカパ伝』2008,pp.191-192; Robert THURMAN,*The Speech of Gold*.1984,pp.85-86; 福田洋一「ツォンカパが文殊の啓示から得た中観の理解について」（『印度学仏教学研究』50-2,2002）p.205

※１）Ba so に、「受用されるもの」という。

※２）割註に、「そのとき何かに依って「我所（私の）」と執らえる所依事〔である、我〕」という。

※３）Ba so に、「自性により」という。

※４）Ba so に、「受用されるべきもの、我所〔これ〕」という。

※５）割註に、「は、自性により有るの」という。

※６）割註に、「差別所依事（khyad gzhi. 基体）」という。

※７）割註に、「差別」という。

※８）割註に、「直接的に」という。

※９）割註に、「差別の所依事」という。

※１０）割註に、「決定する知それこそに依って、我〔それの〕」という。

訳註１－６３）'Jam に、「第三、争論を捨てるには、１）争論と、２）回答と、３）主張と、４）それを否定することの四つ」という項目を立てている。Brjed byang（憶え書）Da 20b3-21b4 に次のようにいう －

「自部〔すなわち〕人は施設有と主張する実有論者たちもまた、人は勝義として成立しているとは主張しないから、」などという意味は、人が無自性だと証得するなら、蘊は無自性だと間接的に証得することが必要だとしたのに対して、彼は「犢子部より他の自部の実有論者たちは － 有法。眼などは無自性だと証得することが帰結する。人が勝義として成立していないと証得するから。それが帰結する。人は仮設有だと証得するから。それが帰結する。人は仮設有だと主張する学者であるから、というなら、遍充しない、といって回答することを意趣なさった。経量部・唯心派の二者は、人は中観派の立場の否定対象の勝義として成立していると主張するし、各自の立場の勝義としても成立していると主張するので、本文に、「人は勝義として成立しているとは主張しない」というのは、前分〔所破〕が正理により差し上げる仕方に関して（21a）です。文字を付加する場合、彼ら実有論者が人は仮設有だと主張するので、勝義として成立していると主張しないことしかありえない。人は勝義として成立していないと証得することも承認することが必要なので、そのようなら、眼などは無自性だと証得することになる、と適用したなら、いい。〔本文に〕「眼と芽などの粗大なものを、彼らは施設有と主張するので、」と説かれたのは、毘婆沙師と教に随順する経量部の主張する仕方に適用したなら、いいようだ。彼らは、粗大なものは無自性だと証得するなら、相続も無自性だと証得するとの誤謬に帰するので、中観派が善・不善の業道は諦無しだと語ったことへの論争する意味は無い。よって「実有論者たちの自己の立場の勝義と世俗」などということの意味は、毘婆沙師が『倶舎論』（※１）に説明したように、破壊した、または知により個々に除去したことにより、自らを執らえる知を棄てるべきものが仮設有、そしてそれより反対を実物有だと主張する。世俗と勝義として成立した度量もそれです。教に随順する経量部は世俗と勝義として成立した度量は毘婆沙師と一致するが、三無為と蘊と形色は仮設有だと主張するので、毘婆沙師は実有と主張するのと同じでない。正理に随順する経量部たちは、分別による仮設ほどとして成立した法は世俗諦、そして分別による仮設ほどでなくて、自らの側から成立した法は勝義諦だと主張するので、順次に二つの常の事物と同一義になるし、実物・仮設のその設定の仕方と同じなのかというのも、この〔中観〕派は人は（21b）実物有だと主張しないし、心所について実物・仮設の二つに区別するなら、観察が必要です。唯心派の立場には二つの設定の仕方のうち、第一のようなら、声・分別により設定したほどとして有るのと、それを待っていなくて自相により有るのと二つが、世俗と勝義として有る意味として設定してから、依他起・円成実との二つはそれに関した勝義として有るが、世俗として無いのと、所遍計は世俗として有るが、勝義として無いと説明した。そして、第二の設定の仕方のようなら、無漏の等至の智慧〔である〕勝れた義または対境であるかないかの勝義と、世俗として有ると設定すると説明したのと、実物・仮設も『摂決択分』（※２）のように、それが知の対象に浮かぶのが、他の所依事の形相が浮かんだのを必ず待ったのが仮設有、そしてそのようなものを待っていないで知の対境に浮かぶのが実物有と主張する。（※３）」
※１）訳註１－６５を参照。
※２）cf.D No.4038 Zhi 199a7-b2; 大正 30 No.1579 p.659a
※３）以下、心、心所がどうであるかが詳論されている。
※１）'Jam に、「自派〔である〕犢子部など以外の」という。
※２）割註に、「微細なものが和合した積集した」という。眼と芽は各々、内と外の縁起を例示するものである。
※３）割註に、「彼ら実有論者は、眼と芽などは」という。
※４）割註に、「、眼などは自性により無いと証得することになる、と上に相手において欲しない帰謬を投じた。実有論者は眼などが自性により無いと証得しないとの〔承認とも〕」という。
※５）割註に、「利那を連ねた」という。なお、業道の完成について、『道次第大論』Kyt ed.p.209 に、小士の個所の「業の他の区別を説く」において、投擲・完成の区別として『アビダルマ集論』と『倶舎論』に依って論じられている。cf. 拙訳『菩提道次第大論の研究』2005,pp.231-232

※6）割註に、「極微が積集した粗大なものと同じなので、善なども相続であるという理由により」
という。
※7）割註に、「〔主張する〕ことが必要であり、そのように実有論者が主張するのである〔なら、〕」
という。

訳註1－64）ad IV 60; D No.3793 Ja 119b2-3; Amano ed.2000,p.79; 和訳　真野龍海『現観荘
厳論の研究』1972,p.195, 谷口富士夫『現観体験の研究』2002,pp.280-281;『二万五千頌般若波羅
蜜経』に対するいわゆる『小註』である。
　『現観荘厳論』IV 60「諸法は夢と似ているから、有と寂静として分別しない。業が無いなどの非難〔に
対して〕の回答は、説明されたとおりにすぎない。」といって輪廻と涅槃の平等性を論ずる個所であ
る。第八不動地の菩薩は等至において諸法は夢のようであると証悟し、後得においても諦の思い込み
を尽きさせる。そのことについて、外境実有論者が、一切法が夢のようであるなら、善悪の業が無く
なると批判する。それに対して、外境実有論者の立場においても刹那滅が主張され、『倶舎論』に世
界の多様性は業により成立したとされているので、勝義として殺生や偸盗などの悪業は成立していな
いが、世俗の知においては設定される。中観派の立場においても、顛倒に繋縛されている者には、そ
の思い込みにより業果が設定されるとされるし、それらの内容は『般若波羅蜜経』やナーガールジュ
ナの論書に出ているとされている。なお、タルマリンチェンの『現観荘厳論の釈論・心髄荘厳』Toh
No.5433 Kha 263b においては、三身の能成の殊勝な道を説明するうち、「第一、法身の因〔である〕
有・寂〔すなわち輪廻・涅槃〕が平等である加行」という科文が与えられている。cf. ツォンカパ著『現
観荘厳論の広釈・善釈金鬘 Legs bshad gSer phreng』（Toh.No.5412 Tsa 133bff.; mTsho sngon mi
rigs dpe skrun khang ed.1986,pp.884-900)
※1）割註に、「中観派が、善・不善など一切法は夢のような諦無しだと承認しているのに対して、
実有論者が争論するのは、そのような一切法が〔夢と〕」という。
※2）割註に、「夢において象などが現れるとき、象などは無いのと同じく」という。
※3）割註に、「言説としても」という。
※4）割註に、「錯乱・非錯乱の差別（ちがい）がないことに」という。
※5）割註に、「侵害の無い知に現れる力により設立されたものであること（※）を否定した」という。
na yin pa とあるが、文脈より ni yin pa と読んだ。
※6）割註に、「ハリバドラなど自立派」という。

訳註1－65）'Jam に、「第二、上下の学説の勝義と世俗としているのは、量一つとしてだけでな
く、学説一つの多くも有るとすることが必要であることは、」という。なお、実有論者の勝義と世俗
の設定方式は、『倶舎論』VI 4（D mNgon-pa No.4090 Khu 18b6; Pradhan,1967,p.333; 大正29
No.1558 p.116c; 和訳　桜部建、小谷信千代『倶舎論原典の解明 賢聖品』1999,p.61; cf.安井広済
『中観思想の研究』1970,p.54; 木村誠司「アビダルマの二諦説－序章－」（『駒澤大学仏教学部論集』
42,2011））に次のようにいう－
　　「それを破壊したのと、知により他を除去したなら、それの知は起こらない。瓶・水のように世
　　俗として有る。勝義として有るのは他である。」
これはツォンカパ著『入中論の釈論・意趣善明 dBu ma dgongs pa rab gsal』（Toh.No.5408 Ma
190b6-191a1; ad VI 113）にも引用されている。チャンキャの学説書（Grub mtha' Thub bstan
lhun po'i mdzes rgyan.Krung go'i bod kyi shes rig dpe skrun khang,1989 p.60; Varanasi 1970
pp.85-86）に、所依事・道・果の設定のうち、第一の所依事の一般の設定に関して記述のなかで、次
のようにいう－
　　「何か法において何らかの破壊したことにより自らであるとの知を棄てうる法が、世俗諦、そし
　　て、何かそれにより自らであるとの知を棄てえない法が、勝義諦です。それについて破したのは、
　　槌などにより破壊したのと、壊したのは、顕色（いろ）・香・味など他の法を、知により個々に
　　除外したのです。世俗諦の定義内容（mtshan gzhi）は、瓶と、瓶の中の水のようなもの。「世俗諦」
　　と述べる理由は、破壊により自ら〔であると〕の知を棄てうる瓶などそれらについて、世俗とし

て瓶などの名により仮設したのであるので、世俗の力により瓶それとそれだと述べるなら、まさに諦（真実）だけだと語ったのですが、偽りではないので、世俗諦と述べることを、『倶舎論の自註釈』に説明している。または、言説の知識〔のうち〕染汚を有するものと染汚を有しないものとにより、諦であると執らえるので、そのように述べる。『倶舎論のヤショーミトラ註』（※１）に、「〔他、世間のものが執らえるそのように〕世俗諦である。世俗の言説または知識〔のうち〕染汚を有するものと染汚を有しないものとにより執らえられるので、世俗諦である。」と説かれている。

　勝義諦の定義内容は、色と受と想と心・心所の自足したものたち(rang rkya ba)です。「勝義諦」と述べる理由は、何かにおいて破壊したことなどにより除去しても、自ら〔であると〕の知を棄てえない色（しき）などそれらは、必ず勝義として有るから、「勝義諦」と呼べることを、『〔倶舎論の〕自註釈』（※２）に説かれたのと、または、勝は出世間の智慧であり、それの義（対象）として有る対境であるので、勝義諦です。プールナヴァルダーナ（※３）に、「「勝」というのは出世間の智慧。それの義（もの）として有る対境が、勝義です。」と説かれた。けれども、これらについては今なお細分が必要です。実物・仮設の差別（ちがい）は、勝義として成立したものについて実物有、そして、世俗として成立しているものについて、仮設有と為した。」

※１）D No.4092 Ngu 160b7; Wogihara ed.p.524; 和訳　桜部建、小谷信千代『倶舎論原典の解明 賢聖品』p.64
※２）D No.4090 Khu 7b3; Pradhan ed.1967,p.334; 和訳　桜部建、小谷信千代同上 p.62
※３）D No.4093 Cu 13b1; なお「出世間の智慧またはその後得〔である〕世間が執らえるそのように勝義諦である」というのは、『倶舎論自註釈』の該当部分に、「古の軌範師」の説として出ている。和訳　桜部建、小谷信千代同上 p.62
cf. 現銀谷史明「毘婆沙師（Bye brag smra ba）における存在の分類」（『日本西蔵学会々報』47,2002）pp.9-11

※１）割註に、「名ほどは一致しているが、世俗として成立しているさまと、それとして成立していないさまと、勝義として成立しているさまと、それとして成立していないさまの義（内容）について、」という。
※２）割註に、「正理（rigs pa）と相続などそれら」という。
※３）割註に、「になっているのは、例えば、経量部は、共相を世俗として承認していても、それは自らの側より成立していると承認しているので、中観派が量るなら、共相は諦成立になっていると見るようなもの」という。
※４）割註に、「例えば、経量部は自相が諦成立だと主張しても、中観派のようならば、自相は諦として成立していないようなものなので、彼らが世俗として承認しているものそれを、中観派は諦無しだと立証することが必要である」という。
※５）’Jam に、「〔区別する〕にあたって、必ず『中観光明論』などより知る〔べきです。〕」という。この違いについては、『入中論の釈論・意趣善明』の自立論証派の否定対象の確認の個所を参照すべきである。cf. ツルティム・ケサン『チベット大蔵経における重要な仏教思想の選集』2015,p.208

訳註１－６６）’Jam に、「第三、彼らによって人（プドガラ）が名により仮設されたほどでないが、この軌範師によってそうであることの差別（ちがい）は、」という。
※１）割註に、「〔彼らは、〕人（プドガラ）が自性により成立していることに関した諦の成立だと承認するので、彼ら〔には〕」という。
※２）’Jam に、「直接・間接と力のどれにおいても」という。
※３）割註に、「彼が、それを証得する学説に知を向けていない〔なら、〕」という。

訳註１－６７）’Jam に、「第四、よって、名により仮設されたほどでない蘊が実有との学説を棄てていない間は、人（プドガラ）は実物だとの執が有ること」という。
※１）割註に、「自性により成立したことに関した」という。
※２）Ba so に、「自部上下の実有論者」という。別の割註（?）に、「第二、二乗の二無我を個々に

修習しても、証得する仕方は実有論者と同じであると説明することは」という。

※3）割註に、「蘊が実物として成立した諦成立を承認する学説を、棄てていない間は、彼らには、」という。

※4）Ngag には、実有論者と中観派の実物有と施設有の区別について、さらに議論を続けている。すなわち －

「彼は、では、自部実有論者すべてが人（プドガラ）は仮設有だと主張するので、実有論者たちも眼などの諸法は自性が無いと証得することが(99a)帰結する。〔なぜなら、〕彼は人（プドガラ）が勝義として成立していると主張するのか、または成立していないと証得するから。彼はそれが仮設有だと主張するから、というなら、

では、彼ら実有論者は眼と芽などの粗大なものが自性が無いのを証得することが帰結する。彼はそれが仮設有だと主張するから。遍充を承認している。その証因が帰結する。彼はそれらが仮設有、そして無分の極微などは実物有だと主張するから。根本〔の立宗〕について主張する〔という〕なら、前に私に・・・に（※）投げかけたことと承認（主張）が相違（矛盾）する。それだけでなく、実有論者において芽などは諦無しと立証することが不必要であることにもなる。さらにまた、彼は善・不善の業道が完成するのも自性が無いと証得することが帰結する。彼はそれが仮設有だと主張するから。遍充を承認している。その証因が帰結する。彼はそれを相続において設立するし、それの積集と相続を仮設有だと主張するから。根本〔の立宗〕について主張する〔という〕なら、中観派は、善・不善の業は夢と似ていて自性が無いことを承認しているのに対して、実有論者が論難するさまを、〔ハリバドラ著〕『註釈・明義』に説明したのは妥当しないことが帰結する。」

※）nged la tshad bsal du; 私に対してその名のテキストにおいてという意味か。理解できない。

2．真実の決択

訳註2－0）『量評釈』II は通仏教的な人無我のみを説くが、タルマリンチェン著『解脱道作明 *Thar lam gsal byed*』(ad II 190cd; Toh.No.5450 Cha 182a2; 拙訳『チベット仏教　論理学・認識論の研究 I』2010,p.195）の滅諦と解脱を議論する個所、あるいは、ダライラマ1世（dGe 'dun grub pa）著『正理荘厳 *Rigs rgyan*』Toh.No.5528 Nga 46b6ff.）にも本論と同様に、人無我の決定は、1）否定対象を確認する、2）それを否定する正理、3）無我をどのように行持するかの仕方、という三項目を立てて議論されている。また、Klong rdol bla ma の著作『量評釈など因明所出の名目 *Tshad ma rNam 'grel sogs gtam tshig rig pa las byung ba'i ming gi rnam grangs*』(和訳 白館戒雲「ロンドルラマ著『量評釈など因明所出の名目』」(『大谷大学研究年報』56,2004 p.32) に次のようにいう－

> 「輪廻の根本である倶生の我執を止滅させない間は、この輪廻に流転することを止滅させないので、その倶生の我執は、出離、菩提心などの修習によっては間接的に害する以外、直接的に害することはできないし、害することができないのは、我執と執らえ方が相違しないから。「慈しみなどは迷妄と相違することがないから、ひどい誤りを制伏するものではない」と『量評釈』〔II v.212cd〕に説かれています。それと執らえ方が直接的に相違した無我を証悟する智恵それは、三相が揃った果・自性・不認得という正しい論証因の三つが有る〔うちの〕不認得の論証因または自性の論証因を提示したのに依って、生ずることが必要です。」

中観派での否定対象となる諦執の対境については、『入中論の註釈・意趣善明 *dBu ma dgongs pa rab gsal*』(Toh.No.5408 Ma 77b1-2; 和訳　小川一乗『空性思想の研究 II』1988,p.366) に、次のようにいう－

> 「前に説明した名の言説の力ほどにより設立されたのでない「有る」と執らえることは、諦（bden pa）と勝義（don dam pa）としてと、真実として（yang dag par. 正しく）成立したのと、自体により（rang gi ngo bos）と、自相（rang gi mtshan nyid）によりと、自性（rang bzhin）により有ると執らえること〔である〕倶生のものですが、それにより執らえられた思い込みの対境（zhen yul）は仮定してみた（brtag pa mtha' bzung）諦（bden）の度量です。」

> なお、これらの同義語に関する教証としては、Kyt ed.p.335 に引用された『四百論の註釈』と、その訳註3－191を参照。

大翻訳師ロデン・シェーラプの書簡 v.10（訳註6－108を参照）はナーガールジュナの「正理聚」をダルマキールティの論理学を通じて理解するよう説いているが、その具体的手段として v.15 に「否定を中心に取らえる比量の知識に現れる事物の聚それらが、その知による肯定と否定無く量により住する義（もの）の分に対して、伺察の知によりその義（もの）を否定してから、他を立証することが無い、と確定しなさい。」という。加納和雄「ゴク・ロデンシェーラプ著『書簡・甘露の滴』－校訂テクストと内容概観－」(『高野山大学密教文化研究所紀要』20,2007)p.11

　福田洋一「自相と rang gi mtshan nyid」(『江島惠教博士追悼論集　空と実在』2001) pp.185-186 には、それらのうち、rang gi mtshan nyid kyis grub pa（自相により成立した）系列のものには具格助詞が使われ、bden par grub pa（諦として成立した）系列のものには於格助詞が使われることを指摘し、後者は真に存在するものという様態を表し、前者はその根拠を表していると分析されている。同「ツォンカパの中観思想における帰謬派独自の縁起説」(『印度学仏教学研究』48-2,2000) p.128 には帰謬派の立場において、これら「～により成立した」という否定対象のグループが自己に由来する「成立した」という言葉が用いられているのに対して、「分別により仮設されたほど」、「分別により設立されたほど」、「名を仮設されたほど」、「依って仮設されたほど」という縁起のグループが他に由来する「設立された」「仮設された」という用語が用いられていることが、示されている。cf. 松本史朗『チベット仏教哲学』1997,p.166ff.; 四津谷孝道『ツォンカパの中観思想』2006,p.54; 福田洋一「ツォンカパにおける中観自立派の存在論」(『日本西蔵学会々報』45,2000) pp.13-14; 野村正次郎「ツォンカパの空思想における否定対象とその分岐点」(『印度学仏教学研究』52-2,2004)

訳註2－1）'Jam は五項目に分けている。まずは「第一、否定されるものを確認していなくては、それを否定した「無しの否定」は浮かばないこと」という。ケードゥプ・ジェによるツォンカパの伝記『秘密の行状伝 gSang ba'i rnam thar』(Toh.No.5261 Ka 2b2-4,2b6-3a3; 和訳　石浜裕美子、福田洋一『聖ツォンカパ伝』2008,pp.177-178; cf. 福田洋一「ツォンカパが文殊の啓示から得た中観の理解について」(『印度学仏教学研究』50-2,2002) p.204) には、ツォンカパが上師ウマパを通じて文殊菩薩を成就して中観に関する質疑応答を行ったときの事績について次のようにいう －

「この尊者〔ツォンカパ〕は質問を為さって、尊者マンジュゴーシャに対して法の質問を多く為さった。特にこの中観の見を探求しなかったなら、道の命を獲得しない。探求してもきわめて獲得しがたいし、顛倒に取らえたなら、岐路と過患は他よりも大きいことを、聖者〔ナーガールジュナ〕父子が説かれているので、まさにそれのみを意に留めようとのご心願が常に継続した（以下、省略）」(※)

「要するに、言説の量により成立したものは設立場所が無くて、錯乱の側ほどに述べてから他者の側に設立する以外、自己の立場においては何も設立場所が無くて、業果を損滅する大きな断見について、中観の最上の見だと取らえるそれこそを否定するために、尊者は大いに勉励なさった。そのように質問と論議・観察を多くなさったおりに、尊者〔マンジュゴーシャ〕は、帰謬派・自立派の差別、倶生と所遍計の二我執により取らえられたとおりの我と、証因の否定対象の微細・粗大の度量（基準）、見を証得した度量（基準）、帰謬派のこの見の立場により世俗を設立するさまなどの伺察を詳しく為さった（以下、省略）」

※）ケードゥプ・ジェによる別の伝記『信仰入門 Dad pa'i 'jug ngogs』(Toh.No.5259 Ka 31a;; 和訳　石浜、福田同上 p.81) にも、類似の内容を伝えている。

cf. 四津谷孝道『ツォンカパの中観思想』2006,p.36; 野村正次郎「ツォンカパの空思想における否定対象とその分岐点」(『印度学仏教学研究』52-2,2004) pp.181-182; 松本史朗「ツォンカパとゲルク派」(『東洋思想第二巻　チベット』1989) pp.237-238

※1）Kyt ed. には don であるが、割註には don de とある。

※2）割註に、「もし有るのなら、このようなものが来る、といって」という。

※3）割註に、「それの義（もの）〔である、共〕または形相」という。それに関しては、野村正次郎「ツォンカパの否定の定義とその思想的展開」(『論叢　アジアの文化と思想』10,2001) pp.5-6 にチャパ・チューキセンゲ（1109-1169）著『東方の三の自立派の千薬 Shar gsum stong thun』やその弟子ツァンナクパ著『量評釈の考究 rNam 'grel mtha' dpyod』での提示が論及され、それを継承したツォンカパや後のゲルク派における否定の定義が議論されている。p.11 には、否定である対象が分別知により理解されるときの認識の三層構造として、ⅰ）否定対象の対象普遍の知への顕現、ⅱ）把握形式が直接対立する知による否定対象の排除、ⅲ）知による否定の理解、というようにまとめられている。

※4）割註に、「確認したのを通じて知の対境に」という。

※5）割註に、「「無しの否定」、無我など」という。

訳註2－2）IX 140ab; V.Bhattacharya,1960,p.221; D dBu-ma No.3871 La 36a6; 和訳　金倉円照『悟りへの道』1958,p.202; ツルティム・ケサン、桜井智浩『ツォンカパ　中観哲学の研究Ⅵ』2009,pp.310-311;『入中論の釈論・意趣善明』Ⅵ 冒頭の否定対象の確認の個所 (Toh.No.5408 Ma 71a3-4) にも引用。またタルマリンチェンはその『入行論の釈論・仏子渡岸』において、関連する教証として『中論』XⅢ 7 (cf. 三枝充悳『中論偈頌総覧』1985,pp.378-379; 本著 Kyt ed.p.317 に四句の否定に関してすべてが否定されることの意味を論じた訳註3－92の個所にも引用。) の、「もし不空がわずかでも有るならば，空もまたわずかでも有るであろう。不空が無いならば，空性がどうして有るであろうか。」という意味が説かれると、述べている。また、否定対象を執らえるものとして分別を挙げる記述は、『中論』XⅧ 5 (訳註5－138、5－139の個所に引用) をも参照。

※1）btags pa'i; 'Jam には、「顛倒、諦執の増益された (sgro btags pa'i)、否定されるべき〔事物〕」と読みこんでいる。D ed. 原典には brtags pa'i (分別された) とあり、skt. 原典 kalpitaṃ と一致する。これはまた Kyt ed.p.323,335 に見られる brtag mtha' bzung (仮定した) に掛かる含意を持ち、非実在物を有法に取り上げる場合の方法である。文字の類似もあり、brtag と btags はしばしば混用

訳註 2.真実の決択 283

される。
※2）割註に、「諦成立〔に〕、その形相が知に浮かんだのを通じて〔触れ〕て決定し〔なくては〕」という。
※3）dngos med（非有）について割註に、「諦として無いのを知により証得するのを通じて、」という。

註2－3）'Jam に、「第二、否定されるものを微細・粗大の二つ、または人我と法我の二つにまとめ
たなら、易しいこと」という。cf. 四津谷孝道『ツォンカパの中観思想』2006,p.50
※1）割註に、「すべての根本を丸ごとまとめて」という。
※2）割註に、「より、「これを越えていない」という到達の境」という。
※3）割註に、「諦成立だと執らえる」という。
※4）「辺」mtha'（skt.anta）については、ヴァスバンドゥ著『釈軌論』（D No.4061 Shi 34b5）に「辺
とは滅尽と終わりと近くと方向と低劣をいう」という。cf. 山口益「世親の釈軌論について」（『山口
益仏教学文集 下』1973）p.173; カマラシーラ著『中観光明論』（D No.3887 Sa 158a4-5; 和訳　一
郷正道「カマラシーラ著『中観の光』和訳研究（4）」（『京都産業大学論集 25-1 人文科学系列 22』
1995,p.220）; これらを引用して、ツォンカパ著『中論の釈論・正理大海』（Toh.No.5401 Ba 9b1ff.;
和訳　クンチョック・シタル、奥山裕『全訳 ツォンカパ 中論註『正理の海』』2014,p.21）に、「よっ
て、これの辺とは転落するところです。世間では断崖の深淵を辺 [と語り]、それに転落することを
辺に転落すると語るのと同じです」という。cf. 拙著『中観哲学の研究 I』1996,p.72;
※5）割註に、「それらは言説ほどとしても設立するのを知らないので、」という。
※6）割註には、これが本文かのように示されている。

註2－4）中観派における否定対象の確認という内容は、ツォンカパ著『入中論の釈論・意趣善明
dBu ma dgongs pa rab gsal』の第六現前地の、「中観自立論証派の宗の諦執を確認する」「中観帰謬
論証派の宗の諦執を確認する」の個所（lHa-sa ed.Toh.No.5408 Ma 71b2ff.; 小川一乗『空性思想の
研究 II テキスト・翻訳篇』1988,pp.24ff.,pp.358ff.）に詳論されている。『中論の釈論・正理海 rTsa
she'i Ṭīka chen』の序論（Toh.No.5401 Ba 16a5-17b5; 和訳　クンチョック・シタルほか同上
2014,pp.35-38）にも議論されている。

註2－5）『道次第大論の表記註釈 brDa bkrol』Toh.No.6569 Ka 45b6-46a2 に次のようにいう－
　　「否定されるべきものの確認があまりに過大であるのは、尊師の場合のチベットの中観の義の論
　　者ほとんどです。昔のゴク大翻訳師（46a）ロデン・シェーラブ父子に随った者と、〔パツァプ・
　　ニマタク翻訳師の弟子であるシャン・〕タンサクパ（Thang sag pa）に随った者であると説明
　　している。そのうち、ゴク大翻訳師とチャパ・チューキセンゲと〔サキャ派の〕クンケン・ロン
　　トンなどは自立派の学説を受持していた。ボドン・チョクレーナムギャルは吉祥あるチャンドラ
　　キールティの学説を受持していると説明している。」
なお、ギャルツァプ・ジェが記録したツォンカパの講義録『量の大備忘録 Tshad ma'i brjed byang
chen mo』（Toh. No.5400 Pha 17a2ff., K ed. Pha 18a6ff.）の「中観・量との両者の場合の錯乱の所
依を確認する」という個所にも同様な記述が見られる。cf. 拙著『チベット仏教　論理学・認識論の
研究 II』2011,p.131

註2－6）'Jam には、「差別（特定のもの）十一」といって項目を細分している。cf. 野村正次郎
「ツォンカパの空思想における当事者性」（『日本西蔵学会々報』52,2006）p.17; 松本史朗同上
1989,pp.239-240; なおチャンドラキールティにおける正理による伺察の意味については、加藤均
「中観派における vicāra の実践的意味－チャンドラキールティの場合」（『印度学仏教学研究』38-
2,1990）、Paul HOORNAERT「チャンドラキールティの人間像－ vicāra に視点した人間の三つの類
型化の試み－」（『インド思想における人間観』1991）、那須真裕美「中観派の二諦説における「考
察（vicāra）」」（『日本西蔵学会々報』48,2002）、岸根敏幸『チャンドラキールティの中観思想』
2001,pp.86ff. に議論されている。
※1）'Jam は次のようにいう－

「或る人はいう － 色から相智までの一切法は勝義を伺察する正理〔にとって〕の否定されるべきものです。〔なぜなら、〕そのすべては、その正理による伺察に耐えるものとして成立しているのは、塵ほども無いから、そしてそれらはその正理により否定されていないし有るのなら、四句のどれかとして有ることが必定であるのに、『経』（※1）に「有るということを行ずるなら、兆相を行ずる」ということなど四句すべてを否定したから、そして真実を見られる聖者の等至により生・滅などは何も無いと見られるから。よって、生・滅と繋縛・解脱などは何も無い。それより他にそれらが有るなら、正理による伺察に耐えるのか、耐えないのか。第一のようなら、諦そのものになる。第二のようなら、それは正理による伺察に耐えないなら、それにより獲得されないことが必定です。そのようなら、それは正理により否定したことが必定なので、それは無いことが必定であるからです。またそれらが有るなら、量（認識基準）により成立しているのか、成立していないのか。第一のようなら、妥当しない。聖者の等至によりそれらは無いと見られるので、成立していない。言説の眼識などは量であるのを否定したからです。さらにまた、生が有るなら、世俗として有ることが必定なのに、それは妥当しない。勝義として生を否定する正理それこそにより、世俗としても生を否定することを『入中論』（※2）に説かれたからです。さらにまた、生が有るなら、四句のどれかより生ずるのか、生じないのか。第一のようなら、他の三つは妥当しないので、他より生ずることが必定なのに、それは『入中論』（※3）に否定されたからです。第二の（101a）ようなら、勝義として生を否定するなら、四句に観察してから否定したことにより否定しなかったことになる。四句のどれにも収まっていない生一つが有るからです。さらにまた、事物の生などは勝義を伺察する正理により獲得されないなら、それは否定されたことになる。例えば一つの住宅に盗人がいるとの疑いから探し求めたことにより獲得されないなら、そこに盗人がいることは否定されたように、というのは、過大な否定対象を主張する者たちの立場を反復し、順次に適用してご覧になったと申し上げる。」
※1）本論 Kyt ed.p.310 と Kyt ed.pp.319-320 を参照。
※2）Kyt ed.p.270（訳註2－11の個所）に引用された VI 36 を参照。
※3）Kyt ed.p.271（訳註2－12の個所）に引用された VI 32 を参照。
※2）割註に、「伺察の所依事〔である、生など〕」という。
※3）割註に、「有る無しの両者と、非両者との〔句〕すなわち、辺」という。
※4）割註に、「『経』と論書の多くに」という。

訳註2－7）色から一切相智の百八の項目は、雑染と清浄の一切法を意味する。それらとそれらの真如が無自性、空であるという表現は『二万五千頌般若経』『十万頌般若経』に頻出するし、『現観荘厳論』の関連で説かれる基本的分類でもある。百八のうち、五十三が雑染法、五十五が清浄法である。五十三の雑染法は、所依事の五蘊、所依の六根、能依の六識、所縁の六境、和合としての六触、受納として触の縁による六受、能生としての六大種、過患としての十二縁起である。五十五の清浄法は、行道としての六波羅蜜、見道としての十八空、瑜伽道として三十七菩提分法の四念住・四正断・四神足・五根・五力・七等覚支・八聖道支という七部類、止住の道として四聖諦・四静慮・四無量・四無色定・八解脱・九次第定という六部類、観の道として三解脱門の三昧という一部類、殊勝な功徳の道として五神通という一部類、健行・虚空蔵・無垢・獅子奮迅という四つの三昧という一部類、四つの陀羅尼門という一部類、果の道として十力・四無畏・四無礙解・大慈・大悲・仏十八不共法という六部類、それを現証する預流から独覚まで人の五種類、究竟の果として所依事智・道智・一切相智の三つである。cf. Klong rdol ngag dbang blo bzang gi gsung 'bum glegs bam dang bo(Bod ljongs bod yid dpe rnying dpe skrun khang. 西蔵文古耕出版社 ,1991) pp.412-414

訳註2－8）'Jam に、「第四、生・滅などは量（認識基準）により成立していると主張することは、」という。
※1）割註に、「どれかを越えていないので、その二つの中のどれなのか。」という。
※2）割註に、「に、量（認識基準）により成立している〔なら〕」という。
※3）割註に、「量（認識基準）の最高のもの」という。

訳註　2.真実の決択　　285

※4）割註に、「聖者の等至の」という。
※5）割註に、「により必ず成立することが必定であり、その智慧により」という。
※6）割註に、「下の『経』などにより」という。

訳註2－9）IX 23; D mDo-sde No.127 Da 26b5-6; Dās ed.p.29 l.32; Vaidya ed.1961,p.47; 大正
15　No.639『月燈三昧経』p.558a18; 和訳　田村智淳『三昧王経Ⅰ』1975,p.158
※1）割註に、「〔眼〕の識」といい、その後にも同様であり、そこから補足した。
※2）割註に、「を修習する精進」という。
※3）割註に、「必要性は何も無い。」という。
　　なお、この経典の IX 23-24 は、チャンドラキールティ著『六十頌如理論の註釈』ad v.3 にも引
用されている。訳註3－21を参照。なお、この偈頌は、ヴァスバンドゥ著『釈軌論』(D No.4061
Shi 110a3-4（第4章）; 和訳　堀内俊郎『世親の大乗仏説論－『釈軌論』第四章を中心にして－』
2009,p.331) に、大衆部の偈頌として出ている。
　　根識がどの程度妥当するかについて、チャンドラキールティの『空性七十論の広釈』(ad v.65) D
No.3867 Ya 330a6-b1 には次のようにいう －
　　　「もし、また根を待って青などは現前である。そのようでも、正理による伺察より生じた知の現
　　量〔であり〕、なおかつそれこそを執らえる根の現量により説かれるから。すなわち、眼翳を有
　　する者において非真実の毛髪と蜂などが現前に個々に現れるが、それらも正理を有する知の現前
　　には無い。それは知の根の現量としても、それらは住するわけではない。正理に随順する知によ
　　り、正しい（yang dag pa'i）現量として慢思することを除去するから。」

訳註2－10）VI 31a; D dBu-ma No.3861 'A 205b4,『同自註釈』D No.3862 'A 256b3; La Vallée
Poussin ed.p.112; 和訳　小川一乗『空性思想の研究』1976,p.109; 拙著『中観哲学の研究Ⅴ』
2002,p.97; 瓜生津・中沢『入中論』2012,p.149
※1）割註に、「空性を証得しない〔世間〕の言説の知識、眼識など〔は〕、」という。
※2）割註に、「そのように生などは聖者の等至により無いと見られるが、世間の言説の眼識などは
一切相（全面的）に量（認識基準）ではないし、生などを立証する他の量もありえないので、生など
が量（認識基準）により成立していることは妥当しない。」という。

訳註2－11）VI 36; D dBu-ma No.3861 'A 205b7-206a1;『同自註釈』D No.3862 'A 259a5; La
Vallée Poussin ed.p.122; 和訳　小川一乗『空性思想の研究』1976,p.124; 拙著『中観哲学の研究Ⅴ』
2002,p.101; 瓜生津・中沢『入中論』2012,p.154; Kyt ed.pp.313-314（訳註3－78の個所）にも引用。
※1）割註に、「伺察する」という。
※2）割註に、「諸事物を生じさせる者〔である、自〕」という。
※3）割註に、「二つのどれ〔より生ずる〕といって伺察したなら、その二つのどれからも生ずる〔こ
とが〕」という。
※4）割註に、「そのように見させるものの真実を伺察する」という。
※5）割註に、「諸事物が自性により生ずることは」という。
※6）割註に、「立場の自性による〔生は〕」という。
※7）割註に、「四辺の生を否定するそれこそ」という。

訳註2－12）VI 32d; D dBu-ma No.3861 'A 205b5;『同自註釈』D No.3862 'A 257a1; La Vallée
Poussin ed.p.114; 和訳　小川一乗『空性思想の研究』1976,p.111; 拙著『中観哲学の研究Ⅴ』
2002,p.98; 瓜生津・中沢『入中論』2012,p.150; VI 32 に、「世間は種子ほどを蒔いてから「私がこ
の子を生じさせた」と語るし、「木を植えた」と分別するから、ゆえに、他より生ずることは世間か
らも無い。」といい、世間において因果は自性による他ではなく、伺察しないで設立されていること
が説かれている。

訳註2－13）'Jam dbyangs bzhad pa'i rdo rje の『大学説 Grub mtha' chen mo』に、タンサクパ（Zhang Thang sag pa Ye shes 'byung gnas. パツァプ・ニマタク（1055-?）の四大弟子の一人とされる）は「一切法は勝義として成立していない」というとき、「勝義」という差別（限定）を適用するのは自立派の学説であり、正しくないと述べたとされている。和訳　吉水千鶴子「ゲルク派より見た誤った中観派の担い手たち」『成田山仏教研究所紀要』1991,p.169

※1）割註に、「ただの生ほどを否定したことで充分ですが、〔生を否定するにあたって〕勝義として生ずることは無い、といって」という。

※2）'Jam に次のようにいう －

「よって、一切法において自体により成立した自性が無いことは、吉祥あるチャンドラの立場において、歪曲しえない。そのように自性が無いなら、それから何が有るのか。よって生滅などすべては無い、と言う。そのように主張することの内部の一部の或る人は、生・滅などは言説としても無いと主張する。或る人は言説として有るが、それにより有ることは断じないと主張する。どのようにも、勝義を伺察する正理により、生・滅などを否定した、と言う。」

「といって、現代の中観派だと主張する者ほとんどがそのように語るし、そのように語る者の立場〔これについても〕」という。

訳註2－14）ad I 1; D No.3860 'A 8bff.; La Vallée Poussin ed.p.26ff.; 和訳　奥住毅『中論註釈書の研究』1988,p.72ff.; 丹治昭義『中論釈　明らかなことば I 』1988,p.20ff.; Kyt ed.p.341 の訳註3－232の個所を参照。また、『入中論』において、四句不生を論証するとき、ブハーヴィヴェーカを批判して差別（限定）を適用しないことを述べた部分としては、訳註3－233の個所への引用を参照。

訳註2－15）中観派における主張ないし言説の有無に関しては、訳註4－1を参照。

※1）割註に、「一致しないもの二つとして現れる。」という。

※2）割註に、「それほど以外のその立場〔すべても〕」という。

※3）割註に、「勝義を伺察するものとして」という。

※4）割註に、「生などを否定すること」という。

訳註2－16）'Jam に、「1）中観の主張の仕方と、2）実有論者の争論の仕方と、3）自性が無くても、輪廻・涅槃が妥当することと、4）空性が縁起と同一義であるさまと〔合計〕四つ」という科文を立てて、さらに細分している。Ngag には、所依事・道・果の構成を用いて次のようにいう －

「それを否定する理趣これらは分かりやすいですが、上師のお言葉の通りに一方に要約して述べるなら、果〔である〕二身が成就するには、道〔である福智の〕二資糧を積集することが必要です。それには、所依事(gzhi)〔である〕二諦の設定の仕方の見を知ることが、必要です。それにもまた、この因よりこの果が生起するとの因果の関係について決定を底から導くこと一つと、一切法は自性による成立が微塵ほども無いこと二つが、知の側に相違（矛盾）しないだけでなく、互いに助けあうことが必要です。そのようなことは、賢者〔である〕中観派だけの差別法（特性）であるので、他者が証得するのは難しいのです。それもまた、中観派は空性を縁起の義と主張なさるのです。縁起であることにより、因縁などを待っていて、そのようなら、自力の体として無いので、自らの側から、または自性による成立について空である。そのような中観派の非共通のその立場が、前の前分〔所破〕により否定されたのです。彼は自性が微塵ほど無いことと、生・滅など別異のものとの二つが相違（矛盾）しない二つを否定したのであるからです。彼は「自性が無いなら、何が有るのか」といって、自性が無いなら、生・滅などは無いことが必定であると語ったからです。さらにまた、『根本般若』（※）に、縁起には自性による空が遍充することを説かれたことより反転して、語るものでもある。自性により無いなら、生・滅などは無いと主張することが必定であると語ったのは、生などが有るなら、自性により有ることが必定であると語ったことにもなっているから。」

※）訳註2－22の個所の記述を参照。

cf. 福田洋一「ツォンカパにおける縁起と空の存在論－中観派の不共の勝法について－」(2002年改訂版がウエブ上で閲覧可能；同「ツォンカパの中観思想における二つの二諦説」(『大谷学報』83-1,2004) pp.3-4；松本史朗「ツォンカパとゲルク派」(『東洋思想第二巻　チベット』1989) pp.241-243

※1）割註に、「得させるものの因」という。

※2）割註に、「広大な二」という。

※3）割註に、「そのように積んだ〔福徳・智慧〕の二資糧その因〔より〕」という。

※4）割註に、「〔殊勝な〕最高の果になったもの、〔すなわち〕智慧より生起した法身と、福徳より生起した色身」という。

※5）割註に、「、仏の乗」という。

※6）割註に、「その乗こそを欲するし希求する力により発趣する〔、教化されるべきものたち〕」という。

※7）割註に、「何に拠るか〔という〕は、得させるもの〔である、道〕」という。

※8）割註に、「如量（あるかぎり）〔である〕世俗を証得する」という。

※9）割註に、「如実（あるがまま）〔である〕勝義を証得する」という。

※10）割註に、「根本〔である〕何を待っているか〔というの〕は、」という。

※11）割註に、「〔因である〕善・不善などと〔果である〕善趣・悪趣・解脱など」という。

※12）割註に、「句（ことば）ほどになっていない」という。

※13）割註に、「方便・智恵のその二つの根本」という。

※14）割註に、「揃っていないし、双運として〔無いなら〕」という。

※15）割註に、「学びたいと欲するのを通じて」という。

※16）割註に、「その根本も何であるか〔というの〕は、それもまた〔所依事である、〕二諦を証得する〔見〕」という。

※17）割註に、「このような所依事・道・果の枢要の根本〔である〕二諦について決定を獲得するさま」という。

※18）割註に、「知恵が甚深であり広大である人〔である〕」という。

※19）割註に、「世俗〔である〕因果の設定を為すなら、空の分〔である〕勝義が不適切であるのと、空の分〔である〕勝義の設定を為すとき、因果などを設立しえなくなった、」という。

※20）割註に、「そのように知る場合には、」という。

※21）ston pa（教主）と bstan pa（教え）というこの二語の交替は、ヴァスバンドゥ著『仏随念の広釈』D No.3987 Ngi 55b-63b に gsung pa nyid phun sum tshogs pa などと出ていて、説示者の円満とも説示の円満ともなり、『量評釈』PV II 138cd への註釈文献にも見られる。cf. 拙著『チベット仏教　論理学・認識論の研究 I 』2010, 訳註5－24

※22）割註に、「驚くべきものだと見る〔尊敬〕」

※23）割註に、「作り事と虚偽の無い」という。

※24）割註に、「福分ある他者たちに対して」という。

※25）割註に、「聞きなさい。諸事物が」という。なお、事物を効能の能力あるものとする規定については、割註2－64を参照。

※26）割註に、「因果の関係の上より浮かんだ〔義〕」という。

※27）割註に、「毘婆沙師、経量部など」という。

※28）割註に、「承認しないだけでなく、そのような殊勝な見を承認する〔中観派に対して〕」という。

※29）割註に、「〔争論する〕理由は、何に到るのかの根本は、丸ごとまとめたなら、これです。彼ら実有論者の学者たちが思惟した度量（程度）において、これら中観派により、」という。

※30）割註に、「設定する所依事（もと、基盤）が無いので、そのような設定を〔設定するところが〕全く〔無い〕」という、

訳註2－17）v.60; D No.3825 Tsa 22b4;『同註釈』D No.3864 Ya 30a4-5; 和訳　瓜生津隆真『大乗仏典14 龍樹論集』1974,p.87; Scherrer-Schaub ed.1991,p.91; 英語訳　Loizzo,Joseph. *Nāgārjuna's Reason Sixty With Chandrakīrti's Commentary*.2007,p.207; cf. 瓜生津隆真『ナーガールジュナ研究』1985,p.197;『同論』における廻向のための最終偈頌である。チャンドラの『註

釈』D No.3864 Ya 30a4-5 に、「智恵を除外し、智恵の因を除外した有情界すべてを遍知させんがために成就された無量の善すべてが、福徳の資糧ということが示された。智恵と智恵の因を、仏陀が成就するよう廻向することすべてが、智慧の資糧です。」という。ここに見られるのは、仏身に関する初期大乗の二身説であり、中観派の基本的立場である。後に瑜伽行派の三身説、『現観荘厳論』のハリバドラ流の四身説が成立した。類似した内容として、同著者の『宝鬘』Ⅲ 12-13（M.Hahn ed.1982,p.74）には、「諸仏の色身は福徳の資糧より生起しました。法身は要約すると、王よ、智慧の資糧より生まれました。よって、この二資糧は仏たることを得る因です。そのように要するにこの福徳と智慧に常に依ってください。」という。

訳註２－１８）Kyt ed.pp.58-75 の、大士の道次第のうち、六波羅蜜の行を概説するなかで、「方便・智恵の各々を学んだことによって仏陀は成就しないことを説くこと」という項目が立てられており、そこでは『修習次第』での議論を踏まえながら、詳しい論述がなされている。cf. 拙訳『菩提道次第大論の研究Ⅱ』2014,p.65-74

訳註２－１９）ⅩⅩⅣ 1 （「聖諦の観察」）; D No.3824 Tsa 14b4; 三枝充悳『中論偈頌総覧』1985, pp.732-733; 和訳　奥住毅『中論註釈書の研究』1988,p.739; 北畠利親『中論　観法品・観四諦品訳註』1991,p.104; 丹治昭義『中論釈　明らかなことばⅡ』2006,p.103
※１）割註に、「実有論者が中観派に対して争論するさまを提示した個所に」という。
※２）割註に、「自体による成立について」という。
※３）割註に、「あなたの立場において、縁起の為すべきことを為すこと〔である〕」という。
※４）割註に、「苦・集・滅・道の諦」という。

訳註２－２０）v.1; D No.3828 Tsa 27a2;『同自註釈』D No.3832 Tsa 121a4-5; Lindtner ed.1982, p.76; 和訳　梶山雄一『大乗仏典 14 龍樹論集』1974,p.135; 米沢嘉康『Vigrahavyāvartanī Sanskrit Translation and Tibetan Translation』（『成田山仏教研究所紀要』31,2008)pp.216-217;『廻諍論自註釈』において v.1 の実有論者の批判に対して vv.21-23 が回答になっている。訳註２－３７の個所を参照。
※１）割註に、「中観派に対して、あなたの立場において」という。
※２）割註に、「〔である〕事物〔すべてにおいて〕」という。
※３）割註に、「〔あなた〕が語った、自体により成立した自性を否定する〔句（ことば）〕」という。
※４）割註に、「自性により無いそのような句（ことば）により、〔自性〕による成立〔を〕全く」という。
※５）割註に、「の否定・肯定」という。

訳註２－２１）'Jam に、「第三、自性が無くても、輪廻・涅槃が妥当するさまに七つ」と項目を立てている。cf. 福田洋一「ツォンカパにおける縁起と空の存在論－中観派の不共の勝法について－」(2002年改訂版がウエブ上で閲覧可能)p.2,6; タルマリンチェン著『解脱道作明 Thar lam gsal byed』(Toh. No.5450 Cha 210a-b; 拙訳『チベット仏教　論理学・認識論の研究Ⅱ』2011,p.5; ad Ⅲ 3) に次のようにいう－
　　「一般的に、無自性論者と実有論者たちが二諦の不一致を論争する所依事は、果を生じさせる所作・能作〔の作用〕これこそが、勝義として成立しているか・成立していないかのみについて論争するが、それについて、実有論者たちは、効用の能力これは、分別により仮設されたほどではなくて、対境それ自らの側から果を生じさせる所作を為すのか、為さないのか。後者のようなら、現前 (H210b) と相違するし、第一のようなら、勝義として有る義がよく (K202a) 成立しているので、それについて「世俗として有る」という名〔、すなわち〕仮設の名を説いているけれども、世俗として有ることにならない、と主張します。無自性論者について、中観自立論証派の人たちは、諸事物は自相により成立しているのであるが、侵害無き識に現れることの力により設定されたのではなくて、対境それ自らの側からよく成立したことが無いので、世俗として有るが、勝義としては無いと主張なさる。中観帰謬論証派の人たちは、果を生じさせる事物は自宗において量

によりよく成立しているが、自相により成立した法は微塵ほども成立していることが無いと、主張なさるのです。」

訳註２－２２）ⅩⅩⅣ 13-14; D No,3824 Tsa 15a3-4; 三枝充悳『中論偈頌総覧』1985,pp.756-759; 和訳　奥住毅『中論註釈書の研究』1988,pp.762-763; 北畠利親『中論　観法品・観四諦品訳註』1991,pp.125-126; 丹治昭義『中論釈　明らかなことばⅡ』2006,p.122; ⅩⅩⅣ 14ab は Kyt ed.p.275（訳註２－３２の個所）に引用。Brjed byang（憶え書）Da 23a4-6 に次のようにいう －
　　『『根本般若』には二十七章あるうち、第二十六章により、縁起の流転門・還滅門により表示される言説を設定するさまを示した。第二十四章により、自性により空でないものに生・滅などは適当でないことと、自性により空であるものにそれらすべてが適切であるさま、〔すなわち〕言説の設立が妥当するさまを示した。他の二十五の章により、おもに自性を否定なさった。第二十四章に示した自性による空・不空において言説の設立が適切か不適切かのこのさまについて、他の章すべてに運用するのを知ることが必要だという意味として出ているので、題名から第二十五章によりおもに、ということにより、錯乱が生ずる危害が大きい。」
　なお、これら各章とその内容、構造については、ツォンカパ著『根本般若の釈論・正理海』の序論（Toh. No.5401 Ba 20b5-22a3; 和訳　クンチョック・シタル、奥山裕『全訳 ツォンカパ 中論註『正理の海』』2014,pp.43-44）に解説されている。
※１）割註に、「上のの実有論者がそのように争論することへの回答を説かれたのが、」という。
※２）割註に、「生・滅が無いなどの、実有論者が、あなたの為すべきことを為すことすべてが妥当しない〔という、過失〕」という。
※３）割註に、「私、中観派が自性により〔空〕であると語る立場」という。
※４）割註に、「だけでなく、自性による空において為すべきことを為すことすべてがきわめて妥当するから、」という。
※５）割註に、「実有論者」という。
※６）割註に、「中観派」という。

訳註２－２３）D No.3860 'A 166a2-3; La Vallée Poussin ed.p.500; 和訳　奥住毅『中論註釈書の研究』1988,p.763;
※１）割註に、「中観派」という。
※２）割註に、「自性により空であると承認しているものの立宗」という。
※３）割註に、「世俗」という。
※４）割註に、「〔どこか〕の立場〔において〕自性による空である〔空性が〕」という。

訳註２－２４）
※）割註には、「〔流転門〕の最後に、執着の力により生ずる〔次第〕」という。

訳註２－２５）『根本般若』の第二十六章「十二支の観察」、第二十七章「見の観察」は声聞乗の教義を説くことが特徴的であるので、註釈文献によりその扱いに違いがある。小沢千晶『ナーガールジュナにおける見と縁起』2008（学位請求論文）pp.10-13 には、これら二章の位置づけに関して現代の学者たちの理解が示されており、同論文「第３章 縁起と二諦説」において、『般若灯論』と『明句』が第１章冒頭で行う縁起の語義解釈を手がかりとして、これら二章の位置づけを分析している。なお、空性の決択を行った上で、四顛倒、十二支縁起の生滅といった声聞乗の教義を扱うといった順序は、『空性七十論』にも見られる。
　また、唯識派、中観自立論証派の解釈では人無我は粗大であり、声聞乗の修習対象であるが、法無我は微細であり、大乗の修習対象とされているが、帰謬論証派の解釈では、人無我と法無我は有法の違いであり、それ自体に粗大・微細の違いはないし、声聞乗にも簡略ながら法無我が説かれているとされている。訳註３－１９４と5-1を参照。
※１）割註に、「因縁が揃わないことにより」という。

※２）割註に、「因果のそのような設定が妥当することの力こそにより」という。
※３）割註に、「〔必要〕なのは、学説の根本の枢要に到ること〔です。〕」という。
※４）割註に、「そうであることはまた、何より知るのか〔というの〕は、『根本中論・般若』より知る。そのようにまた『根本般若』の」という。

訳註２－２６）XXIV 18-19; D No.3824 Tsa 15a6-7; 三枝充悳『中論偈頌総覧』1985,pp.766-769;『明句』D No.3860 'A 167a5-6; La Vallée Poussin ed.p.503; 和訳　奥住毅『中論註釈書の研究』1988,p.768,770; 北畠利親『中論　観法品・観四諦品訳註』1991,p.134,136; 丹治昭義『中論釈　明らかなことばⅡ』2006,pp.126-127; 福田洋一「ツォンカパにおける縁起と空の存在論－中観派の不共の勝法について－」(2002年改訂版がウエブ上で閲覧可能) p.4 には、この教証の理解について縁起、空性、仮設、中道を単純な同一義とするのでなく、縁起であれば無自性空であるという遍充関係が理解されていると論じ、Kyt ed.277（訳註２－３８の個所）の遍充関係への議論を参照させている。
Brjed byang（憶え書）Da 23a6-b4 に次のようにいう －
　　「第二十四章に、「縁起するものそれは空であると（23b）説明する。」ということにより、縁起の義は空の義だと示した。「それは依っての仮設。」ということにより、空の義は縁起の義と示したのです。初めの二つの句類はきわめて明らかであるし、第三句のほうの『明句』（※１）に「空性それは依っての仮設ということを設立した。輪など車の支分に依ってから車だと仮設する」と説かれたように、〔ツォンカパの〕『大註釈 rTsa she'i Ṭīka chen』（※２）にも出ているから。
　　空性の義は縁起の義と説かれたのは、腹が丸いのを瓶の義と設立するようなものであるなら、縁起を決定する知それこそにより、空をもまた決定することになるので、妥当しないし、空性それが縁起を述べる声（ことば）の直接的、間接的どれかの意味だと設立することと、縁起を決定する知により空を直接的、間接的のどれかで証得する意味としても、妥当しないことを、〔ツォンカパの〕『根本般若の大註釈』（※３）に説かれた。」
　　※１）D No.3860 'A 167b2-3;
　　※２）Toh. No.5401 Ba 249b5-6,251a1-2; 和訳　クンチョック・シタル、奥山裕『全訳 ツォンカパ 中論註『正理の海』』2014,pp.751-754
　　※３）cf.Toh. No.5401 Ba 250a6-251a1; 和訳　クンチョック・シタルなど同上 2014,p.753
※１）割註には、rten cing 'brel par 'byung ba（縁起）の語義解釈として、「事物、〔すなわち〕因縁が互いに〔依って（rten cing）〕出会ってから和合したそれらと〔関係（'brel）し、待っただけで〕生起する（'byung ba）」という。具体的適用については、訳註２－２９の※１１を参照。cf. 根本裕史『ツォンカパの思想と文学－縁起讃を読む－』2016,pp.38-43
※２）割註には、「自力または自らの力による成立が無いので、自体による成立について〔空である〕」という。
※３）割註には、「正等覚者は」という。
※４）割註には、「有法が自力により成立したことが無くて」という。
※５）割註には、「ほどだけにおいて設立されることである。」という。
※６）割註には、「事物、〔すなわち〕他の因縁が和合したし集積したほどだけに依って、仮設されるほどのそれこそは、自性により空の義として浮かんだことである〔それこそ〕」という。
※７）Ba so には、「辺（極端）を離れた」、さらに割註に「自力により成立した常の辺と、縁起が無い断の辺との二つを越えた〔中〕でもあり、その義こそを中観派は行くべきことでもあるので、〔道〕」という。
※８）割註に、「証得されるべき義の究竟〔すなわち〕自性により空それは、暫時のものではなく、一切法に遍充するのです。」という。
※９）割註に、「〔こ〕のようなきわめて明らかなこと〔について〕」という。
※１０）割註に、「あなたたち、中観の義を語ると主張する人たちは」という。

訳註２－２７）vv.70-71; D No.3828 Tsa 29a5-6;『同自註釈』D No.3832 Tsa 136b6-7,137a4-5; Lindtner ed.1982,p.86; 和訳　梶山雄一『大乗仏典14 龍樹論集』1974,pp.183-184; 米沢嘉康

「*Vigrahavyāvartanī* Sanskrit Translation and Tibetan Translation」（『成田山仏教研究所紀要』31,2008)pp.330-333; Brjed byang（憶え書）Da 23b6-24a2 にはこの教証について次のようにいう ―
「その三つは異門（別名同義語）として示されたと『大註釈』（※１）に説かれた。その意味は、諦成立により空のみの法と（24a）縁起と中道〔すなわち〕二辺を離れた諦空との三つは、同じ義の意味として『縁起大論 rTen 'brel chen mo』（※２）に説明したのは、同一義、名の異門（別名同義語）について思惟するようだ。『廻諍論の自註釈』（※３）に、「およそ空と縁起は」と出ているようなら、空性と縁起の二つは各々も二辺を除去するので、中道として同一または同じ義の意味として適用するなら理解しやすい。（※４）」
　　※１）Toh.No.5401 Ba 251a4; 和訳　クンチョック・シタルなど同上 2014, p.754
　　※２）ジャムヤンシェーパの般若学の著作である。
　　※３）D No.3832 Tsa 137a4
　　※４）Da 24a5ff. には、二辺の除去の仕方が議論されている。
※１）割註に、「立場〔そこに〕自性により〔この空性が〕設立しうるのを通じて〔ありうる〕立場」という。
※２）割註に、「諦と縁起などの」という。
※３）割註に、「義（もの）の設定は」という。
※４）割註に、「自性により」という。
※５）割註に、「二辺を断除した〔中〕の義それこそは、中観派により行かれるべきものであるから、〔道〕」という。
※６）割註に、「〔中道〕、〔すなわち〕そのように、自性により空である義と、縁起の義と、中の義、〔という〕この三つについて、中観派に入るべき道〔として〕別名同義語ほど以外〔、同一義〕」という。

訳註２－28) v.68ab; D No.3827 Tsa 26b4-5;『同自註釈』D No.3831 Tsa 120b3-4; 月称の『空性七十論の広釈』D No.3867 Ya 283a1-2; 和訳　瓜生津隆真『大乗仏典 14 龍樹論集』1974,p.130; cf. 瓜生津隆真『ナーガールジュナ研究』1985,p.178
　　『空性七十論』自体には、dngos kun rang bzhin stong pas na/ /de bzhin gshegs pa mtshungs med pas/ /rten cing 'brel bar 'byung ba 'di/ /dngos po rnams su nye bar bstan/ /（事物すべては自性空であるので、無比の如来は、この縁起を諸事物として説かれた。）とある。この四句の一偈頌の翻訳については、下に示すように割註にも言及されている。Brjed byang（憶え書）Da 24b5-25a1 には、月称の『空性七十論の広釈』D No.3867 Ya の翻訳と対照、比較されている。同じく Da 25a1-4 には次のように解説する ―
「意味は、チャンドラの『註釈』（※１）に諸行は自性は空だと示すために如来が縁起を説かれた意味に適用して、縁起の論証因により無自性だと立証する個所ときわめて対応する。軌範師パラヒタが作られた『空性七十論の註釈』（※２）には、事物すべては自性により空であり、自性による涅槃として住するものであるなら、無比なる世尊、如来は、事物すべてが因縁に依って生起するこれは、ガンダルヴァの城などそのような事物として示したことを説明しているのも、文字の付加には良い。」
　　※１）D No.3867 Ya 283a1 に、「諸行」という言葉はない。
　　※２）D No.3868 Ya 372a2-3
※１）割註に、「所依事（gzhi）の」という。
※２）Ngag に、「この中間の二の句（tshig rkang）は翻訳がうまくないので、stong pa yin phyir dngos po rnams/ /rten 'byung yin zhes de bzhin gshegs/ /mtshungs med pa（空性であるから、諸事物は縁起である、と無比の如来は）などというのがうまいと、仰った。」という。
※３）割註に、「まさにこの理趣こそを決択する義〔のために〕」という。
※４）割註に、「〔世の〕衆生に対して、きわめて稀有な様々な法により」という。

訳註２－29）vv.43-45; D No.3825 Tsa 22a2-3;『同註釈』D No.3864 Ya 24b3,25a2-3,4-5; 和訳
　　瓜生津隆真『大乗仏典 14 龍樹論集』1974, pp.71-73; Tibetan-text,Scherrer-Schaub ed. 1991,

pp.81-83; 英語訳 Loizzo, Joseph. *Nāgārjuna's Reason Sixty With Chandrakīrti's Commentary.* 2007,pp.192-194; cf. 瓜生津隆真同上 1985,pp.174-179; 割註によると、外道者の立場、仏教の実有論者の立場を批判してから、中観派の立場を提示している。Brjed byang (憶え書) Da 25a4-b1 には次のように解説する −

「意味は、誰か、映像のように無自性な五蘊に依って我だと仮設しないで、自相により成立した心を「我」といって設定する者たちは、間違いなく見の暴流(※1)により涅槃の道より追い遣られ、運ばれることになる。どのようにかというなら、心が自性により成立していると主張するなら、常になり、そのとき恒久論になる。または、無常になり、そのとき断の論になるのです。自相により成立したものが生じてから、無くなったと承認(25b)しているから。そのように彼らは、ああ、見により奪われるものです。世間といわれる五蘊が自相により成立していると主張しても、同じく過失に結びつける。(※2)」
※1) 欲・有(生存)・見・無明の四暴流の一つ。
※2) さらにサーンキャ学派などに結びつけた解釈も示されている。

※1) 割註に、「この法より外になった」という。すなわち外道者である。
※2) 割註に、「諸事物は」という。
※3) Ba so に、「縁起でなく、自体が変異する因縁が決定し過たないことより、必ず生起する縁起の理趣にきわめて迷妄であることの力により、縁起の理趣それを破壊して」という。
※4) 割註に、「、常である、すべての作者となった我、または」という。
※5) 割註に、「〔世間、すなわち、〕それにより、知を先行させて造られたと思い込むのと、同じく我と世間は常である、無常である、辺際を有する、有しないなど」という。
※6) 割註に、「外道者」という。
※7) 割註に、「おお、そのようなきわめて重い思い込みにより押さえられて、迷妄であるから、事物が生・滅することの無い〔常〕と、滅してすべてが相続を断絶する〔無常〕」という。
※8) 割註に、「悪しき六十四の〔見〕など〔により〕自由なく」という。六十四とあるが、通常は六十二を数える。訳註3−157を参照。
※9) 割註に、「解脱の機会を破壊したし、悪趣に導かれる」という。
※10) Ba so に、「それだけでなく、この〔仏〕法の者〔である〕実有論者、」という。
※11) Ba so に、「〔依って〕生起しても、因縁が決定し過たないのに拠った縁起であることにより」という。なお、瓜生津同上 1985,p.177 には、これの原語として想定される pratītya は、ナーガールジュナにより upādāya とほとんど同義に用いられるとし、『中論』XXV 9「来るし去る事物〔すなわち〕依って、または因としたものであるそれが、依らないで、因にされていないのが、涅槃である、と説かれた。」と、そこでの『明句』に、通常の縁起と相互依存の縁起の二種類が示されたことを述べている。語釈については訳註2−26、そして適用については訳註3−124を参照。
※12) de nyid du とあるのは D No.3825 Tsa による。D No.3864 Ya には yang dag nyid du とある。割註に、「〔真実〕、自体により有るもの〔として〕」という。
※13) Ba so に、「・断の辺(極端)に転落すること、諦成立だと見ることと〔など〕、滅して相続が断絶し、全く無くなる辺に転落する〔過失〕」という。
※14) Brjed byang(憶え書)Da 25b4-5 に、「意味は、自部〔すなわち〕五蘊と我は依ると承認しても、実物だと主張する者と、無明と行など因縁より生じたのであっても、識などは実物として有ると主張する者 − 彼らにおいても、常と断の過失がどのように生起することにならないのか、ということ。」という。
※15) 割註に、「上のそのように主張する以上、その過失が生ずるのみです。中観派〔すなわち〕知が最高になったものは、」という。Brjed byang(憶え書)Da 25b5-26a1 に次のようにいう −

「意味は、縁起はこのように自性による生が無いから、この正理により、依って生起する諸事物は、水の月のように自らの体性により成立した実在でもない。(26a)全く無いながら有るように現れる誤ったものでもないと主張する彼らは、常と断の見により奪われない、という。吉祥あるチャンドラが造られた『註釈』の句(ことば)をまとめて書いたものです。」
※16) 割註に、「例えば、〔水の〕中の〔月の〕映像、〔すなわち〕因縁〔である〕水と月と光の三

訳註　2. 真実の決択　　293

つが集積した力により、月として現れるし、月の自性として成立していないもの〔のように〕」という。

※１７）Ba so に、「〔正しく〕、自性が有るもの〕ではないし、そのように正しくない偽りとして成立していても、効用の不可能な〔誤り〕、言説としても無いもの〔で〕も〔ない〕と見えるし」という。

※１８）Brjed byang（憶え書）Da 26a2-3 に次のようにいう－

「意味は、「誤りでもないとの意味は、『註釈』に偽りではないし、正しくないと説明している意味。『註釈』（※）に「世間において正しいものと似て現れるので、誤りでもない。」というのと、「それは認得しうるながらに無いと承認するのは道理でない。」という二つは同義かと思って、前のように書いた。」

　　　※）cf.D No.3864 Ya 26a1,25b3

※１９）割註に、「し、悪しく見すべてを断ずる。」という。

訳註２－３０）vv.21-22; D No.1120 Ka 69a7-b1; texts と英訳　Lindtner ed.1982,pp.134-137; 和訳　酒井真典（紫朗）「龍樹に帰せられる讃歌－特に四讃について－」（『日本仏教学会年報』24,1959）p.8(vv.19-20 と数えている); 八力広喜『『超世間讃』・『不可思議讃』試訳』（『印度哲学仏教学』1,1986)p.76; F.Tola & C.Dragonetti *NĀGĀRJUNA'S CATUSTAVA*. Journal of Indian Philosophy 13,1985,p.12; v.22cd は Kyt ed.362（訳註４－７０の個所）にも引用されている。自作、他作などの否定は、『中論』ＸⅡ１にも出るが、苦、楽、十二支縁起に関してそのように伺察して否定し、縁起、中道を説くことは、パーリの相応部（SN,Vol.Ⅱ,pp.19ff.）、『雑阿含経』大正２p.86ab まで遡る初期経典以来の内容であることが指摘されている。cf. 三枝充悳『中論偈頌総覧』1985,p.344; 大乗では、『稲竿経』（D mDo-sde No.210 Tsha; 大正 16 No.712 ）に内の縁起、外の縁起を論ずる個所にも見られる。cf. 拙著『解脱の宝飾』2007,p.347; 龍樹著とされるいわゆる「四讃」の研究史については、津田明雅「*CATUḤSTAVA* テキストの再検討－注釈書を利用して－」（『仏教史学研究』44-2,2002）に詳しい。また、八力広喜『『超世間讃』・『不可思議讃』試訳』には、縁起すなわち空というのが仏の教説であるということは、『中論』ＸＸⅣ 18（本著で直前に引用される）の前半と一致することが指摘されている。八力広喜「ナーガールジュナの『四讃頌』－ 特に Lokā tītastava と Acintyastava －」（『密教文化』155,1986) p.117 には、他のナーガールジュナの著作と対比されている。

※１）割註に、「外道のサーンキャ学派たちは、」という。

※２）割註に、「事物は自性により成立していると語る自部・他部のほとんどの者たちは、自と、体性により〔他〕として成立した他の因〔により〕」という。

※３）割註に、「そのような自他〔両者により〕」という。

※４）Ba so（?）に、「順世派たちが、苦は〔因が無いの〕より生じたの〔を〕外道者の」という。また別に、「〔因が無い〕で生起するのを主張する、外道者から自部（仏教）の実有論者までの〔論理学者は〕」という。

※５）割註に、「、事物の辺際について尋思し伺察する性質を有するほとんど」という。

※６）割註に、「無比の教主、〔あなたは〕」という。Ba so は、「〔主張する〕が、世尊よ、」

※７）割註に、「それら辺（極端）すべてを越えた因縁が決定し過たないのに拠った〔縁起〕」という。

※８）割註に、「最高に甚深な無尽の吼える声をもった教主〔、無比の〕牟尼王」という。

※９）割註に、「外道の猛獣すべてを震撼させる」、Ba so に「無畏の」という。

訳註２－３１）福田洋一「ツォンカパにおける縁起と空の存在論－中観派の不共の勝法について－」（2002 年改訂版がウエブ上で閲覧可能)pp.2-3 には、中観派の不共の勝法が、１）縁起を論証因として無自性が論証されること、２）無自性なものにおいて, 輪廻から涅槃に至るまでの縁起する諸存在すべての設定が成り立つこと、３）縁起の意味が無自性の空の意味として現れてくること、という三点として整理され、とりわけ第二は、実在論と中観思想の根本対立点であり、最重要なものだとされている。そしてこれらの命題は、次の三つのより根本的原理を前提にしているという。すなわち、１）縁起と無自性は矛盾しないが、縁起と自性による存在は矛盾すること、２）縁起と無自性は同じ一つの基体の上で成立すること、３）縁起と無自性は同義である（縁起と無自性は外延が等しい）こ

と、である。

　またこのような論述は、ツォンカパの講義録『量の大備忘録 *Tshad ma'i brjed byang chen mo*』 (lHa-sa ed.Toh.No.5400 Pha 17a2ff.; 拙著『チベット仏教　論理学・認識論の研究Ⅱ』2011, 訳註１－９)の「中観・量との両者の場合の錯誤の所依事を確認する」の個所に出ている。その結論部分には次のようにいう ―

　　「分別により仮設されたのみであるなら、果を生じさせることが不可能であることが遍充すると取らえたなら、軌範師チャンドラキールティの宗の中観の見を決定することの妨げをするし、この正理の宗において分別の仮設のみにおいて効用の無能力が遍充するけれども、量により成立していないことが遍充すると取らえたなら、この正理を決定する妨げの中心ですから、二諦の区別について善巧であるべきです。」

　　なお、このような両派の違いは、タルマリンチェン著『解脱道作明 *Thar lam gsal byed*』(Toh. No.5450 Cha 43b-44a)とパンチェン・ソナムタクパの論述においても対比されている。拙著『チベット仏教　論理学・認識論の研究Ⅲ』2012,p.35 と同じく註３－１５を参照。

cf. 松本史朗「ツォンカパとゲルク派」(『東洋思想第二巻　チベット』1989) p.245

※１）割註に、「その理趣を知らない他者たちは、」という。

※２）割註に、「設定する立場として」という。

※３）割註に、「し、中観派において自己の立場は無いと立宗する〔こと〕など〔は〕、縁起は空と相違（矛盾）すると語る顛倒であり、」という。

※４）割註に、「の分になったほどで〔も〕ない。」という。

訳註２－３２）ⅩⅩⅣ 14ab; D No.3824 Tsa 15a4; 三枝充悳『中論偈頌総覧』1985,pp.758-759; 和訳　奥住毅『中論註釈書の研究』1988,p.763; 北畠同上 1991,p.126; 丹治昭義『中論釈　明らかなことばⅡ』2006,p.122; ⅩⅩⅣ 13-14 は、上の Kyt ed.p.273 (訳註２－２２の個所)に引用。福田洋一同上 pp.8-9 には、縁起の義が空の義であることについて、ⅩⅩⅣ 8,18-19 に対する『釈論・正理の海』が分析されている。

※）割註に、「これと、きわめて相違（矛盾）する〔から〕」という。

訳註２－３３）二諦の双入、すなわち矛盾しないで協働することに関しては、訳註３－１５を参照。

訳註２－３４）'Jam に、「第四、空性・縁起が同一義であるさまに、１）無自性が縁起として浮かぶさまと、２）縁起が無自性として浮かぶさまの二つ」と項目を分けている。

※）Ngag に、「苦は他である業・煩悩のなすがままであり、縁起が妥当するなら、因縁を待ったことが妥当するので、それが妥当し、縁起が妥当しないなら、因縁を待っていない自力を有するものになる。そのようなら、他である業・煩悩のなすがままのものとして妥当しないから。」という。

訳註２－３５）ad ⅩⅩⅣ 14ab; D No.3860 'A 166a3-b3; La Vallée Poussin ed.pp.500-501; 和訳　奥住毅『中論註釈書の研究』1988,p.764; 北畠同上 1991,pp.126-127; 丹治昭義『中論釈　明らかなことばⅡ』2006,p.122

※１）割註に、「立場〔そこには〕、前に〔語られた〕」という。

※２）割註に、「設定」という。

※３）割註に、「中観派」という。

※４）原典には、ここに『無熱悩龍王所問経』と『百五十頌』の引用がある。

※５）割註に、「の設定すべてを設立するの」という。

※６）四聖諦十六行相は、『倶舎論』Ⅵ、『量評釈』Ⅱ 146ff.、『現観荘厳論』Ⅲ において詳しく学習される。四聖諦の語義について、『チム倶舎論釈 mChims mdzod』(小谷信千代『チベット倶舎学の研究』1995,pp.58-59)に、次のように説明している ―

　　「聖者たちの対境において苦などとして諦（真実）であるからです。幼稚な者は苦について楽、集について楽の因、滅について或るものは非寂静、或るものは我が断絶するので恐れ、道について

道でないものと難行〔である〕苦の因だと取らえるからです。それゆえに『経』に「聖者が楽だと説かれたことそれを、他者は苦だと知る。他者が楽だと認めるものそれを聖者は苦だと知る」と説かれています。」
　cf. 桜部建、小谷信千代『倶舎論の原典解明　賢聖品』1999,p.13
※7）割註に、「因縁に依って」という。
※8）割註に、「方便の」という。
※9）割註に、「預流と一来などの」という。以下、声聞の四向四果への言及である。
※10）割註に、「聖者の」という。
※11）割註に、「輪廻より還滅するのと涅槃に入るのとの方便の〔正法〕」という。
※12）割註に、「それを究竟させた」という。
※13）割註に、「〔世間〕、異生（凡夫）と、〔出世間〕、聖者の処の雑染と清浄〔の事物〕」という。
※14）Ba so に、「と非出世間」という。
※15）割註に、「学んだことにより〔殊勝に証得すること〕の設定〔すべて〕」、Ba so に「ますます〔殊勝に証得する〕し、了解する、〔すなわち〕増大することと減少すること」という。
※16）割註に、「それだけでなく〔法である〕善〔と非法である〕不善と、善・不善〔その果〕」という。
※17）割註に、「〔世間の〕言説の知識に知られた、楽と非楽ということなどの〔言説〕」という。
※18）割註に、「言説の設定」という。

訳註2－36）'Jam に、「第二、縁起が無自性として浮かぶさまには、八つ」といって、細分している。
※）割註に、「もし事物すべての自性がすべてにおいて」などというのを提示したこと」という。Kyt ed.p.272 の『廻諍論』（訳註2－20の個所）を参照。

訳註2－37）v.22; D No.3828 Tsa 27b5;『同自註釈』D No.3832 Tsa 126b2-3; Lindtner ed.1982, p.79; 和訳　梶山雄一『大乗仏典14 龍樹論集』1974,p.151; 米沢嘉康『*Vigrahavyāvartanī* Sanskrit Translation and Tibetan Translation』（『成田山仏教研究所紀要』31,2008)pp.252-253;『廻諍論自註釈』において v.1 への vv.21-22 が回答となっている。四津谷孝道『ツォンカパの中観思想』2006,pp.16-17
※1）割註に、「因縁に〔縁って〕」という。
※2）割註に、「因縁を待った〔それは〕、体により自力が無く成立しているので、自性により〔空である〕」という。
※3）割註に、「私たち中観派は」という。

訳註2－38）D No.3832 Tsa 126b3-127a1; 直前の訳註を参照。
※1）割註に、「実有論者〔あなたは〕有法〔である諸事物の〕法性〔である空性の義を〕」という。
※2）割註に、「私に対してこのように語る －」という。
※3）割註に、「もまた」という。
※4）『道次第大論の表記註釈 *brDa bkrol*』Toh.No.6569 Ka 46a2 に「klan ka 'tshol は、論難または争論の場合を求めること」という。
※5）割註に、「私、中観派の〔この〕場合において」という。
※6）割註に、「因縁に〔縁って〕」という。
※7）割註に、「の義（もの）〔それは〕、自性により〔空性〕の義〔です。〕」という。
※8）割註に、「による成立」という。
※9）割註に、「し、自力が無い〔から〕」という。
※10）割註に、「軌範師ナーガールジュナ〔私の句（ことば）もまた〕、因縁を待っている〔縁起〕です。」という。
※11）割註に、「房舎〔などは〕、因縁を待った」という。
※12）割註に、「瓶は、〔蜂蜜と水と乳粥を〕内に注いだのを〔保つことと〕他より〔受けること〕〕」という。

※１３）割註に、「の為すべきことを為すこと」という。

※１４）割註に、「布を着ることにより、その着る者はその」という。

※１５）Ngag に次のようにいう －

「よって、私のこの立場において縁起と空性は同一義です。それもまた、自性により有るなら、因縁などを待っていないで有ることが必定であるのに、因縁などを待っていなくて有るわけではないから、それにより、因縁を待った縁起である〔という〕理由により、自力よりまたは確固（tshug thub）として無い。よって、自性によりまたは自らの側から無い。よて、私の句（ことば）もまた自性が無いが、否定・肯定の為すべきことを為すのは、例えば、瓶・布は仮設有であり、実物として成立していないが、水を溜めるのと日・風などを防護するのと同じ。」

※１６）割註に、「句（ことば）その作用により」という。

※１７）割註に、「実有論者のあなたがこのように、中観派の〔あなたの句（ことば）は〕」という。

※１８）割註に、「自性により無いその句（ことば）それにより」という。

※１９）割註に、「自体により成立した〔自性を〕」という。

※２０）割註に、「の離反の相（tshul）」という。

※２１）割註に、「随順の相（tshul）」という。これらは、ダルマキールティの論理学を用いた議論である。福田洋一「ツォンカパにおける縁起と空の存在論－中観派の不共の勝法について－」（2002年改訂版がウエブ上で閲覧可能）p.4 には、これら遍充関係が Kyt ed.pp.273-274 の『根本般若』ＸＸIV 18-19 の引用（訳註２－２６の個所）と関連づけられて説明されている。

訳註２－３９）福田洋一同上 p.3 には、縁起が無自性を立証する無上の論証因であるという中観の勝法は、初期の『縁起讃』（Toh.No.5275-15）から後期の『道次第小論』まで一貫していることが指摘されている。

※１）割註に、「として設定すること」

※２）割註に、「一つの所依事（gzhi）において妥当する」という。チベットの論理学においては、二つのものの相違（矛盾）は、「有るし、なおかつ一致した所依事（共通項）の無いこと」と定義される。cf. 福田洋一同上 note7

※３）割註に、「ことが必ず必要である〔ことは〕」という。

※４）割註に、「無くてはならない〔無上の因相〕または方便〔になる〕さま」という。

※５）割註に、「伺察が最高に広い〔賢者〕」という。

※６）割註に、「チベットの中観の義を語ると主張するあなたたちは、その方軌より逆転させる。」という。

※７）Brjed byang（憶え書）Da 26a3 に、「この〔帰謬派の〕立場において、滅したものは事物だと主張なさるので、滅もまた因より生起したという枢要により、「依って滅する」と説かれた。」という。帰謬派のいわゆる「八難処」の一つである。註４－１を参照。

※８）割註に、「善い立場に依っても、これは後で衰亡する大きな顚倒に〔なってから〕」という。

※９）'Jam に次のようにいう －

「これは、尊師〔ツォンカパ〕が『チャンチュプ・ラマの問答 Byang chub bla ma'i dris lan』（※）に、「中観・量の微細な正理の否定・肯定の方軌を究明しないで、微細な処について断言する雪国〔チベット〕の多くの者が、自相により成立した自性が無いことに、無いことが遍充するし、その理由により、有るなら、諦として有ることが必定である、と口を揃えてから」というのから、「空性が縁起として浮かぶナーガールジュナの立場より外に逸脱しているから」と説かれたとおり。」

※）Toh No.5257（73）Kha 147a1-4; なお、中観・量が獅子の首が（どちらも外を向いて後頭部が）組み合わされた仕方で学習することが必要であるという教誡は、チベットの学問の伝統でしばしば言われることである。

訳註２－４０）

※１）Brjed byang（憶え書）Da 26a3-6 に次のようにいう －

「「諸法において自体により … 他者の側などにもたらすことが必要である」といううち、決定を

導いたのは、岐路をまぬがれたのです。それにより、諸法は無自性だと決定したのであるとしたなら、空性を証得することであることが必要であるので、自性により空であるそれが縁起の義としても見えることが必要です。法の声（ことば）（※）に、「順世派の相続に因果は自性が無いと見る見が有る。因果は無自性だと執らえる見が無い」と言って、相続が有りながらそれにより無自性だと執らえるのではなく、無いのと自性が無いのとの差別を区別していなくて、全く無いと執らえるものなので、顛倒に決定を導いたとしたなら、良いかと思う。」

※）chos grar とあるが、chos sgrar と読んだ。

※２）割註に、「因果の言説は他者の側に承認する、といって」という。

※３）割註に、「の縁起、この因よりこのような果が生起する方軌〔について〕」という。

※４）kyi; 割註に、kyis（により）とある。

※５）割註に、「のを説かれたことを、自己の立場に設定しにくくて、そのように説かれたそれ〔について〕」という。

※６）skad byed は、根拠が無いのにそのように想定されているといった含意である。

※７）割註に、「の正しい証因であると必ず」という。

※８）割註に、「広大な口訣への〔聞と〕聞いた口訣の儀への〔思〕の、清浄な聞・思〔に〕遍く〔精進〕」という。

※９）'Jam に次のようにいう —

「私たちの勝れた上師は、車は車の側より成立しているものが生じたなら、それは自らの側より成立している意味となさったが、車は確固（tshug thub）と成立しているほどそれが、自らの側より成立している意味となさらなかった。車が自力で成立しているそれは、それ自らの側より成立している度量（程度）なのかを伺察する、と仰る。」

訳註２−４１）

※１）割註に、「〔現れ、〕縁起と、自性により〔空〕」という。

※２）割註に、「一つの所依事（gzhi）の上に相違（矛盾）しないで」という。

訳註２−４２）XXIV 12; D No.3824 Tsa 15a3; 三枝充悳『中論偈頌総覧』1985,pp.754-755; 和訳 奥住毅『中論註釈書の研究』1988,p.761; 北畠利親『中論 観法品・観四諦品訳註』1991,p.124; 丹治昭義『中論釈 明らかなことばII』2006,p.121; 釈尊が正覚後に説法を躊躇されたことの記述は、古くは律蔵大品第一大腱犍度 5-2（cf.『南伝大蔵経第３巻』p.8）に見られる。北畠同上 p.133; 長尾雅人「仏陀の沈黙とその中観的意義」（『哲学研究』430）、『中村元選集 11 ゴータマ・ブッダ』p.212

※１）Kyt ed. に zhen pas（思い込むことにより）としたが、原典の zhan pas を採る。Ba so にも「知恵の力が〔弱い〕し劣っている人（プドガラ）〔により〕」とある。

※２）割註に、「〔この〕ような、甚深な〔法〕、真実の義（内容）〔の底を〕」という。

※３）割註に、「ひとまず証得しないので、きわめて」という。

※４）割註に、「牟尼は成仏してから長く経っていないときに、「甚深、寂静であり、戯論を離れた」などと説かれたのを通じて、」という。

※５）割註に、「この甚深な」という。

※６）割註に、「に悦びいさむことの無いさまにより」という。Ba so に「それ〔を〕ひとまず〔止めた〕。法を説かないさまを為さった」という。「さま」というのは、それが変化身の行いであることを意味する。

訳註２−４３）II 16-18; D sPring-yig No.4158 Ge 111a5-7; cf.『宝鬘の広釈』No.4159 Ge 150a2; M.Hahn ed.1982,pp.46-47; 和訳 瓜生津隆真『大乗仏典 14 龍樹論集』1974,p.253; 北畠利親『龍樹の政治思想』1988,p.76;

※１）割註に、「きわめて微細であり甚深であるそのような法を証得することはもちろん、」という。

※２）Ba so に、「人々の自らの〔身〕」、割註に「〔初めに、継続的に連れそう自らの〕この身」という。

※３）Ba so に、「〔不浄〕物の集積により満たされたし漏出するもの」という。Brjed byang（憶え書）Da 27a1 には、この個所についても Ba so の割註とタルマリンチェン著『宝鬘の註釈』（Toh.

No.5427 Ka 27b1-2) が一致しているという。

※４）割註に、「有色のものとして成立しているので、」という。

※５）割註に、「眼識により見うるものとして」という。

※６）割註に、「それも隠されたようなものでなく、自己に」という。

※７）割註に、「きわめて迷妄なので、覆障されていて、不浄の自性として決定する決定が」という。Ba so に、「無常・苦などが」という。

※８）割註に、「浮かんだのを通じて」という。

※９）Ba so に、「浄・楽などとして思い込む〔そのとき〕」という。

※１０）Ba so に、「兆相の所縁〔である〕繋がれるべき」という。Brjed byang(憶え書)Da 26a6-b3 に、タルマリンチェンの『同註釈』(Toh.No.5427 Ka 27a6-7) を引用して、そのとおりに、Ba so の割註にも提示している、と言う。

※１１）Brjed byang (憶え書) Da 26b3-27a1 には、「依処というのは諦執の所縁境（dmigs gtad）または取らえ方（'dzin stangs）の対境をいわれた。」といってから、『六十頌如理論』の「どんなものでも依処を獲得したなら、煩悩の狡猾な毒蛇に執らえられることになる。心が依処の無い彼らは執らえられることにならない。依処を有する心が有るものに、煩悩の大きな毒がなぜ生起しないのか。」（vv.51-52ab）とその個所のチャンドラの『同註釈』(D No.3864 Ya 28a4-5,5-6) と一致していることから、「住し方が現れる兆相はこのようなものだ、と執らえた依処は無い、という兆相の義には適合しないと伺察する。」という。

※１２）割註に、「、異生（凡夫）は証因に依って証得することが必要なので、」という。Brjed byang（憶え書）Da 26b1-3 には、ここでの phra zab mngon sum ma yin pa と多くの写本の phra rab mngon sum ma yin pa（微細で現前でない）という異本の読みが示され、後者はタルマリンチェンの『同註釈』(Toh.No.5427 Ka 27b1-2) と一致するし、「甚深」といって直後に出るので、前者の phra zab（微細で深く）というのは正しくない、という。

※１３）Ba so に、「その理趣のように、戯論の辺すべてを離れた空性の〔この法〕」という。

※１４）Ba so に、「または、理由により教化されるべき〔人士〕」という。

※１５）Ba so に、「無比の〔牟尼〕よ、あなた〔は、〕現等〔覚〕のさまを示〔してから〕」という。Ngag には、次のようにいう－

　　「（※）「甚深であり、戯論を離れて、光明、無為、甘露のような法を私は得た。誰に説いても、分からないであろうから、よって、語らないで、森に住しよう。」と説かれてから、或る教化対象者の側には、四十九日に」

　　※）cf. rGya cher rol pa. 『広大遊戯経』D No.95 Kha 187b5-6 (第二十五章「勧請」)；大正 3 No.187『方広大荘厳経』p.603a; これは大乗経典であるが、チベットでは仏伝の典拠としてしばしば用いられる。

※１６）割註に、「〔説くこと〕に心悦ぶこと無いさまにより、それ〔を止められた〕、説かないさまをなさった。」という。

訳註２－４４）'Jam に、「第七、似非の一多を離れた〔論証因〕により伺察してから、獲得しないので、全く無いと執らえてはいけないこと」という。ここで扱われているような解釈は、一般的にシャン・タンサクパ（パツァプ・ニマタクの弟子）の見解であるとされる。またニンマ派にもおいても同様な主張が見られる。訳註２－５と第４章冒頭の訳註を参照。

※１）『根本中論』において仮設とその所依事について同一か別異かを観察する正理については、訳註５－３を参照。

※２）割註には、「など」について布をも挙げる。それについては、「糸など」と分析させる。

※３）割註には、「〔瓶〕などは有るなら、そのように探求したことにより必ず獲得されることが必定であることより、獲得すべきことが全く生じていないので、」という。

※４）割註には、「自らの部分〔である〕頭など何であるか、と上の〔そのように〕」という。

※５）割註には、「よって、伺察者が無くて瓶などは何の側に有ると無いと設立するのか。そのようなら、瓶などの有る無しのどれとも設定できない、〔と思って〕」という。

訳註　2.真実の決択　　299

訳註２－４５）
※１）割註に、「そのような似せものをはるか遠くに棄てて、勝者が説かれた〔了義の〕」という。
※２）割註に、「『根本中論・般若』など」という。
※３）割註に、「住する現れと空の双入として」という。
※４）割註に、「他の方便を通じて他の義（内容）に」という。
※５）割註に、「方便に勤める」という。
訳註２－４６）'Jam は、これをさらに七項目に分けている。cf. 松本史朗「ツォンカパとゲルク派」
（『東洋思想第二巻　チベット』1989）pp.243-244
※１）割註に、「上のチベットの先代の人の」という。
※２）割註に、「聖者ナーガールジュナおよびそれに従う者の教義を証拠に置いて細かく」という。
※３）割註に拠る。
※４）割註に、「自らの側より成立した」という。
※５）割註に、「何も設立されたことが無いので、」という。
※６）前段落の問いからここまでの意味に関して、Brjed byang（憶え書）Da 27a1-5 に解説し、次
のようにいう －
　　「これは前に前分〔所破〕が、勝義として生などを否定する正理により、言説としても否定する
　　ことを、『入中論』の教（※）により立証したのと承認が、直接的に相違（矛盾）していると知
　　りやすい。」
　　※）Kyt ed.p.270 での引用（註２－１１の個所）を参照。
※７）福田洋一「ツォンカパにおける縁起と空の存在論－中観派の不共の勝法について－」（2002 年
改訂版がウエブ上で閲覧可能）p.6 には、この内容を『根本般若』ＸＸＩＶ 14 の内容（Kyt ed.p.275
に引用。訳註２－３２の個所）に基づいていると論評している。cf. 同「『ラムリム・チェンモ』にお
ける『入中論』の二諦説」（『印度学仏教学研究』58-2,2010）p.3
※８）割註に、「縁起と空性が相違（矛盾）しなくて双入する〔という、中観派の〕、稀有であり、聖
教・意趣註釈に賞讃された〔唯一の〕」という。

訳註２－４７）
※１）割註に、「生・滅、繋縛・解脱など」という。
※２）割註に、「勝義として、などの」という。訳註２－１３を参照。
※３）割註に、「自らが再び語ったそれと適合する〔因相〕」という。

訳註２－４８）ＸＸＩＶ 1; D No.3824 Tsa 14b4; 三枝充悳『中論偈頌総覧』1985,pp.732-733;
和訳　奥住毅『中論註釈書の研究』1988,p.739; 北畠利親『中論　観法品・観四諦品訳註』
1991,p.104; 丹治昭義『中論釈　明らかなことばII』2006,p.103
※１）割註に、「実有論者たちはいう － 」という。
※２）割註に、「自性により」という。
※３）割註に、「事物など何においても」という。
※４）割註に、「生・滅などが無いなら、」という。
※５）割註に、「果〔である〕苦と、因〔である〕集と、苦すべてが滅した滅と、それを滅する方便〔で
ある〕道の諸諦の設定は、中観派〔である、あなたには〕」という。聖者の四諦の語義については訳
註２－３５を参照。

訳註２－４９）Kyt ed.p.272（註２－１９）への引用の個所を参照。v.1 に実有論者の総論が示され
ており、以下 v.20 までそれが広説されている。v.1 については、訳註２－２０の個所を参照。
※１）割註に、「自性が無い句（ことば）により」という。
※２）割註に、「あなたの主張との二つは」という。
※３）割註に、「なので、あなたのその主張は、中観派に対する争論の前分〔所破〕のまさに主張こそ〔で
す〕。」という。

※4）Ngag に次のようにいう —

「といって、繋縛・解脱などは言説として有ることにより、「有る」と断じないし、勝義を伺察する正理により生・滅などを否定したと主張する者は、「私はそれらを言説として主張するので、中観派の非共通のその立場を否定した〔という〕過失は無い。」と言うなら、それもまた妥当しない。〔なぜなら、〕あなたは勝義を伺察する正理により生・滅などを否定したと承認しているので、それによりそれらを勝義として否定しえないので、言説として否定したと主張することが必要であるから。よって、実有論者は、生・滅などが無いことが帰結する。それらは自性により無いから、と投げかけたのとこの二つの立場において、前者によりその帰謬の除去する限りを除去する。後者により〔そのとおり〕主張するとの回答をするほどを除外して、他の差別（ちがい）は無い、と説かれた。」

訳註２−５０）D No.3860 'A 166a2-3; La Vallée Poussin ed.p.500; 和訳 奥住同上 1988,p.763; 北畠同上 1991,p.126; 丹治同上 2006 pp.122; ⅩⅩⅣ 14 への接続部分の取意だと思われる。

訳註２−５１）Ⅵ 37-38ab; D dBu-ma No.3861 'A 206a1-2;『同自註釈』D No.3862 'A 259b2-3; La Vallée Poussin ed.p.123; 和訳 小川一乗『空性思想の研究』1976,p.126; 拙著『中観哲学の研究Ⅴ』2002,p.102; 瓜生津・中沢『入中論』2012,p.154; なお、非実在の因から非実在の果が生起することが、仮設の所依事と仮設法との実物有と仮設有の問題に関連して言及される教証としては、Kyt ed.p.385（訳註５−１０の個所）に引用された『入中論』Ⅵ 156 を参照。
※1）Ba so に、「〔すなわち〕偽りである。偽りの事物」という。
※2）Ba so に「と反響」、「鏡と顔と、洞窟より出た音声が出るなどの因縁の〔集積〕」という。他の割註に「などという声（ことば）により、こだまと陽炎などを包摂する。そのような偽りの事物〔である〕映像などそれらも因縁により」、「映像は鏡と顔と光明の三つが集積したのより成就するから。」という。Brjed byang（憶え書）Da 27a5ff. に、この教証の意味について、この個所の『入中論の大註釈・意趣善明』(Toh.No.5408 Ma 121b3-4; 小川一乗『空性思想の研究Ⅱ』1988,p.422) の「空〔すなわち〕偽りである事物〔例えば〕映像となどにより、反響など鏡と顔と洞窟と発声などの因縁の集積を待って、〔すなわち〕依って生ずることは、世間に知られていないわけでもない。知られている。」のとおりであるという。
※3）割註に、「もまた、世間において偽りとして〔知られていないわけでもない〕」という。
※4）割註に、「例えば世間に知られた言説の場合〔そこに〕」という。
※5）割註に、「偽であるその因〔から〕も、果〔である〕眼〔識〕その」という。
※6）Ba so に「因の事物〔こそから〕」という。
※7）Ba Ra に「自性により空である果が」という。
※8）Brjed byang（憶え書）Da 27a6-b2 に、この教証の意味について、「映像それは映像を執らえる眼識の所縁縁と示したので、映像は色処に設定する。因果であるなら、実物は別異と決定することが必定なので、映像は外の義（もの）とも示した。」という。

訳註２−５２）
※1）割註に、「勝義としては、否定されるものと否定するものなどは妥当しないので、」という。
※2）割註に、「自己の立場において設立しえなくて、否定することが必要なので、そのように」という。

訳註２−５３）'Jam はこれを六項目に分けて、それらをさらに細分している。
※1）割註に、「本当の〔中観派が〕」という。
※2）割註に、「彼が、自性により無いなら、すべてが適切だと語ったことの〔過失〕として」という。

訳註２−５４）ⅩⅩⅣ 15-16; D No.3824 Tsa 15a4-5; 三枝充悳『中論偈頌総覧』1985,pp.760-763; 和訳 奥住毅『中論註釈書の研究』1988,p.766; 丹治昭義『中論釈 明らかなことばⅡ』2006,pp.124-125; 北畠利親『中論 観法品・観四諦品訳註』1991,p.127; Brjed byang（憶え書）

Da 27b2ff. に、『根本般若中論』（ⅩⅩⅣ 15cd）の「馬に乗りながら馬を忘れたように」というのは自らの過失を知らないことの第一だという。

※１）割註に「争論者」、Ba so に「実有論者」という。
※２）割註に、「立場に起こるべき〔諸過失〕」という。
※３）割註に、「自己に有るのが見えないで、過失の無い〔私における〕」という。
※４）Ba so に、「縁起を承認してから、それへの侵害を述べるから」、Ba Ra に「例えば自己が〔馬に〕」という。
※５）割註に、「〔忘れ〕てから、馬が無いことについて探究し〔たような〕」という。
※６）Ba so に「縁起でないから、」、別の割註に「何をも待っていなくなるので、因縁を待っていることは相違（矛盾）する。」

訳註２－５５）ⅩⅩⅣ 20; D No.3824 Tsa 15a7; 三枝充悳『中論偈頌総覧』1985,pp.770-771; 和訳　奥住同上 1988,p.771; 丹治同上 2006,p.128; 北畠同上 1991,p.137
※１）Ba Ra に、「自性により」という。
※２）割註に、「それが無いので、」
※３）割註に、「過失を向こうに返す仕方を」という。

訳註２－５６）cf.四津谷孝道『ツォンカパの中観思想』2006,p.73; 福田洋一「ツォンカパにおける縁起と空の存在論－中観派の不共の勝法について－」（2002 年改訂版がウエブ上で閲覧可能）p.10
※）割註に、「ことが遍充する」という。

訳註２－５７）割註に、「自体により有ると語ることにより、常の辺と、事物が全く無いと語ったことにより、断の辺、」という。なお、「辺」mtha'(skt. anta) の語義について訳註２－３を参照。

訳註２－５８）ad ⅩⅠ（時の否定を修習することを提示する）11ab (v.261ab)；D No.3865 Ya 175b2-3; P No.5266 Ya 197a6-8; K.Suzuki ed.1994,pp.230-231; 和訳　小川一乗「時間論に対する大乗仏教的視点 － 月称造『四百論釈』第十一章「破時品」の解読」（『大谷大学研究年報』29,1976）p.20; 『四百論』ⅩⅠ 11（cf.Lang,Karen,1983,pp.399-400,631）には、「未来の事物が見えるのなら、無事物はなぜ見えないのか。どこかに未来が有るそこに遠さは無い。」という。小川訳には、v.261ab に関する部分が、未来実有論に対する批判であるとともに誓願智を論ずるものであると科文づけられている。
※１）na とある。原典には na ni とある。割註には、「部派(sde pa)たちの主張の〔ようなら〕」という。
※２）割註に、「による成立」という。
※３）割註に、「所依事〔それにおいて〕言説として現れる〔諸事物は〕」という。dngos po de rnams（それら事物）とあるが、原典に複数詞 rnams は無い。
※４）'dra bas とある。原典には 'dra bar(同じであって) とある。割註には、「そのように語るものは、常と断の〔二〕辺〔として語る〕」という。
※５）割註に、「実有論者」という。
※６）割註に、「上下が互いに相違（矛盾）し、一致しないので」という。
※７）続けて D No.3865 Ya 175b3-6 には、正反対に無自性論者の立場ではそれら問題が起こらないことを、次のようにいう －
　「事物は自性が無いとの論者のようなら、事物の自体は全面的にありえないことより、事物の分別をはるか遠くに捨てたのです。何かが生ずることになる〔ところの〕必要性は、無いわけではない。もしそれが無いことになるなら、そのとき、ウサギの角などのように生ずることにならない。もし有るものとなるなら、そのとき現在と同じく生ずることにならないのに、それには生ずることも有る。ゆえに二として無いとのこの論が成立する。なぜなら、それには無いそれゆえに、未来が見えることは相違しない。なぜなら、有るものは有るのでないから、未来との言説も成立している。これもまた、世間の言説ですが、勝義ではないので、これに一つに決定する妥当性は起こらない。」

302

※8）Ba so に次のようにいう －
　「『四百論の註釈』の意味は、実有論者が実有論者の学説を棄てていない間は、その実有論者の知
　の側に、事物が有ることと、それもまた自らの側から有ることとの二つを、個々に区別していな
　くて混合したようなものとして浮かぶこと、そしてまた、その実有論者が自らの学説を棄ててい
　なかぎり、その事物はそれの側から成立していない形相が浮かんだなら、それは全く無い形相が
　浮かんだのと混合したようなものが生ずるという意味。それは、（※1）「二人の対象論者（Don
　smra ba）（※2）が」というのから「自相により成立したのを否定したなら、それらが有るこ
　とを設定するのを知らない」ということは、二人の対象論者が学説を棄てていない間を意趣なさっ
　たのと同じ。」
　※1）cf.『善釈心髄 Legs bshad snying po』（Toh.No.5396 Pha 32a5-6; 片野道雄、ツルティ
　ム・ケサン『中観哲学の研究Ⅱ』1998,pp.232-235）; この部分は、ケードゥプ・ジェ著『千薬
　sTong thun』Toh.No.5459 Ka 28b-29a; 拙訳『中観哲学の研究Ⅲ』2001,pp.95-96）にも引用
　されている。
　※2）外境の実在を主張する毘婆沙師と経量部をいう。

訳註2－59）
※1）Kyt ed. は med pas で理由を表すが、割註では med pa とある。
※2）割註に、「現れ・空の集積した」という。
※3）Kyt ed. は bya sa 'ong bas; 割註に、byas 'ong bas とあるが、時制に問題がある。
※4）割註に、「果を生ずるなどの」という。

訳註2－60）ad ⅩⅦ 30; D No.3860 'A 109a5-b2; La Vallée Poussin ed.p.329; 和訳　奥住毅『中
論註釈書の研究』1988,p.518; 同様に『明句』（ad ⅩⅩⅣ 8; La Vallée Poussin ed.pp.491-492）には、
対論者は無事物（abhāva）という言葉の意味が空性だと誤解して非難するが、それは世尊の教説に
示された二諦の区別を無顛倒に知らないで、言説のみの読誦に耽るものだと批判されている。cf. 安
井広済『中観思想の研究』1970,pp.178-180
※1）割註に、「実有論者はいう － 」という。
※2）『倶舎論の自註釈』ad Ⅱ 57 の五果を論ずる個所（D No.4090 Ku 97a3; Pradhan ed.p.95; 和
訳　櫻部建『倶舎論の研究 界・根品』1969,p.386）にも論及されている。なお、『律阿含』D No.1 Ka、『百
業経』D No.340 Ha など説一切有部所属の文献において、過去世の因縁譚にしばしば見られる文章に、
「Ｘが造った業は、地と水などにおいて成熟しないで、彼こそが受けた蘊と〔界と〕処のみにおいて成
熟することになる。他の誰において成熟するでしょうか。身体を持った者たちの諸々の業は、百劫にも
失われない。集積して時に至ったなら、まさに果に成熟するでしょう。」などという。cf.拙著『解脱の
宝飾』2007,p.311 notes17,25; 山口益「月称造四百論註釈破常品の解読」（『山口益仏教学文集　下』
1972）p.280 には、『四百論の註釈』ad v.207（Ｘ「常の事物の否定を修習する等持（三昧）の説示」v.7）
にも、仮設有としての時の考え方がこの教証として出ることが、指摘されている。
※3）割註に、「作者」という。
※4）割註に、「〔説かれた〕義（内容）〔である〕業と果が決定するさま〔そのすべて〕」という。
※5）割註に、「中観派〔である〕あなたが、すべては自性により無いと語る〔この理趣により〕という。
※6）割註に、「〔すなわち〕断見」という。訳註2－82、2－85を参照。
※7）割註に、「自性により〔有るのと〕、言説としても〔無いのと〕」という。
※8）Ba Ra に、「、その辺（極端）を離れた」という。
※9）割註に、「実有論者のあなたがこのように」という。
※10）Ba so に、「因が果を生ずるなど」、他の割註に「生・滅などの」という。
※11）割註に、「除去できない〔そ〕のような〔過失〕」という。
※12）割註に、「自体により成立した」という。
※13）Ba so に、「妥当すると」という。

訳註２－６１）'Jam に「第二、その義（内容）を説明するには、八つ」と細分している。

※１）割註に、「あなたたちチベットの中観派を自称する者たちが」という。

※２）割註に、「因果を否定したなら、断見になる、といって」という。

※３）cf. 松本史朗「ツォンカパとゲルク派」（『東洋思想第二巻　チベット』1989）p.243

※４）割註に、「実有論者と彼らチベット人の差別（ちがい）は、」という。

※５）割註に、「因果を否定した空」という。

※６）gsungs na; 割註に gsungs nas とある。文脈から後者を取る。

訳註２－６２）'Jam は、「第三、中観の義（内容）を証得するのは二辺を離れたことについて、１）相待ったさまに縁起を証得する〔さま〕と、２）偽りを証得するさまと二つ」と分けて、さらに細分している。Brjed byang（憶え書）Da 27b3-4 に、この教証の意味について次のようにいう －

　　「効用の事物が無いと語るものではないことと、諦成立の事物として語るものではないことの両者の理由として、縁起を語ることを提示したのは、縁起により二辺を除去する枢要によってです。諸法は諦成立と全く無いと語らないなら、何を語るかというなら、無自性において所作・能作が妥当する縁起を語る、と回答をしたので、二辺を語らないが中を語ると示した。」

訳註２－６３）ad ⅩⅣ 22（「辺執の否定を修習することを説示する」, v.347）; D No.3865 Ya 220b4-6; P No.5266 Ya 250b; K.Suzuki ed.1994,p.358 l.8ff.; cf. 片野道雄「大乗仏教と他思想との対論」（井ノ口、鎌田、柏原編集『仏教思想史２〈仏教と他教との対論〉』1980）p.90; cf.Lang,Karen.,*Āryadeva on the Bodhisattva's Cultivation of Merit and Knowledge*.1983, pp.488-489,657-658; 江島惠教「中観論者を虚無論者とする批判－それに対する中観派の批判」（『空と中観』2003）には、『中論』ⅩⅧ 7 に対するブッダパーリタ、ブハーヴィヴェーカ、チャンドラキールティの議論が紹介され、分析されている。丹治昭義『沈黙と教説　中観思想研究Ⅰ』1988 にも各註釈の内容が分析されている。

※１）割註に、「・・・（中略）・・・実有論者に対して中観派は回答を語ったのは、」という。

※２）'Jam に、「効能の能力が空の断見、〔事物が〕全く〔無いと〕」という。

※３）割註に、「事物は因縁に依るし待った〔縁起〕のさまを如実に〔語るもの〕」という。

※４）'Jam に、「諦成立の有るとの論者〔ではない〕」という。別の割註に、「私たちは、事物の辺（極端）の論者〔ではない〕」という。

※５）ナーガールジュナが「空性論者」を自称したのに対して、その思想を承けたブッダパーリタが（文献に確認しうるかぎり最初に）「縁起論者」を自称したことに関しては、斎藤明「空性論者から縁起論者へ－Buddhapālita を中心として」（『江島惠教博士追悼論集　空と実在』2001）に分析されている。

※６）割註には、「〔義〕を有するもの、」とあり、最後は接続詞 te である。D ed. 原典には de/ とある。

※７）割註には、「喩え〔である、幻術〕の馬・象など〔と陽炎〕の水〔と映像〕の顔〔とガンダルヴァの都城〕の都市〔と変化（へんげ）〕の人など〔と夢〕の象など、それぞれとして現れるが、それぞれとして無い偽りのもの」という。

※８）割註には、「自性により〔空性〕の、自在の作者の〔我が無い〕義（内容）を有するものである」という。

　『四百論』ⅩⅣ 22-23 には次のようにいう －

　　「相続について見が誤るなら、常が有るというべきことになる。同じく集積について見が誤るなら、事物が有るということになる。何かに依って生起が有る。それには自力にならない。このすべては自力が無い。よって、我は有るのではない。」

訳註２－６４）

※１）割註に、「事物（dngos po）の〔サンスクリット〕対応語 bhāva は多くの義（もの）に用いられるので、これの〔事物は〕」という。cf. 福田洋一「自相と rang gi mtshan nyid」（『江島惠教博士追悼論集　空と実在』2001）pp.176-177;『入中論』Ⅵ 219ab（四空性の第一、有体空性（bhāvaśūnyatā. 事物の空性の個所）には、「事物という声（ことば）により、要約したなら、五蘊

を述べたのである。」といって、五取蘊を挙げており、そのような意味でも有為である。『倶舎論』Ⅰ7に有為が五蘊とされるのと同様である。チャンキャの学説書（*Grub mtha' Thub bstan lhun po'i mdzes rgyan.* Krung go'i bod kyi shes rig dpe skrun khang,1989 p.124; Varanasi,1970 pp.178-179）に次のように四つを挙げるが、本論で関係するのは特に第一である —

「一般的に実物（rdzas）・仮設（btags）の言説が大典籍に出たものは多く有る。1）一般的にただ有ることほどについて実物有とすることは、何にせよ有るなら、すべてが実物として有るだけだ、というようなもの。これの反対分の仮設有は、二我のような妄分別により有ると取らえられたが、無いものです。2）効用の能力の実物有は、諸事物です。これの反対分の仮設有は、〔諸々の〕共相です。3）堅固な無変異の実物有は、無為の虚空と択滅と非択滅です。これの反対分の仮設有は、〔諸々の〕無常です。4）自足（rang rkya thub pa）の実物有は、根識の所取になった色と確立した(tshugs thub)の識です。これの反対分の仮設有は、不相応行と遍計された諸法です。」cf. 木村誠司「dravyasat・prajñaptisat 覚え書き」（『インド論理学研究』Ⅲ ,2011）

※2）'Jam に、「〔サンスクリット対応語の〕svabhāva（自性）のようなものと、」という。

※3）ダルマキールティ著『量評釈』PV Ⅲ、『正理一滴』NB Ⅰ などに、自相と共相を分けたとき、前者あるいは事物（vastu）の定義として、「効用の能力のあるもの arthakriyāsamartha」を挙げて、それを勝義有とする。シャーンタラクシタなどはダルマキールティの論理学を中観に結合させて自立論証の立場を提示したが、ツォンカパはチャンドラキールティの立場において総合している。なお、中観派と実有論者との間で二諦に関する不一致を論争するもとについて、仏教論理学派のシャーキャブッディが、効用は両派が主張するものだと述べている事例を拙著に示した。cf. 拙著『チベット仏教　論理学・認識論の研究Ⅱ』2011,p.136,訳註1－15, 1－16 を参照。なお、チャンドラキールティ著『空性七十論の広釈』D No.3867 Ya 271a7-b1 に、偶然的であるが、類似した表現が見られる。すなわち —

「ゆえに、必ずこれらが住するとおりの世間の言説は、世間の効用（don byed pa. または「利益をなす」）の方便のために、最初に承認すべきです。世間の者が証得する方便になったもの〔である〕世間の言説を承認していなくては、世間が証得させることは可能（rtogs par byed nus pa）でない。」

※4）割註に、「事物が有るとの辺を除去する場合に」

※5）割註に、「事物が無いとの辺を除去する場合に」

訳註2－65）'Jam に、「第二、偽りを証得するさまに六つ」といって細分している。なお、ツォンカパの『量の大備忘録』（Toh.No.5400 Pha）には、中観派と論理学派での分別の仮設と効用の能力との遍充関係が言及されている。訳註2－31を参照。

訳註2－66）ad ⅩⅠ（時の否定を修習することを説示する）25cd（v.275cd の再出部分）；D No.3865 Ya 182b7-183a4; P No.5266 Ya 205b6-206a3; K.Suzuki ed.1994, なし；和訳　小川一乗「時間論に対する大乗仏教的視点 — 月称造『四百論釈』第十一章「破時品」の解読」（『大谷大学研究年報』29,1976）pp.41-42; ⅩⅠ 25 に、「見えおわった事物は現れないし、再び心が生ずるわけではない。よって、憶念というのは誤った義について誤ったものだけが生起する」という。また D No.3865 Ya 182a7-b4 の対論者の前主張には次のようにいう —

「ここに語った — 事物を因とした時は有る。すなわち、過去の諸行（'du byed）を所依とした時は有る。もし過去の事物が無いのなら、「私は過去の時にこのようなものとこのようなものになった」といって過去を縁ずる憶念は、何の対境を有するものになるのか。ゆえに、それを対境とした憶念があるので、事物を因とした時はまさしく有る、と述べる。ここにおいてこの憶念は、領受した対境だけについて起こる。現在の対境を識別することにより、直接的に認得しつつあるものについて、憶念は何も必要性（※）が無い。もし、倶に生起すると決定して、現在の対境を有するものも有るけれども、そのようでもそれはその分位において主要なものに依ってなすのではない。それが起こるのは、大部分の分位を待ってから、何か事物の相（特徴）を為すので、過去の事物を縁ずる識のみにおいて、憶念の相（特徴）はきわめて明らかですが、他においてはそ

うではない。ゆえに、何かを縁ずる憶念が生起する〔ところの〕その事物は、有るのです。」

※）D ed.dgongs pa だが、小川訳は P ed. より dgos pa と読んでいるようである。

なお、過去の対境を縁ずる憶念の生じ方に関しては、『入中論の釈論・意趣善明』(Toh.No.5408 Ma 160a5ff.; ad VI 75; 和訳　小川一乗『空性思想の研究 II』1988,pp.467-468) の、経量部などが主張する自証知を批判する個所において、『入行論』IX 24「もし自証知が無いなら、識をどのように憶念することになるのか」を引用してから、冬にネズミに嚙まれて毒が入ったのを認識せずに春になって認識する喩例を用いて、対境と有境の憶念を説明している。cf.『未了義了義の弁別・善釈心髄 *Drang nges*』(Toh.No.5396 Pha 79b3ff.; 片野、ツルティム『中観哲学の研究 II』1998,p.133ff.)

Brjed byang（憶え書）Da 27b5-28a4 には、上記の XI 25 全体を引用してから次のように解説する ―

「その意味は、前に見おわった事物は再び眼により見られるように後で現れないし、前の生 (28a) の義（もの）について直接的に認得する心が再びまた生ずるのではないが、「現在の対境のように見える」と慢思する憶念が生ずる。それにより、〔すなわち〕かつての住（宿住）を憶念するにあたって、前の生でないものより離反して現れるし、前の生二つを一つに錯乱して現れるから。「憶念」というものは、対境が現在無いながら有るように現れる偽りまたは誤りの義（もの）について、有境を憶念するのは、対境が無いながらに有るように現れる誤りだけが、生起する。」というのは、タルマリンチェンの『註釈 *Dar Ṭīka*』(※) の意趣のとおりに提示したものです。かつての住（宿住）を憶念する神通により前の生を現前に証得しないし、それにより現在の対境のように見えるとも慢思しないので、ここに争論の所依事として執らえるべき憶念は、生により得たものと、業より生じたかつての住の憶念のようなものを、理解することが必要です。生得のかつての住の憶念などは、有分別だと承認していいかと観察する。(※2)」

※1）H ed.Toh.No.5428 Ka 86a2-3

※2）さらに、現在の宿住智により現在時に宿住を証得するかという問いを立てて、ツォンカパ著『入中論の大註釈 *’Jug pa’i Ṭika chen*』(Toh.No.5408 Ma 260a4-5; cf. 拙著『中観哲学の研究 V』2002,213; ad XII 31) の「今日のような時、この現在の時に、それを待った過去・未来の二つは無いので、その時にその二つを量らないが、今日の時を知られる智慧それこそにより、過去・未来すべてを知られることは、相違しない」というのを引用して解説する。Da 28b3 には、『中観荘厳論の憶え書 *dBu ma rgyan gyi zin bris*』の所説は、それと一致しないという。おそらく『中観荘厳論』vv.4-5（無為法に関して前後の知と対象を論ずる）に関する Toh.No.5407 Ba 12b の記述であろうか。なおこの『憶書』については古角武睦氏による校訂、和訳を参照させていただいた。

Brjed byang（憶え書）Da 28b3-5 には、次のようにいう ―

「過去の対境は現在無いながら有るように現れるのは、その対境が住し方と現れ方が一致しない偽りの能成になる。対境が偽りだと成立したことにより、それを縁じた有境への憶念も偽りだと成立するのを意趣なさって、前のように説かれたのです。チャンドラの『註釈』に、「過去の事物それは自性が無いとき・・・（中略）・・・「誤ったものである」ということが成立しています。」と説かれたからです。」

※1）’Jam に、「中観派が、外境無しの識が自性により成立しているのを否定したのに対して、唯心派は、「有境が有るとき、その対境が有ることが必定なのに」という。歴史的には、唯心派への批判はチャンドラキールティにあっても、アーリヤデーヴァにはありえないが、後代の信仰上からはそうではない。訳註 1 － 40 を参照。

※2）Ba so に、「の事物を対境とする〔有境 yul can〕」という。

※3）Kyt ed. に des na（よって）とした。割註には nges na の可能性を示している。すなわち、終わりを nges pa yin na/ と補足して読んでおり、「憶念〔それは〕その〔自〕体が〔どのようにか有るとおりに〕住すると〔決定する〕のである〔ならば〕」となる。『四百論の註釈』自体は本頌の再出部分（下の※14を参照）に des na を出しているので、それもありうる。nges na の読みの背景としては、唯識において願楽（欲）・勝解（信解）・憶念・等持・智恵の五が「別境」であり、遍行と異なってすべての場合にのみ心王と相応して起こる心所であり、対境の決定した知識であることがあ

るのか。なお、『アビダルマ集論』において、「憶念は何かというと、慣れ親しんだ事物について心の忘失が無いこと。〔すなわち〕散動しないことを作用としたものです。」といい、『道次第大論』止住の章（Kyt ed.p.206）に引用されている。cf. 拙訳『菩提道次第大論の研究Ⅱ』2014,p.209; しかし、Brjed byang（憶え書）Da 28b5-29a1 はその読みに批判的である。すなわち －

　　　「「それはどのようにか有るとおりに」というのは『註釈』の句（ことば）と、「よって」ということは本頌に、「再びまた心が生ずるわけではない。よって」という句（ことば）の終わりなので、意味は、憶念それはどのような方軌に有るかというなら、誤りまたは偽りの法を有するものとして有るそのように、軌範師こそが、「よって、憶念というのは誤った義について誤ったものだけが生起する」といって設立なさった、という意味です。prasti の割註に、「それこその諦はどのように（29a）住するとおりに決定するのであるなら、ということは、少し間違いかと観察する。」

※４）Ba so に、「過去の対境の〔憶念というのは、〕有法は誤っている。〔すなわち〕自性が無いものだけです。それ（有法）により勝義〔である〕過去の事物それこそは誤っている、〔すなわち〕自性が無いもの」などという。

※５）Ba so に、「〔義〕、対境〔について〕、有境も〔誤ったもの〕、〔すなわち〕自性が無いもの、偽りの自性を有するもの〔だけが〕」という。

※６）割註に、「前に慣れ親しんだ〔過去の事物〕」という。

※７）割註に、「自性により」という。

※８）割註に、「憶念と所縁とのその二つは、自性により無いことが成立した〔ゆえに〕」という。

※９）Ba so に、「秋の収穫など」という。stan（坐席）とあるが、ston（秋）と読んだ。

※１０）Ngag に、「現在の憶念のときに有ることが必要なので、」という。

※１１）割註に、「対境が自体により有るのは、有境を憶念するときに無いことは、妥当しないので、憶念により事物それこそを〔直に〕至ってから〔取らえる〕ことのできる」、Ba so に「〔取らえる〕識が有る〔との誤謬〕」という。

※１２）Ba so に、「よって当該の誤ったものは、自性が無いことをいうが、ただの事物が無いことほどをいわない。」という。Brjed byang（憶え書）Da 29a1-2 に次のようにいう －

　　　「『註釈』に「直に執らえるとの誤謬になるから。」と意味は、過去の事物は自らの側から成立しているなら、常になるので、後でかつての住（宿住）を憶念することにより、現前に執らえることになる、ということ。」

※１３）語義について訳註３－２３を参照。

※１４）語義について訳註２－３を参照。

なお、ⅩⅠ 25cd は直後の D No.3865 Ya 182b4-5 にもう一回出てきて、喩例を示してこの章が終了する。すなわち －

　　　「そのような形相の事物より生ずるならば、憶念もまたそのような形相のものであるので、よって、「憶念というのは誤った義について誤ったものだけが生起する」ということが成立した。〔例えば、〕目覚めた分位において夢の分位において領受した対境を憶念するように。」

訳註２－６７）'Jam に、「第四、互いに排除しあったのが相違が無いと否定を立証しえないことを説明するには、十二」と細分している。

※１）med pa（無い）と yod pa ma yin（有るわけではない）、yod pa（有る）と med pa ma yin（無いわけではない）という言葉の区別により、中観派における無立場の立場を論ずる者と、それに対する批判は、ケードゥプ・ジェ著『千薬 sTong thun』(Toh.No.5459 Ka 55a-b; 拙訳『中観哲学の研究Ⅲ』2001,p.136) にも出ている。それもまた、中観派は虚無論者であるとの非難に回答する場面である。

※２）割註に、「そのように他の能成が無い欺瞞により」という。

※３）割註に、「〔ほどへ〕帰依処として頼って、相手の句（ことば）を退けることを〔願うこと〕」という。

※４）'Jam に、「互いに排除しあった相違（矛盾）二つのうち、間接的相違〔例えば〕常と事物のようなものと、直接的相違〔例えば〕常・無常のようなものを、知らないし、自らの句（ことば）について直接的〔相違〕」という。

※５）割註に、「〔義である、〕第三の蘊〔を〕も、あなた自身が〔主張する〕」という。チベットにお

けるこのような事例については、訳註４－２３を参照。
※６）Brjed byang（憶え書）Da 29a2-b2,30b6-31a4,31b2-5 に次のようにいう －
「何であろうと何か所依事において・・・（中略）・・・主張することが必要です。」というのと、「そのように決断するなら、第三の蘊（範疇）が止まることが必要ですから」（※１）などという意味は、前代のほとんどが、有るのでなく、無いのでない、両者でないなどという文句に錯乱して、帰謬派の立場には直接的な相違は無いと主張するが、自らの立場において自性の有る無しなど互いに排除しあった相違の直接的な相違だと設定しないなら、対論者を否定するとき、自性により有るか無いか、とその二つに決断して観察することは不合理です。顕色（いろ）として有るなら、青として有るのか、黄として有るのかを問うようになるから。互いに排除しあった相違の直接的相違であるなら、所知すべてに遍満することと二であることと二でないこととの第三の蘊を排除することが遍充する。『中観光明論 dBu ma snang ba』（※２）に「互いに排除しあって住する相（特徴）の諸法は、一方を否定することは他を立証することが無くてはならないものであるから、両者ではない宗に所属することも道理でない。」というのと、（※３）「およそ断定（yongs su gcod pa）〔すなわち〕断除（rnam par bcad pa）が無くてはならないものその二つは、互いに排除しあって（29b）住する相である。互いに排除しあって住する相であるそれらは、全面的に遍充するものである。」と説かれたからです。第一の教により、互いに排除しあった直接的な相違として設定すべき二つより、一方を立証することが無いなら、他方を否定することが無い。〔すなわち〕一つを断定し、立証したことが無いなら、一つを断除し、否定したことが無いことが遍充するとの理由により、二つでない第三の蘊を除去することを示した。」

「断定し、立証したという断定は、『中辺分別論 dBus mtha'』（※４）に「断定するものと理解させるもの」というように、その法を量により決定するという意味であることを、〔ツォンカパの〕『根本般若の大註釈 rTsa she'i Ṭika chen』（※５）に説かれた。その『中辺分別論』により、断定するものと理解させるものは同一義、名の異門（別名同義語）と示したと（31a）〔ダライラマ１世の〕『正理荘厳 Rigs rgyan』（※６）に説明している。〔ツォンカパの〕『善釈金鬘 gSer phreng』（※７）と『中辺分別論の註釈』（※８）に、八支聖道の内部の正見により等至において証得する法性を、後得において断定することと、正思惟により自らが証得するそれは、他に理解させる語を発起するとの意味であると説かれています。『八難処の憶え書 dKa' gnad brgyad kyi zin bris』（※９）に、断除ほどとして成立した否定は断定として成立していないと説かれたようなら、「無しの否定」は断除でないと主張なさるのかと思うし、前代の或る人は、断定には立証が遍充すると主張するが、自己の立場は、『根本般若の大註釈』（※１０）に、「断定すべては立証だと主張するものは、断定の意味を知らないと語る。この所依事はこの法でないのと、これにはこの法が無いと断定することが必要なのは、所知すべてに有るから。」と説かれたように、所依事成立したなら、断定であることが遍充すると主張なさる。」

「断除というのも、否定対象が量により否定された、または、否定対象の断除が量により決定するような意味であるかと思うので、そのようなら、「無しの否定」の上に断除と断定の意味を説明する仕方は一つになる。例えば、自性による成立を断除したことと無自性だと断定することの両者は、無自性だと量により証得することをいうことにより、表示できるから。それらは、『根本般若の註釈』（※１１）に「自性が有るのを量により断除するなら、否定対象を断じたそれは量により決定するので、断定する、と説かれた。」という意味になるかと、伺察すべきです。断除したというのは過去の所作業の声（ことば）、そして断定というのは能作の声であるのか、伺察することが必要です。」

※１）本文の次の段落の冒頭を参照。

※２）D No.3887 Sa 191a4-5;

※３）D No.3887 Sa 219a1;

※４）IV 9c; D No.4021 Phi 43a7;『同世親釈』D No.4027 Bi 17b2; 和訳　長尾雅人『大乗仏典 15 世親論集』1976,p.307

※５）Toh.No.5401 Ba 26a3-4; 和訳　クンチョック・シタル、奥山裕『全訳 ツォンカパ 中論註『正理の海』』2014,p.57

※6）Toh.No.5528 Nga 189a5-6

※7）Toh.No.5412 Tsa 未確認。

※8）ad. IV 9cd;『同世親釈』D No.4027 Bi 17b2; 和訳　長尾雅人同上 1976,p.308

※9）Toh.No.5402 Ba 4b2-3 の取意。

※10）Toh.No.5401 Ba 26a4-5; 和訳　クンチョック・シタルほか同上 2014,p.57

※11）Toh.No.5401 Ba 26a3; 和訳　クンチョック・シタルほか同上 2014,p.57

なお、四津谷孝道『ツォンカパの中観思想』2006,pp.197-208 には、『善釈心髄 *Legs bshad snying po*』（Toh.No.5396 Pha 108a6ff.; 片野道雄、ツルティム・ケサン『中観哲学の研究 II』1998,pp.226-233）によって解説されている。また、立川武蔵『「空」の構造・『中論』の論理』1986,p.79ff. には、『根本中論』全体で約 450 偈のうち、二律背反になる「補集合的に配分された項」は数え方にもよるが、84 個所あるとされ、それが五種類に類別されている。

※7）有と無より別の第三者が無いとの主張について、対境ではなく有境に関するものではあるが、『根本般若』V 6 に、「事物が無いなら、無事物は何のであることになるのか。事物と無事物に一致しないどんな法が、事物と無事物と知るのか。」といい、そこでの『明句』（La Vallée Poussin ed,p.133,6-7; D No.3860 'A 45a7-b1; 和訳　奥住毅『中論註釈書の研究』1988,p.233）の部分が、中村元『仏教思想 6　空　上』1981,p.264 に指摘されている。すなわち ―

　　「何かこの二の観察をすることになるか ―（※）無事物と一致しない法〔である〕第三の何が有るのでもない。」

　　※）梵文からの中村訳には、「有と無とから異なるいかなる第三者も存在しない。」とある。

※8）割註に、「顕色（いろ）などにおいて、青・黄の二つより他の多くのものが見られながら、」という。なお、無の見（med lta）ないし無しの辺（med mtha'）について、上の訳註 1 ― 43 に出した Brjed byang（憶え書）と同じく、mKhas grub bstan dar 著『セラ・メ〔学堂〕の中観考究 *Se ra smad dBu ma'i mtha' dpyod*』3a7-b2 にも次のようにいう ―

　　「無い辺には、増益の「無い辺」と損減の「無い辺」との二つ〔がある。そ〕のうち、後者は、諦無しが諦成立したようなもの、そしてそれと執らえる分別のようなものは、無いものの増益の辺執です。〔なぜなら、ツォンカパ著〕『根本〔中論〕般若の大註釈』（※）に、「否定対象を否定した無し（med pa）は真実に有る（yang dag par yod do）と、執らえるのが、事物の無い辺に転落することであるので、それを否定することもまた、無しの辺を否定することです。」と説かれたからです。その分別により諦無しは無いと執らえないが、それは無い辺を執らえることだと設定する理由が、ある。そのように執らえたことにより、執らえる者のその人（プドガラ）は、諦無しが全く無いと承認することが必要である〔という〕理由により、そのように説明したからです。」

　　※）Toh. No.5401 Ba 9b2-3; 和訳　クンチョック・シタル、奥山裕『全訳 ツォンカパ 中論註『正理の海』』2014,p.22

訳註 2 － 6 8）

※1）この段落のここまでは、上の訳註の※6を参照。

※2）『道次第大論の表記註釈 *brDa bkrol*』Toh.No.6569 Ka 46a2 に、「bab col は、およそ出たこと、またはおよそ出るに任せたこと（bab cal col）という。」という。

訳註 2 － 6 9）v.26cd; D No.3828 Tsa 27b6-7;『同自註釈』D No.3832 Tsa 127b6; Lindtner ed.1982, p.79; 和訳　梶山雄一『大乗仏典 14 龍樹論集』1974,p.155; 米沢嘉康「*Vigrahavyāvartanī* Sanskrit Translation and Tibetan Translation」（『成田山仏教研究所紀要』31,2008)pp.262-263; cf.四津谷孝道『ツォンカパの中観思想』2006,p.18; v.26 は、Kyt ed.p.318（訳註 3 － 9 5 の個所）にも引用される。『廻諍論自註釈』において、v.3 に「それは声を出すな、というようなものだとあなたの知が思うのなら、これについて声が有ることにより、〔未来に〕生起するであろうそれが退けられるのである。」といい、それへの回答が vv.25-28 である。その直後には、『中論』X XIV 10「言説に依らなくては勝義を示すことはできない。勝義を証得しなくては涅槃を得ることにならない。」

（『入中論の自註釈』ad Ⅵ 80 にも引用）が教証として示されている。cf. 岸根敏幸『チャンドラキールティの中観思想』2001,p.84; 四津谷孝道「『廻諍論』第 26 偈を典拠とするツォンカパの思想」（『インド論理学研究』Ⅳ,2012）；また、相違を通じた否定と肯定については、訳註2－67、4－23を参照。
※1）割註に、「〔自性〕による成立の上〔に〕住するし、〔成立したことに〕」という。
※2）割註に、「何かの法の上にも、自性により無いことを否定したなら、自性により有ることになるのを」という。

訳註2－70）
※1）割註に、「二であるのと二でないのとの〔第三の蘊が〕除去されたのを通じて〔止まる〕」という。
※2）割註に、「〔すなわち〕この数を越えない、といって」という。
※3）割註に、「何についても観察をしたとき」という。
※4）割註に、「し、決定を獲得すべくなくなる。」という。
※5）割註に、「こちらに肯定するのを通じて」という。二律背反における決定の問題については、訳註1－37、2－67、訳註4－23を参照。
※6）割註に、「二であるのと二でないのとの」という。
※7）割註に、「有るのでもない、無いのでもない、両者でもない、非両者でもない、といって」という。四句分別など『根本中論』における格の配分は、立川武蔵『「空」の構造・『中論』の論理』1986,pp.80-96 において五種類に分類されている。

訳註2－71）ⅩⅤ 10（「自性の観察」）；D No.3824 Tsa 9a2-3; 三枝充悳『中論偈頌総覧』1985,pp.420-421; 和訳　奥住毅『中論註釈書の研究』1988,p.447; 長尾雅人『世界の名著2 大乗仏典』1978 pp.282-283
※1）割註に、「自性により」という。
※2）割註に「を取らえる」という。
※3）割註に「言説としても」という。
※4）割註に、「自性により〔有る〕、全く〔無い〕との辺〔である両者〕」という。
※5）Ba so に、「義（もの）について伺察しなくて、本文の句（ことば）ほどにより満足すべきではない。例えば、」という。

訳註2－72）ad ⅩⅤ 11; D No.3860 ’A 92b2-4; La Vallée Poussin ed.273; 和訳　奥住毅同上 pp.447-448; 長尾雅人『世界の名著2 大乗仏典』1978 p.283; cf. 三枝充悳『中論偈頌総覧』1985,p.422-423; Brjed byang（憶え書）Da 32a2-4,32a4-b1 に v.11ab,11cd の意味について次のようにいう －
　　「『大註釈 Ṭika chen』（※1）に、「およそ自性により有ると述べるそれは、自性において止滅することが無いので、けっして無いわけではない。ゆえに、自性ににより有ると承認したことにより、常見になるが、ただの有るほどと承認したことによってではない。」というように知ることが必要です。」
　　「『大註釈』（※2）に、「前の時に事物が生起したのが自性により成立していると承認してから、現在、後で滅してから、「無い」と承認したそれにより、断見の誤謬に帰するが、前の時に有ったのが第二の時に滅したほどを承認したことによってではない。」と説かれたとおり。それが断見になる理由は、『大註釈』（※3）に、「断絶すべき事物が自性により有るのを前に承認してから、後で無いことを主張するなら、自性により有るのは、いつも有ることが必要なのに、損滅するから、断見（32b）になる。」というように。」
※1）Toh.No.5401 Ba 162a4-5; 和訳　クンチョック・シタル、奥山裕『全訳 ツォンカパ 中論註『正理の海』』2014,p.481
※2）Toh.No.5401 Ba 162a5-6; 和訳　同上 2014,p.481
※3）Toh.No.5401 Ba 162b1-2; 和訳　同上 2014,p.482

※１）割註に、「何をも待っていないし、否定しえないので、いつのときも」という。
※２）割註に、「自性により有る」という。
※３）割註に、「滅してから」という。
※４）割註に、「し、承認された」という。

訳註２－７３）ad ⅩⅤ 10; D No.3842 Tsa 226a6-b1; SAITO Akira, *A Study of The Buddha-pālita-Mūlamadhyamaka-vṛtti* (Ph.D 学位請求論文 1984) pp.205-206; 和訳　金子芳夫「蔵文『仏護根本中論註』抄訳・訳註」(『中央学術研究所紀要』9,1980) 未見
※）割註に、「『根本中論』に」という。

訳註２－７４）
※）割註に、「『般若経』と意趣註釈に説かれたものそれ」という。「勝れた空性ではない」といった言葉通りではないが、同様の理解についてチベットでは、例えば、ケードゥプ・ジェ著『千薬 *sTong thun*』(Toh.No.5459 Ka 5a-b; 拙訳『中観哲学の研究Ⅲ』2001,pp.65-66) に、『時輪タントラ』文献の、諸蘊を伺察した空性は虚ろなものということの解釈として議論されている。『同タントラ』は『宝性論』とともにチョナン派の根本典籍でもあり、同派の学者によりこのような議論が行われたのではないかと推測される。

訳註２－７５）割註に、「〔法を捨てるという〕有力な業を積むことになるし、それを積んだなら、その力〔により〕」という。法を捨てることはきわめて重い業障とされている。『集学論』の本頌にも、国王の五つの根本堕罪の第二として挙げられている。cf. 拙著『解脱の宝飾』2007,p.202; また、『道次第大論』の冒頭「法の偉大さ」の個所 (Kyt ed.pp.14-20; 拙訳『菩提道次第大論』2005,pp.94-98) に、「道次第」の教えがその対治になることが、議論されている。なお、「正法を断つ障礙 (Skt. saddharmapratikṣepavaraṇa, Tib. chos spong ba'i sgrib pa)」は、シナ、日本では「謗法する障」と理解されることが多い。例えば、康僧鎧訳『無量寿経』の「唯除五逆誹謗正法」(大正 No.360, p.268a) といった理解が広まったためかと思われる。他方、チベットでは伝統的に梵本の読みを反映した、「法を捨てる〔大きな業〕障」と理解されることが多い。またハリバドラの『八千頌の大註釈』(Skt. *Abhisamayālaṃkārālokā Prajñāpāramītāvyākhyā*、Tib. *brGya stong 'grel chen*; cf.Toh.No.3791, Cha.279a4-7; skt.U.Wogihara,1932,pp.778-779) には「正法の障」という用例も見られる。

訳註２－７６）ⅩⅩⅣ 11 (「聖諦の観察」); D No.3824 Tsa 15a2; 三枝充悳『中論偈頌総覧』1985,pp.752-753; 和訳　奥住毅『中論註釈書の研究』1988,p.758; 丹治昭義『中論釈　明らかなことばⅡ』2006,p.118; 北畠利親『中論　観法品・観四諦品訳註』1991,p.121; このような趣旨の教証としては、Kyt ed.p.318 (訳註３－９７, ９８の個所) に引用された『根本般若』ⅩⅢ 7d-8 を参照。『迦葉品』に「カーシャパよ、人 (プドガラ) だと見るのがスメール山ほどなのはいいが、驕慢を持つ者が空性だと見るのはそのようではない。」というのも、『明句』や『宝性論』に引用された有名な教証である。
※１）割註に、「〔見誤って〕から、一切法は全く無い空だと取らえた〔なら〕」という。
※２）割註に、「悪趣に行くことなどを通じて」という。

訳註２－７７）D No.3860 'A 164b4-7; La Vallée Poussin ed.pp.495-496; 和訳　奥住毅同上 p.759; 北畠利親同上 p.123; 丹治昭義同上 2006 p.119

訳註２－７８）*Rin po che'i phreng ba*; Ⅱ 19; D sPring-yig No.4158 Ge 111a7; cf.No.4159 Ge『宝鬘の広釈』150a4-5; 和訳　瓜生津隆真『大乗仏典 14 龍樹論集』1974,p.253; 北畠利親『龍樹の政治思想』1988,p.78;
※１）割註に、「〔すなわち〕自性により無いので、何も無いと理解した〔なら〕」という。
※２）割註に、「愚かな〔非賢者たちは〕、繁栄と至善の両者より衰退するのを通じて」という。

訳註　2.真実の決択　　311

※3）Ba Ra に、「〔見る〕力により、すべての分より悪くて不快である様々な悪見により満たされた〔不浄それ〕の汚泥〔それに〕入るし、底に〔沈んで〕から、悪趣に行く〔ことになる〕」という。
※4）割註に、「あなたが、一切法は無い、といって」という。
※5）割註に、「〔すなわち〕これらは有ると認得されるし見えながらも、自性により〔空性〕」という。
※6）Brjed byang（憶え書）Da 32b1-3 に次のようにいう －
　「『明句』に「ゆえに、自性が無いとの義は空性の義ではない。」といって必ず空性を捨てることになる。」という個所の前分〔所破である〕毘婆沙師・経量部の二つは、自性による空は四諦の差別法（khyad chos. 特性）十六〔行相〕の内部の空性ではない。」といって損減するし、『般若波羅蜜経』を捨てることと、唯心派が自性により空だと説く諸経は声（ことば）のとおりでないと主張するので、自性による空は空性または真如ではない、といって自性の般若波羅蜜（※）を捨てるようなことをいうかと観察する。」
　　※）般若波羅蜜（智度）については、能詮の言葉と所詮の義に分けられる。前者は本典の智度である『仏母般若波羅蜜経』、後者には道の智度と果の智度と自性の智度との三つがある。さらにこれらに関しても本物と仮設などの区別がある。拙著『チベット語訳『宝徳蔵般若経』の和訳研究』（『法談』52,2007）序文の註3を参照。
※7）割註に、「一切法は自性により有ると増益して語る者〔これは〕」という。
※8）割註に、「を積んだこと〔により〕、疑いなく」という。

訳註2－79）Ⅱ 20; D sPring-yig No.4158 Ge 111a7-b1; cf.No.4159 Ge『宝鬘の広釈』150a6-7; Hahn ed.1982,pp.46-47; 和訳　瓜生津隆真同上 p.253; 北畠利親同上 pp.78-79;
※1）Ba so に、「空性の義〔これを〕」という。他の割註には、「甚深な法〔これを〕」という。
※2）割註に、「そのように執らえる者が、未了義と了義の方軌を知らないが、知っている〔賢者だと〕慢思する〔慢を有する愚者〕」という。なお、北畠訳に「さらに、〔有と無を如実に知っているから、自分は〕賢者である、といううぬぼれ」などとあるが、アジタミトラ著『宝鬘の広釈』No.4159 Ge 150a6-7 も、割註と同じくまず未了義と了義を知ることに言及している。すなわち －
　「他者〔である〕第二の者も、この法について「無い」との知により誤って執らえたなら。愚者は、他の論書の聴聞を有していても、この法を知らないから、または、未了義について了義だと知るものは、知らないもの、〔すなわち〕愚者と似ていて、愚者です。賢者の慢思を有するというのは、有るのと無いのを如実に知るから、賢者というなら、そのようなものではないながらも、「私は賢者だ」と慢思を生ずるのです。」
※3）割註に、「彼は、自性により無いなら、次に何が有るのか。よって、自性により空である空性は断の辺（極端）である、といって、甚深な空性を捨てることになる。そのように空性を〔捨てることにより〕」という。
※4）Ba Ra に、「心が〔危険になった本性を持ったことが〕、そこに有る者は、」という。
※5）『道次第大論の表記註釈 brDa bkrol』Toh.No.6569 Ka 462-3 に、「真っ逆さま（spyi'u tshugs）は、頭を下に落ちること。〔すなわち〕上下が逆になる。」という。

訳註2－80）
※）割註に、「断見の義（内容）もまた、『根本〔中論〕般若』に」という。

訳註2－81）ⅩⅤ 11cd; D No.3824 Tsa 9a3; 三枝充悳『中論偈頌総覧』1985,pp.422-423; 和訳　奥住毅『中論註釈書の研究』1988,p.447; 長尾雅人『世界の名著2 大乗仏典』1978 p.283

訳註2－82）ad ⅩⅩⅣ 11; D No.3860 'A 164a6-7; La Vallée Poussin ed.p.495 ll.3-5; 和訳　奥住毅同上 p.758; 北畠利親『中論　観法品・観四諦品訳註』1991,p.122; 丹治昭義『中論釈　明らかなことばⅡ』2006,p.119; Brjed byang（憶え書）Da 32b3-33a4 に解説される。すなわち －
　「ヨーガ行者〔すなわち、〕世俗の法〔である〕無知〔すなわち〕無明〔である〕諦執ほどにより諦としての現れを生じさせるそれは無自性だと証得して、その世俗の空性〔すなわち〕勝義の相（特

徴）を有するものを証得する者は、二辺に転落することにならない。種子のような何か法は、現在、芽の時に滅してから無くなるのであれば、その種子の時に何が自性により有ることになるか、といってそのように前に種子自らの時に種子は事物の自性として認得されないので、後でも自性により成立したものが滅した無いこととして無常であり、ゆえに断見にはならない、という。これにより、『根本般若』の）「前に生じたものが今は無いという。」ということにより示した断辺に、転落しないさまを示した。他である損減の断辺を捨てる方軌は、『明句』（※１）（33a）に「世間の世俗〔すなわち〕映像と似たものを侵害しなかったことにより、業と業果と法と非法をも侵害しないのである。」ということにより、示した。常の辺を捨てる方軌は、『同論』（※２）に、「勝義を事物として増益するのでもない。」などということにより、示した。前に二辺に転落しないと説明したように、常・断の二辺を捨てる方軌を、一つながりに順次、示したのです。中観派が断見と同じでないことの能成として『明句』の三つの教を引用した〔うち〕第一は、ほぼ易しい。無いという者（med pa pa）が、この世間の事物の形相が見えつつあるこれは、自性により成立したと認得する〔すなわち〕執らえてから、それがあちらの世間からここに来るのと、この世間からあちらに去るのが現量により見えないことを、理由としてから、他の事物を前後の世間などにおいて損減する、と知ることが必要です。」

※１）D No.3860 'A 164a7-b1

※２）D No.3860 'A 164b1; Da 33a5ff.

※１）割註に、「〔世俗諦〕の義 －〔無知、すなわち〕無明であり、諦を明知しないそれが、どこか有るところのもの〔ほどにより〕欺かれて、非諦ながらも諦の現れを持ったものとして〔生じ〕させた偽りの事物それこそが、〔自性〕により〔無いこと〕」などという。

※２）割註に、「常・断の」という。

※３）割註に、「滅してから」という。

訳註２－８３）Ngag に、「これらにより再び、事物は自性により成立したのが第二の時〔である〕利那に滅した〔という〕断見を捨てるにあたって、自性による成立は少しも承認しないことを提示したのであり、断見すべてにあたってではない。」という。

※）割註に、「前世・後世が無いと見ることなどの〔断の見〕」という。

訳註２－８４）順世派による後世の知の存在ないし輪廻の存在の否定と、それに対する仏教者からの論駁については、『量評釈』PV II 34ff. におけるものが有名である。また、順世派の文献資料の収集と分析については、生井智紹『輪廻の論証―仏教論理学派による唯物論批判』1996, より「第１章 Bārhaspatya 思想の概観」に詳しい。

訳註２－８５）'Jam に、「第五、因果などを知らないことにより、無自性を証得しないさまについて、１）立宗と証因が同じでないので、証得しないことと、２）立宗ほどが同じでも、証得しないし、過失が大きいさまとの二つ」といい、さらにそれらを細分している。中村元『仏教思想６　空　上』1981, p.83 には、中観派が虚無論者と呼ばれた事例として、『阿毘達磨顕宗論』、『倶舎論』とその註釈文献での説一切有部や経量部の立場、あるいは瑜伽行派の立場が示されている。

※１）割註に、「そのようにあなたたちのようなら、順世派のような者が前世・後世と業果などが無いとしたので、断見になったので、前に生じたものが後で無いとしたなら、断見になる、と思うし、一般的にまた有ると無いと語ったことほどにより常・断に陥ることになるので、承認が無いと語ったなら、それら立場と一致する、と思って、私には承認が何も無い、と語っているが、それはきわめて妥当しない。その理由は上のそれにより知ることになる。」という。

※２）割註に、「その二つの立宗と理由には、大きな差別（ちがい）が有る。」という。

※３）割註に、「自体により成立した〔自性が無い〕」という。

※４）割註に、「では、何かを理由とするなら、彼は量（認識基準）も現量以外を主張しないので、」という。

訳註 2 - 8 6）ad ⅩⅧ 7; D No.3860 'A 117b4-118a1; La Vallée Poussin ed.p.368 ll.13-15; 和訳 奥住毅『中論註釈書の研究』1988,pp.561-562; 北畠利親『中論 観法品・観四諦品訳註』1991,pp.74-75; 江島惠教『空と中観』2003,p.205;『入中論』での順世派批判としては、第六現前地（Ⅵ 99-102; 和訳 小川一乗『空性思想の研究』1976,pp.228-234）の、法無我を決択する四句不生のうち、無因生を批判する個所に出てくる。ⅩⅧ 7 自体には、「心の行境が止滅するから、所詮が止滅する。生じていないし滅していない。法性は涅槃と等しい。」という。

　また、外道者の様々な見解は、初期仏教以来、六十二見としてまとめられている。ニカーヤでは長部の Brahmajāla-sutta（梵網経）DN. Ⅰ の所説が『毘婆沙論』『倶舎論』『瑜伽師地論』など経論に言及されるが、この経典はチベット語にも翻訳されている。六十二見は有身見を根本とするとされ、十四部類にまとめられる。釈尊のいわゆる「十四無記」はこれに対応するものである。それら十四は、前の辺際に依ったものと、後の辺際に依ったものと、涅槃に依った見四つずつと、身・命に依った見二つとである。それらのうち、タルマリンチェン著『現観荘厳論の釈論・心髄荘厳』（Toh.No.5433 Kha 231b2-231a4; ad『現観荘厳論』Ⅳ 16 の解説の後に、「考究」として出ている個所）には、無常であることと、辺際が有ること〔すなわち〕後の生へ入らないと見ることと、死んだ以降生起しないと見ることが、順世派の見とされている。cf. ツルティム・ケサン「チベット仏教における六十二見」（『三友健容博士古稀記念論文集 智慧のともしび アビダルマ仏教の展開』2016）; なお、斎藤明「ナーガールジュナと〈無記〉説」（『印度学仏教学研究』60-2,2012）には、『根本般若中論』の第二十二章「如来の観察」、第二十五章「涅槃の観察」、第二十七章「見の観察」において十四無記を示して退けていることから、無記説が重要視されていると述べられている。

※１）割註に、「実有論者」という。
※２）割註に、「中観派あなたたちは、」という。
※３）割註に、「その業の〔作者と〕その〔果〕、異熟と〔世間〕など」という。
※４）割註に、「善・不善など」という。
※５）ナーガールジュナが「空性論者」を自称したのに対して、その思想を承けたブッダパーリタが、確認しうるかぎり最初に「縁起論者」を自称したとされる。斎藤明「空性論者から縁起論者へ－Buddhapālita を中心として」（『江島惠教博士追悼論集 空と実在』2001）に分析されている。
※６）割註には、「自性により空性として成立している理趣それこそを通じて」といい、下線部が『道次第大論』本文かのように表示されている。
※７）割註に、「自体により成立した〔事物〕」という。
※８）割註に、「現在、現前に見えつつあるこれら〔を〕、因が無くて」という。
※９）割註に、「あちらの世間の」という。
※１０）Ngag に、「という意味は、前の生なども今生と同じように自らの前生と後生の時には見られなくて、自らの時に見られるのであるが、順世派などは、この世の生が見られるのと同じく、前後の生二つは、彼自身により見られないので、それらは無い、といって損減する。」という。

訳註 2 - 8 7）ad ⅩⅧ 7; D No.3860 'A 118a1; La Vallée Poussin ed.p.368; 和訳 奥住毅同上 p.562; 北畠利親同上 p.75;
※０）cf. 福田洋一「『ラムリム・チェンモ』における『入中論』の二諦説」（『印度学仏教学研究』58-2,2010）p.3
※１）割註に、「断見」という。
※２）Kyt ed. に rtog pa'i としたが、割註に rtogs pa'i（証得する）とある。原典の D ed. には rtog pa'i とある。今回は直前の段落との関連より rtogs pa'i と読んだ。Brjed byang（憶え書）Da 33b1 には、「証得ということにも悟入の有る無し二つが出ているうち、正しいものはどれであるかを伺察し、義（対象）〔である〕無自性を見ることを理解することが必要です。」という。
※３）割註に、「それら差別（ちがい）の中で」という。
※４）割註に、「あの世間などが」という。
※５）Ngag に、「中観派と断見との二つは、因果が無自性であると承認することは等しいので、その二つは同じである、というなら、過失は無い。前者は、無自性であることにより因果などは世俗

として有ると主張するが、後者は、因果などは全く無いと主張するから、という。」という。Brjed byang（憶え書）Da 33b5 には、了解と議論の両方とも等しくないという。

訳註2－88）
※1）割註に、「説かれることが必要であるのに、そのように〔も説かれなかった〕」という。
※2）割註に、「その二つが同じでない理由として、」という。
訳註2－89）'Jam は、「第二、因果などを主張しないなら、「無自性である」といって立宗するのは同じでも、空性を証得しないし、過ちが大きいさまについて、七つ」といって細分している。丹治昭義『実在と認識　中観思想研究Ⅱ』1992,pp.289-290 は、『明句』Ⅰ（La Vallée Poussin ed.pp.34-35）にディグナーガが、論者双方に成立したものを述べることが立証または論破であるが、一方が認めていないものや疑っているものはそうでないとしたの（訳註4－119を参照。）に対して、チャンドラは、推理による否定は自らの承認する証因のみによってであり、対論者の認めたものによってではないことの関連で、訴訟を例に言及し、相手が一方的に「おまえの負けだ」と主張したから敗訴するのではなく、自己が敗北を認めて宣言したとき、公平な証人の証言とともに敗訴になることを述べ、それが『テーラ・ガーター』497 の「他人の（「お前が盗んだ」という）言葉で盗人であるのではない。」を承けたものであろうと推測している。cf. 江島惠教『中観思想の展開』1980,pp.191-192; 岸根敏幸『チャンドラキールティの中観思想』2001,pp.202-203
※1）Ba so に、「また中観派と断見との二つは、因果が無自性であると承認するほどは同じなので、その分よりその二つは同じだ、というなら、それもそうではない。前者は、無自性の義（内容）を理解してそのように語ったが、後者は、義（内容）を理解しないでそのように語ったから。」という。
※2）割註に、「彼が財宝を盗んだ」と語るとき」という。Brjed byang（憶え書）Da 33b3 に、「非親友の心でもって罰を加えようと欲して」という。すなわち敵愾心を動機としてである。
※3）Ba so に、「見ないままに想いを変えて、語ったので、」という。

訳註2－90）ad ⅩⅧ 7; D No.3860 'A 118a2-6; La Vallée Poussin ed.p.369; 和訳　奥住毅『中論註釈書の研究』1988,pp.562-563; 北畠同上 1991,p.75; 江島惠教『空と中観』2003,p.206
※1）割註に、「〔事物〕が自性により成立しているそのこと〔は〕」という。
※2）割註に、「無自性であるという義（内容）の〔証得者〕の知の差別（ちがい）が〔別異である〕」という。
※3）割註に、「し近くない思い〔の者により〕、自らの意を〔吹き込まれて〕変えて〔から〕」という。『道次第大論の表記註釈 brDa bkrol』Toh.No.6569 Ka 46a3 に、「「親しくない者により吹き込まれてから」というのは、親しくない者により勧められてから、または変更してから、という意味です。」という。
※4）『道次第大論の表記註釈』Toh.No.6569 Ka 46a3 に、「論難（sun 'byin pa）は、過失を述べる言葉を語る、または過失を述べること。」という。
※5）割註に、「所詮の〔事物である〕盗んだことほどとしては等しいので、」という。
※6）割註に、「他の人が」という。
※7）割註に、「虚無者と中観派の二者が、自性により無いと語る〔ここ〕の場合〔においても〕」という。
※8）割註に、「自性により無いほどとしては別異でなくても、中観派〔すなわち〕事物の自体〔である〕自性により無いとの義の理趣を〔如実に〕」という。
※9）割註に、「義を〔了解する〕さま〔と〕、了解したように句（ことば）に〔語る〕とき〔なら〕、知り方と述べることが、」という。
※10）割註に「〔虚無者〕すなわち断見者」という。

訳註2－91）
※）割註に、「現れ・空が相違（矛盾）になった〔空〕」という。

訳註2－92）ad ⅩⅤ 10ab（「有為の義の否定を修習することを説示する」）; D No.3865 Ya

224b2-3; P No.5266 Ya 255a-b; Suzuki ed.1994, なし；冒頭は、『四百論』本頌（D No.3846 Tsha 16b3-4）の、skyes pa la ni 'ong ba dang/ /de bzhin 'gags la 'gro ba med/ /（生じたものには来ることと、同じく滅して去ることは無い。）を含んでいる。またこの本頌の意味について、Brjed byang（憶え書）Da 34a1-3 には、タルマリンチェン著の『同註釈』（Toh.No.5428 Ka 108b6-109a1; 英訳 Geshe Sonam Rinchen & Ruth Sonam, *YOGIC DEEDS of BODHISATTVAS*.1994,p.281）の記述をそのまま示している。

※1）Brjed byang（憶え書）Da 33b5-6 には、ここでの de lta na yang のうち、yang（も）という言葉について、次のようにいう －

　　「本頌の句（ことば）だと錯乱して、yang のその声（ことば）は詩頌の句を補うために加えられたようだ。『註釈』の写本には de la na don gang zhig（そのようなら、何らかの義が）ということほど以外に yang の声（ことば）は出ていないから。」

※2）割註に、「他より遷移して」という。

※3）割註に、「他へ遷移して」という。

※4）割註に、「自らの側から成立した」という。

※5）Ngag に、「事物は自性により無い。それが有るなら、生じたとしても、「これより来た」と示すべきことと、同じく滅するとしても、「ここに去る」と別のことを示すべきことが有ることが必定なのに、それが無いから。」という。

※6）Ngag に、「というこれにより、その二つの因を為した有情と聖者仏陀の相続の言説の量（認識基準）二つを示した、と仰った。」という。これは直後の『四百論の註釈』の趣旨とも一致する。

※7）『四百論の註釈』D No.3865 Ya 224b3-4 には、さらに次のようにいう －

　　「幻術において造られた象と馬などと同じそれらも、顛倒した幼稚な者たちは、自性を有すると妄分別する。聖者たちは、幻術と陽炎などのように、無自性であることを断定する。」

※8）割註に、「縁起の体として有る、といって有る義（内容）を」という。

訳註２－９３）ad ⅩⅩ 24（章の末尾）；D No.3842 Tsa 255b3-4; SAITO Akira, *A Study of The Buddhapālita-Mūlamadhyamaka-vṛtti*（Ph.D 学位請求論文 1984）p.289

　『中論』ⅩⅩ 24 には、「ゆえに、集積により造られた〔果〕と非集積により造られた果は、無い。果が無いのなら、縁の集積はどこに有るのか。」という。

※1）割註に、「実有論者が中観派に対して」という。

※2）割註に、「因果の」という。Brjed byang（憶え書）Da 34a3 には、「集積というのは因縁が集積したもの、〔すなわち〕因縁が集積したものより果が自性により生ずることを否定するので、この〔『根本般若』〕第二十章について「集積の観察」という。」

※3）割註に、「各自の」という。

※4）割註に、「互いに〔依って〕待って、事物個々に現れるのへ、それぞれとして言説を〔仮設される〕」という。

訳註２－９４）cf. 福田洋一「ツォンカパにおける縁起と空の存在論－中観派の不共の勝法について－」（2002 年改訂版がウエブ上で閲覧可能）p.11

※1）割註に、「事物の辺に誤って入った」という。

※2）割註に、「それら差別（ちがい）について錯乱した」という。

※3）割註に、「がこちら〔に対して〕争論するなら、」という。

3．空性論の真偽

訳註３－１）『量評釈』I 19cd-20ab には、「他の量により侵害されるというなら、いまや見えない
ことから無いわけではない。同じく他についてもまた、他の量により侵害されることがありうる。」
といい、それに関するタルマリンチェン著『解脱道作明 *Thar lam gsal byed*』（Toh.No.5450 Cha
32b; 拙訳『チベット仏教 論理学・認識論の研究III』2012,p.26）には、経量部ないし唯心派の立場
からではあるが、勝義の量ないし正理の量により世俗の量ないし言説の量の対象が獲得されないこと
を、その対象が侵害されることや全く存在しないことと混同することが、説かれている。
※）割註に、「上に説明した他の『経』により上に〔侵害するものを述べる者たち〕彼ら」という。

訳註３－２）割註に、「１）真相（yin lugs）を伺察するものによる伺察に耐えないことと、それによ
り侵害されることは、同一でないさまと、２）勝義を伺察する正理知より、言説の量は力が大きいさ
まと、３）色などを言説として設立する言説は、世間の牛飼いなどについて主張することは、妥当し
ないことと、４）中観派は業果を業果、二諦について善巧であるさまと、〔合計〕四つと分けて、
その四つをさらに細分している。第一は十四に細分されている。cf. 福田洋一「ツォンカパにおける
縁起と空の存在論－中観派の不共の勝法について－」（2002 年改訂版がウエブ上で閲覧可能）p.12;
松本史朗「ツォンカパとゲルク派」（『東洋思想第二巻 チベット』1989）p.250; なお、世間の言説
諦は伺察されるべきでないことについては、『入中論』VI 35 を参照。
※１）割註に、「こちらに現れるほどそれに置いておかないで、現れるとおりの〔義（もの）〕それこ
そ〔あるあり方〕」という。
※２）割註に、「などについて伺察したとき、その正理により獲得されるのを通じて」という。
※３）割註に、「正理により獲得されないので、否定されたのであるから、」という。
※４）'Jam に、「獲得されないこと、または」という。
※５）'Jam に、「けれども、それにより侵害されることが必定でないのを知らない」という。
※６）割註に、「何についても思惟していなくて」という。Brjed byang（憶え書）Da 34a4-b2 に次
のように解説する －
　　「勝義を伺察する正理の否定対象であるなら、無いことが遍充する、という意味ではない。後に
　　諦執とその思い込みの対境〔である〕諦成立の両者は、正理の否定対象として説かれたから。諦
　　執〔である〕何か正理の否定対象として設定する正しい論理は正理知〔である〕比量、そして諦
　　成立〔である〕何か正理の否定対象として設定する正しい論理は正理知〔である〕比量と、その
　　所依になった帰謬と論証式のようなものについてもいうので、理解すべきことは個々に有るのを
　　知ることが必要です。よって、勝義を伺察する正理により色から一切智までの一切法を否定した
　　いと欲する者は、正法を一・多を（34b）離れたのと縁起など勝義を決択する正しい証因によっ
　　ても否定すると承認するので、正しい証因の否定対象が有ると語る者は、でたらめだ、という意
　　味です。または、前分〔所破〕により一切法は勝義を伺察する量（認識基準）により除去された
　　と承認していることと、生などが有ると語ることは、相違（矛盾）を含むものになる意味に適用
　　してもいいかと思う。（以下、省略）」
※７）Brjed byang（憶え書）Da 34b5-35a3,35a5-6,35b5-35b6 に次のようにいう －
　　「ケードゥプ・ジェの『七部の荘厳』（※１）より、量（認識基準）により侵害が降りかかるさま
　　について、１）その知により執らえられたように成立したのを量により侵害するのを通じて、そ
　　の知へ量が知に侵害するものになったような、知に侵害するさまと、２）その声（ことば）によ
　　り表詮されたように成立したのを、量の侵害するものが降りかかるのを通じて、その声を信頼で
　　きなくするような声に侵害するさま、3）常の声が所知にありえるのを量により否定するような、
　　対境に仮設されたものを侵害するさまの〔合計〕三種類が有るし、量による除去を説く場合、四
　　種類（※２）が説明された（35a）、というのは、後者の設定方法に関して説かれた。『量評釈』（※
　　２）に「決定と増益の意は侵害されるもの・侵害するものの体だから」というように、諦執は侵
　　害されるもの、そして諦無しを証得する智慧は侵害するものと説明しているのと、諦執は正理の

否定対象と説かれたのは、第一の設定の仕方に関してです。正理知〔である〕比量により、諦執の思い込みの対境は無いと証得する理由により、正理知の作用が損なわれていない間に、直接的な侵害されるもの〔である〕顕わになった諦執が生ずる機会を破壊した方軌により、それに侵害するからです。」

「この本文に、諸法が自体により成立したのなどを正理により侵害することを説かれたことと、自在天が楽・苦を生じさせるのと業が楽・苦を生じさせるのと二つは勝義を伺察する正理により成立しないことは等しいが、正理により侵害される・侵害されないことは等しくないと説かれたことなど、第三の設定の仕方に関してであると思われる。」

「本文に、「正理による伺察に耐えるか・・・(中略)・・・獲得されないかです」ということにより、勝義を伺察する正理による伺察に耐えると成立していることと、勝義を伺察する正理知の獲得する義（もの）との二つは、同一義だと示したのではない。法性は勝義を伺察する正理知により獲得されるが、正理による伺察に耐えないものとして成立しているから。(※4)」

※1）Toh.No.5501 Tha 未確認。

※2）似非立宗について、『集量論』Ⅲ2では、現量、比量、教、周知という四種類の量により除去されるもの、『正理門論』では、「自らの言葉」を加えた五種類の量により除去されることが説かれた。『量評釈』Ⅳ92には、『集量論』の所説に関して、基本的に、現量による除去と比量による除去との二種類であること、比量による除去を三種類に分類することにより、合計四種類になった。承認は果の証因、周知は自性の証因であることが、言われている。ダルマキールティは「自らの言葉」を「承認」に含まれるものとした。よって、「承認」は自らの言葉と論書との二種類に細分化された。

※3）Ⅰ49ab; 訳註6－60を参照。

※4）Da 36a5ff. には同趣旨として、ツォンカパ著『根本般若の大釈論 rTsa she'i Ṭika chen』（Toh.No.5401 Ba 28b6-29a1; 和訳　クンチョック・シタル、奥山裕『全訳　ツォンカパ　中論註『正理の海』』2014,pp.63）の「前に芽などの諦としての有る無しを探求した後に、諦無しを正理知により獲得したので、再び諦無しの諦としての有る無しを探求したとき、諦無しを獲得しないが、それを獲得しなかったことにならない」というのや、ケードゥップ・ジェ著『千薬 sTong thun』(Toh.No.5459 Ka 49b; 拙訳『中観哲学の研究Ⅲ』2001,p.127) を引用し、解説している。

訳註3－3）ad ⅩⅢ11ab（「根と義の否定を修習することを説示する」, v.311ab）; D No.3865 Ya 201b2-3; P No.5266 Ya 232b; K.Suzuki ed.1994,p. なし ; T.Tillemans, *MATERIALS FOR THE STUDY OF ĀRYADEVA, DHARMAPĀLA AND CANDRAKĪRTI*.1990,vol.2 p.82,vol.1 p.186; cf.四津谷孝道『ツォンカパの中観思想』2006,p.61,63

※）dpyod pa ni rang bzhin tshol ba などとあるが、原典には dpyod pa don rang bzhin tshol ba などとある。割註に、「諸事物の自体により成立した〔自性を〕」という。

『四百論』ⅩⅢ11には、「そのように眼は大種所造〔である〕。〔例えば〕耳のように。眼により見えるが、他〔の根（感官）〕によってではない。よって、必ずや業の異熟は不可思議であると牟尼は説かれた。」という。この不可思議については訳註3－14を参照。

『四百論の註釈』D Ya 201a7-b1 には、諸根（感官）は業の異熟として否定されないことを述べている。すなわち－

「そのとき、合理性と相違する所作はありえないから、眼などの自体を分別することがどこに有るのか。大種（粗大元素）所造として等しいながらに、対境を取らえるのが別異であるものを分別することは、道理でない。眼などの有ることは、対境を取らえることより比量されるのであるならば、それもまた相違（矛盾）するので、ありえないので、根（感官）が有ることにより、〔諸々の〕対境が現前だとしては道理でない。」(※)

※）続く部分は Kyt ed.pp.294-295 訳註3－12の個所を参照。

訳註3－4）
※1）'Jam に次のようにいう－

「勝義を伺察する正理というのは、色などこれらは、義（内容）〔である〕実相において有るのか無いのか、生ずるのか生じないのかといって、それらに自性が有るか無いか、または自体により成立した生・滅などが有るか無いかを探究する正理をいう。それによる伺察に耐えるか耐えないかの意味もまた、それにより獲得されるか獲得されないかをいうし、それによる伺察に耐えないことと、それにより侵害される、または否定されたこととの二つは、同一義でない。よって、色などがその正理知により獲得されていなくても、それにより否定されたわけではない。〔なぜなら、〕それにより獲得されないことにより、獲得されないことに該当しないから、そして色などが有っても、その〔正理〕知により獲得されることが必要である道理ではないから。よって、その知により初め探求したときから色などの自性を探求したのであって、色などの生・滅ほどを探求したわけではない。だから、今後否定したとしても、色などの自性が否定されたのであって、生などほどを否定したわけではない。よって、それが有るなら、その正理により成立することが必定である種類一つについて、その正理により獲得されないなら、否定したと設立するのです。その建物に盗人がいるなら、獲得することが決定した人が、探求してから獲得しなかったなら、そこに盗人を否定したと設立するが、他の建物に盗人がいても、彼により獲得されることは必定でないので、彼により獲得されなくても、否定されたことにならないようなもの、と仰ったから。」
※2）cf. 四津谷孝道『ツォンカパの中観思想』2006,p.65;『善釈心髄』(Toh.No.5396 Pha 105b4-5; 片野道雄、ツルティム・ケサン『中観哲学の研究Ⅱ』1998,p.219,note349) に、「これもまた、正理知により侵害されるのと伺察に耐えないこととの二つの差別（ちがい）と、正理知により有るのを獲得しないことと、無いのが見えることとの二つの差別は、きわめて大きいのを良く区別したことに掛かっている。それらは他に広く説明しおわった。」というのは、ここでの論述に言及したものと考えられる。なお、四津谷同上 pp.68-70 には、『根本般若の釈論・正理海』(Toh.No.5401 Ba 28-29) の論述と比較がされている。

訳註3－5）ad ⅩⅢ 21cd (v.321cd)；D No.3865 Ya 205b1-2; Suzuki ed.1994,pp.290-291; T.Tillemans, ibid.,1990,vol.2 p.104,skt.p.105 ll.5-8, vol.1 p.193
『四百論』ⅩⅢ 21 には、「諸根（感官）を離れて心が〔対境に〕到って、何を為すことになるのか。そのようであって、この命（いのち）は常に意（こころ）が無いのではなかろうか。」という。
※1）割註に、「〔根〕、眼など〔と、対境〕、色など〔と、識〕、眼識など〔に〕、自体により〔有る〕」という。
※2）割註に、「のを通じて住する」という。
※3）Ba so に、「究竟を伺察する正理の〔合理性〕」という。
※4）割註に、「他に変わらないことを通じて堅固に〔まさしく有る〕」という。
※5）Ba so に、「による成立」という。
※6）'Jam に、「それもまた、真実を探求する場合の正理知は、前に説明したとおりですが、勝義の相（特徴）を説明する場合の正理知は、正理知の中心〔である〕聖者の等至をいうので、同一義ではない。」という。

訳註3－6）cf. 野村正次郎「ツォンカパの空思想における当事者性」（『日本西蔵学会々報』52,2006）pp.19-20
※1）割註に、「現れほどとして成立した〔これら世俗のものごと〕」という。
※2）割註に、「これらにより無いながらに現れるのを通じて錯乱している、大きな非義利に結びつけるので、」という。
※3）割註に、「この gzhug pa（〔起こ〕させる）というのは、起こるべき（'jug par bya）というのと、同義であるし、所作・能作の二つの内で、所作（動作対象）の声（ことば）であるので、この傍註のように得る。」という。
※4）割註に、「世俗の法について自性の有る無しを伺察する正理の観察をすべきこと」という。
※5）割註に、「空性において二の現れが没した側には」という。cf. 四津谷孝道『ツォンカパの中観思想』2006,p.64

訳註　3.空性論の真偽　　319

※6）割註に、「大翻訳師〔ロデン・シェーラプ〕とチャパ」という。『道次第大論の表記註釈 brDa bkrol』Toh.No.6569 Ka 46a3-4 に次のようにいう －

　　「「昔の或る学者においても錯誤を生じたと見えるから」という昔の学者は、ゴク翻訳師ロデン・シェーラプとチャパ・チューキセンゲであると説明している。それだけでなく、『根本般若』のインドの註釈『浄白論 dKar po rnam par 'char ba』作者でもあると説明している。」

『浄白論』は、アヴローキタヴラタ著『般若灯論の復註』においてデーヴァシャルマンの著作とされているものであるが、アティシャの『菩提灯論の自註釈』のように『般若灯論』への『復註』だとする伝承もある。cf. ケードゥプ・ジェ著『千薬 sTong thun』(Toh.No.5459 Ka 37b; 拙訳『中観哲学の研究III』2001,pp.107-108,p.287)；江島惠教『中観思想の展開』1980,pp.161-165 には、さらに『般若灯論』へのデーヴァシャルマンの引用が分析されている。Brjed byang (憶え書) Da 38b1-4 には、この誤解によりロデンシェーラプは勝義諦は所知でないと説いたこと、チャパは法性は諦成立だと主張したこと、大トゥンパは正理知の対境は無く、比量の対境は有ると説明したなど多くの錯誤が生じたさまは、ツォンカパ著『善釈心髄 Legs bshad snying po』(Toh.No.5396 Pha 62a1-3; 片野道雄、ツルティム・ケサン『中観哲学の研究II』1998,pp.74-75) とケードゥプ・ジェの『千薬 sTong thun』(Toh.No.5459 Ka 72a; 拙訳『中観哲学の研究III』2001,p.162) に出ているとおりだという。ただし『善釈心髄』よりは『入中論の註釈・意趣善明 dBu ma dgongs pa rab gsal』(Toh.No.5408 Ma 72b4-6; 和訳　小川一乗『空性思想の研究II』1988,pp.359-360) の記述のほうが詳しい。

※7）Ngag に次のようにいう －

　　「そのように色などは言説の量（認識基準）により獲得されるので、獲得されるに該当するし、勝義を伺察する正理知により獲得されないので、獲得されないことに該当しないとしたことに対して、では、その二つは前者が力が大きいし後者は力が小さい、あるいは、前者が後者を侵害することになる、というなら、私はそのように主張しないし、あなたのように真実を伺察する正理により色などを伺察してから獲得しないなら、色などはそれにより否定されたと主張するのに対して、世間の周知により侵害されるので、言説の量により侵害されることになる。中観派が依他起が実物有なのを否定したのに対して、唯心派は、「では私もあなたの主張するように世俗を否定する」というなら、『入中論』本頌・註釈（※）のこの句（ことば）を説かれた。」

　　※）ad VI 81-83; D No.3862 'A 275b7-276b4; La Vallée Poussin ed.pp.179-181; 和訳　小川一乗『空性思想の研究』1976,pp.202-204; 拙訳『中観哲学の研究V』2002,pp.125-126; この対論は、本著において後で訳註４－３３の個所にも論及されている。

訳註３－７）VI 83; D No.3861 'A 208a4-5;『同自註釈』D No.3862 'A 276a6; La Vallée Poussin ed.pp.180-181; 和訳　小川一乗『空性思想の研究』1976,pp.203-204; 拙著『中観哲学の研究V』2002,p.126; 瓜生津・中沢『入中論』2012,p.185; 唯心派の空性解釈である三自性説のうち、依他起の実在に関する中観派との争論である。Brjed byang (憶え書) Da 36b-37b には、正理知により獲得されるかどうかに関して、三自性と二諦の違い、道による浄化の問題が議論されている。Da 37a5-b2 に次のようにいう －

　　「『入中論』に一切法には勝義と世俗の体二つずつが有ると説かれた〔うちの〕諸法の世俗の体と自らの上の依他起の二つが同一義なら、空性が名・句を仮設した有ほどとして成立したそれは、空性の上の依他起なので、空性は空性の空の所依事〔である〕有法 (37b) にも帰結するのと、空性は空性の上の世俗諦であるなら、その空性は相智の空性の上の言説の量になった獲得される義であることが必定なので、相智は空性について言説の量になったものが有ることに帰結することについて、どのように回答するかなど伺察すべきことは多いが、細かく戯論できない。」

※1）割註に、「世間の世俗を否定するもの〔である〕唯心派〔あなたに対して〕」という。

※2）割註に、「の周知の量（認識基準）」という。

※3）割註に、「の言説または周知」をという。

※4）割註に、「から、世俗のもの〔これを〕」という。

※5）割註に、「それもまた最初に」という。

※6）割註に、「の二者は、世俗の有る無しの場合〔これについて〕」という。

※7）割註に、「勝利した」という。

訳註3－8）D No.3862 'A 276a6-7; 直前の訳註を参照。Brjed byang（憶え書）Da 38b4-6 にはこの意味を次のように解説する －

「『〔入中論の〕註釈』に「私たちは世俗〔である〕錯乱の現れを自相続において退けるために、きわめて大きな困難により道を修習することに住することになる」と説かれたとおりなので、世俗はこの立場においては所知障だと主張して、転識において対境が諦として現れることをいうことが必要です。諦執の習気を治浄するために道を修習する難行に住するとの意味であるからです。」

※1）割註に、「中観派」という。

※2）割註に、「錯乱の現れこれは、きわめて退けがたいので、それを」という。なお、「世俗」の原語の語義解釈については、訳註1－19を参照。

※3）割註に、「道を修習するなどの所作により」という。

※4）割註に、「よって唯心派」という。

※5）Ba so に、「私が主張する世俗それは、世間の言説により侵害されなくて、否定することができるのなら、私の主張する〔世間の世俗を〕正理により否定してから」という。

※6）Ba so に、「で、除去できるのなら、」という。

※7）『道次第大論の表記註釈 brDa bkrol』Toh.No.6569 Ka 464-5 に、「援助（stongs pa）は、益または助けをすることの古語なので、援助するは益、援助をしよう、または助けようという意味です。」

※8）Ba so に、「理由はまた、私たちは世間の錯乱した識に世俗が現れる〔という〕この錯乱の現れを、治浄するために、道を修する困難に住するのに対して、あなたはそれを難なく除去したから、という。」、それに関連して Ngag に、「これもまた、有情〔である〕異生（凡夫）・聖者の知識において世俗は、自らの側から成立していると現れるのについて、その知識〔である〕錯乱の所知障を治浄するために、道を修習することを理解することが必要ですが、世俗の現れは仏陀に有るので、初学者たちよ、区別してください。」という。

訳註3－9）Brjed byang（憶え書）Da 37b3ff. には、加行道の等至による証得の仕方について議論している。Da 37b7-38a には、大乗の加行道の等至の位は一切法の真実を証得することの典拠に、タルマリンチェン著『現観荘厳論の釈論・心髄荘厳』（Toh.No.5433 Kha 81b4-5）と、同著『宝性論の註釈』（Toh.No.5434 Ga 49b4-50a1）を引用して、それらは多いが、ケードゥプ・ジェ著『千葉 sTong thun』（Toh.No.5459 Ka 76b; 拙訳『中観哲学の研究III』2001,p.169）の所説は一致しないという。Brjed byang（憶え書）Da 38a6-b1 に次のようにいう －

「自己の立場においては、大乗の見道の無間道により、〔自性と離垢の〕二の清浄を具えた究竟の界（38b）をも現前に証得するが、自らの上に見えないので、相違しないとしたなら、よい。」

※1）Brjed byang（憶え書）Da 38b6-39a2 に次のようにいう －

「眼識に色が自相により成立したと現れるのは、対境・有境（39a）の錯乱の現れと設定していいと思うが、本文に、有境の錯乱と対境の錯乱が現れるのを個々に区別したお言葉のとおりなら、色が自らを取る眼識に自相により成立したと現れる、対境の錯乱の現れと、眼識に色が自相により成立したと現れる有境の錯乱の現れと設定したなら、よいかと思う。」

※2）割註に、「〔数習〕し、串習（習熟）を通じて否定することが必要なので、道の〔否定〕」という。

※3）割註に、「対比（mgo bsgre）することは、mgo（頭）を等しくしたことによって〔である〕。中観派の世俗と唯心派の依他起の実物有との二つは、否定できるなら、否定できることが等しいし、否定できないなら、否定できないことが等しいので、等しいと語ったことを、言う。」という。『道次第大論の表記註釈 brDa bkrol』Toh.No.6569 Ka 46a5 に、「対比は頭が等しい、または種類が等しい。」という。

※4）割註に、「世俗を否定するそのような正理は、似非の正理であるので、」という。

※5）割註に、「それにより、立証される対境〔に対して〕」という。

訳註3－10）'Jam に、「第三、色などを言説として設立するという意味は、牛飼いなどの側に主張

することは、妥当しないことに、五つ」といって細分している。ここでの用語については、『入中論の自註釈』（D No.3862 ’A 254a5-6; ad VI 26cd; 訳註５－８２を参照。）に、「これら外道者は真実に悟入したいと欲するので、未修学の人〔である〕牛飼いと女など以上にも知られた事物の生と滅などを無顚倒に正しく確定しないで、」などという。

※１）Brjed byang（憶え書）Da 39a6 には、「言説というものは牛飼いなど世間の自由気ままな者について理解することが必要だ」などという。

※２）Brjed byang（憶え書）Da 39a3-4 には、「あなたのようなら、中観派の本典に色などは言説として否定されないと説かれたことにより、牛飼いなどの側には否定しないと示すのであることが必要です」という。

※３）割註に、「勝義としては為しえないので、」という。

訳註３－１１）ad ⅩⅤ（有為の義の否定を修習することを説示する）v.10（v.360）; D No.3865 Ya 225a1-3; P No.5266 Ya 255b-256a; K.Suzuki ed.1994, なし;『四百論』ⅩⅤ 9-10ab には、「現在の事物は、それこそより生ずるのではないし、未来より生ずることはない。過去よりも〔生ずることは〕ない。生じたものに来ることと、同じく滅したものに行くことは無い。」という。なお、空性や喩例の問題については、Kyt ed.pp.400-401（訳註５－７３）の『四百論の註釈』とそれによる議論を参照。本論の六波羅蜜、四摂事の直後（Kyt ed.p.168; 拙訳 『菩提道次第大論の研究Ⅱ』2014,pp.180-181）にはアティシャの『大乗道成就法語集』により、等至と後得において六波羅蜜を修証するが、後得において幻術など八の喩えにより、一切法空の見を数習して分別を治浄し、方便を学ぶことを中心にする。等至のときには、止住・勝観が等分であり、その相続を常に数習すべきことをいう。Brjed byang（憶え書）Da 41a5ff. に、この『四百論の註釈』は、有為はすべて偽りで欺くというチャンドラキールティの流儀では量（認識基準）が全く無くなるとの批判に反証するものとして引用されている。同じく Da 99b5-6（訳註５－１を参照。）には、幻術や映像の喩例が世間の知識の側を待って、誤った世俗なので、無自性を理解しやすいことを言う。

※１）Ba so に、「勝義を伺察する〔この伺察〕」という。

※２）Ba so に、「義（もの）の差別（限定）を適用しなくて、〔生〕と滅ほど〔は〕」という。

※３）生・住・〔異〕・滅は、有為の相（特徴）である。『根本般若中論』Ⅶ に詳しく議論される。

※４）Ba so に、「幻術の馬・象として現れても、そこには無い〔幻術〕」という。」、他の割註には、「生それこそは現れ・空の二が集積した〔幻術〕」という。

※５）Ba so に、「全くありえない」という。

※６）Ba Ra に、「とウサギの角」という。

※７）Ba so に、「その喩例により」という。

※８）Ba so に、「または例示されること〔になる〕」という。

※９）割註に、「生は自性により空であっても、因縁を待って生起する方軌〔である、幻術〕と陽炎〔など〕の喩例により量ること〔と〕一致〔させる〕」という。

※１０）割註に、「縁起と相違（矛盾）しない、自性により無い〔幻術など〕」という。

※１１）割註に、「縁起の生を必ず承認する。よって、ただの生ほどを否定しないが、」という。

※１２）Ngag に次のようにいう －
「それもまた、中観の見は、これら喩例により表示してから知ることが必要であることを、説かれたので、幻術の馬・象は、それを取らえる知識において、馬・象として現れるただの現れほどについて設定するが、それより他はまさにその対境こその上から、馬・象の毛ほども成立しえないのと同じく、色などもまた知に現れるただの現れほど、または現れの分、または印象（nyams snang）ほど以外、対境が自らの側より、または自らの仮設の所依事（もと）の上から塵ほども成立していない。（146a）同じく、人（プドガラ）も下の学説は仮設された義（もの）を探求して獲得するものにおいて設立するが、ここ〔中観帰謬派〕においては五蘊に依って仮設された我ほどと、その義（もの）もまた知において「我」といって現れるほどこれこそである以外、仮設の所依事（もと）の側から、または上から少しも成立していないし、仮設法はそのようでありながら、仮設の所依事も知において現れるほどにより満足しないなら、それより他が対境の上から

成立していることは少しも獲得されえない。

　では、幻術の馬と目覚めたときの馬の二つが、知における現れほどとしても同じであり、対境の上から成立していることも同じであるなら、その二つが馬であるかないかが等しいことになる、と思うなら、過失は無い。前者が馬であるのに対して、言説の量が侵害するが、後者に対しては侵害しないから。それもまた、前者において馬だと取らえたなら、自己も後で「前のそれは馬ではない」と決定を生ずるが、他の人もまた「ここに馬はどこに有るか」とほど語ることになるが、目覚めたときの馬においてそのようなことは、自他のどちらにおいても生じないから。

　そのように〔文章が〕出ているが、前者は一時的な錯乱の因により汚染された、また錯乱した現れであるので、普通の者たちも決定できるのと、後者は、長期の堅固な錯乱の因ができたので、汚染された力により、決定できないことにより、差別（ちがい）ほど。

　そのようなら、目覚めたときの馬により馬の効用が不可能であるし、善・悪より楽・苦が生起することなども妥当しない。それら善悪は、夢の馬のように対境の上から少しも成立していない錯乱の現れほど、そして、知における現れほどであるから、というなら、

　過失は無い。例えば、夢において罪悪の気分が浮かんだことにより、眠りが醒めていない間に、様々な苦楽が生起するのと、幻術の馬・象などにより観客に様々な喜・苦を生ずるのと同じ。」同じく ’Jam には、「それもまた、因より果が生起するのは、化作により他が化作されたようなものと、対治により所断を摧破したのは、夢の象により夢の他の象が殺害されたようなもの、と私の勝れた上師が仰った。」という。

訳註３－１２）ad ⅩⅢ（根と義の否定を修習することを説示する）v.11ab（v.311ab）；D dBu-ma No.3865 Ya 201b1-4; P No.5266 Ya 228a; Suzuki ed.1994, なし ; T.Tillemans, *MATERIALS FOR THE STUDY OF ĀRYADEVA, DHARMAPĀLA AND CANDRAKĪRTI.*1990,vol.2 pp.81-82, vol.1 p.186; cf.四津谷孝道『ツォンカパの中観思想』2006,pp.77-78

※１）gal te とあるが、原典は gal te de ltar（もしそのように）である。

※２）割註に、「自性により無いなら、ありえなくなるので、それらは〔ありえないなら〕」という。

※３）割註に、「有漏の〔業〕により投じられた〔異熟の〕果〔の体として〕」という。

※４）rnam par bzhag とあるのは、P ed.,N ed. に一致し、割註も同じである。D の原典は rnam par gzhag である。

※５）割註に、「眼など〔これらの異熟の〕事物として生じた〔自性を〕」という。

※６）割註に、「彼は、「それの異熟の体を直接的に否定していないが、けれどもあなたは」という。

※７）割註に、「正理により〔伺察〕を通じた探求〔は〕、」という。

※８）ni とあるが、原典は don である。割註に、「諸事物における自体により成立した〔自性を〕」という。

※９）割註に、「そのように探求する場合〔ここに〕」という。

※１０）割註に、「因・縁により」という。

※１１）pa’i とあるが、原典は pas である。

※１２）割註に、「否定するのと否定しないのとの境界を分けてから」という。

※１３）割註に、「それこそは、そのようなすべての明示であるので、そのような直接的に〔説かれていない〕」という。

※１４）cf.福田洋一「ツォンカパにおける縁起と空の存在論－中観派の不共の勝法について－」（2002年改訂版がウエブ上で閲覧可能）p.12

※１５）cf.四津谷孝道『ツォンカパの中観思想』2006,p.78

※１６）割註に、「探求の対境は否定されないが、探求した自性は否定される〔という、この二つを〕」という。

訳註３－１３）’Jam に、「第四、中観派が二諦と業果に善巧であるさまには、四つ」と細分している。
※）割註に、「善・不善の〔業〕と〔楽・苦の〕果」という。

訳註３－１４）ad ⅩⅢ 11ab（v.311ab）；D No.3865 Ya 201b6-7; P No.5266 Ya 228b; K.Suzuki

訳註　3. 空性論の真偽　　323

ed.1994, なし ; T.Tillemans, 同上 1990,vol.2 pp.82-83, vol.1 p.186;

※１）割註に、「義（もの）への伺察に〔善巧な賢者である〕中観派〔は〕」という。

※２）Ba so に、「色など世俗、」という。他の割註に、「現れほどにより設立された世俗〔について〕、正理の伺察が起こらないので、」という。

※３）割註に、「究竟を伺察する正理知による〔伺察〕」という。

※４）割註に、「観察しなくて伺察しなくて設立する世間の言説の量により、」という。

※５）業の不可思議については、例えば『倶舎論の自註釈』III（D No.4090 Ku 120b2; 和訳 山口益、舟橋一哉『倶舎論の原典解明 世間品』1955,p.126）に、世尊の所説として「有情たちの業の異熟は不可思議である」と引用されている。cf. 藤田宏達「原始仏教における業思想」（雲井昭善編『業思想研究』1979）p.109; 部派や大乗における業不可思議の所説については、中御門敬教「阿弥陀仏信仰の展開を支えた仏典の研究（４）」（『浄土宗学研究』35,2010）註 13 を参照。

※６）Ba so に、「因から果が生起する」という。割註に、「このように、異熟は不可思議なので、このような様々なこれが現れるし、ありうる、と決定してから」という。

※７）Ba so に、「と、対治により所断を破壊したのは、夢の象により殺されたような方軌」という。

訳註３－１５）cf. 四津谷孝道『ツォンカパの中観思想』2006,p.79; 福田洋一「『ラムリム・チェンモ』における『入中論』の二諦説」（『印度学仏教学研究』58-2,2010）p.2

　　二諦を矛盾なく理解することが証悟につながることは、例えば、『中論』X X IV 8-10 に説かれる － すなわち、「諸仏が法を説いたのは、二諦に正しく依る。世間の世俗諦と勝義諦である。およそ二諦の区別を知らない者彼らは、仏陀の教えの甚深な真実を知らない。言説に依らなくては勝義を示すことはできない。勝義諦を証得しなくては、涅槃を得ることにならない。」という。rNgog 翻訳師の『宝性論の摂義 rGyud bla'i bsdus don』42b6 にも、中道ないし二諦の双運について、「勝義として有ると増益しないのと、世俗として有るのを損減しない理趣により、無顛倒な真実、二諦が双運した自性を、説く。」という。

※）割註に、「自らが為した〔設定について内的相違が生じ〕てから、一つの設定により、一つを設定できなくなって」という。

訳註３－１６）ad I 1; D dBu-ma No.3860 'A 23b1-3, La Vallée Poussin ed.p.69 ll.1-5; 奥住毅『中論註釈書の研究』1988,p.114;

※１）割註に、「実有論者、〔あなたは〕」という。

※２）Ba Ra に、「の設定」という。

※３）割註に、「し迷妄である〔ので、〕」という。ちなみにアビダルマでは、蘊・界・処に善巧であるべきことが説かれているし、瑜伽行派では、さらに縁起への善巧、処非処への善巧が加えられる。

※４）Ba so に「言説を設定する場合」という。'Jam に、「世間の者が、「木が焼けた」「子どもを生んだ」と言説する言説のようなものが、粗大な分別により為されたようなもの。」という。

※５）Ba so に「〔すなわち〕勝義を伺察する正理による伺察が起こって、」という。'Jam に、「その伺察は、観察により獲得しないなら、〔道理〕により伺察してから設立するの〔でない〕」という。Ba Ra に、「と一致するの〔でないことより〕」という。

※６）rnam par 'jig par byed pa とあるが、原典に rnam par はない。

※７）Ba so に、「観察しないで伺察しないで設立する〔世間の〕」という。

※８）Ba so に、「と一致させること〔に住する。〕」という。

※９）Ba so に、「一般的に世俗には義・知識の二つが有るので、」という。

※１０）割註に、「外の義（もの）を否定する、外の義（もの）〔である〕粗大な言説のようなものを〔除去するために〕」という。

※１１）割註に、「〔他の合理性を〕入れてから、所依を有するもの〔である〕ラーフと臼より別異である頭と胴体の所依が有るのを否定する似非の正理〔を〕」という。'Jam には、「正理（rigs pa）・合理性（'thad pa）などについて、〔サンスクリット〕対応語は、正理と合理性は同一義であることを、上下において知ることが必要な、世俗を伺察する〔他の合理性〕」という。なお、ラーフなど

の喩例について、チャンドラキールティ著『中論の釈論・明らかなことば』I (La Vallée Poussin ed.pp.66-68; 和訳　丹治昭義『明らかなことばI』1988,pp.58-60)にも出ている。すなわち、臼は胴体だけであり、羅刹ラーフは頭だけである。その胴体や頭より別異の法として臼やラーフが有るわけではない。しかし、何の胴体か、何の頭かが分からなくてそれを知りたい人に対しては、他のすべての法を投げかけなくてただ「臼の胴体」「ラーフの頭」ということにより、臼のそれであり、ラーフのそれであることほどが表詮されるし、それには必要性もある。cf.四津谷孝道『ツォンカパの中観思想』2006,p.41-48;『善釈心髄 Legs bshad snying po』(Toh.No.5396 Pha 65b4-67b1; 片野道雄、ツルティム・ケサン『中観哲学の研究II』1998,pp.86-93)にも論述がある。cf. 福田洋一「ツォンカパによる言説有の言語論的解釈」(『印度学仏教学研究』53-2,2005) p.195ff.

　なお、タルマリンチェン著『解脱道作明 Thar lam gsal byed』(ad I 67; Toh.No.5450 Cha 55b; 拙訳『チベット仏教　論理学・認識論の研究III』2012,p.45)には、「他の除去」の言語論に関連して、言語は事物の力によってではなく表現意欲に依って起こること (cf.『倶舎論』I 37)を論じた個所に、例えば虚空とその自性は実物に別異は無いが、「虚空の自性」という属格の使用が妥当であることが議論されている。

※１２）Ba so に、「世間の言説の量こそにより」という。

※１３）割註に、「〔長老〕たちが、世間の流儀と合わない行動を有する者たちを論破する〔ように〕」という、

※１４）割註に、「心より外の義（もの）は無いし、〔損なっ〕てから、言説すべてを破壊する〔あなた〕」という。Ba so は「実有論者〔である、あなた〕」という。

※１５）Ba so に、「一般的に世間に知られた〔世俗〕を否定するの〔ではない。〕」という。

訳註３－１７）'Jam に、「第四、自部が『集量論』のように主張すること」という。Kun btus（アサンガ著『アビダルマ集論』をいう場合もある）は、ディグナーガ著 Tshad ma Kun las btus pa の簡略表現である。

※）割註に、「これとこれは相違（矛盾）するので、妥当しない、といって」という。

訳註３－１８）'Jam に、「１）正しい立宗は量（認識基準）の成立を待っているさまと、２）量の成立は三つの教と相違しないこと、３）帰謬派の立場の四つの量が有ることを示したことと、４）帰謬派・自立派の根現量が錯乱しているか錯乱していないかを個々に説明することと、５）言説として有る義（もの）、および派生、と〔合計〕五つ」と細分している。福田洋一「ツォンカパの中観思想における二つの二諦説」(『大谷学報』83-1,2004) p.13ff. には、初期の『道次第大論』の二諦説のうち、世俗諦は言説有と同じものと考えられ、正理知によっても否定されず、縁起しているものと考えられたが、後期の『入中論の釈論・意趣善明』での二諦説では、これは所知障により作り出された世俗のもの、または現れた対象である。また、初期の二諦説のうち、勝義諦は、縁起において同時に成り立つ無自性と捉えられていたが、後期では所知障により世俗のものが現れている後得の知においてそれがただの現れであり、実在しないことを理解したときの勝義諦に対応するなど、二諦説は総体的に1408年に構造転換が見られると論評されている。

※）'Jam は、「第二に、１）『入中論』と相違しないさまと、２）『経』と相違しないことを『六十頌如理論の註釈』により立証することと、３）大いに疑う処は『四百論の註釈』と相違しないさまと、〔合計〕三つ」と分け、それらをさらに細分している。

　以下には、現量など四つの量が提示されるが、それらは元来、ニヤーヤ学派において用いられたものである。『入中論の註釈・意趣善明』の議論は訳註４－７７を参照。また、唯識派の典籍には、現量・比量・聖教量の三つが挙げられることが多いが、ディグナーガが『集量論』において仏世尊を量の体現者とし、量は現量と比量との二つにしたこと、ダルマキールティもそれに従ったことが、背景事情としてある。なお、『中論釈明句 Prasannapadā』I(La Vallée Poussin ed.pp.68-75; 和訳　丹治昭義『中論釈　明らかなことばI』1985,pp.60-67)におけるディグナーガ批判の部分には、『廻諍論』に依り、諦として成立した所量を量る量が批判され、諦でない所量・能量が相互関係により成立することが示されている。これに関しては、丹治昭義『実在と認識　中観思想研究II』1992 より「第二章　中観派の佛陀観」、「第三章　ディグナーガの認識論の批判」に詳しい論攷がある。

訳註　3. 空性論の真偽　　325

訳註 3 － 1 9) ad VI 30; D dBu-ma No.3862 'A 256a6-7; La Vallée Poussin ed.pp.111-112; 和
訳　小川一乗『空性思想の研究』p.106,108-109; 瓜生津・中沢『入中論』2012,pp.148-149; cf. 拙
著『中観哲学の研究Ⅴ』2002,pp.97-98; 岸根敏幸『チャンドラキールティの中観思想』2001,p.109;
VI 30 には、「もし世間が量（認識基準）であるなら、世間は真実が見えるので、他の聖者は何が必
要なのか。聖者の道により何をしようか。愚者は量として道理でもない。」という。
※１）割註に、「現前に」という。
※２）割註に、「の異生（凡夫）」という。
※３）割註に、「他生などを、勝義を伺察する正理により否定したことは」という。他生の否定は四
句不生の一つである。
※４）割註に、「周知の量（認識基準）による」という。
※５）割註に、「眼など」という。
※６）割註に、「そのようであるとしても、そのように承認するわけではない。」という。
※７）Ba so に、「自由気ままな者」という。他の割註に、「凡人すべて」という。
※８）Ba Ra に、「現前に」という。
※９）割註に、「真実を現前に証得するにあたって、世間より別に、真実を現前に証得する〔聖者〕」
という。
※１０）割註に、「を探求する努力」という。
※１１）割註に、「さらにまた、世間の凡人は、義（もの）への伺察が無いので、」という。
※１２）割註に、「そのような愚者が、法の甚深な住し方について伺察する場合に」という。

訳註 3 － 2 0)ad VI 31ab; D No.3862 'A 256b2-3; La Vallée Poussin ed.p.112; 和訳　小川一乗『空
性思想の研究』p.109; 瓜生津・中沢『入中論』2012,p.149
※１）割註に、「世間の〔眼など〕の識」という。
※２）割註に、「大きな努力でもって〔勉励する〕し努力したことすべて〔は〕必要な〔果〕が無い」
という。
※３）割註に、「世間の見〔である〕眼識などそれらは、色など偽りの義（もの）ほどについて量であっ
ても、」という。
※４）Ba so に、「〔真実〕を伺察する〔場合に〕」という。

訳註 3 － 2 1) ad v.3; D No.3864 Ya 5a7-b1; 和訳　瓜生津隆真『大乗仏典 14 龍樹論集』
1974,p.17; Scherrer-Schaub ed.1991,pp.29-30;　英 語 訳　Loizzo,Joseph.*Nāgārjuna's Reason
Sixty With Chandrakīrti's Commentary*.2007,p.138; v.3 には「もし、幼稚な者が分別したとおりの
事物が、諦となるならば、それが無事物であることにより解脱すると、なぜに主張すべきでないのか。」
という。cf. 瓜生津隆真『ナーガールジュナ研究』1985,p.108
※１）割註に、「色など」という。
※２）割註に、「の眼など」という。
※３）原典には mthong bar mi 'gyur ro//（見えることにはならない）という。
※４）割註に、「真実について」という。
※５）チャンドラキールティはさらに『三昧王経』IX 24 を引用している。すなわち、「このように
これら根は量（認識基準）ではない。自性により物質、無記である。ゆえに涅槃の道を欲する者は、
聖者の道により為すべきことを為せ。」という。
　なお、瓜生津隆真『ナーガールジュナ研究』1985,p.108-110 には、関連する内容として、『中論』
XⅢ 8、XXⅦ 29、『宝鬘』Ⅰ 52-56、『中論』XⅤ 7 に言及される「カートヤーヤナへの教誡」、『六十
頌如理論の註釈』の帰敬偈が指摘されている。

訳註 3 － 2 2) Kyt ed.p.270 に引用された『三昧王経』（訳註２－９の個所）を参照。

訳註 3 － 2 3) ad XⅢ 1 （「根と義の否定を修習することを説示する」, v.301）; D No.3865 Ya

197b5-7; P No.5266 Ya 223b; K.Suzuki ed.1994, なし ; T.Tillemans, *MATERIALS FOR THE STUDY OF ĀRYADEVA, DHARMAPĀLA AND CANDRAKĪRTI.*1990,vol.2 p.67, vol.1 p.179;『四百論』ⅩⅢ 1 には、「色が見えるときに、瓶はまさにすべてが見えることにならない。瓶は現前だということも、真実を知る者の誰が語るのか。」という。cf. タルマリンチェン著『四百論の註釈 *bZhi brgya pa' i rnam bshad*』Toh.No.5428 Ka 93b6-94a3; また、引用に現れる「欺く」「偽り」という言葉は、初期経典以来、業果は欺かないのに対して、有為、諸行は欺くものと説かれる。初期経典から『中論』までの用例は、『平川彰著作集第5巻 大乗仏教の教理と教団』1989,pp.199-204 に詳しい。訳註3－128をも参照。なお「偽り」でないことは、『倶舎論自註釈』ad VI 4 において「世俗諦」の語義に関して「諦」を説明する個所に出てくる。和訳　桜部建、小谷信千代『倶舎論原典の解明 賢聖品』p.62; Brjed byang（憶え書）Da 39b6-40a2 には次のようにいう —

> 「声聞部派に知られた『経』に、「比丘たちよ、有為、すなわち欺く法を有するものであるそれらは、偽りである。」というのと、「同じく有為それは欺く法でもある。滅する法でもある」というのと、「色は水の泡と似ている」から「識は幻術のようだと日の親族（釈迦族）〔の牟尼〕は宣べられた」などと説かれた。」

『中論』ⅩⅢ 1 にも、「世尊は、法であり欺くものは、偽りだと説かれた。一切の諸行は欺く法です。よって、それらは偽りです。」という。cf. 三枝充悳『中論偈頌総覧』1985,pp.366-367; Scherrer-Schaub ed.1991,pp.122-123,note65; Brjed byang（憶え書）Da 39a6-b3 にこの教証の意味について次のようにいう —

> 「この立場において、対境について現量（mngon sum,skt.pratyakṣa）との声（ことば）（39b）が直接的な名、そして有境について仮設の名（※1）として用いられると主張なさるので、実有論者たちが根識は現量でないながらに現量と増益してから、対境が自相により成立したのへまさに量だと分別する（※1）、という。現量であるのを否定するさまは、他において知ることが必要です。
> ※1）この二種類の名については『量評釈』Ⅲ 36 に出てくる。cf. 拙訳『チベット仏教　論理学・認識論の研究Ⅱ』2011 の註1－69を参照。
> ※2）直後の説明と、本論 Kyt ed.pp.298-299 を参照。

識を対境と有境のどちらに関係づけて理解するかについては、まず『倶舎論』Ⅰ 45（『自註釈』D No.4090 Ku 51a3-6; AKBh.p.34; 和訳　桜部建『倶舎論の研究』1969,p.232）に、「それら〔所依〕が変異したことにより、〔識は〕変異するから、所依は眼などである。だから、共通でないから、それらにより識を示した。」といい、識は、眼などの識と意識両者の共通の因である色などの対境と意によらず、増上縁である根により示されることをいう。それを承けてディグナーガ著『集量論』PS（v.4ab; D No.4203 Ce 1b4; 和訳　戸崎宏正『仏教認識論の研究 上』1988,p.290）に、「共通でない因であるから、それの言説は根により為されている。」といい、現量 pratyakṣa である識について、有色根がそれの非共通の因であるから,増上縁である個々の (prati) 眼などの根 (akṣa) に基づいて「根識」と呼ばれるべきであるが, 他にも共通するものがある対境 (viṣaya) に基づいて「境識」と呼ばれるべきではない, と語釈し、根現量以外の三つにおいては語釈として無いが、「現量 pratyakṣa」という語が用いられる、という。『量評釈』Ⅲ 192-193 にも、「根」という言説は、その識が他と共通しなくて有色根特有の中心であるのが分かることから為されることを、Ⅲ 472 には、根と識は根の現量の対境を越えていることを、述べている。訳註4－98をも参照.他方、このような語源解釈は、中観派のチャンドラキールティ著『明句論 *Prasannapadā*』Ⅰ（La Vallée Poussin ed. pp.71-75; D No.3860 'A 23b6ff.）において批判されている。現量ないし現前を対境または有境とする問題については、Kyt ed.p.304 に引用された『四百論の註釈』への訳註3－54を参照。

　なお、Brjed byang（憶え書）Da 41a5-b2 には、チャンドラキールティの流儀では量（認識基準）が全く無くなるとの批判に反証するものとして、訳註3－11での喩例に関する『四百論の註釈』が引用されている。

※1）'dis; 'Jam に「実有論者」、他の割註に「論理学者」という。特に後者は『四百論の註釈』を見たようである。『同註釈』では、少し前から rtog ge ba（論理学者）との量（認識基準）に関する対論が始まっており、この直後の段落にも rtog ge ba 'di（この論理学者は）と出ている。T.Tillemans ibid. は、『明らかな言葉』*Prasannapadā*. La Vallée Poussin ed.pp.71-72 のディグナーガ批判を参

照させている。また、チャンドラキールティ著『六十頌如理論の註釈』ad v.8（D No.3864 Ya 9aff.;
和訳 瓜生津隆真『大乗仏典14 龍樹論集』1974,pp.27-30）にも、滅の現証に関して帰謬派の立場
での現量が議論されている。

※２）割註に、「眼など〔根識これは、〕色など五境の自相が現れるように欺くもの、顚倒それこそを、
対境にする〔現量〕である〔と〕」という。

※３）割註に、「〔他〕の義（もの）、欺かないし錯乱していない〔量〕」という。'Jam に、「〔他である、〕
自性についても」という。

※４）'Jam に、「教・理と声（ことば）・義のどれとも」といい、無関係なあり方を四つに細分している。

※５）'Jam に、「ひとまず、彼が量だと主張するさまが、世間の道理と相違（矛盾）することは、」という。
Brjed byang（憶え書）Da 39b2ff. に、「五の根識が自相により成立した五境について量だと主張す
るを否定するさまは」といって、ここから引用の終わりまでが示される。そして、教証の内容が論証
式に構成された後、Da 39b5-6 に次のようにいう －

「現在、対境が自相により成立していないながら自相により成立したと現れる〔諸々の〕根識は、
自相について量だと分別するのは道理でない。そのすべては自相について量だと主張するなら、
異生（凡夫）の識すべても量だと帰結することになる、と立証したなら、尊者一切智者の意趣に
なるかと思う。」

※６）割註に、「し、知られているのである〔なら〕、」という。

※７）'Jam に、「そのように説明されていないから、という。そして、教と相違するのは、」という。

※８）'Jam（Ba Ra?）に次のようにいう －

「一般的に、諦（真理）と常について共通の〔サンスクリット〕対応語が有るので、ブハーヴィヴェー
カ以下（※１）が、小乗経に一切諸行は欺くし偽りであるのを説かれたのは、無常の意義だと説
明するが、軌範師ブッダパーリタ（※２）は、偽りそれは諦成立ではないと説明したし、チャン
ドラ（※３）もまた『明句』とここに説明したので、学説を個々に知ることが必要です。」という。

※１）未確認。

※２）『根本中論ブッダパーリタ註』（ad Ⅶ 34; D No.3842 Tsa 198a1-3）には、初期仏教にお
いて五蘊の空虚さを示すために用いられた喩例（cf. 羽矢辰夫「原始仏教における空の意義」（『江
島惠教博士追悼論集 空と実在』2001 pp.30-31）を用いて、大乗だけでなく、声聞乗にも少
しは空ないし無自性が説かれたという。すなわち －

「世尊は、諸行は無我であることの比喩として、幻術と反響と映像と陽炎と夢とあぶくと水の
泡とバナナ樹の幹を説かれました。これについて真如または誤りなき真如は何も無いのです。
これらは戯論でもあるし、これらは偽りでもあるとも説かれました。一切の法は無我であると
説かれたのについて、無我というのは無自性という意味です。我という語は自性という言葉で
あるからです。」

これは、『般若灯論』（Ⅶ; D No.3853 Tsha 113a6-b2）において、法無我より粗大である単
なる人無我ほどを示すものだとして批判されたが、『入中論』『中論釈・明句』において逆に擁
護された。cf. 光川豊藝「「般若燈論」における清弁のブッダパーリタ批判」（『龍谷大学論集』
389・390, 1969）pp.166-169; 拙著『中観哲学の研究Ⅱ』pp.100-104

※３）例えば、『中論』ⅩⅢ 1 への『明句』（La Vallée Poussin ed. p.238; D No.3860 'A 81a4-
5; 和訳 奥住毅『中論註釈書の研究』1988,pp.399-400）に、「一切の諸行は偽りで欺く法を有す
るものであるから、陽炎の水と同じです。何らか諦は、欺く法を持つものではないのです。たと
えば涅槃と同じです。」という。

※９）割註に、「欺く喩例」という。

※１０）'Jam に、「だから、〔一切〕相智もまた、自性を証得することを待っては、偽りと欺くのであっ
ても、自らの対境について欺かないことを、『千葉 sTong thun』のように知る。」という。ケードゥプ・
ジェ著『千葉 sTong thun』（Toh.No.5459 Ka 215bff.; 拙訳『中観哲学の研究Ⅳ』2003,p.208ff.）の、
勝義諦に関する議論を参照。

※１１）Brjed byang（憶え書）Da 40a2-3 に次のようにいう －

「およそ偽り・・・（中略）・・・欺かないわけではない、ということにより、偽りであり欺く法を有

するものであるなら、欺かない知識でないことが遍充すると説いたと理解してはいけない。そのように執らえたなら、量は全く無いと承認することが必要になるからです。よって、量の相（定義）の欺かない識と欺かない法の逆の対立項（zlog zla）の欺かないものの二つは全く同じでないので、欺かない知識であるなら、欺かない法であることが遍充すると承認したなら、相違は少しも無い。（※）」

※）典拠として『千薬 sTong thun』（Toh.No.5459 Ka 224a; 拙訳『中観哲学の研究Ⅳ』2003,p.219）を引用している。

※１２）割註に、「自相により成立していないもの〔として現れる〕」という。

※１３）割註に、「自相により成立しているもの〔として現れる〕」という。

※１４）割註に、「、異生（凡夫）の識であるなら、それには自らの対境が自相により成立していると現れることが、遍充する〔から〕」という。

※１５）'Jam に、「この過大な誤謬により、知識について量と非量の二つを説明した。」という。

訳註３－２４）Brjed byang（憶え書）Da 41b3-4 に次のようにいう －

「識の住し方〔である〕自相により成立していないことと、識を対境にする他の識への現れ方〔である〕識が自相により成立していると現れることは、識が偽りで欺く法だと設定する仕方ですが、識に対境〔である〕色などが自相により成立していると現れても、現れるように成立していない偽りそれが、対境の住し方と現れ方が一致しない意味かと思う。」

※）'Jam には、次のようにいう －

「実有論者が、眼などは対境の自性について量（認識基準）だと主張するのを否定するのであるし、それもまた、対境の欺く・欺かないと、有境の欺く・欺かないなどを区別してから説明することが必要です、と仰ったので、分（方向）ほどを述べるなら、この場合により「世間の知識の側」というものについては、言説の量と、世間の言説の自由気ままな知との二つが有るが、知識の側それを待ってから、正しいのと誤ったのとの差別（ちがい）が有るので、その知識により、正しいのと誤ったのとを設定可能であることは必要ない。例えば、表記を熟知した老人の知識の側を待ってから、顔とそれの〔鏡に映った〕映像との二つについて、真実・虚偽の差別（ちがい）が有るが、その知識により、その二つについて一般的に真実・虚偽の差別（ちがい）を区別不可能であるように。よって、この場合に、世間の錯乱した知識それの側を待ってから、対境・有境の両者についても正しい・誤ったとの二つに区別する。〔なぜなら、〕一時的な錯乱の因により汚染されていない六根とその識は正しい有境、そして一時的な錯乱の因により汚染された六根とそれに依った識は誤った有境ですし、同じく、一時的な錯乱の因による侵害が無い六根の識の対境〔である〕色などは正しい対境、そして、一時的な錯乱の因により汚染された六根の錯乱した知識の対境〔である〕映像とこだまと陽炎の水と夢の現れと幻術の馬・象などと、誤った学説と似非の論証因などに依って、常・一・主宰の我と、全般の勝因（プラダーナ.物質原理）などとして仮設されたものは、誤った対境だと設立するから。それら対境について正しい・誤ったの差別（ちがい）をそのように区別する理由がある。〔なぜなら、〕世間の錯乱した知識のその側に映像と顔としての現れは、現れるように有る差別（ちがい）を、まさにその知識の側を待ってから設立しうるから。

　それにより残りの他を例示し、ここに説明した世間の知識は、一般的に空性に向かっていない知識です。それもまた、量と非量との二つの知と、学説に入ったの・入っていないのとの二つの知を二つに区別しうるので、外道者たちが仮設した常・一・主宰の我と、勝因（プラダーナ）などは、仮設されたようには無いことが、学説に入っていない異生（凡夫）の自由気ままな知により証得できないが、それらは、ここに示した誤った対境でないとの過失は無い。〔なぜなら、〕真実に知が向かっていない者の言説の量により、そのように証得できるから。倶生（生来）の二我執により執らえられた義（もの）のようなものは、一時的な錯乱の因の侵害が無い根（感官）により、執らえられた義（もの）であり、ここに示された正しい対境であるなら、言説としてあることも遍充しない。〔なぜなら、〕微細な二我の思い込みの対境の我のようなものは、ここに示された正しいものであるから。」

訳註　3. 空性論の真偽　　329

訳註3－25）'Jam に、「第二、帰謬派と論理学者の現量と量が同一でないさまには、三つ」と細分している。

訳註3－26）ad XⅢ 1（v.301）；D No.3865 Ya 196b2-4；P No.5266 222a；K.Suzuki ed. 1994,なし；T.Tillemans 同上 1990,vol.2 p.64, vol.1 p.177；
　ここに批判される論理学者の主張は、下の割註にも言及されるように、ディグナーガ著『集量論』PS である。『集量論』 I 3cd（D No.4203 Ce 1b4；『同自註釈』D No.4204 Ce 15a4-6；M.Hattori,*Dignāga,on Perception*,1968 pp.176-177,82-83; 和訳　武邑尚邦『仏教論理学の研究』1968,p.134; 戸崎宏正『仏教認識論の研究 上』1988,pp.202-203）に、次のようにいう－
　　「名と種類などとして結びつける分別を離れたものが現量。」
この規定は、ダルマキールティ著『量評釈』PV Ⅲ 123ab にも、「現量は分別を離れていることは現量こそにより成立することになる。」などと出てくる。Brjed byang（憶え書）Da 41b4-6 にも、この『集量論』が *Tshad ma mdo*（量の経）として引用されるが、次のようにいう－
　　「現量は分別を離れていると説明する場合、離れているべき分別について、名を結びつける分別と種類を結びつける分別との二つを説かれた。前者は自己の立場の分別、そして後者は他部（外道）の立場の分別に関して説明した。一人のヴァイシェーシカ学派の人に「デーヴァダッタ」と表示した（brda sprad）後、彼の差別所依事（基体）・差別法（特性）を所取境にして、名と混合させてから執らえる（42a）ようなものを、名を結びつける分別と言う。ニヤーヤ学派は分別の増上縁、種類の声（ことば）「牛」というのと、徳性の声「白い牛」というのと、所作の声「米を煮る」というのと、実物の声を適用する関係と、和合の関係の二つにより区別するので、杖を持った者と角を持った者というような声（ことば）のどれかにより、種類と徳性など他の義の差別にしてから表詮するし、根識によってもそのように執らえるので、根識は分別だと〔彼ら外道者が〕主張するするのを否定するために、それと同分に種類などを結びつける分別を、前より別に説明した。（※）」
　　※）さらにタルマリンチェン著『集量論の註釈』（Toh.No.5437 Nga 8a3）には、種類などを結びつける分別は義（意味）を結びつける分別だと説かれたことに言及して、議論している。真実の証悟としての「ヨーガ行者の現量」については、訳註6－46を参照。
※1）割註に、「例えば、現量などの〔世間の〕言説の〔義（ことがら）〕」という。
※2）Ba so に、「聖教の義（内容）について熟知していないから」という。
※3）割註に、「例えば、言説を知らない〔幼稚な子ども〕」という。
※4）『道次第大論の表記註釈 *brDa bkrol*』Toh.No.6569 Ka 46a5 に、「je は言説、または初め。古語に je は第一、またはひとまず、と出ている。」
※5）Ngag に、「有境の〔知識〕」という。
※6）'Jam に、「瓶のような所詮の〔義（もの）について〕これの〔名〕・共（一般）は「これだ」というの〔と〕、これの〔種類〕・二の共は「このようなもの」となどというもの〔として特別に〕細かい兆相により個々に断じて〔増益するのに入った〕動揺する〔慎重な想い〕」という。Ngag には、「名を結びつける分別と、種類を結びつける分別など」という。
※7）『道次第大論の表記註釈』Toh.No.6569 Ka 46a5-6 に、「g-yer po は動揺する。古語に g-yer po は聡明または勤勉、と説明している。」という。Brjed byang（憶え書）Da 42b1 に次のようにいう－
　　「「動揺する想い」ということにより、分別を想いとして示したのではないが、「それだ」「これだ」といって対境を想うさま、そして動揺は対境の模様を区別することに巧みである意味として、尊者ジャムヤンシェーパは説かれた。」
※8）Ngag に、「眼などの、『集量論』に「名と種類などを結びつける分別を離れたのが現量。」というように。」という。
※9）Brjed byang（憶え書）Da 42b1-43a2 に次のようにいう－
　　「対境の自相〔である〕表詮しえないほどのものに入る、というのは、実有論者たちが眼識などが五の対境の自相へ量だと主張する意味です。自相を現れの対境にする知に現れるとおりに声（ことば）により表詮することと分別により対境にすることはできないので、自相は表詮しえない、

と言う。青が眼識により証得されるようなものは、青を執らえる分別に明瞭に浮かばないような
ものだと理解することが必要です。唯心の立場の自相が表詮しえないとの内容は、クンタン・リ
ンポチェの『未了義了義の割註』（※１）に広汎に説かれたので、そこを見るべきです。〔ダライ
ラマ１世の〕『正理荘厳 *Rigs rgyan*』（※２）と〔ケードゥプ・ジェの〕『七部の荘厳 *sDe bdun
rgyan*』（※３）には実有論者は自相の don ldog（意味概念）だと主張するそれは、帰謬派の立
場においては勝義を伺察する証因の否定対象の中心なので、言説としても、所依事成立していな
いことを説かれた。それらの意味もまた、論理学者が自相の相（定義）を設定したそれは、帰謬
派が量るなら、否定対象の自相を設定する仕方になっているとの意味ですが、その二つは差別が
無いと錯乱してはいけない。実有論者は、無為の虚空は分別により仮設されたほどの法なので、
自相でないと承認するが、「虚空」という仮設された義（もの）を探究してから設定したものな
ので、帰謬派の立場の自相と主張するようなことにより、知ることができるからです。そのよう
にまた『善釈心髄 *Legs bshad snying po*』（※４）に（43a）「論理学の本典に効用の能力だけを
自相、そして、アビダルマの『経』（※５）などに他と共通でないと表示する火の熱さのような
ものを自相と説明しているのと、自相により成立した自相は大いにきわめて同じでない。」と説
かれた。」
※１）未確認。
※２）Toh.No.5528 Nga 165a4
※３）Toh.No.5501 Tha 21a6-b1
※４）Toh.No.5396 Pha 65b3-4; 片野道雄、ツルティム・ケサン『中観哲学の研究 II』
1998,pp.86-87
※５）『倶舎論』I 27 以下には諸法の定義を意味するものとして出てくる。また『倶舎論』VI
14 には、四念住として身・受・心・法をその自相と共相を通じて観察することが出ている。
※１０）『同註釈』D No.3865 Ya にはさらに、「〔すなわち〕根と根に住するから。」という。

訳註３－２７）'Jam に、「第二、七部と『集量論』のように、論理学者の現量として錯乱していない
量になったさま」という。そのうち七部は、ダルマキールティの論理学書であり、胴体のような論書
三つ、支分のような論書四つをいう。前者は、広の『量評釈』と中の『量決択』と略の『量の正理一
滴』である。後者は、『論証因一滴』と『相属の観察』と『他相続の論証』と『論争の方軌』である。
単なる「自相」と「自相による成立」はもちろん区別されるべきであり、前者は中観派においても当然、
承認される。訳註３－１２６を参照。cf. 森山清徹「ツォンカパによる中観、唯識思想の分析－三性、
三無性、二諦説、自相の有無－」（『南都仏教』70,1994）pp.8-9; Paṇ chen bSod nams grags pa 著『量
評釈の難語釈・意趣善明 *dGongs pa rab gsal*』（中国蔵学出版社 1998, pp.239-240; Ga 8a5-b1）に
次のようにいう－
　　「或る人が、自相により成立しているなら、自相であることが遍充する、と言うのは、妥当では
　　ない。〔なぜなら、〕虚空など無為の諸法もまた自相により成立しているからです。それらは自ら
　　を取らえる分別の思い込みの所依事として自相により成立しているからです。それらは自らを取
　　らえる分別の思い込みの所依事として自相により成立していないなら、それらは無いことが必定
　　であるからです。『未了義と了義の弁別』（※）に「対象論者の二つ〔毘婆沙師と経量部〕は、色
　　などは分別の思い込みの所依事としてと、表記を設ける処として、自相により成立しているのを
　　否定したなら、それらは有ると設定するのを知らない。量論者に知られた自相はそうではない。」
　　と説かれているのなどの典拠から虚空などを唱えるからです。」
　　※）Toh.No.5396 Pha 32a5-6; 片野道雄『インド唯識説の研究』1998,pp.234-235; この個所は
　　ケードゥプ・ジェ著『千葉 *sTong thun*』の「唯心派の章」(Toh.No.5459 Ka 28b-29a; 拙著『中
　　観哲学の研究III』2001,pp.95-96）に引用され解説されている。
cf. 福田洋一「自相と rang gi mtshan nyid」（『江島惠教博士追悼論集　空と実在』2001）p.179; 四
津谷孝道「ツォンカパにおける世俗の世界」（『国際仏教学大学院大学研究紀要』2,1999）p.42
※１）割註に、「〔取らえる〕ものが、非錯乱だと設立することが必要である〔ので、〕」という。
※２）割註に、「〔自らの側から成立した〔自相〕」という。

訳註　3. 空性論の真偽　　331

※3）Kyt ed.pp.313-314（訳註３－７８の個所）に引用された『入中論』VI 36 とその関連する議論を参照。

※4）割註に、「一般的に量であることほどを否定したのではなく、根識〔それらが〕」という。

訳註３－２８）'Jam に、「第三、個別、欺かないのを否定したさまには、六つ」とさらに細分している。Brjed byang（憶え書）Da 40a5-b3 には次のようにいう －

　「欺くと説かれたことにより・・・（中略）・・・否定する」というように、世尊は識など有為すべては偽りで欺く法を有すると説かれたことにより、色など五の義も欺く法だと成立していて、ゆえにそれらを執らえる眼識などは自相により成立した色などについて欺かない（40b）知識ではない。住し方が自相により成立していないで住する色などの事物について、現れ方が自相により成立していると現れるから、というのが、「欺かない」などということの間違いない意味です。欺き方がどうであるかを説かれたのも、諸根識は所量が自相により成立したのに、欺き方は何であるかと思うなら、という意味です。この教の言葉のさまに錯乱して、sGra ba shar rin pa（※１）などは、量により成立したのと欺かないのと安定（tshugs thub）に成立した所量は同一だと理解する。〔すなわち〕この立場において因果、縁起の設定とそれらを量る量すべては、ウサギの角のように全く無いと語った言葉類は、多くの自他により最高の善釈だと賞讃されたのは、きわめて奇異に見える。（※２）」

　※１）ツォンカパを批判したサキャ派のタクツァン・ロツァワである。※２）以下、チャンドラキールティは矛盾しているとの批判も取り扱われる。

※１）割註に、「〔説かれた〕教と、その教の義（意味）は道理であると立証することとの二つ〔それにより〕」という。

※２）例えば、『量評釈』PV II 1 には、量の定義として「量は欺きの無い知識〔である〕。効用の能力として住しているものは、欺かない。」などという。また、『量評釈』PV III 56abc に「思惟について欺くことが無いから、錯誤であるが、量である。他の形によってもまた証得することが見られる。」、『同論』III 69a に「欺くことが無いから、それはまさに量〔である〕。」といって、対境をそのとおりに有する現量（直接知覚）だけでなく、それを有さなくて証因に基づく比量（推理）もまた、効用が随順関係するので、量（認識基準）であることが説かれている。『同論』III 300（※４を参照）にも、似非現量の排除にあたって、その理由として欺くことが挙げられている。cf. 戸崎宏正「後期大乗仏教の認識論」（『講座仏教思想 2』1974 p.152ff.; 訳註４－９８をも参照。また、ブハーヴィヴェーカは『中観心論』（D No.3855 Dza 21a2-3, V vv.24 － 26; 和訳 山口益『仏教における無と有との対論』1941,p.266ff.）とそれに関する『思択炎』において、外の義が所量、新たに欺かない知識が量の定義だと承認するとしている。cf. 拙著『チベット仏教　論理学・認識論の研究 II』2011, 訳註９－４を参照。

※３）割註に、「無いのに有ると現れるので、錯乱しているから」という。

※４）割註に、「〔知識〕それは、月が二つでないながらに、月が二つに現れるのを待って、錯乱しているので、二つの月について量ではない〔ように。〕」という。仏教論理学派の立場においても、例えば、『量評釈』PV III 300 に、「だから、それは無分別であるとしても、量たることは否定された。欺くから。そのためにも、似非の現量を二つに説明した。」というように、二の月が現れる月などは、無分別の根識であっても、現量（直接知覚）ではないとされている。

※５）割註に、「自相により成立したそれは、それ自らの言説の在り方であるので、色など〔において〕」という。

※６）'Jam には教証を示している。すなわち －

　「『入中論』（※１）〔のニマタク翻訳師の翻訳〕に、「偽りの見は世俗諦だと説かれた」といい、ナクツォ〔翻訳師〕の〔『入中論』〕翻訳に「見ることが錯乱した世俗諦と説かれた（mthong ba 'khrul pa'i kun rdzob bden par gsungs）」といい、『自註釈』（※２）に、「異生（凡夫）〔すなわち〕無明の眼翳の幕により知の眼を余さず覆われた者たちは、偽りの見の力より、我の有ることを獲得するのである。」と説かれたように。」

　※１）VI 23d; D No.3862 'A 253a5; mthong ba rdzun pa とあるので、「偽りを見る」のでは

なく、「見が偽り」という意味である。ともあれ、二諦を議論する『入中論』VI 23 がこの「勝観の章」には引用されていないし、詳しく議論されていないので、ツォンカパの以降の著作、例えば『入中論の釈論・意趣善明』や『菩提道次第小論』「勝観の章」において重要な課題となったように思われる。

※2）D No.3862 'A 253a7-b1; La Vallée Poussin ed.pp.102-103

訳註3－29）ad XⅢ 12 (v.312)；D No.3865 Ya 202b3-4; P No.5266 229ab; K.Suzuki ed. 1994, なし；T.Tillemans, 同上 1990,vol.2 p.85, vol.1 p.188
※1）割註に、「眼など」という。
※2）割註に、「〔世間〕の周知の言説〔だけ〕」という。
※3）割註に、「色など」という。
　『四百論』XⅢ 12 には、「縁が揃っていないから、識は見ることの以前に無い。あるいは、後で識は無意味である。第三としては、能作が無意味になる。」という。第三は、前と後を除外した同時の場合である。『四百論の註釈』D No.3865 Ya 202b2-4 には次のようにいう －
　　「もし灯火と光のように同時のものであるとしても、見ることに拠って、住することになる、と思うなら、それもまた無い。それにおいても論難し観察することは等しいから。世間の見 ・・・（中略）・・・ 立証するからです。いつかそのように識がありえないとき、それが有るので、眼などが有ると分別することそれは、道理でない。」

訳註3－30）'Jam に、「第三、帰謬派の立場の四つの量（認識基準）を示すことには、四つ」といって、細分している。

訳註3－31）ad Ⅰ 1; D No.3860 'A 25b5; La Vallée Poussin ed.p.75 ll.9-11; 和訳　奥住毅同上 p.120; 丹治昭義『中論釈　明らかなことば Ⅰ』1988,p.66;
※1）割註に、「現量などの」という。
※2）'Jam に、「顕わになった対境を証得する〔現前〕の量〔と〕」という。他の割註に「四つの量〔である〕」という。
※3）'Jam に、「隠れた対境ほどを証得する〔比量〕の量」という。
※4）'Jam に、「きわめて隠れた対境を証得する〔教〕の量」という。
※5）'Jam に、「顕わなもの・隠れたものの似ているものを証得する〔比定〕」という。他の割註に、「喩例の〔比定〕」という。
※6）割註に、「『廻諍論』のように」という。『廻諍論』vv.5-6 に、実有論者による批判に四の量が言及され、その空の立場からの回答である v.30 とその『自註釈』にも、四の量が言及されている。四つの量の背景事情については、本節の冒頭での訳註3－18を参照。
　『明句』のこの前後 D No.3860 'A 25b2-5,b5-6 に、ディグナーガの現量論を批判してから、次のように四つの量を規定している －
　　「ゆえに、もし所相または自相または共相でも、世間において有るならば、すべては現前に認得されるべきものであるから、隠れていないものです。ゆえに、その有境の識と、倶〔時〕に現前に設立される。二の月などは、眼翳を有さない識を待っては、現前ではないが、眼翳を有する識を待っては、まさしく現前（現量）です。隠れた対境を有するもの〔であり〕、所成について錯乱していない証因より生じた知識が、比量です。根を越えた義（もの）を現前に了知するし、信頼した者たちの句（ことば）であるそれが、教です。似ていることより経験される義（もの）を証得することが、比定です。例えば、野黄牛（ガヴァヤ）は牛と似ている、というようなものです。」
　　「そのように四つの量（認識基準）より世間は義（もの）を証得すると設立するのです。それらもまた、互いに相俟ったことにより、成立することになる。〔諸々の〕量が有るなら、〔諸々の〕所量の義（もの）になる。所量の義（もの）が有るなら、〔諸々の〕量になる。量と所量の二つが自性により成立したことは無い。」
量（認識基準）が所量と能量の相互関係により成立するという記述の部分は、後で Kyt ed.p.356（訳

訳註　3. 空性論の真偽　　333

註４－４０の個所）にも論及されている。ツォンカパ著『入中論の釈論・意趣善明』の論述は訳註４－７７を参照。
　この第二の理由について ’Jam には、「第二、対境を通じて四つだと説明する」という。

訳註３－３２）ad I 1; D No.3860 ’A 25b5-6; La Vallée Poussin ed.p.75 9ff.; 和訳　奥住毅『中論註釈書の研究』1988,p.120; 丹治昭義『中論釈　明らかなことば I』1988,p.67; このように諦として成立した所量を量る量への批判と、諦でない所量・能量が相互関係により成立することは、『明句』Prasannapadā I (La Vallée Poussin ed.pp.68-75; 和訳　丹治昭義『中論釈　明らかなことば I』1985,pp.60-67）においては、ディグナーガの現量・比量の二量説を批判し、ニヤーヤ学派のような四量を世俗として承認するという文脈で出ている。直前の訳註を参照。
※１）割註に、「量と所量として」という。
※２）’Jam には、「pra はきわめて、māna は量ることです。」とサンスクリットの語釈を示している。
※３）割註に、「そのように待っていないので、〔量と所量の二つは〕個々の〔自性により〕」という。
※４）’Jam には典拠が挙げられている －
　「これは、『廻諍論』（※１）に「もし自より量が成立したなら、所量を待っていないで、あなたの量は成立することになる」というのと、『同論』（※２）に、「あるいは、量が無くてもそれらが成立しているなら、論は損なわれる」というのと、『明句』（※３）には、「さらにまた、所量を証得するのは量に掛かっているのであるならば」と説かれたことの無錯乱の意趣です。」
　　※１）v.40ab、※２）v.33ab、※３）D No.3860 ’A 18b7; La Vallée Poussin ed.p.55; 和訳　奥住毅 1988,p.101

訳註３－３３）’Jam に、「第四、量と非量を設定する仕方には、四つ」と細分されている。cf. 福田洋一「『ラムリム・チェンモ』における『入中論』の二諦説」（『印度学仏教学研究』58-2,2010）p.5
※１）割註に、「これら根識は、錯乱であるとしても、言説の知識を待って、錯乱した顚倒として設立するならば、」という。
※２）割註に、「一時的な」という。
※３）割註に、「有ることが必定であり、そのような侵害が」という。
※４）割註に、「無始の錯乱の因〔である、無明〕」という。
※５）割註に、「〔言説〕の知識を待って〔無顚倒、無錯乱だと設立するの〔に対して侵害しない〕」という。
※６）Ngag に次のようにいう －
　「よって、眼翳など外・内の一時的な錯乱の因により汚染されていないなら、長期の錯乱の因〔である〕無明により汚染されたことの力により、〔諸々の〕対境は自性が無いながら有ると現れるが、そのような〔諸々の〕根識は言説の無顚倒と言説の無錯乱と言説の知識を待って、無顚倒、そしてそれを待って正しいもの、またはそれを待って非錯乱でもある。〔入中論〕に「世間こそから諦である」と説かれたから。そのようでも、それらは言説として非錯乱などではないが、その二つは相違（矛盾）しない。〔なぜなら、〕それらは言説として錯乱した錯乱のところ（sa）の言説と、それらを何か知識を待ってから非錯乱だと設立する〔ところの〕言説の知識二つは、別異であるから。それもまた、色などが自性により成立しているのを、正理により否定するなら、勝義として適切でないので、言説としてすることが必要です。そのような言説の知識のその側には、〔諸々の〕根識は錯乱ですが、それより他である自由気ままな言説の知識の側には、錯乱ではない。同じく「言説として偽り」という言説と、世俗諦という世俗もまた同一ではない。」

訳註３－３４）VI 24-25; D No.3861 ’A 205a6;『同自註釈』D No.3862 ’A 253b3; La Vallée Poussin ed.pp.103-104; 和訳　小川一乗『空性思想の研究』1976,pp.85-86; 拙著『中観哲学の研究 V』2002,pp.93-94; 瓜生津・中沢『入中論』2012,p.144; cf. 岸根敏幸『チャンドラキールティの中観思想』2001,p.94
※１）割註に、「一般的に所知について二諦に区別したそれだけでなく、世間の〔偽りの見〕の有境

の知識〔もまた〕」という。

※２）Ba so に、「、言説の量の獲得する義（もの）〔もまた〕世間こそを待って正しいのと誤ったのと」という。

※３）割註に dam pa（勝れた）とあるが、原典の rnam pa が正しい。

※４）割註に、「二は何かというと、一時的な錯乱の因の侵害により汚染されていない〔明瞭な根〕と、一時的な錯乱の因の害を有する〔過失ある根〕」という。

※５）Ba so に、「に依った知識」という。

※６）Ba so に、「の知識との二つが有るから」という。

※７）割註に、「その根に依った〔知識は〕、」という。

※８）Ba Ra に、「前者、その過失が無い根識は、無顛倒の知識だと主張する。有境において、言説の知識を待って、誤った・誤っていないとの二つが有るのと同じく、対境においても、それを待って、二つが有る。」という。

※９）割註に、「に依った知識〔により〕」という。

※１０）割註に、「または、仮設された色などは、有法」という。

※１１）割註に、「真実を証得していない以前には、それ(有法)こそとして現れるのと、それについて空であるとの集合それを、証得できない法であるから。」という。

※１２）Ba so に、「鏡の中の映像など〔は〕、有法、〔世間こそ〕」などという。他の割註に、「映像とこだまなど一時的な錯乱の因の侵害を有する根識により、取らえられたそれ〔は〕」という。

※１３）割註に、「対境である〔と設立された〕」という。

訳註３－３５）ad VI 25; D No.3862 ’A 253b6-7; La Vallée Poussin ed.p.104; 和訳　小川一乗『空性思想の研究』1976,p.86; 瓜生津・中沢『入中論』2012,p.144;

　なお、錯乱の因について、量論者の立場からは『集量論』PS Ⅰ（現量）に「似非は七つと説明される。錯誤と世俗〔有〕の知識と、比量、比量から生じたもの、憶念と欲することというのが似非現量。眼翳をふくめる。」という。似非現量は有分別のものと無分別のものとの二種類である。分別は、1）陽炎において水を取るような錯誤の知識と、2）種類の相続や有支分について分別する知のような世俗有の知識と、3）証因を取る比量と、4）証因を有する能取の比量から生じたものと、5）過去の義を憶念するのと、6）未来の義を欲するのと、六である。無分別のものは、眼翳などにより侵害、汚染された根の知識である。ダルマキールティ著『量評釈』PV Ⅲ 288 以下には、似非現量として、分別の知識と根（感官）の汚染にまとめられている。分別の知識について、世俗有の知識と比量と錯誤の知識との三種類が挙げられるが、後者について、『正理一滴』NB Ⅰ や『量決択』PVin. Ⅰ には、眼根の汚染として錯覚を生じさせる因として、眼翳、速い回転、航行、錯誤という四つを数えている。cf. 拙著『チベット仏教　論理学・認識論の研究Ⅱ』2011, pp.72-73,214-215; 金沢篤「空華、ティミラ眼病 (眼翳) との関わりて」（『仏教学』23, 1987)p.29-56; 四津谷孝道「ツォンカパにおける世俗の世界」（『国際仏教学大学院大学研究紀要』2,1999) p.32ff.

※１）眼翳 (timira) は、眼の瞳の部分を侵し、虚空に毛髪や二つの月や蜂を見えさせる病である。金沢篤「空華：ティミラ眼病 (眼翳) との関わりで」（『仏教学』23,1987) に分析されている。黄眼は黄疸のとき、すべてが黄色に見える症状である。ダードゥラは幻覚作用のある植物である。

※２）割註に、「これは thang khrom pa であると仰った」という。『道次第大論の表記註釈 brDa bkrol』Toh.No.6569 Ka 46a6 に、「dādhūra は thang phrom の名。〔すなわち、梵語の〕対応語ダードゥラというのについて、〔インド〕中国マガダの通用語に dhatura と言う。」という。

訳註３－３６）ad VI 25; D No.3862 ’A 253b7-254a2; La Vallée Poussin ed.p.104; 和訳　小川一乗『空性思想の研究』1976,p.86; 瓜生津・中沢『入中論』2012,pp.144-145;

※１）割註に、「この三つは映像が浮かんで眼識に錯乱を生じさせる。」という。

※２）割註に、「空っぽの〔洞窟〕と山の合間に」という。

※３）割註に、「これは反響を生じて、錯乱の耳識を生じさせる。」という。

※４）割註に、「〔場所〕、人など〔と時〕、春など」という。

訳註　3.空性論の真偽　　　335

※5）割註に、「これにより、陽炎を生じさせるし、水だとの錯乱を生じさせる。」という。
※6）割註に、「〔無くて〕も根識が」という。
※7）割註に、「論証因」という。
※8）Brjed byang（憶え書）Da 43a2-3 に、「悪しき学説を意の侵害の因として説かれたが、悪しき学説により汚染された識であるなら、世間の知識の側を待った邪世俗であることは、遍充しない。学説の力により、遍計の諦執の思い込みの対境が有ると執らえること、および対境は、正理知を待っていなくて言説の量により、現れるように成立していないと証得できないから。」という。

訳註３－３７）
※1）割註に、「一時的なそのような錯乱の因を取らえたが、」という。
※2）無明の執らえ方については、Kyt ed.p.327 以下の、否定対象の確認に関する自己の立場の説明（訳註３－１３４以下の個所）を参照

訳註３－３８）'Jam に、「第四、帰謬派・自立派の錯乱・非錯乱の根識を個々に説明することには、1）疑いを提示することと、2）個々の学説の主張の仕方の二つ」としてから、さらに細分している。
※）Ngag に次のように整理している －
　　「では、それら根識により言説として色などを設定できないのは、妥当しない。それらは色などについて言説として錯乱しているから、というなら、それについて、軌範師ブハーヴィヴェーカは、証因が成立していないとの回答をなさった。軌範師カマラシーラも、言説として自性による成立を主張なさるのは、前者と同じ。『解深密経』の意趣もまたそのように住するのに対して、ブッダパーリタと吉祥あるチャンドラは、それと全く一致しない三〔自〕相の設定をなさって、自相による成立を言説としても主張なさらないので、前の帰謬の遍充に対して回答を為さって、対境〔である〕諦成立したものを設立するなら、有境において錯乱しているのが必定であっても、偽りの対境を設立するにあっては、錯乱した有境それこそが助けになると主張なさる。」

訳註３－３９）'Jam「第二には、1）自立論証派の主張の仕方と、2）帰謬論証派の主張の仕方と二つ」といい、各々をさらに細分している。cf.福田洋一「自立派と中観派の不共の勝法」（『印度学仏教学研究』60-2,2012）p.68; 池田道浩「チャンドラキールティの円成実解釈に対するツォンカパの見解」（『駒沢短期大学仏教論集』11, 2005）p.142; 森山清徹「ツォンカパによる中観、唯識思想の分析－三性、三無性、二諦説、自相の有無－」（『南都仏教』70,1994）p.10;『未了義と了義の弁別・善釈心髄 Drang nges』の自立論証派の個所（Toh.No.5396 Pha 50b3-4; 拙訳『中観哲学の研究Ⅱ』1998,pp.34-35）にも同様な論述がある。『八難処の憶え書 dKa' gnad brgyad kyi zin bris』（Toh.No.5402 Ba 16a2-3）には次のようにいう。
　　「前に説明した（※）『解深密経』は、軌範師チャンドラキールティは未了義のみと註釈するし、軌範師ブハーヴィヴェーカは依他起は自相が有ると説かれたのは声（ことば）のとおりとして説明するし、軌範師カマラシーラは無自性の意趣を決択したのを通じて『般若波羅蜜経』に無自性が説かれたのは了義としてこの『経』により立証するし、その本典を確立するのである、と説明する。」
※）Toh.No.5402 Ba 13a4ff.
福田洋一「ツォンカパにおける中観自立派の存在論」（『日本西蔵学会々報』45,2000）は、唯識派の三自性との設定との関係で自立派が言説において自相による成立を認めることが、『善釈心髄』により論述されている。そして、自立派の存在論においては、言説有が成立するためには、錯乱した意識に現れることと、対象の側での根拠である自相という二つの契機が必要である。前者は言説有が説明するための動力因であり十分条件であるが、後者はその質料因であり必要条件であり、どちらの条件が欠けても言説有が成立しないこと、そして、錯乱した意識に現れることに依らず、対象の側での根拠によりその対象の存在が成立するのが勝義有であり、そのように執らえるのが諦執である。これは、対象の側での根拠が対象成立のための必要十分条件であると考えられていることを意味するなどと分析されている。なお、訳註３－２３５に出した『般若灯論』（D No.3853 Tsha 227b6-7; ad ⅩⅩⅣ

7）には前分所破として、「勝義として諸事物は自性がまさに有るのみ」と言われており、ブハーヴィ
ヴェーカが自己の立場として、言説として諸事物に自性が有ると承認していることが、推認できる。
同様に、前分所破として、勝義としての有自性を考えると思われる文例は少し検索してみただけで
も、D No.3853 Tsha 107b6,140b4,149b2,3,153b3,157a5,6.158a1,158b6,160b2,161b4,162b5,6,
170a3,191b6,209b1,3,220a2-3,4,5-6,227b5,231a7-b1,235b1,253a4,5 などが見つけられる。Tsha
220a6 には、「言説の自性が有ると立証するなら、〔すでに〕成立したものを立証するのです。」といい、
これも言説として有自性の立場を示していると考えられる。ブハーヴィヴェーカによる三自性説への
解釈とそれに関するツォンカパの理解は、吉水千鶴子「ran gi mtshan nid kyis grub pa について(II)」
（『宮坂宥勝古稀記念論文集インド学密教学研究』下巻 ,1993）pp.982-985、木村誠司「ツォンカパ
のバーヴィヴェーカ理解」『駒澤短期大学研究紀要』33（2005 年）pp. 235-251 を参照。
※１）割註に、「同じでない多くのご主張が有るうち、初めに」という。
※２）割註に、「初め、仮設するものの観察の場合に」という。
※３）割註に、「〔声である〕名〔と知である〕分別の二つ〔において〕」という、
Brjed byang（憶え書）Da 43a3-5 には次のようにいう ー
　　「軌範師ブハーヴィヴェーカは、唯心派が遍計されたものが自相により成立していないと主張す
　　るのを否定する場合、仮設するものと仮設されたものとの二つの観察をしてから、仮設するもの
　　〔である〕声・分別の二つは自相により成立していないと主張するなら、その二つは蘊に所属す
　　る（※１）ので、依他起を損減したと説明したので、依他起は自相により成立していると主張な
　　さることは、大いに明らかにこの本文と『善釈心髄』（※２）に説かれた。（※３）」
　　※１）訳註３－４１を参照。
　　※２）Toh.No.5396 Pha 49b6ff.; 片野道雄、ツルティム・ケサン『中観哲学の研究 II』1998,
　　pp.32-39
　　※３）さらに唯心派の立場として、次の『般若灯論』（D No.3853 Tsha 242b1）を引用している。
　　すなわち ー
　　　　「もし、何ものかが、その二つの義（もの）〔である〕遍計されたものは無い。例えば、縄にお
　　　　ける蛇の知のように、というなら、遍計されたものは無いわけではない。それには形相が似て
　　　　いることにより、錯乱した知恵により遍計された義（もの）は無いが、言説として蛇が無いわ
　　　　けではないから。」
Brjed byang（憶え書）Da 43b3ff. にはさらに、『善釈心髄 Legs bshad snying po』（Toh.No.5396
Pha 51b4-6; 片野道雄、ツルティム・ケサン『中観哲学の研究 II』1998,pp.38-39）を詳しく参照し、
『解深密経』の所説と解釈を論じている。Da 44a2-3,45b1-2 には次のようにいう ー
　　「軌範師ブハーヴィヴェーカの立場において、「これは色だ。」という分別の思い込みの対境〔で
　　ある〕増益それが有るはずの所遍計と、思い込みの対境それは勝義としての成立が無いはずの所
　　遍計と、そのような分別の思い込みの対境は勝義として自相により無いことが、『解深密経』に
　　所遍計は相無自性だと説明されたことの意味だと主張することを、説かれた。」
　　「この軌範師〔ブハーヴィヴェーカ〕とカマラシーラの立場の三自性を設定する仕方は、『善釈
　　心髄 Legs bshad snying po』より知ることが必要です。この立場において、依他起・円成実の
　　二としてだけでなく所遍計も自相により成立していると主張なさることは、『中観光明論』（※）
　　に「相の無い自性は何も道理でない。すなわち、「相の無い事物は何もどこにも無い。」と説明し
　　たようなもの。」と説かれたように。」
　　※）D No.3887 Sa 151a7-b1; 和訳　一郷正道「カマラシーラ著『中観の光』和訳研究（２）」（『京
　　都産業大学論集 22-3 人文科学系列 20』1993）p.113

訳註３－４０）D No.3853 Tsha 242a7-b1; P No.5253 Tsha 242a-b; 和訳　安井広済『中観思想
の研究』1970,p.243ff.,p.311; ツォンカパ著『未了義了義の弁別 Drang nges』（H ed.Toh.No.5396
Pha 49b6-50a2; 片野道雄、ツルティム・ケサン『中観哲学の研究 II』1998,pp.32-33）にも引用。
※１）Ngag に、「というのは、分別と名または声（ことば）をいう。」という。
※２）割註に、「それには、自相により成立した体が無いなら、全く無くなるが、そのような声・知

訳註　3. 空性論の真偽　　337

の所遍計〔それは〕」という。

訳註３－４１）D No.3859 Za 274a3-5; 和訳　安井広済同上 1970,pp.243-244; この引用の直後の
理由を述べた部分（D Za 274a5-7）には次のようにいう －
　　「なぜかというと、意言分別は識蘊に所属するものであり、名言（tshig su brjod pa）を言説す
　　ることは、行蘊に所属するものなので、その両者は依他起の事物です。それらについて世俗とし
　　て損減するのはいけないからです。そのようなら、瑜伽行派の者たちの意言と名言の所遍計の自
　　性であるそれが、世俗として相無自性であることにより無自性だ、ということは、世俗として依
　　他起の事物を損減することになるので、それは道理でないのです。」
　　cf. 森山清徹「ツォンカパによる中観、唯識思想の分析－三性、三無性、二諦説、自相の有無－」
　　（『南都仏教』70,1994）note29
※１）割註に、「唯心派」という。
※２）割註に、「〔自性〕による成立」という。
※３）割註に、「色の」という。
※４）割註に、「〔差別である〕それの生〔として〕」という。
※５）割註に、「そのような分別と名は事物であるので、」という。

訳註３－４２）cf. 森山清徹同上（1994）p.7
※１）割註に、「自らの側から成立した」という。
※２）割註に、「依他起それは、因・縁〔である、他より〕」という。
※３）割註に、「依他起について、生〔無自性である〕」という。

訳註３－４３）D mDo-sde No.106 Ca 17a1-b1; 大正 16 No.676 p.694a-b; Lamotte ed.1935, Ⅷ
-4,5 pp.67-68; 和訳　伊藤秀憲「和訳　チベット語訳　解深密経（三）」（『駒澤大学大学院仏教研
究会年報』7,1974）pp.2-4; 袴谷憲昭、荒井裕明『唯識の解釈学』1994,p.129ff.;『未了義了義の弁
別・善釈心髄』の基本構成と同様であるが、『八難処の憶え書 dKa' gnad brgyad kyi zin bris』（Toh.
No.5402 Ba 13a3ff.）には傍論として、未了義と了義の経の区別として、「1）唯心派の者たちがど
の『経』に依って未了義・了義をどのように区別するのかと、2）中観派の者たちが何に依って区別
するかの仕方の二つ」とし、前者は、『解深密経』に従うものとして、後者は Ba 15a5ff. に、『無尽意
所説経』に従うものとして、提示している。
※１）割註に、「『般若経』の相無自性と、生無自性と、勝義無自性、〔すなわち〕」という。
※２）割註に、「〔無い〕ことにより、増益を除去する」という。
※３）割註に、「方軌を示したのである〔ことにより〕」という。

訳註３－４４）dBu ma snang ba; D No.3887 Sa 150a2-3 の取意か。和訳　一郷正道「カマラシー
ラ著『中観の光』和訳研究（2）」（『京都産業大学論集 22-3 人文科学系列 20』1993）p.111; cf. 四
津谷孝道「瑜伽行中観派」における『解深密経』（『インド論理学研究』Ⅷ,2015）p.108; 森山清徹
同上（1994）p.10;『中観光明論』D Sa 149b6-150a4（和訳　一郷正道「カマラシーラ著『中観の光』
和訳研究（2）」（『京都産業大学論集 22-3 人文科学系列 20』1993）p.111）には、『無尽意所説経』
や『智光明荘厳経』による中観派の了義・未了義を論じた後に、次のようにいう －
　　「では、どのように世尊は『聖解深密経』に、三自性を三種類の無自性を意趣なさって、一切法
　　は無自性だと説かれたのか、というなら、
　　これは過失が無い。およそ世俗の自性についても損減するし、勝れていない論書を聴聞すること
　　などを思い込むことにより、知恵が顛倒した者たちが、世俗として無い、偽りのみについても、
　　常などの事物として増益するし、色などの現れるとおりのものをも如実と取らえるであろう彼ら
　　は、増益と損減の二辺に陥る知恵により、勝義の理趣の海〔すなわち〕二辺を離れてきわめて深
　　いものに入らないので、彼のために世尊は、生が無いことなどを示したのは勝義に関してのみ述
　　べたし、三種類の無自性の意趣を示したことにより、二辺を離れた中道を示したから、了義のみ

の本典を確立なさったのです。中観派たちも、三種類の自性が設立されたのを承認しないわけではない。さもなくては、見られることなどと相違（矛盾）するのを、どのように捨てることになるのか。」（※）

※）以下、生無自性、相無自性、勝義無自性の順で批判的に議論されている。

cf. 福田洋一「自立派と中観派の不共の勝法」（『印度学仏教学研究』60-2,2012）p.69; Brjed byang（憶え書）Da 45b3-46a に次のようにいう ―

「この本文にカマラシーラのご主張の仕方を説かれた意味は、その軌範師が『解深密経』に『般若経』に一切法は無自性だと説かれたことの意趣は、三無自性を示したことにより、二辺を離れた中道を示したから、『十万頌仏母経』など『般若経』は了義のみである本文を確立なさったと主張なさる、ということです。『解深密経』に中道を示したさまは、『善釈心髄 Legs bshad snying po』（※）に「言説として無い常などの事物と色などは現れるとおりに有ると増益する」などというように、ここには教えの第一法輪の意味のように毘婆沙師が主張する常の事物と、色などは現れるとおり勝義として有ると増益するのを除去するさまを示したし、『般若経』に生が無いなどを説かれたのが（46a）声のとおりなのを否定したので、それらは勝義に関してです。生・滅などは勝義として無いと示したが、それにより言説として生・滅などは自相により有ると主張することが必要なので、損減を除去するさまをも『解深密経』に示したことを、『中観光明論』に説明している。」

※）Toh.No.5396 Pha 56b5; 片野道雄、ツルティム・ケサン『中観哲学の研究 II』1998, pp.56-59

また、カマラシーラ著『金剛般若経の註釈』D Sher-phyin No.3817 Ma 237a3-4 にも、世俗としては有自性であるという考え方が示されている。すなわち ―

「真実との想いというのは、義を無顛倒に想うことをいうが、言葉をそのままに思い込んで、これは真実だと想うのをいうべきではない。このように、ここに一切法は無自性であるのは勝義を意趣して説かれたが、世俗としては無自性ではないからです。よって、見えることなどと相違するのではない、とお考えです。」

訳註 3 - 4 5）ad VI 97; D No.3862 'A 282b6-283a3; La Vallée Poussin ed.pp.201-202; 和訳　小川一乗『空性思想の研究』1976,pp.224-225; 拙著『中観哲学の研究 V』2002,p.134; 瓜生津・中沢『入中論』2012,p.197; 取意である。『未了義了義の弁別・善説心髄 Legs bshad snying po』（Toh. No.5396 Pha 101a3-5; 片野道雄、ツルティム・ケサン『中観哲学の研究 II』1998,pp.202-205）にも引用。cf. 池田道浩「チャンドラキールティの円成実解釈に対するツォンカパの見解」（『駒沢短期大学仏教論集』11, 2005）p.132; 縄における蛇の錯覚は、元来、唯識派の提示した喩例であり、彼らによれば、依他起（巻いた縄に喩えられる）における所遍計（蛇に喩えられる）の無が円成実である。他方、チャンドラキールティは、『四百論』の「分別が無くては貪欲などの有は無いなら」（VIII 3）などということへの『註釈』（Kyt ed.p.335; 訳註 3 - 1 9 3 の個所に引用。）にも、この喩例を用いて、縁起と空性を論じている。『入中論』における唯識の教義（外境、アーラヤ識、自証知、三自性、如来蔵、一乗と三乗などの問題）の解釈については、『未了義了義の弁別 Drang nges』（Toh.No.5396 Pha 77b3ff..91b1ff.; 片野道雄、ツルティム・ケサン同上 1998,pp.124-131,172-187）、『千葉 sTong thun』（H ed.Toh.No.5459 Ka 187a-213b; 拙著『中観哲学の研究 IV』2003,pp.170-204）を参照。cf. 森山清徹「ツォンカパによる中観、唯識思想の分析－三性、三無性、二諦説、自相の有無－」（『南都仏教』70,1994）p.9; なお、この喩例は、『入中論の釈論・意趣善明 dBu ma dgongs pa rab gsal』VI 冒頭の否定対象の確認について帰謬派が諸法が分別により設定されると主張するのを説明する個所（Toh.No.5408 Ma 75b6ff.; 和訳　小川一乗『空性思想の研究 II』1988,pp.364-365）にも使用されており、自立派には幻術の喩例を用いて説明するのと対照的である。

また、仏典において諸法の存在を夢、幻術などに喩えることについて、インドの文法学派バルトリハリはその著 Vākyapadīya. II 289-298 に批判している。すなわち、実際のものにはその作用が有るが、そのように現れるだけのものにそれは無いこと、縄における蛇の錯覚も、縄と蛇は全く別々の物体であり、明確に区別されるべきだという。そして、場所と時間と感官に関する相違により真相と

は異なって見られるものは、世間人の一般的な承認のとおりに決定されると述べている。ここでの『入中論の自註釈』の説明は簡略であるが、円成実を仏の対境として設立するという解釈は、後出（Kyt ed.p.407、訳註５－９０の個所）の、如来は世間と争論しないという立場にもつながっており、バルトリハリの批判にも答えているように思われる。cf. 中村元「空をめぐる論争－インド」（『仏教思想７ 空 下』1982）pp.843-848

Brjed byang（憶え書）Da 47a2 には、この教証の意味を次のようにいう－

「造られたもの〔である諸々の〕縁起が依他起、そして依他起が本性において成立したのが所遍計と、依他起が本性において成立したのについて空なのが円成実として設定する三自性の設定を示す。（※）」

※）さらに『善釈心髄 Legs bshad snying po』（Toh.No.5396 Pha 101b2; 片野道雄、ツルティム・ケサン同上 1998,pp.204-205）の「あり方一つこそが個々の所依事を待って、所遍計と円成実の二つに設立される。」、『道次第小論 Lam rim chung ba』（H ed.Toh.No.5393 Pha 187a2-3; ツルティム・ケサン、高田順仁『中観哲学の研究Ⅰ』1996,pp.120-121）の「果の位において二つの智慧により対境を量るなら、それほどに尽きていないで（47b）その対境について、二つの量のどれになったかを良く知るなら、対境を個々に決定しなくても、有境二つが一致した所依事にならないことも知ることができる。」、『千葉 sTong thun』（Toh.No.5459 Ka 72a; 拙著『中観哲学の研究Ⅲ』2001,p.162）、『根本般若の大釈論 rTsa she'i Ṭika chen』（Toh.No.5401 Ba 13a2-3,b1-2; 和訳 クンチョック・シタル、奥山裕『全訳 ツォンカパ 中論註『正理の海』』2014,pp.29,29-30）の「縁起の実相（gzhis lugs）であるそれはそれこその実相であるかないかを伺察したなら、実相であることを正理知により（48a）否定できるので、実相として成立したわけではない。」、「勝義と法性と真実と実相が無いのは妥当しない。有っても、それらとして成立していないなら、他の何として成立しているのかと語ることは、勝義としての成立、不成立を伺察する伺察の仕方ができていない話です。」というのを引用し、仏陀の如実智、如実智、法性のあり方をも論及する。

同じく Da 48b3-6 には次のようにいう－

「この本文に『入中論の註釈』に説明されたように、非共通の三自性の設定を知ってから、『解深密経』に説明された三自性の設定を未了義と註釈することを説かれたことの声（ことば）のとおりでない未了義として設定すべき定義内容は、依他起・円成実の二つが自相により成立したと説かれたことをいうことが必要なようです。この立場においては、色などは自らを執らえる分別の思い込みの所依事として自相による成立について空であるのが、粗大な法無我だと主張なさるので、『解深密経』に説明された三無自性の部類について、量を具えていない能成は設定しがたいかと思って観察する。」

※１）割註に、「上のそれと同じでない三〔自〕相の設立を説かれた。」という。

※２）割註に、「巻いた〔縄〕それ〔において〕成立していないので、」という。

※３）Ba so に、「仮設された義（もの）において無いので、」という。

※４）割註に、「〔蛇そのもの〕は、蛇それにおいて成立しているので、それ〔において〕」という。

※５）Ba so に、「仮設されたように有る〔円成実〕」という。

※６）割註に、「本性」という。

※７）割註に、「〔依他起〕は、自性それとして成立していないので、依他起それ〔において〕」という。

※８）yul du ni; 原典には spyod yul la ni(行境において)とある。Ba so はそれを踏まえている －「如実を見られる行〔境として〕」と。他の割註に、「勝義を見られるものの自性〔として〕という。さらに Ba Ra に、「自性のみが成立しているので、それの側においてその自性は」という。

※９）『自註釈』にはさらに、「所取と能取の二は依他起を除外して事物が無いから、依他起におけるその二は所遍計と思うべきです。」といって結論している。

訳註３－４６）cf. 森山清徹同上（1994）pp.9-10; Brjed byang（憶え書）Da 48b6-49a1 に次のようにいう－

「〔『入中論』（※１）に〕「そのような種類の他の経もまさに未了義だと、この教により明らかに

される」というほうの『大釈論 Ṭīka chen』（※２）に、声（ことば）のとおりでない未了義として註釈すべきものとして、『解深密経』に依他起・円成実の二つが（49a）自相により成立していると説かれたのと、アーラヤ識が有ると説明しているのと、外の義（もの）が無いと説明しているのと、究竟三乗だと主張なさる〔合計〕四部類の経を設定することを説かれたことによっても、知ることができる。」

※１）VI 95cd; La Vallée Poussin ed.p.195 ll.17-18; 和訳　小川一乗『空性思想の研究』1976,p.218

※２）Toh.No.5408 Ma 178a-179a; 和訳　小川一乗『空性思想の研究Ⅱ』1988,pp.487-488

※１）割註に、「世俗〔を〕中心に〔説明する〕」という。

※２）Ba so に、「〔すなわち〕所詮を有する、無生などの差別にされた〔限定された〕縁起を直接的に明らかにしない〔未了義〕」という。他の割註には、「その義（内容）を他に〔導く drang〕ことが必要な〔義 don〕」といって未了義（drang don）の語義を示している。

※３）Ba so に、「未了義だと如実に〔了解してから〕」という。

※４）Ba so に、「無自性へ悟入する方便として」という。他の割註には、「その義（内容）より他〔である〕究竟の了義の上に」という。

※５）Brjed byang（憶え書）Da 49b1-3 に次のようにいう －
「意味は、この軌範師の立場において、依他起が自相により成立していると言説としても主張なさらないことが帰結する。依他起が自相により成立していると主張するなら、あり方として成立していると主張することが必要なことから、依他起はあり方として成立しているのが所遍計と主張するから、ということ。この立場においては、自相により成立しているなら、あり方として成立していると、正理により追い込むことができる理由によってであるとしたなら、いいかと思う。Prasti の割註に「自体により成立した自性」と説かれたようなら、あり方一つを所依事個々を待って所遍計と依他起の両者として設定するさまは説明しがたいようだ。」

※６）割註に、「自相による成立は全般的に主張なさらないが、もし」という。

※７）割註に、「〔成立している〕ことになる度量（基準）は、唯心派が主張するようになる〔と〕」という。

訳註３－４７）'Jam に、「第二、中観自立論証派の根現量の主張の仕方に、三つ」と細分している。Brjed byang（憶え書）Da 49b3-4 に、「唯心派は、無分の極微とそれが積集した粗大なもののような外の義（もの）を主張しないことにより、極微各々または単独が眼識の所縁縁ではない。眼識にそれは現れないから。多くの極微が和合した、〔すなわち〕積集したものは、眼識の所縁縁ではない。実物として無いから。」という。

※１）Ba so に、「軌範師ブハーヴィヴェーカに対して」という。他の割註には、「その軌範師は根識の対境は実物成立だと主張なさる。初めに彼の前分〔所破〕の主張を述べるのは、」という。

※２）割註に、「という論証因〔と〕」という。

※３）割註に、「それは和合したほどの集積〔は〕」という。

※４）Ba so に、「一つの月が有っても、それについて」という。他の割註に、「〔無いから、〕というのと、それの喩例として」という。

※５）割註に、「提示したのを通じて極微各々と和合したものの両者が、根識の対境ではないと〔語ったこと〕」という。

訳註３－４８）D No.3856 Dza 209b2-5（ad V「ヨーガ行者の真実に入る」v.35）の取意。; cf. 山口益『仏教における無と有との対論』1941,pp.413-414,text p.14; 唯識派の極微とその知覚に関する主張を批判する個所である。cf.Brjed byang（憶え書）Da 49b4ff.;『中観心論』V 31-35 には次のようにいう －
「もし知の対境は二種類。単一と和合したものである、と思うなら、正理により観察したなら、それは両者とも道理でない。そのうち、色が単一の極微であるのは、色は知の行境ではない。それは現れることにならないから。根の色が行境ではないように。極微の色が多であって、心の行境であるとは主張しない。実物として有るのではないから。例えば二つの月のように。それにつ

いて、対論者が積集でない色は心の行境でないことを立証するならば、そこに〔すでに〕成立していることを立証することになる。もし積集した色については、論証因が成立していないことになる。他の色の集積は、それとして現れる知が生ずるから。」

カシミールの毘婆沙師(説一切有部)は、極微は方分が無いから、けっして和合しないと主張していて、『唯識二十論』に批判されている。ヴァイシェーシカ学派は単一であり有分である極微が根識の所取だと認める。毘婆沙師は単一の極微は根識の所取ではないが、多くの極微が間隔を持って存在するのが所取だと認める。経量部は多くの極微の集積したものが所取だと認める。詳しく見ると、ヴァスバンドゥの『倶舎論自註釈』(ad I 13; D No.4090 Ku 32b3-4; Pradhan.1967,p.9; 和訳 桜部建『倶舎論の研究』1969,p.162; 語源の説明については訳註5-56を参照)には、「色の侵害は何かというと、変異を生じさせることです。他者たちは「色としてふさわしいものは抵触だ」と言う。では、極微は色でないことになる。色として無いから。極微の色ただ一つが別になったものはまさに無い。和合に住するそれについて色にふさわしい。」という。同じく『倶舎論自註釈』ad I 20ab (D No.4090 Ku 35b7-36a5; Pradhan.1967,pp.13-14; 和訳 桜部同上 pp.172-175) には蘊・界・処を説明する個所に、有部が蘊の意味を集積とするのに対して、それなら蘊は仮設有になると批判する。有部は、蘊が仮設有なら、眼処なども多くの眼の極微の集積であるから、有色の根や処も仮設有になると反論する。ヴァスバンドゥは、集積した個々の極微が因の体になっており、根は対境を倶有とするから、対境より別に処にならないなどと反論している。また、ヴァスバンドゥの『唯識二十論』VŚ (ad v.11) には、識の所縁が外境に存在すると考える外境説を三種類挙げて論破しているなかで、第三の外境説は「極微の積集したものが知の所縁である」というものである。それらはディグナーガの『観所縁論』(vv.1-5; 和訳 山口益、野澤静証『世親唯識の原典解明』1953,p.433ff.) において順次、論破されているが、その外境説は『量評釈』III 223-224 (cf. 戸崎宏正『仏教認識論の研究 上』1988,pp.37-39) にも示されている。そして、『観所縁論』では所縁たるための二つの条件のうち、「自らの形相を知に映す」という条件は充足するが、「知を生じさせる因である」という条件は充足しないから、所縁とは認められないとするのに対して、『量評釈』では、極微の積集も、知を生じさせる因である殊勝性をもつので、所縁であることに矛盾は無いと答えている。そして、経量部行中観派のブハーヴィヴェカ(清弁)の『中観心論』において『観所縁論』を論駁するとき、色の集積においてそれに似た知が生ずるし、極微の積集した色は所縁と認められ、それとして現れる知の因になることを述べている。以上、梶山雄一「中観思想の歴史と文献」(平川彰ほか編『講座大乗仏教7 中観思想』1982,pp.41-43)、戸崎宏正『仏教認識論の研究 上』1988,pp.37-39 を参照した。また、この議論はカマラシーラ著『中観光明論』にも発展させられ、勝義としては無自性であることが論証されている。cf. 森山清徹「カマラシーラの知識論と因果論の検証－ディグナーガ、ダルマキールティの見解の活用と批判－」(『印度学仏教学研究』50-1,2001)

※1)割註に、「唯心派、あなたがそのように語るそれは、極微が積集していない単独のものについて主張するのか、または和合したものについて主張するのか。」という。

※2)Ba so に、「〔すなわち〕一方に和合していない」という。

※3)Ba so に、「私も主張するので、」という。

※4)割註に、「立証する〔との過失〕です」という。

※5)割註に、「極微が和合したことに関して語ったこと〔の回答〕」という。

※6)Ba so に、「立宗に」という。※26を参照。

※7)Ba Ra に、「根識が生ずる所縁の〔因〕」という。

※8)Ba so に、「私は証因が成立していないので、」という。

※9)割註に、「それこそ〔は、〕対論者〔である、他者〕」という。

※10)割註に、「その理由は、対境の部分〔すなわち、およそ〕」という。

※11)Ba so に、「対境の体それとして〔同一種類の〕和合した部分になった〔極微の〕多くの〔体である、他と他〕すべて」という。

※12)割註に、「各々結合し積集したのを通じて対境の体〔それ〕」という。Ba so に、「一つに一つを接続させてから」という。

※13)割註に、「〔それ〕ら各々をも」という。Ba so に、「根識の」という。

※14）割註に、「〔体の〕部分または〔支分にするのが必要であり、それを支分にし〕たのに依っ〔てから〕」という。

※15）Ba so に、「〔極微に〕成った多の〔和合している〕」という。

※16）Ba so に、「粗大な現れの〔形相〕」という。他の割註に、「有支分〔である〕対境の体が現れるし、それが現れたなら、その対境の〔形相〕」という。

※17）割註に、「そのように和合した極微各々も、実物として成立したものなので、」という。他の割註に、「そのような粗大な者が実物として成立しているから。例えば、」という。

※18）Ba so に、「口など瓶自体の支分にしたのより」という。

※19）割註に、「粗大なものとして成立したそれ〔も〕」という。

※20）Ba so に、「数習した粗大なものそれも〔そのように〕」という。

※21）極微に関する理論については、訳註5－11の個所を参照。

※22）割註に、「八の実物が和合した極微〔それ〕こそも〔実物として〕成立していると、あなたが〔主張する〕し、承認している〔ように〕、私たちもまたという。」という。

※23）割註に、「〔など〕和合したものであって〔も〕」という。

※24）割註に、「和合したし積集したのではない単一の（※）事物、そのような〔単独のもの〕」という。※ chig kyang とあるが、chig rkyang と読む。

※25）割註に、「所縁境（dmig rten）をなす〔因〕」という。

※26）Brjed byang（憶え書）Da 50a4-51a1 に次のようにいう －
　「『思択炎』（※1）に「「積集と和合」という二つに、どんな差別（ちがい）が有るかというなら、同種類の〔諸々の〕極微が同一の所依事に依ったのを「積集した」という。象と馬などとウコンと栴檀などの異種類の実物が別異の所依事に和合したのを、軍勢と森林などと仮設するのを「和合した」という。」と説かれたように。よって、『道次第』に引用されたこの教に、同一種類の極微が和合した」というのなど前後に「和合した」という句（ことば）が何回か出ているのも、和合・積集の二つの〔うち、〕積集した（50b）のを理解することが必要ですが、和合したのをいったんなら、同一の所依事に依った諸々の極微は、同一種類ではないことになる。ブハーヴィヴェーカ自身の立場の実物・仮設の設定方法がどのようであるかを伺察することが必要です。欲〔界の〕地により包摂された粗大な色について、八の実物の和合により差別を主張するなら、瓶のような同一の所依事の積集として有る極微は同種類の実物なのか、というなら、そのような極微は異種類の実物だと説明したものも有るが、この立場において同種類だと主張するのかと思うし、『思択炎』に「同一種類の極微」という個所の、同一種類または同種類と設定すべきは、火の積集に有る火の極微のようなものを理解することが必要なようだ。〔すなわち〕同一の所依事に依った諸々の極微は同種類だと説明したことと、象と馬などは異種類と説明したことにより、理解できるから。極微は八の実物の塵が和合したものなので、八が和合したのでない極微〔である〕単独の実物は成立していないと説明したことと、積集していない極微が有ると説明したことは相違しないさまは知りやすい。立宗（dam bca'）〔である〕正規の宗（phyogs mtshan nyid pa）と、知りたいと欲する有法〔である〕仮設された宗（phyogs btags pa ba）（※2）と説明したことより、ここに「宗にしてから」というのは後者に適用したなら、理解しやすいかと思う。

　本文に、「分無き極微が所縁縁と主張なさる」という意味は、チャンキャの『学説 Grub mtha'』（※3）に、「正理によりどれほど観察しても、全く分を区別すべくない分無きものをいうべきでなく、正理知を待っていない根識によりそれより微細な分が見えるべくない極微を意趣なさったとしたなら、（51a）適合するかと思う。なお観察すべきです。」と説かれた。（※4）」

※1）D No.3856 Dza 210a6-7;

※2）この用語法については訳註4－36を参照。

※3）*Grub mtha' Thub bstan lhun po'i mdzes rgyan.* Krung go'i bod kyi shes rig dpe skrun khang, 1989 pp.250-251; Varanasi 1970 p.362

※4）Da 51a3 には、ケードゥプ・ジェ著『千薬 *sTong thun*』（Toh.No.5459 Ka 193b; 拙著『中観哲学の研究IV』2003,p.179）などを引用している。さらに、ヴァスバンドゥの『唯識二十論』以来の極微の分割可能性に関する議論があり、Da 51b3 には、タルマリンチェンの『解脱道作

明 *Thar lam gsal byed*』（ad Ⅲ 209; Toh.No.5450 Cha 259b1; 拙訳『チベット仏教　論理学・認識論の研究Ⅱ』2011,p.48）などを引用してから、Da 51b5-52a1 に、「分無きものを主張なさらない者たちの立場においても、時の辺際の利那と小さい極微の辺際の究竟が有ると主張するので、それらについて「辺際」と言う意味は、それより微細な分を区別すべくないのをいうなら、分無きものになるし、分を区別して究竟すべくないなら、究竟でないことに帰結するのと、分が無窮だと帰結するので、分が無いのと分が無窮なのとどれかを（52a）主張する観察において、どのような回答をするかを伺察すべきです。」という。

訳註３－４９）Ba Ra に次のようにいう －
「これらすべては、対境の上より成立したもの〔である〕仮設された義（もの）を探求した最後に獲得されることに関して設立するが、吉祥あるチャンドラは、仮設された義（もの）を探求したときには獲得されないので、それら極微について仮設された知の現れほどに識の所依、そして対境も依って仮設された〔諸々の〕仮設有（※）は、根識の対境と主張なさる。よって、前者によりこれらが言説として錯乱していないし、後者により言説として錯乱していると主張なさる。これは、言説の知識を待ってから錯乱していないと主張なさる言説の知識の確認を前に為さったようならば、縁起の証因により、芽は無我だと立証する場合に該当した正しい後論者の相続のそれを、立証する〔因の〕三相を量る量も、言説の量であるそれにより初めに伺察するものも、〔因の〕三相を量るときには、観察していなくて伺察していなくて設立するのです。」
※）rtags yod rnams とあるが、文脈より btags yod rnams と読む。

訳註３－５０）’Jam に、「第二、帰謬派の主張の仕方について、１）一般的に根現量は錯乱だと説明していることと、２）それらは錯乱であっても、色などを設立する量だと説明することとの二つ」と分けて、各々をさらに細分している。cf. 四津谷孝道「ツォンカパにおける世俗の世界」（『国際仏教学大学院大学研究紀要』2,1999）p.49; Brjed byang（憶え書）Da 52a6-b1 にこれらの教証の意味について次のようにいう
「前分〔所破〕がブハーヴィヴェーカであるさまは、チャンキャの『学説 *Grub mtha’*』（※１）に出ているようなら、ブハーヴィヴェーカが経量部が勝義として主張する分無き極微は、中観派は（52b）世俗として主張すると承認する意味になる（※２）ので、ブハーヴィヴェーカは分無き極微を主張するとチャンドラキールティは主張なさるようだ。本文に「分無き極微が所縁縁と主張なさる」と説かれたのも、これら理由からであると思われる。」
※１）*Grub mtha’ Thub bstan lhun po’i mdzes rgyan.* Krung go’i bod kyi shes rig dpe skrun khang, 1989 pp.231-233; Varanasi,1970 pp.336-338
※２）中観派の主張が他の主張と共通しないことについては、訳註１－４３を参照。
※）’Jam に、「そのように上の彼らにより、根識は対境について錯乱・非錯乱の理由は、対境が実物として成立している・成立していないことと、自相により成立している・成立していないこととなど、軌範師個々の同じでないご主張を個々に提示したことほどをしてから、ここには特に軌範師チャンドラキールティが、彼ら他者と同じでない主張をなさるさまを説かれたのが、」という。

訳註３－５１）ad ⅩⅢ 1-2; D No.3862 ’A 347a5-7; La Vallée Poussin ed.pp.406-407; 和訳　小川一乗『空性思想の研究Ⅱ』1988,pp.159-160; 拙著『中観哲学の研究Ⅴ』2002,p.220; 太田蕗子『『入中論』における菩薩の十地思想－大乗教義学に見られるもう一つの修道論－』（学位請求論文）appendix Ⅰ pp.128-129; 瓜生津・中沢『入中論』2012,p.340; 帰謬論証派の立場が、学説の一部分を通じて毘婆沙師や経量部と一致するのかどうかの問題については、訳註１－４２をも参照。
※１）割註に「中観派」という。
※２）割註に「分の無い極微などの義（もの)」という。
※３）割註に「立場の」という。
※４）kyi とあるが、原典には kyi don（の義（内容）〔である〕）という。割註には、「所詮の〔真実〕の理趣に迷妄であり、」という。

※5）割註に「分の無いものなどの義（もの）」という。なお、ジャヤーナンダ著『入中論の復註』の該当部分 D No.3870 Ra 362a1-5 には次のようにいう –
　　「あたかも毘婆沙師たちが、勝義として有為の法と無為の法も承認するのです。そのうち、無為は虚空と択滅と非択滅です。そのうち、虚空は障碍しない相（特徴）を有する。択滅は、個々に観察し伺察したなら、諸煩悩の滅を得たことによってです。非択滅は、因が揃わないことにより、滅を得たことそれです。例えば、色一つに眼と意が入った人には、他の色には因が揃わないので、眼識の滅を得たので、眼識が生じないようなものです。有為は、色と受などです。それらすべては無常であり、我と我所を離れていて、自在天などの作者を離れているのです。それらが無常であることなどを遍知することより解脱するからです。」
※6）kyis（により）とあるが、原典の kyi が正しい。
※7）chos rnams（諸法）とあるが、原典には chos（法）と単数である。割註には、「真実などの底が量りがたい義（内容）を決択する方軌〔である〕聖者だけの現量の行境になったもの〔が、世間の〕幼稚な者・異生（凡夫）の正理により伺察する〔法と〕」という。
※8）’Jam に、「八つの差別（ちがい）〔は〕、学説すべてと」という。ツォンカパ著『入中論の釈論・意趣善明 dGongs pa rab gsal』（Toh.No.5408 Ma 124b2ff.; 小川一乗『空性思想の研究 II』pp.121,425）に、帰謬論証派の独特の学説として、自相による成立は微塵も無いが、所作・能作が妥当することを基礎として、八つの特徴が数えられている。いわゆる「八難処」である。訳註4－1を参照。
※9）割註に、「義（内容）について伺察する知恵を持った者」という。
※10）割註に、「〔所取〕の対境〔である〕極微の分無きものと〔能取〕の有境〔である〕知識の刹那〔の分無きもの〕」という。客観においても、主観においても、究極的な構成要素の実在を認めないということである。
　　なお、ケードゥプ・ジェ著『千葉 sTong thun』（Toh.No.5459 Ka 137bff.; 拙訳『中観哲学の研究 IV』2003,p.102ff.）には、煩悩・所知の二障とその断除の設定についても、自立派以下の誰とも一致しないことが、議論されている。

訳註3－52）ad XIV 18a（v.343a）; D No.3865 Ya 216a6; P No.5266 Ya 245b; K.Suzuki ed.1994, pp.344-345; cf.Lang,Karen.,*Āryadeva on the Bodhisattva's Cultivation of Merit and Knowledge.* 1983,p.485,656; 和訳 佐々木恵精「極端へのとらわれ（三）－『四百論』及び『釈論』第十四章の研究－」（『京都女子大学宗教文化研究所研究紀要』9,1996）p.204; 片野道雄「大乗仏教と他思想との対論」（井ノ口、鎌田、柏原編集『仏教思想史2〈仏教と他教との対論〉』1980）p.81;『四百論』XIV 15 から、瓶とそれを構成する四大種（粗大元素）とを分析し、四大種も色を離れて、あるいは個々に分離しては存在しえないし、無因論という過誤にも陥ることを指摘する（Kyt ed.p.379、訳註4－117の個所に引用される『四百論』XIV をも参照）が、この引用直後には、ヴァイシェーシカ学派の極微論は第九章ですでに否定したので、再び否定はしないことを言う。なお『四百論』XIV 18 には、次のようにいう –
　　「もし極微において薪が無いなら、よって薪の無い火が有る。もしそれにおいても薪が有るなら、一の自体を有する極微は無い。」
これは、ヴァイシェーシカ学派が、火が無因になることを怖れて、極微において因である薪があるとするならば、八事物は同時に生ずることが決定しているので、一の自体、さらに他の自体の極微が無いことを述べるものである。cf. 片野道雄同上 1980,pp.79-81;
※1）割註に、「実物成立の極微を承認する〔ように〕」という。
※2）割註に、「毘婆沙師と経量部など」という。
※3）割註に、「〔実物〕成立の」という。
ある六句義を提起し、瓶と色とをそれらの句義に対応させる。そして無因論の過失を指摘し、縁起たるべきことを論じながら、有自性の説が批判される。cf. 片野道雄同上 1980,p.68ff.; 第九章「常の事物の否定を修習する等持（三昧）の説示」の研究としては、山口益「月称造四百論破常品の解読」（『鈴木学術財団年報』1, 1964）、同「月称造四百論註釈破常品の解読」（『山口益仏教学文集　下』

1972) を参照。批判対象の主張としては同上 1972,p.284 に、「地・水・火・風なる常住であり、不見なる、そして未だ和合せざる位の微円相なる極微から、両極微が和合して二微果となり、更に和合せるそれぞれの二微果が他の一極微と合して三微果となる、云々の次第を経て有分なる実体を造作し、もって種々なる世間を生起する。そして本微（未だ和合せざる極微）と本微の合せる微果とは等量である」などと示されている。

　なお、ヴァイシェーシカ学派の六句義（padārtha）などについては訳註４－７５を参照。

訳註３－５３）中観派が勝義と世俗の設定の面で部派に一致しつつ彼らの上に位置するという主張は、すでにインドにおいて見られる。例えば『入菩提行論』IX 3-4ab には、教説に段階が有るし、各々下より上が勝っており、発展的に解消されることが示されている。すなわち －
　　「〔二諦を証悟する者〕彼について世間は二種類と見られる。〔すなわち、〕ヨーガ行者と一般人である。そのうち，世間〔である〕一般人は、ヨーガ行者の世間によって〔論理的に〕侵害されるし、ヨーガ行者もまた知恵の〔殊勝な〕差別により、各々上のものによって侵害される。」
　　これは 'Jan にも言及される。訳註３－５９の※２１を参照。
これに関するタルマリンチェン著『入行論の釈論・仏子渡岸』Toh.No.5436 Nga 118b-119a（cf. ツルティム・ケサン、桜井智浩『中観哲学の研究VI』2009,pp.184-185）にも、次のようにいう －
　　「これら本文を提示した必要性は、知恵について世俗を証悟する知恵と勝義を証悟する知恵の二つに決定してから、世俗を証悟する量（認識基準）によってもまた、勝義を証悟する知恵に対して侵害しない〔。それ〕ならば、極微は分が無いと思い込む〔実在論〕者たちが、〔勝義を証悟する知恵に対して〕侵害すること〔が無いこと〕は言うまでもない。〔逆に〕勝義を証悟する知恵は、あらゆる辺執〔見〕を侵害することを知るためです。さらにまた、ヨーガ行者もまた、知恵の〔殊勝な〕差別により、外道の者が常なる事物を承認しているのは、〔対象論者である〕毘婆沙師（説一切有部）と経量部などの正理によって侵害されることと、〔彼ら外的〕対象論者（Don smra）二者〔である毘婆沙師と経量部〕が、〔空間的な〕分を持たない極微を承認するのは，唯心派などの正理により侵害されることと、唯心派が知識は諦成立だと承認するのは、中観派の正理によって侵害されることなど、各々下〔の者〕の似非の立宗の義（ことがら）が，各々上〔の者たち〕の正理によって侵害されることを、知るべきです。」
※１）割註に、「所取・能取」という。
※２）他の事例については、直前に出したタルマリンチェン著を参照。

訳註３－５４）ad XIII（根と義の否定を修習することを説示する）v.1（v.301）の取意。D No.3865 Ya 196b5-197b2; P No.5266 Ya 222a-223b; K.Suzuki ed.1994, な　し；T.Tillemans, *MATERIALS FOR THE STUDY OF ĀRYADEVA, DHARMAPĀLA AND CANDRAKĪRTI*.1990,vol.2 pp.64-67, vol.1 pp.177-178; Brjed byang（憶え書）Da 52b1-2 に、この教証の意味について次のようにいう －
　　「根の集積に有る極微各々より根識の増上縁だと主張するのを否定した意味」
※１）Tillemans ibid. は、対論者の立場としてディグナーガ著『観所縁論』vv.1-5 とその『自註釈』を指示している。
※２）割註に、「増上縁（bdag rkyen）を為す〔因〕」という。
※３）割註に、「自己の立場として、所依〔である、諸根〕」という。Brjed byang（憶え書）Da 52b2-3 に、「諸々の根もまた自らの集積に有る極微と自性により同一として成立していない。自性により別他として成立していないので、それらに依って仮設されたものである、という意味。」という。
※４）割註に、「〔すなわち〕根それは、極微そのものであるとも成立していない。極微それより別の義（もの）としても」という。
※５）割註に、「仮設有それこそが、〔識の〕増上縁の〔依処〕」という。
※６）割註に、「根の所依が実物の有る無し〔について (la)〕同じく〔色など〕」という。la は単なる接続詞でなく於格に読まれている。
※７）割註に、「として成立している。『千薬』のように知ることが必要です。」という。cf. ケー

ドゥプ・ジェ著『千葉大論 *sTong thun*』(Toh.No.5459 Ka 227b-228a; 拙訳『中観哲学の研究Ⅳ』2003,p.223)

※8）割註に、「〔対境〕であるので、対境は実物有〔として〕説かれたし」という。

※9）'Jam に、「現量として同じでないさまは」という。他の割註に、「有境〔である、諸識〕は対境を待って」という。

※10）割註に、「色などは、自らの有境〔である〕現量を待って」という。

※11）チャンドラキールティ著『四百論の註釈』D No.3865 Ya 197b1-2 (Suzuki ed.1994, なし)にも同様に、次のようにいう －

　　「そのようなら、識において現量として証得するのは不合理です。対境において道理です。そのうち、月が昇るなどにおいて、一斉に多の相続に生じた根の対境こそが見られる。世間の義（もの）について、世間の見を棄ててから他の義に依ることは、道理でない。ゆえに、世間において対境こそが直接の作用（'jug pa）により、現量ですが、識は仮設からです。」

Brjed byang（憶え書）Da 52b3-5 に次のようにいう －

　　「世間において「月輪が現前に見える」といって対境が現前（mngon sum）そのものとして知られたのと、草の火と藁の火といって因の分より仮設されたように対境が現前の所縁縁より生起した知識に、因の名により現前と仮設したものなので、〔諸々の〕対境は正規の現量、そして〔諸々の〕知識は仮設の現量と主張なさることを、『四百論の註釈』に説かれた。」

この問題の背景については訳註3－23を参照。ツォンカパ著『入中論の釈論・意趣善明 *dBu ma dgongs pa rab gsal*』(H ed.164a5; 和訳　小川一乗『空性思想の研究Ⅱ』1988,p.472)、ケードゥプ・ジェ著『千葉 *sTong thun*』(Toh.No.5459 Ka 225b; 拙訳『中観哲学の研究Ⅳ』2003,p.221) にも同様の議論がある。

※12）割註に、「現量であるかないかと、自相により成立している成立していないと、実物・仮設の差別（ちがい）と、それに依って根識が対境について錯乱しているか錯乱していないかなど〔の設立の仕方〕」という。

訳註3－55）cf. 四津谷孝道『ツォンカパの中観思想』2006,p.80

※1）割註に、「『四百論の註釈』を引用したものに」という。Kyt ed.pp.297-298（訳註3－23, 3－26の個所）に引用され、その文言が解説された部分である。

※2）Brjed byang（憶え書）Da 52b5-53a2 に次のようにいう －

　　「「も」の語義は、色が自相により成立していないと証得する正理知を待ったなら、色を執らえる眼識は錯乱だと設定するだけでなく、色が自相により成立したのを否定した分を証得する言説の量の側においても、錯乱だと主張なさる、という（53a）意味かと思う。これは正理知に随順した言説の量。この本文には、自性を正理により否定することは、勝義として不適切なので、言説としてすることが必要ですが、そのような言説のその知識の側に「〔諸々の〕根識は錯乱である」といって、自性を否定する側になすことを説かれた言説の知または量もこれこそです。」

訳註3－56）'Jam に、「第二、根現量は錯乱でも量として設立する仕方には、九つ」と細分している。cf. 四津谷同上 p.81

※1）'Jam (?) に、「根識は錯乱だと設立する〔ようだ〕」という。

※2）割註に、「何の量により成立するのか〔というの〕は」という。

※3）割註に、「〔それら〕は、言説の量こそにより錯乱だと成立する。よって、それら根識〔と、前者・〕色などについて量として設立するそれ」という。

※4）Ba so に次のようにいう －

　　「二つの月が現れる根識と、映像が現れる根識などに現れるような義（もの）〔である〕二つの月と顔などは無いことを、さらにまた、量（※）こそにより正理知を待ったことなく立証するので、このような根識と、一時的な錯乱の因により汚染されていない根識との二つについて、世間の知識の側を待って、誤ったものと正しいものとの区別もまた妥当する。」

　　※）mtshan ma とあるが、tshad ma と読んだ。文章の乱れがあるかもしれない。

訳註　3.空性論の真偽　　347

Brjed byang（憶え書）Da 53a2-5 に、「それらは錯乱であると設立する理由」からここまでの意味
について次のようにいう —

　　「一時的な錯乱の因（※）により汚染されていない色を執らえる眼識など六識は、世間の知識の
　　側を待って、無顛倒または無錯乱の有境と設定するのです。真実に直面していない知の言説の量
　　により、それら識は顛倒の有境または錯乱の知識と証得できないから。これらは正理知を待って
　　いない言説の量により錯乱だと証得できないとの理由により、世間のほとんどにおいて無錯乱の
　　識と知られたのをそれとして設定する、という意味ですが、その言説の量により無錯乱と証得す
　　るのではない。中観派の自己の立場においてこれら識は錯乱の知識であるから。（以下、省略）」
　　※）Kyt ed.p.300 に引用された『入中論』（訳註３−３５の個所）を参照。
帰謬派の立場で、この二つの世俗を区別するのかどうかについては、訳註３−６８を参照。

訳註３−５７）cf.四津谷孝道『ツォンカパの中観思想』2006,p.82; 鏡の映像からその形相の知
識が生ずるように空なるものにも因果があることを説く『入中論』VI 37-38ab については、Kyt
ed.p.280（訳註２−５１の個所）を参照。Brjed byang（憶え書）Da 53b2ff. には、ここから二つ下
の註３−５９の段落末尾までは、直前の説明を広釈するものであるとしてから、解説している。Da
53b4-54a1 に次のようにいう —

　　「『入中論の註釈』に説明したように青などは住し方と現れ方が一致しない偽りであっても、それ
　　らは偽りだことを、真実に知が直面していない言説の量により証得できないので、青などは世間
　　世俗諦だと設定するが、映像などは、真実に知が直面していない世間の者の量こそにより、住し
　　方と現れ方が一致しない偽りだと証得できるので、世間世俗諦と設定しないので、その二つの対
　　境について、世間の者の知識を待って、諦（真）・偽または正・邪の差別が妥当するとおりに、
　　二つの有境についても（54a）そのような差別が妥当するのです、ということです。（※）」
　　※）この後、『道次第小論』（H ed.Toh.No.5393 Pha 180a6-b1; ツルティム・ケサン、高田順仁『中
　　観哲学の研究Ⅰ』1996,pp.96-97）の「誤った対境・有境六つは誤った世俗、そして、誤ってい
　　ない対境・有境六つは正しい世俗と設立するが、それもまた世間または言説の量こそを待って、
　　正しいのと誤ったのとの世俗に設立するが、聖者の見に随順した正理知を待ってではないので、」
　　というのを引用し、この本文ときわめて一致するという。それだけでなく、同じくツォンカパの
　　『根本般若の大釈論』と『入中論の大釈論』の所説の一致することを言い、「尊者一切智者の誤
　　らないご主張」だと述べている。
※１）割註に、「他の者たちはいう — 色などを量る根識それは、〔正理知〕こそに依ってから錯乱だ
と証得すること〔と〕、映像などを取らえる根識それは〔言説の量〕こそに〔依ってから錯乱だと証
得する〕」という。
※２）割註に次のようにいう —

　　「そのように、色を取らえる根識と、映像などを取らえる根識とその二つに現れるようなその義（も
　　の）二つは、無いのが等しいのと、現れるようなその義（もの）二つについて空である色などと
　　映像なども有るのが等しいだけであるなら、その二つの根識に正しい・誤ったの差別（ちがい）
　　は一般的に妥当しないが、その二つについてその差別（ちがい）は一般的に無いのなら、言説の
　　知識を待ってからもその差別は成立しない」という。
※３）例えばチャンドラの『空性七十論の註釈』ad v.1（訳註４−８２を参照）には、顛倒の知識に
より世俗諦、無顛倒の知識により勝義諦が説かれたことをいうように、顛倒と無顛倒に全く違いが無
いということはありえない。

訳註３−５８）ad VI 27; D No.3862 ’A 254b6-255a1; La Vallée Poussin ed.p.107 ll.11-17; 和
訳　小川一乗『空性思想の研究』1976,p.92; 拙著『中観哲学の研究Ⅴ』2002,p.95; 瓜生津・中沢『入
中論』2012,p.146; VI 27 には、「眼が眼翳を有する者の認得が、眼翳の無い者の知識を侵害しない
ように、同じく無垢の智慧を捨てた知が、無垢の知を侵害することはない。」という。cf.四津谷孝道
同上 2006,pp.83-84;
※１）Ngag に、「それの体として」という。

※２）Ba so に、「〔無明〕の汚染〔をもった〕世間の自由気ままな〔者たち〕」という。

※３）割註に次のようにいう ―

「これは一般的に偽りの義（もの）の現れ方と住し方が一致しないものなので、住し方は偽りでも、現れ方は諦として現れるものですが、映像などは現れ方と住し方の両者が偽りであり、それもまた映像などの現れ方のように諦でないことは、無明により汚染された言説の知識によっても証得できるので、自由気ままな言説の知識においても偽りとして現れることを設立したのです。」

※４）Ba so に「彼の側に」という。他の割註に「無明により汚染された者たちに」という。

※５）割註に、「法の究竟の実相（yin lugs）の」という。

※６）割註に、「による汚染」という。

※７）Ba so に、「諦・偽りのどれとしても」という。

※８）割註に、「現前に」という。

※９）Ba so に、「究竟の自性〔それ〕」という。

※１０）割註に、「対境〔・何か〕世間の〔世俗として〕言説の知識の側に〔も偽りであるもの〕・映像〔は〕」という。

※１１）割註に、「〔世俗〕言説の知識それこそ〔の〕側に」という。Ba so に、「〔すなわち〕世間の知識の側を待って〔諦〕に関した世俗の諦〔ではない。〕」という。」

※１２）割註に次のようにいう ―

「これもまた、映像などは一般的に世俗諦だと設立するのは、諦〔である〕無明の世俗その側に諦であるので、世俗諦と設立するのは、世俗の一切法が同じであり、そのような世俗諦として設立したから、世間の自由気ままな言説の知識について世俗としたその側に偽りであることに関した世俗諦でないことは、相違しない。」

訳註３－５９）cf. 四津谷孝道同上 2006,pp.84-86; Brjed byang（憶え書）Da 55b6-56a4 に、この問答について次のように説明する ―

「意味は、色を執らえる眼識それは正理知に随順した言説の量により錯乱だ（56a）と証得する理由により、言説として錯乱だと設定することと、それについてどのように現れるのかと一致した義（もの）が有ると証得する言説の量を待ってから有境が非錯乱だと設定することに、相違は無い。その二つの言説の量は、義（もの）が同一でないし、世間のほとんどにとって非錯乱の知識として知られたことと、錯乱知であることは、相違しないので、その二つの量は互いに一つを執らえる執らえ方を他方が侵害するのでもないから、ということ。正理知に随順した言説の量により、色を執らえる眼識は錯乱だと証得するので、その量を待ってから色を執らえる眼識は錯乱の知識として承認するが、何かの言説の量を待ってから正・邪に区別する量は、正理知に随順するものでない言説の量こそをいうので、一般的に色を執らえる眼識それは、言説の量を待ってから錯乱の知識でないとしたなら、よい。（※）」

※）以下、或る学者の解釈とそれへの懐疑的な説明がなされ、Da 56b1 に考究として、『入中論の大註釈 'Jug pa'i Ṭika chen'(Toh.No.5408 Ma 100b4; 和訳　小川一乗『空性思想の研究Ⅱ』1988,p.398）より、「倶生の二我執により執らえられた義（もの）のようなものは侵害無き根により執らえられたということなので、世間の自由気ままな思惟を待ってから正しいものまたは諦であっても、言説としても無い。」というのを引用して、後の多くの学者が、世間の知識の側を待った正・邪の世俗二つのどれかであるなら、有ることが遍充すると主張なさったこととの整合性について議論している。

同じく Brjed byang（憶え書）Da 56b6-57a3 に次のようにいう ―

「この〔帰謬派の〕立場において、正しい世俗と否定対象の自相との二つは永久に無い（57a）と提示したので、「世間の知識の側の正しいもの」という知識には量でないものが遍充することと、その中で諦執であるのを基礎に確立したことと、「その側に正しい」というのは諦成立に適用したのと、また「世間の知識の側の正しいもの」という知識には量も有ることと、「正しい」というのは「諦」という言説が起こる対境〔であり、〕現れと一致した義（もの）が有ることに適用しても説かれたことなど、言葉どおりの前後は一致しないものが多いが、ここには法主ペル

デンパが細かく伺察した『教科書 *Yig cha*』類と意味の一致した立場として要略（mdo）ほどを
　提示した。」
※１）割註に、「〔証得する〕ことが可能であるし、言説それの側に諦でないし、そのような諦でない
〔ので、〕」という。
※２）割註に、「映像などは、〔世間・〕言説の知識それの〔世俗諦〕」という。
※３）割註に、「言説の知識それの〔世俗〕」という。kun rdzob（saṃvṛtti 世俗）の語義解釈につい
ては、訳註１－１９、３－７１を参照。
※４）Ngag に、「世俗としても偽り、というのは、言説の量により偽りだと証得するという意味。」
という。
※５）割註に、「これもまたこの差別（ちがい）を区別していないのです。」という。
※６）'Jam に、「幻術のようなものを証得する言説の知識の側それの」
※７）Ba Ra に、「中観の見を獲得していないのは、言説の〔何らかの知識を〕」という。
※８）割註に、「一つの知識が、言説の知識を待って無錯乱の無顚倒と、言説として錯乱だと設立す
ることの二つは」という。
※９）'Jam に、「一つは一切法が幻術のようなものと証得する知〔である〕言説と、一つは諦の現れ
だけを有する言説の知なので、相違（矛盾）する」という。
※１０）割註に、「待ったところ（ltos sa）〔である〕不同の個々二つを待った、不同の設定二つが、
生じたことは」という。
※１１）'Jam に、「知〔である〕勝義そのものと否定されるべき勝義との二つのどれとしても適切で
ない、よって」という。
※１２）'Jam に、「論争者中観派の」という。他の割註に、「場合の」という。
※１３）'Jam に、「今でも無我を証得していない後論者の」という。
※１４）割註に、「不同である錯乱したところと錯乱していないところ二つを待って、錯乱・非錯乱
の二つが生じたのは」という。
※１５）割註に、「〔と〕言う義（もの）の一致した〔すなわち適切な〕言説が有る〔ように〕」という。
なお、「世間の言説」については訳註３－２２０を参照。
※１６）'Jam に、「言説の知が別異であるだけでなく、人（プドガラ）も同一でない。〔すなわち〕」
という。
※１７）Ngag に、「唯心派以下、空性を証得していない」という。
※１８）'Jam に、「だけでなく、無常などを証得した知〔を待って〕」という。
※１９）'Jam に、「空性を証得する中観派〔である〕異生（凡夫）・聖者のどれかの」という。なお、
Brjed byang（憶え書）Da 55a2ff. には、世俗諦の設定理由に言及して、次のようにいう－
　　「前の理由〔である〕「聖者」というのと「中観の立場」というのは同じ意味だと〔ツォンカパの〕
　　『入中論の大釈論 *'Jug pa'i Ṭika chen*』（※）に説かれたように、この立場では、聖者の見に随
　　順した正理知を待ったなら、世俗の一切法は邪だと主張なさるので、その反対分〔である〕主張
　　なさらないはずの「正しい」は、自相による成立より他にありえないから、そして、後者の理由
　　も世間の知識の側を待った「正しい」というのは、色を執らえる眼識それは現れと一致した義（も
　　の）が有ると証得する量を待って、正しいまたは非錯乱だと知られている（以下、省略）」
　　※）Toh.No.5408 Ma 99b2; 和訳　小川一乗『空性思想の研究Ⅱ』1988,p.397
※２０）割註に、「中観派は、真実の伺察に依って、色などは自相により成立していないと了解する
のですが、色などは根識において自相により成立していると現れるし、現れるとおりの義（もの）は
無いから。」という。
※２１）'Jam に、「〔こそ〕の世間には設立の仕方が多いが、『入行論』のように世間の者とヨーガ行
者との二人の人（プドガラ）と二つの知が、世間に関して、」という。『入行論』については、訳註３
－５３を参照。
※２２）'Jam に、「錯乱の知識により」という。他の割註に、「それら根識により」という。
※２３）'Jam に、「顔の映像を取らえる根識による映像のようなものと、〔諦〕としての成立がそこ
に現れる非空の〔対境〕」という。

※２４）割註に、「これについて、諦として成立と言うことが必要です。勝義諦を証得する正理知〔である〕比量それは、錯乱であっても、それにより、諦である対境を設定できるからです。」という。

訳註３－６０）VI 25c; D No.3861 ’A 205a7;『同自註釈』D No.3862 ’A 253b6; La Vallée Poussin ed.p.104; 和訳　小川一乗『空性思想の研究』1976,p.86; 拙著『中観哲学の研究Ⅴ』2002,p.94; 瓜生津・中沢『入中論』2012,p.144; Kyt ed.p.300（訳註３－３４の個所）に引用されたうちの一部分である。

訳註３－６１）VI 28a; D No.3861 ’A 205b2;『同自註釈』D No.3862 ’A 254b4; La Vallée Poussin ed.p.107; 和訳　小川一乗『空性思想の研究』1976,p.91; 拙著『中観哲学の研究Ⅴ』2002,p.95; 瓜生津・中沢『入中論』2012,p.146; 岸根敏幸『チャンドラキールティの中観思想』2001,p.77; VI 28abc は、Kyt ed.pp.310-311（訳註３－７０の個所）に引用。
※０）cf. 福田洋一「『ラムリム・チェンモ』における『入中論』の二諦説」(『印度学仏教学研究』58-2,2010) p.6
※１）ma rig とあるが、原典には gti mug（愚癡）である。岸根同上は、『明句』に示される世俗の三つの定義（訳註１－１９を参照）の第一に挙げられる無知は、これに相当すると指摘する。なお、例えば『中辺分別論』Ⅰ 10 への世親釈、安慧釈には、このような覆障の内容から、無明を明知の欠如と理解している。
※２）割註に、「法のあり方の」という。
※３）割註に、「というべきです。kun は自性すべてと、rdzobs は覆障についても用いられるから、そのようにいうべきです。」という。

訳註３－６２）ad VI 28; D No.3862 ’A 254b7; La Vallée Poussin ed.p.107; 和訳　小川一乗『空性思想の研究』1976,p.92; 瓜生津・中沢『入中論』2012,p.146; kun rdzob(saṃvṛtti 世俗) の語義解釈のうちの一つである。訳註１－１９を参照。Brjed byang（憶え書）Da 54b1ff. に意味を解説してから、次のようにいう －
　　「〔ツォンカパの『根本般若』と『入中論』への〕二つの『大釈論 Ṭika chen』（※１）と『道次第小論 Lam rim chung ba』（※２）に、表記を熟知した世間の者の世俗の側に、顔の映像のようなそれは、顔として非諦なので、それを待った世俗諦ではないことを説かれたのは、映像などが表記を熟知した世俗の知の側に世俗諦ではない、という意味ではない。そのようなら、空性もその側に世俗諦ではないことを立証することは過大な誤謬です。」
　　※１）Toh.No.5401 Ba 239a2-3; 和訳　クンチョック・シタル、奥山裕『全訳 ツォンカパ 中論註『正理の海』』2014,p.728; Toh.No.5408 Ma 103a2-3; 和訳　小川一乗『空性思想の研究Ⅱ』1988,p.401; ad ⅩⅩⅣ 8
　　※２）Toh.No.5393 Pha 167b6-168a2; ツルティム・ケサン、高田順仁『中観哲学の研究Ⅰ』1996,pp.54-55
※１）割註に、「言説の量の〔世俗〕それにより偽りだと証得する体性〔としても〕」という。
※２）割註に、「映像など」という。
※３）割註に、「それが適切でないのは、この場合に色と映像との二つには、諦・偽りの差別（ちがい）が生じたそれは、何の側に起こるかのそれであり、一般的に言説として偽りほどについていうならば、世俗の一切法は偽りだと設立するにあたって差別（ちがい）が無いから。」という。Ba so には、「下に芽は諦無しだと証得する聖者の等至の見の側に、否定・肯定は無いが、それを証得する正理知〔である〕比量など聞・思の智恵を異生（凡夫）の相続に有る側には、諦無しを立証する否定・肯定が有る。その側には二の現れが有るから、と説かれたようなことがある。」という。

訳註３－６３）’Jam に、「第五、言説として有るとの意味、および派生には、１）それを知らないなら、すべてを損減したさまと、２）言説として有る度量（程度）と、３）他者の言説として有る度量を否定することと、４）それへの争論を捨てること、損減を捨てるよう教誡することと、〔合計〕四つ」といい、さらに個々を細分している。

※１）割註に、「見て、多くを思惟するにあたって」という。

※２）割註に、「〔分別・〕伺察」とある。ただしこの組み合わせでは、「〔尋思・〕伺察」と翻訳すべきかもしれない。チベット語 rtog pa の扱いについては、拙著『菩提道次第大論の研究Ⅱ』2014,p.422 註 48 を参照。

※３）割註に、「実有論者が主張する〔諸々の〕義（もの）と、承認すべき生・滅などについて勝義を伺察する〔正理〕」という。

※４）割註に、「対論者の主張する義（もの）と、自らが承認すべきものとの両者を獲得しないので、を否定することと、4）それへの争論を捨てること、損減を捨てるよう教誡することと、〔合計〕四つ」といい、さらに個々を細分している。

※１）割註に、「見て、多くを思惟するにあたって」という。

※２）割註に、「〔分別・〕伺察」とある。ただしこの組み合わせでは、「〔尋思・〕伺察」と翻訳すべきかもしれない。チベット語 rtog pa の扱いについては、拙著『菩提道次第大論の研究Ⅱ』2014,p.422 註 48 を参照。

※３）割註に、「実有論者が主張する〔諸々の〕義（もの）と、承認すべき生・滅などについて勝義を伺察する〔正理〕」という。

※４）割註に、「対論者の主張する義（もの）と、自らが承認すべきものとの両者を獲得しないので、どんな決定にも導くところが無くて」という。

※５）割註に、「対論者がすべての作者として仮設した」という。『道次第大論の表記註釈 brDa bkrol』Toh.No.6569 Ka 46a6-b2 に、「自在天と勝性という〔うちの〕自在天は、外道者が堅固・動揺〔すなわち器世間と有情世間〕すべてに遍満する作者の自在者を主張するそれと、勝性は、サーンキャ学派が塵・闇・激（すなわち sattva、tamas、rajas）の三つ〔の徳性〕が等分な状態の根本の自性（ムーラ・プラクリティ）を言う。果すべての因を為す、きわめて隠れたものが有る、と仮設されたそれです。」という。サーンキャ学派が物質原理と精神原理の二元論を立てるうちの前者である。

※６）割註に、「そのように伺察したことにより獲得しないなら、」という。

※７）割註に、「〔されるべくない〕無顛倒の決定に導いて、まさにその〔ことについて、〕中の義だと取らえたし、それを獲得したので、」という。ツォンカパも当初はこのように何とも取らえないことを正しいと考えていたとされている。訳註 4－1 を参照。

※８）割註に、「獲得されないなら、正理より否定されたと理解して」という。

※９）Kyt ed. に、ma nor ba としたが、割註により ma nor na ma nor ba に訂正する。

※１０）Ngag に次のようにいう－

「また或る人は、中観派は、実有論者たちが主張する分無き所取・能取と全般の勝性（プラダーナ）などを否定するなら、勝義を伺察する正理の伺察をすると見えるが、そのようなら、自己の立場の言説を設立する仕方についてもその正理により伺察したなら、獲得しないでいるので、全般の勝性（プラダーナ）などと、自己の立場の色などはその正理により否定されるのは等しくあるので、それらが有るなら有るのは等しいし、無いなら無いのは等しいと承認することが必要である、と思って、中観派自らの立場は、これである、これでないとの確認・承認を何もしない、と言う。それは妥当しない。〔なぜなら、〕それらは究竟を伺察する正理知により伺察したなら、獲得しないことは同じでも、それにより獲得しないことにより、それにより侵害または否定されたと設立するのではないので、同じでないからです。実有論者たちが自己の学説それらを設立するなら、現れほどで満足しなくて仮設された義（もの）を探求した最後に獲得すると主張してから設立したのですが、そのようなら、それらが有るなら、対境の住し方について伺察する正理により獲得されることが必要な種類ですから、それを獲得しないなら、それらを否定した、またはそれにより侵害されたことになるが、中観派は色などを設立するなら、知への現れほどにより満足してそれより他にその住し方がどのように有るかを観察していなくて伺察していなくて設立したのであるから、それらが有るとしても、正理知によっても獲得されることが必定な種類ではないので、それを獲得しないことには、それにより否定されたことと侵害されたことになるという意味は無い。」

訳註 3－6 4）Ⅵ 26; D No.3861 ’A 205b1;『同自註釈』D No.3862 ’A 254b4; La Vallée Poussin ed.p.105; 和訳　小川一乗『空性思想の研究』1976,p.88; 拙著『中観哲学の研究Ｖ』2002,p.94; 瓜生津・中沢『入中論』2012,p.145; 岸根敏幸『チャンドラキールティの中観思想』2001,p.94

※１）割註に、「迷妄」という。

※２）Ba Ra に、「汚染された力により意が歪曲されて」という。

※３）Ba so に、「悪しき学説と似非の論証因により自制できずに」という。

※４）Ba so に、「三つの徳性（guṇa）を有するなどの我と勝因（プラダーナ）など」という。

※５）Ba so に、「〔幻術〕における馬・象と〔陽炎〕における水として仮設された〔など〕と、映像などにおける顔などとして〔仮設された〕」という。

※６）Ba so に、「有法」という。

※７）Ba Ra に、「の言説」という。『根本般若』において世俗としても批判されるものとしては、第十五章における自性、第十八章における我がある。直後に引用された『六十頌如理論の註釈』をも参照。

※８）Ba so に、「それは言説としても量により成立していないから。」という。なお、チャンドラの『空性七十論の註釈』D No.3867 Ya 268-269a における「世間の言説」の解説については、訳註３－２２１を参照。

訳註３－６５）cf. 野村正次郎「ツォンカパの空思想における当事者性」（『日本西蔵学会々報』52,2006）pp.26-27; Brjed byang（憶え書）Da 57b3ff. には、「この本文に、言説として有ると設定することについて、言説の知識に現れるし知られたことと、言説の量と勝義を伺察する正理知により侵害されないことが必要だと説かれたなら、空性が現れる言説の知識はどのようなものであるかというと、」という設問に対して、『入中論の釈論 *Jug pa'i rnam bshad*』（Toh.No.5408 Ma 103b2-3; 和訳　小川一乗『空性思想の研究Ⅱ』1988,pp.401-4020）の「有学の聖者の後得の智慧と異生の真実の見は無明とその習気により汚染されたものなので、現前に現れないが、一般的に勝義諦は現れると主張することが必要です。」という教証を承けて、『教科書 *Yig cha*』との相違を含めて解説している。

※１）割註に、「または現れた」という。

※２）'Jam に、「常の声のような〔言説の量である〕声が無常だと証得する比量のような〔他によって〕」という。

※３）'Jam に、「声の諦成立に対して言説の量により侵害しないのであっても」という。

※４）割註に、「三つの差別を有する」という。

※５）'Jam に次のようにいう －

「よって、下の〔諸々の〕学説は、色などは正理による伺察に耐えると承認しないが、帰謬派が量るなら、承認していることになったのです。よって、自己の立場の言説として有るには、三つの差別法（khyad chos. 特性）を有することが必要です。〔なぜなら、〕１）言説の知識に知られたことであること、２）知られた義（もの）それに対して他の言説の量によって侵害されないこと、３）自性の有る無しを如理に伺察する正理知により侵害が降りかからないことの〔合計〕三つを具えたことが必要であるから。

　それもまた、第一は、諸法がどのように現れるほどに従って起こるほどであり、それよりすぐれた住し方がどのようであるかを伺察しない倶生の知について「言説の知識」というし、そのような知の種類は仏地においても生起するので、世間の自由気ままな者のみの相続に有ることは必定でない。よって、色などそのようなものは知に現れるほどであり、仮設の所依事（もと）の上より塵ほども成立したことが無い。例えば、斑の縄の上の蛇それは、自らを取らえる分別に現れるほどであり、斑の縄の上より少しも成立していないように。そのようでも、その二つは言説として有る無しが等しくない。〔なぜなら、〕前者を承認したのに対して、自他の相続のどの言説の量によっても侵害されないが、後者を蛇と取らえたなら、闇が明けてから自己も蛇でないと決定することになるが、他者もそのように語るから。その理由もまた後者は斑の縄の上に闇が降りたなど一時的な錯乱の因の力により設立されたほどであり、前者は世間の言説に知られた力により設立されたという枢要によってです。それが第二の差別法（khyad chos. 特性）です。

　第三は、前に説明したように下の学説により仮設された分無き極微などは、正理知により獲得されないなら、それにより侵害されることになるが、この〔帰謬派の〕立場においてそれにより

獲得されなくても、それにより否定された、または侵害されたことにならない。蘊は無常だと証得する比量などは、現れの対境において錯乱しているが、自らの対境の中心を決定する取らえ方において量の侵害が無いので、無顛倒または無錯乱であり、〔諸々の〕根識は、現れの対境において錯乱したし、非錯乱になった他は無いので、まさに錯乱だけです。」

※6）cf. 四津谷孝道『ツォンカパの中観思想』2006,p.74

※7）割註に、「言説の知識に知られた、という場合の」という。

※8）Brjed byang（憶え書）Da 58b1-4 に次のようにいう －

「帰謬派の立場の勝義を伺察する境界は、諸蘊において「人（プドガラ）」と仮設したほどにより満足しないで、「人」と仮設した何か言説において仮設された義（もの）それは、諸蘊なのか、それらより他の義（もの）なのかと伺察するようなものから設定することを、『善釈心髄 Legs bshad snying po』（※）に説かれたとおりなので、この本文において、知にそのように現れたほどなのか、義（もの）のあり方においてそのようにそのように成立しているかと伺察することは、勝義を伺察するさまとして説かれたのも、例えば腹の丸いものを「瓶」といって分別により設定したとき、「瓶」という義（もの）は知により設定されたこれこそか、これより他のものなのか、と伺察するような、言説を仮設したほどにより満足しないで、仮設した義（もの）を探究することについて、理解することが必要です。」

※）cf.Toh.No.5396 Pha 65a3-b1; 片野道雄、ツルティム・ケサン『中観哲学の研究Ⅱ』1998,pp.86-87

※9）割註に、「知識」という。Brjed byang（憶え書）Da 58b5-59a1 に次のようにいう －

「言説として知られたほどより、義（もの）のあり方がどうであるかを伺察することが無いので、言説の知について「伺察しない知識」とたびたび説かれたのですが、世俗の義（もの）について言説の知により伺察することが不適切なわけでは全くない。止住と見の修習の仕方以外のこの法類ほとんどは、伺察してから護りそだてることを説かれたのは、言説の知により伺察する仕方であるから、そして、世間の老人たちが、敵を調伏する、親族を護るなどの（59a）義（ことがら）について、昼夜、関係づけて伺察することが見られるから。（※）」

※）さらに仏における勝義への伺察、言説への伺察も議論されている。Da 59a5-b1 には、ブハーヴィヴェーカが経量部と同じく所縁縁を主張するのも、自己の立場で勝義を伺察して設定したのではなく、仮設された義（もの）を伺察して獲得する立場にして設定したものなので、この立場の勝義を伺察する正理の伺察を承認することが必要だとして、ケードゥプ・ジェの『千葉 sTong thun』(Toh.No.5459 Ka 227b; 拙著『中観哲学の研究Ⅳ』2003,p.223）の、自立派以下が比量の思い込みの対境について錯誤でないとすることへの批判に、言及する。さらに『学説宝鬘 Grub mtha' rin chen phreng ba』に依拠した或る人の説明には批判的に論じている。

※10）割註に、「観察を全くしないのではないが、知識〔これは〕」という。cf. 四津谷孝道『ツォンカパの中観思想』2006,pp.74-75

※11）割註に、「人（プドガラ）〔である〕異生（凡夫）・聖者と、学説に入ったもの・入っていないもの」という。

※12）割註に、「自然に置かれた倶生（生来）の」という。

※13）割註に、「自力で生起する倶生の〔その知識〕」という。

※14）割註に、「〔知られた〕義（もの）〔は、〕その知識の上の対境が〔現れる〕」という。

※15）割註に次のようにいう －

「これもまた、瓶のような義（もの）と言説を示すとき、前に自らが瓶を眼識により見たし、耳識により聞いた形相を、意識の領受にしたそれの習気の力により、後で瓶の義（もの）と言説を前に領受したそれへ意を繋いだなら、瓶の義（もの）と声（ことば）の形相が浮かぶ。形相がそのように浮かんだそれを縁じたし、形相それを所依事（もと）にしてから、瓶の義（もの）と言説の現れ方と領受の仕方を決定した。相手に語るなら、前に領受したのと現在現れるそれこそを棄てないで、「瓶はこのようにある」と瓶の名の言説をこのように設ける。「これこそを私は前に見たし聞いたことにより領受した。そのように現れ方はこのようにある。よって、これとこれのような義（もの）として妥当する」などと語るのを通じて示すようなもの。」

※１６）割註に、「自らの前後に同じ分と粗大なもの（rags pa）とそのものなど」という。

※１７）割註に、「それ以上により、上の差別（ちがい）〔のうち〕第一〔である〕言説の知識に知られたとのその義（意味）を説明した。」という。

※１８）'Jam に、「いまや差別（ちがい）〔のうち〕第二を説明する。」という。cf. 四津谷孝道『ツォンカパの中観思想』2006,p.75

※１９）割註に、「知識が生じた〔なら〕、その知識こそは」という。

※２０）割註に、「〔侵害する〕。そのように取らえた義（もの）のように、縄は蛇、そして陽炎は水ではないことを、世間の凡人も了解できる〔ので、〕」という。

※２１）割註に、「第三の差別（ちがい）、」という。cf. 四津谷孝道『ツォンカパの中観思想』2006,p.76

※２２）割註に、「どのようなものであっても、」という。

※２３）割註に、「言説の量に現れるのを通じて成立した度量（程度）としてある〔けれども〕、そのような成立の度量により満足しないで、それについて」という。

※２４）割註に、「正理知により侵害されないそれもまた、その正理知により探求したなら、それにより成立していることは必要でない。」という。

※２５）割註に、「し、そのようなものは全く無い〔から〕」という。

※２６）割註に次のようにいう －

　「それもまた、色を取らえる量において色も現れるし、色が自相により成立しているのも現れるけれども、その二つの差別（ちがい）は、空性を証得していない間は区別していないので、軌範師ブハーヴィヴェーカのような大学者彼もまた、その二つを錯乱してから、色が自性により成立したそれこそが、色のあり方と取らえた。色の〔自〕体それより〔他に〕設立しえないので、色について量であるなら、それについて量であることが必定であると主張なさるから、上の言説の量に現れるのを通じて成立した度量（程度）それほどでは充分でなくて、その上に、自性の有る無しを伺察する正理知により侵害されないことが、必ず必要であると説かれたのです。」

※２７）割註に、「の差別（ちがい）を区別することこれ〔は、〕何よりも重要です。その二つの差別（ちがい）をよく区別したなら、その二つを〔同一であると〕」という。

※２８）割註に次のようにいう －

　「ここに勝性（プラダーナ）というのは、サーンキャ学派がラジャス・タマス・サットヴァの三つの徳性が等分である位の自性（プラクリティ）を言う。転変〔である〕果すべての因を為す、きわめて隠れたものは、〔その開祖である〕仙人カピラも現前に証得できないものが有る、と言う。」精神と物質の二元論とその弁別による解脱を説くサーンキャ学派の主張である。三つの徳性（guṇa）は各々、楽、苦、癡を本性とするとされる。cf. 村上真完『サーンクヤの哲学』1982,p.63

※２９）割註に、「〔所取である〕分無き極微と、〔能取である、分無き〕知識の利那」という。

※３０）割註に、「正理により獲得される度量（程度）が、一つの方分と一つの粗大なものが見えるなら、」という。

※３１）割註に、「これもまた、もしその法が有るなら、正理による伺察に耐えると主張することが必要であるのに、正理により如理に伺察したことにより獲得されないなら、まさしく無いのみと設定することが必要であるという意味です。」

※３２）割註に、「これはまた、腹が丸いものについて「瓶」という表記を適用するときに、首と腹と足などの各々の分について、「瓶」という名・表記を適用するわけではないので、後で言説のときにも「腹が丸いこれは、瓶である」と言うが、自らが「では、この腹は瓶であるのか、この首は瓶であるのか」などと伺察するのは適切ではない。」

※３３）割註に、「承認するのは道理でないし、全く」という。

※３４）割註に、「対境が自相により成立した〔のと〕」という。

※３５）割註に、「の思い込みの対境が、自らの側より成立した「私」と「私の」」という。

訳註３－６６）'Jam に、「第三、他者の言説有の設定の仕方には、五つ」と細分している。

※１）割註に、「これらの差別（ちがい）について、チベットの先代の者など」という。

※2）割註に、「〔こと〕もまた、世間すべてには知られていないから、」という。
※3）割註に、「〔成立〕もまた、学説の論者だけに知られているから、」という。

訳註3－67）ad v.5cd; D No.3864 Ya 7b1-2; 和訳　瓜生津隆真『大乗仏典14 龍樹論集』1974,p.23; Scherrer-Schaub ed.1991,p.35; 英語訳　Loizzo,Joseph.*Nāgārjuna's Reason Sixty With Chandrakīrti's Commentary*.2007,pp.144-145; cf. 瓜生津隆真『ナーガールジュナ研究』1985,pp.116-117; cf.Brjed byang（憶え書）Da 59b6;『六十頌如理論』v.5 については訳註3－71を参照。『空性七十論』v.9（D No.3827 Tsa 24a6;『同自註釈』D No.3831 Tsa 111b6-7; cf. チャンドラ著『同広釈』D No.3867 Ya 291b7-292a2）に、「常でなく無常でなく無我、我でなく、常でなく非常でなく、楽でなく苦でない。ゆえに顛倒は無い。」などという。
※1）この直前 D No.3864 Ya 7a7-b1 に次のようにいう －
　「どこかに認得が有るものもまた、その認得は二種類。それには、顛倒と無顛倒。」
※2）de yang とあるが、原典には de la（そのうち）とある。
※3）'Jam に、「苦諦について、苦などについて〔楽など〕と浄と常と」という。いわゆる四顛倒は、不浄であるのを浄、苦であるのを楽、無常であるのを常、無我（非我）であるのを我だと取らえることであり、四聖諦十六行相のうち、苦諦の四行相に関係する。四聖諦十六行相は、『倶舎論』VI、『量評釈』II 146ff.、『現観荘厳論』III において詳しく学習される。なお、チャンドラキールティ著『四百論の註釈』ad II（楽だとの顛倒を捨てる方便を説示する）; D No.3865 Ya 59b2-4,60b1-5,62a6-b2 に次のようにいう －
　「顛倒というものは、事物が他の形相に住するのを、他の事物に取らえることです。例えば、愚癡の網により知恵の眼が塞がれた世間は、輪廻の牢獄の町の家に貪着するし、清浄だと慢思する厚い闇の網により知恵の眼を覆われているから、少女の身体〔すなわち〕多様な不浄の出所を除外して、「これは喜ぶべきであるし、眼と意に適合する」と分別して、自らの分別が諦（真実）だとの形相により喜ぶように。ゆえに、ヨーガ行者たちにおいて清浄は顛倒になる。」
　「内の我は諦（真実）として無いのに、有ると見える者彼は、無い事物が有るし、常だと増益したことにより顛倒した。それが輪廻の牢獄の繋縛です。それの対治として、顛倒〔である〕常だとの見〔にとって〕の対治になったもの〔である〕無我の見を、修習するのです。およそ苦の対立物として成立したもの〔である〕楽の事物は、自性が顛倒にならない。無我の見は、顛倒〔である〕無い我を見ること〔我見〕〔にとって〕の対治として成立している。ゆえに、四つの顛倒の集まりを除去することが成就するために、事物の〔自〕体は諦だと語る者たちにおいては、我などと見ること〔である〕四つの顛倒のように、顛倒のみになるのに、これをあなたたちは主張するまたは見るわけでもない。ゆえに、世間と出世間の聖教すべてにおいて善巧な知恵のある軌範師アーリヤ・デーヴァ御前においては、何についても楽を損減することは少しも了解されないが、あなたたち〔すなわち〕事物は自性だと論ずる者たちだけは、楽を損減することが、きわめて明らかに了解される。聖教を如実に決定しおわっていないから。未了義と了義の契経の自体を如実に決定しないから。」
　「事物が諦である〔自〕体だと語る者において、常と楽と浄と我との見の顛倒のように、無常と苦と不浄と無我との見について、顛倒になるのなら、これは主張することでもない。ゆえに、事物が有るとの（実有）論を承認してから、ひとまず楽を損減する者これに対して、問おう －苦それは何か。およそ侵害を為すものだというなら、「侵害しないものが楽だ」ということが成立する（※）、ということなどを語られたことそれは、道理でない。自らが承認したことと相違（矛盾）するから。」
　※）上田昇『チャンドラキールティ著『四百論注』第一〜八章和訳』1994,p.136 は『倶舎論』の立場との類似を指摘している。
※5）'Jam に、「浄・楽などの」という。
※6）割註に、「〔我〕それ、自性〔そこに〕、苦などの〔事物それは〕」という。
※7）割註に、「苦などについて」という。
※8）'Jam に、「空・無我」という。

※9）D ed. から翻訳すると、「事物は世俗においてそれの我（自体）(de'i bdag nyid) として有るからです。」となる。割註には、「苦などの〔事物〕」という。

※10）この直後 D No.3864 Ya 7b2-3 に次のようにいう －

「ただそれほどと結びつけてから、「聖者の言説」（※）というのと同じく、「聖者の〔諸々の〕諦（真理）という。」

※）見たことを見たと言い、聞いたことを聞いたと言い、覚したことを覚したと言い、識ったことを識ったと言い、見なかったことを見なかったといい、ないし、識らなかったことを識らなかったと言うことである。cf.『菩薩地』大正 30 p.530b;『倶舎論』Pradhan ed.p.245 (ad IV 74-75; D No.4090 Ku 205a2-4; 和訳 舟橋一哉『倶舎論の原典解明 業品』1987,p.347); 上野牧生「『瑜伽師地論』「摂事分」における二諦説（上）」（『仏教学セミナー』100,2014) pp.38-39

訳註3－68）常など顛倒とその対極である無常などは分別によるものであり、実在しないとの内容は、『根本中論』第二十三章「顛倒の観察」に詳しい。Brjed byang（憶え書）Da 54b5-55a2 には次のようにいう －

「チャンキャの『学説 Grub mtha'』(※)に、帰謬派は正しい世俗を承認しない、という正しい(yang dag)は、自相による成立をいうべきだし、「世間の知識の側を待って、正しい世俗を承認する」という正しいは、世間において盗人が物を盗んだことが諦（真）、(55a) 盗まなかったことが偽りと設定する内部の諦（真）のようなものと理解することが必要なので、前後二つの正しいは名は同一でも、意味が等しくないと説かれたように、法主ガワン・ペルデンの『教科書 Yig cha』類にも出ているのは、きわめて妥当すると思われる。」

※）Grub mtha' Thub bstan lhun po'i mdzes rgyan. Krung go'i bod kyi shes rig dpe skrun khang, 1989 p.322; Varanasi,1970 p.465; 取意である。

同じく Brjed byang（憶え書）Da 55b4-6 には、『入中論の自註釈』(ad VI 25. 訳註3－34を参照。)の「世間こそから諦であるが、聖者を待ってからではない。」という文言には諦執と自相による成立を示していないようであり、諦執が思い込む対境である自相による成立への疑いを断つことはなぜ必要かとの問いに答えて、帰謬派の解釈において、正しい世俗と誤った世俗が区別されるかされないかの疑問に答えている。Da 55b5-6 に次のようにいう －

「自立派が正しい世俗と誤った世俗の区別を主張するように、この〔帰謬派の〕立場においても主張するのかとの思いを退けるために、正しい世俗は無いと説いたと主張なさってから、「聖者を待ってからではない」と説かれたのだろうかと観察する。」

同じく Brjed byang（憶え書）Da 91b3-6 には、ここでの「蘊は無常だなどと取らえる分別は、現れの対境について錯乱しているが、取らえ方に対して侵害が無いので、無錯乱」との所説について、『八難処の憶え書 dKa' gnad brgyad kyi zin bris』(cf.Toh.No.5402 Ba 13a1-2) と矛盾するように見えることをいい、「そのような量が全くありえないなら、聖者の等至においても取らえ方について無錯乱の量が無いことが帰結する。よって、現れについて取らえ方の言説を適用したことは同じなので、自相について無錯乱の量はありえない意味と知ることが必要です。」という。

※1）割註に、「無常・苦などについて常などと取らえる思い込みの対境 (zhen yul)〔である、常など〕」という。

※2）割註に、「顛倒だと説明された眼など」という。Brjed byang（憶え書）Da 59b3-5 には、「この立場において〔諸々の〕比量は、現れの対境について錯乱でも、思い込みの対境について錯乱でないと設定することと、〔諸々の〕根識はそれと同じでないさまは、この本文に明らかに、」といって、※2から「「無錯乱」といわない」までの部分が引用されて、『千薬』の言葉どおりに承認することはできないかと思う。」という。

それらを承けて Brjed byang（憶え書）Da 59b5-60a3 に次のようにいう －

「よって、声は無常だと証得する比量において、声は無常であることが自相により成立したと現れるが、現れるように成立していないとの理由により、その比量は現れの対境について錯乱だと成立していても、それにより思い込みの対境について錯乱だと全く立証できない。量論者の立場においても、声は無常だと証得する比量 (60a) の思い込みの対境は、声は無常である〔という〕

非共通の自性それは、共通の自性として現れるが、現れるように成立していないとの証因により、その比量は現れの対境について錯乱だと立証できるが、思い込みの対境について錯乱だと立証できないさまは、『量評釈』（※１）に「思い込んだとおりではないから、第二〔の比量〕は錯誤であると主張なさった。もし、他の〔自〕体により証得されるなら、錯誤は量ではない〔、という〕なら、思惟について欺くことが無いから、錯誤であるが、量である。」と説かれたとおりなので、中観・量の二者は、比量は現れの対境について設定する仕方が少し同じでないが、まさにその理由により思い込みの対境について錯乱だと成立しないのを主張なさることについては、同じです。（※２）」

※１）Ⅲ 55ab-56ab; 拙訳『チベット仏教　論理学・認識論の研究Ⅱ』2011,p.16

※２）さらに Byams pa rin po che の『タクツァンパへの反駁 sTag tshang pa'i brgal lan』の議論が提示されている。

※３）割註に、「その分別の」という。

※４）Brjed byang（憶え書）Da 55a5-b1 に、世間において錯乱知と偽りだと設定する仕方として、この段落が引用されている。

※５）割註に、「それら根識は各自の」という。

※６）割註に、「、それらに現れるとおりの義（もの）〔である〕色など〔が有るのと〕、顔などが〔無いの〕」という。Brjed byang（憶え書）Da 55b1-2 に次のようにいう －
「現れと随順した義が有るのと無いのは、色が有るのと映像について顔が無いのとの意味に理解することが必要です。その色は自らを執らえる識に現れるのと一致した義（もの）であるなら、現れのように有ることが必要なので、色が現れるように成立していると執らえる諦執であるかないかなど、伺察すべきことが多い。」

※７）割註に、「、常などである蘊に対して、他の量（認識基準）が侵害するから」という。

※８）割註に、「分別の取らえ方の〔対境である、〕無常などである蘊について、量は侵害しないし、」という。

※９）割註に、「『般若波羅蜜経』に」という。Kyt ed.pp.319-320 に引用された『聖摂』（訳註３－１０２、３－１０５の個所）すなわち『宝徳蔵般若経』を参照。

※１０）割註に、「諦成立したのと、自相により成立したのを取らえたことを通じて」という。

※１１）割註に、「修習して〔も〕、諦成立の〔兆相を〕」という。

訳註３－６９）'Jam に、「第四、それについて争論を排除して、損減を棄てるよう教誡するには、八つ」と細分している。

訳註３－７０）VI 28abc; D No.3861 'A 205b2;『同自註釈』D No.3862 'A 254b4; La Vallée Poussin ed.p.107; 和訳　小川一乗『空性思想の研究』1976,p.91; 拙著『中観哲学の研究Ⅴ』2002,p.95; 瓜生津・中沢『入中論』2012,p.146; VI 28a は Kyt ed.p.306（訳註３－６１の個所）に引用。VI 28d には、「作為された事物は世俗として」という。

※１）Ba so に、「諦執－有法。諦執の無明それが法の住し方の〔自性〕が現前に見えるのにあたって、真実〔を覆障する〕無明である〔から〕」という。

※２）割註に「その無明を〔世俗〕という。」という。さらに、「世俗（kun rdzobs）の〔サンスクリット〕対応語 saṃvrita は、多くの義（もの）に用いられるが、ここには『入楞伽経』のように、真実（yang dag）または自性、そして -vrita は、覆障することをいうとしたなら、真実を覆障すること」という。『入楞伽経』は、『入中論の註釈・意趣善明 dBu ma dGongs pa rab gsal』VI 冒頭の否定対象の確認（Toh. No.5408 Ma 71b5-6）に引用された『中観光明論』（D No.3887 Sa 154b4,228b1）とそこでの『同経』（小川一乗『空性思想の研究Ⅱ』1988,p.358 は『同経』偈頌品 v.429 を指示）への言及と思われる。Ba so は、「愚痴または世俗は諦執。kun は法の住し方すべて、そして rdzob pa は覆障することと、覆った〔という〕意味であるからです。」という。この語義解釈については、訳註１－１９、３－７１を参照。

※３）Ba Ra に、「事物が何か、無自性でありながら、それとして現れる〔作為されたもの〕」という。

※４）Ba so に「有情において」という。他の割註に、「偽りの自性を有するものが」という。

※5）Ba so に「色など、有法」という。

※6）割註に、「仏世尊」という。

※7）'Jam に次のようにいう －

「『入楞伽経』（※）に、「勝義として自性が無い。自性が無いのを錯乱したそれが、正しい世俗（yang dag kun rdzob）と主張する」というように、自性が無いのを錯乱しているので、真実を覆障する仕方と、正しい世俗は、それへの覆障です。」という。

　※）上記の個所 Toh.No.5408 Ma 71b5-6 を参照。

※8）'Jam に、「色などはそれにより諦だと設定するが、色などはそれにより設定されると主張しないから、そしてそれにより諦だと設定する仕方は」という。

※9）割註に、「事物の力により諦ではなくて」という。

なお『教次第大論』TRch H ed.364a1-b3 には、次のようにいう －

「よって、幻術師などは諦執の対治の如理作意を有するものではないので、一般的に煩悩の因相（根拠）〔である〕諦執を制圧しないことより、幻術の〔化作された〕女が見えるなら、それが諦ではないのを知っていても、浄の兆相〔である〕他への憶念が目覚めるので、これもまた伺察に耐える（※1）女となったならいいのに、といって執着が広がったのです。すべてにわたって浄の兆相など諦は少しも成立していないのを妙観察するのを数習することにより、有（生存）すべてについて、幻術のような堅固な知を有する出家修行者（sdom brtson）には、これがどこにありうるのか。「あたかもバナナ（芭蕉）樹の幹における心髄のように、〔諸々の〕有（生存）において心髄が有るとは執らえない。その比丘は、彼岸でない彼岸のものを捨てる。老いた蛇が古い皮を改めるのと同じ」と説かれたように。現れの無い勝義の空を知ることを道において修行することは、また自部〔仏教者〕たちは、住するとおりの事物〔すなわち〕法の無我〔という〕知るべき真実〔である〕四諦の十六行相を、修習したことにより、顚倒とそれにより結合される煩悩を摧破したので、それを根本とした苦より解脱を得る。しかし、何も無い〔という〕空性を知ることによってではないので、それを修習したことに、どんな利益が有るのか。

　諦を見たのと修したことより、煩悩を断除すると説明したのである、（※2）と説かれた、と思うなら、さらにまた無常など事物を見ることにより解脱するなら、すべては障碍がなくて功用（努力）することなく解脱する、または、解脱は無いことになるので、空性の見を理解するなら、道において説かれた。空性の見だけが雑染の侵害の集積を寂静にするし、功徳の自在すべてを施与する大きな道として説かれた。『仏母』（※3）などに、「事物の想いを有する者に随順忍も無い〔。それ〕なら、涅槃〔が無いの〕はもちろん」というのと、（※4）「声聞の地を学びたいと欲する者も、この仏母こそを学ぶべきです。」ということなどです。

　よって、事物は諦として成立しているし、そうだと執らえることにより解脱するのなら、すべてが本来解脱している、または、解脱が全く無いことになる。それより他の道の所縁が無いからです。ゆえに、空であると執らえることだけが道であり、他のどの方便も無いから、（※5）「諸仏と独覚と声聞たちが必ず依る唯一の解脱道は、あなたです。他には必ず無いのです」と讃えたが、煩悩・所知の障の闇〔にとって〕の対治は空性〔である〕。速やかに一切智を欲しい者は、それをどのように修習するのか。およそ事物は苦を生じさせる。それより怖れが生ずることになるのなら、空性は、苦を寂静にする。それより怖れがどのように生ずるのか、とも説かれた。」

※1）spyad bzod とあるが、文脈より dpyod bzod と読んだ。

※2）『倶舎論』VI 1ab に、「諦を見て、修習したことより煩悩を断除した、と説明されている。」という。『入行論』IX 41 にも、諦を見ることにより阿羅漢になるので、空性を見ることの必要性は何かという議論がある。

※3）未確認。

※4）『八千頌般若波羅蜜経』Vaidya ed.p.4; D Sher-phyin No.12 Ka 3b2-4; 大正 7 No.220 p.764a, 大正 8 No.227 p.537b; 和訳　梶山雄一『大乗仏典 2 八千頌般若経 I 』1974,p.11; この教証はチャンドラの『明句』ad XVIII 5 (La Vallée Poussin ed.pp.353-354, D 'A 114b) にも引用されている。

※5）ラーフラバドラの『般若波羅蜜讃』(D No.1127 Ka 76b3-4; v.17cd; R.Hikata ed. p.2;

和訳 戸崎宏正『大乗仏典 1 般若部経典』1973,p.79; 酒井真典「般若波羅蜜多讃」(『四天王寺』227,1959 pp.24,30)

　現代の或る学者は、bden grub（諦成立）という用語は『入行論』の古い版であるインドの本に無かったこと、そして bden grub（諦成立）と bden 'dzin（諦執）というのはツォンカパの創作であることを言うが、これらにより否定される。

訳註3－7 1)『入中論の自註釈』(ad VI 28; D No.3862 'A 255a1-2; La Vallée Poussin ed.pp.107-108; 和訳　小川一乗『空性思想の研究』1976,p.92; 瓜生津・中沢『入中論』2012,p.146) の取意。cf. 拙著『中観哲学の研究V』2002,p.96; 福田洋一「『ラムリム・チェンモ』における『入中論』の二諦説」(『印度学仏教学研究』58-2,2010) p.7; 四津谷孝道「ツォンカパにおける世俗の世界」(『国際仏教学大学院大学研究紀要』2,1999) p.27ff.;『入中論の自註釈』D No.3862 'A 255a1-2 に次のようにいう －

　「ひとまず有（生存）の支分により包摂された、染汚を有する無明の力により、世俗の諦を設立する。そのうち、声聞と独覚と菩薩〔のうち、〕染汚を有することによる見を断除したもの、諸行は映像などの有ることと同じであると見られる者たちにおいて、作為物の自性ですが、諦ではない。諦として慢思することが無いから。」

※1) 割註に拠る。なお、「清浄地」は『現観荘厳論』I 6bc で出離の修行として清浄地の加行が、また IV 11d などへの註釈において清浄地の加行が議論される。
※2) 割註に、「諦として現れる諦執を断除した者」という。
※3) mngon par rlom pa; このような用例については、瓜生津隆真『ナーガールジュナ研究』1985,pp.116,200 に『六十頌如理論』v.5 の「真実が見えない者は世間と涅槃を慢思する。真実が見える者は世間と涅槃を慢思しない。」に関して論及されている。
※4) 'Jam に、「ただの名ほど、ただの表記ほどと」という。
※5) 割註に、「よって、諦執がどこかに有ることのその力により、彼には、偽りの事物が諦として現れるのです。」という。
※6) ngo na; 割註は don（義（もの））と読んでいるようである。
※7) 割註に、「無明により取らえられたとおりの義（もの）それは、」という。
※8) 浄などは四顛倒への言及である。割註に「〔浄〕、快（yid du 'ong ba)、〔不浄〕、不快（yid du mi 'ong ba)〔など〕、その二つのどれでもないもの」という。現代語としては、好ましい、好ましくない、あるいは、好き嫌いなどといった語感である。
　Chos srid grub mtha' sna tshogs kyi gtam thos pa don ldan bKlags pas don grub/ (法と政治と学説の聞いて意義ある様々な話 － 読むだけで利益が成就するもの) *rJe btsun Shes rab rgya mtsho 'Jam dpal dgyes pa'i blo gros kyi gsung rtsom,pod gsum pa*, mTsho sngon mi rigs dpa skrun khang,1984,vol.3,p.387) に次のようにいう －
　「諦執について「世俗 kun rdzob」というのは、真実を覆障するものであるという意味、そして「空性は世俗として有る」というのは、互いに依って有るという意味、そして「瓶は世俗として有る」というのは、世間の声・分別の対境として有るという意味なので、詳細に分けたなら、空性は世俗として有っても、世俗諦ではない。」
　「世俗」の語釈について、訳註1－19を参照。

訳註3－7 2) ad VI (煩悩を捨てる方便を説示する) 10 (v.135)；D No.3865 Ya 112b7-113a2; K.Suzuki ed.1994, なし；和訳　上田昇『チャンドラキールティ著『四百論注』第一～八章和訳』1994,p.94; Brjed byang (憶え書) Da 60b1-4 に、この教証の意味について次のようにいう －
　「意味は、貪欲と瞋恚など他の諸煩悩も、愚癡〔である〕諦執により遍計された事物〔すなわち〕自相により成立した自性だけに対して貪・瞋などの因〔である〕非如理作意により、浄（好ましい）と不浄（好ましくない）などの差別を増益する。増益したのに依って起こるから、愚癡〔である〕諦執より別異でない。〔すなわち〕相応として起こることになるし、愚癡〔である〕諦執が先行したのに依ることにもなる。愚癡〔である〕諦執それは、諸煩悩の主要であるから、とい

うのです。(※)」

※)さらに、そのように註釈すべき理由として、ツォンカパの『入中論の大釈論 'Jug pa'i Ṭīka chen』(Toh.No.5408 Ma 106a1-2,2; 和訳 小川一乗『空性思想の研究Ⅱ』1988,p.404; ad Ⅵ 28)の「貪などは愚癡より別異でなく起こるのは、愚癡と相応として起こるが、それを離れては起こらない。」というのと、タルマリンチェンの『四百論の註釈 bZhi brgya pa'i Dar Ṭīka』(Toh.No.5428 Ka 47b2-3; 英訳 Geshe Sonam Rinchen & Ruth Sonam, YOGIC DEEDS of BODHISATTVAS.1994,p.156)の「貪・瞋両者の取らえ方には諦執の取らえ方が混合したさまを知るべきです。」というのとを、挙げている。前者『大註釈』に関しては、「浄・不浄の差別を増益する」というこの本文の言葉は、貪・瞋の因である非如理作意を示す本文であるが、貪・瞋の二つの執らえ方を説くものではないし、その二つには、快・不快の差別を増益する執らえ方が無いと説くものでは決してないことを注意し、さらに講説の伝承における心・心所の相応の説明、法主 dPal ldan pa の『入中論の語釈』にも言及している。

Da 61b6-62a1,62a4-b2,62b5-6 には次のようにいう-

「貪などは諦執であるが、(62a) 自力により諦執する愚癡と相応であることを考えて、諦執と相応だと説明したのである、としたならよい。」

「貪・瞋など助力により諦執の誤った知識すべては輪廻の根本だと承認したなら、大きな誤謬になるが、明知〔である〕智慧の対立項と、輪廻の根本に設定すべき諦執は、自力により諦だと執らえる愚癡について確認したならよいと思うし、貪欲をひとまず抑圧する対治〔である〕不浄の修習と瞋恚の対治〔である〕慈の修習などは煩悩すべての対治にならないことと、(62b) 諦だと執らえる愚癡の対治〔である〕空性を修習することは、煩悩すべての対治になる義(もの)であるので、相違(矛盾)は無いとしたなら、意趣になる。または、誤った知識すべては諦執と相応だと承認したなら、疑いのもとはきわめて大きい。」

「ここに貪・瞋などの執らえ方を正理により論破できることを説かれたのは、諦執と非如理作意の執らえ方に適用したなら、浮かびやすい。」

※1)割註に、「無いながらに」という。
※2)割註に、「貪などそれらは」という。

チャンドラキールティの『註釈』D No.3865 Ya 112b5-113a3 には次のようにいう-

「貪欲と瞋恚の相(特徴)の区別を語ったが、いまや愚癡の相(特徴)の区別を述べるべきである、というなら、説明しよう-〔Ⅵ 10 に〕「身に身根が住するのと同じく、愚癡はすべてに住している。ゆえに煩悩すべてもまた愚癡を摧破したことにより、摧破されることになる。」ここに、事物〔すなわち〕縁起するものごとは、自性により空寂であるから、空性についての愚癡はそれらについて諦だと分別したことより、迷妄のために、事物が諦である自体として特に増益して起こる。貪欲などもまた、愚癡により遍計された事物の自性だけに、浄と不浄などの差別を増益して起こるから、愚癡より別異でなく起こることになるし、愚癡に依ることにもなる。〔なぜなら、〕愚癡は主要であるからです。あたかも眼などの事物〔すなわち〕身根により別異でなく起こるものは、身根だけに依って生起するのと同じく、煩悩すべてもまた愚癡に依って生起する。また、あたかも身根が損なわれて、依った根すべてが損なわれたのと同じく、縁起を修習したことにより、煩悩を摧破したなら、所依が無いので、煩悩すべてを摧破したことになる。」

訳註3-73)cf. 福田洋一「ツォンカパにおける縁起と空の存在論-中観派の不共の勝法について-」(2002 年改訂版がウエブ上で閲覧可能)p.13
※1)割註に次のようにいう-

「ここにおいて「倶生(生来)」という意味は、偶然的だと取らえるさまが、造り出す必要がなくて、継続的に自相続に自ずと生起するし、自然のようなものとして有るのが、対境などの縁と出会ったなら、水より魚が跳ね出すように、跳び出る。〔すなわち〕顕わなものとして生ずるし、継続的な取らえ方が明らかでないもの。」
※2)割註に、「境界を区別する」という。
※3)Brjed byang(憶え書)Da 63a1-3 に次のようにいう-

「ここに軌範師ブッダパーリタとチャンドラキールティの立場において言説の義（もの）を設立することはきわめて難しいと説かれたのは、シェーラプリンチェン（Sher rin）の『成就の註釈 *Grub 'grel*』に世俗諦を損減した似非の能成を提示する仕方について量ったとしても、知りやすい。」

※４）割註に、「六波羅蜜など」という。

※５）割註に、「重要だとしてから、努力をもって修治し、その設定の仕方にきわめて」という。

訳註３－７４）'Jam に、「１）それにより、論破できないことを示したことと、２）それへの争論を捨てることと、３）似非の論破と示したことの三つ」に分けて、第一を七に細分するなどしている。Brjed byang（憶え書）Da 63a2-3 には、「四句の生であるかないかを観察してから否定することにより論破できないことを説いた個所は、分かりやすいと見えるので、疑いを断つ必要はないかと思う。」という。

※１）'Jam に、「辺（mtha'）と句（mu）は同一であっても、相違（矛盾）しないここには、両者が揃ったさまを知ることが必要であることは」という。

※２）割註に、「四辺の生を否定したことにより、一般的に生を」という。

※３）割註に、「してから獲得した生を主張〔することが〕」という。

※４）割註に、「〔伺察〕を棄てたなら、勝義の生それが成立しないので、そのような生を承認するには、その伺察を」という。

※５）割註に、「そのように承認したなら、その生はどれかの辺として獲得されるので、四辺のどれかの生をも主張することが必要です。」という。

※６）割註に、「ただの現れほどとして成立したその生について、」という。

※７）割註に、「よって、唯の世俗ほどの生を承認する場合に、正理の伺察されるべきことは無いので、正理の伺察を棄ててから、その生を承認することが必要です。」

訳註３－７５）VI 115; D No.3861 'A 209b7-210a1;『同自註釈』D No.3862 'A 290b7; La Vallée Poussin ed.p.228; 和訳　小川一乗『空性思想の研究』1976,p.247; 拙著『中観哲学の研究Ⅴ』2002,p.143; 瓜生津・中沢『入中論』2012,p.212

※１）Ba so に、「因・縁に」という。

※２）割註に、「し、自性により空である義（もの）と証得する〔ので〕」という。

※３）割註に、「そのように生起し、生ずるそれに、自または他または両者または無因のどれから生ずる、という」という。Ba so に、「常・断に見るなどの顛倒の」という。Ba Ra に、「〔尋思（分別）〕し伺察する正理〔これら〕により、他には」という。

※４）割註に、「の刀剣」という。

※５）Ba so に、「常・断の見などの」という。

※６）割註に、「〔網〕と似た繋縛するもの」という。

訳註３－７６）VI 114; D No.3861 'A 209b6;『同自註釈』D No.3862 'A 290b1; La Vallée Poussin ed.p.226; 和訳　小川一乗同上 p.246; 拙著同上 p.142; 瓜生津ほか同上 p.212

※１）Ba Ra に、「と勝性（プラダーナ）〔など〕」といい、Ba so(?)に、「時と極微と自性（プラクリティ）とプルシャとナーラーヤナなど」という。なお、『明句』においては、自在天などは自と他などに含まれるべきだと言われている。訳註５－１１３を参照。

※２）Ba so に、「、有法」という。

※３）Ba so に、「ただの言説ほどとして生ずる」という。

※４）Ba Ra に、「諸事物は、因・縁に」という。

訳註３－７７）'Jam に、「第二、争論を捨てることには、六つ」と細分している。

訳註３－７８）VI 36; D No.3861 'A 205b7-206a1;『同自註釈』D No.3862 'A 259a5; La Vallée Poussin ed.p.222; 和訳　小川一乗同上 p.124; 拙著同上 p.101; 瓜生津ほか同上 p.154; Kyt ed.p.270

（訳註2－11の個所）を参照。
※1）割註に、「〔真実を〕伺察する〔場合〕」という。
※2）割註に、「〔自と他〕など〔からの〕実物の〔生が〕」という。
※3）割註に、「と立証する〔その正理〕」という。
※4）割註に、「実物成立のその生は」という。

訳註3－79）ad VI 36; D No.3862 'A 259a4-5; La Vallée Poussin ed.p.122 ll.9-14; 和訳　小川一乗同上 p.124; 瓜生津ほか同上 p.154; cf. 拙著同上 p.102;
※1）割註に、「他者たちが、」という。
※2）割註に、「〔実物〕成立〔の自体〕の事物〔が〕」という。
※3）割註に、「それの回答は、もし〔そのようだとしても、〕過失がある。」という。
※4）割註に、「何の義（もの）も無いので、」という。

訳註3－80）VI 36; D No.3862 'A 259a6; La Vallée Poussin ed.p.123 ll.1-3; 和訳　小川一乗同上 p.124; 拙著同上 p.101; 瓜生津ほか同上 p.154;
※）原典には gdon mi za bar「間違いなく」とある。割註には、「自力無しに」という。

訳註3－81）
※1）割註に、「正理による伺察に耐える」という。
※2）割註に、「主張しなくても」という。
※3）割註に、「そのような実有論者彼は、中観派の本典について」という。

訳註3－82）VI 111; D No.3861 'A 209b4-5;『同自註釈』D No.3862 'A 289a6; La Vallée Poussin ed.p.222; 和訳　小川一乗同上 p.242; 拙著同上 p.141; 瓜生津ほか同上 p.209
※1）割註に、「例えば、〔石女の子は〕全く無いので、それ〔には〕」という。
※2）割註に、「成立した」という。
※3）割註に、「の言説」という。
※4）割註に、「どちら〔において〕も」という。
※5）割註に、「そのような実有論者彼が、中観派の本典に」という。

訳註3－83）v.48cd; D No.3825 Ya 22a5; Lindtner ed.1982,p.114; 和訳　瓜生津隆真『大乗仏典14 龍樹論集』1974,p.77; 瓜生津隆真『ナーガールジュナ研究』1985,p.187 には、v.19 の所説に対応することを指摘している。不生などにより特徴づけられた縁起を仏陀が説かれたことは、『根本般若中論』の帰敬偈にも出てくる。v.48ab には、「何がそれを知るのかというなら、縁起が見えるもの。〔すなわち〕」という。なお、Scherrer-Schaub、瓜生津の両氏は本頌の典拠を『無熱悩所問経』の有名な偈頌だと考えている。訳註3－85を参照。
※1）割註に、「因縁に」という。
※2）割註に、「自性により」という。
※3）割註に、「仏陀〔すなわち、真実を〕」という。

訳註3－84）D No.3864 Ya 26b6-27a2; 和訳　瓜生津隆真同上 1974,p.77; Scherrer-Schaub ed. 1991,p.87; 英語訳　Loizzo,Joseph. *Nāgārjuna's Reason Sixty With Chandrakīrti's Commentary.* 2007,p.199; 文言は原典とは少し異なっている。D No.3864 Ya 26b7-27a2 には次のようにある －
　　　rten cing 'brel bar 'byung ba mthong nas dngos po rnams la ngo bo nyid du dmigs par mi
　　　'gyur/ gang brten nas skyes pa de ni gzugs brnyan bzhin du ngo bo nyid kyis ma skyes
　　　pa'i phyir ro/ /brten nas byung ba gang yin pa de ni byung ba nyid du nges te/ de la
　　　ma byung zhes bya ba'i sgrar ji skad du gdags/ gal te ma skyes pa zhes bya ba na ni de
　　　brten nas skyes pa zhes byar mi rung ste/ de bas na nang 'gal ba'i phyir de rigs pa ma

訳註　3.空性論の真偽　　363

yin no zhes zer na/ kye ma kyi hud rna ba dang snying med pas kyang bdag la klan ka
btsal ba gang yin pa de ni bdag ma rungs pa zhes bab bo/ /gang brten nas skyes pa de
gzugs brnyan bzhin du ngo bo nyid kyis skyes pa ma yin no zhes kho bos gang gi tshe
smras pa de'i tshe de la klan ka btsal ba'i skabs ga la yod/

　（縁起が見えてから、諸事物を自性として認得することにならない。およそ依って生じたもの
は、映像と同じく自性により生じていないからです。依って生起したものであるそれは、生起し
たことに決定する。それについて「生起していない」という声（ことば）にどのように立てるの
か。もし「生じていない」というなら、それは依って生じた、ということに適わない。よって、
内的に相違するから、それは道理ではない、というなら、ああ、耳と心の無いことによっても私
を非難しようとする彼は、自己が危険だと定めた。およそ依ってから生じたそれは、映像のよう
に自性により生じたのではない、と私が語ったとき、それに非難を求める機会がどこにあるのか。）

※1）割註に、「により成立しているもの」という。
※2）割註に、「中観派、あなたは理由は〔どのように〕」という。
※3）割註に、「その事物について、生じていないという声（ことば）により述べることと、それが依っ
て生じたこととの二つは相違（矛盾）する。」という。
※4）割註に、「実有論者彼の哀れなさまをご覧になって、」という。『道次第大論の表記註釈 brDa
bkrol』Toh.No.6569 Ka 46b2 に、「ああ、やれ（kye ma kyi hud）は、叱責し、憐れむという声（こ
とば）です。それもまた、ああ（kye ma）は、叱責することと願望することと萎縮することと驚異など、
そして、やれ（kyi hud）は、憐れむことと惨めなことと苦しみなどの句（ことば）に用いられる。」
という。
※5）割註に、「聞く者の所依〔である、耳と心〕」という。snying は直訳すると「心臓」であるが、
それが「心」と同一視された表現である。あるいは、心臓が無くて死人に等しいといった含意になる。
※6）割註に、「私たちに対して」という。
※7）割註に、「その理由〔である〕、実有論者彼に耳と心が有るのなら、」という。
※8）割註に、「「自性により」という差別（限定）を適用したそれを、聞くし、その義（内容）を憶
念することが必要であり、そのように聞いて憶念するなら、依って生じたのと生じていないのとは相
違（矛盾）する、といって私たちに対して、」という。

訳註3－85）D mDo-sde No.156 Pha 230b2-3; 大正15 No.635『弘道廣顯三昧經』p.497b3-4;
本論 Kyt ed.p.416（訳註5－129の個所）にも引用されている。この教証は、『入中論の自註釈』
ad VI 115（291a3-4; La Vallée Poussin ed.p.229; 小川一乗『空性思想の研究』1976,p.248）に「『経』
に」といって引用されている。『明句』にも複数回、すなわち ad XIII 2（D No.3860 'A 81b3-5;
La Vallée Poussin ed.p.239 ll.10-13; 奥住毅『中論註釈書の研究』1988,p.401）と、ad XXIV 7
（D No.3860 'A 162b5-6; La Vallée Poussin ed.p.491; 奥住毅『中論註釈書の研究』1988,p.754;
北畠利親『中論　観法品・観四諦品訳註』1991,p.118; 丹治昭義『中論釈　明らかなことばII』
2006,p.115）、ad XXIV 18（D No.3860 'A 167a7-b1; La Vallée Poussin ed.p.504 ll.1-14; 奥住同
上 1988,p.768; 北畠同上 1991,p.135; 丹治同上 2006,p.126）に引用されている。ブハーヴィヴェー
カも『般若灯論』にも三回引用している。すなわち、Iの終わり、VII 15、XXIV 18 の註釈部分である。
瓜生津隆真『ナーガールジュナ研究』1985,p.186 はその重要性を指摘している。瓜生津隆真「中観
派における空」（『仏教思想7 空 下』1982）p.544 note29 には『中論』註釈文献における引用を指
摘している。
※1）割註に、「因・〔縁〕に依ったの〔より〕」という。
※2）割註に、「自性により」という。
※3）割註に、「自性により生じていないさまは、事物〔それに〕自らの側から成立した〔生の自性は〕」
という。
※4）割註に、「勝者こそにより」という。
※5）割註に、「煩悩の非寂静を破壊する〔無放逸、すなわち〕解脱道に住するもの」という。

訳註3－86）割註に、「語ることの勇気を大きくするものが」という。『道次第大論の表記註釈 brDa bkrol』Toh.No.6569 Ka 46b2-3 には、「smra kham gang che は、語ることの大胆さ、または語ることの勇気が大きいこと。」という。brDa dkrol gser gyi me long (Mi rigs dpe skrun khang, 1997) p.684 にも、『表記註釈 brDa bkrol』のこれを提示している。

訳註3－87）
※）ad XV 1 (D No.3860 'A 88b6-7; La Vallée Poussin ed.p.263; 奥住毅『中論註釈書の研究』1988,p.434）と、ad XXIV 18 (D No.3860 'A 167b1-2; La Vallée Poussin ed.p.504; 奥住同上 1988,p.769; 丹治昭義『中論釈　明らかなことばII』2006,p.126）に引用されている。本論における引用は後者に関係する。そこには、『無熱悩所問経』と『入楞伽経』に加えて、『聖百五十頌』（『般若理趣経』）の「一切法は空である。無自性の理趣によって。」という教証をも引用している。

訳註3－88）D mDo-sde No.107 Ca 85a6-7（文言一致しない）; Nanjo ed.p.76; 大正16 No.671『入楞伽經』p.529a22-23; No.672『大乗入楞伽經』p.599a17-18; 和訳　安井広済『梵文和訳 入楞伽経』1976,pp.67-68; 類似した意味として、『入中論の自註釈』に、『解深密経』の未了義と如来蔵説の意趣を解説する個所(ad VI 95; D No.3862 'A 282a3; de La Vallée Poussin p.198; 和訳　小川一乗『空性思想の研究』1976,p.219）に引用された『入楞伽経』にも、「大慧よ、空性と無生と無二と無自性の相が一切諸仏の契経の内に入る」などと説かれている。
※）割註に、「世尊は大慧（マハーマティ）菩薩に対して」という。

訳註3－89）'Jam は、「第三、四句に伺察してからチベットのその論破は似非だと示すには、二つ」と分けている。
※1）割註に、「今やその立場についてこのように語ろう －」という。
※2）割註に、「それをあなたたちは理解しないでいるから、明らかに説明するなら、」という。
※3）割註に、「の過失それ〔が、〕こちら自身に戻すなら、自らの〔論破するものである〕正理〔においても〕」という。
※4）割註に、「対論者が、〔逆に〕あなた自身に」という。

訳註3－90）'Jam には、「1）それは妥当しないのを示したことと、2）無自性であると決定する知の対境をも否定することは劣悪だと示したこと、3）そのような知〔である〕唯一つの寂静の門それについて、相執は無いし、それを否定することはハシャンと同じであることとの三つ」といい、さらに第一を三に分けるなど細分している。cf. 福田洋一「自相と rang gi mtshan nyid」（『江島恵教博士追悼論集　空と実在』2001) p.177,182
※1）四句分別すなわち四の選言支である。この形の四句分別は、Kyt ed.p.348 に引用された『四百論』（訳註4－14の個所）にも出ている。立川武蔵『「空」の構造・『中論』の論理』1986,pp.79-96 には、『根本中論』全体で約450偈のうち、そこでの項目の配分について、二律背反になる「補集合的に配分された項」は84個所あるとされ、五種類に分類されている。そのうち、本論のこの個所に見られるような四句分別は、『根本中論』XXV 10,13,16-18 に見られる。
※2）Kyt ed.p.283（中観派の非共通の差別法（特性）に関する中観派の答釈の個所）を参照。
※3）割註に、「義（もの）の同じでないもの、〔すなわち〕1）自体により成立したものと、2）効能の能力の事物」という。
※4）割註に、「勝義として否定するが、」という。
※5）『倶舎論』I 5-6 には、「無漏は、道の諦と無為の三種類も〔である〕。〔すなわち〕虚空と滅二つ。そのうち、虚空は覆障しないもの〔である〕。簡択による滅（択滅）は、離である。〔繋により〕個々別々である。生に対して永久に障碍する。他の滅は、個々の簡択ではないから。」という。
※6）Brjed byang（憶え書）Da 63a3-4 に、「本文に、「そのような無事物をも否定する」というのは、無事物が自らの側から成立したのを否定する意味に適用したなら、よい。」という。
※7）Kyt ed. に gnyis char（二分として）としたが、割註には gnyis car とする。表記としては後

者がよい。

※８）割註に、「に差別（限定）を適用する方軌は」という。

※９）Ba so に、「事物の有る無しの四句ともに、勝義の差別（限定）を適用する。」という。

※１０）bsnyon; 割註には、「ムリをする（lham byed）」という。

※１１）割註に、lham pa can という。『道次第大論の表記註釈 brDa bkrol』Toh.No.6569 Ka 46b3 には、「「狂った者（smyon pa）とは倶に争論しない」ということは、歪曲する者（bsnyon pa）という者たち。現前のことについて歪曲、妄言すること。〔すなわち〕歪曲を拡げたし、承認しないという意味。」という。これからすると、本来は「狂った者（smyon pa）」とあったのだろうか。『明句』Ⅰ の、自立論証を用いるブハーヴィヴェーカ批判の個所（D No.3860 'A 5b7-6a1; La Vallée Poussin ed.p.15; 和訳　奥住毅『中論註釈書の研究』1988,p.64）での対応個所に次のようにいう－
　「何かより論証因と喩例を提示したことが果を有するものになるこれらほどにより、争論したなら、およそ対論者が承認しない、あるいはまた対論者が自らの承認したことと相違（矛盾）することにより争論したことによっても止まらないなら、そのとき慚（はじ）の無いことにより、論証因と喩例との二つによっても止まることにならない。私たちは、狂った者とはともに争論しない。」

訳註３－９１）'Jam に、「第二、無自性を証得する知の対境を否定することは劣悪だと示すことには、十四」と分けている。

※１）自性と我が同義語とされる用例としては、Kyt ed.p.336 に引用された『四百論の註釈』（訳註３－１９５の個所）、あるいは訳註３－２３の※８に出した『ブッダパーリタ註』を参照。

※２）Ba so に、「対境〔である〕無自性それをどのように論破するかを語りなさい。」という。

訳註３－９２）ⅩⅢ7（「行の観察」）; D No.3824 Tsa 8a6; 三枝充悳『中論偈頌総覧』1985, pp.378-379; 和訳　奥住毅『中論註釈書の研究』1988,p.407; Brjed byang（憶え書）Da 63a4-b3 にこの本頌について次のように解説する－
　「『明句』（※１）に「空性の所依になった事物が自性により有る」と語ったことは道理でないと示したことに適用した文字の追加は、もし空性が自らの自性による成立がいささかでも有るなら、その所依が自性により有るいささかの非空が有ったとしても、ここにおいて空性と無我は一切法の共相として承認したので、我により非空がいささかも無いなら、空性が自性により有ることにどうしてなるか、ならない、と『大註釈 Ṭika chen』（※２）に説かれた。よって、第一句の「非空」というのは、有法が自性により空でないこと、そして（63b）第三句の「非空がいささかも」というのは、一般的に自性により空でない法は何も無いことに適用することが必要です。（※３）」

※１）D No.3860 'A 83a3-5;

※２）Toh.No.5401 Ba 148a3-4; 和訳　クンチョック・シタル、奥山裕『全訳 ツォンカパ 中論註『正理の海』』2014,p.439

※３）さらに『大註釈』を引用し、『明句』の意味を解説したこととチョナンパを批判したと思われること、さらに『大註釈』（cf.Toh.No.5401 Ba 148b1-2; 和訳　クンチョック・シタル他同上 2014,p.440）の「諦として成立した所依が偽りにより造られるのは相違するから、この方軌について中観・唯心の両者は一致している。」と説かれたことから派生したと言う。

※１）割註に、「自性により〔非空〕」という。

※２）割註に、「それ自らにより空なので、空それもまた」という。

　なお、『未了義と了義の弁別・善釈心髄 Drang nges』中観章の、縁起が聖教の義（内容）の中心であるのを讃える個所（Toh.No.5396 Pha 47a-b; 拙訳『中観哲学の研究Ⅱ』1998,pp.22-23）には、有法である縁起と法性である勝義諦が能依と所依としてあるのは、言説知の側においてであり、無漏の等至の正理知の側ではないことに関して中観と唯識に違いが無いことを論じて、『根本中論』Ⅶ 33cd の「有為が成立していないので、無為がどのように成立することになるのか。」が引用されている。

　また、タルマリンチェン著『入行論の釈論・仏子渡岸』には、『入行論』Ⅸ 140ab「仮設された事物に触れなくては、それの非有を執らえるわけではない。」（本論 Kyt ed.p.269 の、否定対象を確認

する訳註2−2の個所に引用。）ということの意味を解説するものとして用いられている。cf. ツルティム・ケサン、桜井智浩『ツォンカパ　中観哲学の研究VI』2009,pp.310-313

訳註3−93）
※1）'Jam(?) に、「あなたのその語り方をそのようにしたことにより、自性による成立が全く無いという理由により、自性による不成立も全く無いことになる、というこれになったので、これより語り方が相違（矛盾）した劣悪になった他はありえないから。」という。
※2）割註に、「それ〔を〕もまた、否定することが必要だと思って、否定することそれは妥当しない。もしあなたたちがそのように〔否定すること〕」という。
※3）割註に、「の、自性により無いことそれ〔を〕」という。
※4）割註に次のようにいう −
　「あなたたちのように主張しなくて、ではどのように主張するかというと、このように芽が自性により無いと決定するその決定により、自性により無いことそれが有ると取らえるなら、過失であっても、一般的に自性により有ることは無いと取らえることは、過失ではない。」
※5）割註に、「芽の自体により成立した自性が無いそのことが」という。
※6）Brjed byang（憶え書）Da 63b4-5 にこの一文の意味について、「芽は自性が無いそれこそが、芽の自らの側から成立した自性として成立していないが、芽が自らの側から成立していないそれが、芽の無自性であるそれの自らの側から成立した自性として有ると執らえる、と適用する。」という。

訳註3−94）ad XVI 6cd（辺執の否定を修習することを説示する）（v.382）; D No.3865 Ya 232b4-5; P No.5266 Ya 265b; K.Suzuki ed.1994, なし ; Brjed byang（憶え書）Da 63b5-64a5 に次のようにいう −
　「『四百論』に「非空が無くては空は」などという意味は、チャンドラの『註釈』と大レンダワの『註釈』のように説明するなら、否定されるもの〔である〕非空を待っていない否定するもの〔である〕空も無いので、事物すべては自性を有すると成立した、というなら、「もし空」というのが自体により成立したものが何か有るなら、事物は自性を（64a）有することになるなら、それは無い。すなわち非空性がいささかも有るなら、それの対治〔である〕空も自性により有ることになるが、すべては依って生起するものであるから、自性により空でないものが無くて、空が自性により成立したものがどこから生起することになるのか。他方、否定されるべきもの〔である〕非空、自性による成立が無くて、それを否定するもの〔である〕対治、空が自性により成立したものがどのように生起することになるのか、ならないから、という。チャンドラの『註釈』（※1）にも「他方」というのを非空に適用したので、このとおりが妥当するかと思う。タルマリンチェンの『註釈』（※2）には、他方〔である〕所依事、有法の諦成立が無くては、それを否定するもの〔である〕対治が生起することになる、と説かれたのは、『根本般若』の意味と一致して註釈したものである程度と思われるが、法性において有法を否定する対治を言う意味を伺察する。（以下、省略）」
　※1）D No.3865 Ya 232b6-7、※2）H ed.Toh.No.5428 Ka 114b5
※1）割註に、「自性による」という。
※2）割註に、「有法〔である、諸事物〕」という。
※3）割註に、「自体により成立した」という。
※4）割註に、「そのようなことは何も」という。
※5）割註に、「自性による」という。
※6）割註に、「いささかも、全く」という。
※7）割註に、「が自性により成立したもの〔は、何〕の所依事〔から成立も〕」という。
※8）割註に、「ならない。その理由は」という。
※9）Ba so に、「対治の〔他方である、〕所断」という。他の割註に、「〔他方である、〕対治の相違対立になったもの〔が、〕全く〔無くて〕」という。
※10）割註に、「〔対治〕になったもの〔が〕どこから」という。
※11）割註に、「それはありえないから。」という。Ba so に、「ならない、というのは、芽が無自

性であることも自性が無い、という。」という。

　なお、同様な趣旨として大翻訳師ロデンシェーラプの書簡 vv.18-19 にも、「このように対境が無い
ものにおいて否定が起こることはありえない。よって、無いといわれるもの〔である〕否定対象の事
物が成立していないそのとき、否定は所依を欠いている。知の前に住することにならない。」という。
加納和雄「ゴク・ロデンシェーラプ著『書簡・甘露の滴』－校訂テクストと内容概観－」（『高野山
大学密教文化研究所紀要』20,2007)p.11 を参照。

訳註 3 － 9 5) v.26; D No.3828 Tsa 27b6-7;『 同 自 註 釈 』D No.3832 Tsa 127b6; Lindtner
ed.1982, p.79; 和訳　梶山雄一『大乗仏典 14 龍樹論集』1974,p.155; 米沢嘉康「*Vigrahavyāvartanī*
Sanskrit Translation and Tibetan Translation」（『成田山仏教研究所紀要』31,2008)pp.262-263;
v.26cd は、Kyt ed.p.285（訳註 2 － 6 9 の個所）にも引用されている。『廻諍論自註釈』における位
置づけについてもその訳註を参照。四津谷孝道『廻諍論』第 26 偈を典拠とするツォンカパの思想」(『イ
ンド論理学研究』IV ,2012) には、さらに『善釈心髄』、『根本般若の釈論・正理の海』での文脈をも
論及している。Brjed byang（憶え書）Da 64a5ff. に解説し、Da 64b6 に、「『廻諍論自註釈』と比較
してから伺察したやり方なので、信受する処として保ってください。」という。
※１）割註に、「の句（ことば）」という。
※２）割註に、「その句（ことば）により、自性により無いことを退けることはできない。無自性で
あるとの句（ことば）により自性により無いことを退けることができるなら、」という。
※３）割註に、「事物は」という。

訳註 3 － 9 6) D No.3832 Tsa 127b6-128a1; 直前の訳註を参照。
※１）割註に、「のを語った」という。
※２）割註に、「他者の〔声〕を発するの〔を〕」という。
※３）割註に、「声により声を退ける〔この喩え〕」という。
※４）割註に、「喩・義（内容）はそのように妥当しない。それが妥当しないことも、義（内容）の場合の」
という。
※５）割註に、「による成立」という。
※６）割註に、「喩の場合に、声を発するのを退けることは妥当するが、自性により無い句（ことば）
により、自性により無いことを否定できないので、喩・義（内容）は同じでないから。」という。
※７）割註に、「まさにその否定に依ってから、〔諸事物は〕自体により成立した〔自性を〕」という。

訳註 3 － 9 7) XIII 7d; D No.3824 Tsa 8a6; 三枝充悳『中論偈頌総覧』1985,pp.378-379; 和訳
奥住毅『中論註釈書の研究』1988,p.407;

訳註 3 － 9 8) XIII 8; D No.3824 Tsa 8a6-7; 三枝充悳『中論偈頌総覧』1985,pp.380-381; 和訳
　奥住毅同上 p.409; このような趣旨の教証としては、Kyt ed.p286（訳註 2 － 7 6 の個所）に引用
された『根本般若』XXIV 11 をも参照。八力広喜「ナーガールジュナの『四讃頌』－　特に Lokā
tītastava と Acintyastava －」（『密教文化』155,1986) p.115,113 には、『出世間讃』v.23 の「すべ
ての分別を断除するために空性〔である〕甘露を説かれるのなら、それについて思い込む者彼こそ
は、あなたによりきわめて叱責される。」、『不可思議讃』v.52 の「無自性を説いたそれは、最高の真
実です。事物の魔により執らえられた者たちのその治療は、無上です。」というのと比較されている。
cf. Lindtner ed.1982,p.136,156
※１）割註に、「自性による〔空性は〕、悪しき〔見すべてからの出離、すなわち〕悪見すべてを排除
するのを通じて断除すること〔だと〕」という。
※２）割註に、「が自性により成立しているの〔を〕」という。
※３）割註に、「の見は、再び良く治療するのがきわめて難しいので、」という。

訳註 3 － 9 9) ad XIII 8（章の末尾）; D No.3842 Tsa 220a1-4; SAITO Akira, *A Study of The*

Buddhapālita-Mūlamadhyamaka-vṛtti（Ph.D 学位請求論文 1984）p.186
※１）割註に、「除去するために」という。
※２）割註に、「自性による」という。
※３）割註に、「この理由」という。
※４）割註に、「の集積」という。
※５）割註に、「それぞれの」という。
※６）割註に、「ほど」という。
※７）割註に、「により空である〔空性〕」という。
※８）割註に、「自相により成立した〔事物〕」という。
※９）割註に、「の方便」という。
※１０）割註に、「乞う者に対して、財物は〔何も無い〕」という。
※１１）割註に、「その乞う者が」という。
※１２）割註に、「財物が」という。
※１３）割註に、「そのように取らえさせることは不可能であるの」という。
※１４）割註に次のようにいう －
「この喩・義（内容）はまた、「財物が無い」と述べたなら、乞う者は財物が無いと取らえることが必要なのに、「財物が無いそのことを施してください」といって、財物の無いそのことを、財物だと取らえたのと同じく、「自性により無い」と述べたなら、対論者は、自性により無いのを取らえることが必要なのに、「自性により無い〔という〕自性により有るそれを示してください」といって、自性により無いことそれこそを、自性により有ると取らえたなら、過失が大きいことを、説かれた。」
※１５）割註に、「〔あなた〕たちの主張〔すなわち〕自性により無いことを述べるとき、自性により無いと取らえるそれをも否定することが必要である〔ようなら〕」という。
※１６）割註に、「し、大きな顛倒を語ったことになる〔ので〕」という。

訳註３－１００）Brjed byang（憶え書）Da 64b6-65a2 に次のようにいう －
「この本文に（65a）、自性により空であるのと無我であるのを見るべきことの能成として、『般若心経』など三つの教ほどを引用して、典拠はきわめて多いと説かれたのは、正しい意趣だと見える。『廻諍論自註釈』（※）に「私たちは諸事物は空性だと語るが、空性でないと語るのではない。」といって、きわめて明らかに説かれたようなものは、無辺です。」
　　※）D No.3832 Tsa 128a1-2; 和訳　梶山雄一『大乗仏典 14 龍樹論集』1974,p.155; ad v.26
※）割註に、「自性による空性の見は生じさせることが必要なので、」という。

訳註３－１０１）ad XⅢ 8; D No.3860 'A 83b4-84a6; La Vallée Poussin ed.pp.247,5-248,3; 和訳　奥住毅『中論註釈書の研究』1988,pp.409-411;

訳註３－１０２）Ⅰ 9cd; D Sher-phyin No.13 Ka 2a6-b; Yuyama ed.1976,p.10; 拙訳『チベット語訳『宝徳蔵般若経』の和訳研究』（『法談』52,2007）p.69; 割註に、*mDo sDud pa* という。*mDo*『経』というのは、*sDud pa* が『摂決択分』の略称でもあるので、それとの区別するためである。
※１）割註に、「その空が自性により成立していると〔観察〕すると〔しても〕」という。
※２）割註に、「そのように観察する者〔である菩薩は〕諦成立の〔兆相を〕対境にするのを〔行ずる〕が、自性による〔無生〕の空性〔の処を〕」という。

訳註３－１０３）Ⅱ 3cd; D sPring-yig No.4158 Ge 110b5-6; cf.No.4159 Ge『宝鬘の広釈』148b3-4; Hahn ed.1982,p.41; 和訳　瓜生津隆真『大乗仏典 14 龍樹論集』1974,p.250; 北畠利親『龍樹の政治思想』1988,p.68;
※１）割註に、「〔我〕が自性により成立したのを見ること〔と、無我〕が自性により成立したの〔を見ること〕」という。

※2）割註に、「仏世尊」という。タルマリンチェン著『宝鬘の註釈』Toh.No.5427 Ka 25a6 に、「身語意の所対治分について教誡の究竟は、大いなる牟尼により」などという。三牟尼への言及であるが、『倶舎論』AK IV 64 とその『自註釈』には、無学の身語意の業が順次、三つの牟尼とされ、勝義の牟尼は無学の意とされている。和訳　舟橋一哉『倶舎論の原典解明 業品』1987,pp.301-302; AKBh p.236; また「牟尼王」については、訳註5－91を参照。

※3）割註に次のようにいう －
　　「または、我と無我が自性により成立していると見ることは、顛倒に見ることのために、大いなる牟尼は退けられた、と『タルマリンチェン註釈』（※）に出ているようにしても、同義です。」
　　※）Toh.No.5427 Ka 25a6-b1 の取意。
アジタミトラ著『宝鬘の広釈』No.4159 Ge 148b2-3 に次のようにいう －
　　「そのように正しくは一切法は無我であるし、それを待って事物として有るのではない、と残りにより示す。その理由ゆえに、身と語と意が静寂（牟尼）であるし、正しく制御したので、大牟尼、〔すなわち〕世尊です。」

訳註3－104）D Sher-phyin No.21 Ka 145a4-5; 中村元、紀野一義『般若心経 金剛般若経』1960,pp.177-178,181; 東アジアで広く用いられる玄奘三蔵訳の『般若心経』は略本であるのに対して、チベットに伝えられた『同経』は広本である。冒頭の部分において玄奘訳「五蘊皆空」の個所は、広本には「自性空性（svabhāvaśūnyān）」となっている。
※1）割註に、「観自在菩薩は、色などの〔五蘊〕」という。

訳註3－105）I 28cd; D Sher-phyin No.13 Ka 5a5; Yuyama ed.1976,16; 拙訳『チベット語訳『宝徳蔵般若経』の和訳研究』（『法談』52,2007）p.72
※）chos rnams rang bzhin med par yongs su shes gyur pa とあるが、原典には chos kun skye med stong pa'i tshul du rab shes pa（一切法は無生、空の理趣と良く知る）とある。前者の形は、ツォンカパ著『現観荘厳論の広釈・善釈金鬘 Legs bshad gSer phreng』Toh.No.5412 Tsa 66b5-6、あるいは、Gung thang dKon mchog bstan pa'i sgron me（1762-1823）著『宝徳蔵般若経および割註 'Phags pa shes rab kyi pha rol tu phyin pa sdud pa mchan dang bcas pa』4b4 にも見られるので、この形のテキストもあったように思われる。

訳註3－106）VI 165cd; D dBu-ma No.3861 'A 212a7;『同自註釈』D No.3862 'A 308b4; La Vallée Poussin ed.p.287; 和訳　小川一乗『空性思想の研究』1976,p.308; 拙著『中観哲学の研究V』2002,p.169; 瓜生津・中沢『入中論』2012,p.247
※1）bdag gis stong lta bas とあるが、原典には bdag gi stong lta zhing とある。割註に、「二つは自性により」という。
※2）割註に、「能作の智恵それを、そのように見るし修する〔かのヨーガ行者は〕輪廻より」という。

訳註3－107）'Jam に、「第三、そのような知が唯一の寂静の門、そしてそれについて兆相を取らえることが無いし、それをも否定することはハシャンと同じであることについて、1）それが唯一の寂静の門と、2）兆相を取らえることが無いさまと、3）それを否定したことは不合理であることと〔合計〕三つ」とし、第一を二つに分けるなど、さらに細分している。cf. 野村正次郎「ツォンカパの空思想における空の形式」（『日本西蔵学会々報』47,2002）p.38
※1）割註に、「という、愚癡〔すなわち〕諦執これ」という。
※2）'dzin stangs; 割註に、「〔すなわち〕対境の取らえ方（'dzin lugs）」という。
※3）『道次第大論の表記註釈 brDa bkrol』Toh.No.6569 Ka 46b3-4 に、「drungs 'byin pa は、根を出すこと。〔すなわち〕drungs は「根」という古語です。」という。
※4）『道次第大論の表記註釈』Toh.No.6569 Ka 46b4 に、「nyag cig は、「のみ（kho na）」ということ。」という。

訳註3－108）ⅩⅡ13a（「見の否定を修習することを説示する」,v.288a）; D No.3846 Tsha 13b5; 英訳 と text.Lang Karen.,*Āryadeva on the Bodhisattva's Cultivation of Merit and Knowledge*.1983,p.427,638; Geshe Sonam Rinchen & Ruth Sonam,*YOGIC DEEDS of BODHI-SATTVAS*.1994 p.245

　　『四百論』ⅩⅡ13には、「寂静の門〔である〕無二と、悪しき〔諸々の〕見を破壊し、一切諸仏の対境になるのを無我と呼ぶべきである。」という。なお、『入中論』Ⅵ208cd-209ab（D No.3862 'A 317b4-5; La Vallée Poussin ed.pp.318-319; 和訳　小川一乗同上1976,p.339）に、大乗である無自性の広説として『二万五千頌般若波羅蜜経』の十六空性の第十四「自相空性」を解説するなかで次のようにいうが、各解脱門の包摂関係は出ていない－

　　「空性の相は認得が無いので、遠離している。無相は寂静。第三の相は苦と愚癡が無い。」

訳註3－109）D No.3865 Ya 190b7-191a4; P No.5266 Ya 215a-b; K.Suzuki ed.1994, pp. 268-271; T.Tillemans, *MATERIALS FOR THE STUDY OF ĀRYADEVA, DHARMAPĀLA AND CANDRAKĪRTI.* 1990,vol.2 pp.38-39, vol.1 pp.126-127;

無我や空性を証得する智恵以外のもの、例えば慈など四無量については、『量評釈』Ⅱ212cd-213abには、「慈しみなどは迷妄と相違することが無いから、ひどい過ちを制伏するものではない。過ちすべては、それを根本とするもの〔である〕。それもまた有身見である。」というように、煩悩やそれに基づく苦を直接的に断つことは無いとされている。慈が直接的な対治にならないことは『発智論』や『大毘婆沙論』にも遡ることが指摘されている。cf. 拙著『菩提道次第大論の研究Ⅱ』2014,p.271;

※1）割註に、「我と我所が自性により有ると貪着することなど」という。'Jam には次のようにいう－

　　「これの義（内容）は、貪などの諸煩悩もまた、無明により我だと取らえた対境を縁じてから、生ずるので、無明を退けることによりそれらを遮止したことになることを説かれた。または、諸法について諦成立だと取らえる貪が尽きてから涅槃を得るが、それが尽きるには、無自性を証得する智恵だけが必要なので、それは無二の寂静の門です。そのような解脱門が空性の証得唯一は無二の寂静の門として妥当しない。〔なぜなら、〕他の二つの解脱門もあるから、というなら、過失は無い。〔空解脱門〕これこそが中心であるから。諸法の〔自〕体について諦執の貪着を余さず尽きさせたなら、希求の果と兆相について諦成立だと認得することは生じないので、〔無相・無願の〕二つの解脱門はこれの副次的なものであるから、といって、それゆえに『菩提資糧論』というものより教を引用している。〔すなわち〕無自性であることにより空である。空であるものと、それに兆相〔すなわち〕因によりどうするのか、という。」

※2）割註に、「の対治を円満に完成させるそれ〔が〕」という。

※3）割註に、「非共通（独特）の」という。

※4）par とあるが、原典には pa'i（以外の）とある。

※5）割註に、「すべてを永久に」という。

※6）割註に、「を証得する見〔これは、寂静すなわち〕涅槃に行く〔門〕」などという。

※7）割註に次のようにいう－

　　「意味をまとめるなら、自性により無いと証得するこの見の門より入ったなら、涅槃の地に到るが、これが無くて他のどの門より入っても、それに到ることはできないから、この門は無二の寂静の門です。」

※8）割註に、「が有るのではないのか。なぜにこの見だけが涅槃の門であるかと思うなら、」という。三解脱門は、初期経典では空・無相・無願の三三昧として知られているが、般若学においては、色から一切相智の百八の項目（五十三の雑染法と五十五の清浄法）を数えるとき、清浄法のうちに、観の道として三解脱門の三昧という一部類として挙げられる。訳註2－7を参照。なお、無相に関して、兆相を取らえることは、『倶舎論』Ⅰ14において五蘊のうち「想（saṃjñā）」の定義とされており、『金剛般若経』など大乗経典に「想いを生ずべきではないこと」がたびたび説かれることにつながっている。cf. 拙著『菩提道次第大論の研究Ⅱ』2014,pp.403-404

※9）割註に、「他の門すべての基礎となっているし、〔中心〕となっているの〔です。〕」という。

※10）割註に、「自性により成立した〔我が無い〕」という。

訳註　3．空性論の真偽　　371

※１１）割註に、「〔どの〕場合〔にも、何〕の事物の果について〔希求する〕願」という。

※１２）割註に、「因について〔兆相として〕取らえるのを通じて」という。

※１３）割註に、「を証得する見」という。

※１４）割註に、「どんな法も自体の〔自性〕を正理により探求したなら、獲得すること〔が無いので〕」という。

※１５）割註に、「自体による成立について〔空である。〕一切法の自体が〔自性により〕空であるものを」という。

※１６）割註に、「〔空である〕それを証得する〔ことと、すなわち〕そのように証得しおわっても、何についても自性により成立した因だと取らえる〔兆相〕だと取らえる〔ことにより〕、その証得者にとって必要性または果の〔何を〕」という。

※１７）割註に次のようにいう －
　　「dang という声（ことば）は、一般的に区別することと包摂すること、理由など多くの意味に用いられると説明されることより、ここには、「yang もまた」という声（ことば）と同じく包摂に適用したなら、妥当すると見える。」
　　cf. 小谷信千代、ツルティム・ケサン『実践チベット語文法』1987,pp.65-66

※１８）割註に、「そのような因はありえないから。そのような証得それには、自性により成立した因の〔兆相〕として取らえること〔すべてが〕」という。

※１９）割註に、「その理趣を証得する〔賢者〕たちは、何についても希求すべき果が自体により成立したのを思い込んでから」という。

※２０）割註に、「そのような願求をすることにならない。」という。
　この引用の直前の『四百論の註釈』D No.3865 Ya 190b5-7 には次のようにいう －
　　「何らかの義（もの）において自体による成立が無い〔ところの〕それは、他の何らかの自体により成立することになる。ゆえに、事物は全面的に自相により成立していないものが、依って（※）、または取ってから、欺く自体になるものごとは、知の愚かな者の貪着の基礎になる。自性が如実に正しく見える者たちは、修習したなら、法と人（にん）との二について貪着が全く尽きるのを導くことになる。貪を全く尽きさせることが・・・（中略）・・・」
　　※）D ed.bstan nas（示して）とあるが、Tillemans ed. が採用した P ed.、N ed. の brten を採る。ここでの語義については、訳註２－２９の※１１を参照。

訳註３－１１０）大正 32 No.1660『菩提資糧論』p.532a19-20;「無自性故空　已空何作相　諸相既寂滅　智者何所願」; cf. 瓜生津隆真『ナーガールジュナ研究』1985,pp.46-47; Brjed byang（憶え書）Da 65a2-4 にこの教証の意味を次のようにいう －
　　「体が自性により空であることを、因が自性により空であるとの理由として提示した。〔「賢者はなぜ」などという〕後の二句にも類推する。〔「空」であるし（yin dang）というのは、dang の声（ことば）は区別・包摂・理由・時間・教誡の五つに用いられる内部の理由に用いられる。」

訳註３－１１１）cf. 松本史朗「ツォンカパとゲルク派」（『東洋思想第二巻　チベット』1989）p.229

※１）割註に、「自らの側から成立した」という。

※２）割註に、「論破することは不合理であるだけでなく、その対境を」という。

※３）割註に、「自性により無いことを証得する、殊勝な〔分別、すなわち〕涅槃の道の究極の根本」という。

※４）割註に、「分別である以上、否定することが必要であり、そのように」という。

※５）割註に、「の施与など善・不善の分別すべてを否定して、作意すべてを欠いた、有るのでない無いのでないという見を、軌範師カマラシーラなどが廃絶したそれこそを、もとより起こす、〔すなわち〕その理由の〔教義〕」という。これらについては、『道次第大論』大士の道次第の六波羅蜜行の序論の個所に、カマラシーラの『修習次第』を敷衍する形で詳しく出ている。cf. 拙訳『菩提道次第大論の研究Ⅱ』2014,p.64ff.

※６）『道次第大論の表記註釈 brDa bkrol』Toh.No.6569 Ka 46b4 に、「教義（gzhug）を確立した

いと欲することは、宗義（gzhug lugs）その道筋を確立したいと欲すること。」という。

訳註３－１１２）’Jam に、「１）差別法（khyad chos. 特性）三つを具えたと主張するのを否定することと、２）自己の立場〔すなわち〕差別三つを具えた自性それが空性であるであるさまと、3）法性を肯定の自在のものだと主張するのを否定することとの三つ」と分ける。さらに第一は七つに細分している。関連する内容が、ケードゥプ・ジェ著『千薬大論 sTong thun』（Toh.No.5459 Ka 63b,94a; 拙著『中観哲学の研究Ⅲ』2001,pp.149-150,199-200）にも見られる。根本裕史『ツォンカパの思想と文学－縁起讃を読む－』2016, p.73ff.,80-85 に論及されている。cf. 福田洋一「ツォンカパ中観思想における二つの自性」（『インド論理学研究』Ⅷ ,2015) p.77ff.; 小林守「自相成立と自性成立」（『印度学仏教学研究』43-1,1994) p.188

『道次第大論の表記註釈 brDa bkrol』Toh.No.6569 Ka 46b4-47a1 には次のようにいう －
「否定されるべきものの確認が過小であるのは、チベットの前代の或る人は、『根本般若』第十五章に空性の差別法（khyad chos）〔である〕自性三つを説かれたそれは、究極の否定対象だと主張するのです。その自性三つは空性の差別であるので、その空性として承認することが必要なので、その上に否定されるべきものでなくて、世俗の諸法がその自性三つとして成立しているなら、否定対象になるが、究極の否定対象ではない。それらの上にそれを否定したほどにより、自性により無いと証得する見を生ずることはできない。〔なぜなら、〕その差別三つが〔諸々の〕有為の上に成立していないことは、(47a) 自部（仏教）の毘婆沙師・経量部などによっても成立しおわったから。」

Brjed byang（憶え書）Da 65a4-b2 に次のようにいう －
「これの前分〔所破〕は、三つの差別（限定）を具えた自性それは、中観派の立場の法性より他の増益として主張すると思われる。彼がそれを法性として主張するなら、自己の立場においても、依他起があり方（yin lugs）として成立していることについて成立したのが円成実、そして円成実は依他起において所遍計だと『入中論の註釈』（※）に説かれたから、と思うなら、否定対象を確認するゆえ、倶生の諦執の思い込みの対境を確認することなので、三つの差別を具えたそのような自性を否定対象として設定しない、と言うことが必要です。前分〔所破〕は、三つの差別を具えた自性それは、所知においてありえないものだと主張する (65b) ようでも、自己の立場は法性においてそれら差別（限定）を主張なさると思われる。では、ここにおいて、三つの差別を具えた自性それは、学説論者だけにより仮設されたと説かれたことは、どのようであるかと思うなら、サーンキャ学派が根本の自性（ムーラ・プラクリティ）を主張する仕方のようなものに適用したなら、適合するのか。」
※）Kyt ed.p.302 への引用（訳註３－４５の個所）を参照。なお、ケードゥプ・ジェの『千薬大論 sTong thun』(Toh.No.5459 Ka 63a; 拙訳『中観哲学の研究Ⅲ』2001,p.149）においても、唯識派が事物すべては三つの差別を具えたそのような自性に関して理解することが、議論されている。
※１）’Jam に次のようにいう －
「否定されるべきものの確認が過小であるのを否定するこの方軌には、三つの差別を具えた自性の諸事物の上に、それとして成立した一つが出たなら、勝義を伺察する証因〔によって〕の否定されるべきものにもなる。それだと取らえることも、所遍計の諦執になる。けれども、諸法の自性または住し方の上にそれが有るので、それを否定するのです。それもまた一般的に「事物」というものには、１）効用の能力をいったのと、２）否定されるべき事物〔である〕諸法の自性を説明したのと二つに理解することが必要であるように、自性についてもまた、１）住し方それとして説かれたものと、２）色などの世俗の自性と自らの側より成立した、または否定されるべきものについて、それとして説かれたものなど多くが出ているので、状況の力により知ることが必要です。それもまた、三つの差別〔のうち〕の、１）「作為されたのではない」ということは、因縁により新たに作為されたものではないし、２）他を待っていないことは、因縁を待っていないのです。よって、自体により成立した義（もの）はそれではない。」
※２）’Jam に、「brTsan lugs の前後の者は」という。brTsan po の伝統の人たちに対する言及である。

※３）Brjed byang（憶え書）Da 65b2 に、「設定は他を待っていないもの」というのは、設定するもの（rnam par 'jog byed）について理解することが必要なので、相俟った対境〔である〕他の個別（bye brag pa）に拠っていないようなものかと観察する。」という。

『未了義と了義の弁別・善釈心髄Drang nges』の中観章（Toh.No.5396 Pha 61b5-62a1; 拙訳『中観哲学の研究Ⅱ』1998,pp.74-75）に次のようにいう－

「前に説明した諦執それは、この〔自立〕派の立場の倶生の諦執ですが、表記を知らない有情においてもそれらの名・義（もの）を適用する仕方により取らえることが無くても、義（もの）は有る。よって、諦執の対境それとして成立しているなら、究竟を伺察する正理による伺察に耐えることと、分の無い事物と、三つの差別を具えた自性などとして有ることになる、と投げかけることができるが、それらとして取らえることが諦執の義（意味）ではない。〔なぜなら、〕それらを否定しても、諦無しの義が成立しないから。」

なお、煩悩は、倶生のものと遍計されたものとに分類される。前者は、無始の輪廻における根本的なものであり、知的な営みを行う学者だけでなく人間一般やさらに他の趣の有情たちにも有る。後者は、分別構想されたものであり、知的な営為を行う者にのみある。見道において後者は断除されるが、前者はまだ残っているので、菩薩の十地など修道において所知障とともに断除される。ただしその詳細の解釈は、帰謬派と自立派により異なっている。

訳註３－１１３）ⅩⅤ 1-2（「自性の観察」）；D No.3824 Tsa 8b4-5; 三枝充悳『中論偈頌総覧』1985,pp.402-403; 和訳 奥住毅『中論註釈書の研究』1988,p.431,434; 長尾雅人『世界の名著２ 大乗仏典』1978 pp.271-274; ⅩⅤ 1-2 は、『入中論自註釈』（ad Ⅵ 181-182; La Vallée Poussin ed.p.305; Kyt ed.p.323（訳註３－１２２の個所）への引用部分を参照）にも、十六空性の第一、内空性を説く個所に引用され、ナーガールジュナが諸法の法性としての自性を承認することが説かれている。ⅩⅤ 2cd は、『入中論自註釈』（ad Ⅵ 97; La Vallée Poussin ed.p.201 ll.12-13）には、唯識派の三自性解釈を未了義とする教証の一つとして引用されているし、ⅩⅤ 2 に関する『明句』は本論 Kyt ed.pp.323-324（訳註３－１２４の個所）にも引用されている。cf.『善釈心髄Drang nges』（Toh.No.5396 Pha 101a; 片野道雄、ツルティム・ケサン『中観哲学の研究Ⅱ』1998,pp.204）；法性については、本論 Kyt ed.p.423 には、四種道理の一つ法爾道理に関する論及がある。チャンドラ著『空性七十論の註釈』D No.3867 Ya 269a4-5 には、無顛倒の力により勝義諦が設定されるとしてから、非実在により増益されない法の自性、すなわち造られていないもの、因・縁により生じさせられていないものが、述べられている。cf. 岸根敏幸『チャンドラキールティの中観思想』2001,p.116; Brjed byang（憶え書）Da 65b2ff. には、v.1-2ab について、「諸事物は自性により成立したと承認することへ侵害するものを示す」、v.2cd について、「諸法の法性について自性と設定することこそを示す」といって文字を付加して説明している。cf. 小林守「自相成立と自性成立」（『印度学仏教学研究』43-1,1994）p.188ff.

※１）割註に、「諸法の住するとおりの〔自性〕というものそれこそ〔が〕」という。

※２）割註に、「因と縁により」という。

※３）割註に、「そのような自性であることと、因・縁により造作されたことは、きわめて相違（矛盾）するので、適切でない。」という。

※４）割註に、「因・縁により造られていない、」という。

※５）割註に、「彼自らが設定するもの（'jog byed）の知〔である、他〕」という。

※６）割註に、「そのように語る者彼は、否定されるべきものを良く確認していない。例えば、瓶を確認するにあたって事物の〔自〕体を示すように、見〔にとって〕の非共通の否定されるべきものを確認するにあたって、それの能遍〔である〕三つの差別を具えた自性を取らえたから。」

※７）割註に、「そのような自性それほどを否定したことでは充分ではない。」という。

※８）割註に、「それを否定したことそれこそにより、他を否定したのを待っていなくて」という。

※９）割註に、「あなたが上に確認したそれは、否定されるべきものの一分であるから、確認が過小です。」という。cf. 根本裕史『ツォンカパの思想と文学－縁起讃を読む－』2016,p.80

※１０）割註に、「利那により滅するのを通じて、〔他〕の位に」という。

※１１）割註に、「毘婆沙師・経量部など」という。ちなみに、『倶舎論』Ⅰ５とその『自註釈』には無為の三種類（虚空・択滅・非択滅）が説かれて、それは因・縁により造作されていないものとされ、同じくⅠ７には有為としての五蘊が挙げられている。

※１２）割註に、「あなたちの確認〔それは〕、空性を証得する見の場合の〔非共通の〕」という。

※１３）割註に、「そのうち、一般的に実有論者たちは事物において自体により成立した自性が有ると承認しているのに対して、そのように事物が〔自体により〕」という。

※１４）割註に、「『根本中論般若』などと『明句』など」という。

※１５）割註に、「そのように投げかけた〔それら〕」という。

※１６）割註に次のようにいう －
「それもまた、例えば対論者が、瓶でないものを瓶であると承認しているのに対して、では、事物であることになる、と能遍〔である〕事物であることを否定したなら、所遍〔である〕瓶であることを否定したことになるのを考えて、能遍の側より「事物に帰結する」と過失を述べたものですが、所遍〔である〕瓶自体を確認するのではないように、所遍〔である〕自体により成立した自性として承認しているなら、能遍〔である〕三つの差別を具えた自性になるのをお考えになって、能遍〔である〕三つの差別を具えた自性に帰結する、といって、それの側から欲しないことが帰結するのを投げかけて、過失を述べるが、所遍〔である〕否定されるべきもの〔である〕差別それの〔自〕体を確認するわけではない、という。」

※１７）割註に、「など〔のもの、すなわち〕瓶それこそが、他と混合していなくて効用が可能なものを瓶〔その義（もの）として〕」という。通常の言い方としては、腹が丸い、脚が窪んだ塊を「瓶」と取らえる。首の瘤と喉の垂れ肉の塊を「牛」と取らえる。

※１８）これは二諦の設定方法にも関連する。訳註１－４３を参照。

※１９）割註に、「〔そ〕ような〔執〕は、学説により知を汚染されたものだけに有るし」という。

※２０）Ngag に次のようにいう －
「見を決択するなら、倶生の無明の思い込む対境を否定することを、中心に取らえてから、それの支分として所遍計の思い込みの対境を否定する、と説かれたことの意味は、所遍計の諦執はほとんど正規の諦執として来るので、それを理由に設けてから、倶生の思い込みの対境を否定する。例えば、諦が無い。正理の伺察に耐えるものとして成立していないから、というようなもの。そのようにしたなら、〔入中論〕（※）に「ゆえに縁起のこの正理により、悪しき見の網すべてを切断する。」と説かれたようなもの。」
（※）Ⅵ 115cd; 訳註３－７５を参照。

なお、無明に関しては本論 kyt ed.p.331 の記述と訳註３－１６３を参照。

※２１）割註に、「諦執と、常・一・主宰（自在）だと執らえることなどの」という。なお、このような経量部から自立論証派までが否定対象と考える我は、以下にも引用される『入中論』Ⅵ 140-141 において、遍計されたものにすぎず、人無我の否定対象として根本的ではないとされている。

※２２）長尾訳はこれを唯識派の三自性説としているが、正確でない。

※２３）割註に、「常・一・主宰として無いことが現前に見えること」という。

訳註３－１１４）訳註３－１１２に出した Brjed byang（憶え書）の記述を参照。なお、grub mtha'（siddhānta. 学説）という言葉について、ダルマミトラ著『現観荘厳論の復註・明句』D Sher-phyin No.3796 Nya 75a1-2 に次のように解説している －
「正理と教により示して自らの主張が成立した（grub pa）のは、それよりあちらにまた行きえないから、mtha'（辺際）。」

チャンキャの学説書（lCang skya grub mtha'）の冒頭にも次のようにいう －
「自らの知の側において、正しい住し方、または義（もの）の住し方は、これこそより他に無い、と正理により成立した〔分〕、または決断した分をいう。〔すなわち〕成立（grub pa）と辺際です。」

訳註３－１１５）B ed.、D ed. より Kyt ed. に lta bas（見により）としたが、割註には lta ba（見を）とある。なお、見の決択したものを修習するということは、『道次第大論』序論の「聖教すべてが教

誠として浮かぶことの偉大さ」の個所（Kyt ed.pp.15-17）に、正法は教と証得の二種類だとしてか
ら、前者により見を決択し、まさにその内容を修行して証得することが論じられている。cf. 拙訳『菩
提道次第大論の研究』2005,pp.95-97

訳註３－１１６）この用語法としては、『量評釈』PV Ⅱが参照される。『量評釈』Ⅱ（量の成就）に
おいて、教主釈迦牟尼は、無我の智恵を利他の悲のために数習する存在と考えられているが、Ⅱ 79
に、「あたかも、心に依って為されてから聞などの諸行が、心において〔或る〕時、顕わになった。
別異が無いから、そのように身体において徳性は〔現れることに〕なる。」といい、身心は単一の実
物ではないし、精神は身体に従属しているのではなく、これまでの活動に基づくことが語られている。
また Ⅱ 124-126 には、「心において悲愍などは数習したこと〔から〕生ずる。自然に起こることに
なる。火などが〔諸々の〕木と、水銀と金などのように。だから、それらから生じた。自性として生
じた徳性である。だから、各々後の努力は、〔殊勝な〕差別に為すのである。なぜなら、前の同種類
の種子からの増長を有する悲愍など知それらは、数習したなら、何に住しているのか。」といい、跳
躍のような身体的動作や水の温かさのような客来の現象のように、後での努力や不堅固な所依を待っ
ているものとは異なって、心の徳性は訓練により無限に増大しうることが言われている。

訳註３－１１７）VI 140; D No.3861 ’A 211a3-4;『同自註釈』D No.3862 ’A 301b3-4; La Vallée
Poussin ed.p.264; 次の訳註を見よ。
『自註釈』のVI 140d には、cis kyang ’byin zhes smra ba shin tu mtshar/ / (何でも破析する」と
語ることは、きわめて驚異です。）と、少し違っている。
※１）割註に、「人（プドガラ）の〔無我を〕現前に〔証得する〕と主張する〔とき〕」という。
Brjed byang（憶え書）Da 67a5-6 に次のようにいう －
　　「無我を証得するとき、常の我を断除するし」という意味は、〔ツォンカパの〕『大註釈』（※）に
　　〔外道者が遍計した〕常の我ほどを断除する、〔すなわち〕無いと見るし」というのはきわめて
　　良い。他の字の扱いは割註のようにしていい。」
　　※）Toh.No.5408 Ma 206a5; 和訳　小川一乗『空性思想の研究Ⅱ』1988,p.521
※２）割註に、「ほどが無いと見えるのを通じて」という。
※３）割註に、「常の我〔これは〕倶生の〔我執の〕所縁と形相とのどれかの〔所依としても〕」という。
※４）割註に、「常の〔我が無い〕ほど〔を〕」という。
※５）dpyis kyang ’byin zhes などとあるのは、『入中論』本頌によるものである。上に示したよう
に、『自註釈』のものとは少し表記が異なっている。割註には、「倶生の〔我見を〕根本より〔根絶す
る〕ことができる」という。『道次第大論の表記註釈 brDa bkrol』Toh.No.6569 Ka 47a1 に、「dpyis
kyang ’byin pa は、根本から抜き出す、または底から抜き出す。」という。

訳註３－１１８）ad VI 141（接続の文章）; D No.3862 ’A 301b5-6; La Vallée Poussin ed.p.264;
和訳　小川一乗『空性思想の研究』1976,p.286; 瓜生津・中沢『入中論』2012,p.233; cf. 拙著『中
観哲学の研究Ⅴ』2002,p.158;
※１）割註に、「常の我を否定したほどにより倶生の我執を断除する、という〔互いに無関係である〕
ことを語った〔義（いみ）〕」という。
※２）割註に、「無知な或る人が」という。
※３）割註に、「それを怖れて〔いながら〕いるとき」という。
※４）割註に、「他の或る人が、あなたはその蛇を怖れるな。壁穴〔ここに〕」という。
※５）割註に、「彼の怖れる〔疑い〕」という。
※６）割註に、「象はいないと語ったそのような言葉により」という。
※７）割註に、「と主張する」という。
※８）割註に、「おお、このさまが見えるとき、智恵ある賢者〔である他者の笑いもの〕処〔になる。〕」
という。
※９）『道次第大論の表記註釈 brDa bkrol』Toh.No.6569 Ka 47a1 に、「gnam po は笑い。『丁香宝

帳 *Li shi'i gur khang*』に、gnam po は「真っ直ぐ」と出ている。」という。

訳註３－１１９）VI 141; D No.3861 'A 211a4-5;『同自註釈』D No.3862 'A 301b5-6; La Vallée Poussin ed.p.264; 和訳　小川一乗同上 p.286; 拙著同上 p.158; 瓜生津ほか同上 p.233

訳註３－１２０）これは、上に出た『入中論』VI 140 の応用であり、本頌ではない。この適用の背景としては、人無我と法無我は、他の学派においては前者が粗大、後者が微細であるという差別があるが、『入中論』の立場（VI 179 とその『自註釈』を参照）においては両者は有法の違いであり、どちらも甚深な空性の区別として同等であることが指摘できる。なお、ツォンカパ著『未了義と了義の弁釈心髄 *Drang nges*』や『入中論の釈論・意趣善明 *dBu ma dGongs pa rab gsal*』に、このような偈頌の適用は見られない。

訳註３－１２１）'Jam は、「第二、自己の立場において三つの差別を具えた住し方が空性であると説明するには、十三」と細分している。根本裕史『ツォンカパの思想と文学－縁起讃を読む－』2016,pp.73-74; Brjed byang（憶え書）Da 66a3-6 に次のようにいう －
　　「『二万頌般若経』の「マイトレーヤ請問章」（※）に一切法は偶然的だと説かれたのを、作為されたもの（bcos ma）の意味だと説明したのは、名により仮設したほどの作為物ですが、法性は非作為物と説かれたのは、水の熱さのように因縁により、前に無かったのを新たに造った作為物でないとの意味なので、同じではない。芽の第一利那の以前と、それが滅した後に芽の第一利那の法性と、有法〔である〕芽の第一利那のどれも無い、と言うことが必要なので、芽の第一利那の法性それは、前に無かったのが新たに成立したのと、新たに有るのではないが、前に無かったのが新たに生じたのと、新たに造られたのでないのと、そのような法性それは前に有ったのが新たに止むことが有るが、新たに滅したものと滅したものは無いと承認したなら、容易だ。よって、法性は前に無かったのが新たに生起することが有る、と言うことは必要なのか、と思う。」
　　※）D Sher-phyin No.9 A 345a1-7, E.Conze and Iida S.ed.p.234 40ff. 和訳　袴谷憲昭「弥勒請問章和訳」（『駒澤大学仏教学部論集』6,1975）p.8; cf.『善釈心髄 *Drang nges*』（Toh. No.5396 Pha 99a; 片野道雄、ツルティム・ケサン『中観哲学の研究 II』1998,pp.196-197）
※１）Kyt ed.p.321 に引用された『根本般若』（訳註３－１１３の個所）を参照。
※２）割註に、「もしそのような自性がありうるなら、非作為のものを」という。これは実在しないものを論証式の有法に取らえることを意味する。Kyt ed.p.269 に引用された『入行論』（訳註２－２の個所）をも参照。cf. 野村正次郎「ツォンカパの空思想における否定対象とその分岐点」（『印度学仏教学研究』52-2,2004）p.183
※３）'Jam に次のようにいう －
　　「三つの差別を具えた自性それはまた、所依事〔である〕差別〔すなわち〕有為の上に否定の共（一般）として有るのです。それもまた、住し方〔である〕空性それは、自性〔すなわち〕三つの差別法（khyad chos. 特性）を具えた自性それとして有るが、自体により成立した自性としてではない。『明句』に、「三時において火において火は無錯乱」というのは、火の自性空性です。それは三時どれにおいても、自性により空であるのみです。よって、最初から有る本来の〔自〕体〔すなわち〕因縁により新たに作為されていないもの、前に無かったのが新たに生起したのではないもの、〔例えば〕水の熱さが縁〔である〕火を待ったようなものではなく、最初から他を待っていなくて、自性により空であること、〔すなわち〕こちら側とあちら側と長短など何らかの所依事を待ってから設立されたようなのではなくて、どんな所依事を待っていても、自性により空であるのを越えていないので、設定するものの因を待っていないそれが、火の自性です。火の〔自〕体として自性により空であるそれも、自体により有るのではなく、言説として無いのでもない。自体により無いそのようであっても、聞く者の恐怖を捨てるために、分別により仮設されたほどとして世俗として有る、と述べる、と説かれた。」
※４）'Jam に、「『般若波羅蜜経』に」という。
※５）割註に、「これは住する。」という。

訳註　3．空性論の真偽　　377

訳註 3－1 2 2）ad VI 181-182; D No.3862 ’A 314a5-b1; La Vallée Poussin ed.pp.305-306; 和訳
　小川一乗『空性思想の研究』1976,p.329; 瓜生津・中沢『入中論』2012,pp.257-258; cf. 拙著『中
観哲学の研究V』2002,p.178;『入中論の自註釈』では直前に『中論』ⅩⅤ 1-2 が引用されている。
それらは本論 Kyt ed.p.321（訳註 3－1 1 3の個所）を参照。
※1）割註に、「それはまさしく有ると」という。
※2）割註に、「『般若波羅蜜経』にこのように」という。『般若経』を指示しているのは、「般若学」
の影響であろうか。この偈頌に関する『入中論の自註釈』を考えるなら、『宝雲経』、あるいはそれ
により例示されるような大乗経典を出典とすべきかもしれない。「法性」という表現は『根本般若』
ⅩⅧ 7（訳註 2－8 6を参照）にも証悟の対象として出てくる。『入中論の自註釈』から幾つか用例
を挙げるなら、菩薩の因として悲の心、無二の知、菩提心の三つを挙げるⅠ 1への『自註釈』（D
No.3862 ’A 222a5-6; La Vallée Poussin p.6）に引用された『法遍行経』にも、有情たちに法性を証
悟させようと思って発心したのを菩薩の菩提心と呼ぶことが出ている。同じく、第一歓喜地の成就を
説くⅠ 5ab への『自註釈』（D No.3862 ’A 224b2-3; La Vallée Poussin p.13）に引用された『宝雲
経』にも、「信解のまた大なる者は行の法性の第一地それを得て」という。同じく、声聞にも法無我
の証悟が有ることを説くⅠ 8への『自註釈』（D No.3862 ’A 227b7; La Vallée Poussin pp.22-23）
にも、大乗においては法無我だけでなく菩薩地、波羅蜜、誓願、廻向、二資糧、菩薩の力とともに
「不可思議な法性」が説かれるという。法性はその証悟が直接的な主題となる第六地以後においても、
VI 1への『自註釈』（D No.3862 ’A 244a6; La Vallée Poussin p.73）にも、「映像と似た法性を了解
する」から第六地は「現前」と呼ばれる」などというように、証悟の対象として出てくる。また、『明
句』ad ⅩⅤ 2 など『般若灯論』『明句』で、法の自性などと説明された事例については、岸根敏幸『チャ
ンドラキールティの中観思想』2001,p.115、根本裕史『ツォンカパの思想と文学－縁起讃を読む－』
2016,pp.68-74、田村昌己「チャンドラキールティの自性理解」（『インド論理学研究』Ⅶ,2009）を
参照。「法性」は元来、初期経典において縁起の順観と逆観を説く場合に、如来が出現しても、出現
しなくても、その界は住する。すなわち、法住、法定、此縁性であるといって、縁起の真実性に関し
て述べられた。『二万五千頌』など大部の『般若経』では、如来が出現しても、出現しなくても、諸
法の法性は確立している。これは法性、法住、法定、平等性、真如、不顛倒性、無変異性などである
と述べられた。『稲竿経』など大乗経典において諸法の法性などとも表現される。後には如来蔵の存
在を示す表現形式ともなる。実践論との関連では、見道の者は、分別所起の煩悩と倶生の煩悩のうち、
見所断である前者を種子そのものから再び生じないように断じて、法性を現証している。cf. 高崎直
道『如来蔵思想Ⅰ』1988 より「法性、法界、法身、仏性」pp.38ff.; 小谷信千代『チベット倶舎学の
研究』1995,p.54; 安井広済『中観思想の研究』1961,pp.14-15 には、「相応部」（SN Ⅱ p.25）の用
例を挙げて解説している。なお、『入中論』VI 198-199 には十六空性の第十二として本性空性（prakṛ
ti-śūnyatā）が説かれている。すなわち、有為の本性は声聞、独覚、菩薩、如来により作られたもの
でなく、そのものについて空であるという。
※3）割註に、「自性」という。
※4）割註に、「必ず」という。
※5）割註に、「究極の在り方の」という。
※6）割註に、「眼など〔それらの〕」という。
※7）’Jam に、「偽りでない」という。
※8）割註に、「因縁〔を待ったことが無い〕在り方または住し方」という。
※9）割註に、「住し方それもまた〔無明の眼翳〕とその習気により汚染されていないのを通じて、
眼翳それとその習気〔を離れた〕聖者の等至の〔智〕により」という。
※10）『道次第大論の表記註釈 brDa bkrol』Toh.No.6569 Ka 47a1-2 に、「ji というのは、問いと
争論を立てることに用いられる。」という。
※11）割註に、「そのような〔法性〕または自性〔を〕」という。

訳註 3－1 2 3）cf. 福田洋一「ツォンカパ中観思想における二つの自性」（『インド論理学研究』
Ⅷ,2015）p.83

※）割註に、「内の知により仮設されたのを待っていない、自体により成立した〔自性として、他の〕有為などの〔諸法〕が成立していること〔は〕」という。

訳註３－１２４）ad ⅩⅤ 2; D No.3860 ’A 89a4-6; La Vallée Poussin ed.p.263 l.5-p.264 l.4; 和訳　奥住毅『中論註釈書の研究』1988,p.435; 長尾雅人『世界の名著２ 大乗仏典』1978 p.275; cf. ツォンカパ著『中論の釈論・正理海 rTsa she'i Ṭika chen』(Toh.No.5401 Ba 156b3-159b6; 和訳　クンチョック・シタル、奥山裕『全訳 ツォンカパ 中論註『正理の海』』2014,pp.467-473) にも詳しい論述がある。cf. 根本裕史『ツォンカパの思想と文学－縁起讃を読む－』2016,pp.68-70; 福田同上 pp.86-87
※１）割註に、「上に、火の熱さもまた、他である因縁により造られたから、火の自性ではないのを説かれてから、火の自性こそを確認するために、この教を説かれたのです。」という。
※２）割註に、「それもまた、過去と未来と現在の」という。
※３）割註に、「〔無錯乱〕に住するし、火の〔本来、すなわち〕火の基体または本質に住する〔体〕」という。『道次第大論の表記註釈 brDa bkrol』Toh.No.6569 Ka 47a2 に、「gnyug ma は、所依事と本性と原初に用いられる。」という。Brjed byang（憶え書）Da 66a2-3 に次のようにいう －
　　「一般的に火の過去の時と火の未来の時に火と熱さはどちらも無いが、『明句』の意味は、三時のどれにも火の有る地に熱さも必ず有るので、「火について無錯乱」という。
※４）割註に、「因縁により」という。
※５）割註に、「新たに他により〔生起する〕ようされた作為されたもの〔ではないもの〕」という。
Brjed byang（憶え書）Da 66a6-67a5 に次のようにいう －
　　「『明句』に「前に（66b）生起しなかったのより後で生起するのではないもの」というのは、有為に関してなので、相違（矛盾）しないさまは知りやすい。縁起（rten cing 'brel bar 'byung ba）の意味について説明する仕方は二つあるうち、１）因縁に依ってから生起するものはほとんど有為の縁起について適用するのと、２）〔『根本般若』（※１）に〕「作者が業に依ったし、業もまたまさにその作者にこそ依って生起する以外に、成立する因は見られない。」というのなど、業と作者と所量・能量のような互いに依って成立するものごとを生起の意味として説かれたようなら、所知すべては縁起だと設立していいことが、『根本般若の大註釈 rTsa she'i Ṭika chen』（※２）に説かれた。『経 mDo』に「縁起する」というのと「縁起した」いうのを説かれた意味は、『倶舎論 mDzod』（※３）に「ここにおいて生起するものが因である。生起したものが果であると主張する」といって、生起するのを因、そして生起したのを果に適用したのも、有為〔である〕縁起に関して。〔ナーガールジュナの〕『宝鬘 Rin chen phreng ba』（※４）に「これが有ることにより、これが生起する。例えば長いが有るなら、短いのように。」といって、互いに相待った成立の喩えと、これが生じたことによりこれが生ずる喩えとして、「灯火が生起したことによりこれのように。」といって因縁に依った相待った成立の喩え、〔すなわち〕設定の仕方二つを説かれた。法性もまた、自らの仮設の所依事を待ってから成立したのであるから、待った成立であるのを基礎に有するが、ここには、待ったことが無いと説かれたのは、肘一杯の縄それは長いと設定するのは、〔親指から中指尖端までの〕磔手のようなものを待ってから設定するが、そのよう（67a）ものを待っていないで一方的に長いと決定するのではない。〔四肘の〕一尋一杯を待ったなら、短くなるから。諦無しを火の自性として設定するのは、他の法を待ったそのようなところを待ってからではなく、ひとえに火の自性であると成立した意味として『千葉 sTong thun』（※５）に説かれた。『明句』（※６）に「因と縁を待ったものと認得される」と説かれたことは、〔ツォンカパの〕『根本般若』、『入中論』の『大註釈』二つにも祖述なさったし、ここには他を待ったのは、「因・縁を待った」というのと、『明句』（※７）に「何かの他に拠ったものであるそれは、それの我所ではない。例えば一時的な借り物が自在が無いようなもの。」といって借り物のような他に拠ったものは、自性として設立すべき我所ではないのを説かれたし、「こちら側とあちら側、または長いと短いのように」といって喩例を提示したことなどを量ったなら、他を待ったことが無いものである、という意味は、因・縁を待ったことが無いのと『千葉』のお言葉のとおりに、個別の待ったところを待って、自性として設定したほどよりひとえに自性として設定できないわ

けではない。二つの註釈の仕方が必要かと伺察する。」

※１）Ⅷ 12; 訳註５－９４を参照。

※２）cf.Toh.No.5401 Ba 11a6-b1; 和訳　クンチョック・シタルほか同上 2014,p.26; 訳註５－
９４を参照。これらについては、白館戒雲「縁起に関する考察 －チベット撰述の文献から」（『仏
教学セミナー』84,2006）において分析した。瓜生津隆真『ナーガールジュナ研究』1985,p.177
には、『根本般若中論』ⅩⅩⅤ９（訳註２－２９の※１１を参照）への『明句』での二種類の縁
起を意味する用例が指摘されている。根本裕史『ツォンカパの思想と文学－縁起讃を読む－』
2016,p.38 には広汎な分析がある。cf. 小林守「自相成立と自性成立」（『印度学仏教学研究』43-
1,1994）p.189

※３）Ⅲ 28ab（D No.4090 Ku 128a1）和訳　山口益・舟橋一哉『倶舎論の原典解明 世間品』
1955,p.194

※４）Ⅰ 48; 和訳　瓜生津隆真『大乗仏典 14 龍樹論集』1974 p.241

※５）Toh.No.5459 Ka 64a; 拙著『中観哲学の研究Ⅲ』2001,p.150

※６）D No.3860 ’A 88a5-6; 原典より和訳した。

※７）D No.3860 ’A 89a3;

※６）割註に、「これは前者の喩例」という。また、「前に無く、火を掲げたことにより新たに造られ
たようなもの」ともいう。

※７）割註に、「二つは互いに一つずつ待っているさま」という。

※８）割註に、「オームの印をもったこの二つの後者の喩例」という。割註のなかでの記号付けへの
言及である。

※９）割註に、「二つも上のそのように待っているさま」という。

※１０）割註に、「という義（もの）〔であると〕」という。なお直後の『明句』においてこの語の同
義語として本性、空性、無自性、真如などが挙げられている。

※１１）割註に、「作為物でないし、待ったものでない」という。

※１２）割註に、「自性」という。

※１３）割註に、「全く」という。

※１４）割註に、「この義（もの）を示すとき」という。

※１５）割註に、「自性と法性という言説〔すなわち〕前に無かったものを偶然的に適用したし、〔増
益してから〕言説〔すなわち世俗〕それの体性〔として〕」という。なお、『入中論の自註釈』（ad Ⅵ
80; D No.3862 ’A 275b1-2; La Vallée Poussin ed.pp.103-104; 和訳　小川一乗『空性思想の研究』
1976,p.201）に引用された『三昧王経』にも「字音の無い法について聞くことと説くことにならな
いが、増益したことにより、それでも聞くし説くのです。」という。

訳註３－１２５）

※１）割註に、「軌範師自身は」という。

※２）割註に、「自性それだけでなく」という。

※３）「梵行」といっても、必ずしも声聞乗への言及ではない。『入中論の自註釈』の当該個所（ad
Ⅵ 181-182; D No.3862 ’A 314b1ff.）には、諸菩薩は波羅蜜の道を修習するし、法性を証得せんが
ために百の難行を行うこと、諸菩薩は髪と髭を剃って剃って袈裟を着け、正信をもって出家すること、
如来が出現し、諸菩薩が勝義に善巧になることを説いている。愚者の認識ではなく聖者の道が必要な
ことについては、Kyt ed.p.270 に引用された『三昧王経』（訳註２－９の個所）、訳註３－１９に出
した『入中論』Ⅵ 30 をも参照。

訳註３－１２６）ad Ⅵ 181-182; D No.3862 ’A 315a2-3; La Vallée Poussin ed.p.308 ll.6-8; 和
訳　小川一乗『空性思想の研究』1976,p.331; 瓜生津・中沢『入中論』2012,p.259; 否定されるべき
自相による成立と、肯定されるべき自相については、訳註３－２７を参照。

※１）割註に、「の人（プドガラ）」という。

※２）割註に、「自他または論者と後論者」という。

※3）Brjed byang（憶え書）Da 67b1-4 に次のようにいう —
「意味は、法性の自性これは軌範師が承認なさったのみに尽きないで、対論者〔である〕他の実有論者にもこの義（もの）を承認させることができるので、この自性は、争論の最後に自他両者において量により成立したものとして設立された、ということです。これは中観派が後論者〔である〕実有論者に対して争論した最後に、後論者の相続に無自性を証得する量を生じさせることができるという意味。」

※4）割註に、「滅諦〔である〕勝義それがありえないから。」という。

訳註3－127）『入中論』V 1（第五難勝地）に、「静慮が勝れるし、善い知が諦の微細な自性を証得することについても、きわめて善巧を得るものであると知るべきである。」といい、その『自註釈』（D No.3862 'A 242b7-243b1; La Vallée Poussin ed.pp.70-71）には、第五地の菩薩が四聖諦と二諦に善巧であることが説かれている。そのうち、四聖諦に関して、滅諦は勝義諦、他の三は世俗諦とされている。初期または部派の仏教における諦の考え方については、上野牧生「仏教徒にとって satya はいくつあるか－『釈軌論』と『順正理論』の観点から－」（『仏教学セミナー』99,2014）を参照。ツォンカパ著『入中論の釈論・意趣善明 dBu ma dgongs pa rab gsal』（Toh.No.5408 Ma 62a5-b2; cf. 拙著『中観哲学の研究V』2002,pp.71-72）に次のようにいう —
「『六十頌如理論の註釈』（※1）にもまた、涅槃は勝義諦、そして他の三諦は世俗諦として説かれた。涅槃は滅諦です。さらにまた『六十頌如理論の註釈』（※2）に、滅諦を現前に知ることを教主は承認なさったが、実有論者は、現量は事物の自相の対境を有するものと主張するのに対して、それは適切でないことと、自己の立場において滅を現前に知るのは、無漏の等至の智慧により、真実の義を証得する上から立証したので、滅諦は世俗諦であるなら、それら設定は不適切であるし、涅槃を現証したときも、真実の義を現前に証得することが必要なことを、多くの努力をもって立証したので、滅諦は世俗諦だと語るものは、考究していないのです。（※3）」
※1）cf.D No.3864 Ya 7b4-7,22a7-b1; 和訳　瓜生津隆真『大乗仏典 14 龍樹論集』1974,pp.23-24, p.64; ad.v.5,v.35
※2）cf.D No.3864 Ya 9a1ff.; 和訳　瓜生津隆真同上 1974,pp.27-28; ad.v.8
※3）涅槃が唯一の勝義諦であることについては、訳註5－68を参照。なお、瓜生津隆真『ナーガールジュナ研究』1985,p.107 note31 には、このような所説は『中部経典』140「界分別経」などに説かれたこと、『明句』の二個所（La Vallée Poussin ed.p.41,237）に引用されたことを指摘する。また、四諦のうちでも偽りでない滅諦が唯一の諦であることは『勝鬘経』（cf. 高崎直道『大乗仏典 12 如来蔵系経典』1975,p.111）や、『宝性論』に引用された『無尽意所説経』（cf. 高崎直道『宝性論』1989,p.97）にも説かれるし、中観のうち学派の帰属が不明瞭なアティシャも『道灯論自註釈』（D No.3948 Khi 283b2; 和訳　望月海慧『全訳 アティシャ 菩提道灯論』2015,p.139）に、『菩薩蔵経』より「諦は一つ。すなわち滅です。」という教証を引用している。

訳註3－128）ad v.5cd; D No.3864 Ya 7b5-7; Scherrer-Schaub ed.1991,p.36; 和訳　瓜生津隆真『大乗仏典 14 龍樹論集』1974,pp.23-24; ケードゥプ・ジェ著『千葉 sTong thun』（Toh.No.5459 Ka 214b-215a; 拙訳『中観哲学の研究IV』2003,pp.206-209,p.354）を参照。
　また、『六十頌如理論』v.2 には、「過失すべてが生起する依処〔である〕無いことを退けおわって、何か正理により有ることをも退けることになる。聞きなさい。」といって、有と無の両極端の否定する。それに関する『同註釈』D No.3864 Ya 4b4-5; Scherrer-Schaub ed.1991,pp.26-27; 和訳　瓜生津隆真同上 1974.p.14 には、次のような教証も示されている —
「有ることを退けるのは、「比丘たちよ、すなわち、欺かない法（属性）を有する涅槃これが、最高の唯一の諦です。一切諸行は欺く法（属性）を有するものです（※）。ああ、諸行は無常である」ということなどを説明したとき、世尊により説かれた。」
※）同様な教証がチャンドラ著『空性七十論の註釈』（D No.3867 Ya 321a7-b1）にも引用されている。さらにこのような教証については訳註3－23を参照。
なお、ツォンカパの著作をタルマリンチェンが記録した著作として、『六十頌如理論の憶え書・尊

者〔ツォンカパ〕のお言葉どおりにギャルツァプ法主が提示したもの *Rigs pa drug cu pa'i zin bris r.Je'i gsung bzhin rGyal tshab chos rjes bkod pa*」Toh.No.5444 Ca 1-11 がある。また、タルマリンチェンの著作として、『六十頌如理論の註釈*Rigs pa drug cu pa'i Ṭikka*』No.5443 Ca 1-36 がある。

訳註３－１２９）cf. 福田洋一「ツォンカパ中観思想における二つの自性」(『インド論理学研究』Ⅷ,2015) pp.84-85
※１）割註に、「その二つにより設立されたこと、勝義それは、自体により成立したものになっていないので、勝義それこそは」という。
※２）割註に、「または、後で偶然的に生ずる」という。
※３）割註に、「法性について自性としたそれと、自体により成立した自性、」という。
※４）割註に、「色などに住することほどにより、法性の自性は見えないし、そのように見えないから、」という。
※５）Brjed byang（憶え書）Da 67a6-b1 に、直後の『入中論の註釈』を参照して次のようにいう ―
 「「偶然的に自性を承認した」という偶然的は、声・分別 (67b) により仮設されたほど。〔すなわち〕『入中論の註釈』に「偶然的に作為されたものでないのと」などというのと、その派生として「私は世俗諦を待って」といって言説ほどとして設定されたことを説かれたのと同じ意味です。」

訳註３－１３０）ad Ⅵ 181-182; D No.3862 'A 314b5-315a2; La Vallée Poussin ed.p.307 l.9-p.308 l.5; 和訳 小川一乗『空性思想の研究』1976,p.330; 瓜生津・中沢『入中論』2012,p.258
※１）割註に、「これについて初めに他者が論難する言葉を語ったのは、」という。
※２）割註に、「〔ああ (kye ma)〕というのは、多くの意味に用いられるうち、ここには叱責の声（ことば）です。」という。さらに、ma la について「〔すなわち〕本来、またはもとよりという、〔学者でない〕ふつうの者たちも、「本来合っていない。根本よりいけなかった」と言うのと、「もとよりいけなかった」と言うようなもの。」という。
※３）割註に、「自性により成立した」という。『道次第大論の表記註釈 *brDa bkrol*』Toh.No.6569 Ka 47a2-3 に、「ma la は、もとより、または元来、という。〔すなわち〕もとより無作為であることと、根本からと髄 (rkyang) より、ということなどの意味に説明されている。古語には、ああ (kye ma)、または、おお (kye hud)、とも出ている。」という。
※４）割註に、「また〔偶然的に〕言説として」という。
※５）割註に、「し、無関係の」という。
※６）割註に、「そのように語る者」という。
※７）『入中論の自註釈』において論書 (bstan bcos) は『根本中論』を意味している。
※８）割註に、「論書にそのように説かれたこと〔これの〕」という。
※９）割註に、「因・縁により造られた」という。
※１０）割註に、「〔異生〕も、現前に証得することができるのを通じて」という。幼稚な者と異生の区別について、カマラシーラ著『金剛般若経の註釈』D Sher-phyin No.3817 Ma 257b6-258a1 には、異生についても無我を信解し諦執しない者たちを除外するためだという。
※１１）割註に、「〔体〕これこそが、眼など〔それらの〕究極の〔自性〕であるならば」という。
※１２）割註に、「〔すなわち〕錯乱した者〔も〕現前に〔証得する〕ことが可能である〔から〕」という。
※１３）割註に、「自性それが現前に見えるために、道を修習することと」という。
※１４）割註に、「そのような眼などの体〔これこそは〕それらの究極の〔自性ではないから〕」という。
※１５）割註に、「究極の自性〔それを〕」という。
※１６）割註に、「道を修習することと」
※１７）割註に、「があることと、果が〔あることに〕」という。
※１８）'Jam に、「三つの差別を具えたものとして言説として有るさまは、」という。
※１９）割註に、「究極の自性〔それもまた〕、軌範師チャンドラキールティ〔私は〕」という。
※２０）割註に、「偶然的な言説それ〔を待ってから〕」という。
※２１）割註に、「かつて無かったのが新たに生起した〔作為されたものでないものと、他〕である因・

縁〔を待っていないものと〕」という。

※２２）割註に、「体〔それこそが、究極の〕自性であるのが」という。

※２３）割註に、「〔勝義〕、それこそは自相により成立した〔事物〕」という。'Jam に「〔事物すなわち〕諦成立〔ではない〕」という。

※２４）割註に、「全く無い〔無事物でもない〕」という。

※２５）割註に、「勝義〔それは〕戯論すべてが〔自性により〕」という。

※２６）zhi ba nyid yin pa'i とあるが、原典には zhi ba nyid kyi とある。

訳註３－１３１）『根本中論』に「戯論」(spros pa, skt.prapañca) は、帰敬偈、ⅩⅠ６、ⅩⅧ５、ⅩⅧ９、ⅩⅩⅡ15、ⅩⅩⅤ24 に用いられる。それらの用例については、丹治昭義『沈黙と教説　中観思想研究Ⅰ』1988,p.85-86 を参照。

※１）Kyt ed.283 の、事物は自体により成立した自性をいうのと効用の能力との二つだと説明された個所を参照。

※２）割註に、「〔自体により有ること〕を事物が有ること〔と〕、体が〔全く無いこと〕を事物が無いこととすることが必要〔です〕。」という。

※３）割註に、「異生（凡夫）の位〔である〕見を決択するこの時において」という。

※４）割註に、「差別所依事〔である〕色などと、差別法〔である〕空性〔その両者が〕」という。

※５）Brjed byang（憶え書）Da 69a4-5 に次のようにいう －
「意味は、正理知〔である〕比量の側に差別所依事（基体）・差別法（特性）が有るとの意味に理解すべきではない。正理知〔である〕比量の決定の側はむろん現れの側にも否定対象〔である〕諦成立を否定したほどより他の否定と肯定のどれも設立しえないから。」

※６）割註に、「それに、自性により無いながらに、それとして現れる二の現れが有って、」という。

Brjed byang（憶え書）Da 67b4-68a2,68a4-b3,68b6-69a3,69b1-3 に次のようにいう －
「意味は、『道次第小論 Lam rim chung ba』に、勝義について対境・有境の二のうち、有境〔である〕無分別智により空性を見られる側に諦と二の現れの戯論すべてを断ずることができるので、勝義そのもの、そして正理知〔である〕比量のような有分別により自らの対境に諦の戯論を否定できるが、二の現れの戯論を断ずることができないので、出世間の勝義と随順すると説かれたことの派生として、(※１)「〔対境の〕空性それは無分別の正理知の側に、二の戯論ともを離れた勝義そのものであり、有分別の正理知の側に戯論（68a）を一分ほど離れていたので、二の戯論ともに離れた勝義そのものではないが、一般的に「勝義諦そのものでない」と言うのではない。」というように、空性それは正理知〔である〕比量の側に戯論の一分ほどより戯論すべてを離れたのではないゆえ、二の戯論ともも離れた勝義と随順したものなので、仮設のものだと説明したほど以外、それは勝義諦そのものではないと示すわけではない、ということです。(以下、中略)」

「よって、『道次第大論』の意味を註釈するためにそのように説明したのは、有境二つにより見るさまの差別ほどより他の区別を分けることは難しいのかと思うなら、『道次第小論』(※２) に「或る知の側において二の現れの戯論すべてを離れたもの以外は、その諦空が現れの戯論すべてを離れていることはありえないので、勝義諦であるのなら、二の現れの戯論すべてを離れている必要があることは、本文の意味ではない。」というように、法性それは等至〔である〕智慧のようなものの側に、二の現れの戯論すべてを(68b)離れたこと以外、戯論すべてを離れた法性はありえないのを説かれたことと、『根本般若の大註釈 rTsa she'i Ṭīka chen』(※３) に「それを越えたさまは、真実を現前に見られる側に、二の現れの戯論すべてが没することをいうべきだが、現れの戯論が無いことをいうべきではない。さもないと、法性と有法とが現れる二の戯論は全く関係しないので、勝義諦はありえないことになるからです。」といって、『中観荘厳論 dBu ma rgyan』と『中観光明論 sNang ba』に勝義そのものは戯論すべてを越えたと説明した意味は、等至の側に二の現れが没する意味としたならいい（中略）」

「この本文に、正理知〔である〕比量の側に差別所依事（基体）・差別法（特性）などの二の現れが止滅しないことにより、その得た義（もの）〔である〕空性それは、仮設された勝義諦だと説かれたことと、勝義(69b)諦は戯論すべてが止滅したほどを設定すると説明したことなど、

説かれたとおりに註釈しなかった理由は、『道次第小論』（※４）に「この方法により、『道次第広論』にこれらの設定を説明したのもまた、細かく知るべきです。」と説かれたことに拠ったさまを知るべきです。『中観荘厳論』などに勝義そのものと随順するものを説かれた意味は順次に、諦を否定したほどの「無しの否定」と、現れ・空の集積が幻術のようなものに適用してから説明してもいいさまを上に提示しおわったとおりです。」

「『根本般若の大註釈』（※５）に、正理知により自性による成立が無いと執らえるほど以外、無自性が有るような他のどの法とも執らえないし、そのように執らえるなら、他の法を正理知の対境に投じたので、所量は「～でない否定（定立的否定）」になることを説かれたので、それにより否定対象を断じたほどより他の「～でない否定」などを証得するなら、否定対象を否定した代わりに他の法を投じたので、得た義（もの）は「無しの否定（非定立的否定）」（※６）でなくなるゆえ、義共（don spyi. 一般的イメージ）を正理知の直接的証得、間接的証得のどれに設定しても疑いが大きいと見える。（※７）」

※１）、※２）Toh.No.5393 Pha 188a3-4,5-6; ツルティム・ケサン、高田順仁『中観哲学の研究 I 』1996,pp.122-125; 訳註３－２３７をも参照。

※３）Toh.No.5401 Ba 245a2-3; 和訳　クンチョック・シタル、奥山裕『全訳 ツォンカパ 中論註『正理の海』』2014,p.739; ad XXIV 8

※４）Toh.No.5393 Pha 188b;

※５）cf.Toh.No.5401 Ba 26b6-27a2; 和訳　クンチョック・シタル他同上 2014,p.59

※６）これら二種類の否定については訳註１－３３の※１１を参照。

※７）Da 69b5ff. には、『道次第小論 *Lam rim chung ba*』（Toh.No.5393 Pha 188a）と『千薬 *sTong thun*』（Toh.No.5459 Ka 219b; 拙訳 『中観哲学の研究Ⅳ』2003,p.213）の、有分別の正理知の側に二の現れの戯論を断ずることはできないと説かれた意味は、その比量に義共（don spyi. 概念的イメージ）が浮かんだのを理解するべきか。義共がその二つの有法だから、という。さらに『入中論の大註釈 *'Jug pa'i Ṭīka chen mo*』（Toh.No.5408 Ma 164a5; 和訳　小川一乗『空性思想の研究Ⅱ』1988,p.472）の、「何かの知識において何かの形相が現れる現れすべてが、その知識の対境〔である〕現前であるなら、現れ〔である〕楽はその知識において顕わになったものであるし、それもまたそれについて欺かない知識であるなら、世間において欺かない知識について、量として知られているので、量になるものが来る。」にも論及している。Da 70a-b には、智恵による対境の証得ということに関して、心所の議論もされている。

※７）割註に、「知の側がその現れを有する〔空性それは〕非異門の〔仮設された勝義諦に〕」という。rnam grangs ma yin pa'i（非異門の）とある。『道次第小論』（Toh.No.5393 Pha 187a-b; 拙訳『中観哲学の研究 I 』pp.120-122）には、まず批判対象の考え方として、異門の勝義諦は仮の勝義諦であり、非異門の勝義諦はいかなる知恵の対境にもできないことが挙げられている。

※８）割註に、「けれども、その知の決定の側の空性と、現れの側の空性との二つは差別（ちがい）がきわめて大きいし、それの決定の側の空性が空性そのものです。」という。Ngag には次のようにいう —

「そのように色などが自性により空である空性は、色などの上に差別法（khyad chos. 特性）として有るが、そのような差別所依事（khyad gzhi. 基体）は、差別法（特性）の集積した義（もの）。例えば、芽と芽の諦無しとの集積した義（もの）それは、芽は無我だと証得する正理知〔である〕比量の側に有るし、そのような二の現れが止滅していないので、それの側には、空性〔である〕仮設された勝義諦、そして、芽が無我だと現前に証得する聖者の等至の側には、そのような二の現れそれが止滅したので、その二つは差別所依事（基体）・差別法（特性）として設定することも、その知の側では妥当しないので、他の知により設定することが必要である、と説かれた。

これの義（内容）について、『道次第小論 *Lam rim chung ba*』（※）に、勝義それは〔自〕体を通じて差別（ちがい）が無いが、対境の側から自体として成立した否定対象の戯論すべてが寂静であることと、二の現れの戯論すべてが寂静であることとの二つの差別法（特性）を具えたものが必要であるし、それもまた、芽の諦無しそれを証得する聖者の等至の側にはその両者であっても、芽は無我だと証得する正理知〔である〕比量の側には、二の現れの戯論が止滅しないので、

それの側に否定対象の戯論が寂静である真如であっても、二の現れが寂静である真如ではないので、その分よりそれの側には仮設された勝義諦ですが、一般的にそれはそれの側に仮設された勝義諦ではないことを説かれたが、これにより、『道次第大論』においてもまた寂静分を唱えることが必要である、と仰った。」

※）cf.Toh.No.5393 Pha 187b-188a; ツルティム・ケサン、高田順仁『中観哲学の研究Ｉ』1996,pp.122-125; 拙訳『悟りへの階梯』2014, 改訂新版 pp.303-304

※９）割註に、「法性を現前に証得するその知により、設立しえないので、」という。

※１０）割註に、「否定されるべきもの」という。

※１１）Brjed byang（憶え書）Da 71b2-3 に、この段落のここまでについて次のようにいう －
「「そのようならば、勝義諦は」というのから「戯論すべてもまた止滅したことほどについて設立されるから」というのも、『道次第小論』を引用したように、勝義諦それは等至の側に戯論すべてを離れたとの意味として理解することが必要です。」

訳註３－１３２）ad ⅩⅤ 2; D No.3860 'A 89b3-4; La Vallée Poussin ed.p.265 ll.3-4; 和訳 奥住毅『中論註釈書の研究』1988,p.437; 長尾雅人『世界の名著２ 大乗仏典』1978 p.276; Brjed byang（憶え書）Da 70b3ff. には、『明句』の意味を註釈するために、『根本般若の大註釈』（cf.H ed.Toh.No.5401 Ba 28a1-5; 和訳 クンチョック・シタル、奥山裕『全訳 ツォンカパ 中論註『正理の海』』2014,p.61）の、現れは知識において顕わになったとの所説を解説している。なお、『入中論』ⅤⅠ 29（D No.3862 'A 255a7-b1; La Vallée Poussin ed.p.109; 和訳 小川一乗『空性思想の研究』1976,p.101）にも、「眼翳の力により毛髪などの誤った体が何か分別されたそれこそが、浄らかな眼により何かの自体としても見られる。同じく真実をここに知るべきである。」という。

※１）Ngag に、「諸事物が無明の眼翳の力により認得されるということが、無明の眼翳の力により認得される諸事物、という。」という。

※２）Ngag に次のようにいう －
「〔これ〕のような多くの種類が出ている義（意味）は、有学道において無明の眼翳により汚染されていない智は、聖者の無漏の等至以外は無いので、色など〔諸々の〕世俗は、設定するもの〔である〕言説の知識には無明の汚染が有るのを意趣なさってからも、〔諸々の〕世俗について、無明により設立された、というのと、無明により生じさせられたのと、それにより認得される、ということも、多くの個所に説かれた。」

※３）割註に、「色などの〔事物の〕本体（我）または体が二つ有るうち、その事物の〔形相が〕」という。

※４）割註に、「自体により成立していると現れるし〔認得される〕ものである偽りの本体（我）または体それを通じて、対境にならないので、偽りの本体（我）または体〔を見ない〕」という。なお、「有法を見ないことが法性を見ることである」といった教説については、『入中論の自註釈』（ad ⅤⅠ 116; D 'A 291a6-7; La Vallée Poussin ed.pp.229-230）に、「ヨーガ行者〔すなわち〕聖者の道を現前になさったので、見ない方軌により真実を見られる者たちは、どんな法についても事物を塵ほども認得しないし」などという。cf.ツォンカパ著『道次第小論』「観の章」(Toh.No.5393 Pha 183bff.; ツルティム・ケサン、高田順仁『中観哲学の研究Ｉ』1996,p.108ff.)、ガムポパ著『解脱荘厳』（拙訳『解脱の宝飾』2005,pp.248-249）

※５）Brjed byang（憶え書）Da 71b4-6 に次のようにいう －
「『明句』に「事物の形相が無明の眼翳の力により認得される」などという意味は、〔ツォンカパの〕『大註釈 Ṭika chen』（※）に「無明の眼翳の力によるこれら認得が真実として有るなら、聖者の無漏の等至の智慧により認得されることが必要なことより、それらは何も見られない方軌により、我の真実それはその智慧の対境になる。その智慧により諸事物の真実を証得するから、そして、これら事物は真実として成立していないことそれこそがそれらの真実であるから、そして、否定対象が有るなら、認得しうることより認得されないことにより否定対象を否定したのを証得すると設定するから。」というように理解することが必要です。」

※）Toh.No.5401 Ba 159a3-5; 和訳 クンチョック・シタル、奥山裕『全訳 ツォンカパ 中論註『正理の海』』2014,p.472

訳註　3.空性論の真偽　　　385

※６）割註に、「または自性または体」という。

※７）割註に、「とその習気のどれかにより汚染されていないし、それを〔離れた者たちの〕等至の〔対境に〕」という。

※８）割註に、「事物〔それらの〕究極の〔自性〕」という。

※９）割註に、「色など〔諸事物の〕在り方の究極の〔自性になった〕、自性により〔生が無いこと〕」という。

※１０）割註に、「〔無生〕の空性〔すなわち〕二つの戯論すべてを離れた等至において、浮かんだとおりの〔それ〕」という。Brjed byang（憶え書）Da 71b6-72a2 にはこの教証への文字の加えたものを次のようにいう　―

　　「諸法の自性〔である〕自相により生が無いことそれもまた、仮設された義（もの）を探求したなら、何とも成立したものではないことにより、自性により成立した事物が無いことほどなので、正理の伺察に耐える体は無いから、自性により成立した事物の自性として有るのではない、ということです。割註に他に註釈する理由を伺察する。チョナンパが空色（※）それは住し方を証得する知の決定境だと主張するようなので、自己の立場の甚深・明瞭無二と同じでないと思う。」

　　※）stong gzugs は、『時輪タントラ』などに見られる用語法である。

※１１）割註に、「それに浮かんだように、他において仮設されたのと表詮と喩例と論証因により直接的に立証しえないので、」という。

※１２）割註に、「色などとして現れるような事物が止滅するのを通じて」という。

※１３）割註に、「等至それの側に〔体が〕取らえるべく〔ないから〕」という。

※１４）割註に、「事物の自性はそのように住するが、自性それは色などの〔事物の自性として〕、〔すなわち〕事物〔である〕所依と、自性〔である〕能依との方軌として、等至の側に〔有るわけではない。〕」という。

訳註３－１３３）'Jam は、「第三、法性が肯定の自在だと主張するのを否定することには、三」と分けている。「肯定の自在 sgrub pa rang dbang ba」は、如来蔵実在論の文脈においてチョナン派（割註にも言及されている）の主張に見られる表現である。cf. ケードゥプ・ジェ著『千薬大論 sTong thun chen mo』Toh.No.5459 Ka 197b5; 拙訳『中観哲学の研究Ⅳ』2004,p.183

※１）'Jam に、「チョナン派（Jo nang pa)が『時輪〔タントラ〕』と『宝性論』の典拠とする領域(khul？)の」という。他の割註に、「チベットの賢者を自称する者」という。

※２）割註に、「実物個々、混合していないものが、知に浮かんだ〔ように〕、勝義としての〔あり方〕」という。

※３）割註に、「それ自らの体が、他と混合していなくて対境の上から他を待ったこと無く」という。

※４）割註に、「『時輪〔タントラ〕』とアサンガの立場の」という。

※５）割註に、「ナーガールジュナとハリバドラなどは、」という。

※６）'Jam に拠る。

※７）割註に、「〔すなわち〕邪な、または誤った」といい、それについて、「これは正しい見の反対分、見を誤る処、または邪見になったという意味。例えば、道を誤る処に到ったなら、道を誤った処に到ったし、道の岐路に到った、と言うようなもの。」などという。

※８）'Jam に、「それは〔仏教〕自派の立場ほどでもないさまは、」という。

※９）割註に、「蘊など外・内のこれら諸法であるので、その所依事は自性により成立していると取らえたことに依ってから、その所依事が自性により無いながらに、それだと現れるので、欺かれた。貪により輪廻に繋縛する理由それにより」という。

※１０）割註に、「証得することこそにより、繋縛それを断ずることが必要であるのに、それをそのように」という。

※１１）割註に、「そのような繋縛〔である〕我執〔それが〕」という。

※１２）割註に、「の対境と方向のどこにも無い、その我執と〔無関係である〕」という。

※１３）割註に、「〔すなわち〕どの所依事とも関係しなくて、自在に成立した義（もの）」という。

※１４）割註に、「他の人たちが、あなたのその苦は、」

※１５）割註に、「〔すなわち〕損なうこと、または劣化させるものと破滅〔すべての〕」という。

※１６）'dzin stangs; 割註に、「取らえるさま ('dzin tshul) または取らえ方 ('dzin lugs) の対境〔を〕」という。

※１７）割註に、「誤らない〔方便〕に勤めるべきです。その方便もまた」という。

※１８）割註に、「それらの義（内容）を知り、修習して、」という。

※１９）割註に、「以上の否定対象について他者による誤解を否定する仕方です。」

訳註３－１３４）'Jam には、「１）否定されるべきものを一般的に示すことと、２）正理の否定されるべきものの主要なものの差別、３）分別である思い込みの対境を否定するのは道理でないこと」という三項目を立てて、さらにその第一には、１）否定されるべきものは二つと示すことと、２）正理の否定されるべきものを個別に説明すること、という二項目を立てている。『入中論の註釈・意趣善明』における否定対象の同義語、あるいは、帰謬派以外での否定対象の確認以下の次第については、訳註２－０を参照。

Brjed byang（憶え書）Da 72a3-b に次のようにいう －

「『教科書 *Yig cha*』に正理（rigs pa）、'thad pa（妥当性、合理性）、適切（rung ba）は同一義であり、インド語に 'thad rigs の対応語（※１）などと、blo rig の対応語 vidya など同じでないし、チベット語にも地の辺際の有る無しは同じでないと説明しているが、観察が必要です。証成など四の正理は勝義を伺察するものと言説を伺察するものとの二つに収まることを説かれた。周知の説明の仕方において、所依成立したなら、証成道理であることが遍充するし、有為については観待道理であることが遍充すると言うが、『教科書』に正しい道理（rigs pa yang dag）と正しい証因は同一義でないことを説かれたのは、似非の正理それ（72b）を正しい道理と承認したなら、妥当しないことを意趣なさったようだ。四の道理の設定はこの勝観の区別のほうに『声聞地』（※２）のように提示されたのを見るべきです。（※３）」

※１）読みにくい。通常は upapatti-yukti という表記である。

※２）Kyt ed.pp.422-423 を参照。訳註５－６１にも言及した。

※３）さらに Red mda' ba chen po と Sa bzang paṇ chen の『集論の註釈』、タルマリンチェンの『集論の註釈』を参照している。

※１）Kyt ed.p.358 には、『廻諍論』にちなんだ否定対象の議論において、対境の否定されるべきものと、有境の否定されるべきものとの二種類に言及している。また、論理学において、証因と否定されるべき法といったと用語法があり、証因は比量や正理を意味する。

※２）割註による。さらに 'Jam に、「これについて無くてはいけない理由〔これが〕」という。

訳註３－１３５）II 17; D No.4021 Phi 42a2-3; 世親釈 D No.4027 Bi 10a2; G.Nagao ed. *Madhyānta-vibhāga-bhāṣya*,1964,p.36; 和訳　長尾雅人『大乗仏典15 世親論集』1976,p.263

※）'Jam はこの教証へ次のように補足している －

「心の〔煩悩〕は、何かが生じたことにより、心が寂静でないし、自在が無いのと、作業に堪能でないもの。煩悩でもあり、道と解脱をなどを覆障するものでもあるのが、煩悩〔の〕、非寂静または混濁にする〔障〕です。そのように煩悩障と、心の〔所知〕すべてを遮る〔障〕は、知られるべき処を覆障する。煩悩のように心を直接的に不自由な非寂静にしないが、煩悩の力と習気の力により、知られるべき〔諸々の〕対境について、知が不明瞭で非安楽にするし、錯乱させるので、所知を知るにあたって妨害する。そのようなら、障はここに煩悩と所知の二障〔として〕、その二つだけだと〔説かれた〕し、二〔そこに障すべてが〕収まっている。障〔それが尽きてから解脱した〕、涅槃を得た〔と主張する〕。」

訳註３－１３６）'Jam はここを、第二とする。すなわち、上記の「正理の否定されるべきものを個別に説明すること」である。それをさらに九項目に分けている。ここからその「第一、区別」である。

※１）'Jam にはさらに細かく分けている －

「〔否定されるべきもの〕には、直接と間接との二つ、そしてその各々についても、１）言説を伺

察する正理の否定対象〔である〕常の我の執と、その思い込みの対境のようなものとの二つと、
　　２）勝義を伺察する正理の否定対象〔である〕諦執と、その思い込みの対境のようなものとの二
　　つとを設定する仕方は、」
※２）割註に、「貪が生ずることになる。貪が生ずるそれを、仏陀などが」という。
※３）割註に、「同じく、化作のような言葉により、否定対象は自性により無いが、そう現れる化作
の女へ貪する諦の思い込みを否定する〔これは〕」という。
※４）割註に、「女の事物として成立していない化作の女それを縁じてから、〔これは〕」という。
※５）割註に、「貪欲を生ずるそれを退ける方便として」という。
訳註３－１３７）v.27; D No.3828 Tsa 27b7;『同自註釈』D No.3832 Tsa 128a2; Lindtner ed.
1982, p.79; 和訳　梶山雄一『大乗仏典 14 龍樹論集』1974,p.155; 米沢嘉康「*Vigrahavyāvartanī*
Sanskrit Translation and Tibetan Translation」(『成田山仏教研究所紀要』31,2008)pp.264-265;『廻
諍論自註釈』における本頌の位置については、訳註２－６９を参照。〔〕の中は割註の翻訳である。
cf. 四津谷孝道『ツォンカパの中観思想』2006,pp.19-20; 同趣旨のことは、『中論』XⅦ 31-33 に、「あ
たかも教主〔釈尊〕が神変の円満により化作を化作し、その化作がまた化作を再び他に化作するよう
に、同じく作者それは、何か業が為されたのも、化作の形相のように〔為す〕。例えば、化作が他の
化作を化作するように。煩悩、業と身体と作者と果は、ガンダルヴァの城（しんきろう）のようなも
のと、陽炎、夢と似たものである。」といい、この部分は、四辺からの生を否定した後、縁起の生を
説く『入中論の自註釈』ad VI 113 (La Vallée Poussin ed.p.225; D ’A 290a6-7; 和訳　小川一乗『空
性思想の研究』1976,p.245) に引用されている。

訳註３－１３８）D No.3832 Tsa 128a2-4; 和訳　梶山雄一『大乗仏典 14 龍樹論集』1974,pp.155-
156; 直前の訳註を参照。

訳註３－１３９）’Jam は上の九項目より「第二、対境の否定されるべきものを、中心として否定し
たことが必要なさまは、」という。
※１）割註に、「対境に関した、自性により有ることそれこそ」という。
※２）’Jam に、「『量評釈』に「これは対境を論破することが無くては、それを断除することは可能
でない。」から「であり、外の方軌によってではない。」と説かれたように、」という。この『量評釈』
PV の偈頌Ⅱ（量の成立）222-223ab は後で Kyt ed.p.428（訳註６－４１の個所）に引用されている。

訳註３－１４０）’Jam は、上の九項目より、「第三、その仕方は、そのような対境を否定すること〔こ
れもまた〕」という。〔〕の補足も割註、特に ’Jam による。
※）割註に、「と、四辺より生じない〔という〕証因により、事物が自性により生ずるのを否定する
ようなものと、一多を離れた〔という〕証因により芽が諦として成立したのを否定するようなものな
ど」という。

訳註３－１４１）’Jam は、上の九項目より、「第四、それが有ってはいけないことは、」とし、「正理
により直接的に否定する正理の〔否定されるべきものは、〕」という。cf. 野村正次郎「ツォンカパの
空思想における空の形式」(『日本西蔵学会々報』47,2007) note8

訳註３－１４２）’Jam は、上の九項目より、「第五、増益を否定する仕方は、」という。さらに、「否
定対象これが所知において無い〔そうであるとして〕」という。
※１）割註に、「〔ような〕ものとして、何かもとより有るものを、後で無くした〔ものではなく〕」という。
※２）’Jam に教証を示している。すなわち－
　「『量評釈』(※１) に、「自らの論証式について、それの自らの体の適用。または、義（もの）に
　ついて侵害するもの〔である〕体〔である〕。有るなら、有ることにより、無いから。または、
　互いに別異であると成立しているから。堅固な事物と滅することのように。他の量によりまた侵
　害されるから、決定したものと、待っているもののように。」と説かれたような、現れるべきも

のの相違が認得されることと認得されないこととの証因を通じて、誤解が止滅するさまを知るの
が必要であることは、尊者〔ツォンカパ〕の長子お二人〔タルマリンチェン〕の『釈論〔・解脱
道作明〕』と〔ケードゥプ・ジェの〕『大註釈〔・正理海〕』（※２）のとおり。知恵ある賢者の量
の道を適合させたのより、所断・対治の侵害されるもの・侵害するもののさまを理解するにあたっ
て、相違認得の証因と、中心〔である〕倶に住しない相違とに依った相違認得の論証因と相違・
関係の設定を知ることが必要である、と仰ったから、そして、そのように知らないなら、所断・
対治は言葉の共（spyi. イメージ）になるので、これに勤めることが必要です。」
※１）IV 278-279; 拙訳『チベット仏教　論理学・認識論の研究IV』2013,pp.110-111; 詳しく
註記しないが、文字に問題があると思われるので、タルマリンチェン著『同釈論・解脱道作明』
H ed.No.5450 Cha 431b-432a を参照した。
※２）D No.5506 Da 126b

訳註３－１４３）'Jam は、上の九項目より、「第六、正理により立証することもまた、義（もの）が住
する成立のさまは、」とする。さらに「否定対象の否定の仕方はそのようであるのと〔同じく〕」という。
※１）「新たに」というのは、上の「作為されたもの」の規定にも出るし、論理学派の量の規定（cf.
訳註４－９８）にも出てくる。
※２）'Jam に教証を示している。すなわち、
「『〔現観〕荘厳〔論〕』（※１）と『宝性論』（※２）に、「これには除去されるべきものは何も無い。
確立させられるべきものは少しも無い。真実について真実と見る。真実が見えてから解脱する。」
と説かれたから。」
※１）V 21; 和訳　真野龍海『現観荘厳論の研究』1972,p.226; 兵藤一夫『般若経釈 現観荘厳
論の研究』2000,p.94,p.406
※２）I 154; 中村瑞隆『梵漢対照 究竟一乗宝性論研究』1961,『蔵和対訳 究竟一乗宝性論研
究』1967,pp.148-150; 和訳　高崎直道『宝性論』1989,p.133; なお、この偈頌は他の論書にも
引用された事例がある。中村同上 1967,note4、高崎同上 1989,pp.334-335p; 拙訳『解脱の宝飾』
2005,p.357 note62 を参照。

訳註３－１４４）'Jam は、上の九項目より、「第七、否定対象を正理により除去する仕方と、義の成
立したさまの典拠は、」という。さらに、「そのようにまた」という。

訳註３－１４５）v.64; D No.3828 Tsa 29a3;『同自註釈』D No.3832 Tsa 135a6-7; Lindtner ed.
1982, p.85; 和訳　梶山雄一『大乗仏典 14 龍樹論集』1974,p.178; 米沢嘉康「Vigrahavyāvartanī
Sanskrit Translation and Tibetan Translation」（『成田山仏教研究所紀要』31,2008)pp.316-317;
本頌は、『廻諍論』v.12 に「さらにまた、あなたにより、自性が無いのなら、あなたの句（ことば）
それにより何を否定するのか。無いのであるならば、句（ことば）無しに否定が成立したのである。」
というのに対する回答である。cf.四津谷孝道『ツォンカパの中観思想』2006,p.22
※１）割註に、「或る人は、否定する〔句は〕」という。
※２）割註に、「否定されるべきもの、自体により成立した自性、〔すなわち〕」という。
※３）割註に、「〔すなわち〕否定の体〔である〕空それこそ〔が成立する〕」という。
※４）割註に、「〔になる〕なら、では、中観派、あなたは「自性により無い。」といって自体により
成立した自性を否定する句（ことば）を語ったことそれにより、何をするのか」という。
※５）割註に、「答釈は、自性による成立を否定する〔句（ことば）は〕」という。
※６）割註に、「もとより自性により無いそれこそが、自性により〔無いといって〕解説して〔分か
らせる〕のであるが、句（ことば）により自性が前に有るそれを新たに無くさせたのを通じて」とい
う。Brjed byang（憶え書）Da 73a1-4 に、この教証の意味は『現観荘厳論』（V 21）の「これには
除去されるべきものは何も無い。設立させられるべきものは少しも無い。真実について真実と見る。
真実が見えたなら、解脱する。」と同じ意味であるとして、次のようにいう －
「それもまた、自性による成立が前に有った除去されるべきものは無い、といって増益を除去す

る。自性により無いのが前に無かった設立されるべきものは無い、といって損減を除去する。そのように無いが、真実（yang dag pa）は無自性なのを真実は無自性だと見るのです。真実は無自性だと見えることを、長い期間に数習したなら、有（生存）より解脱する、といって字の加え方は分かりやすい。これの損減は無自性は無いと執らえることです。（※）」

※）さらに、正理知による諦執の侵害の仕方について、正理知と諦執は直接的に執らえ方が相違するし、思い込み方が真に成立しているかしていないのかの違いがあるから、正理知の力が大きくなるにつれて、諦執が弱まることなどをいい、諦執の対境として仮設されたものを侵害するようには侵害しないので、過失が無いことをいう。

訳註３－１４６）D No.3832 Tsa 135a7-b5; 和訳　梶山雄一同上 pp.178-179;
※１）割註に「論理学者〔、あなたは〕否定する〔句〕は」という。『廻諍論』は広く実有論者と論争するが、そこにはニヤーヤ学派も含まれる。
※２）割註に、「否定対象〔である〕自体により成立した自性は〔無い否定が〕」という。
※３）割註に、「中観派」という。
※４）割註に、「自性を否定する〔この句（ことば）〕」という。
※５）割註に、「新たに作為したのを通じて立証〔するのではない。〕」という。
※６）割註に、「始めから」という。
※７）割註に、「解説して、他者に」という。
※８）割註に、「のを知り〔ながらに〕また句（ことば）により」という。
※９）de med pa la とあるが、原典には de ni de la（それはそこに）とある。
※１０）割註に、「それを突然に」という。
※１１）割註に「真実に成立した体が有ると錯乱するし、」という。
※１２）割註に、「覆障されて、錯乱し」という。
※１３）割註に、「諸事物において自体により成立した〔自性〕」という。
※１４）割註に、「無いながらにも有ると」という。
※１５）割註に、「そのように語った義〔それについて〕あなたがこのように」という。
※１６）割註に、「始めから」
※１７）yin na とあるが、原典には yin no（〜である）と断定になっている。
※１８）原典には khyod kyis がある。割註は、直前に「中観派、あなたが」と補足している。

訳註３－１４７）'Jam は、上の九項目より、「第八、そのような枢要が分からなくて、有るなら否定できない、無いなら否定する必要がないので、否定・肯定を主張しないことが、矛盾するさまは、」という。このような自己矛盾の指摘は、タルマリンチェン著『解脱道作明 Thar lam gsal byed』（ad IV 222,228; Toh.No.5450 Cha 419b,420b-421a; 拙訳『チベット仏教　論理学・認識論の研究IV』2013,p.95）には、中観の立場とは異なり、いずれもニヤーヤ学派への批判であるが、無事物において証因の離反を否定すべきでないとの個所に、分別知は自相を対象としないことから、自相が肯定と否定の所依事になりうるのかどうかについて、なりえないと語ることは自己矛盾であること、そして、否定と肯定の直接的な所依は実在物ではなく、声義（sgra don. 言語イメージ）であるという個所においても、次のようにいう －

「無事物において証因の離反を否定するのは道理でないはずです。〔なぜなら、〕無事物は否定・肯定のどれの所依事としても不適切であるからです。これにより、〔個別である〕自相は否定・肯定のどれの所依事としても不適切であると〔ニヤーヤ学派が〕語ることは、自己の言葉が相違（矛盾）する、と説いています。〔なぜなら、個別である〕自相は否定・肯定のどれの所依事としても適切でないと直接的に立宗したことの力において〔間接的に〕、否定・肯定の所依事として適切なもの〔、すなわちここで、共（一般こそ）である無事物〕を、否定の所依事として承認しているからです。」

「では、〔仏教者〕あなたにおいても否定・肯定の言説は相続が断絶することになる。前から有ったのなら、肯定（証成）は不必要であるし、否定できない。前から無かったなら、否定は不必要

であるし、肯定（証成）できないから、というなら、

　これは量の否定・肯定と、事物の否定・肯定を区別していない争論です。瓶を槌により破壊してしまったなら、それこそ（同じもの）を再び破壊することは不必要であるのと、瓶を製作しおわったなら、それこそ（同じもの）を再び製作するのは不必要である〔。それと同じ〕ように、量による肯定（立証）は前に無かったのを有るようにするのと、否定は前に有ったのを無いようにする〔という〕意味ではないのです。有るものについて有ることを決択するのが肯定（立証）すること〔の意味〕、そして、無いものについて無いと決択するのが否定することの意味です。

　これを分からずに空性を正理により決択したなら、「知により造られた空」という過失があるのと、何とも分別しなくて安住させることが所依事の実相（yin lugs）の空性を修習することだと主張する〔諸々の〕誤解が、生ずるのです。心から修証するなら、正理の設立を知ることは不必要であるという〔諸々の〕最低の誤解もまた、否定・肯定のこれら方軌を分からないことからであるし、聖教および〔その〕意趣註釈は、修証の支分として不必要であると見てから講説と聴聞を捨てる縁もまた、この最低の誤解により造られるので、〔それらを〕賢者たちはつばのかすと同じく、はるか遠くに捨てるべきです。」

　これら二つの論述のうち、前者について、福田洋一「ツォンカパにおける分別知の構造」（『大谷学報』91-2,2012）p.21,28 には、ツォンカパの講義録『量の大備忘録 Tshad ma'i brjed byang chen mo』（Toh. No.5400 Pha 21a2-3）の同様の議論、すなわち『量評釈』IV 222 の「所成が無いことより、離反することが無い。よって、所成でないものこそに無い〔というなら〕、「無い」といって離反するそのことは、どのように無きものより離反すると主張するのか。」というのを参照した議論が、紹介されている。

※１）割註（全体が 'Jam か）に、「チベットの或る人がこのように、もとから〔有るなら〕正理により〔否定できない〕なら、誤解をどのように除去する〔し〕、全く〔無いなら〕正理により」などという。
※２）割註に、「なら、錯誤知の対境をどのように除去する〔ことにより〕、一切法は」という。
※３）割註に、「〔正理の〕、これはこれからであり、これはこれまでではない、などという〔伺察〕」という。
※４）割註に、「それらの差別（ちがい）の境界を区別することが必要な〔義一般〕〔すなわち形相〕が、意（こころ）に全く」という。don spyi は対象としての普遍であり、論理学での用語法である。
※５）割註に、「自らが何か語っても、適合しない句義の相違（矛盾）だけを承認することが必要な」という。
※６）割註に、「〔すなわち〕でまかせ、またはできあいに無秩序に乱説すること」という。
※７）割註に、「またあなたは、有るなら否定できない、無いなら否定する必要がない〔という理由〕を提示した」という。
※８）割註には pha rol po gzhan（他者〔である〕相手）が本文であるかのようになっている。
※９）割註に、「あなたは否定・肯定すべき因それが〔有るなら〕」という。
※１０）割註に次のようにいう ―
　「それもまた、有るなら否定できない、無いなら否定する必要がない（※）という理由により、否定・肯定してはいけない、とあなたが言うべきであるなら、では、あなたは相手に対してその理由により、否定・肯定してはいけない、と遮止してから、否定・肯定を離れたそれを、あなた自身の自宗として立証（肯定）するこれは、何なのか。そのようにあなた自身が否定・肯定をしながらも、相手が否定・肯定するのを否定するのを否定するし、否定・肯定を離れたことを自宗として肯定することは、きわめて相違する、という。」
　※）mi nus pa'i（できない）とあるが、文脈より mi dgos pa'i と読む。

割註を含めてここに直接的な論及は無いが、直接的には当時のチベット人学者、特にニンマ派などへの批判であると考えられる。例えば、ニンマの教義を大成したロンチェンパ（Kun mkhyen Klong chen pa dri med 'od zer.1308-1363）は、『実相宝蔵論 gNas lugs rin po che'i mdzod』に、「～である・でないということが無いので、義（内容）の心髄において、これといって表示と思議のすべてを越えている。」などといい、否定と肯定を越えた真理について語っている。cf. 拙著『中観哲学の研究III』2001,pp.310-311,319-321

訳註　3. 空性論の真偽　　391

訳註3－148）'Jam は、上の九項目より、「第九、解脱は、法を簡択（弁別）する智恵と、特に甚深義を正理により決択することに掛かっていることは、」という。さらに次のようにいう －

「『入行論』（※1）に「これら支分すべては牟尼が智恵のために説かれた。ゆえに〔諸々の〕苦を寂滅させたい者は智恵を生じさせよう」といい、同じく『宝性論』（※2）と『入中論』（※3）と『護国経』（※4）などのように」

※1）IX 1; cf. ツルティム・ケサン、桜井智浩『中観哲学の研究VI』2009,pp.174-175

※2）『同論』は修道論の立場で多くを語らないため、確認がむずかしい。ただし例えば、D No.4024 Phi 58b4-5 には、絵師の喩えを用いて、「それら描く者たちは施与と戒と忍など。一切相の最上を具えた空性が色（すがたかたち）と述べる。」と、方便が作者となり、智慧の対象である空性が全体像となることを述べ、その『自註釈』には、菩薩の清浄三地では智恵に基づいて功徳が成就されることを説いている。中村瑞隆『梵漢対照 究竟一乗宝性論研究』1961、『蔵和対訳 究竟一乗宝性論研究』1967,pp.113-116; 和訳　高崎直道『宝性論』1989,p.100; タルマリンチェン著『同註釈』Toh.No.5434 Ga 23b3-24a には、教化次第の疑問に関して、『宝性論』は、大乗種姓を有する者のうち鈍根者の道に入る次第と、利根者の道に入る次第のうち、後者を中心にすることを説くことから答えている。

※3）前の五地を承けた後、般若波羅蜜を扱う第六現前地の冒頭を参照。

※4）『未了義と了義の弁釈・善釈心髄 Drang nges』の冒頭(Toh.No.5396 Pha 2a2-4; 片野道雄『インド唯識説の研究』1998,pp.122-123) への引用を参照。衆生は空、寂静、不生の理趣を知らないので、彷徨っている。彼らを悲ある者は方便道と幾百の正理により悟入させる、というものである。

さらに割註に、「よって、ここに正理の否定・肯定をするのは、相手を破るのと自らの名声が欲しいほどの為したことではなくて、」という。

※1）割註に、「人士の利の中心〔である〕成就すべきことの究極は、解脱を得ることですが、その解脱を得るこの根本は、顛倒の知恵を遮止してから、無顛倒の知恵を生ずるこのことに到るから、」という。

※2）割註に、「そのようなでたらめに従わないで」という。

※3）'Jam に「六の荘厳の」という。これはナーガールジュナ、アーリヤ・デーヴァ、アサンガ、ヴァスバンドゥ、ディグナーガ、ダルマキールティの六人である。訳註6－34を参照。さらに割註に、「学者・行者〔である〕量（認識基準）たちが造られた〔正理〕」という。

※4）割註に「広大なものを説く教義」という。衆生は空、寂静、不生の理趣を知らないので、彷徨っている。彼らを悲でもって方便道、幾百の正理により悟入させる、というものである。

訳註3－149）'Jam に、「第二、正理の否定対象大部分の差別（ちがい）について、1）我執が根本だと示したことと、2）貪など他は主要でないさまと、3）無明の非共通の主張の仕方と、4）それが聖者父子のご主張だと示すことの〔合計〕四つ」という項目分けをしており、まず第一項目である。ここでも〔　〕は割註を参照した。

※1）'Jam に、「ここにその義（内容）を証得したいと欲するので、問うたことは、すなわち」という。

※2）割註に、「ここにはそのすべての思い込みの対境を論破することを示すのではない。では、どのようなことを示すのかというと、ここにはそのすべての中で重大なもの〔すなわち〕過誤」という。なお nyes skyon の読み方についての解説は無い。

※3）割註に、「探究し、その分別の始めを〔良く〕錯乱せずに」という。

※4）割註に、「〔すべて〕もその力により必ず」という。

訳註3－150）'Jam は、上の四項目より第二とするが、「第二、貪などは正理の所対治分一つであっても、中心（主要）ではないことは、」という。さらに、「過誤すべての根本の分別それこそを止めたなら、否定対象を取らえる他の分別すべてを、努力により止滅させることは必要ない理由は、」という。

否定されるべきものの根本として、倶生の無明ないし無明により取らえられたものを、否定対象の中心として直接的に結びつけた形で議論する事例は、ツォンカパ著『入中論の釈論・意趣善明』に見られる。Kyt ed.pp.269-271 と訳註2－4を参照。

訳註3－１５１）D No.3860 'A 198b5-199a1; cf. 奥住毅『中論註釈書の研究』1988,p.899（欠如）；論書の末尾の部分である。この部分はチベット語訳には有るが、現在のサンスクリット原典には無い。なお、『六十頌如理論』v.46（Kyt ed.p.358 に引用。訳註４－４９の個所）にも、事物の実体視が貪欲など他の煩悩の原因であるとされている。否定対象を執らえるものとして分別を挙げる記述は、『中論』XVIII 5（訳註５－１３８．１３９の個所に引用）を参照。法蘊に関して、『倶舎論の自註釈』I 25-26（和訳　桜部建『倶舎論の研究　界・根品』1969,pp.186-187）には、「八万の法の蘊〔すなわち〕およそ牟尼が説かれたそれらは、句または名である。それらは色と行に収まっている。或る者は『〔法蘊〕論』が量（基準）という。蘊などの各々の話である。〔諸々の〕行の対治として、法の蘊は応じて説かれた。」と言う。その『自註釈』（D No.4090 Ku 38b5-7; Pradhan ed.p.17; 和訳　櫻部建『倶舎論の研究　界・根品』1969,p.187）に、「有情たちの行は貪欲と瞋恚と愚癡と慢など行の別異〔である〕八万が有る。それらの対治として世尊は八万の法蘊を説かれた、と述べる。」と言う。八万四千の煩悩については、例えば大正 10 No.279『大方広仏華厳経』（八十華厳）「如來隨好光明功徳品第三十五」p.257a に、衆生は色など五境に各々内に五百、外に五百の煩悩があり、貪行の多い者は二万一千、瞋行の多い者は二万一千、癡行の多い者は二万一千、等分行の者は二万一千とされている。cf. 大正 11 No.310(12)『大宝積経』「菩薩蔵会般若波羅蜜多品」p.302c

※１）割註に、第一の１）契経（sūtra）に続いて次のようにいう －
　　「２）応頌（geya）、３）記別（vyākaraṇa）、４）諷頌（gāthā）、５）自説（udāna）、６）譬喩（avadāna）、７）本事（itivṛttaka）、８）因縁（nidāna）、９）方広（vaipulya）、１０）本生（jātaka）、１１）論議（upadeśa）、１２）未曾有（adbhuta-dharma）、〔すなわち〕十二支分の聖教が有るうち、主要なもの〔である〕因縁と、眷属〔である〕譬喩、本事、本生と〔合計〕四つを一つに数えたので、九支分の聖教、と『入楞伽経の註釈』（※）に出ているとおり。そのような九支分の聖教は、所詮〔である〕世俗と勝義の〔二諦〕だけ〔に依った〕し、その九つについてこの個所に」
　　※）cf.D No.4018 Ni 155b6ff.; No.4019 Pi 194b1ff.
※２）いわゆる九部経である。割註に、「聖教すべてを九の教えに包摂したそれこそが〔世間〕、衆生（skye 'gro）〔たちの行ずる〕、八万四千の煩悩が有るその〔側において〕」という。
※３）割註に、「それと適応した対治〔である〕法蘊〔すなわち〕きわめて〔広大なものを〕」という。
※４）割註に、「〔ここ〕世間〔に正しく〕無顛倒に〔宣べられた〕法蘊◎〔そこにおいて貪欲を〕直接的に」という。◎に chas phung とあるが、文脈より chos phung と読む。
※５）割註に、「も有るが、そのように説かれた対治それ〔によって〕」という。
※６）割註に、「その聖教に」という。
※７）割註に、「その聖教に〔何か〕対治を、」という。
※８）割註に、「慢など何かの対治として説かれた煩悩それより他である煩悩の〔垢〕」という。
※９）割註に、「勝者の聖教〔のうち〕貪欲など他の煩悩を摧破する対治として説かれた〔それは〕」という。
※１０）割註に、「〔すなわち〕大きな遍満でないので、他と他の対治を〔説かれる〕」という。
※１１）割註に、「それほどとして」という。
※１２）割註に、「では、聖教〔のうち〕どのようなものが大きな義利であり、大きな遍満する対治であるかというと、それもまた過誤すべての根本である〔愚癡すなわち〕無明」という。
※１３）割註に、「あらゆるものを根本より〔破壊する〕ことができるので、それらは義利が大きいし、そこに説かれたそれら対治は遍満が大きいのです。その理由もまた、あまさず他の〔煩悩すべては愚癡に〕必ず」という。
※１４）割註に「から」という。

訳註3－１５２）'Jam に、「第三、無明の非共通の設定の仕方」といい、さらに八項目に分けている。まず「第一、自立論証派などは諦執は所知障だとするが、ここには諦執を、染汚を有する無明として説明したことは、」という。cf. 福田洋一「ツォンカパにおける縁起と空の存在論－中観派の不共の勝法について－」（2002 年改訂版がウエブ上で閲覧可能）p.12; 四津谷孝道「ツォンカパにおける世俗の世界」（『国際仏教学大学院大学研究紀要』2,1999）p.40

※１）割註に「そのようなものを、無いながらに有ると」

※２）Brjed byang（憶え書）Da 73b1-2 に、ここの意味について、「輪廻の根本になった無明は、自力により諸法が自性により成立したと執らえる知について確認する。」という。さらにロンドル・ラマとテンダル・ハラムパ師弟の言葉、『縁起讃の意味の註釈』を引用し、無明と他の心所の問題を議論している。Da 73b5-74a1 には次のようにいう －

「無明と相応した他の〔諸々の〕心所は対境が自相により成立したと執らえるのは自力によってではなく、助け〔である〕無明の力により迷妄である、と適用したなら、いいようだ。心王（gtso）〔である〕心になった諦執それは、根本煩悩、随煩悩のどれとも設定しがたいので、煩悩障であっても煩悩ではないとしたなら、いいかと思う。」

訳註３－１５３）ad ⅩⅣ（辺執の否定を修習することを説示する）25（v.350）; D No.3865 Ya 221b3-6; K.Suzuki ed.1994,p.360; 片野道雄「大乗仏教と他思想との対論」（井ノ口、鎌田、柏原編集『仏教思想史２〈仏教と他教との対論〉』1980）pp.90-91; Brjed byang（憶え書）Da 74a1-4 にこの教証について次のようにいう －

「字を加えるのは、有（生存）への生の種子は、諸事物は諦だと執らえる識、または染汚を有する無明であり、色などの対境はそれの行境、所縁境であるし、対境に我または自性が無いと見えて数習したことにより、有（生存）の種子を滅することになる、ということ。後の『註釈』の意味は、対境は自性が無いと見えたのを数習したことにより、貪などの因〔である〕諦執を尽きるよう断除したことから、声聞・独覚の阿羅漢と、無生法忍を得た第八地の菩薩において輪廻が止滅すると設立した、ということ。」

※１）ngo bos（体により）と具格であるが、D ed. の原典に ngo bo とあるのを採る。割註には、「〔自体により〕成立した自性が無いながらに」とある。

※２）割註に、「〔増益するもの〕でもある知それは、」といい、無知を単なる知の欠如でなくその反対分を取らえるものとしている。

※３）割註に、「〔無知〕の無明であり、その無明により覆障されたことの〔力により〕」という。

※４）割註に、「自力なく諦だと思い込むむ」という。

※５）割註に、「他の煩悩が生じてから、業を積んだことにより〔輪廻に〕流転することになる。そのように輪廻に〔流転する〕根本〔・種子〕」という。

※６）割註に、「〔なった〕無明それこそ〔が全面的に滅した〕し尽きた相続〔より〕果〔である輪廻が〕」という。

※７）割註に、「〔有〕すなわち輪廻に流転する根本〔の種子は識〕。対境において自性による成立を覆障する無明それこそです。外・内の〔諸対境は、〕無明〔それの行境〕すなわち所縁処（dmigs rten）になる対境〔。〕」という。

※８）割註に、「無明により増益された、自体により成立した〔我〕それこそ〔が無いことが〕」という。

※９）割註に、「といってこの本文に」という。

※１０）割註に、「無明により増益されたそのような〔自性〕の我が〔無いことが〕」という。

※１１）割註に、「対境〔である〕諸法への〔貪〕の煩悩〔の〕の根本の〔因〕」という。

※１２）割註に、「尽きた〔ことから、声聞〕の阿羅漢〔と独覚〕の阿羅漢」という。

※１３）割註に、「第八地以上の清浄地に住される〔菩薩たち〕」という。

※１４）この引用に続く D No.3865 Ya 221b6-222a1（cf. 片野道雄同上 1980,p.91）には次のようにいって内容を対比してから、この章は終結する －

「如来の智慧が生起することの種子〔である〕菩提心それは、彼らにおいて止滅しない。〔なぜなら、〕すべてにおいて如来の智慧を獲得することが間違いなく起こるから。そのような形相の菩提心を生じさせていない〔ところの〕彼らもまた、後で間違いなく生じさせてから、菩薩の行により無上の智慧をまさしく得るべきです。これは『聖妙法蓮華経』などより求めるべきです。」

訳註３－１５４）ⅩⅣ 25（「辺執の否定を修習することを説示する」,v.350）; No.3846 Tsha 16a5; Suzuki ed.1994,p.360; 英訳 と text Lang,Karen., *Āryadeva on the Bodhisattva's Cultivation of Merit and Knowledge*,1983,p.490,658; 和訳　片野道雄「大乗仏教と他思想との対論」（井ノ口、鎌田、柏原編集『仏教思想史２〈仏教と他教との対論〉』1980) p.91; 英訳　Geshe Sonam Rinchen & Ruth Sonam, *YOGIC DEEDS of BODHISATTVAS*.1994,p.275; 月称釈 D No.3865 Ya 221b5; v.25cd は本論 Kyt ed.p.428（訳註６－３８の個所）に引用。なお、『入中論の自註釈』ad VI 88（D No.3862 'A 278b4; La Vallée Poussin pp.187-188; 和訳　小川一乗『空性思想の研究』1976,p.211）に引用された『十地経』の十二支縁起に関する所説に、「識もまた二の所作として住するのです。有情たちをまた所縁に迷妄にするのと、諸行が現成する因をも与える。有（生存）の結生相続をもなすのと、名と色が現成する因をも与える。」といい、識の作用が示されている。

　『入中論の註釈・意趣善明 *dBu ma dGongs pa rab gsal*』(Toh.No.5408 Ma 79a3; 和訳　小川一乗『空性思想の研究 II』1988,p.368）にも無明を確認するために引用。瓜生津隆真『ナーガールジュナ研究』1985,p.161、北畠利親『龍樹の政治思想』1988, p.63 には、ナーガールジュナの『宝鬘（宝行王正論）』I 93（D No.4158 Ge 110a7）の「地と水と火と風と長・短、細と粗と善などは識において滅するだろう、と牟尼は説かれた。」を参照し、この言葉は『長部経典』DN 11「堅固経」の、この世のものすべては識が有ることにより有るし、識が滅することにより滅するとの所説に拠るものと推測している。

訳註３－１５５）VI 10（「煩悩を捨てる方便を説示する」, v.135）; No.3846 Tsha 7b2; 英訳と text Lang, Karen., ibid.1983,p.269,593; 英訳　Geshe Sonam Rinchen & Ruth Sonam, *YOGIC DEEDS of BODHISATTVAS*.1994,p.156; Brjed byang（憶え書）Da 74a4-b1 にこの教証について次のようにいう　－
　　「意味は、あたかも身において身根は眼など他の諸根に遍満するし、それらの所依として住するが、それが滅したなら、他の諸根も滅するのと同じく、自性による空について諦だと思い込む愚癡は、貪欲などの煩悩すべてに遍満するし、それらの依処になる。縁起が自性（74b）により空なのを修習して、愚癡を摧破したことにより、貪・瞋など他の煩悩すべても摧破されたことになる、という。レンダワの『註釈』とタルマリンチェン註（※）をまとめて書いた。」
　　※）H ed.Toh.No.5428 Ka 47a5-b4
※１）割註に、「その証拠は、例えば、「人の〔身体〕すべて〔において〕身根が遍満する」」など」という。
※２）割註に、「ここに〔愚癡〕・無明も、他のあらゆる煩悩〔すべて〕の根本の所依をなすもの〔に住する〕し、遍満することになる。」という。
※３）'gyur te（ことになる）と未来時制であるが、D ed. に gyur te と完了時制であるのに従う。
※４）割註に、「余り残さず」という。

訳註３－１５６）D No.3865 Ya 112b7; K.Suzuki ed.1994, なし；和訳　上田昇『チャンドラキールティ著『四百論注』第一～八章和訳』1994,p.94
※１）割註に、「〔すなわち〕無明または諦執それ〔は〕、対境〔である〕諸事物それら」という。
※２）割註に、「〔諦〕としての成立だと〔分別する〕し取らえる〔こと〕に依った〔より〕、それら諸事物に錯乱し」という。
※３）割註に、「〔自体〕として無いながらにも、それの体〔として、特別に、すなわち〕差別（特定のもの）として◎増益して」という。◎原文の lhag par は単なる接頭辞の翻訳とも見えるが、khyad par du と註記されている。

訳註３－１５７）Kyt ed.p.265（訳註１－５３の個所）に引用された『同論』VI 120 を参照。
※１）割註に、「またこれに対して他者が語った － もし上の方軌〔そのように〕」という。
※２）割註に、「では、中観派において」という。
　なお、外道者の主張して初期経典より大乗経典まで広く知られている六十二見は、初期経典の『梵網経』（Brahmajāla-sutta DN. I、D No.352 Aḥ）が代表的な初期経典であり、たびたび言及されているが、『同経』には有身見（satkāyadṛṣṭi）がその根本であるとされている。訳註５－３９を参照。有身見は、見所断の三結すなわち染汚を有する有身見と戒禁取見と疑の一つであり、1）有身見によ

り往きたいと欲さないし、2）戒禁取により道を誤るし、3）疑により道を疑うとされるが、所遍計の有身見の断を通じて見道が設立される。cf.『倶舎論』V 44; 小谷・本庄『倶舎論の原典研究 随眠品』2007,p.199; また有身見は、我見の一種類と我所見の三種類に分けられる。例えば色について前者は「色は我である」というもの、後者は「我は色を有する」「色は我を有する」「我は色の中にある」というものである。これら四種類が色だけでなく五蘊すべてにあるので、合計二十種類になる。cf. 中村元「インド思想一般から見た無我思想」（『自我と無我』）pp.107-110; 語釈としては、sat（有るもの）を説一切有部（『阿毘達磨大毘婆沙論』大正27,36a）では単に「身体が実在するという見解」に理解するのに対して、『倶舎論自註釈』ad V 7（Pradhan ed.1967,p.281; D No.4091 Ku 229b3-4; 和訳小谷信千代・本庄良文『倶舎論の原典研究随眠品』2007,p.34）では、経量部の立場から「無常のもの」「壊れるもの」としており、それがチベット語訳にも採用されている。すなわち －

> 「我または我のと見るのが有身見（'jig tshogs la lta ba, satkāyadṛṣṭi）である。壊滅する（'jig pa, sīdati）ので 'jig pa (sat) という。集積しているので tshogs (kāya) であり、多と蘊という意味である。これは 'jig でもあるし、tshogs でもあるので、'jig tshogs で、五つの取蘊である。恒常との想いと単一（ril po, piṇḍa）との想いを断除するために、そのように説明する。それらを我と執らえるのは、それらを先行させるのである。有身見により、壊滅する集積を見るのである」

『思択炎』（ad『中観心論』VIII 20; D No.3856 Dza 255b3-4）も類似した定義を与えている。

また、無明と有身見は前者より後者が生ずるので、別々のものだとするのは、『瑜伽師地論』など唯識派のアサンガなど聖教随順派の立場である。両者が同一だとするのは、ダルマキールティなど正理随順派、または中観帰謬論証派のチャンドラキールティである。訳註3－163をも参照。ダルマキールティ著『量評釈』PV II 213cd-214ab には、「明知の所対治分だから、心所でもって〔所縁として〕認得されるから。逆に認得することが無明だと説かれているから、他は道理ではない。」という。チャンドラキールティ著『入中論』MA VI 120（Kyt ed.p.265、訳註1－53の個所に引用。）には、輪廻の根本は倶生の有身見とされることについて、倶生の無明もまた根本であるとされるのに、なぜ根本が二つなのかという問いを立てて、倶生の無明は一般的なもの、倶生の有身見はその特定のものであるから、輪廻の根本が二つあるわけではなく、矛盾はないとされている。他方、ダルマキールティ著『量評釈』I 222-223 には、「過ちの種類すべては、有身見より生じたのである。それは無明〔である〕。それに貪着する。それより瞋恚などが生起する。〔諸々の〕過ちの因は愚癡であると説かれた。他には有身見〔である〕。それを断じたならば、断ずるからである。」といい、この無明ないし愚癡と有身見という二つの根本を挙げている。『量評釈』II 196cd にも愚癡を根本とする記述、213ab に有身見を根本とする記述が見られる。cf. 拙訳『チベット仏教 論理学・認識論の研究III』2012,訳註5－22; Hideomi,Yaita: Dharmakīrti on the Authority of Buddhist Scriptures(āgama), an annotated translation of the Pramāṇavārttika-svavṛtti ad.v.213-217(『南都仏教』58,1987) note50 は、ダルマキールティの解釈の典拠あるいは過ちを有身見や我見に基づく記述について、『倶舎論』AKBh 461 4ff.（破我論冒頭）などを参照させている。cf. 小川一乗『空性思想の研究』1976,p.255; 拙著『ツォンカパ 中観哲学の研究I』1996,pp.16-25; 拙著『菩提道次第大論の研究』2005,p.271,391; ツルティム・ケサン「チベット仏教における六十二見について」（『三友健容博士古稀記念論文集 智慧のともしび アビダルマ仏教の展開』2016

訳註3－158）Brjed byang（憶え書）の記述は、訳註3－163を参照。『八難処の憶え書 dKa' gnad brgyad kyi zin bris』（Toh.No.5402 Ba 10a3-b3）には次のようにいう －

「第七、二障の設定の仕方に二つ － 1）唯心派の主張と、2）中観派の主張。
第一は、染汚を有する無明は明知〔である〕智慧の相違対立項〔である〕所対治分であることは、軌範師すべてが一致するが、軌範師アサンガご兄弟は、無明は蘊の住し方について迷妄であるほどの無証得の知であり、邪分別ではない。有身見は、人我とその我所として増益する有染汚の智恵、邪分別により包摂されたものと主張なさる。軌範師ディグナーガ父子が有身見も染汚を有する無明と主張なさるし、無明と相応したものと説明したのとも相違しない。「紫梗樹（パーラーシャ）を有する森」（※）というように、一分であるので、無明を有すると説明する、と主張なさる。そのような煩悩および種子は煩悩障、そして所取・能取は別異の実物だと執らえる分別および種

子は所知障と主張なさる。人（プドガラ）は蘊と相（特徴）が一致しない（10b）自立した（rang rkya thub pa'i）実物有と執らえるのは、人我執であるし、その思い込みの対境を否定したのを数習したほどにより、有（生存）より解脱できることは、〔毘婆沙師と経量部という外〕義の論者、唯心派と中観自立派は一致する。

　　第二、中観派の立場には、自立派の者たちは煩悩障を確認するのは下の諸学説と一致するが、所知障は諦執の知および種子だと主張なさる。「中観帰謬派」、または「他に知られたもの」という立場には、１）自立派の立場は妥当しないと示すことと、２）その過失を排除するのを否定することと、３）自己の立場を設立することと、４）それへの争論を排除することです。（以下、省略）」
※）cf.『解脱道作明』Toh.No.5450 Cha 190a,ad PV II 213cd-215ab; 拙訳『チベット仏教論理学・認識論の研究 I』2010,pp.202-203
※１）割註に、「アサンガ、ヴァスバンドゥなど」という。
※２）中士の、集諦の「煩悩を確認する」個所（Kyt ed.p.264）で、煩悩の個別の自相を『アビダルマ集論』により解説するなかの第六に「有身見」が出ている。cf.拙訳『菩提道次第大論の研究』2005,p.270;『道次第小論』においても同様である。拙訳『悟りへの階梯』（改訂新版 2014）p.145; なお、その直後の、煩悩が生ずる次第を論ずる場所（Kyt ed.pp.264-265）には、「有身見と無明が別々だと主張するもの」と「同一だと主張するもの」という二つの立場を解説している（註釈文献は前者を『瑜伽師地論』の流儀」、後者を「中観派とダルマキールティの流儀」と呼んでいる）。cf.拙訳『菩提道次第大論の研究』2005,p.271;『道次第小論』においても同様である。拙訳『悟りへの階梯』（改訂新版 2014）pp.145-146;
　　また、無明の対治である智恵に関しても、大士の個所の六波羅蜜のうち、般若波羅蜜の「区別」の個所（Kyt ed.p.163）には、他の五波羅蜜の区別と同じく唯心派の典籍による解説がなされている。拙訳『菩提道次第大論の研究 II』2014,pp.173-174;『道次第小論』も同様である。拙訳『悟りへの階梯』（改訂新版 2014）p.213
※３）割註に、「自立論証派の」という。
※４）割註に、「〔の知〕は、一般的に〔無明〕である〔と主張なさる〕ほどは同じだが、」という。ケードゥプ・ジェ著『千葉大論 sTong thun』(Toh.No.5459 Ka 143b-145a; 拙訳『中観哲学の研究IV』2003,pp.109-111）には、障とその断除が議論されている。
※５）割註に、「この軌範師チャンドラキールティは、その知は」という。

訳註３－１５９）直前の Kyt ed.p.330 の個所であろう。cf.四津谷孝道『ツォンカパの中観思想』2006,p.51

訳註３－１６０）ad VI 28; D No.3862 'A 254b5; La Vallée Poussin ed.p.107 ll.5-8; 和訳　小川一乗『空性思想の研究』1976,p.91; 瓜生津・中沢『入中論』2012,p.146; cf.拙著『中観哲学の研究V』2002,p.95; これと直後の引用は、『道次第小論 Lam rim chung ba』(Toh.No.5393 Pha 155b-156a; K ed.Pha 169a2-4; 拙訳『中観哲学の研究 I』1996,pp.14-15）にも引用されて次のようにいう －
　　「対境について諦だと執らえるのが無明、そして、それこそが染汚を有する無明だと主張なさるので、法我執について、煩悩と所知の障として設立する二つの方軌が有るうち、ここには前者のとおりです。それは聖者父子によっても説かれた。（中略）」
『未了義了義の弁別・善釈心髄 Drang nges』の中観章（Toh.No.5396 Pha 75b; 片野道雄、ツルティム・ケサン『中観哲学の研究 II』1998,pp.118-119）にもこれらの教証が引用されている。
※１）割註に、「無明、諦執」という。
※２）割註に、「の自性〔を見ることにおいて〕錯乱し、」という。
※３）割註に、「〔愚癡〕という。愚癡〔である無明〕」という。
※４）割註に、「それこそが事物に有るの〔を〕」という。
※５）割註に、「であるそれは、事物すべての〔自性〕がどのように住するか〔が見えるのを〕」という。

訳註３－１６１）ad VI 28; D No.3862 'A 255a1; La Vallée Poussin ed.p.107 ll.17-19; 和訳　小

訳註　3.空性論の真偽　　397

川一乗同上 p.92; 瓜生津ほか同上『入中論』2012,p.146; cf.四津谷孝道『ツォンカパの中観思想』
2006,p.51
※１）割註に、「、十二縁起それらにより」という。
※２）割註に、「その支分の始め〔である無明〕それ〔の〕世俗それこそその側の諦の〔力により〕」という。

訳註３－１６２）’Jam に、「第三、諦執は煩悩障であるが、無染汚の無明と、三毒の習気を所知障と
することは」という。さらに「彼はいう － 諦執が所知障でないなら、」という。所知障については、
Kyt ed.pp.419-420 の、障を断除する仕方を論じた個所を参照。『八難処の憶え書』Toh.No.5402 Ba
10a3ff. の記述は、訳註３－１５８を参照。
※１）’Jam に次のようにいう －
　　　「これについて、微細な業果の関係に迷妄な無明と、仏菩薩の秘密と、等持（三昧）に迷妄な無
　　　明を、『解深密経』(※１) が説明したような知識と、三毒の習気との二つが有る。『自註釈』(※２)
　　　に、「それもまた所知障の相（特徴）を有する無明ほどは現行するから、現れを有する行境を有
　　　する聖者たちに現れるし」と説かれたから、そして、習気の、所知障を何にするかの仕方〔これは〕」
　　　※１）D No.106 Ca 40b6ff.; 大正 16 No.676「地波羅蜜多品第七」p.704b; Lamotte ed.1935,
　　　　　IX -5 pp.240-242 に、諸地における二十二種類の愚癡と十一種類の麁重を挙げて、所対治だと
　　　　　している記述かと思われる。なお、菩提流支訳『深密解脱経』大正 16 No.675 p.680c-681a には
　　　　　「二十二種無明。十一種障」と翻訳されている。
　　　※２）Kyt ed.p.419 への『入中論の註釈』の引用（訳註５－１４９の個所）を参照。
※２）’Jam に、「第四、諦執は〔縁起〕支分の始めにすることは、」という。
※３）割註に、「上の輪廻の根本二つは妥当しない、ということの回答は、」という。
※４）割註に、「〔根本であるのに〕また、我と我所を執らえる〔有身見〕」という。
※５）割註に、「けれども、不同の多くの輪廻の根本は無いのを説明しているのは、多くの異種類の
執らえ方は無いのを意趣なさったことなので、そのように〔説明しているのは〕、無明と有身見との
二つは、執らえ方が同一であるし、その二つの中では、」という。
※６）割註に、「として設定する差別（ちがい）より二つが出ていること〔であるので、〕義（内容）
において」という。

訳註３－１６３）’Jam に、「第五、一般的に無明は正理の所対治分について設立するが、ここには
無我を証得する正理それについていうことは、」という。cf.四津谷孝道『ツォンカパの中観思想』
2006,p.35; 同「ツォンカパにおける世俗の世界」(『国際仏教学大学院大学研究紀要』2,1999) p.40
　『道次第大論』中士の個所の、煩悩の自相を述べるところ（Kyt ed.p.264）には、『アビダルマ集論』
に基づいた論述がある。そこには、「無明は、四諦と業果と〔三〕宝の自性について知が明らかでな
いので、無知の染汚を有するものです。」ともいい、『道次第小論』にも同様である。それについて、
Ba so の割註は「中士と小士のところに唯心派以下と合致させて設定を為さったので、ここについて
もまた無明の確認は聖教随順派のように説かれた」といい、アサンガなどの解釈に従うことを言う。
同じく中士の個所の煩悩の生ずる次第のところ (Kyt ed.p.265) には、『量評釈』II 219cd-220ab の「我
が有るのなら、他だと想う。自他の分から、執らえることとと怒ること〔になる〕。これらと関係す
ることから、過ちすべてが生起するでしょう。」といい、そこでの Ngag dbang の割註（拙訳『菩提
道次第大論の研究』2005,pp.270-271,391-392; cf. 拙訳『悟りへの階梯』(改訂新版 2014) p.144)
に次のようにいう －
　　　「生じ方について、〔アサンガ兄弟など〕聖教随順派の者たちは、無明は無知のみに用いるし、不
　　　証得・誤解の二つの内で第一だと主張し、有身見は我執だと主張するので、そのようなら蘊の住
　　　し方（実相）を明らかに知らない無明から、蘊において我だと迷乱する有身見が生ずる。それか
　　　ら他の諸煩悩が生ずるのは、たとえば縄に少し闇が降りたなら、それを縄と知らないし、それに
　　　依って蛇を執らえる知が生ずるようなものと主張なさる。〔ダルマキールティなど〕正理随順派
　　　の者たちのようなら、有身見こそが無明なので、誤解だとも主張なさるし、それこそが煩悩の煩
　　　悩の根本です」。

ちなみに skt. avidyā, tib. ma rig pa に対する「無明」という漢訳語も、※2の個所に示されたように、その智恵の欠如、無いことを意味するものであり、ここでの自宗とは一致しない。そのような解釈は例えば『中辺分別論』Ⅰ 10への世親釈、安慧釈に見られる。他方、例えば『入中論』Ⅵ 105-106ab には、「眼翳の力により或る者は毛髪、二の月と孔雀の羽の目と蜂などを誤って取らえるの同じく、愚癡の過失の力により、非賢者は様々な有為を知恵により証得することになる。愚癡に依って業が生起するが、愚癡が無いならそれは生起しない、といって非賢者こそが証得することは間違いない。」といい、Ⅵ 108d には無明を眼翳と同一視し、愚癡すなわち無明が、ものの真相を覆い隠し、そこに無いものを知覚させるという積極的な働きが示されている。また、『入中論の自註釈』ad Ⅵ 88 (D No.3862 'A 278b2-3; de La Vallée Poussin p.187; 和訳　小川一乗『空性思想の研究』1976,p.211) に引用された『十地経』の十二支縁起に関する所説に、「そのうち、無明は二の所作として住するのです。有情たちをまた所縁に迷妄にするのと、諸行が現成する因をも与える。」といい、無明の作用が示されている。そのような解釈に合致する教証として、『倶舎論』Ⅲ (和訳　山口益、舟橋一哉『倶舎論の原典解明　世間品』1955,p.238) に有名な所説があり、その『自註釈』D No.4090 Ku 131b4-7 に次のようにいう —

「また、「無明」という義（もの）は何なのか。明知でないものです。眼などについても誤謬になる。では、明知が無いものです。そのようなら、何でもないことになる。それもまた明知ではない。よって、

〔v.28cd に〕「明知の所対治分〔である〕他の法。無明は非親友・虚偽などと同じく。」

あたかも「親友」というのを反転したなら、その所対治分になったもの、何らかの非親友が有るが、親友より他であるものでもないし、親友が無いことでもない。そして、「諦（真実）」というのは諦です。それが所対治分になったものの句（ことば）は、非諦（非真実）であるし、非法と非義と為すべきでないことなども、法などの相違になったのと同じく、無明もまた明知の相違になったもの、他の法と見るべきです。」

『道次第大論』中士の個所 (Kyt ed. 上巻 ,p.283; 拙訳『菩提道次第大論の研究』2005,p.282, p.396) には、この『倶舎論』Ⅲ 28d が引用され、そこでの 'Jam の割註にも『自註釈』の要旨が示されている。『倶舎論の自註釈』ad Ⅴ 38(D No.4090 Ku 247a7-b1; 和訳 小谷信千代・本庄良文『倶舎論の原典研究 随眠品』2007,pp.179) にも、無明がなぜ別に説明されず、混ぜて説明されるかの説明がある。これらに関しては、拙訳『チベット仏教　論理学・認識論の研究Ⅰ』2010, 訳註１０−１２に示した。なお、この『倶舎論』Ⅲ 28d が教証とされる事例は、自立派のカマラシーラ著『入無分別陀羅尼の広釈』D No.4000 Ji 131b1 にも見られる。Kyt ed.p.441 に言及される『同註釈』への訳註を参照。Brjed byang（憶え書）Da 74b1-5 には次のようにいう —

「『倶舎論』（※１）に「明知の所対治分〔である〕他の法。無明は非親友・虚偽などと同じ。結などの句のために。悪しき智恵というのではない。」といって無明それは明知・智慧の相違対立項〔である〕所対治分だと説明したし、『量評釈』（※２）に「明知の所対治分だから、心所でもって認得されるから。逆に認得することが無明だと説かれているから、他は道理ではない。」といって有身見は無明です。明知〔すなわち〕無我を証得する智慧と執らえ方が直接的相違によりその所対治分になっているから、そして、明知〔である〕その智慧より執らえ方が逆に認得するのは無明として『経』（※３）に説かれたからです。無明は心所であることにより、対境を縁ずる無明であるので、その明知が無いことほどと、明知でないものほどと、明知と相違するものほどを無明と設立するのは道理でないことを説かれた。（以下、省略）

※１）文言に問題があるので、原典より和訳した。

※２）Ⅱ 213cd-214ab; 拙訳『チベット仏教　論理学・認識論の研究Ⅰ』2010,p.202

※３）『月灯三昧経』あるいは『十地経』が挙げられる。直前の拙訳とその訳註を参照。

※１）'Jam に、「それには所知障も有るので、それはここには適切でない。」、「その無明は何から反転するかの〔明知〕」などという。

※２）'Jam に、ma rig pa（無明）について、「ma という否定辞の意味は」という。

※３）割註に、「〔すなわち〕その智恵が取らえた対境それと、直接的な相違（矛盾）になった対立項一つそれこそを〔取らえる〕何らかの知識という。」という。

※４）割註に、「定立的否定、相対否定、〜でない否定 (skt.paryudāsa, tib.ma yin dgag)」と「非定立的否定、絶対否定、無しの否定 (skt.prasajyapratiṣedha, tib.med dgag)」の区別にも言及し、顛倒の対境を取らえる知識であることを述べている。すなわち、

「この義（内容）はまた、明知を否定したほどをいうのではない。明知を否定したほどは、「無しの否定 (med dgag. 非定立的否定)」なので、無明として適切でない。明知より他であるものほどについてもいわない。瓶など明知でないものすべては無明であると設定するには適切でないから。よって、明知としてふさわしくない顛倒の義（もの）それを取らえたのに依って、明知にふさわしい正しい義（もの）それを否定した反対分になった何らかの知を、言うことが必要です。〔ma rig pa(無明)のうち〕ma は否定辞、そして rig は対境が見える所作、そして pa は主体辞なので、何か知により対境を了知するし見える所作より損なわれたものに、否定辞 ma の字を結合させたので、ma rig と出ている。それを具えた有義の pa の声（ことば）を結合させたので、ma rig pa と出ている。その義（内容）は、対境が見える所作より損なわれたことを持つ、というそれが現れたから、その所作より損なわれたのは、対境〔である〕顛倒を取らえたことそれにより為されたと理解することが必要なので、何か知について必ずいうことが必要だと理解する。それはまた、例えば不善と無常のようなものによっても表示してから知るべきです。」

訳註３−１６４）'Jam に、「第六、微細な二我執を共通に説明することは、」という。cf.四津谷孝道『ツォンカパの中観思想』2006,p.52
※１）割註に、「自体により成立した〔我〕」という。
※２）割註に、「という二つが出ているし、その我執〔両者が〕また染汚を有する〔無明です。〕」という。

訳註３−１６５）'Jam に、「第七、有身見と無明の二つが輪廻の根本であるが、二つにならないさまは、」という。
※１）割註に、「学説により汚染されたその合理性により〔蘊〕は自性により成立している〔と取らえる〕知が自相続に〔有るかぎり、〕蘊をそのように取らえる者〔彼〕の相続〔には〕自性により成立していると取らえる〔我執が〕また損なわれないで〔有る〕」という。
※２）割註に、「〔内部〕の一般的に無明と有身見の二も因果になるので、」という。

訳註３−１６６）I 35ab; D sPring-yig No.4158 Ge 108a5-6; cf.No.4159 Ge『宝鬘の広釈』137a1-2; Hahn ed.1982,pp.14-15; 和訳　瓜生津隆真『大乗仏典 14 龍樹論集』1974,p.238; 北畠利親『龍樹の政治思想』1988,p.19; Kyt ed.p.267（訳註１−５９の個所）にも引用されているので、参照。割註も『宝鬘』を指示する。

訳註３−１６７）'Jam に、「第八、そのように説明するのを知らないなら、寂静の門は一つでないことと、輪廻の根本が多になることは、」という。
※１）割註による。
※２）割註に、「一致しない二つは無いのに、輪廻の根本は上のその〔二つに〕」という。

訳註３−１６８）'Jam に、「第四、それは聖者父子五人のご主張だと示すには、五つ」といい、細分している。聖者父子五人については、訳註６−１０９を参照。『八難処の憶え書 dKa' gnad brgyad kyi zin bris』(Toh.No.5402 Ba 11b3-4) に次のようにいう −

「『空性七十論』と『入中論』などに諦執こそが有（生存）の因になった染汚を有する無明として説かれたこれは、声聞に法無我の証得が有ることの正しい能成です。」
声聞・独覚に法無我の証悟があるとの主張は、帰謬派の独特の立場の一つとして出てくる。訳註４−１を参照。

訳註３−１６９）vv.64-65; D No.3827 Tsa 26b3-4;『同自註釈』D No.3831 Tsa 120a5-6; チャンドラ著『空性七十論の註釈』D No.3867 Ya 329b5-330b; 和訳　瓜生津隆真『大乗仏典 14 龍樹論集』

1974,p.129; Brjed byang（憶え書）Da 75a2-6 に、この教証の意味と解釈について次のようにいう－
　「意味は、『善釈心髄 Legs bshad snying po』（※１）に「無明の同種類の前より後が生起するので、
十二、と説かれた」というのと、『入中論の大註釈 'Jug pa'i Ṭīka chen』（※２）に「法我執そ
れより人我執の無明が生起するので、それより十二が生起することを説明した。」というような
ものです。それらと『道次第小論 Lam rim chung ba』（※３）においてこの教は、〔『宝鬘』（※４）
に〕「蘊だと執らえることが有るかぎり、そこには我執がある。」というのと同じ意味だと説かれ
たので、諸事物を真実だと分別する、といって法我執に適用することが必要です。自立派の立場
においては初めの三句により輪廻の究竟の根本になった諦執を示すが、それは第一支になった無
明ではない、と細かい分を区別するし、『宝鬘』の教の意味も法我執に三道を生じさせる効能が
損なわれないで有る間はその我執が生起する、と解釈することが必要なことは、〔般若学の〕『第
一章の割註』に説明している。」
　※１）Toh.No.5396 Pha 76a2; 片野道雄、ツルティム・ケサン『中観哲学の研究Ⅱ』1998,
pp.118-119
　※２）Toh.No.5408 Ma 78b6; 和訳　小川一乗『空性思想の研究Ⅱ』1988,p.368
　※３）Toh.No.5393 Pha 156a4-b1; ツルティム・ケサン、高田順仁『中観哲学の研究Ⅰ』1996,
pp.14-15
　※４）Ⅰ 35ab; Kyt ed.p.267 への引用個所を参照。
※１）割註に「縁起」という。
※２）割註に、「自体により成立していると〔分別する〕し取らえる〔ことは〕」という。
※３）割註に、「正等覚者〔は〕」という。
※４）割註に、「そのような自体による成立を取らえる知〔である〕無明〔それより〕有身見などの
無明など、有（生存）の縁起〔十二支が生起する〕し、輪廻に輪転するし、」という。
※５）割註に、「事物の住し方〔である真実〕、勝義〔が見えるから、事物は〕自性により〔空だと良
く知る〕ことの力により、自性により成立していると錯乱した〔無明は〕」という。
※６）割註に、「〔滅する〕さま〔である。〕そのように無明が滅した〔ゆえに〕」という。
※７）割註に、「縁起〔十二支〕すべてが〔滅する〕ことになる〔。〕」という。
※８）ここでの二つの教証の指示は、割註による。

訳註３－１７０）ⅩⅩⅥ 11-12（「聖諦の観察」）; D No.3824 Tsa 17b4-5; 三枝充悳『中論偈頌総覧』
1985,pp.884-887; 和訳 奥住毅『中論註釈書の研究』1988,pp.852-853; 丹治昭義『中論釈　明ら
かなことばⅡ』2006,pp.240-241; Brjed byang（憶え書）Da 75a6-b3 に次のようにいう－
　「第二十六章の接続として『ブッダパーリタ』（※１）に、「今やあなたは声聞の教義の勝義へ
悟入することを示しなさい。」というのと、第二十七章の（75b）接続（※２）にも「声聞乗と
一致した〔契経に依って、見の形相がありえないことを示しなさい〕」などという意味は、第
二十六章と第二十七章との説明対象〔である〕『稲竿経』（※３）などは小乗の『経』なので、そ
れと一致した勝義または真実へ悟入する方軌を示しなさい、ということです。第二十六章には
十二支縁起の設定ほどしか自性を否定する方軌を説かれなかった。第二十七章には空性を決択す
る方軌は広汎だが、そこに空性を無辺の正理の異門を通じて示したとしたなら、小乗の『経』と
一致して示したのか示していないのかなど伺察すべきと見える。」
　※１）D No.3842 Tsa 276a4; cf. 寺本婉雅『龍樹造・中論無畏疏』1937,p.528; 池田澄達『根
本中論疏無畏論訳註』1932,p.177
　※２）D No.3842 Tsa 277a6; cf. 寺本同上 p.543; 池田同上 p.180
　※３）D mDo-sde No.210 Tsha ; 大正 16 No.712『仏説大乗稲芉経』;『明句』（ad ⅩⅩⅦ 29;
La Vallée Poussin pp.593-594; D No.3860 'A 197b6-198a7）に、『同経』が引用されている。
詳しくは小沢千晶『ナーガールジュナにおける見と縁起』2008（学位請求論文）pp.155-157 を
参照。
※１）割註に、「自性により成立していると執らえる〔無明〕」という。
※２）割註に、「その無明の力により業を積んだ〔諸行〕の縁起〔は一切相に〕」という。

訳註　3．空性論の真偽　　401

※３）割註に、「直接的な何か対治に依ったのは、法の住し方〔である〕勝義の真実を始めに〔知〕って〔から、その〔真実を〕たびたび〔修習したこと〕に依った〔ことによって〕。」という。
※４）割註に、「有（生存）の支分各々〔それぞれが〕」という。
※５）割註に、「支分各々〔それぞれが〕」という。
※６）割註に、「それら支分が滅したことにより、無辺の〔苦の〕大集積が積み上がり集積した〔蘊、すなわち〕苦だけの自性より楽と混合していないので、〔ばかり〕」という。
※７）割註に、「〔それは〕上の次第〔そのように〕再び生起することの無い方軌により〔正しく滅する〕ことになる。」という。
※８）割註に、「〔非真実、すなわち〕自性による成立〔が見える〕し執らえたことそれにより、輪廻に〔繋縛〕。事物の在り方〔すなわち真実〕、無顛倒、〔すなわち〕自性により無いことを証得し〔見えること〕それにより、輪廻より〔解脱〕」という。

訳註３−１７１）Ⅵ 10（「煩悩を捨てる方便を説示する」, v.135）；No.3846 Tsha 7b2; 英訳と text Lang,Karen., *Āryadeva on the Bodhisattva's Cultivation of Merit and Knowledge.* 1983,pp.269,593; 和訳　上田昇『チャンドラキールティ著『四百論注』第一〜八章和訳』1994, p.94; この偈頌は少し前（Kyt ed.p.330）の個所に引用されている。そこでの『四百論の註釈』については、訳註３−７２を参照。

訳註３−１７２）ⅩⅣ（辺執の否定を修習することを説示する）25（v.350）；この偈頌は Kyt ed.p.330 と Kyt ed.p.428 にも引用されている。訳註３−１５４を参照。『四百論の註釈』についても、訳註３−１５３を参照。
※）'khor ba'i（輪廻の）；先の引用では srid pa'i（有の）とある。原典においても srid pa'i である。

訳註３−１７３）'Jam に、「第三、ブッダパーリタとチャンドラキールティのご主張を示す」という。Brjed byang（憶え書）Da 76b2-3 に次のようにいう −
　　「ここに引用した諸々の教と、さらにまた『ブッダパーリタ』（※）に「無明が滅することになるのは、十二支分を知るそれこそを修習することが、数習されるべきことと堅固にされたことによって。」といって無明が滅するまたは尽きる方便は、縁起の真実を知ってから修習することが完成したことであると説かれたので、軌範師ブッダパーリタは声聞・独覚についても法無我を証得すると主張なさることが、知りやすい。」
　　※）D No.3842 Tsa 277a4; cf. 寺本婉雅『龍樹造・中論無畏疏』1937,p.542; 池田澄達『根本中論疏無畏論訳註』1932,p.179
※１）割註に、「『中論』、『根本般若』など」という。『六十頌如理論』をも含む言い方である。チャンドラキールティの『六十頌如理論の註釈』の冒頭（D No.3864 Ya 2a4; 和訳　瓜生津隆真『大乗仏典14　龍樹論集』1974,p.8）に、龍樹の著作に言及する中で『六十頌如理論』のことを「この『中論』（dBu ma 'di）」と呼んでいる。
※２）割註に、「〔自らの〕自性により成立した〔体性が無い〕住し方、勝義、真実（de nyid）〔を〕」という。

訳註３−１７４）Ⅰ（帰敬偈に関して）；D No.3842 Tsa 159a2-6; SAITO Akira, *A Study of The Buddhapālita-Mūlamadhyamaka-vṛtti*(Ph.D学位請求論文 1984)pp.2-3;〔〕の中は割註を参照した。
※１）割註に、「〔ブッダパーリタが〕説明している −「真実より他によりこのように〔縁起〕の真実〔を〕」という。
※２）割註に、「聖者ナーガールジュナ」という。
※３）割註に、「諸法の住し方に迷妄であることの力により」という。
※４）属格 kyi とあるが、原典 D ed. の具格 kyis を採る。
※５）割註に、「哀れな有情〔彼らを〕」という。
※６）割註に、「無顛倒の住し方」という。

※7）'Jam に「問い、それについて他者が問うたのは、」という。
※8）'Jam に「〔何であるか〕、回答は」という。

訳註3－175）偈頌が引用されているが、典拠は未確認。

訳註3－176）'Jam に次のようにいう －
　「チャンドラもこれを基本において説明しているし、主シャーンティデーヴァも〔『入行論』に〕
　（※）「心が所縁を有する者たちは涅槃も難しく住する」から、「この渇愛は染汚を有するもので
　はないが、迷妄と同じくなぜ〔比丘たちに〕無いのか」から、「空性を離れた心は滅して、再び
　生ずることになる。無想の等至のように。」などということにより、そのように説明した。」
　※）『入行論』Ⅸ 45ab,47cd,49ab; 和訳　ツルティム・ケサン、桜井智浩『ツォンカパ　中観哲
　学の研究Ⅵ』2009,pp.230-237

訳註3－177）ⅩⅩⅥ（冒頭）；D No.3842 Tsa 276a4; SAITO Akira, *A Study of The Buddhapālita-*
Mūlamadhyamaka-vṛtti (Ph.D 学位請求論文 1984) p.359; cf. 池田澄達『根本中論疏無畏論訳註』
1932,pp.177-178; 小沢千晶『ナーガールジュナにおける見と縁起』2008（学位請求論文）p.15;
cf. 丹治昭義『中論釈　明らかなことばⅡ』2006,pp.249-250; なお、ブッダパーリタの『註釈』は、
『中論』全27章のうち、第23章第17偈以降の部分は、『無畏註』と一致している。次の訳註を参照。
※1）'Jam に、「第四、劣乗の『経』にも無我を説明している仕方も」という。
※2）割註に「他者たちは〔語った －〕解説者の〔あなたは〕」という。
※3）割註にいずれも「〔入る〕次第〔を〕」という。

訳註3－178）ⅩⅩⅦ（冒頭）；D No.3842 Tsa 277a6-7; SAITO Akira,ibid.1984,p.363; cf. 寺本
婉雅『龍樹造・中論無畏疏』1937,p.543; 池田澄達『根本中論疏無畏論訳註』1932,p.180; 小沢千晶
同上 2008（学位請求論文）p.15
※1）割註に、「〔声聞乗〕の方軌〔に〕」という。
※2）mdo sde'i mtha'; 割註に、「〔経〕に出ている前と後〔の辺際に拠って〕、それこそに関して邪〔見
の形相〕」という。
※3）割註に、「〔見の形相〕すなわち、差別（個別）〔である〕我は過去の時に生起したと見るなど
同じでないもの十六が有る思い込みの対境」という。
※4）一つ前の mdo sde'i mtha' に関して割註に、「本題は前者こそが妥当すると見えるが、もし
mtha'（skt.anta）というのを経（mdo sde, skt. sūtra）に適用するなら、mtha' は立場（lugs）また
は決定（nges pa）にも用いられるので、経の立場または経の決定に拠って、それら見の形相の思い
込みの対境がありえないのを示しなさい、と説明することが必要です。」という。訳註2－3を参照。
※5）『十地経』の十二支縁起を説く個所に、「無明の縁により諸行」というのは過去、識から
受までは現在、渇愛と有までは未来に関してであるとされている。中土の道次第の個所（kyoto
ed.pp.286-287; 拙訳『菩提道次第大論の研究』2005,pp.284-285）には『アビダルマ集論』に基づいて、
無明から識までは投ずる支分、名色から受までは投じられた支分、渇愛から有までは現成させる支分、
生と老死は現成させられた支分と分類されている。cf. 拙著『解脱の宝飾』2007,p.228
※6）sogs（など）というのは原典に無い。割註は『道次第大論』における付加であることを明示し
ている。
※7）『ブッダパーリタ註』の第23章17偈以降は『無畏註』と同じであり、現代の学者は、その後
は書かれなかったのか、失われたので、『無畏註』により補完されたのではないかと推測している。ツォ
ンカパは『未了義了義の弁別』で『無畏註』をナーガールジュナの自註釈でないと論じているが、こ
この書き方から分かるように、ブッダパーリタのその部分の著述が失われたとは考えないで、『無畏
註』がブッダパーリタを踏襲したものと考えている。cf. 平野隆「無畏註と仏護註との異同について」
（『印度学仏教学研究』3-2,1954）、拙著『中観哲学の研究Ⅲ』2001,p.288

訳註　3.空性論の真偽　　403

訳註３－１７９）'Jam に、「第五、声聞・独覚の経の所期の教化対象者に、諦無しの証得が有ることは、」という。

※）この文章について、Brjed byang（憶え書）Da 75b3-76a3 に次のようにいう－
「意味は、声聞・独覚に空性の証得が有ることの大きな能成は、十二支の無明の中心〔である〕法我執について確認したこれです。ゆえに輪廻より解脱するには、その法我執を断除することが必要だし、それにはその法我執の思い込みの対境〔である〕法我が無いのを証得することが必ず必要だ、ということです。『根本般若』（※１）に、「ゆえに非賢者が作者である。賢者はそうではない。真実が見えるから。」ということの『大註釈 Ṭika chen』（※２）に「そのように非賢者が作者なので、無明を有するものだけが諸行の作者になるが、真実が見え、(76a) 無明を断除した賢者は、作者でない。真実が現前に見えるから。」というのと、『善釈金鬘 gSer phreng』（※３）に、「修所断であっても、聖者に無いものを多く説明した。例えば対境を縁ずる激しい瞋恚のように。」などという個所に、投擲するもの〔である〕無明は聖者の相続に無いことを説かれたが、法我執〔である〕十二支の内部になった無明であるなら、聖者の相続に無いと承認することが必要だが、預流と一来と不還たちは前に業を積み、煩悩により養ってから生を受けると説かれたのと（以下、省略）（※４）」
※１）ⅩⅩⅥ 10cd; 三枝充悳『中論偈頌総覧』1985,pp.882-883
※２）Toh.No.5401 Ba 269a1-2; 和訳　クンチョック・シタル、奥山裕『全訳 ツォンカパ 中論註『正理の海』』2014,p.814
※３）未確認。cf.Toh.No.5412 Tsa 34a
※４）さらに『入中論の註釈』（訳註３－７１の本典と訳註３－５８の引用に該当する部分）を引用して議論している。Da 76b1-2 には、「法我執が聖者の相続に無いと語ることはできないので、上のように字を加えたのです。」という。

訳註３－１８０）'Jam に、「第三、分別（※）である思い込みの対境を否定しえないことには、1）それそのものと、2）増益のまた所縁境を否定しなくて、思い込みの対境を否定することと、3）諦執を個別に否定することの三つ」と科文を分けている。第一はさらに六つに細分されている。冒頭には「第一、これだという分別すべての思い込みの対境を否定すると主張する者は、比量などを知らないことは、」という。なお、（※）は rtogs pa（証得）とあるが、文脈より rtog pa と読んだ。

訳註３－１８１）ⅩⅥ 23cd（「軌範師と学徒の決択を説示する」, v.398cd）; D No.3846 Tsha 18a4;　英訳 と text,Lang,Karen. ,Āryadeva on the Bodhisattva's Cultivation of Merit and Knowledge. 1983, p.541,671; 英訳　Geshe Sonam Rinchen ＆ Ruth Sonam,YOGIC DEEDS of BODHISATTVAS.1994,p.298; ⅩⅥ 23ab には、「もし自性により事物が有るなら、空を見ることはどんな功徳が有るのか。」と問う。『根本中論』ⅩⅩⅢ「顛倒の観察」vv.1-2 にも、貪瞋癡は浄・不浄などとの顛倒により分別から起こるが、それらは無自性であり、諸煩悩も実在しないことが説かれる。
※１）割註に、「事物が自性により成立していると〔見る〕し、執らえた〔こと〕それにより、輪廻に〔繋縛です。〕」という。
※２）割註に、「よって、繋縛するもの〔である〕分別〔それをこの〕場合〔に〕」という。

訳註３－１８２）D No.3865 Ya 238a1-2; P No.5266 272a; K.Suzuki ed.1994, なし; cf.Lang,Karen.,ibid.,1983,p.542; 四津谷孝道「ツォンカパにおける世俗の世界」（『国際仏教大学院大学研究紀要』2,1999) p.41
※１）割註に、「事物において」という。
※２）割註に、「顛倒の」という。
※３）割註に、「諸分別の対境の差別（限定）について」という。

訳註３－１８３）'Jam に、「第二、そのようなら、比量は無いので、異生（凡夫）は空性を証得しないことが帰結することは、」という。

※１）世俗（kun rdzob, skt.saṃ vṛtti）の語義解釈の一つ「覆障」（訳註１－１９を参照）もそうであるし、中観と立場が同じではない仏教論理学にも関連する内容がある。『量評釈』PV Ⅱ 217cd-218abc に、「我だと見える者には、「我」といって常に思い込むことになる。思い込みでもって、楽を渇愛することになる。渇愛でもって、諸々の過失が覆われる。徳性が見えることにより、全く渇愛する。」といい、凡夫に真実は覆われており、虚偽が現れることが言われている。また、上記の 'Jam の科文に比量が言及されており、それとの関係では、直接知覚で知ることができない凡夫は推理に拠るべきであり、『量評釈』PV Ⅲ 54cd に、「それは自他の体により証得されるから、所量は二つだと主張なさった。」、Ⅲ 62-63 に、「〔所成と〕関係を有する法から、有法について生ずる証得であるものそれが、比量。隠れたもの〔に対して〕の能成は〔それ〕一つに決定するのである。現前と隠れたものより他の所量が、有るわけではない。だから、所量二つにより、量は二つだと主張なさった。」といい、所量は現量の対象である自相と、比量の対象である共相との二つしか無いことが言われている。
※２）割註に、「対境の住し方〔である〕如実を決定する〔決定知〕」という。
※３）割註に、「〔すなわち〕その決定知とその錯誤知との二つの執らえ方の対境について、正理により侵害するのが等しいなら、その決定知も、無いながらに増益する錯誤知になる。」という。決定知と錯誤知の関係に関しては訳註３－６８を参照。また、決定知と錯誤知が両立不可能であることに関しては、訳註６－６０に引用した『量評釈』Ⅰ 49ab をも参照。

訳註３－１８４）'Jam に、「第三、そのようなら、解脱に導く正見が無いので、解脱しないことは、」という。
※）割註に、「法の自性を無顛倒に決定する知が無くなるので、」という。

訳註３－１８５）Ⅷ 7（「学徒の治浄」, v.182）; D No.3846 Tsha 9b1; Suzuki ed.1994,p.124; 英訳と text Lang,Karen.,ibid.,1983,p.312,607; 月称註 D No.3865 Ya 135a5; 和訳 上田昇『チャンドラキールティ著『四百論註』第一～八章和訳』1994,p.120; 英訳 Geshe Sonam Rinchen & Ruth Sonam, *YOGIC DEEDS of BODHISATTVAS*.1994,p.189; Brjed byang（憶え書）Da 76b4-77a1 に次のようにいう —

> 「字の追加は、チャンドラの『註釈』とレンダワの『註釈』のようなら、諸事物は非空ながらに貪欲を離れるために空だと修習するのであるのか。自性により空なのを空だと見るのであるか、というと、自己が空性を修習したことにより涅槃を得ることになる、と思惟して、事物は空でないのを空のように見えることにより得るのではない。それは諸事物が他に住するのに他の形相に見える邪見であるからです。そのような邪見により (77a) 涅槃しないことを諸如来は説かれた、と適用する。」

※１）割註に、「或る人は、無自性の義（内容）を証得しなくて、事物が諦成立だと思い込みながらも〔私は〕空性を修習したので、」という。
※２）割註に、「〔空でない〕事物を縁じてから、この事物は空だと〔空のように〕作為した空として」という。
※３）割註に、「そのことにより、涅槃を得る〔のではない。〕」という。
※４）割註に、「から」という。

訳註３－１８６）'Jam に「第四、その思い込みの対境を基礎に置いてから自部、他部が増益したさま。」という。〔〕は割註による。cf.四津谷孝道『ツォンカパの中観思想』2006,pp.51-52; 野村正次郎「ツォンカパの空思想における当事者性」（『日本西蔵学会々報』52,2006）p.21
※１）割註に、「常と唯一と自在による生など、我として分が無く、実物成立して、諦成立しているなど」という。いわゆる、常一主宰の我のことである。これは否定対象の確認が過小なものとされている。Kyt ed.p.322 を参照。
※２）割註による。
※３）割註に、「個々に否定する努力を待っていなくて、永久に〔止滅する〕」という。
※４）割註に、「何よりも重要な義（内容）の心髄こそだと取らえる〔べきですが〕」という。
※５）割註に、「否定対象〔である〕分無きものなど」という。

※6）割註に、「他の為すべきことを獲得しなくて〔から〕」という。
※7）割註に、「苛烈な苦を永続的に（※）領受することが必要な〔輪廻に〕」という。※）’khor mo についてついて、brDa dkrol gser gyi me long（Mi rigs dpe skrun khang,1997）p.70 に、断絶しない意味だという。
※8）割註に、「と、その学説により相続を汚染された人（プドガラ）〔彼ら〕」という。
※9）割註に、「遍計された無明それは、身体あるものが輪廻する〔輪廻の根本に〕」という。
※10）割註に、「上の理由そのようであるので、否定対象を否定する仕方の境界」という。

訳註3－187）’Jam に、「第五、増益の分別の思い込みの対境を否定しても、無分別の量（認識基準）の取らえ方を否定しないことは、」という。cf. 四津谷孝道『ツォンカパの中観思想』2006,p.51
※1）割註に、「初めから自らのもの（rang chas）のようなものとして偶然的に作為する必要なく、自らと倶生に連れ立ったように来たような〔無明〕」という。
※2）割註に、「倶生の思い込みの対境、自性による成立」という。
※3）割註に、「一時的な錯乱の因の侵害が無い〔執らえ方〕」という。
※4）割註に、「言説として有るものなので、いつのときも〔けっして〕」という。

訳註3－188）’Jam に、「第六、正理により一般的に意識〔である〕増益の分別一つと、その中では我執二つが根本であるので、その二つの思い込みの対境を否定しても、分別すべての〔対境を否定するの〕ではないさまは、」という。

訳註3－189）’Jam に、「第二、増益のまた、所縁を否定しなくて、思い込みの対境を否定するさまには、二つ〔。そ〕のうち、第一、思い込む仕方は、」という。cf. 小林守「自相成立と自性成立」（『印度学仏教学研究』43-1,1994）p.336; 福田洋一「ツォンカパにおける縁起と空の存在論－中観派の不共の勝法について－」（2002 年改訂版がウエブ上で閲覧可能）pp.12-13; 福田洋一「ツォンカパの中観思想における帰謬派独自の縁起説」（『印度学仏教学研究』48-2,2000）p.128; 根本裕史『ツォンカパの思想と文学－縁起讃を読む－』2016,pp.51,71-72
※1）割註に、「事物の自性と事物の体といって、事物それの言説の在り方を示すそのような」という。
※2）割註に、「〔有る〕ことが、ここに増益すべき自性それであり、そのように有る〔と執らえる〕」という。
※3）割註に、「そのようなものが有るなら、在り方〔それについて〕」という。
※4）割註に、「それも、そのような在り方が有ってから、我または自性として設立したのでなく、もし諸法の自体により成立した我または自性が有るなら、」という。mChan に rtag mtha’ bzung とあるが、brtag mtha’ bzung の表記が正しい。これは実在しないものを論証式の有法に取らえることを意味する。Kyt ed.p.269 に引用された『入行論』（訳註2－2の個所）をも参照。また、「我」という言葉が自性と同じ意味に用いられることについて、Kyt ed.p.336 に引用された『四百論の註釈』（訳註3－195の個所）、または訳註3－23に引用した『ブッダパーリタ』を参照。

訳註3－190）XⅣ 23cd（「辺執の否定を修習することを説示する」, v.348cd）; D No.3846 Tsha 16a4; 英訳と text Lang,Karen.,ibid.,1983,pp.488-489,658; 英訳 Geshe Sonam Rinchen & Ruth Sonam, YOGIC DEEDS of BODHISATTVAS.1994.p.274; cf. 片野道雄「大乗仏教と他思想との対論」（井ノ口、鎌田、柏原編集『仏教思想史2〈仏教と他教との対論〉』1980）p.90
※1）割註に、「そのようにまた事物〔このすべては〕」という。
※2）割註に、「他である言説の知に拠っているから、〔自在〕による成立〔が無い。〕」という。
※3）割註に、「自体により成立した〔我は〕」という。

訳註3－191）D No.3865 Ya 200b6; K.Suzuki ed.1994, なし;
※1）割註に、「〔この〕世間〔において〕事物、なおかつ〔自体〕により成立したもの〔と、自性〕により有るもの〔と、自在〕により成立したもの〔と、他に拠らない〕で成立している〔ことである〕事物〔それについて〕」という。

※２）自体による成立などは否定対象の限定において、自相による成立と同義語として用いられる。訳註２－０を参照。Brjed byang（憶え書）Da 77b5-78a2 に次のようにいう －

「「他に拠らないこと」と説かれたことの意味は、『註釈』自体に因縁に拠らないことに適用したように思われるが、本文に「因縁に拠らないことではなく、有境〔である〕言説の知識について「他」という」と説かれた理由は、下（※１）に他の因・縁に拠らないことをいってから、「それを否定したなら、自部〔仏教学派〕に対して立証する必要がないことと、それを否定しても、中〔観〕の見を獲得したと設立することはできない」というように、他の因・縁に拠らない (78a) 自在のもの（rang dbang ba）をこれの否定対象に設定したなら、自部の実有論者たちは有為の上にそれを否定しおわったので、中観の見を獲得したことが帰結するし、〔『根本般若』（※２）に〕「縁起でない法は何ら有るわけではない」などというように、所知すべての上に、何か否定対象を否定したことにより究竟の法性になる〔ところの〕否定対象それを確認することが必要だから、有境〔である〕設立するものの分別〔である〕他に拠らない自在のものそれを、否定対象に設定したのです。」

※１）Kyt ed.p.413 を参照。

※２）ⅩⅩⅣ 18; Kyt ed.pp.274-275（訳註２－２６の個所）を参照。

なお、他の類似した用例として、チャンドラ著『空性七十論の註釈』D No.3867 Ya 283a1-2 (ad v.68) にも関連した説明がある。すなわち －

「自性（rang bzhin）と体性（ngo bo nyid）と真実（de kho na nyid）というのは、異門（別名同義語）です。自性により空であるのは、自性を欠いている、という意味です。涅槃は常、あらゆるものが生ずることの無い自性、自相が少しも無い。」

『入中論』ⅩⅡ 25ab「仏〔すなわち〕界の区別に善巧な者は、眼などの自性たるそれを、界として説かれた。」に関する『同自註釈』D dBu-ma No.3862 'A 336b5; La Vallée Poussin pp.376-377; 和訳 瓜生津・中沢『入中論』2012,pp.319-320; cf. 太田蕗子『『入中論』における菩薩の十地思想－大乗教義学に見られるもう一つの修道論－』（学位請求論文）appendix Ⅰ pp.98-99; cf. 拙著『中観哲学の研究Ⅴ』2002,p.210）の十力の第四、種々界智力の個所に次のようにいう －

「自性と（rang bzhin）と体（ngo bo）と空性（stong pa nyid）というのは、異門（別名同義語）です。仏〔であり、〕界すべての区別に善巧な者たちの智、すなわち眼などの界の自性たる内空性などの相（mtshan nyid）を有する区別〔である〕多になったものそれについて、障礙の無いそれは、様々な界を知る力と設定された。」

cf. 四津谷孝道『ツォンカパの中観思想』2006,pp.53-54

訳註３－１９２）'Jam に、「第二、その思い込みの対境の異門（同義語）と成立の度量（程度）は、」という。

※１）割註に、「諸事物を生じさせるものの〔因〕と〔縁〕を他にしてから、それ〔に〕」という。

※２）割註に、「これの他に拠らないという他は、」という。

※３）割註に、「事物においてそのような自性が有るなら、その自性は言説の知識〔それの力〕」という。

※４）割註に、「それら法の現れの対境それらは、部分と集積の〔何としても〕」という。

※５）割註に、「それより逆分、〔すなわち〕諸法の在り方において全く無い自性が」という。

※６）割註に、「言説の知を待っていないもの」という。

訳註３－１９３）ad Ⅷ（学徒の治浄）3 (v.178); D No.3865 Ya 133a6-7; P No.5266 250b; Suzuki ed.1994,pp.116-117; 和訳 上田昇『チャンドラキールティ著『四百論注』第一～八章和訳』1994,p.118; Brjed byang（憶え書）Da 77a1-b5 にこの教証について次のようにいう －

「『四百論の註釈』に「・・・分別が無くては有ることが無いそれらは」などというのは、〔『四百論』（※１）に〕「分別が無くては貪欲などに有ることは無い。真実の義（もの）と分別といって知恵ある誰が執らえるのか」ということの註釈です。この意味は『註釈』の句（ことば）とおりのようなら、非如理の分別は貪欲などの諸煩悩の因なので、分別が有るなら、それらが有る。分別が無いなら、無い意味として適用したように見えるが、タルマリンチェンの『註釈 Dar Ṭīka』（※

２）に、本頌註釈のこの個所の意味は、『六十頌如理論』（※３）に「世間は無明の縁を有すると正等覚者は説かれた。ゆえにこの世間は分別である、となぜ妥当しないのか。」ということの意味を理解することより知ることが必要だと説かれたので、尊者一切智者〔ツォンカパ〕の御教誡として間違いない。この意味は、世間はいつか諸々の取蘊は無明より業、業より識などが生起する〔という〕無明の縁を有するものであるから、分別により仮設されたほどに尽きているという意味。縁起の証因により分別の仮設ほどだと立証した。チャンドラの『〔六十頌如理論の〕註釈』（※４）に「無明が縁になったから、世間は（77b）分別〔であること〕がなぜに妥当しないのか。世間は分別ほどとして妥当する、ということを意趣なさった」というのと、「分別ほどに尽きている。」という意味です。自体は成立が無いので、暗闇の穴において人のさまに妄分別するように、世間もまた分別ほどと設定する、と説かれたように。よって、「分別が無くては」という分別は施設するもの（'dogs byed）の分別に適用したなら、きわめて妥当すると分かった。〔ツォンカパの〕『入中論の大註釈 rTsa she'i Ṭīka chen』（※５）に、「真実の義と分別といって（yang dag don dang rtog pa zhes）」という翻訳のとおりに提示したが、或る翻訳に「真実の義それは分別といって（yang dag don de rtog pa zhes）」と翻訳したようにしても同じだ。チャンドラの『註釈』（※６）に「もしこれは真実の義であるなら、なぜなら、それが有るとすべきことは分別を待っている。あるいは、待っているなら、これはどのように真実の義であるか。」といって真実の義または自性により成立したなら、それが有るのを設立することは分別を待っていないし、分別を待っているなら、自性により無いことを説かれたからです。」

※１）D No.3846 Tsha 9a6;

※２）H ed.Toh.No.5428 Ka 59b3-4

※３）v.37; D No.3825 Tsa 21b6; 和訳　梶山雄一『大乗仏典 14 龍樹論集』1974,pp.65-66; この教証は『入中論の大註釈・意趣善明』「第六現前地」の否定対象の確認の個所（H ed.Toh. No.5408 Ma 75b3-4; 和訳　小川一乗『空性思想の研究 II』1988,p.364）にもこの趣旨で引用されている。瓜生津隆真『ナーガールジュナ研究』1985,pp.167-168 には、無明の始まる流転の縁起として『中論』ⅩⅩⅥ、惑業苦の分類から根源としての無明に言及する『因縁心論』（cf. 訳註５－１３７）を参照している。

※４）D No.3864 Ya 23a2-3

※５）H ed.Toh.No.5408 Ma 75b5; 和訳　小川一乗同上 1988,p.364

※６）D No.3865 Ya 133b1

この喩例は唯識派の三自性説において提示されたが、『入中論の自註釈』には帰謬派からの再解釈が提示されている。訳註３－４５を参照。また、この教証は、『入中論の釈論・意趣善明』の第六現前地の冒頭で帰謬論証派による否定対象を確認する個所(Toh.No.5408 Ma 75b5-6; 和訳　小川一乗『空性思想の研究 II』1988,p.364）にも引用されている。

※１）割註に、「一切法は自らを執らえる〔分別が有ることこそ〕の力により仮設されたこと〔により有る〕かと設定されるのと」という。

※２）割註に、「自らを執らえる〔分別〕の力により設立されたこと〔が無くては有ること〕を設定できないとすること〔が〕何も〔無い〕」という。

※３）割註に、「〔すなわち〕縄を伸ばしていなくて一方に巻いて束ねたもの〔において〕錯乱して知により、「蛇だ」と」という。『道次第大論の表記註釈 brDa bkrol』Toh.No.6569 Ka 47a3 に、「巻いた縄は、縄が渦巻いたもの。〔すなわち〕一方に巻いたし収まったという意味。」という。

※４）割註に、「分別により仮設されたほど以外に」という。

訳註３－１９４）'Jam に、「第三、我執を特別に否定するには、１）我執を二と説明することと、２）我執と有身見の差別（ちがい）と、３）有身見の所縁・形相を区別してから形相を否定する仕方と〔合計〕三つ」という。その第一はさらに二つに細分されている。

　所依事の区別により人無我と法無我になることは、『入中論』ⅤⅠ 179-180(D No.3862 'A 313a4-b2; La Vallée Poussin pp.301-303; 訳註１－５５をも参照。）に、「この無我は、〔世の〕衆生を済度するために、法と人（プドガラ）の区別により二種類を説かれた。そのように教主は再びこれこそを

教化対象者たちに区別して、多くの種類を説かれた。広がりを有するものとして十六の空性を説明してから、要約して再び四つを説明した。それらは大乗だとも主張なさったのである。」という。和訳
　小川一乗『空性思想の研究』1976,pp.325-326、同『空性思想の研究 II』1988,pp.551-552; 拙訳『中観哲学の研究 V』2002,p.177 を参照。帰謬論証派の立場では人無我と法無我について粗大・微細の区別が無いことについては、訳註 2 - 2 5 と 5 - 1 を参照。

訳註 3 - 1 9 5） ad X II（見の否定を修習することを説示する）13（v.288）; D No.3865 Ya 190b2-3; K.Suzuki ed.1994,pp.268-269; T.Tillemans, *MATERIALS FOR THE STUDY OF ĀRYADEVA, DHARMAPĀLA AND CANDRAKĪRTI*.1990,vol.2 p.38, vol.1 pp.126-127;
引き続いて直後の D No.3865 Ya 190b3-5 には次のようにいう −
　　「そのうち、人（プドガラ）というのは、およそ五蘊に依って仮設されたもの（※１）。〔すなわち〕それは諸蘊において五種類に探求するなら（※２）、ありえない。法は蘊と界と処という諸事物。ゆえにそれら諸法と人（プドガラ）において我がどのような因と縁に依って生ずるから、そして依って仮設されたから、我の自体〔である〕自に依ったし、他に依っていないものは無いので、人（プドガラ）と法は自性が無いことを設定する。」
　　※１）D ed.brtags pa だが、本来は Tillemans が梵文 prajñapyate より btags pa に修正しているとおりであろう。
　　※２）btsal ba ni（探求したことは）とあるが、文意が通じない。btsal ba na と読んだ。
※１）割註に、「法と人（にん）の無我、という場所〔それについて〕」という。
※２）割註に、「どのようにであるかは、体または自性」
※３）割註に、「上の有境〔である、他〕の分別による設立〔に拠っていない〕し待っていない〔体〕、または〔自性〕」という。
※４）割註に、「所依事」という。

訳註 3 - 1 9 6） 'Jam に、「第二、我執と有身見の差別（ちがい）に三つのうち、」という。まずは、「第一、人我執に有身見は遍充しないことは、」という。有身見の語義解釈については、訳註 3 - 1 5 7 を参照。なお、『道次第小論 Lam rim chung ba』H ed.Toh.No.5393 Pha 155aff.; ツルティム・ケサン、高田順仁『中観哲学の研究 I』1996, pp.12-15) には、人我執の所縁について、正量部が五蘊や心だとし、唯心派と一部の中観派がアーラヤ識だとし、ブハーヴィヴェーカなどの中観派と声聞部が意識だとするのを批判して、仮設されたただの我だとされている。同じく Pha 155b-156a には次のようにいう −
　　「俱生の有身見の所縁について、「我」という知が自然に生ずることが必要なので、他の相続の人が自性により成立していると執らえる俱生〔の執〕は、俱生の人我執ですが、その人の俱生の有身見ではない。我所と執らえる〔我所執の〕俱生の有身見の所縁は、「我の（我所）」という俱生の知の所縁、まさに「我の（我所）」こそですが、自己の眼など（※）を所縁には執らえない。形相はその所縁を縁じて「我の（我所）」が自相により成立していると執らえるのです。」
　　※）眼などは法我執の所縁である。

訳註 3 - 1 9 7） 'Jam に、「第二、有身見の所縁に人（プドガラ）は遍充することは、」という。Brjed byang（憶え書）Da 78a3ff. には、『中観考究 dBu ma'i mtha' dpyod』などを引用して、我所の定義内容について議論している。Da 78a5-b6 には次のようにいう −
　　「我所執の有身見は、自相続の我所を縁じてから「自相により成立した我所だ」と執らえる形相を有するものであることを説かれた意味は、説明の仕方が多いが、法主ペルデンパが細かく伺察したようなら、蘊の集積ほどにより差別にされた我所を縁じてから、自相により成立した我所だと執らえる知その所縁境〔である〕我所それは、我と我所（78b）両者であるので、そのように執らえるのは人の我執でないことが帰結する過失は無い、と言うのか。または、眼により差別にされた我所と耳により差別にされた我所などを縁じてから、自相により成立した我所を執らえる知それらにより、我を縁じてから眼または耳などは、我それのであると見えて、自相により成立

した我所だと執らえるから、その所縁境には我と我所の両者が有るので、過失は無いとしたなら、いいかと観察する。『教科書 *Yig cha*』のお言葉のとおりにしても、眼に仮設された我所と耳に仮設された我所などを縁じた我所として執らえる有身見それらにより、我をも縁ずる。眼または耳などは我それのであると仮設されたものについても縁じてから、自相により成立した我所だと執らえるので、その所縁境には人（プドガラ）も有る、と類推して適用したなら、ふさわしいかと思われる。我所を執らえる有身見それの我と我所の二を縁じても、我と我所の二に区別した一支分の我を縁じたのではないとしたなら、いいかと思われる。我所は人（プドガラ）であるので、一相続に多の我所が有ることを設定しえないことを説明されたものも有るが、頭と支分など身の部分各々と、色・受など個々に仮設された我所は、互いに所依事一致（共通項）を設定しがたいと見えるので、観察する。（以下、省略）」

訳註３－１９８）cf.『入中論の註釈』ad VI 126; D No.3862 'A 295b3-5; La Vallée Poussin ed.p.244; 和訳　小川一乗『空性思想の研究』1976,pp.262-263; 瓜生津・中沢『入中論』2012,pp.221-222;
　『入中論』VI 146（La Vallée Poussin ed. p.268）には、正量部の思想として、同一・別他、常・無常などと語りえない人（プドガラ）が実在するという主張が述べられ、直後の vv.147-149 にはそれが論破されている。『倶舎論』IX「破我品」は、基本的に経量部の立場を採っているが、その中でも、D No.4090 Khu 89a-b; Pradhan ed. pp.470-471 には、人（プドガラ）施設に関する正量部ないし犢子部の主張を挙げて批判がなされている。cf. 桜部建「破我品の研究」（『大谷年報』12,1960,p.81; 中村元「インド思想一般から見た無我思想」pp.120-121 note6（『自我と無我』1981）; ケードゥプ・ジェ著『千葉 *sTong thun*』(Toh.No.5459 Ka 96a-b; 拙訳『中観哲学の研究III』2001,p.204）にも『入中論』、『倶舎論自註釈』を引用して詳論されている。cf.『未了義了義の弁別 *Drang nges*』(Toh.No.5396 Pha 70b5-71a2; 拙訳『中観哲学の研究II』1998,pp.102-104）；寺本婉雅・平松友嗣『蔵漢和三訳対校 異部宗輪論』1935, 再版 1974,pp.63-64
※）割註に、「毘婆沙師の内部の」という。同派からの派生である。

訳註３－１９９）cf. VI 127; D dBu-ma No.3861 'A 210b1-2;『同自註釈』D No.3862 'A 296a3; La Vallée Poussin ed.p.245; 和訳　小川一乗『空性思想の研究』1976,p.265; 拙著『中観哲学の研究V』2002,p.150; 瓜生津・中沢『入中論』2012,p.222; VI 127 には次のようにいう －
　「もし蘊が我なら、ゆえにそれは多なので、それら我もまた多になる。我は実物になるし、それを見ることは実物に対して起こるので、顚倒にならない。」
なお、有身見に関して拙著『中観哲学の研究I』1996,p.182 に、インドの文献に有身見を倶生と所遍計との二つに区分したものがあるのかどうか分からないと記したが、煩悩に見所断と修所断の二つが立てられることからして当然であろうが、二つの区別は『量評釈』の註釈文献に幾つも確認される。拙著『チベット仏教　論理学・認識論の研究I』2010,p.292 を参照。また、

訳註３－２００)cf. VI 135; D No.3862 'A 300a1-3; La Vallée Poussin ed.p.258; 和訳　小川一乗『空性思想の研究』1976,pp.279-280; 拙著『中観哲学の研究V』2002,p.155-156; 瓜生津・中沢『入中論』2012,p.230

訳註３－２０１）'Jam に、「第三、有身見の所縁境において自相続が必要であるさまは、」という。

訳註３－２０２）'Jam に、「第三、有身見の所縁・形相を区別して形相を否定するさま」といい、さらにそれを五つに細分している。第一は、「その所縁において形相をどのように執らえるかのさまは、」という。
※１）割註に、「よって、執者自相続の何か我を所縁と設定するが、」という。
※２）割註に、「その否定対象により差別にされた（特定された）」という。

訳註３－２０３）ad VI 120; D No.3862 'A 292a7-b1; La Vallée Poussin ed.p.234; 和訳　小川一乗『空性思想の研究』1976,p.253; 瓜生津・中沢『入中論』2012,p.215; cf. 拙著『中観哲学の研究Ｖ』2002,p.145; VI 120 は（Kyt ed.p.265; 訳註１－５３の個所）に引用されている。
※１）割註に、「自相により成立した〔「私」と〕そのような〔私の〕」という。
※２）割註に、「執らえ方の」という。このあたりの割註に 'dzin stangs（執らえ方）が形相の同義語のように用いられている。

訳註３－２０４）'Jam に、「第二、我執の対境も微細な無我と相違（矛盾）することが必要であるさまは、」という。
※）唯識派の提示するようなその智慧の単なる欠如ではない、という意味である。訳註３－１６３を参照。

訳註３－２０５）D No.3862 'A 292b4; La Vallée Poussin ed.p.234; 和訳　小川一乗『空性思想の研究』1976,p.253; 瓜生津・中沢『入中論』2012,pp.215-216;
※１）割註に、「ここに最初に」という。
※２）割註に、「所縁の所依事（もと）〔である、我の〕自体により成立した〔我〕または自性〔が無いことを了解する〕」という。

訳註３－２０６）'Jam に、「第三、二の有身見の形相の差別（ちがい）は、」という。
※１）'Jam に、「我所の仮設の所依事〔である〕眼・耳などの差別（ちがい）にした我所を縁じてから、自相により成立したと執らえる我所執」という。他の割註に、「自相続の我を所依事（もと）にした我ほどを縁じてから、自相により成立している我だという形相の執らえ方を有するもの〔と知るべきです〕」という。
※２）'Jam に、「我と我所だと執らえなくても、我執であるさまは、」という。

訳註３－２０７）'Jam に、「第四、「我だ」という知すべてが我執でないさまは、」という。
※１）割註に、「一般的に知により執らえたその我について、」という。
※２）割註に、「〔設立したこと〕一つと、他の差別により差別にしていなくて」という。
※３）割註に、「この知ほどは、言説の量（認識基準）としても承認していいので、この知の執らえ方の対境された私それと、我執の有身見により何かを縁じた所縁境の私それとの二つは、義（もの）は同じでも、「私だ」というほどの知の（※）執らえ方と、所縁境との両者を否定しなくて、有身見それの所縁境も否定しないが、執らえ方の対境を否定することが必要です。」という。※) gyis（によっての）とあるが、gyi と読んだ。
※４）割註に、「正理により否定することもできないので、」という。

訳註３－２０８）'Jam に、「第五、倶生の有身見の所縁を否定しなくても、形相を否定するさまが明らかなること、およびその喩例は、」という。
※１）割註に、「『根本般若』などと『四百論』などと『ブッダパーリタ』と『明句』など」という。
※２）割註に、「『四百論』の教を合わせて、立証した個所に、他に拠っていない〔自〕体の設定の仕方を説明した」という。
※３）割註に、「人（にん）と法の二我執ともに関した倶生の〔無明により〕」という。
※４）割註に、「自らの輪廻の根本が、自相続に有るその我執二つは錯乱し誤っていると了解してから、断除する方便のみを説かれたと」という。
※５）割註に、「が、自性により自体により成立していない、などという句（ことば）に従った反復ほどに執着すべきではない。」という。

訳註３－２０９）'Jam に、「には七つのうち、第一、全く無いものと、有ってもその場所・時に無いものについて、勝義の差別（限定）は必要ないさま」という。なお、車を喩えに用いた七種類の伺察

による人無我の決択において、ただの集積に関して自性によってなどという差別（限定）の適用が不必要であることについては、Kyt ed.pp.383-385 を参照。

※１）割註に、「一般的に蓮華のような」という。

※２）割註に、「きわめて涼しくて湿潤を離れた或る場所に無くて、水の有る泥地〔の処〕の何らか有るし、特定の時〔である〕冬のような時に無いし、夏の時のような〔時〕の何らかに有るのと同じく処・時の力により〔何らかに有り〕」という。

※３）割註に、「してから、その処・時にその法が自性により無いなどと適用して述べる〔必要は〕」という。

※４）割註に、「それらがどこか無いところの処・時に、その法が自ら無いと述べることが必要です。」という。

訳註３－２１０）'Jam に、「第二、学説だけにより増益されたものを否定しても、自性などを適用することは必要でないさまは、」という。

※１）割註に、「他生と分無きものなど」という。

※２）Brjed byang（憶え書）Da 79a6-b1 に次のようにいう －

「本文に「それらについて思惟の側に適用することが必要な幾らかの場合以外」などという意味は、実有論者が主張する〔諸々の〕増益を否定するなら、所取〔である〕無分の極微と、能取〔である〕無分の刹那のようなものを、彼らが実物有だと主張するから、「勝義として」という差別（限定）を適用したなら、彼自らの思惟の側を待った必要性が有る以外、他のものごとについてそのような差別を適用する必要はない、と（79b）いうのです。」

※３）割註に次のようにいう －

「それもまた、実有論者が他生などそれらは勝義として成立しているのと、自性により成立していると主張するので、最初から「他生などは無い」などということにより否定したなら、それについて彼は過大な誤謬のようなものを聞きたいと欲することなどは全く生じないし、知が起こらないので、きわめて否定しがたいことが生ずるし、否定すべきそれについて、彼自身の思惟のように勝義などの差別（限定）を適用してから、他生は勝義として無いなどということにより否定したなら、彼が聞くことなどを通じて如理に回答するので、きわめて否定しやすいので、彼の思惟の側のように勝義などのそれら差別（限定）を適用するのが枢要の大きな場合が生ずる。そのように彼の思惟の側のように勝義などのそれら差別（限定）を適用し、勝義として他より生ずることは無いなどにより否定したとき、他生などは諦成立を否定したなら、再び勝義などの差別（限定）を適用しない他生など否定すべきことが残っているわけでない。彼自身の他生などが有る以上、諦成立だと主張するので、それらは諦成立を否定したことにより、それらは根本から否定されたことになる。」

訳註３－２１１）'Jam に、「第三、その差別（限定）四つにより、他生を否定するのに、自性などを適用していないなら、論破は似非になることは、」という。

訳註３－２１２）'Jam に、「第四、差別（限定）を前に説明したようにしていないなら、輪廻・涅槃すべてと相違するさまは、」という。

※）割註に、「中観派自らが、世間の作者」という。

訳註３－２１３）'Jam に、「第五、量（認識基準）により成立していても、否定するなら、笑い処であることは、」という。

訳註３－２１４）'Jam に、「第六、その差別を適用することが必要なのは、聖者父子の本文すべてに出ていることは、」という。

※１）割註に、「その差別（限定）をすべての場合に適用することは、」という。

※２）tshig tshogs che ba la とあるのを直訳した。ただし割註には、tshig mangs bas dka' tshegs che ba la（言葉が多すぎるので、困難が大きいのを）といった説明を施している。

訳註３－２１５）これらの用例はきわめて多い。おおざっぱな調査ではあるが、『六十頌如理論の註釈』D No.3864 Ya には、「自性により生じていない」「自性による生が無い」といった表現は 2a1,3a2,3a6,3b2,4a1,8a4,8a6,8b3,10b,11a1,12b2,12b3,12b5,12b7,13a2,13b1,14a2,14a3,14a4,14a6,14a7,15a2,15a3,15a6,15a7,21b3,22a4,22b6,23b2,24a6,24b2-3,25b6,26b7,27a2,(27a4),27a6,27b2 に、「自性による成立が無い」といった表現は 2a1-2,8a7,(8b1),17b5-6,19a1,19a2,19a5,(22a6),22b2,23a5-6,23b2,23b3 に、「自性により空である」といった表現は 20a3 に、「自性が無い」といった表現は 3b3,8b3,8b4,14b7,16b2,16b3,18a2,18a3,23b2 に、「自性により無い」といった表現は 8a4,15a6,25a5,29a6 に、「自性により寂静である」といった表現は 12b1 に、「自性により尽きた」といった表現は 16b2-3 に、「自性により諦ではない」といった表現は 25b6-7 に、見られる。

訳註３－２１６）'Jam に、「伺察するという句（ことば）が有っても、自性の差別（限定）の適用が有るさまは、」という。
※）Kyt ed. に rtogs par la bya ste/（証得することをいうべき？）としたが、D ed.,B ed.、割註での本文 rtogs par bya ste/ を採る。

訳註３－２１７）ad XIV 1（「辺執の否定を修習することを説示する」, v.326）; D No.3865 Ya 209a6-7; Suzuki ed.1994,pp.312-313; cf.Lang,Karen., *Āryadeva on the Bodhisattva's Cultivation of Merit and Knowledge.*1983,p.472-473,650; 和訳　佐々木惠精「極端へのとらわれ－『四百論』及び『釈論』第十四章の研究－」（『京都女子大学宗教文化研究所研究紀要』6,1993) p.26; 片野道雄「大乗仏教と他思想との対論」（井ノ口、鎌田、柏原編集『仏教思想史２〈仏教と他教との対論〉』1980) p.67;これは、『四百論』XIII の最終偈に、「炬火の輪、変化と夢、幻術、水の月と遠霞、内のこだまと陽炎、雲と有（輪廻の生存）は等しい。」といい、これらの喩例を挙げられたのを承けて、XIV 冒頭に問題提起されたものである。『四百論』XIV 1 には、「何らかの事物が何かにも拠ることにならないならば、それの自体が成立することになるが、それはどこにも有るわけではない。」という。片野道雄 1980, 同上には、この偈頌をこの章の「総説」と称している。そして以下、ヴァイシェーシカ学派の六句義の範疇実在論、瓶とそれを構成する色など、色を構成する四大種などの関係を検証して、有自性論を批判し、因中有果説、無果説を遮止して縁起、無我、空性を論ずるものであるが、それらは『中論』と同様に同一・別異に関する四句分別を通じて為されることが指摘されている。
※１）割註に、「喩例〔、炬火の輪〕が速く旋回するの〔と変化〕の軍勢」という。訳註５－２９をも参照。
※２）割註に、「現れるように義（もの）について観察したなら、確立しえないので、」という。
※３）割註に、「正理により観察したなら、無事物になる。もし観察したことにより」という。
※４）割註に、「で、確立できるものである〔のなら、〕」という。
※５）割註に次のようにいう －
「顕わです。ここに sa le sbram は、或る外治法の論書（dpyad kyi bstan bcos）に「sa le sbram は金である」と出ているように、金です。例えば、その金（※）は、因の善し悪しを観察するとき、火に焼いたし、切断し、研磨したそれほどに、悪しき顕色（いろ）にならないだけでなく、きわめて清浄な金の自性それこそが次第に明瞭に明瞭になるのと同じく、ここには事物が自体により成立したものであるなら、道理により伺察したほどに事物の〔自体〕それこそ〔が〕次第に〔明らかに〕なって、知によりきわめて粗大なものとして〔認得されることになる〕のが必定な〔のに、〕」
※）この金の精錬の喩例は、『未了義と了義の弁別・善釈心髄』の序論（Toh.No.5396 Pha 2b5-6; 片野道雄『インド唯識説の研究』1998,pp.124-125）に、教証を引いて議論する個所に出ている。『道次第大論の表記註釈 brDa bkrol』Toh.No.6569 Ka 47a3-4 に、「sa le sbram は金であるという。また地下より出た金の粒について説明したのと、ジャムブ河の金について、赤と黄の上質な金があるうち、最高の黄のもの。顕色（いろ）が赤黄、光を放ち、きわめて良好なものは、sa le sbram とも出ている。」という。
※６）割註に、「〔それら〕諦として現れる事物〔は、顛倒〕、無明〔ほど〕により生じさせた〔因とした〕」

という。Brjed byang（憶え書）Da 79b1-3 に次のようにいう －

「「それらは顚倒ほどを因としたものであるので」などの意味は、不浄の器・有情〔世間〕など
は顚倒〔である〕無明により引かれた業により生じさせられた縁起であるから、あり方（yin
tshul）を伺察する知により伺察したなら、体が無いことになる、といって縁起の証因により無
自性だと立証したようなものか、または、諸事物は諦として現れるのは顚倒〔である〕諦執によ
り置かれた習気の力により現れたものなので、現れたように成立している、成立していないを伺
察する知により伺察したなら、体が無いことになる、と適用したならいい。」

※7）割註に、「正理の〔火により〕伺察するのを通じて」という。

※8）bsregs pa na とあるが、原典には bsregs pas（焼かれたので）とある。

※9）rang gi ngo bo とあるが、原典には rang gi ngo bos（自体によって）とある。割註に、「それ
が全く無いことこそになるが、それこそが〔無いことには〕」という。

訳註3－218）'Jam に、「について、1）勝義の差別（限定）は自立派だけが主張するのを否
定することと、2）勝義の差別（限定）が何であるかを説明することと、3）それを賢者が説明す
る仕方との〔合計〕三つ」とわけており、その第一はさらに十に細分している。「勝義として」と
いう限定を適用する問題については、『中論の釈論・正理海 Rigs pa'i rgya mtsho』の序論（Toh.
No.5401 Ba 17b5-20b; 和訳　クンチョック・シタル、奥山裕『全訳 ツォンカパ 中論註『正理の海』』
2014,pp.38-43）にも議論がある。なお、この問題は、丹治昭義『実在と認識　中観思想研究Ⅱ』
1992,p.303ff.にも分析されている。cf.福田洋一「自立派と中観派の不共の勝法」（『印度学仏教学研究』
60-2,2012）p.69

※）これはタンサクパの主張とされている。訳註2－13を参照。

訳註3－219）ad VI 173; D No.3862 'A 313a3-5; La Vallée Poussin ed.p.295 ll.8-16; 和訳　小
川一乗『空性思想の研究』1976,pp.316-317; 瓜生津・中沢『入中論』2012,pp.251-252; cf.拙著『中
観哲学の研究Ⅴ』2002,p.173; VI 173 は Kyt ed.p.348（訳註4－17の個所）に引用されている。

※1）割註に、「このように説かれた － それもまたシャーリプトラはスブーティに語ったのは、」と
いう。なお、『律』の規定によれば、特に僧伽の儀式において上のものに対して下のものは「上座（長
老）」と呼びかけるし、上のものは下のものに対して「具寿」と呼びかえすべきである。

※2）割註に、「と呼びかけてから、あなたが上にそのように語ったそれも〔また〕理由は〔何〕なのか。
果〔である〕滅、解脱〔を得ることが無いし、〕その果に悟入する〔現観することが無い〕」という。

※3）割註に、「けれども、得られることと得る者と、現観されることと現観する者は〔二の理趣によっ
て〕、聖者の等至が真実を見られる側に、二として現れる理趣により、あるいはまた、正理により如
理に伺察し探求したなら、得ることなどが有るの〔ではない。〕」という。

※4）割註に、「得ることと現観することそれがどのような理趣に有るかという疑いを除去するため
にまた」という。

※5）割註に次のようにいう －「伺察していない〔世間の〕周知または〔言説〕ほど〔として〕有るの〔で
す〕が、同じく涅槃の道の流れに加行する精進を始めた〔預流〕、有（生存）七回の者（極七返有）
と家から家に生まれる者（家家）など〔と〕、欲〔界〕において業・煩悩により一回生まれるので〔一
来と、不還と〕、三界の煩悩すべてを摧破した〔阿羅漢と〕、最後有の時、他の軌範師に依らないで自
らの菩提を現証する〔独覚と〕、自他の二利を円満に成就する心を発起する〔菩薩もまた〕」

※6）割註に、「義（もの）の在り方を如理に観察した側には」という。

訳註3－220）D Sher-phyin No.9 Ka 367a4-b3; 大正7 No.220 p.129b, 大正8 No.223 p.271c;
Kyt ed.p.359（訳註4－57の個所）にも、中観派に立場が有ることを論ずる個所に取意が引用され
ている。Brjed byang（憶え書）Da 79b3-4 にこの経証について次のようにいう －

「意味は、得られるもの〔である〕滅諦と、得させるもの〔である〕道諦の二つが有るが、得ら
れるもの・得させるものの二つの仮設された義（もの）を探求したなら、伺察に耐える方軌によっ
てではない、ということです。」

限定の使用、不使用による『般若心経』の了義、未了義の問題については訳註1－30の※11を参照。

訳註3－221）v.1; D No.3827 Tsa 24a6-7;『同自註釈』D No.3831 Tsa 110a5; チャンドラ著『空性七十論の註釈』D No.3867 Ya 267a4ff.; 和訳　瓜生津隆真『大乗仏典14 龍樹論集』1974,p.91; cf.岸根敏幸『チャンドラキールティの中観思想』2001,p.71
※1）割註に次のようにいう －
　　「諸事物の自らの成立時の〔住する、または〕始めの〔生ずる、〕または最後の〔滅する、〕または事物それこそが〔有る、無い、または人（プドガラ）などの差別（ちがい）〔である〕悪い〔劣っている、または〕中間の〔等しい、または〕善いし最高になった〔勝っていること〕などそれら〔は、〕」
　　なお、生・住・滅は有為の相である。
※2）割註に、「世尊は〔世間の〕周知の〔言説〕それこそを（※）造られた。」という。btsan par とあるが、bcos par（造られた）、または bstan par（示された）などとあるべきか。暫定的な和訳である。
※3）割註に、「、諦として成立した〔力によって〕有ると説かれたの〔ではない。〕」という。
なお、ここに出る「世間の言説」に関して、チャンドラ著『空性七十論の註釈』D No.3867 Ya 268b5-269a3 に次のようにいう －
　　「ここに「世間の言説」というのかというなら、それにはひとまず薪に依って火と同じく、蘊に依って仮設された人（プドガラ）について世間と述べる。それもまた、顛倒と無顛倒により二種類です。そのうち、根（感官）が損なわれた眼翳を有する者などは顛倒ですが、無顛倒は根が損なわれていない者〔であり〕、眼翳を有する者より他の者です。まさにこれだけも、ここには世間という声（ことば）により述べたが、他方はそうではない。世間の者こそにおいて形相が量（認識基準）ではないからです。世間の言説として説かれたこともまた、他者の了解したいと欲する事物、妄分別された様々な事物が、他者の相続において分別を起こらせるのについて、「言説」と述べる。世間の者の言説が、世間の言説です。世間の者が証得したいと欲する義（もの）を互いに証得させる、または知りたいと欲する義（もの）を了解させるのです。同じくその義（もの）について、所詮と能詮の関係と、所知・能知として設立するし、他の時にも言説の仮設は、説明しない義（もの）として、それについてこのように能詮と所詮と能知と所知との相（特徴）を有する、顛倒の義（もの）ほどにより、生じさせられる自体の事物について、言説と述べるが、作者の一なる集まりと関係するのではない。それこそもまた、世間が諦だと欲するから、世間の言説の諦という、一つです。ひとまずこれらは顛倒した世間の知識の力より諦ですが、無顛倒の力より勝義諦を設立する。」

訳註3－222）I 28ab; D sPring-yig No.4158 Ge 108a2; cf.No.4159 Ge『宝鬘の広釈』136a5-7; Hahn ed.1982,pp.12-13; 和訳　瓜生津隆真『大乗仏典14 龍樹論集』1974,p.237; 北畠利親『龍樹の政治思想』1988,p.16
※1）bdag dang bdag gir yod ces pa/ / とあるが、D No.4158 Ge 108a2 には、bdag yod bdag gir yod ces pa// （我が有る、我所として有るということ）とある。
※2）割註に、「言説ほどとしてであるが、」という。
※3）アジタミトラ著『宝鬘の広釈』No.4159 Ge 136a6-7 に次のようにいう －
　　「勝義もまた何であるかというと、四句を離れた義（内容）です。それに入る方便〔である〕無生の義（内容）を有するものも勝義です。「誤っている log」というのは、偽りである、〔すなわち〕非真実である、という意味です。」
※4）med とあるが、D No.4158 Ge 108a2 には log（誤っている）とある。

訳註3－223）I 29cd; D No.4158 Ge 108a3; cf.No.4159 Ge『宝鬘の広釈』136b3; Hahn ed.1982, pp.12-13; 和訳　瓜生津隆真『大乗仏典14 龍樹論集』1974,p.238; 北畠利親『龍樹の政治思想』1988,p.16;『明句』(ad XXIII 9; D No.3860 'A 150a6; La Vallée Poussin ed.p.458; 和訳奥住毅『中論註釈書の研究』1988.p.709; 丹治昭義『中論釈　明らかなことばII』2006,p.56) に引用。
※1）割註に、「〔何か〕果〔の〕、諦として成立していないながらに、そう現れるもの〔種子〕が、〔偽

りである〕として成立している〔ものの〕果の〔生が〕諦として成立しているものが〔どこに〕有るのか。」という。」

※2）アジタミトラ著『宝鬘の広釈』No.4159 Ge 136b3 に、「種子は因です。」という。

訳註3－224）Ⅱ 11; D No.4158 Ge 111a2-3; cf.No.4159 Ge『宝鬘の広釈』149b5; Hahn ed. pp.44-45; 和訳　瓜生津隆真『大乗仏典14 龍樹論集』1974,p.252; 北畠利親『龍樹の政治思想』1988,p.71

※1）割註に、「の馬などには、始めに自らの母から生ずることと、最後に他者による殺害などを通じて滅することは、実は無いように、現れるとおりにその〔のような〕器・有情のこの〔世間において〕」という。

※2）割註に、「伺察していないとき、否認できずに〔現れるが〕」という。

※3）割註に、「如理に伺察する側に」という。

なお、直前の Ⅱ 9-10 には、次のようにいう －

　　「異生（凡夫）において秘密であるそれは、甚深の法〔すなわち〕世間は幻術のようなことが、仏の教えの甘露です。幻術の象に生と滅が現れるが、それに義（内容）の真実として生と滅が無いように、」

訳註3－225）ad ⅩⅩⅡ 16; D No.3842 Tsa 266b5-267a1; SAITO Akira, *A Study of The Buddhapālita-Mūlamadhyamaka-vṛtti* (Ph.D 学位請求論文 1984) p.324; cf. 広浜哲生「『中論仏護註』における取（upādāna）について」（『日本西蔵学会々報』46,2001) p.4; ⅩⅩⅡ 16 には、「如来の自性であるものそれは、この趣（世間）の自性。如来の自性は無い。この趣（世間）の自性は無い。」という。その後に、v.12「常と無常など四つは、寂静であるこれ（如来）において、どこにあるのか。辺際〔が有るの〕と無辺際など四つは、寂静であるこれ（如来）において、どこにあるのか。」というのを再び引用してから、「説明しよう － それは後にも「諸仏が・・・（中略）・・・」」などと出ている。

訳註3－226）ⅩⅩⅣ 8（「聖諦の観察」）；三枝充悳『中論偈頌総覧』1985,pp.746-747

※1）割註に、「教化対象者へ〔法を説いたのは〕、所詮、〔二諦〕を基本としたのを通じてそれこそ〔に正しく〕無顛倒に」という。

※2）割註に、「二諦は、〔世間〕の言説の側に設立されたし、〔世俗〕諦執の側に〔諦〕の世俗諦〔と〕」という。

※3）割註に、「勝れた智慧の対境になった義（もの）でもあり、諦でもあるから、または勝れた義は、勝義、最高の義（もの）になったもの。諦は欺かないこと。」という。

※4）『道次第大論の表記註釈 *brDa bkrol*』Toh.No.6569 Ka 47a4-5 に、「sab ma というのは、細粗の枝の指ほどのものを組み合わせて、垣根の状態にめぐらしたそれであるし、或る本（dpe）には、sog ma と出ているようならば、小麦などの茎をいう。」という。Brjed byang（憶え書）Da 79b4-5 に、「sa bam (sic) というのは、多くの細枝を上向きに立てて編んださまに塀などの代わり、或る方言には垣根(sab brgab pa) を言うそれのようだ。或る本には sogs とも出ていることを説明している。」という。

※5）割註に、「前に有ったのより損なわれたので、無くなったという言説も生ずるのが、」という。

※6）割註に、「前に成立したのと住するのより、後で変わる〔無常であること〕」という。

※7）割註に、「のあり方を〔思惟〕し伺察〔する〕所作〔を行うとき〕、このように、何なのか」という。

※8）割註に、「このように現れるこれはそれらの在り方として成立しているのか、あるいは在り方において無いが、そのように現れるほどにすぎないのか、とそれらの部分を妙観察したなら、瓶などそれらは、自らの多の部分が集積し和合したのに〔依って〕そのように現れるほどのみに〔仮設されるべきもの〕」という。

※9）割註に、「現れるように自体により成立した瓶などは妥当しないと見えることになる。そのようにそのような瓶などは」という。

※10）割註に、「如来は前に成立していたのから、次第に変わるし、最後に見えなくなる位を得る〔無常である〕」という。

※１１）割註に、「の在り方がどのようであるかを〔思惟〕し伺察〔するとき〕」という。
※１２）割註に、「それの差別〔である〕」という。

訳註３－２２７）ad v.48; D No.3864 Ya 27a2-4; 和訳　瓜生津隆真『大乗仏典14 龍樹論集』
1974,pp.77-78; Scherrer-Schaub ed.1991,p.87;　英 語 訳　Loizzo,Joseph. *Nāgārjuna's Reason
Sixty With Chandrakīrti's Commentary*.2007,p.199; cf. 瓜生津隆真『ナーガールジュナ研究』
1985,p.186; v.48cd は Kyt ed.p.314（訳註３－８３の個所）に引用されている。
※１）割註に、「色（しき）の〔何らか〕であるそれと似た〔形相として映像〕の形相としても現れるし」
という。
※２）割註に、「〔認得すること〕それこそ〔は〕、鏡と色と光などの集積に〔依って〕」という。
※３）割註に、「自在に生起したもののように現れるから、偽りと成立して、そのように〔偽り〕と
しての成立〔になった〕」という。
※４）割註に、「映像〔それは生じていないと〕中観派〔私たちは〕」という。
※５）割註に、「映像はそのように生じていないと語ったそれは、〔何らかの我〕または自性〔として〕
映像〔それが生起することが無い〕し成立がありえない〔ことを設立した〕のが必要だが、我または
自性〔それこそとして〕映像〔それは〕」という。
※６）割註に、「それについて他者が問うたのは、映像〔それは〕」という。
※７）割註に、「その回答は、我または自性、なおかつ〔諦である〕成立だ〔と〕」という。
※８）割註に、「〔自性〕それこそ〔として〕映像は生じていないと設立したの〔であるが〕」という。
※９）割註に、「それは生じていないと設立したの〔ではない〕。映像〔それはその〕偽りの〔体として〕、
因・縁の集積の力により成立した〔縁起する〕である〔と承認している〕のが必要だ〔からです。〕」
という。
　なお、ここでの引用は Kyt ed.p.314（訳註３－８４の個所）への引用に続く部分である。現在の
原典は文言が少し異なっており、次のようになっている ―
　　brten nas 'byung ba'i rnam pa gang gi gzugs brnyan dmigs pa de'i brdzun par gyur pa
　　dmigs pa kho bo ma skyes pa'o zhes smra'i/ bdag nyid gang gis de'i byung ba med pa rnam
　　par gzhag pa de nyid kyis de'i skye ba med par brjod do/ /bdag nyid gang gis de'i skye ba
　　med par rnam par gzhag ce na/ yang dag par 'dod pa'i ngo bo nyid kyis 'dod kyi/ brdzun
　　pa'i ngo bos ni ma yin te/ de ni ngo bo des rten cing 'brel bar 'byung ba khas blangs pa'i
　　phyir ro/ /

訳註３－２２８）D No.3864 Ya 27a4; 和訳　瓜生津隆真『大乗仏典14 龍樹論集』1974,p.78;
Scherrer-Schaub ed.1991,p.87; 英語訳　Loizzo,Joseph ibid.2007,p.199; 直前の引用個所に続く個
所である。
※１）割註に、「事物一つを待って、〔生じた〕と設立した〔ことと、生じていない〕と設立した〔こ
ととの〕相待った処 (ltos sa) の所依事（もと）の対境〔この二つは、〕所依事の〔対境が〕」という。
※２）割註に、「生じたと設立したのは偽りの所依事の我としてであり、生じていないと設立したのは、
諦の所依事の我としてなので、何も相違は無いから。」という。
なお、現在の原典は文言が異なっている。すなわち、次のようにいう ―
　　de'i phyir de ltar skye ba dang mi skye ba 'di gnyis yul ma yin pa'i phyir gcig gi yul du ga la
　　'gyur/ （ゆえにそのように生ずることと生じないこととのこの二つは対境でないから、一つの対
　　境にどうしてなるのか。）

訳註３－２２９）D No.3864 Ya 27a1-2; 和訳　瓜生津隆真『大乗仏典14 龍樹論集』1974,p.77;
Scherrer-Schaub ed.1991,p.87; 英語訳　Loizzo,Joseph ibid.,2007,p.199
※１）割註に、「他者による論難への回答としてこのように説かれた ―〔いつか〕中観派〔私たちが〕」
という。
※２）割註に、「〔何か事物、〕因・縁に〔依って〕」という。

訳註　3. 空性論の真偽　　417

※3）割註に、「「自性により」という差別（限定）を適用してから〔語ったとき、〕論難者、あなたがそれを理解し導く（解釈する）なら、私たちに対して〔論難の余地が〕」という。
なお、現在の原典の文言は少し異なっている。すなわち －
　gang brten nas skyes pa de gzugs brnyan bzhin du ngo bo nyid kyis skyes pa ma yin no zhes kho bos gang gi tshe smras pa de'i tshe de la klan ka btsal ba'i skabs ga la yod/

訳註3－230）VI 93cd; D dBu-ma No.3861 'A 208b5;『同自註釈』D No.3862 'A 280b3; La Vallée Poussin ed.p.193; 和訳 小川一乗『空性思想の研究』1976,p.216; 拙著『中観哲学の研究Ⅴ』2002, p.131; 瓜生津・中沢『入中論』2012,p.193
※1）割註に、「〔すなわち〕始め、または所依事（もと）より」という。
※2）割註に、「ので、〔世間〕の言説ほど〔として生じている〕」という。

訳註3－231）VI 113; D No.3861 'A 209b6;『同自註釈』D No.3862 'A 289b6-7; La Vallée Poussin ed.p.223; 和訳 小川一乗『空性思想の研究』1976,p.244; 拙著『中観哲学の研究Ⅴ』2002,p.141; 瓜生津・中沢『入中論』2012,p.210; なお、ツォンカパ著『入中論の釈論・意趣善明』
　(Toh.No.5408 Ma 190b6-191a1; ad VI 113) には、二諦に関する『倶舎論』VI 4 の有名な偈頌が引用されている。訳註1－65を参照。
※1）割註に、「成立しているのであり、瓶などがそのように成立した〔そのように〕」という。
※2）割註に、「全く無い〔石女と〕」という。

訳註3－232）ad I 1; D No.3860 'A 8b3ff.; La Vallée Poussin ed.p.26ff.; 和訳　奥住毅『中論註釈書の研究』1988,p.72ff.; 丹治昭義『中論釈　明らかなことば I 』1988,p.20ff.; cf.拙著『中観哲学の研究Ⅴ』2002,p.84; 四津谷孝道『ツォンカパの中観思想』2006,pp.285-286,290ff.; 福田洋一「自立派と中観派の不共の勝法」(『印度学仏教学研究』60-2,2012) pp.69-70; なお『明句』(D No.3860 'A 9a1-3; La Vallée Poussin ed. p.27; 和訳　奥住毅同上 pp.73-74; cf. 江島惠教『中観思想の展開』1980,p.186) に次のようにいう －
　「他者の本文を待って、差別（限定）を述べるのも道理でない。何者かがそれを待っても差別が果を有することになるのは、世間からも自より生ずることは証得されない。世間の者は自と他よりというようなことなどの伺察が起こることが無いとしてから、「因より果が生起する」というこのことほどを証得するのです。軌範師（※）もまたそのように設定をなさったのです。ゆえに全面的に差別（限定）は無意味だということが決定する。」
　※）四津谷孝道『ツォンカパの中観思想』2006,p.307 には、現代の研究者がこの「軌範師」をナーガールジュナともブハーヴィヴェーカとも解釈していることに関して、この直後に本論に引用された『入中論の自註釈』の個所を参照して、ナーガールジュナのことだと述べている。

訳註3－233）ad VI 12cd; D No.3862 'A 248a7-b1; La Vallée Poussin ed.p.86; 和訳 小川一乗『空性思想の研究』1976,p.58; 瓜生津・中沢『入中論』2012,p.133; cf. 江島惠教『中観思想の展開』1980,pp.186-187; 岸根敏幸『チャンドラキールティの中観思想』2001,p.189
※1）割註に、「〔軌範師〕聖者ナーガールジュナは勝義により〔差別なさらなくて〕」という。
※2）割註に、「自よりの」という。
※3）ここで批判されたような論証式は、『明句』(D No.3860 'A 8b3; La Vallée Poussin ed.p.26; 奥住毅『中論註釈書の研究』1988,p.72) においても提示されている。cf. 四津谷同上 pp.287-288
※4）割註に、「〔差別にする〕者、軌範師ブハーヴィヴェーカ〔彼の〕立場の〔勝義として〕」という。
※5）割註に、「を適用すること〔は〕、自己と相手のどれを待っても、〔義（意味）〕または必要性〔が何も無い、と思う〕し観察す〔べきです。〕」という。
　なお、『明句』(D No.3860 'A 5a7-b1; La Vallée Poussin ed.p.13; 奥住毅同上 1988,p.62) には、「何か道理をもって自より生ずることにならない〔ところの〕それは、それよりそれが生起するなら、何も功徳が無い。生じおわったものが再び生ずることになるのは、道理でもない。」ということなど

により、『入中論』などを通じて決定すべきです。」といって、『入中論』VI 8cd を参照させている。

訳註3－234）cf. 福田洋一同上 2012,p.70;『道次第大論の表記註釈 brDa bkrol』Toh.No.6569
Ka 48a4-b3 に次のようにいう －
　　「帰謬派・自立派(thal rang)二者の理解内容(go don)を要約するなら、「自立派」という自立(rang
　　rgyud)は、自相続(rang rgyud)と、自在（rang dbang）と、自らの側から成立したことは同
　　一義であるので、諦無しを立証する証因の三相が、論者・後論者両者の量（認識基準）により、
　　一致して自らの側から成立していると量るのを通じて、場合の所成を証成するそれが、自立論証
　　の意味。そして、量（認識基準）によりそのように成立していることはありえないので、後論者
　　自らに知られたほどの三相の証因により、所成を証成するのが、帰謬論証の意味（48b）です。
　　それもまた、自立派以下は証因の三相が自らの側から成立しているものが無いのなら、全く無い
　　ことになったので、所成を証成することなどは妥当しない、と主張するが、帰謬派は、そのよう
　　なものは諦として成立した義（もの）になっているので、全くありえない、と主張なさる。帰謬
　　派・自立派の二者において有法が一致した現れは全く無いという意味もそれですが、芽のような
　　ものが諦として無いと立証するとき、有法と証因などがその両者の量（認識基準）により成立し
　　ていない、という意味はどうしてなのか。〔なぜなら、〕帰謬派・自立派二者が、芽などは量によ
　　り成立していると承認なさることが必要であるからです。」
Brjed byang（憶え書）Da 79b5-80a1 に次のようにいう －
　　「軌範師ブハーヴィヴェーカが、自生などを否定するにあたって勝義の差別（限定）を適用した
　　理由は、『根本般若』の帰敬偈の個所、等至の無分別智の側に滅など八つは無いのを法性として
　　示したので、自生を否定するなどにあたっても、勝義の差別を適用することが必要だとお考えに
　　なったと思われる。「諸事物は勝義として自より生ずるのでない。有るから。思を有するものの
　　ように。」(80a) という同喩（mthun dpe）それはサーンキャ学派が主張する我〔である〕識知
　　(shes rig) の人士（プルシャ）（※）を言うそれです。彼はそれが生じていないと主張するので、
　　その上にそれを立証する遍充は立証しやすいのを考える。」
　　※）精神と物質の二元論が主張される中で、物質原理の勝性(プラダーナ)に対する精神原理である。

訳註3－235）'Jam に、「第二、勝義の差別（限定）は何であるかを説明するには、」といい、さ
らにそれを五つに細分しており、「勝義（don dam bden pa, skt.paramārtha-satya）」の語義がどの
ように適用されるかを整理している。瓜生津隆真「中観派における空」（『仏教思想7 空 下』1982）
pp.536-540 には、ブハーヴィヴェーカが空性を無分別智と解釈する事例として、『根本般若』ⅩⅩⅣ 7
に対する『般若灯論』の解釈（D No.3853 Tsha 227b6-7）を紹介している。少し前から和訳すると －
　　「ここに論証式の句は、勝義として諸事物は自性がまさに有るのみです。生と滅の法を有するも
　　のであるからです。およそ自性が無いものそれらには、生と滅は見られない。例えば、虚空の花
　　のように。諸事物は生じていなかったのから生ずるのと、生じてから滅することが有るので、ゆ
　　えに語ったとおりの論証式の力により、勝義として諸事物は自性がまさに有るのみです。〔ⅩⅩ
　　Ⅳ 7 に〕「それについて説明しよう。あなたは空性の必要性（用）と空性と空性の義を証得しな
　　いので、ゆえにそのように害されたのです。」ここに空性の必要性は戯論すべてが寂滅した相（特
　　徴）です。空性は執らえることすべてを離れた相（特徴）〔である〕空性を縁ずる智慧です（※）。
　　空性の義は真如の相（特徴）です。」
　　※）『同復註』D No.3859 Za 235b3 にはさらに、「ヨーガ行者たちの修所成の智は空性を縁ず
　　るので、無認得の方軌により、ということ」と説明する。これは瓜生津同上 p.539 に「修の立場」
　　と「性の立場」を分けたときの前者とされるものである。丹治昭義『沈黙と教説　中観思想研究
　　Ⅰ』1988,pp.237-238 には、『般若灯論』ad ⅩⅩⅣ 8 において、「勝義」を無分別智の対境として、
　　「無異門勝義」とそれに適合する教説としての「異門勝義」を規定したことが、議論されている。
また、江島惠教『中観思想の展開』1980,pp.106-107 には、「勝義として」との限定の機能は、限定
なしの言明より自らを区別することであるが、ディグナーガも立宗（主張命題）は、相違した意味に
より排除されないものとしており、ブハーヴィヴェーカも同様であること、そして、ディグナーガは

似非の立宗を五種類としているが、ブハーヴィヴェーカが当面問題とするのは、承認、現量、周知による排除であり、「勝義として」との限定によりそれら排除が成立しないことを述べている。cf. 岸根敏幸『チャンドラキールティの中観思想』2001,pp.74-75; ちなみに、『集量論』PS Ⅲ「他者のための比量」2cd に「除去されていないのは、現量の義と比量と信認、周知により、自らの所依において。」といい、それは『量評釈』PV Ⅳ「他者のための比量」vv.91-163 において議論される。cf. 拙著『チベット仏教 論理学・認識論の研究Ⅳ』2013,p.119; 他方、『入中論』(La Vallée Poussin p.102) や『明句』(La Vallée Poussin p.494) における説明は、岸根敏幸『チャンドラキールティの中観思想』2001,103 にまとめられている。

※1)'Jam に、「第一、義と勝の両者を対境に適用したのは、」という。

※2)割註に、「〔所依事を一致している〕ものにした、すなわち義でもあり、勝でもあるので、「勝義」といわれるのです。」という。

※3)'Jam に、「第二、対境と有境に個々に適用したのは、」という。

※4)'Jam に、「第三、勝義の随順をいうことは、」という。

※5)'Jam に、「第四、それらの証拠、本頌・註釈には、」といい、さらに三つに細分しているが、それは上記の三通りの解釈に配当したものである。

Brjed byang (憶え書) Da 80a1-b5 に次のようにいう -

「『思択炎』に「勝義はおよそ知恵すべてを越えたものです。」(※1) などという意味は、勝義諦は知恵の対境を越えたと説明しているのと、正理知による伺察の側に無いので、勝義として無いとの意味に説明するのと二つは内的相違(矛盾)だと見える。勝義諦は全く無いことが帰結する。知恵の対境でないから。または、勝義諦それは二つの現れを有する言説の知の対境に帰結する。諦成立の自性を否定することは文字の対境または声・分別の側に設立するから、と争論することの回答として、勝義は二つ。そのうち一つは、義共 (don spyi. 一般的イメージ) が間接的に対境にする造作が無く起こるもの。世間を越えた、無漏で、自らの側に二の現れの戯論が無いものです。第二は、造作または分別を有して起こるもの。等至の位の二資糧に随順した、見所断について浄らかな、世間または言説の智慧が自らの側に戯論を有するもの、と字を加えたなら、意趣になるかと思う。言葉どおりは後得は智慧に適用するようなものが見られるが、後得の者の相続の正理知に適用することが必要です。ここにはそれは立宗の差別(特定のもの)として説かれたからです。よって、有分別の正理知により空の所依事の仮設された義(もの)を伺察する(80b)側に無いのが、「勝義として無い」という立宗の差別として執らえているので、上に説明した過失は無い、という意味です。ここに〔引用の直前に〕「勝義は後者それです。」というのと、『善釈心髄』(※2) に「後者が場合の意味です」と説かれたのは、等至により見るさまは分かりにくいし、有分別の正理知に適用したなら、浮かびやすいので、初業者が見を新たに探求する場合に、有法のあり方を伺察する正理知により伺察する側に、その有法は無いことを決定させやすいのを、意趣なさったのと、それに適用したなら、場合の争論・回答として関係ができる理由によってであるようだ。聖者の等至を、「勝義として無い」という〔うちの〕勝義として設定しないことを示したわけではない。『根本般若』の帰敬偈(※3) に滅など八つは等至の側に無いのを縁起の真実として示したのと、『中観光明論』に聞と思と修より生じた智すべてをこれの勝義として説明したので、知ることができるから。本文に「聖者の後得だけをいうのではない。」という意味もまた、後得の者の相続の正理知〔である〕比量だけをいうべきでなく、真実を伺察する聞・思の智恵から聖者の相続の正理知〔である〕比量をこれの勝義として設立する、というのです。(※4)(以下、省略)」

※1)このような議論は、『入行論』IX 2 の「勝義は知の行境ではない」などという文言に関しても言われる。訳註6－91を参照。

※2)Toh.No.5396 Pha 60a1; 片野道雄、ツルティム・ケサン『中観哲学の研究Ⅱ』1998,pp.66-67

※3)cf. 三枝充悳『中論偈頌総覧』1985,pp.4-7; 不生、不滅など八に特徴づけられた縁起を説かれたことを通じて、仏世尊を最高の論者として礼拝する個所である。

※4)さらにジャムヤンシェーパ1世著『静慮無色大論 bSam gzugs chen mo』の所説との一

致にも言及し、「これは『倶舎論註釈』と『道次第大論』など多くの本典のお言葉どおりと一致する」などともいう。Da 81a4-5 には、「聞所成の智恵に量（認識基準）が有るとき、聞所成の智恵それはこれの勝義として設定したならいい。」という。

訳註３－２３６）『中観心論』Ⅲ 26（第三章「真実の智を求める」）には、「ここにおいて地などは勝義として大種の自性ではない。造られたから、そして因を有するものなどだから。知識のように。」という。cf. 那須真裕美「中観派の二諦説における「考察（vicāra）」」（『日本西蔵学会々報』48,2002）p.34
※１）割註に、「『中観心論』に、勝義として有るのを否定する場合〔ここにおいて〕」という。
※２）割註に、「水と火と風」という。すなわち、四大種（粗大元素）である。
※３）割註に、「として成立したもの〔ではない〕」という。

訳註３－２３７）D No.3856 Zha 59a7-b2; P No.5256 Dza 63a1-4; 第３章「真実の智を求める」 ad 26; 和訳 野沢静証「清弁造『中論学心髄の疏・思択炎』「真如智を求める章」第三（Ⅱ）」（『密教文化』29/30,1955）pp.13-14; 安井広済『中観思想の研究』1961,pp.167-169 にも解説がある。なお、安間剛志「Bhāviveka と Tarkajvalā」（『日本西蔵学会々報』54,2008）pp.51-53,note15 には、『般若灯論』D No.3853 Tsha 228a2-6（ⅩⅩⅣ）の同様な三種類の解釈が、紹介されている。またここでの三種類の解説については訳註３－２４０を参照。『道次第小論』（H ed.Toh.No.5393 Pha 187b5-188a; ツルティム・ケサン、高田順仁『中観哲学の研究Ⅰ』1996,pp.122-123）には、正理知は、１）聖者の等至（三昧）である無分別智、２）証因に拠った有分別の正理知との二つとし、『思択炎』に勝義を無分別智と随順の智慧の二と説明しているのと、『中観光明論』（D No.3887 Sa 229b1-2）に二の勝義を説明しているのとの二つは、意趣が同じなので、二の勝義の説明は、有境（知識）をいわないで対境の勝義だけだというのは、本典の意味ではないという。なお、江島惠教『中観思想の展開』1980,pp.104-105 には、『中観心論』Ⅲ 6-11 の、真理の高殿へ登るには世俗の階梯が必要だとの議論を参照して、「勝義として」という限定を付けて構成された論証式は、それが勝義諦を思考しているかぎりにおいて勝義的であり、現実に言語で表記されているかぎりにおいて世俗的と言えると解説されている。勝義に二つの意味を与えることについて、唯識派では三自性、三無自性に関して円成実自性が勝義無自性であるが、依他起自性は生無自性でありつつ、同時に清浄の所縁でないことから勝義無自性ともされることが想起される。
※１）割註は 'grel pa（註釈）とあり、直後の『思択炎』と同格になるが、他には 'grel par とある。
※２）割註に、「ここに知られるべきことは、知により〔観察されるべきものと〕」という。
※３）『道次第大論の表記註釈 brDa bkrol』Toh.No.6569 Ka 47a5 に、「tha tshig は古語。tha tshig は本頌または句（ことば）の意味、と出ている。それは言説（tha snyad）の句（tshig ことば）または句義（ことばの意味）をいう。」という。
※４）割註に、「の異門（同義語）」という。
※５）割註に、「一致した所依事（共通項）にまとめた〔まとめは〕」という。
※６）他には接続詞 te であるが、割註には代名詞 de であり、「勝の義それは」となる。
※７）割註に、「〔順じている〕ので、勝義、〔すなわち勝義を〕現前に〔証得する〕聖者の智慧それ〔へ随順する智慧において、〕聖者の無分別智それの対境に随順する〔勝義それが〕対境に〔有るので〕」という。

　なお、この教証は、『未了義と了義の弁別・善釈心髄 Drang nges』のシャーンタラクシタ父子の解釈方法での、正理により否定対象を確認する個所（H ed.Toh.No.5396 Pha 59b6-60a1; 片野道雄、ツルティム・ケサン『中観哲学の研究Ⅱ』1998,pp.66-67）にも、引用されている。
　また、勝義（parama-artha）という合成語を、持業釈と依主釈と有財釈との三つに分けて解釈することは、『般若灯論』ad ⅩⅩⅣ 8 にもあることが、野沢静証同上 1955,pp.17-18 に、関連するアヴァローキタヴラタの『復註』（D No.3859 Za 236a5ff.）とともに示されている。さらに『同復註』には前二者を勝義的な勝義諦、後者を仮の勝義諦とすることが指摘されている。cf. 江島惠教『中観思想の展開』1980,p.99、江島惠教『空と中観』2003,p.230；『般若灯論』の部分のみ（D No.3853 Tsha 228a3-6）を提示しておく —

「勝義としては、それは義（もの）でもあるし、最勝でもあるので、勝義〔です〕。あるいは、勝れた無分別の智慧の義（もの）でもあるので、勝義〔です〕。真実は他より知られるのではないなどの相（特徴）（※１）です。勝義こそが諦であるので、勝義諦です。〔なぜなら、〕それはすべての時と一切相にそのとおりに住するから。無分別の智慧それの対境を有するもの（有境）もまた、対境が無いという理趣により、勝義〔です〕。〔なぜなら、〕それには勝義が有るからです。それは滅と随順した無生などを教示することと、聞と思と修との所成の智恵（※２）もまた、勝義〔です〕。〔なぜなら、〕勝義を証得する方便のために、無顛倒であるからです。」

※１）野沢同上 1955 は『復註』によって、『中論』ⅩⅧ９（訳註１－３７の※５を参照）の、１）他より知られない、２）寂静である、３）諸戯論により戯論されない、４）無分別である、５）別異の義（もの）が無い、という五つを指示している。

※２）野沢同上 1955 は、持業釈として勝義の証悟に随順する智恵とのみ言うが、『般若灯論』には細分されて、無分別智・教説・三慧であることが分かるという。『道次第大論』では直ちに、「聞・思の智恵までを執らえている」といって、同様な説明を与えている。

他方、岸根敏幸『チャンドラキールティの中観思想』2001,pp.90-91 には、チャンドラも『六十頌如理論の註釈』（ad v.31; D No.3864 Ya 21a5）、『四百論の註釈』（ad Ⅷ 8; D No.3865 Ya 135b4-6）において、「世間の者の勝義（'jig rten pa (nyid) kyi don dam pa）」という用語を用いていることが指摘されている。唯識派においてもヴァスバンドゥ著『釈軌論』（D No.4061 Shi 109b7-110a2, 第四章；和訳 堀内俊郎『世親の大乗仏説論－『釈軌論』第四章を中心にして－』2009,p.331）に、『勝義空性経』の解釈において次のようにいう －

「業と異熟は世俗として実物として有る。勝義としては無い。世間の智の対境であるから。勝義は、出世間の智慧である。その義（内容）であるので、勝義〔である〕。〔業と異熟〕その二つの自相は、それの対境ではない。それの対境は、不可説である共相であるから。」

訳註３－２３８）D No.3856 Zha 60b3-5; cf. 江島惠教『中観思想の展開』1980,98-99;『未了義と了義の弁別・善釈心髄 Drang nges』のシャーンタラクシタ父子の解釈方法での、正理により否定対象を確認する個所（H ed.Toh.No.5396 Pha 59b6-60a1; 片野道雄、ツルティム・ケサン『中観哲学の研究Ⅱ』1998,pp.66-69）に、ここでの「勝義は二種類です」以下の回答の部分が引用されている。Brjed byang（憶え書）Da 83b3-5 にも次のようにいう －

「『善釈心髄 Legs bshad snying po』（※）に『思択炎』のこの教に「それは立宗の差別として執らえたので」などというのを引用した派生に、「そのようなら、中観派と他者たちが有る無しを伺察する所依事それは勝義として無い、という意味は、その所依事は勝義を伺察する正理の側に無い。〔すなわち〕それにより成立していない。」という意味もまた、『勝観』の教の引用どおりに、実有論者二人が争論するその所依事のあり方を伺察する正理知の側にその所依事は無いことが、それは勝義として無いという意味であるとしたらいい。」

※）Toh.No.5396 Pha 60a4; 片野、ツルティム同上 1998,pp.68-69

※１）割註に次のようにいう －

「ここに他者が問うたのは、〔では〕戯論を離れた〔勝義は〕、義（対象）の体〔およそ〕分別の〔知恵すべて〕による思惟〔を越えている〕義の体〔です。〕だから、否定と肯定の設立は妥当しないが、有法〔、事物〕個々〔の自性を〕正理により〔否定するの〕ほど〔は、字音の〕和合した名・句により、直接的に表詮できる〔対境である〕し、名・句（※）など言説その力により無い、と否定もできない〔ので、〕」

※）訳註１－２０の※８を参照。

※２）割註に、「あなたは「勝義として無い」といって直接的に自性を〔否定することがない〕し、ありえない〔ことにはならないのか、というなら、〕それへの答えは、」という。

※３）割註に、「勝義〔一つは〕、分別の所作すべてを〔造作することなく〕、戯論すべてを離れて〔起こる〕」という。

※４）割註に、「聖者の等至の」という。

※５）割註に、「分別の所作の〔造作を有〕した戯論〔として〕」という。

※6）割註に、「よる修治〔に随順する〕、錯乱の現れに支配されないで、錯乱の現れを制圧するのを通じた〔もの〕」という。

※7）割註に、「〔世間〕言説〔の〕有境の後得の〔智慧〕」という。

※8）割註に、「「勝義として無い」と述べる場合〔ここにおいて〕、〔それ〕のような後得の智慧〔は〕勝義として無い、といって」という。

※9）割註に、「〔執らえて〕から、その智慧などにより伺察した側に否定する〔ので、〕」という。

※10）Brjed byang（憶え書）Da 80b4-5 での解説は、訳註3－235を参照。

訳註3－239）'Jam は、「第三、それを賢者の説明する仕方」として、それをさらに六つに細分している。Brjed byang（憶え書）Da 68-69 における勝義をそのものと随順するものとに二分する議論については、訳註3－131の※6を参照。

訳註3－240）D No.3887 Sa 229b1-3; これもまた『未了義と了義の弁別・善釈心髄 Drang nges』の同上の個所に、その取意が引用されている。cf.『善釈心髄』（Toh.No.5396 Pha 60a5-b1; 片野道雄、ツルティム・ケサン『中観哲学の研究 II 』1998,pp.68-69）; Brjed byang（憶え書）Da 81a5-b4 に次のようにいう －

　　「『中観光明論』に「これの義が勝れたものであるからです。」という意味は、対境〔である〕勝義これの有境である、ということ。〔すなわち〕「無顛倒の対境を有するものであるから」といって対境の名を有境に仮設したと説明しているからです。「現前と間接により為された差別が有る。」という意味は、聞・思・修所成の智恵について、法性を現前に証得するもの〔である〕等至と、共義（don spyi. 一般的イメージ）を経過することにより〔間接的に〕法性を対境にしたもの、またはするもの〔である〕比量のようなものの区別が有る、というの（81b）です。比量により空性を間接的に証得するのではないことが帰結する。それによりそれを直接的に証得するからです。形相が浮かんでから証得するから、というなら、これの「間接（brgyud pa）」というのは、直接・間接の内部を言わないで、現前に証得することの反対項（zlog zla）〔である〕共義（don spyi）を理解することが必要なので、過失は無い、と思う。『思択炎』に義と勝れたものの両者を対境に適用したのと、勝れたものは有境、そして義は対境に適用したのと、義と勝れたものの両者を有境に適用したのと三つ説明した教を上に引用したとおりです。第一の場合、「勝れたもの」というのが最高の意味になるさまは、空性の証得を数習したことにより、有（生存）の根本〔である〕諦執を根絶するので、最高だと設定するのかと思う。」

※1）割註に、「〔何か〕句（ことば）もまた」という。

※2）割註に、「〔それ〕場合〔についてもまた〕、その句（ことば）の〔義は〕」という。

※3）割註に、「〔正しい〕義・真実を決定する〔聞〕所成と〔・思〕所成と〔・修〕所成の智すべて」という。cf.Brjed byang（憶え書）Da 80b4-5（訳註3－235を参照）

※4）割註に、「、勝れた有境を設立するにあたって、無錯乱の有境〔であるから、〕正しい智それについて、ここに〔勝義、という、〕」という。

※5）割註に、「〔すなわち〕勝義は正智〔これの〕対境の〔義が勝れたものである〕ので、対境を通じて仮設された〔からです。〕」という。

※6）割註に、「そのようなら、勝義として生は無いというその勝義について、〔現前〕、直接〔と間接により〕」という。

※7）割註に、「直接的に智それらの対境〔である〕勝義それこそにより生じさせないのをいうし、間接的に正智により生を断じたし、探求したことにより成立していないので、その智の思惟の力により生じていないことをいうことが必要です。よって、有境の智と対境〔である〕勝義の差別〔それらの力により〕」という。

※8）割註に、「無顛倒に」という。

※9）以下の一文は、『入中論の釈論・意趣善明 dBu ma dgongs pa rab gsal』VIの冒頭で、自立派の立場での諦執を確認する個所（lHa-sa ed.Toh.No.5408 Ma 72b1; 小川一乗『空性思想の研究 II 』1988, テキスト・翻訳篇 p.26,359）に引用されていて、次のように解説されている －

訳註　3．空性論の真偽　　423

「「〜」と説かれた力により〔間接的に〕、勝義として有ることと、生は真実に悟入する正理知により生ずることと有ることとして成立しているのを説明しているのは、どのようであるか、というなら、
　　そのとおりです。否定されるべきものに勝義の差別（限定）を適用した勝義について、二つを知ることが必要です。１）聞・思・修の三つの正理知について勝義と為してから、それにより前に説明されたように成立していないもの一つと、２）知の力により設定されたのでなく、義（もの）の在り方として有るのについて、勝義として有ると設立したもの二つの〔うち、〕第一の勝義とそれの側での成立も有るが、後者の勝義とそこに有ることとの両者ともありえない。よって、後者の勝義として有ることに、前者の勝義として有ることは遍充するが、前者の有るのを執らえることは、倶生の諦執でないし、それの諦執において後者の有ると執らえることは、必定です。」
※１０）割註に、「〔これら〕事物すべて〔は、正智により〕伺察し探求したその側には」という。

訳註３－２４１）D No.3886 Sa 86b5-87a1; cf. 一郷正道『中観荘厳論の研究－シャーンタラクシタの思想－』1985,pp.97-99;『未了義と了義の弁別・善釈心髄 *Drang nges*』のシャーンタラクシタ父子の解釈方法での、正理により否定対象を確認する個所に、その取意が引用されている。cf.『善釈心髄』(Toh.No.5396 Pha 60b3-3; 片野道雄、ツルティム・ケサン『中観哲学の研究Ⅱ』1998,pp.68-71); Brjed byang（憶え書）Da 81b3-6 に次のようにいう －
　　「『中観荘厳論の難語釈』に「正しい（真実）」という正理知〔である〕比量の証得対象〔である〕法性に適用したのは、法が何であっても、自らの住し方として成立していないのを、「正しくは無い」という意味として示したのです。法性もまた住し方であっても、住し方として成立していないさまは上に出ている。『中観荘厳論の難語釈』に「真実によって伺察したなら、空だ」という意味です。」という意味もまた、諸法は自らの真実（de kho na nyid）または住し方として成立しているか成立していないかを伺察したなら、空だ、ということです。「真実によって」というのは業の辺際（las mtha'）の有る無しの二が現れるが、有るようなら、住し方としての成立について空、不空を伺察したなら、空だ、という意味です。」
※１）'Jam に、「第二、シャーンタラクシタも主張なさるさまは、」という。この『復註』自体は目録にカマラシーラの著作とされている。
※２）割註に、「と疑う〔ものに対して、〕それを除去するために」という。
※３）割註に、「〔すなわち〕隠れていない事物を対境としたその力または効能により、他の隠れた義（もの）を量る正理が、事物の力が起こった正理です。所依〔である〕正理それより直接的に生じた智が、事物の力が起こった〔比量であるし、その比量により」という。
※４）割註に、「対境〔、真実の体〕を執らえたものなので、真実の体性〔をいう。〕」という。
※５）割註に、「し観察〔したなら〕、自性により成立それについて〔空だ〕」という。
※６）割註に、「「実在として」〔ということなど〕自性が無い理趣、勝義として自性が無いなどの義（意味）〔を説明しています。〕」という。
※７）割註に、「それは、正理知の対境を勝義としたそこにおいて無いさまです。」という。
※８）割註に、「勝義、真実〔などの声〕」という。
※９）sgrar とあり、割註には sgras（声により）とあるが、D ed. は前者である。
※１０）割註に、「正理知それこそを正しいなどの声（ことば）の所詮にしてから、正しい智それこそを正しいなどの義（もの）として執らえるべきです。正しいのと勝義などは正理知〔それの所縁である〕理由により、正理知それについて、正しいなどとして仮設した〔からです。〕」という。
※１１）割註に、「言説」という。

訳註３－２４２）'Jam に、「第三、勝義を適用していなくて自性を否定するなら、ブハーヴィヴェーカが損減だと主張なさったさまは、」という。訳註３－２３５を参照。
※）割註に、「自性によりと言うそれでは充分でなくて、その上に」という。

訳註３－２４３）D No.3853 Tsha 157a4-5（ad ⅩⅤ 1）；和訳　梶山雄一「『知恵のともしび』第

十五章（試訳）」（『伊藤真城・田中順照両教授頌徳記念・仏教学論文集』1979）p.181;『般若灯論の復註』
D No.3859(2) Zha 312a4-5 にはここでの反論者に関して次のように言う。

> 「自部などの者たちが、「そのように勝義として諸事物は自性が有ると知るべきです。それらに依っ
> て出会ったのを示したから」と言う論証因を論破した、〔すなわち〕諸事物は自性が無いと示し
> たが、それらを思い込む或る人がそれに耐えられないで、またそれらはこのとおりと言うことに
> 結びつけた。」

Brjed byang（憶え書）Da 81b6-82a1 に次のようにいう —

> 「『般若灯論』の教の第一部類の意味は、対論者が、無自性を論ずるものと言説として諸事物が有
> ると論ずるものとの二つは内的な相違（矛盾）なので、事物が有ることを立宗した(82a)その義（意
> 味）について、「自性が無い」という句（ことば）それこそにより損減をしたとの過失が有る、
> と争論したことの回答が、教の第二部類に出ている。」

※１）割註に、「他の争論を提示したのは、〔この〕場合〔においてもまた〕実有論者の或る人はこの
ように、〔もし〕諸事物は〔自性が無い〕」という。『般若灯論』第１５章の冒頭、この引用の直前 D
Tsha 157a3-4 には次のように言う —

> 「いまや同じく空性の相違分の差別（特定のもの）否定することにより、縁起は断絶が無いし、
> 恒常が無いことを示す義（ことがら）に関して、第十五章を著した。ここに語った — あなたが「諸
> 事物は無自性だ」と語る立宗には、自らの言葉と相違する過失が有る。まさにその義（ことがら）
> こそを損減したから、例えば、「すべては偽りだ」と語ったように。ここにおいてもまた(以下省略)」

※２）割註に、「ならない。他の理由は」という。『道次第大論の表記註釈 brDa bkrol』Toh.
No.6569 Ka 47a5-6 に、「ji ste は何か、〔すなわち〕(ji zhig ste)、という。

※３）割註に、「これについて、「諸事物」と述べたことにより、事物が有ると語ったし、「自性によ
り無い」と述べたことにより、全く無いと語ったのですが、事物が有ると語ってから、自性が無いと
立宗したそれにより、自己が〔立宗したことにおいて〕立宗の句（ことば）〔それこそにより、その義〕
こそに対して、無いと〔損減した〕と論証した〔過失が有る。〕」という。

訳註３－２４４）D No.3853 Tsha 157a6-7; 和訳　梶山雄一同上 1979,pp.181-182; cf.『般若灯論
の復註』D No.3859(2) Zha 312b6ff. 原典から和訳すると、後半部分は次のようにいう —

> 「論証因の義は成立していないわけではないし、言説としても諸事物の自性は幻術の〔自〕体のよ
> うに立宗したことについては、同じく損減していないから、そして、「縁起するものは生ずること
> が無い」ということにより回答をしおわったから、これには過失が無い。」といったことになる。」

※１）割註に、「私たちは」という。
※２）割註に、「立宗したなら、損減したとのその過失になるとしても、そのように承認していないし、」
という。
※３）割註に、「私たちは勝義として諸事物は自性により成立していないとのみ立宗したのであるか
ら、」という。
※４）割註に、「所依事の有法は事物が無いともなっていないし、なっていないので、所依事の有法
が成立しているという理由により、有法それを待った〔論証因の義〕」という。
※５）割註に、「といって、論証因が成立しているのみである〔ので、〕立宗〔これには〕」という。

訳註３－２４５）D No.3853 Tsha 158b4-5（ad ⅩⅤ 2cd. 訳註３－１１３を参照。）; 和訳　梶山雄
一同上 1979,p.186; 散文で提示されたものを、宗・因・喩の三支作法で再提示した部分である。
Brjed byang（憶え書）Da 82a1-3 に次のようにいう —

> 「『般若灯論』に、「勝義として内の諸事物は自性が無い。造られたから。」というのは、互いに排
> 除しあった相違に依った相違対立項 ('gal zla) を認得する証因と思われる。或る人は、これは
> 差別を待った論証因と説明する理由を観察する。『般若灯論』に「特別の表詮に依ったことを待っ
> ているから」という意味は、諸事物において自性を否定するのが特別の (khyad par can) 表詮。
> 勝義の差別 (khyad par) を適用したのは、〔論証式の〕所成の法として依ったことを待ってい
> るから、という意味なのか伺察することが必要です（※)。」

※）この疑問は下の割註に出した brten の表記問題にも関わる。
※１）割註に、「眼など」という。内処のことである。
※２）割註に、「他の因・縁の力により自らの事物として〔造られた〕」という。
※３）割註に、「その論証因の遍充は、造られたという〔特別の所詮〕それは、有法〔である〕諸事物は、因・縁の能作〔に依った〕」という。
※４）brten とあるが、原典では bstan とあり、「特別な表詮を説いた」となる。
※５）割註に、「差別を待っているという論証因により、成立することになる。」という。

訳註３－２４６）
※）Brjed byang（憶え書）Da 82a3-5 に、この段落のここまでについて次のようにいう －
　「本文に「「勝義として無い」・・・（中略）・・・成立していないことをいう」という意味は、二諦の有法は何であっても、自らのあり方がどのようであるかを伺察する正理知により伺察する側に有法自らが無いのを、勝義として無いことの意味として設立することについては、帰謬派・自立派の軌範師すべてが一致なさっている、ということです。（※）」
※）さらに、『入中論の大註釈』（H ed.Toh.No.5408 Ma 72b3; 和訳　小川一乗『空性思想の研究Ⅱ』1988,p.359）の「〔勝義として有ると設定した二つの〕第一の勝義とその側に成立も有る」との所説との矛盾が無いことを説明し、ペルデンパ（dPal ldan pa）の『学説割註 Grub mchan』などを引用し、それらの典拠として、『中観光明論』（D No.3887 Sa 229b3）の「「勝義として生ずることは無い」ということは、これらが正しい智により生として成立していないのである、と説明することになる。」というのと、『入中論の大註釈』（Toh.No.5408 Ma 72b2-3; 和訳　小川一乗『空性思想の研究Ⅱ』1988,p.359）の、「否定対象に勝義の差別（限定）を適用した勝義について、二つを知ることが必要です。聞思修の三の正理知を勝義に為してから、それにより前に説明したように、成立していないものと、」などが典拠だろうが、尊者父子のお言葉にそれらより明らかな典拠は無いと思うと述べてから、さらに分析を加えている。Da 83a1ff. には、『入中論の大註釈』と『善釈心髄』に、否定対象の確認が正理による伺察に耐えると主張するのは妥当しないと説かれたことを解説している。

4．論理的否定と、自立論証派と帰謬論証派

訳註4－1）cf.Brjed byang（憶え書）Da 83b5ff.; 福田洋一「ツォンカパの自立論証批判」（『日本西蔵学会々報』61,2015）；『八難処の憶え書 *dKa' gnad brgyad kyi zin bris*』（Toh.No.5402 Ba 6a5ff.）には、「第四、自立論証を承認しないことには、1）自立論証と他に知られたもの（＝帰謬論証）一般の設定と、2）自立論証を承認しないのが妥当する宗。」との二項目で説明している。

また、『道次第大論』では扱われないが、帰謬論証派特有の学説においては、自相による成立は微塵も無いが、所作・能作が妥当であることに基づいて、『入中論の釈論・意趣善明 *dGongs pa rab gsal*』（Toh.No.5408 Ma 124b2-5; 小川一乗『空性思想の研究Ⅱ』1988,pp.121,425）に、いわゆる八難処が挙げられている。すなわち－

> 「主要なものを述べるなら、1）、2）六〔識〕聚より体が別異のアーラヤ識と自証知に対する非共通の否定と、3）自立論証の論証式により後論者の相続に真実の見を生じさせるのを承認しないことの三つと、4）識を承認するのと同じく外境をも承認するのが必要なことと、5）声聞・独覚に無自性の証悟があることと、6）法我執は染汚に設立することと、7）滅したものは事物であることと、8）その理由により三時の設立方法が共通でないことなどです。」

『八難処の憶え書 *dKa' gnad brgyad kyi zin bris*』（Toh.No.5402 Ba 1b3-5）には別の所依事・道・果という形で整理されている。すなわち－

> 「枢要として大きいものが八つであると仰る。1）、2）所依事（gzhi）の場合に言説としても自相とアーラヤを承認しないし、3）外境を承認することと、4）、5）道の場合に真実を証得する方便として自立論証と自証知を承認しないし、6）二障の設定方法と、7）声聞・独覚に法が無自性だとの証悟を承認するさまと、8）果の場合に仏の如量智のさまです。承認する立宗四つと、承認しない宗四つです。」

cf. 拙著『中観哲学の研究Ⅲ』2001,pp.116,298; 同『中観哲学の研究Ⅳ』2003,pp.316-317; 松本史朗『チベット仏教哲学』1999,p.164ff.

また、中観派に主張があるかどうかの問題は、例えば『根本般若』ⅩⅩⅤ 24（三枝充悳『中論偈頌総覧』1985,p.860）に「戯論が寂静であり、吉祥であるのと、認得すべてが寂静であるし、諸仏はどこにおいても誰に対してもどんな法をも説かれていない。」というのが有名である。『入中論』Ⅵ 117-120（La Vallée Poussin ed.pp.230-234）にも主張の有無が議論されており、その『自註釈』ad 119cd に『六十頌如理論』v.50（訳註4－13を参照）が引用されている。ケードゥプ・ジェによるツォンカパの伝記『秘密の伝記 *gSang ba'i rnam thar*』（Toh.No.5261 Ka 2b4-5; 和訳　石浜裕美子、福田洋一『聖ツォンカパ伝』2008,pp.177-178; cf. 福田洋一「ツォンカパが文殊の啓示から得た中観の理解について」（『印度学仏教学研究』50-2,2002）p.204）には、ツォンカパが上師ウマパを通じて文殊菩薩を成就して中観に関する質疑応答を行ったとき、まだ主張なしという立場をとっていたことが伝えられている。すなわち－

> 「〔ツォンカパ〕私のこの見は帰謬派・自立派のどれであるか」を問うたので、「どれでもない」と仰った。そのときこの尊者〔ツォンカパ〕のお心にも承認が何も無いし、何とも執らえることがかなわないで見ることそれが御心において楽だ〔ということ〕ほどがあった。」

主張が無いという立場については、チョナン派の Dol bu pa Shes rab rgyal mtshan（1292-1361）の著作『山法了義海（*Ri chos nges don rgya mtsho*）』Wa 216aff. におけるこのような主張は、拙著『中観哲学の研究Ⅲ』2001,p.312 に指摘した。11世紀のニンマ派の学者 Rong zom chos bzang の著作『入大乗理趣論 *Theg pa chen po'i tshul ka 'jug pa zhes bya ba'i bstan bcos*』（*Rong zom chos bzang gi gsung 'bum* gcig. Su khron mi rigs dpe skrun khang.pp.472-473）における、諸学派の見を越えた大究竟のいわば「無宗」の宗の設定については、拙訳『中観哲学の研究Ⅳ』2003,p.295 に提示した。なお、四津谷孝道『ツォンカパの中観思想』2006 の第四章、第五章には、中観論者における主張の有無について詳しく分析されている。

'Jam dbyangs bzhad pa'i rdo rje の『大学説 *Grub mtha' chen mo*』に、誤った中観説を論ずる個所に、帰謬論証派に自己の主張、学説は無く、量により成立するものは無いと説くものとして、次

のような四つを挙げている。
　1）チャンツォン（Byang brtson）、ギャマル（rGya dmar）などは、帰謬派に立宗、それを立証する量（認識基準）は無く、対論者の主張の矛盾を帰謬論証により否定するのみである。
　2）帰謬派に自らの学説は無い。
　3）量（認識基準）により成立するものは無い。
　4）〔ジャヤーナンダ著〕『思択槌論（*Tarkamudgara*）』（D No.3869、P No.5270）に随うもので、量の名、意味は何も認められない。
　和訳　吉水千鶴子「ゲルク派より見た誤った中観派の担い手たち」『成田山仏教研究所紀要』1991,p.157; cf.Seyfort Ruegg,*Three Studies in the history of Indian and Tibetan Madhyamaka Philosophy － Studies in Indian and Tibetan Madhyamaka Thought Part 1 －*（Wiener Studien zur Tibetologie und Buddhismuskunde）
ツォンカパの『八難処の憶え書 *dKa' gnad brgyad kyi zin bris*』(Toh.No.5402 Ba 6b5-7a1) には、「或る人」と「他の人たち」という二つの立場が簡略に示されている。訳註 1－44を参照。なお、ここにおいては、仏教論理学派による論証と中観学説の結合方法が議論されているので、ゲルク派の僧侶ロンドル・ラマ（Klong rdol Ngag dbang blo bzang. 1719-1795）の綱要書の拙訳「ロンドルラマ著『量評釈など因明所出の名目』」（『大谷大学研究年報』56,2004, pp.18-19; 拙著『チベット仏教　論理学・認識論の研究IV』2014) より、関連部分を示しておく (K は Kun-bde-gling edition、B は Klong rdol Ngag dbang Blo bzang gi gsung 'bum（glegs bam dang po）Bod ljongs bod yig dpe rnying dpe skrun khang) －
　　「『量評釈』の証因類の摂義がそのようであるなら、中観の本文と結合させる仕方はどのようであるかというと、それは、大きな五つの論証因の中に含まれていない中観の見を決択する仕方は無いので、大きな五つの論証因は、〔次のとおり － 第一、〕因について伺察する金剛片の論証因は、「〔諸々の〕事物は－有法。諦（真実）(K10b) として生ずることは無い。自と他と〔自他〕両者と無因から生じないから、または四つの辺から生じないから」というようなものである。
　　第二、数について伺察する、有る・無し、生・滅の論証因は、「事物は－有法。(B624)諦として無い。自体の因の時に有るものと無いものと両者であるものと両者でないものは生じないから」というもの、そして、この二つの証因は、現れない関係の対立項〔である〕因を認得しない〔という〕正しい証因である。
　　第三、果について伺察する、四辺の生を否定する論証因は、「事物は－有法。諦（真実）として (谷大 19) 無い。勝義として一の因は一の果を生じない。〔一の因は〕多〔の果〕をも生じない。多の因は一の果を生じない。〔多の因は〕多〔の果〕をも生じないから」という。これは直接的な果を認得しない〔という〕正しい論証因である。
　　第四、諸法の体について伺察する、一・多を離れたという論証因は、「事物は－有法。諦として無い。諦である一と多のどちらとしても無いから」という。一多を離れたという論証因は、能遍を認得しない〔という非認得の〕正しい論証因である。
　　正理の王〔である〕縁起の論証因は、「事物は－有法。諦として無い。縁起であるから」というのは〔中観の〕帰謬派・自立派の両者が承認するが、中観帰謬論証派の〔非共通の〕独特なものは、「事物は－有法。自性により成立していない。(K11a) 縁起であるから」というようなものである。これは、自らの否定対象と互いに排除しあう相違となっているので、互いに排除しあう相違という相違を認得する正しい証因である。
　　初めの四つの大きな論証因により、〔対論者としてふさわしい〕正しい後論者の相続〔において〕の常辺を除去できるが、断辺を直接的に除去できない。正理の王〔である〕縁起の論証因 (B625) により、常・断の両辺を直接的に除去できるので、「正理の王」と呼ぶ。そのように知るなら、中観・量の〔二頭の〕獅子の首の付け根を合わせた〔、どちらに対しても無敵の〕ものにより、輪廻の根本〔である〕我執を断つのである。正しい証因について、体を通じて区別するそれを説明しおわった。」
他方、『善釈心髄 *Drang nges*』「中観章」自立論証派の個所(Toh.No.5396 Pha 62a4-b1; 片野道雄、ツルティム・ケサン『中観哲学の研究II』1998,pp.76-77) に、自立派の正理について次のようにいう －
　　「否定対象を否定する正理の中心は何をいうかというと、この〔自立論証派の〕立場の否定対象

を否定する証因は、わずかなものを除いて、「関係する対立項を認得しない〔という〕証因」に依ってなされる。それもまた『入楞伽経』と『父子相見経』に説かれたものに依って、「一と多を離れた〔という〕証因」により立証することが、『中観荘厳論』に説明されています。『中観光明論』には、金剛片と有る無しの生の否定と四句の生の否定と一と多を離れたことをも説かれたし、縁起の論証因も説かれた。それは相違の対立項を認得する証因です。」

また、仏教論理学派との関係では、ツォンカパ述ケードゥプ著『現量章の註釈』(K ed.Ma 18b4ff.,H ed.No.5410 Ma 16ab) に、中観派のうち、帰謬論証派と自立論証派の違いについて、前者が自体による成立または自相による成立を言説としても主張しないが、後者は主張することを説明し、それが理由となってシャーンタラクシタ父子はダルマキールティ自身の根本の主張は中観であり、『量評釈』『量決択』の「他の除去」と証因などを決択する正理のほとんどは中観派と共通すると主張したこと、『荘厳』とラヴィグプタなどもまた中観派が自相を承認することは相違しないことに関して『量評釈』の自宗の見を中観として註釈したことなどが、言われている。cf. 拙訳『チベット仏教　論理学・認識論の研究Ⅱ』2011,p.278

訳註４－２）割註に、「１）接続と、２）帰謬・自立の設立の仕方との二つ」と分け、その第一をさらに三つに細分している。ケードゥプ・ジェ著『千葉大論 sTong thun』(Toh.No.5459 Ka 156bff.; cf. 拙訳『中観哲学の研究Ⅳ』2003,p.128ff.) にも同じ科段を設けている。
※１）ブッダパーリタは、自らを「中観派」とし、唯識派の教義を批判するということもなく、さらに『根本般若』に従う形で帰謬論証を行っているが、自立論証の問題を取り上げて批判することもないので、後世の学説書において帰謬論証派の開祖ではないという議論にもなる。
※２）割註に、「自生を承認するなどの論争者〔、他者〕サーンキャ学派など〔の立場〕」という。
※３）割註に、「〔帰謬論証〕こそにより、所成を証得する比量が直接的に生じたことと、対論者の誤解を除去することとの両者が可能だと立証したのを通じて、帰謬論証〔の宗を〕」という。
　なお、lCang skya Rol pa'i rdo rje 著『学説の設定 Grub mtha' rnam bzhag』(Krung go'i bod kyi shes rig dpe skrun khang.1989 p.224; Varanasi 1970 p.325) の、「中観自立論証派の立場を説明すること」の冒頭に、rang rgyud の語釈が示されている。すなわち－
　　「『無死蔵 'Chi med mdzod』(※１) に「rang rgyud と rang dbang 、bdag dbang と」と説かれたように、rang rgyud と rang dbang と rang bzhin は同義のものとして有るが、『根本般若 rTsa she』第十三章の『註釈・般若灯論 Shes rab sgron me』(※２) に、「今や、論破の回答をしたのと自力に (rang dbang du) 比量する力により、諸行には自性が無いことを説くために、第十三章を著した。」と説かれました。よって、後論者の承認ほどに絡めないで仮設の所依の側から義（もの）の在り方により論争の非錯誤の量に有法が一致した現れとして成立しているし、その有法の上に証因の〔三〕相の成立する仕方を決定してから、所証を証得する比量を生じさせるものが、自立論証の意味です。そのように必要なことが妥当すると承認する中観派を、「中観自立論証派」と言うのです。」
　　※１）Amarakośa. Ramanathan ed.Vol. Ⅱ ,1978,pp.21-22; D No.4299 sGra-mdo-skor Se 207a2
　　※２）D No.3853 Tsa 147b3; 和訳　望月海慧『『般若灯論』第 13 章試訳」(『立正大学大学院年報』7,1990) p.69; 章の冒頭である。訳註４－７５には『復註』をも参照したが、そこの 'Jam を参照すると、ここの議論はケードゥプ・ジェの著作を参照しているようである。なお、岸根敏幸『チャンドラキールティの中観思想』2001,pp.147-148 には、他の用例として D No.3853 Tsa 129a7-b1 (第九章),133b6-7 (第十章) が挙げられており、同時に彼の独自の著作と考えられる『中観心論』にその用語が全く使用されていないと言う。

訳註４－３）Ⅰ 1 (「縁の観察」); D No.3824 Tsa 1b3-4; 三枝充悳『中論偈頌総覧』1985,pp.8-9; 和訳　奥住毅『中論註釈書の研究』1988,pp.61-62; Kyt ed.p.409 (訳註５－９９の個所) にも引用される。なお、この四句不生の論証因は「金剛片の論証因」と呼ばれる。それは、最高に強固な金剛のように、無始以来のきわめて堅牢な諦執あるいは有身見を摧破してしまうからである。
※１）割註に、「所依事〔である〕事物はおよそ、場所・時・自性・学説のどれにおいても〔自から〕生ずることは、いつのときも有るの〔ではない〕。同じくすべてに適用する。」という。

※2）割註に、「生ずることはけっして有るの〔ではない。〕」という。

訳註4－4）
※1）'Jam に、「インド・チベットの多くにより似非の中観派と学説の」という。
※2）'Jam に次のようにいう －
　　「『無死蔵 *'Chi med mdzod*』（※1）に「rang rgyud と rang dbang 、bdag dbang と」と説か
　　れた自立論証（rang rgyud）の意味は、根現量が何らかの自相（※2）について量（認識基準）
　　になっているかいないかを通じて二つと、現量において分別を離れたことが必要か不必要かを通
　　じても二つと、量（認識基準）について新たに設立する設立しないかを通じて二つと、〔因の〕
　　三相が論者・後論者において自相として量（認識基準）になっていると主張するか主張しないか
　　を通じて二つと、帰謬・自立の見の同じでない生じさせ方など、争論が無いのと、錯乱した説明
　　も、きわめて多い〔が〕」
　　※1）上の訳註を参照。
　　※2）bzhi（四）とあるが、文脈より zhig（何らかの）に訂正する。

訳註4－5）'Jam に、「錯乱した説明四つのうち、第一、『復註』の立場は、」という。他の割註に、
「インドとチベットの学者の同じでない四の主張があるうち、」という。
※）『道次第大論の表記註釈 *brDa bkrol*』Toh.No.6569 Ka 47a6-48a2 に次のようにいう －
　　「ジャヤーナンダは、〔チベット語に翻訳すると〕rGyal ba Kun dga'（勝喜）というカシミール
　　のパンディタ。『入中論の復註 *'Jug pa'i 'Grel bshad*』を造られた。そのパンディタの弟子、翻
　　訳師はク翻訳師ドデバル（Khu Lo tsatsha ba Mdo sde 'bar）というものです。この個所において
　　帰謬派・自立派の設定方法について、(47b) 他者の立場が四つある。1）ジャヤーナンダの立場、
　　2）彼に随うク（Khu）翻訳師などの立場、3）現在、中観帰謬論証派だと主張するチベットの他
　　者たちの立場、4）かつての中観派、チャンドラキールティに随ったチベットの或る学者の立場、
　　〔合計〕四つ。この第四はパツァブに随ったマチャ・チャンチュプ・ツォンドゥーなどの立場であ
　　ると説明している。これはチャパの弟子〔である〕八大獅子（センゲ）の内部のマチャ・ツォペー
　　センゲというもの、〔すなわち〕ジャヤーナンダとク翻訳師ドデバル両者の弟子だとも説明している。
　　　そのうち、第一、ジャヤーナンダは、三相が論者・後論者二人の量（認識基準）により成立し
　　た証因により所成を証成するのが自立論証派、そしてそのように量により成立していなくて三相
　　を承認したのほどを通じて所成を証成するのが帰謬論証派だと主張する。第二は、勝義を伺察す
　　る場合に無自性の所成を承認してから、それを自己の立場において証成するのが自立論証派、そ
　　して、そのように承認しなくて他者の主張を否定することほどをするのが帰謬論証派だと主張す
　　る。これは、勝義を伺察する場合に何も立宗を設定しないのですが、一般的に何も承認が無いと
　　主張するわけではない。第三は、勝義と言説のどれについても承認が自己の立場に有ると主張す
　　るのが自立論証派、そしてそのような承認が自己の立場において何も無いと主張するのが帰謬論
　　証派だと主張する。第四は、上のそれら立場を否定してから、自己の立場において、勝義を伺察
　　する (48a) 場合に自相により成立した量・所量を承認するのを通じて、諦無しの義を証成する
　　のが、自立論証派、そして、そのようなのでなくて言説として伺察しない世間の周知の量・所量
　　ほどを承認したのを通じて所成を証成するのが、帰謬論証派だと主張すると見える。」
　　これに関しては、訳註4－1を参照。吉水千鶴子「ゲルク派より見た誤った中観派の担い手たち」
『成田山仏教研究所紀要』1991,p.163ff. によっても、これらは 'Jam dbyangs bzhad pa'i rdo rje
の『大学説 *Grub mtha' chen mo*』におけるマチャ (rMa bya Byang chub brtson 'grus. ?-1185/86)
とギャマルワ(rGya mar ba Byang chub grags. sTod lungs rGya mar ba) に比定されている。また、
本研究でも参照している『道次第大論』への割註には、ジャヤーナンダの弟子は、ク翻訳師 (Khu lo
tsa ba mDo sde 'bar) のことだとされている。また『未了義・了義の弁別・善説心髄 *Drang nges*』(Toh.
No.5396 Pha 82a5-83b3; 片野道雄、ツルティム・ケサン『中観哲学の研究 II』1998,pp.140-145
notes215-220) にも関連する記述がある。

訳註4－6）D No.3870 Ra 120a6-b3; P No.5271 Ra 144a3-8; ここでも割註より幾つか言葉を補足した。cf.四津谷孝道『ツォンカパの中観思想』2006,pp.124-126; 四津谷同上 p.128 には、「要するに、ツォンカパは、ジャヤーナンダのこのような理解を、自分の内外のものすべてに関する認識は虚偽なものであるとする懐疑主義的あるいは不可知論的な要素を多分に含むものと考えており、そして、その背後には「世俗的なものはすべて虚偽であり、それらをただ否定し続けることによってのみ真実に至ることができる」という短絡的な中観思想が存在することを見抜いていたと推測することができる」と論評されている。Brjed byang（憶え書）Da 84a5-b1 に次のようにいう －

「「帰謬論証を論証因として主張するなら」というのは、帰謬論証は中観の見を決択するものとして主張するなら、という意味であるようだ。「諸事物の自性を」というのは、彼の自己の立場の法性こそにしたならいい。彼の立場において遍充を(84b)立証するもの〔である〕量（認識基準）は無いが、と言う。暫時の遍充が成立する現量・比量は有っても、と言うが、それは量でないと承認するようだ。」

※１）’dod na de とあるが、原典は ’dod na とあり、de（それ）が無い。

※２）割註に、「一方により成立したが、他方により成立していないという差別（ちがい）を区別できないので、論者・後論者〔両者においても〕その証因が量により〔成立している〕」という。ディグナーガの『集量論』においても、ブハーヴィヴェーカの『般若灯論』においても、論者のうち一方が認めていないものや疑っているものによっては立証または論破は不可能であるとされている。訳註4－119を参照。

※３）これは、ディグナーガ著『集量論』に、「およそ両者において成立しているのが立証です。」といって、因の三相のうち、随順の同品遍充と離反の異品離反の遍充に関して、立証する論者・後論者の両者により量により成立していることが必要であると述べた規定に関係している。訳註4－119を参照。

※４）’Jam に、「三相が量による成立が無いと主張するさま〔それについて〕」という。

※５）他心を知る神通は六神通の一つにも数えられるが、唯心説を採る場合、他相続の存在自体が問題となってくる。ジャヤーナンダは『入中論』第六章の中観説を註釈をするにあたっても、三自性など唯心派の概念を多く使用していることが知られている。唯心の学説において、他者の心を知りうるのかという問題を扱ったものとして、例えば、ダルマキールティは『量評釈』PV Ⅲ において経量部と唯識派の学説を展開しているが、特に Ⅲ 68 には、「他者の心を証得するからまた、二の量は成立しているのである。語ることなどを行うから、その体は決定すると成立している。」といい、他者の心は現量により知覚されないが、第二の認識基準である比量により成立するし、他者の行動より心の自体は決定されるという。彼の「量の七部」すなわち胴体のような三つと支分のような四つの論書のうち、後者の一つ『他相続の論証 Santānāntarasiddhi』(D No.4219, P No.5716) は『論争の方軌』とともに、「他者のための比量」からの派生とされるが、他者の相続が成立していないので、他者のために利益をすることは妥当するのかという問題に関して、唯識であっても身・語の所作より動機を量って、それが自相続と関係するのを否定してから、他の相続を立証するために造られたとされている。

※６）割註に、「証因が量により成立していると決断しても、再び量により成立していないことになってから〔欺くことが〕」という。

※７）「有為は欺く法を有するものである」ということは、阿含以来、説かれている。訳註3－23を参照。

※８）srid pas so// とあるが、D ed. には ’drid pas so//（導くから）という。

※９）割註に、「そのように論証因を提示する者は、錯乱のなすがままになったし、論者は相手の心の差別が、自己の量（認識基準）両者により成立しないという理由により、論者は自他両者において量により成立してした証因を獲得しない〔ゆえに〕」という。

※１０）割註に、「侵害するものと立証するものの根本は、」という。

※１１）割註に、「承認したことほどにより証因を提示するそのことに到るので、そのように〔承認したこと〕」という。

※１２）sun ’byin pa yin no とあるが、D ed. に sun ’byin par rigs pa yin no とある。

※１３）割註に、「これらの意味をまとめると、相手の立宗を論破するなどのとき、論者二人により証因が量により成立していることが不必要なことは、」という。

訳註　4．論理的否定と、自立論証派と帰謬論証派　　431

訳註4－7）D No.3870 Ra 120b3-5; P No.5271 Ra 144a8-145b5; ここでも割註より〔〕に補足した。cf.四津谷同上 2006,pp.129-130

※1）割註に、「遍充もまた、量により成立したと承認したことほどにより成立したと世呈するが、何かの量の量による成立していることは不必要なことは、」という。

※2）割註に、「論証因または証因の法に、所成の法が遍充する〔という〕関係が成立したと設定したことは必要であり、それもまた二人の論者の〔量により〕」という。

※3）割註に min（でない）とも見えるが、他の版の yin が正しい。原典 D ed. にも後者である。

※4）割註に、「ここには、自立論証を欲しないし、帰謬論証により他者の立宗を論破するので、」という。

※5）tshang mang は「竈（かまど）」と和訳される場合もある。割註には me khang と言い換えられている。『道次第大論の表記註釈 brDa bkrol』Toh.No.6569 Ka 48a2 にも、「tshang mang は厨房（thab tshang）〔すなわち〕me khang。」という。

※6）割註に、「の関係の随順・離反二つを〔証得する〕」という。

※7）割註に、「現量の火と随順・離反の関係それを証得するの〔ではない。〕」という。

※8）割註に、「そのように論者二人のその量二つにより、そのような遍充が成立したことが無いことに〔よって〕」という。

※9）割註に、「その遍充は良く観察した量により成立していなくても、〔世間の〕伺察していない知識に現れる程度ほどを〔承認した〕ほど」という。

※10）割註に、「遍充を承認したことそれほどにより成立するが、量により成立していないその論証因により、他者の宗を論破すること〔がどのように〕」という。

訳註4－8）'Jam に、「第二、彼に従うク翻訳師（Khu lo）などが、中観派において他者の主張ほど以外、自己の立場を立宗すると主張しないさまは、」という。cf.四津谷孝道『ツォンカパの中観思想』2006,pp.133-134

　　ク翻訳師（Khu lo tsa ba mDo sde 'bar）のことである。他方、ジャヤーナンダの関係で重要な翻訳師としては、彼と協力してチャンドラキールティの翻訳を行ったパツァプ・ニマタクがいる。ニマタクによりチャンドラキールティの顕密の著作が集中的に翻訳された経緯については、『青史 Deb ther sngon po』（Si khron mi rigs dpe skrun khan,1984,pp.416-417; 英訳 George N.Roerich, The Blue Annals. pp.341-343）に記述があり、彼がラサの北のペン地方（'Phan yul）の上の地域に生まれ、カシュミールに行って二十三年間、修学してから、戻って中観関係の翻訳活動を行ったこと、弟子は当初少なかったが、シャラワ（Shar ra ba.1079-1141）が優秀な学僧たちを派遣して中観を学ばせたので、以降、中観の講説・聴聞が確立されたことを述べている。『秘密集会タントラ』の広釈『灯作明』などをも校訂し、その修学を盛んにしたことが出ている。cf.ツルティム・ケサン「『中観ウパデーシャ』におけるヴァスバンドゥ二人説とアティーシャの見解」（『印度学仏教学研究』50-1,2001）pp.300-301; しかし、ゲルク派の大学者ジャムヤンシェーペー・ドルジェ著『大学説』の誤った中観説の議論において、その弟子タンサクパなどへは批判がなされるが、ニマタクは最重要のチャンドラキールティの本典の翻訳者として位置づけが大きいためか、その名を挙げて、その過失を語るということはなされていない。cf.吉水千鶴子「ゲルク派より見た誤った中観派の担い手たち」『成田山仏教研究所紀要』1991,p.166;

※1）割註に、「この個所に、自らが何も立証するのは道理でないので、それを立証できる論証因が無いが、ゆえに自立論証の論証因を主張するのは道理でないことに〔よって、〕」という。

※2）割註に、「その帰謬論証の帰謬法（thal chos）の立宗と、それを立証する論証因などは前者だけと同じなので、この個所に立宗が無いので、能成が無いが、もしそのような能成それが有るなら、自立論証の証因それしか無いので、」という。

訳註4－9）チベットの自称中観派には、帰謬派は自立論証を使用するといった主張も見られる。cf.ケードゥプ・ジェ著『千薬 sTong thun』（Toh.No.5459 Ka 155a-156b; 拙訳『中観哲学の研究IV』2003,pp.126-127）；これに関して、四津谷孝道「自立論証を認める中観帰謬派の思想家達」（『駒澤大学仏教学部論集』36,2005）には、ツォンカパと同時代のサキャ派ロントン、以降のサキャ派のコ

ランパやシャーキャ・チョクデンの主張が解説されており、以前にそのような主張を行った者として
シャン・タンサクパの名が挙げられている。

　仏教論理学において「自立論証 rang rgyud」は「能成 sgrub byed」と同義で用いられる。thal ba
（帰謬、プラサンガ）はインド的には本来、「〜ということになってしまう」「〜の誤謬に帰する」と
いう意味であるが、チベットではもう一つ「〜のはずである」という相手に確認させる用法が加わる。
論証式そのものが自立論証すなわち能成を投ずるものとしての thal ba を述べている、といったこと
にもなる。cf. 拙著『チベット仏教論理学・認識論の研究Ⅰ』2010,pp.281-282; 拙著『チベット仏教
　論理学・認識論の研究Ⅰ』2010,p.38,p.173; 白館戒雲「ロンドルラマ著『『量評釈』など因明所出
の名目』」（『大谷大学研究年報』56,2004)p.10; また、帰謬論証は『根本般若中論』にも『ブッダパー
リタ註』にも使用されているが、ブハーヴィヴェーカは前者については「意味の語」として論証式は
示されていないが、それを引き出すことが可能なもの、後者については「隙のある語」として過失
あるものとし、根本聖典『中論』とその注釈書に異なった対応をしていることが、指摘されている。
cf. 岸根敏幸『チャンドラキールティの中観思想』2001,p.138; 中観における帰謬論証を還質還位し
て定言的論証に解釈する事例は、ブッダパーリタの帰謬に対するブハーヴィヴェーカの批判に始まる
が、これに関してチベットでの議論は、四津谷孝道『ツォンカパの中観思想』2006,p.229ff. を参照。
同 p.250 にツォンカパの通常の帰謬論証に関する特徴として、1）帰謬が還質還位されたとき、「他
の法」を立証しないこと、2）帰謬が還質還位されたとき、「自立論証」を構成しないこと、の二つが挙
げられている。また、『摂真実論』Tattvasaṃgraha と同『難語釈』、『中観荘厳論』Madhyamakālaṃ
kāra と同『難語釈』には、言説として成立したものを有法とするときは、自立論証でありうるが、
言説としても成立しない、特定の理論や学説によるものを有法とするときは、帰謬法であるといった
使い分けがなされているし、『中観光明論』Madhyamakāloka には、概念論としてアポーハ論を導入
したため、自立論証として統一しうる原理が示されていることが、指摘されている。cf. 森山清徹「カ
マラシーラの無自性論証とアポーハ論　自立論証の根拠」（『印度学仏教学研究』47-1,1998); 御牧克
己「刹那滅論」（『講座大乗仏教9 認識論・論理学』1984)p.247

訳註4－10）cf.四津谷同上 pp.135-139; 岸根敏幸『チャンドラキールティの中観思想』2001, p.135ff.
※1）割註に、「三つの帰謬論証と一つの論証因〔そのうち、〕それもまた、1）相違（矛盾）を述べ
た帰謬と、2）他者に知られた比量または他者に知られた論証因と、3）能成が所成と等しい帰謬と、
4）理由が等しい類似の帰謬と〔合計〕四つです。」という。
※2）'Jam に、「有法と証因などを自己が主張しない。」という。
※3）割註に、「私たちには、その場合に相手の立宗を否定することほどが有るが、けれどもあなた
が言うように」という。
※4）'Jam に、「よって、自己に宗と所成が無くても、他宗または他者の所成または立宗を論破する
さまは、」という。cf. 四津谷孝道『ツォンカパの中観思想』2006,pp.132-133
※5）'Jam に、「これら翻訳師の帰謬・自立の二つの意味のうち、1）自立論証の意味は、」という。

訳註4－11）'Jam に、「第三、勝義と言説との二つのどれにおいても、自己の立場が無いのが帰謬
論証派だと主張する立場は、」という。cf. 四津谷同上 2006,p.149; 岸根敏幸『チャンドラキールティ
の中観思想』2001,pp.143-145; 松本史朗「ツォンカパとゲルク派」（『東洋思想第二巻　チベット』
1989) p.246; 帰謬派には主張は無いとの解釈については、訳註4－1を参照。

訳註4－12）vv.29-30; D No.3828 Tsa 28a1-2;『同自註釈』D No.3832 Tsa 128b1-2,6-7;
Lindtner ed.1982,p.80; 和訳　梶山雄一『大乗仏典14 龍樹論集』1974,pp.157-158; 米沢嘉康
「*Vigrahavyāvartanī* Sanskrit Translation and Tibetan Translation」（『成田山仏教研究所紀要』
31,2008)pp.268-271;『明句』（D No.3860 'A 6a3-4; La Vallée Poussin ed.p.16; 和訳　奥住毅『中
論註釈書の研究』1988.p.64) や、ジャヤーナンダ著『入中論の復註』D No.3870 Ra 121b2-3 に引用。
本論では、v.29 は Kyt ed.p.356（訳註4－40の個所）に言及され、v.30 は Kyt ed.p365（訳註4
－83の個所）にも引用されている。cf. 四津谷同上 pp.106-107,150

訳註　4．論理的否定と、自立論証派と帰謬論証派　　433

※1）割註に、「事物すべてが自性により無いと立宗してから、そのような立宗の句（ことば）は、自性により有るとの〔立宗が〕」という。

※2）割註に、「立宗の句（ことば）〔すなわち〕自性により有るそれにより、否定・肯定の何もできない〔その過失が有る〕ことになる。」という。

※3）割註に、「上のそのような〔立宗が〕」という。

※4）割註に、「の立場〔には、まさしく〕そのような〔過失が〕」という。

※5）割註に、「あなたの思惟のように」という。

※6）割註に、「量の〔義（もの）〕の自体により、自性により成立した所量〔何かを〕」という。

※7）割註に、「そのような量による認得〔それ〕こそ〔を〕あなたの自己の立場として〔立証または〕他に〔排斥する〕のが道理だ〔が、〕」という。

※8）割註に、「また、そのような量の所量を認得すること〔それが〕言説としても〔無いから〕」という。

※9）割註に、「あなたによる〔非難〕、そのような争論または論争をする余地〔は無い。〕」という。

　『廻靜論自註釈』において v.4 と vv.5-6 に、「またあなたが、〔中観派の〕否定〔について〕の否定もそのようだと主張するならば、それもまた良くない。そのようにまた、あなたが立宗したことは相（特徴）の過失がある。私〔中観派〕には無い。」、「ひとまず諸事物を現量（直接知覚）により認得してから退けるのであるならば、それにより諸事物を認得することになるその現量は、〔実有論者には〕無いのである。比量、教と〔喩えによる〕比定と、比量、教により立証される〔義〕と、喩えにより立証される義（こと）が何であるかは、現量（直接知覚）により回答された。」という。vv.29-30 は各々、それらに対する回答である。

　なお、瓜生津隆真『ナーガールジュナ研究』1985,p.172 には、この偈頌を『六十頌如理論』v.42「「これ」または「それ」といって、そこに伺察してから認得しないのなら、争論により「これ」または「それ」と賢者の誰が語ることになるのか。」と関連づけて議論されている。四津谷同上 2006,p.109 には、ナーガールジュナの『宝鬘』I 60, II 4 (D sPring-yig No.4158 Ge 109a4,110b6; 和訳　瓜生津隆真『大乗仏典 14 龍樹論集』1974,pp.242-243,250）も同様な内容として指摘されている。すなわち、「およそ義（もの）の無いことを立宗しないし、行じなくて、菩提の所依のために心が無いのなら、彼らはどうして無いと説明しましょうか。」、「見聞などは諦でなく偽りでないと牟尼は説かれました。宗より相違の宗になるのなら、その両者は実は無い。」と。北畠利親『龍樹の政治思想』1988, pp.73-74 にも指摘がある。

　なお、見解や主張が無い、よって争論しないといったことは、最初期の仏典であるパーリの『スッタニパータ Sutta-nipāta』第四章 Aṭṭhakavagga (v.780ff.) にも様々な形で説かれており、重要である。cf. 中村元『ブッダのことば』1984,p.176; 瓜生津同上 1985,95 には、相応部の典拠を示している。

訳註 4 － 1 3）v.50; D No.3825 Tsa 22a6;『同註釈』D No.3864 Ya 27b5; 和訳　瓜生津隆真『大乗仏典 14 龍樹論集』1974,p.80; Scherrer-Schaub ed.1991,p.89; 英語訳　Loizzo,Joseph. *Nāgārjuna's Reason Sixty With Chandrakīrti's Commentary*.2007,p.201; これに関するチャンドラの註釈は Kyt ed.p.358（訳註 4 － 4 7 の個所）を参照。cf. 瓜生津隆真『ナーガールジュナ研究』1985,p.188; 四津谷同上 2006,pp.109-110

　『入中論』VI 117-120 (La Vallée Poussin ed.pp.230-234) に中観派に主張があるかどうかが議論されるが、その『自註釈』ad 119cd にもこの教証が引用されている。量論者の立場からであるが、『量評釈』II 219cd にも「我が有るのなら、他だと想う。自他の分から、執らえることとと怒ること〔になる〕。」といい、『道次第大論』の「中士と共通した道」の集諦に関する個所 (Kyoto ed.2004,p.265; 拙著『菩提道次第大論の研究』2005 p.271) に引用されている。Brjed byang（憶え書）Da 85b2-4 にここでの教証について次のようにいう －

　「字の追加は、大なる我（自体）を有する中観派彼らに対して、諸事物が自性により成立したと承認する宗は無い。それを承認してから他の宗に対する争論が無い。どこかそこに事物が自相により成立したと承認する自己の宗が無い〔ところの〕彼に、他者の宗〔である〕自相による成立を思い込むことがどこに有るか、ということです。」

※1）割註に、「およそ縁起を通じて諸事物の自性がどのようであるかを了解する功徳により、繁栄

の〔大なる自性を有する〕賢者、中観派〔彼らには〕」という。

※2）割註に、「事物が自性により成立したと承認する〔宗〕または立宗〔は〕」という。

※3）割註に、「それが無いので、事物への思い込みが無いので、自己の宗と他者の宗に断じて、否定・肯定の〔争論は〕」という。

※4）割註に、「自己の〔宗〕は自性により成立していると立宗すること〔が無い〕」という。

※5）割註に、「他者の〔宗〕は自性により成立していると立宗することそれを、否定することが自性により成立していると思い込むこと〔が〕」という。

瓜生津隆真『ナーガールジュナ研究』1985,pp.188-189 にも、『廻諍論』v.29 の所説との一致が指摘されている。

訳註4－14）XⅥ 25（「軌範師と学徒の決択を説示する」, v.400）；D No.3846 Tsa 18a5; 英訳 と text Lang,Karen., *Āryadeva on the Bodhisattva's Cultivation of Merit and Knowledge.* 1983,pp.543-544,672;『註釈』D No.3865 Ya 238b4-5; Suzuki ed.1994, なし；英訳 Geshe Sonam Rinchen & Ruth Sonam,*YOGIC DEEDS of BODHISATTVAS*.1994,p.300;『四百論』の最終偈である。本論 Kyt ed.p.357（訳註4－44の個所）にも引用。

『明句』（ad Ⅰ1; D No.3860 'A 6a1-2; La Vallée Poussin ed.p.16; 和訳 奥住毅『中論註釈書の研究』1988,p.64）や、ジャヤーナンダ著『入中論の復註』（D No.3870 Ra 121b1）に引用。Brjed byang（憶え書）Da 85b1-2 にこの教証について次のようにいう —
　「字の追加は、諸事物は自性により有るのと、効用の事物すべてが全く無いのと、無事物として自性により成立した有る無しの両者、という過失を有する立場が、どこか無い〔ところの〕それについて、長い間にも非難を述べることはできない、ということです。」

※1）割註に、「自性により〔有るのと〕、言説としても〔無いのと〕、そのような〔有る無し〕と、そのような有る無し両者でない〔といって〕」という。

※2）割註に、「〔そこ〕の立場〔に,〕そのような〔宗〕または立宗〔が無い彼〕の立場〔に対して〕」という。

※3）割註に、「きわめて〔長い間において〕、争論により隙をどれほど見て〔も非難〕または争論〔を〕」という。

Brjed byang（憶え書）Da 85b4-86a3 にこれら『四百論』『六十頌如理論』の教証の解説を承けて、次のようにいう —
　「ここには、「生じたのと生じていない法のどれにより、生じていない法〔の〕得ることを得るのか」などというのを『入中論の註釈』に『仏母経』（※1）を引用したものに、「具寿スブーティよ、何か生じた法により生じていない得（thob pa）を得ることになるのか、あるいは生じていない法により生じていない得を得ることになるのか。スブーティは語った — 具寿シャーリプトラよ、私は生じた法により生じていない得を得ると主張しない。生じていないものによっても生じていない得を得ると主張しない」といって、シャーリプトラが問うたのとスブーティが回答したことの意味を（86a）まとめたのです。『善釈心髄 *Legs bshad snying po*』（※2）には「生じた法により生じていない得を得る、生じていない得を得る」といって得させるものが生じたのみと、得られるものが生じていないのとの両者に適用したのは、『経』のお言葉通りと少し一致しないと見えるが、ここには、仮設の義（もの）を探求する仕方であるので、そのように伺察してもいいのを意趣なさったかと思う。この意味は、尊者ゲンドゥン・ギャムツォ（dGe 'dun rgya mtsho）の『善釈心髄の難語釈』での説かれ方のようなら、生じた法により自らの時に生じおわった得を得るなら、再び生ずることは無意味だし、自らの時に生じていない得を、自性により成立した得ることも妥当しない、と説明したなら、いい。」

※1）訳註3－220、または4－58の個所を参照。

※2）Toh.No.5396 Pha 84a6; 片野道雄、ツルティム・ケサン『中観哲学の研究Ⅱ』1998, pp.146-147

訳註4－15）ad Ⅰ1; D No.3860 'A 6a2; La Vallée Poussin ed.p.16; 和訳 奥住毅『中論註釈書の研究』1988,p.64; 丹治昭義『中論釈 明らかなことばⅠ』1988,p.13; cf.四津谷孝道『ツォンカパ

訳註　4.論理的否定と、自立論証派と帰謬論証派　　435

の中観思想』2006,pp.111,161-162
※1）割註に、「自力の」という。
※2）割註に、「〔他の宗〕が自相により成立していると」という。

訳註4－16）ad Ⅰ 1; D No.3860 'A 7b7-8a1; La Vallée Poussin ed.p.23; 和訳　奥住毅同上
1988,p.70; 丹治昭義同上 1988,p.18; cf.四津谷同上 p.164
※1）割註に、「再び生ずることは無意味だとの誤謬に帰する、などという〔帰謬論証を〕」という。
※2）割註に、「再び生ずることは有意味で有窮だと承認することが必要なの〔と〕」という。
※3）割註に、「サーンキャ学派」という。
※4）割註に、「承認が必要であることと、〔私たち〕帰謬論証派に関係するの〔ではない。〕」という。
※5）割註に、「帰謬論証派〔自己に〕再び生ずることは有意味で有窮だと承認する〔立宗が〕」という。

訳註4－17）Ⅵ 173; D No.3861 'A 212b7-213a1;『同自註釈』D No.3862 'A 310b6-7; La
Vallée Poussin ed.p.294; 和訳　小川一乗『空性思想の研究』1976,p.316; 拙著『中観哲学の研究
Ⅴ』2002,p.173; 瓜生津・中沢『入中論』2012,p.251; cf. ジャヤーナンダ著『入中論の復註』D
No.3870 Ra 278b4; 四津谷孝道『ツォンカパの中観思想』2006,pp.117-118,165,177; Kyt ed.p.359
（訳註4－55の個所）にも論及されている。
※1）割註に、「もし或る人が、」という。
※2）割註に、「を論破するとき、論破されるそれと〔出会っていなくて〕」という。
※3）割註に、「上に他者が」という。
※4）割註に、「なるそれは、誰においてなるのかは、上の理趣のそのように伺察する正理の側の〔ど
こか〕論者」という。
※5）割註に、「その論破するものにより論破すると〔必ず〕立宗する〔宗が〕」という。
※6）割註に、「〔私〕たち、中観派〔において〕、そのように伺察する正理の側に論破すると立宗す
る〔宗〕」という。

訳註4－18）Ⅵ 81; D No.3861 'A 208a3;『同自註釈』D No.3862 'A 275b7; La Vallée Poussin
ed.p.179; 和訳　小川一乗『空性思想の研究』1976,p.202; 拙著『中観哲学の研究Ⅴ』2002,p.125;
瓜生津・中沢『入中論』2012,p.184; 四津谷同上 ,p.166; 中観派が全般的に他生を否定して、唯心派
が三自性のうち、染汚・清浄の基盤としてその実在を不可欠とする依他起を否定したのに対して、唯
心派が中観派の二諦のうち、世俗に関して同様に論破しようとする。それに関する応答の一部分であ
る。下の訳註4－31、4－32の個所（Kyt.ed.p.354）の個所にも出てくる。
※1）割註に、「唯心派の」という。
※2）割註に、「自相により成立した」という。
※3）割註に、「自相により成立していると中観派、〔私は〕」という。
※4）割註に、「または必要性〔のために、これら〕事物〔は〕自性により〔無いが、〕仮設ほどとし
て〔「有る」と〕」という。
※5）割註に、「の言説または周知〔の側に〕」という。

訳註4－19）v.63; D No.3828 Tsa 29a2-3;『同自註釈』D No.3832 Tsa 135a4 (136b3-4 に再
出）; Lindtner ed.1982,p.85; 和訳　梶山雄一『大乗仏典14 龍樹論集』1974,pp.177-178; 米沢嘉康
「*Vigrahavyāvartanī* Sanskrit Translation and Tibetan Translation」（『成田山仏教研究所紀要』
31,2008)pp.316-317; なお、『廻諍論』v.11 に「家に瓶それは無い、といって有ることを否定するこ
とが見られるから、あなたはこれ〔すなわち〕、有る自性を、否定するのである。」という。vv.61-63
はその批判への回答である。v.63 は『同自註釈』ad v.69 にももう一回出てくる。cf.四津谷孝道『ツォ
ンカパの中観思想』2006,pp.22-23,181
※1）割註に、「が自性により成立していると執らえる無明が、自らの側から成立していること〔は
何も〕」という。

※２）割註に、「〔私は、〕否定されるものの増益が自らの側から成立しているのは〔何も〕、自らの側から成立した否定するものでもって〔否定しない。〕」という。

※３）割註に、「あなたが、否定されるものそれと、否定するものとの二つが、自らの側から成立していると執らえて、否定するもの〔すなわち〕自らの側から成立しているものにより、否定されるものの増益〔すなわち〕自らの側から成立しているものを〔否定する〕」という。

※４）割註に、「私に対して」という。

※５）本論には skur ba de ni khyod kyis btab とあるが、原典には skur ba de ni khyod kyis smras（あなたは語った）とある。

訳註４－２０）'Jam に、「第四、かつてのパツァブ（Pa tshab）に従ったマチャワ（rMa bya ba）などの立場は、」という。すなわち、マチャ・チャンチュプ・ツォンドゥーである。この解釈に関する批判は Kyt ed.pp.362-363（訳註４－７４の個所）を参照。cf. 四津谷孝道『ツォンカパの中観思想』2006,pp.194-195; 根本裕史「ツォンカパの『中論』註釈における三時不成の論理」（『日本西蔵学会々報』51,2005）には、『根本般若』第二章を中心にしてマチャワとツォンカパの違いを論じている。

訳註４－２１）'Jam はさらに三つに細分している。それを含めて〔〕に翻訳しておく。cf. 四津谷孝道『ツォンカパの中観思想』2006,pp.127-128

訳註４－２２）
※１）mi shes par であるが、割註は mi shes pas（知らないので）とある。
※２）cf. 四津谷同上 pp.130; Brjed byang（憶え書）Da 83b5-84a3 に次のようにいう －
「本文に「厨房の上に・・・（中略）・・・所依事は厨房です」というから、「この所依事の上に決定することが必要な〔他の〕所依事を〔、あなたが必ず〕示すことが必要です」というのと、『善釈心髄 Legs bshad snying po』（※）に、「そのようでないなら、煙を有する峠」というから(84a)「別の喩例の有法を示しなさい。」という意味は、同喩の上に遍充を立宗するなら、決定の対境の所依事は厨房であり、その上に証得すべき義（ことがら）は、煙が有るところに火が有ることが遍充するほどであり、厨房の煙が有るところに厨房の火が有ることが遍充することを立証するわけでは全くない。もし、一分の場所の遍充を立証するのであるなら、煙を有する峠に厨房の煙が有るとの証因により、厨房の火が有ることを立証することが帰結する。争論の所依事の上にそれを立証する遍充を立証するとき、証因として捉えたのについて、法として捉えたそれにより遍充を立証するのであるし、なおかつそれを立証する相もまた、厨房により差別（限定）された煙が有るところに、火が有ることが遍充するのを立証するのであるからです。（以下、省略）」
　※）Toh.No.5396 Pha 82b5,83a1; 片野道雄、ツルティム・ケサン『中観哲学の研究 II』1998,pp.140-141
※３）割註に、「〔そのようでなく〕て、厨房の煙が有るのへ厨房の火が有るのが遍充するそれこそを執らえることが必要〔なら〕」という。
※４）Brjed byang（憶え書）Da 84b1-2 に次のようにいう －
「「承認の理由により区別するなら、所成と等しい」という意味は、承認のこのようなものにより成立するし、このようなものにより成立しない、といって承認ほどを理由にするなら、説明しおわったように、その能成に効能は無いので、所成と等しい、ということです。」
※５）割註に、「所成は証因・遍充を承認したことほどにより成立しないのなら、ここに承認した差別（ちがい）もまた承認したことほどにより区別するのが成立しないことは、等しいから、妥当しない。」という。

訳註４－２３）'Jam はこれを三つに細分している。〔〕に出しておく。『道次第大論の表記註釈 brDa bkrol』（訳註４－４を参照）に、この第二の立場は、ジャヤーナンダに従うク翻訳師などの立場とされている。cf. 四津谷孝道『ツォンカパの中観思想』2006,pp.140-147; 四津谷同上 pp.147-148 には、「ク・ドデパルにおいては「真実を考察する場合」が「戯論寂滅という意味での勝義として」に短絡的に置き換えられていると考えられる。つまり、世界を戯論寂滅な勝義と無明に完全に覆われた世俗に二

分し、それら両者が重なる領域を認めないことによって、勝義に関して積極的に自らの主張を展開することが許されないことになってしまい、その結果、勝義を巡る議論において中観帰謬派に許されることは、唯一プラサンガによって対論者の誤った主張を否定するだけに止まっている」と批評されている。

※１）'Jam による。

※２）割註に、「ものなので、自己の立宗を設立することと、他者の立場を否定することとの両者を主張しない、と語ったことで充分である〔からです。〕」という。

※３）上の『廻靜論』の訳註４－１２を参照。

※４）割註には具体的に、「自性により有るのと、自性により無いのと、その二つであるのと、二つでないとまで」という。

※５）『明句』ad Ⅴ 6 における第三範疇の排除の文例としては、訳註２－６７を参照。中観とは立場が異なるが、背反律に関して仏教論理学派においても、そのアポーハ論すなわち「他の排除」において、断除（rnam par gcod pa, skt. vyavaccheda）、断定（yongs su gcod pa, skt. pariccheda）の機能は、非瓶を断除してから瓶を断定するものとされている。例えば、『量評釈』PV Ⅰ 49 (cf. 訳註６－６０) に、「決定と増益の意は、侵害されるもの・侵害するものの体だから、これは増益を欠如しているものについて、「起こる」ということを知るのである。」といい、vv.96-97 に、「それより他のものを放棄してから、行うことになる、というのもまた、声を表詮する。それにより、それらからこれを断じないなら、それはどのようにか。もし、これには断除が有るなら、〔諸々の〕声の必要性はそれほどに過ぎないのではないのか。あなたにとって、それにおいて、他の共により何がされるのか。」という。すなわち、声は常だという増益・過剰肯定を破ってこそ、その無常性は確定できるのである。そして、或るものの断除とその判定の断定が相伴うことが言われている（直接的相違については訳註１－３７をも参照）。『中観光明論』（D No.3887 Sa 191b2-5; 和訳 四津谷孝道『ツォンカパの中観思想』2006,p.209) に次のようにいう －

「このように事物の同一を断定する（yongs su gcod pa）なら、別他を断除して（rnam par bcad）から断定する。別他もまた同一を断除してから断定する。それより反対を断除していないなら、それを断定することは不適切であるからです。何かにおいて何かを断定するのは、断除が無いなら、無いものそれらは、それに対して互いに排除して住する相（特徴）です。およそ互いに排除して住する相（特徴）であるそれらも、一つの有法において有することにならない。例えば、心における、身を有するものと身を有しないものとの区別のようなもの。同一と別他もそれと同じなので、ゆえにこの二つは一つにおいて有することになぜなるのか。相違した法を有するものも、一であるなら、すべての実物が一になる。ゆえに、同時に繋縛と解脱と死去と生などになる。」

ツォンカパの『善釈心髄 Legs bshad snying po』(Toh.No.5396 Pha 108a6ff.; 片野道雄、ツルティム・ケサン『中観哲学の研究Ⅱ』1998,pp.226-233) にも詳しく議論されている。後のゲルク派の学僧ロンドル・ラマ（Klong rdol bla ma）(和訳 白館戒雲「ロンドルラマ著『『量評釈』など因明所出の名目』」『大谷大学研究年報』56,2004,p.29) には、次のように説明する。

「断除、断定の理解内容は、「非瓶より反対」と述べたとき、断除は、非瓶を断除してから断定において瓶であることを肯定するのです。」

他方、チョナン派のトルプパ（Dol bu pa Shes rab rgyal mtshan.1292-1361）の著作『山法了義海（Ri chos nges don rgya mtsho）』Wa 155b-156a には、非定立否定や伺察のみでなく、二辺を離れた中としても断定されない第三の範疇が設定されている。拙著『中観哲学の研究Ⅲ』2001,pp.311-312を参照。またサキャ派のシャーキャ・チョクデン（Śākya mchog ldan.1428-1507）は、『中観決択 dBu ma rnam nge』にツォンカパのこれらの解釈に対して批判を試みたことが知られている。cf. 四津谷孝道『ツォンカパの中観思想』2006,p.227; なお、ツォンカパにおける否定に関しては、野村正次郎「ツォンカパの否定の定義とその思想的展開」（『論叢アジアの文化と思想』2001)、同「ツォンカパの空思想における否定対象とその分岐点」（『印度学仏教学研究』52-2,2004) に議論されている。

※６）割註に、「、と思うのか、真実を伺察する場合に承認が無いので、そのような立宗を承認しないのは何なのか、と二つの観察をすべきです。そのうち、もし第一の観察のようである、〔と思うなら〕」という。

※７）Brjed byang（憶え書）Da 84b2-4 に次のようにいう －

「真実を伺察する場合は、勝義として適切でないので、言説として為すことが必要」などという

意味も、あなたが真実を伺察する場合、1）言説として主張する、または2）勝義として主張する。第一のようなら、勝義を伺察する場合に承認が有ることが帰結する。言説として承認が有るから。第二のようなら、勝義として承認が有ると主張する中観派は誰も無いので、それを主張することが帰謬派の差別法（khyad chos. 特性）として不適切になる、というのかと伺察する。」
※8）割註に、「その場合は、言説として承認しているなら、真実を伺察することもまた、その場合こそにしたと承認することが必要です。その場合に真実を伺察することを承認したなら、真実を伺察する場合に承認が無いが、一般的に言説として承認が有る、と語ったこと〔それは〕」という。
※9）割註に、「〔意味〕として設立したそれは妥当しなくて、上の決定知において、もしそれが妥当するの〔である〕とした〔なら、〕また、そのようなそれを、あなたが帰謬の差別法（特性）として設定したそれは、きわめて不合理です。」という。

訳註4－24）'Jam はここを、「1）否定そのものと、2）似非の争論を捨てることと、3）承認と立宗の句（ことば）もまたきわめて多いさまと〔合計〕三つ」と分けている。その第一をさらに十五に細分する。『道次第大論の表記註釈 brDa bkrol』（訳註4－4を参照）に、この第三の立場は、「現在、中観帰謬論証派だと主張するチベットの他者たちの立場」とされている。cf. 四津谷孝道『ツォンカパの中観思想』2006,p.148ff.185-188; 野村正次郎「ツォンカパの空思想における当事者性」（『日本西蔵学会々報』52,2006）p.15; 松本史朗「ツォンカパとゲルク派」（『東洋思想第二巻　チベット』1989）p.247
※1）Ka として、「現在、尊者一切智者〔ツォンカパ〕がこの『道次第』を造られた時です。」という。Kha には、「中観帰謬論証派だと主張するチベットの立場〔を否定すること〕」という。
※2）割註に、「伺察をしたことにより、相手が承認したその義（事柄）により確立できないなら、その義を否定したと慢思する、すなわち他者の立場〔あちらを〕」という。
※3）割註に、「自己の立場を設定したことも無い、他者の立場を否定したことも無いとなったことにより、」という。
※4）割註に、「〔を伺察する〕者〔により〕」という。
※5）割註に、「必要であるし、中の義は常・断の二辺に堕ちていない中央と、辺を離れた義であると承認することが〔必要なので〕」という。Brjed byang（憶え書）Da 84b4 に、「「中」という何かを・・・（中略）・・・」承認することが必要」などという意味は、上に出ている。」という。
※6）割註に、「そのような二辺を離れたことは、」という。なお、この前後は Brjed byang（憶え書）Da 24b3-4 に二辺の除去に関して引用されて、空性だけでなく縁起も中道と設定されることが、議論されている。
※7）割註に、「それこそが、中の義であるし、その義を決定し観察するのを具えた人（プドガラ）それについて、「中観派」と言うことが必要だから、そのような義を〔証得する〕ことも〔主張することが〕」という。
※8）割註に、「といって、すべての宗について滅が無いと宣説したので充分ですが、自己は承認を全く知らないと理解して、その帰依処として承認が何も無いなどと語ることは必要でない。」という。
※9）割註に、「承認が有りながら無いのと、承認していながら承認していないと言うことなどの」という。

訳註4－25）B ed.、割註に khong gzo ba とあり、「彼に感謝する」とも見えてしまうが、割註が khong nas（内から、心から）などというように、khongs gso ba が正しい表記である。『道次第大論の表記註釈 brDa bkrol』Toh.No.6569 Ka 48a2 に、「khongs gso ba は、内からその方軌に感謝し勉励する、または、内が真っ直ぐで善巧なことをいう。」という。cf. *brDa dkrol gser gyi me long*（Mi rigs dpe skrun khang,1997）p.60

訳註4－26）ad XXIV 15; D No.3860 'A 166b4-5; La Vallée Poussin ed.pp.501-502; 和訳　奥住毅『中論註釈書の研究』1988,pp.765-766; 北畠利親『中論　観法品・観四諦品訳註』1991,p.127; 丹治昭義『中論釈　明らかなことばII』2006,p.124; XXIV 15-16 は、Kyt ed.p.280（訳註2－54の個所）に引用されている。

訳註　4.論理的否定と、自立論証派と帰謬論証派　　439

※1）割註に、「中観派〔私たちの宗〕または立場〔は〕過失の種類が全く無いので、」という。

※2）割註に、「勝義と言説の〔設立したすべてと相違しなくて〕決択したとおりに義（もの）に〔住する〕」という。

※3）割註に次のようにいう －

　　「〔すなわち〕であるとき、または dang（と、そして）の声（ことば）は、離合詞（'byed sdud）など五つの意味に用いられるうち、ここには時間詞（tshe skabs）と省略詞（sdud pa）の二つに近いし、それもまた yang（～も）と同じ省略詞に適用したなら、いい。または、～であっても（yin kyang）ということの適宜です。その二つのそれをしても、意味は同じなので、このように説明する。住するのであっても、実有論者たち、すなわち〔自己の宗は〕」

※4）割註に、「または立場ほとんど明らかであるし、取るにふさわしいので、〔粗大な〕、自己に有りつつのものであり、現前に見えるにふさわしいので、〔きわめて誤った（※）〕、間違った〔過失〕」という。（※）nye ba は文字通り「近い」と解釈しているようにも見える。

※5）nye ba skyon（近い？過失）とあるが、原典に nyes pa'i skyon とあるのが正しい。割註は nye pa を nor ba'i（間違った）と言い換えている。

※6）dang ldan pa とある。原典には dang bral bar（～を離れて）とある。割註に、「〔それらと〕私たちの立場は一致しないし、」という。

※7）割註に、「愚かな〔力〕により、自他の立場の〔過失と功徳〕」という。

※8）訳註2－54を参照。

※9）cf. 四津谷孝道『ツォンカパの中観思想』2006,pp.188-189

訳註4－27）この立宗は『集量論自註釈』PSV, ad Ⅲ 2 にも扱われている。渡辺俊和「ディグナーガの pakṣābhāsa 説」（『印度学仏教学研究』55-1,2006)pp.88-89 によれば、『集量論』Ⅲ 2 に、立宗は論者自らが欲することであるとされている。よって、（A）「語ることすべては偽りである」と立宗した場合、その立宗はそこでの「すべて」という中に含まれていないことになる。よって、この立宗が実際に意味することは、(A')「この立宗以外の語ることすべては偽りである」ということになる。拙著『チベット仏教　論理学・認識論の研究Ⅳ』2013 の訳註3－112、113を参照。; なお、『般若灯論の復註』（D No.3859(2) Zha 312a6-7; ad ⅩⅤ 1）に、その実例として次のようにいう －

　　「例えば、バーラタ仙人の句（ことば）のみが真実だが、他者が語ったことすべては偽りだと立証するために語ったこと〔すなわち〕「すべては偽りだ」と語ったそのことにより、自らの句（ことば）は真実だと立証するその義（内容）に対して損減したから、自らの句（ことば）と相違（矛盾）するという過失が有る。」

訳註4－28）Ⅵ 147cd; D No.3861 'A 211b2;『同自註釈』D No.3862 'A 303a5; La Vallée Poussin ed.p.269; 和訳　小川一乗『空性思想の研究』1976,p.291; 拙著『中観哲学の研究Ⅴ』2002,p.161; 瓜生津・中沢『入中論』2012,p.236; cf. 四津谷同上 ,p.190

※1）割註に、「実有論者、あなたの主張のように」という。

※2）割註に、「実物として」という。

※3）割註に、「その我は」という。

※4）割註に、「〔成立した事物〕になるが、それが心のように成立しているなら、その心は色より同一と、その色より別の事物として、表詮しえないのではないように、その我もまた実物として成立しているという理由により、蘊より同一と別他として〔表詮しえない〕こと〔にならない。〕」という。ケードゥプ・ジェ著『千薬大論 sTong thun』Toh.No.5459 Ka 96b; 拙訳『中観哲学の研究Ⅲ』2001,pp.204-205 には、『倶舎論』第九章「破我品」をも引用して議論している。

※5）犢子部ないし正量部の主張に関しては、訳註3－198を参照。

訳註4－29）cf. 四津谷同上 ,pp.190-194

※1）割註に、「語ったそれこそにより、承認が無いことそれこそを、自己は承認していると心より語ったことなので、何も承認しないことと相違（矛盾）するのです。よって、「承認が無い」というその〔こ

ともまた〕」という。

※2）『道次第大論の表記註釈 *brDa bkrol*』Toh.No.6569 Ka 48a2-3 に、「zhe smra ba は、方便により、または次第により承認することになったので、そのように語る、と割註に出ているが、心底（zhes thag pa）から語ることをいうなら、いいと思う。」という。直後の割註を参照。

※3）割註に、「方便により、または次第により、承認が無いそのことを承認していると〔語る〕結果に到って〔それ〕の力により」という。

※4）割註に、「私たちはあなた自身の句（ことば）の意味は、あなた自身の句（ことば）こそにより排除されたし否定されたその相違（矛盾）を〔説く〕」という。

※5）割註に、「要するにこの意味は、「承認が無い。」と立宗したなら、承認が無いそのことを承認すると追いやることが可能で、「何の誤りも無い」と語ったことそれは、誤りが有るのを否定したそれほど以外に、誤りが有ると、誰によっても追いやることが不可能だから、等しくない、ということです。」という。

※6）割註に、「では、あなたが語ったそれは、それらの立場であると語ったそのことこそにより」という。

※7）cf. 四津谷孝道『ツォンカパの中観思想』2006,pp.167-170

※8）割註に、「の大きな代替になったの」という。

※9）割註に、「外道者の学説のきわめて劣悪なものに住する〔順世派〕」という。

※10）割註に、「それを、あなた自身は聞かないし、感受しないものなので、あなた自身が語ったことをあなた自身は」という。

※11）割註に、「口から出任せすべてを語ったことで充分です。それを越えていない以上、そのように語ってもよい。あなたがあちらへ〔どのような〕」という。

※12）割註に、「今、あなたたちに対して上のそれらの意味をきわめて明らかにする喩えを通じて示そう。すなわち、〔誰か〕人が」という。cf. 四津谷同上 pp.170-171

訳註4－30）'Jam に、「第二、1）似非の争論を捨てるにあたって、『入中論』の世間の側に為したのは、自己の立場が無いことではないことと、2）『廻諍論』の宗と立宗が無いのは、自己の立場が無いという意味ではないさま、との二つ」といい、前者をさらに六つに細分している。cf. 四津谷孝道『ツォンカパの中観思想』2006,pp.172-173

※）割註に、「あなたたちのそのような立場の典拠の証拠を上に引用したそれらの意味は、あなたが主張するようには全く道理でない。それらのうち、『入中論』に」という。

訳註4－31）VI 81cd; D No.3861 'A 208a3;『同自註釈』D No.3862 'A 275b7; La Vallée Poussin ed.179; 和訳　小川一乗同上 p.202; 拙著『中観哲学の研究V』2002,p.125; 瓜生津・中沢『入中論』2012,p.184

訳註4－32）VI 81a; D No.3861 'A 208a3;『同自註釈』D No.3862 'A 275b7; La Vallée Poussin ed.179; 和訳　小川一乗同上 p.202; 拙著『中観哲学の研究V』2002,p.125; 瓜生津・中沢『入中論』2012,p.184; VI 81 はすでに訳註4－18の個所（Kyt ed.p.348）に引用されている。

※0）cf. 四津谷同上 pp.173-174

※1）割註に、「唯心派、」という。

※2）割註に、「〔依他起〕は、正理により伺察に耐える〔事物〕として、〔すなわち〕実物として、または自らの側から成立していると〔主張する〕」という。

訳註4－33）ad VI 81; D No.3862 'A 275b4-5; La Vallée Poussin ed.p.178 l.16-p.179 l.1 の取意。和訳　小川一乗同上 1976,p.202; 瓜生津・中沢『入中論』2012,p.184; cf. 拙著『中観哲学の研究V』2002,p.125-126; cf. 四津谷同上 pp.174-176; ここも割註より〔　〕に補足した。『自註釈』D 'A 275b4-5（cf. 四津谷同上 ,pp.171-172）には次のようにいう －

　　「もし、あなたがそのように私たちに対してきわめて関わりなく語るのなら、今や私たちもあなたに対して忍耐しない。もし自己が他者の宗を論破するほどに善巧であると顕わにするし、合理

訳註　4.論理的否定と、自立論証派と帰謬論証派　　441

　　性により道理でないから、依他起の体を除去するのなら、では、今、語られたとおりの合理性こ
　　そにより、道理でないから、あなたに知られた世俗を除去するのである、というなら、」
なお Brjed byang（憶え書）Da 36b-37b には、正理知により獲得されるかどうかに関して、三自性
と二諦の違いが議論されている。

訳註 4 － 3 4) ad VI 81; D No.3862 'A 276a2; La Vallée Poussin ed.p.179 ll.18-20 の取意。
和訳　小川一乗同上 p.203; 瓜生津・中沢『入中論』2012,p.185; cf.拙著『中観哲学の研究Ⅴ』
2002,p.126; 四津谷同上 p.176
※1）Kyt ed.p.407（訳註 5 － 9 0 の個所）に引用された『聖三律儀説示経』とその訳註を参照。
※2）割註に、「世間の周知として、または言説として」
※3）割註に、「如来〔もまた〕有るのと無いのを」という。
※4）割註に、「〔といって〕説かれた場合の有るのと無いのとの二つを設立するものは、勝義を伺察
する正理知と言説の知識との同じでない二つの側を待って、設定する同じでない〔意味〕」

訳註 4 － 3 5) 'Jam に、「第二、宗と立宗が無いのは、『廻諍論』の意味ではないさまを説明する」
といい、さらに十五に細分している。

訳註 4 － 3 6) phyogs (skt.pakṣa) と dam bca' (skt.pratijñā) はいずれも論理学の用語であり、
前者は主張命題の主辞、後者は主張命題そのものである。を意味する。Klong rdol ラマ（和訳　白館
戒雲「ロンドルラマ著『『量評釈』など因明所出の名目」」（『大谷大学研究年報』56,2004,p.9）は次
のようにいう －
　　「一般的に宗の声は、知りたいと思う有法、所証の法とその両者の集積した義（もの）の三者に用
　　いられる（※）。宗法の定義は、それを証成するものの知りたいと思う有法の上に、提示する仕
　　方と同じようにまさに有ることを量により決定する。」
※）『集量論』D No.4203 Ce 6b3-4; 和訳 北川秀則『インド古典論理学の研究－陳那の体系－』
1965,p.150; なお『集量論自註釈』PSV, D No.4204 Ce 43a1-2(北川同上 pp.151-152) に、「宗法」
という言葉の使用について、「まとめた義は比量されるべきものであることは前に説明しおわっ
た。それは直接の所成をまとめた支分の義〔である〕法ほどと有法のみについて仮設してである
と述べている。それの法であるから、過失は無い。例えば綿布が焼けたというようなものです。」
といって、所成の一部分である法や有法のみについても、立証されるべき有法の法であることか
ら、そのように呼ぶことが可能であるし、それは綿布の一部分を焼いても、綿布を焼いたという
ように全体に対する名称を一部分に適用する事例だと述べている。
　　桂紹隆「ディグナーガの認識論と論理学」（『講座大乗仏教 9　認識論と論理学』1984,p.121
にもまた、「ディグナーガの術語は未整理で、しばしば同一物に複数の名称が与えられているが、
とくに、anumeya/sādhya/pakṣa が基体（ダルミン）・属性（ダルマ）B・基体（ダルミン）＋属性（ダルマ）
Bの三者に等しく適用されることが注意されねばならない。」と言われている。
※1）割註に、「〔宗〕〔すなわち〕知りたいと欲する有法その上に成立していると決定する〔法〕の
相 (tshul) 〔と〕、随順と離反の〔遍充の二相〕、すなわちその三相〔の〕体になった〔論証因と〕」t
おいう。
※2）割註に、「〔比量〕も、芽〔である〕有法は自体により成立した自性が無い。縁起であるから。
例えば映像というように、というような〔適用の語（論証式）〕」という。
※3）割註に、「教の意味について良く観察することが必要ですが、承認が無いことの証拠になるのは、
聖者の等至により真実を見られる側に、承認が何も無いし、聖者の本文にそのように説明したものが
多く有るからです。」という。
※4）'Jam に、「後で、自相により成立した三相と前論者・後論者二人の一致した成立の正しい証因
と喩例も無いので、自立論証が不適切なさまを」という。

訳註 4 － 3 7) cf.四津谷孝道『ツォンカパの中観思想』2006,pp.150-152

※1）割註に、「自らの側から成立した自性が有るのか無いのか。その句（ことば）にそのような〔自性が〕」という。
※2）割註に、「し、そのような句（ことば）とその句の所詮（内容）の事物との二つにおいて、そのような自性が無いことの能成になるが、そのような能成になったとき、その二つはただ無いことほどの証拠（shes byed）にはならない。」という。

訳註4－38）v.29; D No.3828 Tsa 28a1; Kyt ed.pp.347-348 に引用されている個所（訳註4－12の個所）を参照。

訳註4－39）cf. 四津谷同上 pp.153-154
※1）割註には、rten 'byung（縁起）の語義として、「因・縁に〔縁〕るし待ってから〔起の〕現量と比量のという。縁起の語釈は『明句』Iの冒頭に自宗として提示されたものである。訳註2-26を参照。
※2）割註には、「事物すべては自性により空だとなった以上、量と所量すべても」という。

訳註4－40）v.30; D No.3828 Tsa 28a1;『同自註釈』D No.3832 Tsa 128b6-7; Lindtner ed. 1982,p.80; 和訳　梶山雄一『大乗仏典14 龍樹論集』1974,p.158; 米沢嘉康「*Vigrahavyāvartanī* Sanskrit Translation and Tibetan Translation」(『成田山仏教研究所紀要』31,2008)pp.270-271; 割註より〔〕に補足した。『廻諍論自註釈』では、vv.5-6に実有論者が量（認識基準）に関して批判するが、v.30以下はそれに対する回答である。この偈頌はKyt ed.pp.364-365に引用された『明句』（訳註4－83の個所）の中に引用されている。『明句』の文脈については、訳註3－31を参照。なお、『廻諍論』vv.29-30はKyt ed.pp.347-348（訳註4－12の個所）に引用されている。そこでは『廻諍論』v.29と『六十頌如理論』v.50が関連づけられているが、その関連は瓜生津隆真『ナーガールジュナ研究』1985,pp.188-189にも論及されている。Brjed byang（憶え書）Da 84b5-85a6には、この教証について次のようにいう ―
「字の追加は、『自註釈』と比較したなら、現量などの量（認識基準）四つまたはどれかによって何かの義（もの）が自相により成立していると認得するなら、それは自己の立場として立証する、または他の立場を退ける（排斥する）ともするなら、義（もの）が自相により成立したのは全く認得されないので、ゆえにそれは自己の立場として立証するともすべきでない。それより他の立場を退けるともすべきでない（85a）ので、あなたが語ったその非難は、私に生じない、という意味かと思う。『自註釈』（※1）に「義（もの）はどのようにも認得されないので、ゆえに立証するともすべきでない。排斥すべきでない」というのは、四の量により自相を全く認得しないので、自相による成立を自己の立場において立証するともすべきでない、それと一致しないものを否定するともすべきでない、という意味かと思って、前のように書いたのです。非難は、「ひとまず事物を現量により」などということと、『自註釈』（※2）に「そのようになったのと、それについてあなたが、もし現量などにおいて何かの量により諸事物を認得してから退けるのであれば、それら量も無い。それらにより了解されるべき義（もの）も無いので、非難を語ることであるその非難は、私に生じない。」と説かれたように、実有論者たちが提示したその非難です。それは、前分〔所破〕が、あなたは事物すべてが自相により空だと主張するので、事物の中に正理と量（認識基準）と認得される対境などすべてが収まっているので、それらは全く無くなる。よって、私の立場を否定することも妥当しなくなる、と争論したように見える。ゆえに、『自註釈』（※3）に「あなたが事物すべてを現量により認得してから、事物すべては空だ、と退けるなら、適切だが」ということも、上に提示したように文字を加えていいと思われる。」
※1）D No.3832 Tsa 129a1、※2）D Tsa 129a1-2、※3）D Tsa 128b5 の取意か。

訳註4－41）D No.3860 'A 25b5-6; La Vallée Poussin ed.p.75; 和訳　奥住毅『中論註釈書の研究』1988,p.120; 丹治昭義『中論釈　明らかなことばI』1988,pp.66-67; Kyt ed.p.299 への引用と訳註3－31を参照。
訳註4－42）v.5; D No.3828 'A 27a4;『同自註釈』D No.3832 Tsa 122b4-5; Lindtner ed.1982,

訳註　4.論理的否定と、自立論証派と帰謬論証派　　443

p.76; 和訳　梶山雄一『大乗仏典 14 龍樹論集』1974,p.140; 米沢嘉康「*Vigrahavyāvartanī* Sanskrit Translation and Tibetan Translation」(『成田山仏教研究所紀要』31,2008)pp.228-229;『廻諍論自註釈』において vv.5-6 はもう一回出てきて、直後に v.30 以下により回答されている。

※1）割註に、「実有論者が」という。
※2）割註に、「の自らの側から成立した自性〔を〕」という。
※3）割註に、「成立し〔てから〕その量により〔退ける〕ことが妥当する〔のであれば、〕」という。
※4）割註に、「また〔何〕の現量〔により諸事物〕のそのような自性〔は〕」という。
※5）割註に、「自性により空であるから、まさに〔無い〕」という。

訳註4－43）D No.3832 'A 122b5-7; 直前の訳註を参照。ここでも〔〕に割註の内容を多く示した。
※1）D ed. の原典に gyi（の）とあるが、この引用の gyis のままでよい。
※2）D ed. の原典に mi rung（不適切である）とあるが、この引用の rung のままでよい。
※3）Brjed byang（憶え書）Da 85a6-b1 に、「事物について認得するもの」という（85b）のは、認得されるべきものを理解することが必要です。引用しおわった『自註釈』より知る。」という。『自註釈』については、訳註4－40を参照。

訳註4－44）XVI 25（「軌範師と学徒の決択を修習することを説示する」, v.400）; Kyt ed.p.348 にも引用されている。訳註4－14を参照。cf. 四津谷孝道『ツォンカパの中観思想』2006,p.157

訳註4－45）ad XVI 25（v.400）; D No.3865 Ya 238b7; K.Suzuki ed.1994, なし; 英訳と text Lang, Karen.,*Āryadeva on the Bodhisattva's Cultivation of Merit and Knowledge*. 1983,pp.543-544,672; 割註を参照して多く〔〕に補足した。

訳註4－46）ad VI 175; D No.3862 'A 311b4-6; La Vallée Poussin ed.p.297 l.5ff.; 和訳　小川一乗『空性思想の研究』1976,p.318; 瓜生津・中沢『入中論』2012,pp.252-253; cf. 拙著『中観哲学の研究Ｖ』2002,pp.174-175; 四津谷同上 2006,pp.157-159; 割註より幾らか〔〕に補足した。
※1）割註に、「事物すべては〔仮設して有ると語る者〕、中観派〔たち〕」という。
※2）割註に、「このように、もし実有論者が、それが有るから自性により有ると語るように語るのと、また、非実有論者が、自性により無いので、全く無いと語るなら、その両者も、断・常の〔二つの〕辺〔に〕語ることなので、現在（※）あなたたち、二辺に〔語るものこれは〕」という。※ da ltar とあるが、文脈からは de ltar（そのように）とあるべきかもしれない。
※3）割註に、「あなたがこちらに〔論破〕を語るの〔と〕、中観派があちらに論破を語ったことへの〔回答を語ること〕」という。
※4）訳註4－14の個所を参照。なお、ここで『入中論の自註釈』はさらに、『中論』IV 8 の「空性により争論したとき、回答を語る者のすべては、回答ではない。所成と等しくなる。」を引用している。
※5）割註に、「また前に『入中論註釈』の典拠に『四百論』の教を引用したまさにそれにより」という。

訳註4－47）ad v.50cd; D No.3864 Ya 27b7-28a1; 和訳　瓜生津隆真『大乗仏典 14 龍樹論集』1974,p.80; Scherrer-Schaub ed.1991,p.90; 英 語 訳　Loizzo,Joseph.*Nāgārjuna's Reason Sixty With Chandrakīrti's Commentary*.2007,p.210; cf. 瓜生津隆真『ナーガールジュナ研究』1985,pp.188-189; 四津谷同上 2006,pp.159-162; v.50 はすでに、Kyt ed.p.348（訳註4－13の個所）に引用されている。ここでも割註より〔〕に補足した。
※1）'Jam に、「svabhāva〔すなわち〕自性または〔事物〕、〔すなわち〕自体による成立〔は無いので〕」という。
※2）事物に関するこの規定については、割註2－64を参照。

訳註4－48）ad v.46; D No.3864 Ya 26a5-6; 和訳　瓜生津隆真『大乗仏典 14 龍樹論集』1974,p.75; Scherrer-Schaub ed.1991,pp.85-86; cf. 瓜生津隆真『ナーガールジュナ研究』1985,

pp.182-183; ここでも割註より〔　〕に補足した。
※１）'Jam に、「これが立宗なので、」という。
※２）割註に、「事物は自性により成立したと思い込むのを通じて、承認が有るが、」という。
※３）割註に、「自と他の宗として思い込むので、」という。
※４）割註に、「所依事（もと）または根本になった〔見－猛烈〕、恐るべきものとして治しえない、または自の諸品（ことがら）を損なう〔危険なもの〕」という。

訳註４－４９）v.46; D No.3825 Tsa 22a4; 和訳　瓜生津隆真『大乗仏典14 龍樹論集』1974,p.75; Scherrer-Schaub ed.1991,pp.85-86; 英語訳 Loizzo,Joseph ibid.,2007,p.197; cf. 瓜生津隆真『ナーガールジュナ研究』1985,p.182; 主張の有無に関しては訳註４－１と４－１３の個所を参照。なお瓜生津同上 1985,p.182 はここでの対論者を説一切有部、サーンキャ学派に想定している。

訳註４－５０）ad I 1; D No.3860 'A 6a2-4; La Vallée Poussin ed.p.16; 和訳　奥住毅『中論註釈書の研究』1988,p.64; 丹治昭義『中論釈　明らかなことば I 』1988,p.13; Kyt ed.p.348（訳註４－１５の個所）を参照。

訳註４－５１）v.63ab; D No.3828 Tsa 29a2;『同自註釈』D No.3832 Tsa 136b3-4; v.63 は、Kyt ed.p.348（訳註４－１９の個所）に引用されている。cf. 四津谷孝道『ツォンカパの中観思想』2006,pp.182-183
※１）割註に「増益」という。'Jam に「自相」という。
※２）Kyt ed.p.327 の否定対象の確認の個所には、道の否定対象と正理の否定対象との二種類を挙げている。

訳註４－５２）v.23; D No.3828 Tsa 27b5;『同自註釈』D No.3832 Tsa 127a1-2; Lindtner ed. 1982, p.79; 和訳　梶山雄一『大乗仏典14 龍樹論集』1974,p.152; 米沢嘉康「Vigrahavyāvartanī Sanskrit Translation and Tibetan Translation」（『成田山仏教研究所紀要』31,2008)pp.256-257; 割註より〔　〕に補足した。cf. 四津谷同上 pp.17-18,184；なお、『廻諍論自註釈』において、v.1 の批判に対して vv.21-23 はその回答になっている。訳註２－２０を参照。
※）割註に、「否定するものの対治、縁起、幻術のようなそれにより、否定されるもの、増益、縁起、幻術のようなそれを〔否定すること〕」という。

訳註４－５３）vv.66-67; D No.3828 Tsa 29a4;『同自註釈』D No.3832 Tsa 135b7, 136a2; Lindtner ed.1982,pp.85-86; 和訳　梶山雄一『大乗仏典14 龍樹論集』1974,p.180; 米沢嘉康同上 2008,pp.320-323; cf.四津谷同上 pp.184-185; 割註より〔　〕に補足した。
※）bzlog tu mi rung bar は、『廻諍論 rTsod zlog』の題名「争論を退ける」に掛けたものである。
　なお、『廻諍論自註釈』において、v.13「幼稚な者たちが陽炎において誤って水だと取らえるように、同じくあなたは誤って取らえる、無いものに対して否定する。」以下の v.16 までの４偈頌により、実有論者が中観派の主張を想定してから批判する。vv.65-67 はそれに対する回答である。

訳註４－５４）Kyt ed.p.348（訳註４－１５の個所）を参照。cf.四津谷同上 ,p.164

訳註４－５５）cf. VI 173 (D No.3861 'A 213a1;『同自註釈』D No.3862 'A 310b6-7; La Vallée Poussin ed.p.294; 和訳　小川一乗『空性思想の研究』1976,p.316; 拙著『中観哲学の研究 V 』2002,p.173; 瓜生津・中沢『入中論』2012,p.251; 四津谷同上 ,p.177; Kyt ed.p.348（訳註４－１７）に引用された個所を参照。割註より〔　〕に補足した。
　なお、Kyt ed.p.357（訳註４－４６の個所）の『入中論の註釈』に引用されたアーリヤ・デーヴァの『四百論』にも、立場の無いことが出ている。

訳註　4.論理的否定と、自立論証派と帰謬論証派　　　445

訳註4－56）ad VI 173; D No.3862 ’A 310b7-311a2; La Vallée Poussin ed.p.294; 和訳　小川一乗『空性思想の研究』1976,p.316; 瓜生津・中沢『入中論』2012,p.251; 四津谷同上 ,p.178; 割註より〔〕に補足した。
※1）割註に、「正理により観察してから、否定するその方軌により、あなたに対して否定したように、過失として起こるさま〔において〕」という。
※2）割註に、「あなたたち、事物すべてが自性により成立していると主張する者において、その伺察が起こるが、」という。

訳註4－57）ad VI 173; D No.3862 ’A 311a2-4; La Vallée Poussin ed.p.295; 和訳　小川一乗『空性思想の研究』1976,pp.316-317; 瓜生津・中沢『入中論』2012,pp.251-252; cf.拙著『中観哲学の研究Ⅴ』2002,p.173; 四津谷同上 ,p.179; Kyt p.339 に詳しく引用されている。

訳註4－58）Kyt ed.p.339 にも引用される。訳註3－220を参照。Brjed byang（憶え書）Da 85b4ff. には、『四百論』や『六十頌如理論』の引用の解説を承けて、『善釈心髄』との関連でも説明されている。訳註4－14を参照。
※1）割註に、「スブーティは、生じた法により生じていない法の得ることをも得ないし、生じていない法により生じていない法の得ることをも得ない、といって」という。
※2）割註に、「けれども、あなたが観察した二辺を提示した観察の〔二の〕辺どれかになった〔方軌〕」という。
※3）割註に、「その喩例により表示して、設定すべては言説として有るのと勝義として無い」という。

訳註4－59）ad VI 173; D No.3862 ’A 311a5-7; 和訳　小川一乗『空性思想の研究』1976,p.317; 瓜生津・中沢『入中論』2012,p.252; 四津谷同上 ,p.180; 割註より〔〕を補足した。

訳註4－60）VI 174-175 の取意。D No.3861 ’A 213a1-3;『同自註釈』D No.3862 ’A 311a7-b4; La Vallée Poussin ed.p.296; 和訳　小川一乗『空性思想の研究』1976,pp.317-318; 拙著『中観哲学の研究Ⅴ』2002,p.174; 瓜生津・中沢『入中論』2012,p.252; 割註より〔〕を補足した。Brjed byang（憶え書）Da 86a3-6 にこの教証について次のようにいう －
　　「分かりやすいが、日が蝕により取らえられたとき、どれほど障礙したかなどの差別は映像においても見られることになるなら、日と映像が出会った、出会っていないなど、仮設の義（もの）を探求する方軌により伺察したなら、生は道理でないが、日と水の器などに依って、言説の力により設立されたほどの何か映像が生起することになるし、鏡の中の顔の映像と同じく諦でなくても、顔を美しく造作するために、その映像において顔にどれほど垢が有るかを知って除去する効能が有るのと同じく、智恵の顔の無明の垢を浄化するには、効能が見られることになるとの論証因〔すなわち〕縁起と一多を離れたなど、自性により有るのを立証する合理性を離れたものからも、所成〔である〕無自性を証得する、と知るべきです、ということです。」
※1）割註に、「水の中に日輪の映像が浮かんだのが見えるのに依って、」という。
※2）割註に、「〔日月〕蝕と雲による隠蔽など」という。
※3）割註に、「その二つ〔は、出会っ〕てから生じ〔たことと、出会わなかっ〕てから生じた、といって分別された義（もの）を探求する正理により観察するし、探求したなら、日の映像それが生ずることは」という。
※4）割註に、「鏡を見たなら、それに浮かんだ自らの顔の映像に依って、顔面の黒ジミなどの垢を知ってから、治浄するなどの効用の能力」という。
※5）割註に、「縁起と離一多などの〔論証因〕により如理に観察したなら、自性により成立した義（もの）が有ると立証する〔合理性〕または証拠」という。

訳註4－61）cf. VI 170cd; D No.3861 ’A 212b5;『同自註釈』D No.3862 ’A 310a2-5; La Vallée Poussin ed.p.292; 和訳　小川一乗『空性思想の研究』1976,p.313; 拙著『中観哲学の研究Ⅴ』

2002,p.171; 瓜生津・中沢『入中論』2012,pp.249-250; 割註より〔〕に補足した。Brjed byang（憶え書）Da 86b1 に次のようにいう－

　　「〔『入中論の註釈』の〕教の後の部類は、因果の二つの分ともというのと、言説の分別ほどにより設立される対境になったものについて、自性により成立した因果を承認するものに対して提示した過失は思惟しえない、と適用したならいい以外、他は分かりやすい。」

※１）割註に「あなたが述べたとおりの出会う、出会わないその観察の〔過失に〕」という。
※２）このような錯覚に関しては、訳註３－３５の個所の『入中論の註釈』を参照。『道次第大論の表記註釈 brDa bkrol』Toh.No.6569 Ka 48a3-4 に、「skra shad は髪の毛一本。〔すなわち〕それは無いながらに髪の毛一本が虚空より降る現れについて、skra shad が落ちるように現れる、という。」という。

訳註４－６２）'Jam に、「第三、立宗と承認の義（意味）が多いだけでなく、句（ことば）も軌範師各々の立場においても多いさまに、1）そのものと、2）四の立宗などが有るので、立宗と承認が有るさまとの二つ」と分けており、「第一、軌範師ナーガールジュナ一人の句（ことば）も多いさまは、」という。中観派における主張の有無という問題に関しては、訳註４－１と４－１３をも参照。

訳註４－６３）v.28cd; D No.3828 Tsa 27b7-28a1;『同自註釈』D No.3832 Tsa 128a5; Lindtner ed.1982,p.80; 和訳　梶山雄一『大乗仏典 14 龍樹論集』1974,p.156; 米沢嘉康「Vigrahavyāvartanī Sanskrit Translation and Tibetan Translation」（『成田山仏教研究所紀要』31,2008)pp.266-267; 割註より〔〕に補足した。『廻諍論自註釈』において、v.3 への回答が vv.25-28 である。同じ趣旨の『中論』XXIV 10 を含めて、訳註２－６０を参照。

訳註４－６４）v.7; D No.3825 Tsa 20a5;『同註釈』D No.3864 Ya 8b1-2; 和訳　瓜生津隆真『大乗仏典 14 龍樹論集』1974,p.26; Scherrer-Schaub ed.1991,p.38; 英語訳　Loizzo,Joseph.Nāgārjuna's Reason Sixty With Chandrakīrti's Commentary.2007,p.147; cf. 瓜生津隆真『ナーガールジュナ研究』1985,p.118; 割註より〔〕に補足した。
※１）割註に、「〔すなわち〕非択滅または過去だ〔として〕」という。
※２）本論と D No.3825 Tsa には dam pa rnams とあるが、D No.3864 Ya には mkhas pa(賢者は)とある。割註に、「仏陀などの〔賢者〕」という。
※３）割註に、「幻術師により〔幻術〕の化作により化作された事物を否定してから、無いと〔為された〕」という。
　　瓜生津隆真『ナーガールジュナ研究』1985,pp.118-120 には、『宝鬘』II 9-12, III 13 を対照している。特に『宝鬘』II 10-11 には、この世界は生・滅が見られるが、真実としては生と滅は無いことをいい、その喩例として、幻術における象が挙げられている。

訳註４－６５）v.45; No.3825 D Tsa 22a3;『同註釈』D No.3864 Ya 25a4-5; 和訳　瓜生津隆真『大乗仏典 14 龍樹論集』1974,p.73; Scherrer-Schaub ed.1991,p.85; 英語訳　Loizzo,Joseph ibid.,2007,p.194; 割註より〔〕に補足した。cf. 瓜生津隆真『ナーガールジュナ研究』1985,p.179
※）割註に、「それは、月そのものと水と光明などが集積したのより生起した偽り、自性により無いが、全く無いのではない〔ような〕」という。
　　瓜生津隆真同上 1985,pp.179-180 は、『同註釈』D Ya 25b4 に引用される『四百論』v.265（XI; D No.3846 Tsha 12b5-6; Suzuki ed. なし）の「果が有ると主張するものと、果が無いと主張するものにおいては、家のために柱などを配置する意味も無いことになる。」を指摘し、このような因中有果論と因中無果論は各々、サーンキャ学派とヴィシェーシカ学派に見られるものであると論じている。

訳註４－６６）v.4; D No.1120 Ka 68b6-7; P Ka 79a-80a; texts と 英訳 Lindtner ed.1982, pp.128-129; 和訳　酒井真典「龍樹に帰せられる讃歌－特に四讃について－」（（『日本仏教学会年報』24,1959) p.7: 八力広喜「『超世間讃』・『不可思議讃』試訳」（『印度哲学仏教学』1,1986) p.74: F.Tola & C.Dragonetti NĀGĀRJUNA'S CATUSTAVA（Journal of Indian Philosophy.13,1985)p.10; 割註

より〔　〕に補足した。
※）割註に、「それは、鏡などと色と光明などが無くては生起しない偽り」という。
　　Lindtner はこの偈頌の内容について、『六十頌如理論』v.39「因が有ると生起するし、縁が無くては住することが無い。縁が無いから、また壊滅するであろう〔ところの〕それは、有るとどのように証得するのか。」との対応を指摘する。また、F.Tola & C.Dragonetti はこの偈頌が『明句 *Prasannapadā*』(ad Ⅹ Ⅹ Ⅰ 4) La Vallée Poussin ed.p.413、『入菩薩行論の細疏 *Bodhicaryāvatāra-Pañjikā*』(ad Ⅸ 73) Vaidya ed.p.583 に引用されるという。

訳註 4 － 6 7 ）v.6; D No.1120 Ka 68b7-69a1; Lindtner ed.1982,pp.130-131; 和訳　酒井真典同上 1959,p.7: 八力広喜同上 1986,p.74: F.Tola & C.Dragonetti,ibid.1985,p.10; 割註より〔　〕に補足した。

訳註 4 － 6 8 ）v.8; D No.1120 Ka 69a1-2; Lindtner ed.1982,pp.130-131; 和訳　酒井真典同上 1959,p.7: 八力広喜同上 1986,p.74-75: F.Tola & C.Dragonetti,ibid.1985,p.11; 八力同上は、本頌が『根本中論』Ⅷ と関連することを指摘する。割註より〔　〕に補足した。
※）byed pa po dang las nyid kyang とあるが、原典には byed po rang dbang nyid las kyang（作者は自在であることからもまた）とある。ただしこの部分について、津田明雅「*CATUHSTAVA* テキストの再検討－注釈書を利用して－」（『仏教史学研究』44-2,2002）pp.10-12 には、注釈書を参照して、この讃全体の思想を検討するとき（v.22 には「事物は自在が無い」という。訳註 2 － 3 0 での引用を参照。）、作者と業の実体がそれぞれ否定され、なおかつそれが相互に依存したものであると述べられていると考えるべきであるとし、skt. kartā svatantraḥ は、karttā 'svatantraḥ (asvatantraḥ) すなわち「自在でもないことより」と読むべきことが提起されている。本著での提示もその方向である。

訳註 4 － 6 9 ）v.17; D No.1120 Ka 69a5; Lindtner ed.1982,pp.134-135; 和訳　酒井真典同上 1959,p.8 (v.15 と数えている)：八力広喜同上 1986,p.76: F.Tola & C.Dragonetti,ibid.1985,p.11; 割註より〔　〕に補足した。八力論文は、因果関係について、『根本中論』Ⅰ、『宝鬘』（『宝行王正論』）Ⅰ などにたびたび論じられていることを指摘している。
※）割註に、「〔夢〕において、錯乱の因より、様々な錯乱の果が生起するの〔と〕」という。

訳註 4 － 7 0 ）v.22ab; D No.1120 Ka 69a7; Lindtner ed.1982,pp.136-137; 和訳　酒井真典同上 1959,p.8 (v.20ab と数えている)：八力広喜同上 1986,p.76: F.Tola & C.Dragonetti,ibid.1985,p.12; 割註より〔　〕に補足した。vv.21-22 は、Kyt ed.p.274 (訳註 2 － 3 0 の個所) に引用されているので、参照。
※）割註に、「因縁の集積に〔縁って〕それと〔関係して生起する〕」という。チベット語訳の縁起 rten cing 'brel bar 'byung ba の語釈である。訳註 3 － 1 2 4 を参照。

訳註 4 － 7 1 ）ad Ⅵ 160; D No.3862 'A 306b1-2; La Vallée Poussin ed.p.279.19-p.280.2; 和訳　小川一乗『空性思想の研究』1976,p.302; 瓜生津・中沢『入中論』2012,p.243; 割註より〔　〕に補足した。

訳註 4 － 7 2 ）ad Ⅵ 158; D No.3862 'A 306b5-6; La Vallée Poussin ed.p.277.14-18; 和訳　小川一乗『空性思想の研究』1976,p.299; 瓜生津・中沢『入中論』2012,p.241;
※１）rkyen nyid 'di pa tsam. 割註に、「〔縁性〕だけに拠ったことにより現れるほど〔唯此〕を、実有論者など相手が」という。これは本来、縁起支を述べる場合に、「生」という縁（pratyaya）に縁って（pratītya）、老死という果（phala）が生起する（samutpāda）などというように、「縁に縁って生起する」という意味である。cf. 安井広済『中観思想の研究』1961,pp.14-15; なお、『明句』Ⅰ（La Vallée Poussin ed.pp.54-55; D No.3860 'A 18b1-3; 和訳　奥住毅『中論註釈書の研究』1988,p.100）には、この唯此縁性（skt.idaṁpratyayatāmātra）により世俗の成立が承認されるが、四句の承認によってではないので、因果は互いに相待ったものであり、自性による成立もなく、有自性論にならないことが説かれており、それは『入中論の註釈・意趣善明 *dBu ma dgongs pa rab gsal*』の、他よりの生の誤謬を説く個所（Toh.No.5408 Ma 89a4-6; 和訳　小川一乗『空

性思想の研究Ⅱ』1988,pp.383）にも引用されている。小沢千晶『ナーガールジュナにおける見と縁起』2008（学位請求論文）p.54ff. には、『般若灯論』と、『明句』『入中論』において縁起（skt. pratītyasamutpāda）の語義がこの（唯）此縁性により解釈されていることが指摘されている。ロンドル・ラマの弟子テンダル・ハラムパ(bsTan dar lha rams pa)著 *rTen 'brel bstod pa'i dka' gnas las brtsams pa'i don 'grel Rin chen phreng ba*『〔ツォンカパ著〕『縁起讃』の難処に関する義釈・宝鬘』Da 17a3-b における、帰謬派の唯此縁性に関する論述は、拙著『チベット仏教　論理学・認識論の研究Ⅰ』2010, 註３－４７を参照。Brjed byang（憶え書）Da 86b2-3 には次のようにいう－

　　「『入中論の註釈』に「唯此縁性」という〔うちの〕nyid というのは、多くの意味に用いられるうち、ここには、縁に依った事物、といって事物に用いられることに関してがいい。または世間の者たちが観察せず伺察しないで設立するのと等しいので、「'di pa（此）という近指詞を語ったし、tsam（唯）の声（ことば）により自らの側から成立したのを断ずる。」

※２）原典にはここに 'jig rten gyi（世間の）とある。

訳註４－７３）ad VI 8ab; D No.3862 'A 247a1-2; La Vallée Poussin ed.p.81.18-p.82.2; 和訳　小川一乗『空性思想の研究』1976,p.47; 瓜生津・中沢『入中論』2012,pp.130-131; cf. 拙著『中観哲学の研究Ⅴ』2002,p.78; 割註より〔〕に補足した。

訳註４－７４）'Jam はさらに二つに細分しており、「第一には、自性により成立した正理により、伺察に耐える否定対象を否定するのは不合理なことは、」という。段落を改めた個所には、「第二、後論者〔である〕実有論者に対して中観派が無我を立証する〔因の三〕相は、一致した現れの立証だと主張するのは、きわめて妥当しないことは、」という。

　『道次第大論の表記註釈 *brDa bkrol*』（訳註４－４を参照）に、この第四の立場は、「かつての中観派、チャンドラキールティに随ったチベットの或る学者の立場」であり、パツァプに随ったマチャ・チャンチュプ・ツォンドゥー（rMa bya byang chub brtson 'grus）などの立場であるとされている。「かつての中観派」については Kyt ed.pp.348-349（訳註４－２０の個所）をも参照。cf.Seyfort Ruegg, *Three Studies in the history of Indian and Tibetan Madhyamaka Philosophy － Studies in Indian and Tibetan Madhyamaka Thought Part 1 －*（Wiener Studien zur Tibetologie und Buddhismuskunde）pp.187-194; 四津谷孝道『ツォンカパの中観思想』2006,pp.194-196

訳註４－７５）'Jam に、「１）接続と、２）そのものの説明との二つ」に分けている。Brjed byang（憶え書）Da 86b3-5 に次のようにいう－

　　「四の大種を因にしたのより生起した声について、大種所成の声と言う。ヴァイシェーシカ学派の立場において六の句義と九の実物、二十四の徳性（※）などの設定を主張するうち、諸々の徳性を実物個々の徳性に結合する場合、声は虚空の徳性と主張する。仏教者がヴァイシェーシカ学派に対して、声は無常だと立証するのと、ヴァイシェーシカ学派が顕現論者に対して、声は無常だと立証する場合の無常は、粗大・微細の差別を伺察する。顕現論者と言うのはサーンキャ学派の内部〔である〕諸果は因の時に未顕現の状態により有るのが縁により顕現させられたのについて、生じたという言説を設けると論ずるそのような者かと観察する。」

※）ヴァイシェーシカ学派の範疇論である六句義（padārtha）、すなわち実物 dravya、徳性 guṇa、業 karman、共 sāmānya、差別 viśeṣa、和合（内属)samavāya については、村上真完『インド哲学概論』1991,p.21, 同『インドの実在論』1997,p.4 を参照。『入中論の自註釈』ad VI 121 には九徳が出る。ad VI 86 には、『宝鬘』（宝行王正論）Ⅰ 61-62 の、外道の人や我の論者には、有無の超越の教えがないとの教証を引用している。他方ヴァイシェーシカ・スートラ（VS, I - i -16, Praśastapāda(V.Dvivedin ed., Benares 1895,p.94）によると、相応（合）も色も一種の徳性 (guṇa) であるが、徳性はさらに徳性を持つことがないと主張される。戸崎宏正『仏教認識論の研究 上』1988,p.306 note30; また、村上真完『インドの実在論』1997,p.5 には、ヴァイシェーシカ学派において恒常だとされる極微の理論に関連して、「極微が永遠であるといっても、普通に存在するものとは考えられなかったためか、そしてその集合したものが、はじめて現実に存在

するものと考えられるために、もの（結果）は発生以前には無であるという主張になる。これは因中無果論といわれ、サーンクヤ派の因中有果論との争点になる。」という。cf. 三浦宏文『インド実在論思想の研究 プラシャスタパーダの体系』2008,p.109,279ff.; 訳註３－５２をも参照。

※）'Jam に、「第二、後論者、実有論者に対して中観派が無我を立証するさまは、一致した現れを立証すると主張することはきわめて妥当しないことは、」という。さらに次のようにいう －

「所知 － 有法。自立論証の義利(利益)は有る。〔なぜなら、〕三相が自らの側から成立しているし、喩例が一致した現れとして論者両者により成立したのを通じて場合の所成を証得することそれが、自立論証の意味であり、三相の証因により所成を証得することと、三相が論者両者により量成立しているのが、自立論証の意味ではないから。後者二つは後で説明するが、第一の証因は成立している。〔なぜなら、〕自立論証の〔サンスクリット〕対応語 svatanra は自力などに用いられるから、『無死蔵』(※１)に、「rang rgyud, rang dbang と bdag dbang というのと」といい、「tantra はおもに、学説と、布を織ることと遮蔽することと」というのと、『般若灯論』(※２)に、「自力に比量する力により、諸行は形相より無自性だと説いた義（内容）の力により」などといい、〔ケードゥプ・ジェ著〕『千薬 sTong thun』(※３)に「「自力」というこれこそは自立論証と同一義なので、後論者が承認したことに絡めないで、量（認識基準）により対境が自らの側から成立したさまを自力に量るさまが、論者両者の一致した現れとして成立した」と説かれたからです。その自立論証を帰謬論証により否定する否定した仕方はこうです －『明句』(※４)に、「この論理学者は〔自己が論理学の論書にきわめて善巧であることほどを示したいと欲するので、〕」というのから、「中の見を承認しながらも自立論証の論証語（論証式）を述べることそれは、きわめて大きな過失多くの集積の処と証得し」と説かれたように」

※１）訳註４－２を参照。

※２）D No.3853 Tsha 147b3; 第13章の冒頭である。和訳　望月海慧「『般若灯論』第13章試訳」（『立正大学大学院年報』7,1990) p.69;『般若灯論の復註』D No.3859(2) Zha 277a3-b1 にはその部分を次のように解説している －

「「力により」という声（ことば）はこの場合にも立宗に用いられる因の義（意味）と、下に出る本文と結合させる義（意味）として見るべきです。句（ことば）の義（意味）は、前のとおりです。そのうち、立宗に用いられる因の義（意味）に関して、今、論破の回答をしたことと、「自力に比量の力により」ということを語った。論書の著者〔ナーガールジュナ〕は、第一章「縁の観察の章」を著した場合に、事物すべては生が無いと立宗をなさったので、ここにおいてもまた、前に論書の著者が立宗したそのとおりのそれに、入る因の義（内容）に関して、そのように語った。「論破の回答をした力により」ということは、中観派が事物すべては自性が無いと立宗したのに対して、対論者たちがおよそ論破の立証を語ったことの回答を、中観派がしたことより何の力が生じたのか。「自力に比量の力により」ということは、中観派こそが事物すべては自性が無いと立証する比量を自力に語ったことより、何か力が生じたので。そのようなら、論書著者が事物すべては無自性だと立宗してから論難の回答をしたことと、自らの立宗を立証したことより、真実を証得することになる何か力が生じた、それにより前に立宗したことへ入る因の義に関して、第十三章を著された、ということに適用した。」

※３）H ed.Toh.No.5459 Ka 165b5-6; 拙訳『中観哲学の研究IV』2003,p.140;

※４）D No.3860 'A 8b1-2; La Vallée Poussin ed.p.25; 和訳　奥住毅『中論註釈書の研究』1988,p.71

訳註４－７６）'Jam に、「１）教を提示することと、２）義（意味）を説明するとの二つ」に分けている。cf. 四津谷孝道『ツォンカパの中観思想』2006,p.295ff.

訳註４－７７）ad I 1; D No.3860 'A 9a3-b7; La Vallée Poussin ed.p.28.4-p.29.7; 和訳　奥住毅『中論註釈書の研究』1988,pp.74-75; 丹治昭義『中論釈　明らかなことば I 』1988,p.23; cf. 四津谷同上 pp.296-298; 岸根敏幸『チャンドラキールティの中観思想』2001,p.198; 割註を参照して〔〕に補足した。

※１）Brjed byang（憶え書）Da 86b6-87a1 に次のようにいう －

「「比量と比量されるものとの言説が無いことになる」というのは、前論者・後論者二人が各自の非共通の主張により差別（限定）にされた有法などを取らえるなら、(87a) 比量するものと比量されるものとの言説が無いことが帰結する。〔すなわち〕能成は所成と等しいことになる。」

※２）Brjed byang（憶え書）Da 86b5-6 に次のようにいう －

「滅が因を有する、有しないのは、滅が後で生起する因を待った、待っていないをいう。」

※３）割註に、「非共通の差別を適用して、自己が事物がおよそ滅すると設立したその事物の因より、他の義（もの）の滅〔因が〕、その事物の後に生起したのを待ったことが〔有る〕」という。

　声は虚空の属性だというのはヴァイシェーシカ学派固有の主張である。木村俊彦『ダルマキールティ　宗教哲学の研究』（増補版,1987)p.51 は典拠として Muni Jambuvijayaji ed.*Vaiśeṣikasūtra of Vidyākaraśānti*. II .1.24-26 を挙げる。cf.稲見正浩「『プラマーナ・ヴァールティカ』プラマーナシッディ章の研究 (4)」（『島根県立国際短期大学紀要』2,1995)note12; 本多恵『ヴァイシェーシカ哲学体系』1990,pp.100-106; 丹治昭義『明らかなことば I 』1988,pp.22-23; また、サーンキャ学派とヴァイシェーシカ学派は、声は常である虚空の実物に依った徳性であるとするが、後者は仏教者と同じく「声は無常である。造られたから」とも主張し、ミーマーンサー学派と対立する。ちなみに、『量評釈』IV 141-144 には、ヴァイシェーシカ学派が常の実物である虚空を有法とし、声などそれによる徳性は他の義（もの）だと主張するのに対して、仏教者は虚空はかつて無かった自性を一斉に生じさせないことから常の実物でないと立証するが、その論証式は、有法も無事物だと立証するので、有法を否定する相違になると批判される。それに対して、単独の有法を否定したことにより、場合の所成について侵害することにはならないと答えている。『解脱道作明 *Thar lam gsal byed*』(ad IV 139; Toh. No.5450 Cha 396a-b, K ed.372a-b) には、声は大種所造だとする仏教者と、虚空の徳性だとするヴァイシェーシカ学派の二者において、有法である虚空は一致した現れとして成立しないことが議論されている。cf. 拙訳『チベット仏教　論理学・認識論の研究IV』2013,pp.65-66

　有為が利那滅であることから、その生以外に滅の因は無いといういわゆる「滅無因論」は、ヴァスバンドゥ (c.400-480) が『俱舎論自註釈』ad IV 2 において主張して、ディグナーガ (c.480-540)、ヤショーミトラ (c.550) もそれを継承した。ニヤーヤ学派のウッデョータカラ (c.550-610) は利那滅論を批判し、滅には因が必要なことを主張し、滅に因が無ければ滅も無くなるか、滅は恒常となると指摘した。それに対してダルマキールティ (c.600-660) は外教の恒常論、自在神論を批判する形で利那滅を再度論証し、シャーンタラクシタ以下の瑜伽行自立論証派はそれを継承しつつ、ダルマキールティの理論を逆用してその因果論を批判し、無自性論証を行ったとされている。他方、チャンドラキールティの『六十頌如理論の自註釈』ad v.20 には帰謬派の「滅有因論」が出ている。cf. 舟橋一哉『俱舎論の原典解明』1987,pp.6-20、森山清徹「カマラシーラの他不生の論証とダルマキールティの利那滅論」1998,p.7、同「世親、ダルマキールティの滅無因説と中観派－自立論証派と帰謬論証派の見解の相違」（『印度学仏教学研究』48-1,1999)、乗山悟「ダルマキールティの生無因消滅論」（『印度学仏教学研究』43-2,1995)、三友健容「『アビダルマディーパ』における滅不待因論争」（『印度学仏教学研究』37-2,1988); ちなみに、経量部における滅無因論は、ここで割註にも明示されているように、それは自らを生じさせた因より後で生じた他の因が必要ないという意味であり、因が何も無いという意味ではない。利那滅する事物は有為であり、有為は必ず因を有するからである。ゲルク派の議論としては、ケードゥプ・ジェ著『千薬大論 *sTong thun*』(lHa-sa ed.Toh.No.5459 Ka 184a; 和訳拙著『中観哲学の研究IV』2003,p.166,p.320) に次のようにいう －

　　「滅した (zhig) と滅する ('jig) とは別異だと承認する〔仏教〕自部の者たちの立場は、諸事物は自らの成立した時から第二の時に住していない滅 ('jig pa) は、諸事物それぞれの因こそから生ずるので、自らの因より他である後に起こる因を待たないと、認めるのです。第二の利那に滅した (zhig pa) のは非事物（無）なので、因が全く無いと認めるのです。」

このように仏教では経量部から自立論証派までが滅無因論を主張する。チャンキャの『学説設定 *Grub mtha'i rnam par bzhag pa gsal bar bshad pa thub bstan lhun po'i mdzes rgyan*』(Krung go'i bod kyi shes rig dpe skrun khang,1989 p.76; Varanasi,1970,pp.107-108 に、次のようにいう －

　　「自らが成立した時から第二の時にとどまらない滅すること ('jig po) は事物それの因こそから生じたので事物ですが、〔利那滅として〕第二の利那に滅したの (zhig pa) は非事物なので、因は

無いと主張する。よって、常の設定の仕方も正理自在者〔ダルマキールティ〕が〔『量評釈』II 204cd に〕「それの自性が滅することの無いものについて、賢者たちは「常」と呼ぶ。」と説かれたように、自性が滅することの無い法について認めるのですが、他学派と毘婆沙師のようではない。」

『入中論の釈論・意趣善明 dBu ma dgongs pa rab gsal』(Toh.No.5408 Ma 162a4-163a2; 小川一乗『空性思想の研究II』1988,pp.470-471; ad VI 75) は、他生への批判の一部として、経量部や唯識派の主張する自証知を批判して、次のようにいう —

「第二、では、この〔帰謬派の〕立場は、映像と反響なども前に説明したように、色と声の〔外の〕処として設立したのと、『明句』(※１) に「二の月などは、眼翳を有しない者の知識を待って、現量なのではないが、眼翳を有する者などを待って、まさに現量です。」といって、この立場は、色・声などの対境について、現量 (mngon sum) の声 (ことば) は直接の名、そしてそれらを取らえる有境について仮設の名と示す場合に、二の月の現れなどは世間の自由気ままなものを待って、所量〔である〕現量 (現前) であるかないかの差別 (ちがい) が有るが、自己の立場においては、二月の現れなども所量〔である〕現量が現前になったものと主張なさるのです。ゆえに、根識が世間の自由気ままなものを待った錯乱、非錯乱のどれであっても、自らの所量が成立したことにより、有境が成立する。

けれども、自証知を承認しないものにおいては、所依事の時の意識が現れるのと、思い込みの対境への〔諸々の〕錯乱が有ることは、成立しない。それらにおいて、自らの所量を量ることにより、有境が成立したことは無いから、というなら、

これについて説明しよう。この〔帰謬派の〕立場は、六識の聚より体が別異である識を主張なさらないので、有色の根に直接的に依った量と、意根ほどに依った量の二つしか無い。量もまた、『明句』(※２) に、現量・比量の二つと教の量と比定または譬喩を量る量との四つを説明しているのは、『廻諍論』(※３) 本頌と註釈に依ったのです。

後の二の量は比量に収まる。『四百論の註釈』(※４) にもまた、「事物すべてを現前の知識により理解されるのではなく、比量により証得されるべきことも有る。」と説かれた。

現量について、他者の立場には四つを説明している (※５)〔うちの〕自証知現量を否定したが、意の現量も量〔の本典〕に説明されたようには、主張なさらない。『四百論の註釈』(※６) に、「アビダルマに色など五は各々、根と意識により知られることを説かれた意味を説明するなら、二の識により一の義 (もの) を識別するのではない。一つは対境の形相を直接的に断ずる。〔すなわち〕初めに生ずるもの。第二は、直接的に為すものとして識別するのではない。根識の力によりそのように分別するし生ずるなら、それによってもその義 (もの) を識別する、と仮設する。」といって、第一、根識により色などの義 (もの) それを直接的に了知する。意識は、根識の力により了知するが、根識のように直接的に了知しないことを説かれたし、憶念することをも説かれた。(以下、省略)」

※１) D No.3860 'A 25b3; La Vallée Poussin ed.p.75 4-5; 和訳　奥住毅『中論註釈書の研究』1988,p.120; なお『明句』における量の設定については、訳註３−３１を参照。
※２) 訳註３−３１を参照。
※３) vv.29-30; 訳註４−１２の個所に引用。訳註３−３１、４−３８を参照。
※４) ad XII 5; D No.3865 Ya 186b4-5
※５) 根の現量、意の現量、自証知の現量、ヨーガ行者の現量の四つである。これらについては、ダルマキールティの『量評釈』PV III 191-286 に順次、詳説されている。自証知の現量については訳註４−９８と６−４６を参照。帰謬派の設定については、ケードゥプ・ジェ著『千薬 sTong thun』(Toh.No.5459 Ka 228b-229a; 拙訳『中観思想の研究IV』2003, pp.224-225) を参照。
※６) ad XI 18; D No.3865 Ya 180a7-b6 の抜粋。

訳註４−７８) 'Jam は、「第二、義 (意味) を説明する」として、それをさらに四つに細分している。cf. 四津谷孝道『ツォンカパの中観思想』2006,pp.315-316; なお、松本史朗『チベット仏教哲学』1997,pp.278-279 には、後年の著作『未了義・了義了義の弁別』において、mthun snang (一致した現れ、共通の顕現) という用語は使用されないことが、指摘されている。
※) Brjed byang (憶え書) Da 87a1-6,87b3-6,88a4-5 に次のようにいう —

「「有法が一致した現れ」という意味は、この本文に説かれたとおりなら、後論者〔である〕実有論者の立場においては、有法がどのような量（認識基準）により成立していると主張するそのような量により、前論者〔である〕中観派の立場においても成立していると主張する。前論者・後論者の両者の立場において、一致した現れとして成立した有法は無い。その二者の立場において諦・偽のどれによっても差別にされていない眼などは設立しえないからです。前論者〔である〕中観派の立場においては、諦・偽の差別を捨てた眼などは設立しうるが、後論者〔である〕実有論者の立場において、諦・偽のどれによっても差別にされていない眼などを設立する仕方は無いからです。それが帰結する。彼の立場において諦の差別を捨てた眼などは設立しえないからです。彼の立場において眼などについて量になったなら、それらの自相について量になったので、差別を主張するので、自相の差別を捨てた眼などは設立しえないからです。『善釈心髄 Legs bshad snying po』（※１）に「もし声を量る量について常・無常の二に決断しても」というのから「自己の立場において設立しない理由を知ることになる。」というまでの意味を知るなら、知恵を生ずるのが大きいと見える（・・・中略・・・）」

　「〔諸々の〕有るものは自体により有ると主張する実有論者たちは、量について伺察するとき、無分別であるなら、自らに自相が現れるように、そして有分別であるなら、自らが自相を決定するように成立した設立するもの（rnam par 'jog byed）により、それら量は現れの対境と思い込みの対境について非錯乱だと設立するし、有法などは自相が現れるのを待って、非錯乱の獲得した義（もの）として成立していないなら、有ると設立することを知らないので、有法などを伺察するとき、知の側に諦により差別にされたものになっている。自相について非錯乱の獲得した義（もの）は、正しくは非諦の所知の設立であるからです。これらの枢要を証得するなら、自立派が対境について正しい・誤ったの二を設立するのが妥当しないし、帰謬派の自己の立場において正しい・誤ったの二を設立しないのが妥当する理由を知ることになる、と説明したなら、実有論者たちの知の側に、諦により差別にされていない有法を設立する仕方が無いのを知りやすい。（以下、省略）（※２）」

　「彼〔自立派〕の立場において、映像を取らえる眼識において、映像は自相により成立していると現れるようには成立していないのは説明しがたいが、映像が顔として自相により成立していると現れるようには成立していないので、誤った世俗と言うことが必要かと観察する。」

※１）Toh.No.5396 Pha 87a5,88a5; 片野道雄、ツルティム・ケサン『中観哲学の研究Ⅱ』1998,pp.156-161

※２）さらに『善釈心髄』（Toh.No.5396 Pha 87b5,6; 同上『中観哲学の研究Ⅱ』pp.158-161）の、「知による成立に断じないようなことはどうしてなのか。」、「知の側に断じないことはどうしてなのか。」を引用し、その知について「知は順次にブハーヴィヴェーカなどが有境〔である〕量の錯乱・非錯乱を伺察してから、自相について錯乱していないことを決断する立場にするゆえ、そのように伺察する知と眼など有法を伺察して自相が現れるのを待って、無錯乱の獲得の義（もの）として決断する立場にした場合の伺察者を理解することが必要です。根識において伺察を棄てて、決断することは無いからです。」という。

訳註４－７９）cf. 四津谷孝道同上 p.318

※１）チャンドラキールティによる有法の採用に関しては、訳註４－８４の※１を参照。また、否定されるべき対境と有境の両者のうちでは、まず対境の否定が為され、それにより有境が否定されるという順序については、Kyt ed.p.330 に引用された『四百論』（訳註３－１５４の個所）、あるいは Kyt ed.p.428 に引用された『入中論』（訳註６－３９,６－４０の個所）を参照。この次第は、学派が異なっていても、『中辺分別論』Ⅰ６に、外境の得られないことより唯識性も得られないことになるといった順序と同じであり、『修習次第』（D No.3915 Ki 33a2-4）にも『入楞伽経』を引用して示されている。cf. 拙著『解脱の宝飾』2007,p.355

※２）Kyt ed. に bsams pa'o（思った。）とあるが、割註、B ed. などは bsam pa'o である。

訳註４－８０）cf. 四津谷孝道同上 p.319

訳註　4.論理的否定と、自立論証派と帰謬論証派　　453

※）割註に、「有法などが成立しているのは、論者両者の量により成立したさまが、一致した現れであるので、一致した現れとして〔成立している〕」という。

訳註4－81）'Jam に、「1）本文を提示することと、2）義（意味）を説明することとの二つ」といい、「第一、『千葉 sTong thun』のように説明するなら、三つ」という。ケードゥプ・ジェの考え方に従うなら、という意味である。ケードゥプ・ジェ著『千葉大論sTong thun』(Toh.No.5459 Ka 161b-162a; 拙訳『中観哲学の研究Ⅳ』2003,p.135）を参照。cf. 四津谷孝道『ツォンカパの中観思想』2006,pp.300-302

訳註4－82）ad Ⅰ 1; D No.3860 'A 9b3-10a1; La Vallée Poussin ed.p.29.7-p.30.11; 奥住毅『中論註釈書の研究』1988,pp.75-76; 丹治昭義同上 1988,pp.23-24; cf. 四津谷孝道『ツォンカパの中観思想』2006,pp.300-303; 江島惠教『中観思想の展開』1980,p.189; 岸根敏幸『チャンドラキールティの中観思想』2001,p.199; 割註より〔〕に補足した。なお、チャンドラ著『空性七十論の註釈』D No.3867 Ya 268a4-5（ad v.1）にも、「ここに諸事物は顛倒と無顛倒の知識の力により二諦、〔すなわち〕世俗諦と勝義諦、ということを聖者は言説なさった」などという。
※1）'Jam に、「中観派と実有論者が争論するとき、真偽のどれによっても差別されていない有法など一致して成立したのを主張すること」という。
※2）Brjed byang（憶え書）Da 88a5-6,88b5-89a5 にこの教証について次のようにいう －
　　『明句』に「ここにおいて（中略）主張するとき」などということの意味は、この本文のようならば、いつか諸事物が自より生じないと立証する論証式を提示する場合に、勝義として生は無いことを所成の法に主張するので、有法〔である〕色などは勝義として成立していないことをこのブハーヴィヴェーカは承認していることこそです。」
　　　「『善釈心髄 Legs bshad snying po』（※1）のようなら、『明句』のその教の意味は、ブハーヴィヴェーカなどが有法は一致した現れが有ると説明しているので、その有法は顛倒ほどにより獲得されたものでなく、自らが承認している。よって、諦・偽の差別を捨てた眼などは有法として設立しえないことが帰結する。眼などは自性について非錯乱の（89a）量の獲得する義（もの）〔であり〕なおかつ、非錯乱の量（認識基準）の獲得した義（もの）には錯乱の量（認識基準）の獲得した義でないことが必定であるからです。第一の証因より、第二〔である〕顛倒・無顛倒は直接的相違により成立する、といって立証するさまは、『同論』（※2）に「眼などの有法の自体それは顛倒ほどにより獲得されたのでないことを〔ブハーヴィヴェーカ自身が承認しているし、顛倒・無顛倒は別異であり、直接的相違であることなどの正理を説いて否定した。〕」などと説かれたとおりです。このようなら、『明句』に「真実として」というのは、上に適用してから、いつかここにおいて真実として生を否定したことを所成の法として主張するときに、一致した現れが有ると承認する、といって上のように適用する以外、生が無いのを所成の法として主張するそれは、そのように承認した理由として提示したのではない。『善釈心髄』（※3）に「もし錯乱の知識により獲得された義（もの）と〔無顛倒な所知との二つが相違するなら、正理知〔である〕比量により獲得された義（もの）と勝義諦との二つも相違することになる〕」というのから、「無錯乱の知識により獲得されたのを否定するのではない」というまでの意味は、錯乱の知識の獲得した義（もの）と無顛倒の所知との二つが相違するなら、勝義諦は － 有法。無顛倒の所知ではないことが帰結する。錯乱の知識の獲得した義であるから。正理知〔である〕比量の獲得した義であるから。（以下、省略）」
　　※1）cf.Toh.No.5396 Pha 88b4-5; 片野道雄、ツルティム・ケサン『中観哲学の研究Ⅱ』1998,pp.162-165; cf. 四津谷孝道『ツォンカパの中観思想』2006,p.363
　　※2）Toh.No.5396 Pha 86b5; 片野など同上 1998,pp.156-157; cf. 四津谷同上 pp.360-361
　　※3）Toh.No.5396 Pha 88a6-b1,88b4; 片野など同上 1998,pp.162-163
※3）'Jam に、「または勝義として、所成の法、諦の生が無いことそれの諦成立として」という。
※4）'Jam に、「知識が、自らの成立の仕方について錯乱してから、有法〔である〕眼などにより」という。Brjed byang（憶え書）Da 89b1-4 に次のようにいう －
　　『明句』に「ただの顛倒ほどにより我の事物を獲得した」ということの確定ほどは、声（ことば）

の適用の境界を見たなら、無錯乱の知識により獲得されたのを断ずるのかという疑いが生じても、述べたいと欲するのは、勝義を伺察する正理知の獲得した義（もの）であるのを否定したいと欲して、「ただ〜ほど」の声（ことば）を語ったものなので、分かりやすくするなら、顛倒の知識により獲得されたほどの我により事物は、と適用したなら、合致すると思われると仰った。尊者〔ツォンカパ〕のお言葉に『明句』のこの教の意味を註釈する仕方は同じでない二つが出ているが、自立論証を否定する学説は不一致でないことを、『善釈心髄』（※１）に説かれた。」（※２）

※１）Toh.No.5396 Pha 88b5-6; 片野など同上 pp.162-163 に、「所依〔である〕有法が真実として成立したのが損なわれると承認した上からも、他に説明したものと、この説明の仕方との二つは一致しないが、自立論証を否定する学説は一致しないわけではない。」という。なお、四津谷孝道『ツォンカパの中観思想』2006,p.367 には、ツォンカパによる自立論証批判の諸相がまとめられている。

※２）さらにブハーヴィヴェーカの立場への考察もなされている。

※５）割註に次のようにいう ―

「では、承認したそれにより何の過失になるか、というと、それもまたそのように承認したことにより、有法が一致した現れにより成立しないし、喩例・所依事〔である〕有法が成立していないなどの論証因の過失になる。そのうち、有法の一致した現れが成立しないのは、あなたが有法〔である〕眼などは勝義として成立していないし、勝義でもないと承認しているので、偽りであると成立している。偽りの義（意味、もの）は、二の現れを離れた正しい知識により真実を見られる側において、対境とすることが、きわめて相違（矛盾）するので、顛倒、錯乱の知識により獲得したし、錯乱知自らが何かについて錯乱知になった〔ところの〕所依事の対境であることが必要ですが、実有論者は眼識などは色などについて非錯乱の量（認識基準）だと主張するから、一つの対境が、中観派の立場の眼識などの量はその対境を待って、錯乱知になったし、実有論者の立場のそのような量が錯乱したそのような対境はきわめて相違（矛盾）するので、中観派と実有論者の両者の一致した現れとして成立した有法は、ありえない。」

※６）『明句』での顛倒と無顛倒が、以下に錯乱と無錯乱として解説されたことについて、訳註４－８７を参照。

※７）Brjed byang（憶え書）Da 88b4 に、「「いつか眼翳を持った者が」などということにより、錯乱の知識により自相が成立しないさまを示す。」という。

※８）Brjed byang（憶え書）Da 89b6-90a1 での文字の追加、説明について、訳註４－８８を参照。

※９）Brjed byang（憶え書）Da 88b4-5 に、「眼翳を持たない者が」などということにより、非錯乱の知識により真実を見られる対境として色・声など偽りのものは分ほども無いことを示した。」という。

※１０）Brjed byang（憶え書）Da 91b6-92a1 に次のようにいう ―

「『明句』（※）に「所依事が成立していない宗の過失と所依事が成立していない論証因の過失は、止むことが無いので」という意味は、中観派と実有論者との二者において、一致した現れの有法は無いから、自立論証（92a）の所成と能成は全く無いことになる、ということです。」

※）D No.3860 'A 9b7-10a1

訳註４－８３）v.30; D No.3828 Tsa 28a1-2;『同自註釈』D No.3832 Tsa 128b6-7; Lindtner ed.1982, p.80; 和訳　梶山雄一『大乗仏典 14 龍樹論集』1974,p.158; 米沢嘉康「*Vigrahavyāvartanī* Sanskrit Translation and Tibetan Translation」（『成田山仏教研究所紀要』31,2008）pp.270-271; v.30 は Kyt ed.p.356（訳註４－４０の個所）にも言及されている。割註より〔〕に補足した。『廻諍論自註釈』において、v.30 以下は vv.5-6 に対する回答である。訳註４－１２を参照。Brjed byang（憶え書）Da 88b5-6 には、「ナーガールジュナの本文の証拠を提示した後に意味をまとめたさまは知りやすい。」という。

訳註４－８４）'Jam に、「第二、意味を説明するには、１）意味を説明することと、２）それを本文と結びつけることとの二つ」に分けて、前者をさらに五つに細分している。cf. 四津谷孝道『ツォ

ンカパの中観思想』2006,pp.321-324; 福田洋一「ツォンカパの自立論証批判」(『日本西蔵学会々報』61,2015) pp.4-5; 吉水千鶴子「"Tsong kha pa's Reevaluation of Candrakīrti's Critisism of Autonomous Inference"(Svātantrika-Prāsaṅgika Distinction: What difference Does a Difference make?) 2002,p.261; 四津谷孝道「ツォンカパにおける世俗の世界」(『国際仏教学大学院大学研究紀要』2,1999) p.42; Brjed byang(憶え書)Da 90b3-6 には、帰謬派の内部では主張の一致により一致した現れの有法が有るとの議論に続けて、次のようにいう —

「よって、この立場において有法が一致した現れが無いのをたびたび説明した意味は、前論者〔である〕帰謬派が後論者〔である〕実有論者に対して、〔内の〕眼などは自より生じないと立証するのと、〔外の〕芽は無自性だと立証するような場合、前論者・後論者二者は、有法がどのような量により成立したかについて主張が一致しないので、その二者に有法の一致した現れは無いとの意味ですが、論者・後論者すべてに量により成立したさまの一致した主張が無いとの意味ではない、と説明したなら、本文(※1)に「対論者において諸事物は自性が無いと証得する見を(中略)説明するのですが」というなどの無傷の意趣です。(※2)」
　※1)※5の個所を参照。ただし文言を一部訂正した。
　※2)さらに『学説 Grub mtha'』の本頌を示している。
※1)ここでの有法が、『明句』での内の処すなわち現量の対象でないものより、外の処すなわち現量の対象に変更されたことが指摘されており、それは、両論者に共通な論証式の有法が成立しない理由を、最も根本的な知識根拠である現量が両者の間に共通に成立しないことに求めたからであろうと推測されている。cf. 松本史朗『チベット仏教哲学』1999,p.257; ただし『入中論自註釈』ad VI 8 の、自よりの生を否定する個所には、そもそも芽が有法として扱われている。
※2)'Jam には、三項目を通じて説明するとしている。
※3)割註に、「無自性論者(rang bzhin med par smra ba)というのと意味の方向が同じ」という。
※4)割註に、「では、そのような有法が、帰謬派の自己の立場においてならないさまは、どのようなのか、というなら、それもまたそれら現量は、対境の自相による成立について錯乱していないことが必要である」という。
※5)割註に、「というこれは、帰謬派がどの証因についても、一致した現れを主張しないのを遮止したので、それを新たに」という。
※6)Brjed byang(憶え書)Da 90b5ff. に論評されている。上を参照。Da 91a2-5 に次のようにいう —
「本文に「自立論証が必要であることを否定する仕方」などという意味もまた、中観派と実有論者において有法の一致した現れは無いと説明したことと、自立論証の論証因は無いと説明したことは枢要が同じゆえ、「自立論証」と説かれたほどより分かるべきことは、対論者に無自性の証得を新たに生じさせることの支分として有法の一致した現れが必要であることを否定するのですが、帰謬派内部が〔所知のうち〕如量(あるかぎり)の何かの義(もの)を証得する比量を生ずるために論証式を提示するとき、有法と〔因の〕三相の一致した現れは有る(※1)が、その伺察はひとまず置いておく、と字を加えたなら、〔知に〕浮かびやすい。(※2)」
　※1)訳註4-88の※1を参照。
　※2)さらに『千葉 sTong thun』Toh.No.5459 Ka 157b,166a; 拙訳『中観哲学の研究IV』2003,p.129,p.140)より、自立論証の証因の説明とその解釈を提示し、根拠として『善釈心髄 Legs bshad snying po』(Toh.No.5396 Pha 90a2-3; 片野道雄、ツルティム・ケサン『中観哲学の研究II』1998,pp.168-169)と照合している。なお、『千葉』(Toh.No.5459 Ka 155a-b; 拙訳『中観哲学の研究IV』2003,p.126)には、チベットの或る学者が帰謬派も自立論証の証因や立宗を承認するなどと主張したことが示されてから批判されている。
※7)'Jam に次のようにいう —
「縁起の証因により芽は自性が無いのを立証する後論者が、正見を証得しおわったので、三相が一致して成立したのと、声は無常だと立証する三相が一致して成立したのと二つのようなことは、〔帰謬論証派〕が、如量だけでなく、どのように成立しているかについても、帰謬派内で互いに三相の一致した成立が有るが、自立論証の証因ではない。縁起の証因により芽は無自性だと立証する正しい後論者は、何か帰謬論証が自らの側から成立した証因を主張しないから。第一は

成立している。それを立証する後論者ほどには、実有論者がいるが、実有論者の立宗を棄ててからそれを立証する正しい後論者になったことと、その縁起がその後論者がその体としてそれを立証する正しい三相になったこととの二つは、同時であるから、そして、そのとき彼は縁起において諦無しとの遍充を量により決定するから、など多い。『明句』（※１）に「比量は他者の立宗を否定する果を有するものであるから」というのから、「自らに知られた比量と相違するのです、という彼において成立した比量により除去するのです。」と説かれたからです。遍充する。自立論証でなくても、自らに知られたのと他者に知られたとの証因を説かれるから。根本の第二の証因は成立している。自立論証の義（もの）は自らの側から成立しているものについていうのを説明しおわったからです。『明句』（※２）に、「私たちは自立論証の比量を適用しない。」というのと、『般若灯論』（※３）に「今や論破の回答をしたのと自力に比量する力により」というのから、「それについて、ここに章の意味は対論者が語った論破の回答をしたことと、罪なき自力に比量することを示した力により、諸行（※４）に自性は無いと説いたのである。」と説かれたから。よって、帰謬派〔内〕」

※１）Kyt ed.p.375、訳註４－１１１の個所を参照。

※２）Kyt ed.p.375、訳註４－１１１の個所を参照。

※３）訳註４－２を参照。

※４）'du shes rnams とあるが、原典の 'du byed rnams を採る。

※８）'Jam に次のようにいう －

「、と思うなら、全く必要ない。『千葉・幸いなる者の開眼sTong thun bsKal bzang mig 'byed』（※）に、「ゆえに帰謬論証派の見を良く証得した論者二人が、何らかの言説の設定を決択するために、内で互いに提示した論証因については、有法、三相が論者両者の立場において、一致した現れとして成立しているが、自立論証の論証因になるわけではない。」と説かれたから。証拠など〔の伺察〕」

※）Toh.No.5459 Ka 166a1-2; 拙訳『中観哲学の研究Ⅳ』2003,p.140

訳註４－８５）ここでの「自性論者」に当たる二つのチベット語が違っているのは、自立派と帰謬派の主要典籍でのチベット語訳のあり方と関係する。skt.svabhāva（自性）は、例えば火の熱さや水の冷たさなど事物自体の本質的な性質、あるいはそういう性質をもったその事物そのものをも意味する。チベット語では前者を ngo bo nyid、後者を多く rang bzhin と翻訳されることが指摘されている。cf. 丹治昭義『中論釈　明らかなことばⅡ』2006,p.33; 木村誠司「ツォンカパと祈り」（『日本仏教学会年報』70,2005）には、『倶舎論』とその註釈文献類のチベット語訳より類似の三者の意味合いの違いが指摘されている。すなわち、１）rang bzhin は、或るものの素材や構成要素を意味し、説一切有部の説く法（dharma）の自性を意味する。２）rang gi ngo bo は、空間的，時間的に他の一切と異っているものであり、前刹那の心と次刹那の心はそれが異なる。３）ngo bo nyid は、複数のものの共通な性質を示し、例えば慚と愧は説一切有部によれば別々の法であるが、両者は善という共通のそれを持つ。第一は不変であるが、第二は可変である。また、自性が自相（rang gi mtshan nyid）や実物（skt.dravya）と同一視される場合は、必ず第二に翻訳されている。この訳し分けに関して、チベット語訳の『明句』では500回ほどのうち450ほどが第二で、『般若灯論』では700回ほどのうち500ほどが第三で翻訳されている（本論で、自立派を「ngo bo nyid が無いとの論者」と呼ぶのと一致する）が、ツォンカパが特に、自相による成立を否定していることが注目されている。さらに、本論と『善釈心髄』での用語が分析され、本論では第二の「自体による成立」の否定が、帰謬派と自立派の相違、自立派批判の一部としての実在論批判など重要な見解を示す場合に、必ず登場し、最重要の位置を占めていることが、指摘されている。また、第二に対応する原語 svarūpa のうち、rūpa は知の形相をも意味するので、第二の自体を、第一の rang bzhin という原因から生じた結果である知覚像と捉えて、その知覚像という結果から原因である第一の実在を推理するというのが、対論者であり、それを批判するのがツォンカパだろうと整理している。『道次第大論』では、第一の自性は、自相と自体を生み出す因であり、自相と自体は果であるから、同義語扱いはできない。他方、『善釈心髄』では、第二の自体ではなく、自相が重要になっている、ともされている。那須真裕美「中観

論書における rang bzhin と ngo bo nyid の用例」（『日本西蔵学会々報』52,2006）には、『般若灯論』『明句』ⅩⅤ を中心に上記のような翻訳方法を論じている。cf.那須真裕美「中期中観派における自性（svabhāva）解釈－ rang bzhin と ngo bo nyid の用例を中心に－」（『印度学仏教学研究』54-2,2006）松本史朗『チベット仏教哲学』1999,p.258

『未了義了義の弁別論・善釈心髄 Drang nges』（H ed.Toh.No.5396 Pha 91a2-6; 拙訳『中観哲学の研究Ⅱ』1998, pp.170-173）には次のようにいう －

「この〔帰謬〕派のようなら、ブハーヴィヴェーカなどの自立論証派たちは、勝義としてと諦として成立した義（もの）を承認するので、中観派として設定しないのか、というなら、腹が丸いのを決定しても、その所依事は瓶だと決定しない者については、量により本来立証することが必要なので、「彼はその所依事は瓶だと主張する。」と語ることができないし、ヴァィシェーシカ学派が瓶において自らの支分より実物が他の有支分（全体）が無いという義（ことがら）は、量（認識基準）により成立しているが、「実物が他の有支分を主張する学説の者ではない。」と語ることができないのと同じく、彼ら学者も法は諦として有るとの学説を、多くの正理を通じて否定するし、諦無しと良く承認なさるので、中観派ではある。中観派であるなら、自立論証をするのは道理でないことを説かれたのと相違しない。遮罪を有する比丘が遮罪と相違することは道理でないが、それと相違するほどにより、比丘でないことが必定ではないように。」

訳註４－86）ここからは、『現観荘厳論』とその註釈文献による般若学（主要な註釈者ハリバドラの立場は瑜伽行自立論証派とされる）における自立論証の必要性は留保するといった意味合いになる。なお、ツォンカパの法嗣ケードゥプ・ジェは、中観学だけでなく般若学においても、帰謬論証派の立場を採ろうとして、『『般若波羅蜜教誡論・現観荘厳』の究竟の見は帰謬論証だと註釈する仕方の要義の明らかな月光 Shes rab kyi pha rol tu phyin pa'i man ngag gi bstan bcos Mngon par rtogs pa'i rgyan gyi mthar thug pa'i lta ba thal 'gyur du 'grel tshul gnad don gsal ba'i zla zer』（Toh. No.5460 Ka）という H版で 14 葉、K 版で 10 葉ほどの著作（弟子の補筆による）を著しているが、これは教学において標準的なものにならず、年長の法嗣タルマリンチェンの『釈論・心髄荘厳 rNam bshad snying po rgyan』が主要な教科書になっている。cf.拙著『中観哲学の研究Ⅳ』2003,pp.259-260

訳註４－87）'Jam は「第二、そのような説き方」について、さらに十三項目に細分している。cf.吉水千鶴子 ibid.2002,p.263,261; 四津谷孝道同上 2006,pp.327-330
※１）比量の構成要素の成立の程度について、一方が勝義で他方は世俗ということはありえない。例えば、仏教論理学の立場ではあるが、『量評釈』PV Ⅰ 85-86 には、「法と有法の設立と、別異であるのと別異でないのはどのようなのか。真実の義を観察していなくて、世間においてどのように周知されているかのそれに、まさにそれと同じく依ってから、所成・能成すべての設立が、勝れた義に発趣させんがために、賢者たちによって為されたのである。」という。これは、論証が事物の真相を観察しないで仮設されることを説くものであり、それに関する『解脱道作明』（Toh.No.5450 Cha 62a-63a; 拙訳『チベット仏教　論理学・認識論の研究Ⅲ』2012,p.50）には、さらに『中観心論』や『入中論』の二諦説、『量評釈』Ⅱ の方便と方便所生との関係にも言及して、論証の仮設のあり方が論じられている。
※２）四津谷同上 pp.328-329 には、『明句』において顚倒知と無顚倒知として説明されたもの（訳註４－82の※６の個所）が、ここには錯乱知と無錯乱知として論じられていることを指摘し、それが対象と知識との関係であることから、より認識論的な視点から精緻に解説しようとしたのではないかと論評されている。

訳註４－88）'Jam は、「第五、その二つの形相が浮かぶ仕方は互いに無いことを、眼瞖の有る無しの眼識の喩例により説明すること」とし、それら二つに細分している。四津谷孝道同上 2006,pp.330-338
※１）Brjed byang（憶え書）Da 89b6-90a3 に次のようにいう －
「本文に「無分別の知識により取らえたのはただの現れほどについていうことが必要」と説かれ

たのは、『明句』（※１）に「顛倒により無いもの（90a）をまさしく有ると取らえる」という字を追加するために、青を取らえる眼識のような根識（感覚知）に青は自相により成立したと現れる理由により、その根識によりそれを取らえるとの言説を設けたのですが、青を取らえるその眼識は青が自相により成立したのを取らえる知ではないとしたならいい。その眼識により青を取らえる、というのと、青を証得することの二つは同義です。「ただの現れほど」という「ただ〜ほど（tsam）」の声（ことば）は、その眼識により青が自相により成立したのを取らえることを断ずる。青を取らえる眼識に、青が自相により成立したのが現れるほどより、それがそれを取らえるのではない、と理解することが必要であるからです。（※２）」

※１）訳註４−８２の※８を参照。

※２）さらに「有法の一致した現れ」を議論し、Da 90a6ff. には、帰謬派内部で互いに如量（あるかぎり）を証得するために争論する場合にも論及する（訳註４−８４を参照）。ツォンカパの『八難処の憶え書』（Toh.No.5402 Ba 7b6-8a1）をも引用している。Da 90b2-3 には、「論者・後論者の両者が帰謬派であるとき、学説の力により有法が量により成立したさまについて主張の不一致が無いから、その二者に一致した現れとして成立した有法が有ることを説かれたように承認するならいい。」という。この問題については、例えば松本史朗『チベット仏教哲学』1997,pp.277-278 に議論されているが、帰謬派内部での議論が如量を知るためであるという必要性と、一致した現れについても「学説の力により・・・主張の不一致が無い」という点は、看過されているようである。

※２）割註に、「「とき tshe」というのは、時に用いられるものですが、理由を示す phyir の声（ことば）と同じなので、ここには phyir の声と適用して、自相により成立していると現れる〔から〕」という。

※３）割註に、「意味をまとめるなら、それら根識は錯乱しているので、対境〔である〕色などは自性により無いながらに、自性により有ると現れるとの理由により、その錯乱した根識により、自らにおいて自性により成立していると現れるような微細な義（もの）も、どこに成立するのか、ということです。」

※４）割註に、「それもまた、眼翳の過失により根識は錯乱している。毛髪それが髪の毛が無いながらにも、髪の毛が虚空から降るように現れるのと同じく、根識は無明により汚染されたので、錯乱している。自らの対境が自性により無いながらに、有ると現れる。」という。なお、このような錯覚のあり方に関しては、Kyt ed.p.299 に引用された『入中論の註釈』（訳註３−３５の個所）を、また、顛倒により得られた有法を見ないことが、無顛倒に法性を見ることであるといった教説については、訳註３−１３２の※４を参照。

※５）割註に、「真実ではない、すなわち現れ方と住し方が相違する偽りです。そのような偽りを〔増益しない。〕その智慧は、自らの真実を見られる側に現れることが無いとおりに」という。

※６）'dzag pa について割註に、「これは降ること（zag pa）になるという意味。」という。

※７）割註に、「の義（もの）です。それは現れ方と住し方が一致しなくて、自性により無いながら、そう現れるのを通じて欺く〔義〕」という。

※８）『明句』に『廻諍論』を引用し、ディグナーガの現量・比量の二量説を批判した文脈については、訳註３−１８を参照。

※９）割註に、「それこそは、この本文において、錯乱・無錯乱のどんな量によっても、自相により成立した義（もの）が全く成立しないことの証拠の〔ここにおいて〕」という。

訳註４−８９）'Jam はここを「１）教を提示することと、２）義（意味）を説明することの二つ」と分けている。cf. 四津谷孝道『ツォンカパの中観思想』2006,pp.339-341

訳註４−９０）D No.3860 'A 10a1-2; La Vallée Poussin ed.p.30 ll.12-14; 和訳　奥住毅『中論註釈書の研究』1988,pp.76-77; 丹治昭義『中論釈　明らかなことば I 』1988,p.24; cf. 四津谷同上 pp.304-305; 割註より〔　〕に補足した。この部分はケードゥプ・ジェ著『千薬 sTong thun』（Toh.No.5459 Ka 163b4-5; 拙著『中観哲学の研究IV』2003,p.137）にも引用されている。

※１）ma yin no/（ではない）と終わっている。割註に、「これは『千薬 sTong thun』に引用したも

のは ma yin te（～でなくて、）と言うのがあるので、余りの有る〔接続助詞の〕te の声（ことば）こそが正しいと思われる。」という。Brjed byang（憶え書）Da 92a1-4 にこの意味について次のようにいう－

「意味は、喩例と同じではない。仏教者がヴァイシェーシカ学派に対して、声は無常だと立証するなら、両者の立場において大種所成と虚空の徳性のどちらによっても差別されていなくて、共（一般）〔である〕声ほどについて量になった、と示しうるが、眼などが自より生じないと立証する場合、自性による空の論者と自性による不空の論者との両者の立場において、錯乱の知識により成立した偽りと、無錯乱の知識により成立した諦とのどれによっても差別にされていない有法〔である〕眼の共（一般）これほどについて量になった、と示しえないから、と説明したなら、この本文と『善釈心髄 Legs bshad snying po』（※）の意趣が一致すると思われる。」

※）Toh.No.5396 Pha 89a-b; 片野道雄、ツルティム・ケサン『中観哲学の研究Ⅱ』1998,pp.164-165; cf.四津谷孝道『ツォンカパの中観思想』2006,pp.363-365; なお、『善釈心髄』には mthun snang（一致した現れ、共通の現れ）の言葉が見られなくて、論述の仕方が異なっている。cf. 松本史朗『チベット仏教哲学』1997,pp.278-279

※2）割註に、「仏教者がヴァイシェーシカ学派に声は無常だと立証するのと、ヴァイシェーシカ学派が顕現論者にそのように立証する場合に順次に、大種所成と虚空の徳性との二つと、造られたのと前に有ったのが縁により顕現されたのとの二つ、個々の主張により差別にされていなくて、自相により成立したほどの」という。

※3）割註に、「後で生起する因を待っているのと待っていないのとどれによっても差別にされていない所成の法が、自相により成立した〔無常性〕」という。

※4）割註に、「意味によりこの場合に道理でない。すなわち、錯乱知により設立されたのを通じて成立しているのでもない。非錯乱知により設立されたのを通じて成立しているのでもない〔眼の共〕ほど」という。

※5）Brjed byang（憶え書）Da 92a4-5 に次のようにいう－

「「世俗としても承認していないし、勝義としてもそうでないので」（※1）というのは、諦（真実）・虚偽のどれによっても差別されていないのを理解することが必要なので、字を加える場合、他の義（意味）に錯乱しないことが重要です。」（※2）

※1）『根本中論』において世俗としても批判されるものとしては、第十五章における自性、第十八章における我がある。Kyt ed.pp.309-310 に引用された『六十頌如理論の註釈』（訳註3－67の個所）をも参照。

※2）さらに『善釈心髄 Legs bshad snying po』（Toh.No.5396 Pha 89a5-6; 片野道雄、ツルティム・ケサン『中観哲学の研究Ⅱ』1998,pp.164-165）の「それは前論者が自体により有るのを承認することに関してであり」というのを引用し、次のように論評する－

「意味は、その上に自体による成立・不成立のどれによっても差別にされていない共（一般）を示すべくないが、諦として有る・無しにより差別にされていない共（一般）を、有法に取らえうる、と立証できないことを説かれたそれは、ブハーヴィヴェーカが前論者になったとき、自らの側からの成立を承認するゆえ、その主張の仕方に関してですが、そのように立証できない。自らの側から有る（92b）なら、諦成立になるから、という意味なのか、と思う。」cf. 四津谷孝道『ツォンカパの中観思想』2006,p.365

訳註4－91）'Jam に、「第二、義（意味）を説明するには、1）造られたことにより声は無常だと立証する証因・法・所依事三つが差別（特定）にされていない共（一般）が有ると説明することと、2）実有論者において諦無しを立証するものその三つは無いさまと二つ」といい、前者を二つに細分している。cf. 四津谷同上 p.339ff.

※1）cf. 福田洋一「ツォンカパの自立論証批判」（『日本西蔵学会々報』61,2015）pp.7-8

※2）'Jam に次のようにいう－

「その意味はきわめて証得しがたいので、少し明らかに説明するなら、その喩例・意味の二つは等しくない。仏教者がヴァイシェーシカ学派に対して、声は無常だと立証するとき、大種所成と

虚空の徳性の分について量になっていないが、自相の声について量になっていると両者が主張するし、中観派は実有論者に対して無自性だと立証するとき、眼について錯乱の量にもなっていない、非錯乱の量にもなっていないが、眼について量になったものを、両者は主張しないからです。第一〔の証因〕は成立している。『千薬sTong thun』（※１）に、「仏教者がヴァイシェーシカ学派の側へ（※２）」というのから、「自相により成立した声ほどについて量になったものは、論者両者の立場に有るので、」と説かれたから。第二〔の証因〕は成立している。『千薬』（※３）に、「眼について錯乱していない量にもなっていない、錯乱した量にもなっていないが、ただの眼ほどについて量になったものは、中観派と実有論者との両者の立場においてありえないので、」と説かれたからです。これは、後論者〔である〕実有論者においてであり、帰謬論証派においてではない。」

※１）Toh.No.5459 Ka 164a1-2; 拙著『中観哲学の研究Ⅳ』2003,p.137

※２）ngo bor（体として）とあるが、文脈と典拠より ngor と読む。

※３）Toh.No.5459 Ka 164a2-3; 拙著『中観哲学の研究Ⅳ』2003,p.137

訳註４－９２）'Jam に、「第二、中観派が実有論者に無自性だと立証したが、その三つが無いさまに、１）そのものと、２）軌範師各々のご主張と、３）能成の根本が現量に至ることを皆が主張することとの三つ」に分ける。その第一もさらに十二に細分している。その第一について次のようにいう－
「第一、自相について無錯乱が無いので、無錯乱の獲得する義（もの）〔である〕色などは、争論の所依事（もと）に適切でないことは、一般的に、無錯乱の〔一切〕相智の獲得する義（もの）〔である〕色などは有るが、それにより現前の対境の錯乱、無錯乱を争論して伺察するのは、適切でない。『量評釈』（※１）に、「〔色などと心－そのように所取の相を伺察するこれは、不浄の知を持つ者に対してであるが、〕ヨーガ行者の証得は不可思議である。」といい、『〔入中論の〕釈論 rNam bshad』（※２）に、「量を四にした〔場合の〕現量を確認する場合にでであるから、一切智者が現前に認得されるのを示すわけでもない。」といい、果の『釈論』（※３）にも、「対境・有境が個々に現れる二の現れは有るが、錯乱した二の現れの習気を根絶したので、現れの対境について錯乱していない二の現れですが、錯乱した二の現れではない。」というのから、「二諦の相（定義）を示したのと、まさにこの設定は相違（矛盾）することになる、と思うなら、相違しない。二諦の相を説明したのは、一般的なことを意趣したが、仏陀の智慧により知られる方は、第十地以下と共通でない例外に関してであるから。」と説かれたからです。」

※１）Ⅲ 532d; 拙著『チベット仏教　論理学・認識論の研究Ⅱ』2011,p.124

※２）『入中論の釈論・意趣善明 dBu ma dgongs pa rab gsal』Toh.No.5408 Ma 164a2; 小川一乗『空性思想の研究Ⅱ』1988,p.472

※３）同上 Toh.No.5408 Ma 252a2,b6; cf. 吉水千鶴子「仏における真実と事実を知る主体」『＜我＞の思想』1991; 白館戒雲「中観学説におけるゲルク派内部での諸異説」（『宮坂宥勝博士古稀記念論文集　インド学密教学研究』1993)p.944; 拙著『中観哲学の研究Ⅳ』2003,pp.371-372
cf. 四津谷孝道「自立論証を認める中観帰謬派の思想家達」（『駒澤大学仏教学部論集』36,2005) p.134

※１）cf. 福田洋一「自相と rang gi mtshan nyid」（『江島惠教博士追悼論集　空と実在』2001）pp.182-183

※２）ディグナーガ、ダルマキールティが、量（認識基準）を現量と比量との二つに分け、各々その対象を自相と共相としたことへの言及である。「効用の能力」について訳註２－６４を参照。

※３）cf. 福田洋一「ツォンカパの自立論証批判」（『日本西蔵学会々報』61,2015) pp.10-11

※４）割註に、「よって、後論者、実有論者などの立場の量とその相続の量との二つには、大きな差別（ちがい）が有るので、」という。Ngag には、「ここに中観派が実有論者に対して、眼または色は自性が無いと立証するとき、有法が論者両者により量により成立していても、成立した仕方は一致した現れが無いとの差別（ちがい）を知ることが必要です。中観派は、量により成立していても、それが成立しているなら、虚偽の争論または似非の論破になる。」という。

※５）Kyt ed.p.300 に引用された『入中論の註釈』（訳註３－３５と３６の個所）を参照。

※６）この三種類の取らえ方は、『善釈心髄 Legs bshad snying po』(Toh.No.5396 Pha 90b3-6; 片野道雄、ツルティム・ケサン『中観哲学の研究Ⅱ』1998,pp.170-171) にも出ていて、次のようにいう－

「芽のようなものについて、１）自体により有ると取らえることと、２）それとして無いと取らえることと、３）その二つのどれによっても差別されていない取らえることと三つが有り、見が生じた相続には三つとも有るが、見を獲得していない相続には最初と最後の二つしか無いとの差別（ちがい）を良く知ったなら、分別により「これだ」と取らえたすべては、正理により否定されないことと、見が相続に生じていない前の菩提心などの修治あんどすべてが諦執または相執としてあると思って、見が相続に生じたと慢思する後に行の分すべてについて重視しない〔諸々の〕邪見を良く遮止することになる。」

Brjed byang（憶え書）Da 92b1-2 に次のようにいう －

「芽が有ると取らえるには、義の合致した知（blo don mthun）が遍充する、と言うことは、〔顕教の〕性相学者（mtshan nyid pa）の説明の道筋ですが、ここにおいては芽が自らの側から有ると取らえるのが有ると取らえるのであるようなことを説かれた意味は、芽は諦だと取らえるそれは有の辺執であるのを、意趣なさったのかと観察する。」

※７）Kyt ed. に byed pa rnams thams cad du としたが、B ed. や割註の byed pa rnam pa thams cad du のほうが自然である。

※８）見の分と行の分により全体が包摂される。すなわち、理論の側面と実践の側面といった意味である。

※９）Brjed byang（憶え書）Da 23a1-4 に次のようにいう －

「見を獲得する前に否定対象の共相により決定することが有って以降、有るのと自性による有るのとの差別（ちがい）を知ることも有る、と承認することが必要ですが、そのようならば、本文こそに「無自性の見を獲得していない前に、それら人が、ただ有ることほどと自相により成立した有ることとの二つを個々に区別することは、ありえない」と説かれたのと、『教科書 Yig cha』にも同じく説明したのと相違するので、伺察することが必要です。よって、見を獲得していない前に否定対象を確認するのは、意伺察 (yid dpyod. 推測) により、有るのと自性により有るのとの差別（ちがい）は、声共 (sgra spyi. 言語イメージ) を通じて確認したことをしたなら、よいかと伺察する。否定対象の確認は遍充が大きい主張を述べる個所などそれらを否定する仕方と比較してから、ご覧になったなら、知りやすい。」

※１０）割註に、「他者が、諸法は自性により空だと語ったのに対しても、きわめてきわめて珍奇なことだと考えてから、そのように」という。

※１１）'Jam に次のようにいう －

「こちらの差別（ちがい）を知ることについて、〔ツォンカパ著〕『〔入中論の釈論・〕意趣善明 dGongs pa rab gsal』（※）のように、人（プドガラ）はすべての分より諦成立が現れるのを否定しても、人を設定することが必要です。鏡の顔の映像それはすべての分より、顔として現れるように成立していないが、映像は有るようなものであるからです。」

※）cf.ad Ⅵ 37-38ab; Toh.No.5408 Ma 122b2ff.; 和訳 小川一乗『空性思想の研究Ⅱ』1988, テキスト・翻訳篇 p.423

訳註４－９３）Kyt ed.pp.304-312 を参照。

訳註４－９４）Kyt ed.pp.270-271,313ff. を参照。

訳註４－９５）Kyt ed.p.281（訳註２－５８の個所）の引用を参照。

訳註４－９６）'Jam は、「第二、軌範師個々のご主張の差別（ちがい）」をさらに五つに細分している。
cf. 福田洋一「ツォンカパの自立論証批判」（『日本西蔵学会々報』61,2015）p.12
※）'Jam に、「と、二人の論者においてそれを立証する有法が一致した成立が有っても、自立論証でない方法も、自らの側から成立した自性を承認するか承認しないか」という。

訳註４－９７）
※１）khong rnam pa; ここでの rnam pa は敬語である

※2）'Jam に、「自らの側からの成立と自立論証は不適切なので、」という。

※3）'Jam に、「無いなら、前にブハーヴィヴェーカの主張なさった、共（一般）が必要であるのと相違（矛盾）する。」という。

※4）割註に、「それら量は、自らの対境が自相により成立していると現れるのを通じて、錯乱していると主張なさることが必要です。それが必要なら、対境、色などは」という。

※5）割註に、「量により成立したさまが両者の立場において、一致した現れが必要であるし、自己の立場として有法を設立するものの量を通じて、対論者、実有論者彼も、その量を通じて成立していることが必要なので、その理由は対論者において」という。'Jam には、「それは他者に知られた証因が成立した仕方であるのは、自立論証の証因にならないが、」

※6）'Jam に、「チベットの先人は証得しなかったし、前に「ひとまず置いておく」といったのはそれです。」という。「前に」というのは、Kyt ed.p.366（訳註4－86の個所）の、帰謬派内部での如量に関する議論について言われたことである。

※7）Ngag に、「前に説明した、中観派より後論者に知られたので、」という。

※8）割註に次のようにいう －
　　「〔他者に知られた〕と自己に知られたは、同一義です。それの自他両者は後論者をいうからです。自らに知られたのは、『明句』（※1）に「〔自らの自体を見ないことと相違して、〕青など他を見ることは（※）自己に知られた比量と〔相違するのです、といって〕」というのと、他者に知られたのは、〔その直後の〕『同論』（※2）に「彼において成立した比量により除去するのです。（※）」という。よって、自己に知られた〔ほど〕。
　　※1）I；D No.3860 'A 11a6; La Vallée Poussin ed.p.34; 和訳　奥住毅『中論註釈書の研究』1988.pp.81-82; ※は原典に dang（と）の文字が無いのを採った。
　　※2）I；D No.3860 'A 11a7; La Vallée Poussin ed.p.34; 和訳　奥住毅『中論註釈書の研究』1988.p.82; ※は gsal bar bshad pa とあるが、原典の sel bar byed pa yin no// を採った。

※9）割註に、「〔すなわち〕帰謬論証ほどにより対論者に比量を生じさせることができると主張する中観帰謬論証派」という。

※10）シャーンタラクシタ著『中観荘厳論』v.19 以下（和訳　一郷正道『中観荘厳論の研究』1985,p.132）に、有形相、無形相の知識論が、おもに離一多の論証因に基づいて批判されている。『同論』においては順次、外境実在論（説一切有部、経量部）、有形相唯識、無形相唯識の検証、批判を経て、中観の真実を提示、論証している。特に唯識説はその vv.44-49 において批判されているが、形相真実論への議論はまとまったものでなく、経量部と同じ外境実在論の場合と同じ誤謬が議論されていて、その要旨は、形相が実在という条件のもとで、知識と形相の整合性を追求すると、知識は一、形相は多という各々の本性が崩れてしまうということであると指摘されている。cf. 一郷正道『中観荘厳論の研究』1985,pp.42-49; cf.森山清徹「後期中観派と形象真実論・形象虚偽論 － *Śākyabuddhi, Prajñākaragupta, Kambala* － 」（『印度学仏教学研究』41-1, 1992）、同「シャーンタラクシタの中観思想の形成とシュバグプタ、シャーキャブッディ」（『仏教大学総合研究所紀要』10,2003）、同「後期中観思想（離一多性論）の形成とシャーキャブッディ（下）」（『印度学仏教学研究』54-2,2006）
　　量学における形相真実と形相虚偽について、Paṇ chen bSod nams grags pa 著『意趣善明 *dGongs pa rab gsal*』（中国蔵学出版社 1998 pp.316-318; Ga 54b6ff.）が両派での量の設定や争論について記述したものは、拙著『チベット仏教　論理学・認識論の研究 II』2011 の訳註9－6を参照。なお、ケードゥプ・ジェ著『七部の量論・意の闇を除くもの *sDe bdun Yid kyi mun sel*』（lHa-sa Toh.No.5501 Tha;*Tshad ma'i bstan bcos sDe bdun gyi rgyan Yid kyi mun sel*, Mundgod,1993,p.196; 拙著同上2011 の訳註7－26を参照。）には次のように表現されている －
　　「知識は有形相だと承認する者たちは、所取の形相は有ると成立したし、それこそが知識の領納する明晰な了知する分から他の義でないと成立したなら、自証知は容易に成立することになるので、〔『量評釈』III 371d に「第二の方軌によってもまた自証知は成立している」と説かれている」

訳註4－98）'Jam は、「第三、実有論者の学説すべての能成の根本は現量に掛かっていると説明したこと」として、それをさらに三つに細分している。

※1）現量により直接的に知られるのではなく、正しい証因によって比量されるものである。ちなみに、有色根の存在は比量されるべきものであることについて、『倶舎論自註釈』ad I 36ab に根は透明であるとされている。cf. 桜部建『倶舎論の研究　界・根品』1969,p.205; 訳註３－２３を参照。『量評釈』Ⅲ 192-193 にも、「根」という言説は、その識が他と共通しなくて有色根特有の中心であるのが分かることから為されることを、Ⅲ 472 には、根と識は根の現量の対境を越えていることを、述べている。ツォンカパ述ケードゥプ作『現量章の註釈 mNgon sum le'u'i ṭīkka』K ed.Ma 51a6-b3 には、次のようにいう －

「根の現量として承認するので、有色の根も有ることを主張することが必要ですが、それらが (K51b) 有ることは現量によって成立しないし、それらは共を所取境にしてから隠れたさまにより量る量により成立することが必要です〔。です〕から、根などそれについて比量こそが量だと主張することが必要です。その分別が無い〔ところの〕量によっては、自らの所量〔である〕自相について現前に量ることが可能であるし、無分別となった知識により自らの所量の義共（don spyi. 対象の概念的イメージ）を所取境として取らえるわけではないからです。」

以上、拙著『チベット仏教　論理学・認識論の研究Ⅱ』2011 の訳註２－２０を参照。

※2）割註に、「多くの盲人が手を繋いでから、眼を持った誰かに依って、行くことが必要であるようなもの」という。最終的に現量に至るべきことについて、例えば『量評釈』I 76 には、「自性それを取らえる分別の知は、義は無いけれども、それは義が有るものと同じ。それを果としたものではない義より別異であるのを究竟とし、生ずるものは何か。」といい、ものの自性を取らえる現量の習気により、個物より間接的に生じて、個物の獲得に究竟することが説かれている。Brjed byang （憶え書）Da 103b4-5 には、これが中観において言説知に至ることと同義とされている。訳註５－６０を参照。

※3）Kyt ed. に rang gi ma 'khrul ba zhig としたが、D ed.、B ed.、割註より rang rig ma 'khrul ba zhig に訂正する。自証知と他証知の問題については、ツォンカパの講義録『量の大備忘録 Tshad ma'i brjed byang chen mo』(Toh.No.5400 Pha 34a1ff.) に、量果一般の設定に関して経量部の立場が次のように出ている －

「断定されるべきすべては対境と有境二つに収まる。断ずるものすべては所取形相と能取形相の二つに収まるし、断じた果には、自証知と他証知の二つに収まっているのに対して、他部〔の外道者〕たちと自部毘婆沙師などが量果は実物が別異だと主張するのは、道理でない。〔なぜなら、〕設定するもの〔である〕他により、間断されるからです。すなわち、対境の形相として浮かぶことが無いなら、対境の証得は成立しないし、形相として浮かぶことが有るなら、まさにそれにより対境を証得すると設定することができるので、設定するもの〔である〕他を経由することは無意味です」

また、lCang skya の学説綱要書 (Grub mtha' Thub bstan lhun po'i mdzes rgyan. Krung go'i bod kyi shes rig dpe skrun khang,1989 p.83; Varanasi,1970 p.118) には、経量部において量の定義（訳註３－２８を参照。）は新たに欺かない了知であり、現量の定義は、量であり、分別を離れた無錯乱の知識であるという。それは他証知と自証知の二つに区別されるが、前者は増上縁による区別によって、1）根の現量、2）意の現量、3）ヨーガ行者の現量がある。後者は内面を見た単独の能取形相であり、境・有境の二の現れが没したものであるとされている。中観の設定については、本著の訳註４－７７の末尾を参照。また、Klong rdol bla ma(cf. 拙稿「ロンドルラマ著『量評釈』など因明所出の名目」(『大谷大学研究年報』56,2004,pp.39-40) には次のようにいう －

「所取・能取の二に区別した〔うちの〕所取は、知識でない一切法である。その二に区別した〔うちの〕能取は、知識すべてである。所取の形相は外面を見る知識を言うし、所取の形相が他証知の知識の定義。能取の形相は内面を見る知識を言うし、能取の形相が自証知の定義。」

『根本般若』Ⅶ 12、『廻諍論』v.34 以下には知の自証を批判しており、『入中論』Ⅵ 72-76 には、唯識派が依他起自性の有を立証するための論拠として自証知を提起し、経量部が外境の憶念が自性により成立することから自証知が成立するというのに対して、不成立のものにより不成立のものを立証できないこと、憶念は対境と有境の関係より生ずることを述べている。ちなみに、インドではヴェーダの量性は自律的であり、その非人為性は独立の論証を必要としないこと（『量評釈』I などに扱わ

464

れる。）から始まって、知識と対境との関係、知識の自律性が考察される。『量評釈』第１章の『解脱道作明』H ed.7a3, K ed.7a には、「現量は自から決定するものも有るし、他から決定するものも有るが、比量はただ自だけから決定する」などという。量の自決定、他決定に関する主張は諸学派により諸説がある。ヴェーダの権威を信じるミーマーンサー学派など他学派から見て、仏教は他決定であり、よって無限遡及になってしまう。そして量は侵害する知と因の欠陥の知により他決定となる、とされる。それに対して、シャーンタラクシタやカマラシーラの『摂真実論』TS(2944) や『同註』TSP(981,938) に、量は或るものは自決定、或るものは他決定とされている。以上、拙著『チベット仏教　論理学・認識論の研究Ⅰ』2010 の訳註２－１２から２－１５、拙著『チベット仏教　論理学・認識論の研究Ⅱ』2011 の訳註４－１, ７－４４を参照。
※４）割註に、「それを立証する現量が無いので、そのような何か現量に至らなくても、」という。

訳註４－９９）'Jam は、「１）有るとの証因により眼などは自生が無いと立証する証因は成立していないとの過失と、２）その過失をブハーヴィヴェーカが承認する仕方と、３）よって、肯定（立証）と否定のもまた私たちにおいては、有るとの遍充の証因すべてが成立していないと示すこと」という三つに分けている。その第一もさらに二つに分けている。

訳註４－１００) ad Ⅰ 1; D No.3860 'A 10a2-3; La Vallée Poussin ed.p.30 ll.15-16; 和訳　奥住毅『中論註釈書の研究』1988,p.77; 丹治昭義『中論釈　明らかなことばⅠ』1988,pp.24-25; 割註より〔〕に補足した。
※１）割註に、「そのように上に意味が妥当しないと示した場合に、」という。
※２）割註に、「それも、そのような有法が一致した現れは無いことにより、その所依事において立証されるべき所成と、その所成を立証する証因または論証因との二つは、どれも成立していることがありえない。」という。

訳註４－１０１) 'Jam に「第二、〔その過失をブハーヴィヴェーカが承認する仕方〕」も、「１）教の提示と、２）意味の説明」に二分している。
※１）割註に、「そのように論証因が成立していない過失を述べる仕方に適用する仕方」という。
※２）Brjed byang（憶え書）Da 92b5-93a4 に次のようにいう －
　「『明句』に「なぜなら、言説とおりの義これはこの論理学者は自らが承認しているのです」などという意味は、有法と証因などは錯乱の知識により獲得されるのと、非錯乱〔の知識〕により獲得されるのとどれであるかを観察してから、二人の論者において一致した現れとして成立した有法と証因などは無いことを説明したこれは、このブハーヴィヴェーカが意味により承認したことになったのです。(93a) 自部の実有論者たちが、「内の諸処は能生の因などが勝義としてまさに有るのみです。そのように如来が説かれたから。」という論証式を提示したのに対して、あなたがそれを立証する証因の義（意味）それは世俗として有るのと、勝義として有るのとどれなのか。前者であるなら、証因の義（意味）が世俗として有るのはあなたにおいて成立していない。後者であるなら、証因の義（意味）が勝義として有るのは私において成立していない。その二のどれでもないなら、証因として提示した義（意味）それは成立していないことになるから、といって二諦について観察してから過失を述べたことにより知るからです。それもまたブハーヴィヴェーカのお心には、これら実有論者たちがおよそ為す設定すべては勝義として成立したのを所依事に確立した上に設定するので、それを立証する証因として提示したそれは、彼の知の側には勝義としての成立により差別されたものが有るから、妥当しないのを意趣なさって、二諦のそれであるかの観察をなさった。(※)」
※）さらに Da 93a5-b4 には、チャンドラキールティの対照的な所説は、正理の歩みがきわめて等しいし、『入中論』(Ⅵ 23; D No.3862 'A 253a5) の「正しく見えるものの対境それは真実。偽りの見は世俗諦と説かれた」という所説との二つの正理が同様であることをいい、『善釈心髄』(Toh.No.5396 Pha 89b1-2; 片野道雄、ツルティム・ケサン『中観哲学の研究Ⅱ』1998,pp.166-167) の、ブハーヴィヴェーカ自身も証因の意味についてどのように二諦に関して

観察して過失を語っているかに応じて過失が述べられたことが正しいという所説とここでの広説について量るなら、前のように妥当するかと述べている。

※３）割註に、「すなわち、そのうち、対論者の能成を提示したそれを、軌範師ブハーヴィヴェーカが否定する仕方を説明したそれにより、そのように軌範師自身が承認したことになったのであり、それもまた、対論者の能成を提示したことがこれです。」という。

※４）割註に、「軌範師ブハーヴィヴェーカはこのように観察をして否定した。能成をそのように提示したこの場合に、能成の提示者、実有論者」という。なお、『般若灯論』と『同復註』の解釈については丹治『明らかなことばＩ』pp.156-158 note248 を参照。ここでいう他者は毘婆沙師、経量部とされている。Brjed byang（憶え書）Da 93b5-94a3 に次のようにいう －

「本文に「如来が世俗としてそのように説かれたから」といって証因として提示するのか、「勝義として説かれたから」といって証因として提示するのか、といって観察するのでは全くないことを説かれたのは、そのようなその証因は勝義または世俗により差別にされたものになったので、前に有法などが諦・偽のどれによっても差別にされていないのを設立することが必要だが、さもなければ、論者・後論者のどちらかに成立していないと主張することと直接的に相違するので、粗大な相違を含む（94a）そのようなものを、円満なこの学識者が錯乱することはどこにありうるのか、ということです。『般若灯論』（※１）に二つの観察しか為さっていないようなら、そのように説明したとき、相違を含むものになるが、『善釈心髄』（※２）に『般若灯論』の意趣を承けてから、1)「如来が世俗として説かれたから」というのと、2)「彼が勝義として説かれたから」というのと、3)「如来が説かれたから」というのと三つのうち、どれを証因として提示するのか、と問うたようなら、内的相違が生じない。最後の観察は二諦のどれによっても差別にされていないものであるからです。（以下、省略）」

※１）D No.3853 Tsha 58b6; ad Ｉ7; 和訳 能仁正顕「『知恵のともしび』第１章の和訳（４）－縁の考察－」（『仏教学研究』60/61,2006) p.19

※２）cf.Toh.No.5396 Pha 89b4ff.; 片野道雄、ツルティム・ケサン『中観哲学の研究Ⅱ』1998,pp.166-167

※５）割註に、「それもここに、そのように「有ると説かれたから」というこの論証因は、如来がまさに有ると説かれるべきその義（こと）は、世俗として有るのか、勝義として有るのか、と問うた。」という。

※６）割註に、「になるの〔と〕、勝義として有るというその論証因は、言説の所成の法ときわめて相違するので、論証因が〔相違する〕」という。

※７）割註に、「そのように語ったことにより何になるのか、というなら、これについて軌範師チャンドラキールティは否定する仕方をこのように説かれた。」

※８）割註に、「「有るから」ということなどの論証因 － 軌範師ブハーヴィヴェーカ自らが提示したものについても、錯乱の知識ほどにより獲得された世俗と、無錯乱の知識の獲得した義〔である〕勝義のどれとして有るかを観察してから否定したなら、自他両者の立場において成立していないと承認することが必要なので、軌範師自らが提示した〔論証因〕」という。Brjed byang（憶え書）Da 94a5-b1 に次のようにいう －

「では、ブハーヴィヴェーカの立場において、「芽 － 有法。諦として無い。縁起であるから」などの正しい論証式すべてについて、対論者が二諦の観察を前のようにして否定したなら、過失が起こるのかというと、この場合、実有論者の思惟の度量をブハーヴィヴェーカが思惟なさったとおりの観察を為さった。（95a）そのように説かれたことは因などが勝義として有るとの正しい能成にならないことを立証したのは、彼に対して侵害するのですが、他の正しい論証式を提示する人の思惟方法において、非如理は無いので、そのような過失は起こらない、と言うことが必要かと観察する。」

※９）割註に、「この軌範師ブハーヴィヴェーカは、眼識など無錯乱の現量により獲得されたと主張する〔事物〕」という。

※１０）未確認。ケードゥプ・ジェ著『千薬大論 sTong thun』(Toh.No.5459 Ka 164b) には、「チベットの他の人たち」という。拙訳『中観哲学の研究Ⅳ』2003 p.135

※１１）割註に、「二諦の差別にした大種などを証因に提示するのと、二諦のどれによっても差別にしていない証因を提示してから、喩例が自他において成立していないなら、証因が成立していないことが遍充することなど」という。

※１２）cf. 福田洋一「ツォンカパの自立論証批判」（『日本西蔵学会々報』61,2015）pp.5-6

訳註４－１０２）ad Ⅰ1; D No.3860 'A 10a3-5; La Vallée Poussin ed,p.31 ll.1-5; 和訳　奥住毅『中論註釈書の研究』1988,p.77; 丹治昭義『中論釈　明らかなことばⅠ』1988,p.25

訳註４－１０３）ad Ⅰ1; D No.3860 'A 10a6-b1; La Vallée Poussin ed,p.31 ll.9-13; 和訳　奥住毅『中論註釈書の研究』1988,p.78; 丹治昭義同上 1988,p.26;

訳註４－１０４）D No.3856 Dza 61b2; Ⅲ「真実の智を求める」; 和訳　野沢静証「清弁造『中論学心髄の疏・思択炎』「真如智を求むる」章第三（Ⅲ）」（『密教文化』31,1955 p.38; これは『中観心論』Ⅲ 27ab（江島恵教『中観思想の展開』1980,pp.274-275,414; D No.3855 Dza 4b4-5）でもある。『明句』には、不成立の論証式の一つとして挙げられている。「勝義として」という限定は、『中観心論』で直前の v.26b,『明句』で直前に引用される『般若灯論』Ⅲ の論証式にも見られる。v.26 への註釈『思択炎』には「勝義」の語義が解説され、その限定により論理学的な問題が回避されるとされている。しかし、『中観心論』Ⅲ 139,159(江島同上 pp.302,306)には、自らの生は世俗としても成立しないと説き、四縁からの生を世俗として認めていることも、指摘されている。cf. 野沢静証「同（Ⅱ）」（『密教文化』29/30,pp.14-16; 江島同上 pp.92-93,102-113,135-137; 丹治昭義『明らかなことば』p.163 note277, 同『実在と認識』pp.304-305; 拙著『中観哲学の研究Ⅳ』2003 p.308; なお、『中観心論』ないし『同註釈・思択炎』が空性の決択においては批判されるが、道次第一般を説く典籍としては引用もされることについては、訳註６－６４を参照。

訳註４－１０５）'Jam(?) に、「第二、自己の立場」として、さらに四つに細分している。

※１）「如来が説かれたから」という論証式については、『般若灯論』の二つの解釈と、その意趣を承けた『善釈心髄』の三つの解釈があるとされる。訳註４－１０１の※４を参照。

※２）割註に、「〔誤難〕のそのような恣意的な論証因になったもの〔について〕」という。『道次第大論の表記註釈 brDa bkrol』Toh.No.6569 Ka 48a4 に、「ltag chod（誤難）と sun 'byin（論破）は同一義だとも説明している。」という。Klong rdol ラマ（和訳　白館戒雲「ロンドルラマ著『量評釈』など因明所出の名目」（『大谷大学研究年報』56,2004,p.10）には次のようにいう ―

　　「能証の語の道である能破、または帰謬の能証を投げかける・投げかけないの二つについて、投げかけるものには、反対の自証知を投げかける。他証知を投げかける二つが有る。果が等しい誤難、似非能破である。誤難（※）を投げかける仕方は、「たとえば国民すべては国王に税金を納めることが必要であるなら、この人戸は納める必要が無いのはどういうことに至っているのか」というようなものである。一般に遍充する仕方により、個別を遍充しないことについて伺察する仕方である。正しい能破は、自体が正しい帰謬となった論難者が、自体において適切な回答ができない帰謬の語として認得するのが、正しい帰謬または正しい能破である。」

　　※）ltag chod（誤難）は、ディグナーガ著『集量論』第６章「誤難の観察」に詳しいが、ダライラマ１世 dGe 'dun grub pa 著『正理荘厳 Rigs rgyan』（Toh.No.5528 Nga 5b3-7b4; Mundgod 2002 pp.7-11）によれば、これはダルマキールティ著『量評釈』第４章「他者のための比量の章」に含まれ、『争論の方軌』に広汎に決択されているという。cf. 拙訳『チベット仏教論理学・認識論の研究Ⅲ』2012, 訳註０－６

※３）Brjed byang（憶え書）Da 94b2-4 に次のようにいう ―

　　「本文に「「世俗であるなら、他者において成立していない」とどのように述べうるのか」などというのは、争論の仕方について詳細な分を出すのです。二諦のどれであるかを問うてから、世俗であると言うなら、他者〔である〕実有論者はそのように主張しないので、「彼において成立していない」と立証したことは、自己の立場の立証の仕方と同じなので、過失にはならないが、「世

訳註　4.論理的否定と、自立論証派と帰謬論証派　　467

俗であるなら」といって対論者が承認した上に運ばないで、一般化になったなら、「他者におい
て成立していない」と述べることは適わない。「内の処も実有論者において成立していないこと
が帰結する。世俗として有るから」というのです。（※）

※）さらに Chos rje の『入中論の句釈 *'Jug pa'i tshig 'grel*』などに言及して議論している。

訳註４－１０６）cf.福田洋一「ツォンカパの自立論証批判」（『日本西蔵学会々報』61,2015）pp.6-7
※１）割註 de（それ）であるが、D ed.、B ed. には des とある。
※２）割註に、「理由が等しいとの道理により突きつけてから、」という。
※３）割註に、「無錯乱の眼識などにより獲得された義（もの）を証因の義（もの）として、この軌
範師ブハーヴィヴェーカは設立する〔ゆえに〕」という。
※４）比量（推理）とその対象である隠れたものについては、訳註３－１８３を参照。
※５）'Jam に、「よって、軌範師ブハーヴィヴェーカは、「自力または自立論証である」というそれを」
という。
※６）Kyt ed.p.348 の訳註４－１５の個所を参照。

訳註４－１０７）v.30; vv.29-30 は Kyt ed.pp.347-348（訳註４－１２の個所）に引用されている。

訳註４－１０８）'Jam に、「1）他者に知られたものに過失が無いさまと、2）教により他者に知ら
れたものを確認することと、3）他者に知られたものの義（もの）と言説に対する争論を捨てることと、
4）他者に知られたものが必要であるさまの典拠を有すること、5）それより比量を生じさせるさま
などと、6）成立した義（こと）、帰謬・自立の義（意味）を説明することの六つ」という。その第一
については、さらに五つに細分している。cf.四津谷孝道『ツォンカパの中観思想』2006,pp.264-267
※１）dGe bshes shes rab 著作集第三巻（mTsho sngon mi rigs dpe skrun khang.1984）p.382 に
次のように説明している －
　　「前論者が自己の主張する分の立宗を能成する証因・法・義の（※）三つとして適用する言葉で
　　あるから、適用（論証式）。」
　　※）rtags chos don gsum は、能成の証因と、所成の法と、証成の所依事または争論の所依事と
　　の三つをいう。
※２）割註に、「では、自立論証の証因の適用を承認する者に、それら過失が生ずるが、自立論証を
承認しない者には、それら過失ができない理由は何なのか、というなら、」という。'Jam には次のよ
うにいう －
　　「正理自在者は、（※１）「比量は二種類 － 自己のためのは、三相の証因より義（もの）が見える
　　ことです。」、（※２）「他者のための比量は、自己の見た義（もの）を明らかにする。」といって、
　　二つの比量を説明した適用語（論証式）について、他者のための比量という言説を為した。」
　　※１）ディグナーガ著『集量論』PS II 1ab; D No.4203 Ce 4a1; 北川秀則『インド古典論理学
　　の研究』1965,p.73,p.447; 武邑尚邦『仏教論理学の研究』1968,p.201
　　※２）『集量論』PS III 1ab; No.4203 Ce 6a4; 北川同上 p.126,p.470; 武邑同上 p.201
cf.福田洋一「ツォンカパの自立論証批判」（『日本西蔵学会々報』61,2015）pp.8-9;

訳註４－１０９）III 2（「眼など根の観察」）; D No.3824 Tsa 3a7; 三枝充悳『中論偈頌総覧』
1985,pp.92-93; 和訳　奥住毅『中論註釈書の研究』1988,p.201; cf.四津谷孝道『ツォンカパの中観
思想』2006,pp.261-262; 割註より〔〕に補足した。『倶舎論』I 9,23 に、眼は澄浄な色である内
の処であること、現在の対象を取らえ、大種所成の義（もの）である色を対境として有すること、同
じく I 24 の『自註釈』には、他の名を持たない眼の対境が、色という一般の言葉により特定され理
解されるために表現されることが、出ている。また、眼はそれ自体を見ないので、他を見ないといっ
た正理は、『空性七十論』v.52 にも出ている。
※）Brjed byang（憶え書）Da 95a2-4 に次のようにいう －
　　「本文に「立宗〔である、〕他について見ること ･･･ 中略 ･･･ 「他者に知られた比量」と言う」と

説かれたのは、前代の人たちが、他者に知られた有法と証因などを中観派の立場において承認しないと説明したのを風刺する言葉です。「中観派は（dbu ma pas）主張するので（'dod pas）〔このような〕論証式」という〔二つの具格を示す〕ｓの添後字の後者は正しくないと思われるので、「主張する（'dod pa'i）論証式」といって第六格（属格）を適用したなら良い。」

訳註４－１１０）'Jam に、「第五、インド・チベットの或る人のように、論証式を提示するすべては、自立論証でなく、他者に知られた論証式が有ることの典拠は、」という。cf. 岸根敏幸『チャンドラキールティの中観思想』2001,pp.145-146

訳註４－１１１）ad I 1; D No.3860 'A 11a4; La Vallée Poussin ed.p.34 ll.6-10; 和訳　奥住毅『中論註釈書の研究』1988,p.81; 丹治昭義『中論釈　明らかなことば I 』1988,pp.28-29; 割註より〔〕に補足した。

訳註４－１１２）D No.3860 'A 11a4-7; La Vallée Poussin ed.p.34 ll.6-10; 和訳　奥住毅同上 1988,p.81; 丹治昭義同上 1988,p.29; 割註より〔〕に補足した。
※１）割註に、「証因は承認しているし、量により成立している。遍充を立証する証因を立証する必要はない一般の遍充をそのように承認している〔ゆえに〕」という。
※２）Brjed byang（憶え書）Da 95a4-96a1 に次のようにいう －
　　「『明句』に「青など他を見ることは、自らに知られた比量と相違するのです。」という自らに知られた比量の定義内容（mtshan gzhi）として、「眼は － 有法。色について自性により見ない。自らを見ないから。例えば瓶のように。」というような他者に知られた論証式を立てることが必要です。その論証式は帰謬派自らの立場の論証式なので、実有論者たちが似非の論証式と主張するから、実有論者自らに知られた比量はどのようであるかというと、その論証式の所成を実有論者は自らの立場において主張しないのは真実だが、それの有法〔である〕眼と（95b）証因〔である〕自らを見ないことと、同喩〔である〕瓶などは、実有論者の立場において自相が現れるのを待って、無錯乱の量の獲得する義（もの）だと主張するので、実有論者自らに知られたと設定するのです。実有論者自らに知られたのと、中観派を待って、他者に知られたものとの二つは同一義だと説かれた。前論者・後論者の両者の相続の言説の量により、有法と証因などを量ることを思惟したなら、両者において成立したものであるとしていい。
　　『明句』に「両者において成立していない」というのと、「自らに知られた比量」というのと、「彼において成立した比量」などと説かれた意味は、有法と証因などが量により成立したさまが一致した現れを示しえないので、対論者が自相が現れるのを待って、非錯乱の量の獲得した義（もの）として承認したのに絡めてから論証式を提示したので、両者に成立したのではないし、実有論者自らに知られたと説かれたのです。よって、この立場において他者に知られた論証式の有法と証因などは他者に知られたものであっても、他者だけに知られたものではない。自他両者の立場において量により成立したからです。他者だけに知られたものは、自相による成立を量る量とその獲得する義（もの）になった有法と証因などです。他者だけに知られたそれらは、この〔帰謬派の〕立場において言説としても無いが、その名を自らの立場の論証式に付けた理由は、説明しおわったように一致した現れの有法（96a）を示しえないゆえ、彼自らに知られた自相を量る量により成立したものを承認したことに絡めて提示した枢要によってです。（※）」
　　※）さらに『千薬 sTong thun』（Toh.No.5459 Ka 157b; 拙著『中観哲学の研究 IV 』2003,p.129）を引用して説明している。

訳註４－１１３）'Jam に、「第三、他者に知られたとの義（意味）と言説について争論を捨てたこと」として、さらに十項目に細分している。cf. 四津谷孝道『ツォンカパの中観思想』2006,pp.267-275; 福田洋一「ツォンカパの自立論証批判」（『日本西蔵学会々報』61,2015）pp.9-12; 福田同上には、自立論証が『善釈心髄』（Toh.No.5396 Pha 90a1-3; 片野、ツルティム『中観哲学の研究 II 』1998,pp.168-169）において、自力（rang dbang）として、または論破として出ていることも指摘

訳註　4.論理的否定と、自立論証派と帰謬論証派　　469

されている。『無死蔵』における用例については訳註４－２を参照。cf. 四津谷孝道「自立論証を認める中観帰謬派の思想家達」(『駒澤大学仏教学部論集』36,2005) pp.132,137-138

※１）直前に和訳した Brjed byang（憶え書）Da 95b5-6 の記述を参照。

※２）割註に、「この dang（と）という声（ことば）は、時の意味を持った理由に用いられて、この場合の上下の句（ことば）を連結させたことにより、明らかに成立しているので、このように説明したのです。」という。

※３）割註に、「両者の立場において成立していなくて、有法などが同じ一致した現れを、相手、実有論者が承認しているのを通じて、彼において成立しているという理由により、」という。

※４）Kyt ed. には chos（法）が欠落している。有法、証因、喩例など論証式の構成要素が列挙されるのであるから、「法」も無くてはならない。

※５）’Jam に「この論証式は帰謬に適用してよい。」という。

※６）Kyt ed.gi で逆接を表すものとしたが、D ed.、B ed.、割註より go/ を採る。

訳註４－１１４）’Jam に、「第四、他者に知られたものが必要なさま、および典拠」として、さらに七項目に細分している。

訳註４－１１５）ad III 2; D No.3842 Tsa 175a2-b3 の取意。; SAITO Akira, *A Study of The Buddhapālita-Mūlamadhyamaka-vṛtti* (Ph.D 学位請求論文 1984) p.51; 割註より〔〕に補足した。

　もう一度示すなら、III 2 には、「見ること自らの自体において、それはそれを見ない。自らを見ないものそれは、他をどのように見るのか。」という。

※１）大種すなわち粗大元素の定義への言及である。訳註６－１３の※２１を参照。

※２）割註に、「sna ma の花は dza ti の花について説明している」という。長尾雅人博士の和訳『西蔵仏教研究』1954,p.433 は、『翻訳名義大集』(Myp) No.6157 の jātikusuma と No.6158 の sumana を示している。『道次第大論の表記註釈 brDa bkrol』Toh.No.6569 Ka 48a4 に、「sna ma は〔梵語〕対応語は mālaṭīh と出ている。jāti の樹の別名同義語なので、sna ma の花は jāti の花。」という。

※３）Brjed byang（憶え書）Da 97b6-98a4 に次のようにいう　－

　　「本文に「後論者自らに知られた妥当性 ・・・ 中略 ・・・ 決定させてから」という意味は、空性を証得しうる或る実有論者に対して有法〔である〕眼と証因〔である〕自らを見ないことなどを前に説明したようにと、水を持つ地に湿潤が有るなら、水に湿潤が有ることが遍充することと、水に湿潤が無いなら、水を持つ地に湿潤が無いことが遍充することなど、彼自らに知られた量により証得させた。〔すなわち〕論証式を提示する場合に該当するなら、「眼〔である〕有法は他を自性により見ない。自らを見ないから。」という論証式を提示したのが、正しい論証式になったなら、彼自らも正しい後論者になったので、同喩〔である〕瓶の上にそれを立証する随順・離反の遍充を立証した。所成を証得させるのです。ゆえに前に、水を持った地に湿潤が有るなら、水に湿潤が有ることが遍充することなど、他者に知られた論証式の遍充を表示する何らかの喩例を提示したのですが、正式の遍充でないのを知ることが必要です。（※）」

　　※）さらに『根本般若の大註釈 rTsa she’i Ṭika chen』(Toh.No.5401 Ba 32a4; 和訳　クンチョック・シタル、奥山裕『全訳 ツォンカパ 中論註『正理の海』』2014,p.70）の、「後論者すべてに対して、他者に知られたものを必ず述べる必要はない」との所説を参照し、利根者には帰謬ほどで空性を証得できるし、論証式の提示は必要ないが、鈍根者の或る者には、帰謬を提示することにより疑いを持つものになり、所証を証得するには他者に知られた論証式の提示を待つものもあるなどという。

訳註４－１１６）X III 16（「根と義の否定を修習することを説示する」, v.316）; D No.3846 Tsha 14b7; 英訳と text　Karen Lang., *Āryadeva on the Bodhisattva’s Cultivation of Merit and Knowledge*.1983,p.456,646; K.Suzuki ed.1994,pp.280-281;　英訳　Geshe Sonam Rinchen ＆ Ruth Sonam, *YOGIC DEEDS of BODHISATTVAS*/1994.p.258; 月称作『四百論の註釈』D No.3865 Ya 203b4-5; T.Tillemans, *MATERIALS FOR THE STUDY OF ĀRYADEVA, DHARMAPĀLA AND*

470

CANDRAKĪRTI.1990,vol.2 pp.92-93, vol.1 p.190; 割註より〔 〕に補足した。

　ここでの引用は、ブッダパーリタ（ad Ⅲ 3ab; D No.3842 Tsa 175a5; A.Saito, ibid,1984,p.51）への引用の係引きであるが、そこの引用には slob dpon 'Phags lhas kyang（軌範師アーリヤ・デーヴァもまた）といって出ている。

※１）thog mar とあるが、原典には dang por とある。

※２）mig nyid la yang mig gis ni/ /ci yi phyir na 'dzin mi 'gyur/ / とある。原典には mig ni mig nyid kyis 'dzin par/ /ci yi phyir na 'gyur ma yin/ / とある。

チャンドラキールティ著『四百論の註釈』D No.3865 Ya 203b4-7 には次のようにいう ―

　「またもし、眼は見る自性になるのなら、そのときすべてにおいて自性は損なわれないから、自体においても見ることになる。このように世間において、〔v.316 に〕「事物すべての自性は初めに・・・（中略）・・・」。もし、チャムパカとウトパラなどの花の芳香は、初めに自らの所依こそにおいて認得される。後でそれらと出会ったことよりゴマなどにおいてもそうです。またあたかも自らに住する火の熱さと関係したことから、他の自体において認得されるのと同じく、眼が見る自性になったなら、そのとき自らの自体こそについて見ることになる。なぜに眼は眼により取らえることにならないか。諸事物の自性もまた、まず最初に自らの自体において有るから、眼こそが眼を取らえることが道理であるのに、眼は自らの自体について見るわけでもないので、土塊などのように、他について見るわけでもないので、それにはありえない。」

訳註４－１１７）ⅩⅣ 16（「辺執の否定を修習することを説示する」, v.341）; D No.3846 Tsha 15b7; 英訳と text　Lang,Karen.,ibid.,1983,pp.484-485,655; Suzuki ed.1994,pp.342-343; 月称釈 D No.3865 Ya 215b4; 和訳　佐々木恵精「極端へのとらわれ（三）―『四百論』及び『釈論』第十四章の研究―」（『京都女子大学宗教文化研究所研究紀要』9,1996）p.202; 片野道雄「大乗仏教と他思想との対論」（井ノ口、鎌田、柏原編集『仏教思想史２〈仏教と他教との対論〉』1980）p.80; 英訳　Geshe Sonam Rinchen & Ruth Sonam,*YOGIC DEEDS of BODHISATTVAS*.1994,p.271; ; 割註より〔 〕に補足した。Brjed byang（憶え書）Da 99a2-4 に次のようにいう ―

　「『四百論』に「火により熱さを焼く」などということの字の追加は、薪が火と近くに住することにより熱くなったのが、火により焼かれることであるが、熱くないものをどのように焼くのか。火と関係しないからです。その二つに所属しない他の焼かれるものも無い。よって、火を待っていない薪というものは自体により有るのではない。薪が無いなら因が無いから、火も無いということです。タルマリンチェンの『註釈』（※）に熱くないものは焼かれるものの薪でないことを説明しているのは、熱さが生じていないそれを焼きつつある火により焼くのでないことを、理解することが必要です。」

※）cf.H ed.Toh.No.5428 Ka 104a4-5

※１）直訳したが、訳文が不自然である。以下に示したように、原文に問題があるためである。

※２）割註に、『四百論』の別のチベット語訳を提示した上で、それに割註を加えている。下線部が『四百論』自体の文章である ―

　「『四百論』のこの教のパツァブの翻訳に、「薪を火が焼くときに、薪の熱さだけが火こそになる。薪は火にならない。薪の熱さ、火と関係するのでないものの〔地・水・風という〕他の三の大種を、火によりどのように焼くのか。〔なぜなら、〕熱さと関係しない大種〔である〕地・水・風の三つの自体を有するほどの薪は、ありえないからです。〔その理由に〕よって、火と関係の無い薪というそのようなものは無い。薪それが無くては、因の無い火はありえないので、火はまた無い。」といって、〔『四百論』〕本頌を別に翻訳したものにあるし、彼〔パツァブ翻訳師〕により翻訳された『註釈』にもまた同様に提示されたし、それと一致して字を添付しているので、ここにおいてもそれと一致して字を添付したほうがよいと思われるので、その翻訳のように説明した。前の翻訳は軌範師チャンドラの『註釈』と進みが一致するが、その二つの意趣は相違しないと思われる。」

『道次第大論』自体には、mes ni tsha ba nyid bsreg ste/ /tsha ba ma yin ji ltar bsreg / des na bud shing zhes bya med/ /de ma gtogs par me yang med/ / とある。『四百論』自体には、tsha ba me nyid du 'gyur te/ /tsha ba min pa ji ltar bsreg /des na bud shing zhes bya ba/ /yod min de med me yod min// (熱さが火こそになる。熱くないものをどのように焼くのか。よって、薪という ものは無い。それが無くては火は無い。) とある。これもまたブッダパーリタ (ad Ⅲ 3ab; D No.3842 Tsa 175b2-3; A.Saito,ibid,.1984,p.52) への引用からの孫引きであり、そこにも slob dpon 'Phags lhas kyang (軌範師アーリヤ・デーヴァもまた) といって引用されている。『中論』Ⅲ 3 には、「見る ことを立証するために、火の譬えは可能でない。行ったものと行かなかったもの、行きつつあるもの により、それは見ることとともに回答した。」という。cf. 三枝充悳『中論偈頌総覧』1985,pp.94-95

なお、『四百論』ⅩⅣ はおもにヴァイシェーシカ学派の六句義の範疇実在論、瓶とそれを構成する 色など、色を構成する四大種などの関係を検証して、有自性論を批判するものであるが、ここでは、 火の大種がその因である薪との関係において検証されている。

訳註4−118）'Jam に「それより比量が生ずる仕方」として、さらに十項目に細分してい る。cf. 野村正次郎「ツォンカパの空思想における空の形式」(『日本西蔵学会々報』47,2002) notes25,26; 根本裕史『ツォンカパの思想と文学−縁起讃を読む−』2016,p.94-95 には、『縁起讃』 vv.11-12 との内容の対応が指摘されている。
※1）Brjed byang (憶え書) Da 96a2-5 に次のようにいう −
「本文（※1）に「後論者〔である〕他者に知られた三相により所成を立証することについて帰 謬論証だと設立する」といって、他者に知られた論証式の三相は実有論者に知られたと説かれた が、自を見ないなら、他を自性により見ないことが遍充するのと、他を自性により見るなら、自 を見ることが遍充するのが帰謬派の立場なので、他者に知られたさまはどのようであるかという と、本文に「自性が有ると執らえる学説を棄てる(・・・中略・・・)妥当することをも証得できるので」 などというのに依って、（以下、省略）（※2）」
※1）訳註4−121の段落の中ほどを参照。
※2）それに依った『中観考究 dBu ma'i mtha' dpyod』に実有論者の学説を棄てたこと、中の 見を獲得したこと、無自性において所作・能作が妥当すると証得することは同時だと説かれたの と、『般若学考究 Phar phyin mtha' dpyod』の同様の説に関して、論証式が提示される正しい 後論者である実有論者について、さらに議論し、それはおおざっぱな同時を意趣したものと思わ れること、『道次第』の言葉通りの論証式によっても、それらは同時でなく、一つの作用よりあ まり遅れないで生ずるので、そう説かれたと見えるとする。そして、この帰謬を提示される実有 論者は、空性を証得する器になった者、中観の論書を修学して意味ある疑いを持った者であるこ となどをいう。
※2）割註には、「そのとき、自性により無いことと、自性により成立した同一と別異のどれとして も無いこと二つ〔すなわち〕非錯乱の随順・離反が遍充する」という。ここは「因の三相」が言及さ れている。すなわち、1）争論の所依事の上に所成の法（属性）を理解させる争論の所依事に有る宗 法（遍是宗法性）、2）所成のその法の同品に有る随順〔同品遍充〕（同品定有性）、3）異品に無い という逆〔の異品遍充〕（異品遍無性）である。
※3）割註に次のようにいう −
「これについて、この頃、合って分かりやすくしたなら、「火と薪は − 有法。自性により同一と 自性により別異のどれかに帰結する。自性により成立しているから」ということと、「火は自体 を焼くことが帰結する。火と薪は自性により同一であるから」というのと、「焼かれるもの・焼 くものの言説を乱すことが帰結する。その二つは自性により同一であるから」ということなど適 用の仕方を知るべきです。」
※4）Brjed byang (憶え書) Da 98b1-99a2 に次のようにいう −
「本文に「何らかの事物が (・・・ 中略 ・・・) 学説を棄てたのです。」と説かれた意味もまた、実有論 者の学説を棄てていない間は、彼の知の側に自相による成立を量ると慢思するのを待ってから量 により成立したことが必要です。何らかの事物が自体により成立したのが無いと証得してから、 実有論者の学説を棄てただけでなく、すでに中観派になったので、知の側に自相を量るのを待っ たことがどこに有るのか、というのです。

眼は他を自性により見ないことが眼の法性であっても、瓶が他を自性により見ないことが法性でないことなどの差別（ちがい）をも知ることが必要です。『根本般若の大註釈 rTsa she'i Ṭika chen』（※）に「これは、見ることが自性により成立しているなら、因を待ったことは相違するので、自らを見ないことが等しいように、眼が色を見るが、耳などがそれを見ないとの差別は無い。無関係の他の義（もの）を見る、見ないは等しいとの正理です。」と説かれたように、眼が色を見ることが自性により成立しているなら、そのように取らえる知において何をも待っていない自在で現れるように成立することが必要ですが、そのようなら、因を待ったことが相違するので、眼根と耳根の二者は自らを見ないながら、眼は色を見るが、耳はそれを見ないとの差別は無いことが帰結する。その二つの根は眼根が成就する（99a）習気により生じさせられる、生じさせられないの差別が無いから。よって、生じさせられないのと同じだから。眼が色を見ることが自性により成立しているなら、因を待ったことは相違するので、眼は自らをも見ることが帰結する。自を見ることと他を見ることの二つは、因を待っていないのは等しいから、と立証したようだ。」
※）Toh.No.5401 Ba 68a6-b1; 和訳　クンチョック・シタル、奥山裕『全訳 ツォンカパ 中論註『正理の海』』2014,p.177

訳註4－119）D No.3860 'A 11b1-3; La Vallée Poussin ed.p.34 l.13-p.35 l.4; 和訳　奥住毅『中論註釈書の研究』1988,p.82; 丹治昭義『中論釈　明らかなことば I』1988,pp.29-30; 割註より〔 〕に補足した。ディグナーガの『集量論』にもブハーヴィヴェーカの『般若灯論』にも、論者双方に成立したものを述べることが立証または論破であるが、一方が認めていないものや疑っているものはそうでないとされている。cf. 江島惠教『中観思想の展開』1980,p.190;『善釈心髄 Legs bshad snying po』(Toh.No.5396 Pha 89b-90a; 片野道雄、ツルティム・ケサン『中観哲学の研究 II』1998,pp.166-169)

※1）『集量論の自註釈』PSV のIII「他者のための比量」(D No.4204 Ce 42b5ff.; cf. 北川秀則『インド古典論理学の研究』1965, p.149ff.,p.479ff.cf. 拙著『チベット仏教　論理学・認識論の研究IV』2013,p.248) に、次のようにいう −
　　「〔他者のための比量〕これについてもまた、
　　　「〔論者と後論者〕両者において成立した法それより、〔論証式の〕言説であるから、〔論者と後論者〕両者において、またはどちらか〔一方〕において退けられたもの、または疑惑〔のもの〕、〔有〕法が成立したと主張するのは、〔その法は所成〕ではない。」(11)
　　ここにおいて、〔論者と後論者〕両者において顛倒に成立したもの〔である法〕は、義（もの）の力により論証因として主張しない。例えば、「声は無常である。眼の所取であるから」という〔ときの、「眼の所取である」という〕ようなもの。〔論者と後論者〕どちらにおいて、〔すなわち〕一方において顛倒に成立したものは、例えば、〔声〕顕現論者に対して〔、「声は無常である。造られたから」というときの、声という有法において顕現論者が認めない法である〕造られたことのようなもの。〔論者と後論者〕両者またはどちらか〔一方〕において疑惑になったものは、例えば、煙の疑惑を持つことより火を立証するようなもの。〔有〕法が成立したのは、例えば、「楽などはすべてにおいて有るから、我は遍満して有る」というようなもの。
　　これについてもまた、宗の法こそとして、
　　　欲しないことすべてが論破に〔なること〕も〔承認できない〕。(12a)
　　すなわち、〔論者と後論者の〕一方に〔成立したものは、論破にならない〕。
　　　両者に成立しているものが、論破または成立である。(12bc)
　　およそ、両者において成立した宗の法でないもの、例えば、〔「声は無常である」という所成における〕眼の所取のようなものが、論破です。証成は、例えば〔「声は造られたもの」という所成における〕「縁の差別により別異であるから」というようなもの。」
因の三相のうち、随順の同品遍充と離反の異品遍充に関しても、同様のことが言われる。Se ra rJe btsun pa著『量評釈第一章の決択 rNam 'grel le'u dang po'i mtha' dpyod』Toh.No.6855 Ka 54b に、次のようにいう −
　　「両者において成立しているのが立証です」（※1）といって両者について語ったこと − 有法。

必要性が有る。〔なぜなら、〕それを立証する他者のための場合の正しい証因であるなら、それを立証する随順・離反の遍充それは、立証する論者・後論者の両者により量により成立したもの一つが必要である、と知らせるためであるからです。そのようにまたシャーキャブッディ（※１）は、「（※２）「両者」ということにより、一人に成立したのを否定するのです」というのは、「両者においてもまた成立している」ということこれにより、論者または後論者の〔どちらか〕一人に成立したものそれを否定したのです。」と説かれています。」（※３）

※１）『集量論の自註釈』PSV D No.4204 Ce 43a2ff.; cf.『量決択』D No.4211 Ce 184a2-3

※２）D No.4220 Je 28b3

※３）より詳しくは、拙著『チベット仏教　論理学・認識論の研究Ⅲ』2012,p.141 に和訳しておいた。

※２）Kyt ed.dbang po（根）を、D ed.、B ed. の dpang po に訂正する。

※３）'Jam に次のようにいう －

「〔正理の論書〕に説かれた。アーリヤ・デーヴァは〔『四百論』（※１）に〕「あたかも野蛮人は他の言語により捉えることができないのと同じく、世間の者が証得しなくては、世間を捉えることはできない。」といい、『中〔論〕』（※２）にもまた「言説に依らなくては勝義を証得することにならない。」などといい、『ブッダパーリタ』（※３）に、世間におよそ有るものは私も主張すると説明しているように、」

※１）Ⅷ 19abd; D No.3846 Tsha 9b7-10a1; Suzuki,1994, なし ; 和訳　上田昇『チャンドラキールティ著『四百論注』第一～八章和訳』1994,p.126; cf. 月称著『四百論の註釈』D No.3865 Ya 141a6-7

※２）cf. ⅩⅩⅣ 10; 少し文言が正確でない。v.10 全部については、訳註３－１５を参照。なお、これら『四百論』と『中論』の教証は、『入中論の自註釈』ad Ⅵ 35 に引用されている。

※３）cf.D No.3842 Tsa 244b1; ad ⅩⅧ 8; D Tsa 244b1-2 に、「すなわち、「世尊もまた、およそ世間に有ると知られたものを、私も有ると語る。およそ世間に無いと知られたものを、私も無いと語る。」と説かれたので、ゆえに世間の言説が為されるべきときに、およそ世間に実在だと知られたものは、世尊も実在だと説かれた。およそ世間に実在でないと知られたものは、世尊も実在ではない、と説かれた。」という。この教証に関しては、訳註５－９０を参照。

訳註４－１２０）D No.3860 'A 11b3-6; La Vallée Poussin ed.p.35 l.5-p.36 l.2; 和訳　奥住毅同上 1988,pp.82-83; 丹治昭義同上 1988,p.30; ad Ⅰ 1; 割註より〔〕に補足した。Brjed byang（憶え書）Da 99a6-b1 に次のようにいう －

「『明句』に「およそ両者において決定を述べるそれは、立証または論破であるが」などというのは、前論者は、『量経 Tshad ma mdo』（※）に「両者において成立しているなら、論破または立証（99b）。」と説かれたように、有法などが論者・後論者の両者において一致した現れとして成立していると主張するのです。」

※）直前の訳註を参照。『集量論』Ⅲ 12bc への言及であろう。

※１）立証と論破各々とその違いについては、量論者の立場での他者のための比量の定義とともに、『量評釈』Ⅳ「他者のための比量」の冒頭に示されている。cf. 拙著『チベット仏教　論理学・認識論の研究Ⅳ』2013,pp.6-7

※２）『明句』自体は、量（認識基準）に関するディグナーガ批判の部分であるが、ここではより一般的な取り扱いである。

※３）'Jam は、「第八、きわめて隠れたものについて、教が両者により成立している必要がなくて、自らに知られたものにより成立するさまは、」という。すなわち、現量と比量の対象である顕わなものと隠れたもの以外を量る聖教量の存在に関してである。教による侵害に関する論理学派の議論については、訳註３－２の※７を参照。

※４）割註に、「よって、教の侵害について、論者両者に成立しているのを通じて侵害することもある。対論者だけに知られたのを通じて侵害することも有る。」という。

※５）割註に次のようにいう －

「東山住部（※）の教に、「もし世間の導師たちが、世間に合わせて入らないなら、仏陀の法性は何であるかと、仏陀をも誰も知らないことになる」などということにより説明している。」
※）Shā ri'i sde'i lung とあるが、『入中論自註釈』(ad VI 44; D No.3862 'A 262b2-3) への引用には、Shar gyi ri bo'i sde dang mthun pa'i tshigs su bcad pa dag（東山住部と相応した偈頌）と言われている。小川一乗『空性思想の研究』1976,p.146 は、典拠として大正 17 No.807『仏説内蔵百宝経』、D No.200 Tsa 300b6 etc. を指摘している。cf. 拙著『中観哲学の研究 V』2002,p.107

訳註 4 － 1 2 1）
※）Brjed byang（憶え書）Da 96a2ff. での解説について、訳註 4 － 1 1 8 を参照。

訳註 4 － 1 2 2）'Jam はここを三項目に細分している。
※１）割註に、「二辺を否定するには、その二つが必要だから。」という。
※２）割註に、「自らの側から成立した自性が有るとの理由により、諸事物に」という。
　なお、ツォンカパが後に著作した『未了義と了義の弁別・善釈心髄 Drang nges』で唯心と中観の立場を述べおえた後の末尾（Toh.No.5396 Pha 112a2-6; 拙著『中観哲学の研究 II』1998,pp.238-241）には、次のように後者を選択している －
　　「今、これを問おう － 二つの大きな車（学軌）の方軌により聖教の未了義と了義を区別したし、それらの意趣が学者の王たちにより個々に註釈された門が多く現れたなら、あなたたちはその二つの意趣註釈者のどれに従って、了義と設定された何について、究極の義（もの）と主張するかを述べなさい、と問うならば、
　　ジャムブ洲の学者の荘厳となったこれらの善釈すべてについて、心より尊敬するけれども、欺かない縁起の論証因により、輪廻・涅槃を相執する所縁処すべてを壊滅する、月（チャンドラ）より来たった善釈の白い光により、知の眼〔である〕睡蓮の園が花開いたとき、ブッダパーリタが教えた道が見えて、ナーガールジュナの良い立場を中心に取らない者は誰か。」

訳註　4.論理的否定と、自立論証派と帰謬論証派／5.人無我と法無我　　　475

5．人無我と法無我

訳註5－1）'Jam は、「説いたこと・説明したこと」の二項目に分けている。Brjed byang（憶え書）Da 99b5-100a4 に次のようにいう －

　「幻術と映像などの喩例（※1）を提示したのは、それらが世間の知識の側を待って、誤った世俗であるので、〔幻術における〕馬・象と〔映像における〕顔などについて空であるのを誰も知っているので、それらは無自性だと証得しやすいことによってです。七種類〔の伺察〕の場所に車を喩例にしたのも、車と人（プドガラ）との二つのうち、車が無自性だと浮かびやすいとの枢要によってです。

　では、二無我のうち（100a）法無我を先に証得するのだろうかと思うなら、二無我の証得の次第は、人（プドガラ）が無自性だと証得した後、仮設の所依事〔である〕蘊は無自性だと証得するのを理解することが必要ですが、人無我を証得する前に法と人との二に区別した〔うちの〕どんな法であっても、無自性だと証得することはありえないとの意味に錯乱すべきではない。ジェツンパの『総義 sPyi don』に法と人の二に区別した法一つを諦無しだと証得するほどについて法無我を証得することに設定しないことを説かれたのも、人が無自性であるのと、仮設の所依事〔である〕蘊は無自性であると証得することは、次第あるもののみとして生起するが、人と他のどれでも法が無自性だと証得するには、順序の決定が無いとの意味かと思う。（※2）」

※1）これら喩例については、Kyt ed.p.294 に引用された『四百論の註釈』（訳註3－11の個所）を参照。

※2）さらに『考究の大論 mTha' dpyod chen mo』の「次第に証得すると説明したのは、直接的に証得するさまを中心にした」という所説のようなら、人無我を直接的に証得することにより間接的に蘊は無自性だと証得すると承認すべきだろうが、二無我を順次証得するとの多くの本文に出ていることにより、教科書の言葉としては、人無我を直接的に証得する知により、法無我を間接的に証得する意味と理解すべきようだという。さらにタルマリンチェンの『入行論の註釈』（Toh.No.5436 Nga 140b4; 和訳　ツルティム・ケサン、桜井智浩『中観哲学の研究Ⅵ』2009,pp.270-271; ad IX 88）に、「二無我の証得の難易は無い。所依事〔である〕人と法に実物有と仮設有の微細・粗大も区別しないし、否定対象の法の微細・粗大の差別も区別しないから。」という。『入行論』と『宝鬘の註釈』（cf.Toh.No.5427 Ka 12a2）の、「人と蘊は － 有法。自性により無い。縁起であるから」という論証式を提示して説明したものは、二無我を同時に証得すると承認すべきなので、前者に適合すると思われるが、『道次第小論』（H ed.Toh.No.5393 Pha 162a1-2; ツルティム・ケサン、高田順仁『中観哲学の研究Ⅰ』1996,pp.34-35）の「所依事〔である〕人と法の上に決定すべき無我に微細・粗大は無いが、差別所依事の枢要により人の上に決定しやすく、法の上に決定しがたいから。」という所説によれば、二無我の証得の難易の違いが全く無いと承認すべきでないから、タルマリンチェン註の意味を観察すべきだという。

訳註5－2）ad VI 135ab; D No.3862 'A 299b6-7; La Vallée Poussin ed.pp.257-258; 和訳　小川一乗『空性思想の研究』1976,p.279; 瓜生津・中沢『入中論』2012,p.230; 経典自体は Saṃyutta-nikāya Ⅰ, Sagātha-vagga, Ⅴ, Bhikkunī-Saṃyutta（比丘相応）,10.p.135; 中村元『悪魔との対話』p.82,333; 割註より〔〕に補足した。ツォンカパの著作における引用については、拙著『中観哲学の研究Ⅲ』2001,pp.364-365 を参照。cf.『道次第小論』「観の章」（Toh.No.5393 Pha 162b2-4; 拙著『中観哲学の研究Ⅰ』1996,pp.36-37）、『未了義と了義の弁別・善釈心髄』「中観章」（Toh.No.5396 Pha 72a1; 拙訳『中観哲学の研究Ⅱ』1998,pp.106-107

※1）'Jam に、「だけでなく、ブハーヴィヴェーカも声聞部の〔『経』を〕」という。これについては、『中観心論の註釈・思択炎 rTog ge 'bar ba』D No.3856 Dza 80b2-3（ad Ⅲ 92cd-93ab; 和訳　野沢静証『清弁造『中論学心髄の疏・思択炎』「真如智を求める章」第三（Ⅶ）」（『密教文化』68,1964 p,65）に次のようにいう －

「私たちもまた、言説として識に我という声（ことば）を直接的に設ける。すなわち、「識は後有を受けるから、我である。」といって身と根の諸集積に仮設するから。すなわち、「例えば支分の集積に「車」といって憶念するように、同じく諸蘊に依ってから世俗として有情と述べる。」と説かれたから。」

『般若灯論』ad ⅩⅧ（D No.3853 Tsa 181b4-5: 和訳『世界の名著2 大乗仏典』1978,p.300 に次のようにいう —

「このように、私たちの教にもまた、我という声（ことば）は識において義（もの）のとおりであり、生などにおいて仮設されたものです。例えば、車の支分に依って車を仮設すると主張するのと同じく、蘊に依って有情と仮設すると主張するが、識は再生する有を受けるから、「我」と述べるから。」

これら我を識において仮設するという主張に対して、『入中論の自註釈』ad Ⅵ 127（La Vallée Poussin ed. p.246 ll.17-20; 小川一乗『空性思想の研究』1976,p.266）には、この教証を用いつつ、我は蘊そのものではないと述べている。

※2）割註に、「自性により成立した〔我というの〕を執らえるし見る心〔は、魔の心〕です。その心は魔すべてが生起する根本と魔が入る門と魔の分になったものであるからです。」という。

※3）割註に、「そのようなものについて〔あなたは〕五つにまで我は自性により成立していると〔見る〕し思い込ん〔だの〕を通じて、魔のなすがままになったの〔です。〕」という。

※4）割註に、「今は、この方式のように見るべきです — 集積の力により果の様々な転変を成就するし、」という。Brjed byang（憶え書）Da 99b1-4 に次のようにいう —

「『入中論』に引用した『経』に「この行の蘊は空。これにおいて有情が有るのではない。」という字の追加は、声聞部派の立場（※1）において「この行の蘊は実物が有るが、我について空だ。これにそのような有情は無い。」と註釈することが必要なようだ。帰謬派自らの立場においては、この行蘊は我が自性により成立したのについて空だ、と適用したらいい。では、この文句により二無我ともに示すのか、というなら、この句により、仮設の所依事〔である〕蘊に仮設された我が、自性により空だと示すことにより、人無我を示すのですが、蘊が無自性だと示すのではない。〔『道次第小論』の〕「観の小論」（※2）に「第三と第四により蘊は人我について空だと説かれた」と説かれた。」

※1）訳註5−6の『勝義空性経』への論及を参照。

※2）Toh.No.5393 Pha 162b4; ツルティム・ケサン、高田順仁『中観哲学の研究Ⅰ』1996,pp.36-37

※5）割註に、「この五蘊に依って我だと執らえるとしても、これら蘊が集積したほどが我または有情ではないし、〔これについて〕個々に区別したものにも」という。

※6）Brjed byang（憶え書）Da 99b4-5 に次のようにいう —

「「あたかも支分の集積に」などということの字を追加する場合、〔仏教の〕四学説は個々に同じでない主張が有るさまが、クンタン・リンポチェの『問答 Dri lan』に出ている。」

訳註5−3）'Jam に、「1）七種類に無いさまが教により成立していることと、2）五種類に無いさまと、3）集積・形色（かたち）としても無いさまと三つ」と区別する。その第一も二つに細分している。

　我とその仮設の所依事である蘊について、人と五蘊が同一と別異を問うて論破する方式（一異門破）という一種類と、それより導き出されるものである有身見の四種類を加えて、合計五種類を探求したなら、認得されないとして否定する（五求門破）。これは『根本般若中論』において、Ⅹ 15、ⅩⅣ 2、ⅩⅩⅡ 1、ⅩⅩⅢ 5 に見られる。cf. 中村元『仏教思想6 空 上』1981,pp.117-119; 小沢千晶「『中論』における無自性への道−五種の探求と不一不異の縁起をめぐって−」（『大谷大学大学院研究紀要』22, 2005）

　他方、チャンドラキールティは『入中論』Ⅵ「第六現前地」vv.132-136 とⅥ 160（Kyt ed.p.388 訳註5−26の個所に含まれたものを参照）において、さらに「我と蘊が別異である」「単なる蘊の形態が我である」との二種類を加えて合計七種類を探求して否定している。また『入中論』Ⅵ 144-145 には有身見ないし我見の二十種類との関係で、有身見の四種類に言及している。cf. 小川一乗『空

訳註　5.人無我と法無我　　477

性思想の研究』1976,pp.275-281.288-290、同『空性思想の研究 II』1988,pp.522ff.; cf.四津谷孝道『ツォンカパの中観思想』2006,pp.59-60；なお『道次第小論』には、車を七種類に探求することは直接的には出てこない。註 5 － 5 に出した Brjed byang（憶え書）が『道次第小論』の意趣について推測しているのもそのためかと思われる。

訳註 5 － 4）VI 151; D No.3861 ’A 211b4-5;『同自註釈』D No.3862 ’A 304a2; La Vallée Poussin ed.pp.271-272; 和訳　小川一乗『空性思想の研究』1976,p.293; 拙著『中観哲学の研究 V』2002,p.163; 瓜生津・中沢『入中論』2012,p.238; 割註より〔〕に補足した。
※）割註に、「そのように七種類に伺察したなら、車は獲得されない、仮設有になる〔のと同じ〕く、我も蘊の上に七種類に伺察したなら、獲得されないので、仮設有になるさまを、知ることが必要です。」という。

訳註 5 － 5）’Jam は、「第二、五つに無いさま」を五の項目に細分している。Brjed byang（憶え書）Da 100b4-101a2 に次のようにいう －
　　「車とその諸支分が自性により同一に成立しているなら、別異が全く無い同一になるさまは、体が同一なものが自性により成立しているなら、実相（gzhis lugs）になるので、車とその支分との二つはどの知に現れても、別異に現れないことが必要であるから。その二つが現れる知に、体が同一でも、離反（ldog pa.概念）が別異なようなものが現れるなら、住し方が同一であるのと一致しないので、住し方が現れる知ではないことが帰結する、と立証したなら、『道次第小論 Lam rim chung ba』（※）の意趣になるかと思う。
　　　車とその支分との二つが自性により別異であるなら、その二つは別異であるそれが実相になるので、その二つはどの知に現れても、同一に現れないことが必定だから。(101a) その二つが現れる知において、離反（概念）が別異であっても、体が同一のようなものが現れるなら、現れ方それは住し方と一致しないから、と類推する。言説として車と車の支分との二つが互いに所依、能依として有るこの立場において、因果が互いに相俟って成立したと主張するのと同じ。」
　　※）cf.H ed.Toh.No.5393 Pha 177b-178a; ツルティム・ケサン、高田順仁『中観哲学の研究 I』1996,pp.40-41
※ 1）割註に、「体が別異なら、車がどこか仮設される所依事の支分が無いので、」という。
※ 2）re lde; 割註に、「これは、デーヴァダッタの住居、〔ヤクなどの〕長毛から造られたテント（spra gur）のようなものをいうことが必要です。」という。『道次第大論の表記註釈 brDa bkrol』Toh.No.6569 Ka 48b3 に、「re lde は〔ヤクなどの〕長毛より造られたテント（spra gur）ようなものをいうべきです。また竹などにより編んだ竹の正方形の座席について説明したものも見られる。」という。『蔵漢大辞典』p.2031 には spra gur でなく sbra gur と表記されている。
※ 3）割註に、「ので、その二つの喩例のように、車と支分の二つは所依と能依として個々に見られることが無い〔からです。〕」という。

訳註 5 － 6）VI 152; D No.3861 ’A 211b5;『同自註釈』D No.3862 ’A 304a3-4; La Vallée Poussin ed.p.272; 和訳　小川一乗『空性思想の研究』1976,p.294; 拙著『中観哲学の研究 V』2002,p.163; 瓜生津・中沢『入中論』2012,p.238; 割註より〔〕に補足した。
※ 1）割註に、「〔すなわち〕諸支分が分解されてから、自らの処、自らの処（rang sa）に置かれた 」
※ 2）割註に、「自部の実有論者の主張するように、車の〔有支分が無い〕なら、車の〔諸支分〕もまた〔無い〕ことになるから。」という。
※ 3）割註に、「それは車のように支分が無いので、その支分を構成した形色も無いが、それが無いので、車の諸支分を構成した時の」という。
※ 4）Brjed byang（憶え書）Da 101a2-6 に次のようにいう －
　　「自部の実有論者たちは有支分（全体）は無いと承認していると説かれたのは、彼らは「支分の集積ほどが有支分である」と言うし、支分の集積ほどでない有支分を主張しないのに対して、では、支分の集積ほどは支分であって、有支分ではないので、あなたは有支分は全く無いと承認し

たことになった、といって正理により追い込むのかと思う。前分〔所破〕が直接的に承認したの
は、諸支分は実物として成立しているが、有支分は実物として無いと主張すると理解することが
必要なようだ。正理による立証の仕方は、支分も無いことが帰結する。有支分が無いから。主張
するなら、支分が和合したものも無いことが帰結するので、支分の集積は車でないことが帰結す
る、という。前分〔所破〕が主張する実物・仮設は、『倶舎論』（※）に説明されたように、破壊
した、または知により分を個々に除去したなら、自らが取らえる知を棄てるべきものは仮設有、
そしてそれより反対なのが実物有です。」
　　※）訳註１−６５を参照。
また、諸支分は有るが、全体（有支分）は無いということは、諸蘊は有るが、我は無いという無我説
にも関わっている。業やその異熟は有るが、我や有情といったその作者、受者は無いといった教証と
しては『勝義空性経』が有名であり、部派や唯識派において解釈がなされているが、その意趣につい
ては『入中論の自註釈』ad VI 137cd (La Vallée Poussin ed.p.262ff.) に中観の立場から説明され
ている。cf. 拙著『中観哲学の研究Ⅲ』2001,203,360-361；また、チャンドラ著『空性七十論の註釈』
D No.3867 Ya 280b6-281a1 にも『同経』が引用され、解釈されている。D Ya 280b7-281a3 には
次のようにいう −
　　「すなわち、『勝義空性経』に、「生じつつある眼はどこにも生起することにならない。滅しつつ
　　あるものはけっして地獄に行くことが無い。業は有るし、業の異熟は有るが、作者は認得されな
　　い。およそこの蘊は滅して、他の蘊に結生相続する。法の他の表記から。それに法の表記はこれ
　　である。このように、無明の縁により行。」ということなどである。この『経』に、初めに作者
　　を否定して、後で縁起を設立するのは、何かにおいて縁起を設立することより眼が有るのを得た
　　のへ、解脱を欲する者たちは、眼への思い込みの対治として、一切法は無我だと示したことによ
　　り、空性解脱門に入るから。」

訳註５−７）VI 153; D No.3861 'A 211b6；『同自註釈』D No.3862 'A 304b1; La Vallée Poussin
ed.p.273; 和訳　小川一乗『空性思想の研究』1976,p.295; 拙著『中観哲学の研究Ⅴ』2002,p.163;
瓜生津・中沢『入中論』2012,p.239; 割註より〔〕に補足した。

訳註５−８）VI 154; D No.3861 'A 211b6-7；『同自註釈』D No.3862 'A 304b3; La Vallée Poussin
ed.p.274; 和訳　小川一乗『空性思想の研究』1976,p.296; 拙著『中観哲学の研究Ⅴ』2002,p.164;
瓜生津・中沢『入中論』2012,p.239; 割註より〔〕に補足した。

訳註５−９）VI 155; D No.3861 'A 211b7；『同自註釈』D No.3862 'A 304b7; La Vallée Poussin
ed.p.274; 和訳　小川一乗『空性思想の研究』1976,p.296; 拙著『中観哲学の研究Ⅴ』2002,p.164;
瓜生津・中沢『入中論』2012,pp.239-240; 割註より〔〕に補足した。なお、実物有と仮設有につい
ては訳註５−６を参照。
※１）割註に、「あなたは、実物有だけを仮設の所依事（もと）としたのへ、仮設有のものを仮設す
ると承認しているからです。そのように仮設するのでない〔なら、〕」という。
※２）Kyt.ed.p.337 以下を参照。

訳註５−１０）VI 156; D No.3861 'A 211b7-212a1；『同自註釈』D No.3862 'A 305a2-3; La
Vallée Poussin ed.p.275; 和訳　小川一乗『空性思想の研究』1976,p.297; 拙著『中観哲学の研究Ⅴ』
2002,p.164; 瓜生津・中沢『入中論』2012,p.240; 割註より〔〕に補足した。なお、実在でない因よ
り実在でない果が生起することを鏡の映像に喩えた教証としては、訳註２−５１に引用された『入中
論』VI 37-38ab を参照。
※）この用語は直後の『入中論』に関する『自註釈』に出ている。なお、外の縁起の穀物の生育が、
内の縁起である十二支縁起を説明する喩例に用いられた事例としては、中士の個所で十二支縁起を説
くときに引用された『稲芉経』を参照。拙訳『菩提道次第大論の研究』2005,pp.283-286; また『同経』
は『明句』にも引用されている。cf. 拙著『解脱の宝飾』2007,pp.226-228

訳註　5．人無我と法無我　　479

訳註5－11）

※1）これに関する言及は、Kyt ed.p.303 にもある。『道次第大論の表記註釈 *brDa bkrol*』Toh. No.6569 Ka 48b3 に、「色などの八の極微は、色・香・味・所触の四と、土・水・火・風の四の極微、〔合計〕八です。」という。このような極微論は、ヴァイシェーシカ学派の自然哲学より説一切有部などに取り入れられた理論だとされている。『倶舎論』II 22 とその註釈に rdzas brgyad 八つの実在物(skt. aṣṭa-dravyaka) は、色に属する諸法が欲界に生ずる場合、地・水・火・風という四つの大種と色・香・味・触の四つという合計八つにより構成された色が生じるのであり、八つは一つも欠けないという。cf. 櫻部建『倶舎論の研究　界・根品』1969,p.275; 佐々木閑「有部の極微説」(『印度学仏教学研究』57-2,2009)

※2）割註に、「各自の部分の集積において仮設したほどの縁起として成立しているなら、色など」という。

訳註5－12）VI 157; D No.3861 'A 212a1-2;『同自註釈』D No.3862 'A 305a4,5; La Vallée Poussin ed.pp.275-276; 和訳　小川一乗『空性思想の研究』1976,pp.297-298; 拙著『中観哲学の研究V』2002,p.165; 瓜生津・中沢『入中論』2012,p.240; 割註より〔〕に補足した。

※）Brjed byang（憶え書）Da 101a6-b1 に次のようにいう −

　　「「その腹が丸いのと」などというのの字の追加は、その腹が丸いのと喉が長いのなどの相（特徴）を有するものそれが瓶であると主張するが、腹が丸いのなどを瓶だと主張しない。さもなければ、それらが（101b）瓶であるだけでなく、腹と喉にも帰結する、という。」

訳註5－13）'Jam は、ここを「1）争論と、2）回答との二つ」に分けている。

訳註5－14）『入中論の自註釈』ad VI 157cd; D No.3862 'A 305a7-b2; La Vallée Poussin ed.p.276 ll.12-18 の取意。和訳　小川一乗『空性思想の研究』1976,p.298; 瓜生津・中沢『入中論』2012,pp.240-241

※1）'on cig; 割註に、「〔すなわち〕こちらに見える車を、こちらに置きなさい、というのと、」という。『道次第大論の表記註釈 *brDa bkrol*』Toh.No.6569 Ka 48b4 に、「'on cig は、こちらにやりなさい、と、こちらに与えなさい、と、持ってきなさい、という意味」という。

※2）Kyt ed. に hos shig としたが、D ed.、B ed.、『入中論自註釈』(D No.3862 'A 305b1) のように chos shig に訂正する。割註は 'chos shig である。『道次第大論の表記註釈 *brDa bkrol*』Toh.No.6569 Ka 48b4 に、「chos shig は、持ってきなさい、と、bcos pa（造った、造ろう）の命令形にも用いられる。」という。

訳註5－15）ad VI 157-158; D No.3862 'A 305b2-5; La Vallée Poussin ed.p.276 l.18-p.277 l.14; 和訳　小川一乗『空性思想の研究』1976,pp.298-299; 瓜生津・中沢『入中論』2012,p.241; 文字通りではなく取意である。

訳註5－16）VI 158; D No.3861 'A 212a2-3;『同自註釈』D No.3862 'A 305b3-4; La Vallée Poussin ed.p.277; 和訳　小川一乗『空性思想の研究』1976,p.299; 拙著『中観哲学の研究V』2002,p.165; 瓜生津・中沢『入中論』2012,p.241; 割註より〔〕に補足した。Brjed byang（憶え書）Da 101b2-3 での言及については訳註5－22を参照。

※1）割註に、「自らの仮設した義（もの）を上に説明したように、正理による探求の仕方」という。

※2）割註に、「から、車が成立しないという過失は無い。」という。

訳註5－17）cf.『入中論の註釈』ad VI 161ab; D No.3862 'A 306b2-4; La Vallée Poussin ed.p.280 ll.2-14; 和訳　小川一乗『空性思想の研究』1976,p.302; 瓜生津・中沢『入中論』2012,p.243; これも取意である。

訳註5－18）VI 161ab; D No.3861 'A 212a4;『同自註釈』D No.3862 'A 306b3; La Vallée Poussin ed.p.280; 和訳　小川一乗『空性思想の研究』1976,p.302; 拙著『中観哲学の研究Ⅴ』2002,p.167; 瓜生津・中沢『入中論』2012,p.243; 割註より〔　〕に補足した。

※1）割註に、「例えば、布がすべての分より火により焼けるなら、布の糸が残っていないようなもの。」という。

※2）割註に、「ことが必要なので、有支分〔である〕車が自性により無いなら、車の支分〔である〕輪なども自性により無いことこそとして成立する〔からです。〕」という。

訳註5－19）

※1）割註に、「そのように滅した場合の輪などが見られることより、「これは車のである。」ということそれもまた、車が滅していない位において車の差別（限定）に住する相続であるのを縁じてから、そのように執らえるのですが、滅した位それこその輪についてそのように執らえることは無い。」という。

※2）割註に、「車輪のようなものについて例示するなら、車輪それこそは、車輪の部分〔である〕幅（スポーク）と周囲（リム）と軸（ハブ）などを待ってから有支分ですが、車輪の幅（スポーク）などは車輪の支分であるようなことにより例示してから、一切法について知ることが知ることが必要である〔ので、〕」という。

※3）割註に、「これの喩例は、例えば父彼は自らの子を待って、父、そして、父彼の父を待ってから子と設立する。同じく子彼もまた自らの子を待って、父、そして、自らの父を待ってから子だと設立することが必要なもの。」という。相互関係における父子の成立については、『入行論』IX 64-65, 114 を参照。

訳註5－20）VI 161cd; D No.3861 'A 212a4-5;『同自註釈』D No.3862 'A 306b5-6; La Vallée Poussin ed.p.280; 和訳　小川一乗『空性思想の研究』1976,p.303; 拙著『中観哲学の研究Ⅴ』2002,p.167; 瓜生津・中沢『入中論』2012,p.243; 割註より〔　〕に補足した。

※）割註に、「支分を個々に分けたのを通じて〔焼かれた〕ようなものにされたなら、諸〔支分〕もまた、伺察の火のようなものにより焼けたもののように、その支分として設立したことが無くなるので、そのように設立する。」という。Brjed byang（憶え書）Da 101b3-5 に次のようにいう －

　　「「知の火により有支分は焼かれた。諸支分」といって、有支分が無自性だと証得するので、支分は無自性だ証得することを説かれたのも上に出た、人（プドガラ）が無自性だと証得するその知により、蘊は無自性だと正理の力により証得することを説かれたのと同じ。前に車の支分〔である〕輪などを分離してから断片として住するとき、それらが車の支分であるようなものを説かれたのは、粗大な言説に関してです。後に諸支分を個々に分離したとき、輪などは車の支分でないと説明したのは、微細な言説に関してです。この後者は自己の立場であるので、前者のように承認しない。」

訳註5－21）'Jam はさらに三つに細分している。

訳註5－22）ad VI 158 (v.159 への接続)；D No.3861 'A 306b5-306a1;『同自註釈』D No.3862 'A 305b6-306a1; La Vallée Poussin ed.p.277 l.18-p.278 l.4; 和訳　小川一乗『空性思想の研究』1976,pp.299-300; 瓜生津・中沢『入中論』2012,pp.241-242; 割註より〔　〕に補足した。

※1）原典には、phyogs 'dir（この立場において）とある。

※2）いわゆる「世間極成」の意味と用例については、小林守「世間極成派について」（『印度学仏教学研究』45-2,1997）に議論されている。

※3）割註に、「また〔車それこそが〕、輪などを車自らの所取 (nye bar blang bya) に設立したのを待ってから、所取それは取者 (nye bar len pa po) だと設立することが必要なので、」という。これについては『中論』の第八章をも参照。

※4）割註に、「車それにおいて、自らの仮設の所依事（もと）〔である〕色などは、その車の取 (nyer len) に設立したのを待ったなら、」という。

※5）割註に、「それらなど他の言説をも設けるのも、車を通じて行くのと来るのと取るのと捨てる

のなどの進退の必要性それこそのために、個々に知られたものと共通に知られたもの様々を設けるわけではない。」という。

※6）訳註5－6を参照。

※7）割註に、「その業の何か分にも所属しない為す者〔である〕他は無いので、」という。Brjed byang（憶え書）Da 101b1-3 に次のようにいう －

　　「業のみが有るが、作者は無いことと」（※1）というのは、前分〔所破〕が業は実物として有るが、作者は実物として無いと主張する仕方です。自己の立場において七種類により二諦に探求することは個々に必要ないが、自立派は七種類により勝義として探求したなら、獲得しないが、言説として獲得すると主張する誤解を否定するために、〔『入中論』（※2）に〕「それは真実として、または世間として成立することにならないが」と説かれた。」

　　※1）この内容については訳註5－6を参照。

　　※2）VI 158; 訳註5－16を参照。

※8）割註に、「。それらは何かを待ってから支分と部分などと設定するところの待った所依事（もと）が無い〔からです。〕」という。

訳註5－23）kun rdzob(saṃvṛti 世俗) の語義については、訳註1－19を参照。

訳註5－24）VI 159d; D No.3861 'A 212a3;『同自註釈』D No.3862 'A 306b4; La Vallée Poussin ed. p.278; 和訳　小川一乗『空性思想の研究』1976,p.300; 拙著『中観哲学の研究Ⅴ』2002,p.166; 瓜生津・中沢『入中論』2012,p.242; 割註より〔〕に補足した。

※）割註に、「為されるべきことと為されるべきでないことの取捨の言説の所依事（もと）になったこれらを壊すのを通じて」という。

訳註5－25）'Jam はここをさらに八つに細分している。Brjed byang（憶え書）Da 101b5-102a2 に次のようにいう －

　　「造られたもの・無常の二つはそうである遍充（yin khyab）が等しいのであっても、造られたなら、無常が遍充するのを立証したのには必要性が大きいし、無常には造られたのが遍充するのを立証したことにはそれほど必要性が無いので、造られたのは所遍、そして無常は能遍と設定するように、ここにおいても、所遍が自性により成立しているなら、能遍〔である〕同一・（102a）別異などの七種類を越えないことを説かれた能遍と所遍の設定方法も、必要性の大小により区別する。車の上から七種類の伺察の設定をしたことには、三つの徳性を説かれた〔。その〕最後は、前の二つの意味をまとめるものです。」

訳註5－26）ad VI 160; D No.3861 'A 306a4-6;『同自註釈』D No.3862 'A 306a4-6; La Vallée Poussin ed.p.279 ll.1-9; 和訳　小川一乗『空性思想の研究』1976,p.301; 瓜生津・中沢『入中論』2012,p.242; 割註より〔〕に補足した。『根本般若中論』には五つの伺察が示されている。訳註5－3を参照。ただし、チャンドラキールティも『根本般若中論』だけでなく、『四百論の註釈』(D No.3865 Ya 139a1,160a7,190b4,195b5,207a4) においては註釈者の立場を守っており、「蘊と界と処において我は五種類にありえないから」、「諸蘊より同一と別他として五種類に伺察したなら、自体により有るのでないから」、「諸蘊において五種類により探求したものはありえない。」、「自らの因より五種類に探求したなら、認得されない」、「自らの因より同一と別他に五種類に伺察したなら、無い」などという。また、世間の言説諦は伺察されるべきでないことについては、『入中論』VI 35 を参照。

※）割註に、「そのように初め、ヨーガ行者が車を七種類により探求したなら獲得しないが、次にそのように探求したなら獲得すべくない車において、自性による成立が無い、と決定を獲得する次第の方便の方軌〔それにより〕」という。

訳註5－27）

※1）割註に、「真実を探求するヨーガ行者は、初めに所遍・能遍二つの関係が他に錯乱していない

と決定すべきです。すなわち、」という。

※2）割註に、「そのように所遍・能遍その二つの関係が錯乱でないことが自性により成立しているのへ、自性により同一・別異など七つのどれかが遍充すると決定を〔導いて〕」という。

※3）『道次第大論の表記註釈brDa bkrol』Toh.No.6569 Ka 48b4-5 に、「e ma は驚きの言葉。」という。

※4）割註に、「そのように生起する、決定ある仕方を見たなら、必ず欺かない諦のものであることが必要なはずだが、それの自性へ正理により見たときに、こちらへのその現れほどより」という。

訳註5－28）ad XⅢ（根と義の否定を修習することを説示する）23（v.323）；月称著『四百論の註釈』D No.3865 Ya 207a4-5; Suzuki ed.1994,pp.300-301; T.Tillemans, *MATERIALS FOR THE STUDY OF ĀRYADEVA, DHARMAPĀLA AND CANDRAKĪRTI*.1990,vol.2 p.114, vol.1 p.196; 割註より〔〕に補足した。

※）割註に、「伺察する仕方は、自性により同一・別異・所依・能依・持つ〔すなわち〕」という。

　『四百論』XⅢ 23 は、「眼と色に依って意が、幻術のように、生ずることになる。どこかに有るものは有る。幻術ということは道理でない。」という対論である。

『四百論の註釈』D No.3865 Ya 207a2-6 には次のようにいう －

　　「ここに語った － 何からも諸根は対境を取らえることがありえなくて、眼と色に依ってから眼識も生ずる、というこれは、驚異です。答えよう － これだけが驚異であり、およそ滅した〔種子〕と滅しつつある種子より芽が生起することは道理でない。種子に依って芽が生ずることもです。同じく、造られたし集積された業〔すなわち〕滅してからきわめて長い期間が経ったものに、どこにも住することが無いが、けれども、滅してから多くの劫により断絶された業からも、果が直接的に生起することと、瓶などは自らの因より・・・（中略）・・・何と驚異か。ゆえに、そのようならば、〔v.324 に〕「いつか賢者にとって地上に、驚異でないものが何も無いとき、根を証得したそのような者に、奇異という何が有るのか。」」

訳註5－29）ad XIV（辺執の否定を修習することを説示する）2cd（v.327cd）；D No.3865 Ya 210a2-3; Suzuki ed.pp.316-317; 和訳　佐々木恵精「極端へのとらわれ－『四百論』及び『釈論』第十四章の研究－」（『京都女子大学宗教文化研究所研究紀要』6,1993）p.28; cf.片野道雄「大乗仏教と他思想との対論」（井ノ口、鎌田、柏原編集『仏教思想史2〈仏教と他教との対論〉』1980）pp.68-69; 割註より〔〕に補足した。

※）割註に次のようにいう －

　　「夜、棒の先に火を灯して、虚空に旋回させるなら、円に回転するのを見たとき、赤い火の形色（かたち）が輪になったように現れるようなものを言うので、炬火の輪そのものにおいて輪が回転するようなものとして円周が間断しないで連関するし、回転すると現れるが、棒の先の範囲のその火ほどしか無いので、炬火の輪それは、円周すべてに火が間断しないで連関することにより空である」

『四百論』XIV 2 には、「色こそが瓶といって同一ではない。色を有する、他の瓶が有るわけではない。瓶において色が有るわけではないし、色において瓶があるわけではない。」という。ここでは、ヴィシェーシカ学派の六句義の範疇説において別異であるものが立てられるのに対して、瓶とそれを構成する色を取り上げ、その同一・別異に関する四句分別を通じて批判がなされていることが、片野同上に指摘されている。

訳註5－30）'Jam はここに、「1）七つの観察のへりにより第一、互いに排除した相違（矛盾）の直接的な相違を一般的に示したことと、2）同一だと成立したことへ侵害するもの六つにより否定することとの二つ」という。第一をさらに四つに細分している。否定のあり方については、訳註4－23を参照。Brjed byang（憶え書）Da 102a2-5 に次のようにいう －

　　「本文に「法それは対有ると知により断定したなら、対無きものであることを断除する」などというのは、何か法を同一だと証得するなら、別異であることを断除することが必定ですが、何か法が別異だと証得するなら、同一であることを断除するとの枢要により、一と多の二つは直接的相違だと示す。我・蘊の二つが自性が同一に成立しているなら、上に出たようにその二つは同一

で実相（gzhis lugs）になるので、別異が全く無い同一とに帰結する。そのようなら、我を承認したのは蘊を取捨する者を立証するためであっても、そのような意味は無いことが帰結する。蘊の異門ほどになるから、という。我・蘊が自性により体が同一でも、体が同一で実相として成立している必要がないかと思うなら、その二つは体が同一で自性により成立しているなら、あり方を伺察する正理による伺察に耐えるものになるので、実相として成立したものしかありえない。」

（以下、省略）

※１）世親の『釈軌論』（D No.4061 Shi 36a4-b2）に法の意味として、所知、道、涅槃、意の対境、福徳、生涯、聖教、未来、規則、慣習との十の意味が挙げられるうち、第一の「所知」に相当する。cf. 小谷信千代『法と行の思想としての仏教』2000,pp.41-42

※２）割註に、「この場合の対有るものは、対を有するもの、または相手を有するもの。分有るものと同じで、それにより対無きものをも理解できる。」という。

※３）チベットにおけるこのような事例については、訳註４－２３を参照。『明句』ad V 6における第三範疇の排除の文例としては、訳註２－６７の※７を参照。

※４）割註に、「一と多などの断除・断定を通じて第三の蘊（範疇）を除去する直接的相違の義（意味）を了解すべきです。そのように了解する〔なら〕。」という。断除（rnam par bcad pa）・断定（yongs su bcad pa）については、訳註１－３４、２－６７、４－２３を参照。

※５）'Jam に、「縁起と石女の子のようななどの五の否定を説明することなどによっても、否定することを示した。」という。

訳註５－３１）ad XVIII 1; D No.3842 Tsa 240a4-5; SAITO Akira, *A Study of The Buddhapālita-Mūlamadhyamaka-vṛtti*（Ph.D 学位請求論文 1984）p.244.23-p.245.5; D Tsa 240a4-5 に次のようにいう ―

「ひとまず、もし諸蘊こそが我であるとなったなら、そのようなら、生と滅の法を有するものになる。〔なぜなら、〕諸蘊は生と滅の法を有するものであるから。そのうち、我は多こそにも帰結することになるし、我を語ることは、無意味にもなる。「我」というものは蘊の異門ほどに尽きているから。よって、ひとまず諸蘊こそが我である、ということは妥当しない。」

『中論』XVIII 1ab「もし蘊が我であるなら、生滅を有するものになる。」というのは、『入中論自註釈』ad VI 127（以下に引用される）において引用されている。『道次第小論』（H ed.Toh.No.5393 Pha 163b6ff.; K ed.178a3ff.; ツルティム、高田『中観哲学の研究 I』1996,pp.40-41）にも、「我・蘊が自性により成立した体が同一であるなら、三つの過失が有る」などといってから説明している。ただしそこにブッダパーリタへの言及は無い。なお、『ブッダパーリタ』がツォンカパの証悟に果たした役割については、訳註１－６２を参照。

訳註５－３２）XXVII 5（「見の観察」）; D No.3824 Tsa 18a1; 三枝充悳『中論偈頌総覧』1985, pp.898-899; 和訳　奥住毅『中論註釈書の研究』1988,p.873; 丹治昭義『中観釈　明らかなことばII』2006,p.275; cf. 小沢千晶『ナーガールジュナにおける見と縁起』2008（学位請求論文　副論文）pp.21-22,120-121; 割註より〔〕に補足した。

※）割註に、「我それは蘊の名の異門ほどに尽きているから。」という。

訳註５－３３）VI 127ab; D No.3861 'A 210b1-2;『同自註釈』D No.3862 'A 296a3; La Vallée Poussin ed.245; 和訳　小川一乗『空性思想の研究』1976,p.265; 拙著『中観哲学の研究 V』2002,p.150; 瓜生津・中沢『入中論』2012,p.222; 割註より〔〕に補足した。

『明句』（ad XVIII 1; D No.3860 'A 111a5-7; La Vallée Poussin ed.p.342; 和訳　奥住毅『中論註釈書の研究』1988,p.535; 北畠利親『中論　観法品・観四諦品訳註』1991,p.41）に、VI 127-128 が引用されて、「『入中論』に広く伺察したことより了解すべきです。」と言われている。

訳註５－３４）XVIII 1ab（「我の観察」）; D No.3824 Tsa 10b6; 三枝充悳『中論偈頌総覧』1985, pp.512-513; 和訳　奥住毅『中論註釈書の研究』1988,pp.533-534; 北畠利親『中論　観法品・観四

諦品訳註』1991,p.40; 割註より〔 〕に補足した。

※1）割註に、「蘊は利那、利那に生滅するのと同じく、自性により成立した我それもまた、前後の利那に」という。

※2）割註に、「ので、それはきわめて不合理です。自性により成立したものにおいて、前後の利那に生滅するなら、前後の利那は関係しないので、常・断になるし、生を憶念することなどが妥当しないからです。」という。

訳註5－35）ⅩⅩⅦ6ab（「見の観察」）; D No.3824 Tsa 18a1-2; 三枝充悳『中論偈頌総覧』1985,pp.900-901; 和訳 奥住毅『中論註釈書の研究』1988,p.873; 丹治昭義『中論釈 明らかなことばⅡ』2006,p.275; cf.小沢千晶同上 pp.23-24,120-121; 割註より〔 〕に補足した。なお、『中論』ⅩⅩⅦ6「取こそが我ではない。それは生起するし滅するのである。取られるものがどうして取る者であろうか。」というのは、『入中論自註釈』ad VI 127（以下に引用される）に引用されている。

※1）割註に、「蘊が前後の利那において生起し滅するように、自性により成立した我それもまた、前後の利那において」という。

※2）割註に、「そのようなら、上の過失に帰結することになるので、不合理です。」という。

※3）nye bar len pa, skt.upādāna;『倶舎論の自註釈』ad I 8ab,18abc (D No.4090 Ku 29a7-b2,34b3; Pradhan ed.p.5,p.12) に次のようにいう –

「〔v.8ab に〕「およそ有漏は取蘊もそれら」

これにより何が成立することになるのか、というと、五取蘊であるそれらは、蘊でもある。諸蘊だけであり、取蘊でないものも有る。無漏の諸行〔である〕。そのうち、諸取は諸煩悩です。それらより生起したから、取の諸蘊です。例えば、草と糠の火のように。または、それらに拠っているから、王の人のように。または、それらより諸取が生起するので、諸取蘊です。花と果実の樹のように。」
「取の蘊それらより有漏すべてを包摂した。」

和訳 櫻部建『倶舎論の研究 界・根品』1969,pp.147-148,170

訳註5－36）cf. VI 128; D No.3861 ’A 210b2-3;『自註釈』D No.3862 ’A 296b3-297a4; La Vallée Poussin ed.pp.247-249; 和訳 小川一乗『空性思想の研究』1976,p.267; 拙著『中観哲学の研究Ⅴ』2002,p.151; 瓜生津・中沢『入中論』2012,pp.223-224; VI 128 には、「涅槃のとき、必ず我は断絶することになる。涅槃の前の〔諸々の〕利那において生滅する。作者が無いので、それは果が無い。他者が積んだものを他者が食することになる。」という。Brjed byang（憶え書）Da 102a6-b1 に次のようにいう –

「前後の我が自性により成立した個々であるなら、後は前を待ったことは妥当しないことが帰結する。前後の我が自在を有する自足（tshugs thub）と成立しているから。主張するなら、前後の我は同一の相続として不適切なので、生を憶念するのは妥当しないことと、業を為したのがムダになると帰結するなどです。」

訳註5－37）cf.『入中論の自註釈』ad VI 128; D No.3862 ’A 296b7-297a1; La Vallée Poussin ed.p.248; 和訳 小川一乗『空性思想の研究』1976,pp.267-268; 瓜生津・中沢『入中論』2012, p.224; D No.3862 ’A より翻訳すると次のようにいう –

「ゆえに、あたかもこの私の身が生起した、ということではないのと同じくそのときその頃に、私はマーンダートリ王（頂生王）というものになっていたというこのことも説かれないことになる。そのとき私も身のように滅したから、そしてここには他こそが生ずると承認したから。」

※）D ed.mi gsungs par（説かれなかった）であるが、割註、B ed. は mi gsung par とある。上記の原典も後者である。

なお、この話は、『明句』（ad ⅩⅩⅦ 3; D No.3860 ’A 191a7-b1; La Vallée Poussin ed.p.576 l.6; 和訳 奥住毅『中論註釈書の研究』1988,p.871; 丹治昭義『中論釈 明らかなことばⅡ』2006 p.273）にも出ている釈迦牟尼の前世譚の一節である。cf. 拙著『中観哲学の研究Ⅲ』2001,p.365; ツルティム・ケサン、桜井智浩『中観哲学の研究Ⅵ』2009, p.169

訳註５−３８）cf.『入中論』VI 14b; No.3861 'A 204b4-5;『同自註釈』D No.3862 'A 249a4-5; La Vallée Poussin ed.p.89; 和訳　小川一乗『空性思想の研究』1976,p.62; 拙著『中観哲学の研究V』2002,p.86; 瓜生津・中沢『入中論』2012,p.135; VI 14 には、「もし他に依ってから他が生起することになるなら、では、炎からも厚い闇が生起することになるし、すべてからもすべてが生ずることになる。」という。

※）『入中論の註釈・意趣善明 dBu ma dgongs pa rab gsal』（ad VI 14; Toh.No.5408 Ma 81a3-4 ; 和訳　小川一乗『空性思想の研究Ⅱ』1988,p.383）に次のようにいう −
　　「因・果の二つは体が別異だと言説として主張するが、ただそれほどが他生の意味ではない。言説として各々の法も二つずつの体を執らえることを説かれたように、体が成立したことは有っても、自性により生ずる体として主張しないように。」

訳註５−３９）Brjed byang（憶え書）Da 102b1-103a2 に次のようにいう −
　　「１）過去の時に我が生じたと見ること、２）生じなかったと見ること、３）その両者と見ること、４）その両者でないと見ること、〔合計〕四つと、５）世間は常だ、６）世間は無常だ、７）両者だ、８）両者でないと見ること〔合計〕四つと、９）未来の時に我が生ずる、１０）生じない、１１）両者、１２）両者でないと見ること〔合計〕四つと、１３）世間は辺際を有する、１４）有しない、１５）両者だ、１６）両者でないと見ること〔合計〕四つ。そのようなら十六に区別することが、〔『根本般若』〕第二十七章に示された〔うちの〕第一それを否定するには、（※１）「過去の時に生起したという」などという。先代の或る人の主張の仕方がそのようなら、第一に説かれた。諸経典にかつての生起したことを述べてから、「名をこれというもの彼は、他の者であるかと思うなら、彼はそのように見ない」ということにより、他の相続を否定してから、「私こそがそのときその時に彼になった」といって相続が同一だと示して説かれた。教主の時により差別にされた私それは、マーンダートリの時の私になったことは無いから、そのように憶念するのではないが、『道次第小論 Lam rim chung ba』（※２）に「生を憶念する時に場所と時と自性を個別により差別にしていないで、一般的に「私は」といって憶念する憶念の仕方の差別を良く知ることが必要です。」というのと、『根本般若の大註釈 rTsa she'i Ṭīka chen』（※３）に「今生のデーヴァダッタが何かを認得してから「私」というのが生ずる認得になる我は、前の世々に有ったので、そのように憶念することは相違しない。」などときわめて広汎に説かれたように、場所・時など個別により差別にしていなくて、「私は前の世々にこれと（103a）これに生まれていた」と憶念することと、私は未来の時に悪趣に生まれるのを疑って、罪悪を捨て、善を修証することに勤めることは、きわめて適切です。よって、牟尼王が「私はかつての時にマーンダートリ王（頂生王）に生まれた」と憶念するのを説かれた意味は、教主が、私はマーンダートリの時の我それが自らと相続が同一の我の部分であるのを憶念するとしたならいい。」
　　※１）ⅩⅩⅦ 1; cf. 三枝充悳『中論偈頌総覧』1985,pp.890-891
　　※２）H ed.Toh.No.5393 Pha 164b6-165a1; ツルティム・ケサン、高田順仁『中観哲学の研究Ⅰ』1996,pp.44-45
　　※３）Toh.No.5401 Ba 137b2-3; 和訳　クンチョック・シタル、奥山裕『全訳 ツォンカパ 中論註『正理の海』』2014,p.402; ad ⅩⅠ 3
※１）未確認。
※２）これはいわゆる十四無記に含まれる。それらはさらに外道による六十二見を要約したものとされている。六十二見は、初期経典『梵網経』から大乗経典まで知られているが、『同経』（D No.352 Aḥ 73a1-b1; Brahmajāla-sutta Dīghanikāya Ⅰ（PTS ed.1890）pp.13-14; 和訳　高楠順次郎監修『南伝大蔵経第六巻長部経典一』1935,p.15-17; パーリの「相応部」から『倶舎論自註釈』、『瑜伽師地論』などでも六十二見の典拠とされる）に、それらは常の論者たちが分別し、「我と世間は常である」と述べるものであり、その根本は有身見（訳註３−１５７を参照。）であるとされている。『入中論』ad VI 129 には、十四の無記の事柄は世尊の所説として、すべての仏教部派が唱えているとされている。これに関して、般若学の教科書、タルマリンチェン著『現観荘厳論の釈論・心髄荘厳 rNam bshad snying po rgyan』（D No.5433 Kha 231b2-231a4;『現観荘厳論』Ⅳ 16 の解説の後の「考究」

の個所）にもまた、次のようにいう ―

「外道の或る仙人が、悪しき六十二の見を義（内容）〔である〕十四部類にまとめてから教主〔釈迦牟尼〕に問うたのである。それもまた、差別所依事 (khyad gzhi. 基体)〔である〕人 (プドガラ) に関して質問したのであり、差別所依事を否定したなら、人無我を教示する器にふさわしくないし、差別所依事が無い差別法 (khyad chos. 特性) は妥当しないので、その問いの回答を授記しなかったので、「授記しなかった十四見」〔すなわち十四無記〕という。それもまた、前の辺際に依ったものと、後の辺際に依ったものと、涅槃に依った見四つずつ〔合計十二〕と、身・命に依った見二つ〔と合計十四〕。」

セラ・ジェツンパ著『第四章の総義 sKabs bzhi pa'i spyi don』には次のようにいう ―

「外道の教主〔である〕思想家六人、布教者六人、入定者六人、〔合計〕十八人の教えが栄えたときに、六十二の悪しき見の設定が生起したことを、『梵網経』に説かれたのである。そのうち、前の辺際について分別する見〔である〕十八と、後の辺際について分別する見〔である〕四十四を、説かれたから。」

ギャルツァプ・タルマリンチェン著『アビダルマ集論の釈論』(Toh.No.5435 Ga 34a1ff.) にも、解説されている。その冒頭には次のようにいう ―

「そのうち、ここに前の辺際について分別した見は、十八。すなわち、1）常だと語る四〔論〕と、2）或るものは常だと語る四〔論〕と、3）無因だと語る二〔論〕と、4）辺際が有る、無いと語る四〔論〕と、5）詭弁論の四〔論〕である。」

以上に関しては、白館戒雲 (ツルティム・ケサン)「チベット仏教における六十二見」、(『三友健容博士古稀記念論文集　アビダルマ佛教の展開』2016) に詳説した。

訳註5－40）ＸＸⅦ3（「見の観察」）; D No.3824 Tsa 17b7; 三枝充憲『中論偈頌総覧』1985,pp.894-895; 和訳　奥住毅『中論註釈書の研究』1988,p.870; 丹治昭義『中論釈　明らかなことばⅡ』2006,p.273; 小沢千晶『ナーガールジュナにおける見と縁起』2008 (学位請求論文　副論文) p.16,117; 割註より〔 〕に補足した。

※1）割註に、「理由は、我を縁じてからかつての時に自性により生起すると執らえるものなので、そのような知の執らえ方それが妥当するなら、我それは常になるので、」という。

※2）割註に、「我それこそは、今生の我と同一であることが必要なことより、そのような我」という。

※3）割註に、「一般的に前後の生の我が同一であるのと個々であるのを承認したことの過失すべての根本は、我が自体により成立した自性が有ると承認したことこれに至ることは、このように」という。

※4）割註に、「特にそのような前後の我が自性により成立した個々だと承認したなら、二つの過りを説かれたうち、第一、」という。

訳註5－41）VI 128; D No.3861 'A 210b2;『同自註釈』D No.3862 'A 296b4; La Vallée Poussin ed.247; 和訳　小川一乗『空性思想の研究』1976,p.267; 拙著『中観哲学の研究Ⅴ』2002,p.151; 瓜生津・中沢『入中論』2012,p.223; 割註より〔 〕に補足した。

※1）割註に、「実有論者、あなたは、相続が同一である前後の二つの我を個々だと主張するなら、無余依に涅槃したとき、我は相続が断絶することになるし、それだけでなく無余依」という。

※2）Brjed byang（憶え書）Da 103a2-6 に次のようにいう ―

「「涅槃の前の」などということの字の追加は、涅槃に入った前の諸刹那において、蘊は各刹那において生滅をするように、我もまた各刹那に自性により個々の生滅をすることになる。そのようなら、「私はかつての時にマーンダートリ王になった」と説かれたことにならない。その時の我は滅してから今生にそれより自性により別異の他の我が生じたと承認しているから。前後の諸刹那は自性により他であるなら、そのとき作者の我が無いので、業が住する所依が無いから、業も無いので、諸業は果と無関係になる。もし前の刹那により造られた業の果が、後の諸刹那に受用されるので、過失は無いのか、と思うなら、そのとき他者が積集した業の異熟を他者が受用するから、他の相続が積集した業の果を他者が食することになる、という。」

※3）skad cig nyid la; これは「刹那性」、「刹那こそ」とも読めるが、割註には、「これは『入中論〔本頌〕」

に dag la（諸〔利那〕において）という〔多数〕詞を加えているので、意味は同じだが、『入中論の註釈』のほうがいい。」という。

※４）割註に、「その業の所依も無い。それが無いので、業も無い。業が無いから、」という。

※５）割註に、「もし、そのような果を領受するなら、自らがその果の因を積んでいなくても、〔他〕相続」という。

なお、『明句』（ad XⅧ 1; D No.3860 'A 111a5-7; La Vallée Poussin ed.p.342; 和訳 奥住毅『中論註釈書の研究』1988.p.535; 北畠利親『中論 観法品・観四諦品訳註』1991,p.41）に『入中論』VI 127-128 が引用されて、「『入中論』に広く伺察したことより了解すべきです。」と言われている。

訳註５－４２）『入中論』VI 129-131 には次のようにいう －
　　「真実として相続が有るなら、過失は無いのなら、前に伺察したとき、相続について誤りは説明しおわった。ゆえに、蘊と心は我として道理ではない。世間が辺際を有することなどは無いからである。あなたのヨーガ行者が無我を見るには、そのとき必ず事物は無いことになる。常の我を捨てるのなら、そのときゆえにあなたの心または蘊は我とならない。あなたのヨーガ行者は無我を見ることにより、色などの真実を証得しないし、色を認得してから起こるから、貪欲などが生ずる。それの体を証得しないからである。」

なお、直後の「自部だけの主張」ということに関して、この直前の VI 126cd（D No.3862 'A 295b3）には、批判されるべき自部仏教者の主張として、次のようにいう －
　　「蘊より他の我は成立したことが無いから、我見の所縁は蘊だけだ。」

その『自註釈』には、「聖正量部の者たち」の主張だとしている。その個所でツォンカパ著『入中論の釈論・意趣善明 dBu ma dgongs pa rab gsal』（Toh.No.5408 Ma 202a-b; 和訳 小川一乗『空性思想の研究Ⅱ』1988,pp.515-516）には、識を我とする主張として、ブハーヴィヴェーカの『思択炎』や、唯心派のアーラヤ識が挙げられている。訳註５－６６を参照。

訳註５－４３）ⅩⅩⅦ 10-11; D No.3824 'A 18a3-4; 三枝充悳『中論偈頌総覧』1985,pp.908-911; 和訳 奥住毅『中論註釈書の研究』1988,p.878,879; 丹治昭義『中論釈 明らかなことばⅡ』2006,pp.278-279; 小沢千晶同上 pp.30-34,127-130; 割註より〔〕に補足した。『中論』ⅩⅩⅦ 10-11 は、ⅩⅩⅦ 6、XⅧ 1ab（上に引用された）とともに、『入中論自註釈』ad VI 127 に引用されている。

※１）'gyur; D ed. の原典と、『入中論』D No.3862 'A 297a5 への引用では、gyur とある。通常の用例を考えるなら、後者が好ましいと思われる。

※２）Brjed byang（憶え書）Da 103a6-b1 に次のようにいう －
　　「「同じくそれにおいて住することになるし」というのは、前世の我それは自性により（103b）成立しているなら、実相において変わることが無いので、常に住すると誤謬を投げかけたようだ。」

※３）割註に、「また今生の我それは、前の我を待っていないのなら、多くの誤りになる。このように、前の我それが滅してから、今生において何か他が生じたから、前の我それは相続が〔断絶する〕ことになるので、業果の所依が断絶するから、業の果は断絶すること〔と〕」という。

※４）割註に、「前の業の果を受用する者が無いので、」という。

※５）割註に、「もし、前の我が造った業の果を、後の我が受用するなら、その二つは相続が他なので、〔他〕相続〔が〕」という。

※６）割註に、「〔それ〕らと、他もまた『根本般若』の第十八章（※）に、「もし業を造っていないのなら、造っていないことと出会うとの怖れになる。」というそのようなこと〔など〕という。※はⅩⅦ 23ab に確認できる。

訳註５－４４）VI 129ab; D No.3861 'A 210b3;『同自註釈』D No.3862 'A 297a6; La Vallée Poussin ed.p.249; 和訳 小川一乗『空性思想の研究』1976,p.269; 拙著『中観哲学の研究Ⅴ』2002,p.151; 瓜生津・中沢『入中論』2012,p.225; 割註より〔〕に補足した。

訳註5－45) VI 61; D No.3861 'A 207a3-4;『同自註釈』D No.3862 'A 268a6-7; La Vallée Poussin ed.p.154; 和訳　小川一乗『空性思想の研究』1976,p.167; 拙著『中観哲学の研究Ⅴ』2002,p.115; 瓜生津・中沢『入中論』2012,p.170; 割註より〔　〕に補足した。

訳註5－46) XXⅦ 16cd; D No.3824 Tsa 18a6-7; 三枝充悳『中論偈頌総覧』1985,pp.920-921; 和訳　奥住毅『中論註釈書の研究』1988,p.885; 丹治昭義『中論釈　明らかなことばⅡ』2006,p.284; 小沢千晶同上 pp.40-41,138; 割註より〔　〕に補足した。
※1) 割註に、「これは仮定したことに関してであるので、それを決定すべきです。」という。
※2) 割註に、「し、ありえない。そのようなものがありえないので、自体による成立は塵ほどもありえないと決断することが必要です。これは義（もの）の住する度量（在り方）に関してな〔ので、〕」という。
※3) 割註に、「前後の生の我が体により成立した別異の二つと、同時の人が相続が別異のマイトレーヤとウパグプタの二人のようなもの、上下の二部類が業を領受する仕方など、同じでないどんな差別（ちがい）によっても」という。
※4) 割註に、「業を為したのがムダに失われることなどと、生を憶念することが妥当しないことなどの過失が起こるさまなど」という。

訳註5－47) ad X（我の否定を修習することを説示する）7（v.232）; D No.3865 Ya 162a4-7; P No.5266 Ya 181b5-182a4; K.Suzuki ed.1994,pp.204-205; 和訳　佐々木恵精・宇野恵教「アートマンにまつわる論争－『四百論』月称釈の和訳研究（Ⅱ）」(『仏教学研究』44,1988) pp.14-15; 小川一乗「『四百論釈』第十章「破我品」の解読」(『空性思想の研究Ⅱ』1988)p.108;『四百論』X 7 に「生を憶念することが有るから、もしあなたの我が常であるなら、かつて造った傷が見えてから、あなたの身体はどうして無常なのか。」という。
※1) 直前の『四百論の註釈』D No.3865 Ya 162a2-4 に次のようにいう －
　　「ここに、他の世々生々において刀剣などにより撃たれたことより生じた傷の跡、そのようなものにより表示される身体を有する或る者たちが、滅しないし、そのように表示される身体を有する者こそになる。〔彼が〕生まれるのと、随念するなら、どのように領受したかのとおりに他の世々生々の起きたすべてを示すことに勤めるのを（※）認得する。ゆえに、生を憶念することが有ることにより為された我は恒常だと分別するように、それらにより身体は恒常だとも分別することが必定なのに、これはそのとおりでもないので、それは無い。」
　　※）byung mtha' ston pa lhur byed pa とあり、読みにくい。小川訳は「起こったすべてを示していることが〔その傷痕によって〕よく知得されよう。」という。
※2)『倶舎論』第九章「破我品」によると、この「因の差別」は「心の差別」ということであり、「因としての心の差別によって或る特定の憶念が生ずる」という意味である。cf. 桜部建「破我品の研究」(『大谷大学研究年報』12) pp.88-89; 小川一乗同上 1988,p.129 note79
※3)『倶舎論』第九章「破我品」によると、憶念した対境についての想い（saṃjñā, 'du shes）などである。cf. 小川一乗同上 1988,p.129 note80; 割註に、「事物一つから一つへ展転する相続それは取であり、そのような相続になった取そのものは」という。
※4) 割註に、「自力が無いので、転変を個々に変える因の所作の同じでない差別」という。
※5) 業の不可思議については、訳註3－14を参照。
※6) 割註に、「脚と酪（ヨーグルト）との二つの間に空間と、草の掩いがきわめて高いことそれにより隔てられているが、その鳩の」という。『道次第大論の表記註釈 brDa bkrol』Toh.No.6569 Ka 48b5-6 に、「『四百論の註釈』に説かれた、草により覆われた掩いの屋上の灰白鳩の足跡が、建物の中の酪（ヨーグルト）の器と間隔が遠くても、酪においてその足跡が降りるのは、縁起の不可思議な効能の力によってです。」という。

訳註5－48) XXⅦ 6cd（「見の観察」）; D No.3824 Tsa 18a2; 三枝充悳『中論偈頌総覧』1985,pp.900-901; 和訳　奥住毅『中論註釈書の研究』1988,p.873; 丹治昭義『中論釈　明らかなことばⅡ』2006,p.275; 小沢千晶同上 pp.23-24,122-123; 割註より〔　〕に補足した。

訳註　5. 人無我と法無我　　489

訳註5－49）X 1ab（「火と薪の観察」）; D No.3824 Tsa 6b6; 三枝充悳『中論偈頌総覧』1985,pp.294-295; 和訳　奥住毅『中論註釈書の研究』1988,p.343; なお『根本中論』X 1ab は直後のX 15 とともに、『入中論の自註釈』ad VI 137ab（D No.3862 'A　300b1-2; La Vallée Poussin ed.p.259; 和訳　小川一乗『空性思想の研究』1976,p.281）に引用されている。
※）割註に、「同じく、薪より別他の義（もの）として無いことと、持っていることと、所依と能依を適用して、知るべきです。」という。

訳註5－50）X 15; D No.3824 Tsa 7a6; 三枝充悳『中論偈頌総覧』1985,pp.322-323; 和訳　奥住毅『中論註釈書の研究』1988,pp.361-362
※）割註に、「適用して、正理により否定するあらゆる仕方は、『釈論 rNam bshad』において知るべきです。我と蘊により例示してから」という。この偈頌に対応するのは、ツォンカパ著『中論の釈論・正理大海』（Toh.No.5401 Ba 131b4-132a5; 和訳　クンチョック・シタル、奥山裕『全訳 ツォンカパ 中論註『正理の海』』2014,pp.384-385）であるが、より広い内容への言及かもしれない。

訳註5－51）VI 137ab; D No.3861 'A 211a1-2;『同自註釈』D No.3862 'A 300a6; La Vallée Poussin ed.p.259; 和訳　小川一乗『空性思想の研究』1976,p.281; 拙著『中観哲学の研究 V』2002,p.157; 瓜生津・中沢『入中論』2012,p.231

訳註5－52）'Jam はここを、「1）否定の仕方そのものと、2）そのときの究竟の侵害するものは、論者・後論者二人の言説の現量に至ることを説明することとの二つ」に分け、さらに前者を八つに細分している。
※1）これら有為の相（特徴）については『中論』VIIにおいて集中的に扱われている。
※2）割註に、「無為であるなら、そのような所依事と所縁として不適切なことが遍充する。」という。

訳註5－53）X VIII 1cd（「我の観察」）; D No.3824 Tsa 10a6; 三枝充悳『中論偈頌総覧』1985,pp.512-513; 和訳　奥住毅『中論註釈書の研究』1988,pp.533-534; 北畠利親『中論　観法品・観四諦品訳註』1991,p.40.41; 割註より〔〕に補足した。このX VIII 1cd は、『入中論の自註釈』ad VI 124ab（D No.3862 'A 295a4; v.124ab は本論では直後に出てくる。）にも引用されている。Brjed byang（憶え書）Da 103b1-3 に次のようにいう —
　　「「蘊の相（特徴）が無いことになる」という意味は、我が蘊より体により成立した別異として有るなら、我・蘊の二つは無関係の他の義（もの）になるので、我は蘊の相（特徴）〔である〕生・滅・住を持たないことが帰結する。我が生・滅を持っているなら、蘊の生・滅を待って設立することが必要であるが、それを待っていないから、と立証するようだ。「生・滅・住を持たない我は —　有法。我と言説を設ける所依事として無し。無為であるから。」というのは、他者に知られた論証式です。
※）割註に、「では、我において〔蘊の相〕、生・住・滅を持たないし、その相（特徴）〔が無いことに〕」という。

訳註5－54）ad X VIII 1（D No.3860 'A 111a7-b3; La Vallée Poussin ed.343 ll.5-6; 和訳　奥住毅『中論註釈書の研究』1988,p.535-536; 北畠利親『中論　観法品・観四諦品訳註』1991,pp.41-42）の取意。

訳註5－55）ad X VIII 1; D No.3842 Tsa 240a6-7 の取意。SAITO Akira, *A Study of The Buddhapālita-Mūlamadhyamaka-vṛtti*（Ph.D 学位請求論文 1984）p.245; 和訳　厳城孝憲「中論ブッダパーリタ釈第18章和訳」（『藤田宏達博士還暦記念論集　インド哲学と仏教』1989）pp.458-459; この小段落の冒頭に、'Jam は、「第四、ブッダパーリタによる正理により、それの不決定を捨てたことは、」という。割註より〔〕に補足したが、Brjed byang（憶え書）Da 103b3-4 は、その割註のようにしたならいい、という。

『中論』XVIII 1 には、「もし蘊が我であるなら、生と滅を有するものになる。もし諸蘊より他であるなら、蘊の相（特徴）が無いことになる。」という。

D No.3842 Tsa 240a4-b1 には次のようにいう －

　　「ひとまず諸蘊が我であるとなったなら、そのようなら、生と滅との法を有するものになる。諸蘊は生と滅との法を有するものであるから。そのうち、我は多だとの誤謬にもなる。我を語ることは無意味にもなる。「我」というのは、蘊の異門（別名同義語）ほどにすぎないから。よって、ひとまず、諸蘊が我である、ということは妥当しない。もしまた、諸蘊より他であるとなったなら、そのようなら、蘊の相（特徴）ではないことになる。諸蘊は生と滅の相（特徴）であるので、よって、我は諸蘊より他であるから、生と滅との相（特徴）ではないことになる。よって、常であることになる。我が常であるのなら、行うことすべてが無意味になる。このように、常であり変異が無いものには、何か為しうるのか 。そのようならまた、我が有ると分別することは、まさに無意味になる。それにおいては少しも入ることまたは止まる（進退する）ことにならない。よって、我は諸蘊より他であることも妥当しない。」

訳註５－５６）五蘊（それはまた一切法でもある）の第一、「色」とその相（定義）による例示である。割註には他の受・想・行・識の四蘊の各々の相（定義）も示されている。すなわち、「領受の自体を有することと、兆相を執らえることと、造作することと、対境を個々に了知すること〔より他〕」という。

　ちなみに、チベット語訳でこの定義は gzugs su rung ba（色にふさわしい）といった簡易で便宜的な訳語になっているが、五蘊の第一、色（rūpa）の定義は、サンスクリットの語源解釈によると rūpyate（壊れる）からである。それはさらに bādhyate（害される）という意味であり、その名詞形 bādhanā は、1）「vipariṇāmotpādanā 変異を生ずること」、2）「pratighāto rūpeṇa〔他の〕色と抵触〔し、その生起を障碍〕すること」である。cf.『倶舎論の自註釈』D No.4090 Ku 32a7; Pradhan ed.p.9; 和訳 櫻部建『倶舎論の研究 界・根品』1969,p.162,p.164 note1

訳註５－５７）XXVII 7（「見の観察」）; D No.3824 Tsa 18a2; 三枝充悳『中論偈頌総覧』1985, pp.902-903; 和訳 奥住毅『中論註釈書の研究』1988,p.875; 丹治昭義『中論釈 明らかなことば II』2006,p.276; cf. 小沢千晶『ナーガールジュナにおける見と縁起』2008（学位請求論文 副論文）pp.26-27,123; 割註より〔 〕に補足した。なお、XXVII 7 は『入中論の自註釈』D No.3862 'A 295a4 にも引用されている。該当個所の『入中論』本頌は直後に出てくる VI 124ab である。

訳註５－５８）VI 124ab; D No.3861 'A 210a6-7;『同自註釈』D No.3862 'A 295a2,3-4; La Vallée Poussin ed.p.242; 和訳 小川一乗『空性思想の研究』1976,p.261; 拙著『中観哲学の研究 V』2002,p.148; 瓜生津・中沢『入中論』2012,p.220;『同自註釈』の該当個所には、さらに蘊より別異であり我執の所依になるような我は常であり生じないなどの特定のものになるが、それを知らない一般的な有情にも我執は生ずるし、それら我見は自らの論書を数習したことから有るというわけではないとして、我見にも倶生のものと遍計されたものとがあることを示している。

訳註５－５９）'Jam はここを「第二、そのとき侵害するものの究竟は、論者・後論者二人の言説の量に至ることを説明する」として、それをさらに五つに細分している。

訳註５－６０）
※１）Brjed byang（憶え書）Da 103b4-5 に次のようにいう －
　　「量論者の立場において、能成のこの根本は現量に至ることを説明しているのと、ここに侵害するものの根本が言説の知識に至ることを説かれたことは同義です。」
　　根本が現量に至ることについては、訳註４－９８を参照。
※２）Kyt ed.p.300 に引用された『入中論』（訳註３－３５の個所）を参照。

訳註５－６１）VI 31b; D No.3861 'A 205b4;『同自註釈』D No.3862 'A 256b3; La Vallée Poussin ed.p.112; 和訳　小川一乗『空性思想の研究』1976,p.109; 拙著『中観哲学の研究V』2002,p.97; 瓜生津・中沢『入中論』2012,p.149

※1）先にVI 30 や、VI 31ab への『自註釈』が解説された Kyt ed.pp.296-297（訳註3－19, 3－20の個所）での記述を参照。

※2）'Jam に次のようにいう －

「それへ侵害する〔正理〕それらへ〔他のどの〕ようなものを示すことにより、侵害するものになるのを、あなたは〔示す〕べきです。正理すべては四種の道理（※1）に収まるが、これはその中の証成道理により成立することが必要であるから。遍充する。証成道理は、三つの量（※2）により成立しているし、教によっては妥当しないから。『声聞地』（※3）に、「証成道理により三つの量〔である〕信認の教と現量と比量を尋求する。何かこれについて信認の教が有るか無いか、何か現量により認得されるかされないか、何か比量により証知されるかされないか、といって周遍尋求する。」と説かれているから。」

※1）瑜伽行派の四種道理は、観待道理・作用道理・証成道理・法爾道理である。Kyt ed.p.423 の記述を参照。cf. 野沢静証『大乗仏教瑜伽行の研究』1957,p.112,125,217

※2）直後に出る現量・比量・教である。ディグナーガ以前の「古因明」の通説である。

※3）D Sems-tsam No.4036 Dzi 135a1-2; 大正 30 No.1579 p.451c25-28;

※3）'Jam に、「この方向においてかつて無い善釈は、これと前後の殊勝な正理である、と上師ニャクレ・ケンチェン（Bla ma Nyag re mkhan chen）父子は仰った。」という。デプンに関係する、ジャムヤンシェーパの師匠への言及である。Ch427a4 を参照。

訳註5－62）'Jam はここを七つに細分している。

訳註5－63）VI 142; D No.3861 'A 211a5;『同自註釈』D No.3862 'A 302a2-3; La Vallée Poussin ed.265; 和訳　小川一乗『空性思想の研究』1976,p.287; 拙著『中観哲学の研究V』2002,p.159; 瓜生津・中沢『入中論』2012,p.234

『明句』（ad XXII 1; D No.3860 'A 141b6-7; La Vallée Poussin ed.p.434; 和訳　奥住毅『中論註釈書の研究』1988,p.675; 丹治昭義『中論釈　明らかなことばII』2006,p.5）に引用されている。

訳註5－64）VI 143; D No.3861 'A 211a5-6;『同自註釈』D No.3862 'A 302a4-5; La Vallée Poussin ed.266 和訳　小川一乗『空性思想の研究』1976,pp.287-288; 拙著『中観哲学の研究V』2002,p.159; 瓜生津・中沢『入中論』2012,p.234;『明句』（ad XXII 1; D 141b7-142a1; La Vallée Poussin ed.pp.434-435; 和訳　奥住毅同上 1988,p.675; 丹治昭義同上 2006,pp.5-6）に引用されている。割註より〔 〕に補足した。

※1）割註に、「我と蘊の二つはそのような持つという義として適用することがありうるなら、自性により別異の他、あるいは自性により同一の非他のどれかとして適用することが必要です。」という。

※2）『道次第大論の表記註釈brDa bkrol』Toh.No.6569 Ka 48b6 に、「牛を持つ（gnag ldan）という gnag はこの個所において牛（ba lang）の名です。」という。

訳註5－65）VI 135cd; D No.3861 'A 210a7;『同自註釈』D No.3862 'A 299b7-300a1; La Vallée Poussin ed.258; 和訳　小川一乗『空性思想の研究』1976,p.279; 拙著『中観哲学の研究V』2002,p.156; 瓜生津・中沢『入中論』2012,p.230

※）出典については、訳註5－2を参照。

訳註5－66）

※）これは我の具体例を何と考えるかの問題であり、「蘊の相続」は特に経量部が提起し、中観自立論証派にも継承された主張である。訳註5－42を参照。『入中論の自註釈』VI 36 以下に、唯識派が一切種子を内蔵するアーラヤ識を主張するのを批判する個所で、その『自註釈』に、業果の接続を可能にするものとして、毘婆沙師は借金の証文と等しい原理として「不失法」、つなぎとめておく原

理としての「得」、経量部や中観自立論証派は業の習気の薫習された「識の相続」などを分別することが、同様に排除される。彼らは業において生滅が自相により成立していると認める。しかし、業は自体により不生不滅であるから、滅していない業から果が生ずることはありうるし、よって因果関係はきわめて合理的となる。『根本般若中論』XVII 21 に「業は生じないし、このように無自性であるから、それは生じていない。ゆえにそれは失われない。」などとも言う、とされている。

訳註5－67）VI 136; D No.3861 'A 211a1;『同自註釈』D No.3862 'A 300a5; La Vallée Poussin ed.259; 和訳　小川一乗『空性思想の研究』1976,p.281; 拙著『中観哲学の研究V』2002,p.156; 瓜生津・中沢『入中論』2012,p.230; 割註より〔〕に補足した。

訳註5－68）'Jam は、「1）幻術のようなものの、誤っていない義（意味）と、2）正しいのと似非との幻術の差別（ちがい）と、3）幻術のような決定を探求する仕方の教誡と、4）甚深な契経の詩（dbyangs. 歌）により修治する仕方」との四つに分けている。その第一もさらに七つに細分している。上記の段と同じく、特にこの段の内容は、『道次第小論』に議論されている。cf. 福田洋一「ツォンカパにおける縁起と空の存在論－中観派の不共の勝法について－」（2002 年改訂版がウエブ上で閲覧可能）p.13;
Brjed byang（憶え書）Da 103b5-105a1 に次のようにいう －

「幻術の二つの意味の〔うち〕前者は、言説として有るのと、諦について空だとの二つが集積したのをいうし、これは一切法に適用してもいい。空でありながら現れる現れ〔である〕幻術のようなものは、世俗だけに適用するので、『道次第小論 Lam rim chung ba』（※1）に「これについてそれと現れるのと現れるような義（もの）が有ることについて空であるのと二つが必要ですが、ウサギの角と石女の子のように現れほどとしても全く無いものと、現れても現れる（104a）ような義（もの）が有ることについて空であると浮かばないとしても、現れが幻術のような義（意味）は、知に浮かばない。」と説かれたように、色などは自らを証得する知において自体により成立したと現れるが、それとしての成立について空であるのとの二つが集積したのは、幻術の変化の所依事（もと）が馬・象として現れるが、馬・象について空であるのと法が等しい。では、これの現れ・空の二つの集積の現れにおいて自性による成立が現れるほどで充分かと思うなら、現れ方と住し方が一致しない偽りが浮かびやすいから、そのように説かれたことを除外して、それほどで充分でないことは〔大小の『道次第』二篇の〕大小の「勝観」両者において、人（プドガラ）などは言説の知識に歪曲なく現れることと、それこそが自体により成立した自性について空であるのを正理知により決定すること二つの足跡として、その人は幻術または偽りの現れとの決定が生ずることを、説かれたとおり、色などは自性について空であっても、縁起〔である〕所作・能作の設定が妥当することを証得することが必ず必要です。幻術のようなものとして浮かぶことは、この〔帰謬派の〕立場の微細な言説を証得する知において設定されるからです。その枢要により本文に「自らの自性により空でありながら色などとして現れる現れ〔である〕幻術のようなもの」と説かれた。「前者において後者の幻術の義（意味）が有るとの決定は無い」という意味は、法性は自らを現前に証得する知において現れ方と住し方が一致するから、現れ方と住し方が一致しない幻術の義（意味）が無いということです。

では、色なども如量を証得する相智において現れ（104b）方と住し方の二つが一致するので、偽りではないことが帰結する、というなら、仏陀において諦の現れは無いが、他者に諦成立として現れるのを見られるし、色は〔一切〕相智においてその現れ方が色の住し方と一致して見られる。有情におけるその現れ方は色の住し方と一致しないと見られるが、仏陀が色などは偽りであると見られるのは、後者に関してです。色などは有情において自相により成立したとの現れ方と、色などの住し方は自相により空であることの二つは、一致しないと見られるからです。よって、有情の現れ方を待っていなくては、相智が偽りを見られるさまは設立しがたいかと観察する。

かつての口伝には、世俗は様々に現れるが、現れるように究竟の住するさまとして成立していないのが、住し方と現れ方が一致しないとの意味、そして、勝義は一味に現れるように究竟の住するさまとして成立したのが、住し方・現れ方が一致した意味として設定する道筋が、有るが、

『六十頌如理論』（※２）に「涅槃は唯一の諦として諸々の勝者が説かれたとき、残りは誤りでないと賢者の誰が分別するのか。」という意味を、『道次第小論』（※３）に、勝義諦それは自らが現前に見える知の側において、自性により成立していないながらそう現れる欺きが無い。残り〔である有為の〕諸行（'du byed rnams）は自らが現前に現れる知の側において、自性により成立していないながらそう現れる欺きが有ることを説かれたのについて、（105a）量るなら、前の講説の伝承には妄分別による汚染が少し有るようだ。」

※１）H ed.Toh.No.5393 Pha 166b1-2；ツルティム・ケサン、高田順仁『中観哲学の研究Ⅰ』1996,pp.50-51

※２）v.35; D No.3825 Tsa 21b5；『同註釈』D No.3864 Ya 22a7-b1; 和訳　瓜生津隆真『大乗仏典14 龍樹論集』1974,p.64; cf. 瓜生津隆真『ナーガールジュナ研究』1985,p.166

※３）cf.Toh.No.5393 Pha 175a6-b2；ツルティム・ケサン、高田順仁『中観哲学の研究Ⅰ』1996,pp.78-81；『六十頌如理論』v.35 とチャンドラの註釈に引用された仏説の教証を含めた議論である。また、チャンドラ著『空性七十論の註釈』（D No.3867 Ya 321a7-b1; ad v.45）にも「比丘たちよ、これらは唯一の勝義諦です。すなわち寂静の法を有する涅槃です。諸行すべては偽りであり欺く法を有する」といった教証を引用している。なお、四聖諦のうち滅諦だけが、二諦のうちの勝義諦であることについて『入中論の大註釈・意趣善明』の議論は、訳註３－１２７を参照。

※１）直前に出した Brjed byang（憶え書）に引用されている。

※２）直前に出した Brjed byang（憶え書）に引用されている。

※３）割註に、「、〔すなわち〕現れなくても、「現れる」といって歪曲する必要はなくて」という。

※４）割註に、「人（プドガラ）として自らのあり方により成立したと現れながら、人（プドガラ）自らのあり方として無い」という。

※５）割註に、「言説の量と勝義を伺察する正理知との二つ各々により、現れ・空の両者は成立しない。そのように成立しないから、人などが幻術のように成立するには、」という。

※６）'Jam に、「第五、昔のインド・チベットの学者は、空性、「無しの否定 med dgag」について、虚空のようなもの、そして自性が無くても現れが浮かぶのを幻術のようなと仰ったさま」という。

※７）'Jam に、「rGyal Blon の時から翻訳師（lo）、学識者（paṇ）、」という。ティソンデツェン王とその大臣の時代からをいう。

※８）'Jam に次のようにいう（引用された著作名は一応類似しているが、少し不正確と思われる部分もあるので、テンギュルに記載された題名を採用した）－

「これは多くにより説明されたが、喩えほどを示したなら、ディグナーガの『入瑜伽論』（※１）に「始め、終わりの分を離れた無分別〔であり〕、無垢の千の光により闇を除いた虚空と等しいものである。」というのと、軌範師ジュニャーニャガルバは（※２）『瑜伽修習道』に、「立ちあがってからもまた、このように、もしこれら事物すべては空であり、虚空と同じ相（特徴）であるけれども、それは幻術と夢などと同じく」というのと、軌範師クリシュナパーダの『身周遍伺察修習次第』（※３）に、「そのように身を伺察したなら、虚空と同じだと修習する。」から、「そのときすべては虚空の体として住する。」というのから、「楽は幻術のようなものと伺察する。」という。そして、天尊師（Jo bo lha cig）〔アティシャ〕の『中観教誡論』（※４）に、「一切法は虚空輪のように」というのから、「その後得により、一切法は幻術などのようだと知る。」といい、『入行論』（※５）に、「一切が虚空と似ていると私のようなものは摂受しなさい。」と説かれたから」

※１）v.4; D Sems-tsam No.4074 Hi 127a3; 和訳　服部正明「ディグナーガの般若経解釈」（『大阪府立大学紀要　人文・社会科学』9,1961）p.135

※２）D dBu-ma No.3909 Ki 5a7-b1; 和訳　生井衛「西蔵文『瑜伽修習道』和訳」（『仏教学会報』2,1969）p.37

※３）D dBu-ma No.3920 Ki 71b5-6,6,6-7,7

※４）D dBu-ma No.3931 Ki 96a3,b4

※５）D dBu-ma No.3871 La 36b7-38a1; IX 155ab; 拙訳『中観哲学の研究Ⅵ』2009,pp.324-325

訳註５－６９）
※１）以上は見の分すなわち理論の側面である。以下には、行の分すなわち実践の側面が言及される。
※２）bzlas brjod は密教の「念誦」だけでなく、東アジアの称名念仏のように、仏の名号を繰り返し唱える行為も含まれる。

訳註５－７０）『教次第大論』TRCh 361a5-7（第８章「真実の修習に入ることを説明する」）に次のようにいう －
　　「支分の義（内容）はここにおいて、場合の義（内容）〔である〕智恵の対境〔である〕空性を立証するのであるから、認得すべてを離れたし、現れすべてより解脱した空性〔である〕勝義諦と、幻術のように諦でない現れほどに尽きた空性〔である〕世俗諦との二つが、空の義（内容）として設立した。〔なぜなら、〕等至により、一切法は虚空輪のようなものと証得する。後得により、〔有為の〕諸行の義（もの）すべては幻術などのように証得する、（※）と説かれたように、この両者の相（特徴）を如実に証得することが、空性を証得することを越えていないからです。」
　　※）訳註５－６８の※８の 'Jam に引用されたアティシャの著作を参照。
現代の或る研究者は、虚空のような空性と、後得として幻術のような空性、という表現はインドになくてツォンカパが考案したものだと言うが、ここからも分かるように、そのような概念はインドから継承されたものである。

訳註５－７１）'Jam に「第二、正しいもの・似非の差別（ちがい）」をさらに十項目に細分している。

訳註５－７２）ⅩⅤ 10cd（「有為の義の否定を修習することを説示する」, v.360cd）；No.3846 Tsha 16b3-4；英訳と text　Lang,Karen., *Āryadeva on the Bodhisattva's Cultivation of Merit and Knowledge*.1983,p.505,661；英訳　Geshe Sonam Rinchen ＆ Ruth Sonam, *YOGIC DEEDS of BODHISATTVAS*.1994,p.281；月称釈 D No.3865 Ya 225a1；割註より〔　〕に補足した。ⅩⅤ 10 の文脈については訳註３－１１をも参照。

訳註５－７３）D No.3865 Ya 225a1-3; P No.5266 Ya 255b-256a; K.Suzuki ed.1994, なし；割註より〔　〕に補足した。
　　空性の喩例としては、夢・幻術・陽炎・夢・映像・光影・こだま・水の月・化作という八つは、大乗経典に空性を表す喩えとして頻出し、これらは、縁起の空性を喩えるには適合している。また、虚空、黄金、水界などが本来清浄の喩例（cf.『中辺分別論』Ⅰ 16）となり、虚空の華や毛髪などは所知において全くありえないものの喩例となる。ここでは特にウサギの角（兎角）、虚空の蓮華、虚空に降る毛髪、といった全くありえないものを表現する喩例が問題になる。cf. 拙著『菩提道次第大論の研究Ⅱ』2014,p.399；なお、袴谷、荒井『唯識の解釈学』1994,p.81ff. には、『解深密経』の三自性説に依りながら、その各々の喩例の意味合いを、チャンキャの学説書より解説している。

訳註５－７４）ad ⅩⅤ 25（「有為の義の否定を修習することを説示する」, v.375）；D No.3865 Ya 229a4-5; K.Suzuki ed.1994,ed.372-373; cf.Lang,Karen., ibid.,1983,pp.518,665；割註より〔　〕に補足した。『四百論』ⅩⅤ 25 には、「因を除外して果が有るわけではないそのときに、起こることと止滅することは妥当することにならない。」という。

訳註５－７５）
※１）割註に、「その方法のように正理により伺察したことにより獲得されないなら、無いと、上の対境」という。
※２）割註に、「薄い（thar thor）または sham shig 'tshi med pa nyid」とあり、理解できない。『道次第大論の表記註釈 brDa bkrol』Toh.No.6569 Ka 48b6 に、「ban bun は、薄い（thar thor）または分散（shag shig）または曖昧模糊（zar zir）、これである、これでないの確認が無いこと。」という。割註の sham shig は shag shig と読むべきだろう。

※3）割註に、「自らの側から成立した自性を否定した究明の正しい決定は生じていなくても、その伺察の仕方により、人（プドガラ）などそれらが自足していないようなものとしての現れが生起したなら、人などそれらのような」という。

※4）'Jam に次のようにいう －

「よって、見の伺察が完成した度量（程度）もそれです。尊者リンポチェ（ツォンカパ）は、『ツァコ・ポンポへの教誡』（Tsha kho dpon por gdams pa）（※）に、「いつか交替なく一斉に縁起が欺かないのが見えたほどから、決定知が対境の取らえ方すべてを滅するなら、そのとき見の伺察は完成したのです。」と説かれたからです。」

　※）H ed.No.5275（85）Kha 194b2-3

※5）'Jam に次のようにいう －

「これもまた尊者リンポチェが『同教誡』（※）に、「現れ、縁起が欺くことが無いのと、空性が承認を離れているとの二つの理解が、個々に現れるかぎり、今なお牟尼の意趣を証得したことが無い。」という。

　※）H ed.No.5275（85）Kha 194b1-2; なお、これらの内容は、ツォンカパ著『道の三枢要 *Lam gtso rnam gsum*』の三項目の一つ「正見」の個所にも出てくる。和訳　小谷信千代、ツルティム・ケサン『仏教瑜伽行思想の研究』1991,p.28

訳註5－76）XXIX 13-16; D mDo-sde No.127 Da 96a2-5; Vaidya ed.1961,p.174; 大正15 No.639『月燈三昧経』p.587; 和訳　田村智淳、一郷正道『三昧王経II』1975,pp.95-96; 割註より〔〕に補足した。『明句』（ad II 25. 第2章の末尾近く; D No.3860 'A 37b6-38a1; La Vallée Poussin ed.pp.109-110; 和訳　奥住毅『中論註釈書の研究』1988,pp.193-194）に引用。なお泡、芭蕉樹など諸法の空虚さを表す喩例は、初期仏教から用いられているものであり、ブッダパーリタ（訳註3－23を参照。）はそれを法無我の意味に理解し、声聞乗にも法無我が説かれたと解釈している。cf. 羽矢辰夫「原始仏教における空の意義」（『江島惠教博士追悼論集　空と実在』2001』pp.30-31; Brjed byang（憶え書）Da 105a1-4 に次のようにいう －

「『三昧王経』に「これら諸法は泡、芭蕉樹と同じ。」という泡は無常の喩例として適用したものが多いが、この個所には「色は泡がはじけるのと同じ」などという喩例・意味が同じくて、大海のへりに多くの泡が積集したのに意味が合致したものが正しいと見えるが、それについて空でありながら、色などは自性により成立したと現れるが、それこそについて空であることと、バナナ樹に心髄が無いように諸法は正理知により伺察したなら、観察に耐える心髄が無いことと、雷電それは「最初にこれから生じた、中間にここに住する、最後にここに去る」と確定が無く須臾ほどのものが煌々と現れてから滅し去るように、現在の諸事物において因果を何かの体を通じて探求しても、仮設された義（もの）を獲得しないで、何か所縁境（dmigs gtad so）が滅して、消散するのに適用したなら、意趣になるかと観察する。」

※1）例えば『入中論』の「仏地」の個所において、『同自註釈』（D No.3862 'A 3343a; La Vallée Poussin ed.p.369ff.）に、「仏地は十力により顕わにされたものであるから、その区別の分ほどを示すために説明した。」といってから、XII 19-31 に順次説明されており、『同自註釈』には典拠として『陀羅尼自在王所問経』が引用されている。和訳　太田蕗子『『入中論』における菩薩の十地思想－大乗教義学に見られるもう一つの修道論－』（学位請求論文）appendix I p.90ff.; cf. 拙著『中観哲学の研究V』2002,p.208ff.

※2）割註に、「喩えは、泡などと同じ。同じさまは、有情の所依は〔泡〕、〔すなわち〕水の泡と同じ。偶然的に現れるし、わずかな縁ほどにより滅するので、堅固でないから。」という。

※3）割註に、「有情の体は、〔芭蕉樹と同じ。〕個々に区分し観察したなら、心髄が何も無いから。」という。

※4）割註に、「生は、人など様々に現れることは〔幻術のようなもの〕です。様々に現れるが、その現れの自性により空であるから。または、これは所作・能作と適用する。」という。

※5）割註に、「住するとき、〔虚空の雷電と同じ。〕利那、利那に現れるし滅するから。」という。

※6）割註に、「一から一の趣へ生まれるのは、〔水の月〕の映像〔と同じであり〕、一つの住処より他

に自己が遷移して去ったことは無いが、他の住処において所依として成立したと現れるから。」という。

※7）割註に、「受用は〔陽炎のよう〕です。受用されるべき事物として、自性により成立しているようなものとして現れるが、現れるように受用されるべきものとして、自体により成立していないからです。」という。

※8）割註に、「あたかも月が虚空より移って、水の中に入ったことは無いが、けれども、水の中の月と同じ映像が現れるのと同じく、ここに」という。

訳註5－77）'Jam は、「第三、幻術のようなものの決定を探求する教誡」について、さらに十項目に細分している。

※1）D ed.、B ed. により Kyt ed. に gnyis char（二分として）としたが、割註には gnyis car（二つとも）とある。

※2）割註に、「〔顔〕は色と表情なので、その二つの〔映像〕」という。なお、鏡における顔の映像の喩例に関する分析は、ケードゥプ・ジェ著『千葉 sTong thun』Toh.No.5459 Ka 77b-78a, 拙訳『中観哲学の研究Ⅲ』2001,pp.171-172 にも詳しい。

※3）割註に、「〔滅する〕のです。映像において縁が揃っているか揃っていないかの力により、生・滅すると現れるそれと、何かとして現れたそれにより空である〔こととの二つ〕」という。

※4）この難しさについては、Kyt ed.p.277 の記述とその訳註2－39の※9などを参照。

訳註5－78）未確認。Brjed byang（憶え書）Da 105a4-b1 に次のようにいう －
　　「チベットの前の或る人は、「映像が無自性なのは暫時の空性である」と言う。映像が無自性であることは － 有法。暫時の空性でないことが帰結する。遍満する空性であるから。一つの法が無自性だと証得するなら、一切法が無自性だと証得できる（※）と説かれた空性であるから、と立証したと思われる。暫時（nyi tshe ba）というのは一分の意味ですが、「暫時の空性」というのは、空の所依事（stong gzhi）の上に証得することを理解してはいけない。微細な否定対象（105b）から否定していなくて、一分ほどを否定したのを理解することが必要です。」
　　※）このような教証については次の訳註を参照。

訳註5－79）Ⅷ 16（「学徒の治浄」, v.191）; D No.3846 Tsa 9b6; 英訳と text　Lang,Karen.,ibid.,1983,pp.318-319,610; Suzuki ed.1994, なし; 和訳　上田昇『チャンドラキールティ著『四百論注』第一～八章和訳』1994,p.124; 英訳　Geshe Sonam Rinchen & Ruth Sonam,YOGIC DEEDS of BODHISATTVAS.1994,p.194; 月称釈 D No.3865 Ya 139a5-6; 割註より〔 〕に補足した。『明句』（ad IV 9（第4章の末尾近く）; D No.3860 'A 43a6; La Vallée Poussin ed.p.128 ll.3-4; 奥住毅『中論註釈書の研究』1988,p.223）に引用。

※）割註に「〔空〕と、差別所依事（基体）ほど以外、否定対象を自性により肯定・否定したほど〔である〕のと差別が無いから。」という。
　　ちなみにブッダパーリタの『根本中論註』（D No.3842 Tsa 179b7-180a1; cf.A.Saito,1984,Part 1,p.244,note7）が IV 9 の後にこの偈頌を引用し、『般若灯論』（D No.3853 Tsha 88b5）、『般若灯論広釈』（D No.3859 Sha 60a3）でも『中論』第4章の註釈の最後にこの詩頌を引用している。Kyt ed.p.408（訳註5－96の個所）の『三昧王経』をも参照。チャンドラキールティの『四百論の註釈』D No.3865 Ya 139a4-b3 に次のようにいう －
　　「もし無辺の諸事物それの有境それはどのように見ることができるのか。一つの法をも遍知しないし、断除していなくて苦を終了させることもありえないし、同様に世尊は一利那と相応した智恵により少し知られることと見られることと現証されることそのすべてを現前になさった、と唱えるのでもある。ゆえに、これはどのように見るべきか、というと、説明しよう －〔v.16 に〕「事物一つを見る者は・・・（中略）・・・」。色の自性空性であるそれこそは、受など諸蘊の自性空性です。同じく眼の処の自性空性であるそれこそは、十八界ともの〔自性空性〕です。同じく事物と対境と時と所依の区別により別異であるし、無辺の区別のものごとのうち、一つの事物の自性空性であるそれこそは、事物すべての自性空性です。瓶と銅盆などは別異であっても、虚空は別異が無

いように。色などの事物は別異であっても、色などの自性による不生より別異は無いから、一つの法だけの自性による不生を遍知するなら、一切法は自性により生じていないことをも遍知することになる。同じく断除などについても適用すべきです。」
またケードゥップ・ジェ著『千薬大論*sTong thun*』(Toh.No.5459 Ka 84a-85a; 拙訳『中観哲学の研究Ⅲ』2001,pp.183-184 には、このような趣旨の教証が集められて、議論されている。

訳註5－80) cf. 根本裕史『ツォンカパの思想と文学－縁起讃を読む－』2016,p.99
※1) 割註に、「そのような知により映像が顔として諦でないと取らえることと、映像は自性により有ると取らえることとの〔それ〕両者」という。
※2) 'Jam に次のようにいう －
　「これはシャーンティデーヴァの立場でもある。幻術の女に対して、空性を証得していない幻術師が愛着すると説明したからです。『入行論』(※)に、「いつか幻術の女に対して、その作者も貪欲が生ずることになる。それの作者は所知について煩悩、および習気を断除していない。よって、それを見るにあたって、彼は空性の習気が弱小である。」と説かれた。」
　※) IX 31cd-32ab; ツルティム・ケサン、桜井智浩『ツォンカパ　中観哲学の研究Ⅵ』2009,pp.214-217

訳註5－81) VI 113ab; D No.3861 'A 209a6;『同自註釈』D No.3862 'A 289b6; La Vallée Poussin ed. p.223; 和訳　小川一乗『空性思想の研究』1976,p.244; 拙著『中観哲学の研究Ⅴ』2002,p.141; 瓜生津・中沢『入中論』2012,p.210; 割註より〔〕に補足した。

訳註5－82) VI 26cd; D No.3861 'A 205b1;『同自註釈』D No.3862 'A 254a5; La Vallée Poussin ed. p.105; 和訳　小川一乗『空性思想の研究』1976,p.88; 拙著『中観哲学の研究Ⅴ』2002,p.94; 瓜生津・中沢『入中論』2012,p.145; 割註より〔〕に補足した。
　この教証は、Kyt ed.p.307 の「否定されるべきものの確認があまりに過大であるのを否定する」という項目の第一、「主張を述べる」の個所（訳註3－64の個所）にも、引用されている。

訳註5－83) IX 11-22; D mDo-sde No.127 Da 26a6-b4; Das ed.p.29 ll.8-31; Vaidya ed.1961,pp.46-47; 大正 15 No.639『月燈三昧経』pp.557-558; 和訳　田村智淳『三昧王経Ⅰ』1975,pp.155-158; 'Jam はここをさらに八項目に細分している。その項目を示しておくと、1)「第一、一切法は勝義として兆相が無いさまは」、2)「第二、勝義として行く・来ることが無いさまは」、3)「第三、縁起において諦が無いさまは」、4)「第四、諦として無くても、幼稚な者が錯乱するさまは」、5)「第五、一切法は現れるが、諦が無く、幻術のようなことは」、6)「第六、一切法は無相、無願だと知らないで、幼稚なものが錯乱した仕方は」、7)「第七、偽りとして有るのが浮かぶさまは」、8)「第八、現れるように成立していないが、幼稚な者は成立していると思い込んで、それを欲し探求する仕方は」となる。この分け方は、本文和訳へ割註から補足したものと違っていない。
※) Kyt ed. に du ba（煙）としたが、skt. からの和訳を参照して ngu ba に訂正する。

訳註5－84)
※1) 上の科文（Kyt ed.p.390）では grub とあるが、ここには 'grub とある。
※2) サンスクリット文法からして、業は作用対象を意味する。

訳註5－85) VI 162; D No.3861 'A 212a5;『同自註釈』D No.3862 'A 307a1,4; La Vallée Poussin ed.p.281; 和訳　小川一乗『空性思想の研究』1976,p.304; 拙著『中観哲学の研究Ⅴ』2002,pp.167-168; 瓜生津・中沢『入中論』2012,p.244; 割註より〔〕に補足した。
※) ナーガールジュナ著『因縁心論』v.2abc（D No.3836 Tsa 146b3; 和訳 瓜生津『大乗仏典 14 龍樹論集』p.357）に、「第一と第八と第九は煩悩です。第二と第十は業です。残りの七つは苦です」という場合、第九支「取」は業でなく煩悩に分類される。ここでは、所作・能作との関係における業で

ある。この『因縁心論』の教証は、Kyt ed.p.288（拙訳『菩提道次第大論の研究』2005,pp.285）に引用されている。
訳註５－８６）
※）'Jam に、「『明句』に法を説明したとき、」という。Kyt ed.pp.265,266-267（訳註１－５２、１－５７の個所）への引用を参照。

訳註５－８７）ⅩⅧ 2ab（「我の観察」）; D No.3824 Tsa 10b6; 三枝充悳『中論偈頌総覧』1985,pp.514-515; 和訳　奥住毅『中論註釈書の研究』1988,p.538,541; 北畠利親『中論　観法品・観四諦品訳註』1991,p.44;

訳註５－８８）Ⅵ 165; D No.3861 'A 212a7;『同自註釈』D No.3862 'A 308b3-4; La Vallée Poussin ed.p.287; 和訳　小川一乗『空性思想の研究』1976,p.308; 拙著『中観哲学の研究Ⅴ』2002,p.169; 瓜生津・中沢『入中論』2012,p.247

訳註５－８９）'Jam は、これを四項目に細分している。

訳註５－９０）D dKon-brtsegs No.45 Ka 9b5; 大正 11 No.310 (1)『大寶積經三律儀會』p.5a; 割註より〔　〕に補足した。cf. 四津谷孝道『ツォンカパの中観思想』2006,p.176; Kyt ed.p.388（訳註５－２４の個所）に引用された『入中論』Ⅵ 159d にも「世間の知られた世俗を破壊してはいけない。」という。Brjed byang（憶え書き）Da 105b1-2 に次のようにいう －
　　「『三律儀説示』の教の字の追加は、世間〔すなわち〕常・断だと語る外道者たちが私に対して「あなたが説明したことは妥当しない」と争論するが、私は世間の者と争論しない。世間が言説の量によりおよそ有ると主張する、または量るものと、無いと量るものそれらを、私もそのように主張するので、それを否定しない、ということです。」
『入中論の自註釈』の唯識派の依他起と中観派の言説は同じでないことを述べる個所（ad Ⅵ 81; D No.3862 'A 276a2-3; La Vallée Poussin ed.p.179; 和訳　小川一乗『空性思想の研究』1976 p.203; 瓜生津・中沢『入中論』2012 p.185）に「世尊」の所説として引用。同じく、我とその取、あるいは車への伺察を他に応用することを述べる個所（ad Ⅵ 166; D No.3862 'A 309a2-3; de La Vallée Poussin ed.p.289; 和訳　小川一乗同上 p.310）にも引用されている。Kyt ed.p.355（註４－３４の個所）にも言及されている。『ブッダパーリタ』ad ⅩⅧ 8 には典拠を明示せず引用される。訳註４－１１９の末尾を参照。
　　D No.3862 'A 276a2-3 には次のように出ている －
　　bcom ldan 'das kyis 'jig rten nga dang lhan cig rtsod kyi/ nga ni 'jig rten dang mi rtsod de/ gang 'jig rten na yod par 'dod pa de ni ngas kyang yod par bzhed do/ /gang 'jig rten na med par 'dod pa de ni nga yang med par bzhed do zhes gsungs pa lta bu'o// （世尊が「世間は私と争論するが、私は世間と争論しない。およそ世間に有ると主張するものは、私も有ると主張する。およそ世間に無いと主張するものは、私も無いと主張する。」と説かれたようなもの。）
この教証は宝積部の経典から、『明句』（ad ⅩⅧ 8; D No.3860 'A 118b4-5; La Vallée Poussin ed.p.370; 和訳　奥住毅『中論註釈書の研究』1988,pp.564-565; 北畠利親『中論　観法品・観四諦品訳註』1991,p.77）にも引用されているが、La Vallée Poussin ed. に Saṃyutta-nikāya iii p.138 が指示されているように、初期経典に遡るものである。cf.『南伝大蔵経十四』（相応部第一蘊相応 華品九四）p.216; 大正 2 No.99『雑阿含経』p.8b; 北畠同上 1991,p.83

訳註５－９１）Ⅵ 166-167; D No.3861 'A 212a7-b2;『同自註釈』D No.3862 'A 308b7-309a2; La Vallée Poussin ed.pp.288-289; 和訳　小川一乗『空性思想の研究』1976,pp.309-310; 拙著『中観哲学の研究Ⅴ』2002,pp.169-170; 瓜生津・中沢『入中論』2012,pp.247-248; 割註より〔　〕に補足した。福田洋一「ツォンカパの中観思想における言語論的転回について」（『印度学仏教学研究』52-2,2004）には、『善釈心髄』と『入中論の釈論・意趣善明』において、自相による成立の否定と、そ

訳註　5.人無我と法無我　　499

れを通じた言説の設定の問題が分析されている。

※１）割註に、「も、各自の仮設された義（もの）を探求した側に無いし、観察していない周知だけとして有るのである、ということを」という。

※２）「牟尼王」は『入中論』Ⅰ１にも出る。松下了宗『ジュニャーナガルバの二諦分別論－和訳研究（上）－』（『龍谷大学大学院紀要 文学研究科』5,1983)note2 に次のようにいう －
　「牟尼 <Muni> に尊称の <Indra(主)> が付されているのは、SDP(筆者註『二諦分別論註』のこと)（D. 36a1-2, P. 2b5-7）によると、世尊以外に「牟尼」と呼ばれる声聞 <śrāvaka>・独覚 <pratyekabuddha> との二者との区別を示すためであり、直接には『如来不思議秘密経』<Tathāgatācintyaguhyanirdeśa> （大正 .14）に基づくという。」
　また、三牟尼については、訳註３－１０３をも参照。

※３）割註に次のように言う －
　「では、世間の者たちは言説をどのように仮設するかというなら、それもまた、瓶は自らの部分を待って、有支分（全体）、そして、瓶の部分〔である〕陶土などについて〔支分〕と仮設するのについても、瓶それは自らの顕色などを待って、徳性を有するもの、そして、火により焼成した絵の柄、濃青に生じた顕色（いろ）などについて、瓶の〔徳性〕と仮設するのと同じく、貪欲者を待って、それにおいて特に渇愛するのを〔貪欲〕と仮設するのと、所相 (gtshan gzhi. 表示内容)〔である〕瓶を待って、腹が丸いのを〔相〕と仮設するのと、火を待って、〔薪〕について焼かれるものと仮設すること〔などと〕」

※４）yan lag yon tan とあるが、原典には yon tan yan lag （徳性・支分）の順序になっているし、直後との対応もよい。

※５）割註に、「また、徳性を待って、〔徳性を有するもの〕、そして支分を待って、〔支分を有するもの〕、そして貪欲を待って、〔貪者 (chags pa)〕、貪欲を有する者または貪欲者 (chags pa po)〔と、〕相を待って、〔所相〕、そして、薪を待って、〔火〕について焼くものと仮設する〔など〕」という。

訳註５－９２）

※１）gyo mo; 割註に、「これは陶土（rdza sa）の名です。」という。」

※２）Kyt ed. に la sogs pa'i とした。D ed. もそうであるが、今回は文脈を考えて B ed. と割註の la sogs pa ni を採る。

訳註５－９３）D dBu-ma No.3870 Ra 275b3;『入中論』D No.3861 'A 212b2（cf.D No.3862 'A 309a3）に chags とのみあり、分かりにくい。二つ前の訳註をも参照。『同自註釈』D No.3862 'A 309a6 に、'dod chags ni lhag par zhen pa'o/ /chags pa ni 'dod chags kyi rten no/ / とあるのを承けて、ジャヤーナンダの『復註』D Ra 275b3 に、'dod chags kyi rten no zhes bya ba ni skyes bu'o/ /（貪欲の依処というのは、人士です。）という。なお、貪者と貪、焼かれる薪と焼く火が各々単独では成立しなくて、相互依存していることについては、『根本般若中論』第六章、第十章を参照。

訳註５－９４）Ⅷ 12〔「業と作者の観察」〕; D No.3824 Tsa 6a6; 三枝充悳『中論偈頌総覧』1985,pp.262-263; 和訳　奥住毅『中論註釈書の研究』1988,p.318; 割註より〔〕に補足した。Ⅷ 12-13 は、四辺の生を否定した後、縁起の生を説く『入中論の自註釈』ad VI 114（D No.3862 'A 290b4-5; 和訳　小川一乗『空性思想の研究』1976,p.247）に、引用されている（『入中論』VI 114 は、Kyt ed.p.313、訳註３－７６の引用個所を参照）。Ⅷ 13ab には、「同じく取を知るべきである。業と作者が除去されたから。」という。この偈頌は『根本般若』の中でも典型的に相互依存の縁起を表すものであるが、Brjed byang （憶え書）Da 66b2 （訳註３－１２４を参照。）にも引用されて、縁起の二種類のうち因施設の縁起を説明するものとされている。これは無為法についても妥当し、例えば虚空も部分を持つし、名による施設を待つ。涅槃なる滅諦も道諦に依るし、修習者を待って設立されるように、中観派独特の縁起である。ツォンカパの『根本般若の釈論・正理海 Rigs pa'i rgya mtsho』(Toh. No.5401 Ba 11a6-b4) にはこの偈頌を引用して、次のようにいう －
　「〔『根本般若中論』第一章の「縁起」の語義解釈の〕この場所に、〔定義の〕具体例として説かれ

た縁起は、『註釈』に有為の縁起として説明している。そのうち、〔「縁起 rten 'byung」のサンスクリットでの語源解釈に関して〕出会う・待つ・依るの三つは別名同義語だと説かれた（※1）ので、依る（rten pa）の語義は所知すべてに有るが、生起（'byung ba）には、二つが有る〔。その〕うち、生は有為でないものには無いが、それに依って成立することもまた、生起の意味だと説かれたものが有る。〔『根本般若』に、〕「作者は業に依っているし、業もまさにその作者に依って生起する〔。それ〕以外、成立する因は見られない」といって、業に依って作者は生起することを説かれたが、業が作者を生じさせるもの（因）ではないし、その正理は他の法にも適用することを説かれた個所に、量と所量（量られるもの）と所成（成立させられるもの）と能成（成立させるもの）は互いに依って生起することを説かれたが、〔それらもまた〕互いに生じさせるもの（因）としては不適当である。『〔中観〕宝鬘』（※2）にもまた、「これが有るなら、これが生ずる。短いが有るなら、長い〔が生ずるの〕と同じ」と説かれたのもまた、短いのが長いのを生じさせるもの（因）ではないのと同じである」

※1）『倶舎論自註釈』III（Pradhan ed.1967,pp.138-139; D No.4090 Ku 129a5-6; 和訳山口益・舟橋一哉『倶舎論の原典解明世間品』1955,pp.197-198; cf. 丹治昭義『中論釈　明らかなことばI』1988,pp.103ff.

※2）I 48; 和訳　瓜生津隆真『大乗仏典14 龍樹論集』1974,p.241

※）cf. 福田洋一「ツォンカパの中観思想における二つの二諦説」（『大谷学報』83-1,2004）p.4

訳註5－95）VIII 13cd; D No.3824 Tsa 6a6; 三枝充悳『中論偈頌総覧』1985,pp.264-265; 和訳奥住毅『中論註釈書の研究』1988,p.320; この偈頌を承けてツォンカパ著『根本般若の大註釈』Toh. No.5401 Ba 118b2-119a4; 和訳　クンチョック・シタル、奥山裕『全訳 ツォンカパ 中論註『正理の海』』2014,pp.337-338 に、正理の適用について次のようにいう－

「それらもまた、生じさせられるもの（所生）と生じさせるもの（能生）と行くことと行く者と見られるもの（所見）と見るもの（能見）と表示するもの（能相）と表示されるもの（所相）と生起させられるもの・生起させるものと、同じく、支分と支分を有するもの（有支分）と、徳性と徳性を有するもの、量と所量などすべてです。その適用の仕方は、生じさせるものと行く者であるもの・ないもの各々と、両者は、生じさせられるものと行くことであるもの・ないもの各々と両者を生じさせないし、行かない。相違分（異品）についても適用すべきで、残りもそのようです。支分と徳性であるもの・ないもの各々と、両者も、支分を有するもの（有支分）と徳性を有するものであるもの・ないもの各々と両者に入らない、と適用する。相違分（異品）についても適用する。よって、第一章において生じさせられるもの・生じさせるもの、そして、第二章において行く・来ること、そして、第三章において見られるもの・見るもの、そして、第五章において能相・所相について伺察してから否定した諸々のことにより、生じさせられる・生じさせるなどが、自性により有ることほどを否定するので、有ることを否定したわけではない。（119a）それを否定したなら、それらは互いに相俟って設立された縁起の有るものとして成立するし、量と所量もそれと同じなので、互いに相俟って成立した量と所量を承認しないわけではない。それは所成・能成についても差別（ちがい）は無い。因果などそれらもまた、言説が互いに相俟ったほどとしてだけでなく、二つの義（もの）も互いに相俟ったことが、本文の意味です。互いに相待ったとの理由により、所作・能作の義（もの）と言説すべてにおいて、自性により有ることを否定する場合であるからです。よって、火もまた、煙が生じさせられるものであることに依って設立されるが、自体により自力に成立したことは無いので、他の立場において火が煙を待っていないと説明されたのなどと同じではない。すべての章にそのように理解することが必要であり、互いに相俟って成立することが必要であるから、それらには各自の体の力により有る自立（rang tshugs thub pa）は無いので、縁起の論証因こそにより、無自性であることが成立する。」

なお、『入中論』VI 166-167 には、我と車を七種類に伺察したことから、正理を他の事物へ適用することが説かれている。

訳註5－96）XII 7; D mDo-sde No.127 Da 44a2-3; Vaidya ed.1961,p.77; 大正15 No.639『月

燈三昧経』p.562a; 和訳 田村智淳『三昧王経Ⅰ』1975,p.210; 割註より〔 〕に補足した。

『明句』（ad Ⅳ 9, 第四章の末尾 ; D No.3860 'A 43b1-2; La Vallée Poussin ed..128 ll.11-12; 和訳 奥住毅『中論註釈書の研究』1988,p.223）に引用されている。Kyt ed.pp.403-404（訳註5－79 の個所）に引用された『四百論』をも参照。

訳註5－97）'Jam はここを、「1）否定対象の微細・粗大は無いが、有法の力により二無我を区別 する仕方と、2）それを決択する正理〔である〕四句を否定する正理を示すことと、3）四つに数が 決定したかつて無いその善釈と、4）相違を述べる帰謬論証と他者に知られた比量の生じ方、5）正 理の王〔である〕縁起の証因を説明することと〔合計〕五つ」と細分している。二無我の証悟の順序 に関しては、訳註5－1を参照。
※）割註に、「〔そのとおり〕に設立する。自性により生ずるなら、因の分別がどれほど有っても、そ の四句の分別の中に収まるので、四句の生を否定したことにより、辺（極端）すべてを否定した〔の です。〕」という。

訳註5－98）『入中論』Ⅵ 8 より四句不生を通じた法無我の説示が始まり、Ⅵ 120 から人無我 の説示となる。D No.3862 'A 246b4,292a6; La Vallée Poussin ed.p.81,233; 和訳 小川一乗『空 性思想の研究』p.46,253; 瓜生津・中沢『入中論』2012,p.130,215; 拙訳『中観哲学の研究Ⅴ』 2002,p.77,145;『入中論』Ⅵ「第六現前地」における無我ないし空性の位置づけは、訳註1－55を参照。

訳註5－99）Ⅰ 1〔「縁の観察」〕; D No.3824 Tsa 1b3-4; 三枝充悳『中論偈頌総覧』1985,pp.8- 9; 和訳 奥住毅『中論註釈書の研究』1988,pp.61-62; 割註より〔 〕に補足した。
Kyt ed.p.344（訳註4－3の個所）にも出ている。

訳註5－100）'Jam は、「第四、帰謬論証と他の周知より比量が生ずるさま」を二項目に分け、各々 をさらに細分している。
※）割註に次のようにいう －
　「これもまた、自らの自体から生ずるなら、自らの体を得おわったものが再び生ずることが必要 です。自らの自体または体を得おわったなら、まさに生じただけなので、生じおわったそれが再 び反復して生ずるなら、何も生ずるものは、自らの体が成立する義（意味、ため）に生ずるので あることが必要なのに、自らの体が成立しおわってから、何の義（意味、ため）に生ずるのか。 よって、成立しおわってから再び生ずることは、意味が無い。それだけでなく、自らの自体から 生ずるのであり、生じおわったものだけが再び生ずることが必要なのは、上のとおりなので、そ のようなら、種子ばかりがたびたびまさに生ずるだけになるので、芽が生ずる機会は全く獲得さ れないので、生が完了する辺際を獲得しない生は無窮にもなる。」

訳註5－101）ⅩⅩ 20ab〔「和合の観察」〕; D No.3824 Tsa 12a4; 三枝充悳『中論偈頌総覧』 1985,pp.590-591; 和訳 奥住毅『中論註釈書の研究』1988,p.625; 割註より〔 〕に補足した。
『入中論の自註釈』ad Ⅵ 13（D No.3862 'A 248b3; La Vallée Poussin ed.pp.87; 和訳 小川一乗 『空性思想の研究』1976,p.59）に引用。
※）割註に、「芽の体を自らの因の時に得おわったから。自らの体から生ずるなら、生は無意味にな るだけでなく、他の侵害も有る。すなわち」という。

訳註5－102）Ⅵ 8cd-9ab; D No.3861 'A 204a6-7;『同自註釈』D No.3862 'A 247a2- 3,247b5-6; La Vallée Poussin ed.pp.82-83; 和訳 小川一乗『空性思想の研究』1976,pp.49,52; 拙 著『中観哲学の研究Ⅴ』2002,pp.82-83; 瓜生津・中沢『入中論』2012,p.131
『明句』（ad Ⅰ 1; D No.3860 'A 5a7-b1; La Vallée Poussin ed.p.13 ll.7-8; 和訳 奥住毅『中論註 釈書の研究』1988,p.62）に引用し、「『入中論』などを通じて決定すべきである。」という。

訳註5－１０３）VI 12cd; D No.3861 'A 204b3;『同自註釈』D No.3862 'A 248a7; La Vallée Poussin ed.p.86; 和訳 小川一乗『空性思想の研究』1976,p.58; 拙著『中観哲学の研究V』2002,p.84; 瓜生津・中沢『入中論』2012,p.133

訳註5－１０４）'Jam に、「第二、他生を否定する帰謬論証を説明する」として、さらに八項目に細分している。
※１）割註に、「また自部の者たちがこのように、自から生ずるのを否定したように無いが、けれども、如来が自相により〔他になった〕」という。
※２）割註に、「因縁と所縁縁と等無間縁と増上縁〔より〕」という。これら四縁は、『倶舎論自註釈』ad Ⅱ 61c-63ab（D No.4090 Ku 99a2ff.; Pradhan ed.pp.98-101; 和訳 桜部建『倶舎論の研究 界・根品』1969,pp.391-399）に規定されている。『入中論の自註釈』ad VI 13（D No.3862 'A 248b5-249a1; La Vallée Poussin ed.p.88; 和訳 小川一乗『空性思想の研究』1976,p.60; 瓜生津・中沢『入中論』2012,p.134; cf. 拙著『中観哲学の研究V』2002,pp.86-87）にも言及される。
※３）『道次第大論の表記註釈 brDa bkrol』Toh.No.6569 Ka 48b6-49a1 に、「sa lu（稲）は米の名。〔すなわち〕米には、白米（'bru dkar）、a shu、sa lu（49a）などを言う。」という。

訳註5－１０５）
※）割註に、「自体により成立した、相待ったことの無い別異として等しいものに、別異であるさまの他の差別は示しえないことと、そのような別異として等しいが、生・不生の差別を区別することその二つについて」という。

訳註5－１０６）ad VI 14; D No.3862 'A 249a7-b2; La Vallée Poussin ed.p.90 ll.1-9; 和訳 小川一乗『空性思想の研究』1976,p.63; 瓜生津・中沢『入中論』2012,p.135; VI 14 については、訳註5－38を参照。割註より〔〕に補足した。
※１）gzhan yin no// とあるが、『入中論自註釈』には yin no// とのみある。
※２）割註に、「またそのように火などより稲の芽が生ずるし、稲の種子より布などが生ずることと、稲の種子より布などが生ずることになる〔それ〕のようなこと〔は〕」という。
※３）割註に、「稲の芽より自性により別他になった稲の種子それより、稲の芽が生ずることと、稲の種子より自性により別他になった稲の芽それこそが、稲の種子より生ずることになる〔これ〕のようなこと〔は〕」という。

訳註5－１０７）
※１）未確認。
※２）『道次第大論の表記註釈 brDa bkrol』Toh.No.6569 Ka 49a1 に次のようにいう －
「「同一の離反の勢い（ldog pa gcig pa'i dpung 'phul）」というのは、無能力の多くの同一種類の能成を提示したという意味。一般的に同一種類において、同一種類の離反（概念）と、同一種類の実物との二つが有るし、倶生の知において似ていると自然に現れる別異の法において、同一種類の離反（概念）と、同一の親因（nyer len）より生じた別異の法において、同一種類の実物、と説明している。」
なお長尾雅人訳は「否定し逆転さしむる唯一の力を完全に遍く成立せしめんとするのが」などという。法尊訳は「故許唯以一類因力成其決定相非論師意。」という。
※３）Kyt ed.p.349 を参照。

訳註5－１０８）ⅩⅩ 20cd〔「和合の観察」〕; D No.3824 Tsa 12a4-5; 三枝充悳『中論偈頌総覧』1985,pp.590-591; 和訳 奥住毅『中論註釈書の研究』1988,p.625; 割註より〔〕に補足した。『入中論の自註釈』ad VI 14ab（D No.3862 'A 249a7-b2; La Vallée Poussin ed.p.90 ll.1-9; 和訳 小川一乗『空性思想の研究』1976,p.62）に引用。

訳註　5．人無我と法無我　　503

訳註 5－１０９）VI 14; D No.3861 'A 204b4-5;『同自註釈』D No.3862 'A 249a5-6; La Vallée Poussin ed.p.89; 和訳　小川一乗『空性思想の研究』1976,pp.62-63; 拙著『中観哲学の研究Ｖ』2002,p.86; 瓜生津・中沢『入中論』2012,p.135; 割註より〔　〕に補足した。
※）割註に、「果それは、自らの能生の因と自性により別他であるそれこそは、その果を」という。
　『明句』(ad Ⅰ 1; D No.3860 'A 12a1-2; La Vallée Poussin ed.p.36 ll.6-9; 和訳　奥住毅『中論註釈書の研究』1988,p.83）にも、この頌を引用して、「他より生ずるのを否定することは『入中論』より決定すべきである。」という。

訳註 5－１１０）
※１）割註に、「対論者が、芽それは自らの因〔である〕種子より生ずることと、自らの因でない火などより生じないこととの差別（ちがい）それは、芽それとそれの因であるもの、ないものの二つは、芽と〔相続〕または流れ〔が〕」という。
　なお、「相続」の語義解釈と相続の批判は、『入中論』VI 59cd「相続を有するものはそれ（相続）と互いに別異が有る。ゆえにすべてがすべてより生起することになる。」(cf.D No.3862 'A 267b6-7,268a3; La Vallée Poussin ed.pp.152-153; 和訳　小川一乗『空性思想の研究』1976,pp.166-167）というのと、その『自註釈』に出てくる。『入中論』の他生否定より派生した唯識派批判の個所である。
※２）Kyt ed.pp.391-392 の個所を参照。
※３）割註に、rang gi rgyu yin pa las（自らの因であるものより）とあるが、文脈と表現形態より yin は min の誤字だと考えられる。

訳註 5－１１１）'Jam は、この「第三」を二つに細分している。
※）割註は、「ヴァイシェーシカ学派」という。『入中論の自註釈』ad VI 98 (cf.D No.3862 'A 283a4ff.; La Vallée Poussin ed.pp.202-203; 和訳　小川一乗『空性思想の研究』1976,pp.226-227）に明記は無いが、九句義というジャイナ教の主張を提示している。その個所でのジャヤーナンダ著『入中論の復註』D No.3870 Ra 217a1-3 には、「裸形派（gCer bu pa）」すなわちジャイナ教徒を明示している。『明句』Ⅰの該当個所（D No.3860 'A 12a5-6; La Vallée Poussin ed.p.38; 和訳　奥住毅『中論註釈書の研究』1988,p.84）には批判相手を挙げていない。他方、『般若灯論』ad Ⅰ (D No.3853 Tsha 50b1,3-4）には、サーンキャ学派と裸形派を挙げている。和訳　能仁正顕「『知恵のともしび』第１章の和訳（２）－縁の考察－」（『仏教学研究』52,1996）p.86; ジャイナ教の立場は、anekāntavāda または syādvāda（不定論）と呼ばれるように、諸事物は多数の性質から成り、一面的には断定できないで、「或る点から言えば」という限定の上でのみ捉えられるとしていた。cf. 宇野惇『ジャイナ教の研究』1986,p.77ff.;
　なお、『明句』Ⅰの該当個所（D No.3860 'A 12a6; La Vallée Poussin ed.p.38; 和訳　奥住毅『中論註釈書の研究』1988,p.84）には、「「もし各々より作られたなら、苦は〔自他〕両者により作られたことになる。」と説明することになる。」といって、『根本中論』ⅩⅡ 9 を挙げている。

訳註 5－１１２）VI 98; D No.3861 'A 209a1-2;『同自註釈』D No.3862 'A 283a4,284a1,2; La Vallée Poussin ed.pp.202-205; 和訳　小川一乗『空性思想の研究』1976,p.226,228; 拙著『中観哲学の研究Ｖ』2002,p.135; 瓜生津・中沢『入中論』2012,p.197,199; 割註より〔　〕に補足した。
※）割註に、「芽それが自他各々より生ずるのが道理でないだけでなく、自他〔二〕の集積〔より〕」という。

訳註 5－１１３）'Jam に、「第四、無因よりの生を否定する」にも、二項目に分けている。
　『明句』Ⅰの該当個所（D No.3860 'A 12a6-b1; La Vallée Poussin ed.p.38; 和訳　奥住毅『中論註釈書の研究』1988,pp.84-85）には、無因より生じない理由として、「「因が無いなら、果と因も妥当することにならない。」ということなどにより説明することになる過失に帰謬するから、そして、「もし因により空なら、これら〔世の〕衆生は取らえられるものではない。あたかも虚空の蓮華の香と顕色（いろ）のように。」ということなどの誤りに帰謬するからです。」という。前者の引用は『根本中論』Ⅷ 4、後者の引用は『入中論』VI 100 である。

※）『入中論の自註釈』ad Ⅵ 99-100（cf.D No.3862 ’A 285a5-6; La Vallée Poussin ed.p.208; 和訳 小川一乗『空性思想の研究』1976,p.231）の無因生を否定する個所に、対論者の主張として順世派の偈頌を引用して、その主張を説明している。他方、『般若灯論』ad Ⅰの該当個所（D No.3853 Tsha 50b7-51a1）には、無因のもう一つの観点として、「または、「無因」というのは、悪しき因。〔例えば、〕妻は無い、ということなどのように。悪しき因は何かというと、自性（プラクリティ）と自在天と人士（プルシャ）と原質（プラダーナ）と時とナーラーヤナなど。実在でないから。」という。和訳 能仁正顕「『知恵のともしび』第１章の和訳（２）－縁の考察－」（『仏教学研究』52,1996）p.87ff.; しかし、『明句』Ⅰの該当個所（D No.3860 ’A 12a6-b4; La Vallée Poussin ed.pp.38-39; 和訳 奥住毅『中論註釈書の研究』1988,p.85）には、無因に自在天などを含めることに関して、それらは自と他に含まれるべきだから、といって批判している。これについては、丹治昭義『中論釈 明らかなことばⅠ』1988,note344 に詳しい。ただし、『明句』以前の『入中論』Ⅵ 114 には、「無因と自在天の因などと自・他・両者より諸事物が生ずることにならないから、依って生ずることになる。」といって、自在天などを別に立てているようにも見える。

　なお、順世派の順世の文献資料の収集とその分析は、生井智紹『輪廻の論証―仏教論理学派による唯物論批判』1996 より「第Ⅰ章 Bārhaspatya 思想の概観」に詳しく示されている。

訳註５－１１４）Ⅵ 99; D No.3861 ’A 209a2;『同自註釈』D No.3862 ’A 284a7-b1; La Vallée Poussin ed.p.206; 和訳 小川一乗『空性思想の研究』1976,p.229; 拙著『中観哲学の研究Ⅴ』2002,p.135; 瓜生津・中沢『入中論』2012,p.200; 割註より〔 〕に補足した。
※）割註に、「さらにまた、世間の現量により見られることと相違（矛盾）することは、秋の実りなどの」という。

訳註５－１１５）’Jam は、「第三、それら帰謬の作用より比量が生ずるさま」を、さらに三つに細分している。
※）’Jam に次のようにいう －
　「利根の者にとってその帰謬論証が正しいものになった後に、比量を生じさせることができる。そのときそれにより四辺よりの生は妥当しないし、自性により生ずるなら、その四のどれかに生することが必要だと決定しおわったから。例えば、諦成立の証因により芽は縁起でないとの誤謬が正しい帰謬になった利根の人のように、『明句』（※１）に、「ゆえにあなたたちが争論するのは妥当性を欠いているのと、自らが承認したことと相違（矛盾）するのです。」というのから、（※２）「これほどにより争論したなら、およそ対論者は承認しないのか。」と説かれたから。」という。
　※１）D No.3860 ’A 5b6; La Vallée Poussin p.15; 和訳 奥住毅『中論註釈書の研究』1988,p.63; ad Ⅰ 1a; 自生に関してブハーヴィヴェーカへの批判の部分である。言葉の脱落があるので、和訳にあたっては原典を参照した。
　※２）D No.3860 ’A 5b7;
Brjed byang（憶え書）Da 105b3-6 には次のようにいう －
　「本文に「これは、帰謬をなしたとき … 中略 … 論証語はない。」という意味は、利根者に帰謬論証を提示することが場合に該当するとき、「芽は － 有法。自と他と両者と無因のどれかより生ずることが帰結する。自性により生ずるから。」という帰謬の能作に依って、空性を証得する比量が生じたのですが、直接的に無自性を立証する論証語を提示することは無いとの意味に適用したならいい。利根者は他者に知られたものを提示するのが該当することも有るさまは知りやすい。」

訳註５－１１６）Ⅵ 104ab; D No.3861 ’A 209a6;『同自註釈』D No.3862 ’A 287a6-7; La Vallée Poussin ed.p.215; 和訳 小川一乗『空性思想の研究』1976,p.237; 拙著『中観哲学の研究Ⅴ』2002,p.138; 瓜生津・中沢『入中論』2012,p.205; Brjed byang（憶え書）Da 105b6-106a2 に、この教証の意味について次のようにいう －
　「『入中論』に「なぜなら … 中略 … 欠いている」ということにより、後論者〔である〕利根の誰かに対して、初めに帰謬論証を（106a）提示したことにより、諦の思い込みの立宗を棄てて、

訳註　5.人無我と法無我　　505

意味になる〔疑い〕、または等分の疑いを有する者になった場合、他者に知られた論証因を提示したことより、比量が生ずるさまを示したのですが、最初からその後論者に対して他者に知られたものをそのように提示したわけではない、ということです。」

※１）'Jam に、「鈍根において」という。これは、『明句』Ⅰ（D No.3860 'A 13b1-2; La Vallée Poussin ed.p.42; 和訳　奥住毅『中論註釈書の研究』1988,p.88）に、著作の動機を説明して次のようにいう意味に繋がると思われる −

「そのように教えの意趣を知らないので、ここに真実の義を有する教えは何なのか、意趣を有するものはここに何なのか、と疑うであろう者と、知の弱いことにより未了義の教えを了義だと証得する者その両者の疑いとの誤認とを、正理と教の二つを通じて除去するために、軌範師〔ナーガールジュナ〕は〔『根本中論』〕これを著作した。」

※２）割註に、「諸事物は −有法。自性により生じない。自・他など四辺のどれよりも生じないから、と提示した」という。

※３）'Jam に次のようにいう −

「鈍根者は、四辺の生を否定しても、事物は自性により生が無いのを決定できないから。彼の知は働きが遅いし、無始の時より数習した意により障礙されたから、〔因の三相の〕宗法と〔随順遍充・離反遍充の〕二の相を決定しても、論証語（論証式）が必要なように、敵・友の二人は人士の色（すがた）における見るさまの二つのように。これもまた『明句』（※）に、「もしまた自らの比量により相違が間違いなく述べられるべきである、というなら、それもまた軌範師ブッダパーリタが述べたことです。」と説かれたから。鈍根者において帰謬と証因の適用（論証式）の二つを提示するのです〔が〕、」

※）D No.3860 'A 6b7-7a1; La Vallée Poussin pp.19-20; 和訳　奥住毅『中論註釈書の研究』1988,p.66;

訳註５−１１７）'Jam は、「第五、正理の王〔である〕縁起を説明するには、1）それの他に周知されたことと、2）実有論者の争論を捨てたことと、3）因果を承認しても、この立場の縁起を知るのは語り得ないさまと、4）辺執を断ずる無上の方便のさまと〔合計〕四つ」とし、さらにその第一を九項目というように細分している。

訳註５−１１８）Ⅶ 16ab〔「有為の観察」〕; D No.3824 Tsa 5a5; 三枝充悳『中論偈頌総覧』1985,pp.200-201; 和訳　奥住毅『中論註釈書の研究』1988,pp.270-271; 割註より〔　〕に補足した。

訳註５−１１９）Ⅵ 115; D No.3861 'A 209b7-210a1;『同自註釈』D No.3862 'A 290b7; La Vallée Poussin ed.p.228; 和訳　小川一乗『空性思想の研究』1976,p.247; 拙著『中観哲学の研究Ⅴ』2002,p.143; 瓜生津・中沢『入中論』2012,p.212; 割註より〔　〕に補足した。

訳註５−１２０）cf. 福田洋一「ツォンカパにおける縁起と空の存在論−中観派の不共の勝法について−」（2002年改訂版がウエブ上で閲覧可能）pp.4-5
※）割註に、「自在に成立したそのようなものが、因縁により生ずることが必要なら、それは自在を有するものであるとしても、それよりも因縁は力が大きいので、それが成立したほどにより充分でなくて、再び反復することが必要なことしかふさわしくない。」という。

訳註５−１２１）ⅩⅣ 23（「辺執の否定を修習することを説示する」, v.348）; D No.3846 Tsha 16a4; 英訳と text Karen Lang., *Āryadeva on the Bodhisattva's Cultivation of Merit and Knowledge*.1983,pp.488-489,658; 英訳　Geshe Sonam Rinchen & Ruth Sonam,*YOGIC DEEDS of BODHISATTVAS*.1994,p.278; 月称釈 D No.3865 Ya 220b6; Suzuki ed.1994,p.358; cf. 片野道雄「大乗仏教と他思想との対論」（井ノ口、鎌田、柏原編集『仏教思想史2〈仏教と他教との対論〉』1980）p.90; 割註より〔　〕に補足した。以下、この章より幾つか引用されるが、それらは『四百論』のこの章の結論に当たるような部分である。

※）Brjed byang（憶え書）Da 106a2-4 にこの教証について次のようにいう －
「自在（rang dbang ba）それは、他〔である〕因・縁に拠っていない意味にしてからそれを否定したなら、自部に対して立証する必要がなくなるので、有境〔である〕設立するもの（'dogs byed）の分別〔である〕他に拠っていないことにすることが必要です。本文（※）に「自体を通じて自立した（rang tshugs thub pa）在り方について自在なものとすべきです。」という自立したものも、設立するものの分別〔である〕他に拠っていないのです。」
※）二つの下の段落の末尾、Kyt414 の番号の個所を参照。

訳註 5 － 1 2 2）D No.3865 Ya 220b6-221a1; P No.5266 Ya 250b5-251a; K.Suzuki ed.1994 pp.358-359
※1）'Jam に、「宗法〔ここに〕」という。
※2）gang とあるが、Suzuki ed. によれば、それは D ed. と Co ne ed. である。他の版には gang la とある。
※3）phyir とあり、次に続くようにも見えるが、原典には phyir ro// とあって、ここで切れている。
※4）cf.福田洋一「ツォンカパの中観思想における帰謬派独自の縁起説」（『印度学仏教学研究』48-2,2000）p.125; この部分の意味について、Brjed byang（憶え書）Da 77b6 に『四百論』の所説と関連づけて解説される。註3－191を参照。
※5）この解釈について直前に出した Brjed byang（憶え書）を参照。

訳註 5 － 1 2 3）ad ⅩⅣ 23（v.348）; D No.3865 Ya 221a1-2; P No.5266 Ya 251a; K.Suzuki ed.1994,p.359; cf.片野道雄同上 1980,p.90; 割註より〔〕に補足した。

訳註 5 － 1 2 4）ad ⅩⅣ 23（v.348）; D No.3865 Ya 221a2-3; P No.5266 Ya 251a-b; K.Suzuki ed.,1994,p.359; 割註より〔〕に補足した。
　なおこれら『四百論の註釈』の教証と関連した内容として、『中論』ⅩⅩⅣ 18 に「縁起するものそれは空性だと説明する。それは依っての仮設。それが中道である。」といい、空性において常と断の両極端に陥らないことを説いている。

訳註 5 － 1 2 5）縁起であることは同じであっても、『根本中論』の帰敬偈には八不により限定された縁起の最高の論者として釈迦牟尼を賞讃し、『明句』Ⅰ（D No.3860 'A 12b5; La Vallée Poussin ed.p.39; 和訳　奥住毅『中論註釈書の研究』1988,p.86）などが四句不生の内容について、「生が無いことなどにより差別にされた縁起」と述べている。cf.福田洋一「ツォンカパの中観思想における帰謬派独自の縁起説」（『印度学仏教学研究』48-2,2000）p.125
※1）'Jam に、「義（もの）を知らないもの、」という。
※2）Brjed byang（憶え書）Da 106a3-5 に次のようにいう －
「実有論者の相続には因果の縁起を証得する言説の量が有るゆえ、ここには縁起を如実に証得しないことを説かれた縁起は、この〔帰謬派の〕立場の非共通の名詞、仮設有ほどの縁起をいったならいい。」

訳註 5 － 1 2 6）ad ⅩⅣ 23(v.348); D No.3865 Ya 221a3-7; K.Suzuki ed.1994,p.359; 割註より〔〕に補足した。

訳註 5 － 1 2 7）'Jam は、「第三、因果ほどを承認していても、非共通の縁起を知る、述べることの二つが無いさま」を二つに細分している。
※1）割註に、「言説として自相により成立した自性その義（もの）〔である〕言説として効用の事物を承認しているものなので、」という。
※2）サーンキャ学派の顕現論者は、論証の主辞となる声について、前に有ったのが縁により顕現されたものだと考える。Kyt ed.p.368 に引用された『明句』とその訳註4－90を参照。

訳註 5. 人無我と法無我　　507

訳註 5 － 1 2 8）'Jam は、「第四、辺執を断ずる方便の無上であるさまには四つ」といって細分している。

訳註 5 － 1 2 9）D mDo-sde No.156 Pha 230b2-3; 大正 15 No.635『弘道廣顯三昧經』p.497b3-4; 割註より〔〕に補足した。本論 Kyt ed.p.315（訳註 3 － 8 5 の個所）にも引用されている。『明句』への引用については、その訳註を参照。

訳註 5 － 1 3 0）D mDo-sde No.156 Pha 230b2;『明句』（ad ⅩⅩⅣ 19; D No.3860 'A 168a1-2; La Vallée Poussin ed.p.505 ll.10-13; 奥住毅『中論註釈書の研究』1988,p.771; 北畠利親『中論　観法品・観四諦品訳註』1991,p.136; 丹治昭義『中論釈　明らかなことばⅡ』2006,p.127）に、世尊が説かれたものとして引用されている。
※）yong; 割註に、「〔すなわち〕全く（ste gtan nas）」とある。『蔵漢大辞典』p.2601 に古語として yong ye と示された言葉かと思われる。

訳註 5 － 1 3 1）『明句』（ad ⅩⅩⅣ 38; D No.3860 'A 171a4-5; La Vallée Poussin ed.p.514 ll.7-10; 奥住毅『中論註釈書の研究』1988,p.784; 北畠利親同上 1991,p.145; 丹治昭義『中論釈　明らかなことばⅡ』2006,p.136）に引用されている。割註より〔〕に補足した。『経』自体は、D mDo-sde No.207 Tsha 95-109; 大正 17 No.814『佛說象腋經』）と思われるが、引用文は未確認。

訳註 5 － 1 3 2）『根本中論』や『明句』のチベット語訳での各章の名は、dbang po brtag pa zhes bya ba ste rab tu byed pa gsum pa（根の観察という第三章）、phung po brtag pa zhes bya ba ste rab tu byed pa bzhi pa（蘊の観察という第四章）、khams brtag pa zhes bya ba ste rab tu byed pa lnga pa（界の観察という第五章）である。『中論の釈論・正理海』の序論（Toh.No.5401 Ba 21a3-4; 和訳　クンチョック・シタル、奥山裕『全訳 ツォンカパ 中論註『正理の海』』2014,p.44）の『根本般若』全 27 章の構成を説く個所には、これらの章について次のようにいう －
　　「次に、法において我執する無明の対境を否定するには、外・内の諸法において生を否定するのが、第一〔の章〕。「教に処と蘊と界が有ることを説かれたので、自性が有る」と思うのを否定するには、「処の観察」など三つ〔の章〕。」

訳註 5 － 1 3 3）'Jam に、「1）煩悩を断除する仕方と、2）煩悩が生・滅する仕方と、3）所知障を断除した仕方と、4）所知障を確認することと、5）大小乗両者の勝れた命と示したことと〔合計〕五つ」とし、第一についても三項目に細分している。

訳註 5 － 1 3 4）中士の個所で、十二支縁起の第九支「取」を説明する個所（Kyt ed.p.286）に、1）色・声などの妙欲の境と、有身見以外の諸々の悪見と、悪見と関係する悪戒と悪禁と、有身見を欲し貪る欲取と、2）見取と、3）戒禁取と、4）我語取を、挙げている。拙訳『菩提道次第大論の研究』2005,pp.283-284
　　典拠としては、『倶舎論自註釈』ad Ⅴ 35 への接続（D No.4091 Ku 246a5-6; Pradhan ed.p.306; 和訳　小谷信千代・本庄良文『倶舎論の原典研究　随眠品』2007,p.171）において、随眠は経典において三漏、四暴流、四軛、四取として説かれたという個所に示されている。cf.『瑜伽師地論』（大正 30 No.1579 p.314c;『本地分』D No.4035 Tshi 85b2-3）; 他の分類としては、1）我見取、2）欲取、3）見取、4）戒禁取という四取もある。cf.Nor brang Orgyan 編 Chos rnam kun btus（stod cha. Krong go'i bod rig pa dpe skrun khang.2008）p.608

訳註 5 － 1 3 5）ⅩⅧ 2cd〔「我の観察」〕; D No.3824 Tsa 10b6; 三枝充悳『中論偈頌総覧』1985,pp.514-515; 和訳　奥住毅『中論註釈書の研究』1988,pp.540-541; 北畠利親『中論　観法品・観四諦品訳註』1991,p.46; 割註より〔〕に補足した。

訳註 5 － 1 3 6）ⅩⅧ 4; D No.3824 Tsa 10b7; 三枝充悳『中論偈頌総覧』1985,pp.518-519; 和訳

奥住同上 1988,p.543; 北畠同上 1991,p.48; 割註より〔〕に補足した。この個所のブッダパーリタには、取の滅から有の滅、有の滅より生の滅になることが説かれている。cf. 広浜哲生「『中論仏護註』における取（upādāna）について」（『日本西蔵学会々報』46,2001）p.10

訳註５－１３７）十二支縁起の惑業苦への分類を承けた記述である。中士の、十二支縁起を説く個所（Kyt ed.p.288）に、ナーガールジュナの『因縁心論』v.2abc の「第一〔、無明〕と第八〔、渇愛〕と第九〔、取〕は煩悩です。第二〔、行〕と第十〔、有〕は業です。残りの七つは苦です」というのが引用されている。拙訳『菩提道次第大論の研究』2005,p.285

訳註５－１３８）ⅩⅧ 5a; D No.3824 Tsa 11a1; 三枝充悳『中論偈頌総覧』1985,pp.520-521; 和訳　奥住同上 1988,pp.543-544; 北畠同上 1991,p.48; 割註より〔〕に補足した。

訳註５－１３９）ⅩⅧ 5bcd; D No.3824 Tsa 11a1; 三枝充悳『中論偈頌総覧』1985,pp.520-521; 和訳　奥住同上 1988,p.544; 北畠同上 1991,pp.48-49; 割註より〔〕に補足した。

訳註５－１４０）'Jam は、「第二、その広釈、煩悩が生・滅する仕方」を、さらに三項目に細分している。

訳註５－１４１）兆相を取ることは「止住の章」の「勝観の体」を説く個所（Kyt ed.p.174）には、諦執ではなく、対境の模様を弁別することであると言われている。また、『倶舎論』Ⅰ 14 においては「想（saṃjñā）」の定義とされている。cf. 拙訳『菩提道次第大論の研究Ⅱ』2014,p.185,403-404

訳註５－１４２）利得と損失、称讃と非難、毀損と栄誉、安楽と苦痛という一つずつ対になった八つである。『入中論の自註釈』ad Ⅵ 80（D No.3862 'A 275a2-3; La Vallée Poussin ed.p.176; 小川一乗『空性思想の研究』1976,p.200; v.80 は二諦を説く）に引用された『真実説示三味経 de kho na nyid nges par bstan pa'i ting nge 'dzin』にも出てくる。cf.『倶舎論の自註釈』Ⅳ（D No.4090 Ku 171b5-6; 和訳 舟橋一哉『倶舎論の原典解明 業品』1987,p.56; 無表業の個所）;『集異門足論』大正 26 No.1536 p.442c;

訳註５－１４３）ad ⅩⅧ 5; D No.3860 'A 113b7-114a3; La Vallée Poussin ed. p.350 l.10-p.351 l.4; 和訳　奥住毅『中論註釈書の研究』1988,pp.545-546; 北畠利親同上 1991,pp.49-50; 割註より〔〕に補足した。

訳註５－１４４）ad ⅩⅧ 5; D No.3860 'A 114a3-5; La Vallée Poussin ed. p.351 ll.8-11; 和訳　奥住毅『中論註釈書の研究』1988,p.546; 北畠利親『中論』同上 p.50; 割註より〔〕に補足した。cf. 瓜生津隆真『ナーガールジュナ研究』1985,p.249

訳註５－１４５）'Jam は、「第三、所知障を断除する仕方」について、さらに五つに細分している。なお、桜井智浩「タルマリンチェン造 Bodhicaryācatāra 注釈、rGyal sras 'jug ngogs における人法二無我論」（『日本西蔵学会々報』47,2002）p.21 には、同様な記述がタルマリンチェンの『入行論の註釈』ad Ⅸ 1 に見られることが指摘されている。cf. 池田道浩「声聞独覚の法無我理解を可能にする論理」（『日本西蔵学会々報』49,2003）pp.30-31
※１）割註に、「煩悩障を断除できることと、所知障を断除できないことの二つの差別を設立する。それもまた」という。
※２）割註に、「ので、見所断、修所断のどれを断除しても、その対治として無我を証得することこそを修習することが必要なことは等しい」という。
※３）割註に次のようにいう －
　　　「この意味は、『荘厳経論』（※１）に「五明処への善巧をしていなくては〔最上の聖者もまた一切智者にならない。〕」などというのと、『入行論』（※２）に「仏子たちが学ばない事物それは何

も無い。」といい、『十地経』（※3）に第三地などの聖者の菩薩は世間の印などを学ぶと説明していることなどにより、知る。」

※1）文言は少し異なるが、ⅩⅠ60(D Sems-tsam No.4020 Phi 15b4-5)かと思われる。これは、「大士の道次第」の智恵波羅蜜の個所（Kyt ed.p.163）に引用されている。拙訳『菩提道次第大論の研究Ⅱ』2014,pp.173-174

※2）Ⅴ100ab; D dBu-ma No.3871 La 14a4; 和訳 金倉円照『悟りへの道』1958,p.69; ソナム・ギャルツェン・ゴンタ、西村香『チベット仏教・菩提行を生きる』2002,p.85

※3）「第三発光地」に確認できない。むしろ「第五難勝地」R.Kondō ed.1936,p.85; D Phal-chen D No.44 Kha 214b4-5; 大正 10 No.287『十地経』p.550a; 和訳 龍山章真『梵文和訳 十地経』1938,repr.1982,pp.106-107 に関連する内容が見られる。この個所は、mChan Ka 300a3 に『入行論』Ⅴ100ab とともに引用されており、「第五地」を指示することは間違いないと思われる。拙訳『菩提道次第大論の研究Ⅱ』2014,p.289

訳註5－146）ad Ⅵ179; D No.3862 'A 313a6-7; La Vallée Poussin ed.p.302 ll.9-13; 和訳 小川一乗『空性思想の研究』1976,p.325; 瓜生津・中沢『入中論』2012,p.256; cf.拙著『中観哲学の研究Ⅴ』2002,p.177; 割註より〔〕に補足した。『入中論』Ⅵ179 については訳註3－194を参照。
※）割註に、「〔縁こそ rkyen nyid〕に拠っている〔ただこれほど 'di pa tsam〕」という。唯此縁性については、訳註4－72を参照。

訳註5－147）cf. 池田道浩同上 2003,p.31; この論文には、『道次第小論』や『入中論の釈論・意趣善明』といった後期の著作において、所知障は従来、法我執と解釈されていたが、顕現であると規定されたことが論じられている。
※）割註に、「軌範師ブハーヴィヴェーカとシャーンタラクシタなど、および従う者の自立論証派たち」という。

訳註5－148）'Jam は、「第四、所知障を確認すること」をさらに三項目に細分している。なお、『未了義了義の弁別 Drang nges』の帰謬派の個所（H ed.Toh.No.5396 Pha 76b6-77a; 拙訳『中観哲学の研究Ⅱ』1998,pp.122-123）には、次のようにいう －
　「そのようなら、所知障は何をいうかと思うなら、『入中論の註釈』（※1）に、「無明の習気は所知を断定することの妨害になっているし、貪欲などの習気が有るのは、身と語の起こるそのようなことの因でもある。無明と貪欲などの習気それもまた、一切相智と仏陀だけこそにおいて止まることになるが、他の者たちにおいてはそうでない。」と説かれたこれより明らかな確認は、この〔帰謬派の〕立場の法類と〔聖者〕父子の〔真偽の〕争論なき本典に出ていない。身と語の起こることが阿羅漢に有るのは、猿のように跳ねるのと、他者へ「端女（はしため）」と言う身と語の麁重は、教主〔釈迦牟尼〕が制止しても、止まらなかったようなものです（※2）。「〔因で〕も」ということにより、貪などの習気は所知を断ずることの障碍とも示したので、煩悩の習気すべては所知障です。その果〔である〕二の現れの錯乱の分をもそこに含める。習気の体は『入中論の註釈』（※3）に、「何か心相続を汚すし、薫習するものに随行するそれが、習気です。煩悩の究極と数習と根本と習気、というのが異門（同義語）です。」
　※1）ad ⅩⅡ31（十力の第十に関して）; D No.3862 'A 342b6-343a1; La Vallée Poussin ed.p.393; Brjed byang（憶え書）Da 106a6-b4 にはこの部分が引用されている。
　※2）D No.3862 'A 342b6;
　※3）D No.3862 'A 342b4;
　以上に関しては、ケードゥプ・ジェ著『千葉 sTong thun』(Toh.No.5459 Ka 140b-141b; 拙訳『中観哲学の研究Ⅳ』2003,pp.106-107) にも議論されている。
Brjed byang（憶え書）Da 106a5-6,106b3-4 に次のようにいう －
　「煩悩の習気には、種子であるかないかの二つが有るし、その両者は諦執など煩悩により置かれたことは同じでも、前者は、諦執の愚癡と貪・瞋など煩悩を生じさせるので、煩悩障〔である〕

種子の分として設立する。後者は、〔眼から意までの〕六の転識において対境が自らの側から成立したようなものとして現れる諦の現れを生じさせる習気であるので、所知障です。（※1）」

「この教により、声聞・独覚の阿羅漢と清浄地の菩薩の相続の所知障〔である〕種子のその分により、六の転識において対境が自相により成立したようなものとして現れるほどを生じさせることを、示したが、彼らの相続の対境が自らの側から成立したと現れるその知は所知障と設立するのではなく、その知において対境が自らの側から成立したようなものとして現れる分ほどを所知障と示すのです。（※2）」

※1）さらに、『千薬』（Toh.No.5459 Ka 141b; 拙著『中観哲学の研究Ⅳ』2003,p.107）の所説を参照してから、『入中論の大註釈』（Toh.No.5408 Ma 108a2,3; 和訳　小川一乗『空性思想の研究Ⅱ』1988,pp.407）の、「煩悩の〔諸々の〕習気は所知障です。その果〔である〕二の現れの錯乱の分すべてもそこに包摂される。」、「煩悩の種子すべてが尽きたので、諦執は生じないが、習気により汚染されたので、現れの対境について錯乱した知を生じさせる。」という意趣と一致していると思うと述べている。

※2）さらに『中観考究 *dBu ma'i mTha' dpyod*』を参照しつつも、「定義内容（mtshan gzhi）として業果のきわめて微細な処について知が不明瞭な迷妄ほどの無明のようなものを設立したなら、ああ適合すると観察する。」という。

さらに、Da 106b5-107a4 には、パンチェン1世（Paṇ chen Blo bzang chos rgyan）とセラ・ジェツンパ（Se ra rJe btsun pa）とパンチェン・ソナムタクパ（Paṇ chen bSod nams grags pa）などのほとんどの『教科書 *Yig cha*』には、知になった所知障は無いと説明することに関して、上記のような『入中論自註釈』の教証を参照してから次のようにいう ―

「知識になった所知障は無いと説明したことは、尊者〔ツォンカパ〕のお言葉通りと一致するかと思うので、そのようなら、吉祥あるチャンドラが「所知障の無明」と説かれたのは、諦の現れを生じさせる習気それは第一を置くもの〔である〕諦執の無明であるから、因の名を果に付けて「無明」と説かれたほどより、無明そのものでないので、相違（矛盾）は全く無い。」

※1）割註に、「法我執は所知障に設定しなくて煩悩障に設定するのが必要なことは」という。
※2）Kyt ed. は B ed. などの sgo byed を採ったが、割註には bsgo byed とある。
※3）割註に、「そのように〔現れる〕対境・有境など互いに個々に各自の在り方が、分別による設立を待っていなくて成立したような」という。

訳註5－149）ad Ⅵ 28; D No.3862 'A 255a1-4; La Vallée Poussin ed.p.107 l.19-p.108 l.9; 和訳　小川一乗『空性思想の研究』1976,p.92; 瓜生津・中沢『入中論』2012,p.146; cf. 拙著『中観哲学の研究Ⅴ』2002,p.96; 割註より〔〕に補足した。cf. 岸根敏幸『チャンドラキールティの中観思想』2001,pp.97-98（「唯世俗」について、チャンドラ著『空性七十論の註釈』D No.3867 Ya 319a5-7,『五蘊論』D 248b3-5 の用例も示されている）；なお、所知障を何にするのかは、染汚を有する無明を何にするかと関係する。Kyt ed.pp.331-332 の無明を論ずる個所を参照。『道次第小論』（H ed.Toh.No.5393 Pha 177b3-5; ツルティム・ケサン、高田順仁『中観哲学の研究Ⅰ』1996,pp.88-89）にもこの後半部分と続く部分を引用。そこには、次のように解説されている ―

「世俗諦として有ると設立されるのは、無明により有ると設立されるし、染汚を有する無明を断除した声聞・独覚・菩薩の側に世俗諦は設立されないことを示すわけではない。そのうち、第一の理由は、前に説明したように、染汚を有する無明は諦執なので、それにより執らえられた義（もの）は言説としてもありえないから、そして、世俗諦であるなら、言説として有ることが遍充するからです。よって、諸法が世俗として有ると設立する設立地の世俗であるなら、染汚を有する無明について世俗と為したそれでないことが必定です。第二の理由は、染汚を有する無明の世俗を断除した者たちに、どの側に諦として設立する諦の思い込みの世俗は無いとの理由により、諸行は彼らの側には諦でないと立証したが、世俗諦でないと立証しなかったからです。よって、彼らの側において諸行は唯の世俗ほどとして説かれたので、その側に世俗と諦との二つのうちで、諦として設立しえないので、「唯の～ほど」の声（ことば）により、諦を断ずるが、世俗諦を断じないので、唯の世俗ほどと世俗諦との二つを説かれたことの意趣はそのとおりに知るべきです。」

訳註　5.人無我と法無我　　511

※1）de yang とあるのは、La Vallée Poussin ed.（P ed. に基づく）と一致し、『道次第小論』への引用もそうである。D ed. の原典には de la（それについて）とある。

※2）割註に、「、その声聞・独覚・菩薩の三者の側には諦でない。」という。

※3）割註に、「その三人も二つの差別を具えている。」という。

※4）割註に、「自相による成立について空でも、自相により成立したと現れる義を現前に」という。

※5）仏の徳性を断除の円満と智慧の円満から捉えた記述は『摂大乗論』IX、Xや、『宝性論』II 4 に見られる。cf. 長尾雅人『摂大乗論　下』1987,p.298ff.; 高崎直道『宝性論』1989,p.142

※6）割註に、「自性により無いながらにそう現れるのを通じて錯乱した、諦執を生じさせるし、」という。

※7）割註に、「前に説明したそれら声聞・独覚・菩薩」という。

※8）割註に、「色などそれらは、何かに現れるそれは、諦として無いながらに諦として現れる〔幻術〕」という。

※9）割註に、「自性により成立していないと現れるそれと同じく、諦でない偽り、」という。

※10）割註に、「断除していないので、所知障の無明それに住するし、」

※11）割註に、「色などの諦の現れの」という。

訳註5－150）Kyt ed.p.330 での引用（訳註3－154の個所）を参照。これは第八不動地以上の清浄地の菩薩を意味する。訳註3－71を参照。ケードゥプ・ジェ著『千薬大論 sTong thun chen mo』(Toh.No.5459 Ka 143b-145a; 拙訳『中観哲学の研究IV』2003,pp.109-111) には、帰謬派の立場での障とその断除が議論されている。

訳註5－151）割註に、「次に、中間の偈頌を通じて義（意味）をまとめるのは、」という。「中間の偈頌」は、そこまで論述を一区切りするためにその末尾に置かれるものである。Brjed byang（憶え書）Da 107a4-5 には、解説を終えるために次のようにいう ー

　　「そのように聖者父子の意趣と随順して、所依事（gzhi）〔である〕二諦を決択する仕方が枢要になったことより、甚深と広大の円満な完全な道について、修証を心髄とすることは、永久の計画の最高峰です。（※）」

　　※）この註釈書は「勝観」に関するものなので、実質的にここで終了し、以降、祈願、廻向と奥書などが続く。

※1）'Jam に、「智度を説かれた場所と神変は」という。別の割註に、「山すべてより殊更に勝れているし中心であるので、」という。

※2）割註に次のようにいう ー

　　「〔といって〕名として知られたそれであるし、それについて「鷲峰山（Bya rgod phung po）」と名づけるのも、その山こそが禿鷲の形色（かたち）に有る、または、多くの禿鷲が積みかさなった形色（かたち）を有するものとして有るのと、多くの禿鷲が集まるし集積することより名づけられたなど説明の仕方は、或る『般若心経の註釈』（※）と、さらにまた多くの註釈に同じでないものが出ているし、『仏母経』の或る翻訳には、Bya rgod spungs pa'i ri とも出ている。」

　　※）cf. プラシャーストラセーナ著 D No.3821 Ma 296a4; 和訳　渡辺章悟・高橋尚夫編『般若心経註釈集成〈インド・チベット編〉』2016, p.176

※3）'Jam に、「この山の頭に、禿鷲の色（しき）のような岩が有るので、または、良い時に仏・菩薩の化作の禿鷲多くが集まるので、「鷲峰山（文字通りには「禿鷲の集積」）」と説明した。〔ブッダガヤの〕金剛宝座のように一切諸仏が法を説かれた場所です。」という。別の割註には、「三世の勝者が法輪を転ずるなど功徳が」という。

※4）sa 'dzin; は文字通りには「地を保つもの」であり、「山」を意味する。

※5）漢訳では、動、起、涌、撃、震、吼などと翻訳される六種類であり、仏菩薩の神変などに応じて起こる現象である。例えば、『大般若経』初会の冒頭（大正 5 No.220 p.2b11-23）には次のようにいう ー「爾時，世尊不起本座，復入師子遊戯等持，現神通力，令此三千大千世界六種變動，謂、動、極動、等極動、踊、極踊、等極踊、震、極震、等極震、撃、極撃、等極撃、吼、極吼、等極吼、爆、極爆、等極爆。又令此界東涌西沒、西涌東沒、南涌北沒、北涌南沒、中涌邊沒、邊涌中沒。其地清淨

512

光澤細軟，生諸有情利益安樂。時，此三千大千世界所有地獄、傍生、鬼界及餘無暇險惡趣坑，一切有情皆離苦難，從此捨命得生人中及六欲天，皆憶宿住，歡喜踊躍同詣佛所，以殷淨心頂禮佛足。從此展轉周遍十方殑伽沙等諸佛世界，以佛神力六種變動。」

※6）割註に、「神変を示したのを通じて、身・語・意が所対治分すべてより勝利した、または制御した〔牟尼〕」という。三牟尼については、訳註3－103を参照。

※7）割註に、「すべてを教える、大切な心髄である義の力により〔命のような〕」という。

※8）割註に、「一分が生じただけでなく、余さず」という。

※9）割註に、「善釈の功徳が完成したので、」という。

※10）割註に、「その『智度経』の意趣について、勝者自身が多くの経・タントラに〔授記〕」という。

※11）割註に、「どこかに有るかは、註釈の仕方の生命が希有な」という。

※12）割註に、「これと、勝者の子と、勝利させるものなどは、菩薩の名の異門（別名同義語）として説かれた。」という。

※13）割註に、「この『註釈』についても、軌範師自身の名を通じて名づけられたそれがブッダパーリタ、チベット語に Sangs rgyas bskyangs と言うのです。」という。

※14）割註に、「尊者リンポチェ〔・ツォンカパ〕も、彼らのその立場を説明したのは、本頌と註釈がそのように出ている」という。

※15）割註に、「その義を他者に教えるのを通じて教誡するのは、」という。'Jam に、「チベットの中観派〔すなわち〕承認と立宗が無いと主張するものに対して教誡するのは、」という。

※16）割註に、「自性により空なら、縁起の設立も否定されたと主張するチベットの後に出た者たちへ呼びかけてから」という。

※17）割註に、「、あなたたちの知の側に安らかでないことほどにより、所作・能作が無いと語らないで、自性により空でも、それら所作・能作は妥当する」という。

※18）割註に、「二辺を離れた中の義をあなたたちが語るべきならば、」という。

※19）割註に、「中の義を語ると承認してから、自性により無いなら、全く無くなるとの辺の見を語るのは、不合理であるから。」という。

※20）'Jam に、「彼らに対して今なお修心が必要だと教誡するのは、」という。

※21）割註に、「あなた自身の立場として何も設立しやすくないことに依って、対論者を否定するとき、自らが」という。

※22）割註に、「対論者が顛倒を承認しているのと、自らが無顛倒を承認している立場と為した両者が同等になったことにより、何も自らの立場として設立しやすくないのに依って、」という。

※23）割註に、「中観の義を理解していないので、再び中観の本典について勝れた賢者に親近してから、如理に」という。

※24）'Jam に、「教えの心髄が長い間に住するために願うことは、」という。

※25）割註に、「上の空性、縁起の義を如理に決択したそれは、何の必要性のためであるかというと、それもまた」という。

※26）割註に、「正理の聚と『四百論』とそれらの註釈など」という。「正理の聚」については訳註1－26を参照。

※27）割註に、「無垢の道筋一般と、特に教えの心髄、真実の説明の道筋〔である〕かつて無いこのようなものが、」という。

※28）割註に、「住するなら、有情に益する増上意楽により、そのような最高の方便を説くことそれが、〔長らく〕住するなら、いいではないかという有情を益する増上意楽により、そのような最上の方便を教えるそれが長らく〔住する〕のみの〔ためです〕という。

訳註　5．人無我と法無我／6．勝観の諸相と止観双運　　　513

6．勝観の諸相と止観双運

訳註6－1）'Jam はさらに、「1）勝観の資糧と、2）高い地の勝観に等至した・立ったのと体の差別、所縁、形相は不可思議なので、始めに示さないで、異生（凡夫）の所修の勝観を中心に説明するさまと、3）区別そのものを説明することと〔合計〕三つ」と区別している。
※1）般若学において、『現観荘厳論』Ⅰ 36「心が怖れないことなど〔と〕、体性が無いことなどを教示する者〔と〕、それの所対治分を棄てたものが、一切相に摂受である。」に関して、菩薩の自相続の智慧は内の摂受、仏の最上変化身は外の摂受とされており、この区別はアーリヤ・ヴィムクティセーナに典拠があることが指摘されている。cf. 谷口富士夫『現観体験の研究』2002,p.178 notes144-145,149
※2）割註に、「学処一般と特に縁起の真実義を誤らずに教える者」という。なお、直後の brten pa（依る）は『道次第大論』の序論の用語法では bsten pa（親近する）である。
※3）割註に、「自らの内の縁、教義一般と真実を教える仏語と意趣註釈の句義を〔多く聞く〕」という。
※4）割註に、「聞ほどに置いておかないで、聞いたとおりの義について四の道理などを通じて」という。瑜伽行派の四種道理については、Kyt ed.p.423 の記述を参照。

訳註6－2）『同中篇』（D No.3915 Ki 46a3-4; Goshima ed.1983,p.25; 一郷正道ほか『瑜伽行中観派の修道論の解明－『修習次第』の研究－』2011,p.71）に出ている。訳註1－12を参照。

訳註6－3）'Jam は、「1）略説、2）広釈、3）区別のまとめを説明することの三つ」に区別している。

訳註6－4）D mDo-sde No.106 Ca 26b4-5; 大正 16 No.676 p.698a; Lamotte ed.1935, Ⅷ-4 p.89; 和訳　野沢静証『大乗仏教瑜伽行の研究』1957,pp.152-153;
※）don rags pa dang phra ba rnams 'byed pa'o/ 割註に、「その二つの〔義（意味）は、〕周遍伺察は〔粗大〕尋思するの〔と〕、周遍伺察は〔微細〕に伺察のを通じて、微細・粗大の義〔を弁別するのです。〕」という。
『同経』D Ca 26b4-5 に次のようにいう－
　　「彼は身の軽安と心の軽安それを得てから、まさに〔止住〕それこそに住する。心の形相を捨ててから、思惟したとおりの〔十二部の聖教の〕それら法を、内に等持（三昧）の行境〔である〕映像として妙観察する。勝解する。そのように等持（三昧）の行境〔である〕映像それらについて、所知の知それを簡択するし、極簡択するし、周遍尋思するし、周遍伺察するし、忍ずるし、欲するし、弁別するし、観ずるし、分別することそれが、勝観という。そのようならば、菩薩は勝観に善巧です。」

訳註6－5）D Sems-tsam No.4036 Dzi 134a1-4; P No.5537 Wi 162a6-7; Shukla ed.1973,p.367; 大正 30 No.1579 p.451b; 声聞地研究会『瑜伽論 声聞地 第二瑜伽処』2007, なし；割註より〔〕に補足した。
※1）割註に、「作意の所縁〔、心の〕体になった無分別の映像それこそを縁じてから成就した〔止住〕」という。
※2）割註に、「このように簡択する。何かを簡択する所依事の所縁は、」
※3）dpyod pa rnam par sbyong ba'i（伺察を治浄する）とあり、割註にもそうであるが、止住の章(Kyt ed.p.192; 拙訳『菩提道次第大論の研究Ⅱ』2014,pp.198-199）の「所縁一般の設立」に引用された遍満、浄行、善巧、浄惑という四種所縁の項目（これも『声聞地』を典拠とする）を考えて、spyod pa rnam par sbyong ba'i と読んだ。mChan Kha 368a6 でも spyad pa rnam par sbyong ba'i と出ている。
※4）割註に、「第二、極簡択は、浄行などの所縁それこそにおいて、あり方の相（特徴）が上のように住するそれが」という。

※5）割註に、「第三、周遍尋思は、如実と如量その二つを縁ずるその二つ〔智恵を具えた〕」という。
※6）割註に、「その二つを所依事（基礎）に取らえてから、所縁を個々に尋思する〔有分別〕」という。
※7）割註に、「それら所縁が各自現れるし、明瞭にすることのできる実物などの証因（しるし）を置いたような」という。
※8）割註に、「第四、周遍伺察は、上の智恵その二つを具えたそれを通じて、所縁〔である〕如実と如量の二つを作意するそれこそを所依事（基礎）に取らえてから、その所縁を妙観察する有分別それこそにより」という。

訳註6－6）D Sems-tsam No.4049 Ri 99a5-6; 大正31 No.1579 p.685b7ff.; 瑜伽行思想研究会編2003,p.582）に次のようにいう －
　　「勝観は何かというと、すなわち、諸法を簡択することと、極簡択することと、周遍尋思することと、周遍伺察することです。麁重と兆相の対治と、顛倒より出ることと、無顛倒に心を安住させるからです。」

訳註6－7）D Sems-tsam No.4079 Hi 155b2-4; 和訳　海野孝憲『インド後期唯識思想の研究』2002,p.291; この個所には、「これらの説明は、聖者マイトレーヤが説かれた『大乗アビダルマ集論』に、「勝観は何かというと、すなわちまたそれは、法を簡択する。極簡択する。周遍尋思する。周遍伺察する。（中略）」と説かれた。」といって、直前の訳註に示した教証を示している。

訳註6－8）'Jam に、「第二、勝観の入る門の力により三つを説明するには、三つ」と細分している。割註に「第二部類、勝観の門」という。

訳註6－9）D mDo-sde No.106 Ca 27b6-28a2; 大正16 No.676 p.698b; Lamotte ed.1935, Ⅷ-10 p.92; 和訳　野沢静証『大乗仏教瑜伽行の研究』1957,pp.215-216; 割註より〔 〕に補足した。
※1）割註に、「世尊に対してマイトレーヤは問うたのは、」という。
※2）割註に、「その問いの答えを世尊が説かれたのは、」という。
※3）割註に、「、〔すなわち〕兆相ほどにより随順した門」という。
※4）yongs su 'tshol ba; 長尾訳は「尋思より生じた」として、(paryeṣaṇāmayī) と示しているが、その梵語からしても「尋求」とあるべきである。『解深密経』の対応個所には、「佛告慈氏菩薩曰。善男子。略有三種。一者有相毘鉢舍那。二者尋求毘鉢舍那。三者伺察毘鉢舍那。」と翻訳されており、法尊の漢訳もそのまま示している。
※5）割註に、「、〔すなわち〕周遍尋求に随順した門」という。
※6）割註に、「、〔すなわち〕周遍尋求したのへ妙観察するのに随順した門」という。
※7）割註に、「〔すなわち〕兆相ほどにより随順したものそれ」という。
※8）割註に、「聞いたのと受持した法、または教誡を聞く聞智の〔等持〕」という。
※9）割註に次のようにいう －
　　「、等持の所縁境。『同経』（※）に「所知の事物と合致した映像、または心の映像という。その映像には有分別と無分別の二つの映像が有るうち、第一は勝観、そして第二は止住の所縁なので、ここには有分別の映像こそを等持の行境として取らえよう。ゆえに、等持の行境になった〔有分別の〕」
　　（※）経典自体ではなく、『同経』の註釈文献に見られる記述である。cf.野沢静証『大乗仏教瑜伽行の研究』1957,p.123,126
※10）割註に、「〔すなわち〕周遍尋求に随順した門」という。
※11）割註に、「これである－有分別の映像の何々の兆相を作意したところの兆相それぞれを通じて所知の所縁〔それぞれ〕」という。
※12）割註に、「〔すなわち〕周遍尋求について妙観察に随順する門」という。
※13）割註に、「上に説明したように作意した兆相それぞれを通じて、所知の所縁」
※14）割註に、「修所成の智恵それこそと、それの力により心も障礙よりの〔解脱〕」という。

訳註　6.勝観の諸相と止観双運　　515

訳註6－10）’Jam に、「第二、その三つの個々の入り方三つを説明するのは、」という。

訳註6－11）D No.4036 Dzi 134a5-b1; P No.5537 Wi 162a6-7; Shukla ed.1973,p.367; 大正
30 No.1579 p.451b; 声聞地研究会『瑜伽論 声聞地 第二瑜伽処』2007, なし；割註より〔〕に補足した。
※1）割註に、「正法〔である〕契経など（※）、自らが」という。なお、※は十二分教への言及と思
われる。訳註3－151を参照。
※2）割註に、「あるいは、善知識が教誡し教授する〔教誡〕の義〔である〕有分別の映像それこそ
の兆相ほど〔について〕」という。
※3）割註に、「上の界の地により包摂された心一境の作意の仕方それこそを通じて」という。
※4）割註に、「勝観の第一の門、聞の智恵を通じて」という。なお、尋思と称量と観察をするとい
うようなことは、道以前の基礎として本行の護りそだて方の部分（Kyt ed.p.77; 拙訳『菩提道次第大
論の研究』2005, p.139）に、『現観荘厳論』IV 53 より大乗の聖者の修道として言及され、伺察修の
重要性が言われている。
※5）割註に、「有分別の映像それこそについて、兆相ほどに従ったのではなく、」という。
※6）割註に、「勝観の第二の門、思の智恵を通じた」という。
※7）割註に、「前に聞を通じて兆相ほどを取らえたのを通じて縁じたし、思を通じて個々に伺察した、
〔決択したの〕から、決定されたそれこそ〔を〕、修の智恵により決択した〔そのとおりに〕」という。
※8）割註に、「勝観の第三の門〔すなわち〕前に思により〔周遍尋求した〕それこそ〔を〕」という。

訳註6－12）’Jam に、「第三、それらによる確認が明らかなことは、」という。
※1）割註に、「第一の門の場合に、無我の義」
※2）割註に、「第二の門の場合に、無我の義」

訳註6－13）’Jam に、「第三には、1）略説と、2）個々の説明と、3）六を縁ずるのを通じて三
に説明することとの〔合計〕三つ」と細分している。
※1）割註に、「上の第三部類、勝観の所依事として六つの区別を縁ずる勝観の尋求〔六種類は〕」という。
※2）割註に、「ここに義は句の義（言葉の意味）－〔すなわち〕浄行の所縁と善巧の所縁と浄惑の所
縁それらを句の所詮に為したそれこそを、尋求する。その尋求の仕方は、それら所縁の何か体と差別
を所詮にした〔この句〕により示された体と差別〔の義は〕」という。
※3）割註に、「〔この句の〕示したその所縁の体と差別の〔義〕」という。
※4）割註に、「これから始まって後の五は、所詮の義より義の差別を尋求することです。」という。
※5）割註に、「浄行などの所縁の義それらについて所縁〔これは〕」という。
※6）割註に、「ここに自相と共相の〔二つ。〕」という。
※7）割註に、「その尋求の仕方も、それら所縁について」という。
※8）割註に、「ここに分（phyogs. 品）は善と不善の品です。それら所縁について、善の品と不善
の品との二つに尋求する。その尋求の仕方は、」という。
※9）割註に、「各自の体の作業の悪しき果を導く〔過失〕を思惟するの〔と〕、その作業により導か
れおわった果の位の快くない領受の仕方の〔過患〕を思惟するのと、二〔を通じて〕」という。
※10）割註に、「各自の体の作業の善き果を導く〔功徳〕を思惟するの〔と〕、その作業により導か
れおわった果の位の快い領受の仕方の〔利徳〕を思惟するのと、二〔を通じて〕」という。
※11）割註に、「それら所縁について、三世を通じて尋求するのです。その尋求の仕方は、それら
所縁こそについて」という。
※12）割註に、「ここにそれら所縁について〔四つの道理〕を通じて尋求するのである〔うち〕」と
いう。すなわち、瑜伽行派で説かれる四種道理である。
※13）割註に、「果を通じて他を観待した（待った）ことが必要なさまを観察する。それもまた」という。
※14）割註に、「〔世俗〕も世俗を通じて観待したさまを尋求すること〔と、勝義〕もまた勝義を通
じて観待したさまを尋求すること〔と、〕世俗と勝義〔それらの所依事〕も所依事を通じて尋求する
こと。その三つ〔個々を通じて〕」という。

※15）割註に、「諸所縁各自の因として設立したそれこそその作業の効能を観察する。それもまた、火のようなものについて」という。

※16）割註に、「とき、火は法の体と、焼くのはそれの能作と、焼かれるのはそれの所作と、燃えた(tshig pa)はそれの能作または作業である〔など〕所縁の〔諸法が〕」という。

※17）割註に、「合理性('thad pa)はここに論証因または証因です。まさにその証因または論証因により、」という。

※18）割註に、「三つの〔量〕、〔すなわち〕教と現量と比量」という。すなわち、ディグナーガ、ダルマキールティ以前の瑜伽行派に見られる「古因明」の三量説である。

※19）割註に、「所縁の法それらの体と差別がこのようなものとして現れるこれは、妥当するのか、あるいは妥当しないのか、〔といって〕」という。

※20）割註に、「ということについて、ここに法爾（法性）は、諸法の体と所作・能作と住するさまは、このように出ているのは、それぞれの規則(srol)または在り方または自相であるので、例えば」という。

※21）火の熱さ、水の湿潤などはそれら大種（粗大元素）の自性であり、各々の業は、保持すること、包摂すること、成熟させること、増長させることであるとされている。『倶舎論自註釈』ad I 12（D No.4090 Ku 32a2-3; Pradhan ed.p.8; 和訳　桜部建『倶舎論の研究 界・根品』1969,p.159）を参照。

※22）割註に、「草のきわめて厚い掩いの上に住する灰白鳩の足跡が、その草の掩いの酪（ヨーグルト）の上に踏んだように生起するのなどと、仏陀などの神変の力により世界すべてを毛筋の管に入れることができるなどのように来るのは、」という。鳩の足跡の喩えについては訳註５－４７を参照。また「不可思議な法性」については、訳註３－１２２にも触れたが、『入中論の自註釈』（ad I 8; D No.3862 'A 227b7）に、大乗において法無我以外に説かれる内容として菩薩地、波羅蜜、誓願、廻向、二資糧、菩薩の力とともに出てくるが、それに対するジャヤーナンダの『復註』（D No.3870 Ra 76b4-5）には、「例えば、ガンジス河の砂ほど、髪一つの広さに多くの諸仏が居られる」ということなどを説かれたような神変の化作だ、という。」と説明している。

※23）割註に、「諸法が自性により空であるような」という。

※24）割註に、「例えば、腹が丸いなどのこれは、「瓶」と述べるとき、腹が丸いなどのそれこそを理由にしてから、瓶だと名づけるのは、まさにその理由こそにより、瓶の義（もの）がまさに完了したものなので、腹が丸いものなどについて、瓶と名づける理由それより他を尋求しても、意味が無いのと同じ。」という。仏教では一般的に語は意に従うものとされているが、言葉によりたとえ一つの対象に言及する場合でも、『集量論』V「他の除去」（D No.4203 Ce 10a4-5）には、「所詮は多く有るが、声により一切相を証得するわけではない。自らと関係する義〔である、それでないものだけ〕を断除する〔し理解させる〕のが言語の果である」などというように、言語の機能は限定的であり、言及対象の差別にまで関わるわけではないとされている。『量評釈』PV II 2 には、「語る者の為す対象、義であるものが、知においてきわめて明らかである。それについて声は量である。義の真実を因としたものではない。」という。同じく II 16 には、「表詮したいと欲することに支配されるから、諸々の声は何についても無いわけではない。それが有るので、義が成立しているのなら、すべて〔の者〕によりすべてが成立している。」という。II 147cd には、一般者である言葉は特定の因を欠いても生じうるものであり、根拠なく欲するがままに任意に名づけられるという 'dod rgyal(yadṛccha) のあり方が言及されている。III 227ab には、差別と有差別は、ただ話し手の述べようとする意欲に支配されて設定されるだけなので、実物として成立していないことが説かれている。

訳註６－１４）cf.『声聞地』D No.4036 Dzi 134b1-135a3; 大正 30 No.1579 p.451c-452a; 瑜伽行思想研究会編なし；なお、止住の章（Kyt ed.p.251; 拙著『菩提道次第大論の研究 II』2014,p.245）には、世間道を進む止住の内容として『声聞地』に説かれた七種の作意に言及しつつ、同じ六の所依事を縁ずることは、また他の個所にはたびたび勝観としても出ていることを語っている。

訳註６－１５）
※）「事物の辺際」は、ヨーガ行者の四つの所縁の一つ「遍満所縁」の四つ（有分別映像と無分別映像と事物の辺際と所作成弁）の一つであり、止住の章（Kyt ed.p.192; 拙著『菩提道次第大論の研究 II』

訳註　6.勝観の諸相と止観双運　　517

2014,p.199）に解説されているが、止住の章（Kyt ed.pp.175-176; 拙著同上 2014,p.186）には『ア
ビダルマ集論』を典拠として、「事物の辺際について如実と如量の二つとして説かれている」などと
言われている。

訳註6－16）D No.4036 Dzi 135a3-4; 大正 30 No.1579 p.452a; 声聞地研究会『瑜伽論 声聞地
第二瑜伽処』2007, なし；割註より〔〕に補足した。

訳註6－17）'Jam に、「第三、勝観の区別のまとめを説明することには、三つ」と細分している。
※）Kyt ed.pp.421-422（訳註6－4, 6－5の個所）に引用された『解深密経』と『声聞地』を参照。

訳註6－18）D No.4036 Dzi 135a4-7; 大正 30 No.1579 p.452a; 声聞地研究会同上 2007, なし。

訳註6－19）力励運転作意、有間缺運転作意、無間缺運転作意、無功用運転作意と漢訳された四つ
である。Kyt ed.p.189, B ed.p.487 とその訳註、あるいは Kyt ed.p.232, B ed.pp.535-536 の本文（cf.
拙著『菩提道次第大論の研究Ⅱ』2014 pp.196,415 note9,p.229）を参照。

訳註6－20）D No.4036 Dzi 133b7-134a1; 大正 30 No.1579 p.451b（声聞地研究会『瑜伽論 声
聞地 第二瑜伽処』2007. なし）に次のようにいう －
　　「そのようなら、それら作意は九種類の心の住の相続において止住の分です。そのように内の心
　　の止住を得たものであり、勝観に勉励するそれにおいて、それら四の作意は、勝観の分です。」
※）直後に引用される『般若波羅蜜教誡論』は引用部分の直後にも、「適宜、加行するが、順序のと
おりではない。」といい、必要性に応じてであることが言われている。

訳註6－21）
※1）割註に、「心をまさにその所縁に縁ずるのより他を伺察するなどの分別を〔何も〕」という。
※2）割註に次のようにいう －
　　「これは、無上〔ヨーガ〕の究竟次第でない三乗と〔仏教の〕四学説と真言のも三タントラ部と
　　無上〔ヨーガ〕の生起次第以下において同じです。『声聞地』と『修習次第初篇』と『真言道次第』
　　のように、ヨーガ・タントラ以下において、順序と修習の仕方はすべて同じであるからです。シャー
　　ンティパなどは多くのタントラの註釈により説明したし、口訣により成立しているからです。『道
　　次第小論』（※1）に、「これは声聞・独覚と波羅蜜乗の二つと、それもまた四学説とも共通で
　　あり、真言のタントラ部三つにおいても同じであることは、個々のタントラと、それらの註釈の
　　大作者（371b）のご主張は、『真言道次第』（※2）において説明しおわった。」というから、（※
　　3）「自己の立場は、無上ヨーガの場合にも、見の理解の生じ方は中観の本典に出ているように
　　必要であり、護り〔そだて〕方について、生起次第と究竟次第の後得の何らかの場合には、真実
　　を伺察してから作意することが有っても、身に要として打つ能力を得た究竟次第の者は、等至に
　　おいてそれこそを護〔りそだ〕るなら、見の上に安住させてから修習することが必ず必要ですが、
　　勝観の伺察は、他の本典に出ているようにしない。」というのと、証拠として、マンジュゴーシャ
　　の見の五つの口訣（※4）を説かれた五つを決定するなら、その場合に伺察修を安住させるつい
　　でに、見の上から〔心の専注した〕一境性の真実を修習することに安住させるし、と説かれたから。」
　　※1）Toh.No.5393 Pha 192b; 拙訳『悟りへの階梯』（改訂新版 2014）p.310; ツルティム・ケ
　　サン、高田順仁『中観哲学の研究Ⅰ』1996,pp.138-139
　　※2）Toh.No.5281 Ga 4b6-30a5, 和訳　高田仁覚『インド・チベット　真言密教の研究』
　　1978,pp.106-168
　　※3）Toh.No.5393 Pha 192b-193a; 拙訳『悟りへの階梯』（改訂新版 2014）p.310; 同上『中
　　観哲学の研究Ⅰ』1996,pp.140-141
　　※4）ツォンカパが成就法により成就してから直接的に質問したとき、マンジュシュリーが答え
　　た中観の見に関する事柄である。口訣の項目を含めて、訳註2－1に出したケードゥプ・ジェに

よるツォンカパの伝記『秘密の行状伝 *gSang ba'i rnam thar*』を参照。

訳註6－22）D Sems-tsam No.4079 Hi 156a2; 和訳　海野孝憲『インド後期唯識思想の研究』
2002,p.292; 割註より〔　〕に補足した。
※1）割註に、「〔完成した〕足跡〔より〕、煩悩を通じて堪能でないし寂静でない〔麁重の〕」という。
※2）割註に、「内住させることと正しく安住させることなど」という。
なお『般若波羅蜜教誡論』の続く部分（D No.4079 Hi 156a2-4）に次のようにいう －
　　「顛倒の兆相、顛倒の義（もの）が滅した相（特徴）であるからです。そのようにまた、止住と
　　勝観を修習したことにより、麁重と兆相の繋縛よりヨーガ行者は解脱することになる、と説かれ
　　た。この偈頌の意味は、適宜、加行するが、順序のとおりではない。よって、ヨーガと修習は異
　　門（別名同義語）であり、止住と勝観の双運はヨーガの共通の区別です。」

訳註6－23）止住の章（Kyt ed.p.173; D ed.305b-306a）のうち、「勝観の体」に引用された『解
深密経』を参照。拙訳『菩提道次第大論の研究Ⅱ』2014,p.184

訳註6－24）割註（'Jam?）に、「〔第一〕には、1）主張を述べることと、2）それを否定するこ
との二つ」と分けている。

訳註6－25）未確認。
※）割註に、「対境自らの住し方なので、対境の在り方と一致して、知もまた安住させるのが必要な
とき、」という。

訳註6－26）割註（'Jam?）に、「第二、それを否定するには、1）その主張の仕方を否定することと、
2）それに従ったものを否定することと、3）それらの共通の分別すべてを兆相の執だと主張するの
を否定することと、三つ」という。その第一についても十項目に細分している。
※1）B ed.de ltar na shes kyang とあるが、他の版は de ltar ma shes kyang である。
※2）割註に「のか、問う」という。
※3）割註に、「、そのように成立していないのを成立していないと知るのを通じてである〔ならば〕」
という。
※4）割註に、「〔取らえていない〕ことに〔より〕、前に説明したように（※）、伺察の対境と伺察者
などについて、伺察することにより獲得しないそれこそが、正理により侵害される意味だと取らえて
から、それらは」という。（※）Kyt ed.p.278,p.401 の記述を参照。
※5）Kyt ed.bzungs としたが、割註、B ed. に bzung sa と明示されているのを採る。
※6）割註に、「〔外道者〕においても、何とも分別しない修習が有るので、外道者〔の止住〕」という。
※7）割註に、「と、同様に悶絶と熟睡の場合と無想などにおいても、空性の修習が有ることになる
など」という。

訳註6－27）tsom 'jog は、ニンマあるいはゾクチェンなどの用語法である。先に、大士の道次第
の六波羅蜜を論ずる個所で、ハシャンが善い分別も悪い分別もすべて否定したことに対して、カマ
ラシーラが批判した文脈（Kyt ed.p.59; 訳註7－12の個所；cf.拙著『菩提道次第大論の研究Ⅱ』
2014,p.316 註12）にも出てきた。この後、Kyt ed.p.430（訳註6－49の※2の個所）にも出てく
る。割註には、次のようにいう －
　　「この tsom 'jog は、漠然と安住させる（had de 'jog）と同義です。the tshom（疑い、猶予）
　　と the tsom というのも正しい聖教に両者が多く出ているので、例えば、心は疑惑のさまが（※）
　　残るなら、心において何も確認無く空であると残るようなものであるので、疑惑のさまに安住さ
　　せる、または、心の分すべて一纏めについて、何であってもそうだと、利那に安住させることに
　　ついて、tshom ste 'jog pa（無確定に安住させる）、といったとしてもいいが、漠然と安住させ
　　ることは、知のどんな安住のさせ方であっても、そうだと利那に分別し、安住させることを言う

ので、これは後者と一致するのです。」

※）the tshom mer; mer は lha mer（照耀）の場合などと同じく状態を表す。

『道次第大論の表記註釈 brDa bkrol』Toh.No.6569 Ka 49a2-3 には、「tsom 'jog は、漠然と安住させることと同義です。〔すなわち〕心において何も確認無く疑いのさまが空っぽに残ったようなものについて、tsom 'jog、そして、知の安住させ方は、これである、これでない〔という〕ことが無くて、漠然として（lha thad de）、集散を遮止してから安住させることを、漠然と安住させる、と説明している。」という。

訳註6-28）特に、直前に挙げたハシャンへの批判の個所（Kyt ed.p.59）を参照。

訳註6-29）訳註6-27を参照。

訳註6-30）D dBu-ma No.3917 Ki 61b1-62a1; Tucci ed.,1971,pp.13-15; 和訳　一郷正道ほか『瑜伽行中観派の修道論の解明-『修習次第』の研究-』2011,pp.111-112; 割註より〔 〕に補足した。直前の訳註に指摘したハシャンへの批判の個所（Kyt ed.pp.59-60; 拙訳『菩提道次第大論の研究Ⅱ』2014,p.65-66）を参照。
※1）割註に、「、自性を有する、または自体を有する」という。
※2）乗（skt.yāna）を捨てることが智（skt.jñāna）を捨てることにつながるとされており、『法華経』などの梵語文献において言われるこの二つの言葉の交替が、ここでは発音だけでなく意味からも見られるようである。なお Se ra rje btsun pa 著『現観荘厳論の総義・遊戯海』rGyan 'grel sPyi don Rol mtsho, stod cha 中国蔵学出版社 1989 p.530）に、「大乗」の定義として『大乗荘厳経論』ⅩⅨ 59,60 により、乗であり、なおかつ所縁、二行、智慧、精進、方便善巧、成就、事業の七大性を具えたものとしているが、そのうち大なる智慧は二無我の証得とされている。
※3）割註に、「、方便すべてを端ほども余さず完全に」という。例えば、「大士の道次第」のうち、「方便・智恵の各々を学んだことによって仏陀は成就しないことを説く」科段において、『一切法方広総持経』より六波羅蜜の修習が必要なことが論じられている個所（Kyt ed.pp.64-65; 拙訳『菩提道次第大論の研究Ⅱ』2014,pp.68-69）を、参照。そこは『修習次第』にも引用された教証に基づいた議論であり、方便の分が不可欠であることが説かれている。
※4）割註に、「あなたが大乗すべてを完全に捨てたさまは、」という。
※5）割註に、「智恵と方便より別に大乗の修証されるべきことは何も無いので、」という。なお、『道次第大論』大士の道次第のうち、六波羅蜜の行（Kyt ed.p.58ff.）に関して智恵と方便の双修が必要なことが説かれている。そのうち Kyt ed.62（拙訳『菩提道次第大論の研究Ⅱ』2014,p.67）には、『伽耶山経』より、「諸菩薩の道は要約すると、この二つです。二つは何かというと、すなわち方便と智恵です。」という個所が引用されている。
※6）bdag gi lta ba;「我見」とも見えるが、割註に「、〔すなわち〕自らの見こそを」といい、「見取」と理解している。訳註5-134を参照。
※7）割註に、「最高に悪い義（意味）として上界と解脱の命を奪うにあたって」という。
※8）割註に、「怖れるべきであり、恐怖のこのようなもの」という。
※9）割註に、「誰であり、何を承認したことにより、過失がそのように生起するかを」という。

訳註6-31）D mDo-sde No.109 Ca 288b7-289a1; P No.777 Ngu 317a6-8; 大正 14 No.464 『文殊師利問菩提経』p.482c10-12; 大正 14 No.465『伽耶山頂経』p.485b13-16; No.466『象頭精舎経』p.488b7-10; No.467『大乗象頭山頂経』p.491a17-20;『新国訳大蔵経 阿闍世王経 文殊師利問経他』1994,p.395;『修習次第初篇』(D No.3915 Ki 25b4-5; Tucci p.504; 和訳　一郷正道ほか同上 2011,p.16)、『同中篇』(D No.3916 Ki 52b3; Goshima,1983,pp.65-67; 和訳　一郷正道ほか同上 2011,pp.89-90)、『道灯論自註釈』(D No.3948 Khi 277a1, 和訳 望月海慧「ディーパンカラシュリージュニャーナの『菩提道灯論細疏』和訳(6)」(『見延論叢』8,2003)p.5,cf.note12; 望月海慧『全訳 アティシャ 菩提道灯論』2015,p.123)、『教次第大論』(TRch.lHa-sa ed.346a6) に引用。

※1）引用の形態より、『教次第大論』ではなく『修習次第』からの引用であることが、分かる。cf. 拙著『解脱の宝飾』2007,p.353
※2）割註に、「〔すなわち〕智恵の分との二つです。」という。

訳註6－32）D dKon-brtsegs No.47 Ka 103a5-6; P No.760 (3) Tshi 117b3-4; 大正11 No.310-3
『大宝積経』「密迹金剛力士会」p.43b; No.312『如来不思議秘密大乗経』p.705c25

訳註6－33）
※1）lta sgom;「見・修」の併記とも見えるが、割註に「〔見〕を修習する〔修〕」とあるのを採った。
※2）割註に、「了義の修習において差別（ちがい）が有るなら、行ほどの差別が有ると語ったそれでは充分でないので、」という。
※3）割註に、「分別により為された施与などは、輪廻に繋縛するから、施与など」という。
※4）これもまた、上に言及した「大士の道次第」のうち『一切法方広総持経』の引用個所を参照。
※5）'Jam に、「そのように主張するのを聞く者にとって、」という。

訳註6－34）'Jam「第二、それに従った者を否定するには、八つ」と細分している。以下の論述の一部分は、四津谷孝道「中観帰謬派における分別の否定」（『インド論理学研究』Ⅶ,2014）pp.221-222 に、分別重視の特徴として言及されている。
※1）ハシャンの立場に同調した事例として、ニンマ派の教義を大成したロンチェンパ（Klong chen pa dri med 'od zer. 1308-1363)の主張がある。拙著『菩提道次第大論の研究Ⅱ』2014,pp.316-318;『中観哲学の研究Ⅲ』2001, pp.310-311,319-321 を参照。
※2）割註に、「外の戯論が生起した各々の後に、各々の対治により遮止することが必要であるから、」という。
※3）割註に、「、戯論を外に (phyir) 断ずることができる」という。
※4）'byams pa; 法尊「唯於名言漂流随轉」、長尾「漂流するに過ぎない」
※5）割註に、「聖者ナーガールジュナ、アーリヤ・デーヴァ、アサンガ、ヴァスバンドゥ、ディグナーガ、ダルマキールティと、彼ら〔などの〕」という。ジャムブ洲を美しくする荘厳、すなわち中観の荘厳であるナーガールジュナとアーリヤ・デーヴァ、アビダルマの荘厳であるアサンガとヴァスバンドゥ、量の荘厳であるディグナーガとダルマキールティ、という六人の大学者をいう。教えの最高の根本である律蔵に精通した二人、シャーキャプラバとグナプラバという「最高の二人」と併記することが多い。
※6）割註に、「相執の知それにより、顛倒について実在のように作為した」という。
※7）'Jam に、「アーリヤ・デーヴァは「対境において無我が見えるなら、有の種子は滅することになる」というのと、チャンドラは「我がこれの対境だと証得してから、ヨーガ行者は我を否定する」ということなどを聞かない愚者の誇張（rbad ham）なので、」という。出典は『四百論』XIV 25cd と『入中論』Ⅵ 120 である。各々、訳註3－154、訳註1－53の個所を参照。

訳註6－35）D dBu-ma No.3917 Ki 63a3-5; Tucci ed.,1971,pp.17-18; 和訳　一郷正道ほか『瑜伽行中観派の修道論の解明－『修習次第』の研究－』2011,p.114; 割註より〔〕に補足した。
※1）止観の修習を戦闘に喩える例としては、アティシャ著『大乗道成就法集句』(D No.3954 Khi 302a6-7) に見られる。訳註6－110を参照。
※2）割註に、「〔すなわち〕怖れに耐えがたい ('jigs sran chung ba'i) 人」という。
※3）割註に、「、耐えがたい人が敵が見えるなら、眼を閉じてから坐っている」という。
※4）割註に、「煩悩の方軌を了解する智慧の〔眼〕」という。
また、『教次第大論』TRCh lHa-sa ed.378b4-5（第8章「真実の修習に入ることを説明する」）に次のようにいう－
　　「それゆえに、ヨーガ行者は智慧の眼を開いて、智恵（般若）の刀剣により煩悩の敵より正理すべきですが、盲人と臆病者が手を垂らすことはすべきでない。『宝雲経』（※1）にも、「勝観に

より観察してから無自性を観察することが、無相に入ることです。」という。（※２）」

※１）Kyt ed.p.435（訳註６−６９の個所）を参照。

※２）この後にも『入楞伽経』、『経集』、『梵天所問経』の教証が示されている。

訳註６−３６）D mDo-sde No.96 Kha 231b6-7; P No.764 I 262b8-263a1; 大正 17 No.817『大淨法門経』p.821c1-2; No.818『大荘厳法門経』p.830a17-18;『教次第大論』TRCh（lHa-sa ed.378a3）に引用。

訳註６−３７）

※１）縄における蛇の錯覚の喩例については、訳註３−４５を参照。

※２）訳註１−２６を参照。

※３）'Jam に、「『入中論』に、「『論』において伺察は争論に執着するためになさらなかった。解脱のために真実を示した。」と説かれたことなどが多いから。」という。『論』というのは『入中論』において『根本般若中論』のことをいう。引用個所は『入中論』VI 18ab（D No.3862 'A 291b4; La Vallée Poussin ed.p.231; 小川一乗『空性思想の研究』1976,p.250）である。

訳註６−３８）XIV 25cd（「辺執の否定を修習することを説示する」, v.350cd）；すでに Kyt ed.p.330 に引用されている。訳註３−１５４を参照。割註より〔〕に補足した。

※１）割註に、「無明または我執により縁じられる」という。

※２）割註に、「〔我、すなわち〕自らの側から成立した自性〔が無いことが〕」という。我を自性の同義語とする解釈については、訳註３−２３に引用したブッダパーリタを参照。

訳註６−３９）VI 116ab; D No.3861 'A 210a1;『同自註釈』D No.3862 'A 291a5-6; La Vallée Poussin ed.p.229; 和訳 小川一乗『空性思想の研究』1976,pp.248-249; 拙著『中観哲学の研究V』2002,p.143; 瓜生津・中沢『入中論』2012,p.213; 割註より〔〕に補足した。

※）割註に、「自・他などよりの生と常・断などの辺執の〔分別〕」という。

訳註６−４０）VI 120cd; D No.3861 'A 210a5;『同自註釈』D No.3862 'A 292a7; La Vallée Poussin ed.p.233; 和訳 小川一乗『空性思想の研究』1976,p.253; 拙著『中観哲学の研究V』2002,p.145; 瓜生津・中沢『入中論』2012,p.215; 対境と有境のうち後者がまず否定されるべきことについて、訳註４−７９を参照。

訳註６−４１）II 222-223ab; Y.Miyasaka ed.*PRAMĀṆAVARTTIKA-KĀRIKĀ*（『インド古典研究 ACTA INDOLOGICA II 1971/1972』）pp.32-33; 拙訳 『チベット仏教 論理学・認識論の研究I』2010,p.205; 木村俊彦『ダルマキールティ 宗教哲学の研究』1987,pp.174-175; 割註より〔〕に補足した。II 222 は『教次第大論』TRCh lHa-sa ed.439a2-3 にも引用。

※１）割註に、「我は過失あるものと修習したことなどにより」という。

※２）割註に、「貪・瞋などそれにより執らえられたとおりの過失・功徳」という。

※３）割註に、「〔すなわち〕無いことが如理に見えたことを通じて」という。

この偈頌は、ツォンカパ著『観の小論 *lHag mthong chung ba*』（拙著『ツォンカパ 中観哲学の研究I』1996,pp.26-27; H ed.159b）の「我執それを断除したいと欲するものは、無我の見を尋求すること」の個所に引用してから、次のように論評されている −

　　「外側の所断〔すなわち〕刺（とげ）が刺さったようなそれを抜き出すなら、それにより執らえられた対境を論破するのを待っていなくて、針のようなものにより根本より抜き出すように、内の心の上の所断を断除するなら、そのようにするのでなくて、けれども、我執のようなそれにより対境にどのように執らえられた義（もの）それが無いことが見えてから、断除することが必要だと説かれた。」

『道次第』への引用に関しては、木村誠司「ツォンカパと『量評釈』「量成就」章 k.222ab について」

（『駒沢大学仏教学部研究紀要』48,1990）は、さらに『善釈金鬘』K ed.Tsha 188b1-2,『根本般若の釈論・正理海』K ed.Ba 186 2-5 を挙げて、その重要視を論じている。また、上の Kyt ed.p.328 の訳註３－１３９に関する割註には、否定対象のなかでは主に対境を否定することを述べる個所で、引用されている。また類似した内容では、『入中論』VI 34 において、空性は損滅により否定するのなら、有る事物が滅して無くなる因になってしまうことは道理でないと批判しており、槌（ハンマー）などが瓶の滅する因であるのとは異なっているということも言われている。

訳註６－４２）'Jam は、「第三、それらの共通の主張を否定するには、十」といって、細分している。
※）顕わになったものは、現量の対象、隠れたものは比量の対象である。煩悩には倶生のものと遍計されたものとがあるが、そのうち、見所断である遍計された煩悩を種子そのものから再び生じないように断じて法性を現前にしたことにより、見道は成就される。だから、無我ないし空性の義は、資糧道、加行道の凡夫は比量により理解するが、見道の聖者は現量により証悟する。

訳註６－４３）
※）例えば、『量評釈』I 340 に、「ヴェーダは量〔であること〕と、何者かが造ると語る、沐浴より法を主張するのと、種姓を語る傲慢、罪悪を破るために苦行を行う、ということが、智恵が混乱した愚か者の証因（しるし）五つである。」といい、これは元来、インドのヴェーダ論者など外道者を批判する内容であるが、ゲルク派との論争におけるサキャ派批判としても転用される。Klong rdol ラマ（和訳 白館戒雲「ロンドルラマ著『『量評釈』など因明所出の名目』」『大谷大学研究年報』56,2004,p.41）に次のようにいう －
> 「ギャルツァブ・タルマリンチェンが、正覚と解脱のきわめて隠れた因果、我執を否定した否定の分を、正理により決択できないと言うようなものである。量により伺察した義を量により否定することは、ゲルク派は比量により成立している。サキャ派は教・論理により否定するようなものである。事物の力の境について教により義（事柄）を立証すると主張する。ゲルク派は、自体の不成立は比量により成立しているが、サキャ派は自性により成立した成立の程度を説示する経の教証を引用しているようなものである。智恵の混乱した愚か者の証因（しるし）の三つである。」

木村誠司「『量評釈』の帰敬偈について」（『駒沢大学仏教学部論集』20 1988,）p.127 には、サキャ派の Shākya mchog ldan(1428-1507) の Tshad ma chos 'byung（『量の歴史』The Complete Works vol.19)Dza 37a7-37b3 の「一切智者を立証する正理そのすべても究極的には教に依存するものにすぎない。なぜなら、教に依存せずにそれらの証因の三相は成立しないからである」などという一節を、紹介している。これは、『量評釈』PV IV 48 に「比量は自らの行境について教を待っていることは無いことを説明した。〔比量〕それにより成立したそれは、良く成立した。そのとき論書を待っているわけではない。」、IV 53 に「伺察したすべてについて〔諸々の〕論書を取らえる、というこの流儀は、何により造られたのか。それは学説が無い者たちが、煙により火を証得することにならない。」といった内容に対立すると思われる態度である。

訳註６－４４）III 99cd; Y.Miyasaka ed.PRAMĀṆAVARTTIKA-KĀRIKĀ（『インド古典研究 ACTA INDOLOGICA II 1971/1972』）pp.54-55; 戸崎宏正『仏教認識論の研究 上』1988,pp.173-174; 拙訳『チベット仏教 論理学・認識論の研究II』2011,p.25; 原典では、否定証因に依った関係の証因に関する記述であり、III 99ab に、「無いことについて、まさにそれこそその量が無いことを、証因として述べたこと〔それは〕」という。割註より〔〕に補足した。類似した内容としては、『量評釈』PV I 27 には、「喩例についてそれの〔自〕体と因の事物それらを知らない者に対して説く。賢者たちに対しては論証因のみを表詮するにすぎない。」という。また IV 266 には、「現れるのが見えないなら、「無い」という言説これが成立しているので、それは果であるけれども、それより知と声が疑いなく成立する。」という。
※１）言説のみを立証するとは、それにつながるべき意味を知っているが、明確にその意味を理解していないときにそれを知らしめることである。拙著『中観哲学の研究III』2001,p.343 には、『中観光明論』D No.3887 Sa 135a6-7 の用例とともに示しておいた。cf. チャンキャ著『学説設定 Grub

訳註　6. 勝観の諸相と止観双運　　523

mtha'i rnam par bzhag pa gsal bar bshad pa thub bstan lhun po'i mdzes rgyan』(Krung go'i bod kyi shes rig dpe skrun khang,1989 p.273ff.; Varanasi 1970,pp.396-400)

※２）割註に、「瓶のようなものが有るなら、現れるべきものが認得されない義それが、成立したなら、それには無いとの言説を設けることは、迷妄な者、」という。

※３）gnag rdzi mo は「牛飼い女」かもしれないが、『入中論の自註釈』(D No.3862 'A 254a5-6) の nag rdzi dang bu med という用例を参照した。

訳註６－４５）

※１）割註に、「さらにまた、あなたの主張する異生（凡夫）も現前に証得する空それは、真実ではないが、あなたが主張するように、それが」という。

※２）割註に、「〔白斑〕を有するが、黒斑などの和合したその畜生は、」という。

※３）割註に、「設定しないので、そのようなそれは、牛の言説を立証する証因として」という。

※４）割註に、「それを、その相（特徴）として成立したなら、あなた」という。

訳註６－４６）分別を離れた、ないし、ヨーガ行者の現量といった用語については、ディグナーガ著『集量論』に重要な用例がある。まず I 3cd（訳註３－２６を参照）に次のようにいう　－
　　「名と種類などとして結びつける分別を離れたものが現量。」
同じく I 6-7ab (D No.4203 Ce 2a1-2;『同自註釈』D No.4204 Ce 15b5-16a2; M.Hattori, *Dignāga, on Perception*.1968,pp.180-181,92-95; 和訳　武邑尚邦『仏教論理学の研究』1968,pp.185-190; 戸崎宏正『仏教認識論の研究 上』1988,p.337) には、自証知 (svasaṃ vid, tib.rang rig pa) について、次のようにいう　－
　　「意もまた義と貪などの自証知は無分別である。ヨーガ行者たちの、師による教えの、混合していない義ほどを見ること。分別も自証知だと主張する。義についてそうではない。それは分別だから。」
さらに、ヨーガ行者の現量については、ダルマキールティ著『量評釈』 II の特に 147 以下に、ヨーガ行者が修習対象として四聖諦こそを伺察して現証すべきことが定義を含めて議論されている。例えば、タルマリンチェン著『量評釈の釈論・解脱道作明 *Thar lam gsal byed*』ad III 281ab (H ed.281b) には、次のように説明されている　－
　　「真実の義を縁じた止観双運の等持を修習する力により真実の義について、分別を離れた無錯誤の知識は、加行道の〔世〕第一法以下において真実の義を縁じた止観双運の等持を修習したことにより、〔世〕第一法の位において得られる等持その増上〔縁〕から、見道の第一刹那の真実の義を現前に証得する勝観の智慧が生ずるようなもの。」

訳註６－４７）

※１）割註に gang rung zhig tu だが、他の諸本は gang rung gcig tu とある。

※２）割註に bsgoms par、B ed.sgom par、D ed.bsgom par; 直後の同様の用例を考えるなら、D ed. が好ましいと思われる。以下、煩雑なので省略するが、割註はこの表記にすることが多い。

訳註６－４８）'Jam は、「１）主張を述べることと、２）それを否定することの二つ」とする。

※）未確認。

訳註６－４９）'Jam は「第二、それを否定することには、四つ」と細分している。

※１）割註に、「その人が菩提心を修習することほどでは、その見を修習したことにならない。了義の」という。

※２）割註に、「〔分別しない〕のを通じて、因相を思惟すべき決定が全く無い〔無確定の安住〕、漠然と安住させること」という。tsom 'jog については、註６－２７を参照。

※３）例えば、Kyt ed.pp.176-177,241-243 の記述（拙訳『菩提道次第大論の研究 II』2014,pp.187,237-239）を参照。

訳註6－50）'Jam は、「1) 主張を述べることと、2) それを否定することの二つ」とする。

※1）未確認。シャン・タンサクパである可能性も考えられる。

※2）'Jam に次のようにいう－

「これについて、見を護りそだてるとき、合間合間に伺察したなら、見は鋭利で明瞭です。聖者の国（インド）の諸々の『修習次第』（※1）と、特に主尊（Jo bo）〔アティシャ〕父子は『青冊子 Be bum sngon po』（※2）のように主張なさるからです。ジュニャーニャガルバの『瑜伽修習』（※3）に、「いつか睡眠の闇により抑えられて、所縁より心を退けるものが生ずるとき、法を行ずる相〔である〕勝観の心を高めて、空性に等至しよう。あるいは、諸々の対境の伺察により掉挙になったなら、それもまた空性を伺察することにより、それを縁ずるのを捨てて、止住を具えたものにしよう。」というのから、「そのように力が何か有るかと、どのように欲するかと、わずかな時にも等至するために、たびたび自らの心について如実に自性を観察してから」というのと、主尊の『〔菩提〕摩尼鬘』（※4）に「萎縮した心が生起したとき、心を高めよう。常に空性を修習しよう。」というのと、多くの修習次第に説明されているからです。」

※1）例えば、カマラシーラ著『入瑜伽修習』（D No.3912 Ki）の記述は訳註6－52を参照。等至と後得の境位において止観を繰り返し修習することが必要なことは、本論の六波羅蜜・四摂事の議論の末尾（Kyt ed.pp.168-169; 拙著『菩提道次第大論の研究Ⅱ』2014,pp.180-181）にアティシャの言葉を紹介しつつ議論されている。なお、著者問題は別として、中観部に分類される典籍には、ナーガールジュナ著 D Toh.No.1b1-4a3、アシュヴァゴーシャ著 D Toh.No.3912 Ki 15a6-16b3、カマラシーラ著 D Nos.3915-3917 Ki 22a1-41b7,42a1-55b5,55b6-68b7、Nag po 著 D No.3920 Ki 71a2-72a1、dGe ba'i go cha 著 D No.3921 Ki 72a2-72b4、ジュニャーニャキールティ著 D No.3922 Ki 72b5-77b3、マハーマティ著 D No.3923 Ki 77b3-79b7、Karo 著 D No.3933 Ki 125b1-148a7 は、題名の一部分に「修習次第」という名称を持っている。

※2）ポトワなど初期カダム派の語録である。Mi rigs dpe skrun khang,1991; Toh.No.6970 に未確認。

※3）D No.3904 Ki 5a4-5,7; 文言は原典を中心に翻訳した。和訳　生井衛「西蔵文『瑜伽修習道』和訳」（『仏教学会報』2,1969）pp.36-37

※4）D No.3951 Khi 295b1-2

訳註6－51）thu re; cf. 拙著『菩提道次第大論の研究Ⅱ』2014,p.427 訳註87;『道次第大論の表記註釈 brDa bkrol』Toh.No.6569 Ka 49a3 に、「thu re は勢いが間断しないこと。」という。

訳註6－52）'Jam は、「1) 主張を述べることと、2) それを否定することの二つ」とする。

※1）割註に、「〔でもない〕ので、見を護り〔そだて〕方の過失すべてを離れたものである〔から。〕」という。

※2）'Jam に次のようにいう－

「〔なぜなら、〕ここに空性の勝観について、合間合間に空性を伺察することが大きいのと、また安住修との二つを関係させるし、修習することが必要であることを、〔カマラシーラ著〕三つの『修習次第』と、ジュニャーニャガルバ、シャーンティパなどが説明しているから。主尊〔アティシャ〕の『大乗成就法〔集句〕』（※1）にもまた、「等至した時に、止住・勝観は等分であり、それを継続的に修習しよう。」というのと、カマラシーラが『入瑜伽修習』（※2）に、「〔有る無しを越えたそのような対境について〕智もまた有る無しを離れたそのようなものにより、認得無く修習しよう。よって、合間合間に心が心を観察して、所縁に心が入るとしても、同じく自然に起こるのを造作すべきことが無い、真実こそについてきわめて明らかに住しよう。」と説かれたから。」

※1）D No.3954 Khi 302b2; 和訳 望月海慧『チベット仏教におけるラムリム思想の基盤に関する研究［改定増補版］』2005,p.58; より詳しくは訳註6－110を参照。

※2）D No.3918 Ki 70a1-2; 和訳　生井衛「西蔵文『入瑜伽修習』和訳（1）」（『仏教学会報』1,1968）p.32; 翻訳にあたっては原典を優先した。

訳註　6.勝観の諸相と止観双運　　525

訳註6－53）'Jam は、「1）示すこと、2）説明することの二つ」に分けている。

訳註6－54）'Jam は、「1）見において伺察・安住の両者の修習の仕方と、2）伺察修は分別なので、適切でないと取らえるのを否定することと、3）止住が成就した後に勝観を伺察してから修習することを、偉大な学識者・行者たちが説明した仕方と、4）成就した意味（結論）は自己の立場、および派生したことと、〔合計〕四つ」といい、その第一についても二つなどとさらに細分している。

訳註6－55）D mDo-sde No.106 Ca 34b5-6; 大正 16 No.676 p.701b22; Lamotte ed.1935, Ⅷ-32 p.110; 和訳　野沢静証『大乗仏教瑜伽行の研究』1957,p.350; 割註より〔 〕に補足した。
※1）割註に、「マイトレーヤが質問したのは、」という。
※2）割註に、「その回答を説かれたのは、」という。
※3）割註に、「止住と勝観その二つは、順次に」という。

訳註6－56）D mDo-sde No.106 Ca 35a3; 大正 16 No.676 p.701c3; Lamotte ed.1935, Ⅷ-33 p.111; 和訳　野沢静証同上 1957,p.351; この引用は直後の『那羅延所問経』とともに、『修習次第中篇』に見られる。
※）ma thos pa（聞かない）とあるのは『修習次第中篇』による。他方、『解深密経』そのものには ma thob pa（得ない）とある。cf. 一郷正道ほか同上 2011,p.72 note292

訳註6－57）D mDo-sde No.134 Na 92b2; 大正 12 No.382『集一切福徳三昧経』p.995b27-28; 訳註1－12に訳出した『修習次第中篇』を参照。この教証は、『集学論』（D No.3940 Khi 106a6-7; Bendall ed.p.189 ll.7-8; 大正 32 No.1636 p.112c10-11）、『修習次第中篇』D No.3916 Ki 46a3-b1; Goshima ed.1983,p.25; 和訳　一郷正道ほか同上 2011,p.72）に引用されているが、直前の『解深密経』の二つの教証のうち後者と合わせて引用している事例は、『修習次第中篇』に見られる。

訳註6－58）'Jam は、「第二、伺察修は分別なので、適切でないと取らえるのを否定することには、七つ」と細分している。
※1）未確認。
※2）'Jam に、「いけない。〔すなわち〕四の勝観の個所に尋思・伺察の二つを説明したし、同じく六の尋求と三門を説いた〔うちの〕第一と第二の両者において尋思・伺察が有るが、思い込みの分別それより大きいから、そして聞・思により」という。
※3）割註に、「聞・思により決択するときの分別それこそも、特に求めて」
※4）'chad pa（講説）と rtsod pa（争論）と rtsom pa（著作）というこの三つは、学者の三つの仕事（mkhas pa'i bya ba gsum）とされるものである。
※5）'Jam に、「これは、教・正理による伺察すべてを証得しないものを証得させるものだけだと取らえた迷妄の自在天です。〔なぜなら、〕修習の仕方について、証得しおわったのがさらに増大する修習と、垢の二つを治浄するために多くの教・正理により伺察してから修習することなどは、決定しないから。」という。

訳註6－59）
※1）割註に、「力が大きくなったのを通じて」という。
※2）割註に、「修習期間がだんだん長くなったのを通じて」という。
※3）割註に、「形相を伺察する伺察の仕方により確立された無我の義の差別の〔形相〕」という。
※4）割註に、「決定の力のその相続こその所依事が次第に確立されたのを通じて」という。
※5）割註に、「その力により、障を断除する力が最高に増大するし、堅固であるのと速やかであるの〔など〕」という。

訳註6－60）I 49ab; Y.Miyasaka ed.PRAMĀṆAVARTTIKA-KĀRIKĀ（『インド古典研究

ACTA INDOLOGICA Ⅱ 1971/1972』）pp.120-121; 拙訳 『チベット仏教　論理学・認識論の研究Ⅲ』2012,p.39;　英訳 S.Mookerjee & H.Nagasaki, *The Pramāṇavārttikam of Dharmakīrti, An English translation of the first chapter with the autocommentary and with elaborate comments.*1964,pp.110-111; 割註より〔　〕に補足した。なお『量評釈』Ⅰ 204 にも、「相違する事物が有るならまた、〔否定対象〕それが有ることに対して侵害するから。それと相違するものを認得することは、まさに無いと決定することになる。」という。

※１）割註に、「その二つは一つ所縁において取らえ方が直接的な相違（矛盾）として起ったのを通じて」という。直接的相違については訳註１－３７を、それによる肯定と否定については訳註４－２３を参照。

※２）割註に、「、その対治を数習したことにより、過ちの根本〔である〕我執を根本より抜き出すことができる。」という。

※３）割註に、「義を決択したほどに置いておかず、正理により如理に伺察するのを通じて」という。

※４）各々、否定の証因と肯定の証因を意味する。否定の証因は、自性の不認得、あるいは因の不認得、能遍の不認得といった不認得の証因である。肯定の証因は、果の証因と自性の証因である。

※５）具体的に特定できないが、科文を見ても、「～を思惟する」という科段が幾つもある。

訳註６－６１）'Jam は上と少し文言が異なるが、「第三、止住〔が成就した〕後に〔勝観を〕伺察してから修習することを、日月のような多くの学識者・行者たちが説明した五つの仕方」といって、細分している。

訳註６－６２）VI 120d; D No.3861 'A 210a4;『同自註釈』D No.3862 'A 292a7; La Vallée Poussin ed.p.233; 和訳　小川一乗『空性思想の研究』1976,p.253; 拙著『中観哲学の研究Ⅴ』2002,p.145; 瓜生津・中沢『入中論』2012,p.215; VI 120 はすでに p.265 （訳註１－５３の個所）に引用されている。

※）「ヨーガ行者」の語釈について、拙著『菩提道次第大論の研究Ⅱ』2014,pp.401-402 に、クンタン・コンチョック・テンペードンメ（1762-1823）の論述、最勝子等諸菩薩造『瑜伽師地論釈』大正30 No.1580 などの説明を提示しておいた。

訳註６－６３）割註に lta bu'i dpyad pa rnams とあるが、直後の説明や、他の版より lta bu を lta ba と読むべきだと思われる。

訳註６－６４）D dBu-ma No.3855 Dza 4b1-2; 第３章「真実の智を求める」v.21;『同論の註釈・思択炎』D No.3856 Dza 58a6-7; 和訳は次註を見よ。割註より〔　〕に補足した。

　なお『中観心論』ないし『同註釈・思択炎』は、上の四句不生の個所で自立論証を使用するものとしてたびたび引用され批判されているが、他方、ツォンカパ著『入中論の釈論・意趣善明 *dBu ma dGongs pa rab gsal*』(H ed.Toh.No.5408 Ma 17b2-3; P No.6143 Ca 17b3; cf. 拙著『中観哲学の研究Ⅴ』pp.38-39) に、『中観荘厳論』や三篇の『中観修習次第』とともに、甚深と広大の道を要約して説く典籍として挙げられているように、『道次第大論』でも道以前の基礎、小士の個所、中士の個所においては何度も引用されている。

訳註６－６５）D No.3856 Dza 58a7-b2; P No.5256 Dza 61b8-62a3; 和訳　野沢静証「清弁造『中論学心髄の疏・思択炎』「真如智を求むる」章第三(Ⅲ)」(『密教文化』29/30,1954) pp.10-11; 上の『中観心論』Ⅲ 21 を承けて直後の D No.3856 Dza 58a7-b3 に次のようにいう －
　　「ということは、いつか彼の心の知恵が等至した等持（三昧）が生じたその後に、言説の門より取らえるべきもの〔である〕(58b) 世俗諦の方軌により設立される法〔すなわち〕地と水と火と風などの事物〔である〕堅さと湿潤と熱さと動揺（※）などこれらについて、智恵によりこのように観察しよう。
　　　　知により伺察したなら、これらは勝義として有るのかどうか。(v.22ab)

ということは、彼が知恵により観察するなら、これら事物は勝義としても妥当するのか。あるいは、どのようなのか、と。

　　もし、そうであるなら、これは真実。もし他ならば、それを尋求しよう。(v.22cd)
ということは、もしひとまず勝義としても諸法のこれら自性が有ることが道理であるなら、そのようなら、これら事物こそは勝義の真実です。もし、これらが観察に耐えないから、これらより勝義の真実が他であるなら、立場への偏りの無い知恵それを、尋求しよう。」(以下、省略)
　※) 大種すなわち粗大元素の定義への言及である。訳註6－13の※21を参照。

訳註6－66) 発菩提心に始まって、菩提心の儀軌を説いた後で、第6章「忍波羅蜜」、第7章「精進波羅蜜」、第8章「静慮波羅蜜」というように諸波羅蜜の次第どおりの記述を承けて、第9章「智恵波羅蜜」の冒頭 (IX 1ab) に、「これら支分すべては智恵のために説かれた。」という。cf. ツルティム・ケサン、桜井智浩『中観哲学の研究VI』2009,pp.174-175

訳註6－67)
※1) B ed.、D ed. より Kyt ed. に log par (誤って) とした。割註には logs par (別に) であり、法尊「莫作異観」も後者に従ったようである。ここでは文脈より後者を採った。
※2) 'Jam に、「〔伺察〕をすることこれは、前に四の偉大さの個所 (※) にサンブタなどにより説明したそれなどは」という。『道次第大論』序論の教誡の偉大さ四つを示した個所 Kyt ed. (上巻) pp.13-14 (拙訳『菩提道次第大論の研究』2005,pp.93-95) を参照。しかし、そこは止観の次第というより道全般の規定が語られていて、「伺察」という言葉さえ出てこない。「サンブタなどにより説明した」というなら、むしろ、止住の個所において止観の次第を論じたものとして Kyt ed.pp.224-225 の記述 (cf. 拙訳『菩提道次第大論の研究II』2014,pp.224-225) を参照すべきであろう。

訳註6－68) D dBu-ma No.3916 Ki 49b6-50a2; Goshima ed.1983,pp.45-47; 和訳　一郷正道ほか『瑜伽行中観派の修道論の解明－『修習次第』の研究－』2011,pp.82-83; 割註より〔〕に補足した。
※1) 割註に、「そのように〔彼は〕空性を修習することをヨーガとしてたびたび為すそのとき、」という。
※2) 割註に、「彼の心が他に散るなら、散るところの対境または〔処〕」という。
※3) 割註に、「散るところの対境と散る者の心の自性を尋求する者の〔どんな心〕」という。
※4) 割註に、「散るところと散る者が自性により空だと」という。
※5) 割註に、「〔すなわち〕諦執の戯論を離れた真実を修習する仕方〔に〕」という。

訳註6－69) D mDo-sde No.231 Wa 92a4-5; P No.897 Dzu 98a1-3; 大正14 No.489『除蓋障菩薩所問経』p.741b17-22; 大正16 No.658『宝雲経』p.233b20-23, No.659『大乗宝雲経』p.270a8-13, No.670『大乗宝雨経』p.319a27-b4;『修習次第後篇』(D No.3915 Ki 58b3-5; Tucci ed.1971,p.7; 和訳　一郷正道ほか同上 2011,p.105)、『教次第大論』TRCh (lHa-sa ed.377a4-5,378b4-5) にも引用。カマラシーラ著『入無分別陀羅尼の広註』D mDo-'grel No.4000 Ji 131b3-4 にも引用。
　※) sems 'phro zhing/ sems mngon par dga' ba'i gnas とある。経典には、sems 'jug cing sems mngon par dad pa'i gnas (心が起こるし、心が信ずる処) とある。『道次第大論』のこの部分での用語法は、『教次第大論』TRCh 377a4 での『宝雲経』の引用と一致している。この『経』を典拠とした『教次第大論』の記述とともに、訳註6－129を参照。

訳註6－70)
※1) 事物と無事物の否定に関しては、『二万五千頌般若波羅蜜経』などに見られる四空性の第一、第二、有体空性 (bhāvaśūnyatā)、無体空性 (abhāvaśūnyatā) にも出てくる。cf.『入中論』VI vv.219-220
※2) 割註に、「の上の諦成立の〔事物が無いこと〕の空性それもまた」という。
※3) 割註に、次のようにいう－「この二つの喩例・意味もまた、例えば、「石女と子」というそれへ、前に自らの見・聞が何も無いなら、石女と子の分別が生ずることはありえないし、石女の子との分別

は全く無い者に、「石女の子これは無い。」という思いが生ずる方便も無いので、彼において「石女の子それが無いこのことこそは有る。」と取らえることが、どこに有るのか。同じく事物の諦成立は全く見られないのを通じて、それの分別は全く無い者に、「諦成立が無いことこれは有る。」という知が生ずることが、どこに有りうるのか、という。」

※4）割註に、「事物または無事物が諦だと取らえることどれか」という。

※5）割註に、「諦だと取らえること」という。

訳註6－71）例えば、『修習次第初篇』D No.3916 Ki 34b6-35a3（Tucci ed.p.214; 和訳　一郷正道ほか『瑜伽行中観派の修道論の解明－『修習次第』の研究－』2011,pp.38-39）に次のようにいう －
「それゆえに、等至の智恵により観察したなら、一切法は認得されないことであるそれこそが、勝れた非認得です。ヨーガ行者たちの止住の場合のそのような相（特徴）それは、自然成就です。彼の彼方を見るべきこと〔である〕他は無いからです。寂静は有るのと無いのなどを分別する相（特徴の）戯論すべてが（35a）寂静したからです。このように、いつかヨーガ行者が智恵により観察したなら、事物の自性は何も認得しないそのとき、彼には事物との分別は生起しない。無事物を分別することも、彼には無い。もし仮にも何か事物が見られていたなら、そのようなら、否定したことにより、事物が無いとの分別が生起する。いつかヨーガ行者が智恵の眼により観察したなら、三時においても事物は認得されないそのとき、何かを否定したことにより、事物が無いと分別する。同じく、他の〔諸々の〕分別もそのとき、彼には生起しない。有るのと無いのとの分別二つにより、分別すべてを遍充するから。能遍が無いので、所遍も無いから。」
これと同様な文章は、『修習次第後篇』D No.3917 Ki 58b7-59a1（Tucci ed.1971）p.8; 和訳　一郷正道ほか同上 2011,pp.105-106）にも見られる。なお次の段落については、四津谷孝道「中観帰謬派における分別の否定」（『インド論理学研究』Ⅶ,2014）pp.221-222 に、分別重視の特徴として言及されている。

訳註6－72）'Jam は、「1）争論と2）回答の二つ」に分けている。
　分別から無分別智への移行に関しては、以下に引用される『修習次第』だけでなく、『道灯論』（D No.3947 Khi 240b1-4）、『同自註釈』（D No.3948 Khi 2821a1ff.; 和訳　望月海慧「ディーパンカラシュリージュニャーナの『菩提道灯論細疏』和訳（6）」（『見延論叢』8,2003）p.23; 再録　望月海慧『全訳 アティシャ 菩提道灯論』2015,p.136）にも、中観の正理により空性の智恵を修習し、それにより分別を捨てることと、その捨てたことが涅槃であることが主張されている。

訳註6－73）'Jam は、「第二、回答」を、「1）そのものと、2）それも無分別智と随順するさまと、3）『経』より兆相を行ずることと住しないことの意味を説明したことと、4）諦執の思い込みの対境を否定する仕方と、5）大きな車（学軌）の立場のとおり必要なさまと〔合計〕五つ」とする。その第一についても、三つに細分している。

訳註6－74）D dKon-brtsegs No.87 Cha 133a7-b1; Staël-Holstein ed.(repr.1977)pp.102-103; 大正 11 No.310-43『大宝積経普明菩薩会』p.634a-b; 大正 12 No.352『大迦葉問大宝積正法経』p.208a; 和訳　長尾雅人、桜部建『大乗仏典9 宝積部経典』1974,p.55; 割註より〔〕に補足した。
　『教次第大論』TRCh lHa-sa ed.379a1（第8章「真実の修習に入ることを説明する」）にも引用される。『教次第大論』3786-7 には次のようにいう －
「聞・思により妙観察したとおりに数習することこそが修習ですが、他にではない。馬に走路を教えてから走らせたようなもの（※）。それは分別の自性であっても、正理を思慮する智恵は如理作意であるから、無分別智に転依を得る。」
※）『道次第大論』の序論（Kyt ed.p.17; cf. 拙訳『菩提道次第大論の研究』2005,pp.96-97）にも聞思修の次第についてこの喩えが用いられており、典拠として『修習次第』が挙げられている。

訳註6－75）D dBu-ma No.3916 Ki 49b4-6; Goshima ed.1983,p.45; 和訳　一郷正道ほか『瑜伽

訳註　6.勝観の諸相と止観双運　　529

行中観派の修道論の解明－『修習次第』の研究－』2011,pp.81-82
※１）割註に、「〔自性〕が現れるそれは在り方がどのようであるか、事物の分〔を〕」という。
※２）割註に、「〔妙観察し〕伺察したなら、勝義として無いことを知って〔から〕」という。
※３）割註に、「では、どのように修習するのかは、彼ら愚か者は、何をも伺察しなくて」という。
※４）割註に、「その愚か者においては、心を内に摂めたほど以外、対境を観察したのを通じて決定知を生じさせる〔智恵の〕」という。
※５）割註に、「、互いに擦るべき二つの木〔を〕」という。なお、擦り木を擦った火の喩えについて、『修習次第後篇』(D No.3917 Ki 64a4-5; Tucci ed.,1971,p.20 ll.8-11; 和訳　一郷正道ほか同上2011,p.116) にも同様に言い、『宝積経』を典拠としている。すなわち －

> 「無分別の正しい智慧の火が生起したなら、二の木を擦ったことより火が生起したので、その二つの木を焼いたのと同じく、それもまた後でその二により焼かれることになる、と『聖宝積経』にも宣べられた。」

また、カマラシーラ著『入無分別陀羅尼の広註』D mDo-'grel No.4000 Ji 132a2-3 にも同じ喩えが用いられている。訳註６－９７を参照。
※６）割註に、「、功用（努力）により擦り合わせたのより生じた」という。

訳註６－７６）
※１）割註に、「〔因〕、有漏の道を修習することそれと、〔果〕、無漏の道〔二つ〕」という。
※２）割註に、「し現前に見られるから、ただそれほどにより因が果を生じさせることに相違（矛盾）するとは取らえていない。」という。

訳註６－７７）IX 36; D mDo-sde No.127 Da 27a7-b1; Vaidya ed.1961,p.49 ll.19-26, 大正 15 No.639『月燈三昧経』p.558b7-10; 和訳 田村智淳『三昧王経 I 』1975,pp.161-162; 割註より〔〕に補足した。『道次第大論』「観の章」冒頭（Kyt ed.p.256）への引用を参照。
※）割註に、「修習者のヨーガ行者彼が、諸〔法において〕二〔我が〕見られることが無くなるそのように、正理により全く〔無いことを〕」という。

訳註６－７８）D dBu-ma No.3917 Ki 64a3-4; Tucci,1971,p.20; 和訳　一郷正道ほか『瑜伽行中観派の修道論の解明－『修習次第』の研究－』2011,p.116; 割註より〔〕に補足した。

訳註６－７９）'Jam に、「第二、『経』より兆相を行ずることと住しないことの意味を説明したこと」を、三つに細分している。

訳註６－８０）例えば、『現観荘厳論』I 31cd-32ab（順決択分の忍に関する個所）に関連する『二万五千頌般若波羅蜜経』(D No.3790 Ga 151b1-2; T.KIMURA ed.2007,p.179 ll.29-30; 大正 7 No.220 (2) p.50b6-7) を参照。ハリバドラの科文つきの『同経』D No.3790 Ga 150a1-3 には、菩薩大士が方便不善巧により我が智度を行ずる、または無我だと思うなら、兆相を行ずる。そのように行ずる者は智度を行ずると思うなら、兆相を行ずる。それが菩薩大士の方便不善巧だと知るべきだと説く。cf.『荘厳光明』U.Wogihara ed.AAA.1973,p.53; 大正 8 No.228 p.588ab
※）割註に、「〔無我である〕ことが、自性により有るのと、諦として成立している、〔といって〕、空と無我も諦成立を対境にして取らえて、」という。

訳註６－８１）割註より〔〕に補足した。典拠については、割註に「『八千頌』など」というので、『八千頌』を調べてみると、ほぼ一致する部分が確認できる。すなわち、D Sher-phyin No.12 Ka 5b4-5; P.L.Vaidya ed.p.5; 大正 8 No.228 p.588b; 和訳　梶山雄一『大乗仏典２ 八千頌般若経 I 』1974,p.16) である。
※１）原典には、「世尊よ、これもまた菩薩大士の智恵の波羅蜜を知るべきです。世尊よ、さらにまた」などという。

※2）割註に、「他者の利益と正等覚を成就する勇気の思惟が特別に広大なので、」という。これは sems dpa' chen po（摩訶薩、大士）に関する有名な語義解釈に見られる。すなわち、ハリバドラ著『荘厳光明』(Wogihara ed.AAA.p.22,13-16; D No.3791 Cha 17b7-18a2) に、「ボーディサットヴァ・マハーサットヴァ（菩薩摩訶薩）」という名称について次のようにいう ―

「ボーディ（正覚）すなわち一切法に無執着な自利の円満へのサットヴァ、すなわち思惟を有する者がボーディサットヴァである。〔では、〕声聞もそのようになる、というなら、〔さらに〕マハーサットヴァと説かれた。大きな利他の円満へのサットヴァ（心）を有する者彼らが、マハーサットヴァである。他になる大なることは、外道の勝れた者においても有るので、ボーディサットヴァ、と語ったのです。」

cf. 真野龍海『現観荘厳論の研究』1972,pp.63-65; 梶山雄一「般若思想の生成」(『講座大乗仏教 2 般若思想』1983)p.44; 石川美恵『二巻本訳語釈』1993,p.34; 平川彰『初期大乗仏教の研究Ⅰ』1989,pp.279-285

※3）原典には、「怖がらず、萎縮せず、怯えず、消沈にならず、これの意（こころ）が振り返らず、挫かれて振り返らない。恐れず、恐怖せず、恐怖を持つことにならないなら、菩薩大士は智恵の波羅蜜を離れていないと知るべきです。」などという。

訳註6－82）D No.21 Sher-phyin Ka 145a4-5; 中村元、紀野一義『般若心経 金剛般若経』1960,p.178 ll.7-8; 割註より〔〕に補足した。

※1）割註に、「あり方がどのようであるかを如理に伺察する正理により観察して、獲得されないなら、それら諸法は対境の上に成立した〔自性〕」という。

※2）割註に、「または顛倒なくどのように住するかの義を」という。

訳註6－83）Ⅶ 3abc; D Sher-phyin Ka 6a6-7; Yuyama ed.1976,p.35; 拙訳『チベット語訳『宝徳蔵般若経』の和訳研究』(『法談』52,2007) p.84; 割註より〔〕に補足した。

訳註6－84）

※）割註に、「〔諦だと〕執らえたそれにより繋縛されるので、諦執が止滅するのを通じて、諦だと〔執らえない〕」という。

訳註6－85）'Jam は、「第四、諦執の思い込みの対境を否定する仕方」をさらに十三に細分している。

訳註6－86）D dBu-ma No.3917 Ki 62b6-7; Tucci ed.1971,p.17; 和訳 一郷正道ほか『瑜伽行中観派の修道論の解明－『修習次第』の研究－』2011,p.113; 割註より〔〕に補足した。

※）一郷正道ほか同上は「正法に対し」と和訳するが、この従格 las はそこに出典があることを示すものと考えた。法尊訳にも「故正法中凡説無念及無作意」という。

訳註6－87）D dBu-ma No.3917 Ki 63a6-b3; Tucci ed.1971,p.18; 和訳 一郷正道ほか同上 2011,p.114; 割註より〔〕に補足した。

訳註6－88）Kyt ed.p.435（訳註6－69の個所）に引用されたものの取意かと思われる。なお、一郷正道ほか同上 2011,p.114 note440 は、大正 16 No.658『宝雲経』p.224b9-13 の同趣意の文章を指摘している。

訳註6－89）D mDo-sde Ca 101a5-6; B.Nanjo ed.1956,p.115 ll.9-11; 大正 16 No.672『大乗入楞伽經』p.604b26-27; 和訳 安井広済『梵文和訳 入楞伽経』1976,p.104; 原典のチベット語訳には、blo gros chen po 'di ltar rang gis blos rnam par dpyad na rang dang spyi'i mtshan nyid kyis dngos po mi rigs pas na/ de'i phyir chos thams cad ngo bo nyid med pa zhes bya'o/（マハーマティよ、このように自らが知により伺察したなら、自と共の相により事物が道理でないので、ゆえに一切

法は無自性である、という。）などとある。割註より〔〕に補足した。

※１）割註に、「菩薩マハーマティに対して世尊が」という。

※２）B ed.,D ed.mi rtogs te、割註 mi rtog ste（分別しない。〔すなわち〕）

※３）割註に、「知により観察したなら、ということなど『経』に説かれたそれらの意味は、」という。

※４）割註に、「修治していないので、」という。

※５）Kyt ed.chung du を chung ngu に訂正する。

※６）割註に、「法の多くの方軌へ聞・思により入ることができない」という。

※７）割註に、「私たちは聖教の方軌を〔多く聞くことを〕」という。

※８）割註に、「、いつの時もそれら『経』に説かれたこと〔それ〕ら」という。

訳註６－９０）

※１）例えば、『現観荘厳論』Ⅰ 28（順決択分の頂の個所）には、「色などに住しないこと。」とも出ている。それに関連する『二万五千頌般若波羅蜜経』（D No.3790 Ga 133b7ff.; T.KIMURA,2007,p.161 l.22ff.; 大正 7 No.220 (2) p.47a20ff.; ハリバドラの科文つきの『同経』D Ga 134a2-7）には、智度を行ずる菩薩は、色から識（五蘊）、眼から意（六根）、色から法（六境）、眼識から意識（六識）、眼の和合、触、その縁により生じた受から、意の和合、触、その縁により生じた受、地界から識界（六大）、無明から老・死など（十二支縁起）について、住すべきではないと説かれる。同じく、D No.3790 Ga 134b1ff. には、色即是空、空即是色と述べてから色など五蘊、眼など内の六処、色など外の六処、眼識など六識、眼の和合、触など六、眼の和合、触の縁による受など六、地界など六大、無明など十二支縁起、四念住から八支聖道、如来の十力から仏十八不共法、施与から智恵の波羅蜜、字音の現成・一への表詮・二への表詮・別異への表詮、諸々の神通についても、同様に説く。

※２）一切法の列挙であり、十万頌、二万五千頌の『般若波羅蜜経』に数多く見られる。般若学において、それらは百八にまとめられるが、そのうち五十三が雑染法、五十五が清浄法である。具体的には訳註２－７を参照。

※３）割註に、「で、言説としても住するのが適当でない〔なら〕」という。

※４）直前に指摘した五十五の清浄法に含まれる。

訳註６－９１）このような不可知論を批判する議論は、Kyt ed.p.342 に引用された『思択炎』（訳註３－２３８の個所を参照。）の「勝義はおよそ知恵すべてを越えている」という文言に関しても見られる。また、自立論証派において勝義諦を異門の勝義諦と非異門の勝義諦とに分けたとき、後者はいかなる知恵の対境にもできないとされている。『道次第小論』（Toh.No.5393 Pha 187a-b; 拙訳『中観哲学の研究Ⅰ』pp.120-123）を参照。帰謬派に分類されるシャーンティデーヴァの『入菩薩行論』Ⅸ 2（cf. ツルティム・ケサン、桜井智浩『ツォンカパ 中観哲学の研究Ⅵ』2009,pp.180-181）にもまた、「世俗と勝義これが二諦だと主張する。勝義は知の行境ではない。知は世俗であると述べる。」という。これに関してはタルマリンチェン著『入行論の註釈』（H ed.Toh.No.5436 Na 116a-b; 和訳 ツルティム・ケサン、桜井智浩『中観哲学の研究Ⅵ』2009,pp.176-179,220-221;『青史 Deb sngon』での記述はツルティム、桜井同上 p.338 を参照）に、トゥッルン（sTod lung）のギャマル（rGya dmar）などが、勝義諦は分別知と無分別知のどのの対境としても妥当しない。知恵と知恵の対境であるなら、世俗諦であることが遍充するなどと説いたことが言われ、批判されている。これに関して、ツォンカパ著『入行論智恵品の註釈 sPyod 'jug Shes rab le'u'i ṭīkka Blo gsal』H ed.Toh.No.5411 Ma 3b4-4a3, K ed.Ma 4a4-b3 にも、二諦の議論に付随して、次のようにいう－

「このうち、「知」というのは、1）ただの知（blo）ほどと、2）言説のものと、3）勝義の知との三つのどれについていうかと思うなら、前に二つをいうし、それもまた、ただの知ほどをいったなら、行境ではない。差別（限定）を適用することが必要なので、その方軌は、『父子相見経』（※１）に、声（ことば）・知の対境ではないことを説かれたのと同じなので、その意味は、どのような知であっても、それにより勝義を現前に量るとき、二の法など二の現れを有していながら、それを現前に対境にすることはできない。二の現れの戯論が没したのを通じて、それを現前に量ることが必要であるからです。よって、勝義を証得する量の対境になったのが、勝義の相（定義）。

特定の言説の知をいったなら、仏陀の智慧すべてと、有学の如実を証得する知を除外した（※２）、如量を量るすべては、無明により汚染されているので、それにより勝義を如実に対境にすることはできない。汚染された〔眼、汚染されていない眼により〔虚空に〕毛髪と無毛髪を〔見る〕ように。『入中論』（※３）に説かれたとおりに〔二諦の〕区別と語釈などを広汎に知るべきです。」

※１）直後の『入中論の釈論・意趣善明』を参照。

※２）ma rtogs（を証得しない）とあるが、文脈より ma gtogs と読んだ。

※３）VI 23 以下を参照。

ちなみに『入行論』IX 35 に関するタルマリンチェン著『入行論の註釈』（H ed.Toh.No.5436 Na 127a-b; 和訳　ツルティム・ケサン、桜井智浩『中観哲学の研究VI』2009,pp.220-221）にも、ギャマルは、住し方が現前になったとき、能知も所知も無いことが『入行論』と『二諦分別論』の主張と考えてから、「私は所知が無い知識と所量が無い量を知らない」と言い、自らは諦空が諦成立だと主張したことを、伝えている。元に戻ると、ツォンカパ著『入中論の釈論・意趣善明 dBu ma dgongs pa rab gsal』ad VI 23（lHa-sa ed.Toh.No.5408 Ma 97a2ff.; 和訳　小川一乗『空性思想の研究II テキスト・翻訳篇』1988,pp.393-395）に広く二諦を論じている。その一部分であるが、上の『入行論』IX 2 の引用した後、Toh.No.5408 Ma 97b6-98a4 に次のようにいう －

「（前略）二諦のこの確認は、(98a)『集学論』（※１）に引用された『父子相見経』（※２）に「そのうち、世俗は世間の行ずることを如来は見られる。勝義であるそれは、表詮しえない。知られるものでない。識別されるものではない。遍知されるものではない。表示されない。」などと説かれた意味を、『入行論』に提示した。そのうち、勝義は知られるものではないと説明したことの意味は、後で『入二諦経』の引用（※３）を説明するであろうように、知の対境にならないのです。そのように設定しなくて、何の知の対境でもないなら、勝者は世俗と勝義〔である〕空性の一切相が現前になったので、一切智者と設立されると説明しているのと相違（矛盾）する。後にも多く説明することになる。」

※１）D No.3940 Khi 142b4-5; Bendall p.256; 大正 32 No.1636 p.125b

※２）D No.60 dKon-brtsegs Nga 60b5-6; 大正 11 No.320『父子合集經』p.942a1-3

※３）cf.『入中論の自註釈』ad VI 29; D No.3862 'A 255b7ff.; La Vallée Poussin ed.pp.110-111; 和訳　小川一乗『空性思想の研究』1976,pp.104-105

cf.『〔入行論〕智恵品の憶え書 Shes rab le'u'i zin bris』H ed.Toh.No.5399 Pha 4b2-5

※１）割註に、「〔自ら〕の領受力により取らえたのを通じて〔証知される〕」という。なお、岸根敏幸『チャンドラキールティの中観思想』2001,pp.103,117-119 には、チャンドラにおける自内証の用例が集められ、それが特に仏陀や聖者による勝義の認識に関連していることが、指摘されている。

※２）割註に、「聖者が領受力により決定したそのとおりに、〔他〕の人〔、異生たちによっては〕、思惟される対境を越えているので、」という。

訳註６－９２）

※１）割註に、「〔自らにより〕領受の力だけにより〔証知されるべき〕」という。

※２）割註に、「さらにまた、甚深、勝義諦について顚倒、諦成立だと取らえたのを通じて」という。

訳註６－９３）D dBu-ma No.3917 Ki 63b7-64a2; Tucci ed.1971,pp.19-20; 和訳　一郷正道ほか同上 2011,p.116; 割註より〔〕に補足した。

※）一郷正道ほか同上 2011,p.116 note449 によると、梵文は prapañca（戯論）であり、チベット語訳は tshig である。

訳註６－９４）D dKon-brtsegs No.87 Cha 130b2-3; Staël-Holstein ed.（repr.1977）pp.82-83; 大正 11 No.310(43)『大宝積経普明菩薩会』p.633c; 大正 12 No.353『大迦葉問大宝積正法経』p.206c15-18; 和訳　長尾雅人、桜部建『大乗仏典 9 宝積部経典』1974,p.45; 割註より〔〕に補足した。

※１）割註に、「〔中〕の義が如実に住する〔道〕筋より他に動じなくて悟入する勝れた方便」という。

※２）割註に、「自性により成立した〔我が無い〕」という。

訳註　6.勝観の諸相と止観双運　　533

※3）割註に、「同じくその法において体により成立した〔有情〕」という。以下、「マヌの子」までどの項目にも「体により成立した」という限定が適用されている。

※4）マヌ生まれ（漢訳「意生」）、マヌの子（漢訳「儒童」）これらは、インド神話における人類の始祖マヌから生じたものとして「人」を、意味する。我の異門（別名同義語）でもある。訳註1－21を参照。

※5）割註に、「その方軌のように妙観察すること〔これが〕」という。

※6）割註に、「二辺に堕ちないことへ悟入する方便により」という。

訳註6－95）D dBu-ma No.3915 Ki 34a2-4; Tucci ed.1958,p.212; 和訳　一郷正道ほか『瑜伽行中観派の修道論の解明－『修習次第』の研究－』2011,p.37; 割註より〔〕に補足した。

※1）割註に、「このように、正理により妙観察してから何の法も正理の側には成立していないのを通じて」という。

※2）割註に、「に安住したなら、作意が無いことほどであっても、それにより色などに諦の思い込みは永久に断除することができない〔ように〕」という。

訳註6－96）D mDo-sde No.142 Pa 2b; P No.810 Nu 2b; 大正15 No.654『入無分別法門経』p.805b; これは直接的な引用ではなく取意ではないかとされている。cf. 一郷正道ほか同上 2011,note174; 上山大峻『敦煌仏教の研究』1990,p.626 11-13; 松田和信「Nirvikalpapraveśadhāranī」（『仏教大学総合研究所紀要』3,1996）p.94,101; なお、上山大峻『敦煌仏教の研究』1990,pp.457-459 には、施護による漢訳より敦煌で出土した本のほうがペルツェクなどのチベット訳に一致しているとされている。この経典については、アティシャ著『菩提道灯論』（D dBu-ma No.3947 Khi 240b3）にも、「この正法において勝者の子（菩薩）が無分別に思惟したなら、往きがたい分別を越えて、次第に無分別を得るであろう。」という一節が引用されている。和訳　望月海慧「ディーパンカラシュリージュニャーナの『菩提道灯論細疏』和訳(6)」（『見延論叢』8,2003）p.27; 再録　望月海慧『全訳 アティシャ 菩提道灯論』2015,p.187; 拙訳『解脱の宝飾』2007,p.403; またアティシャの師の一人ラトナーカラシャーンティ著『般若波羅蜜教誡論』にも、般若波羅蜜の修習の個所の、無分別智の修習を解説する場所（D Sems-tsam No.4079 Hi 159a6,b5-6）に、この『陀羅尼』が引用されている。cf.海野孝憲『インド後期唯識思想の研究』2002,pp.304-305

訳註6－97）D mDo-'grel No.4000 Ji 123a3-145b5; 例えば、D Ji 131a5-b3 に次のようにいう －
　「ここにおいて、作意しないことは作意が無いことほどでない。無いのは無事物なので、何の因の事物としても妥当しないからです。正しく妙観察することが無くては、現れた色などの兆相を作意することはできないからです。その作意より他〔である〕非作意でもない。色など他〔である〕何をも作意しない誤謬になるからです。それらの対治ではない。よって、作意それと相違するもの〔である〕正しく妙観察することの相（特徴）〔である〕非作意であるそれこそが、非作意だと意趣なさった。（131b）相違の意味により否定するのを取らえるから。非親友と虚偽などのように。または、非作意は果となったから、正しく妙観察することは、非作意の前に設けることにより述べた。果ほどを示したことによっても、含意によって、それをすべきと顕わです。そのようなら、諸々の兆相を断除できる。すなわち、無明の力により顛倒の形相により色などの兆相が現れるのを、ヨーガ行者が妙観察したなら、いつか認得しないとき、〔諸々の〕思い込みを断除するからです。それらを断除したなら、無相をも証得する。」
また、D Ji 131b7-132a3 にも、『三昧王経』（本論の「観の章」冒頭（Kyt ed.p.256）への引用を参照。）の「もし法において無我を妙観察し」などと引用してから次のようにいう －
　「この『陀羅尼』にも「どのように住それらを観察したことにより、無分別の界に悟入するか、というなら、」と後から（※）説かれた。よって、正しく妙観察する相（特徴）がここに非作意だと意趣なさった。それは、分別の自性であるが、けれども、それこそより生起したもの〔である〕正しい智慧の火により、それを焼くことになる。二つの木を擦ったのより生起した火により、その二つの木が焼かれるように。よって、無分別の智慧を生じさせたいと欲する者は、正しく妙

観察する相（特徴）〔である〕勝観を、初めに修習しよう。それにより、諸々の兆相を断除することになる。」

※）D Ji No.4000 142b1ff.; cf. 海野孝憲『インド後期唯識思想の研究』2002,pp.348-349

訳註6－98）'Jam は「第五、大車の立場のとおりすることには、五つ」と細分している。
※1）Kyt ed.steng は stong の誤字である。
※2）割註に、「なら、所遍計（分別構想されたもの）それを否定した、実物が別異の所取・能取について空である」という。
※3）割註に、「アサンガの本典により決択された唯心派の〔その立場の〕」という。
※4）lugs 'di の 'di（これ）という近指詞は直前の内容を指示すると考える。
※5）'Jam に、「経・真言の両者についても」という。すなわち、顕教と密教の両者についてという意味である。

訳註6－99）本論 D Sems-tsam No.4079 Hi 133b7-162b1、P No.5579 と、また同様の内容と名称をもった『般若波羅蜜修習教誡論』D Sems-tsam No.4078 Hi 131b3-133b7, No.4076、P Nos.5570,5580 については、和訳研究として、海野孝憲『インド後期唯識思想の研究』2002,p.191ff. があり、海野 2002,pp.191-196 に Peking ed. により詳しい科文が提示されている。ここでは海野 2002, に従いつつ、D No.4079 Hi と P No.5579 の主要な科段のみを挙げておくなら、0）帰敬偈 D Hi 133b7-134a2, P 151a5-7、1）序文 D Hi 134a2-134a6, P 151a8-152a3、2）尽所有性の聞所成の智恵 D Hi 134a6-b6, P 152a3-b3、3）尽所有性の思所成の智恵 D Hi 134b6-135a7, P 152b3-153a5、4）如所有性の聞所成の智恵 D Hi 135a7-144b4, P 153a5-163b6、5）如所有性の思所成の智恵 D Hi 144b4-154b2, P 163b6-175a5、6）般若波羅蜜の修習 D Hi 154b2-162a6, P 175a6-184b6、である。これら六項目のうち、2）から5）は唯心派の立場での見の決択に関するものであり、6）は止観の修習が詳説されている。

訳註6－100）「乗すべてに善巧である」との表現が直接的に確認できたのは、『無尽意所説経』（D mDo-sde No.175 Ma 120a3,126b7-128b1;『阿差末菩薩経』大正 13 No.403 p.596b22-23,597c12ff.;『大方等大集経無盡意菩薩品』大正 13 No.397（12）p.196c19,198b12-c20）である。そこでは、六波羅蜜の第六、智恵の対境として八法（蘊・界・処・諦・縁起・三世・乗すべて・法すべて）への善巧が挙げられているうちの第七である。これに関して、ヴァスバンドゥ著（とされる）'Phags pa Blo gros mi zad pas bstan pa'i rgya cher 'grel pa（聖無尽意所説の広釈）D No.3994 Ci 147a2-5 に次のようにいう－

> 「三世に善巧であることを説明した後に、乗すべてに善巧であることを教えたので、教えたとおりに説明したいと願われて、そのうち、菩薩の乗すべてに善巧であるのは何かというと、と問うた。乗すべてに善巧であることは、一切の乗への善巧です。乗すべての因と自性と果を無顛倒に証得するのです。そのうち、乗すべてはまとめたなら、二種類－出世間の乗と世間の乗です。出世間の乗を教えたいと願われて、この三つが乗－出離する、ということなどを説かれた。声聞と独覚と菩薩とのこの三乗が、出世間の乗、という。なぜかというと、輪廻より出離させるからです。世間の乗を教えたいと願われてから、さらにまた二つの乗。二つは何かというと、天の乗と人の乗です、ということを説かれた。」（※）
> ※）以下、さらに詳説があるが、省略する。さらに D Ci 147b4 には、「乗（yāna）という意味は、因により楽を生じさせることと、果のとき聖者の諦を証得する器にふさわしいことをいう。」などという。なお、同経の英訳研究 Jens Braavig, *Akṣayamatinirdeśasūtra* Vol.1,2（Oslo,1993）に、スティラマティの引用などからこの註釈はヴァスバンドゥの著作ではありえないとされている。

訳註6－101）'Jam に、「1）護りそだて方そのものと、2）その加行・後などの差別と、3）それは大主尊（アティシャ）など学識者・行者と祖師のお言葉であるさまとの三つ」として、その第一についても二つに細分している。

訳註　6.勝観の諸相と止観双運　　535

※1）割註に、「安住分を成就するために伺察しないで安住する〔安住修〕」という。
※2）割註に、「堅固であるし力が大きくなっていないそのかぎり、安住分こそを」という。
※3）Kyt ed. に ma dpyad de na とあるが、割註、D ed.、B ed. の ma dpyad na に訂正する。

訳註6－102）D dBu-ma No.3917 Ki 59b2-4; Tucci ed.1971,pp.9-10; 和訳　一郷正道ほか『瑜伽行中観派の修道論の解明－『修習次第』の研究－』2011,p.107; 割註より〔〕に補足した。
※1）割註は sgom pas であるが、『修習次第』原典、割註、D ed.、B ed. の bsgoms pas を採る。
※2）Kyt ed. は 'gyur pa であるが、『修習次第』原典、割註、D ed.、B ed. の gyur pa を採る。
※3）割註は chung ba'i、D ed.、B ed.chungs ba'i だが、『修習次第』D ed. は mtshungs pa'i（等しい）という。
※4）割註に、「真実が明らかに見える堅固な安住分を成就せんが〔ゆえに〕」という。
※5）割註に、「〔智恵〕によりたびたび伺察して〔修習しよう〕」という。

訳註6－103）'Jam は、「第二、その加行・後などの差別には五つ」と細分している。
※1）割註に、「そのような本行の護りそだて方を良く知ってから、初め〔加行〕の場合〔と〕、終わりの〔後〕の場合〔と〕、〔更の〕放置した〔合間〕」という。
※2）「小士の個所」というよりその直前の個所 Kyt ed.（上巻）p.60-66（拙訳『菩提道次第大論の研究』2005, pp.126-131）に論述されている。

訳註6－104）この論書の構造については訳註6－99を参照。そのうち、6）般若波羅蜜の修習の初めの部分、悟入の手段の個所でまず、恭敬修と無間修の二つを論じた後、D Sems-tsam No.4079 Hi 154b2-155a2（和訳　海野孝憲『インド後期唯識思想の研究』2002,pp.287-289）には、修習の次第について一般的に述べている。すなわち、
「聞と思所成の智恵を説明しおわった。それらを獲得してから、智恵の波羅蜜を修習しよう、と前に示してから、次にこれの修習を述べよう。聞と思と修までに加行することは、二つ－〔すなわち〕尊敬による加行（恭敬修）と継続の加行（無間修）です（※1）。加行は結びつけることです。精勤と歓喜と喜悦により加行することが、尊敬による加行（恭敬修）ですが、間断ないことにより加行することが、継続の加行（無間修）です。
　修習もまた三種類－止住と、勝観と、止住と勝観の双運の修習です。そのうち、有るかぎり（如量）になったものとあるがまま（如実）になったものについて無分別の映像になったものが、止住の所縁です。有るかぎり（如量）になったものとあるがまま（如実）になったものについて有分別の映像になったものが、勝観の所縁です。（※2）ここにおいて、菩薩はただ一人、閑寂〔処〕に住して、思惟したとおりの義（こと）を作意すべきです。意言を断ってから、心こそがそのように現れるのを、多数回に作意すべきです。身と心の軽安が生じていない間は、止住に随順する作意ですが、いつか生じたそのとき、止住です。（※3）彼が身と心の軽安により得たそれこそに住する。思惟したとおりのまさにその義（意味）〔である〕内の等持（三昧）の映像の行境を信解することにより、妙観察すべきです。身と心の軽安が生じていないかぎり、勝観に随順する作意です。いつか〔生じたとき〕その勝観です。（※4）その後に、有分別の映像それこそを縁ずる。心それこそにおいて、いつか相続を断たず間断ない作意の相続により、両者をも領受するとき、止住と勝観の双運の道、と呼ぶ。そのうち、止住と勝観は双であり、関連を持っている。互いに繋縛しあって運ばれる。」
※1）海野孝憲同上 2002,p.341 note236 は、仏教の伝統的な修行として玄奘訳『倶舎論』巻27-5 より、1）無余修、2）長時修、3）無間修、4）尊重修の四項目を指摘している。これは『倶舎論の自註釈』AKBh. ad. VII 34, D No.4090 Khu 58a1; Pradhan,1967,p.415; 大正 29 No.1558 p.141b; 和訳 小谷信千代・本庄良文『倶舎論の原典研究　智品・定品』2004,p.140 に該当する。東アジアの浄土教にも、その『倶舎論』や『摂大乗論』（大正 31 p.209a）を通じて、四修すなわち 1）長時修、2）慇重修、3）無間修、4）無余修が知られており、その中間の二つである。cf. 源信著、石田瑞麿訳注『往生要集』1992,pp.253-256

※２）以下の止住に関する部分は、止住の章の末尾近く Kyt ed.p.234（拙訳『菩提道次第大論の研究Ⅱ』2014,p.232）に引用されている。

　　※３）以下の勝観に関する部分は Kyt ed.p.444（訳註６－１１６の個所）に引用されている。

　　※４）以下の止観双運に関する部分は Kyt ed.p.448（訳註６－１２８の個所）に引用されている。

さらに、悟入の手段として止住の九種心住、勝観の四種類の修習など議論される。その後、先の見の決択と結びつけた悟入の段階を論ずる個所にはまず冒頭 D Sems-tsam No.4079 Hi 156a4-5 に、四つのヨーガの地を示してから、四つの各々を議論する。冒頭には次のようにいう －

　　「ここに、般若波羅蜜のヨーガを希求する者たちには、ヨーガの四種類を述べよう － １）事物の有るかぎり（如量、尽所有性）を縁ずるものと、２）唯心を縁ずるものと、３）真如を縁ずるものと、４）所縁（認得）の無いものです。」

これら第一から第三のヨーガの階梯においては、各々、止の成就、観の成就、止観双運という順序で議論されている。第四のヨーガの階梯には、無分別智の成就が語られており、所縁の議論は出てこない。和訳　海野孝憲同上 2002,pp.293-308;

訳註６－１０５）cf. 野村正次郎「ツォンカパの空思想における絶対性」（『印度学仏教学研究』57-2,2009）p.81; 同論文には、ツォンカパによる空の決択において、或る任意の法における空性が随順遍充、離反遍充を通じて決定されるなら、別の空の主題についても宗法のみを決定すれば、後は容易に決定できることになることが、指摘されている。『量評釈』Ⅰ 27 にも、賢者には論証因を示すのみで充分だとされている。訳註６－４４を参照。

※１）mad pa について割註に、thugs bden という。これは『蔵漢大辞典』p.1167 に、自己の過失を認めるという意味だという。

※２）割註に、「勝れた〔善知識〕、修習の枢要の口訣の経験を持って、他者にも如理に教誡することに〔善巧な者〕」という。

訳註６－１０６）'Jam は、「第三、〔それが〕大主尊（アティシャ）など学識者・行者と上師のお言葉であるさまについて、１）カダムの先師は主尊の意趣だと説明したさまと、２）主尊が説かれたさまと、３）多くの学識者・行者が説明したさまの三つ」と細分している。なお、ここの科文は既出の訳註６－１０１の個所より文字を少し訂正した。

訳註６－１０７）『青冊子の註釈 BBNgG』Mi rigs dpe skrun khang,1991,p.28 4-12,p.322; Toh. No.6970 179b3-5; 割註より〔〕に補足した。この題名に関して、ヤンチャンガロ（dByangs can dga'ba'i blo gros）の著作『Be'u bum sngon po'i ming brda go dka'ba' ga' zhig bshad pa som nyi'i mun sel（青冊子の難解な名称の解説、疑惑の除去』（Gangs can rig brgya'i sgo 'byed lde mig(deb bcu drug pa)Mi rigs dpe skrun khang,1991,p.464））には次のようにいう －

　　「また、Beu bum sngon po（青冊子）として知られたこの教誡は、善知識ポトワ（Po to ba）のお言葉の必要不可欠なものが伝承された八大弟子の内で善知識トルパがまとめあげたものである。生誕の地がトル（Dol）なので、善知識トルパ、そして本名はシェーラプ・ギェルツェン（Shes rab rgyal mtshan）、アギャ（A gad）に居られたので、アギャパとも称される。be'u bum は小さな巻峡の名、そして、青い小包(thum sngon po zhig)に包んでおくから、Be'u bum sngon po(青冊子)と称する。それに対して、高弟のハビガンパ（lHa 'bri sgang pa）といわれる人が、善知識トルパ自身のお話に基づいてみごとな註釈を造られたのが、今日大いに広まっている本書であるし、この註釈の終わりに「軌範師主尊（Jo bo）が作成した」というのは、ハビガンパである。ヨンジン一切智者（Yongs 'dzin thams cad mkhyen pa）（※１）が造られた『〔三〕宝随念経の釈論』（※２）にも、この『仏随念』のところの教を引用したとき、「ハビガンパが造られた『Be'u bum の註釈』に」とおっしゃった。」

　　※１）ダライラマ八世の師僧 Ye shes rgyal mtshan.1713-1793

　　※２）Toh.No.6093

『青冊子』と『同註釈』からは、『道次第大論』の特に小士、中士の個所には幾つも引用されており、

訳註　6.勝観の諸相と止観双運　　537

可能なかぎり典拠を探しておいた。
※1）割註に、「お話を善知識トルパ（Dol pa）が編纂した」という。
※2）割註に、「勝観の修習の仕方の枢要に善巧でない者、他者の立場四つの最初の三つを否定する。」
という。これは、Kyt ed.pp.423-431 までの四つの批判対象に言及していると思われるが、あまりに
簡略な記述である。
※3）自立派の正理の中心については訳註4－1を参照。
※4）『中論』などに説かれた「自らではない。他からではない」といった四句不生の論証因である。
※5）割註に、「修習して、次にそのように観察したその義こそを伺察しないで」という。
※6）大乗が波羅蜜の大乗、真言の大乗との二種類、すなわち顕教と密教に区分されるうちの前者で
ある。cf. 高田仁覚『インド・チベット　真言密教の研究』1978,p.120ff.; 高田順仁「ツォンカパの
密教理解―顕密差異論を通して」(頼富本宏, 立川武蔵編『シリーズ密教2　チベット密教』1999)
※7）割註 dpyod par だが、原典、本論の B ed,、D ed. はすべて spyod par である。
※8）割註に、「そのような修習の仕方〔それ〕」、'Jam は「二無我の順序〔それ〕」という。

訳註6－108）'Jam に、「第二、主尊が中観・唯心のうちナーガールジュナ父子を賞讃し、その
教誡を説明した仕方」という。なお、大翻訳師ロデン・シェーラブの書簡『甘露の滴』v.10 にも、
「諸法の自性空の理趣に入る門〔である〕正理の聚をナーガールジュナ御前が説かれたそれが、正理
自在者、『量評釈』の著者の麗しい本典より、明らかに証得して他の悪しき立場すべてを草のように
棄てなさい。」といい、ナーガールジュナへの高い評価と同時にそこに、アティシャが低く評価した
仏教論理学が統合される形で高く評価されていることが、注目される。cf.加納和雄「ゴク・ロデン
シェーラブ著『書簡・甘露の滴』－校訂テクストと内容概観－」(『高野山大学密教文化研究所紀要』
20,2007)p.10
※1）割註に次のようにいう－
　「始めに無我と世俗の設立を知ることが必要であると説明している －〔すなわち〕『大乗中観教誡
論』はそれです。(※1)「世俗として一切法を〔現象の〕こちらを見る者(凡夫)の側に為してから、
因果などが設定されたすべてが、現れるとおりに諦である誤謬に帰する。勝義として、または正
しくは世俗がどのように現れるかそれこそが、〔諸々の〕大いなる論証因により検討し探求した
なら、髪の先を百に分析した量ほども取らえるべくない、と必ず了解しよう。」と説かれたから。
それを修習するときに、身体は七つの法を具えたことにより（※2)、有色、無色について分を
有することにより伺察する、またはすべてについて一多を離れたことにより諦無しと伺察してか
ら、その後に諦無しそれより他は何についても尋思しないし伺察または作意を捨てた安住修〔、
すなわち〕心が散ることまたは諦執などが生起していなくて、対境〔である〕空性に住させるこ
とを説明しているから。〔立宗の〕第一は成立している。その教の派生に『中観教誡論』（※3)
に「安楽な座に結跏趺坐して、坐って、このようにひとまず事物二つ〔 － 有色と無色。〕」から、(※
4)「虚空と〔と同じなので、〕成立していない、または一と多を離れている〔ので〕、または〔生
じていないので、またはそれは自性により光明であるなど、正理の刀剣により伺察し破析したな
ら、成立していないと証得する。〕」というのから、(※5)「一切法は無いと成立したほどなら、
その智恵こそも現れが無い、光明は何の体としても成立していないので、」と説かれたから。〔証
因は〕遍充する。そのように、獲得した後に見を伺察してから修習する前に為すさまであるから。
〔立宗の〕第二は成立している。等至においてそのように伺察の後にその教の派生に『同論』（※
6)に、「光明は何かの体として〔成立していないので、〕沈没と掉挙などの過失になったすべて
を除去した。その中間に智は何をも分別しないし、何とも取らえない、憶念と作意すべてを断除
した。兆相または分別の敵または盗賊が立ちあがっていない間は、そのようなものに智を安住さ
せよう。」と説かれたからです。〔証因は〕遍充する。(404a) そのようなものに智が安住すると
説明したことにより、前に『修習次第』の止住のとおりであり、さもなければ、何をも作意しな
いなら、それに相違（矛盾）するからなど多い。その後に、虚空のように修習すると説明してい
るから。『同論』（※7)に「そのように恭敬と長時と〔無間に修行するなら、福分を持った者た
ちは今生こそに楽を見ることになる。〕」から、(※8)「一切法が虚空輪のように勤める〔ことと

功用（努力）することが無いし、自然に成就しているのを現前にする。その後得により一切法は幻術などと知る。いつか金剛喩定を現証して以降、後得もない。すべての時に等至する。〕」と説かれたから。よって、彼より伝承された口訣は、」

※1）アティシャ著『中観教誡論』D No.3929 Ki 95b2-4; cf.『中観教誡の註釈』No.3931 Ki 119a4-b7; 以下、詳記しないが、文言は少し異なる。違いの大きい個所は原典より和訳した。

※2）『修習次第』II ,No.3916 Ki 46b5-7; 和訳研究　一郷正道ほか『瑜伽行中観派の修道論の解明－『修習次第』の研究－』2011,pp.73-74; 止住の章 Kyt ed.pp.187-188, 拙訳『菩提道次第大論の研究II』2014, pp.195-196、あるいは、『菩提道次第小論』の止住の章（K ed.138b; 拙訳『悟りへの階梯』改訂新版 2014,p.229）に「身体の行儀は八法をそなえたもの」というのは、この七つに呼吸を調えることを加えたものである。

※3）『中観教誡論』D No.3929 Ki 95b4;『同註釈』No.3931 Ki 120a2-3;

※4）『中観教誡論』D No.3929 Ki 95b6-7;『同註釈』No.3931 Ki 120b3;

※5）『中観教誡論』D No.3929 Ki 96a1;『同註釈』No.3931 Ki 121a4;

※6）『中観教誡論』D No.3929 Ki 96a1-2;『同註釈』No.3931 Ki 121a5-b1;

※7）『中観教誡論』D No.3929 Ki 96a3;『同註釈』No.3931 Ki 不詳;

※8）『中観教誡論』D No.3929 Ki 96a3;『同註釈』No.3931 Ki 不詳; cf.宮崎泉「『中観優婆提舎開宝篋』について」（『佛教史學研究』36-1,1993）

※2）'Jam に、「これらの教は前に引用しおわったので、書いていない。」という。

訳註6－109）v.15; D No.3902 A 72b4-5; P No.5380 Gi 7b2-3; 江島恵教「アティーシャの二真理説」（壬生台舜編『龍樹教学の研究』1983）p.364（江島恵教『空と中観』2003,p.364 に再録）; 割註より〔 〕に補足した。ポトワを中心とした初期カダム派の語録『青冊子の註釈BBNgG』第二十一章「方便と智恵の双運の修習の果を説く」（Mi rigs dpe skrun khang,1991,pp.360-361; Toh. No.6970 205b-206a）には、世尊により授記されたナーガルジュナを基準として従うべきであるといい、インド以来の龍樹懸記の教証を列挙する。それからこの『入二諦論』の教証が引用されており、口述伝承の上でもアティシャのチャンドラキールティ重視が示されている。ただし、同じ『青冊子（Be'u bum sngon po）』第二十章「方便・智恵の双運の修習方法」の、「〔アティシャの〕『中観入二諦論』を説かれる機会に、尊師（lha cig. アティシャ）の上師セルリンパ（gSer gling pa）、シャーンティパ（Shanti pa）は見は唯心の形象真実と形象虚偽、尊師は不住中観、瑜伽行中観とも名をつける」という本頌に関して、その『註釈BBNgG』（ibid.,1991,pp.350-351; Toh.No.6970 198b3-4,199b2-3）に、「アティシャ自身は見は不住中観（Rab tu mi gnas pa'i dbu ma）を持っていた。それを「瑜伽行中観」（rNal' byor spyod pa'i dbu ma）とも名づける」、「〔チャンドラキールティ〕彼の立場のすべても勝義について差別（ちがい）が無いというのは、中観すべてについては言わない。瑜伽行中観とチャンドラキールティの立場の差別（ちがい）が無い。」といい、この時代のチベットでは学派の分類も充分に確立されていなかったようであり、アティシャ自身の立場はむしろ自立派とも思われる傾向がある。訳註1－47を参照。

※1）ナーガールジュナの授記に関しては訳註1－15を参照。チャンドラキールティに関しては、授記ではないが、『秘密集会』の祖師たちが彼をナーガールジュナの直弟子であることを述べた同タントラの註釈『灯作明』や成就者たちの言葉が、ケードゥプ・ジェ著『千葉sTong thun』（Toh.No.5459 Ka 38b-39b（拙訳『中観哲学の研究III』2001,pp.109-111）に、提示されている。そこでは、ゴ（'Gos）など『秘密集会』の祖師たちがナーガールジュナの直弟子だと認めているのがきわめて良いなどとも論評されている。また、密教の『秘密集会タントラ』の関連であるが、チャンドラキールティをナーガールジュナの直弟子に位置づける概念として、「聖者父子の五人 'Phags pa Yab sras lnga」があり、ナーガールジュナ、アーリヤデーヴァ、ナーガボーディ、シャーキャミトラ、チャンドラキールティが数えられている。cf.拙訳『中観哲学の研究III』2001,p.290, 同『中観哲学の研究IV』2003,p.328

※2）割註に、「という彼であり、その聖者ナーガールジュナの意趣をそのとおりに証得した〔弟子〕」という。

訳註６　６．勝観の諸相と止観双運　　　539

訳註６－１１０）ここでの用語は、『中観教誡論』(D No.3929 Ki 95b1-96a7)、『中観教誡論開宝篋』(D No.3930 Ki,96b1-116b7)、『中観教誡論の註釈』(No.3931 Ki 116b7-123b2) において直接的には見られない。直前の 'Jam に『中観教誡論』を多く引用して説明しているような内容を、参照すべきである。また止観についての論述としては、アティシャ著『大乗道成就法集句』(D No.3954 Khi 302a5-b2; 和訳 望月海慧『チベット仏教におけるラムリム思想の基盤に関する研究［改定増補版］』2005,p.58) に次のようにいう －

　「方便と智恵の心髄〔である〕止住・勝観のヨーガを修習しよう。世間と出世間の一切法はその二つの果だと説かれた。強力な神通と無漏の道を生ずるために、始め、止住を生じよう。止住の資糧が損なわれたことにより、長らく勤めても成就することにならない。『三昧資糧』を良く学び、等持(三昧)への害すべてを捨てた。適応した所縁であるものを断ずる八〔断〕行(※)を具えて、それを希求することにより、擦り木のように、執着の湿りを離れたことにより、常に継続を具えて修習しよう。煩悩との闘いに勝利せんが (D302b) ために、止住に依って勝観を修習しよう。勝観が成就したことにより、等至から立ち上がった時に、幻術の八の喩例のように、一切法を見るのを数習したことにより、後では証得を治浄したのと方便を学ぶのを中心にしよう。等至の時に、止住・勝観は等分であり、それを継続、常に数習しよう。」
　※) cf. 拙訳『菩提道次第大論の研究Ⅱ』2014, p.415

訳註６－１１１）アティシャは、勝義諦に関してチャンドラキールティの立場を瑜伽行中観と異ならないとしたことについては、訳註６－１０９を参照。

訳註６－１１２）なお『入中論釈意趣善明 dBu ma dGongs pa rab gsal』(H ed.Toh.No.5408 Ma 17b3-4; P No.6143 Ca 17b3; 英語訳　HOPKINS,Jeffry, Compassion in Tibetan Buddhism, 1980,p.129) に、『中観心論』は『中観荘厳論』や三篇の『中観修習次第』とともに、甚深と広大の道を要約して説かれた本体も同じなので、ナーガールジュナの立場を執る大士たちは道の内容について同じであるという。cf. 拙著『中観哲学の研究Ⅴ』2002,pp.38-39

訳註６－１１３）訳註６－７、６－２２、６－９９、６－１１６、６－１２８の個所を参照。

訳註６－１１４）'Jam に、「1) 成就した度量そのものと、2) 似非の後得の如実の勝観として錯乱するのを捨てたことと、3) 祖師の「道次第」の四の差別を有するものについて説明することと三つ」と分けている。その第一についても七項目に細分している。なお、ここは、止住の章 (Kyt ed.pp.233-255; 拙訳『菩提道次第大論の研究Ⅱ』2014,pp.231-248) での「止住が成就する度量（基準）」と対になる論述である。
※1) 止住の章において、勝観との関係における軽安については、まず「勝観の体」の個所 (Kyt ed.pp.173-175) に、『解深密経』や『修習次第中篇』による提示がある。そして、「止観の順序が決定しているさま」の個所 (Kyt ed.pp.182-185) に、止住に基づいた上で妙観察により身心の軽安が生じさせたことにより、随順する勝観すなわち二次的なものから正規の勝観になることを論じている。拙訳『菩提道次第大論の研究Ⅱ』2014, pp.184-186,190-192
※2) 割註に、「そのように軽安が生じたことにより、勝観を得たと設定すること」という。
※3) 割註に、「により勝観を得たと設定するの」という。
※4) 割註に、「どのような軽安が生じたことにより、勝観を得たと設定するその軽安は」という。
※5) 止住の章の「勝観の体」(Kyt ed.pp.173-174) において、『アビダルマ集論』によって、簡択は如量（あるかぎり）を思択することであり、極簡択は如実（あるがまま）を思択することであると述べられている。また、その少し後 (Kyt ed.pp.175-176) には、『同論』によって、事物の辺際（ヨーガ行者の四所縁の第一、遍満所縁の第三に出る。cf. Kyt ed.p.192; 拙訳『菩提道次第大論の研究Ⅱ』2014,p.199) について如実と如量の二つとして説かれているので、止住と勝観の各々にも、如実・如量の両者を縁ずることがあるなどと議論されている。拙訳『菩提道次第大論の研究Ⅱ』2014,pp.185-186

訳註6-115）D mDo-sde No.106 Ca 26b7-27a1; 大正16 p.698a18-22; 和訳　野沢静証『大乗仏教瑜伽行の研究』1957,p.179; 割註より〔〕に補足した。
※1）割註に、「マイトレーヤが世尊に対して問うたのは、」という。
※2）割註に、「その答えを世尊が説かれたのは、」という。

訳註6-116）D Sems-tsam No.4079 Hi 154b6-7; 和訳　海野孝憲『インド後期唯識思想の研究』2002,p.288; より詳しい文脈については、訳註6-104を参照。割註より〔〕に補足した。
※1）D ed. に de'i（彼の）とあるが、ここには des とある。
※2）割註に、「そのような止住それこそその状態から、自らが」という。
※3）割註に、「その方軌のように観察し伺察したそのことにより、自力で導いた」という。
※4）これも訳註6-104を参照。

訳註6-117）'Jam は、「第二、似非の後得の如実の勝観として錯乱する〔のを捨てた〕ことには、六つ」とさらに細分している。

訳註6-118）
※1）『倶舎論の自註釈』ad I 29bc; Pradhan ed.p.19; D No.4090 Ku 39b-40a; 和訳　桜部建『倶舎論の研究 界・根品』1969,pp.191-192
※2）割註に、「所触による空と、色の現れが浮かんだことの」という。
※3）割註に、「この方軌は、否定対象を確認していなくて誤りです。すなわち、」という。
※4）割註に、「否定対象〔である〕障礙の所触を否定したそれこそについて、自らの側から成立した〔自性が無い〕」という。

訳註6-119）幻術のようなものとして浮かぶという意味については、Kyt ed.p.399ff. を参照。

訳註6-120）'Jam に、「第三、先人の道次第の、四の差別を具えた等持（三昧）には、二つ」と分けている。
※1）ゴンパワ（dGon pa ba）は、ドムトンパ、大ヨーガ行者（rNal 'byor pa chen po）に次いで、ラデン（Rwa sgreng）の第三代座主になり、六年間住持したとされている。カマワ（Ka ma ba.1057-1131）、ネウスルパ（sNe'u zur pa.1042-1118）など四大弟子がいた。cf. 拙著『菩提道次第大論の研究』2005,p.357; Kyt.p.175, D ed.102b; 拙著『菩提道次第大論の研究II』2014、p.208
※2）cf.Kyt ed.pp.211-212; 拙著『菩提道次第大論の研究II』2014、p.213、p.428、註18-106
※3）'ud 'ud bcad; 'ud は誇張を意味する。『道次第大論の表記註釈 brDa bkrol』Toh.No.6569 Ka 49a3 に、「nyi ma 'ud 'ud bcad nas（昼はどんどん経って）というのは、日陰が素早く去って、という意味。」という。
※4）割註に、「〔すなわち〕更ごとの冒頭・末尾が過ごせるとき〔には〕」

訳註6-121）Kyt ed. の tsang ma を gtsang ma（澄浄さ）に訂正する。ting（椀）は、仏前に水を捧げるときの器である。

訳註6-122）IV 12a; D Sems-tsam No.4021 Phi 43b1; 世親釈 D No.4027 Bi 18a3; G.Nagao ed.*Madhyānta-vibhāga-bhāṣya*,1964,p.55; 和訳　長尾雅人『大乗仏典15 世親論集』1981,p.310; 対治の修習が要約して三種類とされる個所の第一である。これら三種類は順次、異生（凡夫）と有学と無学のものとされている。
※）割註に、「異生の等至それこそは、聖者の無分別智と〔随順する〕ものであり、異生の等至それは自体が分別であるので、錯乱した〔顛倒であるもの〕である。」という。

訳註　6.勝観の諸相と止観双運　　541

訳註6－123）
※1）勝観の章の冒頭 Kyt ed.pp.256ff. には、止住のみで外道者の修習と同じであって解脱は得られないし、無我、空性の了義を修習することが必要なことが、説かれている。
※2）割註、B ed. には bsgoms pa（修習した）、D ed. には sgoms pa である。直後の同じ単語に関してもわずかな不一致がある。
※3）割註に、「二無我どれかの誤らない見を獲得したのを通じて、その義を修習する、修習しないの上から設定するの〔であり〕」という。
※4）Kyt ed.p.399ff. を参照。

訳註6－124）'Jam はこの項目を、「1）そのものと、2）錯乱を棄てることの二つ」と分ける。その第一についても八つに細分している。
※）1）励んで入る作意（力励運転作意）、2）間断して入る作意（有間缺運転作意）、3）間断しなくて入る作意（無間缺運転作意）、4）自然成就に入る作意（無功用運転作意）という四つである。止住の章（Kyt ed.pp.232-233; 拙訳『菩提道次第大論の研究Ⅱ』2014, p.229）を参照。

訳註6－125）止住については、止住の章の終わりの部分 Kyt ed.p.233ff.（拙訳『菩提道次第大論の研究Ⅱ』2014,p.231ff.）を参照。勝観については、直前の Kyt ed.pp.443-447 を参照。

訳註6－126）D Sems-tsam No.4036 Dzi 148b4-7; 大正 30 No.1579 p.458b4-13; 声聞地研究会『瑜伽論 声聞地 第二瑜伽処』2007 なし；割註より〔〕に補足した。
※1）割註に、「互いに能力が等しいし、体が同一であることを通じて」という。
※2）割註に、「相応したことを通じて」という。
※3）割註に、「〔双に、すなわち〕その二つが一つに一つが相待つし、関係し具えて〔起こる〕」という。
※4）割註に、「このように、前の止住の個所に説明した」という。
※5）割註に、「したのを通じて、伺察修をたびたび〔する。〕」という。
※6）'Jam に、「諷誦に熟達したように、大きな努力が必要なくて」という。割註に、「〔すなわち〕それこそが道になって、功用が必要なくて個々に観察するそれ〔自然に〕」という。
※7）'Jam に、「により、自然成就〔になった〕」という。
※8）'Jam に、「沈没・掉挙の〔浄らかなことと〕、勝観を修習するし〔清浄であることと〕、双運または双入」という。
※9）'Jam に、「が、入の意味、」という。割註に、「〔すなわち〕止住〔である〕如実の堅固な一境性〔と〕、伺察力により導かれた軽安が生じたので、」という。

訳註6－127）D dBu-ma No.3917 Ki 59b1-2; Tucci ed.1971,p.9; 和訳　一郷正道ほか『瑜伽行中観派の修道論の解明－『修習次第』の研究－』2011,p.107; 割註より〔〕に補足した。
※1）'Jam に、「前の造作が無いのとその〔効用を〕」という。
※2）割註に、「そのように捨にしてから、自然に住する止住が成就した〔そのとき〕」という。

訳註6－128）D No.4079 Hi 154b7-155a2; 和訳　海野孝憲『インド後期唯識思想の研究』2002, p.289; 割註より〔〕に補足した。
※1）割註に、「止住に住して、有分別の映像それこそへの妙観察を数習した〔その後に〕、前に妙観察の所縁」という。
※2）割註に、「前の心をその所縁に繋いだままの〔相続〕」という。
※3）割註に、「その上に伺察修の力が」という。なお、「間断しない」といった用語法は、直前の個所（D No.4079 Hi 154b2-3）に出ている。訳註6－104を参照。
※4）割註に、「止住を導いたのと同時に止観〔両者をも〕相互に導く力が対等に」という。
※5）割註に、「止観その二つが相互に体と能力が同一に」という。
※6）割註に、「一つに一つが拠っているし、なすがままになった分より捨てないから、」という。

※7）割註に、「〔すなわち〕止住もまた勝観と同じく起こるが、勝観もまた止住と同じく起こる。」
という。

訳註6－129）
※1）割註に、「止住の無分別を別に成就するのを通じて、」という、
※2）'Jam に次のようにいう －
　　「これは、同一時に伺察する勝観と心が一境の止住が同時に起こることを、断じない。欲〔界〕
　　の心の第九の場合にも、それを得たなら、双運のときはもちろんであるからです。〔なぜなら、〕
　　それは第九の場合にも水が動揺しない内に小魚が泳ぐように、堅固な安住分が滅していない状態
　　より、無我を伺察する勝観に随順するのを説明したから、そして、それについて止観の修習が混
　　合したほどが有っても、等分に等しく起こるのと双運との義（意味）が揃っていないからです。
　　『声聞地』に、（※1）「それの止住と勝観の二つは混合したし、平等に起こるのと、双運して起
　　こる道」といい、（※2）「勝観が小さいことより相続の」というのは、伺察の勝観と、伺察の最
　　後に安住する止住との二つが、同時に生起することに関してで、伺察の力により止住そのものを
　　導いた止住のときに、如実を縁ずる法を弁別する勝観と、如実に対して一境に堅固に住する等持
　　の止住との二つが相応に」というから、（※3）「それについて修所成の証得を得ることが必要
　　なので、水が動揺しないで住する上に、あちらに小魚が泳いでいくように」というから、「随
　　順して安住させるとき以外」と説かれたからです。きわめて難しいことが多いのを知らないそれ
　　は、善釈があるので、解脱を欲する者は大切にしてください。」
　　※1）訳註6－126を参照。
　　※2）未確認。
　　※3）『道次第大論』Kyt ed.p.449 に類似した文章がある。
なお、『教次第大論』TRCh H ed. 377a1-7（第8章「真実の修習に入ることを説明する」）に次の
ようにいう －
　　「それもまた、止住と勝観が双運として行く。〔すなわち〕所縁において心が堅固に安住すること
　　と、所縁の真実〔である〕如実へ起こる智恵の光明との二つを具えたことによって、です。止住
　　ほどによって所縁の真実を知ることにならない。勝観ほどによっても心は動揺するので、〔あた
　　かも〕灯火が風により動揺するように、〔専注した〕一境性に住しないことになる。そのように
　　智恵により事物すべての自性を、〔個々に〕妙観察してから認得しない静慮を修習することを、「最
　　上の智恵の静慮」といって『虚空蔵経』と『宝髻経』（※1）などに説かれた。他（※2）にも
　　また、〔個々の〕妙観察の智恵より、正しい智慧の火が生起したなら、〔火を熾すための〕擦り木
　　を擦った〔ときの〕火のように、分別の薪を焼くことを説かれた。『宝雲経』（※4）にもまた、
　　「そのように過失について善巧な者彼は、戯論すべてを離れんがために、空性を修習することに
　　ヨーガする。彼は空性を修習することに依るし、多く為すことによりどこどこの処へ心が散るし、
　　歓喜するそれらの処の自性を尋求したなら、空であると証得する。心が何であるかそれをも観察
　　したなら、空であると証得する。何が観察するかのそれも、それこそについて空であると証得す
　　る。それにより、兆相の無い〔無相の〕ヨーガに入る。」という。これにより、妙観察を先行さ
　　せることこそが、無相に入ることであるが、智恵により事物の自性が空であると伺察しなくて作
　　意しないことほど〔すなわち〕後に否定するようなことにより、無分別になることはありえない
　　ことを、きわめて明らかに示した。」
　　※1）これら両経に関する記述は、『修習次第中篇』（D No.3915 Ki 50a4-5; 和訳　一郷正道ほ
　　　か『瑜伽行中観派の修道論の解明－『修習次第』の研究－』2011,p.83）を承けたものである。
　　※2）Kyt ed.pp.436-437 に引用された『修習次第中篇』とその訳註6－75、また訳註6－
　　　97に示した同じくカマラシーラ著『入無分別陀羅尼の註釈』、訳註6－110に示したアティ
　　　シャ著『大乗道成就法集句』を、参照。
　　※3）Kyt ed.p.437 に引用した『迦葉品』を参照。
　　※4）Kyt ed.p.435 に引用された『修習次第中篇』での教証を参照。

訳註　6.勝観の諸相と止観双運　　543

訳註6－130）'Jam は「第二、錯乱を捨てるには、四つ」と細分している。
※1）割註に、「それについて、他の者たちが、勝観が成就してから伺察修によりその二つを領受することが必要なら、」という。
※2）割註に、「し、止住が成就したほどから伺察・安住を雑修にしたことにより、止住が成就することは必定でない〔ので、〕」という。
※3）'Jam に、「作意の第三、間断しなくて入るのと、第四、自然成就を得ても、伺察の軽安を得ていないほどにおいても、」という。四の作意のうち、第三の無間缺運転作意、第四の無功用運転作意への言及である。訳註6－124を参照。
※4）割註に、「そのような伺察修それこそにより、無分別の止住が成就すること〔それについても思惟し〕てから、伺察修の安住分を導くことを説明し〔た。〕」という。
※5）割註に、「これの ka kha 二つの間はほとんどの版木にあるが、正しい手書きの本には出ていないし、無いなら、理解しやすいので、余分だと決定する。」という。ka と kha は割註の記号であり、「たびたび」と「ありえないが」という間である。
※6）割註に、「勝観が成就する際の伺察修それ以外、その前の」という。
※7）『道次第大論の表記註釈 brDa bkrol』Toh.No.6569 Ka 49a3-4 に、「nye'u chung 'phyo ba（小魚が泳いでいく）というのは、魚の子があちらに行き、こちらに行くという意味。それもまた、馬の子について rte'u（子馬）、牛の子について be'u（子牛）、ラクダの子について rnge'u（子ラクダ）と言うのなどと同じ。」という。

訳註6－131）
※1）gzhung khungs ma. khungs ma には、「正しい」「真実だ」という含意がある。具体的な名は割註による。
※2）D ed.mangs pas、割註 mang bas

訳註6－132）
※1）割註に、「そのように道の次第の行持の仕方を決択することを、広釈してから」という。'Jam に、「第二、道一般の意味をまとめるのは、」という。
※2）'Jam に、「には、1）道一般の随順と、2）修習が枢要になった、なっていないの差別（ちがい）と、3）細かい観察により枢要として個々に見定める仕方〔である〕先師のお言葉と、4）一分でない行持を教誡することとの四つ」と細分している。
※3）割註に、「〔判断〕してから、修習の基本に取らえる。」という。『道次第大論の表記註釈 brDa bkrol』Toh.No.6569 Ka 49a4-5 に、「bdar sha bcad pa（判断をする）は、観察・伺察を細かく為して、疑いを良く断じたという意味。例えば、金を観察するとき、初めに火に焼いて、間に切断し、終わりに ka shi pa(?) 石に磨いて決択したようなもの。」という。
※4）割註に、「有暇の体と得がたく利益の大きい様など」という。
※5）割註に、「心髄を得たいと欲することにより、内より勧められることが必要なのは、今生の知の類が止まり、後生以降の義利への希求が生ずることそれなので、それにおいて、」という。
※6）割註に、「し、速やかに死ぬが、それもまたいつ死ぬのかに決定は無いことと、死ぬとき法を除外した何も益しないさまを思惟する〔無常〕の法類に勤めること〔と〕」という。
※7）割註に、「無いことにならないで、生ずることが必要であるし、それもまた無始からの世々生々の業の習気と、今生の為すべきことについて量ったなら、」という。
※8）割註に、「その知において修習する力により悪趣の〔激しい怖れ〕」という。
※9）割註に、「そのような知が生ずるなら、その怖れより救護できる帰依処を探し求める知が、必ず生ずるので、そのとき仏陀と法と僧伽」という。
※10）割註に「、その怖れより救護できる身語意、特に智・慈の効能の〔功徳〕」という。
※11）割註に次のようにいう －
　　「そのように帰依してから〔次に〕帰依したことの必要性は、「帰依した」という彼が、仏陀について帰依処を教える者、法について帰依処そのもの、僧伽は帰依処を成就する友と取らえてから

信認したことそれなので、病の対治として薬を服することが必要であるように、その怖れの対治〔である〕法を為すことが必要です。それもまた、悪趣を滅するには不善を捨てることが必要であり、善趣を得るには善を修証することが必要であることがそれなので、この場合に帰依してから、その学処を学ぶ場合に白・黒の業果を思惟して、取捨を如理にすることがそれこそであるから、」

※１２）『道次第大論の表記註釈 *brDa bkrol*』Toh.No.6569 Ka 49a5 に、「tshags su chud pa は、良く修練してから基礎を確立したことです。」という。

※１３）割註に、「その後にその知により導いて、繁栄にも楽が無いさまなどを通じて、有頂から無間地獄までの」という。

※１４）割註に、「輪廻を欲しないなら、輪廻の因を断ずることが必要なので、〔輪廻〕それこそが」という。

※１５）割註に、「〔因〕を根絶した。そのような因は〔、業と煩悩〕に到ると認識してから、業と煩悩〔の体を〕」という。

※１６）割註に、「母と知る、恩を憶念する、恩に報いるの三つにより導かれた、大切であり惜しいとの形相を有する好ましい〔慈〕を生じさせるの〔と〕、その慈の力により導かれた大悲を生じさせてから、〔悲〕」という。

※１７）割註に、「〔悲〕それにより、他者の利益を自己の荷として運ぶ増上意楽の〔根本を有する〕」という。

※１８）割註に、「〔すなわち〕他者のために正等覚を得たいと欲する形相を有するそれこそに知を〔修治〕」という。

※１９）『道次第大論の表記註釈 *brDa bkrol*』Toh.No.6569 Ka 49a5 に、「rmang は基盤。」という。

※２０）割註に、「そのような発心について「誓願心を生じよう」というし、発心〔それについて〕数習して」という。

※２１）割註に、「混合していなくて如理に知ってから、それらを良く〔知り〕」という。

※２２）割註に srog dang bsdos nas; 慣用表現である。

※２３）割註に、「もし煩悩が多いことなどにより自力無く」という。

※２４）割註に、「そのように発心を基礎にしてから、六度などを学ぶ。」という。

なお、『教次第大論』TRCh H ed. 6a4-7 (第１章「善知識への親近に入る」の冒頭) に次のようにいう－
「所詮〔である〕論書の義 (内容) の本体を設立することは、初めに善の起源〔である〕上師に対して尊敬をもって親近すべきです。得難い有暇具足をムダにしないために、心髄を取ることに勤める。懈怠により先延ばしの場合は、死の想いを修習したことにより、捨てる。縁起を正しく見ることにより、清浄な戒に勉励、治浄する。三界すべては苦の蘊のみだと修習する。多くの苦を持つ〔世の〕衆生に対する悲愍により、最上の菩提心を成就する。仏子すべての一つの往く学〔処である〕十波羅蜜を学ぶ。智恵の波羅蜜により、諸法・法性を良く修習しよう。最上の菩薩の〔諸々の〕地を次第に良く往く。三身・五智を具えた仏陀の位に究竟しよう。」

訳註６－１３３）

※１）割註に、「そのように善知識への親近から止観までの道の行持の仕方」

※２）『道次第大論の表記註釈 *brDa bkrol*』Toh.No.6569 Ka 49a6 に、「nus pa sprug lo は、およそある能力すべてを費やしたのである、という意味。」という。末尾の lo は『倶舎論自註釈』で用いられるような伝聞の意味から派生して、真実でないことを表す。

※３）割註に、「、およそ有る能力を尽くすし出す、とそういうことを」という。

※４）割註に、「し、欠けることがない、果〔である〕正等覚者を成就するには、この因を越えていない、知る修証すべき」という。

※５）割註に、「知により修習することそれほどに放置しておかないで、どの道に何が必要なのかの分すべてより、種類 (rigs) を決定する〔分別〕」という。

訳註　6.勝観の諸相と止観双運／7.金剛乗への接続　　545

7．金剛乗への接続

訳註７－１）'Jam は、「１）必ず真言に入るよう教誡することと、２）入る時により善知識に親近することが重要なさま、３）入る門〔である〕灌頂が必要であることと、４）道の根本〔である〕誓言（三昧耶）と律儀が重要なこと、５）成熟・解脱の道について学ぶさまと、６）そのようなら、有暇・具足を有益にしたさまと〔合計〕六つ」と細分している。

　なお、『道次第大論』の序論で道の設定を説く個所（cf.Kyt ed.（上巻）pp.103-106; 拙著『菩提道次第大論の研究Ⅱ』2014、pp.157-158）にも、同様に、共通の道により相続を修治してから、秘密真言に入るべきであるとの記述がある。また、顕密において果自体の違いは無いが、密教は方便を多く具えており、秘密真言が勝れていることに関して、ツォンカパ著『真言次第大論 sNgags rim chen po』（Toh.No.5281 Ga）に論述されている。cf. 高田仁覚『インド・チベット　真言密教の研究』1978,pp.159-160; 拙著『菩提道次第大論の研究Ⅱ』2014,pp.424-425

※１）割註に、「善知識への親近の仕方から勝観まで」という。
※２）註６－１３２の※２２を参照。

『菩提道灯論自註釈』（D No.3948 Khi 286b3-4; 和訳　望月海慧「ディーパンカラシュリージュニャーナの『菩提道灯論細疏』和訳(6)」（『見延論叢』8,2003)p.37,同「(7)」（『見延論叢』9,2004); 望月海慧『全訳 アティシャ 菩提道灯論』2015,pp.146-147）に次のように顕教から密教へ接続させている −

　　「〔以上、〕波羅蜜の乗が完了した。

　　　いまや無上の大乗のまた大乗〔である〕秘密真言の乗を述べよう。それもまた、軌範師尊者トリピタカマラ御前は、「同一義であるとしても、迷妄でないし、方便が多く、困難が無いから、そして、利根に関してなので、真言の論書は殊更に勝れている。」といって、智恵の波羅蜜の乗より秘密真言の乗が殊更に勝れている、ということが教義です。」

『菩提道灯論』D No.3947 Khi 240b5-6(『同自註釈』D No.3948 Khi 286b6ff.; 和訳　望月海慧『全訳 アティシャ 菩提道灯論』2015,pp.147-149,192）に次のようにいう −

　　「真言の威力より成就した息災と増益などの事業により、妙瓶の成就など八大成就などの力によってもまた、楽をもって正覚の資糧を完成させたいと欲するし、所作・行などのタントラに説かれた秘密真言を行じたいと欲するのなら、そのとき軌範師の灌頂のために、親近・恭侍、宝などの施与と、お言葉を修証することなどすべてにより、勝れた上師を喜ばそう。上師を喜ばせたことにより、完全な軌範師の灌頂により、罪悪すべてを浄めた自己は、悉地を成就する福分を持ったものになる。」

それに関して『菩提道灯論自註釈』（D No.3948 Khi 288a1-6; 和訳　望月海慧『全訳 アティシャ 菩提道灯論』2015,p.150）に次のようにいう −

　　「すなわち、もし所作タントラなどの秘密真言の乗を行じたいと欲するものであるなら、「軌範師の灌頂」ということは、〔四灌頂の第一の〕瓶灌頂を得ていなくては、誓願と発趣の発心ほどを待っているべきではない。秘密真言を自ら受けることになるから。それもまた、『タントラ』（※１）に「軌範師を喜ばせていないし、〔諸々の〕灌頂を得ていなくて、聴聞などを行っても、果が無いことになる。」と説かれたのと、また『タントラ』（※２）に「灌頂、認可が無くても、秘密真言を自ら受ける」と説かれて、マンダラに入ることと、灌頂することと、上師自らの認可をしていなくて、大乗の経の義(内容)〔である〕波羅蜜の道の軌則に依って、ダーラニーの儀軌をすることと、さらにまたターラー尊などの成就法を聴聞して修習することと、念誦と護摩と供物とマンダラなどを為すことが、秘密真言を自ら得たことです。マンダラに入ることと灌頂することを為して、軌範師がこのように「あなたの本尊はこれです。この念誦をすることが必要です。」と認可を得ていないからです。よって、『タントラ』（※３）に「秘密真言を自ら受けるものが趣くのは地獄のみです。真言も成就することにならないし、身は煩悶するだけに尽きている。」と説かれた。それらが説かれた句（ことば）の意味です。タントラすべてと、かつての軌範師すべてと、現在のあらゆる上師が、そのように説かれた、という。」

※１）D No.3755 Tshu 91a2-3、※２）No.2217 Wi 4b2、※３）D No.3307 Mu 3b6; 以上、典拠は望月同上に指摘されている。

訳註７－２）上に出した『菩提道灯論』の記述を参照。

訳註７－３）rtsa ba'i ltung ba: 例えば樹木の根のように、守護したなら、道と果の功徳すべてを生じさせる根本であるし、守護しなかったなら、悪趣の因と苦の根本になったことにより、後に下の依処よりさらに下へ堕落することになるので、そのように言われる。これの所断には十四がある。すなわち、１）金剛軌範師を軽蔑すること、２）善逝のお言葉に違反したこと、３）〔瞋恚により〕金剛兄弟を傷つけること、４）〔有情への〕慈を棄てること、５）菩提心〔すなわち正法の根本である精液〕を棄てること、６）〔自他の〕法〔、学説〕を非難すること、７）〔未成熟の者に〕秘密を宣べたこと、８）〔五仏の自性である〕蘊を軽蔑すること、９）自性により清浄なる法に疑いを持つこと、１０）〔十悪を行って〕度脱されるべき対象を慈しむこと、１１）〔常断などの戯論や〕名を離れた法について論理学でもって知により量ること、１２）〔器である学徒の〕信仰心を破析すること、１３）〔その時期に〕三昧耶の品物（法具）に如実に依らないこと、１４）智恵の〔自性の〕明妃に非難を持つ〔し棄てる〕こと、である。cf. ツルティム・ケサン『インド密教思想史』1994,pp.337-338; なお、真言における三昧耶戒については、高田仁覚「インド・チベットの真言密教における戒律」（佐々木教悟編『戒律思想の研究』1981）p.217ff. に概説されている。西暦9-11世紀タントラ仏教の隆盛時代には密教行者たちにより罪過（āpatti）に関する著作が幾つも著されたが、十四の根本罪過（mūlā-patti）と八の根本罪過（sthūlāpatti）の数と内容についてはほぼ一致しているとされている。詳しくは頼富本宏『密教仏の研究』1990, p.445ff. を参照。

※）秘密真言（密教）の道に関しては、『道次第大論』序論の、道の設定を説く個所（Kyt ed.p.104; 拙訳『菩提道次第大論の研究』2005,p.157）に次のようにいう－

「下の〔所作・行・瑜伽の三〕タントラ部のようなら有相のヨーガ、上〔の無上瑜伽タントラ部〕のようなら生起次第のヨーガのどれかに、よく導いて学びます。それが堅固になってから、下のタントラ部のようなら無相のヨーガ、上のようなら究竟次第のヨーガのどれかを、よく学びます。」

このように、二次第は無上ヨーガ・タントラの行法であるのに、ここではそれにより秘密真言が代表されるような記述になっている。またその直後（Kyt ed.pp.104-105; 拙訳『菩提道次第大論の研究』2005,p.158）には、ボーディバドラ著『三昧資糧品』を引用して、大乗の顕教から密教への悟入する次第を説いているが、そこにもいきなり二次第、四灌頂のような無上ヨーガ・タントラの内容が言及されている。二次第に代表される無上ヨーガ・タントラの内容の重視に関しては、ツォンカパ著『真言次第大論』（Toh.No.5281 Ga 27a; 高田仁覚『インド・チベット　真言密教の研究』1978,pp.159-160）に、顕密の違いなどを論じた後、密教における即身成仏に関しても次のようにいう－

「〔無上ヨーガ以外の〕下のタントラ部の教化対象者がそのように得ることもまた、無上〔ヨーガ〕の二次第に入ったことを待っているが、自らの道ほどでは充分ではない。」

訳註７－４）sbom po'i lhung ba; 真言の三昧耶律儀の根本に一致するので、支分であり、律儀を放棄させる他勝罪（波羅夷）ではないが、速やかに悉地が成就することを妨げるので、過失が重いから、このように呼ばれる。これには八つの支分がある。すなわち、１）三昧耶を持たない明妃に親近すること、２）衆輪（ガナ・チャクラ）において諍いをすること、３）相（特徴）を具えない明妃より自力で甘露を受けること、４）希求を持った学徒に秘密真言の法を教えないこと、５）信仰を持ち法を問う者に対して他の法を教えることと、６）声聞の中で七日を過ぎて留まったこと、７）智慧を持たないヨーガ行者を真言者だと慢思することと、８）器でないものに甚深の義を説明すること、である。頼富本宏『密教仏の研究』1990,p.456 には、アシュヴァゴーシャの著作が次のように翻訳されている－

「瑜伽の禁戒に説かれる普通罪過を説こう。それらを避けることによって、瑜伽行者は（大）印の完成（悉地）を得るのである。（すなわち、）１）無理強いして瑜伽女と交歓する者、２）会座において論諍をなす者、３）三昧耶を忌避する者、４）信心深き人々に（正しくなく）別な風に法を説く者、５）（タントラなどに）説かれていない仕方に依って、五甘露を享受する者、６）声

聞達の間に七日間住する者、7）（まだ）瑜伽を体得していないにもかかわらず、瑜伽行者である
と考える者、8）その器でない者、あるいは（世間的な）下智者（である外道）の教えを喜ぶ者
に秘密の法を説く者、そういう人には、普通罪過がある。（以下、省略）」
cf.D rGyud-'grel No.2482 Zi Yan lag gi dam tshig（支分の三昧耶）180b3-6; 酒井真典「事師法に
関する五十頌」（『酒井真典著作集 第四巻 後期密教研究』1988）; 高田仁覚「インド・チベットの真
言密教における戒律」1981,pp.229-230;『蔵漢大辞典』p.2021; ツルティム・ケサン『インド密教思
想史』1994,p.340

訳註7－5）D rGyud-'bum No.543 Na 157a4; P No.162 Na 117b7-118a1; Mahāmahopādhyāya
T. Gaṇapatī,1920,p.101; P.L.Vaidya ed.1964,p.72; 大正 20 No.1191『大方広菩薩蔵文殊師利根本
儀軌経』p.869b6-10; 割註より〔〕に補足した。cf.『菩提道灯論』vs.64-66
　この教証は、中士の個所の科文「どのように学ぶかの仕方」として堕罪の因を論ずる個所（Kyt
ed.（上巻）p.311; 拙訳『菩提道次第大論の研究』2005,p.300）で、真言の成就する根本も戒である
として、『妙臂所問タントラ』などとともに引用されている。そこには次のように出ている －
　　「この念誦において戒が損なわれた者に、上の成就は無いし、中の成就も無いのです。下の成就
　　も無いのです。戒を破った者に真言が成就すると、牟尼王は説かれなかった。涅槃の都へ往く場
　　所と方向でもない。この悪しき子どもに、真言の成就がどうしてあるでしょうか。この破戒の者
　　に、どうして善趣があるのでしょうか。繁栄にもならないし、最上の楽にもならないのなら、勝
　　者が説かれた諸々の真言が、成就することはもちろんです。」

訳註7－6）ツォンカパ著『真言次第大論』には、下位のタントラも無上ヨーガに入ってこそ完成す
ることが述べられている。訳註7－3を参照。

訳註7－7）'Jam に、「第五、成熟・解脱の道には、五つ」と細分している。

訳註7－8）大乗顕教の「輪廻即涅槃」の思想が後期の密教に継承されて、『秘密集会タント
ラ』では五蘊そのものが五仏であり、『ヘーヴァジュラ・タントラ』では五煩悩そのものが五
仏であり、それらが浄化されることにより仏身が獲得される。cf. 頼富本宏『密教仏の研究』
1990,pp.326,441,461; また、前者のような五蘊を苦だと見ることもまた、真言の根本堕罪十四のう
ちの一つに数えられている。訳註7－3を参照。また、顕教を中心とした初期カダム派のポトワも、
「現れを除去する（snang sel）」という言葉により、現世を棄てて仏道を行ずることを説いており、
すでに「小士と共通した道」に言及されている。上巻 Kyt ed.p.122, 拙訳『菩提道次第大論の研究』
2005,p.173 を参照。

訳註7－9）これは浄化された宗教体験を意味するが、例えば『秘密集会タントラの後篇』（Toh.
No.443 Ca 151b; Y.Matsunaga ed. The Guhyasamājatantra,1978,p.118）に、真言（sngags, skt.
mantra または māntrāya）の語義解釈に示されており、それを承けて、ツォンカパの『真言道次第
大論 sNgags rim chen mo』（和訳　高田仁覚『インド・チベット 真言密教の研究』1978,p.122）に、
次のようにいう －
　　「果は住処、身、受用、行いの清浄四つ。〔すなわち〕仏陀の宮殿と身と円満と事業です。その方
　　軌と随順して現在から、無量宮と尊のマンダラと供養の資具と器・有情世間を治浄するなどの行
　　いを有するものとして修習することにより、果の乗、〔すなわち〕果の形相と一致して修習して
　　から進むからです。」
　　cf. ツルティム・ケサン『インド密教思想史』1994,p.167

訳註7－10）生起次第が決して欠かせないことについて、すでに序論で道一般の規定を述べた個所
　（Kyt ed.p.106; 拙訳『菩提道次第大論の研究』2005,pp.159-160）において、アーリヤ・デーヴァ
著『行合集灯論 sPyod pa bsdus pa'i sgron me』には、波羅蜜の乗を学んでから真言に入る次第の

必要性を論証し、まとめているといい、さらに「初業者の有情たちが勝義に入るにあたって、この方便を正等覚者は、階梯の次第のように説かれた」と引用して、生起次第から究竟次第へという順序があることを示している。また、ナーガボーディ著『秘密集会成就法安立次第』(Toh.No.1809) へのツォンカパの註釈 (Toh.No.5290 Cha 3b4-4a3, *rNam gzhag rim pa'i rNam bshad dPal gSang ba ' dus pa'i gnad kyi don gsal ba*) の序論において、道の次第は『菩提道次第大論』にも広釈したし、他でもまとめて議論したいと述べてから、二次第の位置づけについて次のようにいう ー

　　「では、前に説明したその所依により、どのような真言道を修習すべきか、というなら、『秘密集会ウッタラ・タントラ』に、「諸仏が法を説かれたのは、二次第に正しく住する。〔すなわち〕生起次第と究竟次第〔である〕。」と説かれたこれは、根本タントラの十七章すべての義（内容）が二次第に収まることの典拠として〔チャンドラキールティ著〕『灯作明』に引用されたから、修習されるべき道は二次第です。ここだけではなく、大ヨーガタントラすべての道もまた、二次第に収まるので、真言者が何かを証得するなら、真言の道すべての枢要を知るかは、道〔である〕二次第に善巧であるべきです。よって、タントラ部の宝の〔諸々の〕義を、大車（学轍）たちが良く註釈した二次第の設立が為されたのと一致しない甚深と主張する教誡に長らく勤めても、地の進度は何も出ないので、智恵ある者たちはタントラ部とその意趣註釈の大典籍が教誡として浮かぶ方便に勤めることが道理です。二次第を学ぶこともまた、始めに階段の下段と同じ生起次第を学ぶのです。『五次第』に、「生起次第に良く住するし、究竟次第を欲する者たちに対して、この方便を正等覚者は階梯の次第のように説かれた。」という。」（以下、省略）

また『同註釈』(Toh.No.5290 Cha 26a2-6) に、生・死・中有を仏の変化・法・受用の三身に変換することに関して、生起次第の誤りは果位の誤りになるとして次のようにいう ー

　　「生有と同法（同性質）の結合の心髄は、生・死・中有の三つと一致して、道の三身を修習したことにより、果の三身とも一致して果の形相を道とすることこれです。二次第ともにおいて、治浄するもの〔である〕三身の修習の仕方の何らかの特殊なものを除外して一般的に、所依事・果の三の法と一致して三身を修習することほどは同じです。ゆえに、第一の〔生起〕次第の場合に、生・死・中有の三の個々の同法を確認しなくて間違ったなら、タントラ註釈に定寂心と光明の最後に、幻〔身〕と〔有学の〕双入の身として起こすのが受用〔身〕とそれを変化身に変える設立をたびたび説かれたことの枢要を捉えることも、必ず間違いなので、これは重要です。」

以上、和訳　北村太道、ツルティム・ケサン『ツォンカパ著　秘密集会安立次第論註釈ーチベット密教の心髄ー』2000,pp.7-8,50

訳註７－１１）
※）D ed.bslab par、割註 bslabs par

訳註　7. 金剛乗への接続／8. 終結　　549

8. 終結

訳註8－1）'Jam に、「第三、説明を究竟させるさまには、1）賞讃を述べて、誓願と吉祥をなさることと、2）著者の円満と、眷属の円満により祈願して、住処の円満に結びつけるさまの二つ」に分ける。第一についてもさらに五項目に細分している。それらについてもさらに細分されている。

※1）割註に、「身語意が所対治分すべてより制御した、または勝利したので、」という。「牟尼」の語釈である。訳註3－103を参照。

※2）割註に、「〔一つ〕と、同じこの殊勝なこの論書ただ〔一つ〕だけ〔によっても〕」という。

※3）割註に、「他の論書が必要なくて、仏説、意趣註釈および口訣の」という。

※4）割註に、「ものであり、そのような喜びを生じさせる驚異の論書〔これは〕」という。

※5）割註に、「〔である〕レーキ・ドルジェ（Las kyi rdo rje）とクンケン・チョーキャプサンポ（Kun mkhyen Chos skyabs bzang po）と、尊者レンダワ（Red mda' ba）など無比の無辺なもの〔に親近して〕から如理に修治した〔ことと〕」という。レーキドルジェ（生没年不明）はニンマの伝統に属する人であり、ホダク・ドゥッチェン・ナムケーギェルツェン（lHo brag grub chen Nam mkha' rgyal mtshan, 1326-1401）の弟子である。訳註8－9を参照。

※6）割註に、「特にまた、勝者すべての唯一の父になったので、」という。マンジュシュリーが諸仏に発菩提心をさせたことへの言及である。

※7）割註に、「といって知られた最高の本尊〔誰か〕であるこれこそ〔を〕」という。

※8）割註に、「この論者の作者ロサン・タクパという〔誰かが〕」という。

※9）割註に、「常時に本尊と根本の摂受（恩師）として親近してから、永久の」という。

※10）割註に、「し、その尊者が離れること無く恩により護りそだてた〔彼〕」という。

※11）割註に、「ので、彼ら上人のご恩は量りがたいが、その理由により今も、義（もの）の〔あり方〕」という。

※12）割註に、「のを通じて広大な教義の句義（言葉の意味）を説く〔にあたって〕」という。

※13）割註に、「〔すなわち〕世々生々すべてに、正しい善知識を為さったのを通じて」という。

訳註8－2）'Jam に、「第二、論書は根拠が高潔だと示すことには、三つ」といって細分している。なお、ここからの2偈頌は、ツォンカパの著 Lam gyi rim pa'i nyams len gyi rnam gzhag mdor bsdus te brjed byang du byas pa.（道次第の行持の設定を要約して、憶え書にしたもの）、別名 Lam rim bsdus don（道次第略義）、H ed.Toh.No.5275（59）Kha Thor-bu 55b5-6 の vv.6-7 とほぼ一致する。違いは、本論の gzhung lugs stong（千の教義）とあるのが、『道次第略義』に gzhung bzang stong（千の善い本典）になっていることである。cf. 小谷信千代、ツルティム・ケサン訳『仏教瑜伽行思想の研究』1991,p.33,text p.7 ll.12-16; また、Lam rim bsdus don（道次第略義）H ed.Toh. No.5275（59）Kha Thor-bu 55b1-5（cf. 小谷信千代、ツルティム・ケサン訳『仏教瑜伽行思想の研究』1991,pp.32-33,text p.7 ll.1-12）の vv.1-5 は、『道次第大論』冒頭の帰敬偈（Kyt ed.（上巻）p.1; 拙訳『菩提道次第大論の研究』2005,p.83）と同じものである。

※1）割註に、「〔荘厳〕として親近してから無上の供養処として取らえるにふさわしいし、有意義な白の〔名声〕として知られたのを通じて勝利の〔幟〕」という。ジャムブ洲の荘厳については、訳註6－35を参照。

※2）割註に、「〔二人〕です。そのような大車が勝者の意趣を錯乱なく註釈することを、勝者自身が多くの経・タントラに授記されたその二人〔より〕、勝れた賢者が順序を乱さないで、間断しないで」という。

※3）割註に、「業・煩悩により三界の無辺の生を受ける〔九生〕、〔すなわち〕無辺の生を受けるという意味を有する、生（skye ba）または者（skye bo）と『経』に出ているので、趣です。」という。

※4）割註に、「円満または荘厳、善のすべての分が集合する皆にとって快いものが〔ある〕」という。

※5）割註に、「初めに本典〔である〕本頌『道灯論』を作られたし、講説することなどを通じて」という。

※6）割註に、「勝者の教えがほとんど損なわれただけでなく、殊勝な教誡の」という。

※7）割註に、「世の衆生に益するその方便が衰えたそのことこそに、心より耐えられないで、勝者のその」という。

※8）割註に、「住することは、世の衆生に益する無上の方便だとの増上意楽により、その教えこそが」という。

※9）割註に、「三門の所作すべてを、その教えが住するために積み重ねたし、特に」という。

※10）割註に、「良く観察した二つの方軌を通じて、義すべての枢要すべてを」という。

※11）割註に、「他に動揺しなくて、良き知恵と称された（ロサンタクパ）〔私は〕」という。

※12）割註に、「過失を離れさせてから、著したのです。そのように清浄に作ったのであるけれども、」という。

※13）割註に、'jug ngogs te 'jug sgo'i spyod pa ni（渡る岸、〔すなわち〕入る門の行動は）という。この説明は、発音がほぼ同じであることも関係する。さらに、「〔きわめて〕甚深であり広大であり、微細なので、知恵の大きな者によっても」という。

※14）割註に、「上の理由の証得しがたいことと、作者が劣ったことのようなことを、承諾なさった」

訳註8−3）以下、「道次第の誓願Lam rim smon lam」といい、取り出して良く唱える文章になっている。『道次第』の講義のとき、毎日その終わりに皆でこれを唱える習慣もある。

　割註に、「第二、論書を著したことの善を廻向するにも、1）一般的に〔世の〕衆生の導師〔である〕仏陀へと誓願することと、2）仏陀になっていない間に正しい殊勝な依怙主と離れないのを通じて最高の道を修証することを心髄とすることを誓願することと、3）自らが修証したその義（ことがら）により〔世の〕衆生へ益・楽こそを成就するのを通じて、教えを受持するよう誓願することと、4）特別にまた教えが如実に住しないその地方において、教えを特に明らかにするよう誓願することと、5）教えの中でもすべての根本〔である〕道次第の論書これこそが、栄えて広まるよう誓願することと、6）この論書を著すことへの逆縁を除去し、順縁を成就する人と、人以外のものすべてが、この良き道と離れないよう誓願することと、7）一般的にまた大乗のために十法行を通じて努力する者もすべて、護法者たちにより助けられるよう誓願することを通じて、吉祥が遍満するよう誓願すること、〔すなわち〕七つ」と細分している。

　'Jam は、「第四、誓願には五つ」と分けており、個々の個所から見ると、1）一般的に誓願すること、2）善知識に出会うよう誓願すること、3）自らが証得してから他者の相続を成熟させるよう誓願すること、4）教えが新たに栄えるよう誓願すること、5）この法により仏陀の行いを成就するよう誓願すること、という五つである。

訳註8−4）

※1）'Jam に、「かつてラディン（Rva sgreng）において、タンハ（Thang lha）など白の分の多くの天・龍が帰依の優婆塞をなさって、摂取するよう祈願したことにより、彼らのために誓願することは、」という。ツォンカパ伝の集成であり、1845年に著作された rNam thar chen mo『大行状伝』すなわち 'Brug rgyal dbang chos rje 著 'Jam mgon chos kyi rgyal po Tsong kha pa chen po'i rnam thar（mTsho sngon mi rigs dpe skrun khang,1984）pp.279-280 に次のようにいう −

　「これを造られたとき、有〔すなわちチベット創世〕の大天〔である、ラディン近くの〕ニャンチェン・タンハ（mNyan chen thang lha）とショーハ・ギューポ（Zhugs lha rgyus po）などウ地方の地神〔のうち〕白の分を喜ぶ多くの者は、「私たちはパドマサンバーヴァと主尊（アティシャ）などの優婆塞である。いまあなたの教えのための願いのとおりの順縁を成就するから、悲により摂取してください。」と三門の尊敬により礼拝したので、そのために「道次第」の廻向の個所に、「「良い道を編纂する順縁を成就するし、逆縁を除去するもの、〔すなわち〕人と、人でないものすべてが、世々生々すべてにおいて勝者が賞讃される正しい道と、離れないように！」と特別な誓願をなさったと見える。」

この記述は、トクデン・ジャムペル・ギャムツォ（rTogs ldan 'Jam dpal rgya mtsho）著『尊者ツォンカパの大伝記の補遺 rJe Tsong kha pa chen po'i rnam thar chen mo'i zur 'debs』にも出ており、石浜裕美子、福田洋一『聖ツォンカパ伝』2008,pp.231-232 に和訳されている。

拙訳『菩提道次第大論の研究』2005,p.27; 根本裕史『ツォンカパの思想と文学－縁起讃を読む－』2016,pp.17-20 は伝記類の分析より、ツォンカパが40-41歳の時にラディンに一年間滞在し、ブッダパーリタの夢を見て、『縁起讃』を著作したこと、44歳の冬に再びラディンに滞在し、46歳の時（西暦1402年）にラディンに戻って『道次第大論』を著作したことを、述べている。

※2）割註に、「書写する、供養する、施与することなど」という。十種法行は、『中辺分別論』Ⅴ9に、「書写、供養、施与、聴聞、読誦、受持、解説、諷誦、思惟、修習です。」というものと一致している。瑜伽行派では、大きな『般若波羅蜜経』にも推奨されているこれら項目を挙げるが、中観派では、『現観荘厳論』Ⅰ1（全体の帰敬偈の次）に出る「十種法行」を、施与から智までの十波羅蜜として解釈する。cf.兵藤一夫『般若経釈 現観荘厳論の研究』2000,pp.69,194,374

訳註8－5）割註に、「第二、どの著者がどのように著作したかのさまは、」という。'Jam は、「第二、五つの円満を具えたことにより著されたかのさまは、」という。以下に明示はないが、著作は西暦1402年である。それら五つは以下に、1）法の円満、2）勧める人の円満、3）善知識の円満、4）著す者の円満、5）住処の円満、とされている。立川武蔵、石浜裕美子、福田洋一吉『西蔵仏教宗義研究 第七巻－トゥカン『一切宗義』『ゲルク派の章』－』1995,pp.42-43 にはトゥカンの宗義書の記述が和訳されている。そこには、『道次第大論』が五つの特徴により特に勝れていることをいう。すなわち、1）内容が殊勝であること。聖者マンジュシュリーが聖者ツォンカパに授けた教誡「道の三の枢要」が、アティシャの口訣「三士」により荘厳されている。2）説明の仕方が殊勝であること。道の岐路を断じて自体に誤りが無く順序も混乱していなくて、数に過不足がない。3）勧めた人が殊勝であること。大貫首スルプパ、大翻訳師チャプチョク・ペルサン、ディグン法主などが依頼した。4）場所が殊勝であること。ラデン寺という閑寂な場所である。5）聴衆が殊勝であること。二大弟子など大人物などである。

※1）割註に、「それもまた、勝者により経・タントラの意趣を無顛倒に註釈すると授記された」という。

※2）割註に、「自己の経験として生まれたとおりに、世の衆生への悲愍により明らかになさったので、」という。

※3）カダム派の善知識の一人であり、律の伝承で知られている。cf.羽田野伯猷「カーダム派史」（同『チベット・インド学集成 第一巻 チベット篇Ⅰ』1986)p.127ff.; カギュ派の祖師ガンポパも彼に師事している。cf.拙著『解脱の宝飾』2005,p.23

※4）証得と教とにより、正法を意味する。『倶舎論』Ⅷの末尾を参照。

※5）gces spras su mdzad pa; spras 自体は「装飾した」という意味であるが、gces spras としては「大切にする」「愛惜する」「珍重する」といった意味になる。法尊にも「珍愛三學」とある。

※6）cf.拙著『菩提道次第大論の研究』2005, p.20

※7）アティシャ（西暦982-1054）、その後継者ドムトン（'Brom ston.1004-1064）の後、孫弟子は、ポトワ（Po to ba.1027-1105）、チャンガワ（sPyan snga ba.1038-1103）、プチュンワ（Phu chung ba.1031-1106）、ロンパ・ラクソルワ（Rong pa Lag sor ba）などである。孫弟子のうち、特にプチュンワまでの三人は「三人の御兄弟（sku mched gsum）」とも称される。cf.拙著『菩提道次第大論の研究』2005, pp.54-57; 井内真帆、吉水千鶴子『西蔵仏教宗義研究 第九巻－トゥカン『一切宗義』「カダム派の章」－』2011,pp.30-31

※8）割註に、「一切智者チョー・キャプ・サンポ（Kun mkhyen Chos skyabs bzang po）というお名前の最後に「サンポ（bzang po）というのが有るので、」という。

※9）ポトワの言葉を、高弟のドルパ・シェーラプギャルツェン（Dol pa Shes rab rgyal mtshan）が編纂した『青冊子 Be'u bum sngon po』と、ドルパの弟子ハビ・ガンパ（lHa 'bri sgang pa）がまとめた『青冊子の註釈 Be'u bum sngon po'i 'grel pa』(Toh No.6970) については、訳註6－107を参照。

※10）本論の三士の道次第以前の基礎のうち、道一般の規定と、三士の道に聖教すべてが包摂されることを論じた個所（Kyt ed. 上巻 pp.97-98; 拙訳『菩提道次第大論の研究』2005, pp.153-154）に、直接的に引用されている。それ以外には、『菩提道灯論』や『同註釈』の名を挙げて論評することはほぼ見られない。

※１１）割註に、「無辺なものの枢要について決定する確信を得たので、多くの賢者の海が集まった中央において、講説・争論・著作など〔について〕」という。講説などの三つは学者の仕事とされる。訳註６－５８を参照。

※１２）割註に、「尽きはてることが無いのを通じて起こる」という。

※１３）割註に、「のを通じて、如理に親近したことにより、経・タントラの聖教、意趣註釈、教誡（口訣）をともなった〔多聞の比丘〕」という。

※１４）’Jam に、「第四、著者の円満、見聞すべてを引導する勝者の一人の父、〔多聞〕し、聞いたとおりの義を如理に修証するヨーガに勤める〔比丘〕」という。

※１５）’Jam に、「第五、住処の円満、勝者による授記されたカダムの河の蔵」という。ラディン寺はアティシャが示寂して二年後、1057 年にペンユル（ラサの北）にドムトンにより建立された。cf. 井内真帆、吉水千鶴子『西蔵仏教宗義研究　第九巻－トゥカン『一切宗義』「カダム派の章」－』2011,pp.23-29; そこでの『道次第大論』著作の経緯については、石浜裕美子、福田洋一『聖ツォンカパ伝』2008,pp.99-100,230-232 を参照。

訳註８－６）スルプ寺院の僧院長である。スルプ（Zul phu）は、サンプ・ネゥトク、ニェタン・デワチャン（またはラトゥー）、ツェル・クンタン、ガードン、キョルモルンとともに、ゲルク派以前に隆盛した大きな六つの大本山 (gDan sa drug) の一つであったが、現在は廃墟が残るのみだという。cf. 井内、吉水同上 2011,pp.34-35; 石浜、福田同上 2008,pp.96,105

訳註８－７）レンダワの上師であり、タルマリンチェンなども彼に師事している。ツォンカパ、レンダワと法会を行い、この三人はケードゥプ・ジェによるツォンカパの伝記『信仰入門 Dad pa'i 'jug ngogs』には「三人の賢者」とも称されている。『道次第大論』著作に続いて、『真言道次第』の著作も依頼した。cf. 石浜、福田同上 2008,pp.67-68,231,234

訳註８－８）『道次第大論』の著作がこれらの人たちにより勧められたこともまた、トクデン・ジャムペル・ギャムツォ（rTogs ldan ’Jam dpal rgya mtsho）著『尊者ツォンカパの大伝記の補遺 rJe Tsong kha pa chen po'i rnam thar chen mo'i zur 'debs』に出ている。和訳　石浜、福田同上 2008,p.231

訳註８－９）ホダク・ドゥッチェン・ナムケーギェツェン（lHo brag grub chen Nam mkha’ rgyal mtshan, 1326-1401）はニンマ派の人で、金剛手を成就した人である。ツォンカパとは互いに清浄な人だと思ったので、互いに多く聴聞し、金剛手の法類やカダムの法などを授けた。ツォンカパが成就者ミトラヨーギンに会うためにインドに行こうとしたのを翻意させたと言われている。cf. 石浜裕美子、福田洋一『聖ツォンカパ伝』2008,pp.87-88,165,227,230; 立川武蔵、石浜裕美子、福田洋一『西蔵仏教宗義研究　第七巻－トゥカン『一切宗義』「ゲルク派の章」－』1995,pp.26,29-30; また、コンパワよりネウスルワへの伝承、チャンガワよりの伝承は、いずれもカダム派の中で、密教を重視するダムガク派 (gDams ngag pa) の二大分派である。コンパワの系統をラムリム派 (Lam rim pa)、チャンガワの系統をダムガク派と呼ぶ場合もある。cf. 拙著『菩提道次第大論』2005,pp.64-65; 井内真帆、吉水千鶴子『西蔵仏教宗義研究　第九巻－トゥカン『一切宗義』「カダム派の章」－』2011,pp.30-31

訳註８－１０）ポトワの系統は、カダム派の中でシュン派 (gZhung pa) と呼ばれ、顕教典籍の講説、聴聞を重視した。なお、トクデン・ジャムペル・ギャムツォ（rTogs ldan ’Jam dpal rgya mtsho）著『尊者ツォンカパの大伝記の補遺』には、『道次第大論』の著作にあたってツォンカパがラディン寺のアティシャの「頭を傾げた像」のもとで何日も祈願したとき、釈迦牟尼からナムケー・ギェルツェンまでのカダム派の祖師たちと、特にアティシャ、ドムトン、ポトワ、シャラワなどを一ヶ月間見て、教誡、教授を授けられた。ポトワなど三人はアティシャの中に溶け込み消え、アティシャはツォンカパの頭に手を置いて、「教えに対して広大な行いをしなさい。正覚の成就と有情利益の助けを私がしよう」と言って没するという霊験があったことが、伝えられている。和訳　石浜裕美子、福田洋一『聖ツォンカパ伝』2008,p.230; 拙訳『菩提道次第大論の研究』2005,p.27

訳註 8. 終結　　553

訳註8−11）『道次第大論』の説明されるべき原典が、ゴク大翻訳師の四人の法嗣のうちで、聖教すべてに精通したトルンパ・ロドージュンネー (Gro lung pa Blo gros 'byung gnas) の著『教次第大論 bsTan rim chen mo』であることは、有名である。彼の『教次第大論』とツォンカパの『菩提道次第大論』との類似点、相違点については、拙著『菩提道次第大論の研究』2005,pp.20-27 に少し議論した。『教次第大論』には、上記の『青冊子』のようなカダムの善知識の語録は引用されていないが、『教次第大論』への経典の引用が『道次第大論』に孫引きされた事例も多いので、可能なかぎり調査しておいた。

訳註8−12）『道次第大論の表記註釈 brDa bkrol』Toh.No.6569 Ka 49a5-b1 に次のようにいう −
　「そのように『菩提道次第大論』について聞・思を為す者たちに益するために、表記が少し理解しがたいと思うものを註釈したのであるが、句（ことば）の文字の補足が必要なものは、『割註』に出ているし、特に勝観の法類の句義すべては、尊者智の宝蔵〔マンジュシュリー〕により摂取された（49b）偉大な学者・行者 Gra ti 善知識 Rin chen のお名前を有する者が詳しく註釈されたものより知るべきであるし、勝観の科文個々の要約の義（意味）をまとめたものを造ったなら、知の劣った者に益が特に大きいと思うが、多すぎるのを怖れる。（※）」
　※）以下、終わりの偈頌などがある。

科　文

	Kyoto （上巻）	B	D （新ラサ）
0（帰敬偈　著作の目的　序論）………………………………………	1	1	1b1
	2	3	3a2
1　法の起源が尊いことを示すために作者の偉大さを示すこと …………	11	11	8a6
2　教誡に尊敬を生じさせるために法の偉大さを示すこと ………………	20	20	14b2
3　二つの偉大さをそなえた法について聴聞・講説をどのようにすべきか ………	33	33	22a6
4　教誡そのものにより学徒をどのように導くかの次第 ………………	33	33	22b1
4-1　道の根本たる善知識に親近する仕方 ………………………………	82	77	52a4
4-2　親近してから知をどのように修治するかの次第 …………………	82	77	52a4
4-2-1　有暇の依処において心髄を取るように勧めること ………………	96	86	58a3
4-2-2　心髄をどのように取るかの仕方 ………………………………	96	86	58a3
4-2-2-1　道一般の設定について決定を生じさせること ………………	108	98	65b1
4-2-2-2　それにおいて心髄を取る仕方そのもの ………………………	108	98	65b2
4-2-2-2-1　小士と共通した道の次第において知を修治すること …………	237	207	134b6
4-2-2-2-2　中士と共通した道の次第において知を修治すること ………			

（以上、第1巻を参照）

	Kyoto （下巻）	B	D （新ラサ）
4-2-2-2-3　大士の道の次第において知を修治すること　………………	3	283	184a4
4-2-2-2-3-1　大乗に入る門は発〔菩提〕心だけだと示すこと …………	3	283	184a5
4-2-2-2-3-2　その〔菩提〕心をどのように生じさせるかの仕方 ………	9	289	187b6
4-2-2-2-3-3　発心してから行を学ぶ仕方 ………………………………	57	340	220b6
4-2-2-2-3-3-1　発心してから学を学ぶことが必要である理由 …………	57	340	221a1
4-2-2-2-3-3-2　方便・智恵の各々を学んだことによって仏陀は成就しないことを説く	58	341	221b3
4-2-2-2-3-3-3　学を学ぶ次第を説明すること ……………………………	75	356	231a6
4-2-2-2-3-3-3-1　大乗一般についての学び方 …………………………	75	356	231b1
4-2-2-2-3-3-3-1-1　菩薩の学を学ぶ意欲を修治すること………………	75	356	231b1
4-2-2-2-3-3-3-1-2　修治してから仏子の律儀（菩薩戒）を受けること…………	75	356	232a1
4-2-2-2-3-3-3-1-3　〔菩薩戒を〕受けてからどのように学ぶかの仕方 ………	76	357	232a2
4-2-2-2-3-3-3-1-3-1　何を学ぶのかの所依事 …………………………	76	357	232a3
4-2-2-2-3-3-3-1-3-2　そこに〔諸々の〕学が摂まっているさま ………	76	357	232a6
4-2-2-2-3-3-3-1-3-3　それについてどのように学ぶかの次第…………	81	364	236b6
4-2-2-2-3-3-3-1-3-3-1　行一般の学び方…………………………………	81	364	236b6
4-2-2-2-3-3-3-1-3-3-2　特に最後の二つの〔静慮と智恵の〕波羅蜜を学ぶ仕方	170	467	303b5
4-2-2-2-3-3-3-1-3-3-2-1　止住と勝観を修習したことの利徳 …………	170	468	304a1
4-2-2-2-3-3-3-1-3-3-2-2　その二つは等持すべての包摂するものだと説くこと …	172	470	305a1
4-2-2-2-3-3-3-1-3-3-2-3　止住と勝観の〔自〕体 ……………………	172	471	305b1
4-2-2-2-3-3-3-1-3-3-2-4　〔止観〕両者を修習することが必要であることの理由 …	177	475	308b5
4-2-2-2-3-3-3-1-3-3-2-5　〔止観の〕順序が決定しているさま ………	181	480	312a3
4-2-2-2-3-3-3-1-3-3-2-6　〔止観の〕個々の学び方…………………	184	483	314a3
4-2-2-2-3-3-3-1-3-3-2-6-1　止住の学び方…………………………	184	483	314a4

（以上、第2巻を参照）

（以下、本巻に収録）

4-2-2-2-3-3-3-1-3-3-2-6-2　勝観の学び方（序論）……………………………………　256　564　365a3
　　　　　　　　　　　　　　　（本論）……………………………………　258　567　367a3
4-2-2-2-3-3-3-1-3-3-2-6-2-1　勝観の資糧に依ること……………………………　258　567　367a4
4-2-2-2-3-3-3-1-3-3-2-6-2-1-1　未了義と了義との聖教を確認すること…………　259　568　367b4
4-2-2-2-3-3-3-1-3-3-2-6-2-1-2　ナーガールジュナの意趣を註釈する仕方がどの
　　　　　　　　　　　　　　　　ように生じたのか……………………………………　262　571　369b4
4-2-2-2-3-3-3-1-3-3-2-6-2-1-3　空性の見を決択する仕方………………………　264　576　371a6
4-2-2-2-3-3-3-1-3-3-2-6-2-1-3-1　真実に入る次第…………………………………　264　576　371b1
4-2-2-2-3-3-3-1-3-3-2-6-2-1-3-2　真実を決択することそのもの………………………　269　579　374b4
4-2-2-2-3-3-3-1-3-3-2-6-2-1-3-2-1　正理〔にとって〕の否定されるべきものを
　　　　　　　　　　　　　　　　　　確認すること……………………………………　269　579　374b5
4-2-2-2-3-3-3-1-3-3-2-6-2-1-3-2-1-1　否定されるべきものをよく確認することが
　　　　　　　　　　　　　　　　　　　である理由………………………………………　269　579　374b6
4-2-2-2-3-3-3-1-3-3-2-6-2-1-3-2-1-2　否定されるべきものを確認していなくて否
　　　　　　　　　　　　　　　　　　　定する他者の立場を否定すること………　269　580　375a5
4-2-2-2-3-3-3-1-3-3-2-6-2-1-3-2-1-2-1　否定されるべきものの確認があまりに過
　　　　　　　　　　　　　　　　　　　　大であるのを否定すること……………　269　580　375a6
4-2-2-2-3-3-3-1-3-3-2-6-2-1-3-2-1-2-1-1　〔他者の〕主張を述べること………　269　580　375a6
4-2-2-2-3-3-3-1-3-3-2-6-2-1-3-2-1-2-1-2　それが妥当しないことを示すこと……　271　582　376b2
4-2-2-2-3-3-3-1-3-3-2-6-2-1-3-2-1-2-1-2-1　その立場が、中観の非共通の差別
　　　　　　　　　　　　　　　　　　　　　法（特性）を否定したことを、示すこと…　271　582　376b3
4-2-2-2-3-3-3-1-3-3-2-6-2-1-3-2-1-2-1-2-1-1　中観派の差別法（特性）を確認す
　　　　　　　　　　　　　　　　　　　　　　ること……………………………………　271　582　376b4
4-2-2-2-3-3-3-1-3-3-2-6-2-1-3-2-1-2-1-2-1-2　その立場がそれをどのように否定
　　　　　　　　　　　　　　　　　　　　　　したかの仕方……………………………　279　591　382a5
4-2-2-2-3-3-3-1-3-3-2-6-2-1-3-2-1-2-1-2-1-3　それについて中観派がどのように
　　　　　　　　　　　　　　　　　　　　　　回答したか………………………………　280　593　383b2
4-2-2-2-3-3-3-1-3-3-2-6-2-1-3-2-1-2-1-2-2　侵害するものを述べる者たちにより
　　　　　　　　　　　　　　　　　　　　　論破されていないことを、示すこと…　290　606　391b1
4-2-2-2-3-3-3-1-3-3-2-6-2-1-3-2-1-2-1-2-2-1　正理による伺察に耐えるか、耐えな
　いかを観察してから否定したことにより、論破できないこと〔を示したこと〕…　290　606　391b3
4-2-2-2-3-3-3-1-3-3-2-6-2-1-3-2-1-2-1-2-2-2　量（認識基準）により成立している
　　　　　　　　　　　　　　　　　　　　　か、成立していないかを観察してから否定するこ
　　　　　　　　　　　　　　　　　　　　　とにより、論破できないことを示したこと………　296　613　396a3
4-2-2-2-3-3-3-1-3-3-2-6-2-1-3-2-1-2-1-2-2-3　四句の生であるかないかを観察し
　　　　　　　　　　　　　　　　　　　　てから否定することにより、論破できないことを示したこと………　313　633　408b3
4-2-2-2-3-3-3-1-3-3-2-6-2-1-3-2-1-2-1-2-2-4　事物の有る無しなどの四句ともに
　否定することは、侵害するものとして適切でないことを、示したこと…　316　637　411a1
4-2-2-2-3-3-3-1-3-3-2-6-2-1-3-2-1-2-2　否定されるべきものの確認が過小である
　　　　　　　　　　　　　　　　　　　　のを否定すること…………………………　321　643　414b4
4-2-2-2-3-3-3-1-3-3-2-6-2-1-3-2-1-3　自己の立場〔において〕の否定されるべき
　　　　　　　　　　　　　　　　　　　ものを確認する仕方………………………　327　651　419b1
4-2-2-2-3-3-3-1-3-3-2-6-2-1-3-2-1-3-1　直接的な義（いみ）〔である〕否定され
　　　　　　　　　　　　　　　　　　　るべきものを確認すること……………　327　651　419b2

4-2-2-2-3-3-3-1-3-3-2-6-2-1-3-2-1-3-2　それを他の否定されるべきものに適用するか適用しないかの仕方 …………	337	664 427b4
4-2-2-2-3-3-3-1-3-3-2-6-2-1-3-2-1-3-3　否定されるべきものに勝義の差別（限定）を適用するか適用しないかを説明すること…	338	666 428b5
4-2-2-2-3-3-3-1-3-3-2-6-2-1-3-2-2　それを否定することそれは、帰謬論証・自立論証のどれにより為すのか ………………	344	672 433a1
4-2-2-2-3-3-3-1-3-3-2-6-2-1-3-2-2-1　帰謬論証派・自立論証派の意味を確認すること	344	672 433a1
4-2-2-2-3-3-3-1-3-3-2-6-2-1-3-2-2-1-1　他者の立場を否定すること………………	344	673 433a5
4-2-2-2-3-3-3-1-3-3-2-6-2-1-3-2-2-1-1-1　主張を述べること………………	345	673 433a6
4-2-2-2-3-3-3-1-3-3-2-6-2-1-3-2-2-1-1-2　それを否定すること………………	349	678 436b4
4-2-2-2-3-3-3-1-3-3-2-6-2-1-3-2-2-1-1-2-1　第一の立場を否定すること………	349	678 436b4
4-2-2-2-3-3-3-1-3-3-2-6-2-1-3-2-2-1-1-2-2　第二の立場を否定すること………	350	679 437b1
4-2-2-2-3-3-3-1-3-3-2-6-2-1-3-2-2-1-1-2-3　第三の立場を否定すること………	351	681 438b2
4-2-2-2-3-3-3-1-3-3-2-6-2-1-3-2-2-1-1-2-4　第四の立場を否定すること………	362	695 447a3
4-2-2-2-3-3-3-1-3-3-2-6-2-1-3-2-2-1-2　自己の立場を設立したこと………………	363	695 447a6
4-2-2-2-3-3-3-1-3-3-2-6-2-1-3-2-2-1-2-1　自立論証を論破することそのもの……	363	695 447b2
4-2-2-2-3-3-3-1-3-3-2-6-2-1-3-2-2-1-2-1-1　所依事〔である〕有法が成立していない宗の過失を示したこと………	363	696 447b2
4-2-2-2-3-3-3-1-3-3-2-6-2-1-3-2-2-1-2-1-1-1　主張を述べること………………	363	696 447b2
4-2-2-2-3-3-3-1-3-3-2-6-2-1-3-2-2-1-2-1-1-2　それを否定すること………………	364	697 448b2
4-2-2-2-3-3-3-1-3-3-2-6-2-1-3-2-2-1-2-1-1-2-1　義（いみ）が妥当しないこと…	364	697 448b3
4-2-2-2-3-3-3-1-3-3-2-6-2-1-3-2-2-1-2-1-1-2-2　喩例を提示したのは同じでないこと………………	368	702 451b1
4-2-2-2-3-3-3-1-3-3-2-6-2-1-3-2-2-1-2-1-2　その過失により論証因もまた成立していないことを示したこと………	371	707 454b3
4-2-2-2-3-3-3-1-3-3-2-6-2-1-3-2-2-1-2-2　それが自己において等しくないさま…	374	711 457a3
4-2-2-2-3-3-3-1-3-3-2-6-2-1-3-2-2-2　その二つの誰に従って見を相続に生じさせるのか …………………	381	719 462a4
4-2-2-2-3-3-3-1-3-3-2-6-2-1-3-2-3　その為すことに依って、見を相続に生じさせる仕方 …………………	381	719 462b2
4-2-2-2-3-3-3-1-3-3-2-6-2-1-3-2-3-1　人無我を決択すること………………	381	719 462b3
4-2-2-2-3-3-3-1-3-3-2-6-2-1-3-2-3-1-1　我が無自性であることを決択することそのもの …………………	381	719 462b4
4-2-2-2-3-3-3-1-3-3-2-6-2-1-3-2-3-1-1-1　喩例を提示すること………………	381	720 462b4
4-2-2-2-3-3-3-1-3-3-2-6-2-1-3-2-3-1-1-1-1　車は無自性の仮設有だと説くこと…	382	720 463a1
4-2-2-2-3-3-3-1-3-3-2-6-2-1-3-2-3-1-1-1-2　それについて争論を捨てること……	386	725 466a1
4-2-2-2-3-3-3-1-3-3-2-6-2-1-3-2-3-1-1-1-2-(1)　その過失は実有論者だけに有る〔さま〕………………	386	725 466a4
4-2-2-2-3-3-3-1-3-3-2-6-2-1-3-2-3-1-1-1-2-(2)　〔中観派〕自己に無いさま …	386	726 466b1
4-2-2-2-3-3-3-1-3-3-2-6-2-1-3-2-3-1-1-1-3　名の差別（ちがい）を通じて成立している仕方………………	387	727 467a5
4-2-2-2-3-3-3-1-3-3-2-6-2-1-3-2-3-1-1-1-4　それに依って速やかに見を獲得する利徳	388	728 467b6
4-2-2-2-3-3-3-1-3-3-2-6-2-1-3-2-3-1-1-2　義（いみ、もの）に適用すること……	390	730 469a4
4-2-2-2-3-3-3-1-3-3-2-6-2-1-3-2-3-1-1-2-1　無自性であるさまを義（もの）に適用すること………………	390	730 469a5

科　文　　557

4-2-2-2-3-3-3-1-3-3-2-6-2-1-3-2-3-1-1-2-1-1	我は蘊と同一である宗（立場）を否定すること ……………………………	390	730	469a6
4-2-2-2-3-3-3-1-3-3-2-6-2-1-3-2-3-1-1-2-1-2	我は蘊と別異である宗を否定すること …………………………………………	395	737	473a5
4-2-2-2-3-3-3-1-3-3-2-6-2-1-3-2-3-1-1-2-1-3	それにより残りの宗をも否定することになること ……………………	398	740	475a1
4-2-2-2-3-3-3-1-3-3-2-6-2-1-3-2-3-1-1-2-1-4	それに依って人（プドガラ）は幻術のようなものとして浮かぶさま……	399	741	476a2
4-2-2-2-3-3-3-1-3-3-2-6-2-1-3-2-3-1-1-2-2	名の差別（特定のもの、ちがい）を通じて成立しているさまを義（もの）に適用すること…	406	750	481a5
4-2-2-2-3-3-3-1-3-3-2-6-2-1-3-2-3-1-2	それにより我所もまた無自性であることが成立することを示したこと …………	406	751	481b3
4-2-2-2-3-3-3-1-3-3-2-6-2-1-3-2-3-1-3	それら正理を他についても適用する仕方	407	751	482a2
4-2-2-2-3-3-3-1-3-3-2-6-2-1-3-2-3-2	法無我を決択すること …………………	408	753	483a4
4-2-2-2-3-3-3-1-3-3-2-6-2-1-3-2-3-3	それら見を数習したことにより障を断除する仕方 ………………………………	416	763	489a6
4-2-2-2-3-3-3-1-3-3-2-6-2-2	勝観の区別 ………………………………	421	769	492b5
4-2-2-2-3-3-3-1-3-3-2-6-2-3	勝観を修習する仕方 ……………………	424	773	495a6
4-2-2-2-3-3-3-1-3-3-2-6-2-3-1	他者の立場を否定すること ……………	424	773	495a6
4-2-2-2-3-3-3-1-3-3-2-6-2-3-1-1	他者の立場を否定することの第一 ……………	424	773	495a6
4-2-2-2-3-3-3-1-3-3-2-6-2-3-1-2	他者の立場を否定することの第二 ……………	430	781	500a3
4-2-2-2-3-3-3-1-3-3-2-6-2-3-1-3	他者の立場を否定することの第三 ……………	431	781	500b4
4-2-2-2-3-3-3-1-3-3-2-6-2-3-1-4	他者の立場を否定することの第四 ……………	431	782	501a3
4-2-2-2-3-3-3-1-3-3-2-6-2-3-2	自己の立場を設立したこと ……………………	431	783	501b1
4-2-2-2-3-3-3-1-3-3-2-6-2-3-2-1	安住修と伺察修との両者が必要である理由 …	432	783	501b4
4-2-2-2-3-3-3-1-3-3-2-6-2-3-2-2	それについて争論を捨てること ………………	436	788	505a2
4-2-2-2-3-3-3-1-3-3-2-6-2-3-2-3	護り方の枢要を少し説明すること ……………	441	795	509b2
4-2-2-2-3-3-3-1-3-3-2-6-2-4	修習したことにより、勝観が成就する度量 ………	443	798	511a5
4-2-2-2-3-3-3-1-3-3-2-6-3	〔止観〕その二つが双運するさま ……………………	447	802	514a2
（道一般の義（内容）のまとめ） ……………………………………………		450	805	516a2
4-2-2-2-3-3-3-2	特に金剛乗についての学び方 ……………………	452	808	517b5
（終わりの偈頌） …………………………………………………………		453	810	519a1
（奥書と廻向） ……………………………………………………………		455	812	520a3

索 引

チベット語索引

(Kyoto ed. に基づく。なおチベット語の用例は時制、単数形、複数形、短縮形など
違う表記がされたものもあるが、それらは列挙していない。)

【固有名詞 (人名・典籍など)】

Ka

Kamalashila/　　　　カマラシーラ 301,(302),(411),443
　Zhi ba 'tsho dang Kamalashila la sogs pa/
　　　　　　　シャーンタラクシタと～など 262
Kun las btus/　　　　『〔アビダルマ〕集論』421
Klu sgrub/(mgon po Klu sgrub/)　ナーガールジュナ
　(龍樹) 259,(276),280,(323),(324),332,(341),(365),
　　　　　　　　　392,420 cf.'Phags pa/
　Klu sgrub kyi dgongs pa'grel ba'i rim pa/
　　　　　　　～の意趣を註釈する次第 262
　Klu sgrub kyi bzhed pa/　　　～のご主張 273
　Klu sgrub kyi gzhung/　　　　～の本典 367
　Klu sgrub kyi lugs/　　　　　～の立場 279
　Klu sgrub kyi lugs thun mong ma yin pa/
　　　　　　　～の不共通 (独特)の立場 274
　Klu sgrub dang Thogs med/
　　　　　　　～とアサンガ (441),443,(453),455
　Klu sgrub dang Zla ba grags pa/
　　　　　　　～とチャンドラキールティ 362
dKon mchog sprin/　　　『宝雲経』(323),435,439
dKon mchog dpal bzang po/
　　　　　　　コンチョク・ペルサンポ 455
sKyabs mchog dPal bzang po/
　　　　　　　キャプチョク・ペルサンポ 455

Kha

kha cig/ 或る人 271,289,294,309,321,373,377,424,430-432
　'khrul ba kha cig/　　　　　錯乱した～ 392
　rGya gar ba'i slob dpon kha cig/
　　　　　　　インド人の或る軌範師 262
　snga ma kha cig/　　　　　　前の～ 403
　snga rabs pa'i dge ba'i bshes gnyen kha cig/
　　　　　　　先代の或る善知識 262
　de(Hva shang)'i rjes su phyogs pa kha cig/
　　　　　　　(ハシャン) 彼に従う ～ 427
　Bod kyi mkhas pa kha cig/
　　　　　　　チベットの或る学者 348
mkhas pa/　　　　　　　学者、賢者、善巧
　mkhas pa rnams/　　　　　　　～たち 453
　mkhas pa dBu ma pa/　　～〔である〕中観派 272

rGyan drug la sogs pa'i mkhas pa/
　　　　　　　六人の荘厳など～ 427
dngos por smra ba'i mkhas pa/
　　　　　　　実有論者の～ 272,290
sngon gyi mkhas pa 'ga' re/　　昔の或る ～ 293
sngon gyi mkhas pa rnams/　　昔の～たち 400
Phyi dar gyi mkhas pa rnams/
　　　　　　　後伝期の～たち 264

Ga

Gangs ri'i khrod/　雪山国 (チベット) 264,454　cf.Bod
　gangs ri'i khrod kyi shing rta chen po/
　　　　　　　～の大釈 (学轍) 455
Gā ya gō ri/　　　　　　　『伽耶山経』426
gong ma/　　　　　　　　　先のもの
　gong ma rnams/　　　　　　祖師たち 452
　bla ma gong ma chen po rnams/
　　　　　　　先の偉大な祖師 264
Grangs can/　サーンキャ学派、数論学派 (364),415
Gro lung pa/　　　　　　　　トゥルンパ
　Lotstsha ba chen po dang Gro lung pa yab sras
　kyi lam rim/　大翻訳師と～父子の道次第 455
Glang po'i rtsal gyi mdo/　　　『象腋経』416
dGongs 'grel/(mDo dGongs 'grel/, dGongs pa nges
　par 'grel ba/)　　　　『解深密経』258,301,421-422,
　　　　　　　　　424,432,439,444
　mDo dGongs 'grel gyi ngo bo nyid gsum gyi
　rnam gzhag/　　　～の三自性の設定 302
dGon pa ba/　　　　　　　　コンパワ
　dGon pa ba nas sNe'u zur ba la brgyud pa/
　　　　　　　～よりネウスルワに伝承された 455
　dGon pa ba nas brgyud pa'i lam rim rnams/
　　　　　　　～より伝承された「道次第」446
'ga' zhig/　　　　　　　　　或る人 315
'ga' re/　　　　　　　　　　或る人
　rGya Bod kyi slob dpon 'ga' re/
　　　　　　　インド・チベットの軌範師の～ 262
'Grel pa don gsal/　『〔現観荘厳論の〕註釈・明義』268
rGya gar/　　　　　　　インド　cf.'Phags yul/
　rGya gar ba'i slob dpon kha cig/
　　　　　　　～人の或る軌範師 262
　rGya Bod kyi slob dpon 'ga' re/

～・チベットの軌範師の或る人 262
rGya Bod kyi mkhas grub dam pa rnams/
　　　　　　～・チベットの勝れた学者・行者たち 441
rGya nag/ 　　　　　　　　　　シナ
rGya nag gi mkhan po Hva shang/
　　　　　　　　～の親教師ハシャン 321
rGya'i mkhan po/ 　～の和尚（親教師）370
rGyang phan pa/ 　　　　順世派287,(355)
'Jig rten rgyang phan pa/ 　　　　～ 353
rGyan drug/ 　　　　　　　六人の荘厳
rGyan drug la sogs pa'i mkhas pa/ ～など学者 427
rGyal po Nga las nu/ 　マーンダートリ王 391
sTon pa dang Nga las nu/ 教主（釈尊）と～ 392
rGyal ba'i yum/ 　　　仏母（般若波羅蜜）
　　　　cf.Shes rab kyi pha rol tu phyin pa/
'Jug 'grel du rGyal ba'i yum drangs pa/
　　　　『入中論の註釈』に引用した～ 339
Yum chen mo/ 　　　　大なる～ 420
rGyud/ 　　　　　　　　　タントラ
rNal 'byor bla med kyi rgyud/
　　　　　　　無上ヨーガ・～ 452,(453)
rGyud sde/ 　　　　　　　タントラ部
　　　　cf.rNal 'byor bla med/
rGyud sde khungs ma/ ～の正しい典拠 452-453
rGyud sde dang de dag gi dgongs 'grel/
　　　　　　～とそれらの意趣註釈 453
sGom rim/ 　　　　　　『修習次第』436
sGom rim dang po/ 　　　『～初篇』256,400
sGom rim tha ma/ 『～後篇』425,427,437,439,440,
　　　　　　　　　　　　　　　442,447
sGom rim bar pa/ 　『～中篇』257,421,434,436
sGom rim gsum ga/ 　　　　　～三篇 433
dbu ma'i sgom rim/ 　　　　中観の～ 257
sGyu ma rigs grub pa/ 　　　幻理成立派 262

Nga
Nga las nu/ 　　　マーンダートリ〔王〕391-392
rNgog Blo ldan shes rab/ 　ゴク・ロデンシェーラプ
　　263,455　cf.Lo tstsha ba chen po/
snga rabs/ 　　　　　　　　　　先代
snga rabs pa rnams/ 　　　　～の人たち 262
snga rabs pa'i dge ba'i bshes gnyen kha cig/
　　　　　　　　～の或る善知識 262
sngon/ 　　　　　　　　　　昔、前
sngon gyi mkhas pa 'ga' re/ ～の或る学者 293
sngon gyi mkhas pa rnams/ ～の学者たち 400
sngon gyi dBu ma pa/ 　　～の中観派 348
sNgags/ 　　　　　真言　cf.mDo sNgags/
sNgags kyi lam gyi thun mong ma yin pa'i spang
　　bya/ 　　　　～の道の非共通の所断 453
sNgags kyi lam gyi rim pa rnams/
　　　　　　　「～の道の次第」453

gSang sNgags la 'jug pa/ 　秘密～に入る 452

Ca
bCom ldan 'das/ 　世尊 297-298,416,436-437

Cha

Ja
Jayānanda/ 　　　　ジャヤーナンダ 345
Jo bo/(Jo bo chen po/) 　主尊（アティシャ）264,
　　　　　　　　　　　　　　443,(454)
'Jam pa'i dbyangs/ 　マンジュゴーシャ 453-454
'Jam dpal rnam par rol pa'i mdo/
　　　　　　　　『文殊師利遊戯経』428
'Jam dpal rtsa ba'i rgyud/
　　　　　『マンジュシュリー根本タントラ』452
'Jig rten rgyang phan pa/ 　順世派 (287),353,(355)
'Jig rten las 'das par bstod pa/ 『出世間讃』274,362
'Jug pa/『入中論』265,266,270,271,280,293,296,299,
　　　306-307,310,313-314,320,322,336,338,341,348,
　　　352,(354),359,382-385,(387),388,391,393-396,(397),
　　　398-399,404-409,411,412,428,434,443
'Jug pa dang Tshig gsal/ 　～と『明句論』331
Buddhapālita dang, Tshig gsal dang, 'Jug pa/
　　　　『ブッダパーリタ』と『明句論』と～ 338
'Jug 'Grel/『入中論の註釈』267,293,296,300,302,303,
　　　305,(306),(314),322,323,324,325,331,336,338-339,
　　　341,(354),355,357,359-360,361,362,386,387,388,
　　　(391),394,(398),408,410,419
'Jug 'Grel du rGyal ba'i yum drangs pa/
　　　　　～に引用した『仏母』339,(359)
'Jug 'Grel du mDo drangs pa/
　　　　　～に引用した『経』381
'Jug pa'i 'Grel bshad/ 　『入中論の復註』345,349,408

Nya
Nyan sa/ 　　　　『声聞地』421-422,424,447

Ta
Ting nge 'dzin gyi rgyal po(Ting nge 'dzin rgyal po)/
　　　『三昧王経』(256),260,270,(297),402,405,408,437
rTog ge 'bar ba/ 　　　『思択炎』302,342,(434)
rTog ge 'bar ba sogs/ 　　　　～など 372
Shes rab sgron me dang rTog ge 'bar ba/
　　　　　　　　『般若灯論』と ～ 343
lTa ba'i khyad par/ 　　　『見の差別』(263)
sTong nyid bdun cu pa/ 『空性七十論』274,332,339
sTon pa/ 　　　　　　　教主（釈尊）
sTon pa dang Nga las nu/ ～とマーンダートリ 392

Tha
Thal 'gyur ba/ 　　　帰謬論証派 347,363,366
Thal 'gyur ba'i lugs kyi rjes su 'jug pa/
　　　　　　　　～の立場に従う 381
Thal 'gyur ba dang Rang rgyud pa/
　　　　　　～と自立論証派 264,(341)
Thal Rang/ 　　　　～・自立派 345

Theg pa chen po la dang ba bsgom pa'i mdo/
『修信大乗経』258

Thogs med/ アサンガ（無着）

'Phags pa Thogs med/ 聖者〜 441,443

Klu sgrub dang Thogs med/
ナーガールジュナと〜 (441),443,(453),455

'Phags pa Thogs med kyi gzhung rnams/
聖者〜の本典 443

Da

De bzhin gshegs pa'i gsang ba/ 『如来秘密経』426

Dol pa/ ドルパ

Po to ba nas Dol pa la brgyud pa/
ポトワより〜に伝承された 455

bDen gnyis la 'jug pa/ 『入二諦論』(443)

mDo/ 『経』392,398,399,(416)

『〔宝雲〕経』323

mDo sde zab mo/ 甚深な〜 405

'Jug 'grel du mdo drangs pa/
『入中論の註釈』に引用した〜 381

nges don gyi mdo rnams/ 了義の諸〜 339

mDo/ 経（顕教）

mDo sNgags gnyis ka'i lam gyi srog/
〜・真言両者の道の命 420

mDo sNgags gnyis ka'i lam thun mong ba rnams/
〜・真言両者の共通の道 452

mDo sde dGongs 'grel/ → dGongs 'grel/

mDo sde pa/ 経量部 303

mDo sde pa dang mthun pa'i dmigs rkyen/
〜と一致した所縁縁 303

mDo sde spyod pa'i dBu ma pa/ 〜中観派 262-263

sDud pa/ 『〔聖〕摂』(『宝徳蔵般若経』) 319-320,438

sDe pa/ 部、部派 cf.rang sde/, gzhan sde/,
mDo sde pa/, Bye brag tu smra ba/

sDe pa gnyis/ 二の〜 303

sDom pa gsum bstan pa/ 『三律儀説示経』407

Na

Nam mkha'i mtshan can/
ナムケー〔・ギェルツェン〕の名を持ったもの 455

gNas ma bu pa/ 犢子部 352

rNam 'grel/ 『量評釈』(428),(429),433

rNam bden pa/ 形相真実

rNam bden pa 'dod pa/ 〜と主張する者 371

rNam par mi rtog par 'jug pa'i gzungs/
『入無分別陀羅尼』440

gzungs 'di yi 'grel pa/ この『陀羅尼』の『註釈』441

rNal 'byor spyod pa/ 瑜伽行派 263

rnal 'byor spyod pa pa/ 〜の者 301

rNal 'byor spyod pa'i dBu ma pa/
瑜伽行中観派 262,264

rNal 'byor bla med/ 無上ヨーガ

rNal 'byor bla med kyi rgyud/ 〜・タントラ 452

rNal 'byor bla na med pa'i lam/ 〜の道 453

sNe'u zur ba/ ネウスルワ

dGon pa ba nas sNe'u zur ba la brgyud pa/
コンパワより〜に伝承された 455

Pa

Pandita/ パンディタ

Pandita de'i slob ma Lo tstsha ba dag/
〜の弟子〔である〕翻訳師たち 346

Po to ba/ ポトワ

Po to ba nas Dol pa la brgyud pa/
〜よりドルパに伝承された 455

Po to ba'i Be'u bum/ 〜の『青冊子』443

Po to bas Sha ra ba la brgyud pa/
〜がシャラワに伝承した 455

sPyan snga pa/ チャンガパ

sPyan snga pa nas brgyud pa/
〜より伝承された 455

sPyan ras gzigs brtul zhugs/アヴァローキタヴラタ 301

Spyod 'jug/ 『入行論』269,434

zhi gnas bsam gtan le'u/
止住〔である〕静慮の章 434

shes rab kyi skabs/ 智恵の個所 434

sPrings yig bdud rtshi'i thigs pa/
『書簡・甘露の滴』(263)

Pha

Phyi dar/ 〔仏教〕後伝期

phyi dar gyi mkhas pa rnams/〜の学者たち 264

Phyogs kyi glang po/ ディグナーガ（陳那）380

'Phags pa/ 聖者（ナーガールジュナ）cf.Klu sgrub/

'Phags pa Klu sgrub/〜ナーガールジュナ（龍樹）
259,441 cf.Klu sgrub/

'Phags pa'i dgongs pa/ 〜の意趣 264

'Phags pa'i gzhung/ 〜の本典 418

'Phags pa Klu sgrub dang 'Phags pa Thogs med/
〜ナーガールジュナと聖者アサンガ 441

'Phags pa yab sras/ 聖者父子 (262),278,263,327,420
cf.Klu sgrub/, 'Phags pa'i lha/

'Phags pa yab sras kyi gzhung/
〜の本典 381,441

'Phags pa yab sras dang slob dpon gnyis/
〜と軌範師二人 337

'Phags pa lha/
アーリヤ・デーヴァ、聖堤婆 262,(283),332,357,428

'Phags yul/ 聖なる国〔インド〕 cf.rGya gar/

'Phags yul gyi grub mtha' smra ba rnams/
〜の学説論者たち 296

Ba

Buddhapālita/『ブッダパーリタ』 267,286,290,319,332,
(338),339,345,378 cf.Sangs rgyas bskyangs/

Buddhapālita dang, Tshig gsal dang, 'Jug pa/
〜と『明句論』と『入中論』338

Be'u bum/ 〔ポトワの〕『青冊子』443
Bod/ チベット cf.rGya Bod/, Gangs ri'i khrod/
　Bod kyi mkhas pa kha cig/ ～の或る学者 348
　Bod kyi dBu ma par khas 'che ba/ ～の中観派を自認する者 282
Bya rgod phung po/ 鷲峯山 420
Byang chub kyi tshogs/ 『菩提資糧品』320
Byang chub lam gyi rim pa/「菩提道次第」 cf.Lam gyi rim pa/
Byang chub sems dpa'i sde snod/ 『菩薩蔵経』257
Byams chos/ マイトレーヤの法 443
Bye brag tu smra ba/ 毘婆沙師 264,303
Bye brag pa/ ヴァイシェーシカ学派 303,363-364
Blo gros mi zad pas bstan pa/『無尽意所説経』259-261
Blo ldan shes rab/ ロデン・シェーラプ 263,455 cf.Lo tstsha ba chen po/
Blo bzang grags pa'i dpal/ ロサン・タクペーパル 456
dBu ma/ 中、中観
　dBu ma rigs pa'i tshogs/～の「正理の聚」261,428
　dBu ma'i bstan bcos rnams/ ～の諸論書 361
　dBu ma'i thun mong ma yin pa'i khyad chos/ ～の非共通（独特）の差別法（特性） 271
　dBu ma'i gzhung/ ～の本典 278,285,316
　dBu ma'i lugs/ ～の立場 420
　dBu Tshad thams cad kyi lugs/ ～・量すべての立場 397
　da lta dBu ma'i don smra bar 'dod pa/ 現在、～の義を語ると主張する者 269,273,386
dBu ma pa/ 中観派 262,268,287-288,306,348,353-354
　dBu ma pa chen po/ 偉大な～ 381
　dBu ma pa dang dNgos por smra ba/ ～と実有論者 282,364
　dBu ma pa rnams kyi kun rdzob/ ～の世俗 303
　dBu ma pa gzhan/ 他の中観〔自立論証〕派 419
　dBu ma pa la khas len yod med/ ～に承認が有るか無いか 351
　dBu ma pa'i khyad chos/～の差別法 273,(277),279
　dBu ma pa'i lugs/ ～の立場 352
　dBu ma par khas 'che ba/ ～を自称する者 262,(282)
　dBu ma pas tha snyad du rnam par 'jog pa/ ～が言説として設立する 337
　mkhas pa dBu ma pa/ 賢者〔である〕～ 272
　dNgos por smra ba dang dBu ma pa/ 実有論者と～ 272
　sngon gyi dBu ma pa/ かつての～ 348
　mDo sde spyod pa'i dBu ma pa/ 経量部～ 262-263
　rNal 'byor spyod pa'i dBu ma pa/ 瑜伽行～ 262,264
　phyogs 'dzin pa'i dBu ma pa/ 立場を持った～ 262

Bod kyi dBu ma par khas 'che ba/ チベットの～を自認する者 (262),282
gzhung phyi mo'i dBu ma pa/ 基本書の～ 262
dBu ma thal 'gyur ba/ 中観帰謬論証派 cf. Thal 'gyur ba/
　dBu ma thal 'gyur ba nang/ ～の内、366
　da lta dBu ma thal 'gyur bar 'dod pa dag/ 現在、～だと主張する者たち 347
dBu ma rang rgyud pa/ 中観自立論証派 cf. Rang rgyud pa/
dBu ma la 'jug pa/ 『入中論』 cf.'Jug pa/
dBu ma rgyan/ 『中観荘厳論』263
dBu ma rgyan gyi dka' 'grel/ 『中観荘厳論の難語釈』343
dBu ma snang ba/『中観光明論』260,261,263,(301),342
dBu ma snying po/『中観心論』(342),434,443
dBu ma'i bstan bcos/ 『中論』263,(273),(325),332,(361) cf.rTsa she/
dBu ma'i bstan bcos kyi de kho na nyid/ 『中論』の真実 303
dBu ma rtsa ba/ 『根本中論』273 cf.rTsa she/
dBu ma'i gdams ngag/ 『中観教誡論』443
dBus mtha'/ 『中辺分別論』327,446

Ma
Ma dros pas zhus pa/ 『無熱悩〔龍王〕所問経』315,(416)
Mang pos bkur ba'i sde pa/ 正量部
　Mang pos bkur ba'i sde pa 'ga' zhig/ ～の或る者 336
Mar me mdzad/ ディーパムカラ〔・シュリージュニャーニャ〕454 cf.Jo bo/
Mu stegs/ 外道 cf.gzhan sde/
　Mu stegs pa/ ～者 307,396
　Mu stegs kyi drang srong/ ～の仙人 257
　Mu stegs byed kyi zhi gnas/ ～者の止住 425
　Mu stegs byed la sogs pa/ ～者など 425
　Mu stegs dang yang thun mong ba/ ～とも共通だ 256

Tsa
rTsa ba'i shes rab/(rTsa she/, rTsa ba/) 『根本〔中論〕・般若』272273,(275),(279),280,285,286,(287),317-318,332,338-339,(345),391,420 cf.dBu ma'i bstan bcos/
rTsa she'i 'grel byed rnams/～の註釈者たち 264
dBu ma rtsa ba/ 『中論本頌』273,321,332
rab byed dang po/ 第一章 409
rab byed gsum pa/ 第三章 375
rab byed gsum pa dang bzhi pa dang lnga pa/ 第三章と第四章と第五章 416
rab byed bdun pa/ 第七章 412

rab byed brgyad pa/ 　　　　　　　第八章 408
rab byed bcu pa/ 　　　　　　　　第十章 395
rab byed bco lnga pa/ 　　　　　　第十五章 343
rab byed bco brgyad pa/
　　　　　　　第十八章 266,391,396,406,416-417
rab byed nyi shu pa/ 　　　　　　第二十章 290
rab byed nyi shu pa/ 　　　　　　第二十章 409-410
rab byed nyer bzhi pa/　第二十四章 273,278-280
rab byed nyer lnga/ 　　　　第二十五章 273,301
rab byed nyer drug pa/　第二十六章 273,332-333
rab byed nyer bdun pa/ 第二十七章 333,391-396
Tsong kha pa/ 　　　　　　　ツォンカの人 456
rTsod zlog/ 『廻諍論』272,274,276,280,285,318,327-328,
　　　　347-348,350,355-358,361,(365),(374)
Rang 'grel/ 『自註釈』276,318,327-328,350,356-358

Tsha
Tshad ma rNam 'grel/(rNam 'grel)/
　　　　　　　　　　『量評釈』(428),(429),433
Tshig gsal/ 『〔根本中論の釈論・〕明句』264-266,271,
　　　　273,275,280-281,285-289,295,299,319,323,326,330,
　　　　341,348,352,356,358-359,363-365,368,371-372,375,
　　　　　　　　　　　　　　　380,396,417-418
Tshig gsal du drangs pa'i Lang gshegs/
　　　　　　　　　～に引用された『入楞伽経』315
'Jug pa dang Tshig gsal/ 　　『入中論』と～ 331
Buddhapālita dang, Tshig gsal dang, Jug pa/
　　　　　　『ブッダパーリタ』と～と『入中論』338

Dza
Dzāyānanta(Jayānanda)/ 　　　ジャヤーナンダ 345

Wa
Zha
Zhi ba 'tsho/ 　　シャーンタラクシタ(寂護)262,263
Zhi ba 'tsho dang Kamalashīla la sogs pa/
　　　　　　　　　　～とカマラシーラなど 262
Zhi ba 'tsho la sogs pa/ 　　　　～など 371
Zhi ba lha/ 　　　　シャーンティデーヴァ 443
gzhan sde/ 　　　　　　　　　　他部 364
　　　　cf.rang gzhan kyi sDe pa/, Mu stegs pa/
gZhung phyi mo'i dBu ma pa/ 　基本書の中観派 262
bZhi brgya pa/『四百論』(295),(320),(330),(332),333-334,
　　　　　　　　(335),348, 357,378-379,400,403,413,(428),
bZhi brgya pa'i 'grel pa/『四百論の註釈』281,283,290-
　　　292,294,297-299,303-304,312,318,320,330-331,333,
　　　335-336,338,357,370,390,394,400-401,413,(414),419

Za
Zul phu ba/ 　　　　　　　　　スルプの人
Zul phu ba dkon mchog dpal bzang po/
　　　　　　　～コンチョク・ペルサンポ 455
Zla ba grags pa/(Zla ba/, Zla grags/, Zla ba'i zhabs/)
　　　　チャンドラキールティ(月称)262,264,266,(268),
　　　　(271),278-279,281,(288),(292),294,(296),(298-300),

(304),312-313,(314),331,(334),(337),340,345,353,
363,(366),371,(374),378,(381),(383),392-393,(410),
　　　(419),420　cf.Sangs rgyas bskyangs/
Zla ba'i rjes su 'brang ba'i bod kyi mkhas pa
kha cig/ 　　　～に従うチベットの或る学者 348
Zla ba grags pa'i rjes su 'brang bar 'dod pa dag/
　　　　　　　～に従うと主張する人たち 372
Klu sgrub dang Zla ba grags pa/
　　　　　　　　　　ナーガールジュナと～ 362
Klu sgrub slob ma Zla grags/
　　　　　　　ナーガールジュナの弟子～ 443
bZang po'i mtha' can/ サンポを〔名の〕最後に持つ者
　　　　　　　　　(Chos skyabs bzang po) 455

'A
'Od srungs kyi le'u/ 　　　『迦葉〔所問〕品』436,440

Ya
Yab sras/ 　　　　　　　父子　cf.'Phags pa Yab sras
Yum/ 　　『仏母〔般若波羅蜜経〕』cf.rGyal ba'i yum/
Ye shes sde/ 　　　　　　　イェシェーデ 263

Ra
Rang rgyud pa/ 自立論証派 264,271,339,365,415, (419)
　　　　　　　　　　　　　cf.Thal 'gyur ba/
dBu ma Rang rgyud pa dang Thal 'gyur ba/
　　　　　　中観～と帰謬論証派 341
Rang sde/ 　〔仏教〕自部 268,393 cf.Sangs rgyas pa/
rang sde 'ga' zhig/ 　　　　～の或る者 388
rang sde dngos por smra ba/
　　　　　　　～の実有論者 307,(334),364,383
rang gi sde pa rnams/ 　　　～の者 303,321
rang sde la bsgrub/ 　～に対して立証する 413
Rang gzhan gyi sde pa/ 　　　自部・他部 308
rang gzhan gyi sde pa dngos por smra ba/
　　　　　　　～の実有論者 (334),337
Rab tu mi gnas par smra ba/ 　　無住論派 262
Rva sgreng/ 　　　　　　　　ラディン 456
Rig pa tsam/ 　　　　唯識　cf.sems tsam pa/
Rig pa tsam gyi lugs/ 　　　～の立場 263
Rigs pa drug cu pa/ 　　　　『六十頌如理論』
　　　　　　271,274,314,348,358,361
Rigs pa drug cu pa'i 'grel pa/ 　『六十頌如理論の釈』
　　　　　　297,309,314,324,338,340,358
Rigs pa'i dbang phyug/
　　　正理自在者〔ダルマキールティ〕428-429
　　　　　　　　　　　　cf.rNam 'grel/
Rigs pa'i tshogs/ 　　　　　正理の聚 329,438
Rigs pa'i tshogs rgya che ba/ 　広大な～ 327
dBu ma Rigs tshogs la sogs pa/ 中観の～など 428
dBu ma Rigs pa'i tshogs/ 　　　中観の～ 261
Rin chen phreng ba/(Rin po che'i phreng ba/)
　　　　『宝鬘』(267),278,286,319,(331),(332),339
Red mda' ba/ 　　　　　　　レンダワ 456

La

Lang kar gshegs pa/　　　　　　『入楞伽経』439

　　Tshig gsal du drangs pa'i Lang gshegs/
　　　　　　　　『明句』に引用された〜 315

Lam sgron/　　　　　　　　　『道灯論』452

　　Lam sgron gyi skyes bu gsum gyi spyi'i mtshan
　　nyid/　　　　　　〜の三士の一般の相 (特徴) 455

Lam gyi rim pa/(Lam rim/)　　　道次第 454-455
　　　　　　　　　　　　　　cf.skyes bu/

　　Lam rim gyi gdams ngag snga ma rnams/
　　　　　　　　　　　以前の〜の教誡 443

　　　Lam rim du ma/　　　　　　多くの〜 455

　　skyes bu chen po'i lam gyi rim pa/ 大士の〜 452

　　dge bshes dGon pa ba nas brgyud pa'i Lam rim
　　rnams/　　善知識ゴンパワより伝承された 446

　　sNgags kyi lam gyi rim pa rnams/「真言〜」453

　　Byang chub lam gyi rim pa/「菩提〜」453-455

　　Lotstsha ba chen po dang Gro lung pa yab sras
　　kyi lam rim/大翻訳師とトルンパ父子の〜 455

Legs ldan 'byed/ ブハーヴィヴェーカ (清弁) 262-264,
　　　　　　300,304,(344),345,366,(372),373-374

　　Legs ldan 'byed la sogs pa/　　　〜など 302,370

Lo tstsha ba/ 翻訳師

　　Pandi ta de'i slob ma Lo tstsha ba dag/
　　　　　　　　パンディタの弟子の〜たち 346

Lo tstsha ba chen po/ 大翻訳師〔ロデン・シェーラブ〕

　　Lo tstsha ba chen po Blo ldan shes rab/
　　　　　　　　　　〜ロデン・シェーラブ 263

　　Lotstsha ba chen po dang Gro lung pa yab sras
　　kyi lam rim/　〜とトルンパ父子の道次第 455

Sha

Sha ra ba/　　　　　　　　　　シャラワ

　　Po to bas Sha ra ba la brgyud pa/
　　　　　　　　ポトワが〜に伝承した 455

Shar Tsong kha pa/　　　東のツォンカの人 456

Shānti pa/　　　　　　シャーンティパ 443

Shes rab sgron me/　　　　　『般若灯論』

　　Shes rab sgron me dang rTog ge 'bar ba/
　　　　　　　　　〜と『思択炎』343

　　'Grel bshad/　　　　　　　『復註』301

　　rab byed nyer lnga pa'i Shes rab sgron me/
　　　　　　　　第二十五章の〜 301

　　rab byed bco lnga pa'i 'grel pa Shes rab sgron me/
　　　　　　　　第十五章の註釈〜 343

Shes rab snying po/　　　　『般若心経』(319),438

Shes rab kyi pha rol tu phyin pa/『般若波羅蜜経』
　　　　　　(310),437　　cf.rGyal ba'i yum/

　　Sher phyin gyi mdo la sogs pa/　　〜など 262

Sher phyin man ngag/
　　　『般若波羅蜜教誡論』422,424,441-444,448

Sa

Sangs rgyas thams cad kyi yul la 'jug pa ye shes
　snang ba'i rgyan/『入一切仏境智慧光明荘厳経』260

Sangs rgyas bskyangs/　　　ブッダパーリタ (仏護)
　　262,264,290,333,391,396,420　cf.Buddhapālita/

　　Sangs rgyas bskyangs kyi 'grel pa/
　　　　　　　　〜の『註釈』　345,(378)

　　slob dpon Sangs rgyas bskyangs dang slob dpon
　　Zla ba grags pa/ 軌範師〜と軌範師チャンドラ
　　キールティ　　　　　(278),302,(337),(381)

Sangs rgyas pa/　　　　仏教者 363　cf. Rang sde/

Sems tsam pa/　　唯心派 300-302,354 cf. Rig pa tsam/

Sred med kyi bus zhus pa/　　　『那羅延所問経』432

gSang sngags/　　　　　秘密真言　cf.sNgags/

　　gSang sngags la 'jug pa/　　　〜に入る 452

gSal byed pa/　　　　　顕現論者 364,(415)

bSod nams dpal bzang po/　ソナム・ペルサンポ 456

Ha

Hva shang/　　　　　ハシャン 257,426-427,435,438

　　Hva shang gi lugs/　　　　〜の立場 425

　　rGya nag gi mkhan po Hva shang/
　　　　　　　シナの親教師〜 321,(370)

lHa/　　　　　　　　　　　　本尊

　　lHa'i 'khor lo tshang ba/
　　　　　　〜の円満な輪 (マンダラ) 453

lHa gcig/　　天尊師 (アティシャ) (264),443　cf.Jo bo/

lHag spyod/　　　　ウッダーラカ　256

A

564

【一般的な用語】

Ka

kun/　　すべて　cf.thams cad/
　kun gyi lta po/　　すべてを見る者 404
　chos kun gyi stong nyid/　一切法の空性 404
　'di dag kun stong/　これらすべてが空である 273
kun brtags/　所遍計、分別構想されたもの 300,302
　kun brtags kyi ma rig pa/　所遍計の無明 334
　kun brtags kyi dzin pas btags pa/
　　　　　所遍計の執により仮設された 322
　kun brtags pa/　遍計 (妄分別) された 309
　'jig lta kun brtags/　遍計された有身見 336
　yul kun btags rnams/　対境〔である〕所遍計 441
kun byang/　　雑染・清浄
　kun byang gi rten 'brel/　雑染・清浄の縁起 414
kun rdzob/　世俗 260,306,310,331,341,354-355,372
　　　　　　　　　　cf.sgrib pa/
　kun rdzob tu khas len pa/
　　　　　世俗として承認する 288
　kun rdzob tu 'dod pa/　世俗として主張する 304
　kun rdzob tu yang med do/
　　　　　世俗としても無い 307
　kun rdzob tu yang brdzun pa/
　　　　　世俗としても偽りだ305
　kun rdzob ston pa/　世俗を説く 259
　kun rdzob dang don dam/　世俗と勝義 (268),423
　kun rdzob pa/　世俗のもの 292,374
　kun rdzob pa rnams 'jig pa/　世俗が滅する 296
　kun rdzob pa'i rgyu 'bras/　世俗の因果 271
　kun rdzob pa'i rnam par bzhag pa/
　　　　　世俗の設定 295
　kun rdzob tsam/　唯の世俗 311,419
　kun rdzob rigs pas dgag go/
　　　　　世俗を正理により否定する 293
　'jig rten gyi kun rdzob bzlog pa/
　　　　　世間の世俗を退ける 293
　'jig rten pa'i kun rdzob la phyin ci log/
　　　　　世間の世俗について顛倒 388
　snang phyogs kun rdzob pa/
　　　　　現れの分〔である〕世俗 289
　dBu ma pa rnams kyi kun rdzob/
　　　　　中観派の世俗 303
　ma rig pa'i kun rdzob/　無明の世俗 306
　mig kun rdzob pa/　世俗の眼 367
　yang dag kun rdzob/　正しい世俗 310
　yang dag dang log pa'i kun rdzob/
　　　　　正しい〔世俗〕と誤った世俗 304
　rang gi kun rdzob/　自らの世俗 (268),307
　log pa'i kun rdzob/　誤った世俗 310
kun rdzob bden pa/　世俗諦 306,311

kun rdzob bden par 'jog pa/
　　　　　世俗諦として設立する 305,331
'jig rten gyi kun rdzob kyi bden pa/
　　　　　世間の世俗諦 305,339
dka' ba/　　難しい
　shin tu rtogs dka' ba/　きわめて証得し難い 278
dkar po/　　白
　dkar phyogs/　白の分 423
　las dkar gnag/　白黒の業 411
dkon mchog gsum/　三宝 275-276,(450)
bkag pa/　否定した　cf.'gog pa/, khegs pa/
　skye ba bkag pa/　生を否定した 313
　skye ba thams cad bkag/生すべてを否定した 294
　khyad par sbyor ba bkag pa/
　　差別 (限定) を適用するのを否定した 271
　mu bzhi'i skye ba bkag/ 四句の生を否定した 408
　mu bzhir brtags nas bkag pa/
　　　　　四句に観察して否定した 270
　rtsa ba nas bkag/　根本から否定した 269
　rang bzhin bkag pa/
　　　　　自性を否定した 317,(389),(402)
　rang bzhin gyis grub pa bkag pa/
　　　　　自性による成立を否定した 271,277
　rigs pas thams cad bkag pa/
　　　　　正理によりすべてを否定した 401
rkang pa/　　脚
　phug ron skya bo'i rkang pa/　灰白鳩の脚 394
rkun ma/　　盗人
　rkun ma des nor brku ba mthong/
　　　　　盗人が財宝を盗むのを見た 289
rkyen/　縁　cf.rgyu rkyen/
　rkyen las skyes pa/　縁より生じた 416
　rkyen bzhi las 'bras bu skye ba/
　　　　　四縁より果が生ずる 410
　rgyu dang rkyen/　因と縁 390,423
　dmigs rkyen/　所縁縁 303
lkog tu gyur pa/(lkog gyur/)　隠れたもの 429
　mig la sogs pa lkog tu gyur pa'i don/
　　　　　眼など隠れている義 (もの) 371
skad cig/　　刹那
　skad cig gis skye ba dang 'jig pa/
　　　　　刹那により生滅する 391
　'dzin pa skad cig cha med/
　　　　　能取〔である〕分無き刹那 322
skabs/　　分位、場合、個所
　de nyid skabs/
　　真実の場合 270,313-314,(350),(351),397
　don dam la dpyod pa'i skabs/
　　　　　勝義を伺察する場合 347
　'bras bu'i skabs/　果の分位 271
　zhi gnas kyi skabs/　止住の個所 442

zhi gnas dang skabs 'di dag/ 止住とこれらの個所 431

lam gyi skabs/ 道の分位 271

shes rab kyi skabs/ 〔『入行論』〕智恵の個所 434

sku/ 身 cf.lus/

　chos kyi sku/(chos sku/) 法身 265,271

　gzugs sku/ 色身 271

skur pa 'debs pa/(skur 'debs/) 損減する 343,402,414

　skur 'debs kyi lta ba/ 損減の見 312,425

　dngos po la skur pa 'debs pa/ 事物を損減する 301

skor ba/ 右繞、巡礼

　phyag skor ba bzlas brjod sogs/ 礼拝・右繞・念誦など 400

skyabs gsum/ 三帰依処 (275),(276)

　skyabs gsum gyi yon tan/ 三帰依処の功徳 450

skye ba/ 生 340,416
　cf.bdag skye/, gzhan skye/, 'byung ba/, mu bzhi'i skye ba/

　skye ba bkag pa/ 生を否定した 313

　skye ba 'gog pa/ 生を否定する 270,345

　skye ba snga phyi'i bdag rnams/ 前後の生の我 394

　skye ba thams cad bkag/ 生すべてを否定した 294

　skye ba thug med du yang 'gyur/ 生は無窮にもなる (347),409

　skye ba dang mi skye ba/ 生ずるのと生じない 410-411

　skye ba don med par 'gyur/ 生は無意味になる (347),409

　skye ba dran pa/ 生を憶念する 391

　skye ba med pa/ 生ずることが無い 260,342,364-365,412

　skye ba tsam/ ただの生 313

　skye ba la sogs pa yod pa/ 生などが有る 270

skye 'gag/生・滅 270,279,(280),291-292,(393),(396)

　rkyen bzhi las 'bras bu skye ba/ 四縁より果が生ずる 410

　rkyen las skyes pa/ 縁より生じた 416

　rgyu med las skye/ 無因より生ずる 411

　sngon gyi skye ba/ 前生 392

　chos thams cad ma skyes pa/ 一切法は生じていない 315

　gnyis las skye ba/ 〔自他〕二より生ずる 411

　lta ba skyes nas ma nyams pa/ 見が生じて損なわれていない 370

　don dam gyi skye ba/ 勝義の生 313

　don dam par skye ba med/ 勝義として生は無い 342

　ma skyes pa/ 生じていない 313,315

mi skye ba'i chos la bzod pa/ 無生法忍 330,419

gzugs sogs kyi skye ba/ 色などの生 291

rang gi ngo bos grub pa'i skye ba/ 自体により成立した生 314

rang gzhan dang gnyis ka dang rgyu med las skye ba/ 自・他と両者と因無しからの生 313

rang bzhin gyis skye/ 自性により生ずる 409,412

rang bzhin gyis ma skyes pa/ 自性により生じていない 313-315,340,390,(412),416

skye ba dang 'jig pa/ 生と滅

　skye ba dang 'jig pa can du 'gyur ba/ 生と滅を有するものになる 391

　skye 'jig gnas pa dang mi ldan pa/ 生・滅・住を持たない 396

　skye 'jig byed/ 生滅をする 391,393

　skad cig gis skye ba dang 'jig pa/ 利那により生・滅する 391

skyed ba/ 生じさせる

　bskyed pa'i rim pa/ 生起次第 453

　bskyed bya skyed byed/ 生じさせられるもの・生じさせるもの 272,(361),408

　rgyu rkyen gyis bskyed pa/ 因・縁により生じさせられた 321

　nges pa bskyed pa/ 決定を生じさせる 329

　lta ba rgyud la bskyed pa/ 見を相続に生じさせる 264,345,381

　lta ba gsar du bskyed pa/ 見を新たに生ずる 366

skyes pa/ 男

　skyes pa bud med/ 男女 417

skye mched/ 処 416

　skye mched drug/ 六処 406,408

　nang gi skye mched/ 内の処 364,(408)

　phung po dang khams dang skye mched/ 蘊と界と処 (406),416,453

　phyi'i skye mched/ 外の処 364

　gzugs kyi skye mched/ 色の処 365

skyes bu/ 人士 cf. Lam gyi rim pa/

　skyes bu chung ngu'i skabs/ 小士の個所 433,442

　skyes bu chung ngu'i chos skor rnams/ 小士の法類 450

　skyes bu chen po'i lam gyi rim pa/ 大士の道次第 452

　skyes bu 'bring gi skabs/ 中士の個所 331

　skyes bu 'bring gi chos skor rnams/ 中士の法類 450

　skyes bu gsum gyis nyams su blang pa/ 三士が行持する 455

　Lam sgron gyi skyes bu gsum gyi spyi'i mtshan nyid/ 『道灯論』の三士の一般の相 455

skyo ba/ 厭離 451

skyong ba/ 護〔りそだて〕る 432,447

skyong tshul gyi gnad/ 護り方の枢要 441

lhag mthong gi skyong tshul/
勝観の護り方 431,443

skyod pa/ 動揺させる

mar me rlung gis ma bskyod pa/
灯火が風により動揺しない 445

skyon/ 過失 cf.nyes pa/

skyon dang bral ba/ 過失を離れた 352,361

chos can dang rtags ma grub pa la sogs pa'i
skyon/ 有法と証因が不成立などの過失 375

nyon mongs skyon/ 煩悩・過失 265

gtan tshigs kyi skyon/ 論証因の過失 365

dam bcas pa dang 'gal ba'i skyon/
立宗と相違する過失 356

phyogs kyi skyon/ 宗の過失 363,365,(372)

phyogs skyon med/ 無過失の宗 368

rang gi tshig dang 'gal ba'i skyon/
自らの言葉と相違する過失 343

skra shad/ 毛髪 367

skrag pa/ 恐怖、怖れ

'khrul pa dang skrag pa/ 錯乱と恐怖 428

nyan pa po rnams kyi skrag pa/
聞く者の恐怖 324

Kha

kha dog/ 顕色(いろ) 284

kha phyogs/ 向かう

blo kha phyogs/ 知が向かっている 429

kha tshon chod/ 決断する

gnyis su kha tshon chod pa/
二に決断する 284-285,409

khams/ 界

skye mched dang phung po dang khams/
処と蘊と界 (406),416,453

sa'i khams la sogs pa khams drug/
地界など六界 408

khas len pa/ 承認する、承認 362 cf.'dod pa/

khas len mi len/ 承認・非承認 397

khas len med pa/ 承認が無い 351-353

khas len yod do/ 承認が有る 288-289,351

kun rdzob tu khas len pa/
世俗として承認する 288

ngos gzung ngam khas len/ 確認や承認 306

dngos po khas len pa'i phyogs/
事物を承認する宗 358

pha rol po'i khas len 'gog/
対論者の承認を否定する 347

dBu ma pa la khas len/ 中観派における承認 351

gzhan gyis khas len pa/
他者が承認する (345),(346),376

gzhal bya dang tshad ma'i rnam gzhag khas len pa/
所量と量の設立を承認する 349

rang rgyud khas len/ 自立論証を承認する 375

rang bzhin med pa khas blang/
無自性を承認する 279

khas blangs/ 承認した、承認 353,361

khas blangs pa la gnod byed/
承認を侵害する 403

khas blangs la 'gal ba ston pa/
承認に相違を示す 377

khas blangs dang 'gal ba/ 承認と相違する 383

rgol phyi rgol gyis khas blangs pa/
論者・後論者が承認している 350

sngar khas blangs/ 前に承認した 287

'jig rten pa'i khas blangs pa/ 世間の承認 346

rtags dang khyab pa gnyis khas blangs pa/
証因と遍充の二を承認した 346

tshul gsum khas blangs kyi mthar thug pa/
三相を承認したことの究極 346

gzhan gyis khas blangs pa/
他者が承認した 345-346,376

rang nyid kyis khas blangs pa/
自己が承認している 366,373-374

rang 'dod dang khas len dang dam bca'/
自らの主張と承認と立宗 362

rang bzhin gyis yod pa khas blangs pa/
自性により有ると承認した 285

rang bzhin khas blangs pa/ 自性を承認した 379

khungs ma/ 典拠

rgyud sde khungs ma/
タントラ部の正しい典拠 452-453

gzhung khungs ma/ 正しい典拠 449

khegs pa/ 否定した cf.bkag pa/、'gog pa/

chos thams cad khegs pa/ 一切法は否定された 269

rang bzhin yod pa khegs/
有自性を否定した 389,(402)

khyad par/ 差別、限定、特定 363

khyad par can gyi snang ba/ 殊勝な現れ 453

khyad par du ma byas pa/
差別に(特定)していない 368,373

ngo bo dang khyad par/ 〔自〕体と差別 301

dam bca' la khyad par/ 立宗での差別 287

dbyibs khyad par/ 形色の差別(特定の形) 398

ming gi khyad par/ 名の差別 387,406

rang bzhin khyad par gsum ldan/
三つの差別(限定)を具えた自性 321-322

khyad par sbyar ba/ 差別(限定)を適用する 313,
315,337-339,385 cf.sbyor ba/

khyad par ma sbyar ba/ 差別を適用しない 294

dgag bya la khyad par sbyar/
否定対象に差別を適用する (339),389

don dam gyi khyad par sbyor ba/ 勝義の差別を
適用する (261),(279),315,339,341,344

don dam pa'i khyad par sbyor ba bkag pa/
　　　勝義の差別を適用するのを否定した 271
yang dag pa sogs kyi khyad par sbyor ba/
　　　「正しい」などの差別を適用する 343
khyad par gyi chos/(khyad chos/)
　　　差別 (特定) の法、特性 325
khyad par gyi chos dpyod pa/
　　　差別の法を伺察する 364
dBu ma pa'i khyad chos/ 中観派の差別法 (271),
　　　273,(277),(279)
khyad par gyi gzhi/(khyad gzhi/)
　　　差別の所依事 (基体) 325,335,445-446
khyab pa/　　　遍充 277,344,349,379,412,416
　khyab pa bsgrub pa/　　　遍充を立証する 346
　khyab bya/　　　所遍 389,436
　khyab byed/　　　能遍 321,389,436
　khyab lugs/　　　遍充する仕方 378
　rtags khyab tshad mas ma grub pa/
　　　証因・遍充が量により不成立 349
　rtags dang khyab pa gnyis khas blangs pa/
　　　証因と遍充の二を承認している 346
　rten 'byung la rang bzhin gyis stong pas khyab pa/
　　　縁起へ自性による空が遍充する 274
　dpung 'phul gyis khyab pa/　　　勢いで遍充する 410
　phyogs chos dang khyab pa/
　　　宗法 (主題所属性) と遍充 355
　tshad mas khyab pa/　　　量による遍充 345
khyi/　　　犬
　khyi rdo phyir 'brangs pa/　　　犬が石を追った 427
khyim/　　　家
　lhas byin khyim na mi srid pa/
　　　デーヴァダッタは家にありえない 328
mkhan/　　　する者
　dran mkhan/　　　憶念者 394
　dpyod mkhan/　　　伺察者 278
　'phro mkhan gyi sems/　　　散る者の心 435
　mig 'phrul mkhan/　　　幻術師 300
　myong mkhan/　　　領受者 394
　rdza mkhan/　　　陶工 411
mkhas pa/　　　善巧、熟達、学者
　mkhas pa'i dmigs pa/　　　善巧の所縁 421
　rGya Bod kyi mkhas grub dam pa/
　　　インド・チベットの勝れた学者・行者 441
　rGyan drug la sogs pa'i mkhas pa/
　　　六人の荘厳など学者 427
　thabs la mkhas pa/　　　方便への善巧 416
　theg pa thams cad la mkhas pa/
　　　乗すべてに善巧だ 441
　bden gnyis 'jog pa la mi mkhas pa/
　　　二諦の設定に善巧でない 296
'khar gzhong/　　　銅皿

'khar gzhong la zho gnas pa/
　　　銅皿に酪 (ヨーグルト) が住する 382,(398)
'khor ba/　　　輪廻 417,425
　'khor ba ldog pa/　　　輪廻が止滅する 330
　'khor ba spyi dang bye brag gi nyes dmigs/
　　　輪廻一般と個別の過患 450
　'khor ba las grol ba/　　　輪廻からの解脱 406,418
　'khor ba'i nyes dmigs/　　　輪廻の過患 (265),433
　'khor ba'i sdug bsngal/　　　輪廻の苦 428
　'khor ba'i rtsa ba/　輪廻の根本 265,(322),(326),331
　'khor bar 'ching ba/
　　　輪廻に繋縛する 322,326,334,425,427-429,438
　'khor 'das/　　　輪廻・涅槃
　'khor 'das kyi rgyu 'bras/　輪廻・涅槃の因果 280
　'khor 'das kyi rten 'brel/
　　　輪廻・涅槃の縁起 307,351
　'khor 'das kyi rnam gzhag/ 輪廻・涅槃の設定
　　　272-273,279,306-307,338,381
'khor lo/　　　輪、車輪 382　cf.'phang lo/
　mgal me'i 'khor lo/　　　炬火の輪 390
　lHa'i 'khor lo tshang ba/
　　　本尊の円満な輪 (マンダラ) 453
'khrul ba/　　　錯乱した、迷乱 305,438
　'khrul pa dang skrag pa/　　　錯乱と恐怖 428
　'khrul pa'i rtog pa ldog pa/
　　　錯乱した分別が止滅する 329
　'khrul par 'jog pa/　　　錯乱だと設立する 304
　'khrul rgyu/　　　錯乱の因 299,303
　'khrul snang/　　　錯乱の現れ 326
　'khrul ma 'khrul/　　　錯乱・非錯乱 373,438
　gnyis snang gi 'khrul pa rnams/
　　　二の現れの錯乱 419
　tha snyad du 'khrul pa/ 言説として錯乱した 305
　thag pa la sbrul du 'khrul/
　　　縄を蛇だと錯乱する 428,438
　snang ba la 'khrul ba/現れについて錯乱した 310
　phyi nang gi 'khrul rgyu/　外・内の錯乱の因 299
　phyin ci log 'khrul shes/ 顛倒〔である〕錯乱知 366
ma 'khrul ba/
　　　無錯乱、錯乱していない 298,303,365,368,430
　ma 'khrul ba'i shes pa/　無錯乱の知識 366-374
　ma 'khrul ba'i shes pas rnyed pa/
　　　無錯乱の識により獲得された 366
　'khrul pa ma yin pa/　　　錯乱していない 306
　mngon sum ma 'khrul ba/
　　　無錯乱の現量 367,371,374
　snang yul la ma 'khrul/
　　　現れの対境について無錯乱 370
　phyin ci ma log pa'am ma 'khrul ba/
　　　「無顛倒」や「無錯乱」310
　phyin ci ma log pa ma 'khrul ba'i shes pa/

不顛倒〔である〕無錯乱知 366

blo ma 'khrul ba'i yul/　　無錯乱の知の対境 326

gzhan rig ma 'khrul ba/　　無錯乱の他証知 371

rang mtshan la ma 'khrul ba/
　　　　　　　　自相について非錯乱 368

rang rig ma 'khrul ba/　　無錯乱の自証知 371

Ga

gang zag/　　　　人（にん）、プドガラ 268,399

　gang zag gi tha snyad/　　人の言説 403

　gang zag gi bdag 'dzin/　　人我執 331,336

　gang zag de kho nar yod/
　　　　　　　　人が真実として有る 397

　gang zag rdzas su yod/　人は実物として有る 353

　gang zag gzhan/　　　　他の人 336,393

　gang zag la sogs pa ni ye mi 'dug go/
　　　　　　　　人などは全くない 400

　　chags can gyi gang zag/　貪欲を有する人 408

　　bdag gam gang zag/　　　我や人 390

gang zag gi bdag med/　人無我 267,323,335,381,446

　gang zag gi bdag med rtogs pa/
　　　　　　　　人無我を証得する 267-268

　dBu ma la 'jug pa'i gang zag gi bdag med ston pa/
　　　　　　『入中論』に人無我を説く 266

gang zag dang chos/　　　人と法 (267),335

　gang zag dang chos kyi bdag gnyis kyis stong pa/
　　　人と法の二我について空である 258

　gang zag dang chos kyi bdag gnyis/
　　　　　　　人と法の二我 258,(322)

go ba/　　　　　　　分かる、理解する

　dngos por smra ba'i go lugs/
　　　　　　実有論者の理解の仕方 281

　rang bzhin yod pa ma yin par go bar byed pa/
　　　　　　　無自性を分からせる 329

gong/　　　　　　　　　　　上

　gong ma gong ma la thob 'dod/
　　　　　　各々上を得たいと欲する 451

　bla ma gong ma chen po rnams/
　　　　　　先代の大師たち 264

goms pa/　　〔繰り返し〕数習する 428　cf.sgom pa/

　goms pas spong/　　数習により断除する 433

　gtan la 'bebs pa la goms pa/決択を数習する 433

　lta ba de nyid goms pa/
　　　　　　見それこそを数習した 325-326,(416)

　lam goms pa'i dgag bya/ 道の数習〔にとって〕の
　　　　　　否定されるべきもの 293

gol sa/　　　　　　　　　　岐路

　yang dag pa'i lta ba'i gol sa/
　　　　　　正見の岐路の処 326,400

gyo mo/　　　　　陶片、瓦礫 407

grags pa/　　　　周知された、知られた
　　cf.'jig rten gyi grags pa/、gzhan la grags

pa/、rang la grags pa/

　tha snyad pa'i shes pa la grags pa/
　　　　　　言説の知識に知られた 307

　phal pa la ma grags pa/
　　　　　　ふつうの者に知られていない 308

grub mtha'/　　　　　　　　学説

　grub mtha' ngan pa/　　悪しき学説 300

　grub mtha' thun mong ma yin pa/
　　　　　　非共通（特有）の学説 303,397

　grub mtha' 'dor ba/　学説を放棄する 347,(380)

　grub mtha'i dbang gis sgro 'dogs pa/
　　　　　　学説の力により増益する 396

　grub mthas blo bsgyur/
　　　　　　学説により知を改めた 308

　grub mthas blo ma bsgyur ba/
　　　　学説により知を改めていない 294

grub mtha' smra ba/　　学説論者 296,322,337,371

　grub mtha' smra ba 'ba' zhig gis btags pa/
　　　　学説論者のみにより仮設された 334

　grub mtha' smra ba gzhan dang sgo mi bstun pa/
　　　　他の学説論者と一致しない 264

　'Phags yul gyi grub mtha' smra ba rnams/
　　　　聖なる国（インド）の学説論者たち 296

grol ba/　　　　　　　　解脱 418,420　cf.thar pa/

　'khor ba las grol ba/　輪廻からの解脱 406,418

　bcings grol/　　　　繋縛・解脱 270,279

　'ching ba las grol ba/　繋縛より解脱する 424

　srid pa las grol ba/　有（生存）より解脱する 256

glang po che/　　　　　　象　cf.rta glang/

glud/　　　　　　　　　身の代 443

dgag pa/　　否定する、遮止　cf.'gog pa/、bkag pa/

　chad lta dgag sla ba/　断見を否定しやすい 389

　rtag lta dgag sla ba/　常見を否定しやすい 389

　rtog pa thams cad dgag go/
　　　　　　　分別すべてを否定する 429

　gzhan lugs dgag pa/
　　他者の立場を否定する 345,(350),424,430-431

　yul thog mar dgag/　対境を最初に否定する 328

　rigs pas dgag pa/　　正理により否定する
　　　　　　293,305,329,333,(341),401

dgag par bya ba/(dgag bya/) 否定されるべきもの、
　　否定対象 338,341　cf.rigs pa'i dgag bya/

　rigs pa'i dgag bya'i spyi/
　　　　　　正理の否定対象の一般 403

　dgag par bya ba'i spyi/　否定対象の共（一般）269

　dgag bya 'gog pa/　否定対象を否定する 334,345

　dgag bya 'gog pa'i rigs pa/
　　　　　　否定対象を否定する正理 332

　dgag bya ngos 'dzin khyab chungs pa/
　　　　　否定対象の確認が過小である 321

　dgag bya ngos bzung ba/

否定対象を確認する 269,327

dgag bya dang 'gog byed/
　　　　　否定されるものと否定するもの 358

dgag bya bdag gnyis/　　否定対象の二我 326

dgag bya la khyad par sbyar/
　　否定対象に差別 (限定) を適用する (339),389

dgag bya la gnyis/　　　　否定対象に二 358

dgag bya'i gtso bo/　　　　否定対象の中心 328

dgag bya'i rtsa ba/　　　　否定対象の根本 321

dgag bya'i tshad/　　　　否定対象の度量 400

yul gyi dgag bya/　　　　対境の否定対象 358

yul can gyi dgag bya/　　有境の否定対象 358

lam gyi dgag bya/
　　　　　道〔にとって〕の否定対象 (293),327

dgag sgrub/　　　　　　　否定・肯定 329

dgag sgrub kyi don rtogs pa/
　　　　　　否定・肯定の義を証得する 351

dgag sgrub kyi bya ba bya/
　　否定・肯定の為すべきことを為す 277,356

dgag sgrub dang bral ba/否定・肯定を離れた 329

rigs pa dang lam gyi dgag sgrub/
　　　　　正理と道の否定・肯定 329

dga' ba/　　　　　　　　喜び、歓喜

dga'bde/　　　　　　喜びと楽 256

dge ba/　　　　　　　　善

dge ba dang mi dge ba'i las/　善と不善の業 425

dge sdig las bde sdug 'byung ba/
　　　　善・悪より楽・苦が生ずる 308

dge sbyor/　　　　　　善の加行 370

dge mi dge bcu/　　　　十の善・不善 450

sbyin pa la sogs pa dge ba/　施与などの善 426

dge ba'i bshes gnyen/　善知識　cf.bshes gnyen/

dgongs pa/　　　　　意趣、思惟なさる

dgongs pa can/　　　　意趣を有する 301

ngo bo nyid med pa gsum gyi dgongs pa/
　　　　　　三無自性の意趣 301

bstan bcos kyi dgongs pa/　〔中〕論の意趣 325

'Phags pa yab sras kyi dgongs pa/
　　　　　　聖者父子の意趣 278

'Phags pa'i dgongs pa/
　　　　聖者〔ナーガールジュナ〕の意趣 264

slob dpon gyi dgongs pa/
　　　軌範師〔チャンドラキールティ〕の意趣 381

dgongs pa 'grel pa/(dgongs 'grel/) 意趣註釈 259,261

dgongs 'grel gyi bstan bcos/
　　　　　意趣註釈の論書 (259),278

rGyud sde dang de dag gi dgongs 'grel/
　　　　タントラ部とそれらの意趣註釈 453

dgos pa/　　　　　　　必要性、目的

dgos pa can/　　　　　必要性を持った 375

dgra bcom/　　　　　　阿羅漢

dgra bcom gnyis/　　　　阿羅漢の二人 311

mgal me'i 'khor lo/　　　炬火の輪 390

mgal me'i 'khor lo dang sprul pa/
　　　　　炬火の輪と変化 338

mgo snyoms/　　　　　　類似

rgyu mtshan mtshungs pa'i mgo snyoms/
　　　　　理由が等しい類似 347

mgrin pa/　　　　　　　首

mgrin pa ring ba/　　　首が長い 385-386

'gag pa/　　　　　　　滅　cf.'jig pa/

skye 'gag/　生・滅 270,279,(280),291-292,(393),(396)

'gal ba/　　　　　　相違、背反、矛盾 272

'gal ba sgrub byed/　　相違を立証する 377

'gal ba brjod pa'i thal 'gyur/
　　　　　相違を述べた帰謬論証 346

'gal zla 'dzin pa/相違する対立項を取らえる 331

khas blangs dang 'gal ba/　承認と相違する 383

khas blangs la 'gal ba ston pa/
　　　　　承認について相違を示す 377

dam bcas pa dang 'gal ba'i skyon/
　　　　　立宗と相違する過失 356

nang 'gal/　　　　　内的相違 295

'dzin stangs 'gal ba/
　　　　執らえ方が相違する (320),336

rang gi tshig dang 'gal ba'i skyon/
　　　　自らの言葉と相違する過失 343

rigs pa dang 'gal ba/　正理と相違する 383

lung mang po dang 'gal ba/
　　　　多くの教と相違する 440

'gog pa/　　否定する　cf.dgag pa/, bkag pa/, khegs
　　　　　pa/, rang bzhin 'gog pa/

'gog pa dang bsgrub pa/　否定と肯定 272

skye ba 'gog pa/　　生を否定する 270,345

dgag bya 'gog pa/　否定対象を否定する 334,345

dgag bya 'gog pa'i rigs pa/
　　　　　否定対象を否定する正理 332

dgag bya dang 'gog byed/
　　　　　否定されるものと否定するもの 358

rgyud gzhan 'gog pa/　他の相続を否定する 392

ngo bos yod pa 'gog pa/
　　　　体により有るのを否定する 378

tha snyad du mi 'gog pa/
　　　　言説として否定しない 294

thal 'gyur gyis 'gog pa/帰謬により否定する 409

bdag skye 'gog pa/　自生を否定する 341,411

bdag ni 'gog par byed/　我を否定する 265,(322)

dpyad nas 'gog pa/　伺察して否定する 428

sprul pa yis 'gog byed/　化作により否定する 327

pha rol po'i khas len 'gog 'dod/
　　　　対論者の承認を否定したい 347

gzhan skye 'gog pa/　他生を否定する 392,411

gzhan gyi 'dod pa 'gog pa/
　　　　　　　他者の主張を否定する 346-347,(375)
yod na 'gog mi nus/　有るなら否定できない 329
rang rgyud 'gog pa/　自立論証を否定する 366
rang bzhin yod pa 'gog pa/
　　　　　　　自性が有るのを否定する 416
rigs pa rnams kyis 'gog pa/　正理により否定する
　　　　　　　(293),305,329,(333),(341),(401)
rigs pas thams cad 'gog go/　正理によりすべてを
　　　　　　　否定する 316,(333),(401)
rigs pas mi 'gog/　正理により否定されない 312
'gog pa/　　　　　　　滅 361　cf.bden pa/
　'gog pa'i bden pa mngon sum du bya/
　　　　　　　滅諦を現前にする 324
'gyur ba/　　　　　　　変わる
　gzhan du 'gyur ba/　　　　他に変わる 321
'grub pa/　　　　　　　成立する 350
　cf rang bzhin gyis grub/, rang gi ngo bos grub
　pa/, rang gi mtshan nyid kyisgrub pa/
　grub ma grub/　　　　成立・不成立 268
　grub pa'i tshad kyi skabs/
　　　　　　〔止観が〕成就した度量の個所 447
　gang rung gcig la ma grub pa/
　　　　　　どれか一人に成立していない 373
　ngo bo nyid kyis ma grub/
　　　　　　体性により成立していない 408
　mngon sum gyis grub/ 現量により成立する 397
　sngags 'grub pa/　　真言が成就する 452
　chos can ma grub pa/
　　　　　　有法が成立していない 363,365,373,(375)
　gnyis ka la grub pa/ 両者に成立している 345,375
　rtags khyab tshad mas ma grub pa/
　　　　　　証因・遍充が量により成立していない 349
　rtags ma grub pa/　証因が成立していない 372
　dam bca' tsam gyis mi 'grub pa/
　　　　　　立宗ほどにより成立しない 438
　don dam par grub pa/
　　　　　　勝義として成立している 302
　rnam pa bdun gyis 'grub 'gyur min/
　　　　　　七種類により成立しない 386
　phan tshun bltos pa'i grub pa/
　　　　　　互いに相俟った成立 408
　tshul gsum tshad mas grub pa/
　　　　　　三相が量により成立した 346
　gzhi ma grub pa/
　　　　　　所依事が成立していない 365
　gzhi ma grub pa'i phyogs/
　　　　　　所依事が成立していない宗 372
　rang gi ngo bo dang rang bzhin dang rang gi
　mtshan nyid kyis grub pa/
　　　　　　自体と自性と自相による成立 339

rang gi mtshan nyid kyis grub pa/
　　　　　　自相により成立した 302,330
rigs pa'i shes pas 'grub pa/
　　　　　　正理知により成立する 304
rigs shes kyis mi 'grub/
　　　　　　正理知により成立しない 350
shes pas grub pa/　知識により成立している 368
lhag mthong 'grub pa/　勝観が成就する 449
'grel pa/ → dgongs 'grel
'gro ba/　　　　　　　来る、行く、〔世の〕衆生
　'gro ba dang 'gro ba po/ 行くことと行くもの 408
　'gro ba drug ka/　〔世の〕衆生六つ（六趣）392
　'di nas phyi mar 'gro ba/　ここから後に行く 288
rgan po/　　　　　　　老人 404
　'jig rten pa'i rgan rabs/　　世間の長老 296
rgud pa/　　　　　　　衰え、衰退
　rgud pa thams cad kyi rtsa/
　　　　　　　衰えすべての根本 320
rgod pa/　　　　　　　掉挙、浮き上がり
　bying ba dang rgod pa/　沈没と掉挙 442
rgol ba/　　　　　　　論争、論者
　rgol ba gnyis ka'i rgyud/ 二人の論者の相続 369
　stong mi stong gi rgol ba/　空、不空の論者 372
rgol ba dang phyir rgol ba/(rgol phyi rgol/)
　　　論者（問者）と後論者（答者）345,397
　rgol phyi rgol gyi rgyud/
　　　　　　論者・後論者の相続 308
　rgol phyi rgol gyis khas blangs pa/
　　　　　　論者・後論者が承認している 350
　rgol phyi rgol gnyis ka/ 論者・後論者の両者 349
　rgol phyi rgol gnyis ka la grub/
　　　論者・後論者の両者に成立する 380,(381)
rgya che ba/　　　　　　　広大
　rgya che ba'i phyogs/　　　広大の分 441
rgyal ba/　　　　　　　勝つ、勝者（ジナ）
　rgyal ba nyan thos dang bcas pa/
　　　　　　勝者およびその声聞 416
　rgyal ba'am pham pa/　勝ちや負け 380
rgyu/　　　　　　　因
　rgyu dang rgyu min/　　　因と非因 410
　rgyu dang bcas pa/　　　因が有る 363
　rgyu med/　　　　　　無因 313
　rgyu med las skye/　無因より生ずる (313),411
　rgyu la bltos mi bltos/
　　　　　　因を待った・待っていない 409
　rgyur gyur ma gyur thams cad/因になったもの、
　　　　　　なっていないものすべて 410
　'khrul rgyu/　　　　錯乱の因 299,303
　gdags pa'i rgyu/　　　仮設の因 382
　phyi nang gi 'khrul rgyu/ 外・内の錯乱の因 299
　dbang po la gnod pa'i rgyu/ 根に侵害する因 300

索　引　　571

mi bden pa'i rgyu/　　　　　諦でない因 385
rgyu rkyen/　　　　　　　　因縁
　rgyu dang rkyen/　　　　　因と縁 390,423
　rgyu rkyen gyis bskyed pa/
　　　　　　　　因・縁により生じた 321
　rgyu rkyen la brten nas 'byung ba'i rgyu mtshan/
　　　　　因・縁に依って生起するという理由 275
　rgyu rkyen la mi ltos pa/
　　　　　　　　因・縁を待っていない 277
rgyu 'bras/(rgyu dang 'bras bu/)
　　　　　　　　因果 281,392,394,409-410
　rgyu 'bras bkag/　　　　　因果を否定した 282
　rgyu 'bras kyi rten 'brel/　因果の縁起 290,415
　rgyu 'bras kyi rnam gzhag/
　　　　　　　　因果の設立 273-275,(290)
　rgyu 'bras rten 'brel gyi rim pa/
　　　　　　因果〔すなわち〕縁起の次第 269
　rgyu 'bras rten 'brel 'jog pa/
　　　　　　　　因果・縁起を設立する 420
　rgyu 'bras rang bzhin gyis grub pa/
　　　　　　因果は自性により成立している 360
　rgyu 'bras rang lugs la bzhag tu med pa/
　　　　　因果は自己の立場に設立しえない 289
　rgyu 'bras sogs rnam par 'jog pa/
　　　　　　　　因果などを設立する 315
　kun rdzob pa'i rgyu 'bras rnams/ 世俗の因果 271
　'khor 'das kyi rgyu 'bras/ 輪廻・涅槃の因果 280
　dngos po rnams rgyu 'bras su 'char/
　　　　　　　　事物が因果として浮かぶ 278
　'bras bu dang rgyu/　　　　果と因 436
　mi 'dra ba'i rgyu 'bras mtha' yas pa/
　　　　　　　　同じでない無辺の因果 437
rgyu mtshan/　　　　　　　因相、理由 287
　rgyu mtshan sgo du ma nas bsam/
　　　　　　　　理由を多くの門より思惟する 433
　rgyu mtshan bla na med pa/　無上の因相 277
　rgyu mtshan mtshungs pa'i mgo snyoms/
　　　　　　　　理由が等しい類似 347
　rten 'brel yin pa'i rgyu mtshan/
　　　　縁起であるという理由 274,(275),287,414
rgyud/　　　　　　　　　　相続
　rgyud gcig/　　　　　　　同一の相続 394,411
　rgyud tha dad pa/　　　　別異の相続 394
　rgyud smin par bya/　　　相続を成熟させる 452
　rgyud gzhan 'gog pa/　　他の相続を否定する 392
　rgol phyi rgol gyi rgyud/
　　　　　　　　論者・後論者の相続 308
　lta ba rgyud la bskyed pa/
　　　　　　見を相続に生じさせる 264,345,381
rgyun/　　　　　　　　　　相続 268
(b)sgo byed/　　　　　　　薫習するもの

dngos po la mngon par zhen pa'i (b)sgo byed/
　　　　　　　　事物への思い込みの薫習 419
sgo bstun pa/　　　　　　　一致する
　gzhan dang sgo mi bstun pa/
　　　　　　　　他の学説論者と一致しない 264
sgom pa/　　　　　　　　　修習する　cf.goms pa/
　sgom spang/　　　　　　　修所断 418,433
　nges don gyi lta sgom/　　了義の見・修 426
　'jog sgom/　　安住修 431-432,441-442,444,447
　'jog sgom dang dpyad sgom/
　　　　　　　　安住修と伺察修 432,444,(448)
　lta ba ma nor ba'i don bsgom/
　　　　　　　　誤らない見の義を修習する 446
　stong nyid bsgom pa/
　　　　　　　　空性を修習する 425,429-431
　mthong spang dang sgom spang/
　　　　　　　　見所断と修所断 418
　dus ring du bsgoms/　　長い時間に修習した 418
　bdag med bsgom pa/　　無我を修習する 419,(430)
　dpyad sgom/　伺察修 431-432,434,442,444,447-448
　byang chub kyi sems bsgoms pa/
　　　　　　　　菩提心を修習する 430
　zhi gnas bsgom pa/　　　止住を修習する 424
　'og ma 'og ma bsgoms/　各々下を修習する 451
　lam sgom pa/　道を修習する (293),323,325,452
　lam bsgom pa'i gzhi/　　道を修習する基礎 452
　yin lugs kyi don bsgoms pa/
　　　　　　　　実相の義を修習した 424
　shes rab de'i bsgom tshul/ 智恵の修習の仕方 434
　so so so sor bsgom/　　個々別々に修習する 448
　lhag mthong bsgom pa/
　　　　　　勝観を修習する 256-257,421,424
sgyu ma/　　幻術 283,294,358,361,390,399,404
　　　　　　　cf.mig 'phrul mkhan/, sprul pa/
　sgyu ma lta bu/　　　幻術のようなもの 297,414
　sgyu ma lta bu'i rten 'brel/ 幻術のような縁起 351
　sgyu ma lta bu'i stong nyid/
　　　　　　　　幻術のような空性 400
　sgyu ma lta bu'i don/ 幻術のような義(内容) 445
　sgyu ma lta bur 'char ba/
　　　　幻術のようなものとして浮かぶ 399,446
　sgyu ma ltar du yod pa/　幻術のように有る 369
　sgyu ma dang brdzun pa'i don/
　　　　　　　　幻術と偽りの義 445
　sgyu ma byas pa lta bu/ 幻術を為したような 400
　sgyu ma'i rta glang/　　　幻術の馬・象 399
　sgyu ma'i don lhag mar lus/
　　　　　幻術の義(もの)が後に残る 401
　chos thams cad sgyu ma lta bu/
　　　　　　　　一切法は幻術のよう 306
　smig rgyu dang sgyu ma dang rmi lam/

陽炎と幻術と夢 405

sgra/ 　　　声、ことば 363,368,415　cf.gzugs/
　sgra ji bzhin pa/ 　　声(ことば)どおり 261
　sgra rtag 'dzin/ 　　声は常だと執る 337
　sgra dang blo/ 　　声(ことば)と知 301
　sgra mi rtag pa/ 　　声は無常だ 363
　sgra'i spyi/ 　　声の共(一般) 368
　nam mkha'i yon tan gyi sgra/ 虚空の徳性の声 368
　phug la sogs pa nas brjod pa'i sgra/
　　　　　　　洞窟などで発した声 300
　byas pa'i sgra/ 　　造られた声 363
　'byung gyur gyi sgra/ 　大種所成の声 364,368
　mig gi shes pas sgra ma rnyed/
　　　　　　眼識により声は獲得されない 291

sgrigs pa/ 　　　　　　構成する
　yan lag de rnams bsgrigs pa/
　　　　　　それら支分が構成された 384

sgrib pa/ 　　　　　覆障する、障碍
　sgrib pa spong ba/ 　　障を断除する 416
　nyon mongs pa dang shes bya'i sgrib pa/
　　　　　　　煩悩と所知の障 327
　nyon mongs pa'i sgrib pa/ 　　煩悩障 418
　blo gros kyi mig bsgribs pa/
　　　　　　知恵の眼を覆障された 333
　rang bzhin sgrib/ 　自性を覆障する 306,310
　rang bzhin mthong ba la sgrib pa/
　　　　　　自性が見えるのを覆障する 331
　shes bya'i sgrib pa/ 　所知障 327,331,418-419

sgrim pa/ 　　　　　　勉励する
　bsgrims te 'jug pa'i yid byed la sogs pa/
　　　　　　勉励して入る作意など 424

sgrub pa/ 　立証する、成就する、修行、肯定
　　　　cf.dgag sgrub/bsgrub par bya ba/
　sgrub pa'am sun 'byin pa/ 　立証や論破 380
　bsgrub pa la spro/ 　修証に悦びいさむ 451
　bsgrub pa'i rtags/ 　　肯定の証因 371
　bsgrub bya bsgrub pa/ 　所成を立証する 381
　khyab pa bsgrub pa/ 　遍充を立証する 346
　'gog pa dang bsgrub pa/ 　否定と肯定 272
　chos can dang rtags kyi tshul gsum bsgrub pa/
　　　　有法と証因の三相を立証する 368,(373)
　ting nge 'dzin sngon du bsgrubs/
　　　　　　等持を前に成就した 434
　tha snyad bsgrub/ 　言説を立証する 429
　rang sde la bsgrub/ 　自部に対して立証する 413
　rang phyogs bsgrub pa/ 　自宗を立証する 345
　rang bzhin med pa bsgrub pa/
　　　　　　無自性を立証する 272
　gsar du bsgrub pa/ 　新たに成立させる 328

sgrub byed/ 　　　　能成、立証するもの
　sgrub byed kyi dpe rtags mi brjod pa/

能成の喩例・証因を述べない 409

sgrub byed bsgrub bya dang mtshungs pa/
　　　　　　能成が所成と等しい 347
　'gal ba sgrub byed/ 　　相違を立証する 377
　chos can sgrub byed kyi tshad ma/
　　　　　　有法を立証する量 367,372
　gnod byed dang sgrub byed/
　　　　　　侵害するものと立証するもの 397
　med pa'i sgrub byed/ 無いことを立証するもの 265

sgro 'dogs/ 　　　　　　　増益 402
　sgro 'dogs gcod pa/ 　　増益を断ずる 267
　sgro btags pa/ 　　　増益した 312
　grub mtha'i dbang gis sgro 'dogs pa/
　　　　　　学説の力により増益する 396
　nges pa dang ni sgro 'dogs/ 　決定と増益 433
　bdag tu sgro 'dogs pa/ 　我として増益する 331
　ming dang rigs su lhag par sgro 'dogs pa/
　　　　　　名と種類として増益する 298
　rang gi mtshan nyid sgro 'dogs pa/
　　　　　　　自相を増益する 358
　rang bzhin sgro 'dogs pa/ 　自性を増益する 310,
　　　330,333-334,(358),403,(413),(414)
　rang bzhin sgro 'dogs pa'i ma rig pa/
　　　　自性を増益する無明 310,320,(330)

bsgrub par bya ba(bsgrub bya)/
　　所成、立証されるべきこと 355,364,397 cf.chos/
　bsgrub bya 'grub pa/ 　所成が成立する 360
　bsgrub bya bsgrub pa/ 　所成を立証する 381
　bsgrub bya 'dod/ 　所成を主張する 347
　bsgrub par bya ba'i chos(bsgrub bya'i chos)/
　　　　　　所成の法 364,366,376
　sgrub byed bsgrub bya dang mtshungs pa/
　　　　　　能成が所成と等しい 347
　gtan tshigs dang bsgrub par bya ba/
　　　　　　論証因と所成 345,(346)

brgyal ba/ 　　　　　　　　悶絶
　gnyid 'thug po log pa dang brgyal ba la sogs pa/
　　　　　　熟睡と悶絶など 427

brgyud pa/ 　　　　　　　　伝承 455
　brgyud pa'i gzhung dang gdams ngag rnams/
　　　　　　伝承された本典と教誡 443
　brgyud pa'i lam rim rnams/
　　　　　伝承された「道次第」446,(455)

Nga
nga/ 　　　　　　　私、我　cf.bdag/
　nga ni 'jig rten dang mi rtsod de/
　　　　　　私は世間と争論しない 407
　nga'o snyam du 'dzin pa/ 　「私だ」と執る 336
　rang gi ngo bos grub pa'i nga/
　　　　　　自体により成立した「私」337
nga dang nga yi/ 　　　「私」と「私の」336

cf.bdag dang bdag gi ba/

nga dang nga yi ba 'dzin pa/
　　我と我所を執る (我執と我所執) (265),309,416-417

ngan pa/ 　　　　　　　　　　　　　　　　　悪い

grub mtha' ngan pa/ 　　　　　　悪しき学説 300

mtha' la brten pa'i lta ba ngan pa bzhi/
　　　　　　　　　　　辺際に依った悪見四つ 392

bzang rtog dang ngan rtog/
　　　　　　　　　良い分別と悪い分別 321

ngan 'gro/ 　　　　　　　　　　　　悪趣 286,450

nges pa/　決定する、決定 271,349,401-403,420,433,436,442

nges pa bskyed pa/ 　　　　決定を生じさせる 329

nges pa mthong ba/ 　　　　決定が見られる 411

nges pa dang ni sgro 'dogs/ 　　決定と増益 433

nges pa de tshol lugs/ 　　決定の探求の仕方 403

nges pa drangs pa/
　　　　決定を導く (267),277-278,389,396,427,451

nges pa rnam dag ma/ 　　　　　正しい決定 396

nges pa'i 'dzin stangs/ 　　決定する取らえ方 310

rjes su 'gro ldog nges/ 随順・離反を決定する 378

lta ba'i nges pa/ 　　　　　　　見の決定 402,432

stong pa nyid nges pa/ 　空性を決定する 264,399

bdag med pa'i don nges pa/
　　　　　　　　　　無我の義を決定する 257

bden gnyis la nges pa rnyed pa/
　　　　　　　　　二諦に決定を獲得する 272

snang stong la nges pa/
　　　　　　　現れ・空についての決定 278

rang bzhin med par nges pa/
　　　　　無自性であると決定する (317),(412),445

rang lugs kyi nges pa/ 　　自己の立場の決定 277

lung rigs kyi nges pa/ 　　教・正理の決定 428

nges shes/ 　　　　　　　　　　　　　決定知

nges shes 'dren/ 　　　　　　決定知を導く 267

med par ngo shes pa'i nges shes/
　　　　　　　　　無いと認知する決定知 328

nges pa'i don(nges don)/了義 260-261 cf.drang nges/

nges don gyi lta sgom/ 　　　　了義の見・修 426

nges don gyi lta ba/ 　　了義の見 420,425,430,432

nges don gyi mdo rnams/ 　　　了義の諸経典 339

nges don gyi gsung rab/ 　　了義の聖教 278,327,361

bdag med pa'i nges don/ 　　　　無我の了義 432

ngo bo/ 　　　　　　　　　　　　　〔自〕体

ngo bo dang khyad par/ 　　　　　体と差別 301

ngo bos grub pa'i so so ba/
　　　　　　　　体により成立した個々 382,(394)

ngo bos yod pa 'gog pa/
　　　　　　　体により有るのを否定する 378

rang gi mtshan nyid kyis grub pa'i ngo bo/
　　　　　　　　自相により成立した体 300

ngo bo nyid/ 　　　　　　　　　　自性、体性

cf.rang bzhin/, rang gi ngo bo/

ngo bo nyid kyis ma grub/
　　　　　　　体性により成立していない 408

ngo bo nyid kyis so so ba/ 　体性による個々 383

ngo bo nyid las byung ba/ 自性より生起した 411

mdo dGongs 'grel gyi ngo bo nyid gsum gyi rnam
　　gzhag/ 『解深密経』の三自性の設定 302

rang gi ngo bos grub pa'i ngo bo nyid/
　　　　　　　　自体により成立した自性 343

ngo bo nyid med pa/ 　　　無自性、自性が無い

cf.rang bzhin med pa/

ngo bo nyid med pa gsum gyi dgongs pa/
　　　　　　　　　三無自性の意趣 301

ngo bo nyid med par smra ba/ 　無自性論者 365

chos thams cad ngo bo nyid med pa/
　　　　　　　　一切法は無自性である 301

don dam par ngo bo nyid med pa/
　　　　　　　勝義として自性が無い 343

mtshan nyid ngo bo nyid med pa/
　　　　　　　　　　　　相無自性 301-302

ngo shes pa/ 　　　　　　　　　　認知する 328

ngo/ 　　　　　　　　　　　　　　　　　側

'jig rten ngo/ 　　　　　　　　世間の側 354-355

tha snyad pa'i shes ngo/ 　言説の知識の側 407

ma rig pa'i ngo/ 　　　　　　　無明の側 311

gzhan ngo/ 　　　　　他者の側 275,277,353-354

gzhan gyi ngor byas pa'i rnam gzhag/
　　　　　　　他者の側に為した設立 348,(353)

rang rang gi ngos nas gnas tshul/
　　　　　　　　各自の側からの住し方 335

ngos bzung ba/(ngos 'dzin/) 　確認する

ngos gzung ngam khas len/ 　確認や承認 306

ngos bzung thams cad dang bral ba/
　　　　　　　　確認すべてを離れた 424

dgag bya ngos 'dzin khyab chungs pa/
　　　否定されるべきものの確認が過小だ 321

dgag bya ngos bzung ba/
　　　否定されるべきものを確認する 269,327

ma rig pa ngos 'dzin/ 　　無明を確認する 332

dngos po/ 　事物 276-277,283,316,343,412,423

dngos po khas len pa/ 　　　事物を承認する 358

dngos po stobs zhugs kyi rtags/
　　　　　　　　事物の力の入った証因 363

dngos po stobs zhugs kyi tshad ma/
　　　　　　　　事物の力が入った量 349

dngos po bden pa ba/ 　　諦である事物 436

dngos po bden par 'dzin pa/ 　事物の諦執 331

dngos po rnams kyi don byed pa/ 事物の効用 357

dngos po rnams kyi yang dag pa/
　　　　　　　　諸事物の真実 (実在) 332

dngos po la skur pa 'debs pa/ 　事物への損減 301

dngos po la mngon par zhen pa/
事物への思い込み 419

dngos po'i stobs kyis zhugs pa'i rjes su dpag pa/
事物の力により起こった比量 343,(349)

dngos po'i rang gi mtshan nyid/ 事物の自相 356

cha med pa'i dngos po/ 分が無い事物 322

'jig rten pa'i dngos po/ 世間の事物 (288),361

stong nyid la dngos por zhen pa/
空性を事物だと思い込む 319

don byed nus pa'i dngos po/
効用の可能な事物 316

don byed pa'i dngos po/ 効用の事物 414-415

'das pa'i dngos po/ 過去の事物 284

nang dang phyi'i dngos po/
内と外の事物 265,(321)

dmigs pa'i dngos po/ 認得される事物 288,(361)

rang gi ngo bos grub pa'i dngos po/
自体により成立した事物 316

dngos po yod pa/ 事物が有る (281),402,428 cf.btags
yod/, tha snyad du yod pa/, bden par yod pa/

dngos po yod par lta ba/ 事物が有ると見る 402

dngos po yod med/ 事物の有る無し 316,325,436

dngos po yod med sogs kyi mu bzhi ka/
事物の有る無しなどの四句 316

dngos su/ 直接的に

'dzin stangs dngos su 'gal ba/
取らえ方が直接的に相違する 320

dngos po yod par smra ba/(dngos por smra ba/),
事物が有るとの論、実有論 268,272,279,
281,287,298,306-308,334,337,357,
364-365,367,377,380,383,386,415

dngos po yod par smra ba'i dngos po/
実有論者の事物 283

dngos por smra ba dang dBu ma pa/
実有論者と中観派 272

dngos por smra ba rnams kyi 'dod pa/
実有論者たちの主張 308

dngos por smra ba'i mkhas pa/
実有論者の学者 272

dngos por smra ba'i go lugs/
実有論者の理解の仕方 281

dngos por smra ba'i grub mtha' btang ba/
実有論者の学説を棄てた 380

dngos smra ba rnams dang mthun pa/
実有論者たちと一致している 282

dngos smra'i rtsod pa/ 実有論者の争論 279

dBu ma pa dang dngos por smra ba/
中観派と実有論者 282,364

rang sde dngos por smra ba/
〔仏教〕自部の実有論者 307,(334),364,383

rang gzhan gyi sde pa dngos por smra ba/

自部・他部の実有論者 337

dngos po med pa/(dngos med/)
無事物、非実在物 299,316,412,435

dngos po med par lta ba/ 事物は無いと見る 402

don byed pa'i nus pas stong ba'i dngos med/
効用の可能性が空の無事物 281

don byed pa'i dngos po med pa/
効用の事物が無い 414

dngos po med par smra ba/
非実有論者、事物が無いとの論 283-284,357

dngos po med par smra ba'i dngos po/
無事物論者の事物 283

mngon gyur/ 顕わになったもの 429

mngon par rtogs pa/ 現観すること

thob pa dang mngon par rtogs pa/
得ることと現観すること 339,(359)

mngon par 'du byed pa/ 造作

mngon par 'du byed pa med par 'jug pa/
造作なく起こる 342

mngon par zhen pa/思い込む、固執する cf.zhen pa/

mngon sum/ 現量、現前 297,299,345,356-357,423,429
cf.tshad ma/

mngon sum gyis dmigs/ 現量により認得する 357

mngon sum btags pa ba/ 仮設された現量 304

mngon sum dang rjes su dpag pa/
現量と比量 299,345-346,(349),423

mngon sum dang mi dmigs pa/ 現量と不認得 346

mngon sum du rtogs pa/ 現前に証得した 326

mngon sum ma 'khrul ba/
無錯乱の現量 367,371,374

mngon sum mtshan nyid pa/ 正規の現量 304

mngon sum zhig la thug/ 何か現量に至る 371

mngon sum la sogs pa/ 現量など 356

mngon sum la sogs pa'i tshad ma bzhi/
現量などの四の量 367

'gog pa'i bden pa mngon sum du bya/
滅諦を現前にする 324

chos can dang gtan tshigs bsgrub pa'i mngon sum/
有法と論証因を立証する現量 373

de kho na nyid mngon sum du rtogs pa/
真実を現前に証得する 429

bdag med pa'i don mngon sum du rtogs pa/
無我の義を現前に証得する 429

rnal 'byor mngon sum/ ヨーガ行者の現量 430

so so skye bo'i mngon sum/
異生(凡夫)の現量 403

mngon sum tshad ma/ 現前の量、現量 299,365,368

mig gi shes pa'i mngon sum tshad ma/
眼識の現量 365

snga/ 前、昔

snga ma kha cig/ 前の或る人 403

索　引　575

snga ma la ci yang rag mi las pa/
　　　　　　前に何も拠っていない 393
snga mas byas pa'i las/　　　前が為した業 393
snga mas bsags pa'i las/　　前が積んだ業 394
sngar khas blangs nas phyis med par lta/
　　　　　　前に承認して無いと見る 287
sngar myong ba/　　　　前に領受した 392
'jig rten snga ma nas 'dir 'ong ba/
　　　　　　前世からここに来る 288
snga phyi/　　　　　　　　前後 392
　skye ba snga phyi'i bdag rnams/
　　　　　　　前後の生の我 394
　snga phyi'i 'phang lo dang srog shing sogs/
　　　　　　前後の輪と軸など 384
　tshe snga phyi dang las 'bras sogs/
　　　　　　前後の生と業・果など 287
sngags/　　　　　　　　　　　真言
　sngags 'grub pa/　　　真言が成就する 452
sngon/　　　　　　　　　　前、昔
　sngon gyi skye ba'i sems can rnams/
　　　　　　前生の有情たち 392
　sngon gyi mtha' la brten pa'i lta ba/
　　　　　　前の辺際に依った見 392
　ting nge 'dzin sngon du bsgrubs/
　　　　　　等持を前に成就した 434
　so sor rtog pa sngon du 'gro ba/
　　　　　　妙観察が先行する 439-440
sngon po/　　　　　　　青 284,407

Ca

gcig/　　　　　　　一、同一だ 382,391-392
　gcig gi stong nyid/　　　一つの空性 404
　gcig rnam par bcad pa/　一つを断除した 285
　gang rung gcig la ma grub pa/
　　　　　　どれか一人において不成立 373
　rgyud gcig yin pa/　　相続が一つである 394
　dngos po gcig gi lta po/　事物一つを見る者 404
　bdag phung po dang gcig yin/
　　　　　　我は蘊と同一である 390,395
　ldog pa gcig pa/　　同一の離反 (概念) 410
　dpyad pa tshar gcig btang/　伺察を一回やった 431
　rang bzhin gcig/　　　自性が同一だ 382
gcig dang tha dad/　　同一と別異 380,389-390
　　　　　　cf. de nyid dang gzhan/
　gcig dang tha dad gnyis las mi 'da' ba/
　　　　　　同一と別異の二を越えない 379,403
　gcig dang tha dad pa'i rang bzhin/
　　　　　　同一と別異の自性 379
　gcig dang tha dad sogs rnam pa bdun/
　　　　　　同一と別異など七種類 382
　gcig tha dad kyi dpyad pa/
　　　　　　同一・別異の伺察 397,(407)

gcig pa dang tha dad pa'i phyogs/
　　　　　　同一と別異の宗 396
phung po dang gcig tha dad/ 蘊と同一・別異 352
yan lag dang gcig tha dad/ 支分と同一・別異 278
rang bzhin gcig dang tha dad/
　　　　自性が同一・別異 379,385,403,409
gcig dang du ma/　　　　　一と多 285,390
gcod pa/　　　　　　　切断する、断つ
　　　cf. yongs su gcod pa/, rnam par bcad pa/
　sgro 'dogs gcod pa/　　　増益を断ずる 267
　khas len nam spros pa gcod pa/
　　　　　　承認や戯論を断つ 346
　'ching ba gcod pa/　　　繋縛を切断する 415
　mthar 'dzin gcod pa/　　辺執を切断する 416
　srid pa'i rtsa ba gcod byed/
　　　　　　有の根本を切断する 418
bcas pa/　　　　　　　　　遮罪 451
bcings grol/　　繋縛・解脱 270,279 cf.'ching ba/
bcos ma/　　　　　　作為されたもの 325
　bcos ma'i rang bzhin/ 作為された自性 419

Cha

cha med/　　　　　　　　　分の無い
　cha med pa'i dngos po/　　分が無い事物 322
　rdul cha med/　　　　　分無き極微 303
　'dzin pa skad cig cha med/
　　　　　　能取〔である〕分無き刹那 322
　gzung ba rdul phran cha med/
　　　　　　所取〔である〕分無き極微 322
　gzung 'dzin cha med/
　　　　　　分の無い所取・能取 303,309
cha shas/　　　　　　　　　　部分
　yan lag can dang cha shas can med pa/
　　　　　　有支分と有部分は無い 388
　rang gi cha shas rnams la bltos/
　　　　　　自らの諸部分を待った 387
chags pa/　　　　　　貪り、貪欲 cf.'dod chags/
　chags can gyi gang zag/　貪欲を有する人 408
chad pa/　　　　　　　　　断絶 393
　chad pa'i mtha'/　　　断の辺 (極端) 269
　bar ma chad pa/　　　間断しない 448
chad lta ba/(chad lta/) 断見 269,274,282,285-287,400,
　　　402 cf. rtag pa dang chad par lta ba/
　chad lta dgag sla ba/　断見を否定しやすい 389
chu/　　　　　　　　　　　水 378
　chu mi g-yo ba/　　　水が動揺しない 449
　chu rlan pa/　　　　水は湿潤である 423
　til mar dang chu dang me long/
　　　　　　ゴマ油と水と鏡 300
　smig rgyu la chu/　　陽炎における水 308
chud za pa/　　　ムダに失われる、損失する
　las byas pa chud za ba/

為した業がムダに失われる 391-393
chos/ 法 390,408 cf. khyad chos/, phyogs chos/,
gang zag dang chos/
chos kyi sku/(chos sku/) 法身 265,271
chos kyi bdag 'dzin/ 法我執 331,419
chos can dang chos dang rtags/
有法と法と証因 377
chos bstan/ 法を説く 278
chos dang chos can/ 法と有法 363
chos rnam par 'byed pa/ 法の簡択（弁別）447
chos rnams kyi chos nyid/ 諸法の法性 323
chos rnams la yang dag par so sor rtog pa/
諸法を正しく妙観察する 440
chos spong/ 法を捨てる 286
chos spyod bcu/ 十法行 454
chos gzhan zhig/ 他の法 326
chos rang bzhin med pa/
法は無自性である 333,(418),(420)
bsgrub par bya ba'i chos/(bsgrub bya'i chos/)
所成の法 364,366,376
'jig rten las 'das pa'i chos rnams/ 出世間の法 303
btags chos/ 仮設の法 385,398
mi skye ba'i chos la bzod pa/ 無生法忍 330,419
myong ba dang snang ba'i chos rnams/
領受と現れの諸法 413
brdzun pa bslu ba'i chos can/
偽りであり欺く法を有する 297
chos skor/ 法類
skyes bu chung ngu'i chos skor rnams/
小士の法類 450
skyes bu 'bring gi chos skor rnams/
中士の法類 450
chos can/ 有法 266,297,367,376
chos can sgrub byed kyi tshad ma/
有法を立証する量 367,372
chos can nyi tshe ba/ 暫時の有法 403
chos can dang chos dang rtags/
有法と法と証因 377
chos can dang rtags/ 有法と証因 368,(373),375
chos can du bzung/ 有法に取らえた 364
chos can ma grub pa/
有法が成立していない 363,365,373,(375)
bsgrub bya'i chos kyi rten chos can/
所成の法の所依〔である〕有法 366
chos nyid dang chos can/ 法性と有法 326
chos dang chos can/ 法と有法 363
gzhi chos can/ 所依事〔である〕有法 363
gzhan la grags pa'i chos can/
他者に知られた有法 347
rang rgyud kyi chos can/ 自立論証の有法 368
rang rgyud rtags kyi chos can/

自立論証の証因の有法 372
chos kyi bdag med/
法無我 268,323,333,335,408,(416),418-419,446
chos kyi bdag med rtogs pa/
法無我の証悟 333,418
chos thams cad/ 一切法 cf.thams cad/, kun/
chos thams cad khegs pa/
一切法は否定された 269
chos thams cad sgyu ma lta bu/
一切法は幻術のようなもの 306
chos thams cad ngo bo nyid med pa/
一切法が無自性である 301,(328)
chos thams cad ma skyes pa/
一切法は生じていない 315
chos thams cad rang bzhin gyis stong pa/
一切法は自性について空である (404),412
chos thams cad rang bzhin med par rtogs pa/
一切法は無自性だと証得する 418,420
chos mchog/ 〔世〕第一法
sbyor lam chos mchog/ 加行道第一法 430
chos nyid/ 法性 423
chos nyid kyi rigs pa/ 法爾道理 423
chos nyid dang chos can/ 法性と有法 326
chos nyid la rang bzhin du bzhag pa/
法性を自性として設立した 324
chos rnams kyi chos nyid/ 諸法の法性 323
mchu/ 口、唇
mchu 'phyang ba/ 口が垂れている 407
mChod sbyin/ ヤージュニャダッタ 392
'chad pa/ 講説する 432
'char ba/ 浮かぶ
sgyu ma lta bur 'char ba/
幻術のようなものとして浮かぶ 399,446
'ja' tshon nam du ba srab mo'i rnam pa 'dra bar 'char/
虹や薄い煙の形相のように浮かぶ 445
don spyi ma shar/
義共（概念的イメージ）が浮かんでいない 329
ban bun du song ba'i snang ba 'char ba/
漠然とした現れが浮かぶ 401
gzugs sogs kyi snang ba 'char ba/
色などの現れが浮かぶ 400
'ching ba/ 繋縛する
'ching ba gcod pa/ 繋縛を切断する 415
'ching ba las grol ba/ 繋縛より解脱する 424
bcings grol/ 繋縛・解脱 270,279
'khor bar 'ching ba/
輪廻に繋縛する 322,326,334,425,427-429,438
'khor bar 'ching ba'i rtsa ba/
輪廻への繋縛の根本 322
gnas ngan len gyi 'ching ba/ 麁重の繋縛 424
mtshan mar 'dzin pa'i 'ching ba/ 相執の繋縛 452

mtshan ma'i 'ching ba/　　　兆相の繋縛 424,(452)

Ja

ji lta ba/　　あるがまま、如実、如所有性 271,421,423

ji lta ba rtogs pa/　　　　如実を証得する 259

ji lta ba bzhin rtogs pa dang brjod/

　　　　　　　　如実に証得し述べる 415

ji lta ba la dmigs pa/　　　如実を縁ずる 444

ji snyed pa/

　　　　あらゆるもの、如量、尽所有性 271,421,423

ji snyed pa la dmigs pa/　　如量を縁ずる 444

ji snyed pa'i don 'ga' zhig rtogs pa'i rjes dpag/

　　　　　如量の何か義を証得する比量 366

shes bya ji snyed pa dang ji lta ba/

　　　　所知〔である〕如量と如実 423,(434)

mjug/　　　　　　　　　　　　　　　後

sbyor ba dang mjug dang thun mtshams/

　　　加行と後と更(修行時間)の合間 442

'ja' tshon/　　　　　　　　　　　　虹

'ja' tshon nam du ba srab mo'i rnam pa/

　　　　　　　虹や薄い煙の形相 445

'jal ba/　　　　　　　　量る　cf.nyer 'jal/

gzhal bya 'jal ba'i tshad ma/所量を量る量 376-377

rang mtshan 'jal ba/　　　　自相を量る 298

'jig pa/　　　　滅する、破壊する、滅 363

cf.skye ba dang 'jig pa/,'gag pa/, 'gog pa/, zhig pa/

kun rdzob pa rnams 'jig pa/　世俗が滅する 296

'byung 'jig sogs/　　　　生・滅など 280

'jig rten/　　　　　　　　　世間 296,380

'jig rten gyi kun rdzob kyi bden pa/

　　　　　　　世間の世俗諦 (305),339

'jig rten gyi kun rdzob bzlog pa/

　　　　　　　世間の世俗を退ける 293

'jig rten gyi ngo/　　　　世間の側 354-355

'jig rten gyi tha snyad/　　世間の言説 339,386

'jig rten gyi mthong ba/　世間の見 296,299,397

'jig rten gyis gnod pa/　　世間が侵害する 293

'jig rten snga ma nas 'dir 'ong ba/

　　　　　　　前世からここに来る 288

'jig rten chos brgyad/　　　世間の八法 417

'jig rten 'dir dmigs pa/ この世間に認得される 288

'jig rten pa dang 'jig rten las 'das pa/

　　　　　　　世間と出世間 338

'jig rten pa rang dga' ba/

　　　　　　世間の自由気ままな者 294

'jig rten pa'i kun rdzob la phyin ci log tu smra ba/

　　　　　　世間の世俗へ顛倒に語る 388

'jig rten pa'i khas blangs pa/　世間の承認 346

'jig rten pa'i rgan rabs/　　世間の長老 296

'jig rten pa'i dngos po/　　世間の事物 361

'jig rten pa'i ye shes/　　世間の智慧 342

'jig rten las 'das pa/　　　出世間 303,342

nga ni 'jig rten dang mi rtsod de/

　　　　　　私は世間と争論しない 407

las dang byed pa po dang 'bras bu dang 'jig rten/

　　　　　　業と作者と果と世間 288

'jig rten gyi grags pa/　世間の知られたこと 307,407

'jig rten gyi grags pas gnod do/

　　　　　　世間の周知により侵害される 293

'jig rten grags pa'i tshad ma/

　　　　　　世間周知の量 293,(397)

'jig rten grags pa'i tshad ma dang gzhal bya/

　　　　　　世間に知られた量と所量 349

'jig rten la grags pa/　　世間に知られた 387

'jig tshogs la lta ba/('jig lta/)

　　　　　　有身見 265,266,309,331,336

'jig lta kun brtags/　　遍計された有身見 336

'jig lta lhan skyes/　　倶生の有身見 336-337

'jig lta'i bdag 'dzin/　　有身見の我執 336

nyon mongs 'jig lta'i rtsa ba can/

　　　　　　有身見を根本とした煩悩 417

ma rig pa dang 'jig lta/　　無明と有身見 331

'jim pa/　　　　　　　　　　粘土 411

'jug pa/　　　　　　　入る、悟入する

bsgrims te 'jug pa'i yid byed la sogs pa/

　　　　　　勉励して入る作意など 424

mngon par 'du byed pa med par 'jug pa/

　　　　　　造作なく起こる 342

de kho na nyid la bde blag tu 'jug pa/

　　　　　　真実に容易に悟入する 389

don dam pa la 'jug pa/　　　勝義に入る 333

mi rtog par 'jug pa/　　無分別に悟入する 435

gSang sngags la 'jug pa/　秘密真言に入る 452

'jog pa/　安住させる 424-425,436　cf.rnam par 'jog

pa/, bzhag pa/, rnam par gzhag pa/, gnas cha/

'jog pa'i spel ma/　　　　安住させる雑修 449

'jog pa'i sems dgu/　　安住させる九つの心 424

cir yang mi 'dzin par 'jog pa/

　　　　　　何とも取らえないで安住させる 307

mi rtog par 'jog pa/

　　　　　　無分別に安住させる 425,(430),(431)

tsom 'jog/　　　　　　無確定の安住 425,430

'jog sgom/　　安住修 431-432,441-442,444,447

'jog sgom dang dpyad sgom/

　　　　　　安住修と伺察修 432,444,(448)

rjes thob/　　　　　　　　　後得 400

rjes su 'gro ba/　　〔肯定的な〕随順　cf.khyab pa/

rjes su 'gro ldog/　　　　随順・離反 277

rjes su 'gro ldog nges/

　　　〔肯定的〕随順・〔否定的〕離反を決定する 378

rjes mthun pa/　　　　　　　随順する

ye shes skye ba'i rjes su mthun/

　　　　　　智慧の生に随順する 446

lhag mthong rjes mthun pa/
　　　　　　勝観の随順したもの 444

rjes su bstan pa/　　説く、教授する　cf.bstan pa/

rjes su dpag pa/(rjes dpag/)
　　　　　　比量、推理 346,379,412,429

　rjes su dpag pa ltar snang ba/　似非の比量 300

　rjes dpag sbyor ba'i ngag/
　　　　　比量を適用する語 (論証式) 355,(412)

　rjes dpag tshad/　　　　　　比量 368

　rjes su dpag pa'i yul/　　　比量の対境 346

　dngos po'i stobs kyis zhugs pa'i rjes su dpag pa/
　　　　　事物の力により起こった比量 343,(349)

　mngon sum dang rjes su dpag pa/
　　　　　現量と比量 (299),345-346,(349),(423)

　don 'ga' zhig rtogs pa'i rjes dpag/
　　　　　何か義 (もの) を証得する比量 346

　tshul gsum pa'i rjes dpag/　三相の比量 379-380

　gzhan don rjes dpag/　他者のための比量 362

　gzhan la grags pa'i rjes dpag/
　　　　　他者に知られた比量 (347),375,413

　rang gi rjes dpag/　　　　自己の比量 375

　rang gi don gyi rjes su dpag pa/
　　　　　　自己のための比量 380

　rang rgyud kyi rjes dpag/
　　　　　　自立論証の比量 348,375

　rang la grags pa'i rjes su dpag pa/
　　　　　　自らに知られた比量 376

　rigs shes rjes dpag/　正理知〔である〕比量 263

brjod pa/　　　　　　表詮する、述べる

　brjod du med pa/　　　　表詮しえない 298

　brjod du med pa'i bdag/　述べられない我 352

　ji lta ba bzhin rtogs pa dang brjod/
　　　　　　如実に証得し述べる 415

　dpe rtags mi brjod pa/喩例・証因を述べない 409

　tshig tu brjod pa/　　言葉に表詮された 301

　yid la brjod pa/　　意に表詮する (意言) 301

Nya

nyan pa/　　　　　　　　　聞く

　nyan pa po rnams kyi skrag pa/ 聞く者の恐怖 324

　nyan shes kyi yul/　　　聞識の対境 415

nyan thos/　　　　　　　　　声聞

　nyan thos kyi theg pa/　　　声聞乗 333

　nyan thos kyi gzhung lugs/　声聞の教義 333

　rGyal ba Nyan thos dang bcas pa/
　　　　　　勝者およびその声聞 416

nyan thos dang rang sangs rgyas/(nyan rang/)
　　　　　　声聞と独覚 330,333,418-419

　nyan thos dang rang sangs rgyas dang byang
　　chub sems dpa'/　声聞と独覚と菩薩 (330),419

nyams pa/　　　　　　損なわれる、退失

　lta ba skyes nas ma nyams pa/

　　　　　　見が生じて損なわれていない 370

　blo'i mig nyams par byas pa dag/
　　　　　　知恵の眼を損なわれた者 389

nyams su len pa/　　　　　行持する、実践

　skyes bu gsum gyis nyams su blang pa'i rim pa/
　　　　　　三士が行持する次第 455

nyi ma/　　　　　　　　　日、昼

　nyi ma dang ni gzugs brnyan/　日と映像 360

　nyi ma'i 'od zer/　　　　　日光 300

　nam dang nyi ma/　　　　　夜と昼 446

nyi tshe ba/　　　　　　暫時のもの 346

　nyi tshe ba'i stong pa/　　暫時の空 404

　chos can nyi tshe ba/　　暫時の有法 403

nye'u/　　　　　　　　　　魚

　nye'u chung 'phyo ba/　　小魚が泳ぐ 449

nyer 'jal/　　　　　比定 299　cf.tshad ma/

Nyer sbas/　　　　　　　ウパグプタ

　Byams pa dang Nyer sbas/
　　　　　　マイトレーヤとウパグプタ 394

nye ba/　　　　　　　　　近い

　yul dang dus khyad par can nye bar gyur pa/
　　　　　　特定の場所と時が近い 300

nye bar len pa/　　取、受ける 391,(416)　cf.len pa/

　nye bar len pa'i bya ba la ltos nas nye bar len pa po/
　　　　　　取の所作を待って取者 388

　nye bar len po/　　　　取る者 (388),395

　nye bar blang ba/　取られるもの (所取) 395

　bdag gi nye bar blang bya/　　我の所取 398

　bdag dang ni nye bar blang ba/　我と所取 395

　yan lag de rnams nye bar blang bar bya ba/
　　　　　　支分は取られるもの 406

　　shing rta nye bar len pa po/　車は取る者 406

nyes pa/　　　　　過失、誤り　cf.skyon/

　'khor ba spyi dang bye brag gi nyes dmigs/
　　　　　　輪廻一般と個別の過患 450

　'khor ba'i nyes skyon/　　輪廻の過失 265

　'khor ba'i nyes dmigs/　　輪廻の過患 433

　stong pa nyid la lta nyes/　空性を見誤る 286

　phyogs kyi nyes pa/　　　宗の誤り 372

nyon mongs pa/　　　　　　　煩悩

　nyon mongs pa dang shes bya'i sgrib pa/
　　　　　　煩悩と所知の障 327

　nyon mongs pa rnam par sbyong ba'i dmigs pa/
　　　　　　浄惑の所縁 421

　nyon mongs pa rnams dang las/
　　　　　煩悩と業 265,(390),(417),(450)

　nyon mongs pa'i sgrib pa/　　　(327),418

　nyon mongs pa'i sa bon/　　煩悩の種子 256

　nyon mongs skyon/　　　煩悩・過失 265

　nyon mongs 'jig lta'i rtsa ba can/
　　　　　　有身見を根本とした煩悩 417

nyon mongs zad ba/ 煩悩が尽きた 418

las dang nyon mongs pa/
業と煩悩 (265),390,417,450

len pa ni nyon mongs/ 取は煩悩 417

lhan skyes kyi nyon mongs rnams/
倶生の煩悩 322

nyon mongs pa can/ 染汚を有する

nyon mongs pa can gyi mi shes pa/
染汚を有する無知 330

nyon mongs can gyi ma rig pa/
染汚を有する無明 311,331,419

gnyid/ 眠り、睡眠 300

gnyid 'thug po log pa dang brgyal ba la sogs pa/
熟睡と悶絶など 427

gnyid log pa/ 睡眠する 268,431

gnyis/ 二 cf.bdag gnyis/

gnyis ka la grags pa'i thun mong ba/
両者に知られた共通のもの 346

gnyis ka la'ang grub pa/
両者においても成立している 345

gnyis ka'i mthun snang/ 両者の一致した現れ 364

gnyis snang gi 'khrul pa rnams/ 二の現れの錯乱 419

gnyis las skye ba/ 〔自他〕二より生ずる 411

gnyis su smra ba/ 二の論者 357

gnyis su med pa'i don yongs grub/
無二の義〔である〕円成実 441

gcig dang tha dad gnyis las mi 'da' ba/
同一と別異の二を越えない 379,403

tshul gsum gnyis ka la grub pa/
三相が両者に成立している 375

zhi ba'i sgo gnyis pa med pa/ 無二の寂静の門 320

yul yul can gnyis su snang ba/
対境・有境の二として現れる 445

shing gnyis sreg pa/ 二つの木を焼く 436

gnyen po/ 対治 443

ma rig pa'i gnyen po/ 無明の対治 329

gzhan gyi gnyen po/ 他の対治 329

mnyam gzhag/ 等至 400
cf.snyoms par 'jug pa/, ting nge 'dzin/

'phags pa'i mnyam gzhag/ 聖者の等至 292

rnyed pa/ 獲得する、得る

rnyed pa'i don/ 獲得された義 (もの) 373

lta ba rnyed pa/ 見を獲得する (289),(369),327,425

lta ba ma rnyed/ 見を獲得していない 369

bdun po de gang du yang ma rnyed pa/
七〔種類〕のどれとしても獲得されない 406

ma 'khrul ba'i shes pas rnyed pa/
無錯乱の知識により獲得された 366

mi rnyed do/ 獲得されない 389

mig gi shes pas sgra ma rnyed/
眼識により声は獲得されない 291

rigs pas rnyed/
正理により獲得される (291),(292),338

rigs pas ma rnyed pa/
正理により獲得されない (292),309,(402)

shing rta ma rnyed pa/ 車を獲得しない 387

shes pas rnyed pa/ 知識により獲得された 366,374

snying rje/ 悲

byams pa dang snying rje/ 慈と悲 433

byams pa dang snying rje'i rtsa ba can/
慈と悲を根本とした 450

snying po/ 心髄、心臓

rna ba dang snying med pa/ 耳と心が無い 314

snyoms par 'jug pa/ 等至 cf.mnyam gzhag/

'du shes med pa'i snyoms par 'jug pa/
無想の等至 440

bsnyon pa/ 歪曲する 316,354

Ta

ting nge 'dzin/ 等持、三昧 256,451

ting nge 'dzin gyi spyod yul gzugs brnyan/
等持の行境〔である〕映像 (422),444

ting nge 'dzin sngon du bsgrubs/
等持を前に成就した 434

til mar/ ゴマ油

til mar dang chu dang me long/
ゴマ油と水と鏡 300

gtan tshigs/ 論証因 302,343,345,355,381 cf. rtags/

gtan tshigs kyi skyon/ 論証因の過失 365

gtan tshigs kyis bsgrub bya 'grub pa/
論証因により所成が成立する 360,(381)

gtan tshigs dang bsgrub par bya ba/
論証因と所成 345

gtan tshigs ma grub pa/
論証因は成立していない 372

gtan tshigs yang dag/ 正しい論証因 349

chos can dang gtan tshigs bsgrub pa/
有法と論証因を立証する 373

rten gtan tshigs/ 所依〔である〕論証因 379

'thad pa dang bral ba'i gtan tshigs/
合理性を欠いた論証因 360

rang rgyud kyi gtan tshigs/
自立論証の論証因 345

rang nyid la grub pa'i gtan tshigs/
自己に成立した論証因 380

gtan la 'bebs pa/ 決択する 381,423

gtan la 'bebs pa la goms pa/ 決択を数習する 433

gtan la phab pa'i don/ 決択した義 (内容) 430

lta ba gtan la 'bebs pa/ 見を決択する 264,272,427

lta bas gtan la 'bebs pa/ 見により決択する 322

de kho na gtan la dbab pa/ 真実を決択する 269

don dam pa gtan la 'bebs pa/ 勝義を決択する 352

bdag med gtan la dbab pa/ 無我を決択する 408

dpyad nas gtan la 'bebs/　　伺察して決択する 432

rang bzhin med par gtan la phab pa/
　　　　　　　　　　無自性を決択した 408

gti mug/　　　　　　　　愚癡 312,330

　　gti mug gi mun pa/　　　　愚癡の闇 333

btags pa/　　　　　　仮設された、仮設 309

　　　cf.gdags pa/, brten nas btags pa/,'dogs pa/

　　btags chos/　　　　　仮設の法 385,398

　　btags pa tsam/　　　　仮設されたほど 382

　　kun brtags kyi dzin pas btags pa/
　　　　　　所遍計の執により仮設された 322

　　grub mtha' smra ba 'ba' zhig gis btags pa/
　　　　　　学説論者のみにより仮設された 334

　　mngon sum btags pa ba/　仮設された現量 304

　　thag pa la sbrul du btags pa/
　　　　　　　　　縄について蛇と仮設した 335

　　bdag tu btags pa/
　　　　　我として仮設した (382),(390),(398),(406)

　　bdag tu btags pa don med pa/
　　　　　　　我としての仮設は無意味だ 396

　　'dogs byed dang btags pa/
　　　　　仮設するものと仮設されたもの 301

　　blos btags pa/　　　知により仮設された 323

btags yod/　　　施設有、仮設有 268,304,385

　　　cf.dngos po yod pa/, tha snyad du yod pa/,
　　　　　　　　　　　　bden par yod pa/

　　btags par yod par smra ba/　仮設有の論者 357

　　btags yod du 'grub pa/ 仮設有として成立する 387

　　rang bzhin med pa'i btags yod/
　　　　　　　　　　　　無自性の仮設有 382

rta/　　　　　　　　　　馬 396

rta glang/　　　　　　　　馬・象

　　rta glang sogs/　　　　馬・象など 404

　　sgyu ma'i rta glang/　　幻術の馬・象 399

rtag pa/　　　　　常だ 396　cf.mi rtag pa/

　　rtag pa'i gcig/　　　　常である一 392

　　rtag pa'i mtha'/　　　　常の辺 281

　　rtag pa'i bdag/　　　　常の我 322

　　rtag mi rtag/　　　　常・無常 310

　　rtag sogs bzhi po/　　　常など四 310

　　sgra rtag 'dzin/　　声は常だと執る 337

rtag gcig/　　　　　　　常・一

　　rtag gcig rang dbang can gyi bdag/
　　　　　　常・一・主宰(自在)の我 322

rtag lta/　　　常見 269,274,285-287,402

　　rtag lta dgag sla ba/　　常見を否定しやすい 389

rtag pa dang chad par lta ba/(rtag chad kyi lta ba/)
　　　　　常・断の見 (269),(274),285-287,414

rtags/　　　証因 345-346,375-376,412,(443)

　　rtags khyab tshad mas ma grub pa/
　　　　　証因・遍充が量により成立していない 349

rtags dang khyab pa gnyis khas blangs pa/
　　　　　　証因と遍充の二を承認している 346

rtags ma grub pa/ 証因が成立していない 372-373

bsgrub pa'i rtags/　　　　肯定の証因 371

bsgrub par bya ba dang 'brel ba'i rtags/
　　　　　　　　　　所成と関係した証因 346

dngos po stobs zhugs kyi rtags/
　　　　　　　　事物の力の入った証因 363

chos can dang chos dang rtags rnams/
　　　　　　　　　　有法と法と証因 377

chos can dang rtags kyi tshul gsum/
　　　　　　　　有法と証因の三相 368

rten 'brel gyi rtags/　　　縁起の証因 413,415

dpe rtags/　　　　　　喩例・証因 347

dpe rtags mi brjod pa/ 喩例・証因を述べない 409

tshad mas grub pa'i rtags/
　　　　　　　　　　量により成立した証因 346

tshul gsum pa'i rtags/　　三相の証因 (346),363

gzhan la grags pa'i chos can dang rtags/
　　　　　　他者に知られた有法と証因 347

rang rgyud kyi rtags/
　　　　　自立論証の証因 347,363,370-372,381

rang rgyud rtags kyi chos can/
　　　　　　　　自立論証の証因の有法 372

lung gi rtags/　　　　　　教の証因 429

rten/　　　　　依処、拠り所、所依

rten gtan tshigs/　　所依〔である〕論証因 379

rten dang brten pa/　　所依と能依 382-383,398

bsgrub bya'i chos kyi rten chos can/
　　　　　所成の法の所依〔である〕有法 366

rten pa/　　　　　依る　　cf.brten pa/

rten cing 'brel par 'byung ba/　　　　縁起
　　　　　　276,314,390,401 cf.'byung ba/

rten cing 'brel par 'byung ba rjes su bstan pa/
　　　　　　　　　　　縁起を説く 332

rten cing 'brel par 'byung ba smra ba/
　　　　　　　　　　縁起の論者 283,288

rten cing 'brel par 'byung ba'i don/
　　　　　縁起の義 272,(278),283,(414)

rten cing 'brel par 'byung ba'i rigs pa/
　　　　　　　　　縁起の正理 352,(412)

rten 'byung/　　　　　　　縁起

rten 'byung gi tshad ma dang gzhal bya/
　　　　　　　　　　縁起の量と所量 356

rten 'byung rigs pa/　　縁起の正理 (352),412

rten 'byung la rang bzhin gyis stong pas khyab pa/
　　　　　縁起へ自性による空が遍充する 274

stong dang rten 'byung dang dbu ma'i lam/
　　　　　　　空と縁起と中道 274

brten nas 'byung ba/
　　　　　依って生起する(縁起する)275,359

rten 'brel/　　　　　　　　縁起 278,313-314,414
　rten 'brel gyi rtags/
　　　　縁起の証因 (275),(278),(352),(412),413,415
　rten 'brel gyi phyogs/　　　　縁起の分 403
　rten 'brel gyi rim pa sun phyung ba/
　　　　　　　　　　縁起の次第を破した 269
　rten 'brel bcu gnyis/　　　　十二縁起 273,331
　rten 'brel rtogs pa/　　　縁起を証得する 416
　rten 'brel 'thad pa/　　縁起が妥当する (275),403
　rten 'brel dang rang bzhin med pa/
　　　　　　　　　　縁起と無自性 277,(278)
　rten 'brel yin pa'i rgyu mtshan/
　　　　　縁起であるとの理由 274,(275),287,414
　rten 'brel la brten nas rang bzhin med pa/
　　　　　縁起に依って無自性である 278
　rten 'brel bshig pa'i stong pa/
　　　　　　　　　　縁起を壊した空 401
　kun byang gi rten 'brel/　雑染・清浄の縁起 414
　'khor 'das kyi rten 'brel/
　　　　　　　　　輪廻・涅槃の縁起 307,351
　rgyu 'bras kyi rten 'brel/因果の縁起 290,415,(420)
　sgyu ma lta bu'i rten 'brel/ 幻術のような縁起 351
　ltos nas bzhag pa'i rten 'brel/
　　　　　相待ってから設立された縁起 299
rtog ge/　　　　　　　　　　論理学
　rtog ge pa/　　　　　論理学者 297,369,380
　rtog ge pa 'di/
　　　　この論理学者〔ブハーヴィヴェーカ〕372
　rtog ge'i mtshan nyid/　　論理学の定義 381
rtog pa/　　　　　分別 333,370,417,427,432,436,438
　　　cf.rnam par rtog pa/, mi rtog pa/,brtag pa/
　rtog pa thams cad dgag go/
　　　　　　　　　分別すべてを否定する 429
　rtog pa de thams cad kyis 'khor bar 'ching ba/
　　　　　　分別すべては輪廻に繋縛する 425
　rtog pa yod pa/　　　　　分別が有る 335
　rtog pas bya/　　　　分別によりする 433
　rtog thams cad kyi yul rigs pas 'gog pa/
　　　分別すべての対境を正理により否定する 333
　rtog med kyi shes pa'i 'dzin stangs/
　　　　　　無分別の知識の執らえ方 334
　'khrul pa'i rtog pa ldog pa/
　　　　　　　錯乱した分別が止滅する 329
　cir yang mi rtog pa/
　　　　　何をも分別しない 424,430,436,(439)
　lta rtog byed pa/　　　　見・分別する 433
　mthar 'dzin gyi rtog pa/
　　　　　　辺(極端)を取らえる分別 428
　'di 'di'o snyam du gang rtog/
　　　　　「これはこれだ」という分別 333
　dbugs dang rtog pa/　　　　息と分別 446

　mtshan mar 'dzin pa'i rtog pa/
　　　　　　　　兆相を取らえる分別 436
　bzang rtog dang ngan rtog/
　　　　　　　良い分別と悪い分別 321
rtog pa/(rnam rtog/)　　　　　　　尋思
　rtog pa dang dpyod pa/　　　尋思と伺察 421
rtog pa dang bral ba/(rtog bral/)
　　　　　　　　　　分別を離れた 298,430
　rtog bral gyi shes pa/　　分別を離れた知識 429
rtogs pa/ 証得する , 了解する cf.mngon par rtogs pa/
　rtogs pa po tha dad pa/　　　証得者が別異だ 289
　gang zag gi bdag med rtogs pa/
　　　　　　　　　人無我を証得する 267-268
　mngon sum du rtogs pa/ 現前に証得した 326,429
　chos thams cad rang bzhin med par rtogs pa/
　　　　　一切法は無自性だと証得する 418,420
　ji lta ba rtogs pa/
　　　　　　如実(あるがまま)を証得する 259
　ji lta ba bzhin rtogs pa dang brjod/
　　　　　　　如実に証得し述べる 415
　rten 'brel rtogs pa/　　　縁起を証得する 416
　stong par rtogs pa/
　　　　　空だと証得する 404,(417),435,(446)
　thob pa dang rtogs pa/
　　　　　得ることと証得すること (339),359
　de kho na nyid mngon sum du rtogs pa/
　　　　　　　真実を現前に証得する 429
　don rtogs pa'i tshad ma/
　　　　　義(もの)を証得する量 351,(379)
　don spyi'i tshul gyis rtogs pa/ 共義(概念的イメ
　　　　　ージ)の方軌により証得する 430
　bdag med rtogs/　　　　　無我を証得する
　　　　267-268,320,322,418,427,(429),436
　zab mo'i don rtogs pa/　甚深の義を証得する 326
　rang bzhin med pa'am bdag med pa rtogs pa/
　　　　　　無自性や無我を証得する 320
　rang bzhin med par rtogs pa/
　　　　無自性を証得する 267-268,333,403,406,418
　legs par rtogs pa/　　　　良く証得する 422
　shin tu rtogs dka' ba/　きわめて証得し難い 278
　lhag mthong gi rtogs pa/　　勝観の証得 432
rton pa/　　　　　　　　　　依る 259
lta ba/　見、見る cf.'jig lta/, gzigs pa/, chad lta/, rtag lta/
　lta ba skyes nas ma nyams pa/
　　　　　　見が生じて損なわれていない 370
　lta ba rgyud la bskyed pa/
　　　　　　見を相続に生じさせる 264,345,381
　lta ba ngan pa bzhi/　　　　悪見四つ 392
　lta ba rnyed pa/　見を獲得した (289),(369),425
　lta ba gtan la 'bebs pa/見を決択する 264,272,427
　lta ba de nyid goms pa/

見それこそを数習した 325-326,(416)
lta ba de dag goms pa/ 見を数習した 416
lta ba dran pa/ 見を憶念する 431,(432)
lta ba ma rnyed/ 見を獲得していない 369
lta ba ma nor ba/ 誤らない見 289,(446)
lta ba gsar du bskyed pa/ 見を新たに生ずる 366
lta ba'i nges pa/ 見の決定 402,432
lta ba'i steng du bzhag pa/
見の上に安住させた 430-431
lta ba'i dpyad pa/ 見の伺察 431,(432),434
lta ba'i tshul gnyis/ 見の二の方軌 441
lta bas gtan la 'bebs pa/ 見により決択する 322
lta rtog byed pa/ 見・分別する 433
kun gyi lta po/ すべてを見る者 404
skur 'debs kyi lta ba/ 損減の見 312,425
nges don gyi lta sgom/ 了義の見・修 426
nges don gyi lta ba/ 了義の見 420,425,430,432
dngos po gcig gi lta po/ 事物一つを見る者 404
rtogs pa'i lta ba/ 証得する見 445
stong pa nyid kyi lta ba/ 空性の見 264,(318),418
stong pa nyid la lta nyes/ 空性を見誤る 286
blta bya lta byed/ 見られるもの・見るもの 408
mtha' la brten pa'i lta ba/ 辺際に依った見 392
mthar 'dzin gyi lta ba/ 辺執の見 415
bdag med pa gnyis kyi lta ba/
二無我の見 444,451
bdag med pa'i lta ba/ 無我の見 256,(320)
bdag la mi blta ba/ 自らを見ない 375,(378),(379)
phyis med par lta/ 後で無いと見る 287
dbu ma'i lta ba/ 中〔観〕の見
277-278,281,321,327,345,402,412-413
mi blta ba/ 見ない 376
mig gis gzugs la blta ba/ 眼が色を見る 378
mig gzhan la mi blta ba/
眼は他を見ない 375,(378),(379)
med lta ba/ 無の見 286-287
med par lta ba'i mtha'/ 無いと見る辺 402
gzhan blta ba/ 他を見る 376
yang dag pa'i lta ba dang log pa'i lta ba/
正しい見と誤った見 307
yang dag pa'i lta ba'i gol sa/
正見の岐路の処 326,400
yod par lta ba'i mtha'/ 有ると見る辺 402
rang gi ngo bos grub pa'i lta ba/
自体により成立した見ること 378
rang gi bdag nyid blta ba/ 自らの自体を見る 376
rang bzhin med pa'i lta ba/
無自性の見 288,369-370
rang la mi blta ba/ 自らを見ない (375)378-379
ltar snang/ 似非
rjes su dpag pa ltar snang ba/ 似非の比量 300

rigs pa ltar snang/ 似非の正理 278
sun 'byin ltar snang gi mthar thug pa/
似非論破の究極 316
ltung ba/ 堕罪
sbom po'i ltung ba/ 粗堕 452
rtsa ba'i ltung ba/ 根本堕罪 452
lto ba/ 腹
lto ba ldir ba/ 腹が丸い 385-386,407
ltos pa/ 待った、観待した
ltos nas bzhag pa'i rten 'brel/
相待って設立された縁起 299
bltos pa'i rigs pa/ 観待道理 423
rgyu rkyen la mi ltos pa/
因・縁を待っていない 277
rgyu la bltos mi bltos/
因を待った・待っていない 409
cha shas rnams la bltos/
自らの諸部分を待った 387
nye bar len pa la ltos nas nye bar len pa po/
取を待って取者 388
nye bar len pa'i bya ba la ltos/
取の所作を待った 388
phan tshun bltos pa'i grub pa/
互いに相俟った成立 408
gzhan la ltos pa/ 他を待った 323-325
stong pa/ 空である 290
cf.rang bzhin gyis stong pa/, snang stong/
stong pa dang dbu ma'i lam/ 空と中道 273
stong pa'i dngos po rnams rgyu 'bras su 'char/
空の事物が因果として浮かぶ 278
stong par rtogs pa/
空であるのを証得する 404,(417),435,(446)
stong pa la bden par bzung ba/
空を諦だと取った 318
stong phyogs/ 空の分 403
stong dang rten 'byung dang dbu ma'i lam/
空と縁起と中道 274
nyi tshe ba'i stong pa/ 暫時の空 404
rten 'byung la rang bzhin gyis stong pas khyab pa/
縁起へ自性による空が遍充する 274
rten 'brel bshig pa'i stong pa/
縁起を壊した空 401
don byed pa'i nus pas stong pa/
効用の能力について空 272,281,(290),(299)
bdag gnyis kyis stong pa/ 二我について空 258
'di dag kun stong/ これらすべてが空だ 273
rdzas tha dad pas rnam pa thams cad du stong/
別異の実物によって全面的に空だ 441
rang bzhin rnam par bcad pa tsam gyi stong pa/
自性を断除したほどの空 400
stong pa nyid/ 空性 417

索　引　　583

stong pa nyid kyi lta ba/　　空性の見 264,(318),418
stong pa nyid kyi don/　　空性の義 272,278,286
stong pa nyid bsgom pa/
　　　　　　　　空性を修習する 425,429-431
stong pa nyid nges pa/　空性を決定する 264,399
stong pa nyid dang bdag med pa'i don/
　　　　　　　　空性と無我 283,(428),429
stong pa nyid rang gi ngo bos grub pa/
　　　　　　　空性が自体により成立した 318
stong pa nyid la lta nyes/　　空性を見誤る 286
stong pa nyid la so sor rtog pa/
　　　　　　　　空性を妙観察する 437
stong pa nyid log par go ba/空性を誤解する 370
stong nyid la dngos por zhen pa/
　　　　　　　空性を事物だと思い込む 319
stong nyid la blo sbyang/
　　　　　　　空性について知を修治する 452
sgyu ma lta bu'i stong nyid/
　　　　　　　　幻術のような空性 400
gcig gi stong nyid/　　　　一つの空性 404
chos kun gyi stong nyid/　　一切法の空性 404
nam mkha' lta bu'i stong nyid/
　　　　　　　　虚空のような空性 400
'brel med stong nyid/　　　無関係の空性 443
rang bzhin med pa'i stong nyid/
　　　　　　　　　無自性の空性 286
stong mi stong/　　　　　　空・非空 317
stong pa nyid dang stong pa nyid ma yin par
　smra ba/　　　空性と非空性の論者 368
stong mi stong gi rgol ba/　空・不空の論者 372
rang bzhin gyis stong mi stong gnyis ka/
　　　　自性により空・不空の両者 280
stobs bzhi/　　　　　　　　四の力 450
brtag pa/　　　　　　観察する cf. rtog pa/
rnam pa bdun du brtag pa byed pa/
　　　　　　　七種類に観察する 389
rnal 'byor pas nye bar brtag pa'i rim pa/
　　　　　　ヨーガ行者の観察の次第 389
ma brtags par yod pa/観察していなくて有る 407
rang bzhin yod med gnyis la sogs pa'i brtag pa/
　　　自性の有る・無しの二などの観察 284
rigs pa'i brtag pa/　　　　正理の観察 292,381
brten pa/　　依る cf.rten cing 'brel par 'byung ba/
brten nas skye ba/　　　依って生ずる 313-314,340
rgyu rkyen la brten nas 'byung ba'i rgyu mtshan/
　　因・縁に依って生起するという理由 275
bsgrub bya'i chos su brten pa/
　　　　　　　所成の法として依った 366
rten dang brten pa/　　所依と能依 382-383,398
mtha' la brten pa'i lta ba ngan pa/
　　　　　　　　辺際に依った悪見 392

phung po rnams la brten/　　　諸蘊に依る 382
tshogs pa la brten pa/　集積に依った 382,384-385
brten nas btags pa/　　　　　依って仮設された
　　　266,(290),336,385,390,(398),(399),(406)
brten nas btags pa'i bdag/
　　　　　　　依って仮設された我 336
brten nas gdags pa/　　依って仮設する 290
brten nas shing rtar btags pa/
　　　　　　　依って車と仮設した 406
bstan pa/　　　　　　　　説く、教える
bstan pa'i rim pa/　　　　教の次第 454
chos bstan/　　　　　　　法を説く 278
rten cing 'brel par 'byung ba rjes su bstan pa/
　　　　　　　　縁起を説く 332
bstan bcos/　　　　　　　　　論書
bstan bcos kyi dgongs pa/　　論書の意趣 325
dgongs 'grel gyi bstan bcos/
　　　　　　　意趣註釈の論書 (259),278
dBu ma'i bstan bcos rnams/　中観の諸論書 361
rigs pa'i bstan bcos/　　　　正理の論書 380

Tha
tha snyad/　　　　　　　　　言説 279
tha snyad bsgrub/　　　　言説を立証する 429
tha snyad 'jog tshul/　言説を設立する仕方 262
tha snyad du 'khrul pa/ 言説として錯乱した 305
tha snyad du rnam par 'jog pa/
　　　　　　言説として設立する 300,(308),337
tha snyad du phyi rol 'dod/
　　　　　　言説として外側を主張する 264
tha snyad du mi 'gog pa/
　　　　　　　言説として否定しない 294
tha snyad du med pa/　　言説として無い 351
tha snyad du rang gi mtshan nyid yod pa/
　　　　　　言説として自相が有る 302
tha snyad du'ang mi bzhed pa/
　　　　　言説としても主張なさらない 298
tha snyad du'ang med pa/
　　　　　言説としても無い 300,304,309
tha snyad 'dogs pa'i gzhi/
　　　言説を設ける所依事 (もと) 396
tha snyad pa'i blo/　　　　　言説の知 305
tha snyad pa'i blo gzhan/　他である言説の知 326
gang zag gi tha snyad/ 人 (プドガラ) の言説 403
'jig rten pa'i tha snyad/　　世間の言説 339,386
dBu ma pas tha snyad du rnam par 'jog pa/
　　　中観派が言説として設立する 337
rang bzhin tha snyad du 'gog/
　　　　　自性を言説として否定する 341
shing rta'i tha snyad/　　車の言説 389-390
shing rta'i tha snyad 'dogs pa/
　　　　　　車の言説を設ける 386-387

tha snyad du yod pa/ 言説として有る
271,305-307,341,376-377
cf.dngos po yod pa/, btags yod/, bden par yod pa/
tha snyad du yod med/
言説としての有る・無し 309
tha snyad pa'i don/ 言説の義 (もの) 297,310
tha snyad pa'i don rnams rnam par 'jog pa/
言説の義 (ものごと) を設立する 312,(355)
tha snyad pa'i tshad ma/
言説の量 304,307-308,352,369,445
tha snyad pa'i tshad ma rang dga' ba/
自由気ままな言説の量 405
tha snyad pa'i tshad mas grub pa/
言説の量により成立した 445
tha snyad pa'i tshad mas gnod pa/
言説の量により侵害される 307-308,338,(405)
tha snyad pa'i shes pa/
言説の知識 293,299,305-306,309,335,366,399
tha snyad pa'i shes pa dang yul/
言説の知識と対境 300
tha snyad pa'i shes pa gnod pa med pa/
侵害の無い言説の知識 355,376,397
tha snyad pa'i shes pa rang dga' ba/
自由気ままな言説の知識 306,396
tha snyad pa'i shes pa la grags pa/
言説の知識に知られた 307
tha snyad pa'i shes pas 'grub pa/
言説の識により成立する 291
tha snyad pa'i shes pas rnyed pa/
言説の知識により獲得された 366
ma dpyad pa'i tha snyad pa'i shes ngo/
伺察しない言説の知識の側 407
tha dad pa/ 別異だ cf.gcig dang tha dad/
tha dad par ma dmigs pa/ 別異に認得しない 388
rgyud tha dad pa/ 別異の相続 394
rtogs pa po tha dad pa/ 証得者が別異だ 289
bdag phung po dang tha dad pa/
我は蘊と別異である 395
rang gi ngo bos tha dad/
自体により別異である 394
rang bzhin tha dad pa/
自性は別異である 396,398,410
tha mal pa/ 凡庸だ
tha mal pa'i rnam rtog/ 凡庸な分別 453
thag pa/ 縄 302
thag pa la sbrul/ 縄における蛇 308
thag pa la sbrul du 'khrul/
縄を蛇だと錯乱する 428,438
thag pa la sbrul du btags pa/
縄を蛇と仮設した 335
thag pa la sbrul 'dzin/ 縄に蛇を取らえる 311

thag gcod pa/ 決断する 445
thabs/ 方便 420
thabs dang shes rab/ 方便と智恵 271,(426)
thabs la mkhas pa/ 方便への善巧 416
thams cad/ すべて、一切 cf.chos thams cad/, kun/
skye ba thams cad bkag/ 生すべてを否定した 294
rtog pa thams cad dgag go/
分別すべてを否定する 429
yul dang dus thams cad/ 処と時すべて 346
rigs pas thams cad 'gog go/
正理によりすべてを否定する 316,(333),(401)
thal ba/ 帰謬、誤謬 285
thal ba bkod pa'i 'bras bu/
帰謬を提示したことの果 412
sun 'byin gyi thal ba/ 論破の帰謬 346
thal 'gyur/ 帰謬論証 346,354,380-381
thal 'gyur gyi phyogs/ 帰謬論証の宗 345
thal 'gyur gyis 'gog pa/ 帰謬により否定する 409
thal 'gyur byas pa/ 帰謬論証を為した 412
'gal ba brjod pa'i thal 'gyur/
相違 (矛盾) を述べた帰謬論証 346
thal rang/ 帰謬論証・自立論証 cf.rang rgyud/
thal 'gyur dang rang rgyud/
帰謬論証と自立論証 345
thal rang gnyis kyi 'jog tshul/
帰謬論証・自立論証の二の設立方法 345
thar pa/ 解脱 256,416-417,425 cf.grol ba/
thar pa'i lam gyi srog/ 解脱の道の命 418
rnam par thar pa'i sgo gsum/ 三解脱門 320
thug pa/ 到る、窮する
skye ba thug med du yang 'gyur/
生は無窮にもなる 409
skye ba don med dang thug med du 'gyur ba/
生は無意味と無窮になる 347
mngon sum zhig la thug/ 何か現量に至る 371
thun/ 更 (修行時間) 446
sbyor ba dang mjug dang thun mtshams/
加行と後と更 (修行時間) の合間 442
thun mong ba/ 共通だ
thun mong ba'i sdom pa/ 共通の律儀 450
gnyis ka la grags pa'i thun mong ba/
両者に知られた共通のもの 346
mdo sngags gnyis ka'i lam thun mong ba/
経・真言両者の共通の道 452
zhi lhag gnyis ka'i thun mong ba/
止観両者の共通のもの 424
thun mong ma yin pa/ 非共通、独特 303
thun mong ma yin pa'i 'dzin pa/ 非共通の執 322
grub mtha' thun mong ma yin pa/
非共通の学説 303,397
sngags kyi lam gyi thun mong ma yin pa'i spang

bya/ 真言の道の非共通の所断 453

'dod pa thun mong ma yin pa/
　　　　非共通の主張 306-308,337,364

dBu ma'i thun mong ma yin pa'i khyad chos/
　　　　中観の非共通の差別法 (特性) 271

Thub pa/ 牟尼

　　Thub pa'i gsung rab/ 牟尼の聖教 453

theg pa/ 乗

　　theg pa che chung/ 大小乗 420

　　theg pa thams cad la mkhas pa/
　　　　乗すべてに善巧だ 441

　　theg dman/ 劣乗 (小乗) 266

　　theg dman dang theg chen/ 劣乗と大乗 420

　　nyan thos kyi theg pa/ 声聞乗 333

theg pa chen po/(theg chen/) 大乗 (420),426

　　theg pa chen po spong ba/ 大乗を捨てる 426

　　theg pa chen po'i gsung rab rnams/
　　　　大乗の聖教 441

　　theg chen pa'i de kho na nyid la 'jug pa'i tshul/
　　　　大乗者の真実への入り方 266

tho ba/ 槌

　　tho bas bum pa bshig pa/ 槌により瓶を壊した 328

thog/ 〔屋上の〕掩い

　　thog rtsva las byas pa/
　　　　草で造られた〔屋上の〕掩い 394

thogs rdugs/ 障礙・妨害

　　thogs rdugs kyi reg bya/ 障礙・妨害の所触 445

thos pa/ 聞く、聞

　　thos pa dang sems pa/ 聞と思 440

　　thos bsam gyi shes rab/ 聞・思の智恵 342

　　mang du thos pa/ 多聞 439

　　gzhan las thos pa/ 他から聞く 257

mtha'/ 辺、極端 cf.mu bzhi/

　　mtha' gnyis su ltung ba/ 二辺に転落する 281

　　mtha' bzhi/ 四辺 313

　　sngon gyi mtha' la brten pa'i lta ba/
　　　　前の辺際に依った見 392

　　chad pa'i mtha'/ 断の辺 269,281

　　rtag pa'i mtha'/ 常の辺 281

　　med pa'i mtha'/(med mtha'/)
　　　　無いとの辺 281,284,(402)

　　yod pa'i mtha'/(yod mtha'/)
　　　　有るとの辺 269,281,284,(402)

　　yod med kyi mtha'i gnyis su smra ba/
　　　　有無の二辺の論 283

mthar thug/ 究竟、究極

　　mthar thug dpyod pa'i rigs pa/
　　　　究竟を伺察する正理 291

　　gnod byed thams cad mthar gtugs pa/
　　　　侵害するものすべての究極 397

　　tshul gsum khas blangs kyi mthar thug pa/
　　　　三相を承認したことの究極 346

　　rang rgyud kyi mthar thug pa/
　　　　自立論証の究極 346

　　sun 'byin ltar snang gi mthar thug pa/
　　　　似非論破の究極 316

mthar 'dzin/ 辺執、極端を執る cf.'dzin pa/

　　mthar 'dzin gyi rtog pa/ 辺を取らえる分別 428

　　mthar 'dzin gyi lta ba/ 辺執の見 415

　　mthar 'dzin gcod pa/ 辺執を切断する 416

mthun pa/一致した cf.gzhi mthun/, rjes mthun pa/

　　dngos smra ba rnams dang mthun pa/
　　　　実有論者たちと一致している 282

　　don dam pa dang mthun pa/ 勝義に順じている 342

　　mDo sde pa dang mthun pa'i dmigs rkyen/
　　　　経量部と一致した所縁縁 303

　　gnas lugs dang mthun pa/
　　　　住し方と一致した 425

mthun snang/ 一致した現れ 364-365,371-372,375-377

mthong ba/ 見、見える cf.gzigs pa/

　　mthong ba brdzun pa/ 偽りの見 299

　　mthong spang dang sgom spang/
　　　　見所断と修所断 418

　　mthong lam/ 見道 433

　　nges pa mthong ba/ 決定が見られる 411

　　'jig rten pa'i mthong ba/ 世間の見 296,299

　　des nor brku ba mthong/
　　　　彼が財宝を盗むのを見た 289

　　yul la bdag med mthong/ 対境に無我が見える 330

　　rang bzhin mthong ba la sgrib pa/
　　　　自性が見えるのを覆障する 331

'thad pa/ 妥当する、合理性、道理

　　'thad pa dang bral ba'i gtan tshigs/
　　　　合理性を欠いた論証因 360

　　'thad pas bsgrub pa'i rigs pa/ 証成道理 423

　　rten 'brel 'thad pa/ 縁起が妥当する (275),403

　　rnam gzhag thams cad 'thad pa/
　　　　設立すべてが妥当する 279

　　phyi rgol rang la grags pa'i 'thad pa/
　　　　後論者自らに知られた道理 378

　　bya byed mi 'thad do/
　　　　為される・為すは妥当しない 272,282

　　bya byed 'thad pa/
　　　　所作・能作が妥当する 276,379,408

'thob pa/ 得る cf.rjes thob/

　　thob pa dang mngon par rtogs pa/
　　　　得ることと現観すること 339,(359)

　　gong ma gong ma la thob 'dod/
　　　　各々上を得たい 451

　　'bras bu 'thob pa/ 果を得る 412

Da

da ltar ba/ 現在 423

da lta ba rnams/ 現在の者たち 293

da lta dBu ma'i don smra bar 'dod pa/
現在、中観の義を語ると主張する者 269,273,386

da lta'i las dang po pa/ 現在の初業者 430

dag pa/ 清浄だ

nam mkha' g-ya' dag pa/
埃が清浄になった虚空 445

dādhura/ 〔幻覚作用のある〕ダードゥラ

dādhura zos pa la sogs pa/
ダードゥラを食べたことなど 300

dam bcas pa/ 立宗、主張命題 343

dam 'cha' ba'i tshig/ 立宗する言葉 356

dam bca' khas mi len pa/ 立宗を承認しない 350

dam bca' pa/ 立宗した 361

dam bca' pa bzhi po/ 四の立宗 362

dam bca' med pa/ 立宗が無い 346-348,355,359

dam bca' tsam gyis mi 'grub pa/
立宗ほどにより成立しない 438

dam bca' tsam res mi chog/
立宗ほどでは不充分である 433

dam bca' yod med/ 立宗の有る無し 356

dam bcas pa dang 'gal ba'i skyon/
立宗と相違する過失 356

phyogs dang dam bca' med pa/
宗と立宗は無い 355

rang gi dam bca' ba med/ 自己の立宗は無い 346

rang rgyud kyi dam bca'/
自立論証の立宗 347,359

rang 'dod dang khas len dang dam bca'/
自らの主張と承認と立宗 362

rang bzhin yod par dam bcas pa/
有自性を立宗した 350

dam tshig/ 誓言、三昧耶

dam tshig dang sdom pa rnams/
三昧耶と律儀 452-453

dal 'byor/ 有暇・具足 450-451

du ba/ 煙 410

du ba yod pa/ 煙が有る 346,(349)

du ba srab mo'i rnam pa 'dra bar 'char/
薄い煙の形相のように浮かぶ 445

me dang du ba/ 火と煙 346

du ma/ 多 382,391 cf.gcig dang du ma/, mang po/

dug/ 毒 426

dus/ 時 423 cf.yul dang dus/

dus ring du bsgoms/ 長い時間に修習した 418

de kho na nyid/(de nyid/) 真実 265,332,343,367

de kho na nyid kyi don/ 真実の義 256,429

de kho na nyid rtogs pa/真実を証得する (429),445

de kho na nyid ston/ 真実を説く 257

de kho na nyid rig pa'i shes rab/
真実を了知する智恵 331

de kho na nyid la 'jug pa/
真実に入る 264-266,(389)

de kho na gtan la dbab pa/ 真実を決択する 269

de kho na yongs su btsal ba/
真実を探求する 258

de kho nar med pa/ 真実として無い 341

de kho nyid du snang ba/ 真実として現れる 265

de nyid skabs/
真実の場合 270,313-314,(350),(351),397

de nyid mi shes pa/ 真実を知らない 452

de nyid la dpyod pa/
真実を伺察する 270,291,294,350-351,406

gang zag de kho nar yod/
人(にん)が真実として有る 397

bdag med pa'i de kho na nyid/ 無我の真実 331

dBu ma'i bstan bcos kyi de kho na nyid/
『中論』の真実 303

dbu ma'i de kho na nyid/ 中の真実 307

de nyid dang gzhan/ 同一と別他 353,390,394
cf.gcig dang tha dad/

de nyid dang gzhan du ma grub pa/
そのものと他として成立していない 304

de bzhin gshegs pa/ 如来 340

de bzhin gshegs pas gsungs pa/
如来が説かれた 372-373

don/ 義、対象、もの、利益 423
cf.drang don/, nges don/

don yin lugs/ 義(もの)であるあり方 291

skye ba don med par 'gyur/
生は無意味になる 409

skye ba don med dang thug med du 'gyur ba/
生は無意味と無窮になる 347

ji ltar snang ba ltar gyi don/
現れるとおりの義(もの) 413

gnyis su med pa'i don/ 無二の義 441

rten cing 'brel par 'byung ba'i don/
縁起の義 272,(278),283,(414)

stong pa nyid kyi don/ 空性の義 272,278,286

tha snyad pa'i don/
言説の義(もの) 297,310,312,(355)

de kho na nyid kyi don/ 真実の義 256,429

bdag tu btags pa don med pa/
我としての仮設は無意味だ 396

bdag tu smra ba don med pa/
我を語ることは無意味だ 391

bdag med pa'i don/ 無我の義 257,429

snang ba'i don/ 現れた義(もの) 307

phyi'i don yod med/ 外の義の有る・無し 263

dbu ma'i don/ 中の義 281,284,302

zab mo'i don/ 甚深の義 326,440-441

sems can gyi don/ 有情のため 451

yin lugs kyi don bsgoms pa/ 実相の義 (291),424

don dam pa/(don dam/) 勝義 260,270,341-342,372,374

don dam 'dod tshul/ 勝義を主張する仕方 262-263

don dam pa gtan la 'bebs pa'i tshad ma/
勝義を決択する量 352

don dam pa ston pa/ 勝義を説く 259

don dam pa dang mthun pa/
勝義に順じている 342

don dam pa dang bden pa dang yang dag pa/
勝義と諦と真実 339

don dam pa ni rnam pa gnyis/ 勝義は二種類 342

don dam la dpyod pa'i skabs/
勝義を伺察する場合 347

don dam pa la 'jug pa/ 勝義に入る 333

don dam pa'i skye ba/ 勝義の生 313-314

don dam pa'i phyogs kyi rigs pa/
勝義の分の正理 296

don dam pa'i yul can gyi tshad ma/
勝義を対境とした量 (認識基準) 293

don dam pa'i bden pa/(don dam bden pa/)
勝義諦 263,324,326,399

don dam bden pa btags pa ba/
仮設された勝義諦 325

don dam par/ 勝義として

don dam par skye ba med/
勝義として生は無い 342

don dam par grub pa/
勝義として成立している 302,344,351

don dam par ngo bo nyid med pa/
勝義として自性が無い 343

don dam par dang yang dag par grub pa/
勝義としてと真実として成立している 321

don dam par med pa/
勝義として無い 341,(342),344,351

don dam par smras pa/ 勝義として語った 303

don dam pa'am yang dag pa'am bden par/
勝義や真実や諦として 341

don dam gyi khyad par sbyor ba/
勝義の差別 (限定) を適用す 261,(279),315,339,341,344

don dam pa'i khyad par sbyor ba bkag pa/
勝義という差別を適用するのを否定した 271

don dam dang kun rdzob/ 勝義と世俗 (423)
cf.bden gnyis/

rang lugs kyi don dam dang kun rdzob/
自己の立場の勝義と世俗 268,(307)

don spyi/ 義共、概念的イメージ

don spyi ma shar/ 義共が浮かんでいない 329

don spyi'i tshul gyis rtogs pa/
義共の方軌により証得する 430

don byed pa/ 効用 369

don byed pa'i nus pas stong pa/
効用の能力について空 272,281,290,(294),(299)

don byed nus pa'i dngos po/
効用の可能な事物 316

don byed pa'i dngos po/ 効用の事物 414-415

dngos po rnams kyi don byed pa/
事物の効用 357

rang bzhin dang don byed nus pa/
自性と効用の能力 283

dvangs pa/ 澄浄 445-446

sems rig cing gsal la dvangs pa/
心が了知し明瞭で澄浄だ 445

drang ba/ 導く 261 cf.dren pa/

drang ba'i don/(drang don/) 未了義 260,261,302

drang ba'i don dang nges pa'i don/(drang nges/)
未了義と了義 261,397

drang don dang nges don gyi gsung rab/
未了義と了義との聖教 259

drang nges kyi khyad par/
未了義・了義の区別 259

dran pa/ 憶念 283-284

dran pa dang shes bzhin/ 憶念と正知 442

dran pa med pa/ 憶念が無い 439

dran mkhan/ 憶念者 394

skye ba dran pa mi 'thad pa/
生の憶念が妥当しない 391

gtan la phab pa'i don dran pa/
決択した義を憶念する 430

lta ba dran pa/ 見を憶念する 431-432

phyi mas dran pa/ 後で憶念する 392

dri/ 香

dri zhim pa/ 芳香 378

drud pa/ 擦り合わせる

rlung gis drud pa/ 風により擦り合わされた 436

gdags pa/ 仮設、仮設する cf.btags pa/, 'dogs pa/

gdags pa'i rgyu/ 仮設の因 382

gdags pa'i gzhi/(gdags gzhi/)
仮設の所依事 (もと) 267,383,(385),(396),398

brten nas gdags pa/ 依って仮設する
290,(336)(385),(390),(398),(399),(406)

bdag gam sems can gdags pa/
我や有情を仮設する 382

gdams ngag/ 教誡 454

gdams ngag 'di'i bla ma gong ma chen po rnams/
この教誡の先代の大師たち 264

gdams ngag 'di'i gzhung/ この教誡の本典 455

brgyud pa'i gzhung dang gdams ngag rnams/
伝承された本典と教誡 443

Lam rim gyi gdams ngag snga ma rnams/
以前の道次第の教誡 443

gdod ma/ 本来

gdod ma nas yod par mi 'dod pa/

本来有ることを主張しない 287
bdag/(bdag nyid/)　　　　　我 266-268,(310),336,393,398
　　　　　cf.nga/, bdag dang phung po/
　bdag gam gang zag/　　我や人 (プドガラ) 390
　bdag gi nye bar blang bya/　　　我の所取 398
　bdag 'gog pa/　　　　　我を否定する (265),322
　bdag tu sgro 'dogs pa/　　我として増益する 331
　bdag tu btags pa don med pa/
　　　　　　　　我として仮設したのは無意味だ 396
　bdag tu tha snyad 'dogs pa/
　　　　　　　　　我として言説を設ける 396
　bdag tu 'dogs pa/　　　　我と仮設する 398,406
　bdag tu rmongs pa/　　我として迷妄である 331
　bdag tu smra ba don med pa/
　　　　　　　　　我を語ることは無意味だ 391
　bdag dang ni nye bar blang ba/　　我と所取 395
　bdag de'i mig la sogs pa/　　我それの眼など 406
　bdag dang gtso bo dang dbang phyug/
　　　　　　　　我と勝性 (プラダーナ) と自在天 309
　bdag dang sems can/　　　我と有情 260,(382)
　bdag mang por 'gyur ba/　　我は多になる 391
　bdag yod med/　　　　　我の有る無し 310
　bdag rang bzhin med pa/　我が無自性である 381
　bdag la mi blta ba/　　自らを見ない 375,(378),(379)
　bdag la rang bzhin yod/　　我に自性が有る 392
　skye ba snga phyi'i bdag rnams/
　　　　　　　　　　　前後の生の我 394
　brjod du med pa'i bdag/　　述べられない我 352
　btags pa'i bdag dmigs pa/
　　　　　　　　仮設された我を縁ずる 336
　rtag gcig rang dbang can gyi bdag/
　　　　　　　　常・一・主宰 (自在) の我 322
　rtag pa'i bdag/　　　　　　常の我 322
　med rgyu'i bdag dang rang bzhin/
　　　　　　　　無いはずの我と自性 269
　yul bdag/　　　　　対境〔である〕我 266,(429)
　rang bzhin nam bdag/
　　　　　　自性や我 (269),316,(320),(335)
bdag skye/　　　　　　　　　自生 409
　bdag skye 'gog pa/　　　自生を否定する 341,411
　bdag skye 'dod pa/　　　自生を主張する者 346
　bdag las skye ba/　　　　自より生ずる 346,409
　bdag las skye ba med pa/
　　　　　　　　自よりの生は無い 364-365
bdag gi ba/　　　　　　　我所 267-268,406
　　　　　cf.nga yi ba/,bdag dang bdag gi ba/
bdag gnyis/二我 (331),427,435　cf.gang zag dang chos/
　bdag gnyis kyi 'dzin pa/　　　　二我の執 335
　gang zag dang chos kyi bdag gnyis kyis stong pa/
　　　　　　人と法の二我について空だ 258
　gang zag dang chos kyi bdag gnyis/

人と法の二我 258,(322)
　dgag bya bdag gnyis/　否定されるべき二我 326
　bden par yod pa dang bdag gnyis su yod pa/
　　　　諦として有ることと二我として有ること 436
bdag dang bdag gi ba/　　我と我所 266,406,416
　bdag dang bdag gir 'dzin pa/
　　　　　　　　　　我と我所の執 265,(309)
　bdag dang bdag gi ba la rang bzhin/
　　　　　　　　我と我所における自性 265-266
bdag dang phung po/　　我と蘊 382,390-391,395
　bdag dang phung po ldan pa/　我と蘊が持つ 398
　bdag phung po dang gcig yin/
　　　　　　　　我は蘊と同一である 390,395
　bdag phung po dang tha dad pa/
　　　　　　　　我は蘊と別異である 395
　phung po lnga la brten nas bdag tu 'dogs pa/
　　　　　　　五蘊に依って我と仮設する 398
　phung po las don gzhan pa'i bdag/
　　　　　　　蘊より他の義〔である〕我 396
bdag med pa/(bdag med/)　　我が無い、無我
　260,265,267,336,(381),416,418,430,433,435,440
　　　　cf.gang zag gi bdag med pa/, chos kyi bdag med/
　bdag med bsgom pa/　無我を修習する 419,(430)
　bdag med gnyis/　　二無我 (258),267,(322),436,444
　bdag med gtan la dbab pa/　無我を決択する 408
　bdag med rtogs/　　無我を証得する 267-268,320,
　　　　　　　　　　322,418,427,(429),436
　bdag med mthong/　　　　無我が見える 330
　bdag med pa'i nges don/　　無我の了義 432
　bdag med pa'i lta ba/　　　無我の見 256,(320)
　bdag med pa'i de kho na nyid/　無我の真実 331
　bdag med pa'i don nges pa/
　　　　　　　　無我の義を決定する 257
　stong pa nyid dang bdag med pa/
　　　　　　　　空性と無我 283,(428),(429)
　bdag dang bdag med/　　　　我と無我 319
　yul bdag med/　　　対境〔である〕無我 429
　rang bzhin med pa'am bdag med pa/
　　　　　　　　　無自性や無我 320
bdag 'dzin/　我執 (309),331,(416),(417)　cf.'dzin pa/
　bdag 'dzin gyi yul/　　我執の対境 266,396,428
　bdag 'dzin dang ma rig pa/　　我執と無明 442
　bdag 'dzin spong/　　　我執を断除する 256
　bdag gnyis kyi 'dzin pa/　　二我の執 335
　bdag tu 'dzin pa ldog/　　我執が止滅する 326
　bdag tu 'dzin pa'i yul/我だと執る対境 266,396,428
　bdag dang bdag gir 'dzin pa/
　　　　　　　　　我と我所の執 265,(309)
　gang zag gi bdag 'dzin/　　　人我執 331,336
　'jig lta'i bdag 'dzin/　　有身見の我執 336
　chos kyi bdag 'dzin/　　　法我執 331,419

bdag gzhan/ 自・他 cf.rang gzhan/
bdag gzhan la sogs pa bzhi po/
自・他など四 270,(313)
bdun/ 七〔種類〕 cf.rnam pa/
bde ba/ 楽
dga' bde/ 喜びと楽 256
rtag mi rtag dang bde sdug dang bdag yod med/
常・無常と楽・苦と我の有る無し 310
dbang phyug dang gtso bo las bde sdug 'byung ba/
自在天と勝性より楽・苦が生ずる 308
bden pa/ 諦、真理、実在 311,340 cf.kun rdzob
bden pa/, don dam bden pa/
bden pa/ 諦(実在)であるもの 285
bden pa med pa/ 諦が無い 385
bden no snyam du mngon par zhen pa/
諦だと思い込む 417
bden med dang bdag med gnyis/
諦無しと二無我 436
bden bzhi/ 275
'gog pa'i bden pa/ 滅諦 324
dngos po bden pa ba/ 諦の事物 436
don dam pa dang bden pa dang yang dag pa/
勝義と諦と真実 339,(341)
rnam bden pa 'dod pa/
形相が諦(形相真実)だと主張する者 371
mi bden pa'i rgyu/ 諦でない因 385
bden brdzun/ 諦(真実)・偽り 305,(340),(369),373
bden rdzun gang yang min pa/
諦・偽のどれでもない 368,(373)
bden 'dzin/(bden par 'dzin pa/) 諦執
311,(318),330,370,404,432-433,436,438
bden par mi 'dzin pa/ 諦だと執らない 438
dngos po bden par 'dzin pa/ 事物の諦執 331
bden pa gnyis/(bden gnyis/) 二諦 339,373-374,386,407
cf.don dam dang kun rdzob/
bden pa gnyis kyi rnam par bzhag pa/
二諦の設定 295-296,306,(408)
bden gnyis 'jog pa la mi mkhas pa/
二諦の設定に善巧でない 296
bden gnyis kyi 'jog tshul/ 二諦の設立方法 408
bden gnyis la nges pa rnyed pa/
二諦について決定を獲得する 272
bden par/ 諦(実在)として
bden par grub pa/ 諦として成立した 299,321
bden par 'dod/ 諦として主張する 303-304
bden par smra ba/ 真実だと語る 289
stong pa la bden par bzung ba/
空を諦だと取った 318
'bras bu bden par med pa/ 諦として無い果 385
bden par yod pa/ 諦として有る 326,369,401,436
bden par yod pa dang bdag gnyis su yod pa/

諦として有ることと二我として有ること 436
bden par yod med/ 諦としての有る無し 415
chos gzhan zhig bden par yod pa/
他の法が諦として有る 326
mdo sde/ 契経 437
mdo sde zab mo/ 甚深な経 405
'dab ma/ 花弁 411
'da' pa/ 越える
gcig dang tha dad gnyis las mi 'da' ba/
同一と別異の二を越えない 379,403
blo las 'das pa/ 知を越えている 440
'das pa/ 過去 423
'das pa'i dngos po/ 過去の事物 284
'di/ これ
'di 'di'o snyam du gang rtog/
「これはこれだ」という分別 333
'di yin dang 'di min/ これである、これでない 306
'du byed/ 〔諸〕行
'du byed dang myu gu la sogs pa/
諸行と芽など 385
'du byed phung po/ 行蘊 382
'du ba/ 収まる
gzhi mthun du 'du ba/
一致した所依事(共通項)に収まる 403
'du shes/ 無想
'du shes med pa'i snyoms par 'jug pa/
無想の等至 440
'dus pa/ 和合した、集まった 383
'dus pa tsam yod/ 和合ほどが有る 388
rdul phra rab 'dus pa/ 極微が和合した 302,(385)
phung po 'dus pa tsam/
蘊がただ和合したほど 398
rdzas brgyad 'dus pa/
八の実物が和合した 303,(385)
'dus byas/ 有為 297,321
mig la sogs pa'i 'dus byas/ 眼などの有為 324
'dus ma byas/ 無為 316,396
'dod pa/ 主張、欲する、意欲 361,450
cf.bzhed pa/, khas len pa/
'dod pa thun mong ma yin pa/
非共通の主張 306-308,337,364
bsgrub bya 'dod/ 所成を主張する 347
bdag skye 'dod pa/ 自生を主張するもの 346
rang 'dod dang khas len dang dam bca'/
自らの主張と承認と立宗 362
rang 'dod med pa/ 自らの主張は無い 346
'dod pa/ 欲 cf.chags pa/, nyon mongs pa/
'dod chags dang zhe sdang la sogs pa/
貪欲と瞋恚など 312,(428)
'dogs pa/ 仮設する cf.btags pa/, gdags pa/
'dogs pa'i gzhi rnams/ 仮設の所依事(もと)

(267),(383),385,(396),(398)

'dogs byed dang btags pa/
仮設するものと仮設されたもの 301

brten nas bdag tu 'dogs pa/
依って我と仮設する 398,406

brten nas yan lag can 'dogs/
依って有支分を仮設する 408

yan lag la brten nas 'dogs pa/
支分に依って仮設する 399,(408)

'dre/　　　　　　　　　　　　鬼
'dre shar sgor gnod pa/　鬼が東門に害する 443

'dren pa/　　　　　　　　　　　導く
nges pa drangs pa/
決定を導いた (267),277-278,389,(396),427,451

rang stobs kyis drangs pa/　自力により導く 449

rdul phra rab/(rdul/)　極微、究極的原子 302-303
rdul phra rab 'dus pa/　極微が和合した 302
rdul phra rab bsags pa/　極微が積集した 303
rdul cha med/　　　　　分無き極微 303
dbang po'i rdul phra rab tshogs pa/
根の極微が集積した 304

rdzas kyi rdul phra rab/　実物の極微 303
gzung ba rdul phran cha med/
所取〔である〕分無き極微 322

rdo/　　　　　　　　　　　　石
khyi rdo phyir 'brangs pa/　犬が石を追った 427

ldan pa/　　　　　　　　　　持った 383
bdag dang phung po ldan pa/　我と蘊が持つ 398
ba lang dang ldan pa/　　牛を持つ 398

ldog pa/　　〔否定的な〕離反(概念) cf.khyab pa/
ldog pa gcig pa/　　同一の離反(概念) 410
rjes su 'gro ldog/　　随順・離反 277
rjes su 'gro ldog nges/ 随順・離反を決定する 378

ldog pa/　　　　　　止滅する、止む
'khor ba ldog pa/　　輪廻が止滅する 330
nyon mongs rnams ldog pa/ 煩悩は止滅する 322
rtog pa ldog pa/　　分別が止滅する 329
bdag tu 'dzin pa ldog/　我執が止滅する 326
lugs ldog/　　　　　　還滅門 273

ldog phyogs/　逆分、反対分 442 cf.bzlog phyogs/
shes rab de'i ldog phyogs 'dzin/
智恵その反対分を執る 336

sdar ma/　　　　　　　卑怯者 427

sdig pa/　　　　　　　　罪悪
dge sdig las bde sdug 'byung ba/
善・悪より楽・苦が生起する 308

sdug pa/　　　　　　　　浄、好ましい
sdug mi sdug la sogs pa/　浄・不浄など 312

sdug bsngal/　　　　　　　苦
'khor ba'i sdug bsngal/　輪廻の苦 428
sbrul 'dzin dang sdug bsngal/

蛇の執と苦 326-327
bde sdug 'byung ba/　　楽・苦が生ずる 308

sdod pa/　　　　　　　　在る
gnas lugs sam sdod lugs/
住し方や在り方 (335),413

sdom pa/　　　　　　　　律儀
thun mong ba'i sdom pa/　共通の律儀 450
dam tshig dang sdom pa rnams/
誓言(三昧耶)と律儀 452-453

byang sems kyi sdom pa/　菩薩の律儀 450-4511

bsdu ba/　　　　　　まとめる、摂める
yid byed bsdus pa/　　作意を摂めた 436
lam spyi'i don bsdu ba/
道一般の義(内容)のまとめ 450

srid pa'i yan lag gis yongs su bsdus pa/
有の支分により包摂された 331

lhag mthong thams cad yang dag par bsdus pa/
勝観すべてを包摂した 424

bsdu bzhi/　　　　　　四摂事 450

brda/　　　　　　　　表記、記号
brda la byang ba/　　表記に精通した 404

Na

nag/ 黒
nag phyogs/　　　　　　黒の分 423

nang/　　　　　　　　内 423
nang gi skye/　　　　内の処 364,(408)
nang gi blos btags pa/
内の知により仮設された 323,(335)

nang 'gal/　　　　　　内的相違 295

nang dang phyi/　　　　内と外
nang dang phyi'i dngos po/
内と外の事物 265,(321)

phyi nang gi 'khrul rgyu/外・内の錯乱の因 299

nam/　　　　　　　　　夜
nam dang nyi ma/　　夜と昼 446

nam mkha'/　　　　　　虚空
nam mkha' lta bu'i stong nyid/
虚空のような空性 400

nam mkha'i yon tan/　虚空の徳性 363
nam mkha'i yon tan gyi sgra/
虚空の徳性の声 368

nam mkha' g-ya' dag pa/
埃が清浄になった虚空 445

nas/　　　　　　　　　大麦
me dang sol ba dang nas kyi sa bon/
火と炭と大麦の種子 410

nor/　　　　　　　　財物、財宝
nor med/　　　　　財物は無い 319
rkun ma des nor brku ba mthong/
盗人が財宝を盗むのを見た 289

kho bo la nor med do/　私に財産は無い 353

nor ba/ 誤る

    lta ba ma nor ba/ 誤らない見 289,(446)

gnag rdzi/ 牛飼い 429

    gnag rdzi la sogs pa/ 牛飼いなど 294

gnad/ 枢要

    gnad du song ba/ 枢要になった 451

    rim pa gnyis kyi gnad/ 二次第の枢要 453

    gsung rab kyi gnad/ 聖教の枢要 259

gnas/ 住処

    gnas dang lus dang longs spyod rnams/
        住処と身と受用 453

gnas pa/ 住する、居る

    gnas lugs sam sdod lugs/
        住し方や在り方 (335),413

    skye 'jig gnas pa dang mi ldan pa/
        生・滅・住を持たない 396

    blos mi gnas pa/ 知により住しない 439

    mi gnas pa dang mi rtog pa/ 無住と無分別 439

    yul gyi gnas lugs dang mthun pa/
        対境の住し方と一致した 425

    rang rang gi ngos nas gnas tshul/
        各自の側から住する仕方 335

gnas cha/ 安住分

    gnas cha brtan po/ 堅固な安住分 449

    rtse gcig pa'i gnas cha/ 一境性の安住分 452

gnas ngan len/ 麁重

    gnas ngan len gyi 'ching ba/ 麁重の繋縛 424

gnod pa/ 侵害する 310,389

    gnod bya gnod byed/
        侵害されるもの・侵害するもの (377),433

    skye ba la gnod pa/ 生への侵害 412

    khas blangs pa la gnod byed/ 承認への侵害 379

    'jig rten gyi grags pas gnod do/
        世間の周知により侵害される 293

    'jig rten gyis gnod pa/ 世間が侵害する 293

    tha snyad pa'i tshad mas gnod pa/
        言説の量が侵害する 308,(405)

    tha snyad pa'i shes pa gnod pa med pa/
        侵害の無い言説の知識 355,376,397

    dbang po la gnod pa'i rgyu/
        根(感官)を侵害する因 300

    dbang shes gnod med rnams/
        侵害の無い根識 370

    tshad ma gzhan gyis gnod pa/
        他の量により侵害される 307-308,(338)

    rigs pas gnod pa/ 正理により侵害される
        291,306-308,(338),(370),376

gnod byed/ 侵害するもの 397

    gnod byed thams cad mthar gtugs pa/
        侵害するものすべての究極 397

    gnod byed dang sgrub byed/
        侵害するものと立証するもの 397

gnod byed dang gnod bya/
    侵害するものと侵害されるもの 377,(433)

    khas blangs pa la gnod byed/
        承認を侵害するもの 403

    phyogs 'di gnyis la gnod byed/
        この二宗に侵害するもの 396

    yid kyi gnod par byed pa/
        意〔にとって〕の侵害するもの 300

    yod pa la gnod byed/ 有るのを侵害するもの 265

rna ba/ 耳

    rna ba dang snying med pa/ 耳と心が無い 314

rnam mkhyen/ 〔一切〕相智

    gzugs nas rnam mkhyen gyi bar/
        色から相智まで 439

rnam grangs/ 別名同義語 391

rnam pa/ 形相 336

    rnam bden pa 'dod pa/
        形相が諦(形相真実)だと主張する者 371

rnam pa/ 種類

    rnam pa lngar dpyad pa/ 五種類に伺察した 390

    rnam pa bdun gyis 'grub 'gyur min/
        七種類により成立しない 386

    rnam pa bdun gyis dpyod pa/
        七種類により伺察する 389

    rnam pa bdun du brtag pa byed pa/
        七種類に観察する 389

    rnam pa bdun du btsal ba/ 七種類に探求した 407

    rnam bdun gyis med/ 七種類により無い 388

    gcig dang tha dad sogs rnam pa bdun/
        同一と別異など七種類 382

    bdun po de gang du yang ma rnyed pa/
        七つのどれとしても獲得されない 406

    rang bzhin rnam pa bdun po/ 七種類の自性 399

rnam par grol ba/ 解脱 cf.'grol ba/, thar pa/

rnam par gcod pa/ 断除する 390

    gcig rnam par bcad pa/ 一つを断除した 285

    spros pa rnam par bcad pa/
        戯論を断除した 326,(346)

    rang bzhin yod pa rnam par bcad/
        有自性を断除した 350

rnam par 'jog pa/ 設立する
        cf.'jog pa/, rnam par bzhag pa/

    kun rdzob bden par 'jog pa/
        世俗諦として設立される 305,331

    'khrul par 'jog pa/ 錯乱であると設立する 304

    rgyu 'bras kyi rten 'brel 'jogs/
        因果の縁起を設立する 290,(420)

    rgyu 'bras sogs rnam par 'jog pa/
        因果などを設立する 315

    tha snyad 'jog tshul/ 言説を設立する仕方 262

tha snyad du rnam par 'jog pa/
　　　　　言説として設立する 300,(308),337
tha snyad pa'i don rnams rnam par 'jog pa/
　　　　　言説の義 (もの) を設立する 312,(355)
bden gnyis 'jog pa/　二諦の設定 295-296,306,(408)
bum pa la sogs par 'jog pa/
　　　　　瓶などだと設立する 385
dbang po dang yul rnams kyi 'jog tshul/
　　　　　根と対境の設立方法 304
gzugs sgra sogs rnam par 'jog pa/
　　　　　色・声などを設立する 311
yul rnams rnam par 'jog pa/対境を設立する 304
rnam par rtog pa/(rnam rtog/)　分別 417 cf.rtog pa/
　　rnam par rtog pa dang bcas pa'i gzugs brnyan/
　　　　　有分別の映像 422
　　rnam par mi rtog pa'i ye shes/　無分別の智慧
　　　　　342,436-437,446
　　tha mal pa'i rnam rtog/　　凡庸な分別 453
　　tshul min yid byed kyi rnam par rtog pa/
　　　　　非如理作意の分別 417
rnam par mi rtog pa/　　無分別　cf.mi rtog pa/
rnam par dpyad pa/　　伺察 cf.dpyod pa/
rnam par 'byed pa/　　簡択、弁別 421
　　chos rnam par 'byed pa/　　法の簡択 447
　　yin tshul rnam par 'byed/　あり方を弁別する 453
　　rab tu rnam par 'byed pa/　　極簡択 421
rnam par sbyong ba/　　治浄、浄化　cf.sbyong ba/
　　nyon mongs pa rnam par sbyong ba'i dmigs pa/
　　　　　浄惑の所縁 421
　　spyad pa rnam par sbyong ba'i dmigs pa/
　　　　　浄行の所縁 421
rnam par smin pa/異熟、果報　cf.smin pa/, 'bras bu/
　　las kyi rnam par smin pa/　業の異熟 282,294-295
　　las rnams kyi rnam par smin pa bsam gyis mi
　　　khyab pa/　　業の異熟は不可思議だ 295
rnam par gzhag pa/(rnam gzhag/)　　設定、設立
　　　　　cf.rnam par 'jog pa/
　　'khor 'das kyi rnam gzhag/　輪廻・涅槃の設定
　　　　　272-273,279,306-307,338,381
　　rgyu 'bras kyi rnam gzhag/　　因果の設定
　　　　　273-275,(290)
　　'jig rten pa dang 'jig rten las 'das pa'i rnam gzhag/
　　　　　世間と出世間の設立 338
　　gzhan gyi ngor byas pa'i rnam gzhag/
　　　　　他者の側に為した設立 348,(353)
　　gzhal bya dang tshad ma'i rnam gzhag/
　　　　　所量と量の設立 349
rnam par bzhag pa/　　設定、設立
　　　　　cf.rnam par gzhag pa/
　　kun rdzob pa'i rnam par bzhag pa/
　　　　　世俗の設定 295

　　rgyu 'bras rang lugs la bzhag tu med pa/
　　　　　因果は自己の立場に設立しえない 289
　　bden pa gnyis kyi rnam par bzhag pa/
　　　　　二諦の設定 295-296,306,(408)
　　blo'i dbang gis bzhag pa/
　　　　　知の力により設立された (323),335
　　rang gi lugs bzhag pa/　自己の立場を設立した 363
rnam par shes pa/　　　　　　　　　　　識
　　　　　cf.shes pa, dbang po'i rnam par shes pa/
rnal 'byor/　　　　　　　　　ヨーガ、瑜伽
　　rnal 'byor pa/　　ヨーガ行者 265,388,406,434
　　rnal 'byor mngon sum/　　ヨーガ行者の現量 430
　　rnal 'byor pas nye bar brtag pa'i rim pa/
　　　　　ヨーガ行者が観察する次第 389
　　rnal 'byor pas shes par bya ba/
　　　　　ヨーガ行者が知るべきこと 423
　　mtshan ma med pa'i rnal 'byor/
　　　　　無相のヨーガ 435
sna ma'i me tog/　　　　　　肉冠花 (鶏頭) 378
snang ba/　　　　　現れ 311　cf.mthun snang/
　　snang ba dang bcas pa'i spyod yul/
　　　　　現れを有する行境 419
　　snang ba de'i rang bzhin med pa/
　　　　　現れそれの自性が無い 404
　　snang ba 'dzin pa/　　現れを取らえる 399
　　snang ba rags pa/　　粗大な現れ 445
　　snang ba la 'khrul ba/
　　　　　現れについて錯乱している 310
　　snang ba lam me ba/　　現れが煌々とした 445
　　snang ba'i don/　　　現れた義 (もの) 307
　　snang ba'i rang gi mtshan nyid/　現れる自相 300
　　snang bas stong pa/　　現れについて空だ 403
　　snang phyogs kun rdzob/
　　　　　現れの分 〔である〕世俗 289
　　khyad par can gyi snang ba/　殊勝な現れ 453
　　'khrul snang/　　　　　錯乱の現れ 326
　　ji ltar snang ba ltar gyi don/
　　　　　現れるとおりの義 (もの) 413
　　gnyis snang gi 'khrul pa/　二の現れの錯乱 419
　　de kho nyid du snang ba/　真実として現れる 265
　　rnam pa gzhan du snang ba/
　　　　　他の形相に現れる 298,304
　　ban bun du song ba'i snang ba/
　　　　　漠然とした現れ 401,(445)
　　med bzhin du snang ba/
　　　　　無いながら現れる 367,(371)
　　myong ba dang snang ba'i chos rnams/
　　　　　領受と現れの諸法 413
　　brdzun pa'i snang ba/　　偽りの現れ 399
　　zla ba gnyis snang/　　二つの月が現れる 304
　　gzugs brnyan la sogs pa snang ba/

映像などが現れる 304

gzugs sogs kyi snang ba 'char ba/
　　　　色などの現れが浮かぶ 400
yul yul can gnyis su snang ba/
　　　　対境・有境の二として現れる 445
rang gi mtshan nyid kyis grub pa de snang/
　　　　自相により成立したそれが現れる 365
rang bzhin med kyang der snang ba/
　　　　自性は無いが、そう現れる 371
snang stong/　　　　現れと空 262
snang stong la nges pa/
　　　　現れ・空についての決定 278
snang bas stong pa/　　　現れについて空 403
snang yul/　　　　現れの対境 310,368
snang yul dang zhen yul/
　　　　現れの対境と思い込みの対境 369
snang yul la ma 'khrul/
　　　　現れの対境について無錯乱 370
snam bu/　　　　　布
bum pa dang snam bu/　瓶と布 277,382,407,417
snod/　　　　　　器
zho'i snod/　　　　酪の器 394
rdzogs pa'i rim pa'i snod/　究竟次第の器 453

Pa

pad ma/　　　　　蓮華
pad ma'i rtsa ba/　　　蓮華の根 411
dpang po/　　　　証人 380
dpa' bo/　　　　勇者 427
dpung 'phul/　　　　勢い
dpung 'phul gyis khyab pa/
　　　　勢いでもって遍充する 410
dpe/　　　喩例、喩え 355,364,368,376,403
dpe rtags/　　　喩例・証因 347
sgrub byed kyi dpe rtags mi brjod pa/
　　　　能成の喩例・証因を述べない 409
med bzhin du snang ba'i dpe/
　　　　無いながら現れることの喩例 367
rang bzhin med pa'i dpe/
　　　　自性が無いことの喩え 404
shing rta'i dpe/　　　車の喩え 382,385
dpyad pa/,dpyod pa/(rnam par dpyad pa/) 伺察 278,
　　423,433,441-442　cf.rigs pas dpyad pa/
dpyod mkhan/　　　伺察者 278
dpyod pa po dang dpyod pa'i rigs pa dang
　dpyod pa'i gzhi/
　　　　伺察者と伺察の正理と伺察の所依事 351
dpyad pa byar med pa/
　　　　伺察されるべきでない 352-353
dpyad pa tshar gcig btang/ 伺察を一回やった 431
dpyad pa bzhag/　　伺察を置いておく 335
dpyod pa'i gzhi/　　伺察する所依事 351,364

dpyad nas 'gog pa/　　伺察して否定する 428
dpyad nas gtan la 'bebs/　伺察して決択する 432
khyad par gyi chos dpyod pa/
　　　　差別の法を伺察する 364
rnam par dpyad pa na yod pa ma yin no/
　　　　伺察したなら無い 338
rnam par dpyad pa'i 'bras bu/　伺察の果 346
gcig tha dad kyi dpyad pa/
　　　　同一・別異の伺察 397,(407)
rtog pa dang dpyod pa/　　尋思と伺察 421
lta ba'i dpyad pa/　　見の伺察 431,(432),434
mthar thug dpyod pa'i rigs pa/
　　　　究竟を伺察する正理 291
de kho na nyid la dpyod pa'i skabs/
　　　　真実を伺察する場合 350-351
de nyid la dpyod pa/
　　　　真実を伺察する 270,291,294,350-351,406
don dam la dpyod pa'i skabs/
　　　　勝義を伺察する場合 347
rnam pa lngar dpyad pa/　五種類に伺察した 390
rnam pa bdun gyis dpyod pa/
　　　　七種類により伺察する 389
ma dpyad pa'i tha snyad pa'i shes/
　　　　伺察しない言説の知識 407
mi dpyod pa/　　　伺察しない 436
mi dpyod pa'i shes pa/　伺察しない知識 307
yongs su dpyod pa/　　周遍伺察 421,435
rang bzhin yod med dpyod pa/
　　　　自性の有る無しを伺察する (308),399
shes rab kyis rnam par dpyad pa/
　　　　智恵により伺察する 256
so sor dpyod pa/　　個々に伺察する 436
dpyad sgom/　伺察修 431-432,434,442,444,447-448
dpyad bzod/　　　伺察に耐える 270
dpyad bzod mi bzod/
　　　　伺察に耐えるか耐えないか 291
rigs pas dpyad bzod/
　　　　正理による伺察に耐える 309,313,344,394
spel ma/　　　　　雑修
'jog pa'i spel ma/　　安住させる雑修 449
spong ba/　　　断除する、捨てる 418,440
skrag pa spang ba/　聞く者の恐怖を捨てる 324
goms pas spong/　　数習により断除する 433
sgrib pa spong ba/　　障を断除する 416
sNgags kyi lam gyi thun mong ma yin pa'i
　spang bya/　真言の道の非共通の所断 453
nyon mongs can gyi ma rig pa spangs pa/
　　　　染汚を有する無明を断除した 311,331,419
theg pa chen po spong ba/　大乗を捨てる 426
mthong spang dang sgom spang/
　　　　見所断と修所断 418

bdag 'dzin spong/ 　　　　我執を断除する 256

yid la byed pa yongs su spong ba/
　　　　　　　　作意を放棄する 435

yul phan tshun spangs pa/
　　　　　　　　対境を互いに排除した 366

spyi/ 　　　　　　共、一般 368 cf.don spyi/

　spyi nyid bzung ba/ 　共こそを取らえた 363

　spyi tsam zhig/ 　　　ただの共 364

　spyi'i mtshan nyid/ 　　　共相 423

　spyir yod pa/ 　　　一般的に有る 369

　sgra'i spyi/ 　　　声の共 (一般) 368

　mi rtag pa nyid kyi spyi/ 　無常性の共 368

　mig gam gzugs kyi spyi/ 　眼や色の共 368

spyod pa/ 　　　　　行ずる、行

　spyad pa rnam par sbyong ba'i dmigs pa/
　　　　　　　　浄行の所縁 421

　spyod pa phyin drug/ 　行〔である〕六波羅蜜 450

　spyod pa rlabs chen po/ 　大きな行の波 418

　spyod pa la slob pa/ 　　行を学ぶ 452

　spyod phyogs/ 　行の分 312,370,400,402,420

　dge ba spyad pa/ 　　善を行う 426

　chos spyod bcu/ 　　　十法行 454

　pha rol phyin lugs spyod pa/
　　　　　　　波羅蜜の流儀を行ずる 443

　byang sems kyi spyod pa/ 　菩薩行 420,450,452

　sbyin pa la sogs pa'i spyod pa/ 　施与などの行 426

　tshangs spyod/ 　　　　梵行 325

　mtshan ma la spyod/ 　兆相を行ずる 319,437

　shes rab pha rol phyin mchog spyod pa/
　　　　　　最上の智恵の波羅蜜を行ずる 320

spyod yul/ 　　　　行境、活動領域

　spyod yul can gyi 'phags pa/
　　　　　　　行境を持った聖者 419

　ting nge 'dzin gyi spyod yul gzugs brnyan/
　　　　　　等持の行境〔である〕映像 (422),444

　snang ba dang bcas pa'i spyod yul/
　　　　　　　現れを有する行境 419

sprul pa/ 　　　変化 (へんげ)、化作 283,358

　sprul pa yis 'gog byed/ 　化作により否定する 327

　sprul pa las sprul pa 'byung ba/
　　　　　　　化作から化作が生ずる 295

　sprul pa'i bud med/ 　　化作された女 327

　mgal me'i 'khor lo dang sprul pa/
　　　　　　　炬火の輪と変化 338

spro ba/ 　　　　　悦びいさむ

　bsgrub pa la spro/ 　修証に悦びいさむ 451

spros pa/ 　　　　戯論 416-418

　spros pa thams cad zhi ba/
　　　　　　戯論すべてが寂静である 326

　spros pa dang bral ba/ 　戯論を離れた 418

　spros pa rnam par bcad pa/

　　　　　　戯論を断除した 326,(346)

　spros pa med pa/ 　　　無戯論 342

Pha

pha/ 　　　　　　　父

　pha ma/ 　　　　　父・母 411

pha rol po/ 　　　対論者、相手

　pha rol po'i khas len 'gog 'dod/
　　　　　　対論者の承認を否定したい 347

pha rol tu phyin pa/(phar phyin/) 　波羅蜜、到彼岸
　　　　　　cf.shes rab kyi pha rol tu phyin pa/

　pha rol phyin lugs spyod pa/
　　　　　　波羅蜜の流儀を行ずる 443

　phar phyin tha ma gnyis/
　　　　　　　最後の二波羅蜜 434,450

　spyod pa phyin drug/ 　行〔である〕六波羅蜜 450

phan tshun/互いに、相互に

　phan tshun bltos pa'i grub pa/
　　　　　　　互いに相俟った成立 408

　yul phan tshun spangs pa/
　　　　　　　対境を互いに排除した 366

pham pa/ 　　　　　　負け

　rgyal ba'am pham pa/ 　勝ちや負け 380

phal pa/ 　　　　　ふつうの者

　phal pa la ma grags pa/
　　　　　　ふつうの者に知られていない 308

phug/ 　　　　　　洞窟、穴

　phug la sogs pa nas brjod pa'i sgra/
　　　　　　洞窟などで発した声 300

　brag phug tu srin po yod dam/
　　　　　　　岩の洞窟に羅刹がいるか 427

　rtsig phug sbrul gnas/ 　壁穴に蛇が居る 322-323

phug ron/ 　　　　　鳩

　phug ron skya bo'i rkang pa/ 　灰白鳩の脚 394

phung po/ 　　　蘊 267 cf.bdag dang phung po/

　phung po lnga/ 　　　五蘊 408

　phung po lnga dang khams drug dang skye
　　mched drug/ 五蘊と六界と六処 406,(416),(453)

　phung po dang gcig tha dad/ 蘊と同一・別異 352

　phung po 'dus pa tsam/ 　蘊が和合したほど 398

　phung po rnams la brten/ 　諸蘊に依る 382

　phung po dmigs pa/ 　　蘊を縁ずる 336

　phung po tshogs tsam/ 　蘊が集積したほど 398

　phung po'i mtshan nyid/ 　蘊の相 266,396

　'du byed phung po/ 　〔諸〕行の蘊 382

　yan lag tu gyur pa'i phung po rnams/
　　　　　　　支分となった諸蘊 266

phung gsum/ 　　第三の蘊 (範疇) 284-285,350

　phung gsum sel ba/
　　　　　　第三の蘊 (範疇) を除去する 390

phung ba/ 　　　　　破滅する

　phung bar byed pa/ 　　破滅させる 426

phyag/ 礼拝
　phyag skor ba bzlas brjod sogs/
　　　　　　礼拝・右繞・念誦など 400
phyi rgol/ 後論者 365　cf.rgol phyi rgol/
　phyi rgol rang la grags pa'i 'thad pa/
　　　　　　後論者自らに知られた道理 378
phyi/ 後　cf.snga phyi/, 'og/
　phyi mas myong/ 後が領受する 394
　phyi mas longs spyod pa/ 後が受用する 393
　phyis med par lta/ 後で無いと見る 287
　'di nas phyi mar 'gro ba/ ここから後に行く 288
phyi/ 外 423　cf.nang dang phyi/
　phyi'i don yod med/ 外の義の有る・無し 263
　phyi'i skye mched/ 外の処 364
phyi rol/ 外境、外側 262
　tha snyad du phyi rol 'dod/
　　　　　　言説として外側を主張する 264
phyin ci log/ 顛倒 309,329,366,414,446
　phyin ci log 'khrul shes/ 顛倒〔である〕錯乱知 366
　phyin ci log gi 'dzin pa/ 顛倒の取 328
　phyin ci log ma log/
　　　顛倒・無顛倒 300,305,310.(364),(365)
　phyin ci ma log pa/ 無顛倒 329,367
　phyin ci ma log pa ma 'khrul ba'i shes pa/
　　　　　　不顛倒〔である〕無錯乱知 366
　phyin ci ma log pa'am ma 'khrul ba/
　　　　　　無顛倒や無錯乱 310,(366)
　kun rdzob la phyin ci log tu smra ba/
　　　　　　世俗について顛倒に語る 388
　ma rig pas bslad pa'i phyin ci log/
　　　　　　無明により汚染された顛倒 366
phyin drug/ 六波羅蜜　cf.pha rol tu phyin pa/
phyogs/ 宗 (主張命題)、立場 302　cf. rang phyogs/
　phyogs kyi skyon/ 宗の過失 363,365,(372)
　phyogs skyon med/ 無過失の宗 (立場) 368
　phyogs dang dam bca' med pa/
　　　　　　宗と立宗は無い 355
　phyogs med pa/
　　　宗 (立場) が無い 316,347-348,(355),358-359
　gcig pa dang tha dad pa'i phyogs/
　　　　　　同一と別異の宗 396
　chos can ma grub pa'i phyogs kyi skyon/
　　　　有法が不成立の宗の過失 363,(372),(375)
　dngos po khas len pa'i phyogs/
　　　　　　事物を承認する宗 (立場) 358
　thal 'gyur gyi phyogs/ 帰謬論証の宗 345
　bdag dang phung po ldan pa'i phyogs/
　　　　　　我と蘊が持つという宗 398
　gzhi ma grub pa'i phyogs kyi nyes pa/
　　　　所依事が成立していない宗の誤り 372
　rang phyogs bsgrub pa/ 自宗を立証する 345

rang bzhin gyis stong pa'i phyogs/
　　　　　　自性により空である宗 280
phyogs chos/ 宗法、主題所属性
　phyogs chos dang khyab pa/ 宗法と遍充 355
phyogs/ 分、方 302,423　cf.ldog phyogs/,
　bzlog phyogs/, rang phyogs/
　dkar phyogs/ 白の分 423
　rgya che ba'i phyogs/ 広大の分 441
　nag phyogs/ 黒の分 423
　snang phyogs kun rdzob pa/
　　　　　　現れの分〔である〕世俗 289
　spyod phyogs/ 行の分 312,370,400,402,420
　gzhan phyogs/ 他宗 358
　gzhan phyogs sun 'byin pa/ 他宗を論破する 345
　yul dus phyogs re ba/
　　　　　　対境 (場所)・時の一分 349
phra ba/ 微細 446
phrad pa/ 出会う
　phrad nas kyang sun 'byin pa/
　　　　　　出会って論破する 359
　phrad pa'am ma phrad pa/
　　　　　　出会ったや出会っていない 360
　las ma byas pa dang phrad pa/
　　　　　　為さなかった業と出会う 391,393
'phags pa/ 聖者、聖なる 429,436-437
　'phags pa'i mnyam gzhag/
　　　　　　聖者の等至 (三昧) 292
　'phags pa'i ye shes/ 聖者の智慧 270
　'phags pa'i lam/ 聖者の道 296
　'phags pa'i so so rang gis rig par bya ba/
　　　　　　聖者により自内証される 440
　spyod yul can gyi 'phags pa/
　　　　　　行境を持った聖者 419
'phags pa'i bden pa/ 聖諦 272,275-276,280
　Rab byed nyer bzhi pa 'phags pa'i bden pa
　brtag pa/ 第二十四章「聖諦の観察」273
'phang lo/ 〔車の〕輪、車輪　cf.'khor lo/
　'phang lo la sogs pa la brten/ 車輪などに依った 406
　'phang lo la sogs pa'i yan lag/ 輪などの支分 387
'phyo ba/ 泳ぐ
　nye'u chung 'phyo ba/ 小魚が泳ぐ 449
'phro ba/ 散る、放つ
　sems 'phro ba/ 心が散る 427
　sems 'phro ba'i yul dang 'phro mkhan gyi sems/
　　　　心が散る対境と散る者の心 435
　sems mi 'phro bar bzung ba/
　　　　　　心を散らさないで保った (427),430

Ba
ba lang/ 牛 396
　ba lang gi mtshan nyid/ 牛の相 429
　ba lang dang ldan pa/ 牛を持つ 398

ba lang dang lhas byin/ 牛とデーヴァダッタ 383

bag chags/ 習気 419

　bag chags sbyang/ 習気を浄化する 420

　gnyis snang gi 'khrul pa'i bag chags/
　　　　　二の現れの錯乱の習気 419

bag yod/ 不放逸 315

ban bun/ 漠然、ぼんやり

　ban bun du song ba'i snang ba/
　　　　　漠然とした現れ 401,(445)

bar chad pa/ 間断する

　bar ma chad pa/ 間断しない 448

bud med/ 女

　skyes pa bud med/ 男女 417

　sprul pa'i bud med/ 化作された女 327

bud shing/ 薪 408 cf.shing/

　me dang bud shing/ 火と薪 379,(395)

　mes bud shing bsreg pa/ 火が薪を焼く 378

bum pa/ 瓶 321,385,407

　bum pa dang snam bu/ 瓶と布 277,382,407,417

　bum pa la sogs pa rnams/ 瓶など 278,(407),(417)

　bum pa la sogs par 'jog pa/
　　　　　瓶などだと設立する 385

　tho bas bum pa bshig pa/ 槌により瓶を壊した 328

　tshang mang dang bum pa/ 厨房と瓶 346

　rdza bum/ 陶器の瓶 411

　shar phyogs su bum pa yod/
　　　　　東の方に瓶が有る 292

bya ba/ 所作、為されること 390

　bya ba byed pa/ 所作を為す 423

　bya ba byed pa'i rigs pa/ 作用道理 423

　bya ba la ltos nas byed pa po/
　　　　　所作を待って作者 388

　bya ba'i las dang byed pa po/
　　　作される業と作者 (382),395,(397),(398),(406)

　dgag sgrub kyi bya ba byed/
　　　　　否定・肯定の為すべきことを為す 277,356

　byed pa po dang bya ba'i las/
　　　　　作者と所作の作業 382

bya byed/ 所作・能作、為される・為す 283,389
　　　　　cf.byed pa/

　bya byed mi 'thad do/
　　　　　為される・為すは妥当しない 272,282

　bya byed 'thad pa/
　　　所作・能作が妥当する 276,379,408

　dgag sgrub kyi bya byed/
　　　　　否定・肯定の所作・能作 356

byang chub kyi sems/ 菩提心 420,433

　byang chub kyi sems bsgoms pa/
　　　　　菩提心を修習する 430

　byams pa dang snying rje'i rtsa ba can byang
　chub kyi sems/慈と悲を根本とした菩提心 450

byang chub sems dpa'/(byang sems/) 菩薩 311,418

　byang sems kyi sdom pa/ 菩薩の律儀 451

　byang sems kyi spyod pa/ 菩薩行 420,450,452

　nyan thos dang rang sangs rgyas dang byang
　chub sems dpa'/ 声聞と独覚と菩薩 (330),419

　mi skye ba'i chos la bzod pa thob pa'i byang
　　chub sems dpa'/ 無生法忍を得た菩薩 330

　sa brgyad pa yan chad kyi byang sems/
　　　　　第八地以上の菩薩 311,(419)

byad bzhin/ 顔

　byad bzhin gyi gzugs brnyan/
　　　　　顔の映像 403,413-414

byams pa/ 慈

　byams pa dang snying rje/ 慈と悲 433

　byams pa dang snying rje'i rtsa ba can/
　　　　　慈と悲を根本とした 450

Byams pa/ マイトレーヤ

　Byams pa dang Nyer sbas/
　　　　　マイトレーヤとウパグプタ 394

byar thu re/ 見張り 431

byas pa/ 造られた、為した 346,368 cf.las/

　byas pa'i sgra/ 造られた声 363

bying ba/ 沈没、沈み込み

　bying ba dang rgod pa/ 沈没と掉挙 442

byin gyis rlob/ 加持 453

byis pa chung ngu/ 小さな子ども 404,413-414

byed pa/ 為す、造る

　ci yang mi byed pa/ 何も為さない 425

byed pa po/(byed po/) 作者 388

　byed pa po dang las 作者と業 397,406

　byed pa po med pa/ 作者は無い 388

　bya ba la ltos nas byed pa po/
　　　　　所作を待って作者 388

　las dang byed pa po dang 'bras bu/
　　　　　業と作者と果 288

　las byed pa po/ 業を為す者 393

brag/ 岩

　brag cha/ 反響（こだま）300

　brag phug tu srin po yod dam/
　　　　　岩の洞窟に羅刹がいるか 427

bla ma/ 上師、上人 452

　bla ma gong ma chen po rnams/
　　　　　先代の大師たち 264

　bla ma'i mtshan nyid/ 上師の相（特徴）441

blo/(blo gros/) 知、知恵

　blo gros kyi mig bsgribs pa/
　　　　　知恵の眼を覆障された 333

　blo kha phyogs/ 知が向かっている 429

　blo 'khrul ma 'khrul/ 知の錯乱・非錯乱 438

　blo las 'das pa/ 知を越えている 440

　blo'i dbang gis bzhag pa/

索　引　　597

知の力により設立された (323),335
blo'i mig nyams par byas pa dag/
　　　　　　　　知恵の眼を損なわれた者 389
blos btags pa/　　　　　知により仮設された 323
blos mi gnas pa/　　　　知により住しない 439
grub mthas blo bsgyur/
　　　　　　　学説により知を改めたもの 308
grub mthas blo ma bsgyur ba/
　　　　　　学説により知を改めていない者 294
sgra dang blo/　　　　　声（ことば）と知 301
stong nyid la blo sbyang/
　　　　　　　空性について知を修治する 452
dbang bskur/　　　　　　　　　　灌頂 452
　dbang bskur dman pa/　灌頂が劣っている 452
dbang po/　　　　　　　　根、感官、能力
　dbang po la gnod pa'i rgyu/ 根に侵害する因 300
　dbang po'i rdul phra rab tshogs pa/
　　　　　　　　　　　根の極微が集積した 304
　mig la sogs pa'i dbang po/　眼などの根 294
　lus dbang/　　　　　　　　　身根 330
　shes rab kyi dbang po/　智恵の根 (慧根) 436
dbang po'i rnam par shes pa/(dbang shes/, dbang
　po'i shes pa/)　　根識、感官知 303-304,310,425
　dbang po'i rnam par shes pa lnga/
　　　　　　　　　　五の根識 298,(303),(310)
　dbang shes kyi yul/　　　根識の対境 302,304
　dbang shes gnod med rnams/ 侵害の無い根識 370
dbang phyug/　　　　　　　　　　自在天
　dbang phyug dang gtso bo/
　　　　　　自在天と勝性（プラダーナ）306
　dbang phyug dang gtso bo las bde sdug 'byung ba/
　　　　　自在天と勝性より楽・苦が生ずる 308
　dbang phyug dang yod med 'dra ba/
　　　　　　自在天と有る無しが同じ 351
　dbang phyug la sogs pa/　　自在天など 338
　bdag dang gtso bo dang dbang phyug la sogs pa/
　　　　　　　　我と勝性と自在天など 309
dbu ma/　　　　　　　　　　中、中観
　dbu ma'i lta ba/
　中〔観〕の見 277-278,281,321,327,345,402,412-413
　dbu ma'i de kho na nyid/　　　中の真実 307
　dbu ma'i don/　　　　中の義 281,284,302
dbu ma'i lam/　　　　　　　　　中道 440
　stong pa dang dbu ma'i lam btsal/
　　　　　　　　　空と中道を追求する 273
　stong dang rten 'byung dang dbu ma'i lam/
　　　　　　　　　空と縁起と中道 274
dbugs/　　　　　　　　　　息、呼吸
　dbugs dang rtog pa/　　　　息と分別 446
dbyibs/　　　　　　　　形色、かたち 385
　dbyibs khyad par ba/　　特殊な形色 384,398

yan lag gi dbyibs khyad par ba/
　　　　　　　　　支分の特殊な形色 383
yan lag tshogs pa'i dbyibs/
　　　　　　　　　支分が集積した形色 384
yan lag so so ba'i dbyibs/　支分個々の形色 384
'bad pa/　　　　　　　　　　　努力 412
'byung ba/　生、生起する　cf.rten 'byung/, skye ba/
　'byung 'jig sogs/　　　　　生・滅など 280
　dge sdig las bde sdug 'byung ba/
　　　　　　　善・悪より楽・苦が生ずる 308
　ngo bo nyid las byung ba/自性より生起した 411
　lugs 'byung/　　　　　　　流転門 273
'byung ba/　　　　　　大種、粗大元素 372,374
　'byung ba chen po bzhi/　　四の大種 363
　'byung gyur gyi sgra/　大種所成の声 364,368
'bras bu/　　　　　　　　　　　果 288
　　cf.rgyu 'bras/, las 'bras/, rnam par smin pa/
　'bras bu 'thob pa/　　　　　果を得る 412
　'bras bu bden par med pa/　諦として無い果 385
　'bras bu myong ba/　　　果を領納する 393
　'bras bu myong ba po/　果を領受する者 402-403
　'bras bu yin min thams cad/
　　　　　　果であるもの、ないものすべて 410
　'bras bu'i skabs/　　　　　果の分位 271
　rkyen bzhi las 'bras bu skye ba/
　　　　　　　　　四縁より果が生ずる 410
　thal ba bkod pa'i 'bras bu/
　　　　　　　帰謬を提示したことの果 412
　rnam par dpyad pa'i 'bras bu/　伺察の果 346
'brel ba/　　　　　　　　　　　関係
　'brel med stong nyid/　　無関係の空性 443
sbom po'i ltung ba/　　　　　　粗堕 452
sbyin pa/　　　　　　　　　施与、施し
　sbyin pa la sogs pa dge ba/　施与などの善 426
sbyong ba/　修治、治浄　cf.rnam par sbyong ba/
　bag chags sbyang/　　　習気を浄化する 420
　lung rigs rnams la sbyong ba/
　　　　　　　　教・正理を修学する 427
sbyor ba/　　　　　　適用する、論証式 375
　　　　　　　　cf.khyad par sbyar ba/
　sbyor ba'i chos can dang chos dang rtags rnams/
　　　　　　論証式の有法と法と証因 377
　sbyor ngag/　　　　　　　論証語 412
　rjes dpag sbyor ba'i ngag/
　　　　　　比量を適用する〔論証式の〕語 355
　gzhan grags kyi sbyor ba/
　　　　　　他者に知られた論証式 377,396
sbyor ba/　　　　　　　　　　　加行
　sbyor ba dang mjug dang thun mtshams/
　　　　　　　　加行と後と更の合間 442
　sbyor lam chos mchog chen po ba/

	加行道第一法の大の者 430	
dge sbyor/	善の加行 370	
sbrul/	蛇 302	
sbrul 'dzin dang sdug bsngal/		
	蛇の執と苦 326-327	
thag pa la sbrul/	縄における蛇 308	
thag pa la sbrul du 'khrul/		
	縄を蛇だと錯乱する 428,438	
thag pa la sbrul du btags pa/		
	縄を蛇と仮設した 335	
thag pa la sbrul 'dzin/	縄に蛇を取らえる 311	
rtsig phug sbrul gnas/	壁穴に蛇が居る 322-323	

Ma

ma/ 母

ma rnams/	母たち 450	
pha ma/	父・母 411	
ma bcos pa/	非作為のもの 323	
ma 'ongs pa/	未来 423	
ma rig pa/	無明 265,309,330-333,442	
	cf.mi shes pa/	
ma rig pa ngos 'dzin/	無明を確認する 332	
ma rig pa dang 'jig lta/	無明と有身見 331	
ma rig pa dang ldan pa/	無明を有する者 305	
ma rig pa dang sa bon la sogs pa/		
	無明と種子など 385	
ma rig pa'i kun rdzob/	無明の世俗 306	
ma rig pa'i ngo/	無明の側 311	
ma rig pa'i gnyen po/	無明の対治 329	
ma rig pa'i 'dzin stangs/	無明の取らえ方 310,442	
ma rig pa'i 'dzin stangs kyi yul/		
	無明の取らえ方の対境 300,(334)	
ma rig pa'i rab rib/	無明の眼翳 326	
ma rig pa'i ling thog/	無明の眼膜 389	
ma rig pas bslad pa/	無明により汚染された 366	
kun brtags kyi ma rig pa/	所遍計の無明 334	
nyon mongs can gyi ma rig pa/		
	染汚を有する無明 311,(330),331,419	
bdag 'dzin dang ma rig pa/	我執と無明 442	
yan lag bcu gnyis kyi ma rig pa/		
	十二支の無明 333	
rang bzhin sgro 'dogs pa'i ma rig pa/		
	自性を増益する無明 310,320,(330)	
lhan skyes kyi ma rig pa/	倶生の無明 322,334	
mang po/	多い、多 391 cf.du ma/	
mang du thos pa/	多聞 439	
bdag mang por 'gyur ba/	我は多になる 391	
mar me/	灯火	
mar me rlung gis ma bskyod pa/		
	灯火が風により動揺しない 445	
mar me rlung la bzhag pa/		
	灯火を風に置いた 442	

mi rtag pa/	無常 346,349,433,450 cf.rtag pa/	
mi rtag pa nyid kyi spyi/	無常性の共(一般)368	
mi rtag sogs bzhi po/	無常など四 310	
sgra mi rtag pa/	声は無常である 363	
rtag mi rtag/	常・無常 310	
mi rtog pa/	無分別 256,430-431,435-436,439,446	
	cf.rtog pa/,rnam par rtog pa/	
mi rtog par 'jog pa/		
	無分別に安住させる 425,(430),(431)	
mi rtog ye shes/(rnam par mi rtog pa'i ye shes/)		
	無分別智 342,436-437,446	
mi shes pa/	無知 cf.ma rig pa/	
nyon mongs pa can gyi mi shes pa/		
	染汚を有する無知 330	
mig/	眼 364,376-377,408 cf.skye mched/	
mig kun rdzob pa/	世俗の眼 367	
mig gam gzugs kyi spyi/	眼や色の共(一般)368	
mig gi shes pa/	眼識 399	
mig gi shes pa'i mngon sum tshad ma/		
	眼識の現量 365	
mig gi shes pas sgra ma rnyed/		
	眼識により声は獲得されない 291	
mig gis gzugs la blta ba/	眼が色を見る 378	
mig gzhan la mi blta ba/	眼は他を見ない 375	
mig la sogs pa lkog tu gyur pa'i don/		
	眼など隠れた義(もの)371	
mig la sogs pa'i 'dus byas/	眼などの有為 324	
mig la sogs pa'i dbang po/	眼などの根(感官)294	
mig la sogs pa'i shes pa/	眼などの識 297	
bdag de'i mig la sogs pa/	我それの眼など 406	
blo gros kyi mig bsgribs pa/		
	知恵の眼を覆障された 333	
blo'i mig nyams par byas pa/		
	知恵の眼(慧眼)を損なわれた者 389	
mig 'phrul mkhan/	幻術師 300 cf.sgyu ma/	
mig ser/	〔黄疸による〕黄眼	
rab rib dang mig ser la sogs pa/		
	眼翳と黄眼など 300	
ming/	名	
ming gi khyad par/	名の差別 387,406	
ming dang rigs su lhag par sgro 'dogs pa/		
	名と種類として増益する 298	
ming la rtsod pa/	名について争論する 415	
mu bzhi/	四句、四の選択肢 cf.mtha'/	
mu bzhi ka/	四句〔分別〕285	
mu bzhir brtags nas bkag pa/		
	四句に観察して否定した 270	
yod med la sogs pa'i mu bzhi po/		
	有る・無しなどの四句 269-270,(316)	
mu bzhi'i skye ba/	四句の生 313	
mu bzhi'i skye ba bkag/	四句の生を否定した 408	

mu bzhi'i skye ba la gnod pa/
　　　　　四句の生への侵害 412
skye ba bzhi dgag pa/　　四の生を否定する 345
mun pa/　　　　　　　　　　　闇
　mun pa 'thug po/　　　真っ暗闇 410-411
　gti mug gi mun pa/　　愚癡の闇 333
　rmongs pa'i mun pa/　　迷妄の闇 257
me/　　　　　　火 378,408,410,436
　me lce/　　　　　　　　炎 410-411
　me dang du ba/　　　　火と煙 346
　me dang bud shing/　　火と薪 379,(395)
　me dang sol ba dang nas kyi sa bon/
　　　　　火と炭と大麦の種子 410
　me tsha ba/　　　　　　火は熱い 423
　me yod pa/　　　　　　火が有る 346,349
　me'i rang gi ngo bo/　　火の自体 324
　mes bud shing bsreg pa/　火が薪を焼く 378
me tog/　　　　　　　　　　　花
　sna ma'i me tog/　　肉冠花 (鶏頭) 378
me long/　　　　　　　　　　鏡
　til mar dang chu dang me long/
　　　　　ゴマ油と水と鏡 300
med pa/　　　　　　　　　　無い
　cf. yod pa ma yin/, yod med/, dngos po med pa/,
　　rang bzhin med pa/, ngo bo nyid med pa/
　med pa pa/　　　　　虚無者 282,287-289
　med pa ma yin zhes zer ba/
　　　　　有るわけではないと言う 284
　med pa la med par ngo shes pa/
　　　　　無いものを無いと認知する 328
　med pa'i sgrub byed/
　　　　　無いことの立証するもの 265
　med pa'i mtha'(med mtha')/
　　　　　無いとの辺 281,284,(402)
　med par smra ba/　無いと語ること (虚無論)290
　med rgyu'i bdag dang rang bzhin/
　　　　　無いはずの我と自性 269
　med lta ba/　　　　　　無の見 286-287
　med bzhin du snang ba/
　　　　　無いながらに現れる 367,(371)
　kun rdzob tu yang med do/ 世俗としても無い 307
　skye ba med pa/　　　生ずることが無い
　　　　　260,342,364-365,412
　khas len med do/　承認 (主張) が無い 351-353
　ci yang med do/　　　何も無い 319
　gtan med pa rnams/　全く無いもの 337
　dam bca' med pa/　立宗が無い　346-348,355,359
　de kho nar med pa/　真実として無い 341
　don dam par med pa/
　　　　　勝義として無い 341,(342),344,351
　nor med do/　　　　財物は無い 319,353

rnam bdun gyis med/　七種類により無い 388
byed pa po med pa/　　作者は無い 388
phyogs med pa/　　　　宗 (立場) が無い
　　　　　316,(347),348,(355),358-359
ma gzigs pa dang med par gzigs pa/
　　　　　見られないことと無いと見られること 292
yan lag can med/
　　　　　有支分 (全体) が無い 383,387-388
ye med pa/　　　　　全く無い 284,288
rang gi ngo bos grub pa ye med/
　　　　　自体による成立が全く無い 281
rang 'dod med pa/　　自らの主張は無い 346
rang bzhin nam rdzas su med pa/
　　　　　自性や実物として無い 385
rang bzhin med pa dang med pa/
　　　　　自性が無いことと無いこと 356,379
ye med pa dang rang bzhin med pa/
　　　　　全く無いことと自性が無いこと (280-281),284
las 'bras sogs med do/　業・果などは無い 282
shes bya la med pa/　　所知に無い 328
sems can med pa/　　　有情が無い 440
med na mi 'byung ba/　無くてはならぬこと 375
　　　　　cf. khyab pa/, ldog pa/
med na mi 'byung ba rtogs/
　　　　　無くてはならぬことを証得する 346
mo gsham gyi bu/ 石女 (うまずめ) の子 268,294,314,400
mo gsham gyi bu med pa/　石女の子は無い 435
ri bong gi rva dang mo gsham gyi bu/
　　　　　ウサギの角と石女の子 337
mya ngan las 'das pa/　　涅槃 334　cf.'khor 'das/
mya ngan las 'das pa thob pa/　涅槃を得た 324
myu gu/　　　　芽 317,401,409-410,413
myu gu yod par 'dzin pa/ 芽が有ると取らえる 369
myu gu rang bzhin med pa/
　　　　　芽は自性が無い 280-281,(317)
'du byed dang myu gu la sogs pa/
　　　　　諸行と芽など 385
sa myug/　　　　種子・芽 392,410
myong ba/　　　　　　領納、経験
myong ba dang snang ba'i chos rnams/
　　　　　領受と現れの諸法 413
myong mkhan/　　　　領受者 394
sngar myong ba/　　　前に領受した 392
gnyis ka nyams su myong ba/
　　　　　〔止観〕両者を領受する 449
phyi mas myong/　　　後が領受する 394
'bras bu myong ba/　　果を領納する 393
'bras bu myong ba po/　果を領受する者 402-403
gzhan gyis so sor myong ba/
　　　　　他者により個々に領受される 393
dmigs pa/　　認得する、縁ずる 361,365,421,444

dmigs pa'i dngos po/ 認得される事物 288,(361)

mngon sum gyis dmigs/ 現量により認得する 357

mngon sum dang mi dmigs pa/ 現量と不認得 346

btags pa'i bdag dmigs pa/
仮設された我を縁ずる 336

tha dad par ma dmigs pa/ 別異に認得しない 388

phung po dmigs pa/ 蘊を縁ずる 336

ma dmigs pa/ 認得されない 267,436,438

gzugs brnyan dmigs pa/ 映像を認得する 340

rang la dmigs/ 自らに認得される 378

dmigs pa/ 所縁、認識対象

dmigs rkyen/ 所縁縁 303

dmigs bya dang dmigs byed/ 所縁と能縁 356

mkhas pa'i dmigs pa/ 善巧の所縁 421

'jig lta lhan skyes kyi dmigs pa/
倶生の有身見の所縁 337

nyon mongs pa rnam par sbyong ba'i dmigs pa/
浄惑の所縁 421

mDo sde pa dang mthun pa'i dmigs rkyen/
経量部と一致した所縁縁 303

spyad pa rnam par sbyong ba'i dmigs pa/
浄行の所縁 421

rma bya/ 孔雀 411

rma bya'i mdongs/ 孔雀の〔羽〕模様 412

rmi lam/ 夢 268,283,404

smig rgyu dang sgyu ma dang rmi lam/
陽炎と幻術と夢 405

rmongs pa/ 迷妄

rmongs pa'i mun pa/ 迷妄の闇 257

rmongs don/ 迷妄な義(内容) 429

bdag tu rmongs pa/ 我として迷妄である 331

smig rgyu/ 陽炎 283,300,405

smig rgyu la chu/ 陽炎における水 308

smin pa/ 成熟させる cf.rnam par smin pa/

rgyud smin par bya/ 相続を成熟させる 452

smra ba/ 語る、論ずる
cf.grub mtha' smra ba/, dngos po yod par
smra ba/, dngos po med par smra ba/

smra ba thams cad brdzun yin no/
語ることすべては偽りである 352

smras pa'i don/ 語られた義(事柄) 423

kun rdzob la phyin ci log tu smra ba/
世俗について顛倒に語る 388

ngo bo nyid med par smra ba/ 無自性論者 365

gnyis su smra ba/ 二の論者 357

btags par yod par smra ba/ 仮設有の論者 357

rten cing 'brel par 'byung ba smra ba/
縁起の論者 283,288

stong pa nyid dang stong pa nyid ma yin par
smra ba/ 空性と非空性の論者 368

mtha' gnyis su smra ba/ 二辺の論 283

don dam par smras pa/ 勝義として語った 303

bdag tu smra ba don med pa/
我を語ることは無意味だ 391

bden par smra ba/ 真実を語る 289

med pa par smra ba/
無いと語ること(虚無論) 290

brdzun smra/ 嘘を語る 289

rang bzhin med par smra ba/
無自性論者 365,367,371,(415)

rang bzhin yod par smra ba/
有自性論者 365,369,371,376,(414),415

Tsa

tsom 'jog/ 無確定の安住 425,430 cf.'jog pa/

gtso bo/ 勝性(プラダーナ)、中心

dgag bya'i gtso bo/ 否定対象の中心 328

dbang phyug dang gtso bo/ 自在天と勝性 306

dbang phyug dang gtso bo las bde sdug 'byung ba/
自在天と勝性より楽・苦が生ずる 308

bdag dang gtso bo dang dbang phyug la sogs pa/
我と勝性と自在天など 309

btsal ba/ 探求した cf.tshol ba/

de kho na yongs su btsal ba/真実を探求する 258

rnam pa bdun du btsal ba/七種類に探求した 407

rigs pa des btsal ba/ 正理により探求した 386

rtsa ba/ 根本

rtsa ba nas bkag/ 根本から否定した 269

rtsa ba'i ltung ba/ 根本堕罪 452

'khor ba'i rtsa ba/ 輪廻の根本 265,(322),(326),331

dgag bya'i rtsa ba/ 否定対象の根本 321

rgud pa thams cad kyi rtsa/
衰えすべての根本 320

nyon mongs 'jig lta'i rtsa ba can/
有身見を根本とした煩悩 417

gnod byed dang sgrub byed kyi rtsa ba/
侵害するものと立証するものの根本 397

pad ma'i rtsa ba/ 蓮華の根 411

byams pa dang snying rje'i rtsa ba can/
慈と悲を根本とした 450

srid pa'i rtsa ba gcod byed/
有の根本を切断する 418

rtsva ba/ 草

thog rtsva las byas pa/
草で造られた〔屋上の〕掩い 394

rtsig/ 壁

rtsig phug sbrul gnas/ 壁穴に蛇が居る 322-
323

rtse gcig pa/ 〔専注した〕一境性 449

rtse gcig pa'i gnas cha/ 一境性の安住分
452

sems rtse gcig pa/ 心の一境性 444

sems rtse gcig pa'i zhi gnas/ 心一境性の止住 257

索　引　601

rtsod pa/ 　　　　　　　争論する 272,432,436
　　dngos smra'i rtsod pa/ 　実有論者の争論 279
　　nga ni 'jig rten dang mi rtsod de/
　　　　　　　　　私は世間と争論しない 407
　　ming la rtsod pa/ 　名について争論する 415
rtsom pa/ 　　　　　　造る、著作する 433
　　rtsom pa po de dag gi bzhed pa/
　　　　　　　　　彼ら著者のご主張 361
　　rtsom pa po de'i lugs/ 　その著者の立場 361
rtsol ba/ 　　　　　　　　功用、努力 448

Tsha
tsha ba/ 　　　　　　　　　熱、熱い 378
　　me tsha ba/ 　　　　　　火は熱い 423
tshangs spyod/ 　　　　　　　　梵行 325
tshang mang/ 　　　　　　　　　厨房 346
　　tshang mang gi steng du du yod/
　　　　　　　　　厨房の上に煙が有る 349
tshad/ 度量、程度、基準
　　grub pa'i tshad kyi skabs/
　　　　　　〔止観が〕成就した度量の個所 447
　　dgag bya'i tshad/ 　　否定対象の度量 400
　　lhag mthong grub pa'i tshad/
　　　　　　　　勝観が成就する度量 443
tshad ma/ 量 (基準、認識基準) 262,296-297,299,350,366
　　cf.mngon sum/, rjes dpag,/'jal ba/, mngon sum
　　　　　　　tshad ma/, tha snyad pa'i tshad ma/
　　tshad ma gzhan gyis gnod pa/
　　　　　　　他の言説の量により侵害される 307-308
　　tshad ma bzhi/ 　　　　　　四の量 299,367
　　tshad ma'i mtshan nyid/ 　量の相 (特徴) 298
　　tshad mar gyur pa'i shing rta/
　　　　　　量 (基準) となった大車 (学轍) 259
　　tshad mas khyab pa/ 　　量による遍充 345
　　tshad mas grub pa/ 　　量により成立している
　　　　　　　270,296,345-346,349,(377),445
　　tshad mas ma grub pa/
　　　　　　　　量により成立していない 349
　　dngos po stobs zhugs kyi tshad ma/
　　　　　　　　事物の力が入った量 349
　　mngon sum la sogs pa'i tshad ma bzhi/
　　　　　　　　現量などの四の量 367
　　chos can sgrub byed kyi tshad ma/
　　　　　　　　有法を立証する量 367,372
　　'jig rten gyi mthong ba'i tshad ma/
　　　　　　　　世間の見の量 397
　　'jig rten grags pa'i tshad ma/ 世間周知の量 293
　　tha snyad du rnam par 'jog pa'i tshad ma/
　　　　　　　言説として設立する量 300
　　don dam pa gtan la 'bebs pa'i tshad ma/
　　　　　　　　勝義を決択する量 352
　　don dam pa'i yul can gyi tshad ma/
　　　　　　　　勝義を対境とした量 293
　　don rtogs pa'i tshad ma/
　　　　　　　義 (もの) を証得する量 351,(379)
　　dBu Tshad thams cad kyi lugs/
　　　　　　　中観・量すべての立場 397
　　tshul gsum tshad mas grub pa/
　　　　　　　三相が量により成立した 346
　　gzhal bya'jal ba'i tshad ma/ 所量を量る量 376-377
　　rang mtshan la tshad ma/
　　　　　　　自相について量 298,304,375
　　rang bzhin med pa'i tshad ma/
　　　　　　　　無自性である量 379
　　rigs pa dang tha snyad pa'i tshad ma/
　　　　　　　　正理と言説の量 338
　　yul rnams rnam par 'jog pa'i tshad ma/
　　　　　　　　対境を設立する量 304
tshad ma dang gzhal bya/ 　量と所量 299,356,408
　　'jig rten grags pa'i tshad ma dang gzhal bya/
　　　　　　　世間に知られた量と所量 349
　　rten 'byung gi tshad ma dang gzhal bya/
　　　　　　　　縁起の量と所量 356
　　gzhal bya dang tshad ma'i rnam gzhag/
　　　　　　　　所量と量の設立 349
tshig/ 　　　　　　　　　　　句、言葉
　　tshig tu brjod pa/ 　句 (ことば) に表詮された 301
　　dam 'cha' ba'i tshig/ 　　立宗する言葉 356
　　la la zhes pa'i tshig/ 　「或る」という言葉 305
　　rang gi tshig dang 'gal ba'i skyon/
　　　　　　　自らの言葉と相違する過失 343
　　rang tshig gi bsal ba/ 　自らの言葉の除去 353
　　rang bzhin med do zhes dam bcas pa'i tshig/
　　　　　　「無自性だ」と立宗した言葉 (277),356
　　rang bzhin med pa'i tshig/
　　　　　　　自性が無い言葉 277,(318),(328)
　　rang bzhin med pa'o zhes bya ba'i tshig/
　　　　　　「自性が無い」という言葉 328

tshur/ 　　　　　　　　　　　こちらに
　　tshur la bzlog pa/ 　　こちらに戻った 351
tshul/ 　　　　　　　　方軌　cf.yin tshul/
　　lta ba'i tshul gnyis/ 　見の二の方軌 441
　　don spyi'i tshul gyis rtogs pa/
　　　　　概念的イメージの方軌により証得する 430
tshul khrims/ 　　　　　　戒　cf.sdom pa/
　　tshul khrims 'chal/ 　　　　　破戒 452
tshul bzhin/ 如理
　　tshul bzhin du dpyod pa/ 　如理に伺察する 308
　　tshul bzhin yid la byed pa/ 　如理に作意する 437
　　tshul min yid byed kyi rnam par rtog pa/
　　　　　　　　非如理作意の分別 417
tshul gsum/ 　　　　　　〔因の〕三相

tshul gsum khas blangs kyi mthar thug pa/
三相を承認した究極 346

tshul gsum tshad mas grub pa/
三相が量により成立した 346

tshul gsum pa'i rjes dpag/　三相の比量 379-380

tshul gsum pa'i rtags/　　三相の証因 (346),363

tshul gsum gnyis ka la grub pa/
三相が両者に成立している 375

chos can dang rtags kyi tshul gsum bsgrub pa/
有法と証因の三相を立証する 368,(373)

gzhan la grags pa'i tshul gsum/
他者に知られた三相 381

tshe/　　　　　　　寿命、生涯、時

tshe snga phyi dang las 'bras sogs/
前後の生と業・果など 287

tshe 'di la mngon zhen/　今生へのこだわり 451

tshogs/　　　　　　　　　　資糧

tshogs mtha' yas pa/　　　無辺の資糧 418

bsod nams kyi tshogs/　　福徳の資糧 453

bsod nams ye shes tshogs/
福徳・智慧の資糧 271

lhag mthong gi tshogs/　　勝観の資糧 258

lhag mthong gi tshogs gsum/
勝観の三の資糧 421

tshogs pa/　　　集積 383　cf.Rigs pa'i tshogs/

tshogs pa can/　　　　　　有集積 385

tshogs pa la brten pa/　集積に依った 382,384-385

phung po tshogs tsam/
蘊がただ集積したほど 398

dbang po'i rdul phra rab tshogs pa/
根の極微が集積した 304

yan lag tshogs pa/　支分が集積した 382-383,387

yan lag tshogs pa'i dbyibs/
支分が集積した形色 (かたち) 384

yan lag tshogs rnams la brten/
支分が集積したものに依る 382

sems sogs tshogs/　　　心などの集積 399

tshor ba/　　　　　　　　　感受 362

gzugs dang tshor ba sogs/　　色と受など 417

tshol ba/　　　　　　探求する　cf.btsal ba/

nges pa de tshol lugs/　　決定の探求の仕方 403

rang bzhin tshol ba lhur byed pa/
自性の探求に努める 291,295

rang bzhin yod med tshol ba'i rigs pa/
自性の有る無しを探求する正理 389,401,406-407

mtshan nyid/　　　　　相、特徴、定義 407,423

mtshan nyid ngo bo nyid med pa/
相無自性 301-302

mtshan nyid bzhi/　　〔勝観の〕四の相 446

mtshan gzhi/　　所相 (定義されるもの) 407

spyi'i mtshan nyid/　　　　　共相 423

ba lang gi mtshan nyid/　　　　牛の相 429

bla ma'i mtshan nyid/　　　　上師の相 441

mtshan ma/　　　　　　　　兆相、相

mtshan ma med pa/　　　　　無相 435

mtshan ma med pa'i rnal 'byor/
無相のヨーガ 435

mtshan ma yid la byed pa/　兆相を作意する 422

mtshan ma la spyod pa/　兆相を行ずる 319,437

mtshan ma las byung ba/
兆相より生起したもの 422

mtshan ma'i 'ching ba/　　兆相の繋縛 424,(452)

mtshan mar 'dzin pa/
兆相を取らえる 321,427,432,436,452

mtshungs pa/　　　　　　　　等しい

rgyu mtshan mtshungs pa'i mgo snyoms/
理由が等しい類似 347

sgrub byed bsgrub bya dang mtshungs pa/
能成が所成と等しい 347

gzhan nyid mtshungs pa/
他であることは等しい 410

'tshig pa/　　　　　焼ける　cf.sreg pa/

shing rta tshig/　　車が焼けた 266-267,387

Dza

'dzin pa/　　執、取らえる、能取、知るもの 359
cf.gzung 'dzin/, gzung ba/, gzung ba dang
'dzin pa/,bzung ba/, mthar 'dzin/, bdag 'dzin/,
bden 'dzin/

'dzin pa skad cig cha med/
能取〔である〕分無き利那 322

'dzin tshul gsum/　　取らえ方は三つ 369

'gal zla 'dzin pa/ 相違する対立項を取らえる 331

cir yang mi 'dzin pa/
何とも取らえない 307,424-425

thag pa la sbrul 'dzin/　縄に蛇を取らえる 311

thun mong ma yin pa'i 'dzin pa/ 非共通の執 322

gnas lugs sam sdod lugs su 'dzin pa/
住し方や在り方として取らえる 413

snang ba 'dzin pa/　　現れを取らえる 399

phyin ci log gi 'dzin pa/　　顛倒の取 328

sbrul 'dzin dang sdug bsngal/
蛇の執と苦 326-327

myu gu yod par 'dzin pa/
芽が有ると取らえる 369

mtshan mar 'dzin pa/
兆相を取らえる 321,427,432,436,452

yod pa nyid du 'dzin pa/ 有ると取らえる 366,(369)

rang bzhin yod do snyam du 'dzin pa/
「自性が有る」と取らえる 317

shes rab de'i ldog phyogs 'dzin/
智恵その反対分を執る 336

'dzin stangs/　　　　　　　取らえ方

索 引　　603

'dzin stangs 'gal ba/
　　　　　　執らえ方が相違する (320),336
nges pa'i 'dzin stangs/　決定する取らえ方 310
rtog med kyi shes pa'i 'dzin stangs/
　　　　　　無分別の知識の執らえ方 334
ma rig pa'i 'dzin stangs/ 無明の取らえ方 310,442
ma rig pa'i 'dzin stangs kyi yul/
　　　　　　無明の取らえ方の対境 300,(334)
rdza/　　　　　　　　　　　陶器
rdza mkhan la sogs pa/　陶工など 411
rdza bum/　　　　　陶器の瓶 411
rdzas/　　　　　　　　　　実物
rdzas kyi rdul phra rab/　実物の極微 303
rdzas brgyad 'dus pa/
　　　　　　八の実物が和合した 303,(385)
rdzas tha dad pas rnam pa thams cad du stong/
　　　　　別異の実物により全面的に空だ 441
rdzas yod/　　　　　　実物有 385
gang zag rdzas su yod/
　　　　　　人（にん）は実物として有る 353
rang bzhin nam rdzas su med pa/
　　　　　　自性や実物として無い 385
rdzogs pa/　　　　　究竟、円満
rdzogs pa'i rim pa'i snod/　究竟次第の器 453
brdzun pa/　偽り 306,340　cf.bden brdzun/
brdzun pa bslu ba'i chos can/
　　　　　偽りであり欺く法を有する 297
brdzun pa'i don/　　　　偽りの義 445
brdzun pa'i snang ba/　偽りの現れ 399
brdzun par yod pa/　　偽りとして有る 369
brdzun smra/　　　　　嘘を語る 289
kun rdzob tu yang brdzun pa/
　　　　　　世俗としても偽りだ 305
mthong ba brdzun pa/　　偽りの見 299
rnam shes rnams brdzun pa bslu ba/
　　　　　識は偽りで欺く 298
smra ba thams cad brdzun yin no/
　　　　　語ることすべては偽りである 352
yul brdzun pa/　　　　偽りの対境 306
log pa'am rdzun pa'i don/　誤りや偽りの義 284

Wa
zhi ba/　　　　　　　　寂静、寂滅 257
zhi ba'i sgo gnyis pa med pa/
　　　　　　無二の寂静の門 320
spros pa thams cad zhi ba/
　　　　　戯論すべてが寂静である 326
zhi gnas/　　　　　　　止住 434
zhi gnas kyi skabs/　　止住の個所 442
zhi gnas 'grub pa/　止住が成就する 449
zhi gnas bsgom pa/　止住を修習する 424
zhi gnas dang skabs 'di dag/

止住とこれらの個所 431
zhi gnas de tsam/　　　止住ほど 256
zhi gnas rnam pa dgu/　　九種類の止住
mu stegs byed kyi zhi gnas/　外道者の止住 425
sems rtse gcig pa'i zhi gnas/ 心一境性の止住 257

Zha
zhi gnas dang lhag mthong/(zhi lhag/)
　　　　止住と勝観 434,442,444,448,451
zhi lhag gnyis ka'i thun mong ba/
　　　　　　止観両者の共通のもの 424
zhi lhag zung 'brel/
　　　　止観双運 (431),434,(444),(447),449
zhi gnas dang lhag mthong zung du 'brel ba'i lam/
　　　　　　止観双運の道 448
zhig pa/　　　　　滅した　cf.'jig pa/
shing rta zhig pa/　　車が滅した 387
zhe sdang/　　　　　　瞋恚、怒り
'dod chags dang zhe sdang la sogs pa/
　　　　　　貪欲と瞋恚など 312,(428)
zhen pa/　　　　　思い込む、固執する
dngos po la mngon par zhen pa'i (b)sgo byed/
　　　　　事物への思い込みの薫習 419
stong nyid la dngos por zhen pa/
　　　　　空性を事物だと思い込む 319
bden no snyam du mngon par zhen pa/
　　　　　　諦だと思い込む 417
tshe 'di la mngon zhen/　今生へのこだわり 451
zhen yul　思い込みの対境 312,334-335,337,368,371
zhen yul sun dbyung ba/
　　　　　思い込みの対境を論破する 329
snang yul dang zhen yul/
　　　　　現れの対境と思い込みの対境 369
zho/　　　　　　酪、ヨーグルト
zho'i snod/　　　　　酪の器 394
'khar gzhong la zho gnas pa/
　　　　　銅皿に酪が住する 382,(398)
gzhag pa/　　　　cf.rnam par gzhag pa/
gzhan/　　　　　他、他者、別他 411
　cf.de nyid dang gzhan/,rang gzhan/, gzhan sde/
gzhan skye 'gog pa/　他生を否定する 392,411
gzhan gyi ngor byas pa'i rnam gzhag/
　　　　　他者の側に為した設立 348,(353)
gzhan gyi gnyen po/　　他の対治 329
gzhan gyi dam bca' ba 'gog pa/
　　　　　他者の立宗を否定する 375
gzhan gyi 'dod pa 'gog pa/
　　　　他者の主張を否定する 346-347,(375)
gzhan gyi sems/　　他者の心 345,349
gzhan gyis khas blangs pa/
　　　　他者が承認する 345-346,376
gzhan gyis so sor myong ba/

他者により個々に領受される 393

gzhan ngo/ 他者の側 275,277,353-354

gzhan nyid mtshungs pa/ 他であることは等しい 410

gzhan du grub pa/ 他としての成立 393

gzhan du 'gyur ba/ 他に変わる 321

gzhan don rjes dpag/ 他者のための比量 362

gzhan phyogs/ 他宗 358

gzhan phyogs sun 'byin pa/ 他宗を論破する 345

gzhan rig ma 'khrul ba/ 無錯乱の他証知 371

gzhan la ltos pa/ 他を待っているもの 325

gzhan la ltos pa med pa/ 他を待ったことが無い 323

gzhan la blta ba/ 他を見る 375-376,378-379

gzhan la rag ma las pa/ 他に拠らない 335-336,413

gzhan las thos pa/ 他から聞く 257

gzhan lugs dgag pa/ 他者の立場を否定する 345,(350),424,430-431

gang zag gzhan/ 他の人 336,393

rgyud gzhan 'gog pa/ 他の相続を否定する 392

chos gzhan zhig bden par yod pa/ 他の法が諦として有る 326

tha snyad pa'i blo gzhan/ 他である言説の知 326

tha snyad pa'i tshad ma gzhan/ 他の言説の量 307

rnam pa gzhan du snang ba/ 他の形相に現れる 298,304

phung po las don gzhan pa'i bdag/ 蘊より他の義〔である〕我 396

rang gi ngo bos grub pa'i gzhan/ 自体により成立した他 394

gzhan dbang/ 依他起 293,301-302,348,354-355,441

gzhan la grags pa/ 他者に知られた 376 cf.grags pa/, rang la grags pa/

gzhan la grags pa'i tshul gsum/ 他者に知られた三相 381

gzhan la grags pa'i rjes dpag/ 他者に知られた比量 (347),375,413

gzhan la grags pa'i chos can dang rtags/ 他者に知られた有法と証因 347

gzhan grags/ 他者の周知したもの 383,412

gzhan grags kyi rjes dpag/ 他者の周知した比量 347,413

gzhan grags kyi sbyor ba/ 他者に知られた論証式 377,396

gzhan las skye ba/(gzhan skye/) 他より生ずる 271,301,364,409-410 cf.skye ba/

gzhan las skye ba med pa/ 他より生ずることが無い 364

gzhan skye 'gog pa/ 他生を否定する 392,411

gzhal bya/ 所量 cf.tshad ma dang gzhal bya/

rang gi ngo bos grub pa'i gzhal bya 'jal ba/

自体により成立した所量を量る 376-377

rang bzhin med pa'i gzhal bya/ 無自性の所量 379

gzhi/ 所依事(もと)、基体、基礎

gzhi chos can/ 所依事〔である〕有法 363

gzhi drug/ 六の所依事 423

gzhi ma grub pa/ 所依事が成立していない 365,372

khyad par gyi gzhi/ 差別の所依事(基体) (325),335,445-446

gdags pa'i gzhi/(gdags gzhi/) 仮設の所依事(もと)267,383,(385),(396),398

dpyod pa'i gzhi/ 伺察の所依事 351,364

lam bsgom pa'i gzhi/ 道を修習する基礎 452

gzhi mthun/ 一致した所依事(共通項) 277

gzhi mthun du 'du ba/ 一致した所依事に収まる 403

gzhung/ 本典、典籍

gzhung khungs ma/ 正しい典拠 449

gzhung che ba mang po/ 多くの大典籍 424,(434)

Klu sgrub kyi gzhung/ ナーガールジュナの本典 367,(418)

rGyan drug la sogs pa'i mkhas pa'i gzhung/ 六人の荘厳など学者の本典 427

brgyud pa'i gzhung/ 伝承された本典 443

Thogs med kyi gzhung rnams/ 聖者アサンガの本典 443

gdams ngag 'di'i gzhung/ この教誡の本典 455

'Phags pa yab sras kyi gzhung/ 聖者父子の本典 381,441

dBu ma'i gzhung/ 中観の本典 278,285,316

gzhung lugs/ 教義

nyan thos kyi gzhung lugs/ 声聞の教義 333

bzhag pa/ 安住、安住させた 256,425 cf.'jog pa/, rnam par bzhag pa/

lta ba'i steng du bzhag pa/ 見の上に安住させた 430-431

mi rtog par bzhag pa/ 無分別に安住させた (425),430,(431)

bzhed pa/ ご主張、主張なさる 362 cf.'dod pa/

Klu sgrub kyi bzhed pa/ ナーガールジュナのご主張 273

mkhas pa rnams kyi bzhed pa/ 賢者たちのご主張 453

tha snyad du'ang mi bzhed pa/ 言説としても主張なさらない 298

'Phags pa lha'i bzhed pa/ アーリヤ・デーヴァのご主張 332

rtsom pa po de dag gi bzhed pa/ 彼ら著者のご主張 361

Zla ba'i bzhed pa/ チャンドラ〔キールティ〕のご主張 279

Za

zag pa/ 漏

　zag med kyi lam/ 無漏の道 437

　'jig rten las 'das pa zag pa med pa/
　　　　　　　　　出世間の無漏 342

　lam zag bcas/ 有漏の道 437

zad pa/ 尽きる、尽 416-417

　nyon mongs zad ba/ 煩悩が尽きた 418

zab mo/ 甚深だ、深い 260

　zab mo'i don/ 甚深の義 440-441

　zab mo'i don rtogs pa/ 甚深の義を証得する 326

　mDo sde zab mo/ 甚深な経 405

zung 'brel/ 双運

　zhi lhag zung 'brel/
　　止観双運 (431),434,(442),(444),(447),(448),449

　zhi gnas dang lhag mthong zung du 'brel ba'i lam/
　　　　　　　　　止観双運の道 448

zla ba/ 月

　zla ba gnyis snang/ 二つの月が現れる 304

zla bo/ 対

　zla bcas/ 対有る 390

　'gal zla 'dzin pa/ 相違する対立項を取らえる 331

gzigs pa/ 見られる cf.mthong ba/, lta ba/

　ma gzigs pa dang med par gzigs pa/
　　　　　見られないことと無いと見られること 292

gzugs/ 色 cf.dbyibs/, phung po/, skye mched/

　gzugs kyi skye mched/ 色の処 365

　gzugs kyi spyi/ 色の共（一般）368

　gzugs sku/ 色身 271

　gzugs sgra la sogs pa/ 色・声など
　　　　　292,297,304,309,311,338,366-367

　gzugs can/ 有色 398

　gzugs dang tshor ba sogs/ 色と受など 417

　gzugs ldan/ 色を持つ 398

　gzugs nas rnam mkhyen gyi bar/
　　　　　　　色から〔一切〕相智まで 439

　gzugs la sogs pa/ 色など 291,305,364,399

　gzugs la sogs pa yod pa/ 色などが有る 353

　gzugs la sogs pa'i rdul brgyad 'dus pa/
　　　　　色などの八極微が和合したもの (303),385

　gzugs su rung ba/ 色にふさわしい 396

　gzugs sogs kyi skye ba/ 色などの生 291

　gzugs sogs kyi snang ba/ 色などの現れ 400

　mig gis gzugs la blta ba/ 眼が色を見る 378

gzugs brnyan/ 映像 283,300,310,360,404,449

　gzugs brnyan dmigs pa/ 映像を認得する 340

　gzugs brnyan la sogs pa/ 映像など 280,305

　gzugs brnyan la sogs pa snang ba/
　　　　　　　映像などが現れる 304

　nyi ma dang ni gzugs brnyan/ 日と映像 360

　ting nge 'dzin gyi spyod yul gzugs brnyan/

　　　三昧の行境〔である〕映像 (422),444

　rnam par rtog pa dang bcas pa'i gzugs brnyan/
　　　　　　　　　有分別の映像 422

　byad bzhin gyi gzugs brnyan/
　　　　　　　　　顔の映像 403,413-414

gzung ba/ 所取、知られるもの cf.'dzin pa/

　gzung ba rdul phran cha med/
　　　　　　　所取〔である〕分無き極微 322

gzung ba dang 'dzin pa/(gzung 'dzin/) 所取と能取 441

　gzung 'dzin cha med/ 分無き所取・能取 303,309

gzer bu/ 釘 382

bzang po/ 良い

　bzang rtog dang ngan rtog/
　　　　　　　　　良い分別と悪い分別 321

bzung ba/ 保った、取らえた cf.'dzin ba/

　sems bzung ba/ 心を保った (424),427,(430),(446)

bzod pa/ 耐える、忍 cf.dpyad bzod/

　mi skye ba'i chos la bzod pa/ 無生法忍 330,419

bzlas brjod/ 念誦

　phyag skor ba bzlas brjod sogs/
　　　　　　　礼拝・右繞・念誦など 400

bzlog pa/ 退ける、反転する cf.ldog phyogs/

　'jig rten gyi kun rdzob bzlog pa/
　　　　　　　　　世間の世俗を退ける 293

　tshur la bzlog pa/ こちらに戻った 351

　rig pa'i bzlog phyogs/ 明知の反対分 331

'A

'og/ 下、後 cf.phyi/

　'og ma 'og ma bsgoms/ 各々下を修習する 451

　bsam gtan gyi 'og/ 静慮の後 434

'ong ba/ 来る

　'jig rten snga ma nas 'dir 'ong ba/
　　　　　　　　　前世からここに来る 288

Ya

yang dag pa/ 正しい、実在 343

　yang dag pa sogs kyi khyad par sbyor ba/
　　　　「正しい」などの差別（限定）を適用する 343

　yang dag pa'i lta ba dang log pa'i lta ba/
　　　　　　　　　正見と誤見 307

　yang dag pa'i lta ba'i gol sa/
　　　　　　　　　正しい見の岐路の処 326,400

　yang dag kun rdzob/ 正しい世俗（実世俗）310

　yang dag par so sor rtog pa/
　　　　　　　　　正しく妙観察する 426,440

　yang dag dang log pa'i kun rdzob/
　　　　　　　正しい〔世俗〕と誤った世俗 304

　dngos po rnams kyi yang dag pa/
　　　　　　　　　諸事物の真実 332

　gtan tshigs yang dag/ 正しい論証因 349

　chos rnams la yang dag par so sor rtog pa/
　　　　　　　諸法を正しく妙観察する 440

don dam pa'am yang dag pa'am bden par/
　　　　勝義や真実や諦として (339),341
don dam par dang yang dag par grub pa/
　　　　勝義としてと真実として成立している 321
yan lag/　　　　　　　　　　支分 407
　　yan lag rnams/　　　　　　諸支分 387
　　yan lag gi dbyibs khyad par ba/
　　　　　　　支分の特殊な形色 383
　　yan lag bcu gnyis/　　　　十二支 332-333
　　yan lag tu gyur pa'i phung po rnams/
　　　　　　　支分となった諸蘊 266
　　yan lag de rnams bsgrigs pa/
　　　　　　それら支分が構成された 384
　　yan lag de rnams nye bar blang bar bya ba/
　　　　　　支分は取られるもの 406
　　yan lag 'dogs pa/　　　支分を仮設する 408
　　yan lag tshogs pa/　支分が集積した 382-383,387
　　yan lag tshogs pa'i dbyibs/
　　　　　支分が集積した形色 (かたち) 384
　　yan lag la brten nas 'dogs pa/
　　　　　　支分に依って仮設する 399,(408)
　　yan lag so so ba'i dbyibs/
　　　　　支分個々の形色 (かたち) 384
　　'phang lo la sogs pa'i yan lag tshogs pa/
　　　　　　輪などの支分の集積　387
　　rang gi yan lag/　　　　自らの支分 382
　　rang gi yan lag dang gcig tha dad/
　　　　自らの支分と同一であるか別異であるか 278
　　srid pa'i yan lag/　　　有 (生存) の支分 331
　　shing rta dang de'i yan lag rnams/
　　　　　　車とその諸支分 (382),406
yan lag can/　　　　　有支分 (全体) 407
　　yan lag can dang cha shas can med pa/
　　　　　　有支分と有部分は無い 388
　　yan lag can la brten/　　有支分に依る 408
　　yan lag can med/　　有支分は無い 383,387-388
　　yan lag can med yan lag dag/
　　　　　　有支分が無い諸支分 383
　　yan lag dang yan lag can/ 支分と有支分 387,407
　　cha shas rnams la bltos nas yan lag can/
　　　　　諸部分を待って有支分 (全体) だ 387
　　brten nas yan lag can 'dogs/
　　　　　　依って有支分を仮設する 408
yid/　　　　　　　　　　　　意
　　yid kyi gnod par byed pa/
　　　　意〔にとって〕の侵害するもの 300
　　yid kyi shes pa/　　　　　意識 399
　　yid la brjod pa/　　意に表詮された (意言) 301
yid la byed pa/　　　　　　作意 422
　　yid la byed pa med pa/　作意が無いこと 439
　　yid la byed pa bzhi/　四の作意 424,447

yid la byed pa yongs su spong ba/
　　　　　　作意を放棄する 435
　　yid la bgyid pa/　　　　作意 444
　　yid la mi byed pa/　　作意しない 440
　　yid byed bsdus pa/　　作意を摂めた 436
　　bsgrims te 'jug pa'i yid byed la sogs pa/
　　　　　勉励して入る作意など 424
　　tshul min yid byed kyi rnam par rtog pa/
　　　　　　非如理作意の分別 417
　　tshul bzhin yid la byed pa/　如理に作意する 437
　　mtshan ma yid la byed pa/　兆相を作意する 422
yid ches pa/　　　　　　　　信認
　　yid ches pa'i lung/　　　信認の教 423
　　las 'bras la yid ches pa/　業果を信認する 450
yid sun/　　　　　　　　　厭離 265
yin pa/　　　　　　　　　〜である
　　'di yin dang 'di min/ これである、これでない 306
yin tshul/　　　　　　あり方、実相
　　yin tshul rnam par 'byed/ あり方を弁別する 453
　　don gyi yin tshul/　　義 (もの) のあり方 307
yin lugs/　　　　　　あり方、実相
　　yin lugs kyi don bsgoms pa/
　　　　あり方の義 (内容) を修習した 424
　　don yin lugs/　　義 (もの) であるあり方 291
yul/　　　対境、境　cf.snang yul/, zhen yul/
　　yul kun btags rnams/　対境〔である〕所遍計 441
　　yul gyi dgag bya/　　対境の否定対象 358
　　yul gyi steng du grub pa/
　　　　　　対境の上に成立した 335
　　yul gyi gnas lugs dang mthun pa/
　　　　　　対境の住し方と一致した 425
　　yul gyi rang gi mtshan nyid/　対境の自相 298
　　yul lnga po/　　　　五の対境 298-299
　　yul cir yang ma grub pa/
　　　　対境は何とも成立していない 424
　　yul steng du yod pa/　　対境の上に有る 371
　　yul thog mar dgag/ 対境を最初に否定する 328
　　yul bdag med/　　対境〔である〕無我 429
　　yul rnams rnam par 'jog pa/ 対境を設立する 304
　　yul rnams la dpyad nas 'gog pa/
　　　　　対境を伺察して否定する 428
　　yul phan tshun spangs pa/
　　　　　対境を互いに排除した 366
　　yul brdzun pa/　　　偽りの対境 306
　　yul yod med/　　　対境の有る無し 438
　　yul la bdag med mthong/ 対境に無我が見える 330
　　yul sun phyung/ 対境を論破する (316),(329),428
　　rjes su dpag pa'i yul/　　比量の対境 346
　　nyan shes kyi yul/　　聞識の対境 415
　　rtog thams cad kyi yul rigs pas 'gog pa/
　　　分別すべての対境を正理により否定する 333

tha snyad pa'i shes pa dang yul/
　　　　　　　言説の知識と対境 300
bdag 'dzin gyi yul/　　　我執の対境 266,396,428
blo ma 'khrul ba'i yul/　　無錯乱の知の対境 326
dbang po dang yul rnams/　　　根と対境 304
dbang shes kyi yul/　　　　根識の対境 302,304
mtshan mar 'dzin pa'i yul/
　　　　　　兆相を取らえる対境 427
'dzin stangs kyi yul/　　　取らえ方の対境 300
shes rab kyi yul sun 'byin pa/
　　　　　智恵の対境を論破する 316
sems 'phro ba'i yul/　　　心が散る対境 435
yul can/　　有境、対境を有する〔知〕305,328
yul can gyi dgag bya/　　有境の否定対象 358
yul can tha snyad pa'i shes pa/
　　　　　　有境〔である〕言説知 335
yul yul can gnyis su snang ba/
　　　　　対境・有境の二として現れる 445
yul dang dus/(yul dus)　　　場所と時 337,411-412
yul dang dus khyad par can nye bar gyur pa/
　　　　　　特定の場所と時が近い 300
yul dang dus thams cad/　　　処と時すべて 346
yul dus phyogs re ba/対境(場所)・時の一分 349
ye shes/　　　　　　　　　　　　　智慧
ye shes skye ba'i rjes su mthun/
　　　　　　智慧の生に随順する 446
'jig rten pa'i ye shes/　　　　世間の智慧 342
'phags pa'i ye shes/　　　　　聖者の智慧 270
rnam par mi rtog pa'i ye shes/(mi rtog ye shes/)
　　　　　　無分別智 342,436-437,446
bsod nams ye shes tshogs/福徳・智慧の資糧 271
yongs grub/　　　　　　　　　円成実 302
gnyis su med pa'i don yongs grub/
　　　　　無二の義〔である〕円成実 441
yongs su gcod pa/　　　　　　断定する 390
cig shos yongs su mi gcod pa/
　　　　　　他方を断定しない 285
rang bzhin med pa yongs su gcod/
　　　　　　無自性を断定する 350
yongs su rtog pa/　　　　　　周遍尋思 421
yongs su dpyod pa/　　　　　　周遍伺察 421
yongs su btsal ba/　　周遍尋求　cf.btsal ba/
yongs su btsal ba'i rjes su zhugs pa'i tshol lugs/
　　　　　周遍尋求に従った尋求の仕方 424
yongs su tshol ba/　周遍尋求、探求 423　cf.tshol ba/
yongs su tshol ba las byung ba/
　　　　　周遍尋求より生起したもの 422
yod pa/　　　　　　　　　　　　　　有る
cf.dngos po yod pa/, dngos po yod par smra ba/,
btags yod/, tha snyad du yod pa/, bden par yod
pa/, rang bzhin yod pa/

yod pa nyid du 'dzin pa/有ると取らえる 366,(369)
yod pa dang ngo bos grub pa/
　　　有ることと体により成立していること 290
yod pa tsam/
　　　　ただ有ることほど 284,370,(376),(379),(401)
yod pa la gnod byed/
　　　　　　有るのに対して侵害するもの 265
yod pa'i mtha'/(yod mtha')
　　　有る〔という〕辺(極端) 269,281,284,(402)
yod pa'i don/　　　　　　　有る義(もの) 371
yod na 'gog mi nus/　　有るなら否定できない 329
khas len yod do/　　　　　承認が有る 288-289,351
gang zag rdzas su yod/　人は実物として有る 353
du ba yod pa/　　　　　　煙が有るもの 346,349
de kho nar yod/　　　　　真実として有る 397
gdod ma nas yod par mi 'dod pa/
　　　　　　本来有ることを主張しない 287
bdag gnyis su yod pa/　　二我として有る 436
'dus pa tsam yod/　和合したものほどが有る 388
spyir yod pa/　　　　　　一般的に有る 369
mi la la yod mi la la med/
　　　　或る人はいる、或る人はいない 305
me yod/　　　　　　　　火が有る 346,349
myu gu yod par 'dzin pa/
　　　　　　芽が有ると取らえる 369
rdzas yod/　　　　　　　　実物有 385
brdzun par yod pa/　　　偽りとして有る 369
gzugs la sogs pa yod pa/　色などが有る 353
rang gi ngo bos yod pa/　自体により有る 378
rang gi ngo bos yod pa dang yod pa/
　　　　自体により有ることと、有ること 376
rang gi mtshan nyid kyis grub pa'i yod pa/
　　　　自相により成立した有ること 370
rang bzhin gyis yod pa/　自性により有る 285
las 'ba' zhig yod/　　　業のみが有る 388
shes bya la yod pa/　　　所知に有る 327
yod pa ma yin no/ 無い、有るのではない cf.med pa/
yod pa ma yin par 'dod/
　　　　　有るのではないと主張する 289
rnam par dpyad pa na yod pa ma yin no/
　　　　　伺察したなら、無い 338
yod med/　　有る無し 281,285-286,290,369,401
　　　　　　　cf.rang bzhin yod med/
yod med kyi mtha' gnyis su smra ba/
　　　　　　有る無しの二辺の論 283
yod med tsam/　　　　ただの有る無し 401
yod med la sogs pa'i mu bzhi po/
　　　　有る・無しなどの四句 269-270,(316)
khas len yod med/　承認が有るか無いか 351
dngos po yod med/ 事物の有る無し 316,325,436
tha snyad du yod med/

言説としての有る・無し 309

dam bca' yod med/ 立宗の有る無し 356

bdag yod med/ 我の有る無し 310

bden par yod med/ 諦としての有る無し 415

phyi'i don yod med/ 外の義の有る・無し 263

dbang phyug dang yod med 'dra ba/

自在天と有る無しが同じ 351

yul yod med/ 対境の有る無し 438

yod min med min/

有るのでない、無いのではない 285

yon tan/ 功徳、徳性 407

yon tan can/ 徳性を有するもの 407

yon tan gsum/ 三の徳性 389

skyabs gsum gyi yon tan/ 三帰依処の功徳 450

nam mkha'i yon tan/ 虚空の徳性 363

nam mkha'i yon tan gyi sgra/

虚空の徳性の声 368

g-ya'/ 埃、汚れ

nam mkha' g-ya' dag pa/

埃が清浄になった虚空 445

g-yul 'gyed pa/ 闘いをする 427

g-yo ba/ 動揺する

chu mi g-yo bar gnas pa/ 水が動揺しない 449

Ra

rags pa/ 粗大だ

snang ba rags pa/ 粗大な現れ 445

rag las pa/ 依る、依拠する

snga ma la ci yang rag mi las pa/

前に何も拠っていない 393

gzhan la rag ma las pa/

他に拠らない 335-336,413

rang/ 自ら cf.bdag/, Rang sde/

rang gi kun rdzob/ 自らの世俗 (268),307

rang gi cha shas rnams/ 自らの諸部分 387

rang gi rjes dpag/ 自己の比量 375

rang gi dam bca' ba med/ 自己の立宗は無い 346

rang gi don gyi rjes su dpag pa/

自己のための比量 380

rang gi bdag nyid blta ba/ 自らの自体を見る 376

rang gi tshig dang 'gal ba'i skyon/

自らの言葉と相違する過失 343

rang gi yan lag/ 自らの支分 278,382

rang nyid kyis khas blangs pa/

自己が承認している 366,373-374

rang nyid la grub pa'i gtan tshigs/

自己に成立した論証因 380

rang stobs kyis drangs pa/ 自力により導いた 449

rang 'dod dang khas len dang dam bca'/

自らの主張と承認と立宗 362

rang 'dod med pa/ 自らの主張は無い 346

rang tshig gi bsal ba/ 自らの言葉の除去 353

rang rang gi ngos nas gnas tshul/

各自の側からの住し方 335

rang la mi blta ba/ 自らを見ない (375),378-379

rang la grub pa/ 自己に成立している 380

rang la dmigs/ 自らに認得される 378

'phags pa'i so so rang gis rig par bya ba/

聖者により自内証される 440

rang gi ngo bo/ 自体 cf.ngo bo nyid/

rang gi ngo bo dang rang bzhin dang rang dbang/

自体と自性と自在 335,413

rang gi ngo bo'i sgo nas yul gyi steng du grub pa/

自体を通じて対境の上に成立した 335

rang gi ngo bos tha dad/

自体により別異である 394

rang gi ngo bos yod pa/ 自体により有る 376,(378)

me'i rang gi ngo bo/ 火の自体 324

rang bzhin nam rang gi ngo bo/ 自性や自体 334

rang gi ngo bos grub pa/ 自体により成立した 291,

298,338,(339),357,385,390

rang gi ngo bos grub pa 'gog pa'i rigs pa/

自体による成立を否定する正理 281

rang gi ngo bos grub pa dang yod pa tsam/

自体により成立していることとただ有ること 284

rang gi ngo bos grub pa med pa/

自体による成立が無い (281),445

rang gi ngo bos grub pa'i skye ba/

自体により成立した生 314

rang gi ngo bos grub pa'i nga/

自体により成立した「私」337

rang gi ngo bos grub pa'i ngo bo nyid/

自体により成立した自性 343

rang gi ngo bos grub pa'i dngos po/

自体により成立した事物 316

rang gi ngo bos grub pa'i lta ba/

自体により成立した見ること 378

rang gi ngo bos grub pa'i gzhan 394

自体により成立した他 394

rang gi ngo bos grub pa'i gzhal bya 'jal ba/

自体により成立した所量を量る 376-377

rang gi ngo bos grub pa'i rang gi mtshan nyid/

自体により成立した自相 370

rang gi ngo bos grub pa'i rang bzhin/

自体により成立した自性 272,305-306,316,323,

325,337,(339),(343),(381),387,401,410

rang gi ngo bos grub pa'i rang bzhin nam bdag/

自体により成立した自性や我 316

rang gi ngo bos grub pa'i so so ba/

自体により成立した個々 394

rang gi ngo bos ma grub pa/

自体により成立していない 335

stong pa nyid rang gi ngo bos grub pa/
空性が自体により成立した 318

rang gi ngo bo dang rang bzhin dang rang gi
mtshan nyid kyis grub pa/
自体と自性と自相により成立している 339

rang gi mtshan nyid/(rang mtshan/)　自相 369,423

rang gi mtshan nyid du grub pa'i rang bzhin/
自相として成立した自性 299,(302)

rang gi mtshan nyid la tshad ma/
自相について量 298,304,375

rang gi mtshan nyid yod pa/　自相が有る 302

rang mtshan 'jal ba/　　自相を量る 298

rang mtshan la ma 'khrul ba/
自相について非錯乱 368

rang gi ngo bos grub pa'i rang gi mtshan nyid/
自体により成立した自相 370

dngos po'i rang gi mtshan nyid/　事物の自相 356

snang ba'i rang gi mtshan nyid/　現れる自相 300

yul gyi rang gi mtshan nyid/　対境の自相 298

yul lnga'i rang mtshan/　五つの対境の自相 298

rang gi mtshan nyid kyis/　　自相により

rang gi mtshan nyid kyis grub pa/
自相により成立した 339,392,415

rang gi mtshan nyid kyis grub pa de snang/
自相による成立それが現れる 365

rang gi mtshan nyid kyis grub pa med pa/
自相による成立が無い (339)

rang gi mtshan nyid kyis grub pa'i ngo bo/
自相により成立した体 300,302

rang gi mtshan nyid kyis grub pa'i don/
自相により成立した義 367,371,374

rang gi mtshan nyid kyis grub pa'i yod pa/
自相により成立した有ること 370

rang gi mtshan nyid kyis grub pa'i rang bzhin/
自相により成立した自性 302

rang gi mtshan nyid kyis med pa/
自相により無い 355

rang dga' ba/　　　　　自由気ままだ

'jig rten pa rang dga' ba/
世間の自由気ままな者 294

tha snyad pa'i tshad ma rang dga' ba/
自由気ままな言説の量 405

tha snyad pa'i shes pa rang dga' ba/
自由気ままな言説の知識 306,396

shes pa rang dga' ba/　自由気ままな知識 305,397

rang rgyud/　自立論証 346,354-355　cf.thal rang/

rang rgyud kyi chos can la sogs pa/
自立論証の有法など 368

rang rgyud kyi rjes dpag/自立論証の比量 348,375

rang rgyud kyi gtan tshigs/
自立論証の論証因 345

rang rgyud kyi rtags/　　　自立論証の証因
347,363,370-372,381

rang rgyud kyi mthar thug pa/
自立論証の究極 346

rang rgyud kyi dam bca'/自立論証の立宗 347,359

rang rgyud khas len/　自立論証を承認する 375

rang rgyud dgos pa/　自立論証が必要である 366

rang rgyud sun dbyung ba/
自立論証を論破する 363,(366)

rang phyogs/　　自宗　cf. phyogs/,rang lugs/

rang phyogs bsgrub pa/　自宗を立証する 345

rang phyogs med pa/
自己の宗が無い (316),347,(348)

rang dbang ba/　　　　　自在 335,413

rang gi ngo bo dang rang bzhin dang rang dbang/
自体と自性と自在 335,413

rang dbang med pa/　自在が無い 335,413-414

rang tshugs thub pa/　　　　　自立した

rang tshugs thub pa'i sdod lugs/
自立した在り方 413

rang gzhan/　　　　　　　　自他
cf.bdag gzhan/, rang gzhan gyi sde pa/

rang gzhan dang gnyis ka dang rgyu med las
skye ba/　自・他と両者と因無しからの生 313

rang bzhin/　　　　　自性 323-324,413

rang bzhin khas blangs pa la gnod byed/
自性の承認への侵害 379

rang bzhin khyad par gsum ldan/
三つの差別(限定)を具えた自性 322

rang bzhin gyi mtshan nyid/自性の相(定義) 323

rang bzhin sgrib/　自性を覆障する 306,310,(331)

rang bzhin sgro 'dogs pa/　　自性を増益する
310,330,333-334,(358),403,(413),(414)

rang bzhin gcig/　　自性が同一だ 382

rang bzhin gcig dang tha dad/
自性が同一・別異 379,385,403,409

rang bzhin tha dad pa/
自性は別異である 396,398,410

rang bzhin mthong ba la sgrib pa/
自性が見えるのを覆障する 331

rang bzhin dang don byed nus pa/
自性と効用の能力 283

rang bzhin nam rdzas su med pa/
自性や実物として無い 385

rang bzhin nam rang gi ngo bo/　自性や自体 334

rang bzhin rnam pa bdun po/　七種類の自性 399

rang bzhin rnam par bcad pa tsam gyi stong pa/
自性を断除したほどの空 400

rang bzhin tshol ba lhur byed pa/
自性の探求に努める 291,295

rang bzhin la sogs pa/　　　自性など 337

gcig dang tha dad pa'i rang bzhin/
　　　　　　　同一と別異の自性 379
chos nyid la rang bzhin du bzhag pa/
　　　　　　　法性を自性として設立した 324
bdag gam rang bzhin/　　　「我」や「自性」335
med rgyu'i bdag dang rang bzhin/
　　　　　　　無いはずの我と自性 269
rang gi ngo bo dang rang bzhin dang rang dbang/
　　　　　　　自体と自性と自在 335,413
rang gi ngo bos grub pa'i rang bzhin/
　　　　　　　自体により成立した自性 272,305-306,
　　　　316,323,325,337,(339),(381),387,401,410
rang gi mtshan nyid du grub pa'i rang bzhin/
　　　　　　　自相として成立した自性 299,(302)
rang bzhin gyis/　　　　　　　自性により
rang bzhin gyis skye/　自性により生ずる 409,412
rang bzhin gyis ma skyes pa/　自性により生じて
　　　　　　　いない 313-315,340,390,(412),416
rang bzhin gyis yod pa khas blangs pa/
　　　　　　　自性により有ると承認した 285
rang bzhin gyis grub pa/　自性による成立 317,414,416
rang bzhin gyis grub pa bkag pa/
　　　　　　　自性による成立を否定した 271,277
rang bzhin gyis ma grub pa/
　　　　　　　自性による成立が無い (339),359
rgyu 'bras rang bzhin gyis grub pa/
　　　　　　　因果は自性により成立している 360
rang bzhin gyis stong pa/
　　　　　　　自性により空である 274,280,408,414,438
rang bzhin gyis stong pa dang dbu ma'i lam/
　　　　　　　自性による空と中道 273
rang bzhin gyis stong pa'i stong pa nyid/
　　　　　　　自性により空である空性 442
rang bzhin gyis stong pa'i phyogs/
　　　　　　　自性により空である宗 280
rang bzhin gyis stong mi stong gnyis ka/
　　　　　　　自性により空・不空の両者 280
chos thams cad rang bzhin gyis stong pa/
　　　　　　　一切法は自性について空である 412
rten 'byung la rang bzhin gyis stong pas khyab pa/
　　　　　　　縁起へ自性による空が遍充する 274
rang bzhin 'gog pa/　自性を否定する 272,(317),381,
　　　　　　　(389),(400),(402) cf.dgag pa/
rang bzhin 'gog pa'i rigs pa/　自性を否定する正理
　　　　　　　266,279,(281),282,(305),(329),(416)
rang bzhin 'gog pa'i rigs pa du ma/
　　　　　　　自性を否定する多くの正理 266
rang bzhin tha snyad du 'gog/
　　　　　　　自性を言説として否定する 341
rang bzhin med pa/　　　無自性である、自性が無い
　　　　265-266,272,276-277,279-281,287,289-290,315,317,

　　　　328-329,339,343,(385),390,403,408,(414),415,420
　　　　　　　cf.ngo bo nyid med pa/
rang bzhin med pa khas blang/
　　　　　　　無自性を承認する 279
rang bzhin med pa bsgrub pa/
　　　　　　　無自性を立証する 272
rang bzhin med pa dang med pa/
　　　　　　　自性が無いことと無いこと 356,379
rang bzhin med pa yongs su gcod/
　　　　　　　自性が無いことを断定する 350
rang bzhin med pa'am bdag med pa rtogs pa/
　　　　　　　無自性や無我を証得する 320
rang bzhin med pa'i btags yod/
　　　　　　　無自性の仮設有 382
rang bzhin med pa'i lta ba/
　　　　　　　無自性の見 288,369-370
rang bzhin med pa'i stong nyid/
　　　　　　　無自性の空性 286
rang bzhin med pa'i dpe/　　無自性の喩え 404
rang bzhin med pa'i tshad ma/
　　　　　　　無自性である量（基準）379
rang bzhin med pa'i tshig/
　　　　　　　自性が無い言葉 277,(318)
rang bzhin med pa'i gzhal bya/
　　　　　　　無自性である所量 379
rang bzhin med par nges pa/
　　　　　　　無自性だと決定する (317),(412),445
rang bzhin med par gtan la phab pa/
　　　　　　　無自性を決択した 408
rang bzhin med par rtogs pa/　無自性を証得する
　　　　　　　267-268,(329),333,403,406,418
rang bzhin med par smra ba/　　無自性論者
　　　　　　　365,367,371,(415)
rang bzhin med kyang der snang ba/
　　　　　　　自性は無いが、そう現れる 371
rang bzhin med do zhes dam bcas pa/
　　　　　　　「自性が無い」と立宗した 356
dngos po thams cad rang bzhin med pa/
　　　　　　　事物すべては無自性だ 328
rten 'brel dang rang bzhin med pa/
　　　　　　　縁起と無自性 277
rten 'brel la brten nas rang bzhin med pa/
　　　　　　　縁起に依って無自性 278
snang ba de'i rang bzhin med pa/
　　　　　　　現れその自性が無い 404
myu gu'i rang bzhin med pa/　芽の自性が無い 317
ye med pa dang rang bzhin med pa/
　　　　　　　全く無いことと自性が無いこと (280),(281),284
rang bzhin yod pa/ 自性が有る、有自性　317-318,328,
　　　　　　　350,358,365,369,379,382,386,413-414,416
rang bzhin yod pa khegs/

有自性を否定する 389,(402)

rang bzhin yod pa 'gog pa/
　　　　　　自性が有るのを否定する 416
rang bzhin yod pa rnam par bcad/
　　　　　　　　有自性を断除した 350
rang bzhin yod par 'gyur pa/
　　　　　　　自性が有ることになる 318
rang bzhin yod par dam bcas pa/
　　　　　　　　有自性を立宗した 350
rang bzhin yod par 'dod pa/
　　　　　　自性が有ると主張する 365
rang bzhin yod par smra ba/
　　　有自性論者 365,369,371,376,(414),415
rang bzhin yod do snyam du 'dzin pa/
　　　　　「自性が有る」と取らえる 317
bdag la rang bzhin yod/　我に自性が有る 392
rang bzhin yod med/　自性の有る無し 281,284,290,
　　　292,295,308,369,415　cf.yod med/
rang bzhin yod med gnyis la sogs pa'i brtag pa/
　　　　　自性の有る無しの二などの観察 284
rang bzhin yod med dang yod med/
　　　自性の有る無しと有る無し 281,290,369,401
rang bzhin yod med dpyod pa/
　　　　　自性の有る無しを伺察する (308),399
rang bzhin yod med tshol ba/　自性の有る無しを
　　　探求する (284),386,389,401,406-407
rang rig/　　　　　　　自証知　cf.gzhan rig/
　　rang rig ma 'khrul ba/　無錯乱の自証知 371
rang la grags pa/　自らに知られた
　　　　　　cf.grags pa/, gzhan la grags pa/
　　rang la grags pa'i rjes su dpag pa/
　　　　　　　自らに知られた比量 376
　　phyi rgol rang la grags pa'i 'thad pa/
　　　　　後論者自らに知られた道理 378
rang lugs/(rang gi lugs/)　自己の立場 275,306,354,432
　　　　　　　　　　cf. rang phyogs/
　　rang lugs kyi nges pa/ 自己の立場の決定 277
　　rang lugs kyi don dam dang kun rdzob/
　　　　　自己の立場の勝義と世俗 268,(307)
　　rang lugs kyi phyogs med pa/
　　　　　　自己の立場の宗が無い 316
　　rang lugs med pa/
　　　　　自己の立場が無い (347),352-353
　　rang gi lugs bzhag pa/ 自己の立場を設立した 363
　　rgyu 'bras rang lugs la bzhag tu med pa/
　　　　　因果は自己の立場に設立しえない 289
rang sangs rgyas/　　　独覚　cf.nyan rang/
rab tu rnam par 'byed pa/　　　極簡択 421
　　　　　　　　cf.rnam par 'byed pa/
rab rib/　　　　　　　　眼翳 367
　　rab rib can/　　　眼翳を持った者 361,364

rab rib la sogs pa/　　　眼翳など 299-300
　　ma rig pa'i rab rib/　　無明の眼翳 326
ri bong gi rva/　　　　　ウサギの角
　　ri bong gi rva dang mo gsham gyi bu/
　　　　　　ウサギの角と石女の子 337
rig pa/　　　　　　　明知、証知する
　　rig pa'i bzlog phyogs/　明知の反対分 331
　　de kho na nyid rig pa'i shes rab/
　　　　　　真実を了知する智恵 331
　　gzhan rig ma 'khrul ba/　無錯乱の他証知 371
　　rang rig ma 'khrul ba/　無錯乱の自証知 371
　　sems rig cing gsal la dvangs pa/
　　　　　心が了知し明瞭で澄浄だ 445
rigs/　　　　　　　　　種類
　　ming dang rigs su lhag par sgro 'dogs pa/
　　　　　　名と種類として増益する 298
rigs pa/　　　　　　　正理、道理 423
　　　cf.lung rigs/, Rigs pa'i tshogs/
　　rigs pa ltar snang/　　似非の正理 278
　　rigs pa dang 'gal ba/　　正理と相違する 383
　　rigs pa dang tha snyad pa'i tshad ma/
　　　　　　　正理と言説の量 338
　　rigs pa dang lam gyi dgag sgrub/
　　　　　　正理と道の否定・肯定 329
　　rigs pa des btsal ba/　正理により探求した 386
　　rigs pa rnams kyis 'gog pa/ 正理により否定する
　　　　　　(293),305,329,(333),(341),(401)
　　rigs pa bzhi/　　　　　四種道理 423
　　rigs pa'i brtag pa/　　正理の観察 292,381
　　rigs pa'i bstan bcos/　　正理の論書 380
　　rigs pa'i mtshon gyis bshig/
　　　　　正理の武器により破壊する 435
　　rigs pas dgag pa/　　正理により否定する
　　　　　293,305,329,333,(341),401
　　rigs pas rnyed/　　　正理により獲得される
　　　　　　　(291),(292),338
　　rigs pas thams cad 'gog go/
　　　正理によりすべてを否定する 316,(333),(401)
　　rigs pas gnod pa/　　正理により侵害される
　　　　　291,306-308,(338),(370),376
　　rigs pas ma rnyed pa/ 正理により獲得されない
　　　　　　　(292),309,(402)
　　rigs pas mi 'gog/　正理により否定されない 312
　　rigs pas mi 'grub pa/　正理により成立しない 308
　　rigs pas sun dbyung bar nus pa/
　　　　　　正理により論破可能だ 312
　　kun rdzob rigs pas dgag go/
　　　　　世俗を正理により否定する 293
　　dgag bya 'gog pa'i rigs pa/
　　　　　　否定対象を否定する正理 332
　　chos nyid kyi rigs pa/　　法爾道理 423

rten 'byung rigs pa/ 縁起の正理 (352),412

rtog thams cad kyi yul rigs pas 'gog pa/
分別すべての対境を正理により否定する 333

bltos pa'i rigs pa/ 観待道理 423

'thad pas bsgrub pa'i rigs pa/ 証成道理 423

don dam pa'i phyogs kyi rigs pa/
勝義の分の正理 296

bya ba byed pa'i rigs pa/ 作用道理 423

rang gi ngo bos grub pa 'gog pa'i rigs pa/
自体による成立を否定する正理 281

rang bzhin 'gog pa'i rigs pa/ 自性を否定する正理
266,279,(281),282,(305),(329),(416)

rang bzhin 'gog pa'i rigs pa du ma/
自性を否定する多くの正理 266

rang bzhin yod med tshol ba'i rigs pa/自性の有る
無しを探求する正理 389,401,406-407

rang bzhin rigs pas 'gog pa/
自性を正理により否定する 305

las 'bras sogs rigs pas bkag pa/
業果などを正理により否定した 289

rigs pa'i dgag bya/ 正理の否定対象 269,293,307,327,337

rigs pa'i dgag bya'i spyi/
正理の否定対象の一般 403

rigs pas dpyad pa/ 正理により伺察した (344),386

rigs pas dpyad bzod/ 正理による伺察に耐える
309,313,344,394

rigs pas dpyad bzod mi bzod/
正理による伺察に耐えるか耐えないか 291

rigs pas rnam par dpyad pa'i 'bras bu/
正理による伺察の果 346

mthar thug dpyod pa'i rigs pa/
究竟を伺察する正理 291

de nyid la dpyod pa'i rigs pa/
真実を伺察する正理 270,291,294

dpyod pa'i rigs pa/ 伺察する正理 351

rigs shes/ 正理知 399,445

rigs shes kyis mi 'grub/
正理知により成立しない 350

rigs shes rjes dpag/ 正理知〔である〕比量 263

rigs pa'i shes pas 'grub pa/
正理知により成立する 304

rang bzhin yod med tshol ba'i rigs shes/
自性の有る無しを探求する正理知 401

ring po/ 長い

dus ring du bsgoms/ 長い時間に修習した 418

yun ring/ 長い間 446

rim pa/ 次第 cf.lam rim/

rim gnyis/ 二次第 450

rim pa gnyis kyi gnad/ 二次第の枢要 453

skyes bu gsum gyis nyams su blang pa'i rim pa/
三士が行持する次第 455

bskyed pa'i rim pa/ 生起次第 453

nye bar brtag pa'i rim pa/ 観察の次第 389

rten 'brel gyi rim pa/ 縁起の次第 269

bstan pa'i rim pa/ 教の次第 454

de kho na nyid la 'jug pa'i rim pa/
真実に入る次第 264

phar phyin tha ma gnyis kyi rim pa/
最後の二波羅蜜の次第 434

rdzogs pa'i rim pa/ 究竟次第 453

bslab pa phyi ma gnyis kyi rim pa/
後の二学の次第 434

rung ba/ 適切だ cf.'thad pa/

rung mi rung/ 適切・不適切 276

re lde/ テント

re lde la lHas byin gnas pa/
テントにデーヴァダッタが住する 382

reg bya/ 所触

thogs rdugs kyi reg bya/ 障礙・妨害の所触 445

srin po/ 羅刹

brag phug tu srin po yod dam/
岩の洞窟に羅刹がいるか 427

sreg pa/ 焼く cf.'tshig pa/

sreg byed/ 焼くもの 379

bsreg bya/ 焼かれるもの 379

mes bud shing bsreg pa/ 火が薪を焼く 378

shing gnyis sreg pa/ 二つの木を焼く 436

srog/ 命

thar ba'i lam gyi srog/ 解脱の道の命 420

mdo sngags gnyis ka'i lam gyi srog/
経・真言両者の道の命 420

lHas byin dang srog/ デーヴァダッタと命 411

srog shing/ 〔車の車〕軸 382

La

la la/ 或る者

mi la la yod mi la la med/
或る人はいる、或る人はいない 305

la la zhes pa'i tshig/ 「或る」という言葉 305

lam/ 道 cf.dbu ma'i lam/

lam goms pa'i dgag bya/
道の数習の否定されるべきもの 293

lam sgom pa/ 道を修習する (293),323,325,452

lam gyi skabs/ 道の分位 271

lam gyi dgag sgrub/ 道の否定・肯定 329

lam gyi dgag bya/ 道の否定対象 (293),327

lam gyi lus yongs su rdzogs pa/
道の円満完全な本体 451,(453)

lam spyi'i don bsdu ba/
道一般の義(内容)のまとめ 450

lam zag bcas/ 有漏の道 437

sngags kyi lam/ 真言道 453

thar pa'i lam gyi srog/ 解脱の道の命 418

索　引　　613

mthong lam/ 見道 433
mdo sngags gnyis ka'i lam/
　　　　経・真言 (顕密) 両者の道 420,452
rNal 'byor bla na med pa'i lam/
　　　　無上ヨーガの道 453
'phags pa'i lam/ 聖者の道 296
sbyor lam chos mchog chen po ba/
　　　　加行道第一法の大の者 430
zag med kyi lam/ 無漏の道 437
zung du 'brel ba'i lam/ 双運の道 448
las 'bras dang sa lam/ 業果と地道 308
lam me ba/ 煌々とした
　snang ba lam me ba/ 現れが煌々とした 445
las/ 業 417
　las kyi rnam par smin pa/ 業の異熟 282,294-295
　las dkar gnag/ 白黒の業 411
　las dang nyon mongs pa/
　　　　業と煩悩 (265),390,417,450
　las dang byed pa po dang 'bras bu/
　　　　業と作者と果 288
　las byas pa chud za ba/
　　　　為した業がムダに失われる 391-393
　las byed pa po/ 業を為す者 393
　las 'ba' zhig yod/ 業のみが有る 388
　las ma byas pa dang phrad pa/
　　　　為さなかった業と出会う 391,393
　las lam/ 業道 268
　las gsog pa po/ 業を積む者 402-403
　dge ba dang mi dge ba'i las/ 善と不善の業 425
　snga mas byas pa'i las/ 前が為した業 393
　snga mas bsags pa'i las/ 前が積んだ業 394
　bya ba'i las dang byed pa po/
　　　　作される業と作者 (382),395,(397),(398),(406)
　byed pa po dang las/ 作者と業 397,406
　srid pa ni las/ 有は業 417
las 'bras/ 業・果 287,295,433
　las 'bras dang sa lam/ 業果と地道 308
　las 'bras la yid ches pa/ 業果を信認する 450
　las 'bras sogs/ 業果など 287-289
　las 'bras sogs med do/ 業・果などは無い 282
　las 'bras sogs rigs pas bkag pa/
　　　　業果などを正理により否定した 289
　las kyi 'bras bu/ 業の果 393,402
　las dang byed pa po dang 'bras bu dang 'jig rten/
　　　　業と作者と果と世間 288
las dang po pa/ 初業者
　las dang po pa/ 現在の初業者 430
ling thog/ 眼膜
　ma rig pa'i ling thog/ 無明の眼膜 389
lugs/ 立場、流儀 cf.rang lugs/
　lugs ldog/ 還滅門 273

lugs 'byung/ 流転門 273
lugs med pa/ 立場が無い 420
Klu sgrub kyi lugs/ ナーガールジュナの立場 279
Klu sgrub kyi lugs thun mong ma yin pa/
　　　　ナーガールジュナの不共通 (独特) の立場 274
skyon dang bral ba'i lugs/ 過失を欠いた立場 352
Thal 'gyur ba'i lugs kyi rjes su 'jug pa/
　　　　帰謬論証派の立場に従う 381
gnas lugs sam sdod lugs su 'dzin pa/
　　　　住し方や在り方として取らえる 413
Pha rol phyin lugs spyod pa/
　　　　波羅蜜の流儀を行ずる 443
dBu ma pa'i lugs/ 中観派の立場 352,(420)
rtsom pa po de'i lugs/ その著者の立場 361
Zla ba grags pa'i lugs/
　　　　チャンドラキールティの立場 264
gzhan lugs dgag pa/
　　　　他者の立場を否定する 345,(350),424,430-431
yin lugs kyi don/ あり方 (実相) の義 (内容) 424
yul gyi gnas lugs/ 対境の住し方 425
lung/ 教 299,397 cf.gsung rab/
　lung gi rtags/ 教の証因 429
　lung mang po dang 'gal ba/
　　　　多くの教と相違する 440
　yid ches pa'i lung/ 信認の教 423
lung rigs/ 教・正理 432
　lung rigs kyi nges pa/ 教・正理の決定 428
　lung rigs rnams la sbyong ba/
　　　　教・正理を修学する 427
lung bstan/ 授記 (予言) 259
lus/ 身 cf.sku/
　lus dang sems shin tu sbyangs pa/
　　　　身と心の軽安 444
　lus dbang/ 身根 330
　gnas dang lus dang longs spyod rnams/
　　　　住処と身と受用 453
legs par bshad/ 善釈 420
　legs par bshad pa'i rgya mtsho/ 善釈の海 454
len pa/ 取、受ける 416 cf.nye bar len pa/
　len pa bzhi/ 四の取 416
　len pa ni nyon mongs/ 取は煩悩 417
　len po/ 受者 388,(395)
log pa/ 誤った 282 cf.phyin ci log/, yang dag pa/
　log pa'am rdzun pa'i don/ 誤りや偽りの義 284
　log pa'i kun rdzob/ 誤った世俗 (邪世俗) 310
　log rtog/ 邪分別 334
　kun rdzob pa la log par zhugs pa/
　　　　世俗に誤って入った 289
　stong pa nyid log par go ba/
　　　　空性を誤解する 370
　yang dag dang log pa'i kun rdzob/

正しい〔世俗〕と誤った世俗 304
yang dag pa'i lta ba dang log pa'i lta ba/
正見と誤見 307
longs spyod pa/ 受用する、享受する cf.myong ba/
phyi mas longs spyod pa/ 後が受用する 393
gnas dang lus dang longs spyod rnams/
住処と身と受用 453
rlan/ 湿潤 378
chu rlan pa/ 水は湿潤である 423
rlabs chen po/ 大波
spyod pa rlabs chen po/ 大きな行の波 418
rlung/ 風
rlung gis drud pa/ 風により擦り合わされた 436
mar me rlung gis ma bskyod pa/
灯火が風により動揺しない 445
mar me rlung la bzhag pa/ 灯火を風に置いた 442

Sha

shar/ 東
shar phyogs su bum pa yod/ 東の方に瓶が有る 292
'dre shar sgor gnod pa/ 鬼が東門に害する 443
shar ba/ 浮かんだ cf.'char ba/
shing/ 木 cf.bud shing/
shing gnyis sreg pa/ 二つの木を焼く 436
shing rta/ 車
shing rta nye bar len pa po/ 車は取る者 406
shing rta dang de'i yan lag rnams/
車とその諸支分 (382),406
shing rta ma rnyed pa/ 車を獲得しない 387
shing rta tshig/ 車が燃えた 266-267,387
shing rta zhig pa/ 車が滅した 387
shing rta'i tha snyad/ 車の言説 386-387,389-390
shing rta'i dpe/ 車の喩え 382,385
shing rta'i yan lag/ 車の支分 382
brten nas shing rtar btags pa/
依って車と仮設した 406
shing rta chen po/ 大きな車 (学轍) 455
Gangs ri'i khrod kyi shing rta chen po/
雪山国の大車 455
tshad mar gyur pa'i shing rta'i srol 'byed chen po/
量 (基準) となった大車 259
shin tu sbyangs pa/(shin sbyangs/) 軽安 442,444
lus dang sems shin tu sbyangs pa/
身と心の軽安 444
sher phyin/ 智度 258,286,438
cf.shes rab kyi pha rol tu phyin pa/
shes pa/ 知識、識
cf.tha snyad pa'i shes pa/, rnam par shes pa/,
dbang po'i rnam par shes pa/, rigs shes/
shes pa rang dga' ba/
自由気ままな知識 305-306,396-397
shes pas grub pa/ 知識により成立している 368

shes pas rnyed pa/ 知識により獲得された 366,374
rtog bral gyi shes pa/ 分別を離れた知識 429
rnam shes rnams brdzun pa bslu ba/
識は偽りで欺く 298
ma 'khrul ba'i shes pa/ 無錯乱の知識 366-368,374
mi dpyod pa'i shes pa/ 伺察しない知識 307
mig gi shes pa/ 眼識 291,365,399
mig la sogs pa'i shes pa/ 眼などの識 297
yid kyi shes pa/ 意識 399
shes bya/ 所知
shes bya ji snyed pa dang ji lta ba/
所知〔である〕如量と如実 423,(434)
shes bya la med pa/ 所知に無い 328
shes bya la yod pa/ 所知に有る 327
rnal 'byor pas shes par bya ba/
ヨーガ行者が知るべきこと 423
shes bya'i sgrib pa/ 所知障 327,331,418-419
nyon mongs pa dang shes bya'i sgrib pa/
煩悩と所知の障 327
shes bzhin/ 正知
dran pa dang shes bzhin/ 憶念と正知 442
shes rab/ 智恵 428,432
shes rab kyi skabs/ 〔『入行論』〕智恵の個所 434
shes rab kyi ngo bo lhag mthong/
智恵の体〔である〕勝観 452
shes rab kyi dbang po/ 智恵の根 (慧根) 436
shes rab kyi yul sun 'byin pa/
智恵の対境を論破する 316
shes rab kyis rnam par dpyad pa/
智恵により伺察する 256
shes rab dang thabs/ 智恵と方便 (271),426
shes rab de'i bsgom tshul/智恵の修習の仕方 434
shes rab de'i ldog phyogs 'dzin/
智恵その反対分を執る 336
thos bsam gyi shes rab/ 聞・思の智恵 342
de kho na nyid rig pa'i shes rab/
真実を了知する智恵 331
so sor rtog pa'i shes rab/ 妙観察の智恵 442
shes rab kyi pha rol tu phyin pa/ (shes rab pha rol
phyin/, sher phyin/) 智恵の波羅蜜 420,437-438
cf. rGyal ba'i yum/, Shes rab kyi pha rol tu phyin pa/
shes rab pha rol phyin mchog spyod pa/
最上の智恵の波羅蜜 (般若波羅蜜) を行ずる 320
sher phyin/ 智恵の波羅蜜 258,286,438
bshes gnyen/ 善知識 257,453
bshes gnyen bsten/ 善知識に親近する 450
bshes gnyen la gus pa/ 善知識への尊敬 451

Sa

sa/ 地 372,378 cf.'byung ba/
las 'bras dang sa lam/ 業果と地道 308
sa brgyad pa/ 第八地 419

索　引　615

sa brgyad pa yan chad kyi byang sems/
　　　　　第八地以上の菩薩 311
sa'i khams la sogs pa khams drug/
　　　　　地界など六界 408
sa bon/　　　　　種子 409-410
　　sa myug/　　　種子・芽 392,410
　　nyon mongs pa'i sa bon/　　煩悩の種子 256
　　me dang sol ba dang nas kyi sa bon/
　　　　　火と炭と大麦の種子 410
　　ma rig pa dang sa bon la sogs pa/
　　　　　無明と種子など 385
　　srid pa'i sa bon/　　有(生存)の種子 330
sa lu/　　　　　稲 410
Sangs rgyas/　　　　　仏陀
　　Sangs rgyas kyi gsung rab/　　仏陀の 427
　　Sangs rgyas dang de rnams kyi sngon gyi skye
　　　　ba'i sems can rnams/
　　　　　仏陀とそれらの前生の有情 392
sangs rgyas pa/　　　成仏した 420
sil bu/　　　　　断片
　　sil bur gnas pa rnams/　　断片として住する 383
sun 'byin pa/　　　　　破する、論破
　　sun 'byin gyi thal ba/　　論破の帰謬 346
　　sun 'byin ltar snang gi mthar thug pa/
　　　　　似非論破の究極 316
　　sun dbyung bar bya ba dang sun 'byin pa/
　　　　　論破されるものと論破するもの 359,360
　　sgrub pa'am sun 'byin pa/　　立証や論破 380
　　rten 'brel gyi rim pa sun phyung ba/
　　　　　縁起の次第を破した 269
　　phrad nas kyang sun 'byin pa/
　　　　　出会って論破する 359
　　gzhan phyogs sun 'byin pa/　他宗を論破する 345
　　yul sun phyung/　対境を論破する (316),(329),428
　　rang rgyud sun dbyung ba/
　　　　　自立論証を論破する 363,(366)
　　rigs pas sun dbyung bar nus pa/
　　　　　正理により論破可能だ 312
　　shes rab kyi yul sun 'byin pa/
　　　　　智恵の対境を論破する 316
sems/　　　　　心　cf.byang chub kyi sems/
　　sems kyis gtad pa/　　心を繋ぐ 445
　　sems 'phro ba/　　心が散る 427
　　sems 'phro ba'i yul dang 'phro mkhan gyi sems/
　　　　　心が散る対境と散る者の心 435
　　sems mi 'phro bar bzung ba/
　　　　　心を散らさないで保った (427),430
　　sems rtse gcig pa/　　心の一境性 444
　　sems rtse gcig pa'i zhi gnas/　心一境性の止住 257
　　sems zin pa/　　心を摂めた 446
　　sems bzung ba/　心を保った (424),427,(430),(446)

sems rig cing gsal la dvangs pa/
　　　　　心が了知し明瞭で澄浄だ 445
sems sogs tshogs/　　心などの集積 399
gzhan gyi sems/　　他者の心 345
gzhan gyi sems mi shes pa/
　　　　　他者の心を知らない 349
lus dang sems shin tu sbyangs pa/
　　　　　身と心の軽安 444
sems gnas pa/　　心の住　cf.zhi gnas/
　　sems gnas pa rnam pa dgu po/
　　　　　心の九種類の住 447
　　'jog pa'i sems dgu'/　安住させる九の心 424
sems can/　　　　　有情、衆生
　　sems can gyi don/　　有情の利益(ため) 451
　　sems can 'khor bar 'ching ba/
　　　　　有情が輪廻に繋縛される 334
　　sems can med pa/　　有情が無い 440
　　sngon gyi skye ba'i sems can rnams/
　　　　　前生の有情たち 392
　　bdag gam sems can gdags pa/
　　　　　我や有情を仮設する 382
　　bdag dang sems can/　我と有情 260,(382)
sems pa/　　　　思惟する　cf.bsam pa/
　　ci yang mi sems/　　何も思惟しない 425
　　thos pa dang sems pa/　　聞と思 440
so so ba/　　　　　個々 392
　　so so so sor bsgom/　個々別々に修習する 448
　　so sor dpyod pa/　　個々に伺察する 436
　　ngo bo nyid kyis so so ba/
　　　　　体性により個々のもの 383
　　'phags pa'i so so rang gis rig par bya ba/
　　　　　聖者により自内証される 440
　　gzhan gyis so sor myong ba/
　　　　　他者により個々に領受される 393
　　yan lag so so ba'i dbyibs/
　　　　　支分個々の形色(かたち) 384
　　rang gi ngo bos grub pa'i so so ba/
　　　　　自体により成立した個々 (382),394
so so skye bo/　　　異生、凡夫 429,437
　　so so skye bo'i mngon sum/　　異生の現量 403
so sor rtog pa/　妙観察する、個別観察 423,432,436,439
　　so sor rtog pa sngon du 'gro ba/
　　　　　妙観察が先行する 439-440
　　so sor rtog pa las byung ba/
　　　　　妙観察より生起したもの 422
　　so sor rtog pa'i shes rab/　　妙観察の智恵 442
　　chos rnams la yang dag par so sor rtog pa/
　　　　　諸法を正しく妙観察する 440
　　stong pa nyid la so sor rtog pa/
　　　　　空性を妙観察する 437
　　yang dag par so sor rtog pa/

	正しく妙観察する 426,440
so sor thar pa/	別解脱 450
sol ba/	炭
me dang sol ba dang nas kyi sa bon/	
	火と炭と大麦の種子 410
ser po/	黄 284
srid pa/	有、生存 416,450
srid pa ni las/	有は業 417
srid pa las grol ba/	有より解脱する 256
srid pa'i rtsa ba gcod byed/	
	有の根本を切断する 418
srid pa'i yan lag gis yongs su bsdus pa/	
	有の支分により包摂された 331
srid pa'i sa bon/	有の種子 330
slob dpon/	軌範師 429
	cf.Klu sgrub/. Zla ba grags pa/
slob pa/	学ぶ cf. bslab pa/
spyod pa la slob pa/	行を学ぶ 452
slob ma/	弟子 429
gsar ba/	新しい
gsar du bsgrub pa/	新たに成立させる 328
gsal ba/	明晰だ、明瞭だ、顕現 256,446
gsal bar bya ba/	顕現されるもの 363
gsal bar byed pa/	顕現させる 368
gSal byed pa/	顕現論者 364
sems rig cing gsal la dvangs pa/	
	心が了知し明瞭で澄浄だ 445
gsung rab/	聖教
gsung rab kyi gnad/	聖教の枢要 259
rGyal ba'i gsung rab/	勝者の聖教 257
nges don gyi gsung rab/	了義の聖教 278,327,361
Thub pa'i gsung rab/	牟尼の聖教 453
theg pa chen po'i gsung rab rnams/	
	大乗の聖教 441
drang don dang nges don gyi gsung rab/	
	未了義と了義との聖教 259
sangs rgyas kyi gsung rab/	仏陀の聖教 427
gsog pa/	積む、積集する
snga mas bsags pa'i las/	前が積んだ業 394
rdul phra rab bsags pa/	極微が積集した 303
las gsog pa po/	業を積む者 402-403
bsod nams ye shes tshogs bsags/	
	福徳・智慧の資糧を積む 271
bsam gyis mi khyab pa/	不可思議だ 440
las rnams kyi rnam par smin pa bsam gyis mi	
khyab pa/	業の異熟は不可思議だ 295
bsam gtan/	静慮、禅定 258,451
bsam gtan gyi 'og/	静慮の後 434
bsam pa/	思惟 cf.sems pa/
rgyu mtshan sgo du ma nas bsam/	
	理由を多くの門より思惟する 433

thos bsam gyi shes rab/	聞・思の智恵 342
bsal ba/	除去
rang tshig gi bsal ba/	自らの言葉の除去 353
bsod nams/	福徳
bsod nams kyi tshogs/	福徳の資糧 453
bsod nams ye shes tshogs/	福徳・智慧の資糧 271
bslad pa/	汚染された 299
ma rig pas bslad pa'i phyin ci log/	
	無明により汚染された顛倒 366
bslab pa/	学 cf. slob pa/
bslab pa phyi ma gnyis kyi rim pa/	
	後の二学の次第 434
bslab pa gsum/	三学 450
bslab bya/	学処 450
bslu ba/	欺く 338,345
brdzun pa bslu ba'i chos can/	
	偽りであり欺く法を有する 297
rnam shes rnams brdzun pa bslu ba/	
	識は偽りで欺く 298

Ha

lhag ma/	残り
sgyu ma'i don lhag mar lus/	
	幻術の義（もの）が後に残る 401
lhag mthong/	勝観 434,439
lhag mthong gi skyong tshul/	
	勝観の護り方 431,443
lhag mthong gi gegs/	勝観の妨げ 432
lhag mthong gi sgo gsum/	勝観の三門 422
lhag mthong gi rtogs pa/	勝観の証得 432
lhag mthong gi tshogs/	勝観の資糧 258
lhag mthong gi tshogs gsum/	勝観の三の資糧 421
lhag mthong gi rab tu dbye ba/	勝観の区別 421
lhag mthong grub pa'i tshad/	
	勝観が成就する度量（基準）443
lhag mthong 'grub pa/	勝観が成就する 449
lhag mthong bsgom pa/	
	勝観を修習する 256-257,421,424
lhag mthong rjes mthun pa/	
	勝観の随順したもの 444
lhag mthong thams cad yang dag par bsdus pa/	
	勝観すべてを包摂した 424
lhag mthong rnam pa bzhi/	四種類の勝観 424
lhag mthong mtshan nyid pa/	正規の勝観 444
lhag mthong bzhi'i sgo/	勝観四つの門 424
lhag mthong la bslab pa'i tshul/	勝観の学び方 258
rnam pa bzhi dang rnam pa gsum dang rnam pa	
drug gi lhag mthong/	
	四種類と三種類と六種類の勝観 421
rnam pa drug/	〔勝観の〕六種類 423
rnam pa bzhi/	〔勝観の〕四種類 421
rnam pa gsum/	〔勝観の〕三種類 422

shes rab kyi ngo bo lhag mthong/
　　　　　　　智恵の体〔である〕勝観 452
lhan skyes/　　　　　　俱生、生来のもの 312
　　lhan skyes kyi nyon mongs rnams/
　　　　　　　　　　俱生の煩悩 322
　　lhan skyes kyi ma rig pa/　俱生の無明 322,334
　　'jig lta lhan skyes/　　　俱生の有身見 336
　　'jig lta lhan skyes kyi dmigs pa/
　　　　　　　　　俱生の有身見の所縁 337
lHas byin/　　　　　　デーヴァダッタ 392
　　lhas byin khyim na mi srid pa/
　　　　　　　デーヴァダッタは家にありえない 328
　　lHas byin dang srog/　デーヴァダッタと命 411
　　ba lang dang lHas byin/　牛とデーヴァダッタ 383
　　re lde la lHas byin gnas pa/
　　　　　　テントにデーヴァダッタが住する 382
lhur byed pa/　　　　　　　　努める
　　rang bzhin tshol ba lhur byed pa/
　　　　　　　自性の探求に努める 291,295

A

日本語索引 (Kyoto ed. に基づく)

【固有名詞（人名・典籍など）】

あ

アヴァローキタヴラタ 301

アサンガ (無着)
　聖者アサンガ 441,443
　聖者アサンガの本典 443
　ナーガールジュナとアサンガ (441),443,(453),455

『アビダルマ集論』421

アーリヤ・デーヴァ (聖堤婆)　262,(283),332,357,428
　cf. 聖者父子

或る人 271,289,294,309,315,321,373,377,424,430-432
　インド人の或る軌範師 262
　インド・チベットの軌範師の或る人 262
　(ハシャン) 彼に従う或る人 427
　錯乱した或る人 392
　先代の或る善知識 262
　チベットの或る学者 348
　前の或る人 403

い

イェシェーデ 263

インド　cf. 聖なる国
　インド人の或る軌範師 262
　インド・チベットの軌範師の或る人 262
　インド・チベットの勝れた学者・行者たち 441

う

ヴァイシェーシカ学派、勝論学派 303,363-364

ウッダーラカ 256

え

『廻諍論』272,274,276,280,285,318,327-328,347-348,350,
　　355-358,361,(365),(374)
　　『自註釈』276,318,327-328,350,356-358

お

か

学者　cf. 賢者

『迦葉〔所問〕品』436,440

カマラシーラ 301,(302),(411),443
　シャーンタラクシタとカマラシーラなど 262

『伽耶山経』426

『〔書簡・〕甘露の滴』(263)

き

軌範師　cf. ナーガールジュナ、チャンドラキールティ
　軌範師二人（ブッタパーリタとチャンドラキール
　ティ）337,344

帰謬論証派 363　cf. 中観帰謬論証派
　帰謬論証派の立場に従う 381

帰謬論証派と自立論証派 264,(341)
　帰謬派・自立派 345

基本書の中観派 262

キャプチョク・ペルサンポ 455

経 (顕教)
　経・真言両者の共通の道 452
　経・真言両者の道の命 420

『経』392,398,399,(416)
　甚深な経 405
　『入中論の註釈』に引用した『経』381
　『〔宝雲〕経』323
　了義の諸経典 339

教主 (釈尊)　cf. 世尊
　教主とマーンダートリ 392

経量部 303
　経量部と一致した所縁縁 303

経量部 (経部行) 中観派 262-263

く

『空性七十論』274,332,339

け

形相真実
　形相真実を主張する者 371

『解深密経』258,301,421-422,424,432,439,444,
　『解深密経』の三自性の設定 302

外道
　外道とも共通だ 256
　外道の仙人 257
　外道者 307,396
　外道者など 425
　外道者の止住 425

『見の差別』(263)

顕現論者 364,(415)　cf. サーンキャ学派

賢者 (学者)
　賢者たち 453
　賢者〔である〕中観派 272
　後伝期の学者たち 264
　実有論者の学者 272,290
　昔の或る学者 293
　昔の学者たち 400
　六人の荘厳など学者 427

幻理成立派 262

こ

ゴク・ロデンシェーラプ 263,455　cf. 大翻訳師

〔仏教〕後伝期
　後伝期の学者たち 264

コンチョク・ペルサンポ 455

コンパワ
　ゴンパワより伝承された「道次第」446
　コンパワよりネウスルワに伝承された 455

『根本中論』273　cf.『中論』

『根本中論の釈論・明句』　cf.『明句』

『根本〔中論〕・般若』272-273,(275),(279),280,285,286,(287),
　　317-318,332,338-339,(345),391,420　cf.『中論』

『根本般若』の註釈者たち 264
第一章 409
第三章 375
第三章と第四章と第五章 416
第七章 412
第八章 408
第十章 395
第十五章 343
第十八章 266,391,396,406,416-417
第二十章 290
第二十章 409-410
第二十四章 273,278-280
第二十五章 273,301
第二十六章 273,332-333
第二十七章 333,391-396

さ

サーンキャ学派、数論学派 (364),415　cf. 顕現論者
サンポを〔名の〕最後に持つ者 (チョーキャプ・サンポ)455
『三昧王経』(256),260,270,(297),402,405,408,437
『三律儀説示経』407

し

『思択炎』302,342,(434)
　『思択炎』など 372
　『般若灯論』と『思択炎』343
シナ　cf. ハシャン
　シナの和尚（親教師)370
　シナの親教師ハシャン 321
『四百論』(295),(320),(330),(332),333-334,(335),348,357,378-379,400,403,413,(428)
『四百論の註釈』 281,283,290-292,294,297-299,303-304,312,318,320,330-331,333,335-336,338,357,370,390,394,400-401,413,(414),419
〔仏教〕自部 268,(363),393　cf. 仏教者
　自部に対して立証する 413
　自部の或る者 388
　自部の実有論者 307,(334),364,383
　自部の者 303,321
自部・他部 308
　自部・他部の実有論者 (334),337
ジャヤーナンダ 345　cf. パンディタ
シャラワ
　ポトワがシャラワに伝承した 455
シャーンタラクシタ(寂護)262,263
　シャーンタラクシタとカマラシーラなど 262
　シャーンタラクシタなど 371
シャーンティデーヴァ 443
『修信大乗経』258
『〔アビダルマ〕集論』421
『修習次第』436
　『修習次第』三篇 433
　『修習次第初篇』256,400
　『修習次第中篇』257,421,434,436
　『修習次第後篇』425,427,437,439,440,442,447

中観の『修習次第』257
主尊 (アティシャ)264,443,(454)
『出世間讃』274,362
鷲峯山 420
順世派 287,353,(355)
『〔聖〕撰』(『宝徳蔵般若経』)319-320,438
聖者 (ナーガールジュナ)　cf. ナーガールジュナ
　聖者ナーガールジュナ 259,441
　聖者ナーガールジュナと聖者アサンガ 441
　聖者の意趣 264
　聖者の本典 418
聖者父子 (262),278,263,327,420
　聖者父子と軌範師二人 337
　聖者父子の本典 381,441
聖堤婆　cf. アーリヤ・デーヴァ、『四百論』
『声聞地』421-422,424,447
正理自在者〔ダルマキールティ〕428-429
「正理の聚」329,438
　正理の広大な聚 327
　中観の「正理の聚」261
　中観の「正理の聚」など 428
正量部　cf. 犢子部
　正量部の或る者 336
『書簡・甘露の滴』(263)
自立論証派 264,365,415
　中観自立論証派 271
真言
　「真言の道の次第」453
　真言の道の非共通の所断 453
　秘密真言に入る 452

す

スルプの人コンチョク・ペルサンポ 455

せ

『青冊子』443
聖なる国〔インド〕　cf. インド
　聖なる国の学説論者たち 296
世尊 297-298,416,436-437　cf. 教主
雪山国 (チベット)264,454
　雪山国の大車 (学轍)455
『説三律儀経』407
先代　cf. 前,昔
　先代の或る善知識 262
　先代の人たち 262

そ

『象腋経』416
祖師　cf. 昔
ソナム・ペルサンポ 456

た

大翻訳師〔ロデン・シェーラブ〕
　大翻訳師ロデン・シェーラブ 263
　大翻訳師とトルンパ父子の道次第 455
他部 364　cf. 外道者、自部・他部
タントラ
　無上ヨーガ・タントラ 452

タントラ部
　　タントラ部とそれらの意趣註釈 453
　　タントラ部の正しい典拠 452-453

ち

『智光明荘厳経』260
チベットの或る学者 348
チベットの中観派を自認する者 282
チャンガパ
　　チャンガパより伝承された 455
チャンドラキールティ（月称）262,264,266,(268),(271),
　　　278-279,281,(288),(292),294,(296),(298-300),
　　　(304),312-313,(314),331,(334),(337),340,345,353
　　　363,(366),371,(374),378,(381),(383),392-393,(410),
　　　(419),420
　　チャンドラキールティに従うチベットの或る学者 348
　　チャンドラキールティに従うと主張する人たち 372
　　軌範師〔チャンドラ〕の意趣 381
　　ナーガールジュナとチャンドラキールティ 362
　　ナーガールジュナの弟子チャンドラキールティ 443
中観
　　中観の「正理の聚」261,428
　　中観の諸論書 361
　　中観の立場 420
　　中観の非共通（独特）の差別法 271
　　中観の本典 278,285,316
　　中観・量すべての立場 397
　　現在、中観の義を語ると主張する者 269,273,386
中観派 262,268,287-288,306,348,353-354
　　中観派が言説として設立する 337
　　中観派と実有論者 282,364
　　中観派に承認が有るか無いか 351
　　中観派の差別法（特性）273,(277),279
　　中観派の世俗 303
　　中観派の立場 352
　　中観派を自称する者 262
　　偉大な中観派 381
　　かつての中観派 348
　　基本書の中観派 262
　　経量部中観派 262-263
　　賢者〔である〕中観派 272
　　実有論者と中観派 272
　　他の中観〔自立論証〕派 419
　　立場を持った中観派 262
　　チベットの中観派を自認する者 282
　　瑜伽行中観派 262,264
『中観教誡論』443
中観帰謬論証派 (363),(381)　cf. 帰謬論証派
　　中観帰謬論証派の内 366
　　現在、中観帰謬論証派だと主張する者たち 347
『中観光明論』260,261,263,(301),342
中観自立論証派 271,339,(419)
　　中観自立論証派と帰謬論証派 341
『中観心論』(342),434,443
『中観荘厳論』263

『中観荘厳論の難語釈』343
『〔現観荘厳論の〕註釈・明義』268
『中辺分別論』327,446
『中論』263,(325),332,(361)　cf.『根本中論』、『根本般若』
　　『中論』の真実 303
　　『中論本頌』273,321,332

つ

ツォンカの人 456

て

ディグナーガ（陳那）380
ディーパムカラ〔・シュリージュニャーニャ〕(アティ
　　　シャ)454
天尊師(アティシャ)(264),443

と

「道次第」454-455　cf. 菩提道次第
　　以前の道次第の教誡 443
　　多くの道次第 455
　　「真言の道の次第」453
　　善知識ゴンパワより伝承された「道次第」446
　　大士の道の次第 452
　　大翻訳師とトルンパ父子の道次第 455
　　「菩提道次第」453-455
『道灯論』452
　　『道灯論』の三士の一般の相（特徴）455
犢子部 352　cf. 正量部
ドルパ
　　ポトワよりドルパに伝承された 455
トルンパ
　　大翻訳師とトルンパ父子の道次第 455

な

ナーガールジュナ(龍樹)259,(276),280,(323),(324),332,
　　　(341),(365),392,420　cf. 聖者(しょうじゃ)、聖者父子
　　ナーガールジュナとアサンガ (441),443,(453),455
　　ナーガールジュナとチャンドラキールティ 362
　　ナーガールジュナの意趣を註釈する次第 262
　　ナーガールジュナのご主張 273
　　ナーガールジュナの立場 279
　　ナーガールジュナの不共通（独特）の立場 274
　　ナーガールジュナの本典 367
ナムケー〔・ギェルツェン〕の名を持ったもの 455
『那羅延所問経』432

に

『入一切仏境智慧光明荘厳経』260
『入〔菩薩〕行論』269,434
　　zhi gnas bsam gtan le'u/
　　　　　　　　　　　　　　止住〔である〕静慮の章 434
　　shes rab kyi skabs/ 智恵の個所 434
『入中論』265-266,270-271,280,293,296,299,306-307,310,
　　　313-314,320,322,336,338,341,348,352,(354),
　　　359,382-385,(387),388,391,393-396,(397),398-
　　　399,404-409,411,412,428,434,443
　　『入中論』と『明句論』331
　　『ブッダパーリタ』と『明句論』と『入中論』338
『入中論の註釈』267,293,296,300,302,303,305,(306),(314),

322,323,324,325,331,336,338-339,341,(354),355,
357,359-360,361,362,386,387,388,(391),394,(398),
408,410,419
　『入中論の註釈』に引用した『経』381
　『入中論の註釈』に引用した『仏母』339,(359)
『入中論の復註』345,349,408
『入二諦論』(443)
『入菩薩行論』　cf.『入行論』
『入無分別陀羅尼』440
　この『陀羅尼』の『註釈』441
『入楞伽経』439
　『明句』に引用された『入楞伽経』315
『如来秘密経』426

ぬ

ね

ネウスルワ
　コンパワよりネウスルワに伝承された455

の

は

バーヴィヴェーカ(清弁)　cf.ブハーヴィヴェカ
ハシャン257,(370),426-427,435,438
　ハシャンの立場425
　シナの親教師ハシャン321
パンディタ　cf.ジャヤーナンダ
　パンディタの弟子〔である〕翻訳師たち346
『般若心経』(319),438
『般若灯論』
　『般若灯論』と『思択炎』343
　第十五章の註釈『般若灯論』343
　第二十五章の『般若灯論』301
　『復註』301
『般若波羅蜜経』(310),437　cf.『仏母』
　『般若波羅蜜経』など262
『般若波羅蜜教誡論』422,424,441-444,448

ひ

東のツォンカの人456
毘婆沙師264,303
秘密真言　cf.真言
　秘密真言に入る452

ふ

部、部派　cf.自部、他部
　二の部派303
父子　cf.聖者(しょうじゃ)父子
仏教者363　cf.自部
ブッダパーリタ(仏護)262,264,290,333,(374),391,396,420
　ブッダパーリタの『註釈』345,(378)
　軌範師ブッダパーリタと軌範師チャンドラキー
　　　　　　　　　ルティ(278),302,(337),(381)
　『ブッダパーリタ〔の註釈〕』267,286,290,319,332,
　　　　　　　　　　(338),339,345,378
　『ブッダパーリタ』と『明句論』と『入中論』338
『仏母〔般若波羅蜜経〕』　cf.『般若波羅蜜経』
　大いなる『仏母』420
　　　　『入中論の註釈』へ引用した『仏母』339

ブハーヴィヴェーカ(清弁)262-264,300,304,(344),345,
　　　　　　　　　366,(372),373-374
　ブハーヴィヴェーカなど302,370

へ

ほ

『宝雲経』(323),435,439
『宝徳蔵般若経』　cf.『〔聖〕摂』
『宝鬘』(267),278,286,319,(331),(332),339
『宝行王正論』　cf.『宝鬘』
『菩薩蔵経』257
『菩提資糧品』320
「菩提道次第」453-455　cf.道次第
『菩提道灯論』　cf.『道灯論』
ポトワ
　ポトワがシャラワに伝承した455
　ポトワの『青冊子』443
　ポトワよりドルパに伝承された455
本尊(天)
　本尊の円満な輪(マンダラ)453
翻訳師　cf.大翻訳師
　パンディタの弟子の翻訳師たち346

ま

マイトレーヤの法443
前　cf.昔、先代
　祖師たち452
　先の偉大な祖師264
マンジュゴーシャ453-454
『マンジュシュリー根本タントラ』452
マーンダートリ王391
　教主(釈尊)とマーンダートリ392

み

『〔根本中論の釈論・〕明句』264-266,271,273,275,280-
　　　　　281,285-289,295,299,319,323,326,330,341,348,
　　　　　352,356,358-359,363-365,368,371-372,375,
　　　　　380,396,417-418
　『明句』に引用された『入楞伽経』315
　『入中論』と『明句』331
　『ブッダパーリタ』と『明句』と『入中論』338

む

昔(前)　cf.先代、前
　昔の或る学者293
　昔の学者たち400
　昔の中観派348
無住論派262
無上ヨーガ
　無上ヨーガ・タントラ452
　無上ヨーガの道453
『無尽意所説経』259-261
無着　cf.アサンガ
『無熱悩〔龍王〕所問経』315,(416)

め

も

文殊師利　cf.マンジュシュリー
『文殊師利根本タントラ』452

『文殊師利遊戯経』428

や

ゆ

唯識
　　　唯識の立場 263
唯心派 300-302,354
瑜伽行派 263
　　　瑜伽行派の者 301
瑜伽行中観派 262,264

よ

ら

ラディン 456

り

龍樹　cf. ナーガールジュナ
量 (論理学・認識論)
　　　中観・量すべての立場 397
『量評釈』(428),(429),433

る

れ

レンダワ 456

ろ

『六十頌如理論』271,274,314,348,358,361
『六十頌如理論の註釈』297,309,314,324,338,340,358
六人の荘厳
　　　六人の荘厳など学者 427
ロサン・タクペーパル 456
ロデン・シェーラプ 263,455　cf. 大翻訳師

わ

【一般的な用語】

あ

間　cf. 時間、更
　　長い間 446
青 284,407
悪　cf. 悪い
　　善・悪より楽・苦が生ずる 308
　　辺際に依った悪見四つ 392
悪趣 286,450
欺く 338,345
　　偽りで欺く法を有する 297
　　識は偽りで欺く 298
脚
　　鳩の脚 394
新しい　cf. 新ただ
熱い (378)
　　火は熱い 423
集まる　cf. 和合
後　cf. 前後
　　後が受用する 393
　　後が領受する 394
　　後で無いと見る 287
　　加行と後と更の合間 442
　　ここから後に行く 288
　　静慮の後 434
誤り 282　cf. 過失、邪、顛倒
　　誤りや偽りの義 284
　　誤った世俗 (邪世俗)310
　　空性を誤って理解する 370
　　宗の誤り 372
　　世俗に誤って入った 289
　　正しい見と誤った見 307
誤る
　　誤らない見 289,(446)
　　空性を見誤る 286
阿羅漢　cf. 声聞と独覚
　　阿羅漢の二人 311
新ただ
　　新たに成立させる 328
あらゆるもの　cf. 如量
著す　cf. 著作する
顕わになったもの 429
現れる
　　現れる義 (もの)307
　　現れる自相 300
　　現れるとおりの義 (もの)413
　　映像などが現れる 304
　　自性は無いが、そう現れる 371
　　自相により成立したそれが現れる 365
　　真実として現れる 265
　　他の形相に現れる 298,304
　　対境・有境の二として現れる 445
　　無いながら現れる 367,(371)

二の月が現れる 304
現れ 311　cf. 顕現、一致した現れ
　　現れが煌々とした 445
　　現れについて錯乱した 310
　　現れの自性が無い 404
　　現れの諸法 413
　　現れの分〔である〕世俗 289
　　現れを取らえる 399
　　現れを有する行境 419
　　偽りの現れ 399
　　錯乱の現れ 326
　　色などの現れが浮かぶ 400
　　殊勝な現れ 453
　　粗大な現れ 445
　　二の現れの錯乱 419
　　漠然とした現れ 401,(445)
現れと空 262
　　現れ・空についての決定 278
　　現れについて空だ 403
現れの対境 310,368
　　現れの対境と思い込みの対境 369
　　現れの対境について無錯乱だ 370
あり方 (実相)
　　あり方の義を修習した 424
　　あり方を弁別する 453
　　義 (もの) であるあり方 291
　　義 (もの) のあり方 307
在り方
　　住し方や在り方 (335),413
或る
　　「或る」という言葉 305
　　或る人はいる、或る人はいない 305
有る　　cf. 諦として有る、言説として有る、いる、
　　　　住する
　　有る義 (もの)371
　　有ることと体により成立していること 290
　　有ることを侵害するもの 265
　　有ると取る 366,(369)
　　有るなら否定できない 329
　　有る〔という〕辺 (極端)269,281,284,(402)
　　一般的に有る 369
　　偽りとして有る 369
　　煙が有るもの 346,349
　　業のみが有る 388
　　色などが有る 353
　　自性により有る 285
　　自相により成立した有ること 370
　　自体により有る 378
　　自体により有ることと有ること 376
　　承認が有る 288-289,351
　　所知に有る 327
　　真実として有る 397
　　ただ有ることほど 284,370,(376),(379),(401)
　　二我として有る 436

人 (にん) は実物として有る 353
火が有る 346,349
本来有ることを主張しない 287
芽が有ると取る 369
和合したものほどが有る 388
有る無し 281,285-286,290,369,401　cf.自性の有る無し
有る無しなどの四句 269-270,(316)
有る無しの二辺の論 283
有るのではないと主張する 289
有るのではない、無いのではない 285
我の有る無し 310
言説としての有る・無し 309
自在天と有る無しが同じ 351
事物の有る無し 316,325,436
承認が有るか無いか 351
外の義 (もの) の有る・無し 263
対境の有る無し 438
諦としての有る無し 415
ただの有る無し 401
立宗の有る無し 356
あるがまま　cf.如実
安住
無確定の安住 425,430
安住させる 256,424-425,436
安住させる九の心 424
安住させる雑修 449
見の上に安住させた 430-431
何とも取らないで安住させる 307
無分別に安住させる 425,430,431
安住修 431-432,441-442,444,447
安住修と伺察修 432,444,(448)
安住分
一境性の安住分 452
堅固な安住分 449

い

意
意識 399
意に表詮された (意言)301
意〔にとって〕の侵害するもの 300
家
デーヴァダッタは家にいない 328
怒り　cf.瞋恚
息
息と分別 446 息
勢い
勢いでもって遍充する 410
依拠する　cf.拠る
行く
行くことと行くもの 408
ここから後に行く 288
戦 (いくさ)　cf.闘い
諍い　cf.争論
石
犬が石を追った 427

意趣
意趣を有する 301
三無自性の意趣 301
聖者の意趣 264
聖者父子の意趣 278
〔中〕論の意趣 325
意趣註釈 259,261
意趣註釈の論書 (259),278
タントラ部とそれらの意趣註釈 453
異熟
業の異熟 282,294-295
業の異熟は不可思議だ 295
異生 (凡夫)429,437　cf.凡庸、ふつうの者
異生の現量 403
至る　cf.無窮
現量に至る 371
一　cf.同一、一つ
一と多 285,390
一回
伺察を一回やった 431
一境性　cf.心一境性
慈しみ　cf.慈
一切　cf.すべて
一切相智
色から〔一切〕相智まで 439
一切法
一切法の空性 404
一切法は幻術のようなもの 306
一切法は自性について空である (404),412
一切法は生じていない 315
一切法は否定された 269
一切法は無自性だと証得する 418,420
一切法は無自性である 301,(328)
一致する
経量部と一致した所縁縁 303
実有論者と一致する 282
住し方と一致した 425
他の学説論者と一致しない 264
一致した現れ(共通顕現)364-365,371-372,375-377
一般　cf.共 (ぐう)
一般的に有る 369
偽り 306,340　cf.諦・偽り
偽りで欺く法を有する 297
偽りとして有る 369
偽りの現れ 399
偽りの義 445
偽りの見 299
偽りの対境 306
偽り (嘘) を語る 289
誤りや偽りの義 284
語ることすべては偽りだ 352
識は偽りで欺く 298
世俗としても偽りだ 305

犬
　犬が石を追った 427
稲 410
命
　経・真言両者の道の命 420
　解脱の道の命 420
　デーヴァダッタと命 411
意味
　生は無意味になる 409
　生は無意味と無窮になる 347
　我としての仮設は無意味だ 396
　我を語ることは無意味だ 391
意欲 450　cf. 欲
いる　cf. 有る、住する
　或る人はいる、或る人はいない 305
　デーヴァダッタは家にいない 328
色 (いろ)　cf. 顕色
岩
　岩の洞窟に羅刹がいるか 427
因
　因が有る 363
　因と非因 410
　因を待った・待っていない 409
　外・内の錯乱の因 299
　仮設の因 382
　根 (感官) に侵害する因 300
　錯乱の因 299,303
　諦 (実在) でない因 385
　無因 313
　無因より生ずる (313),411
因縁
　因と縁 390,423
　因・縁により生じた 321
　因・縁に依って生起するという理由 275
　因・縁を待っていない 277
因果 281,392,394,409-410
　因果〔すなわち〕縁起の次第 269
　因果・縁起を設立する 420
　因果などを設立する 315
　因果の縁起 290,415
　因果の設立 273-275,(290)
　因果は自己の立場に設立しえない 289
　因果は自性により成立している 360
　因果を否定した 282
　同じでない無辺の因果 437
　果と因 436
　事物が因果として浮かぶ 278
　世俗の因果 271
　輪廻・涅槃の因果 280
因相 (理由) 287
　因相が等しい類似 347
　因相を多くの門より思惟する 433
　縁起であるという因相 274,(275),287,414
　無上の因相 277

う

有　cf. 事物、有る
有 (生存) 416,450
　有の根本を切断する 418
　有の支分により包摂された 331
　有の種子 330
　有は業 417
　有より解脱する 256
有為 297,321
　眼などの有為 324
上
　各々上を得たい 451
魚　cf. 魚 (さかな)
有暇・具足 450-451
浮かぶ
　義共 (概念的イメージ) が浮かばない 329
　幻術のようなものとして浮かぶ 399,446
　色などの現れが浮かぶ 400
　虹や薄い煙の形相のように浮かぶ 445
　漠然とした現れが浮かぶ 401
浮き上がり　cf. 掉挙 (じょうこ)
有境、対境を有する〔知〕305,328
　有境〔である〕言説知 335
　有境の否定対象 358
　対境・有境の二として現れる 445
受ける　cf. 取
ウサギの角
　ウサギの角と石女の子 337
牛 396
　牛とデーヴァダッタ 383
　牛の相 429
　牛を持つ 398
牛飼い 429
　牛飼いなど 294
有色 398
有自性　cf. 自性が有る
有支分 (全体) 407
　有支分が無い諸支分 383
　有支分と有部分は無い 388
　有支分に依る 408
　有支分は無い 383,387-388
　支分と有支分 387,407
　諸部分を待って有支分 (全体) だ 387
　依って有支分を仮設する 408
有情
　有情が無い 440
　有情が輪廻に繋縛される 334
　有情のため 451
　我と有情 260,(382)
　我や有情を仮設する 382
　前生の有情たち 392
有身見 265,266,309,331,336
　有身見の我執 336
　有身見を根本とした煩悩 417

俱生の有身見 336-337
遍計された有身見 336
無明と有身見 331
嘘　cf.偽り
内 423　cf.内(ない)
内の処 364,(408)
内の知により仮設された 323,(335)
内と外
内と外の事物 265,(321)
外・内の錯乱の因 299
器
究竟次第の器 453
酪(ヨーグルト)の器 394
右繞
礼拝・右繞・念誦など 400
ウパグプタ
マイトレーヤとウパグプタ 394
有法 266,297,367,376
有法が成立していない 363,365,373,(375)
有法と証因 368,(373),375
有法と法と証因 377
有法に取らえた 364
有法を立証する量 367,372
暫時の有法 403
所依事〔である〕有法 363
所成の法の所依〔である〕有法 366
自立論証の有法 368
自立論証の証因の有法 372
他者に知られた有法 347
法と有法 363
法性と有法 326
馬 396
馬・象
馬・象など 404
幻術の馬・象 399
石女(うまずめ)の子 268,294,314,400
石女の子は無い 435
ウサギの角と石女の子 337
得る　cf.獲得
得ることと現観すること 339,(359)
各々上を得たい 451
果を得る 412
蘊 267　cf.五蘊、第三の蘊
蘊が集積したほど 398
蘊が和合したほど 398
蘊と同一・別異 352
蘊の相 266,396
蘊より他の義〔である〕我 396
蘊を縁ずる 336
諸蘊に依る 382
我と蘊 382,390-391,395
我は蘊と同一である 390,395
我は蘊と別異である 395
〔諸〕行の蘊 382

支分となった諸蘊 266

え
映像 283,300,310,360,404,449
映像など 280,305
映像などが現れる 304
映像を認得する 340
有分別の映像 422
顔の映像 403,413-414
三昧の行境〔である〕映像 (422),444
日と映像 360
依処　cf.所依
似非
似非の正理 278
似非の比量 300
似非論破の究極 316
依他起 293,301-302,348,354-355,441
縁　cf.因縁
縁より生じた 416
因と縁 390,423
四縁より果が生ずる 410
所縁縁 303
縁ずる(認得する)　cf.認得する、所縁
蘊を縁ずる 336
縁起 275-276,278,313-314,359,390,401,414
縁起が妥当する (275),403
縁起であるとの理由 274,287,414
縁起と無自性 277,(278)
縁起に依って無自性である 278
縁起の義 272,(278),283,(414)
縁起の次第を破した 269
縁起の証因 (275),(278),(352),(412),413,415
縁起の正理 352,412
縁起の分 403
縁起の量と所量 356
縁起の論者 283,288
縁起へ自性による空が遍充する 274
縁起を壊した空 401
縁起を証得する 416
縁起を説く 332
相待って設立された縁起 299
因果の縁起 290,415,(420)
空と縁起と中道 274
幻術のような縁起 351
十二縁起 273,331
雑染・清浄の縁起 414
輪廻・涅槃の縁起 307,351
円成実 302
無二の義〔である〕円成実 441

お
黄眼 300
掩い
草で造られた掩い 394
多い　cf.多
大波　cf.波

大麦
　　火と炭と大麦の種子 410
臆病者 427
憶念 283-284
　　憶念が無い 439
　　憶念者 394
　　憶念と正知 442
　　後で憶念する 392
　　決択した義を憶念する 430
　　見を憶念する 431-432
　　生の憶念が妥当しない 391
行う　cf. 行
　　善を行う 426
起こる
　　造作なく起こる 342
収まる
　　一致した所依事 (共通項) に収まる 403
摂める
　　作意を摂めた 436
　　勝観すべてを摂めた 424
教え　cf. 説く、教、聖教
　　教えの次第 454
汚染された 299
　　無明により汚染された顛倒 366
怖れ　cf. 恐怖
男
　　男と女 417
衰え
　　衰えすべての根本 320
鬼
　　鬼が東門に害する 443
思い込む
　　空性を事物だと思い込む 319
　　今生への思い込み (拘り)451
　　事物への思い込みの薫習 419
　　諦だと思い込む 417
思い込みの対境 312,334-335,337,368,371
　　思い込みの対境を論破する 329
　　現れの対境と思い込みの対境 369
泳ぐ
　　小魚が泳ぐ 449
女
　　男・女 417
　　化作された女 327
厭離 265,451

か

果 288　cf. 因果、業果
　　果であるもの、ないものすべて 410
　　果の分位 271
　　果を得る 412
　　果を領受する 393
　　果を領受する者 402-403
　　帰謬提示の果 412
　　四縁より果が生ずる 410

　　伺察の果 346
　　諦 (実在) として無い果 385
我 266-268,(310),336,393,398　　cf. 我執、我所、二我、
　　　　　　　　　　　　　　　　　　　無我、私、自ら
　　我と有情 260,(382)
　　我と蘊 382,390-391,395
　　我と蘊が持つ 398
　　我として言説を設ける 396
　　我として増益する 331
　　我として迷妄である 331
　　我と所取 395
　　我とプラダーナと自在天 309
　　我の有る無し 310
　　我の所取 398
　　我の眼など 406
　　我は蘊と同一である 390,395
　　我は蘊と別異である 395
　　我は多になる 391
　　我や人 (にん)390
　　我を語ることは無意味だ 391
　　我を否定する (265),322
　　蘊より他の義〔である〕我 396
　　仮設された我を縁ずる 336
　　常・一・主宰 (自在) の我 322
　　前後の生の我 394
　　対境〔である〕我 266,(429)
　　述べられない我 352
我と我所 266,406,416
　　我と我所における自性 265-266
　　我と我所の執 265,(309)
我と自性
　　我に自性が有る 392
　　我は無自性である 381
　　自性や我 (269),316,(320),(335)
　　無いはずの我と自性 269
我の仮設 (382),(390)
　　我として仮設する 398,406
　　我としての仮設は無意味だ 396
界
　　処と蘊と界 (406),416,453
　　地界など六界 408
戒　cf. 律儀
　　破戒 452
外　cf. 外 (そと)
概念　cf. 離反
顔
　　顔の映像 403,413-414
香り
　　芳しい香 378
鏡
　　ゴマ油と水と鏡 300
学
　　学処 450
　　後の二学の次第 434

三学 450
学者
　インド・チベットの勝れた学者・行者 441
　六人の荘厳など学者 427
学説
　学説により知を改めていない 294
　学説により知を改めている 308
　学説の力により増益する 396
　学説を放棄する 347,(380)
　悪しき学説 300
　非共通 (特有) の学説 303,397
学説論者 296,322,337,371
　学説論者のみにより仮設された 334
　聖なる国 (インド) の学説論者たち 296
　他の学説論者と一致しない 264
学轍 259,455　cf. 大車
獲得する　cf. 得る
　獲得された義 (もの)373
　見を獲得する (289),(369),327,425
　見を獲得していない 369
　正理により獲得される (291),(292),338
　知識により獲得された 366,374
　無錯乱の知識により獲得された 366
獲得されない 389
　車を獲得しない 387
　眼識により声は獲得されない 291
　正理により獲得されない (292),309,(402)
　七〔種類〕のどれとしても獲得されない 406
確認
　確認すべてを離れた 424
　確認や承認 306
　否定対象の確認が過小だ 321
　否定対象を確認する 269,327
　無明を確認する 332
隠れたもの 429
　眼など隠れている義 (もの)371
陽炎 283,300,405
　陽炎における水 308
過患
　輪廻一般と個別の過患 450
　輪廻の過患 433
過去 423
　過去の事物 284
加持 453
過失　cf. 誤り、過患
　過失を離れた 352,361
　有法と証因が不成立などの過失 375
　宗の過失 363,365,(372)
　自らの言葉と相違する過失 343
　煩悩・過失 265
　無過失の宗 368
　立宗と相違する過失 356
　輪廻の過失 265
　論証因の過失 365

我執 (309),331,(416),(417)
　我執が止滅する 326
　我執と我所執 (265),309,416-417
　我執と無明 442
　我執の対境 266,396,428
　我執を断除する 256
　有身見の我執 336
　二我執 335
　人我執 331,336
　法我執 331,419
個所
　止住とこれらの個所 431
　止住の個所 442
　〔『入行論』〕智恵の個所 434
我所 267-268,406　cf. 我と我所
　我執と我所執 (265),309,416-417
風
　風により擦り合わされた 436
　灯火が風により動揺しない 445
　灯火を風に置いた 442
方　cf. あり方、住し方
形　cf. 形色
語る　cf. 論
　語ることすべては偽りである 352
　語られた義 (事柄)423
　嘘を語る 289
　我を語ることは無意味だ 391
　勝義として語った 303
　真実を語る 289
　世俗について顛倒に語る 388
　無いと語ること 290
勝ち
　勝ちや負け 380
要 (かなめ)　cf. 枢要
壁
　壁穴に蛇が居る 322-323
花弁
　〔蓮の〕花弁 411
瓦礫　cf. 陶片
側
　各自の側からの住し方 335
　言説の知識の側 407
　世間の側 354-355
　他者の側 275,277,353-354
　他者の側に為した設立 348,(353)
　無明の側 311
変わる　cf. 知を改める
　他に変わる 321
観　cf. 勝観
感官　cf. 根 (こん)
関係
　無関係の空性 443
観察
　観察していなくて有る 407

自性の有る・無しの二などの観察 284
正理の観察 292,381
七種類に観察する 389
ヨーガ行者の観察の次第 389
感受　cf. 受
観待　cf. 待った
観待道理 423
間断
間断しない 448
簡択(弁別)421
あり方を弁別する 453
極簡択 421
法の簡択 447
灌頂 452
灌頂が劣っている 452

き
木
二つの木を焼く 436
黄 284
黄眼など 300
義(もの、対象、利益)423　cf. 勝義、意味
義(もの)であるあり方 291
義を証得する量 351,(379)
現れる義(もの)307
現れるとおりの義(もの)413
有情の義利(ため)451
縁起の義 272,(278),283,(414)
空性の義 272,278,286
言説の義(もの)297,310,312,(355)
実相の義(291),424
真実の義 256,429
甚深の義 326,440-441
外の義の有る・無し 263
中の義 281,284,302
無我の義 257,429
無二の義 441
帰依処(275),(276)
三帰依処の功徳 450
機会　cf. 場合
聞く　cf. 聞
聞く者の恐怖 324
他から聞く 257
義共(概念的イメージ)
義共が浮かばない 329
義共の方軌により証得する 430
記号　cf. 表記
気絶　cf. 悶絶
基体(所依事)　cf. 所依事
軌範師(師)429
帰謬 285
帰謬提示の果 412
論破の帰謬 346
帰謬論証 346,354,380-381
帰謬論証により否定する 409

帰謬論証の宗 345
帰謬論証を為した 412
相違を述べた帰謬論証 346
帰謬論証・自立論証
帰謬派と自立派 345
帰謬論証・自立論証の二の設立方法 345
逆分(反対分)442
智恵の反対分を執る 336
明知の反対分 331
究極　cf. 究竟
似非論破の究極 316
三相を承認したことの究極 346
自立論証の究極 346
侵害するものすべての究極 397
窮する　cf. 無窮
境　cf. 対境
教 299,397　cf. 説く、聖教
教の次第 454
教の証因 429
多くの教と相違する 440
信認の教 423
教・正理 432
教・正理の決定 428
教・正理を修学する 427
経 437
甚深な経 405
〔諸〕行
諸行と芽など 385
行蘊 382
行、行ずる
行の大きな波 418
行の分 312,370,400,402,420
行〔である〕六波羅蜜 450
行を学ぶ 452
浄行の所縁 421
施与などの行 426
善を行ずる 426
智恵の波羅蜜を行ずる 320
兆相を行ずる 319,437
波羅蜜の流儀を行ずる 443
菩薩行 420,450,452
梵行 325
軽安 442,444
身と心の軽安 444
境位　cf. 分位
教誡
以前の道次第の教誡 443
この教誡の先代の大師たち 264
この教誡の本典 455
伝承された本典と教誡 443
教義
声聞の教義 333
行境(活動領域)
行境を持った聖者 419

現れを有する行境 419
等持の行境〔である〕映像 (422),444
行持 (実践)
三士が行持する次第 455
享受　cf. 受用
共通　cf. 非共通
共通の律儀 450
経・真言両者の共通の道 452
止観両者の共通のもの 424
両者に知られた共通のもの 346
共通顕現　cf. 一致した現れ
共通項
共通項に収まる 403
恐怖
聞く者の恐怖 324
錯乱と恐怖 428
炬火
炬火の輪 390
炬火の輪と変化 338
虚偽　cf. 偽り
極端　cf. 辺
虚無　cf. 無い
虚無者 282,287-289
虚無の見 286-287
虚無論 290
岐路
正見の岐路の処 326,400

く

句　cf. 言葉
苦
蛇の執と苦 326-327
楽・苦が生ずる 308
輪廻の苦 428
空 290　cf. 現れと空、自性により空である
空と縁起と中道 274
空と中道 273
空の事物が因果として浮かぶ 278
空の分 403
空を証得する 404,(417),435,(446)
空を諦だと取らえた 318
縁起へ自性による空が遍充する 274
縁起を壊した空 401
効用の能力について空 272,281,(290),(299)
暫時の空 404
自性を断除したほどの空 400
すべてが空だ 273
二我について空 258
別異の実物によって全面的に空だ 441
空・不空 317
空・不空の論者 372
空性と非空性の論者 368
自性により空・不空の両者 280
空性 417
空性が自体により成立した 318

空性と無我 283,(428),429
空性について知を修治する 452
空性の義 272,278,286
空性の見 264,(318),418
空性を決定する 264,399
空性を誤解する 370
空性を事物だと思い込む 319
空性を修習する 425,429-431
空性を見誤る 286
空性を妙観察する 437
一切法の空性 404
幻術のような空性 400
虚空のような空性 400
一つの空性 404
無関係の空性 443
無自性の空性 286
共 (一般)368　cf. 一般、義共(概念的イメージ)
共を取らえた 363
共相 423
眼や色の共 368
声の共 (一般)368
ただの共 364
無常性の共 368
功用 (努力)448
釘 382
究竟　cf. 究極
究竟を伺察する正理 291
究竟次第
究竟次第の器 453
草
草で造られた掩い 394
孔雀 411
孔雀の〔羽〕模様 412
倶生 312
倶生の有身見 336
倶生の有身見の所縁 337
倶生の煩悩 322
倶生の無明 322,334
口
口が垂れている 407
愚癡 312,330
愚癡の闇 333
功徳　cf. 特性
三帰依処の功徳 450
首
首が長い 385-386
位　cf. 分位
来る　cf. 行く
前世からここに来る 288
車　cf. 大車
車とその諸支分 (382),406
車の言説 386-387,389-390
車の支分 382
車の喩え 382,385

車は取る者 406
車は滅した 387
車は燃えた 266-267,387
車を獲得しない 387
依って車と仮設した 406
黒
黒の分 423

け

経験 cf. 領受
形色、かたち 385
支分が集積した形色 384
支分個々の形色 384
支分の特殊な形色 383
特殊な形色 384,398
形相 336
形相が諦 (形相真実) だと主張する者 371
鶏頭の花 378
繋縛
繋縛・解脱 270,279
繋縛より解脱する 424
繋縛を切断する 415
相執の繋縛 452
麁重の繋縛 424
兆相の繋縛 424,(452)
輪廻に繋縛する 322,326,334,425,427-429,438
輪廻への繋縛の根本 322
加行
加行と後と更の合間 442
加行道第一法 430
善の加行 370
外境 cf. 外 (そと)
化作 283,358 cf. 変化 (へんげ)
化作から化作が生ずる 295
化作された女 327
化作により否定する 327
炬火の輪と変化 (化作)338
仮設 (施設)309 cf. 依って仮設する
仮設された現量 304
仮設されたほど 382
仮設するものと仮設されたもの 301
仮設の因 382
仮設の所依事 (もと)267,383,(385),(396),398
仮設の法 385,398
我として仮設した (382),(390),(398),(406)
我としての仮設は無意味だ 396
我や有情を仮設する 382
学説論者のみにより仮設された 334
所遍計の執により仮設された 322
知により仮設された 323
縄を蛇と仮設した 335
仮設有 268,304,385
仮設有として成立する 387
仮設有の論者 357
無自性の仮設有 382

解脱 256,416-417,418,420,425
解脱の道の命 418
有 (生存) より解脱する 256
繋縛・解脱 270,279
繋縛より解脱する 424
三解脱門 320
輪廻からの解脱 406,418
決定、決定する 271,349,401-403,420,433,436,442
決定が見られる 411
決定する取らえ方 310
決定と増益 433
決定の探求の仕方 403
決定を生じさせる 329
決定を導く (267),277-278,389,396,427,451
現れ・空についての決定 278
教・正理の決定 428
空性を決定する 264,399
見の決定 402,432
自己の立場の決定 277
随順・離反を決定する 378
正しい決定 396
二諦に決定を獲得する 272
無我の義を決定する 257
無自性だと決定する (317),(412),445
決定知
決定知を導く 267
無いと認知する決定知 328
決断 445
二に決断する 284-285,409
決択 381,423
決択した義 (内容)430
決択を数習する 433
見により決択する 322
見を決択する 264,272,427
伺察して決択する 432
勝義を決択する 352
真実を決択する 269
無我を決択する 408
無自性を決択した 408
煙 410
煙が有る 346, (349)
薄い煙の形相のように浮かぶ 445
火と煙 346
戯論 416-418
戯論すべてが寂静である 326
戯論を断除した 326,(346)
戯論を離れた 418
無戯論 342
見 cf. 見る
見が損なわれていない 370
見所断と修所断 418
見道 433
見により決択する 322
見の上に安住させた 430-431

見の決定 402,432
見の伺察 431,(432),434
見の二の方軌 441
見・分別する 433
見を新たに生ずる 366
見を憶念する 431,(432)
見を獲得した (289),(369),425
見を獲得していない 369
見を決択する 264,272,427
見を数習した 325-326,416
見を生じさせる 264,345,366,381
誤らない見 289,(446)
偽りの見 299
空性の見 264,(318),418
正見の岐路の処 326,400
証得する見 445
世間の見 296,299
損減の見 312,425
正しい見と誤った見 307
中〔観〕の見 277-278,281,321,327,345,402,412-413
二無我の見 444,451
辺際に依った悪見四つ 392
無我の見 256,(320)
無自性の見 288,369-370
無の見 286-287
了義の見 420,425,430,432
了義の見・修 426
眼識　cf.眼(め)
眼識 399
眼識により声は獲得されない 291
眼識の現量 365
眼翳 367
眼翳と黄眼など 299-300
眼翳を持った者 361,364
無明の眼翳 326
眼膜
無明の眼膜 389
嫌悪　cf.厭離
顕教　cf.波羅蜜
顕現　cf.現れ
顕現させる 368
顕現されるもの 363
顕現論者 364
現在 423
現在、中観の義を語ると主張する者 269,273,386
現在の初業者 430
現在の者たち 293
原子　cf.極微
顕色(いろ)284
賢者　cf.学者
幻術 283,294,358,361,390,399,404
幻術師 300
幻術と偽りの義 445
幻術の馬・象 399

幻術の義(もの)が後に残る 401
幻術のような縁起 351
幻術のような義(内容)445
幻術のような空性 400
幻術のようなもの 297,414
幻術のようなものとして浮かぶ 399,446
幻術のように有る 369
幻術を為したような 400
一切法は幻術のよう 306
陽炎と幻術と夢 405
現前　cf.現量
現前に証得した 326
現前の量 299,365,368
真実を現前に証得する 429
無我の義を現前に証得する 429
滅諦を現前にする 324
限定　cf.差別
限定(差別)を適用する 313,315,337-339,385
還滅門 273
現量 297,299,345,356-357,365,368,423,429　cf.現前
現量と比量 299,345-346,(349),423
現量と不認得 346
現量など 356
現量などの四の量 367
現量に至る 371
現量により認得する 357
異生(凡夫)の現量 403
有法と論証因を立証する現量 373
仮設された現量 304
眼識の現量 365
正規の現量 304
無錯乱の現量 367,371,374
ヨーガ行者の現量 430

こ
後　cf.後(あと)
香
芳香 378
更(修行時間)446
加行と後と更の合間 442
業 417
業と作者と果 288
業と煩悩 (265),390,417,450
業道 268
業の異熟 282,294-295
業のみが有る 388
業を積む者 402-403
業を為す者 393
有(生存)は業 417
作者と業 397,406
白黒の業 411
善と不善の業 425
為さなかった業と出会う 391,393
作される業と作者 (382),395,(397),(398),(406)
為した業がムダに失われる 391-393

前が積んだ業 394
前が為した業 393
業果 287,295,433
業果と地道 308
業果など 287-289
業果などは無い 282
業果などを正理で否定した 289
業果を信認する 450
業の果 393,402
業と作者と果と世間 288
効果的作用 cf. 効用
煌々とした
現れが煌々とした 445
構成
支分が構成された 384
講説する 432
広大
広大の分 441
肯定 cf. 立証
肯定の証因 371
否定と肯定 272
功用 (努力)448
効用 369
効用の可能な事物 316
効用の能力について空 272,281,290,(294),(299)
自性と効用の能力 283
事物の効用 357
合理性 cf. 妥当する
合理性を欠いた論証因 360
五蘊 408 cf. 蘊
五蘊と六界と六処 406,(416),(453)
五蘊に依って我と仮設する 398
声 363,368,415
声 (ことば) どおり 261
声 (ことば) と知 301
声の共 (一般)368
声は常だと執らえる 337
声は無常だ 363
眼識により声は獲得されない 291
虚空の徳性の声 368
大種所成の声 364,368
造られた声 363
洞窟などで発した声 300
越える
知を越えている 440
同一と別異の二を越えない 379,403
呼吸 cf. 息
虚空
虚空の徳性 363
虚空の徳性の声 368
虚空のような空性 400
埃が清浄になった虚空 445
極簡択 421
極微 (原子)302-303

極微が積集した 303
極微が和合した 302
根の極微が集積した 304
実物の極微 303
所取〔である〕分無き極微 322
分無き極微 303
個々 392 cf. 自内証
個々に伺察する 436
個々別々に修習する 448
自体により成立した個々 (382),394
支分個々の形色 (かたち)384
体性により個々のもの 383
他者により個々に領受される 393
心 cf. 心一境性
心が散る 427
心が散る対境と散る者の心 435
心が了知し明瞭で澄浄だ 445
心などの集積 399
心を摂めた 446
心を保った (424),427,430,(446)
心を繋ぐ 445
他者の心 345
他者の心を知らない 349
身と心の軽安 444
耳と心が無い 314
心の住
心の九種類の住 447
安住させる九の心 424
固執する cf. 思い込む
五種類 cf. 種類
擦る
風により擦り合わされた 436
こだま 300
拘り cf. 思い込み
今生へのこだわり 451
こちらに戻った 351
後得 400
言葉 cf. 声、句
言葉に表詮された 301
「或る」という言葉 305
自性が無い言葉 277,(318)
「自性が無い」という言葉 328
自らの言葉と相違する過失 343
自らの言葉の除去 353
「無自性だ」と立宗した言葉 (277),356
立宗する言葉 356
子ども
小さな子ども 404,413-414
悟入 cf. 入る
個別観察 cf. 妙観察
ゴマ油
ゴマ油と水と鏡 300
これである、これでない 306
「これはこれだ」という分別 333

後論者 (答者)365　cf. 論者
　　　後論者自らに知られた道理 378
根 (感官、能力)
　　　根に侵害する因 300
　　　根の極微が集積した 304
　　　眼などの根 294
　　　身根 330
　　　智恵の根 (慧根)436
根識 (感官知)303-304,310,425
　　　根識の対境 302,304
　　　五の根識 298,(303),(310)
　　　侵害無き根識 370
金剛乗 452
言説 279
　　　言説として錯乱した 305
　　　言説として設立する 300,(308),337
　　　言説として外側を主張する 264
　　　言説としても主張なさらない 298
　　　言説としても無い 300,304,309
　　　言説として無い 351
　　　言説として否定しない 294
　　　言説の義 297,310
　　　言説の義を設立する 312,(355)
　　　言説の知 305
　　　言説を設立する仕方 262
　　　言説を設ける所依事 (もと)396
　　　言説を立証する 429
　　　車の言説 389-390
　　　車の言説を設ける 386-387
　　　自性を言説として否定する 341
　　　自由気ままな言説の量 405
　　　世間の言説 339,386
　　　他である言説の知 326
　　　中観派が言説として設立する 337
　　　人 (にん) の言説 403
言説として有る 271,305-307,341,376-377
　　　言説として自相が有る 302
　　　言説としての有る・無し 309
言説の知識 293,299,305-306,309,335,366,399　cf. 正理知
　　　言説の知識と対境 300
　　　言説の知識に知られた 307
　　　言説の知識により獲得された 366
　　　言説の知識により成立する 291
　　　伺察しない言説の知識の側 407
　　　自由気ままな言説の知識 306,396
　　　侵害無き言説の知識 355,376,397
言説の量 304,307-308,352,369,445
　　　言説の量により侵害される 307-308,338,(405)
　　　言説の量により成立した 445
根本
　　　根本から否定した 269
　　　根本堕罪 452
　　　有 (生存) の根本を切断する 418
　　　有身見を根本とした煩悩 417

　　　衰えすべての根本 320
　　　慈と悲を根本とした菩提心 450
　　　侵害するものと立証するものの根本 397
　　　否定対象の根本 321
　　　輪廻の根本 265,(322),(326),331

さ

作意 422,444
　　　作意が無いこと 439
　　　作意しない 440
　　　作意を摂めた 436
　　　作意を放棄する 435
　　　四の作意 424,447
　　　兆相を作意する 422
　　　如理に作意する 437
　　　非如理作意の分別 417
　　　勉励して入る作意など 424
罪悪　cf. 悪
財物、財
　　　財物は無い 319
　　　盗人が財を盗むのを見た 289
　　　私に財は無い 353
魚
　　　小魚が泳ぐ 449
作為 323
　　　作為された自性 419
　　　作為されたもの 325
　　　非作為のもの 323
数習 428
　　　数習により断除する 433
　　　決択を数習する 433
　　　見を数習した 325-326,(416)
　　　道の数習〔にとって〕の否定対象 293
錯乱 305,438
　　　錯乱した分別が止滅する 329
　　　錯乱だと設立する 304
　　　錯乱と恐怖 428
　　　錯乱の現れ 326
　　　錯乱の因 299,303
　　　錯乱・非錯乱 373,438
　　　現れについて錯乱した 310
　　　外・内の錯乱の因 299
　　　言説として錯乱した 305
　　　顛倒〔である〕錯乱知 366
　　　縄を蛇だと錯乱する 428,438
　　　二の現れの錯乱 419
錯乱していない、無錯乱 298,303,306,365,368,430
　　　無錯乱の現量 367,371,374
　　　無錯乱の識により獲得された 366
　　　無錯乱の他証知 371
　　　無錯乱の知の対境 326
　　　無錯乱の知識 366-368,374
　　　無顛倒や無錯乱 310
　　　現れの対境について無錯乱 370
　　　自相について非錯乱 368

不顛倒〔である〕無錯乱知 366
作者 388　cf. 者
　　作者と業 397,406
　　作者は無い 388
　　業と作者と果 288
　　業の作者 393
　　所作を待って作者 388
差別　cf. 差別 (しゃべつ)
妨げ　cf. 妨害
　　勝観の妨げ 432
作用　cf. 所作
　　作用道理 423
三帰依処　cf. 帰依処
三士　cf. 人士
　　三士が行持する 455
　　『道灯論』の三士の一般の相 455
暫時
　　暫時の有法 403
　　暫時の空 404
　　暫時のもの 346
〔因の〕三相
　　三相が量により成立した 346
　　三相が両者に成立している 375
　　三相の証因 (346),363
　　三相の比量 379-380
　　三相を承認した究極 346
　　有法と証因の三相を立証する 368,(373)
　　他者に知られた三相 381
三宝 275-276,(450)
三昧　cf. 等持
三昧耶
　　三昧耶と律儀 452-453

し

士　cf. 人士
師 (軌範師)429
自　cf. 自他、自己、自ら
　　自宗を立証する 345
　　自力により導いた 449
　　各自の側からの住し方 335
　　聖者により自内証される 440
慈
　　慈と悲 433
　　慈と悲を根本とした 450
止観　cf. 止住と勝観
時間 423　cf. 時
　　長い時間に修習した 418
色
　　色から〔一切〕相智まで 439
　　色身 271
　　色・声など 292,297,304,309,311,338,366-367
　　色と受など 417
　　色など 291,305,364,399
　　色などが有る 353
　　色などの現れ 400

色などの生 291
色などの八極微が和合したもの (303),385
色にふさわしい 396
色の共 (一般)368
色の処 365
色を持つ 398
有色 398
眼が色を見る 378
識　cf. 知識
　　識は偽りで欺く 298
　　意識 399
　　眼識 291,365,399
　　眼などの識 297
四句〔分別〕285
　　四句に観察して否定した 270
　　四句の生 313
　　四句の生への侵害 412
　　四句の生を否定した 408
　　有る・無しなどの四句 269-270,(316)
〔車〕軸 382
自己　cf. 自ら、自、我
　　自己が承認している 366,373-374
　　自己に成立している 380
　　自己に成立した論証因 380
　　自己の宗が無い (316),347,(348)
　　自己のための比量 380
　　自己の比量 375
　　自己の立宗は無い 346
　　無錯乱の自証知 371
自己の立場 275,306,354,432　cf. 自宗
　　自己の立場が無い (347),352-353
　　自己の立場の決定 277
　　自己の立場の宗が無い 316
　　自己の立場の勝義と世俗 268,(307)
　　自己の立場を設立した 363
　　因果は自己の立場に設立しえない 289
自在 335,413
　　自在が無い 335,413-414
　　自体と自性と自在 335,413
自在天
　　自在天と有る無しが同じ 351
　　自在天と勝性 (プラダーナ)306
　　自在天と勝性より楽・苦が生ずる 308
　　自在天など 338
　　我と勝性と自在天など 309
伺察する 278,423,433,441-442　cf. 正理により伺察する
　　伺察されるべきでない 352-353
　　伺察したなら無い 338
　　伺察して決択する 432
　　伺察して否定する 428
　　伺察者 278
　　伺察者と伺察の正理と伺察の所依事 351
　　伺察する所依事 351,364
　　伺察の果 346

伺察を一回やった 431
伺察を置いておく 335
究竟を伺察する正理 291
見の伺察 431,(432),434
個々に伺察する 436
五種類に伺察した 390
自性の有る無しを伺察する (308),399
差別の法を伺察する 364
周遍伺察 421,435
勝義を伺察する場合 347
尋思と伺察 421
真実を伺察する 270,291,294,350-351,406
真実を伺察する場合 350-351
智恵により伺察する 256
同一・別異の伺察 397,(407)
七種類により伺察する 389
伺察しない 436
伺察しない言説の知識 407
伺察しない知識 307
伺察修 431,434,442,447
安住修と伺察修 432,444,(448)
伺察に耐える 270
伺察に耐えるか耐えないか 291
正理による伺察に耐える 309,313,344,394
止住 434
止住が成就する 449
止住とこれらの個所 431
止住の個所 442
止住ほど 256
止住を修習する 424
九種類の止住
外道者の止住 425
心一境性の止住 257
止住と勝観(止観)434,442,444,448,451
止観双運(431),434,(444),(447),449
止観双運の道 448
止観両者の共通のもの 424
自宗　cf. 自己の立場
自宗を立証する 345
自己の宗が無い (316),347,(348)
四摂事 450
自生(自よりの生)409
自生を主張する 346
自生を否定する 341,411
自より生ずる 346,409
自よりの生は無い 364-365
自性 323-324,413　cf. 体性
自性が見えるのを覆障する 331
自性と効用の能力 283
自性など 337
自性の承認への侵害 379
自性の相(定義)323
自性の探求に努める 291,295
自性は同一だ 382

自性は同一・別異だ 379,385,403,409
自性は別異だ 396,398,410
自性や自体 334
自性や実物として無い 385
自性より生起した 411
自性を増益する　310,330,333-334,(358),403,(413),
　　　　　　　　(414)
自性を断除したほどの空 400
自性を覆障する 306,310,(331)
「我」や「自性」335
『解深密経』の三自性の設定 302
三の差別(限定)を具えた自性 322
自相として成立した自性 299,(302)
自体と自性と自在 335,413
自体により成立した自性 272,305-306,316,323,325,
　　　　　　　　337,(339),343,(381),387,401,410
同一と別異の自性 379
無いはずの我と自性 269
七種類の自性 399
法性を自性として設立した 324
自性が有る、有自性 317-318,328,350,358,365,369,379,
　　　　　　　　382,386,413-414,416
自性が有ることになる 318
自性が有ることを主張する 365
自性が有ることを断除した 350
自性が有ることを否定する 389,(402),416
自性が有ることを立宗した 350
「自性が有る」と取る 317
有自性論者 365,369,371,376,(414),415
我に自性が有る 392
自性が無い、無自性 265-266,272,276-277,279-281,287,
　　　　　　　　289-290,315,317,328-329,339,343,
　　　　　　　　(385),390,403,408,(414),415,420
自性が無いが、そう現れる 371
自性が無いことと無いこと 356,379
自性が無いことを断定する 350
自性が無い言葉 277,(318)
「自性が無い」と立宗した 356
無自性だと決定する (317),(412),445
無自性の仮設有 382
無自性の見 288,369-370
無自性の空性 286
無自性の所量 379
無自性の喩え 404
無自性の量(基準)379
無自性や無我を証得する 320
無自性論者 365,367,371,(415)
無自性を決択した 408
無自性を証得する 267-268,(329),333,403,406,418
無自性を承認する 279
無自性を立証する 272
現れの自性が無い 404
一切法は無自性である 301
縁起と無自性 277

縁起に依って無自性だ 278
三無自性の意趣 301
事物すべては無自性だ 328
勝義として無自性である 343
相無自性 301-302
全く無いことと自性が無いこと (280),(281),284
芽の自性が無い 317
自性により
自性により有ると承認した 285
自性により生ずる 409,412
自性により生じていない 313-315,340,390,(412),416
自性により成立した 317,414,416
自性による成立は無い (339),359
自性による成立を否定した 271,277
因果は自性により成立している 360
自性により空である 274,280,408,414,438
自性により空である空性 442
自性により空である宗 280
自性により空・不空の両者 280
自性による空と中道 273
一切法は自性について空である 412
縁起へ自性による空が遍充する 274
自性の有る無し 281,284,290,292,295,308,369,415
自性の有る無しと有る無し 281,290,369,401
自性の有る無しの二などの観察 284
自性の有る無しを伺察する (308),399
自性の有る無しを探求する (284),386,389,401,406-
407
自性を否定する 272,(317),381,(389),(400),(402)
自性を否定する正理 266,279,(281),282,(305),(329),(416)
自性を否定する多くの正理 266
自性を言説として否定する 341
四聖諦 cf. 聖諦
自証知 371
沈み込み cf. 沈没
自相 369,423
自相が有る 302
自相として成立した自性 299,(302)
自相について非錯乱 368
自相について量 298,304375
自相を量る 298
現れる自相 300
五の対境の自相 298
事物の自相 356
対境の自相 298
自相により
自相により成立した 339,392,415
自相により成立した有ること 370
自相により成立した義 367,371,374
自相により成立した自性 302
自相により成立した体 300,302
自相により無い 355
自相による成立が現れる 365
自相による成立が無い (339)

自足 cf. 自立
自他
自・他と両者と因無しからの生 313
自・他など四 270,(313)
下
各々下を修習する 451
次第 cf. 道次第
後の二学の次第 434
縁起の次第 269
観察の次第 389
教の次第 454
究竟次第 453
最後の二波羅蜜の次第 434
三士が行持する次第 455
生起次第 453
真実に入る次第 264
二次第 450
二次第の枢要 453
自体
自体と自性と自在 335,413
自体により有る 376,(378)
自体により別異である 394
自体を通じて対境の上に成立した 335
自性や自体 334
火の自体 324
自体により成立した 291,298,338,(339),357,385,390
自体により成立した個々 394
自体により成立したこととただ有ること 284
自体により成立した自性 272,305-306,316,323,325,
337,(339),343,(381),387,401,410
自体により成立した自性や我 316
自体により成立した自相 370
自体により成立した事物 316
自体により成立した生 314
自体により成立した所量を量る 376-377
自体により成立した他 394
自体により成立した見ること 378
自体により成立していない 335
自体による成立が無い (281),445
自体による成立を否定する正理 281
自体と自性と自相により成立した 339
空性が自体により成立した 318
自体により成立した「私」337
実有 (実物有) 385 cf. 実物
実有論者 268,272,279,281-284,287,298,306-308,334,337,
357,364-365,367,377,380,383,386,415
cf. 事物が有る
実有論者たちの主張 308
実有論者と一致している 282
実有論者と中観派 272,282,364
実有論者の学者 272
実有論者の学説を棄てた 380
実有論者の事物 283
実有論者の争論 279

実有論者の理解の仕方 281
自部の実有論者 307,(334),364,383
自部・他部の実有論者 337
習気 419
習気を浄化する 420
二の現れの錯乱の習気 419
湿潤 378
水は湿潤である 423
実世俗 310 cf. 真実、正しい
実践 cf. 行持
実物
実物有 385
実物の極微 303
自性や実物として無い 385
人 (にん) は実物として有る 353
八の実物が和合した 303,(385)
別異の実物により全面的に空だ 441
自内証
聖者により自内証される 440
事物 276-277,283,316,343,412,423 cf. 無事物
事物の効用 357
事物の自相 356
事物の諦執 331
事物の力が入った量 349
事物の力により起こった比量 343,(349)
事物の力の入った証因 363
事物への思い込み 419
事物への損減 301
事物を承認する 358
諸事物の真実 332
過去の事物 284
空性を事物だと思い込む 319
効用の可能な事物 316
効用の事物 414-415
自体により成立した事物 316
世間の事物 (288),361
諦 (実在) である事物 436
内と外の事物 265,(321)
認得される事物 288,(361)
分が無い事物 322
事物が有る (281),402,428 cf. 実有論者
事物が有ると見る 402
事物の有る無し 316,325,436
事物の有る無しなどの四句 316
事物が無い cf. 非実有論者
事物は無いと見る 402
効用の事物が無い 414
支分 407 cf. 有支分
支分が構成された 384
支分が集積した 382-383,387
支分が集積した形色 384
支分個々の形色 (かたち)384
支分と有支分 387,407
支分となった諸蘊 266

支分に依って仮設する 399,(408)
支分の特殊な形色 383
支分は取られるもの 406
支分を仮設する 408
諸支分 387
有 (生存) の支分 331
車とその諸支分 (382),406
十二支 332-333
自らの支分 382
自らの支分と同一か別異か 278
輪などの支分の集積 387
止滅
我執が止滅する 326
分別が止滅する 329
煩悩は止滅する 322
輪廻が止滅する 330
還滅門 273
蛇 cf. 蛇 (へび)
邪 cf. 誤った
邪分別 334
実〔世俗〕と邪世俗 304
正見と邪見 307
寂静 257
戯論すべてが寂静である 326
無二の寂静の門 320
遮罪 451
差別 363 cf. 殊勝
差別していない 368,373
差別の所依事 (基体)325,335,445-446
差別の法 (特性)325
形色の差別 398
三の差別 (限定) を具えた自性 321-322
〔自〕体と差別 301
名の差別 387,406
立宗での差別 287
差別の法 (特性)325
差別の法を伺察する 364
中観派の差別法 (271),273,(277),(279)
差別を適用する 313,315,337-339,385
差別を適用しない 294
勝義の差別を適用する (261),(279),315,339,341,344
勝義の差別を適用するのを否定した 271
「正しい」などの差別を適用する 343
否定対象に差別を適用する (339),389
車輪 382 cf. 輪
車輪などに依った 406
取 391,416 cf. 取る、所取
取の所作を待って取者 388
取者 (受者)388,395
取は煩悩 417
車は取る者 406
四の取 416
趣
六趣 (六道)392

執 (取、能取)359　cf.我執、諦執、辺執、所取
　　能取〔である〕分無き利那 322
　　顛倒の取 328
　　非共通の執 322
　　蛇の執と苦 326-327
受 (感受)362
　　色と受など 417
受 (取)416
　　受者 388,395
思惟　cf.作意
　　何も思惟しない 425
　　聞思 440
　　聞思の智恵 342
　　理由を多くの門より思惟する 433
宗 (主張命題、立場)302　cf.宗法
　　宗が無い 316,347-348,(355),358-359
　　宗と立宗は無い 355
　　宗の過失 363,365,(372)
　　有法が不成立の宗の過失 363,(372),(375)
　　我と蘊が持つという宗 398
　　帰謬論証の宗 345
　　自己の宗が無い (316),347,(348)
　　自宗を立証する 345
　　自性により空である宗 280
　　事物を承認する宗 (立場)358
　　所依事が成立していない宗の誤り 372
　　他宗 358
　　他宗を論破する 345
　　同一と別異の宗 396
　　無過失の宗 (立場)368
修学
　　教・正理を修学する 427
自由気ままだ
　　自由気ままな言説の知識 306,396
　　自由気ままな言説の量 405
　　自由気ままな知識 305,397
　　世間の自由気ままな者 294
住処
　　住処と身と受用 453
住する　cf.安住分
　　住し方や在り方 (335),413
　　各自の側から住する仕方 335
　　生・滅・住を持たない 396
　　対境の住し方と一致した 425
　　知により住しない 439
　　無住と無分別 439
集積 (和合)383　cf.積集
　　集積に依った 382,384-385
　　有集積 385
　　蘊が集積したほど 398
　　心などの集積 399
　　根の極微が集積した 304
　　支分が集積した 382-383,387
　　支分が集積した形色 384

　　支分が集積したものに依る 382
周知された　cf.知られた、世間の知られたこと
周遍伺察 421
周遍尋求 423　cf.探求
　　周遍尋求に従った尋求の仕方 424
　　周遍尋求より生起したもの 422
周遍尋思 421　cf.尋思
宗法 (主題所属性)
　　宗法と遍充 355
授記 259
修行　cf.修証
熟睡　cf.睡眠
種子 409-410
　　種子・芽 392,410
　　有 (生存)の種子 330
　　火と炭と大麦の種子 410
　　煩悩の種子 256
　　無明と種子など 385
修習 (修)　cf.安住修、伺察修
　　修所断 418,433
　　誤らない見の義を修習する 446
　　各々下を修習する 451
　　空性を修習する 425,429-431
　　見所断と修所断 418
　　個々別々に修習する 448
　　止住を修習する 424
　　実相の義を修習した 424
　　勝観を修習する 256-257,421,424
　　智恵の修習の仕方 434
　　道を修習する (293),323,325,452
　　道を修習する基礎 452
　　長い時間に修習した 418
　　菩提心を修習する 430
　　無我を修習する 419,(430)
　　了義の見・修 426
修証
　　修証に悦びいさむ 451
殊勝
　　殊勝な現れ 453
衆生　cf.有情
　　〔世の〕衆生六つ (六趣)392
主張 361　cf.承認、宗、立場
　　主張なさる 362
　　アーリヤ・デーヴァのご主張 332
　　賢者たちのご主張 453
　　言説としても主張なさらない 298
　　自生を主張する 346
　　所成を主張する 347
　　チャンドラのご主張 279
　　著者のご主張 361
　　ナーガールジュナのご主張 273
　　非共通の主張 306-308,337,364
　　自らの主張と承認と立宗 362
　　自らの主張は無い 346

主張命題　cf. 立宗、宗
出世間 303,342
受用
　　後が受用する 393
　　住処と身と受用 453
種類
　　五種類に伺察した 390
　　同一と別異など七種類 382
　　名と種類として増益する 298
　　七種類に観察する 389
　　七種類に探求した 407
　　七種類により伺察する 389
　　七種類により成立しない 386
　　七種類により無い 388
　　七種類の自性 399
　　七のどれとしても獲得されない 406
順じた
　　勝義に順じている 342
処 416
　　内の処 364,(408)
　　蘊と界と処 (406),416,453
　　色の処 365
　　外の処 364
　　六処 406,408
生、生起 340,416　cf. 生じさせる、自生、他生、縁起、
　　　　　　　　　　　　　　　　　　　　流転門
　　生すべてを否定した 294
　　生ずることが無い 260,342,364-365,412
　　生ずることと生じないこと 410-411
　　生などが有る 270
　　生は無意味になる (347),409
　　生は無窮にもなる (347),409
　　生を憶念する 391
　　生を否定する 270,(313),345
　　縁より生じた 416
　　今生へのこだわり 451
　　四縁より果が生ずる 410
　　色などの生 291
　　四句の生 313
　　四句の生への侵害 412
　　四句の生を否定した 408
　　自性により生ずる 409,412
　　自性より生起した 411
　　自・他と両者と因無しからの生 313
　　自体により成立した生 314
　　四の生を否定する 345
　　勝義として生は無い 342
　　勝義の生 313
　　前後の生の我 394
　　前後の生と業・果など 287
　　前生 392
　　ただの生 313
　　〔自他〕二より生ずる 411
　　無因より生ずる 411

無生法忍 330,419
　　楽・苦が生ずる 308
生起次第 453
生じていない
　　生じていない 313,315
　　一切法は生じていない 315
　　自性により生じていない 313-315,340,390,(412),416
生滅
　　生と滅を有するものになる 391
　　生・滅 270,279-280,291-292,(393),(396)
　　生・滅・住を持たない 396
　　生滅する 391,393
　　生・滅など 280
　　刹那により生・滅する 391
障　cf. 覆障
　　障を断除する 416
　　所知障 327,331,418-419
　　煩悩障 418
　　煩悩と所知の障 327
乗　cf. 大乗
　　乗すべてに善巧だ 441
　　声聞乗 333
　　大小乗 420
　　劣乗 (小乗)266
　　劣乗と大乗 420
浄
　　浄・不浄など 312
常 396
　　常である一 392
　　常など四 310
　　常の我 322
　　常の辺 281
　　常・無常 310
　　声は常だと執る 337
常・一
　　常・一・主宰 (自在) の我 322
常見 269,274,285-287,402
　　常見を否定しやすい 389
　　常・断の見 (269),(274),285-287,414
証因 345-346,375-376,412,(443)　cf. 論証因
　　証因が成立していない 372-373
　　証因と遍充の二つを承認している 346
　　証因・遍充が量により成立していない 349
　　有法と証因の三相 368
　　有法と法と証因 377
　　縁起の証因 413,415
　　教の証因 429
　　肯定の証因 371
　　三相の証因 (346),363
　　事物の力の入った証因 363
　　所成と関係した証因 346
　　自立論証の証因 347,363,370-372,381
　　自立論証の証因の有法 372
　　他者に知られた有法と証因 347

索　引　　641

喩例・証因 347
喩例・証因を述べない 409
量により成立した証因 346
浄化
浄行の所縁 421
浄惑の所縁 421
習気を浄化する 420
生涯　cf. 生
勝観 434,439　cf. 止住と勝観
勝観が成就する 449
勝観が成就する度量(基準)443
勝観四の門 424
勝観すべてを包摂した 424
勝観の区別 421
勝観の妨げ 432
勝観の三資糧 421
勝観の三門 422
勝観の証得 432
勝観の資糧 258
勝観の随順したもの 444
勝観の学び方 258
勝観の護り方 431,443
勝観を修習する 256-257,421,424
正規の勝観 444
智恵の体〔である〕勝観 452
四種類と三種類と六種類の勝観 421
四種類の勝観 424
〔勝観の〕三種類 422
〔勝観の〕四種類 421
〔勝観の〕六種類 423
生起
生起次第 453
勝義 260,270,341-342,372,374　cf. 義
勝義と諦と真実 339
勝義に順じている 342
勝義に入る 333
勝義の生 313-314
勝義の分の正理 296
勝義は二種類 342
勝義を決択する量 352
勝義を伺察する場合 347
勝義を主張する仕方 262-263
勝義を対境とした量(基準)293
勝義を説く 259
勝義諦 263,324,326,399
仮設された勝義諦 325
勝義として
勝義として語った 303
勝義として自性が無い 343
勝義として生は無い 342
勝義として成立している 302,344,351
勝義としてと真実として成立している 321
勝義として無い 341,(342),344,351
勝義や真実や諦として 341

勝義と世俗 (423)
自己の立場の勝義と世俗 268,(307)
勝義の差別(限定)を適用する 261,(279),315,339,341,344
勝義という差別を適用するのを否定した 271
聖教　cf. 教
聖教の枢要 259
勝者の聖教 257
大乗の聖教 441
仏陀の聖教 427
未了義と了義との聖教 259
牟尼の聖教 453
了義の聖教 278,327,361
障礙
障礙・妨害の所触 445
正見　cf. 正しい
正見と誤見 307
正見の岐路の処 326,400
掉挙
沈没と掉挙 442
小士　cf. 人士
小士の個所 433,442
小士の法類 450
上師 452
上師の相(特徴)441
先代の大上師たち 264
生じさせる
生じさせられるもの・生じさせるもの 272,(361),408
因・縁により生じさせられた 321
決定を生じさせる 329
見を相続に生じさせる 264,345,(366),381
勝者
勝者およびその声聞 416
聖者 429,436-437　cf. 聖諦
聖者により自内証される 440
聖者の智慧 270
聖者の等至 292
聖者の道 296
行境を持った聖者 419
成就
〔止観が〕成就した度量の個所 447
真言が成就する 452
等持を前に成就した 434
勝性(プラダーナ)
我と勝性と自在天など 309
自在天と勝性 306
自在天と勝性より楽・苦が生ずる 308
清浄
雑染・清浄の縁起 414
埃が清浄になった虚空 445
証成　cf. 立証
証成道理 423
聖諦 272,275-276,280
〔『中論』〕第二十四章「聖諦の観察」273
正知

憶念と正知 442
証知　cf. 了知
　　無錯乱の他証知 371
証得
　　証得者が別異だ 289
　　一切法は無自性だと証得する 418,420
　　得ることと証得すること (339),359
　　縁起を証得する 416
　　きわめて証得し難い 278
　　義(対象)を証得する量 351,(379)
　　空だと証得する 404,(417),435,(446)
　　共義(概念的イメージ)の方軌により証得する 430
　　現前に証得した 326,429
　　勝観の証得 432
　　真実を現前に証得する 429
　　甚深の義を証得する 326
　　如実に証得し述べる 415
　　如実を証得する 259
　　無我を証得する 267-268,320,322,418,427,(429),436
　　無自性や無我を証得する 320
　　無自性を証得する 267-268,333,403,406,418
　　良く証得する 422
証人 380　cf. 主張、立宗、立場、宗
承認 353,361-362
　　承認・非承認 397
　　承認が有る 288-289,351
　　承認が無い 351-353
　　承認と相違する 383
　　承認に相違を示す 377
　　承認を侵害する 403
　　確認や承認 306
　　三相を承認したことの究極 346
　　自己が承認している 366,373-374
　　自性により有ると承認した 285
　　自性を承認した 379
　　事物を承認する宗 358
　　証因と遍充の二を承認した 346
　　所量と量の設立を承認する 349
　　自立論証を承認する 375
　　世間の承認 346
　　世俗として承認する 288
　　対論者の承認を否定する 347
　　他者が承認する (345),(346),376
　　他者が承認した 345-346,376
　　中観派における承認 351
　　前に承認した 287
　　自らの主張と承認と立宗 362
　　無自性を承認する 279
　　論者・後論者が承認している 350
勝敗　cf. 勝ち負け
成仏 420
声聞
　　声聞乗 333
　　声聞の教義 333

勝者およびその声聞 416
声聞と独覚 330,333,418-419
　　声聞と独覚と菩薩 (330),419
生来　cf. 倶生
正理 423　cf. 道理、教・正理
　　正理と言説の量 338
　　正理と相違する 383
　　正理により獲得される (291),(292),338
　　正理により獲得されない (292),309,(402)
　　正理により侵害される 291,306-308,(338),(370),376
　　正理により成立しない 308
　　正理により探求した 386
　　正理により論破可能だ 312
　　正理の観察 292,381
　　正理の武器により破壊する 435
　　正理の論書 380
　　似非の正理 278
　　縁起の正理 (352),412
　　自性の有る無しを探求する正理 389,401,406-407
　　勝義の分の正理 296
正理により伺察する (344),386
　　正理による伺察に耐える 309,313,344,394
　　正理による伺察に耐えるか耐えないか 291
　　正理による伺察の果 346
　　究竟を伺察する正理 291
　　伺察する正理 351
　　真実を伺察する正理 270,291,294
正理により否定する 293,305,329,333,(341),401
　　正理と道の否定・肯定 329
　　正理によりすべてを否定する 316,(333),(401)
　　正理により否定されない 312
　　正理の否定対象 269,293,307,327,337
　　正理の否定対象の一般 403
　　業果などを正理により否定した 289
　　自性を正理により否定する 305
　　自性を否定する正理 266,279,(281),282,(305),(329),(416)
　　自性を否定する多くの正理 266
　　自体による成立を否定する正理 281
　　世俗を正理により否定する 293
　　否定対象を否定する正理 332
　　分別すべての対境を正理により否定する 333
正理知 399,445
　　正理知により成立する 304
　　正理知により成立しない 350
　　正理知〔である〕比量 263
　　自性の有る無しを探求する正理知 401
静慮(禅定) 258,451
　　静慮の後 434
浄惑(煩悩の浄化)
　　浄惑の所縁 421
所依(依られるもの)
　　所依と能依 382-383,398
　　所成の法の所依〔である〕有法 366

索　引　643

所依〔である〕論証因 379
所依事(もと、基礎)
　所依事〔である〕有法 363
　所依事が成立していない 365,372
　一致した所依事(共通項) 277,403
　仮設の所依事(もと) 267,383,(385),(396),398
　伺察の所依事 351,364
　差別の所依事(基体) (325),335,445-446
　道を修習する基礎 452
　六の所依事 423
所縁(認識対象)　cf. 認得
　所縁と能縁 356
　所縁縁 303
　経量部と一致した所縁縁 303
　倶生の有身見の所縁 337
　浄行の所縁 421
　浄惑の所縁 421
除去
　自らの言葉の除去 353
初業者
　現在の初業者 430
所作(為されること) 390　cf. 作用、業
　所作を待って作者 388
　所作を為す 423
　作者と所作の作業 382
　為される業と作者 (382),395,(397),(398),(406)
　否定・肯定の所作を為す 277,356
所作・能作 283,389
　所作・能作が妥当する 276,379,408
　所作・能作が妥当しない 272,282
　否定・肯定の所作・能作 356
所取(取られるもの) 395　cf. 取
　我と所取 395
　我の所取 398
　支分は所取 406
所取(知られるもの)　cf. 取
　所取〔である〕分無き極微 322
所取と能取 441
　分無き所取・能取 303,309
所成(立証されるべきこと) 355,364,397
　所成が成立する 360
　所成の法 364,366,376
　所成を主張する 347
　所成を立証する 381
　能成が所成と等しい 347
　論証因と所成 345,(346)
所触
　障礙・妨害の所触 445
所断　cf. 断除
　見所断と修所断 418
　真言の道の非共通の所断 453
所知(知られるべきこと)
　所知に有る 327
　所知に無い 328

所知〔である〕如量と如実 423,(434)
　ヨーガ行者の所知 423
所知障 327,331,418-419
　煩悩と所知の障 327
所遍計(分別構想された) 300,302
　所遍計の執により仮設された 322
　所遍計の無明 334
　遍計(妄分別)された 309
　遍計された有身見 336
　対境〔である〕所遍計 441
所量(量られるもの)　cf. 量と所量
　自体により成立した所量を量る 376-377
　無自性の所量 379
知られた(周知された)　cf. 他者に知られた、自らに
　　　　　　　　　　　　　知られた
　言説の知識に知られた 307
　ふつうの者に知られていない 308
知られるもの　cf. 所取、所知
四力 450
自力
　自力により導いた 449
退ける
　世間の世俗を退ける 293
自立
　自立した在り方 413
自立論証 346,354-355
　自立論証が必要である 366
　自立論証の有法など 368
　自立論証の究極 346
　自立論証の証因 347,363,370-372,381
　自立論証の比量 348,375
　自立論証の立宗 347,359
　自立論証の論証因 345
　自立論証を承認する 375
　自立論証を論破する 363,(366)
資糧
　勝観の資糧 258
　勝観の三つの資糧 421
　福徳の資糧 453
　福徳・智慧の資糧 271
　無辺の資糧 418
白
　白の分 423
　白黒の業 411
身
　身根 330
　身心の軽安 444
　色身 271
　住処と身と受用 453
　法身 265,271
尽 416-418　cf. 尽きる
瞋恚
　貪欲と瞋恚など 312,(428)
心一境性 444,449

心一境性の止住 257
一境性の安住分 452
侵害する 310,389
侵害の無い根識 370
侵害の無い言説の知識 355,376,397
根 (感官) を侵害する因 300
言説の量が侵害する 308,(405)
生への侵害 412
承認への侵害 379
正理により侵害される 291,306-308,(338),(370),376
世間により侵害される 293
世間の周知により侵害される 293
他の量により侵害される 307-308,(338)
侵害するもの 397
侵害するものすべての究極 397
侵害するものと侵害されるもの 377,433
侵害するものと立証するもの 397
有るのを侵害するもの 265
意〔にとって〕の侵害するもの 300
承認を侵害するもの 403
二宗に侵害するもの 396
真偽 cf. 諦・偽り
真言
真言が成就する 452
秘密真言 452
尋思
尋思と伺察 421
人士
三士が行持する 455
小士の個所 433,442
小士の法類 450
大士の道次第 452
中士の個所 331
中士の法類 450
『道灯論』の三士の一般の相 455
真実 cf. 諦
真実として語る 289
真実 (実在、正しい)343 cf. 正しい
勝義としてと真実として成立している 321
勝義や真実や諦として (339),341
諸事物の真実 332
真実 265,332,343,367
真実として現れる 265
真実として無い 341
真実に入る 264-266,(389)
真実の義 256,429
真実の場合 270,313-314,397
真実を決択する 269
真実を伺察する 270,291,294,350-351,406
真実を伺察する場合 350-351
真実を証得する (429),445
真実を知らない 452
真実を探求する 258
真実を説く 257

真実を了知する智恵 331
中の真実 307
『中論』の真実 303
人 (にん) が真実として有る 397
無我の真実 331
尽所有性 cf. 如量
甚深 260
甚深な経 405
甚深の義 440-441
甚深の義を証得する 326
心臓
耳と心臓が無い 314
信認
信認の教 423
業果を信認する 450
真理 cf. 諦
す
随順
智慧の生に随順する 446
勝観の随順したもの 444
〔肯定的〕随順 cf. 遍充
随順・離反 277
随順・離反を決定する 378
衰退 cf. 衰え
睡眠 268,300,431
熟睡と悶絶など 427
推理 cf. 比量
枢要
枢要になった 451
聖教の枢要 259
二次第の枢要 453
捨てる cf. 断除
聞く者の恐怖を捨てる 324
作意を棄てる 435
対境を互いに捨てた 366
大乗を捨てる 426
すべて cf. 一切
すべてが空である 273
すべてを見る者 404
生すべてを否定した 294
正理によりすべてを否定する 316,(333),(401)
処と時すべて 346
炭
火と炭と大麦の種子 410
擦る
風により擦り合わされた 436
せ
聖教 cf. 聖教 (しょうきょう)
誓言 cf. 三昧耶
聖者 cf. 聖者 (しょうじゃ)
成熟 cf. 異熟
相続を成熟させる 452
生存 cf. 有
生命 cf. 命

索　引　　645

成立　cf. 自性により成立した、自体により成立した
　　成立する 350
　　成立・不成立 268
　　新たに成立させる 328
　　有法が成立していない 363,365,373,(375)
　　現量により成立する 397
　　三相が量により成立した 346
　　自相により成立した 302,330
　　自体と自性と自相による成立 339
　　証因が成立していない 372
　　証因・遍充が量により成立していない 349
　　勝観が成就する 449
　　勝義として成立している 302
　　正理知により成立する 304
　　正理知により成立しない 350
　　所依事が成立していない 365
　　所依事が成立していない宗 372
　　体性により成立していない 408
　　互いに相俟った成立 408
　　知識により成立している 368
　　どれか一人に成立していない 373
　　七種類により成立しない 386
　　立宗ほどにより成立しない 438
　　両者に成立している 345,375
積集する (積む)
　　極微が積集した 303
　　業を積む者 402-403
　　福徳・智慧の資糧を積む 271
　　前が積んだ業 394
世間 296,380
　　世間が侵害する 293
　　世間周知の量 293,(397)
　　世間と出世間 338
　　世間の側 354-355
　　世間の見 296,299,397
　　世間の言説 339,386
　　世間の事物 361
　　世間の自由気ままな者 294
　　世間の承認 346
　　世間の智慧 342
　　世間の長老 296
　　世間の八法 417
　　業と作者と果と世間 288
　　この世間に認得される 288
　　出世間 303,342
　　前の世間からここに来る 288
　　私は世間と争論しない 407
世間に知られたこと (周知)307,407
　　世間に知られた 387
　　世間に知られた量と所量 349
　　世間に知られたことにより害される 293
世間の世俗
　　世間の世俗諦 (305),339
　　世間の世俗について顚倒だ 388

　　世間の世俗へ顚倒に語る 388
　　世間の世俗を退ける 293
施設　cf. 仮設 (けせつ)
世俗 260,306,310,331,341,354-355,372
　　世俗が壊滅する 296
　　世俗として承認する 288
　　世俗として主張する 304
　　世俗としても偽りだ 305
　　世俗としても無い 307
　　世俗と勝義 (268),423
　　世俗の因果 271
　　世俗の設定 295
　　世俗の眼 367
　　世俗のもの 292,374
　　世俗を正理により否定する 293
　　世俗を説く 259
　　現れの分〔である〕世俗 289
　　誤った世俗 (邪世俗)310
　　正しい世俗 (実世俗)310
　　正しい〔世俗〕と誤った世俗 304
　　中観派の世俗 303
　　自らの世俗 (268),307
　　無明の世俗 306
　　唯の世俗 311,419
世俗諦 306,311
　　世俗諦として設立する 305,331
　　世間の世俗諦 305,339
世第一法 430
切断する　cf. 断つ
　　有 (有) の根本を切断する 418
　　繫縛を切断する 415
　　辺執を切断する 416
刹那
　　刹那により生滅する 391
　　能取〔である〕分無き刹那 322
設立する、設定する
　　因果などを設立する 315
　　因果の縁起を設立する 290,(420)
　　因果は自己の立場に設立しえない 289
　　根と対境を設立する方法 304
　　言説として設立する 300,(308),337
　　言説の義 (もの) を設立する 312,(355)
　　言説を設立する仕方 262
　　錯乱であると設立する 304
　　色・声などを設立する 311
　　自己の立場を設立した 363
　　世俗諦として設立される 305,331
　　対境を設立する 304
　　知の力により設立された (323),335
　　瓶などだと設立する 385
設立、設定
　　因果の設立 273-275,(290)
　　所量と量の設立 349
　　世間と出世間の設立 338

世俗の設定 295
他者の側に為した設立 348,(353)
二諦の設定 295-296,306,(408)
輪廻・涅槃の設定 272-273,279,306-307,338,381
施与
施与などの善 426
善
善・悪より楽・苦が生ずる 308
善と不善の業 425
善の加行 370
十の善・不善 450
施与などの善 426
善巧
善巧の所縁 421
乗すべてに善巧だ 441
二諦の設定に善巧でない 296
方便への善巧 416
前後 392　cf. 前
前後の生と業・果など 287
前後の生の我 394
前後の輪と軸など 384
先行する　cf. 前
妙観察が先行する 439-440
善釈 420
善釈の海 454
前生
前生の有情たち 392
禅定　cf. 静慮
前世　cf.　前、前生
前世からここに来る 288
先代　cf. 前
先代の大師たち 264
全体　cf. 有支分、有集積
善知識 257,453
善知識に親近する 450
善知識への尊敬 451
染汚
染汚を有する無知 330
染汚を有する無明 311,331,419

そ
相(特徴、定義)407,423　cf. 兆相
相無自性 301-302
牛の相 429
共相 423
〔勝観の〕四の相 446
上師の相 441
所相(定義されるもの)407
無相 435
無相のヨーガ 435
象　cf. 馬・象
相違 272
相違する対立項を取らえる 331
相違を述べた帰謬論証 346
相違を立証する 377

多くの教と相違する 440
承認と相違する 383
承認について相違を示す 377
正理と相違する 383
執らえ方が相違する (320),336
内的相違 295
自らの言葉と相違する過失 343
立宗と相違する過失 356
双運
止観双運 (431),434,(442),(444),(447),(448),449
止観双運の道 448
相互　cf. 互い
造作　cf. 作為
造作なく起こる 342
雑修
安住させる雑修 449
雑染
雑染・清浄の縁起 414
相続 268
相続を成熟させる 452
見を相続に生じさせる 264,345,381
他の相続を否定する 392
同一の相続 394,411
別異の相続 394
論者・後論者の相続 308
〔一切〕相智
色から相智まで 439
増益 312,402
増益を断ずる 267
我として増益する 331
学説の力により増益する 396
決定と増益 433
自性を増益する 310,330,333-334,(358),403,(413),(414)
自性を増益する無明 310,320,(330)
自相を増益する 358
名と種類として増益する 298
争論する 272,432,436
実有論者の争論 279
名についての争論 415
私は世間と争論しない 407
損なわれる
見が損なわれていない 370
知恵の眼を損なわれた者 389
麁重
麁重の繋縛 424
粗堕 452
粗大
粗大な現れ 445
粗大元素　cf. 大種
外 423　cf. 内と外
外の義の有る・無し 263
外の処 364
外側(外境)262
言説として外側を主張する 264

損減 343,402,414
　　損減の見 312,425
　　事物を損減する 301
損失　cf. ムダに失われる
た
多 382,391
　　多聞 439
　　我は多になる 391
他 411　cf. 他者、他生、同一と別他、自他
　　他から聞く 257
　　他宗 358
　　他宗を論破する 345
　　他であることは等しい 410
　　他である言説の知 326
　　他としての成立 393
　　他に変わる 321
　　他に拠らない 335-336,413
　　他の形相に現れる 298,304
　　他の言説の量 307
　　他の相続を否定する 392
　　他の対治 329
　　他の人 (にん)336,393
　　他の法が諦として有る 326
　　他を見る 375-376,378-379
　　他を待ったことが無い 323
　　他を待っているもの 325
　　蘊より他の義〔である〕我 396
　　自体により成立した他 394
　　無錯乱の他証知 371
堕、堕罪
　　根本堕罪 452
　　粗堕 452
諦 (真理、実在)311,340　cf. 二諦、勝義諦、世俗諦
　　諦が無い 385
　　諦だと思い込む 417
　　諦であるもの 285
　　諦でない因 385
　　諦無しと二無我 436
　　諦の事物 436
　　形相が諦 (形相真実) だと主張する者 371
　　四諦 275
　　勝義と諦と真実 339,(341)
　　滅諦 324
諦 (真実)・偽り 305,(340),(369),373
　　諦・偽のどれでもない 368,(373)
諦執 311,(318),330,370,404,432-433,436,438
　　諦だと執らない 438
　　空を諦だと取った 318
　　事物の諦執 331
諦 (実在、真理) として
　　諦として語る 289
　　諦として主張する 303-304
　　諦として成立した 299,321
　　諦として無い果 385

諦として有る 326,369,401,436
　　諦として有ることと二我として有ること 436
　　諦としての有る無し 415
　　他の法が諦として有る 326
体　cf. 自体
　　体と差別 301
　　体により有るのを否定する 378
　　体により成立した個々 382,(394)
　　自相により成立した体 300
体性　cf. 自性
　　体性により成立していない 408
　　体性による個々 383
〔世〕第一法
　　加行道第一法 430
対境　cf. 現れの対境、思い込みの対境
　　対境・有境の二として現れる 445
　　対境〔である〕所遍計 441
　　対境に無我が見える 330
　　対境の有る無し 438
　　対境の上に有る 371
　　対境の上に成立した 335
　　対境の自相 298
　　対境の住し方と一致した 425
　　対境の否定対象 358
　　対境は成立していない 424
　　対境〔である〕無我 429
　　対境を最初に否定する 328
　　対境を伺察して否定する 428
　　対境を設立する 304
　　対境を互いに排除した 366
　　対境を論破する (316),(329),428
　　偽りの対境 306
　　我執の対境 266,396,428
　　心が散る対境 435
　　五の対境 298-299
　　根と対境 304
　　根識の対境 302,304
　　言説の知識と対境 300
　　智恵の対境を論破する 316
　　兆相を取る対境 427
　　取り方の対境 300
　　比量の対境 346
　　分別すべての対境を否定する 333
　　無錯乱の知の対境 326
　　聞識の対境 415
対境を有する　cf. 有境 (うきょう)
第三の蘊 (範疇)284-285,350
　　第三の蘊 (範疇) を除去する 390
大士　cf. 人士
　　大士の道次第 452
大師 452　cf. 上師
　　先代の大師たち 264
大車 (大学轍)455
　　雪山国の大車 455

量 (基準) となった大車 259
大乗 (420),426　cf. 乗
　　大乗者の真実への入り方 266
　　大乗の聖教 441
　　大乗を捨てる 426
　　大小乗 420
対治 443
　　他の対治 329
　　無明の対治 329
太陽　cf. 日
対立項　cf. 対 (つい)
　　相違する対立項を取らえる 331
対論者　cf. 論者
　　対論者の承認を否定したい 347
耐える　cf. 伺察に耐える、忍
互い
　　互いに相俟った成立 408
　　対境を互いに排除した 366
他者　cf. 他
　　他者が承認する 345-346,376
　　他者により個々に領受される 393
　　他者の側 275,277353-354
　　他者の側に為した設立 348,(353)
　　他者の心 345,349
　　他者の主張を否定する 346-347,(375)
　　他者の立場を否定する 345,(350),424,430-431
　　他者のための比量 362
　　他者の立宗を否定する 375
他者に知られた (周知された)
　　他者に知られた 376
　　他者に知られた有法と証因 347
　　他者に知られた三相 381
　　他者に知られた比量 375
　　他者に知られた論証式 377,396
　　他者の周知したもの 383,412
　　他者の周知した比量 347,413
他生、他より生ずる 271,301,364,409-410
　　他生を否定する 392,411
　　他よりの生は無い 364
闘い
　　闘いをする 427
正しい (真実)343　cf. 真実
　　正しい見と誤った見 307
　　正しい見の岐路の処 326,400
　　正しい世俗 (実世俗)310
　　正しい〔世俗〕と誤った世俗 304
　　「正しい」などの差別 (限定) を適用する 343
　　正しい論証因 349
　　正しく妙観察する 426,440
　　諸法を正しく妙観察する 440
立場　cf. 宗、自己の立場、主張、承認
　　立場が無い 420
　　過失を欠いた立場 352
　　帰謬論証派の立場に従う 381

他者の立場を否定する 345,(350),424,430-431
チャンドラキールティの立場 264
中観派の立場 352,(420)
著者の立場 361
ナーガールジュナの立場 279
ナーガールジュナの不共 (独特) の立場 274
断つ　cf. 切断、断
　　承認や戯論を断つ 346
　　増益を断ずる 267
妥当する　cf. 適切だ
　　縁起が妥当する (275),403
　　後論者自らに知られた道理 378
　　所作・能作は妥当する 276,379,408
　　所作・能作は妥当しない 272,282
　　設立すべてが妥当する 279
ダードゥラ
　　ダードゥラを食べたことなど 300
喩え　cf. 喩例
保つ
　　心を保った (424),427,(430),(446)
断、断絶 393　cf. 断除、切断
　　断見 269,274,282,285-287,400,402
　　断見を否定しやすい 389
　　断の辺 (極端)269
　　間断しない 448
探求する　cf. 尋求
　　決定の探求の仕方 403
　　自性の有る無しを探求する正理 389,401,406-407
　　自性の探求に努める 291,295
　　正理により探求した 386
　　真実を探求する 258
　　七種類に探求した 407
大種 (粗大元素)372,374
　　大種所成の声 364,368
　　四の大種 363
断除する 390,418,440　cf. 所断
　　有自性を断除した 350
　　我執を断除する 256
　　戯論を断除した 326,(346)
　　数習により断除する 433
　　障を断除する 416
　　染汚を有する無明を断除した 311,331,419
　　一つを断除した 285
断定する 390
　　他方を断定しない 285
　　無自性を断定する 350
　　断片として住する 383

ち
地 372,378　cf. 大種
　　地界など六界 408
　　業果と地道 308
　　第八地 419
　　第八地以上の菩薩 311
知、知恵　cf. 知識

索　引　649

知が向かっている 429
知により仮設された 323
知により住しない 439
知の錯乱・非錯乱 438
知の力により設立された (323),335
知を越えている 440
知恵の眼を損なわれた者 389
知恵の眼を覆障された 333
学説により知を改めたもの 308
学説により知を改めていない者 294
空性について知を修治する 452
声 (ことば) と知 301
智慧
智慧の生に随順する 446
聖者の智慧 270
世間の智慧 342
福徳・智慧の資糧 271
無分別の智慧 342,436-437,446
智恵 428,432
智恵と方便 (271),426
智恵により伺察する 256
〔『入行論』〕智恵の個所 434
智恵の根 (慧根)436
智恵の修習の仕方 434
智恵の体〔である〕勝観 452
智恵の対境を論破する 316
智恵の反対分を執らえる 336
真実を了知する智恵 331
聞思の智恵 342
妙観察の智恵 442
智恵の波羅蜜 (般若波羅蜜、智度)258,286,420,437-438
最上の智恵の波羅蜜を行ずる 320
近い
場所と時が近い 300
知識　cf. 識、正理知、言説の知識
知識により獲得された 366,374
知識により成立している 368
伺察しない知識 307
自由気ままな知識 305-306,396-397
分別を離れた知識 429
無錯乱の知識 366-368,374
父
父・母 411
智度 258,286,(420),(437),438　cf. 智恵の波羅蜜
中、中観
中の義 281,284,302,(351)
中〔観〕の見 277-278,281,321,327,345,402,412-413
中の真実 307
中道 440
空と縁起と中道 274
空と中道を追求する 273
中士　cf. 人士
中士の個所 331
中士の法類 450

中心
否定対象の中心 328
厨房 346
厨房の上に煙が有る 349
澄浄 445-446
心が了知し明瞭で澄浄だ 445
兆相　cf. 相
兆相の繋縛 424,(452)
兆相より生起したもの 422
兆相を行ずる 319,437
兆相を作意する 422
兆相を取らえる 321,427,432,436,452
無兆相 (無相)435
無兆相 (無相) のヨーガ 435
長老
世間の長老 296
直接
取らえ方が直接的に相違する 320
直接知覚　cf. 現量
著作する 433
著者のご主張 361
著者の立場 361
散る
心が散る 427
心が散る対境と散る者の心 435
心を散らさないで保った (427),430
沈没
沈没と掉挙 442
つ
対　cf. 対立項
対有る 390
月
二の月が現れる 304
尽きる 416-417
煩悩が尽きた 418
造られた 346,368
造られた声 363
槌
槌により瓶を壊した 328
努める　cf. 努力
自性の探求に努める 291,295
積む　cf. 積集する
て
出会う
出会った、出会っていない 360
出会ってから論破する 359
為さなかった業と出会う 391,393
〜である
これである、これでない 306
程度　cf. 度量
デーヴァダッタ 392
デーヴァダッタと命 411
デーヴァダッタは家にありえない 328
牛とデーヴァダッタ 383

テントにデーヴァダッタが住する 382

適切だ　cf. 妥当する
　　適切・不適切 276

適用する　cf. 差別を適用する、論証式

弟子 429

典拠　cf. 本典
　　正しい典拠 449
　　タントラ部の正しい典拠 452-453

伝承 455
　　伝承された「道次第」446,(455)
　　伝承された本典と教誡 443

典籍　cf. 本典
　　多くの大典籍 424,(434)

テント
　　テントにデーヴァダッタが住する 382

顛倒 309,329,366,414,446
　　顛倒〔である〕錯乱知 366
　　顛倒の取 328
　　顛倒・無顛倒 300,305,310(364),(365)
　　世俗について顛倒に語る 388
　　無顛倒 329,367
　　無顛倒〔である〕無錯乱知 366
　　無顛倒や無錯乱 310,(366)
　　無明により汚染された顛倒 366

と

道　cf. 中道
　　道一般の義 (内容) のまとめ 450
　　道の完全な本体 451,(453)
　　道の数習の否定対象 293
　　道の否定・肯定 329
　　道の否定対象 (293),327
　　道の分位 271
　　道を修習する (293),323,325,452
　　有漏の道 437
　　経・真言 (顕密) 両者の道 420,452
　　加行道第一法 430
　　解脱の道の命 418
　　見道 433
　　業果と地道 308
　　聖者の道 296
　　真言道 453
　　双運の道 448
　　無上ヨーガの道 453
　　無漏の道 437

同一だ 382,391-392　cf. 一、一つ
　　我は蘊と同一である 390,395
　　自性が同一だ 382

同一と別異 380,389-390
　　同一と別異など七種類 382
　　同一・別異の伺察 397,(407)
　　同一と別異の自性 379
　　同一と別異の宗 396
　　同一と別異の二つを越えない 379,403
　　蘊と同一・別異 352

自性が同一・別異 379,385,403,409
　　支分と同一・別異 278

同一と別他 353,390,394
　　同一と他として成立していない 304

灯火
　　灯火が風により動揺しない 445
　　灯火を風に置いた 442

陶器
　　陶器の瓶 411
　　陶工など 411
　　陶片 407

洞窟
　　洞窟などで発した声 300
　　洞窟に羅刹がいるか 427

銅皿
　　銅皿にヨーグルトが住する 382,(398)

等至 400
　　聖者の等至 292
　　無想の等至 440

等持 (三昧)256,451
　　等持の行境〔である〕映像 (422),444
　　等持を前に成就した 434

答者　cf. 後論者

陶土　cf. 粘土

陶片 407

動揺
　　灯火が風動により動揺しない 445
　　水が動揺しない 449

道理　cf. 正理、合理性、妥当する
　　観待道理 423
　　作用道理 423
　　四種道理 423
　　証成道理 423
　　法爾道理 423

時 423　cf. 場所・時間
　　長い時に修習した 418

説く
　　縁起を説く 332
　　法を説く 278

毒 426

特性　cf. 差別の法

徳性 407　cf. 功徳
　　徳性を有するもの 407
　　虚空の徳性 363
　　虚空の徳性の声 368
　　三の徳性 389

特徴　cf. 相

特定　cf. 差別
　　特定の形 398

独特　cf. 非共通

処　cf. 場所

独覚　cf. 声聞と独覚

度彼岸　cf. 波羅蜜

度量 (程度)

勝観が成就する度量 443
〔止観が〕成就した度量の個所 447
否定対象の度量 400
努力 412,448
取る (能取)359　cf. 取、所取
能取〔である〕分無き刹那 322
現れを取る 399
有ると取る 366,(369)
「自性が有る」と取る 317
住し方として取る 413
相違する対立項を取る 331
智恵の反対分を執る 336
兆相を取る 321,427,432,436,452
何とも取らない 307,424-425
縄に蛇を取る 311
芽が有ると取る 369
取り方 (執り方)
執り方が相違する (320),336
取り方は三つ 369
決定する取り方 310
無分別の知識の執り方 334
無明の取り方 310,442
無明の取り方の対境 300,(334)
貪欲
貪欲と瞋恚など 312,(428)
貪欲を有する人 408

な
名
名と種類として増益する 298
名についての争論 415
名の差別 387,406
内　cf. 内 (うち)
内的相違 295
無い　cf. 有る無し、虚無
無いことを立証するもの 265
無いと語ること (虚無論)290
無いとの見 286-287
無いとの辺 (極端)281,284,(402)
無いながらに現れる 367,(371)
無いはずの我と自性 269
無いものを無いと認知する 328
無くてはならぬこと 375
無くてはならぬことを証得する 346
有支分が無い 383,387-388
有情が無い 440
業・果などは無い 282
財物は無い 319,353
作者は無い 388
伺察したなら、無い 338
自性が無いことと無いこと 356,379
自性や実物として無い 385
自体による成立が無い 281
宗 (立場) が無い 316,(347),348,(355),358-359
生が無い 260,342,364-365,412

勝義として無い 341,(342),344,351
承認が無い 351-353
所知に無い 328
世俗としても無い 307
七種類により無い 388
何も無い 319
全く無い 284,288
全く無いことと自性が無いこと (280-281),284
全く無いもの 337
自らの主張は無い 346
見られないことと無いと見られること 292
立宗が無い 346-348,355,359
長い
長い時間に修習した 418
長い間 446
為されること　cf. 所作
為される・為す　cf. 所作・能作
為された　cf. 造られた
為す　cf. 造る
業を為す者 393
何も為さない 425
七種類　cf. 種類
波
行の大きな波 418
縄 302
縄に蛇を取らえる 308,311
縄を蛇だと錯乱する 428,438
縄を蛇と仮設した 335

に
二　cf. 無二
二の現れの錯乱 419
二の木を焼く 436
二の論者 357
〔自他〕二より生ずる 411
対境・有境の二として現れる 445
同一と別異の二を越えない 379,403
二我 (331),427,435　cf. 我
二我執 335
二我として有る 436
二我について空 258
諦として有ることと二我として有ること 436
人と法の二我 258,(322)
否定されるべき二我 326
肉冠花 (鶏頭)378
虹
虹や薄い煙の形相 445
二者　cf. 二、両者
二諦 339,373-374,386,407　cf. 諦
二諦の設定 295-296,306,(408)
二諦の設定に善巧でない 296
二諦の設立方法 408
二諦へ決定を獲得する 272
日光 300
如実 271,421,423

如実に証得し述べる 415
如実を縁ずる 444
如実を証得する 259
所知〔である〕如量と如実 423,(434)
如所有性 cf. 如実
如来 340
如来が説かれた 372-373
如理
如理に作意する 437
如理に伺察する 308
非如理作意の分別 417
如量 271,421,423
如量の義を証得する比量 366
如量を縁ずる 444
所知〔である〕如量と如実 423,(434)
人 (にん、プドガラ)268,399
人が実物として有る 353
人が真実として有る 397
人我執 331,336
人と法の二我 258,(322)
人などは全くない 400
人の言説 403
我や人 390
貪欲を有する人 408
他の人 336,393
人と法 (267),335
人と法の二我 258,(322)
人と法の二我について空である 258
人無我 267,323,335,381,446
人無我を証得する 267-268
『入中論』に人無我を説く 266
忍
無生法忍 330,419
認識基準 cf. 量
認知する 328
認得する (縁ずる)361,365,421,444
認得される事物 288,(361)
認得されるものと認得するもの 356
認得されない 267,436,438
蘊を認得する 336
映像を認得する 340
仮設された我を縁ずる 336
現量と不認得 346
現量により認得する 357
善巧の所縁 421
別異に認得しない 388
自らに認得される 378

ぬ
盗人
盗人が財宝を盗むのを見た 289
布
瓶と布 277,382,407,417

ね
根 cf. 根本

蓮華の根 411
熱 378 cf. 熱い
涅槃 334 cf. 輪廻・涅槃
涅槃を得た 324
眠り cf. 睡眠
念 cf. 憶念
念誦
礼拝・右続・念誦など 400
粘土 411

の
能依 (依るもの) cf. 所依
能取 cf. 取、取る
能取〔である〕分無き利那 322
能成 (立証するもの) cf. 立証するもの
能成が所成と等しい 347
能成の喩例・証因を述べない 409
残る
幻術の義 (もの) が後に残る 401
後 cf. 後 (あと)
述べる cf. 表詮する
述べられない我 352
如実に証得し述べる 415
喩例・証因を述べない 409

は
場合
勝義を伺察する場合 347
真実の場合 270,313-314,(350),(351),397
排除 cf. 捨てる、断除する
対境を互いに排除した 366
背反 cf. 相違
入る (悟入する) cf. 起こる
勝義に入る 333
真実に容易に入る 389
秘密真言に入る 452
勉励して入る作意など 424
無分別に入る 435
破壊する cf. 滅する
縁起の次第を破壊した 269
量る
自相を量る 298
所量を量る量 376-377
漠然
漠然とした現れ 401,445
場所 cf. 個所
場所と時間 (処と時)337,411-412
場所・時間の一分 349
処と時すべて 346
特定の場所と時が近いこと 300
蓮 411
鳩
鳩の脚 394
花
肉冠花 (鶏頭)378
蓮の花 411

母
母たち 450
父・母 411
破滅させる 426
腹
腹が丸い 385-386,407
波羅蜜
波羅蜜の流儀を行ずる 443
行〔である〕六波羅蜜 450
最後の二波羅蜜 434,450
反響 300
反対分(逆分)442
智恵の反対分を執る 336
明知の反対分 331
般若 cf. 智恵
ハンマー cf. 槌

ひ

日
日と映像 360
日の光 300
火 378,408,410,436
火が有る 346,349
火が薪を焼く 378
火と炭と大麦の種子 410
火と煙 346
火と薪 379,(395)
火の自体 324
火は熱い 423
炎 410-411
悲
慈と悲 433
慈と悲を根本とした 450
東
東の方に瓶が有る 292
鬼が東門に害する 443
非共通(独特)303
非共通の学説 303,397
非共通の執 322
非共通の主張 306-308,337,364
真言の道の非共通の所断 453
中観の非共通の差別法 271
卑怯者 427
微細 446
非作為のもの 323 cf. 作為
非錯乱 cf. 錯乱していない
非実有論者 283-284,357 cf. 無事物
非実有論者の事物 283
非実在物 cf. 無事物
必要性(目的)
必要性を持った 375
比定 299
否定する cf. 正理により否定する
否定されるものと否定するもの 358
有るなら否定できない 329

一切法は否定された 269
有自性を否定した 389,(402)
我を否定する 265,(322)
帰謬により否定する 409
化作により否定する 327
言説として否定しない 294
根本から否定した 269
四句に観察して否定した 270
四句の生を否定した 408
伺察して否定する 428
自生を否定する 317,341,(389),(402),411
自性が有るのを否定する (305),416
自性による成立を否定した 271,277
差別(限定)を適用するのを否定した 271
生を否定する 270,(313),345
生すべてを否定した 294
常見を否定しやすい 389
自立論証を否定する 366
対境を最初に否定する 328
体により有るのを否定する 378
対論者の承認を否定したい 347
他者の主張を否定する 346-347,(375)
他者の立場を否定する 345,(350),424,430-431
他生を否定する 392,411
他の相続を否定する 392
断見を否定しやすい 389
否定対象を否定する 332,334,345
分別すべてを否定する 429
否定と肯定 272,329
否定・肯定の義を証得する 351
否定・肯定の為すべきことを為す 277,356
否定・肯定を離れた 329
正理と道の否定・肯定 329
否定されるもの、否定対象 338,341
否定されるものと否定するもの 358
否定されるものの一般 269
否定されるものを否定する 332,334,345
否定されるべき二我 326
否定対象に差別(限定)を適用する (339),389
否定対象に二つ 358
否定対象の確認が過小である 321
否定対象の根本 321
否定対象の中心 328
否定対象の度量 400
否定対象を確認する 269,327
有境の否定対象 358
正理の否定対象の一般 403
対境の否定対象 358
道〔にとって〕の否定対象 (293),327
等しい
他であることは等しい 410
能成が所成と等しい 347
理由が等しい類似 347
一つ 382,391-392 cf. 同一、一

一つの空性 404
一つを断除した 285
　自性が一つだ 382
　事物一つを見る者 404
　相続が一つである 394
　離反(概念)一つ 410
一人
　どれか一人において不成立 373
瓶　cf. 瓶(びん)
秘密真言 452
表記
　表記に精通した 404
表詮する　cf. 述べる
　表詮しえない 298
　表詮しえない我 298
　意に表詮する(意言)301
　言葉に表詮された 301
比量 346,368,379,412,429
　比量の対境 346
　比量を適用する語(論証式)355,(412)
　似非の比量 300
　義を証得する比量
　現量と比量 (299),345-346,(349),(423)
　三相の比量 379-380
　自己の比量 375
　自己のための比量 380
　事物の力により起こった比量 343,(349)
　正理知〔である〕比量 263
　自立証の比量 348,375
　他者に知られた比量 (347),375,413,
　他者のための比量 362
　自らに知られた比量 376
昼
　夜と昼 446
瓶 321,385,407
　瓶と布 277,382,407,417
　瓶など 278,(407),(417)
　瓶などだと設立する 385
　厨房と瓶 346
　槌により瓶を壊した 328
　陶器の瓶 411
　東の方に瓶が有る 292

ふ

深い　cf. 甚深
不可思議だ 440
　業の異熟は不可思議だ 295
不共　cf. 非共通
覆障
　自性が見えるのを覆障する 331
　自性を覆障する 306,310
　知恵の眼を覆障された 333
福徳
　福徳の資糧 453
　福徳・智慧の資糧 271

布施　cf. 施与
二つ　cf. 二
ふつうの者　cf. 凡庸、異生
　ふつうの者に知られていない 308
仏陀
　仏陀とそれらの前生の有情 392
　仏陀の聖教 427
プドガラ　cf. 人(にん)
部分
　有支分と有部分は無い 388
　自らの諸部分を待った 387
部分的だ　cf. 暫時
父母 411
不放逸 315
プラダーナ　cf. 勝性
分 302,423　cf. 部分、宗
　現れの分〔である〕世俗 289
　行の分 312,370,400,402,420
　黒の分 423
　広大の分 441
　白の分 423
　場所・時間の一分 349
分が無い
　分が無い極微 303
　分が無い事物 322
　分が無い所取・能取 303,309
　所取〔である〕分無き極微 322
　能取〔である〕分無き利那 322
分位(境位)
　果の分位 271
　道の分位 271
分別 333,370,417,427,432,436,438　cf. 無分別
　分別が有る 335
　分別すべての対境を正理により否定する 333
　分別すべては輪廻に繋縛する 425
　分別すべてを否定する 429
　分別によりする 433
　息と分別 446
　有分別の映像 422
　見・分別 433
　「これはこれだ」という分別 333
　錯乱した分別が止滅する 329
　兆相を取らえる分別 436
　何をも分別しない 424,430,436,(439)
　非如理作意の分別 417
　辺(極端)を取らえる分別 428
　凡庸な分別 453
　良い分別と悪い分別 321
分別を離れた 298,430
　分別を離れた知識 429
分別構想されたもの　cf. 所遍計

へ

別異　cf. 同一と別異
　別異に認得しない 388

別異の相続 394
我は蘊と別異である 395
自性は別異である 396,398,410
自体により別異である 394
証得者が別異だ 289
別解脱 450
別他　cf. 他、同一と別他
別名同義語 391
蛇 302
蛇の執と苦 326-327
壁穴に蛇が居る 322-323
縄における蛇 308
縄に蛇を仮設した 335
縄に蛇を取らえる 311
縄を蛇だと錯乱する 428,438
変化 (へんげ)283,358　cf. 化作
炬火の輪と変化 338
辺、辺際
辺際に依った悪見四つ 392
有るとの辺 (極端)269,281,284,(402)
有無の二辺の論 283
四辺 313
常の辺 281
断の辺 269,281
無いとの辺 (極端)281,284,(402)
二辺に転落する 281
前の辺際に依った見 392
辺執
辺執の見 415
辺執の分別 428
辺執を切断する 416
遍充 277,344,349,379,412,416
遍充する仕方 378
遍充を立証する 346
所遍 389,436
能遍 321,389,436
勢いで遍充する 410
縁起へ自性による空が遍充する 274
宗法と遍充 355
証因と遍充の二を承認している 346
証因・遍充が量により不成立 349
量による遍充 345
弁別　cf. 簡択
勉励
勉励して入る作意など 424

ほ

法 390,408　cf. 有法、人 (にん) と法
法我執 331,419
法身 265,271
法と有法 363
法の簡択 (弁別)447
法は無自性である 333,(418),(420)
法を捨てる 286
法を説く 278

諸法を正しく妙観察する 440
偽りであり欺く法を有する 297
有法と法と証因 377
仮設の法 385,398
十法行 454
出世間の法 303
所成の法 364,366,376
人と法の二我 258,(322)
他の法 326
無生法忍 330,419
領受と現れの諸法 413
法性 (法爾)423
法性と有法 326
法性を自性として設立した 324
法爾道理 423
諸法の法性 323
法無我 268,323,333,335,408,(416),418-419,446
法無我の証悟 333,418
法類
小士の法類 450
中士の法類 450
妨害　cf. 妨げ
障礙・妨害の所触 445
方軌
見の二の方軌 441
義共 (概念的イメージ) の方軌により証得する 430
包摂する　cf. まとめる
方便 420
方便と智恵 271,(426)
方便への善巧 416
他　cf. 他 (た)
埃
埃が清浄になった虚空 445
菩薩 311,418
菩薩行 420,450,452
菩薩の律儀 451
声聞と独覚と菩薩 (330),419
第八地以上の菩薩 311,(419)
無生法忍を得た菩薩 330
菩提心 420,433
菩提心を修習する 430
慈と悲を根本とした菩提心 450
施し　cf. 施与
炎 410-411
梵行 325
本典 (典籍)　cf. 典拠
アサンガの本典 443
多くの大きな本典 424,(434)
この教誡の本典 455
聖者父子の本典 381,441
中観の本典 278,285,316
伝承された本典 443
ナーガールジュナの本典 367,(418)
六人の荘厳など学者の本典 427

煩悩
　　煩悩・過失 265
　　煩悩が尽きた 418
　　煩悩障 (327),418
　　煩悩浄化 (浄惑) の所縁 421
　　煩悩と業 265,(390)
　　煩悩と所知の障 327
　　煩悩の種子 256
　　有身見を根本とした煩悩 417
　　倶生の煩悩 322
　　業と煩悩 (265),390,417,450
　　取は煩悩 417
凡夫　cf. 異生
ぼんやり　cf. 漠然
凡庸
　　凡庸な分別 453
　　凡庸な者に知られていない 308
本来
　　本来有ることを主張しない 287

ま
マイトレーヤ
　　マイトレーヤとウパグプタ 394
前　cf. 先代、前後、先行する
　　前が積んだ業 394
　　前が為した業 393
　　前に承認した 287
　　前に何も拠っていない 393
　　前に領受した 392
　　前の或る人 403
　　前の辺際に依った見 392
　　前の世からここに来る 288
　　等持を前に成就した 434
薪 408
　　火が薪を焼く 378
　　火と薪 379,(395)
負け
　　勝ちや負け 380
待った　cf. 観待
　　相待って設立された縁起 299
　　因・縁を待っていない 277
　　因を待った・待っていない 409
　　取の所作を待った 388
　　取を待って取者 388
　　互いに相俟った成立 408
　　他を待った 323-325
　　自らの諸部分を待った 387
まとめる (包摂する)
　　有の支分により包摂された 331
　　勝観すべてを包摂した 424
　　道一般の義のまとめ 450
学ぶ
　　行を学ぶ 452
護〔りそだて〕る 432,447
　　護り方の枢要 441

　　勝観の護り方 431,443

み
身　cf. 身 (しん)
密教　cf. 秘密真言、金剛乗
水 378
　　水が動揺しない 449
　　水は湿潤である 423
　　陽炎における水 308
　　ゴマ油と水と鏡 300
自ら　cf. 自己、自、我、自生
　　自らに認得される 378
　　自らの言葉と相違する過失 343
　　自らの言葉の除去 353
　　自らの自体を見る 376
　　自らの支分 278,382
　　自らの宗を立証する 345
　　自らの主張と承認と立宗 362
　　自らの主張は無い 346
　　自らの諸部分 387
　　自らの世俗 (268),307
　　自らを見ない 375,378-379
自らに知られた
　　自らに知られた比量 376
　　後論者自らに知られた道理 378
道　cf. 道 (どう)
導く 261　cf. 未了義
　　決定を導いた (267),277-278,389,(396),427,451
　　自力により導く 449
身の代 443
見張り 431
耳
　　耳と心が無い 314
妙観察 (個別観察)423,432,436,439
　　妙観察が先行する 439-440
　　妙観察の智恵 442
　　妙観察より生起したもの 422
　　空性を妙観察する 437
　　諸法を正しく妙観察する 440
　　正しく妙観察する 426,440
明知
　　明知の反対分 331
未来 423
見られる　cf. 見る
　　見られないことと無いと見られること 292
未了義 260,261,302
未了義・了義 261,397
　　未了義と了義との聖教 259
　　未了義・了義の区別 259
見る　cf. 見、見られる
　　見ない 376
　　見られるもの・見るもの 408
　　後で無いと見る 287
　　有ると見る辺 402
　　彼が財宝を盗むのを見た 289

空性を見誤る 286
決定が見られる 411
自性が見えるのを覆障する 331
自体により成立した見ること 378
事物一つを見る者 404
すべてを見る者 404
対境に無我が見える 330
他を見る 376
無いと見る辺 402
自らの自体を見る 376
自らを見ない 375,378-379
眼は色を見る 378
眼は他を見ない 375,(378),(379)

む

無 cf. 無い、虚無、無事物
無為 316,396
無我(我が無い) 260,265,267,336,(381),416,418,430,433,
　　　435,440 cf. 我、人無我、法無我
　　無我が見える 330
　　無我の義を決定する 257
　　無我の見 256,(320)
　　無我の真実 331
　　無我の了義 432
　　無我を決択する 408
　　無我を修習する 419,(430)
　　無我を証得する 267-268,320,322,418,427,(429),436
　　我と無我 319
　　空性と無我 283,(428),(429)
　　対境〔である〕無我 429
　　二無我 (258),267,(322),436,444
　　無自性や無我 320
向かう
　　知が向かう 429
無窮
　　生は無窮になる 409
　　生は無意味と無窮になる 347
無錯乱 cf. 錯乱していない
貪り cf. 貪欲
無自性 cf. 自性が無い、体性
無事物 299,316,412,435 cf. 事物が無い
　　効用の可能が空の無事物 281
無事物論者 cf. 非実有論者
　　無事物論者の事物 283
矛盾 cf. 相違
無常 346,349,433,450 cf. 常
　　無常性の共(一般)368
　　無常など四 310
　　声は無常である 363
　　常・無常 310
無生法忍 419
　　無生法忍を得た菩薩 330
難しい
　　きわめて証得するのが難しい 278
無相 435 cf. 兆相

無想
　　無想の等至 440
ムダに失われる
　　為した業がムダに失われる 391-393
無知 cf. 無明
　　染汚を有する無知 330
無二
　　無二の義〔である〕円成実 441
　　無二の寂静の門 320
牟尼
　　牟尼の聖教 453
無分別 256,430-431,435-436,439,446 cf. 分別
　　無分別に安住させる 425,(430),(431)
　　無分別に入る 435
　　無分別の知識の執らえ方 334
　　無住と無分別 439
無分別の智慧(無分別智)342,436-437,446
無明 265,309,330-333,442 cf. 無知
　　無明と有身見 331
　　無明と種子など 385
　　無明により汚染された 366
　　無明の側 311
　　無明の眼翳 326
　　無明の眼膜 389
　　無明の世俗 306
　　無明の対治 329
　　無明の取らえ方 310,442
　　無明の取らえ方の対境 300,(334)
　　無明を確認する 332
　　無明を有する者 305
　　我執と無明 442
　　倶生の無明 322,334
　　自性を増益する無明 310,320,(330)
　　十二支の無明 333
　　所遍計の無明 334
　　染汚を有する無明 311,(330),331,419

め

芽 317,401,409-410,413
　　芽は有ると取る 369
　　芽は自性が無い 280-281,(317)
　　種子・芽 392,410
　　諸行と芽など 385
眼 364,376-377,408 cf. 眼(げん)、眼翳、眼識、眼膜
　　眼など隠れた義(もの)371
　　眼などの有為 324
　　眼などの根(感官)294
　　眼などの識 297
　　眼は色を見る 378
　　眼は他を見ない 375
　　眼や色の共(一般)368
　　我の眼など 406
　　世俗の眼 367
　　知恵の眼を損なわれた 389
　　知恵の眼を覆障された 333

迷妄
　　迷妄な義 (内容)429
　　迷妄の闇 257
　　我として迷妄だ 331
迷乱　cf. 錯乱
明瞭 (明晰)256,446
　　心が了知し明瞭で澄浄だ 445
滅 361
　　滅諦を現前にする 324
滅する 363　cf. 生滅
　　車が滅した 387
　　世俗が滅する 296

も
毛髪 367
持つ 383
　　牛を持つ 398
　　我と蘊が持つ 398
戻る
　　こちらに戻った 351
者　cf. 作者、受者
　　憶念者 394
　　伺察者 278
　　散る者の心 435
　　領受者 394
物　cf. 事物、実物
門
　　還滅門 273
　　流転門 273
聞　cf. 聞く
　　聞識の対境 415
　　多聞 439
聞思 440　cf. 聞く、思惟
　　聞思の智恵 342
問者　cf. 論者
悶絶
　　熟睡と悶絶など 427

や
焼く
　　焼くもの 379
　　焼かれるもの 379
　　火が薪を焼く 378
　　二つの木を焼く 436
焼ける
　　車が焼けた 266-267,387
ヤージュニャダッタ 392
闇
　　愚癡の闇 333
　　真っ暗闇 410-411
　　迷妄の闇 257

ゆ
勇者 427
瑜伽　cf. ヨーガ
夢 268,283,404
　　陽炎と幻術と夢 405

喩例 (喩え)355,364,368,376,403
　　喩例・証因 347
　　車の喩例 382,385
　　自性が無いことの喩え 404
　　無いながら現れることの喩例 367
　　能成の喩例・証因を述べない 409

よ
良い
　　良い分別と悪い分別 321
幼児　cf. 子ども
影像　cf. 映像
ヨーガ
　　無相のヨーガ 435
ヨーガ行者 265,388,406,434
　　ヨーガ行者が観察する次第 389
　　ヨーガ行者が知るべきこと 423
　　ヨーガ行者の現量 430
欲　cf. 貪欲、意欲
ヨーグルト　cf. 酪
予言 259
汚れ　cf. 埃
夜
　　夜と昼 446
拠る
　　他に拠らない 335-336,413
　　前に何も拠っていない 393
依る 259　cf. 所依
　　依って生ずる 313-314,340　cf. 縁起
　　依って生起する 275,359　cf. 縁起
　　依られるものと依るもの 382-383,398
　　因・縁に依って生起するという理由 275
　　集積に依った 382,384-385
　　諸蘊に依る 382
　　所成の法として依った 366
　　辺際に依った悪見 392
依って仮設する 290,(336),(385),(390),(398),(399),(406)
　　依って仮設された 266,(290),336,385,390,(398),
　　　　　　　　　　　(399),(406)
　　依って仮設された我 336
　　依って有支分を仮設する 408
　　依って我と仮設する 398,406
　　依って車と仮設した 406
　　支分に依って仮設する 399,(408)
喜び
　　喜びと楽 256
悦びいさむ
　　修証に悦びいさむ 451
四の力 450

ら
礼拝
　　礼拝・右繞・念誦など 400
楽
　　常・無常と楽・苦と我の有る無し 310
　　喜びと楽 256

　　　　楽・苦が生ずる 308
酪(ヨーグルト)
　　酪の器 394
　　銅皿に酪が住する 382,(398)
羅刹
　　岩の洞窟に羅刹がいるか 427

り

理解
　　実有論者の理解の仕方 281
　　無自性を分からせる 329
律儀
　　共通の律儀 450
　　三昧耶と律儀 452-453
　　菩薩の律儀 450-451
立宗(主張命題)343　cf.主張、承認
　　立宗が無い 346-348,355,359
　　立宗した 361
　　立宗する言葉 356
　　立宗と相違する過失 356
　　立宗の有る無し 356
　　立宗ほどでは不充分である 433
　　立宗ほどにより成立しない 438
　　立宗を承認しない 350
　　有自性を立宗した 350
　　自己の立宗は無い 346
　　四の立宗 362
　　宗と立宗は無い 355
　　自立論証の立宗 347,359
　　自らの主張と承認と立宗 362
立証　cf.肯定、能成、成立、証成
　　立証や論破 380
　　有法と証因の三相を立証する 368,(373)
　　有法を立証する量 367,372
　　言説を立証する 429
　　自宗を立証する 345
　　自部に対して立証する 413
　　所成を立証する 381
　　相違を立証する 377
　　遍充を立証する 346
　　無自性を立証する 272
立証されるべきこと　cf.所成
立証するもの　cf.能成
　　侵害するものと立証するもの 397
　　無いことを立証するもの 265
離反(概念)　cf. 遍充
　　離反(概念)一つ 410
　　随順・離反 277
　　随順・離反を決定する 378
利益
　　有情の利益 451
理由　cf.因相、論証因
流儀　cf.立場
　　波羅蜜の流儀を行ずる 443
量(認識基準)262,296-297,299,350,366

　　　　cf.現量、比量、言説の量
量となった大車(学轍)259
量により成立している 270,296,345-346,349,(377),445
量により成立していない 349
量による遍充 345
量の相(特徴)298
有法を立証する量 367,372
義(対象)を証得する量 351,(379)
現量などの四の量 (299),367
言説として設立する量 300
三相が量により成立した 346
自相について量 298,304,375
事物の力が入った量 349
勝義を決択する量 352
勝義を対境とした量 293
正理と言説の量 338
所量を量る量 376-377
世間周知の量 293
世間の見の量 397
他の言説の量により侵害される 307-308
対境を設立する量 304
中観・量すべての立場 397
無自性の量 379
量と所量 299,356,408
　　所量と量の設立 349
　　縁起の量と所量 356
　　世間に知られた量と所量 349
了義 260-261　cf.未了義・了義
　　了義の経典 339
　　了義の見 420,425,430,432
　　了義の見・修 426
　　了義の聖教 278,327,361
　　無我の了義 432
両者
　　両者に知られた共通のもの 346
　　両者に成立している 345
　　両者の一致した現れ 364
　　三相が両者に成立している 375
領受(領納、経験)
　　領受者 394
　　領受と現れの諸法 413
　　後が領受する 394
　　果を領受する 393
　　果を領受する者 402-403
　　他者により個々に領受される 393
　　前に領受した 392
　　〔止観〕両者を領受する 449
了知　cf.証知
　　真実を了知する智恵 331
　　心が了知し明瞭で澄浄だ 445
輪廻 417,425
　　輪廻一般と個別の過患 450
　　輪廻が止滅する 330
　　輪廻からの解脱 406,418

輪廻に繋縛する 322,326,334,425,427-429,438
輪廻の過患 (265),433
輪廻の苦 428
輪廻の根本 265,(322),(326),331

輪廻・涅槃
輪廻・涅槃の因果 280
輪廻・涅槃の縁起 307,351
輪廻・涅槃の設定 272-273,279,306-307,338,381

る

類似
理由が等しい類似 347
流転門 273　cf. 生起

れ

礼拝　cf. 礼拝 (らいはい)
蓮華 411

ろ

漏
有漏の道 437
出世間の無漏 342
無漏の道 437
老人 404　cf. 長老
論　cf. 語る
二辺の論 283
論者　cf. 学説論者、実有論者、非実有論者
有自性論者 365,369,371,376,(414),415
縁起の論者 283,288
空性と非空性の論者 368
仮設有の論者 357
顕現論者 364
二の論者 357
無自性論者 365,367,371,(415)
論書
論書の意趣 325
意趣註釈の論書 (259),278
正理の論書 380
中観の諸論書 361
『中論』の真実 303
論者 (問者)　cf. 後論者
論者と後論者 345,397
論者・後論者が承認している 350
論者・後論者の相続 308
論者・後論者の両者 349
論者・後論者の両者に成立する 380,(381)
空・不空の論者 372
二人の論者の相続 369
論証因 302,343,345,355,381　cf. 証因
論証因と所成 345
論証因により所成が成立する 360,(381)
論証因の過失 365
論証因は成立していない 372
有法と論証因を立証する 373
合理性を欠いた論証因 360
自己に成立した論証因 380
所依〔である〕論証因 379

自立論証の論証因 345
正しい論証因 349
論証式 375
論証式の有法と法と証因 377
論証〔式の〕語 412
他者に知られた論証式 377,396
比量を適用する〔論証式の〕語 355
論破
論破されるものと論破するもの 359,360
論破の帰謬 346
似非論破の究極 316
正理により論破可能だ 312
自立論証を論破する 363,(366)
対境を論破する (316),(329),428
他宗を論破する 345
智恵の対境を論破する 316
出会ってから論破する 359
立証や論破 380
論理学
論理学の定義 381
論理学者 297,369,380
この論理学者 372

わ

輪
〔車の〕輪 382
〔車の〕輪などに依った 406
輪などの支分 387
炬火の輪 390
本尊の円満な輪 (マンダラ)453
歪曲する 316,354
分かる　cf. 理解
無自性を分からせる 329
和合 (集積)
和合した 383
和合ほどが有る 388
蘊がただ和合したほど 398
極微が和合した 302,(385)
八の実物が和合した 303,(385)
私　cf. 我
「私だ」と執らえる 336
「私」と「私の」336
私は世間と争論しない 407
自体により成立した「私」337
私の　cf. 我所
悪い　cf. 悪
悪い学説 300
良い分別と悪い分別 321

あ　と　が　き

チベット最大の学問寺デプン寺建立６００年を記念して

　本著は、尊者ツォンカパの顕教における主著『菩提道次第大論（Byang chub Lam rim chen mo. チャンチュプ・ラムリム・チェンモ』の最後の三分の一、勝観の章の和訳研究です。この大著は基本的に、小士と共通の道次第、中士と共通の道次第、大士という三種類の能力を持つ人の実践の階梯からなっていて、大士の道次第は、菩提心、六波羅蜜、四摂事からなっていますが、六波羅蜜のうち最後の静慮（禅定）と智恵（般若）の二つの波羅蜜が、後で止住と勝観（止観）として別に詳論されています。勝観の章には、かつて故長尾雅人先生の和訳研究『西蔵仏教研究』（1954）があり、60年ぶりの和訳研究になります。

　前著の後書きにも記しましたが、ツルティム・ケサンは旧ラサ版、タシルンポ版など数本の原本を照合して校訂し、引用された経論の典拠を調べて、2001年、2004年にその成果を上下二巻として発表しました。2003年からは藤仲と共同で本論の和訳研究を始め、2005年にその第一巻として小士と中士の章の和訳研究を出版しました。2006年からは大士の章のうち菩提心から止住までに着手し、2014年に第二巻を出版しました。その後、論理学・認識論、般若学などに集中しましたが、他方、藤仲が関わっていた勉強会では、2004年頃から長尾訳の「勝観の章」（『明句』の四句不生の部分まで）、次に片野道雄、ツルティム・ケサン訳の『未了義・了義論』全体を読みました。その後、再び「勝観の章」を精読しようということになり、藤仲が下訳を作り、ツルティム・ケサンと読み合わせをしてから、勉強会で使用しました。2014年には全体の和訳が完成し、他の仕事が一段落した同年の６月頃から、本格的に註釈を読むなど研究に着手しました。本文に引用された経論をさらに調査し、その文脈や関連を探るとともに、『道次第大論』の高名な註釈書『道次第大論の四割註の合糅』、さらにアキャ・ヨンジンの『道次第大論の表記註釈』、ゲンドゥン・テンジンギャムツォ著『勝観大論の難しい要処を憶え書に提示したもの』を精読し、註記しました。藤仲は2015年10月からダウンしてしまい、５ヶ月間ほど中断し、その後少しずつ復帰しましたが、「石橋を叩いても渡りたくない」ような心境で、一文一文にこだわり、あまりに詳細なチェックを行ったり、長い時期に方針が少しずつずれるといった問題が生じてしまいました。原文のあちらこちらに割註などから〔〕を使って補足したために、複雑で却って分かりにくい面も生じています。註釈の系統としてもデプン寺ゴマン学堂の系統のものが多くなってしまいました。また仕事も遅れて、国の内外の学者による勝れた業績もあまり参照できないままに終わってしまいました。この第三巻により、この名著の和訳研究を一段落させることができましたが、今後『道次第大論』の全体に関しては、何らかの形で平易で簡潔なものを準備しようと考えています。

　ツルティム・ケサンは、1974年に浜松の国際仏教協会の故建部公秋先生の招待と、ダライ

ラマ法王のご命令により来日して以来、大谷大学を中心に研究生活を送ってまいりました。今回の仕事により、栄えあるデプン寺の伝統を継承されたニマ・ギェルツェン先生、ハキャッパ先生を始め、偉大な師の方々より授かった教えの一部を、後に伝えることができました。またそれ以外にも、たくさんの恩を頂いたみなさんに対して、わずかながら報いることができたことをうれしく思っています。

　この仕事にあたっては、ツルティム・ケサンが長年お世話になった大谷大学の教育支援課、真宗総合研究所のみなさん、成田山新勝寺仏教研究所と同主事の伊藤照節さんに、お世話になりました。亡き兄 Don grub tshul khrims（1940-2004）には、研究活動の場所を作ってくれるなど支援をいただきました。妹の sKal bzang g-yu sgron には出版への協力をいただきました。藤仲に関しては、古くからの友人小早川詔さんに参考書の提供をいただきました。大谷大学の三宅伸一郎先生、仏教大学博士課程の古角武睦さんからは資料の参照に関して助力をいただきました。Unio の萩森さんには丁寧な仕事をしていただきました。ここに感謝の意を表したいと思います。

　　平成 29 年（西暦 2017 年）4 月

　本著は平成 27(2015) 年度科学研究費補助金、基盤研究（Ｃ）「インド・チベットにおける般若学の研究」による研究成果の一部です。

著者略歴

ツルティム・ケサン (Tshul khrims skal bzang Khang dkar)

1942 年　西チベットのシェーカルに生まれる
1959 年　チベット動乱によりインドに亡命
1972 年　ベナレス・サンスクリット大学大学院修士課程修了
1974 年　国際仏教徒協会の招聘により来日
1984 年　日本に帰化。日本名、白館戒雲 (しらたてかいうん)
現在　　大谷大学名誉教授
著書、訳書　『現代チベット語教本』(共著　国際仏教徒協会)
　　　　　　『アーラヤ識とマナ識の研究』(共著　文栄堂)
　　　　　　『改訂版 実践チベット語文法』(共著　文栄堂)
　　　　　　『大秘密四タントラ概論』(共著　永田文昌堂)
　　　　　　『ツォンカパ　チベットの密教ヨーガ』(共著　文栄堂)
　　　　　　『チベット密教』(共著　ちくま新書)
　　　　　　『ツォンカパ　中観哲学の研究』Ⅰ , Ⅱ , Ⅲ , Ⅳ , Ⅴ , Ⅵ (共著　文栄堂)
　　　　　　『悟りへの階梯—チベット仏教の原典・ツォンカパ菩提道次第小論』(共著　UNIO)
　　　　　　『ツォンカパ　菩提道次第大論の研究』Ⅰ (共著　文栄堂)
　　　　　　『ツォンカパ　菩提道次第大論の研究』Ⅱ (共著　UNIO)
　　　　　　『ガンポパ　解脱の宝飾』(共訳　UNIO)
　　　　　　『チベット仏教　論理学・認識論の研究』Ⅰ , Ⅱ , Ⅲ , Ⅳ (共著　総合地球環境学研究所)
　　　　　　　他に著書、論文多数

藤仲孝司 (FUJINAKA Takashi)

1963 年　広島県に生まれる
1987 年　京都大学卒業
著書、訳書　J. クリシュナムルティ『子供たちとの対話』(平河出版社)
　　　　　　『ツォンカパ　中観哲学の研究』Ⅲ , Ⅳ , Ⅴ (共著　文栄堂)
　　　　　　J. クリシュナムルティ『知恵のめざめ』(共訳　UNIO)
　　　　　　『ツォンカパ　菩提道次第大論の研究』Ⅰ (共著　文栄堂)
　　　　　　『悟りへの階梯—チベット仏教の原典・ツォンカパ菩提道次第小論』(共著　UNIO)
　　　　　　『ツォンカパ　菩提道次第大論の研究』Ⅰ (共著　文栄堂)
　　　　　　『ツォンカパ　菩提道次第大論の研究』Ⅱ (共著　UNIO)
　　　　　　『ガンポパ　解脱の宝飾』(共訳　UNIO)
　　　　　　『チベット仏教　論理学・認識論の研究』Ⅰ , Ⅱ , Ⅲ , Ⅳ (共著　総合地球環境学研究所)
　　　　　　　他に著書、論文多数

ツォンカパ

菩提道次第大論の研究 Ⅲ

2017 年 10 月 20 日　初版第 1 刷発行

　　訳著者　ツルティム・ケサン
　　　　　　藤仲 孝司

　　発行所　UNIO
　　　　　　〒 602-0805 京都市上京区寺町通今出川上る桜木町 453-12
　　　　　　電話 (075) 211-2767　FAX (075) 255-6172　郵便振替 01050-2-36075

　　発売元　星雲社
　　　　　　〒 112-0012 東京都文京区水道 1-3-30
　　　　　　電話 (03) 3868-3275　FAX (03) 3868-6588

ISBN978-4-434-23618-1　C1315
Printed in Japan　落丁・乱丁本はお取り替えいたします。

ツォンカパ
菩提道次第大論の研究 II

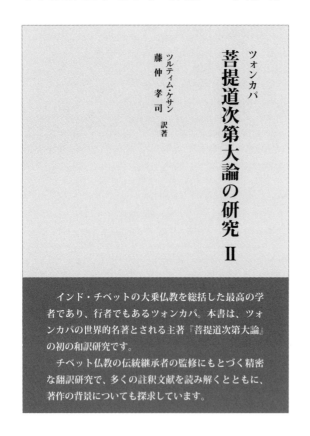

ツルティム・ケサン、藤仲孝司 訳著
定価（本体 6000 円＋税）
B5 判 528 頁
発売　星雲社　発行　UNIO

ツォンカパ『菩提道次第大論』の初の和訳研究です。

　インド・チベットの大乗仏教を総括した最高の学者であり、行者でもあるツォンカパ。本書は、世界的名著とされるツォンカパの主著『菩提道次第大論』の初の和訳研究です。
　チベット仏教の伝統継承者の監修にもとづく精密な翻訳研究で、多くの註釈文献を読み解くとともに、著作の背景についても探求しています。

　自己の後生を考える「小士の道次第」、解脱を求める「中士の道次第」を説いた第 1 巻に続き、この第 2 巻では、利他のために最高の悟りを目指して実践する「大士の道次第」を説きます。
　その利他の菩提心と菩薩行についての教えは、インド、チベットの大乗仏教を総括し、ダライラマ、パンチェンラマの系統を生み、チベット、モンゴル、満州に広まりました。

チベット仏教の原典『菩提道次第小論』
悟りへの階梯

ツルティム・ケサン、藤仲孝司 訳著
定価（本体 3000 円＋税）
A5 判 420 頁
発売　星雲社　発行　UNIO

『悟りへの階梯』は、『菩提道次第大論』の概要版である『菩提道次第小論』の翻訳・解説です。

　『悟りへの階梯』は、チベット仏教の原典とされるツォンカパの『菩提道次第小論』を翻訳・解説するものです。チベット仏教者においては、アティシャからのこの教えを受けていない者は一人もいないとされる重要なものです。
　日本語の訳書は、これまでに部分訳や研究がいくつかありましたが、本書によってはじめて、この世界的名著の全貌に触れることが可能となりました。この翻訳は、インド・チベットの大乗仏教の全体像を伝えるとともに、伝統の継承や学問的研究などに、貢献するものです。

チベット仏教成就者たちの聖典『道次第・解脱荘厳』
解脱の宝飾

ツルティム・ケサン、藤仲孝司 訳著
定価（本体 3048 円＋税）
A5 判 448 頁
発売　星雲社　発行　UNIO

『解脱の宝飾』は、チベットに伝えられた大乗の仏道全般を、平明で簡潔な形で、余す所なく提示します。

　ガンポパは、チベットの最も重要な仏教者の一人で、インドのヴィクラマシーラ大寺の座主・アティシャがチベットに伝えた教えであるカダム派の「道次第（ラムリム）」と、ナーローパ、ミラレパなど大成就者が伝えた秘密真言の法である「大印契（マハームドラー）」の二つの河の合流を確立し、カギュ派の祖となりました。
　その著書である『解脱の宝飾』には、大乗の仏道全般が、余す所なく平明で簡潔な形で提示されています。チベット仏教や真言密教に関心をもつ人はもちろん、慈悲や智慧について考える人にとっても貴重な書物です。

チベット文によるチベット仏教書籍（ツルティム・ケサン訳著）も販売していますので、ご希望の方は、㈱ユニオ・コーポレーションにご連絡ください。
Tel: 075-211-2767　Fax: 075-231-8179

	本体価格
弥勒法の研究『未了義了義論』の麗飾	13,000 円
チベット仏教　論理学・認識論の研究 1　（チベット文・日本語）	9,260 円
チベット語訳・妙法蓮華経	13,000 円
菩提道次第大論　上巻（チベット文）	10,185 円
インド密教思想史　（チベット文）	9,260 円
瑜伽行派と中観派の諸問題　（チベット文）	9,260 円
中観哲学の研究 VI　（新古本）	9,260 円
インド論理学・認識論の発展と論理学・認識論の歴史（チベット文）	9,000 円
インド仏教思想史　上下 2 巻（チベット文、上巻 383 頁、下巻 462 頁）	上下各 3,000 円
西蔵文日本仏教史　（チベット文・1977 年発行希少本）	4,760 円

　約 30 年間にわたって、ツルティム・ケサン氏（大谷大学名誉教授）が私家版として出版してきたチベット文による著作物が、中国の四川民族出版社により全十巻の全集として出版されました。

　全集として一括購入のみの受付となりますのでよろしくお願いします。購入をご希望の方は、当社にお申し込みください。

〔ツルティム・ケサン著〕

Khang dkar tshul khrims skal

bzang mchog gi gsung 'bum

（康嘎楚称格桑全集 , KANGGACHUCHENGGESANG QUANJI）全 10 巻 出版年 2013 年 12 月

Si khron mi rigs dpe skrun khang（四川民族出版社）

第一巻 古印度因明思想源流 pp.1-454

第二巻 瑜伽行派与中観派観点疑推解読 pp.1-493

第三巻 印度仏教密宗思想史 pp.1-513

第四巻 弥勒仏法文献研究 pp.1-609

第五巻（上）印度仏教源流疑推解読 pp.1-471

第五巻（下）印度仏教源流疑推解読 pp.1-567

第六巻 宗喀巴菩提道広論引経詳解一 pp.1-485

第七巻 宗喀巴菩提道広論引経詳解一 pp.1-633

第八巻 宗喀巴菩提道小論引経詳解 pp.1-664

第九巻 阿毘達磨倶舎論研究 pp.1-567

第十巻 蔵族歴史文化研究 pp.1-564

金額（本体 50,000 円＋消費税）　送料込み